딥러닝 제대로 이해하기

Understanding Deep Learning by Simon J. D. Prince
ⓒ 2023 Massachusetts Institute of Technology

All rights reserved.
This Korean edition was published by J-Pub Co. in 2025 by arrangement with
The MIT Press through KCC(Korea Copyright Center Inc.), Seoul.

이 책은 (주)한국저작권센터(KCC)를 통한 저작권자와의 독점계약으로 제이펍에서 출간되었습니다.
저작권법에 의해 한국 내에서 보호를 받는 저작물이므로 무단 전재와 무단 복제를 금합니다.

딥러닝 제대로 이해하기

1판 1쇄 발행 2025년 8월 28일
1판 2쇄 발행 2025년 9월 30일

지은이 사이먼 J. D. 프린스
옮긴이 고연이
펴낸이 장성두
펴낸곳 주식회사 제이펍

출판신고 2009년 11월 10일 제406-2009-000087호
주소 경기도 파주시 회동길 159 3층 / **전화** 070-8201-9010 / **팩스** 02-6280-0405
홈페이지 www.jpub.kr / **투고** submit@jpub.kr / **독자문의** help@jpub.kr / **교재문의** textbook@jpub.kr

소통기획부 김정준, 이상복, 안수정, 박재인, 박새미, 송영화, 김은미, 나준섭, 권유라
소통지원부 민지환, 이승환, 김정미, 박예은 / **디자인부** 이민숙, 최병찬

진행 김은미 / **교정·교열** 백지선 / **내지 및 표지 디자인** 이민숙 / **내지 편집** 백지선
용지 타라유통 / **인쇄** 해외정판사 / **제본** 일진제책사

ISBN 979-11-94587-26-2 (93000)
책값은 뒤표지에 있습니다.

※ 이 책은 저작권법에 따라 보호를 받는 저작물이므로 무단 전재와 무단 복제를 금지하며,
　이 책 내용의 전부 또는 일부를 이용하려면 반드시 저작권자와 제이펍의 서면 동의를 받아야 합니다.
※ 잘못된 책은 구입하신 서점에서 바꾸어드립니다.

제이펍은 여러분의 아이디어와 원고를 기다리고 있습니다. 책으로 펴내고자 하는 아이디어나 원고가 있는 분께서는
책의 간단한 개요와 차례, 구성 지은이/옮긴이 약력 등을 메일(submit@jpub.kr)로 보내주세요.

Understanding Deep Learning
딥러닝 제대로 이해하기

사이먼 J. D. 프린스 지음 / 고연이 옮김

※ 드리는 말씀

- 이 책에 기재된 내용을 기반으로 한 운용 결과에 대해 지은이/옮긴이, 소프트웨어 개발자 및 제공자, 제이펍 출판사는 일체의 책임을 지지 않으므로 양해 바랍니다.
- 이 책에 등장하는 회사명, 제품명은 일반적으로 각 회사의 등록상표 또는 상표입니다. 본문 중에는 ™, ⓒ, ⓡ 등의 기호를 생략했습니다.
- 본문에서 컬러로 보면 좋을 그림들은 그림 옆에 QR 코드를 삽입하였습니다.
- 이 책은 2025년 1월 발행된 5쇄까지의 오탈자 및 오류 사항을 반영하였습니다.
- 연습 문제 번호에 * 표시가 있는 것은 저자의 깃허브에서 해답이 제공됩니다.
- † 기호는 저자 및 옮긴이의 주석을, [ ]는 참고 문헌을 나타내는 표기입니다.
- '신경망'과 '네트워크'는 거의 동일한 개념으로 사용됩니다. 원서의 뉘앙스를 살리기 위해 'neural network'로 명시된 경우는 '신경망', 'network'로만 표현된 경우는 '네트워크'로 번역하였습니다.
- 책의 내용과 관련된 문의 사항은 지은이/옮긴이나 출판사로 연락해주시기를 바랍니다. 연락할 이메일 등은 표지 앞날개에 있습니다.

이 책을 Blair, Calvert, Coppola, Ellison, Faulkner, Kerpatenko, Morris,
Robinson, Sträussler, Wallace, Waymon, Wojnarowicz
그리고 딥러닝보다 더 중요하고 흥미로운 작업을 해온
모든 이에게 바칩니다.

차례

옮긴이 머리말 ─────── xiii
베타리더 후기 ─────── xiv
시작하며 ─────────── xvii
감사의 글 ─────────── xix

CHAPTER 01 서론   1

1.1 지도 학습 ──────────────────── 2
1.2 비지도 학습 ─────────────────── 8
1.3 강화 학습 ──────────────────── 12
1.4 윤리 ────────────────────── 14
1.5 이 책의 구성 ────────────────── 17
1.6 추천 도서 ──────────────────── 18
1.7 이 책을 읽는 방법 ──────────────── 19
참고 문헌 21

CHAPTER 02 지도 학습   23

2.1 지도 학습 개요 ───────────────── 24
2.2 선형회귀 예 ────────────────── 25
2.3 요약 ────────────────────── 30
노트 30 / 연습 문제 31

CHAPTER 03 얕은 신경망   33

3.1 신경망의 예 ────────────────── 33
3.2 보편 근사 정리 ───────────────── 37
3.3 다변량 입력과 출력 ──────────────── 38
3.4 얕은 신경망: 일반적인 경우 ──────────── 43
3.5 용어 ────────────────────── 44
3.6 요약 ────────────────────── 45
노트 46 / 연습 문제 50 / 참고 문헌 53

CHAPTER 04   **심층 신경망**   55

     4.1   신경망 결합   55
     4.2   네트워크 결합을 통한 심층 신경망 구성   58
     4.3   심층 신경망   59
     4.4   행렬 표기법   63
     4.5   얕은 신경망 vs. 심층 신경망   65
     4.6   요약   67
     노트 68 / 연습 문제 71 / 참고 문헌 74

CHAPTER 05   **손실 함수**   75

     5.1   최대 우도   76
     5.2   손실 함수 구성 방법   80
     5.3   예제 1: 단변량 회귀분석   80
     5.4   예제 2: 이진 분류   86
     5.5   예제 3: 다중 클래스 분류   88
     5.6   다중 출력   91
     5.7   교차 엔트로피 손실   92
     5.8   요약   94
     노트 95 / 연습 문제 97 / 참고 문헌 101

CHAPTER 06   **모델 적합**   103

     6.1   경사 하강법   103
     6.2   확률적 경사 하강법   110
     6.3   모멘텀   113
     6.4   적응 모멘트 추정   115
     6.5   훈련 알고리즘 하이퍼파라미터   118
     6.6   요약   119
     노트 120 / 연습 문제 124 / 참고 문헌 127

CHAPTER 07   **기울기와 초기화**   129

     7.1   문제 정의   129
     7.2   미분 계산   131
     7.3   간단한 예시   133
     7.4   역전파 알고리즘   137

7.5 매개변수 초기화 — 143
7.6 훈련 코드 예제 — 147
7.7 요약 — 149
노트 149 / 연습 문제 153 / 참고 문헌 157

CHAPTER 08 성능 측정 159

8.1 간단한 모델 훈련 — 159
8.2 오차의 원인 — 161
8.3 오차 줄이기 — 166
8.4 이중 하강 — 170
8.5 하이퍼파라미터 선택 — 174
8.6 요약 — 175
노트 176 / 연습 문제 181 / 참고 문헌 183

CHAPTER 09 정칙화 185

9.1 명시적 정칙화 — 185
9.2 암묵적 정칙화 — 189
9.3 성능 향상을 위한 경험적 방법 — 192
9.4 요약 — 202
노트 203 / 연습 문제 212 / 참고 문헌 214

CHAPTER 10 합성곱 네트워크 219

10.1 불변성과 등변성 — 220
10.2 1차원 입력에 대한 합성곱 네트워크 — 221
10.3 2차원 입력에 대한 합성곱 네트워크 — 229
10.4 다운샘플링과 업샘플링 — 230
10.5 응용 — 233
10.6 요약 — 239
노트 240 / 연습 문제 246 / 참고 문헌 249

CHAPTER 11 잔차 신경망 253

11.1 순차 처리 — 253
11.2 잔차 연결과 잔차 블록 — 256
11.3 잔차 신경망의 기울기 폭발 — 260
11.4 배치 정규화 — 262

11.5 일반적인 잔차 신경망 — 264
11.6 잔차 연결이 있는 신경망의 성능이 우수한 이유 — 271
11.7 요약 — 272
노트 272 / 연습 문제 280 / 참고 문헌 282

CHAPTER 12 트랜스포머 285

12.1 텍스트 데이터 처리 — 285
12.2 점곱 셀프 어텐션 — 286
12.3 점곱 셀프 어텐션 확장 — 292
12.4 트랜스포머층 — 295
12.5 자연어 처리를 위한 트랜스포머 — 296
12.6 인코더 모델의 예: BERT — 300
12.7 디코더 모델의 예: GPT-3 — 303
12.8 인코더-디코더 모델의 예: 기계 번역 — 308
12.9 긴 시퀀스 처리를 위한 트랜스포머 — 310
12.10 이미지 처리를 위한 트랜스포머 — 311
12.11 요약 — 316
노트 316 / 연습 문제 328 / 참고 문헌 330

CHAPTER 13 그래프 신경망 337

13.1 그래프란 무엇일까? — 338
13.2 그래프 표현 — 340
13.3 그래프 신경망, 작업, 손실 함수 — 344
13.4 그래프 합성곱 네트워크 — 346
13.5 그래프 분류 예 — 349
13.6 귀납적 모델 vs. 전이적 모델 — 350
13.7 노드 분류 예 — 352
13.8 그래프 합성곱 네트워크층 — 355
13.9 에지 그래프 — 359
13.10 요약 — 360
노트 361 / 연습 문제 370 / 참고 문헌 373

CHAPTER 14 비지도 학습 377

14.1 비지도 학습 모델 분류 — 378
14.2 좋은 생성 모델의 특징 — 380

14.3 성능 정량화 — 381
14.4 요약 — 384
노트 384 / **참고 문헌** 386

CHAPTER 15 생성적 적대 신경망 387

15.1 판별을 신호로 사용하기 — 387
15.2 안정성 향상 — 393
15.3 점진적 증가, 미니배치 판별, 절단 — 399
15.4 조건부 생성 — 402
15.5 이미지 변환 — 405
15.6 StyleGAN — 410
15.7 요약 — 412
노트 413 / **연습 문제** 419 / **참고 문헌** 421

CHAPTER 16 정규화 흐름 427

16.1 1차원 예제 — 427
16.2 일반 사례 — 430
16.3 역변환 가능한 신경망층 — 433
16.4 다중 크기 흐름 — 442
16.5 응용 — 443
16.6 요약 — 447
노트 448 / **연습 문제** 453 / **참고 문헌** 456

CHAPTER 17 변분 오토인코더 461

17.1 잠재변수 모델 — 461
17.2 비선형 잠재변수 모델 — 463
17.3 훈련 — 465
17.4 ELBO 속성 — 468
17.5 변분 근사 — 470
17.6 변분 오토인코더 — 471
17.7 재매개변수화 기법 — 474
17.8 응용 — 475
17.9 요약 — 480
노트 481 / **연습 문제** 486 / **참고 문헌** 488

CHAPTER 18   확산 모델   493

- 18.1   개요   493
- 18.2   인코더(순방향 과정)   494
- 18.3   디코더 모델(역과정)   501
- 18.4   훈련   502
- 18.5   손실 함수의 재매개변수화   507
- 18.6   구현   510
- 18.7   요약   516

노트 516 / **연습 문제** 521 / **참고 문헌** 524

CHAPTER 19   강화 학습   527

- 19.1   마르코프 결정 과정, 반환 및 정책   528
- 19.2   기대 수익   532
- 19.3   표 형식 강화 학습   536
- 19.4   Q-러닝 적합   541
- 19.5   정책 경사 방법   545
- 19.6   행위자-비평자 방법   551
- 19.7   오프라인 강화 학습   552
- 19.8   요약   554

노트 555 / **연습 문제** 561 / **참고 문헌** 564

CHAPTER 20   왜 딥러닝이 효과적일까?   567

- 20.1   딥러닝에 반하는 사례   567
- 20.2   적합 성능에 영향을 미치는 요소   569
- 20.3   손실 함수의 특성   575
- 20.4   일반화 결정 요인   579
- 20.5   정말로 많은 매개변수가 필요한가?   584
- 20.6   신경망은 깊어야 할까?   587
- 20.7   요약   590

연습 문제 591 / **참고 문헌** 592

CHAPTER 21   딥러닝과 윤리   597

- 21.1   가치 정렬   598
- 21.2   의도적인 오용   606

21.3 그 밖의 사회적, 윤리적, 전문적 문제　608
21.4 사례 연구　611
21.5 과학의 가치 중립적 이상　612
21.6 집단적인 행동 문제 관점에서의 책임 있는 AI 연구　614
21.7 앞으로 나아갈 길　615
21.8 요약　617
연습 문제 618 / 참고 문헌 620

APPENDIX A　표기법　627

A.1 스칼라, 벡터, 행렬, 텐서　627
A.2 변수와 매개변수　627
A.3 집합　628
A.4 함수　628
A.5 최소화와 최대화　629
A.6 확률분포　629
A.7 점근 표기법　630
A.8 기타　630

APPENDIX B　수학 개념　631

B.1 함수　631
B.2 이항계수　634
B.3 벡터, 행렬, 텐서　635
B.4 특수한 형태의 행렬　639
B.5 행렬 미적분　641

APPENDIX C　확률　643

C.1 확률변수와 확률분포　643
C.2 기댓값　647
C.3 정규 확률분포　652
C.4 샘플링　656
C.5 확률분포 사이의 거리　657

찾아보기　661

옮긴이 머리말

저자가 밝혔듯이 이 책은 학부 2학년 학생 수준의 독자부터 고학년 학생을 대상으로 딥러닝과 관련된 다양한 이론을 자세하고 쉽게 소개하고 있습니다. 장마다 딥러닝의 주요 개념을 관련 그림과 함께 직관적으로 설명하고 있어서 핵심 개념을 명확하고 체계적으로 파악할 수 있습니다.

좀 더 깊이 있는 이해를 위해서는 기초적인 선형대수, 미적분, 확률 지식이 필요한데, 수학 개념에 익숙하지 않은 독자를 위해서 관련 기본 내용을 부록에 제공하여 도움이 되도록 했습니다. 딥러닝의 기본이 되는 개념뿐만 아니라 비교적 최근에 발표된 트랜스포머와 디퓨전 모델까지 다루어 이 분야의 최신 동향도 살펴볼 수 있습니다.

이 책을 번역할 기회를 주신 제이펍 장성두 대표님께 감사드립니다. 부족한 원고 교정에 수고해주신 백지선 님과 멋진 책으로 세상에 나오기까지 수고해주신 이민숙 님, 그리고 전체 일정을 꼼꼼히 챙겨주신 김은미 편집자님에게도 감사함을 전합니다.

저자의 의도를 잘 전달하기 위해 최대한 노력했지만 만약 매끄럽지 못한 부분이 있다면 그것은 전적으로 저의 부족함 때문입니다. 모쪼록 이 책이 독자분들께 도움이 되기를 바랍니다.

고맙습니다.

고연이

베타리더 후기

 강찬석(LG전자 소프트웨어 엔지니어)

비숍의 《패턴 인식과 머신 러닝》, 굿펠로의 《심층 학습》에 이어 최신 경향이 담긴 딥러닝 책이 출간되었습니다. 분량만큼이나 딥러닝과 관련된 다양한 이론들이 풍부하게 담겨 있으며, 복잡한 개념도 비교적 쉽게 소개되어 있습니다. 앞서 언급한 책들에 비해 상대적으로 최신 내용에 대한 참고 논문들이 포함되어 있어서 해당 분야를 깊이 있게 공부해보려는 분들께 도움이 될 것으로 생각됩니다.

 윤병조(소프트웨어 개발자)

AI의 시대에 쏟아져 나오고 있는 기술들은 갑자기 등장한 것이 아닙니다. 오랜 시간 차곡차곡 쌓아온 기술이 결실을 본 결과입니다. 이 책은 바로 그런 기초 기술에 집중합니다. 내용을 천천히 곱씹으며 읽다 보면 딥러닝을 기반으로 한 기술의 흐름이 눈에 들어올 것입니다. 저자가 서문에서 밝힌 대로 이 책은 학부 2학년 수준이라면 어느 정도 이해할 수 있을 정도의 난이도로, 딥러닝에 대해 세세하게 설명하고 있습니다. 교과서로 활용해도 손색이 없을 만큼 내용이 충실합니다.

 이석곤((주)아이알컴퍼니)

이 책은 딥러닝의 핵심 개념을 명확하고 체계적으로 설명하며, 초보자부터 중급자까지 폭넓게 활용할 수 있다는 점이 장점입니다. 수학적 배경지식을 전제로 하면서도 직관적인 설명과 시각 자료를 통해 이해가 쉬웠고, 특히 최신 모델인 트랜스포머와 디퓨전 모델까지 다룬 점이 인상 깊었습니다. 실무와 이론의 균형을 잘 맞추고 있어 실제로 구현해 볼 수 있는 기회도 제공하며, 전반적으로 독학용으로 매우 적합한 교재라고 생각됩니다. 책 전체의 구성은 매우 체계적이며 학습 목표에도 잘 부합해 전반적으로 만족스러운 베타리딩 경험이었습니다. 특히 '왜 딥러닝이 효과적인가'와 '윤리' 관련 장은 단순한 기술 서적을 넘어 학문적인 고민을 유도하는 좋은 시도였다고 생각합니다.

이원국(한국과학기술원)

딥러닝뿐만 아니라 머신러닝 전반을 어떻게 이해하면 좋을지에 대해 큰 도움이 되는 책이었습니다. 후반부에는 수학 개념에 익숙하지 않은 분들을 위한 설명도 포함되어 있어서 중급자 이상 독자라면 실무나 학업 과정에서 놓치기 쉬운 개념이나 매커니즘을 다시 점검하는 데 많은 도움이 될 것으로 생각합니다. 추론 기반 AI 시대에 각 도메인에 어떻게 활용할 수 있을지에 대한 통찰도 얻을 수 있었습니다. 무엇보다 옮긴이께서 내용을 매우 정성스럽게 번역해주셨고, 중간중간 덧붙여준 설명 덕분에 어렵지 않게 이해하며 읽을 수 있었습니다. 초보자보다는 일정 수준 이상의 수학적 기반을 갖춘 독자들에게 특히 유용한 책이라 생각합니다. 좋은 책을 리뷰할 기회를 주셔서 진심으로 감사드립니다.

허민(한국외국어대학교 정보전략팀 과장)

《심층 학습》,《패턴 인식과 머신 러닝》 등 AI 분야의 고전을 한 권에 집약한 명작입니다. 교과서 수준의 원론을 다루면서도 실무적인 통찰을 함께 제공하여, 입문자가 중상급자로 도약하는 데 실질적인 도움을 줍니다. 특히 저자의 독창적인 전달력이 돋보입니다. 하나의 신경망이 기울기와 절편을 가진다는 점을 활용해 모든 노드를 좌표계에 시각화함으로써 일반적인 수식이나 개념도만으로는 얻기 어려운 깊은 직관을 제공합니다. 또한 복잡한 전처리 과정을 벡터 DB와 임베딩 중심으로 설명하여 최근의 LLM 중심 흐름을 효과적으로 반영하고 불필요한 설명은 줄였습니다. 이는 기존 교재와 차별화되는 큰 장점입니다. 실무에서도 유용한 내용을 담고 있습니다. 예를 들어 합성곱층에서 드롭아웃을 시도하거나 신경망의 깊이에 따른 기울기 소실 문제 혹은 매끄럽지 못한 표면으로 인해 미분이 어려운 상황 등 흔히 마주치는 문제에 대해 원론적인 깊이로 접근하여 더욱 근본적인 해결 능력을 기를 수 있습니다. 구성 또한 체계적입니다. CNN과 RNN 같은 기본 구조에서 출발해 트랜스포머, 디퓨전, 이중 하강 등 최신 트렌드까지 이어지는 흐름은 훌륭한 리뷰 논문을 읽는 듯한 경험을 제공합니다. 방대한 딥러닝 분야의 변화와 흐름을 빠르게 정리하고 이해할 수 있게 도와줍니다. 내용의 깊이도 주목할 만합니다. 실전의 시행착오에서 우러난 개념을 바탕으로 독자의 사고 지평을 넓혀주며, 특히 어려운 개념들은 연습 문제를 통해 반복적으로 다지도록 구성되어 있어 학습 효과를 극대화합니다. 이 책은 단순한 기술서가 아닌 AI 이론과 실무의 가교 역할을 충실히 해내는 역작입니다. 독창적인 전달력과 깊이 있는 내용 구성으로 이 분야를 진지하게 공부하려는 모든 이들에게 강력히 추천할 만한 책입니다.

제이펍은 책에 대한 애정과 기술에 대한 열정이 뜨거운 베타리더의 도움으로
출간되는 모든 IT 전문서에 사전 검증을 시행하고 있습니다.

시작하며

딥러닝의 역사는 과학계에서는 이례적이다. 불모지와 다름없었던 분야에서 25년 이상 연구를 지속해온 소수의 과학자 집단의 끈질긴 노력이 한 분야를 혁신적으로 변화시켰고, 사회에도 큰 영향을 미쳤다. 보통 연구자들이 과학이나 공학의 난해하고 비현실적인 부분을 연구할 때, 그 분야는 그저 난해하고 비실용적인 것으로 남는다. 하지만 딥러닝은 주목할 만한 예외였다. 광범위한 회의론이 뒤따름에도 요슈아 벤지오Yoshua Bengio, 제프리 힌턴Geoffrey Hinton, 얀 르쿤Yann LeCun 등의 체계적인 노력은 결국 성과를 거두었다.

이 책의 제목은 코딩이나 다른 실용적인 측면을 다루는 책과 구별하기 위해 《딥러닝 제대로 이해하기》다. 이 책은 주로 딥러닝의 기본이 되는 개념을 다룬다. 책의 첫 번째 부분에서는 딥러닝 모델을 소개하고, 모델을 훈련하고, 성능을 측정하고, 성능을 향상시키는 방법을 논의한다. 다음 부분에서는 이미지, 텍스트, 그래프 데이터에 특화된 구조를 다룬다. 이 장들은 기초적인 선형대수, 미적분, 확률만을 요구하므로, 2학년 학부생이라면 누구나 접근할 수 있을 것이다. 그다음 부분에서는 생성 모델과 강화 학습을 다룬다. 이 장들은 확률과 미적분에 대한 더 많은 지식이 요구되므로 심화 학습자를 대상으로 한다.

이 책의 제목은 일종의 농담 같기도 하다. 실제로 집필 시점에는 딥러닝을 제대로 이해하는 사람이 없다고 할 수 있었다. 최신 심층 신경망은 우주에 존재하는 원자 수보다 더 많은 영역을 가진 구간별 부분 선형함수를 학습하고, 모델 매개변수보다 적은 수의 데이터 견본을 사용하여 훈련할 수 있다. 이러한 함수를 안정적으로 적합할 수 있는지, 새로운 데이터에 잘 일반화할 수 있는지는 분명하지 않다. 이처럼 아직 설명되지 않은 핵심적인 질문들은 끝에서 두 번째 장에서 다룬다. 그럼에도 딥러닝은 더 좋은 방향으로든, 더 나쁜 방향으로든 세상을 변화시킬 것이다. 마지막 장에서는 AI 윤리에 대해 논의하고, 실무자들이 자신이 수행하는 작업의 도덕적 의미를 고려하도록 호소하는 것으로 마무리한다.

여러분의 시간은 소중하므로 최대한 효율적으로 이해할 수 있도록 자료를 선별하고 제시하기 위해 노력했다. 각 장의 본문에는 관련 그림과 함께 가장 핵심적인 개념에 대한 간결한 설명이 포함되어 있다. 모든 수학적 기본 사항이 부록에 제공되므로, 외부 자료를 참고할 필요가 없도록 했다. 또한 더 깊이 탐구하려는 독자를 위해 각 장에는 관련 문제, 파이썬 노트북, 광범위한 배경 노트를 수록했다.

- https://udlbook.github.io/udlbook/

책을 쓰는 것은 외롭고, 힘든 일이며, 수년에 걸친 과정이며, 그 책이 널리 채택될 경우에만 가치가 있다. 이 책의 내용이 마음에 들거나 개선을 위한 제안 사항이 있다면, 첨부된 웹사이트를 통해 연락해주기를 바란다. 이는 후속 판본에 반영될 것이고, 더 나은 후속 판본을 위한 여러분의 의견을 기대한다.

사이먼 J. D. 프린스

감사의 글

이 책은 다음 분들의 아낌없는 도움과 조언이 없었다면 완성되지 못했을 것이다.

Kathryn Hume, Kevin Murphy, Christopher Bishop, Peng Xu, Yann Dubois, Justin Domke, Chris Fletcher, Yanshuai Cao, Wendy Tay, Corey Toler-Franklin, Dmytro Mishkin, Guy McCusker, Daniel Worrall, Paul McIlroy, Roy Amoyal, Austin Anderson, Romero Barata de Morais, Gabriel Harrison, Peter Ball, Alf Muir, David Bryson, Vedika Parulkar, Patryk Lietzau, Jessica Nicholson, Alexa Huxley, Oisin Mac Aodha, Giuseppe Castiglione, Josh Akylbekov, Alex Gougoulaki, Joshua Omilabu, Alister Guenther, Joe Goodier, Logan Wade, Joshua Guenther, Kylan Tobin, Benedict Ellett, Jad Araj, Andrew Glennerster, Giorgos Sfikas, Diya Vibhakar, Sam Mansat-Bhattacharyya, Ben Ross, Ivor Simpson, Gaurang Aggarwal, Shakeel Sheikh, Jacob Horton, Felix Rammell, Sasha Luccioni, Akshil Patel, Alessandro Gentilini, Kevin Mercier, Krzysztof Lichocki, Chuck Krapf, Brian Ha, Chris Kang, Leonardo Viotti, Kai Li, Himan Abdollahpouri, Ari Pakman, Giuseppe Antonio Di Luna, Dan Oneaţă, Conrad Whiteley, Joseph Santarcangelo, Brad Shook, Gabriel Brostow, Lei He, Ali Satvaty, Romain Sabathé, Qiang Zhou, Prasanna Vigneswaran, Siqi Zheng, Stephan Grein, Jonas Klesen, Giovanni Stilo, Huang Bokai, Kevin McGuinness, Qiang Sun, Zakaria Lotfi, Yifei Lin, Sylvain Bouix, Alex Pitt, Stephane Chretien, Robin Liu, Bian Li, Adam Jones, Marcin Świerkot, Tommy Löfstedt, Eugen Hotaj, Fernando Flores-Mangas, Tony Polichroniadis, Pietro Monticone, Rohan Deepak Ajwani, Menashe Yarden Einy, Robert Gevorgyan, Thilo Stadelmann,

Gui JieMiao, Botao Zhu, Mohamed Elabbas, Satya Krishna Gorti, James Elder, Helio Perroni Filho, Xiaochao Qu, Jaekang Shin, Joshua Evans, Robert Dobson, Shibo Wang, Edoardo Zorzi, Stanisław Jastrzębski, Pieris Kalligeros, Matt Hewitt, Zvika Haramaty, Ted Mavroidis, Nikolaj Kuntner, Amir Yorav, Masoud Mokhtari, Xavier Gabaix, Marco Garosi, Vincent Schönbach, Avishek Mondal, Victor S.C. Lui, Sumit Bhatia, Julian Asilis, Hengchao Chen, Siavash Khallaghi, Csaba Szepesvári, Mike Singer, Mykhailo Shvets, Abdalla Ibrahim, Stefan Hell, Ron Raphaeli, Diogo Tavares, Aristotelis Siozopoulos, Jianrui Wu, Jannik Münz, Penn Mackintosh, Shawn Hoareau, Qianang Zhou, Emma Li, Charlie Groves, Xiang Lingxiao, Trivikram Muralidharan, Rajat Binaykiya, Germán del Cacho Salvador, Alexey Bloudov, Paul Colognese, Bo Yang, Jani Monoses, Adenilson Arcanjo, Matan Golani, Emmanuel Onzon, Shenghui Yan, Kamesh Kompella, Julius Aka, Johannes Brunnemann, Varniethan Ketheeswaran, Alex Ostrovsky, Daniel Burbank, Gavrie Philipson, Roozbeh Ehsani, Len Spek, Christoph Brune, Mohammad Nosrati, Bian Li, Runqi Chen, Qifu Hu, Rasmi Elasmar, Ronaldo Butrus, Carles Mesado, Jeffrey Wolberg, Olivier Koch, Edoardo Lanari, Fanmin Shi, Neel Maniar, Maksym Taran, Falk Langhammer, Reinaldo Lepsch, Max Talberg, Vishal Jain, Christian Arnold, Charles Hill, Nikita Panin, Steven Dillmann, Suhas Mathur, Harris Abdul Majid, Guolong Lin, Charles Elkan, Benedict Kuester, Vladimir Ivanov, Mohammad-Hadi Sotoudeh, Daniel Enériz Orta, Ian Jeffrey, Kwok Chun, Yu Liu, Tom Vettenburg, Aravinda Perera, Daniel Gigliotti, Iftikhar Ramnandan, Adnan Siddiquei, Will Knottenbelt, Valerio Di Stefano, Srikant Jayaraman, Goldie Srulovich, Rafał Rolczyński, Anthony Ip, Andre Coelho, Roberto Martins, Behbudiy Academy, Yun Zheng, David Bissessar, Tom Jacobs, Lei Fang, Fabian Henning, Umesh Rajashekar, Jay Park, Kai Liu, Pablo Renard Guiral, Federico Barbero, Rongjiang Pan, Betin Bilkan Karaman, Leonidas Varveropoulos, William Locke IV, Filip Jasionek, Yuanhang Wang, Stefan Bach, Ivan Yevtushenko, David Gwyer, Bohan Cui, Ali Darijani, Rouhollah Farhang, Li Tang, Aleksandrs Koselevs, Mason Wang,

Pablo Fernandez, Angelo Coluccia, Vladyslav Moroshan, Rami Luisto, Peter Zaki, Lucase Curtin, Victor Liu, Giacomo Cirò, Louis Neltner.

특히 이 책의 여러 장에 걸쳐 세심한 피드백을 준 Daniyar Turmukhambetov, Amedeo Buonanno, Andrea Panizza, Mark Hudson, Bernhard Pfahringer, Alexander Nordin에게 깊이 감사드린다. 전체 원고를 읽고 진심 어린 열정으로 이 프로젝트를 끝까지 밀어준 Andrew Fitzgibbon, Konstantinos Derpanis, Toshiaki Kurokawa, Tyler Mills에게도 특별히 감사를 전한다. 또한, 이 자료를 바탕으로 처음 강의를 열 수 있도록 초청해준 배스 대학교의 Neill Campbell과 Özgür Şimşek에게도 감사한다. 무엇보다 이 작업 내내 솔직한 조언을 아끼지 않은 편집자 Elizabeth Swayze에게 깊이 감사한다.

12장과 17장은 원래 Borealis AI 블로그에 게재되었던 글을 각색한 것으로, 캐나다왕립은행과 Borealis AI의 허락을 받아 수록하였다. 이들의 지원에 감사드린다. 16장은 Kobyzev et al.(2020)[1]의 리뷰 논문을 바탕으로 하였으며, 논문의 공동저자로서 작업할 수 있었던 것을 행운이라 생각한다. 21장은 댈하우지 대학교의 Travis LaCroix와 공동 집필한 것으로, 대부분의 작업을 맡아준 것에 특히 감사드리며, 협업하여 즐거웠다.

출처

- 그림 1.13의 체스판 이미지: http://tinyurl.com/yc2d54d4
- 그림 1.2, 1.4, 1.10의 톱니바퀴 이미지: http://tinyurl.com/2c7tttr8
- 그림 19.1-19.5, 19.6-19.9의 펭귄 이미지: http://tinyurl.com/ycx9je56
- 그림 19.2-19.5, 19.7, 19.10-19.12: http://tinyurl.com/4ueyhtsu

CHAPTER 01 서론

인공지능artificial intelligence, AI은 논리, 탐색 및 확률적 추론을 기반으로 한 다양한 방식으로 지능적인 행동을 흉내 내는 시스템이다. **머신러닝**(기계 학습)machine learning, ML은 관찰한 데이터에 적합fitting하도록 학습한 수학적 모델을 이용해서 의사결정을 하는 AI의 하위 분야다. 이 분야는 지금까지 폭발적인 성장을 해왔으며, 현재는 AI와 거의 동의어로 사용되지만 엄밀히 말하면 서로 구분되는 다른 용어다.

심층 신경망은 머신러닝 모델의 한 유형으로, 여러 층으로 쌓은 신경망을 데이터에 적합하도록 하는데 이를 **딥러닝**(심층학습)deep learning이라고 한다. 이 책의 집필 시점을 기준으로 심층 신경망은 가장 강력하고 실용적인 머신러닝 모델로서, 일상 생활 분야에서 자주 접할 수 있다. 대표적인 예로, 자연어 처리 알고리즘을 이용해서 다른 종류의 언어를 번역하거나 **컴퓨터 비전**computer vision 시스템을 통해 인터넷에서 특정 객체의 이미지를 검색하거나 음성 인식speech recognition 인터페이스를 통해 디지털 비서와 대화하는 것 등이 있다. 그리고 이 모든 응용 프로그램은 딥러닝을 기반으로 한다.

제목에서 알 수 있듯이, 이 책의 목표는 이 분야를 처음 접하는 독자가 딥러닝의 기본 원리를 이해하는 데 도움을 주는 것이다. 지나치게 이론적이지도 않고(증명이 없고) 그렇다고 너무 실용적이지도 않다(코드도 거의 없다). 목표는 기본 개념idea을 설명하는 것이다. 따라서 독자는 이 책을 읽고 나면 기존의 성공 방안이 없는 새로운 상황에 딥러닝을 적용할 수 있게 될 것이다.

머신러닝 방법은 대체로 지도 학습, 비지도 학습, 강화 학습의 세 영역으로 구분할 수 있는데, 이 책을 집필할 당시 이러한 세 영역에 속하는 최신의 방법들이 모두 딥러닝을 기반으로 하고 있다(그림 1.1). 이 책의 구성도 어느 정도 이러한 분류 체계를 반영하고 있는데, 이 분야를 소개하기 위한 이번 장에서는 이 세 영역을 대략적으로 설명한다. 우리가 원하든 원하지 않든 딥러닝은 이미 세계를 변화시키려는 태세를 취하고 있고, 이러한 변화가 모든 면에서 긍정적이지는 않을 것이다. 그런 면에서 이번 장에서는 AI 윤리에 대해서도 간단히 소개하고 있고, 마지막 부분에서 이 책을 최대한 활용하는 방법에 대해서도 설명한다.

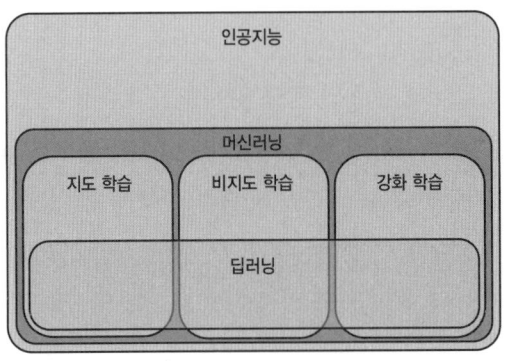

그림 1.1 머신러닝은 관찰한 데이터를 이용해서 수학적 모델을 학습하는 AI 분야다. 크게 지도 학습, 비지도 학습, 강화 학습으로 나눌 수 있는데, 각 학습 방법은 심층 신경망을 활용한다.

1.1 지도 학습

지도 학습 모델은 입력 데이터와 출력 예측 간의 매핑mapping을 정의한다. 다음 절에서는 입력, 출력, 모델과 이러한 모델이 '학습'한다는 것의 의미를 살펴본다.

1.1.1 회귀 문제와 분류 문제

그림 1.2는 여러 회귀 및 분류 문제의 예를 보여준다. 각각의 경우에 우선 대응하는 입력(문장, 사운드 파일, 이미지 등)을 숫자 벡터로 인코딩한다. 이 벡터가 모델의 입력이 된다. 모델은 입력을 출력 벡터에 매핑한 다음 물리적인 의미를 갖는 예측 결과로 '변환'한다. 설명의 편의를 위해서, 지금은 어떤 입력과 출력에 대해서, 모델이 입력된 숫자 벡터를 또 다른 출력 숫자 벡터로 반환하는 블랙박스 정도로 생각한다.

그림 1.2a의 모델은 면적, 침실 수와 같은 입력의 특성을 기반으로 주택 가격을 예측한다. 이는 모델이 (범주 할당이 아닌) 연속된 숫자를 반환하기 때문에 **회귀 문제** regression problem라고 한다. 반면에 1.2b의 모델은 분자의 화학 구조를 입력으로 받아 어는점과 끓는점을 예측한다. 이는 하나 이상의 숫자를 예측하므로 **다변량 회귀** multivariate regression 문제에 해당한다.

그림 1.2c의 모델은 레스토랑 리뷰가 포함된 텍스트의 문자열을 입력으로 받아서 리뷰가 긍정적인지 부정적인지를 예측한다. 모델이 2개의 범주 중 하나에 입력을 할당하기 때문에 이는 **이진 분류** binary classification 문제다. 출력 벡터는 입력이 각 범주에 속할 확률을 나타낸다. 그림 1.2d와 1.2e는 **다중 클래스 분류** multiclass classification 문제를 보여준다. 여기서 모델은 $N > 2$개의 범주 중 하나에 입력을 할당한다. 첫 번째 경우에 입력은 오디오 파일이고, 모델은 이를 바탕으로 해당하는 음악 장르를 예측한다. 두 번째 경우에는 입력이 이미지이고, 모델은 해당 이미지가 어떤 객체인지를 예측한다. 각 경우에 모델은 크기가 N인 벡터를 반환하는데, 각각의 벡터값은 N개 범주에 속할 확률을 나타낸다.

1.1.2 입력

그림 1.2에서 볼 수 있듯이 입력 데이터의 형태는 매우 다양하다. 주택 가격 예에서의 입력은 해당 부동산의 특성을 나타내는 값을 포함하는 고정된 길이의 벡터다. 이는 내부 구조가 없는 표 형식 데이터의 예로, 입력의 순서를 변경하고 새로운 모델을 구축해도 모델의 예측 결과는 변하지 않는다.

반면에 레스토랑 리뷰에서의 입력은 텍스트다. 이는 리뷰의 단어 수에 따라 길이가 달라질 수 있으며, 여기서는 입력 순서가 중요하다. 예를 들어 '내 아내가 닭고기를 먹었다my wife ate the chicken'와 '닭이 내 아내를 먹었다the chicken ate my wife'는 서로 다르다. 일반적으로 텍스트를 모델에 입력하기 전에 숫자 형식으로 인코딩해야 한다. 여기서는 크기가 10,000인 고정된 어휘를 사용하는데, 이는 단순히 단어 인덱스를 연결해서 만들게 된다.†

(옮긴이) Word2Vec이라고 한다. 임베딩 관련해서 다음을 참고하자. https://aman.ai/primers/ai/word-vectors/

음악 분류의 경우, 입력 벡터는 고정된 크기(10초 분량의 클립)를 갖지만, 벡터의 차원이 매우 높다(즉, 많은 항목을 포함하고 있다). 일반적으로 디지털 오디오는 44.1kHz

로 샘플링되며, 16비트 정수로 표현되므로, 10초 분량의 클립은 441,000개의 정수로 구성된다. 따라서 음악 분류를 위한 지도 학습 모델은 이 정도 크기의 입력을 처리할 수 있도록 구성해야 한다. 이미지 분류의 경우, 이미지 입력(모든 픽셀은 RGB 3개 값으로 표현됨)의 크기도 매우 크고, 2차원 공간 구조를 갖는다. 세로 방향(위아래)에 있는 두 픽셀은 입력 벡터에서 인접하지 않더라도 서로 밀접한 관련이 있다.

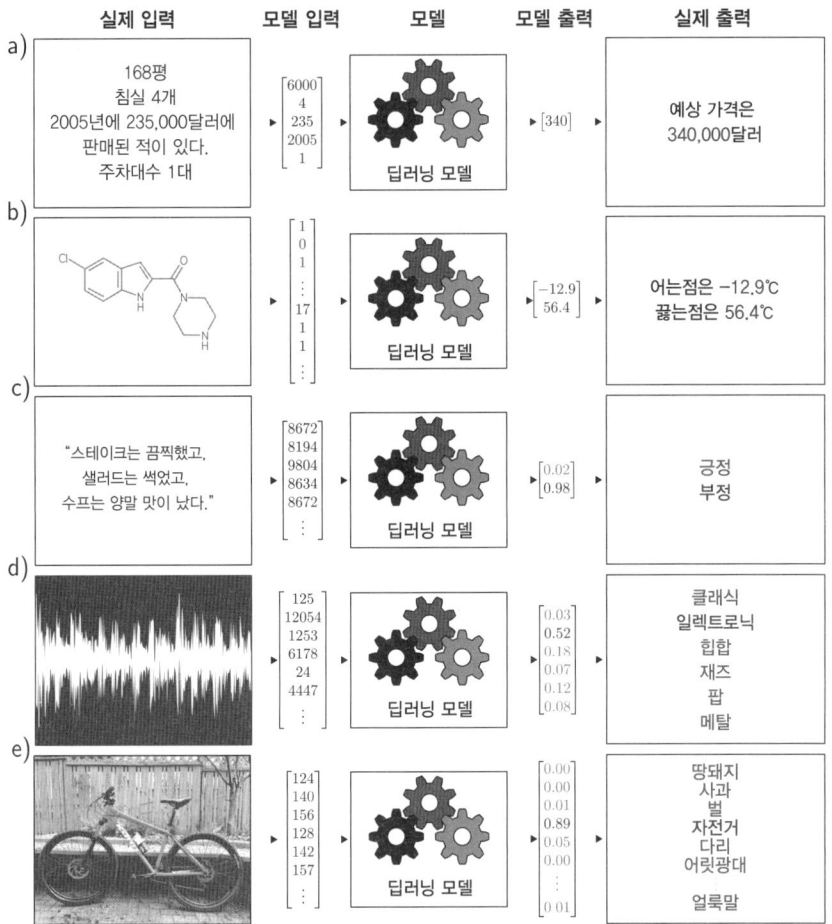

그림 1.2 회귀 문제와 분류 문제. a) 회귀 모델은 부동산의 특성을 나타내는 숫자 벡터를 입력받아서 가격을 예측한다. b) 다변량 회귀 모델은 화학 분자의 구조를 입력으로 받아서 어는점과 끓는점을 예측한다. c) 이진 분류 모델은 레스토랑 리뷰가 긍정적인지 부정적인지 분류한다. d) 다중 클래스 분류 문제는 오디오 조각을 N개의 장르 중 하나에 할당한다. e) 또 다른 다중 클래스 분류 문제에서는 모델이 이미지에 포함된 객체에 따라 이미지를 N개의 가능한 객체 중 하나로 분류한다.

1.1.3 머신러닝 모델

앞에서 머신러닝 모델을 입력 벡터로부터 출력 벡터를 반환하는 블랙박스라고 했는데, 이 블랙박스 안에는 정확히 무엇이 들어있는 걸까? 아이의 나이로부터 키를 예측하는 모델을 생각해보자(그림 1.3). 머신러닝 모델은 나이에 따라 평균 키가 어떻게 변하는지를 설명하는 수식이다(그림 1.3의 곡선). 이 식에 나이를 대입하면 키를 얻을 수 있다. 예를 들어 나이가 10살이라면 키가 139cm일 것으로 예측할 수 있다.

좀 더 정확하게 말하면, 모델은 입력을 출력으로 매핑해주는 일련의 식(다양한 곡선)을 나타낸다. 그리고 이때 각각의 식(곡선)은 **훈련 데이터**training data(입력/출력 쌍으로 구성된 견본example[†])를 통해 선택된다. 그림 1.3에서 이러한 쌍은 주황색 점으로 표시되어 있는데, 모델(선)이 이러한 데이터를 꽤 근사적으로 잘 나타내고 있다는 것을 알 수 있다. 모델을 훈련training하거나 적합fitting한다는 것은 가능한 여러 방정식(청록색 곡선들) 중에서 입력과 출력을 가장 정확하게 설명하는 하나를 찾는 과정을 의미한다.

그림 1.2의 모델에는 훈련을 위해 레이블이 지정된 입력/출력 쌍이 필요하다. 예를 들어 음악 분류 모델에는 각각의 장르를 인간 전문가가 식별해놓은 많은 오디오 클립이 필요하다. 이러한 입력/출력 쌍은 훈련 과정에서 지도자 또는 감독자 역할을 하며, 이로부터 지도 학습이라는 용어가 생겨났다.

[옮긴이] 머신러닝 분야에서 데이터셋의 개별 데이터를 나타내는 다양한 용어로 example, sample, instance, data point 등이 혼용되고 있다. 이 책에서는 원서에서 사용한 example을 견본으로 번역했고, 그 밖에 sample과 data point는 각각 문맥에 따라 샘플과 데이터 지점으로 번역했다.

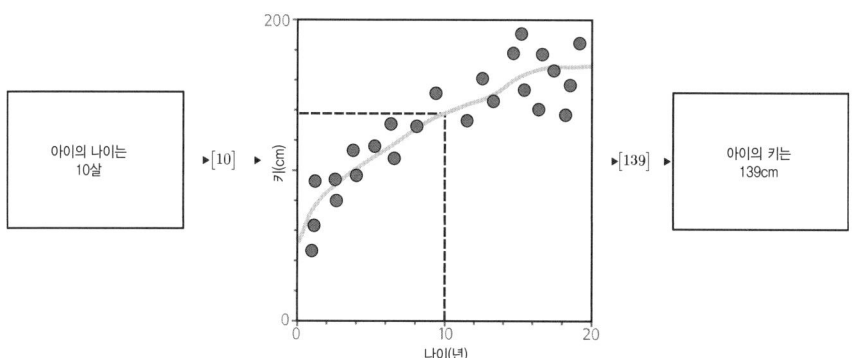

그림 1.3 머신러닝 모델. 모델은 입력(아이의 나이)과 출력(아이의 키)을 연결하는 일련의 관계를 나타낸다. 특정한 관계는 입력/출력 쌍(점)으로 구성된 훈련 데이터를 사용하여 선택한다. 모델을 훈련할 때는 데이터를 잘 설명하는 관계를 찾기 위해 가능한 모든 관계를 검색한다. 여기서 훈련된 모델은 곡선이고, 이를 통해 어떤 나이에 대해서도 키를 계산할 수 있다.

1.1.4 심층 신경망

이 책에서는 머신러닝 모델의 유형 중에서 특히 유용한 심층 신경망을 다룬다. 이는 입력과 출력 사이의 매우 다양한 관계를 나타내는 식으로, 주어진 훈련 데이터를 잘 설명하는 관계를 이 방정식들의 집합 안에서 비교적 쉽게 찾아낼 수 있다는 점이 특징이다.

심층 신경망은 크기가 매우 크고 길이가 가변적이며 다양한 종류의 내부 구조를 갖는 입력을 처리할 수 있다. 하나의 실수(회귀), 여러 숫자(다변량 회귀) 또는 2개 또는 그 이상의 클래스에 대한 확률(각각 이진 분류, 다중 클래스 분류)을 출력할 수 있다. 다음 절에서 살펴보겠지만 심층 신경망의 출력 또한 매우 크고 길이가 가변적인 내부 구조를 갖고 있을 수 있다. 이러한 특성을 갖는 식을 쉽게 떠올리기는 어렵겠지만, 책의 내용을 차근차근 따라가보자.

1.1.5 구조화된 출력

그림 1.4a는 의미론적 분할을 위한 다변량 이진 분류 모델을 보여준다. 여기서 입력 이미지의 모든 픽셀에는 해당 픽셀이 소 또는 배경에 속하는지 여부를 나타내는 이진 레이블이 할당된다. 그림 1.4b는 거리 장면 이미지를 입력받아서 각 픽셀까지의 거리를 출력해주는 다변량 회귀 모델을 보여준다. 두 경우 모두 출력은 고차원이고 구조화되어 있다. 그러나 이 구조는 입력과 밀접하게 연결되어 있으므로 이를 활용할 수 있다. 즉 어느 픽셀에 '소'라는 레이블이 지정되면 유사한 RGB값을 가진 이웃하는 픽셀도 동일한 레이블을 가질 가능성이 높다.

그림 1.4c-e는 출력이 입력과 밀접하게 관련되지 않은 복잡한 구조를 갖는 세 가지 모델을 보여준다. 그림 1.4c는 오디오 파일을 입력받아서 해당 파일의 음성을 텍스트로 변환해주는 모델을 보여준다. 그림 1.4d는 영어 텍스트 입력을 프랑스어로 번역해주는 모델이다. 그림 1.4e는 입력이 어떤 상황을 설명해주는 텍스트이고, 해당 텍스트의 내용과 일치하는 이미지를 생성해주는 모델인데, 이는 매우 어려운 작업에 속한다.

그림 1.4c-e의 세 가지 작업은 지도 학습 방법으로도 처리할 수 있지만 두 가지 이유로 인해 더 어렵다. 첫째, 출력이 하나로 정해져 있는 것이 아니라 여러 형태가 나

올 수 있다. 즉 영어 텍스트에 대한 다양한 프랑스어 텍스트 번역이 있을 수 있고, 어떤 캡션에 대해 유효한 여러 이미지가 있을 수 있다. 둘째, 출력된 결과는 특정한 구조를 갖는다. 즉 단어 문자열을 나열만 한다고 해서 뜻이 통하는 영어 텍스트나 프랑스어 텍스트를 만들 수 없고, 픽셀의 RGB값을 아무렇게나 모아놓는다고 해서 그럴듯한 이미지를 만들 수는 없다. 따라서 단순한 매핑뿐만 아니라 출력을 구성하기 위한 '문법'도 배워야 한다.

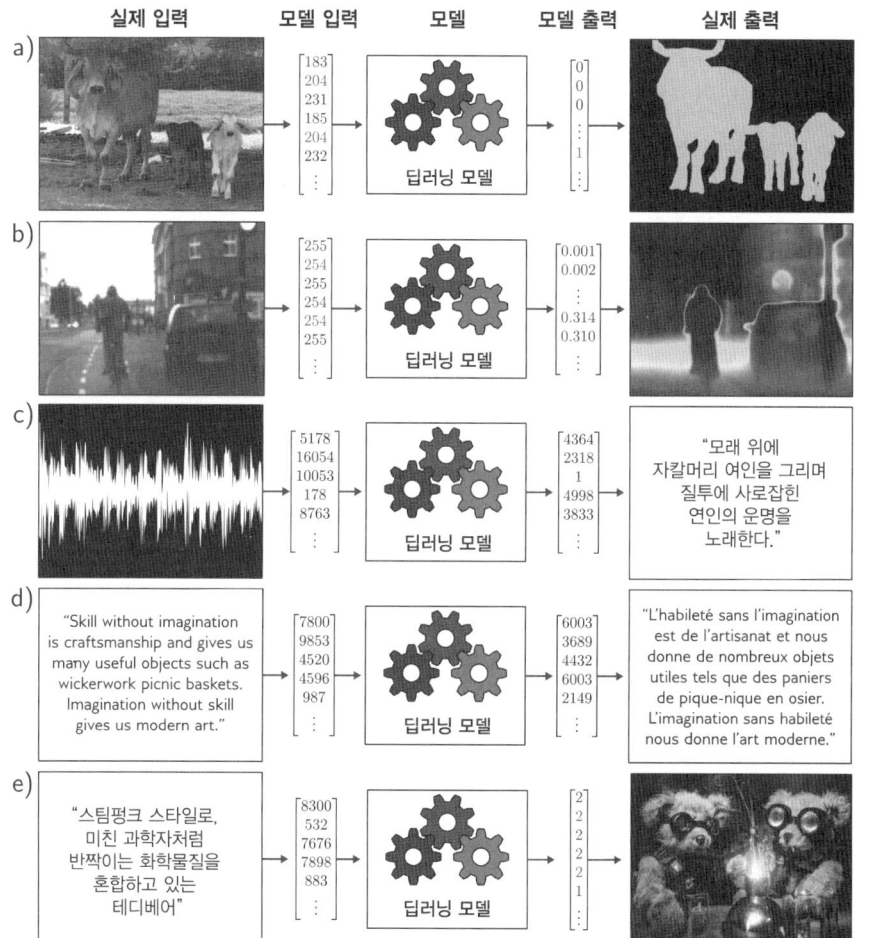

그림 **1.4** 구조화된 출력을 갖는 지도 학습. a) 의미론적 분할 모델이 RGB 이미지의 각 픽셀이 배경에 속하는지 소에 속하는지를 나타내는 이진 이미지로 매핑한다(출처: Noh et al., 2015[2]). b) 단안 깊이 추정(monocular depth estimation) 모델이 RGB 이미지를 입력으로 받아서 픽셀별로 깊이를 나타내는 출력 이미지로 매핑한다(출처: Cordts et al., 2016[3]) c) 오디오 전사(transcription) 모델이 오디오 샘플을 음성 단어로 변환한다. d) 번역 모델이 영어 텍스트의 문자열을 프랑스어로 번역. e) 이미지 합성 모델이 캡션에 해당하는 이미지를 생성한다(출처: https://openai.com/ko-KR/index/dall-e-2/). 각각의 경우에 출력은 복잡한 내부 구조나 문법을 갖고 있고, 어떤 경우에는 하나의 입력에 해당하는 많은 출력이 있을 수도 있다.

다행히 이러한 문법은 출력 레이블 없이도 학습할 수 있다. 예를 들어 방대한 텍스트 데이터 말뭉치corpus의 통계를 학습해서 유효한 영어 텍스트를 구성하는 방법을 배울 수 있다. 이는 다음 절의 비지도 학습 모델에서 다룬다.

1.2 비지도 학습

입력 데이터에 해당하는 출력 레이블 없이 모델을 학습하는 것을 비지도 학습이라고 한다. 여기서 출력 레이블이 없다는 것은 '지도'가 없다는 의미다. 비지도 학습의 목표는 입력에서 출력으로의 매핑을 학습하는 것이 아니라, 데이터의 구조를 표현하거나 이해하는 것이다. 지도 학습의 경우와 마찬가지로 데이터의 특성은 매우 다양한데, **이산형**discrete 또는 **연속형**continuous일 수도 있고, 저차원 또는 고차원일 수도 있고, 길이가 고정되어 있거나 가변적일 수도 있다.

1.2.1 생성 모델

이 책은 학습 데이터의 통계적 특성으로부터 통계적으로 유사한 새로운 데이터 견본을 생성하는 방법을 학습하는 **비지도 생성 모델**을 주로 다룬다. 일부 **생성 모델**generative model은 입력 데이터에 대한 확률분포를 명시적으로 설명하며, 이 경우 새로운 견본은 이 분포로부터 샘플링하여 생성된다. 또 다른 모델은 단순히 새로운 견본을 생성하는 메커니즘을 학습한다.

가장 최근의 생성 모델은 훈련 견본과는 구별되는 매우 그럴듯한 견본을 생성할 수 있는데, 이미지 생성(그림 1.5)과 텍스트(그림 1.6)를 생성하는 데 특히 뛰어난 성능을 보여준다. 또한 일부 출력 조건이 미리 결정되어 있는 상황에서도 해당 조건을 만족하는 데이터를 생성할 수도 있다(조건부 생성이라고 한다). 이러한 예로는 이미지 인페인팅image inpainting(그림 1.7)과 텍스트 완성text completion(그림 1.8)이 있다. 최신 텍스트 생성 모델은 지능적이라고 할 수 있을 만큼 성능이 뛰어나다. 실제로 어떤 텍스트를 주고 이에 대한 질문을 하면 모델은 해당 텍스트의 내용을 바탕으로 가장 가능성 있는 답변 내용을 생성해준다. 그러나 모델은 텍스트를 구성하는 언어의 통계적 특성만을 알고 있을 뿐이고 답변의 실제 내용을 이해하는 것은 아니다.

그림 1.5 이미지를 위한 생성 모델. 왼쪽: 고양이 사진으로 학습한 모델에서 생성된 2개의 이미지. 이것은 실제 고양이가 아니라 확률 모델에서 추출한 샘플이다. 오른쪽: 건물 이미지로 학습한 모델에서 생성된 2개의 이미지(출처: Karras et al., 2020b[4]).

> 숲 가장자리에 다다랐을 때쯤에는 달이 떠올랐고, 나무 사이로 새어 들어오는 빛은 은빛이고 차가웠다. 나는 춥지 않았지만 몸을 떨며 걸음을 재촉했다. 나는 이전에 마을에서 이렇게 멀리 나가본 적이 없었고, 어떤 상황을 마주하게 될지 알 수 없었다. 이미 몇 시간 동안을 걸어와서 피곤하고 배가 고팠다. 너무 급하게 떠났기 때문에 음식을 챙길 생각도, 무기를 가져올 생각도 하지 못했다. 나는 무장도 하지 않은 채 낯선 곳에 혼자 있었고, 내가 무엇을 하고 있는지도 알 수 없었다.
>
> 너무 오랫동안 걸어왔기 때문에 시간 감각을 모두 잃어버렸고, 얼마나 멀리 왔는지 전혀 알 수 없었다. 그저 계속 가야 한다는 것만 알았다. 나는 그녀를 찾아야만 했다. 나는 그녀와 가까워지고 있었고, 그것을 느낄 수 있었다. 그녀는 근처에서 곤경에 처해있었다. 나는 너무 늦기 전에 그녀를 찾아 도와줘야 했다.

그림 1.6 텍스트 생성 모델로 작성한 단편소설. 이 모델은 학습한 확률분포로부터 모든 출력 문자열에 확률을 할당한다. 모델이 가장 확률이 높은 다음 출력 문자열을 샘플링하면 훈련 데이터(여기서는 단편소설)의 통계적 특성을 따르지만 이전에는 본 적이 없는 새로운 문자열이 생성된다.

그림 1.7 인페인팅. 원본 이미지(왼쪽)에서 소년은 금속 케이블에 가려져 있다. 소년을 가리고 있는 영역(가운데)을 제거하고 생성 모델은 나머지 픽셀은 동일하도록 하면서 새로운 이미지(오른쪽)를 합성한다(출처: Saharia et al., 2022a[5]).

> 바스 대학교에서 첫 강의를 하기 전에 약간 긴장했다. 수백 명의 학생들이 있는 것 같았고, 그들은 위협적으로 보였다. 강단에 다가가서 막 말을 하려던 참에 이상한 일이 일어났다.
>
> 갑자기, 방 안이 거대한 굉음과 같은 귀청이 터질 듯한 소음으로 가득 찼다. 너무 시끄러워서 다른 소리는 전혀 들리지 않았고 귀를 막아야 했다. 주위의 학생들이 혼란스럽고 겁에 질려 있는 것을 볼 수 있었다. 그러다가 갑자기 소음이 멈추고 방은 다시 조용해졌다.
>
> 방금 무슨 일어난 일을 이해하려고 잠시 동안 거기 서 있었다. 그러다가 학생들이 모두 나를 바라보며 내가 무슨 말을 해주기를 기다리고 있다는 것을 깨달았다. 나는 재치 있고 기발한 말을 생각해 내려고 노력했지만 아무것도 떠오르지 않았다. 그래서 그냥 "글쎄요, 이상한 일이었네요"라고 말하고 강의를 시작했다.

그림 1.8 조건부 텍스트 합성. 텍스트의 첫 번째 문단(검은색)이 주어지면 텍스트 생성 모델은 텍스트의 나머지 부분을 합성해서 그럴듯하게 두 번째 문단과 세 번째 문단을 이어갈 수 있다. GPT-3(Brown et al., 2020[6])로 생성됐다.

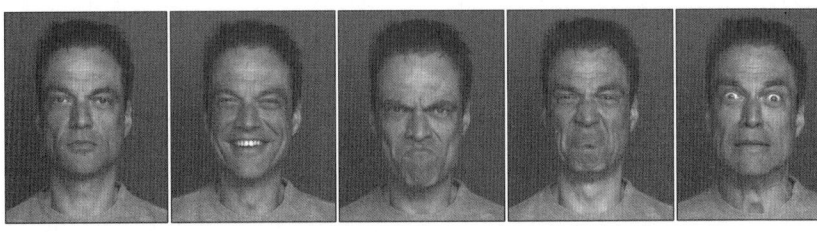

그림 1.9 인간 얼굴의 변형. 보통 인간의 얼굴에는 42개의 근육이 있으므로 동일한 조명 조건하에서 동일한 사람의 이미지에서의 대부분의 변화를 42개로 설명할 수 있다. 일반적으로 이미지, 음악, 텍스트 데이터셋은 상대적으로 적은 수의 기저 변수(underlying variable)로 설명할 수 있지만 일반적으로 이를 특정 물리적 메커니즘과 연결하는 것은 어렵다(이미지 출처: Dynamic FACES 데이터베이스 (Holland et al., 2019[7]).

1.2.2 잠재변수

일부 생성 모델은 데이터의 차원이 관측된 원래의 변수의 차원보다 더 낮을 수 있다는 점을 이용한다. 예를 들어 유효하고 의미 있는 영어 문장의 수는 무작위로 단어를 뽑아서 만든 모든 문자열의 수보다 훨씬 적다. 마찬가지로 주위에서 볼 수 있는 이미지는 해당 이미지의 모든 픽셀에 무작위로 뽑은 RGB값을 할당해서 생성할 수 있는 모든 이미지 중에 작은 부분에 해당한다. 이는 물리적으로 이미지의 인접 픽셀들이 어느 정도 비슷한 RGB값을 갖도록 생성되기 때문이다(그림 1.9 참고).

이로부터 더 적은 수의 기본 **잠재변수**latent variable로 각 데이터 견본을 표현할 수 있다는 아이디어를 얻을 수 있다. 여기서 딥러닝의 역할은 이러한 잠재변수와 데이터 간의 매핑을 제공하는 것이다. 일반적으로 잠재변수는 단순한 확률분포를 갖도록 설계한다. 이러한 분포에서 샘플링한 것을 딥러닝 모델에 입력함으로써 새로운 샘플을 생성할 수 있다(그림 1.10).

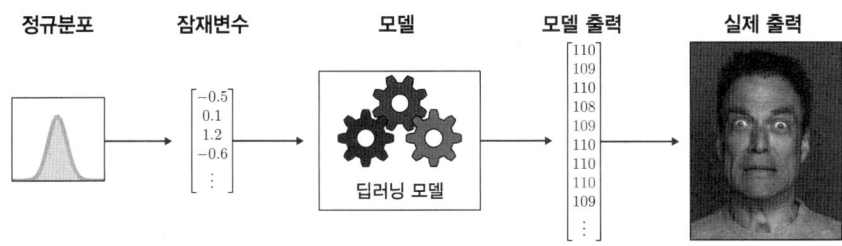

그림 1.10 잠재변수. 많은 생성 모델은 딥러닝 모델을 사용하여 저차원 잠재변수와 관측된 고차원 데이터 간의 관계를 설명한다. 잠재변수는 간단한 확률분포를 갖도록 설계한다. 따라서 잠재변수에 대한 단순 분포에서 샘플링한 다음 딥러닝 모델을 통해 샘플을 관측된 데이터 공간에 매핑함으로써 새로운 견본을 생성할 수 있다.

이러한 모델을 이용해서 실제 데이터를 새롭게 조작할 수도 있다. 예를 들어 두 가지 실제 견본을 표현하는 잠재변수를 찾고, 이러한 잠재변수를 이용해서 견본의 잠재 표현latent representation 사이를 보간하고 중간 위치를 다시 데이터 공간에 매핑함으로써 이 견본 사이를 보간할 수 있다(그림 1.11).

그림 1.11 이미지 보간(image interpolation). 각 행에서 가장 왼쪽과 가장 오른쪽의 이미지는 실제 이미지이고 그 사이에 있는 3개의 이미지는 생성 모델에 의해 생성된 일련의 보간된 이미지를 나타낸다. 이러한 보간을 수행하는 생성 모델은 기본 잠재변수들로 모든 이미지를 생성할 수 있다는 것을 학습한 것이다. 2개의 실제 이미지에 대해 이러한 변수를 찾고 그 변숫값을 보간한 다음, 이러한 중간 변수를 이용해서 새로운 이미지를 생성하고 원본 이미지의 특성을 혼합해서 시각적으로 그럴듯한 중간 결과를 생성할 수 있다. (첫 번째 행의 출처: Sauer et al., 2022[8]/두 번째 행의 출처: Ramesh et al., 2022[9])

1.2.3 지도 학습과의 연계

잠재변수가 있는 생성 모델은 출력이 구조를 갖는 지도 학습 모델에도 도움이 된다(그림 1.4). 예를 들어 캡션에 해당하는 이미지를 예측한다고 가정해보자. 이때 텍스트 입력을 이미지에 직접 매핑하는 대신 텍스트를 설명하는 잠재변수와 이미지를 설명하는 잠재변수 간의 관계를 학습할 수 있다.

여기에는 세 가지 장점이 있다. 첫째, 입력과 출력의 차원이 더 낮아지기 때문에 이 매핑을 학습하는 데 더 적은 수의 텍스트/이미지 쌍만 있어도 된다. 둘째, 그럴듯하게 보이는 이미지를 생성할 가능성이 더 높아지는데, 타당한 잠재 변숫값은 그럴듯하게 보이는 견본을 생성하도록 해준다. 셋째, 두 잠재변수 간의 매핑이나 잠재변수에서 이미지로의 매핑을 무작위로 선택하면 캡션에 해당하는 여러 가지 이미지를 생성할 수 있다(그림 1.12).

그림 1.12 '타임스퀘어에서 스케이트보드를 타는 테디베어'라는 캡션으로 생성한 여러 이미지. DALL·E 2(Ramesh et al., 2022[9])로 생성했다.

1.3 강화 학습

머신러닝의 마지막 영역은 강화 학습이다. 이 패러다임에서는 실세계에서 각 시간 단계마다 특정 작업을 수행할 수 있는 에이전트$_{agent}$라는 개념을 도입한다. 행동$_{action}$은 시스템 상태를 변경하지만 반드시 결정적인 방식으로 변경되는 것은 아니다. 행동에 따른 보상$_{reward}$이 주어지는데, 강화 학습의 목표는 에이전트가 평균적으로 높은 보상을 얻도록 하는 행동을 학습하는 것이다.

복잡한 점은 행동을 취한 후 어느 정도 시간이 지난 후에야 보상이 발생할 수 있으므로 행동을 보상과 연관시키는 것이 간단하지 않다는 것이다. 이를 시간적 신용

할당 문제temporal credit assignment problem라고 한다. 학습하는 동안 에이전트는 새로운 것에 대한 탐색exploration과 이미 알고 있는 것에 대한 활용exploitation을 잘 절충해야 한다. 즉 에이전트가 적당한 보상을 받는 방법을 이미 배운 상황에서 이전의 전략strategy을 따라야 할지(이미 알고 있는 것을 활용), 아니면 전략을 개선하기 위해 다른 행동을 시도해야 할지(다른 기회 탐색) 선택해야 한다.

1.3.1 두 가지 예

휴머노이드 로봇에게 이동하는 방법을 가르치는 경우를 고려해보자. 로봇은 주어진 시간에 제한된 횟수의 행동(다양한 관절 이동)을 할 수 있고, 이로 인해 주어진 환경에서의 상태state(로봇의 자세)가 바뀐다. 장애물 코스에서 확인 지점에 도달한 로봇에게 보상을 줄 수도 있다. 각 확인 지점에 도달하려면 많은 행동을 수행해야 하는데, 보상을 받았을 때 어떤 행동이 보상에 기여했는지, 어떤 행동이 관련이 없는지는 명확하지 않다. 이것은 시간적 신용 할당 문제의 예다.

두 번째 예는 체스 두는 법을 배우는 것이다. 다시 한번 말하지만 에이전트는 주어진 시간에 유효한 몇 가지 행동(체스 이동)만 할 수 있다. 그러나 이러한 행동은 비결정론적인 방식으로 시스템 상태를 변경한다. 어떤 행동을 선택하더라도 상대 플레이어는 미리 예상할 수 없는 방식으로 다양하게 체스를 이동할 수 있다. 여기서 상대편 체스 말을 잡을 때마다 보상을 받거나 또는 게임이 끝날 때 승리에 대한 보상을 한 번에 받도록 보상 구조를 설정할 수 있다. 후자의 경우 시간적 신용 할당 문제가 상당히 어려워지는데, 시스템이 수행한 많은 행동 중에서 어떤 것이 성공 또는 실패에 중요한 기여를 했는지 학습해야 한다.

탐색과 활용 간의 절충 관계는 이 두 가지 예에서도 분명하게 드러난다. 로봇은 옆으로 누워서 한쪽 다리로 밀면서 전진할 수 있다는 것을 발견했을 수도 있다. 하지만 이 전략으로 로봇을 이동하고 보상을 받지만 두 다리로 균형을 잡고 걷는 최적의 해결책보다 훨씬 더 느리다. 따라서 이미 알고 있는 것(어색하게 바닥을 따라 미끄러지는 방법)을 활용하는 것과 행동 공간을 탐색하는 것(이로 인해 훨씬 더 빨리 이동을 할 수 있음) 사이에서 선택을 해야 한다. 마찬가지로 체스 예에서도 에이전트가 합리적인 체스 이동 순서를 학습하는 과정에서, 이전의 지식을 활용해야 할지 아니면 다른 이동 순서를 새로 탐색해야 할지를 결정해야 한다.

딥러닝이 강화 학습 프레임워크에 얼마나 적합한지는 명확하지 않을 수 있다. 여러 가지 가능한 접근 방식이 있는데, 그중 하나가 심층 신경망을 통해 관측된 환경 상태와 행동을 매핑하는 것이다. 이를 **정책 네트워크**policy network라고 한다. 로봇 예에서 정책 네트워크는 센서 측정값으로부터 관절 움직임으로의 매핑을 학습한다. 체스 예에서 정책 네트워크는 보드의 현재 상태로부터 다음 이동 선택으로의 매핑을 학습한다(그림 1.13).

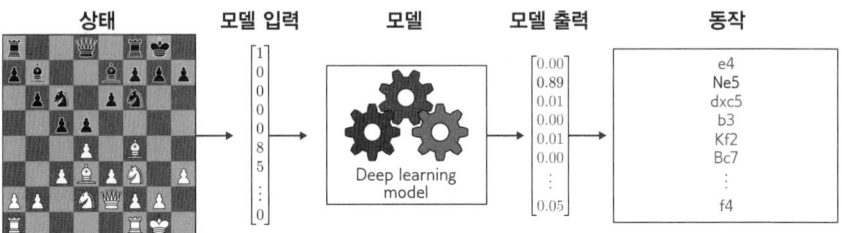

그림 1.13 강화 학습을 위한 정책 네트워크. DNN을 강화 학습에 적용하는 방법 중 하나는 상태(예: 체스판에서의 말의 위치)를 입력으로 받아 가능한 행동(예: 이동할 수 있는 수)을 출력하는 매핑을 정의하는 것이다. 이 매핑을 정책이라고 한다.

1.4 윤리

이 책에서 AI의 윤리적 함의를 논하지 않는 것은 무책임한 일이다. 강력한 AI 기술은 적어도 전기, 내연기관, 트랜지스터, 인터넷만큼이나 세상을 변화시킬 것이다. 의료, 디자인, 엔터테인먼트, 운송, 교육 그리고 거의 모든 상업 분야에서의 잠재적인 이익은 엄청나다. 그러나 과학자와 엔지니어는 자신의 연구 결과에 대해 비현실적으로 낙관하는 경우가 많으며 따라서 해를 끼칠 가능성도 그만큼 크다. 다음은 이와 관련하여 우려되는 사항이다.

- **편향과 공정성**: 과거 데이터를 기반으로 개인의 급여 수준을 예측하도록 시스템을 훈련하면 과거의 편견이 반영된 예측 결과를 얻게 된다. 예를 들어 아마도 여성이 남성보다 임금을 적게 받아야 한다고 예측할 것이다. 초고해상도 얼굴 이미지를 만들어주는 AI 시스템이 백인이 아닌 사람들을 더 백인처럼 보이게 만들거나 이미지 생성 시스템이 변호사 사진을 합성할 때 남성의 사진

만 생성하는 것과 같은 몇몇 사례는 이미 국제적인 뉴스 기사가 되었다. AI를 사용한 알고리즘 의사결정을 부주의하게 적용하면 기존 편견을 고착화하거나 더 악화시킬 가능성이 있다. 좀 더 자세한 내용은 Binns(2018)[10]를 참고하자.

- 설명 가능성: 일반적으로 딥러닝 시스템이 어떤 정보를 기반으로 어떻게 결정하는지 정확히 알지 못한다. 딥러닝 시스템에는 수십억 개의 매개변수가 있는데, 단순히 들여다보는 것만으로는 그 작동 방식을 이해할 수 있는 방법이 없다. 이로 인해 설명가능 AI$_{\text{Explainable AI, XAI}}$라는 세부 분야가 만들어졌다. 지금까지 꽤 성공적인 결과 중 하나는 지역적으로 설명을 생성하는 것이다. 이를 통해 전체 시스템을 설명할 수는 없지만 특정 결정이 내려진 이유에 대한 해석 가능한 설명을 할 수 있다. 하지만 사용자 또는 심지어 시스템 제작자에게도 완전히 설명 가능한 복잡한 의사결정 시스템을 구축하는 것이 가능한지는 여전히 알 수 없다. 좀 더 자세한 내용은 Grennan et al.(2022)[11]을 참고하자.

- AI 무기화: 모든 중요한 기술은 직간접적으로 전쟁에 사용되어왔다. 안타깝게도 폭력적인 충돌은 인간 행동의 피할 수 없는 특징이다. AI는 틀림없이 지금까지 구축된 기술 중 가장 강력한 기술이고 의심의 여지없이 군사적 맥락에서 광범위하게 배치될 것이다. 실제로 이런 일은 이미 일어나고 있다(Heikkilä, 2022[12]).

- 권력 집중: 세계에서 가장 강력한 기업들이 AI에 막대한 투자를 하는 것은 인류의 운명을 개선하려는 자비로운 관심에서 나온 것이 아니다. 그들은 이러한 기술을 통해 막대한 이익을 얻을 수 있다는 것을 알고 있다. 다른 첨단 기술과 마찬가지로 딥러닝도 이것을 통제하는 소수의 조직에 권력을 집중시킬 가능성이 높다. 인간이 현재 하고 있는 일을 자동화하면 경제 환경이 바뀌고 기술이 부족한 저임금 근로자의 생계를 위협할 것이다. 낙관론자들은 산업 혁명 중에도 유사한 혼란이 발생했지만 결과적으로 노동 시간이 단축되었다고 주장한다. 하지만 불편한 진실은 AI를 대규모로 채택하는 것이 우리 사회에 어떤 영향을 미칠지 전혀 알 수 없다는 것이다(David, 2015[13] 참고).

- 실존적 위험: 인류에 대한 주요 실존적 위험은 모두 기술에서 비롯되고 있다. 산업화는 기후 변화를 초래했다. 핵무기는 물리학 연구로부터 개발되었다. 운

송, 농업, 건설 분야의 혁신으로 인구가 더 늘고, 더 밀집해서 살고 있으며, 상호 연결이 더 많아지기 때문에 전염병 발생 가능성은 더 높아지고 더 빠르게 확산된다. 여기에 더해, AI는 새로운 실존적 위험을 가져온다. 인간보다 더 유능하고 확장 가능한 시스템을 구축하는 데 매우 신중해야 한다. 가장 낙관적인 경우에도 인간이 AI를 활용해서 엄청난 권력을 갖게 될 것이고, 가장 비관적인 경우에는 인간이 AI를 통제할 수 없거나 그 동기조차도 이해할 수 없을 것이다(Tegmark, 2018[14] 참고).

이 목록이 완전하다고는 할 수 없다. 이 밖에도 AI는 감시, 허위 정보, 개인 정보 침해, 사기, 금융 시장 조작을 할 수 있고, AI 시스템을 훈련하는 데 필요한 막대한 에너지는 기후 변화 문제를 일으킨다. 더욱이 이러한 우려는 추측에 불과하다고 간과할 수 없다. 이미 윤리적으로 의심스러운 AI 적용 사례가 많이 있다(일부 목록은 Dao, 2021[15] 참고). 게다가, 인터넷의 최근 역사는 새로운 기술이 예상치 못한 방식으로 어떻게 해를 끼칠 수 있는지를 보여주었다. 1980년대와 1990년대 초반의 온라인 커뮤니티는 가짜 뉴스, 스팸, 온라인 괴롭힘, 사기, 사이버 폭력, 비자발적 독신 문화, 정치 조작, 신상 털기, 온라인 과격화, 보복 포르노의 확산을 거의 예측할 수 없었다.

AI를 공부하거나 연구하는 (또는 관련 책을 쓰는) 모든 사람은 과학자들이 그들의 기술 사용에 대해서 어디까지 책임을 져야 하는지를 심각하게 고민해봐야 한다. 주로 자본주의가 AI의 발전을 주도하고 있기 때문에, 법적인 개선과 사회적 이익을 위한 사용은 상당히 늦어질 가능성이 있다는 점을 고려해야 한다. 과학자와 공학자는 이 분야의 진행 상황을 통제하고 피해 가능성을 줄일 수 있는지를 숙고해야 한다. AI의 잠재적 피해를 줄이기 위해 얼마나 진지하게 노력을 하는지, 평판 위험을 줄이기 위해 단순히 '윤리적 세탁'을 하고 있는지, 아니면 윤리적으로 의심되는 프로젝트를 중단하기 위한 메커니즘을 실제로 실행하고 있는지 등을 고려해서 앞으로 어떤 조직에서 일할지도 고민해야 한다.

모든 독자들이 이러한 문제들에 좀 더 관심을 갖기를 바란다. https://ethics-of-ai.mooc.fi/의 온라인 과정은 유용한 입문 자료다. 이 책으로 강의하는 교수라면 학생들과 이러한 문제를 논의해보기 바란다. 만약 교수님이 강의에서 이러한 주제를 다루지 않는 과목을 수강하고 있다면, 교수님께 이 주제를 다루어 달라고 요청하기 바란다. 기업에서 AI를 개발하거나 연구하고 있는 경우라면, 고용주의 가치관을 면밀히 살펴보고 개선의 여지가 있을 경우 도움을 주고, 여의치 않을 경우에는 회사를 떠나는 편이 낫다.

1.5 이 책의 구성

이 책의 구조는 앞서 서문에서 밝힌 내용을 반영하고 있다. 2-9장에서는 지도 학습 파이프라인을 살펴본다. 얕은 신경망과 심층 신경망을 설명하고, 이를 훈련하고 성능을 측정하고 개선하는 방법을 논의한다. 10-13장에서는 합성곱 신경망, 잔차 연결, 트랜스포머를 포함한 심층 신경망의 일반적인 구조를 설명한다. 이러한 구조는 지도 학습, 비지도 학습, 강화 학습 모두에 사용된다.

14-18장에서는 심층 신경망을 사용한 비지도 학습을 다룬다. 14장에서 비지도 학습을 살펴보고, 이후 네 가지 최신 심층 생성 모델인 생성적 적대 신경망, 변분 오토인코더, 정규화 흐름, 확산 모델에 각 장을 할애한다. 19장에서는 심층 강화 학습에 대해 간략히 소개한다. 이 주제는 별도의 책으로 다룰 수 있을 만큼 방대한 주제이므로, 이 장에서는 개략적인 내용만을 다루지만, 이 분야에 익숙하지 않은 독자들에게 좋은 출발점이 될 것이다.

이 책의 제목과는 다르게 딥러닝의 일부 측면은 아직도 잘 이해하지 못하고 있다. 20장에서는 몇 가지 근본적인 질문을 던진다. "심층 신경망을 쉽게 훈련할 수 있는 이유는 무엇일까? 왜 그렇게 일반화를 잘 할 수 있을까? 왜 그렇게 많은 매개변수가 필요할까? 신경망이 그렇게 깊을 필요가 있을까?" 이러한 질문을 통해 손실 함수의 구조, 이중 하강, 그로킹,† 복권 티켓 등 예상치 못한 현상을 탐구한다. 마지막으로 21장에서 윤리와 딥러닝에 대한 논의로 마무리한다.

> [옮긴이] 오픈AI가 딥러닝에서 발견한 가장 매력적인 수수께끼 중 하나로, 모델이 훈련 데이터를 외우는 단계에서 오랜 시간의 훈련 후 올바르게 일반화하는 단계로 전환된다는 것이다. https://pair.withgoogle.com/explorables/grokking/

1.6 추천 도서

이 책은 이전에 출간된 훌륭한 책인 《심층 학습》(제이펍, 2018)[16]에서 영감을 얻고 추가적으로 최근의 딥러닝 발전 내용까지 담고 있어서, 이 책만 읽어도 내용을 파악할 수 있도록 기획되었다. 하지만 이 책은 딥러닝에 대한 내용만 다루고 있으므로, 머신러닝을 더 폭넓게 살펴보기 위한 독자들에게는 가장 최신의 백과사전 같은 책으로 케빈 머피가 2022년, 2023년에 집필한 《확률론적 머신러닝: 기본편》(에이콘출판사, 2024)[17]과 《Probabilistic Machine Learning: Advanced Topics(확률론적 머신러닝: 고급편)》(The MIT Press, 2023)[18]를 추천한다. 또한 이 분야의 고전이라 할 만한 《패턴 인식과 머신러닝》(제이펍, 2018)[19] 역시 여전히 훌륭한 책이다.

이 책이 마음에 든다면 이전에 출간된 필자의 책인 《Computer Vision: Models, Learning, and Inference(컴퓨터 비전: 모델, 학습, 추론)》(Cambridge University Press, 2012)[20]도 추천한다. 일부 내용은 오래되었지만, 베이즈 방법을 포함하여 확률에 대한 완벽한 소개와 잠재변수 모델, 컴퓨터 비전에 필요한 기하학, 가우시안 프로세스, 그래픽 모델에 대한 좋은 기초적인 내용이 있다. 이 책과 동일한 표기법을 사용하기 때문에 이해하기 쉽고, 온라인에서도 찾아볼 수 있다. 그래픽 모델에 대한 자세한 내용은 《Probabilistic Graphical Models: Principles and Techniques(확률론적 그래픽 모델: 원리와 기술)》(The MIT Press, 2009)[21]에서 찾아볼 수 있으며, 가우시안 프로세스는 《Gaussian Processes for Machine Learning(머신러닝을 위한 가우시안 프로세스)》(The MIT Press, 2005)[22]에서 다루고 있다.

기초 수학에 대해서는 《머신러닝 수학 바이블》(홍릉과학출판사, 2023)[23]을 추천한다. 좀 더 코딩과 관련된 내용을 원한다면 《Dive into Deep Learning(딥러닝 상세분석)》(Cambridge University Press, 2023)[24]을 참고하는 것이 좋다. 컴퓨터 비전에 대한 개요를 살펴보기에는 《Computer Vision Second Edition(컴퓨터 비전 제2판)》(Springer, 2023)[25]이 가장 탁월하며, 《Foundations of Computer Vision(컴퓨터 비전의 기초)》(The MIT Press, 2024)[26]도 훌륭하다. 그래프 신경망을 배우기 위한 좋은 입문서로는 《Graph Representation Learning(그래프 표현 학습)》(Springer, 2020)[27]이 있다. 강화 학습에 대한 최고의 책은 《단단한 강화학습》(제이펍, 2020)[28]이다. 그리고 입문서로는 《단단한 심층강화학습》(제이펍, 2022)[29]을 추천한다.

1.7 이 책을 읽는 방법

이 책의 각 장에는 본문, 노트, 연습 문제가 있다. 본문은 독립적으로 읽을 수 있도록 구성되어 해당 장의 다른 부분을 참고하지 않고도 읽을 수 있다. 기초 수학은 가급적 본문에서 다루고 있다. 그러나 논의의 주요 내용을 설명하는 데 방해가 될 만한 더 큰 주제에 대해서는 배경 자료를 부록에 첨부하고 여백에 참고 자료를 표기했다. 이 책에 나오는 대부분의 표기법†은 표준을 따르지만, 널리 사용되지 않는 일부 규약은 부록 A를 참고하는 것이 좋다.

> 부록 A '표기법' 참고

본문에는 딥러닝 모델과 결과에 대한 많은 독창적이고 새로운 그림과 시각화가 담겨 있다. 이는 단순히 다른 사람이 작업한 것을 선별해서 가져온 것이 아니라 기존 개념을 새롭게 설명하기 위해 열심히 노력한 결과이다. 딥러닝은 새로운 분야이고, 어떤 현상은 아직도 제대로 이해하지 못한 경우도 있다. 따라서 이 책에서는 그 이해하기 어려운 부분을 명확하게 보여주고, 해당 부분을 주의 깊게 설명하고 있다.

참고문헌은 각 장의 본문에 관련 내용이 있는 부분에 표기되어 있다. 각 장 끝에 있는 노트 부분에서도 이를 찾을 수 있다. 본문에서는 역사적 전례를 중요하게 다루지 않는데, 더 이상 유용하지 않은 이전의 기술은 언급하지 않는다. 그러나 해당 분야의 역사적인 발전 내용은 노트 부분에 설명되어 있다. 별도의 단락으로 제공되는 노트는 추가로 읽을 내용을 제공한다. 독자가 세부 영역 내에서 올바른 방향을 찾고 머신러닝의 다른 부분과 어떻게 관련되는지 이해하는 데 도움이 될 것이다. 노트는 본문에 비해 덜 독립적으로 구성되어 있다. 따라서 배경 지식과 관심 수준에 따라 도움이 될 수도, 그렇지 않을 수도 있을 것이다.

장마다 다양한 연습 문제가 있다. 본문의 여백에 해당 문제가 참고되어 있다. 포여 죄르지Pólya György가 말했듯이, "수학은 구경하는 스포츠가 아니다." 그의 말은 옳았으며, 본문을 읽어가면서 여백에 참고되어 있는 연습 문제를 풀어볼 것을 적극 권장한다. 어떤 경우에는 해당 연습 문제가 본문을 이해하는 데 도움이 되는 통찰력을 제공해준다. 홈페이지에 답변이 제공되는 연습 문제는 별표로 표시되어 있다. 추가로 이 책의 개념을 이해하는 데 도움이 되는 파이썬Python 노트북도 웹사이트를 통해 제공되는데, 이는 본문 여백에도 참고되어 있다. 스스로 부족하다고 느낀다면 지금 당장 기초 수학†에 관한 노트북을 통해 실습해보는 것도 좋다.

> 깃허브의 노트북 1.1 'Background mathematics' 참고.
> https://bit.ly/udl1_1

AI 연구는 계속되고 있기 때문에, 이 책의 내용도 그에 맞춰 지속적으로 수정되어야 한다. 함께 다음 버전을 더 좋게 만들 수 있도록, 이해하기 어려운 부분이나 누락된 부분, 관련이 없는 부분이 있다면 홈페이지를 통해 연락해주기를 바란다.

참고 문헌

[1] Kobyzev, I., Prince, S. J., & Brubaker, M. A.(2020). Normalizing flows: An introduction and review of current methods. *IEEE Transactions on Pattern Analysis & Machine Intelligence, 43*(11), 3964-3979.

[2] Noh, H., Hong, S., & Han, B.(2015). Learning deconvolution network for semantic segmentation. *IEEE International Conference on Computer Vision*, 1520-1528.

[3] Cordts, M., Omran, M., Ramos, S., Rehfeld, T., Enzweiler, M., Benenson, R., Franke, U., Roth, S., & Schiele, B.(2016). The Cityscapes dataset for semantic urban scene understanding. *IEEE/CVF Computer Vision & Pattern Recognition*, 1877-1901.

[4] Karras, T., Laine, S., Aittala, M., Hellsten, J., Lehtinen, J., & Aila, T.(2020b). Analyzing and improving the image quality of StyleGAN. *IEEE/CVF Computer Vision & Pattern Recognition*, 8110-8119.

[5] Saharia, C., Chan, W., Chang, H., Lee, C., Ho, J., Salimans, T., Fleet, D., & Norouzi, M.(2022a). Palette: Image-to-image diffusion models. *ACM SIGGRAPH*.

[6] Brown, T., Mann, B., Ryder, N., Subbiah, M., Kaplan, J. D., Dhariwal, P., Neelakantan, A., Shyam, P., Sastry, G., Askell, A., et al.(2020). Language models are few-shot learners. *Neural Information Processing Systems, 33*, 1877-1901.

[7] Holland, C. A., Ebner, N. C., Lin, T., & Samanez-Larkin, G. R.(2019). Emotion identification across adulthood using the dynamic faces database of emotional expressions in younger, middle aged, and older adults. *Cognition and Emotion, 33*(2), 245-257.

[8] Sauer, A., Schwarz, K., & Geiger, A.(2022). StyleGAN-XL: Scaling StyleGAN to large diverse datasets. *ACM SIGGRAPH*.

[9] Ramesh, A., Dhariwal, P., Nichol, A., Chu, C., & Chen, M.(2022). Hierarchical textconditional image generation with CLIP latents. *arXiv:2204.06125*.

[10] Binns, R.(2018). Algorithmic accountability and public reason. *Philosophy & Technology, 31*(4), 543-556.

[11] Grennan, L., Kremer, A., Singla, A., & Zipparo, P.(2022). *Why businesses need explainable AI—and how to deliver it*. McKinsey, September 29, 2022. https://www.mckinsey.com/capabilities/quantumblack/our-insights/why-businesses-need-explainable-ai-and-how-to-deliver-it/.

[12] Heikkilä, M.(2022). *Why business is booming for military AI startups*. MIT Technology Review, July 7 2022. https://www.technologyreview.com/2022/07/07/1055526/why-business-is-booming-for-military-ai-startups/.

[13] David, H.(2015). Why are there still so many jobs? The history and future of workplace automation. *Journal of Economic Perspectives, 29*(3), 3-30.

[14] Tegmark, M.(2018). Life 3.0: *Being human in the age of artificial intelligence*. Vintage.

[15] Dao, D.(2021). *Awful AI*. Github. Retrieved January 17, 2023. https://github.com/daviddao/awful-ai.

[16] 이안 굿펠로, 요슈아 벤지오, 에런 쿠빌(2018). 《심층학습》. 제이펍.

[17] 케빈 머피(2024). 《확률론적 머신러닝: 기본편》. 에이콘출판사.

[18] Murphy, K. P.(2023). *Probabilistic machine learning: Advanced topics*. MIT Press.

[19] 크리스토퍼 비숍(2018). 《패턴 인식과 머신러닝》. 제이펍.

[20] Prince, S. J. D.(2012). *Computer vision: Models, learning, and inference*. Cambridge University Press.

[21] Koller, D., & Friedman, N.(2009). *Probabilistic graphical models: Principles and techniques*. MIT Press.

[22] Williams, C. K., & Rasmussen, C. E.(2006). *Gaussian processes for machine learning*. MIT Press.

[23] Deisenroth, M. P., Faisal, A. A., & Ong, C. S.(2023). 《머신러닝 수학 바이블》. 홍릉.

[24] Zhang, A., Lipton, Z. C., Li, M., & Smola, A. J.(2023). *Dive into deep learning*. Cambridge University Press.

[25] Szeliski, R.(2022). *Computer vision: Algorithms and applications, 2nd Edition*. Springer.

[26] Torralba, A., Freeman, W., & Isola, P.(2024).

Foundations of Computer Vision. MIT Press.

[27] Hamilton, W. L.(2020). Graph representation learning. *Synthesis Lectures on Artifical Intelligence and Machine Learning, 14*(3), 1-159.

[28] 리처드 서튼, 앤드류 바르토(2020).《단단한 강화학습》. 제이펍.

[29] 로라 그레서, 와 룬 켕(2022).《단단한 심층강화학습》. 제이펍.

CHAPTER 02 지도 학습

지도 학습 모델supervised learning model은 하나 또는 다수의 입력으로부터 하나 또는 다수의 출력으로의 매핑을 정의한다. 예를 들어 입력이 중고 토요타 프리우스의 연식과 주행거리일 때, 출력은 자동차의 예상 가치(달러)일 수 있다.

모델model은 단지 수식일 뿐이다. 입력에 대한 식의 계산 결과로 출력을 얻게 되는데, 이를 추론이라고 한다. 모델 식equation의 **매개변수**parameter값에 따라 계산 결과가 달라진다. 모델 식은 입력과 출력 사이의 여러 가능한 관계를 설명하고, 매개변수는 특정 관계를 결정한다.

모델을 훈련하거나 학습할 때 입력과 출력 간의 실제 관계를 설명하는 매개변수를 찾는다. 학습 알고리즘은 입력/출력 쌍의 훈련셋을 이용해서 입력에 대한 모델의 예측 결과와 해당 출력 간의 오차가 최대한 작아지도록 매개변수를 조정한다. 모델이 이러한 훈련 쌍에 대해서 잘 작동한다면 실제 출력값을 알 수 없는 새로운 입력에 대해서도 예측을 잘 할 수 있을 것이다.

이 장의 목표는 이러한 개념을 확장하는 것이다. 먼저, 지도 학습 프레임워크를 좀 더 구체적으로 설명하고 몇 가지 표기법을 소개한다. 그런 다음 직선으로 입력과 출력 사이의 관계를 설명하는 간단한 예를 보여준다. 이 선형 모델은 쉽고 시각화하기 쉬우면서도 **지도 학습**supervised learning의 주요 개념을 잘 보여준다.

2.1 지도 학습 개요

지도 학습의 목표는 입력 **x**를 받아서 예측값 **y**를 출력하는 모델을 구축하는 것이다. 설명의 편의를 위해서 입력 **x**와 출력 **y**는 모두 미리 결정된 고정된 크기의 벡터이고 각 벡터의 요소는 항상 동일한 순서로 정렬되어 있다고 가정한다. 앞의 프리우스 예에서 입력 **x**는 항상 자동차의 연식과 주행거리 순으로 되어 있다. 이를 **구조화된 데이터**structured data 또는 **표 형식 데이터**tabular data라고 한다.

예측을 하기 위해서는 입력 **x**를 받아서 **y**를 반환하는 모델 **f**[●]가 필요한데, 이를 수식으로 표현하면 다음과 같다.

$$\mathbf{y} = \mathbf{f}[\mathbf{x}] \qquad \text{식 2.1}$$

이때 모델을 이용해서 입력 **x**로부터 예측값 **y**를 계산하는 것을 **추론**inference이라고 한다.

모델은 고정된 형식을 갖는 수식일 뿐이다. 이는 입력과 출력 사이의 다양한 관계를 나타낸다. 모델에는 매개변수 ϕ가 포함되어 있는데, 매개변수의 선택에 따라 입력과 출력 간의 특정 관계가 결정되며, 이는 다음과 같이 나타낼 수 있다.

$$\mathbf{y} = \mathbf{f}[\mathbf{x}, \phi] \qquad \text{식 2.2}$$

모델을 학습하거나 훈련한다는 것은 입력으로부터 정확한 예측을 출력하는 매개변수 ϕ를 찾는 것이다. I쌍의 입력과 출력 견본 $\{\mathbf{x}_i, \mathbf{y}_i\}$로 구성된 훈련 데이터셋training dataset을 사용해서 이러한 매개변수를 학습한다. 훈련에 사용하는 각 입력을 해당 출력에 최대한 가깝게 매핑하는 매개변수를 선택하는데, 이때 매핑의 정확도를 손실 L을 통해 측정한다. 이는 매개변수 ϕ에 대해서 모델이 훈련에 사용한 입력에 대한 출력을 얼마나 부정확하게 예측하는지를 나타내는 스칼라값이다.

손실을 이러한 매개변수에 대한 함수 L[ϕ]로 나타낼 수 있다. 모델을 훈련할 때 이 손실 함수를 최소화하는 매개변수 $\hat{\phi}$를 찾는다.†

> 더욱 정확하게 말하면 손실 함수가 훈련 데이터 $\{\mathbf{x}_i, \mathbf{y}_i\}$에도 의존하므로 L[$\{\mathbf{x}_i, \mathbf{y}_i\}$, ϕ]라고 써야 하는데, 오해의 여지가 없다면 편의상 L[ϕ]로 표기한다.

$$\hat{\phi} = \underset{\phi}{\mathrm{argmin}}[L[\phi]] \qquad \text{식 2.3}$$

이러한 최소화 과정을 통해 손실이 작아진다면, 훈련 입력 $\mathbf{x}_i$에서 훈련 출력 $\mathbf{y}_i$를 정확하게 예측하는 모델 매개변수를 찾은 것이다.

모델 훈련을 마치면 이제 성능을 평가해야 한다. 별도의 테스트 데이터test data로 모델을 실행해서 훈련 중에 관찰하지 못한 견본에 대해 얼마나 잘 일반화generalize하는지 확인한다. 성능이 적절하다면 모델을 배포할 준비가 된 것이다.

2.2 선형회귀 예

이제 간단한 예를 통해 이러한 개념을 구체적으로 살펴보자. 하나의 입력 x로부터 하나의 출력 y를 예측하는 모델 $y = f[x, \phi]$를 생각해보자. 그다음 손실 함수와 모델 학습에 대해서 살펴보도록 한다.

2.2.1 1차원 선형회귀 모델

1차원 선형회귀 모델1D linear regression model은 입력 x와 출력 y 사이의 관계를 직선으로 나타낸다.

$$y = f[x, \phi]$$
$$= \phi_0 + \phi_1 x$$

식 2.4

이 모델에는 2개의 매개변수 $\boldsymbol{\phi} = [\phi_0, \phi_1]$가 있는데, 여기서 ϕ_0은 직선의 y 절편이고 ϕ_1은 기울기다. y 절편과 기울기에 따라 입력과 출력 간의 관계가 달라진다(그림 2.1). 따라서 식 2.4는 가능한 입력-출력 관계의 집합(모든 가능한 직선)을 정의하고, 매개변수의 선택에 따라 이 집합 중에 하나(특정한 직선)가 결정된다.

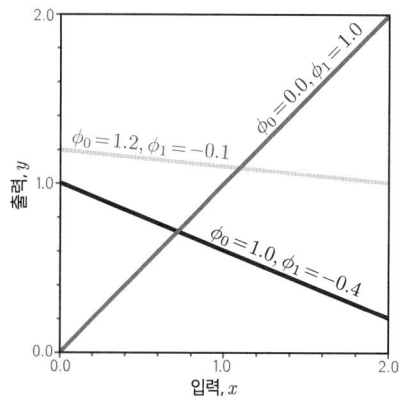

그림 2.1 선형회귀 모델. 주어진 매개변수 $\boldsymbol{\phi} = [\phi_0, \phi_1]$에 대해 모델은 입력(x축)을 기반으로 출력(y축)을 예측한다. 다른 y 절편값 ϕ_0와 기울기 값 ϕ_1을 선택하면 예측 결과가 달라진다(청록색, 주황색, 회색선 직선). 선형회귀 모델(식 2.4)은 입출력 간의 관계(직선) 집합을 정의하고, 매개변수는 그 집합 중에 하나(특정 직선)가 결정된다. 동적 이미지: https://udlbook.github.io/udlfigures/

2.2.2 손실

이 모델의 경우 훈련 데이터셋(그림 2.2a)은 I개의 입력/출력 쌍 $\{x_i, y_i\}$로 구성된다. 그림 2.2의 b-d는 세 가지 매개변수 집합으로 정의된 3개의 직선을 보여준다. 이 중에 그림 2.2d의 녹색 선이 데이터 지점에 훨씬 더 가깝기 때문에 다른 2개의 직선보다 데이터를 더 정확하게 표현한다고 볼 수 있다. 그러나 어떤 매개변수 ϕ가 다른 매개변수보다 더 나은지를 결정하려면 원칙에 입각한 접근 방식이 필요하다. 이를 위해 각 매개변수 선택에 따른 모델과 데이터 간의 불일치 정도를 정량화하는 값을 할당한다. 이 값을 **손실**loss이라고 하는데, 손실이 작을수록 더 나은 적합도를 의미한다.

불일치 정도는 모델의 예측 $f[x_i, \phi]$(x_i에서 직선의 높이)와 원하는 정답ground truth y_i 사이의 편차로 나타낸다. 이러한 편차는 그림 2.2의 b-d에서 점선으로 표시된다. 모든 I 훈련 쌍에 대한 편차의 제곱의 합으로 전체 편차, **훈련 오차**training error 또는 손실을 정량적으로 나타낸다.

$$L[\phi] = \sum_{i=1}^{I} \big(f[x_i, \phi] - y_i\big)^2$$
$$= \sum_{i=1}^{I} \big(\phi_0 + \phi_1 x_i - y_i\big)^2$$

식 2.5

최적의 매개변수를 이 식에 대입했을 때 최솟값을 갖게 되는데, 이를 **최소제곱 손실**least squares loss이라고 한다. 제곱 연산은 편차의 방향(직선이 데이터 위에 있는지 아래에 있는지)은 중요하지 않다는 것을 의미한다. 이 선택에 대한 이론적 이유도 있는데, 이는 5장에서 자세히 다루도록 한다.

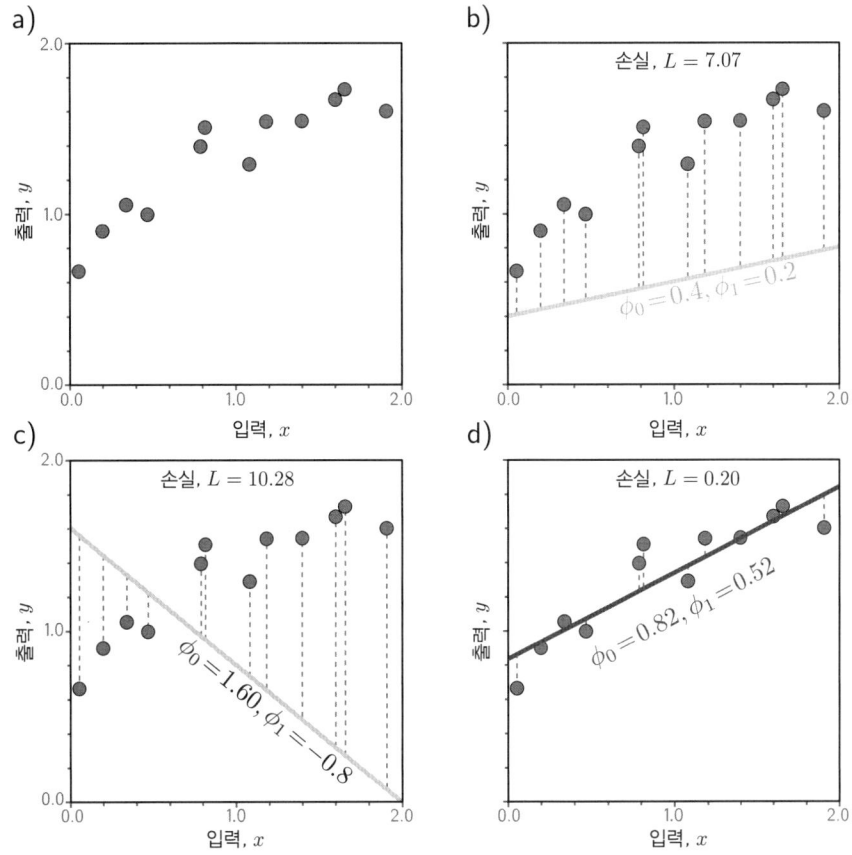

그림 2.2 선형회귀에 사용되는 훈련 데이터, 모델 및 손실. a) 훈련 데이터(주황색 점)는 $I = 12$개의 입력/출력 쌍 $\{x_i, y_i\}$으로 구성된다. b)–d) 각 그림은 서로 다른 매개변수를 갖는 선형회귀 모델을 보여준다. y 절편과 기울기 매개변수 $\phi = [\phi_0, \phi_1]$에 따라 모델 오차(주황색 점선)가 더 커질 수도 있고 작아질 수도 있다. 손실 L은 이러한 오차의 제곱의 합이다. b)와 c)의 직선을 결정하는 매개변수는 모델 적합도가 낮기 때문에 각각 $L = 7.07, L = 10.28$의 큰 손실을 나타낸다. d)의 모델은 적합도가 높기 때문에 손실이 $L = 0.20$으로 매우 적다. 실제로 이것은 가능한 모든 직선 중에서 손실이 가장 작으므로 이것이 최적의 매개변수다. 동적 이미지: https://udlbook.github.io/udlfigures/

손실 L은 매개변수 ϕ에 대한 함수다.† 모델의 적합도가 낮으면 (그림 2.2b, c) 손실이 더 커지고, 적합도가 높으면 손실이 더 적어진다(그림 2.2d). 이런 관점에서 $L[\phi]$를 손실 함수 또는 **비용 함수**cost function라고 한다. 따라서 목표는 $L[\phi]$를 최소화하는 매개변수 $\hat{\phi}$을 찾는 것이다.

깃허브의 노트북 2.1
'Super-vised learning' 참고
https://bit.ly/udl2_1

$$\begin{aligned}\widehat{\phi} &= \underset{\phi}{\operatorname{argmin}}\left[\mathrm{L}[\phi]\right] \\ &= \underset{\phi}{\operatorname{argmin}}\left[\sum_{i=1}^{I}\bigl(\mathrm{f}[x_i,\,\phi]-y_i\bigr)^2\right] \\ &= \underset{\phi}{\operatorname{argmin}}\left[\sum_{i=1}^{I}\bigl(\phi_0+\phi_1 x_i-y_i\bigr)^2\right]\end{aligned}$$

식 2.6

연습 문제 2.1 – 2.2 참고

매개변수가 2개(y 절편 ϕ_0와 기울기 ϕ_1)뿐이기 때문에, 모든 매개변숫값의 조합에 대해서 손실을 계산하고 손실 함수를 시각화할 수 있다(그림 2.3).† 손실 함수가 최솟값일 때의 좌푯값이 최적의 매개변수에 해당한다.

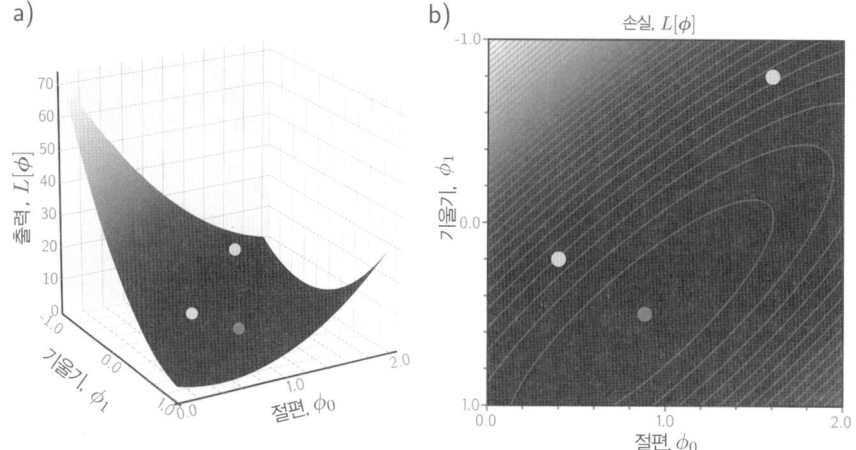

그림 2.3 그림 2.2a의 데이터셋을 사용한 선형회귀 모델의 손실 함수. a) 매개변수 $\phi = [\phi_0, \phi_1]$의 각 조합에 따른 손실 함수 $\mathrm{L}[\phi]$는 3차원 공간에서 표면으로 시각화할 수 있다. 3개의 점은 그림 2.2b)–d)의 직선을 나타낸다. b) 손실은 히트맵으로 시각화할 수도 있다. 여기서 영역이 밝을수록 더 큰 손실을 나타낸다. 히트맵은 (a)의 표면을 위에서 똑바로 내려다본 것이고, 회색 타원은 등고선을 나타낸다. 손실이 가장 작은 매개변수(녹색 점)일 때, 직선의 적합도가 가장 높다(그림 2.2d).

2.2.3 훈련

손실을 최소화하는 매개변수를 찾는 과정을 **모델 적합**model fitting, **훈련**training 또는 **학습**learning이라고 한다. 이를 위한 기본적인 방법은 초기 매개변수를 임의로 선택한 다음에 손실 함수의 바닥에 도달할 때까지 손실 함수의 경사면을 따라 내려가도록 매개변수를 갱신하는 것이다(그림 2.4). 좀 더 구체적으로 이를 수행하는 방법은 현재 위치에서 손실 함수 표면의 경사도를 측정하고 가장 빠르게 손실 함수를 따라 내려가는 방향으로 매개변수를 조금씩 바꿔보는 것이다. 그런 다음 기울기가 평평해지고 더 이상 매개변숫값이 바뀌지 않을 때까지 이 과정을 반복한다.†

선형회귀 모델은 매개변수에 대한 수학적 표현식을 찾을 수 있기 때문에 이러한 반복적 접근법이 필요하지 않다. 경사 하강법은 수학적으로 해를 표현할 수 없고 모든 매개변숫값의 조합에 대한 손실을 평가하기에는 매개변수가 너무 많은 더 복잡한 모델에 적합하다.

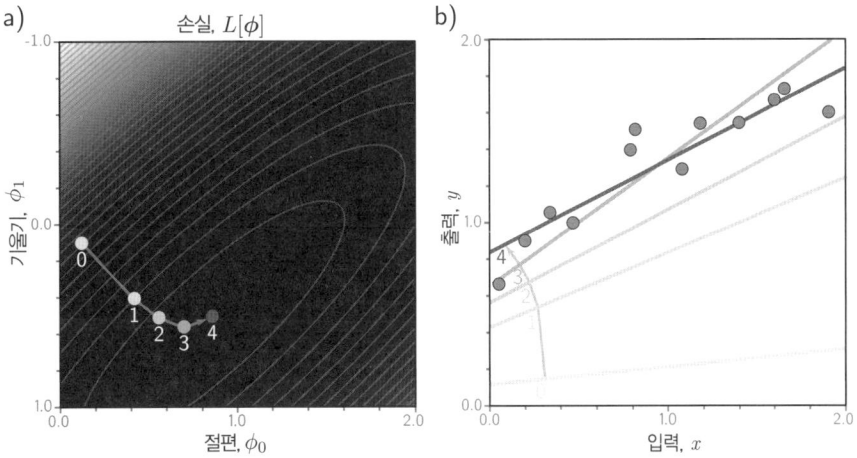

그림 2.4 선형회귀 훈련. 목표는 가장 작은 손실에 해당하는 y 절편과 기울기 매개변수를 찾는 것이다. a) 반복적인 훈련 알고리즘은 매개변수를 무작위로 초기화한 다음 더 이상 손실이 작아지지 않을 때까지 손실 함수의 경사면을 '따라 내려가면서(walking downhill)' 매개변수를 갱신한다. 여기서는 위치 0에서 시작하여 등고선에 수직인 방향으로 일정한 거리만큼 내려가면서 위치 1로 이동한다. 그런 다음 다시 내리막 방향을 계산하고 위치 2로 이동한다. 이런 방식으로 반복적으로 이동해서 결국 함수의 최솟값(위치 4)에 도달한다. b) 그림 a)의 각 위치 0-4는 서로 다른 y 절편과 기울기에 해당하므로 서로 다른 직선을 나타낸다. 손실이 감소할수록 데이터에 대한 직선의 적합도가 더 높아진다. 동적 이미지: https://udlbook.github.io/udlfigures/

2.2.4 테스트

모델을 훈련한 후에는 모델이 실제 환경에서 어떻게 작동할지를 알아야 한다. 이를 위해 별도의 **테스트 데이터셋**test dataset에 대한 손실을 계산해본다. 테스트 데이터에 대한 예측 정확도는 훈련 데이터의 대표성과 완전성에 따른 일반화 능력에 따라 달라진다. 이는 또한 모델의 표현력에도 영향을 받는다. 직선과 같은 단순한 모델은 입력과 출력 간의 실제 관계를 포착하지 못할 수도 있다. 이를 **과소적합**underfitting이라고 한다. 반면, 표현력이 너무 뛰어난 모델은 훈련 데이터의 이례적이고 특이한 통계적 특성까지 학습하게 되어 비정상적인 예측을 하기도 한다. 이를 **과적합**overfitting이라고 한다.

2.3 요약

지도 학습 모델은 입력이 $\mathbf{x}$이고 출력이 $\mathbf{y}$인 함수 $\mathbf{y} = \mathbf{f}[\mathbf{x}, \boldsymbol{\phi}]$로 표현할 수 있다. 이 함수가 나타내는 특정 관계는 매개변수 $\boldsymbol{\phi}$에 의해 결정된다. 모델을 훈련시키기 위해 훈련 데이터셋 $\{\mathbf{x}_i, \mathbf{y}_i\}$에 대해 손실 함수 $L[\boldsymbol{\phi}]$를 정의한다. 이는 모델 예측 $\mathbf{f}[\mathbf{x}_i, \boldsymbol{\phi}]$와 관측된 출력 $\mathbf{y}_i$ 사이의 불일치 정도를 매개변수 $\boldsymbol{\phi}$의 함수로 정량적으로 나타낸다. 그런 다음 손실을 최소화하는 매개변수를 찾는다. 마지막으로 모델이 새로운 입력에 얼마나 잘 일반화되는지 확인하기 위해 별도의 테스트 데이터셋으로 모델을 평가한다.

3-9장에서는 이러한 개념을 확장하기 위해서 다양한 모델에 대해서 다룬다. 1차원 선형회귀는 입력과 출력 간의 관계를 직선으로만 설명할 수 있다는 명백한 단점이 있다. 얕은 신경망(3장)은 선형회귀보다 약간 더 복잡하지만 훨씬 더 다양한 입력/출력 관계들을 표현할 수 있다. 심층 신경망(4장) 또한 표현력이 뛰어나고 더 적은 매개변수로 복잡한 함수를 표현할 수 있고 실제로 성능이 더 뛰어나다.

5장에서는 다양한 작업에 대한 손실 함수를 살펴보고 최소제곱 손실의 이론적 기초를 설명한다. 6장과 7장에서는 훈련 과정을 살펴보고, 8장에서는 모델 성능을 측정하는 방법을 논의한다. 마지막으로 9장에서는 성능을 향상시키기 위한 방법 중 하나인 정칙화 기법을 알아본다.

노트

손실 함수 vs. 비용 함수

대부분의 머신러닝과 이 책에서는 손실 함수와 비용 함수라는 용어가 같은 의미로 사용되고 있다. 그러나 더 정확하게 말하면 손실 함수는 하나의 데이터 지점에 대한 손실(식 2.5의 우변의 각 제곱 항)이고, 비용 함수는 최소화하려는 전체 데이터 지점에 대한 손실(즉 식 2.5의 우변 전체)이다. 비용 함수에는 개별 데이터 지점과 관련이 없는 추가 항이 포함될 수 있다(9.1절 참고). 더욱 일반적으로 **목적 함수**objective function는 최대화하거나 최소화하려는 모든 함수를 말한다.

생성 모델 vs. 판별 모델

이 장에서 모델 $\mathbf{y} = \mathbf{f}[\mathbf{x}, \boldsymbol{\phi}]$는 **판별 모델**discriminative model이다. 이는 실제 측정값 $\mathbf{x}$로부터 출력 $\mathbf{y}$를 예측한다. 또 다른 접근 방식은 생성 모델 $\mathbf{x} = \mathbf{g}[\mathbf{y}, \boldsymbol{\phi}]$를 구축하고 실제 측정값 $\mathbf{x}$를 출력 $\mathbf{y}$의 함수로 계산하는 것이다.†

연습 문제 2.3 참고

생성 접근 방식은 $\mathbf{y}$를 직접적으로 예측하지 못한다는 단점이 있다. 추론을 하려면 생성식의 역함수 $\mathbf{y} = \mathbf{g}^{-1}[\mathbf{x}, \boldsymbol{\phi}]$를 구해야 하는데, 이것이 어려울 수 있다. 반면에 데이터 생성에 대한 사전 지식을 바탕으로 생성 모델을 구축할 수 있다는 장점이 있다. 예를 들어 이미지 $\mathbf{x}$에 있는 자동차의 3차원 위치와 방향 $\mathbf{y}$를 예측하는 경우, 자동차 모양, 3차원 기하학, 빛 전달에 대한 지식을 이용해서 함수 $\mathbf{x} = \mathbf{g}[\mathbf{y}, \boldsymbol{\phi}]$를 구축할 수 있다.

이것은 좋은 생각처럼 보이지만 실제로는 현대 머신러닝에서는 판별 모델이 주로 사용된다. 생성 모델에서 사전 지식을 통해서 얻을 수 있는 이점이 대량의 훈련 데이터로 학습한 판별 모델의 장점보다 크지 않기 때문이다.

연습 문제

2.1 손실 함수(식 2.5)에서 '경사면'을 따라 내려가기 위해서는 매개변수 ϕ_0과 ϕ_1에 대한 기울기를 알아야 한다. 기울기 $\partial L/\partial \phi_0$, $\partial L/\partial \phi_1$을 계산해보자.

2.2 문제 2.1의 미분 식을 0으로 놓고, 이 식에 대한 ϕ_0과 ϕ_1의 해를 구해서 수학적으로 손실 함수의 최솟값을 찾을 수 있음을 증명해보자. 이런 방식은 선형회귀에는 적용할 수 있지만, 더 복잡한 모델에는 적용할 수 없다. 이것이 경사 하강법(그림 2.4) 같은 반복적인 모델 적합 방법을 사용하는 이유다.

2.3* 선형회귀를 생성 모델로 재정의하면 $x = g[y, \phi] = \phi_0 + \phi_1 y$가 된다. 새로운 손실 함수는 무엇일까? 추론에 사용할 역함수 $y = g^{-1}[x, \phi]$에 대한 표현식을 찾아라. 이 모델이 주어진 훈련 데이터셋 $\{x_i, y_i\}$에 대해 판별 버전의 예측과 동일한가? 이를 확인하는 방법은 두 가지 방법에 대해서 3개의 데이터 지점에 직선을 적합하는 코드를 작성하고 그 결과가 동일한지 확인하는 것이다.

CHAPTER 03 얕은 신경망

2장에서 1차원 선형회귀를 이용한 지도 학습을 소개하면서, 이 모델은 입력/출력 관계를 직선으로만 표현할 수 있다고 했다. 이 장에서는 **얕은 신경망**shallow neural network을 소개한다. 이는 구간별 부분 선형함수를 사용해서 다차원 입력과 출력 간의 임의의 복잡한 관계를 근사할 수 있을 만큼 표현력이 뛰어나다.

3.1 신경망의 예

얕은 신경망은 매개변수 ϕ를 갖는 함수 $\mathbf{y} = \mathbf{f}[\mathbf{x}, \phi]$로 다변량 입력 $\mathbf{x}$를 다변량 출력 $\mathbf{y}$에 매핑한다. 완벽한 정의는 3.4절에서 다루기로 하고, 우선 스칼라 입력 $\mathbf{x}$를 스칼라 출력 $\mathbf{y}$에 매핑하고 10개의 매개변수 $\phi = \{\phi_0, \phi_1, \phi_2, \phi_3, \theta_{10}, \theta_{11}, \theta_{20}, \theta_{21}, \theta_{30}, \theta_{31}\}$을 갖는 간단한 네트워크 $\mathbf{f}[\mathbf{x}, \phi]$를 통해 기본 개념을 소개한다.

$$y = \mathrm{f}[x, \phi] = \phi_0 + \phi_1 \mathrm{a}[\theta_{10} + \theta_{11}x] + \phi_2 \mathrm{a}[\theta_{20} + \theta_{21}x] + \phi_3 \mathrm{a}[\theta_{30} + \theta_{31}x] \quad \text{식 3.1}$$

식 3.1은 세 부분으로 나눠서 계산할 수 있다. 첫째, 입력 데이터를 3개의 선형함수 ($\theta_{10} + \theta_{11}x$, $\theta_{20} + \theta_{21}x$, $\theta_{30} + \theta_{31}x$)에 대입한 결과를 계산한다. 둘째, 3개의 선형함수 결과를 각각 **활성화 함수**activation function $a[\bullet]$를 통과시킨다. 마지막으로 3개의 활성화된 결과값에 각각 ϕ_1, ϕ_2, ϕ_3 가중치를 곱하고 이를 합산한 후에 오프셋 ϕ_0을 추가한다.

식 3.1의 설명을 마무리하기 위해서 활성화 함수 $a[\bullet]$를 정의해야 한다. 여러 가지 활성화 함수가 있지만 일반적으로 가장 많이 사용되는 것은 **정류 선형 유닛**rectified linear unit, ReLU이다.

$$a[z] = \text{ReLU}[z] = \begin{cases} 0 & z < 0 \\ z & z \geq 0 \end{cases}$$

식 3.2

ReLU는 입력이 양수이면 입력을 그대로 반환하고, 음수이면 0을 반환한다(그림 3.1).

식 3.1로 어떠한 입력/출력 관계들을 표현할 수 있을지 아직 명확해보이지 않을 수도 있다. 하지만 놀랍게도 이전 장에서 소개한 개념을 모두 적용할 수 있다. 식 3.1은 함수족family of function(함수들의 집합)을 나타내는데, 함수족에 속하는 특정 함수는 ϕ의 10개 매개변수에 따라 결정된다. 따라서 매개변수를 알고 있으면, 주어진 입력 x에 대한 식을 평가하여 추론(y 예측)할 수 있다. 훈련 데이터셋 $\{x_i, y_i\}_{i=1}^I$이 주어지면 최소제곱 손실 함수 $L[\phi]$를 정의하고, 이를 통해 모델이 주어진 매개변숫값 ϕ에 대해 이 데이터셋을 얼마나 효과적으로 표현하는지 측정할 수 있다. 모델을 훈련하기 위해 손실을 최소화하는 $\hat{\phi}$값을 찾는다.

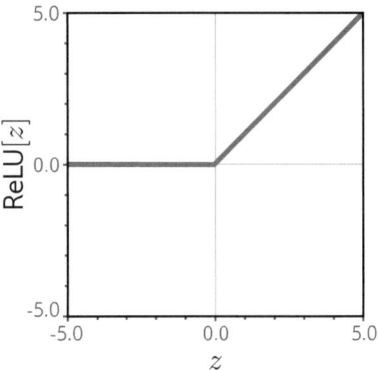

그림 3.1 ReLU. 이 활성화 함수는 입력이 0보다 작으면 0을 반환하고 그렇지 않으면 입력을 그대로 반환한다. 즉 음숫값을 0으로 고정한다. 다양한 활성화 함수가 있지만(그림 3.13 참고), 일반적으로 ReLU가 가장 많이 사용되고 이해하기도 쉽다.

3.1.1 신경망의 직관적 이해

사실 식 3.1은 최대 4개의 선형 구간이 있는 연속적인 구간별 부분 선형함수족(그림 3.2)을 나타낸다. 이제 식 3.1을 분해해서 이것이 구간별 부분 선형함수족인 이유를 논의한다. 좀 더 쉽게 이해할 수 있도록 함수를 두 부분으로 나눈다.

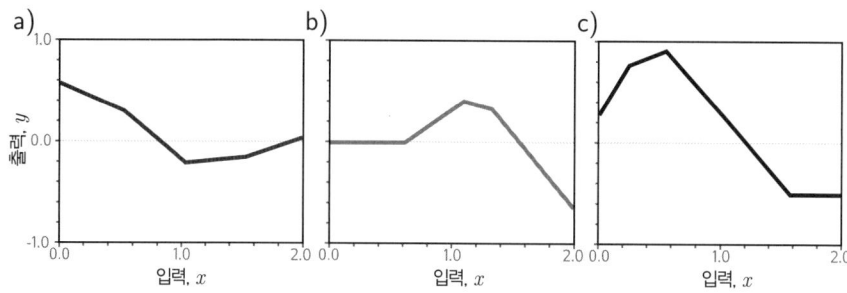

그림 3.2 식 3.1로 정의된 함수족. a–c) 세 가지 서로 다른 매개변수 ϕ에 따라 결정된 함수. 각 경우에 입력/출력 관계는 구간별로 선형이다. 그러나 각 구간의 위치, 선형 구간의 기울기, 전체 높이가 다르다.

우선 다음과 같은 중간 계산값을 도입한다.

$$h_1 = a[\theta_{10} + \theta_{11}x]$$
$$h_2 = a[\theta_{20} + \theta_{21}x]$$
$$h_3 = a[\theta_{30} + \theta_{31}x]$$

식 3.3

여기서 h_1, h_2, h_3을 **은닉 유닛**hidden unit이라고 한다. 그다음 이러한 은닉 유닛들을 **선형함수**linear function로 결합해서 출력을 계산한다.†

$$y = \phi_0 + \phi_1 h_1 + \phi_2 h_2 + \phi_3 h_3$$

식 3.4

그림 3.3은 그림 3.2a의 함수를 생성하는 계산 흐름을 보여준다. 각 은닉 유닛에서는 입력 x에 대한 선형함수 $\theta_{\bullet 0} + \theta_{\bullet 1}x$의 결과를 ReLU 함수 $a[\bullet]$가 클리핑clipping해서 0 아래 부분을 잘라내고 0으로 고정한다. 3개의 직선이 0과 교차하는 위치가 최종 출력에서 3개의 **연결점**joint이 된다. 그런 다음 3개의 클리핑된 직선에 각각 ϕ_1, ϕ_2, ϕ_3의 가중치를 곱해준다. 마지막으로 최종 함수의 전체 높이를 조절해주는 오프셋 ϕ_0이 추가된다.†

그림 3.3(j)의 각 선형 영역은 은닉 유닛의 서로 다른 **활성화 패턴**activation pattern에 해당한다. 유닛이 클리핑되면 비활성inactive이라고 하고, 클리핑되지 않으면 활성active이라고 한다. 예를 들어 음영 처리된 영역에서는 활성인 h_1, h_3은 기여를 하지만 비활성인 h_2는 기여를 하지 않는다. 각 선형 영역의 기울기는 이 영역에 대한 활성 입력의 원래 기울기 $\theta_{\bullet 1}$과 이후에 적용된 가중치 $\phi_\bullet$에 의해 결정된다. 예를 들어 음영 처리된 영역(문제 3.3 참고)의 기울기는 $\theta_{11}\phi_1 + \theta_{31}\phi_3$인데, 여기서 첫 번째 항은 그림 3.3(g)의 기울기이고 두 번째 항은 그림 3.3(i)의 기울기다.

이 책에서 선형함수는 $z' = \phi_0 + \sum \phi_i z_i$와 같은 형식을 갖는다. 이 밖에 다른 유형의 함수는 비선형이다. 예를 들어 ReLU 함수(식 3.2)와 이를 포함하는 신경망(식 3.1)은 모두 비선형이다. 좀 더 자세한 내용은 이 장 끝부분의 노트를 참고하자.

연습 문제 3.1 – 3.8 참고

깃허브의 노트북 3.1 'Shallow networks I' 참고 https://bit.ly/udl3_1

연습 문제 3.9 참고

각 은닉 유닛†은 함수에 하나의 연결점을 제공하므로 3개의 은닉 유닛이 있으면 4개의 선형 영역이 있을 수 있다. 그러나 이 영역의 기울기 중에 3개만 독립적이다. 네 번째 기울기는 0(이 영역에서 모든 은닉 유닛이 비활성인 경우)이거나 다른 영역의 기울기 합이다.†

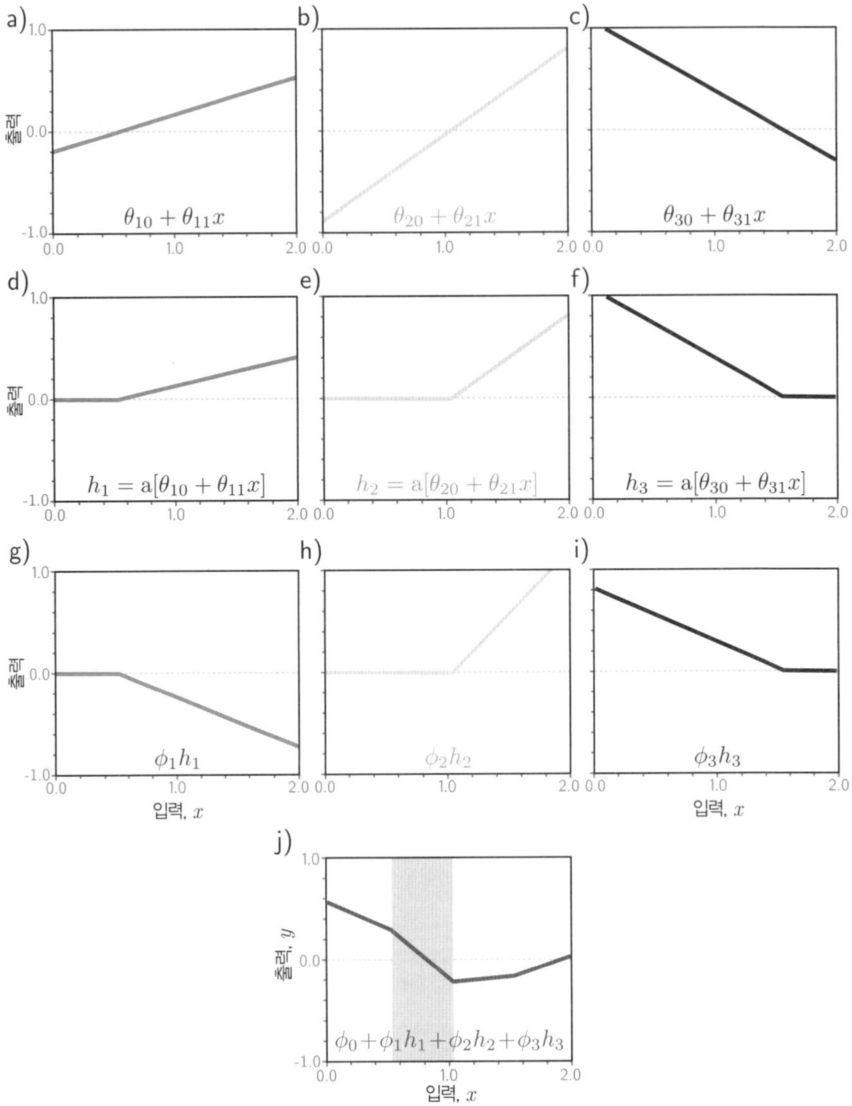

그림 3.3 그림 3.2a의 함수 계산. a–c) 입력 x는 각각 서로 다른 y 절편 $\phi_{\bullet0}$과 기울기 $\theta_{\bullet1}$을 갖는 3개의 선형함수를 통과한다. d–f) 선형함수를 통과한 결과는 음숫값을 0으로 클리핑하는 ReLU 활성화 함수를 통과한다. g–i) 3개의 클리핑된 결과는 각각 ϕ_1, ϕ_2, ϕ_3의 가중치(크기 조정 scaling)를 곱해준다. j) 마지막으로 클리핑하고 가중치를 반영한 함수를 합해주고 높이를 조절하는 오프셋 ϕ_0을 더해준다. 4개의 선형 영역은 은닉 유닛의 서로 다른 활성화 패턴에 해당한다. 음영 영역에서 h_2는 비활성(클리핑됨)이지만 h_1과 h_3은 모두 활성이다. 동적 이미지: https://udlbook.github.io/udlfigures/

3.1.2 신경망 표현

지금까지 입력 1개, 출력 1개, 은닉 유닛이 3개인 신경망에 대해 논의했다. 이 신경망을 시각화하면 그림 3.4a와 같다. 입력은 왼쪽에, 은닉 유닛은 중앙에, 출력은 오른쪽에 있다. 각각의 연결은 10개의 매개변수 중 하나를 나타낸다. 일반적으로 좀 더 단순하게 표현하기 위해서, 절편 매개변수를 생략하면 그림 3.4b와 같이 표시된다.

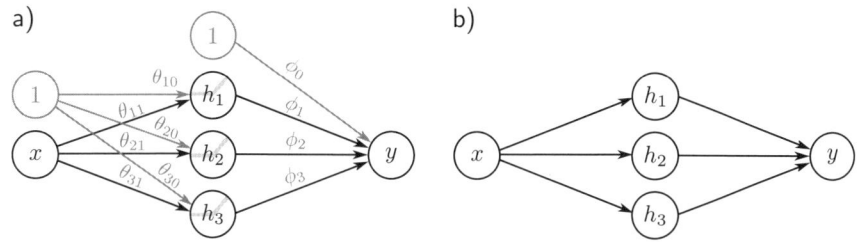

그림 3.4 신경망 표현. a) 입력 x는 왼쪽에 있고, 은닉 유닛 h_1, h_2, h_3은 가운데에 있고, 출력 y는 오른쪽에 있다. 계산은 왼쪽에서 오른쪽으로 진행한다. 입력을 받아서 은닉 단위를 계산하고 이들을 결합해서 출력을 생성한다. 10개의 화살표는 각각의 매개변수를 나타낸다(주황색은 절편, 검은색은 기울기). 각 매개변수를 해당 입력과 곱하고 그 결과를 다음 유닛에 더한다. 예를 들어 매개변수 ϕ_1과 h_1을 곱하고 이를 y에 더한다. 여기에 오프셋을 반영하기 위해 값이 1인 노드(주황색 원)를 추가하고, 이에 따라 ϕ_0에 1을 곱하고(결과에 영향을 주지 않음) 이를 y에 더한다. ReLU 함수는 은닉 유닛에 적용된다. b) 보통 절편, ReLU 함수, 매개변수 이름은 생략하는데, 이렇게 단순화한 표현은 동일한 네트워크를 나타낸다.

3.2 보편 근사 정리

앞 절에서 입력 1개, 출력 1개, ReLU 활성화 함수, 은닉 유닛 3개가 있는 신경망 예를 소개했다. 이제 이것을 약간 일반화해서 은닉 유닛이 D개인 경우를 고려해보자. 이때 d번째 은닉 유닛은 다음과 같다.

$$h_d = \mathrm{a}[\theta_{d0} + \theta_{d1}x] \quad \text{식 3.5}$$

그리고 은닉 유닛들은 선형적으로 결합되어 출력을 생성한다.

$$y = \phi_0 + \sum_{d=1}^{D} \phi_d h_d \quad \text{식 3.6}$$

연습 문제 3.10 참고

얕은 신경망의 은닉 유닛 수는 **네트워크 용량**network capacity의 척도가 된다. ReLU 활성화 함수를 사용할 때,† D개의 은닉 유닛이 있는 네트워크의 출력에는 최대 D개의 연결점이 있으므로 최대 $D+1$개의 선형 영역을 갖는 구간별 부분 선형함수다. 은닉 유닛을 더 추가하면 모델이 좀 더 복잡한 함수를 근사할 수 있다.

실제로 얕은 신경망의 용량(은닉 단위)이 충분하다면, 정답인 선에 가까운 연속 1차원 함수를 충분히 정확하게 표현할 수 있다. 이를 이해하려면 은닉 유닛을 추가할 때마다 함수에 또 다른 선형 영역을 추가한다는 점을 생각해보면 된다. 이러한 영역이 많아질수록, 각 영역은 함수의 더 작은 구간을 나타내게 되고, 이 구간들은 직선으로 좀 더 잘 근사할 수 있다(그림 3.5). **보편 근사 정리**universal approximation theorem는 모든 연속 함수에 대해서, 해당 함수를 원하는 정밀도로 근사할 수 있는 얕은 신경망이 존재함을 증명한다.

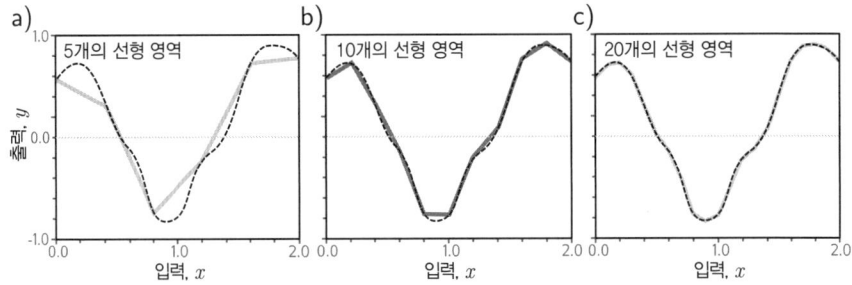

그림 3.5 구간별 부분 선형 모델에 의한 1차원 함수(점선)의 근사. a–c) 선형 영역의 수가 증가할수록 모델은 연속 함수에 점점 더 가까워진다. 입력이 스칼라인 신경망은 은닉 유닛당 하나의 선형 영역이 만들어진다. 이 개념은 D_i차원의 함수로 일반화할 수 있다. 보편 근사 정리는 은닉 유닛이 충분히 많으면, $\mathbb{R}^{D_i}$의 작은 부분집합에 정의된 임의의 연속 함수를 원하는 정밀도로 근사할 수 있는 얕은 신경망이 존재함을 증명한다.

3.3 다변량 입력과 출력

위의 예에서 네트워크의 입력 x와 출력 y는 모두 하나의 스칼라다. 그러나 보편 근사 정리는 다변량 입력 $\mathbf{x} = [x_1, x_2, \ldots, x_{D_i}]^T$를 다변량 출력 예측 $\mathbf{y} = [y_1, y_2, \ldots, y_{D_o}]^T$에 매핑하는 네트워크 같이 좀 더 일반적인 경우에도 적용된다. 먼저 다변량 출력을 예측하도록 모델을 확장하는 방법을 알아보고, 그런 다음 다변량 입력을 고려하도록 한다. 마지막으로 3.4절에서 얕은 신경망의 일반적인 정의를 살펴본다.

3.3.1 다변량 출력 시각화

네트워크를 다변량 출력 **y**로 확장하려면 각 출력에 대한 은닉 유닛에 다른 선형함수를 사용하면 된다. 따라서 스칼라 입력 x, 4개의 은닉 유닛 h_1, h_2, h_3, h_4, 2차원 다변량 출력 $\mathbf{y} = [y_1, y_2]^T$를 갖는 네트워크는 다음과 같이 정의된다.

$$\begin{aligned} h_1 &= a[\theta_{10} + \theta_{11}x] \\ h_2 &= a[\theta_{20} + \theta_{21}x] \\ h_3 &= a[\theta_{30} + \theta_{31}x] \\ h_4 &= a[\theta_{40} + \theta_{41}x] \end{aligned}$$

식 3.7

$$\begin{aligned} y_1 &= \phi_{10} + \phi_{11}h_1 + \phi_{12}h_2 + \phi_{13}h_3 + \phi_{14}h_4 \\ y_2 &= \phi_{20} + \phi_{21}h_1 + \phi_{22}h_2 + \phi_{23}h_3 + \phi_{24}h_4 \end{aligned}$$

식 3.8

2개의 출력은 은닉 유닛의 두 가지 다른 선형함수다.

그림 3.3에서 보았듯이, 부분 함수의 '연결점'은 초기 선형함수 $\theta_{\bullet 0} + \theta_{\bullet 1}x$가 은닉 유닛에서 ReLU 함수 $a[\bullet]$에 의해 클리핑되는 위치에 따라 달라진다. 두 출력 y_1과 y_2는 모두 동일한 4개의 은닉 유닛의 서로 다른 선형함수이므로 4개의 연결점은 동일한 위치에 있어야 한다.† 그러나 선형 영역의 기울기와 함수의 전체 수직 위치에 대한 오프셋은 다를 수 있다(그림 3.6).

연습 문제 3.11 참고

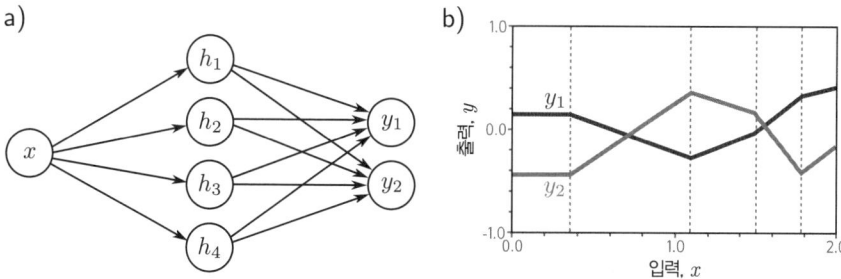

그림 3.6 입력 1개, 은닉 유닛 4개, 출력 2개로 구성된 있는 네트워크. a) 네트워크 구조의 시각화. b) 이 네트워크는 2개의 구간별 부분 선형함수 $y_1[x]$와 $y_2[x]$를 생성한다. 이 함수들은 동일한 은닉 유닛을 공유하므로 4개의 연결점은 동일한 위치(수직 점선이 있는 위치)에 있도록 제한되지만, 기울기와 전체 높이는 다를 수 있다.

3.3.2 다변량 입력 시각화

다변량 입력 x를 처리하기 위해 입력과 은닉 유닛 사이의 선형 관계를 확장한다.

이제 2개의 입력 $\mathbf{x} = [x_1, \ x_2]^T$와 스칼라 출력 y(그림 3.7)를 갖는 네트워크 3개의 은닉 유닛은 다음과 같이 정의된다.

$$h_1 = \text{a}[\theta_{10} + \theta_{11}x_1 + \theta_{12}x_2]$$
$$h_2 = \text{a}[\theta_{20} + \theta_{21}x_1 + \theta_{22}x_2]$$
$$h_3 = \text{a}[\theta_{30} + \theta_{31}x_1 + \theta_{32}x_2]$$

식 3.9

각 입력에 대해 하나의 기울기 매개변수가 있다. 은닉 유닛을 결합해서 만들어지는 출력은 다음과 같다.

$$y = \phi_0 + \phi_1 h_1 + \phi_2 h_2 + \phi_3 h_3$$

식 3.10

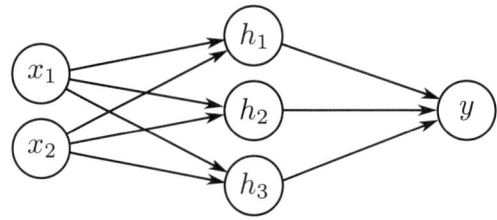

그림 3.7 2차원 다변량 입력 $\mathbf{x} = [x_1, \ x_2]^T$와 스칼라 출력 y를 갖는 신경망의 시각화

연습 문제 3.12 – 3.13 참고

깃허브의 노트북 3.2 'Shallow networks II' 참고. https://bit.ly/udl3_2

B.1.2절 '볼록 영역' 참고

그림 3.8은 이 네트워크의 처리 과정을 보여준다. 각 은닉 유닛†은 두 입력의 선형 조합을 받아서 3차원 공간 입력/출력 공간에서 방향이 지정된 평면을 구성한다.† 활성화 함수는 이러한 평면의 음숫값을 클리핑해서 0으로 만든다. 평면은 두 번째 선형함수(식 3.10)로 재조합되어 **볼록한 다각형 영역**convex polygonal region(그림 3.8j)으로 구성된 연속적인 구간별 부분 선형 표면이 만들어진다.† 각 영역은 서로 다른 활성화 패턴에 해당한다. 예를 들어 가운데 삼각형 영역에서는 첫 번째와 세 번째 은닉 유닛이 활성화되고 두 번째 은닉 유닛은 비활성화된다.

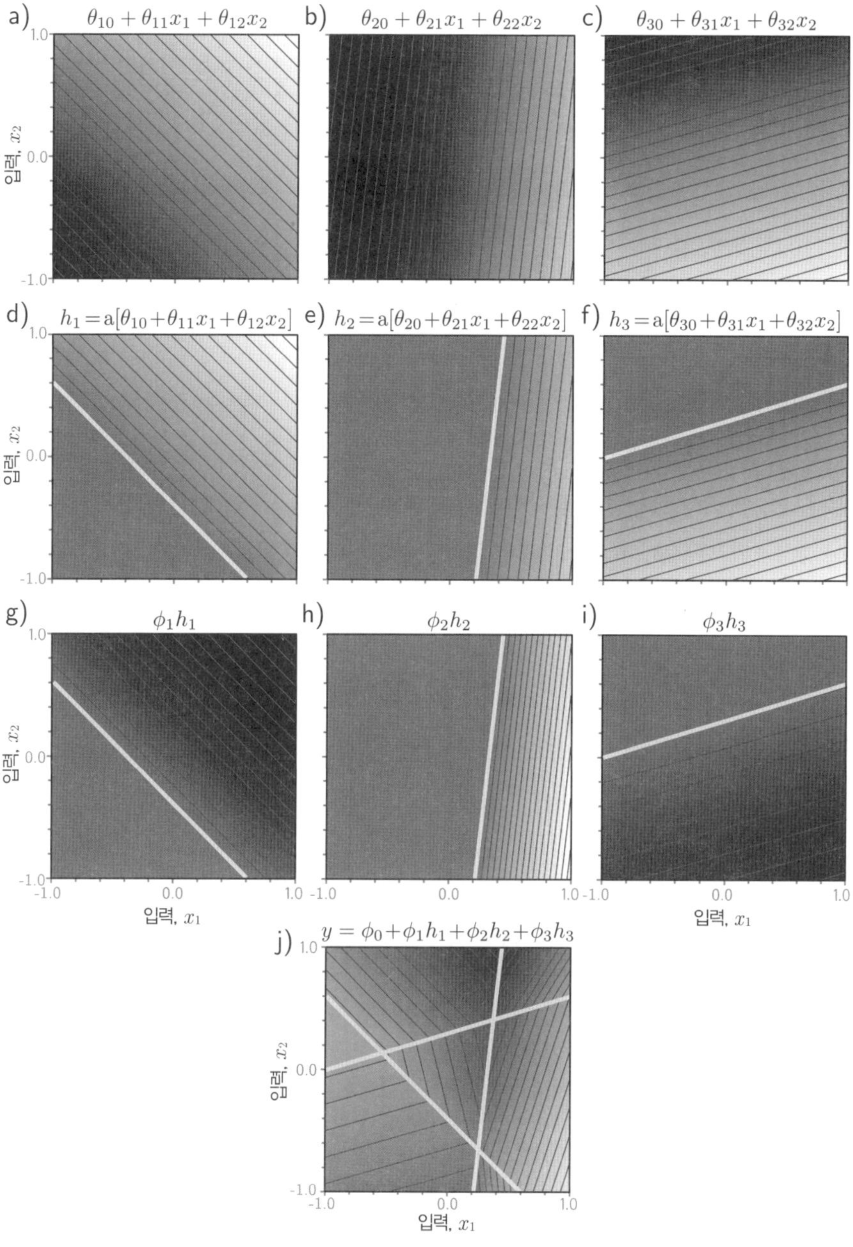

그림 3.8 2개의 입력 $\mathbf{x} = [x_1, x_2]^T$, 3개의 은닉 유닛 h_1, h_2, h_3, 그리고 하나의 출력 y를 갖는 네트워크에서의 처리 과정. a–c) 각 은닉 유닛에 대한 입력은 두 입력의 선형함수로, 방향이 있는 평면에 해당한다. 밝기는 함수의 출력을 나타낸다. 예를 들어 a)에서 밝기는 $\theta_{10} + \theta_{11}x_1 + \theta_{12}x_2$가 된다. 얇은 선은 등고선이다. d–f) 각 평면은 ReLU 활성화 함수에 의해 클리핑된다(청록색 선은 그림 3.3d–f의 연결점과 동일하다). g–i) 클리핑된 평면에 가중치를 곱해주고, j) 표면의 전체 높이를 결정하는 오프셋을 더한다. 결과적으로 볼록한 구간별 부분 선형 다각형 영역으로 구성된 연속 표면이 된다. 동적 이미지: https://udlbook.github.io/udlfigures/

3.3 다변량 입력과 출력

모델의 입력이 2개 이상인 경우에는 시각화하기가 어렵지만, 같은 방식으로 해석할 수 있다. 이 경우에도 출력은 입력에 대한 연속적인 구간별 부분 선형함수가 되고, 이때 선형 영역은 다차원 입력 공간에서 볼록한 다면체polytope가 된다.

입력의 차원이 커짐에 따라 선형 영역의 수가 급격히 증가한다는 점을 유의해야 한다(그림 3.9). 얼마나 빠르게 증가하는지에 대한 감을 얻으려면, 각 은닉 유닛이 공간에서 해당 은닉 유닛이 활성화된 부분과 비활성화된 부분을 나누는 초평면hyperplane(그림 3.8d-f의 청록색 선)을 정의한다는 점을 생각해보면 된다.† 입력 차원 D_i와 동일한 수의 은닉 유닛이 있는 경우, 각 초평면을 좌표축 중 하나에 정렬할 수 있다(그림 3.10). 입력의 차원이 2의 경우 공간을 4개의 사분면quadrant으로 나눌 수 있다. 3차원의 입력의 경우 8개의 팔분면octant이 만들어지고, D_i차원의 경우 2^{D_i} 사분면orthant†이 만들어진다. 일반적으로 얕은 신경망은 입력 차원보다 더 많은 수의 은닉 유닛으로 구성되기 때문에 2^{D_i} 이상의 선형 영역이 만들어진다.

> 깃허브의 노트북 3.3 'Shallow network regions' 참고.
> https://bit.ly/udl3_3

> [옮긴이] n차원 공간의 초직사각형 영역을 나타내는 기하학적 용어로, n개의 반쪽 공간의 교차점으로 정의된다.

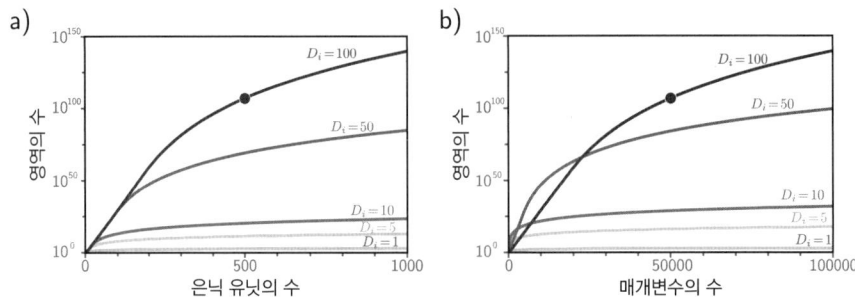

그림 3.9 선형 영역 대 은닉 유닛. a) 5개의 서로 다른 입력 차원 $D_i = \{1, 5, 10, 50, 100\}$에 대해서, 은닉 유닛 개수의 함수로 표현한 최대 가능한 영역의 개수를 보여준다. 입력의 차원이 높아질수록 영역의 개수가 급격히 증가한다. 예를 들어 은닉 유닛의 수 $D = 500$이고 입력의 차원 $D_i = 100$인 경우 10^{107}개 이상의 영역(실선 점)이 있을 수 있다. b) 동일한 데이터를 매개변수의 함수로 보여준다. 실선 점은 은닉 유닛의 수 $D = 500$일 때, a)와 동일한 모델을 나타낸다. 이 네트워크에는 51,001개의 매개변수가 있는데, 현재 기준으로 보면 매우 작은 모델에 속한다.

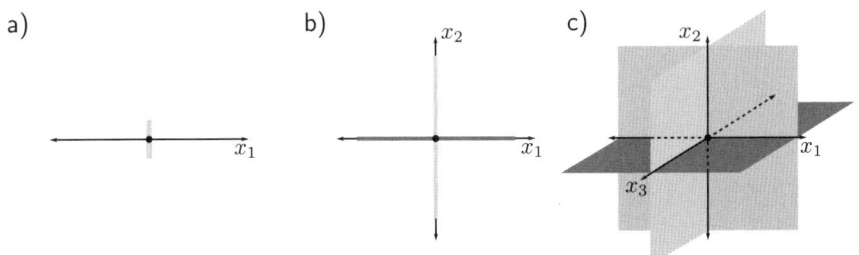

그림 3.10 선형 영역의 개수 대 입력 차원. a) 1차원 입력에 대해서 하나의 은닉 유닛을 갖는 모델은 하나의 연결점을 만들기 때문에 축을 2개의 선형 영역으로 나눈다. b) 2차원 입력에 대해서 2개의 은닉 유닛을 갖는 모델은 2개의 직선(그림에서는 축과 정렬됨)으로 입력 공간을 4개의 영역으로 나눈다. c) 3차원 입력에 대해서 3개의 은닉 유닛을 갖는 모델은 3개의 평면(그림에서는 축과 정렬됨)을 사용하여 입력 공간을 8개의 영역으로 나눈다. 같은 방식으로 확장하면, D_i차원 입력에 대해서 D_i개의 은닉 유닛을 갖는 모델은 입력 공간을 D_i개의 초평면을 2^{D_i}개의 선형 영역으로 나눈다.

3.4 얕은 신경망: 일반적인 경우

지금까지 얕은 신경망의 작동 방식에 대한 직관을 얻는 데 도움이 되는 몇 가지 얕은 신경망 예를 설명했다. 이제 다차원 입력 $x \in \mathbb{R}^{D_i}$를 다차원 출력 $y \in \mathbb{R}^{D_o}$에 매핑하는 $h \in \mathbb{R}^D$ 은닉 유닛을 갖는 일반적인 얕은 신경망 $y = f[x, \phi]$에 대한 식을 정의한다. 각 은닉 유닛은 다음과 같이 계산된다.

$$h_d = \mathrm{a}\left[\theta_{d0} + \sum_{i=1}^{D_i} \theta_{di} x_i\right]$$

식 3.11

각 은닉 유닛들을 선형적으로 결합한 출력은 다음과 같다.

$$y_j = \phi_{j0} + \sum_{d=1}^{D} \phi_{jd} h_d$$

식 3.12

여기서 $a[\bullet]$는 비선형 활성화 함수다. 모델은 매개변수 $\phi = \{\theta_{\bullet\bullet}, \phi_{\bullet\bullet}\}$를 갖는다. 그림 3.11은 3개의 입력, 3개의 은닉 유닛, 2개의 출력이 있는 예를 보여준다.†

연습 문제 3.14 – 3.17 참고

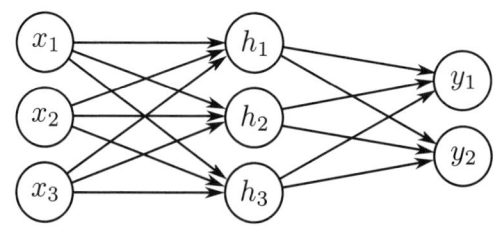

그림 3.11 3개의 입력과 2개의 출력이 있는 신경망. 이 네트워크에는 20개의 매개변수가 있는데, 15개는 기울기(화살표로 표시)이고, 5개는 오프셋(표시되지 않음)이다.

비선형 활성화 함수를 이용해서 모델은 입력과 출력 사이의 비선형 관계를 나타낼 수 있다. 반면에 활성화 함수가 없거나 활성화 함수가 선형인 경우에는 입력에서 출력으로의 전체 매핑은 결국 선형 관계가 된다. 다양한 활성화 함수가 있지만(그림 3.13), 가장 일반적으로 사용되는 것은 ReLU(그림 3.1)인데, ReLU는 해석이 용이하다는 장점이 있다.† ReLU 활성화를 통해 네트워크는 입력 공간을 ReLU 함수의 연결점에 의해 계산된 초평면의 교차점으로 정의되는 볼록 다면체로 나눈다. 각 볼록 다면체는 서로 다른 선형함수로 구성되는데, 각 출력에 대해서 다면체는 동일하지만 선형함수의 구성은 다를 수 있다.

깃허브의 노트북 3.4
'Activation functions' 참고.
https://bit.ly/udl3_4

3.5 용어

이 장을 마무리하기 전에 몇 가지 용어를 소개한다. 신경망과 관련된 다소 생소한 전문 용어가 많아서 처음 접할 때 다소 혼란스러울 수 있다. 우선 **층**layer이라는 용어가 있다. 그림 3.12에서 왼쪽은 **입력층**input layer, 가운데는 **은닉층**hidden layer, 오른쪽은 **출력층**output layer이라고 한다. 그림 3.12의 네트워크에는 4개의 은닉 유닛을 갖는 하나의 은닉층이 있다. 때로는 은닉 유닛을 **뉴런**neuron이라고도 한다. 네트워크를 통해 데이터를 전달할 때 은닉층에 대한 입력값(즉 ReLU 함수에 입력되기 전)을 **사전 활성화**pre-activation라고 한다. 은닉층(즉 ReLU 함수 뒤)의 값은 **활성화**activation라고 한다.

역사적인 이유로 하나 이상의 은닉층이 있는 신경망을 **다층 퍼셉트론**multi-layer perceptron, 또는 줄여서 **MLP**라고 한다. 이 장 앞에서 이미 살펴본 것처럼 하나의 은닉층이 있는 네트워크를 얕은 신경망이라고 한다. 반면에 여러 개의 은닉층이 있는 네트워크(다음 장에서 설명)를 심층 신경망이라고 한다. 네트워크의 연결이 **비순환 그래프**acyclic graph를 형성하는 신경망(즉 루프가 없는 그래프로 이 장의 모든 예에서 살펴본 네트워크에 해당)을 **순방향 네트워크**feed-forward network라고 한다. 하나의 층에 있는 모든 요소가 다음 층의 모든 요소에 연결되는 경우(이 장의 모든 예에서 살펴본 네트워크에 해당) 네트워크가 **완전히 연결되었다**fully connected고 한다. 이러한 연결은 네트워크 수식의 기울기 매개변수를 나타내고 **네트워크 가중치**network weight라고 한다. 오프셋 매개변수(그림 3.12에는 표시되지 않음)를 **편향**bias이라고 한다.

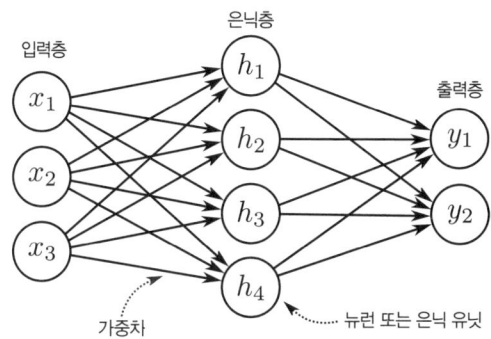

그림 3.12 용어. 얕은 신경망은 입력층, 은닉층, 출력층으로 구성된다. 각 층은 순방향 연결(화살표)을 통해 다음 층과 연결된다. 이러한 이유로 이러한 모델을 순방향 네트워크라고 한다. 한 층의 모든 변수가 다음 층의 모든 변수에 연결될 때 이를 완전 연결 네트워크(fully connected network)라고 한다. 각 연결은 네트워크 수식의 기울기 매개변수를 나타내는데, 이러한 매개변수는 가중치(weight)라고 한다. 은닉층의 변수는 뉴런 또는 은닉 단위라고 한다. 은닉 유닛에 입력되는 값을 사전 활성화라고 하고, 은닉 유닛의 값(즉 ReLU 함수의 출력값)을 활성화라고 한다.

3.6 요약

얕은 신경망에는 하나의 은닉층이 있다. 은닉층에서는 (i) 입력에 대한 여러 선형함수를 계산하고, (ii) 각 선형함수의 결과를 활성화 함수의 입력으로 전달하고, (iii) 활성화 함수의 출력을 선형 조합해서 출력 결과를 구한다. 얕은 신경망은 입력 공간을 구간별 부분 선형 영역의 연속 표면으로 나눠서 입력 $\mathbf{x}$를 기반으로 $\mathbf{y}$를 예측한다. 은닉 유닛(뉴런)이 충분하다면, 얕은 신경망은 어떠한 연속 함수라도 매우 정확하게 근사할 수 있다.

4장에서는 이 장에서 다룬 얕은 신경망 모델에 더 많은 은닉층을 추가해서 확장한 모델인 심층 신경망을 다룬다. 그리고 5-7장에서는 이러한 모델을 훈련하는 방법을 설명한다.

노트

신경망

이 장에서의 모델이 단지 함수라면 왜 '신경망'이라고 부를까? 아쉽게도 이에 대한 근거는 미약하다. 그림 3.12와 같은 신경망은 서로 조밀하게 연결된 노드(입력, 은닉 유닛, 출력)로 구성된다. 이러한 신경망은 조밀하게 연결되어 있는 포유류 뇌의 뉴런과 피상적으로 유사하다. 그러나 뇌의 계산 방식이 신경망과 동일하다는 증거는 거의 없으며, 따라서 생물학적 고찰이 도움이 되지는 않는다.

신경망의 역사

McCulloch & Pitts(1943)[1]는 입력을 결합해서 출력을 생성하는 인공 뉴런 개념을 처음으로 제시했지만 이 모델에는 실용적인 학습 알고리즘이 없었다. Rosenblatt(1958)[2]은 입력을 선형적으로 결합한 다음 임곗값을 적용해서 예/아니오 결정을 내리는 **퍼셉트론**perceptron을 개발했다. 또한 데이터로부터 가중치를 학습하는 알고리즘을 개발했다. Minsky & Papert(1969)[3]는 퍼셉트론과 같은 선형함수로는 일반적인 분류 문제†를 해결할 수 없다고 반박하고, 비선형 활성화 함수가 있는 은닉층을 추가하면(이를 다층 퍼셉트론이라고 함) 더욱 일반적인 입력/출력 관계를 학습할 수 있다고 주장했다. 그러나 그들은 로젠블랫Rosenblatt의 알고리즘이 이러한 모델의 매개변수를 학습할 수 없다고 결론 내렸다. 1980년대가 되어서야 실용적인 알고리즘(역전파backpropagation, 7장 참고)이 개발되었고 신경망에 대한 중요한 연구가 재개되었다. Kurenkov(2020)[4], Sejnowski(2018)[5], Schmidhuber(2022)[6]가 신경망의 역사를 기록했다.

[옮긴이] '배타적 논리합(exclusive or, XOR) 문제'를 말한다.

활성화 함수

ReLU 함수는 Fukushima(1969)[7]까지 거슬러 올라간다. 신경망 초기에는 로지스틱 시그모이드나 tanh 활성화 함수가 좀 더 일반적으로 사용되었다(그림 3.13a).

ReLU는 Jarrett et al.(2009)[8], Nair & Hinton(2010)[9], Glorot et al.(2011)[10]에 의해 다시 인기를 얻었고, 현대 신경망의 성공에 중요한 역할을 했다. ReLU는 0보다 큰 입력에 대해서 입력에 대한 출력의 미분이 항상 1이라는 좋은 속성을 갖는데, 이는 입력이 큰 양수이거나 큰 음수일 때 포화(0에 가까워진다)되는 시그모이드 활성화 함수의 미분과 대조된다. 이로 인해 ReLU를 사용했을 때, 훈련의 안정성과 효율성이 좋아진다(7장 참고).

그러나 ReLU 함수에는 음수 입력에 대한 미분이 0이 된다는 단점이 있다. 모든 훈련 견본에 대해서 ReLU 함수의 입력이 음수가 되면, 아무리 훈련을 해도 ReLU 함수의 입력과 관련된 매개변수가 갱신되지 않는다. 즉 ReLU 함수의 입력으로 들어오는 가중치의 기울기가 평평해지므로 '내리막 방향으로 따라 내려갈' 수 없다. 이 것은 **죽어가는 ReLU**dying ReLU 문제로 알려져 있다. 이 문제를 해결하기 위해 다음과 같은 ReLU의 다양한 변형이 제안되었다(그림 3.13b). (i) 음숫값에 대해서 0.1 정도의 기울기를 갖는 선형 출력을 갖는 **누출이 있는 ReLU**leaky ReLU(Maas et al., 2013)[11], (ii) 음수 부분의 기울기를 매개변수로 처리하는 **매개변수화된 ReLU**parameteric ReLU(He et al., 2015)[12], (iii) 위아래로 클리핑된 2개의 출력을 생성하는 **순차적 ReLU**concatenated ReLU(Shang et al., 2016)[13]가 있는데, 그중 하나는 0보다 작은 값을 클리핑하고(ReLU와 동일함), 또 다른 하나는 0보다 큰 값을 클리핑한다.

소프트플러스 함수(Glorot et al., 2011)[10], 가우시안 오차 선형 유닛(Hendrycks & Gimpel, 2016)[14], 시그모이드 선형 유닛(Hendrycks & Gimpel, 2016)[14] 및 지수 선형 유닛(Clevert et al., 2015)[15] 등 다양한 매끄러운 함수가 고안되었다. 이들 중 대부분은 음숫값에 대한 기울기를 제한하면서 죽어가는 ReLU 문제를 피하려는 시도다. Klambaueret et al.(2017)[16]은 스케일링된 지수 선형 유닛(그림 3.13e)을 도입했는데, 이는 입력의 분산이 제한된 범위를 가질 때 활성화의 분산을 안정화하는 데 도움이 된다는 점에서 특히 흥미롭다(7.5절 참고). Ramachandranet et al.(2017)[17]은 활성화 함수를 선택하는 데 경험적 접근 방식을 택했다. 그들은 다양한 지도 학습 작업에서 가장 잘 수행되는 함수를 찾기 위해 가능한 함수 공간을 검색했다. 이 결과 찾아낸 최적의 함수는 $a[x] = x/(1+\exp[-\beta x])$으로, 여기서 β는 학습된 매개변수다(그림 3.13f). 그리고 이 함수를 **Swish**라고 명명했다. 흥미롭게도 이는 Hendrycks & Gimpel(2016)[18]과 Elfwing et al.(2018)[19]이 이전에 제안한 활성화 함수의 재발견이었다. 이후에, Howard et al.(2019)[20]은 Swish를 **HardSwish 함수**로 근사했는데, HardSwish 함수는 매우 유사한 모양을 갖으면서도 계산 속도가 더 빠르다.

$$\text{HardSwish}[z] = \begin{cases} 0 & z < -3 \\ z(z+3)/6 & -3 \leq z \leq 3 \\ z & z > 3 \end{cases} \qquad \text{식 3.13}$$

이러한 활성화 함수 중 경험적으로 어느 것이 더 우수한지에 대한 확실한 답은 없다. 그러나 누출이 있는 ReLU, 매개변수화된 ReLU, 많은 연속 함수는 특정 상황에서 ReLU에 비해 약간의 성능 향상을 보이기도 한다. 이 책의 나머지 부분에서는 기본이 되는 ReLU 함수를 사용한다. 왜냐하면 선형 영역의 수를 기준으로 신경망이 생성하는 함수를 쉽게 특성화할 수 있기 때문이다.

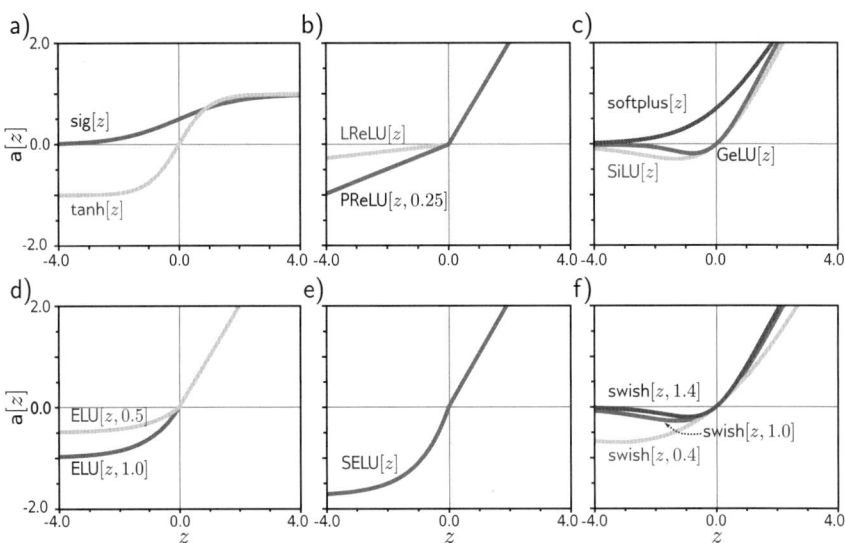

그림 3.13 활성화 함수. a) 로지스틱 시그모이드와 tanh 함수. b) 누출이 있는 ReLU(leaky ReLU와 매개변수가 0.25인 매개변수화된 ReLU(parametric ReLU). c) 소프트플러스, 가우시안 오차 선형 유닛과 시그모이드 선형 유닛. d) 매개변수가 0.5와 1.0인 지수 선형 유닛. e) 스케일된 지수 선형 유닛. f) 매개변수가 0.4, 1.0, 1.4인 Swish

보편 근사 정리

이 정리의 **너비 버전**width version은 유한한 수의 은닉 유닛과 활성화 함수를 갖는 하나의 은닉층을 가진 신경망이 $\mathbb{R}^n$ 공간의 작은 부분집합에 속하는 모든 연속 함수를 임의의 정확도로 근사할 수 있음을 의미한다. 이는 Cybenko(1989)[21]가 시그모이드 활성화에 대해 증명을 했고, 이후에 좀 더 큰 부류의 비선형 활성화 함수에 대해서도 사실이라는 것이 입증되었다(Hornik, 1991)[22].

선형 영역의 수

$D_i \geq 2$차원 입력과 D개의 은닉 유닛이 있는 얕은 신경망을 고려해보자. 선형 영역의 수는 ReLU 함수의 연결점에 의해 생성된 D개의 초평면의 교차점에 의해 결정된다(예: 그림 3.8d–f). 각 영역은 입력을 클리핑하거나 클리핑하지 않는 ReLU 함수의 다양한 조합으로 생성된다. Zaslavsky(1975)[23]는 $D_i \leq D$차원 입력 공간에서 D개의 초평면에 의해 생성된 영역의 수는 최대 $\sum_{j=0}^{D_i} \binom{D}{j}$ (즉 이항계수†의 합)라는 것을 보였다. 경험적으로 얕은 신경망은 거의 항상 입력 차원 D_i보다 더 많은 D개의 은닉 유닛을 갖고, 2^{D_i}개와 2^D개 사이의 선형 영역을 만든다.†

B.2절 '이항계수' 참고

연습 문제 3.18 참고

선형함수, 아핀 함수, 비선형함수

기술적으로 선형 변환 f[•]는 중첩 원리를 따르므로 f[$a+b$] = f[a]+f[b]를 만족한다. 이 정의로부터 f[$2a$] = 2f[a]임을 알 수 있다. 가중합 f[h_1, h_2, h_3] = $\phi_1 h_1 + \phi_2 h_2 + \phi_3 h_3$은 선형이지만 오프셋(편향)을 추가해서 f[$h_1, h_2, h_3$] = $\phi_0 + \phi_1 h_1 + \phi_2 h_2 + \phi_3 h_3$이 되면 더 이상 선형이 아니다. 이를 확인해보기 위해서 함수의 인수를 2배로 했을 때, 전자의 경우에는 출력이 2배로 커지는데, 후자의 경우에는 그렇지 않다. 후자의 적절한 명칭은 **아핀 함수**affine function다. 그러나 머신러닝에서는 일반적으로 이러한 용어를 구분하지 않고 사용하므로, 이 책에서도 이 관례를 따라 두 가지를 모두 선형이라고 나타낸다. 따라서 이를 제외한 다른 모든 함수는 비선형이다.

연습 문제

3.1 식 3.1의 활성화 함수가 $a[z] = \psi_0 + \psi_1 z$ 와 같이 선형이라면, 입력에 어떤 출력이 매핑될까? 활성화 함수가 제거되어 $a[z] = z$이 되면 매핑은 어떻게 될까?

3.2 그림 3.3j의 4개의 선형 영역에 대해 어떤 은닉 유닛이 비활성이고 어떤 은닉 유닛이 활성인지 나타내보자. 즉 어떤 은닉 유닛이 입력을 클리핑하고 어떤 은닉 유닛이 클리핑하지 않는지 알아보자.

3.3* 10개의 매개변수 ϕ와 입력 x에 대해서, 그림 3.3j의 함수에서 연결점 위치에 대한 식을 도출해보자. 그리고 4개의 선형 영역의 기울기에 대한 표현식을 유도해보자.

3.4 세 번째 은닉 단위의 y 절편과 기울기가 그림 3.14c와 같이 변경되었을 때, 그림 3.3을 다시 그려보자. 이때 나머지 매개변수는 동일하다고 가정한다.

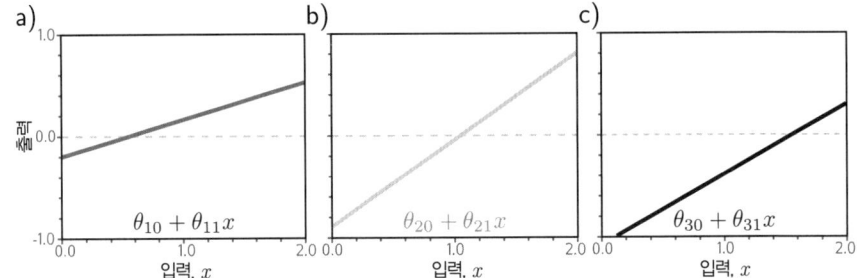

그림 3.14 문제 3.4에 대한 입력 1개, 은닉 유닛 3개, 출력 1개가 있는 네트워크에서의 처리. a–c) 각 은닉 유닛에 대한 입력은 입력의 선형함수다. a)와 b)는 그림 3.3과 동일하지만 c)는 다르다.

3.5 $\alpha \in \mathbb{R}^+$ 에 대해 다음 성질이 성립함을 증명해보자. 이는 ReLU 함수의 **비음수 동질성**non-negative homogeneity 속성으로 알려져 있다.

$$\text{ReLU}[\alpha \cdot z] = \alpha \cdot \text{ReLU}[z] \qquad \text{식 3.14}$$

3.6 문제 3.5에 이어서, 매개변수 θ_{10}과 θ_{11}에 양의 상수 α를 곱하고 기울기 ϕ_1은 α로 나누면 식 3.3과 3.4에 정의된 얕은 신경망은 어떻게 될까? 또 α가 음수이면 어떻게 될까?

3.7 최소제곱 손실 함수를 이용해서 식 3.1에 모델을 적합해보자. 이 손실 함수는 유일한 최솟값을 갖는지 알아보자. 즉 유일한 최적의 매개변수가 있는가?

3.8 ReLU 활성화 함수를 (i) 헤비사이드 계단 함수 Heaviside step function $\text{heaviside}[z]$, (ii) 쌍곡탄젠트 함수 hyperbolic tangent function $\tanh[z]$, (iii) 구형 함수 rectangular function $\text{rect}[z]$로 대체해보자. 헤비사이드 계단 함수와 구형 함수는 다음과 같다.

$$\text{heaviside}[z] = \begin{cases} 0 & z < 0 \\ 1 & z \geq 0 \end{cases} \qquad \text{rect}[z] = \begin{cases} 0 & z < 0 \\ 1 & 0 \leq z \leq 1 \\ 0 & z > 1 \end{cases} \qquad \text{식 3.15}$$

각 함수에 대해 그림 3.3을 다시 그려보자. 원래의 매개변수 ϕ는 $\phi = \{\phi_0, \phi_1, \phi_2, \phi_3, \theta_{10}, \theta_{11}, \theta_{20}, \theta_{21}, \theta_{30}, \theta_{31}\} = \{-0.23, -1.3, 1.3, 0.66, -0.2, 0.4, -0.9, 0.9, 1.1, -0.7\}$과 같다. 입력 1개, 은닉 유닛 3개, 각 활성화 함수에 대한 출력 1개를 갖는 신경망으로 생성할 수 있는 함수족에 대해 설명해보자.

3.9* 그림 3.3의 세 번째 선형 영역의 기울기가 첫 번째와 네 번째 선형 영역의 기울기의 합이 됨을 증명해보자.

3.10 하나의 입력, 하나의 출력, 3개의 은닉 유닛이 있는 신경망을 가정해보자. 그림 3.3은 이것이 어떻게 4개의 선형 영역을 만드는지 보여준다. 어떤 상황에서 이 네트워크가 4개 미만의 선형 영역을 가진 함수를 생성하는가?

3.11* 그림 3.6의 모델에는 몇 개의 매개변수가 있는가?

3.12 그림 3.7의 모델에는 몇 개의 매개변수가 있는가?

3.13 그림 3.8의 7개 영역별 활성화 패턴은 무엇일까? 즉 각 영역에 대해 어떤 은닉 유닛이 활성화(입력을 통과시킴)되고 어떤 은닉 유닛이 비활성화(입력을 클리핑)되는가?

3.14 그림 3.11의 네트워크를 식을 표현해보자. 입력으로부터 3개의 은닉 유닛을 계산하려면 3개의 식이 있어야 하고, 은닉 유닛으로부터 출력을 계산하려면 2개의 식이 있어야 한다.

3.15* 그림 3.11의 네트워크로 생성할 수 있는 3차원 선형 영역의 최대 개수는 몇 개일까?

3.16 2개의 입력, 4개의 은닉 유닛, 3개의 출력을 갖는 신경망을 식으로 표현해보자. 그리고 이 모델을 그림 3.11과 같이 그려보자.

3.17* 식 3.11과 식 3.12는 D_i개의 입력, D개의 은닉 유닛으로 구성된 하나의 은닉층과 D_o개의 출력을 가진 일반적인 신경망을 정의한다. 모델의 매개변수 개수에 대한 표현식을 D_i, D, D_o로 나타내보자.

3.18* 그림 3.8j에서와 같이 $D_i = 2$차원 입력, $D_o = 1$차원 출력, $D = 3$개의 은닉 유닛을 갖는 얕은 신경망에 의해 생성된 최대 영역의 개수가 7개임을 증명해보자. D_i차원 공간을 D개의 초평면으로 분할해서 만들어지는 최대 영역의 개수가 $\sum_{j=0}^{D_i} \binom{D}{j}$라는 Zaslavsky(1975)[23]의 결과를 이용한다. 이 모델에 은닉 유닛을 2개 더 추가해서 $D = 5$가 되면 최대 영역은 몇 개가 될까?

참고 문헌

[1] McCulloch, W. S., & Pitts, W. (1943). A logical calculus of the ideas immanent in nervous activity. *The Bulletin of Mathematical Biophysics*, 5(4), 115–133.

[2] Rosenblatt, F. (1958). The perceptron: A probabilistic model for information storage and organization in the brain. *Psychological review*, 65(6), 386.

[3] Minsky, M., & Papert, S. A. (1969). *Perceptrons: An introduction to computational geometry.* MIT Press.

[4] Kurenkov, A. (2020). *A Brief History of Neural Nets and Deep Learning.* https://www.skynettoday.com/overviews/neural-net-history.

[5] Sejnowski, T. J. (2018). *The deep learning revolution.* MIT press.

[6] Schmidhuber, J. (2022). Annotated history of modern AI and deep learning. *arXiv:2212.11279*.

[7] Fukushima, K. (1969). Visual feature extraction by a multilayered network of analog threshold elements. *IEEE Transactions on Systems Science and Cybernetics*, 5(4), 322–333.

[8] Jarrett, K., Kavukcuoglu, K., Ranzato, M., & LeCun, Y. (2009). What is the best multi-stage architecture for object recognition? *IEEE International Conference on Computer Vision*, 2146–2153.

[9] Nair, V., & Hinton, G. E. (2010). Rectified linear units improve restricted Boltzmann machines. *International Conference on Machine Learning*, 807–814.

[10] Glorot, X., Bordes, A., & Bengio, Y. (2011). Deep sparse rectifier neural networks. *International Conference on Artificial Intelligence and Statistics*, 315–323.

[11] Maas, A. L., Hannun, A. Y., & Ng, A. Y. (2013). Rectifier nonlinearities improve neural network acoustic models. *ICML Workshop on Deep Learning for Audio, Speech, and Language Processing*.

[12] He, K., Zhang, X., Ren, S., & Sun, J. (2015). Delving deep into rectifiers: Surpassing humanlevel performance on ImageNet classification. *IEEE International Conference on Computer Vision*, 1026–1034.

[13] Shang, W., Sohn, K., Almeida, D., & Lee, H. (2016). Understanding and improving convolutional neural networks via concatenated rectified linear units. *International Conference on Machine Learning*, 2217–2225.

[14] Hendrycks, D., & Gimpel, K. (2016). Gaussian error linear units (GELUs). *arXiv:1606.08415*.

[15] Clevert, D.-A., Unterthiner, T., & Hochreiter, S. (2015). Fast and accurate deep network learning by exponential linear units (ELUs). *arXiv:1511.07289*.

[16] Klambauer, G., Unterthiner, T., Mayr, A., & Hochreiter, S. (2017). Self-normalizing neural networks. *Neural Information Processing Systems*, vol. 30, 972–981.

[17] Ramachandran, P., Zoph, B., & Le, Q. V. (2017). Searching for activation functions. *arXiv:1710.05941*.

[18] Hendrycks, D., & Gimpel, K. (2016). Gaussian error linear units (GELUs). *arXiv:1606.08415*.

[19] Elfwing, S., Uchibe, E., & Doya, K. (2018). Sigmoid-weighted linear units for neural network function approximation in reinforcement learning. *Neural Networks*, 107, 3–11.

[20] Howard, A., Sandler, M., Chu, G., Chen, L.-C., Chen, B., Tan, M., Wang, W., Zhu, Y., Pang, R., Vasudevan, V., et al. (2019). Searching for MobileNetV3. *IEEE/CVF International Conferencen Computer Vision*, 1314–1324.

[21] Cybenko, G. (1989). Approximation by superpositions of a sigmoidal function. *Mathematics of Control, Signals and Systems*, 2(4), 303–314.

[22] Hornik, K. (1991). Approximation capabilities of multilayer feedforward networks. *Neural Networks*, 4(2), 251–257.

[23] Zaslavsky, T. (1975). *Facing up to arrangements: Face-count formulas for partitions of space by hyperplanes: Face-count formulas for partitions of space by hyperplanes.* Memoirs of the American Mathematical Society.

CHAPTER 04 심층 신경망

앞 장에서는 하나의 은닉층을 갖는 얕은 신경망에 대해서 설명했다. 이 장에서는 하나 이상의 은닉층을 갖는 **심층 신경망**deep neural network, DNN을 소개한다. 얕은 신경망과 심층 신경망 모두 ReLU 활성화 함수를 통해 입력에서 출력으로의 구간별 부분 선형 매핑을 나타낼 수 있다.

은닉 유닛의 수가 증가함에 따라 얕은 신경망의 표현력도 점점 더 좋아진다. 실제로 은닉 단위가 충분히 많다면 얕은 신경망으로 아무리 복잡한 고차원의 함수라도 표현할 수 있다. 하지만 일부 함수를 표현하기 위해서 은닉 유닛의 수가 너무 많이 필요하다는 것이 밝혀졌다. 반면에 심층 신경망은 동일한 개수의 매개변수로 얕은 신경망보다 훨씬 더 많은 선형 영역을 만들어낼 수 있다. 따라서 실용적인 측면에서 심층 신경망이 다양한 함수족을 기술하는 데 더 많이 사용된다.

4.1 신경망 결합

심층 신경망의 동작을 이해하기 위해서 먼저 첫 번째 신경망의 출력이 두 번째 신경망의 입력이 되도록 2개의 얕은 신경망을 구성한다. 2개의 얕은 신경망은 각각 3개의 은닉 유닛을 갖는다(그림 4.1a).

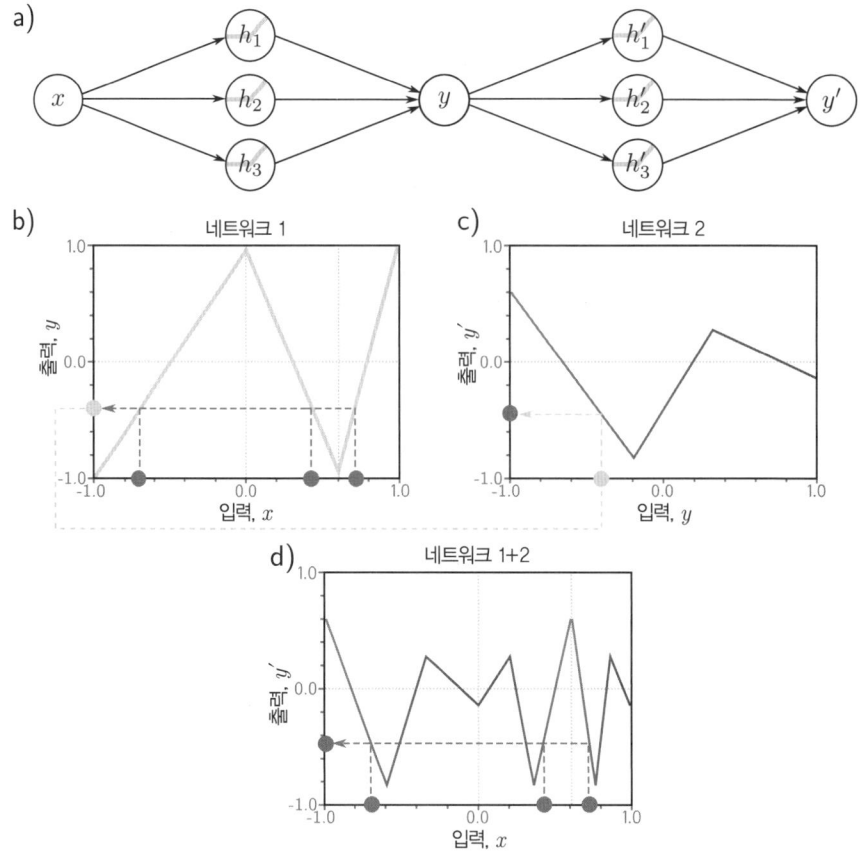

그림 4.1 각각 3개의 은닉 유닛을 갖는 2개의 단일층 네트워크 구성. a) 첫 번째 네트워크의 출력 y는 두 번째 네트워크의 입력이 된다. b) 첫 번째 네트워크는 기울기의 부호가 번갈아 바뀌도록 선택한 3개의 선형 영역으로 구성된 함수를 이용하여 입력 $x \in [-1, 1]$을 출력 $y \in [-1, 1]$에 매핑한다(4번째 선형 영역은 그래프 범위 밖에 있음). c) 두 번째 네트워크는 y를 입력으로 받아서 y'을 출력하는 3개의 선형 영역으로 구성된 함수를 정의한다(즉 청록색 점이 갈색 점에 매핑된다). d) 이렇게 두 함수를 구성할 때의 결합 효과는 (i) 3개의 서로 다른 입력 x가 첫 번째 네트워크에 의해 주어진 y값에 매핑되고 (ii) 두 번째 네트워크에 의해 동일한 방식으로 처리된다는 것이다. 결과적으로 그림 (c)의 두 번째 네트워크에 의해 정의된 함수는 세 번 반복 적용되고 이때 그림 (b) 영역의 기울기에 따라 각각 뒤집히고 크기가 조정된다. 동적 이미지: https://udlbook.github.io/udlfigures/

첫 번째 네트워크의 입력이 x이고 출력이 y일 때, 네트워크는 다음과 같이 정의된다.

$$\begin{aligned} h_1 &= \text{a}[\theta_{10} + \theta_{11}x] \\ h_2 &= \text{a}[\theta_{20} + \theta_{21}x] \\ h_3 &= \text{a}[\theta_{30} + \theta_{31}x] \end{aligned}$$

식 4.1

$$y = \phi_0 + \phi_1 h_1 + \phi_2 h_2 + \phi_3 h_3$$

식 4.2

y를 입력으로 받고, y'을 출력하는 두 번째 네트워크는 다음과 같이 정의된다.

$$h'_1 = \text{a}[\theta'_{10} + \theta'_{11}y]$$
$$h'_2 = \text{a}[\theta'_{20} + \theta'_{21}y]$$
$$h'_3 = \text{a}[\theta'_{30} + \theta'_{31}y]$$

식 4.3

$$y' = \phi'_0 + \phi'_1 h'_1 + \phi'_2 h'_2 + \phi'_3 h'_3$$

식 4.4

이렇게 구성된 모델도 ReLU 활성화를 통해 구간별 부분 선형함수족을 표현한다. 그러나 6개의 은닉 유닛을 갖는 하나의 얕은 신경망보다 선형 영역의 수가 더 많게 된다. 이를 확인하기 위해서 첫 번째 네트워크가 양의 기울기와 음의 기울기를 갖는 3개의 영역을 번갈아 생성한다고 하자(그림 4.1b).† 이는 서로 다른 세 영역에 있는 x가 출력 범위 $y \in [-1, 1]$ 내의 동일한 y값에 매핑되고, 연이어 y에서 y'으로의 매핑에서도 서로 다른 세 영역에 있는 y가 출력 범위 $y \in [-1, 1]$ 내의 동일한 y'에 3번 매핑된다.† 따라서 전체적으로 첫 번째 네트워크의 3개 출력에 두 번째 네트워크에서 정의된 세 함수를 각각 적용해서 모두 9개의 선형 영역을 만든다. 이를 확장하면 더 높은 차원에도 동일한 원칙이 적용된다(그림 4.2).

연습 문제 4.1 참고

깃허브의 노트북 4.1
'Composing networks' 참고.
https://bit.ly/udl4_1Composingnetworks

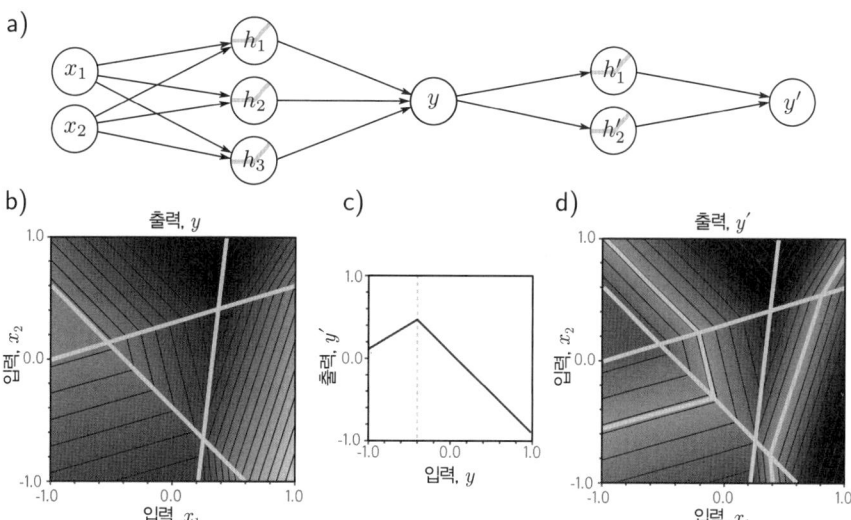

그림 4.2 2차원 입력에 대한 신경망 구성. a) 첫 번째 네트워크(그림 3.8)에는 3개의 은닉 유닛이 있고 2개의 입력 x_1, x_2를 받아서 스칼라 y를 출력한다. 이는 2개의 은닉 유닛이 있는 두 번째 네트워크로 전달되어 y'을 출력한다. b) 첫 번째 네트워크는 7개의 선형 영역으로 구성된 함수를 생성하는데, 그중 하나는 평평하다. c) 두 번째 네트워크는 $y \in [-1, 1]$에 대해서 2개의 선형 영역으로 구성된 함수를 정의한다. d) 이렇게 구성된 전체 네트워크는 첫 번째 네트워크의 6개의 평평하지 않은 영역이 두 번째 네트워크에 의해 각각 2개의 새로운 영역으로 분할되어 평평한 하나의 영역을 포함해서 총 13개의 선형 영역이 생성된다.

4.1 신경망 결합

네트워크 구성을 이해하는 또 다른 방법은 첫 번째 네트워크가 입력 공간 x가 겹치도록 접어서 여러 입력이 동일한 출력을 생성한다고 생각해보는 것이다. 그런 다음 두 번째 네트워크는 서로 겹쳐진 모든 지점에서 함수를 적용하는 것이다(그림 4.3).

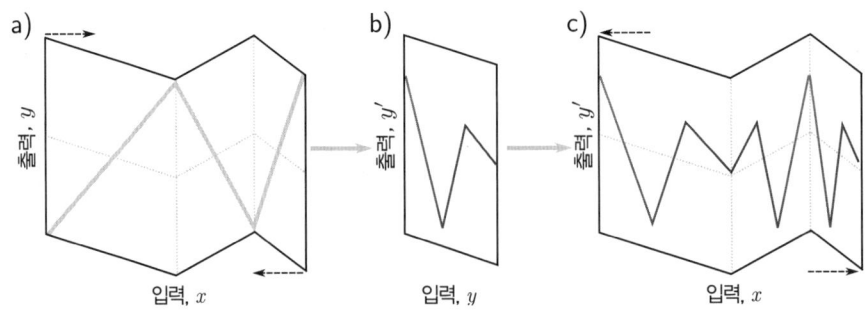

그림 4.3 입력 공간을 접는 방식으로 심층 신경망을 이해하는 방법. a) 그림 4.1의 첫 번째 네트워크를 바라보는 방법은 입력 공간을 겹치도록 '접는' 것이다. b) 두 번째 네트워크는 접힌 공간에 함수를 적용한다. c) 접한 공간을 다시 '펼치면' 최종 출력이 나타난다.

4.2 네트워크 결합을 통한 심층 신경망 구성

앞 절에서는 하나의 얕은 신경망의 출력을 두 번째 얕은 신경망에 입력해서 좀 더 복잡한 함수를 만들 수 있음을 보였다. 이제 이것이 2개의 은닉층이 있는 심층 신경망의 특별한 경우임을 보인다.

첫 번째 네트워크($y = \phi_0 + \phi_1 h_1 + \phi_2 h_2 + \phi_3 h_3$)의 출력은 은닉 유닛에서의 활성화 함수들의 선형 결합이다. 두 번째 네트워크의 첫 번째 연산(식 4.3, $\theta'_{10} + \theta'_{11}y$, $\theta'_{20} + \theta'_{21}y$, $\theta'_{30} + \theta'_{31}y$를 계산한 부분)은 첫 번째 신경망의 출력에 대한 선형 연산이다. 하나의 선형함수를 다른 선형함수에 적용하면 또 다른 선형함수가 된다. y에 대한 표현식을 식 4.3에 대입한 결과는 다음과 같다.

$$\begin{aligned}
h'_1 &= \text{a}\left[\theta'_{10} + \theta'_{11}y\right] = \text{a}\left[\theta'_{10} + \theta'_{11}\phi_0 + \theta'_{11}\phi_1 h_1 + \theta'_{11}\phi_2 h_2 + \theta'_{11}\phi_3 h_3\right] \\
h'_2 &= \text{a}\left[\theta'_{20} + \theta'_{21}y\right] = \text{a}\left[\theta'_{20} + \theta'_{21}\phi_0 + \theta'_{21}\phi_1 h_1 + \theta'_{21}\phi_2 h_2 + \theta'_{21}\phi_3 h_3\right] \\
h'_3 &= \text{a}\left[\theta'_{20} + \theta'_{31}y\right] = \text{a}\left[\theta'_{30} + \theta'_{31}\phi_0 + \theta'_{31}\phi_1 h_1 + \theta'_{31}\phi_2 h_2 + \theta'_{31}\phi_3 h_3\right]
\end{aligned}$$

식 4.5

식 4.5를 간략화하면 다음과 같다.

$$h_1' = a[\psi_{10} + \psi_{11}h_1 + \psi_{12}h_2 + \psi_{13}h_3]$$
$$h_2' = a[\psi_{20} + \psi_{21}h_1 + \psi_{22}h_2 + \psi_{23}h_3]$$
$$h_3' = a[\psi_{30} + \psi_{31}h_1 + \psi_{32}h_2 + \psi_{33}h_3]$$

식 4.6

여기서 $\psi_{10} = \theta_{10}' + \theta_{11}'\phi_0$, $\psi_{11} = \theta_{11}'\phi_1$, $\psi_{12} = \theta_{11}'\phi_2$ 이고, h_2', h_3'에 대해서도 같은 방식으로 표현한 것이다. 그 결과 만들어지는 2개의 은닉층이 있는 네트워크는 그림 4.4와 같다.

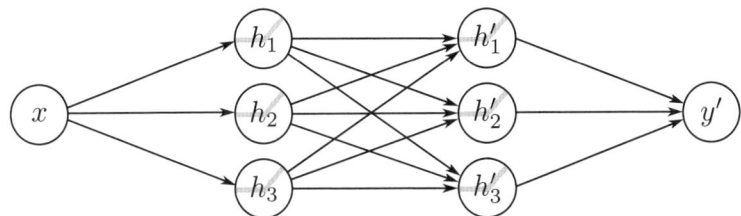

그림 4.4 하나의 입력, 하나의 출력, 각각 3개의 은닉 유닛이 있는 2개의 은닉층을 갖는 있는 신경망

따라서 2개의 층으로 구성된 신경망은 단일층single-layer 신경망 2개를 연결한 네트워크가 생성하는 함수족을 표현할 수 있다. 뿐만 아니라 이러한 네트워크는 더 넓은 범위의 함수족을 표현할 수 있는데, 이는 식 4.6에서는 9개의 기울기 매개변수 $\psi_{11}, \psi_{21}, \ldots, \psi_{33}$이 서로 임의의 값을 취할 수 있는 반면, 식 4.5에서는 매개변수가 외적outer product $[\theta_{11}', \theta_{21}', \theta_{31}']^T[\phi_1, \phi_2, \phi_3]$으로 한정되기 때문이다.

4.3 심층 신경망

앞 절에서 2개의 얕은 신경망을 연결하면 2개의 은닉층이 있는 심층 신경망이 된다는 것을 보았다. 이제 각각 3개의 은닉 유닛이 있는 2개의 은닉층을 갖는 심층 신경망으로 확장해보자(그림 4.4). 첫 번째 층은 다음과 같다.

$$h_1 = a[\theta_{10} + \theta_{11}x]$$
$$h_2 = a[\theta_{20} + \theta_{21}x]$$
$$h_3 = a[\theta_{30} + \theta_{31}x]$$

식 4.7

두 번째 층은 다음과 같다.

$$h'_1 = a[\psi_{10} + \psi_{11}h_1 + \psi_{12}h_2 + \psi_{13}h_3]$$
$$h'_2 = a[\psi_{20} + \psi_{21}h_1 + \psi_{22}h_2 + \psi_{23}h_3]$$
$$h'_3 = a[\psi_{30} + \psi_{31}h_1 + \psi_{32}h_2 + \psi_{33}h_3]$$

식 4.8

출력은 다음과 같다.

$$y' = \phi'_0 + \phi'_1 h'_1 + \phi'_2 h'_2 + \phi'_3 h'_3$$

식 4.9

식 4.7, 식 4.8, 식 4.9로부터 네트워크가 점점 더 복잡한 함수를 구성하는 방법†은 다음과 같이 생각할 수 있다(그림 4.5).

† 깃허브의 노트북 4.2 'Clipping functions 참고. https://bit.ly/udl4_2

1. 앞 절과 같이 입력에 대한 선형함수를 만들고 이를 ReLU 활성화 함수를 통과시켜서 첫 번째 층의 3개의 은닉 유닛 h_1, h_2, h_3을 계산한다(식 4.7).

2. 은닉 유닛의 선형함수(식 4.8의 활성화 함수 인수)로 두 번째 층의 사전 활성화를 계산한다. 이로써 출력이 3개인 얕은 신경망이 만들어졌다. 이는 동일한 위치에 있는 선형 영역 사이의 '연결점'을 이용해서 3개의 구간별 부분 선형 함수를 계산한 것이다(그림 3.6 참고).

3. 두 번째 은닉층의 ReLU 함수 $a[\bullet]$로 각 함수를 클리핑하고 각각에 새로운 '연결점'을 추가한다(식 4.8).

4. 이러한 은닉 유닛의 선형 조합으로 최종 출력을 얻는다(식 4.9).

결론적으로 각 층을 입력 공간을 '접는' 것으로 생각하거나 또는 클리핑 후(새로운 영역 생성) 재결합하는 새로운 함수를 생성하는 것이라고 생각할 수 있다. 전자의 관점은 출력 함수의 종속성을 강조하고 클리핑이 새로운 연결점을 생성하는 방법은 강조하지 않는다는 것이다. 후자는 반대되는 관점을 갖는다. 두 설명 모두 심층 신경망이 어떻게 작동하는지에 대한 부분적인 통찰력을 제공할 뿐이다. 그럼에도 여전히 입력 x와 출력 y'을 연결하는 식에 불과하다는 사실을 명심하는 것이 중요하다. 실제로 식 4.7–4.9를 결합해서 다음과 같은 하나의 표현식을 얻을 수 있다.

$$\begin{aligned}
y' = {} & \phi'_0 + \phi'_1 a[\psi_{10} + \psi_{11} a[\theta_{10} + \theta_{11}x] + \psi_{12} a[\theta_{20} + \theta_{21}x] + \psi_{13} a[\theta_{30} + \theta_{31}x]] \\
& + \phi'_2 a[\psi_{20} + \psi_{21} a[\theta_{10} + \theta_{11}x] + \psi_{22} a[\theta_{20} + \theta_{21}x] + \psi_{23} a[\theta_{30} + \theta_{31}x]] \quad \text{식 4.10}\\
& + \phi'_3 a[\psi_{30} + \psi_{31} a[\theta_{10} + \theta_{11}x] + \psi_{32} a[\theta_{20} + \theta_{21}x] + \psi_{33} a[\theta_{30} + \theta_{31}x]]
\end{aligned}$$

물론 이렇게 표현한 식 4.10을 한눈에 이해하기는 다소 어렵다.

4.3.1 하이퍼파라미터

심층 신경망이 2개 이상의 은닉층을 갖도록 확장할 수 있다. 최근에는 심지어 층수가 100개가 넘고, 각 층에는 수천 개의 은닉 유닛이 있는 네트워크도 많이 발표되고 있다. 각 층의 은닉 유닛 수를 네트워크 **너비**width라고 하고, 은닉층의 수를 **깊이**depth라고 한다. 은닉 유닛의 총 수는 네트워크 용량을 나타낸다.

네트워크의 층 수를 K라고 하고 각 층의 은닉 유닛 수를 $D_1, D_2, ..., D_K$라고 하자. 이는 **하이퍼파라미터**hyperparameter의 예인데, 보통 모델 매개변수(예를 들어 기울기, 절편)를 학습하기 전에 선택하는 값이다.† 학습하기 전에 선택하는 하이퍼파라미터(예를 들어 $K = 2$개의 층, 층마다 $D_k = 3$개의 은닉 단위)는 모델이 나타내는 함수족을 결정하고, 학습을 하는 매개변수는 해당 함수족에 속하는 특정 함수를 결정한다. 따라서 하이퍼파라미터와 매개변수를 갖는 신경망은 입력과 출력 간의 대응관계를 나타내는 함수족에 속하는 함수라고 볼 수 있다.

연습 문제 4.2 참고

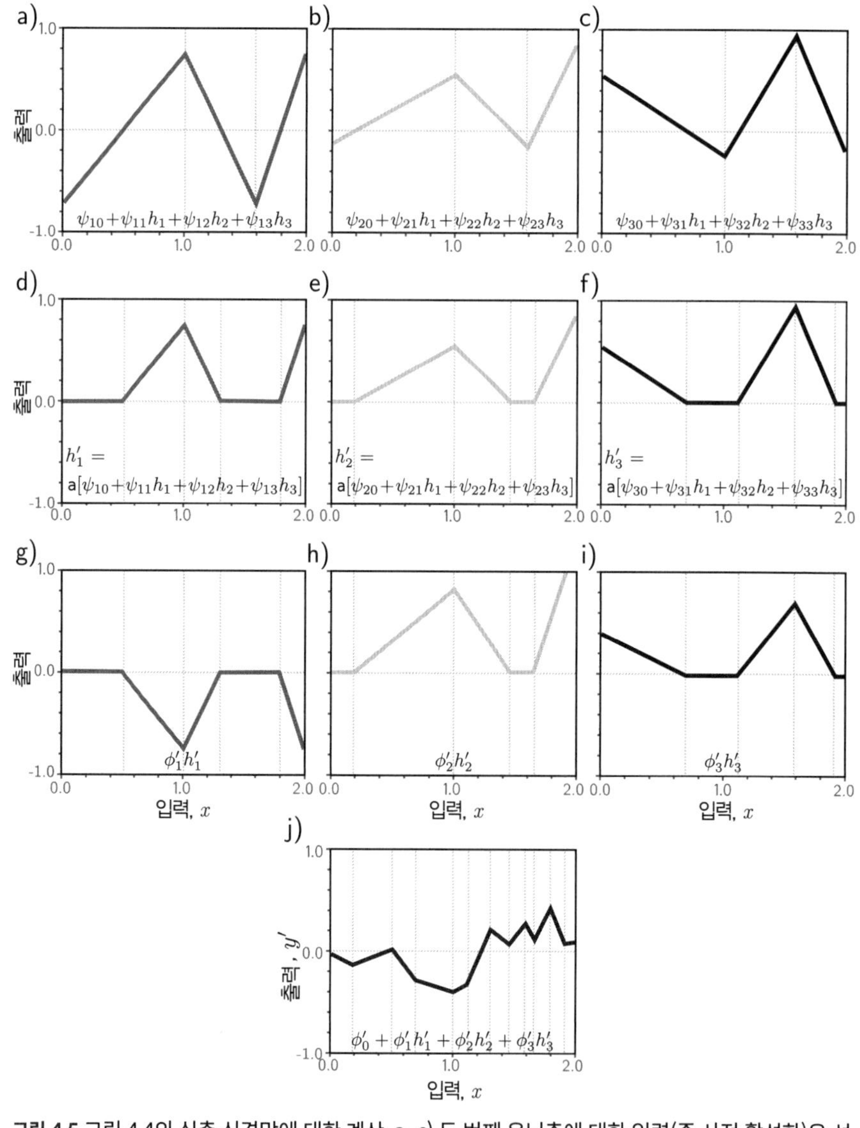

그림 4.5 그림 4.4의 심층 신경망에 대한 계산. a–c) 두 번째 은닉층에 대한 입력(즉 사전 활성화)은 선형 영역 사이의 '연결점'이 동일한 위치에 있는 3개의 구간별 부분 선형함수다(그림 3.6 참고). d–f) 구간별 부분 선형함수는 ReLU 활성화 함수에 의해 0으로 클리핑된다. g–i) 각각의 클리핑된 함수는 매개변수 ϕ'_1, ϕ'_2, ϕ'_3으로 가중치를 준다. j) 마지막으로 클리핑된 함수를 가중 합산되고 전체 높이를 조절하는 오프셋 ϕ'_0을 더해준다. 동적 이미지: https://udlbook.github.io/udlfigures/

4.4 행렬 표기법

심층 신경망이 선형 변환과 활성화 함수를 번갈아 사용하는 구조로 되어 있다는 것을 알아보았다. 식 4.7–4.9를 **행렬 표기법**matrix notation†으로 바꿔보면 다음과 같다.

B.3절 '벡터, 행렬, 텐서' 참고

$$\begin{bmatrix} h_1 \\ h_2 \\ h_3 \end{bmatrix} = a \left[\begin{bmatrix} \theta_{10} \\ \theta_{20} \\ \theta_{30} \end{bmatrix} + \begin{bmatrix} \theta_{11} \\ \theta_{21} \\ \theta_{31} \end{bmatrix} x \right]$$

식 4.11

$$\begin{bmatrix} h'_1 \\ h'_2 \\ h'_3 \end{bmatrix} = a \left[\begin{bmatrix} \psi_{10} \\ \psi_{20} \\ \psi_{30} \end{bmatrix} + \begin{bmatrix} \psi_{11} & \psi_{12} & \psi_{13} \\ \psi_{21} & \psi_{22} & \psi_{23} \\ \psi_{31} & \psi_{32} & \psi_{33} \end{bmatrix} \begin{bmatrix} h_1 \\ h_2 \\ h_3 \end{bmatrix} \right]$$

식 4.12

$$y' = \phi'_0 + \begin{bmatrix} \phi'_1 & \phi'_2 & \phi'_3 \end{bmatrix} \begin{bmatrix} h'_1 \\ h'_2 \\ h'_3 \end{bmatrix}$$

식 4.13

좀 더 간결하게 다음과 같이 표현할 수도 있다.

$$\begin{aligned} \mathbf{h} &= \mathbf{a}[\boldsymbol{\theta_0} + \boldsymbol{\theta}\mathbf{x}] \\ \mathbf{h'} &= \mathbf{a}[\boldsymbol{\psi_0} + \boldsymbol{\Psi}\mathbf{h}] \\ y' &= \phi'_0 + \boldsymbol{\phi'}\mathbf{h'}(1) \end{aligned}$$

식 4.14

이때 활성화 함수 a[•]는 입력 벡터의 모든 요소에 각각 적용한다.

4.4.1 일반적인 공식

네트워크의 층이 많아지면 이 표기법은 복잡해진다. 설명을 위해, 지금부터 k번째 층의 은닉 유닛 벡터를 $\mathbf{h}_k$, $k+1$번째 은닉층에 더해주는 **편향**(절편) **벡터**bias vector를 $\boldsymbol{\beta}_k$, k번째 층에 적용해서 $(k+1)$번째 층에 영향을 주는 가중치(기울기)를 $\boldsymbol{\Omega}_k$라고 한다. 이제 K개의 층이 있는 일반적인 심층 신경망 $y = \mathrm{f}[x, \phi]$를 다음과 같이 표기할 수 있다.

$$\begin{aligned}
\mathbf{h}_1 &= \mathbf{a}[\boldsymbol{\beta}_0 + \boldsymbol{\Omega}_0 \mathbf{x}] \\
\mathbf{h}_2 &= \mathbf{a}[\boldsymbol{\beta}_1 + \boldsymbol{\Omega}_1 \mathbf{h}_1] \\
\mathbf{h}_3 &= \mathbf{a}[\boldsymbol{\beta}_2 + \boldsymbol{\Omega}_2 \mathbf{h}_2] \\
&\vdots \\
\mathbf{h}_K &= a[\boldsymbol{\beta}_{K-1} + \boldsymbol{\Omega}_{K-1}\mathbf{h}_{K-1}] \\
\mathbf{y} &= \boldsymbol{\beta}_K + \boldsymbol{\Omega}_K \mathbf{h}_K
\end{aligned}$$

식 4.15

이 모델의 매개변수 $\phi = \{\boldsymbol{\beta}_k, \boldsymbol{\Omega}_k\}_{k=0}^{K}$ 는 가중치 행렬과 편향 벡터로 구성된다.

깃허브의 노트북 4.3 'Deep-neural networks' 참고.
https://bit.ly/udl4_3

k번째 층에 D_k개의 은닉 유닛이 있는 경우, 편향 벡터 $\boldsymbol{\beta}_{k-1}$의 크기는 D_k가 된다. 마지막 편향 벡터 $\boldsymbol{\beta}_K$의 크기는 출력의 크기 D_o와 같다.† 첫 번째 가중치 행렬 $\boldsymbol{\Omega}_0$의 크기는 $D_1 \times D_i$인데, 여기서 D_i는 입력의 크기다. 마지막 가중치 행렬 $\boldsymbol{\Omega}_K$의 크기는 $D_o \times D_K$다. 그 밖의 중간 층의 가중치 행렬 $\boldsymbol{\Omega}_k$의 크기는 $D_{k+1} \times D_k$다(그림 4.6).

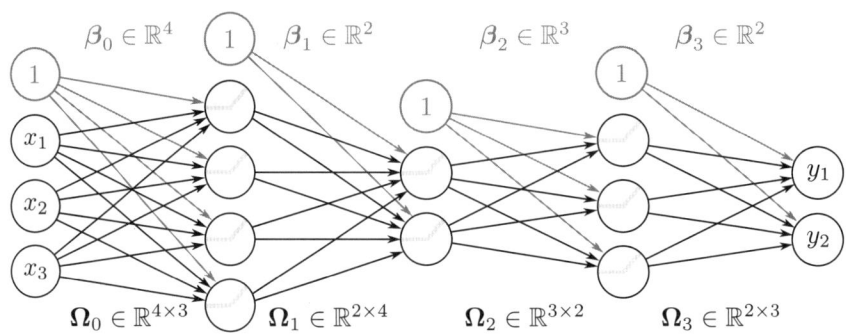

그림 4.6 3차원 입력 $\mathbf{x}(D_i = 3)$, 2차원 출력 $\mathbf{y}(D_o = 2)$, 각각의 차원이 $D_1 = 4, D_2 = 2, D_3 = 3$인 은닉층 $\mathbf{h}_1, \mathbf{h}_2, \mathbf{h}_3(K = 3)$을 갖는 네트워크에 대한 행렬 표기법. 가중치는 행렬 $\boldsymbol{\Omega}_k$에 저장되고, 이 가중치를 이전 층의 활성화와 곱해서 다음 층의 사전 활성화를 계산한다. 예를 들어 $\mathbf{h}_1$의 활성화로부터 $\mathbf{h}_2$의 사전 활성화를 계산하는 가중치 행렬 $\boldsymbol{\Omega}_1$의 차원은 2 × 4다. 이는 첫 번째 은닉층의 4개 은닉 유닛에 적용되어 두 번째 은닉층의 2개 은닉 유닛에 대한 입력을 만든다. 편향은 입력되는 층의 차원을 갖는 벡터 $\boldsymbol{\beta}_k$에 저장되어 있다. 예를 들어 $\mathbf{h}_3$에 3개의 은닉 유닛이 있으므로 편향 벡터 $\boldsymbol{\beta}_2$의 길이는 3이 된다.

연습 문제 4.3 – 4.6 참고

식 4.15를 연쇄적으로 대입하면 네트워크를 다음과 같이 하나의 함수로 표기할 수 있다.†

$$\mathbf{y} = \beta_K + \Omega_K \mathbf{a}\big[\beta_{K-1} + \Omega_{K-1}\mathbf{a}\big[\ldots\beta_2 + \Omega_2\mathbf{a}\big[\beta_1 + \Omega_1\mathbf{a}[\beta_0 + \Omega_0\mathbf{x}]\big]\ldots\big]\big]$$ 식 4.16

4.5 얕은 신경망 vs. 심층 신경망

3장에서 (은닉층이 하나인) 얕은 신경망에 대해 논의했고, 앞 절에서 (은닉층이 여럿인) 심층 신경망에 대해 설명했다. 이제 두 모델을 비교해보자.

4.5.1 다양한 함수를 근사하는 능력

3.2절에서 충분한 용량(은닉 유닛)을 가진 얕은 신경망으로 임의의 연속 함수를 매우 정확하게 모델링할 수 있다고 했다. 이 장 앞부분에서는 2개의 은닉층이 있는 심층 신경망이 2개의 얕은 신경망을 결합한 네트워크를 나타낼 수 있다는 것을 알았다. 이를 근거로 만약 이 심층 신경망의 두 번째 네트워크가 항등 함수identity function를 나타내는 경우 이는 결과적으로 하나의 얕은 신경망과 같아진다. 따라서 충분한 용량이 주어지면 심층 신경망 역시 임의의 연속 함수를 매우 정확하게 모델링할 수 있다.†

연습 문제 4.7 참고

4.5.2 매개변수당 선형영역의 수

하나의 입력, 하나의 출력, $D > 2$인 은닉 유닛이 있는 얕은 신경망은 $3D + 1$개의 매개변수를 갖고, 최대 $D + 1$개의 선형 영역을 만들 수 있다.† 반면 하나의 입력, 하나의 출력, $D > 2$ 은닉 유닛이 있는 K개의 은닉층을 갖는 심층 신경망은 $3D + 1 + (K-1)D(D+1)$개의 매개변수를 갖고, 최대 $(D+1)^K$개의 선형 영역이 있는 함수를 표현할 수 있다.

연습 문제 4.8 – 4.11 참고

그림 4.7a는 스칼라 입력 x를 스칼라 출력 y에 매핑하는 네트워크의 매개변수 수에 따라 선형 영역의 최대 개수가 어떻게 증가하는지 보여준다. 주어진 매개변수 개수에 대해서 심층 신경망은 훨씬 더 복잡한 함수를 만들어낼 수 있다. 이런 효과는 입력의 차원 D_i가 커질수록 뚜렷해지는데(그림 4.7b), 최대 영역의 수를 계산하는 것은 좀 더 복잡하다.

이는 매력적으로 보이지만 함수의 유연성은 여전히 매개변수의 수에 의해 제한된다. 심층 신경망은 매우 많은 선형 영역을 만들 수 있지만, 이들은 서로 복잡한 종속성과 대칭성을 갖게 된다. 심층 신경망이 입력 공간을 '접는'다고 생각했을 때 일부 이런 현상을 보았다(그림 4.3). 따라서 (i) 근사하려는 함수가 대칭성을 갖거나 (ii) 입력에서 출력으로의 매핑이 좀 더 단순한 함수의 합성이거나 하지 않는다면 더 많은 수의 영역이 이점이 되는지는 명확하지 않다.

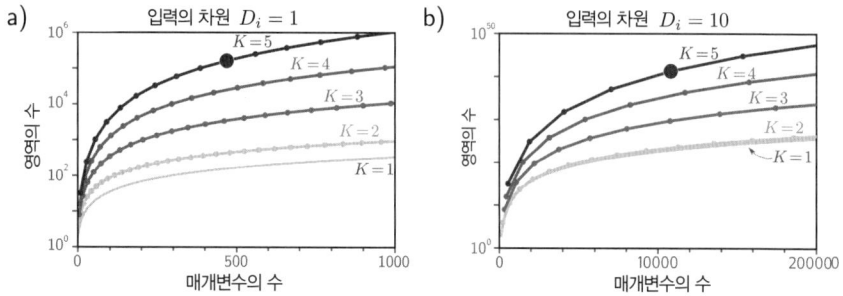

그림 4.7 신경망의 최대 선형 영역 수는 네트워크 깊이에 따라 급격히 증가한다. a) $D_i = 1$개의 입력이 있는 네트워크. 각 곡선은 은닉층의 수가 K일 때, 층의 은닉 유닛의 수 D에 따른 영역의 수를 나타낸다. 특정한 매개변수의 개수(수평 위치)에 대해서, 심층 신경망은 얕은 신경망보다 더 많은 선형 영역을 생성한다. $K = 5$개의 은닉층과 층 당 $D = 10$개의 은닉 유닛이 있는 네트워크에는 471개의 매개변수(강조되어 표시된 점)가 있고 161,051개의 영역을 생성할 수 있다. b) $D_i = 10$개의 입력이 있는 네트워크. 곡선 위에 표시된 각 점은 10개 단위로 은닉 유닛의 개수를 나타낸다. 여기서 $K = 5$개의 은닉층과 층당 $D = 50$개의 은닉 유닛이 있는 모델은 10,801개의 매개변수(강조되어 표시된 점)를 갖고, 10^{40}개가 넘는 선형 영역을 생성한다.

4.5.3 깊이 효율성

심층 신경망과 얕은 신경망 모두 임의의 함수를 모델링할 수 있지만 일부 함수는 심층 신경망으로 훨씬 더 효율적으로 근사할 수 있다. 어떤 함수를 심층 신경망과 동등한 정도로 근사하기 위해서는 훨씬 더 많은 은닉 유닛을 가진 얕은 신경망이 필요하는 것을 확인했다. 이를 신경망의 **깊이 효율성**depth efficiency이라고 한다. 심층 신경망의 이런 속성은 매우 유용하지만 근사하려는 어떤 함수가 이 범주에 속하는 지는 확실하지 않다.

4.5.4 대규모, 구조화된 입력

각 층의 모든 요소가 다음 층의 모든 요소에 완전히 연결된 네트워크에 대해 논의했다. 그러나 이러한 네트워크는 많게는 10^6개 정도되는 픽셀로 구성되는 이미지 같은 크고 구조화된 입력에 대해서는 실용적이지 않다. 매개변수의 수는 엄청나게 많아질 것이고, 더욱이 이미지의 특성을 고려했을 때, 이미지의 서로 다른 부분을 유사하게 처리하는 것이 좋다. 이미지의 모든 위치에서 동일한 객체를 인식하는 방법을 별도로 학습할 필요가 없기 때문이다.

해결책은 로컬 이미지 영역을 병렬로 처리한 다음 이를 점차적으로 더 큰 영역의 정보로 통합하는 것이다. 이러한 종류의 지역에서 전역으로 local to global 처리하는 방식은 여러 층을 사용하지 않고는 처리하기 어렵다(10장 참고).

4.5.5 훈련과 일반화

얕은 신경망에 비해 심층 신경망의 또 다른 장점은 적합이 쉽다는 것이다. 일반적으로 얕은 신경망을 훈련하는 것보다 적당히 깊은 심층 신경망을 훈련하는 것이 더 쉽다(그림 20.2 참고). 과적합된 심층 모델(즉, 훈련 견본보다 더 많은 매개변수를 가진 모델)은 유사한 성능을 내는 해가 많이 존재하고, 이러한 해들을 쉽게 찾을 수 있다. 하지만 은닉층을 추가할수록 훈련이 더 어려워지기 때문에 이 문제를 완화하기 위한 다양한 기법들이 개발되었다(11장 참고).

심층 신경망은 얕은 신경망보다 새로운 데이터에 대한 일반화 성능이 더 좋다. 더욱이 수십 개에서 수백 개의 층을 갖는 네트워크가 현실에서 마주치는 대부분의 문제 해결에서 가장 좋은 성능을 보인다. 이런 성능적인 부분에 대해서는 아직 충분히 이해하지 못하고 있는데, 이 부분은 20장에서 다시 다룬다.

4.6 요약

이 장에서는 먼저 2개의 얕은 신경망을 합성할 때 어떻게 되는지 살펴보았다. 첫 번째 네트워크가 입력 공간을 '접고' 두 번째 네트워크가 구간별 부분 선형함수를 적용한다는 것을 알았다. 접힌 입력 공간이 겹치는 부분마다 두 번째 네트워크의 선형함수가 적용된다.

그다음 이러한 얕은 신경망의 합성이 2개의 층으로 구성된 심층 신경망의 특별한 경우라는 것을 보였다. 각 층의 ReLU 함수는 여러 위치에서 입력 함수를 클리핑하고 출력 함수에 더 많은 '연결점'을 생성한다. 그리고 네트워크의 은닉층 수와 각 층의 은닉 유닛 수 같은 하이퍼파라미터 개념을 소개했다.

마지막으로 얕은 신경망과 심층 신경망을 비교했다. (i) 두 네트워크 모두 충분한 용량이 주어지면 모든 함수를 근사할 수 있고, (ii) 심층 신경망은 매개변수당 더 많은 선형 영역을 생성하고, (iii) 심층 신경망은 일부 함수를 훨씬 더 효율적으로 근사할 수 있고, (iv) 이미지 같이 크고 구조화된 입력은 다단계로 처리하는 것이 가장 좋고 (v) 여러 층이 있는 심층 신경망이 대부분의 작업에 대해서 최상의 결과를 보여준다.

심층 신경망 모델과 얕은 신경망 모델을 이해했으니, 이제 모델 훈련 단계로 넘어갈 차례다. 우선 다음 장에서는 손실 함수를 살펴본다. 주어진 매개변숫값 ϕ에 대한 손실 함수는 모델 출력과 훈련 데이터셋에 대한 정답 간의 오차를 반환한다. 6장과 7장에서는 손실을 최소화하는 매개변숫값을 찾는 훈련 과정을 다룬다.

노트

딥러닝

얕은 신경망 2개를 합성하거나 1개 이상의 은닉층이 있는 네트워크로 더 복잡한 함수를 모델링할 수 있다는 것이 오래전부터 알려져 왔다. 실제로 '딥러닝'이라는 용어는 Dechter(1986)[1]가 처음 사용했다. 그러나 그러한 네트워크를 잘 훈련시키는 것이 불가능했기 때문에 큰 관심을 끌지는 못했다. Krizhevsky et al.(2012)[2]이 이미지 분류 성능을 크게 개선함으로써, 현대 딥러닝 시대가 시작되었다. 이러한 급진적인 진전은 의심할 여지 없이 다음과 같은 네 가지 요인, 더 큰 훈련 데이터셋, 훈련에 필요한 처리 능력의 향상, ReLU 활성화 함수 사용, SGD 사용(6장 참고) 때문이다. LeCun et al.(2015)[3]은 현대 딥러닝 시대의 초기 발전을 이끌었다.

선형 영역의 수

ReLU 활성화와 총 D개의 은닉 유닛이 있는 심층 신경망의 영역 수의 상한이 2^D이고, 또한 입력의 차원이 D_i이고, 각각 $D \geq D_i$개의 은닉 유닛이 있는 및 K개의 은닉층이 있는 심층 ReLU 네트워크는 $\mathcal{O}\left((D/D_i)^{(K-1)D_i} D^{D_i}\right)$개의 선형 영역을 갖는다(Montufar et al., 2014)[4]. Montúfar(2017)[5], Arora et al.(2016)[6], Serra et al.(2018)[7]은 각 층의 은닉 유닛의 수가 서로 다를 가능성을 고려해서 더 엄격한 상한을 제시했다. Serra et al.(2018)[7]은 신경망의 선형 영역의 수를 계산하는 알고리즘을 제안했는데, 이는 매우 작은 네트워크에 대해서만 효과적이다.

K개 층의 은닉 유닛 수가 D로 동일하고, D가 입력 차원 D_i의 정수배인 경우, 최대 선형 영역의 수 N_r은 다음과 같이 정확하게 계산할 수 있다.

$$N_r = \left(\frac{D}{D_i} + 1\right)^{D_i(K-1)} \cdot \sum_{j=0}^{D_i} \binom{D}{j}$$

식 4.17

이 식의 첫 번째 항은 네트워크의 첫 번째 $K-1$개 층에 해당하는데, 이는 입력 공간을 반복적으로 접는 것으로 생각할 수 있다. 그러나 이렇게 입력 공간을 접으려면 각 입력 차원에 D/D_i개의 은닉 유닛을 할당해야 한다. 이 식의 마지막 항(이항계수의 합†)은 얕은 신경망이 생성할 수 있는 영역의 수로, 마지막 층에 기인한다. 자세한 내용은 Montufar et al.(2014)[4], Pascanu et al.(2013)[8], Montúfar(2017)[5]를 참고한다.

B.2절 '이항계수' 참고

보편 근사 정리

4.5.1절에서 심층 신경망의 층에 충분한 은닉 유닛이 있는 경우 보편 근사 정리의 너비 버전이 적용된다고 했다. 즉 네트워크가 $\mathbb{R}^{D_i}$의 작은 부분집합에 속하는 모든 연속 함수를 매우 정확하게 근사할 수 있는 신경망이 존재한다. Lu et al.(2017)[9]은 ReLU 활성화 함수와 각 층에 최소 $D_i + 4$개의 은닉 유닛이 있는 네트워크의 층이 충분히 많다면 모든 D_i차원 르베그 적분Lebesgue integral 가능 함수를 매우 정확하게 근사할 수 있음을 증명했다. 이는 보편 근사 정리의 **깊이 버전**depth version으로 알려져 있다.

깊이 효율성

여러 결과에 따르면 얕은 신경망은 용량이 극히 제한되기 때문에 심층 신경망으로는 구현할 수 있지만 얕은 신경망으로는 구현할 수 없는 함수가 있다. 따라서 얕은 신경망으로 이러한 함수를 정확하게 나타내려면 훨씬 더 많은 수의 유닛이 필요하다. 이를 신경망의 깊이 효율성이라고 한다.

Telgarsky(2016)[10]는 임의의 정수 k에 대해서 하나의 입력, 하나의 출력, 일정한 너비의 $O[k^3]$ 층으로 네트워크를 구성할 수 있으나, 이는 $O[k]$ 층과 2^k 미만의 너비를 갖는 네트워크로는 구현할 수 없다는 것을 보여주었다. 또한 Eldan & Shamir(2016)[11]는 다변량 입력이 있을 때 입력 차원 대비 네트워크의 용량 변화가 비지수적sub-exponential이라면 2층 네트워크로는 구현할 수 없는 3층 네트워크가 존재한다는 것을 증명했다. Cohen et al.(2016)[12], Safran & Shamir(2017)[13], Poggio et al.(2017)[14]은 어떤 함수는 심층 신경망으로는 효율적으로 근사할 수 있지만 얕은 신경망은 근사할 수 없다는 것을 보여주었다. Liang & Srikant(2016)[15]는 단변량 함수를 포함한 다양한 종류의 함수의 경우 주어진 근사 오류의 상한에 대해 얕은 신경망이 심층 신경망보다 지수적으로 더 많은 은닉 유닛이 필요하다는 것을 보여주었다.

너비 효율성

Lu et al.(2017)[16]은 깊이가 상당히 깊지 않은 좁은narrow 네트워크로는 구현할 수 없는 넓고wide 얕은 신경망(즉 은닉 유닛이 많은 얕은 신경망)이 있는지 조사했다. 그들은 다항식 깊이polynomial depth를 갖는 좁은 네트워크로만 표현될 수 있는 부류의 넓고 얕은 신경망이 있음을 알아냈다. 이를 신경망의 **너비 효율성**width efficiency이라고 한다. 너비에 대한 이 다항식 하한은 깊이에 대한 지수적 하한보다 덜 제한적인데, 이는 신경망 구현에 있어서 깊이가 더 중요하다는 것을 시사한다. 이후에 Vardi et al.(2022)[17]은 ReLU 활성화를 사용하는 네트워크의 경우, 네트워크의 깊이를 늘이는 만큼 너비를 선형적으로 줄일 수 있다는 것을 알아냈다.

연습 문제

4.1* 그림 4.8에 있는 2개의 신경망을 합성해보자. $x \in [-1, 1]$에 대해서 입력 x와 출력 y' 사이의 관계를 그림으로 증명하자.

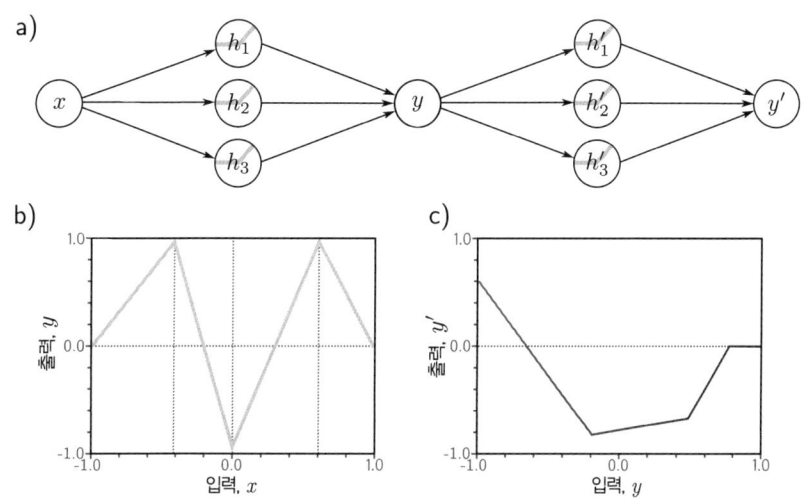

그림 4.8 문제 4.1에 대한 두 네트워크의 합성. a) 첫 번째 네트워크의 출력 y가 두 번째 네트워크의 입력이 된다. b) 첫 번째 네트워크는 이 함수를 계산해서 출력값 $y \in [-1, 1]$을 구한다. c) 두 번째 네트워크는 입력 $y \in [-1, 1]$에 대해서 이 함수를 계산한다.

4.2 그림 4.6에서 4개의 하이퍼파라미터를 찾아보자.

4.3 ReLU 함수의 비음수 동질성 속성non-negative homogeneity property을 사용하여(문제 3.5 참고) 다음을 증명해보자.

$$\text{ReLU}\big[\beta_1 + \lambda_1 \cdot \Omega_1 \text{ReLU}[\beta_0 + \lambda_0 \cdot \Omega_0 \boldsymbol{x}]\big]$$
$$= \lambda_0 \lambda_1 \cdot \text{ReLU}\left[\frac{1}{\lambda_0 \lambda_1}\beta_1 + \Omega_1 \text{ReLU}\left[\frac{1}{\lambda_0}\beta_0 + \Omega_0 \boldsymbol{x}\right]\right]$$

식 4.18

여기서 λ_0과 λ_1은 음이 아닌 스칼라다. 이를 통해 가중치 행렬을 임의의 크기로 조정할 수 있는데, 이때 편향도 같이 조정해야 한다. 또한 스케일 계수scale factor는 네트워크 끝에서 다시 적용할 수 있다.

4.4 $D_i = 5$개의 입력, $D_o = 4$개의 출력을 갖고 각각의 크기가 $D_1 = 20$, $D_2 = 10$, $D_3 = 7$인 3개의 은닉층을 갖는 심층 신경망을 식 4.15와 식 4.16의 형태로 작성해보자. 각 가중치 행렬 $\Omega_\bullet$와 편향 벡터 $\beta_\bullet$의 크기는 얼마일까?

4.5 $D_i = 5$개의 입력, $D_o = 1$개의 출력, 각각 $D = 30$개의 은닉 유닛을 갖는 $K = 20$개의 은닉층이 있는 심층 신경망의 깊이와 너비는 각각 얼마일까?

4.6 $D_i = 1$ 입력, $D_o = 1$ 출력, 각각 $D = 10$개의 은닉 유닛을 갖는 $K = 10$개의 은닉층이 있는 네트워크의 깊이를 하나 늘리거나 너비를 하나 늘리면 가중치의 개수가 더 늘어날까? 이유를 설명해보자.

4.7 유한 범위 $x \in [a, b]$에서 항등 함수를 정의하는 식 3.1(ReLU 활성화 함수 사용)의 얕은 신경망에 대한 매개변수 $\phi = \{\phi_0, \phi_1, \phi_2, \phi_3, \theta_{10}, \theta_{11}, \theta_{20}, \theta_{21}, \theta_{30}, \theta_{31}\}$의 값을 선택해보자.

4.8* 그림 4.9는 얕은 신경망의 3개 은닉 유닛의 활성화를 보여준다(그림 3.3 참고). 은닉 유닛의 기울기는 각각 1.0, 1.0, −1.0이고, 은닉 유닛의 '연결점' 위치는 1/6, 2/6, 4/6이다. 은닉 유닛의 활성화 함수를 $\phi_0 + \phi_1 h_1 + \phi_2 h_2 + \phi_3 h_3$과 같이 결합해서 출력값의 범위가 0과 1 사이에 있는 4개의 선형 영역이 있는 함수를 생성하도록 하는 $\phi_0, \phi_1, \phi_2, \phi_3$의 값을 찾아라. 가장 왼쪽 영역의 기울기는 양수이고, 다음 영역은 음수이고, 이렇게 반복된다. 이렇게 만들어진 네트워크 2개를 합성하면 몇 개의 선형 영역이 생성될까? 이를 K번 합성하면 몇 개의 선형 영역이 생성될까?

4.9* 문제 4.8에 이어서 2개의 은닉 유닛이 있는 얕은 신경망으로 출력값의 범위가 0부터 1까지인 3개의 선형 영역이 있는 함수를 만들 수 있을까? 4개의 은닉 유닛이 있는 얕은 신경망을 사용하여 동일한 방식으로 작동하는 5개의 선형 영역이 있는 함수를 만들 수 있을까?

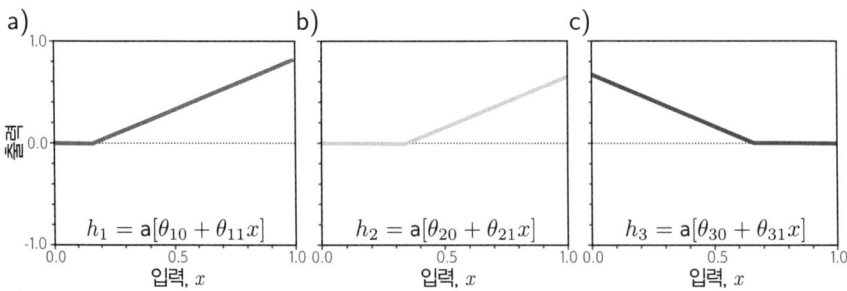

 그림 4.9 문제 4.8에 대한 은닉 유닛 활성화. a) 첫 번째 은닉 유닛은 $x = 1/6$ 위치에 연결점이 있고 활성 영역의 기울기는 1이다. b) 두 번째 은닉 유닛은 $x = 2/6$ 위치에 연결점이 있고 활성 영역의 기울기는 1이다. c) 세 번째 은닉 유닛은 $x = 4/6$ 위치에 연결점이 있고 활성 영역에서 기울기는 −1이다.

4.10 단일 입력, 단일 출력, 각각 D개의 은닉 유닛이 있는 K개의 은닉층을 갖는 심층 신경망에는 총 $3D + 1 + (K-1)D(D+1)$ 매개변수가 있음을 증명해보자.

4.11* 스칼라 입력 x를 스칼라 출력 y로 매핑하는 2개의 신경망이 있다고 하자. 첫 번째 얕은 신경망은 $D = 95$개의 은닉 유닛을 갖는다. 두 번째 깊은 네트워크에는 $K = 10$개의 층이 있는데, 각 층에는 $D = 5$개의 은닉 유닛이 있다. 각 네트워크에는 몇 개의 매개변수가 있을까? 각 네트워크는 몇 개의 선형 영역을 만들까(식 4.17 참고)? 어느 것이 더 빨리 실행될까?

참고 문헌

[1] Dechter, R. (1986). Learning while searching in constraint-satisfaction-problems. *AAAI Conference on Artificial Intelligence*, 178-183.

[2] Krizhevsky, A., Sutskever, I., & Hinton, G. E. (2012). ImageNet classification with deep convolutional neural networks. *Neural Information Processing Systems*, 25, 1097-1105.

[3] LeCun, Y., Bengio, Y., & Hinton, G. (2015). Deep learning. *Nature*, 521(7553), 436-444.

[4] Montufar, G. F., Pascanu, R., Cho, K., & Bengio, Y. (2014). On the number of linear regions of deep neural networks. *Neural Information Processing Systems*, 27, 2924-2932.

[5] Montúfar, G. (2017). Notes on the number of linear regions of deep neural networks.

[6] Arora, R., Basu, A., Mianjy, P., & Mukherjee, A. (2016). Understanding deep neural networks with rectified linear units. *arXiv:1611.01491*.

[7] Serra, T., Tjandraatmadja, C., & Ramalingam, S. (2018). Bounding and counting linear regions of deep neural networks. *International Conference on Machine Learning*, 4558-4566.

[8] Pascanu, R., Montufar, G., & Bengio, Y. (2013). On the number of response regions of deep feed forward networks with piece-wise linear activations. *arXiv:1312.6098*.

[9] Lu, Z., Pu, H., Wang, F., Hu, Z., & Wang, L. (2017). The expressive power of neural networks: A view from the width. *Neural Information Processing Systems*, 30, 6231-6239.

[10] Telgarsky, M. (2016). Benefits of depth in neural networks. *PMLR Conference on Learning Theory*, 1517-1539.

[11] Eldan, R., & Shamir, O. (2016). The power of depth for feedforward neural networks. *PMLR Conference on Learning Theory*, 907-940.

[12] Cohen, N., Sharir, O., & Shashua, A. (2016). On the expressive power of deep learning: A tensor analysis. *PMLR Conference on Learning Theory*, 698-728.

[13] Safran, I., & Shamir, O. (2017). Depth-width tradeoffs in approximating natural functions with neural networks. *International Conference on Machine Learning*, 2979-2987.

[14] Poggio, T., Mhaskar, H., Rosasco, L., Miranda, B., & Liao, Q. (2017). Why and when can deepbut not shallow-networks avoid the curse of dimensionality: A review. *International Journal of Automation and Computing*, 14(5), 503-519

[15] Liang, S., & Srikant, R. (2016). Why deep neural networks for function approximation? *International Conference on Learning Representations*.

[16] Lu, Z., Pu, H., Wang, F., Hu, Z., & Wang, L. (2017). The expressive power of neural networks: A view from the width. *Neural Information Processing Systems*, 30, 6231-6239.

[17] Vardi, G., Yehudai, G., & Shamir, O. (2022). Width is less important than depth in ReLU neural networks. *PMRL Conference on Learning Theory*, 1-33.

CHAPTER 05 손실 함수

앞선 세 장에서는 선형회귀, 얕은 신경망, 심층 신경망을 살펴보았다. 이들은 각각 입력을 출력으로 매핑하는 함수족을 나타내며, 여기서 각 함수족에 속하는 특정 함수는 모델 매개변수 ϕ에 의해 결정된다. 이러한 모델을 훈련할 때 대상이 되는 작업에 대해서 입력과 출력 간의 최적의 매핑을 하는 매개변수를 찾는다. 이 장에서는 이와 같은 '가장 최적의' 매핑의 의미를 정의한다.

이러한 정의에는 입력/출력 쌍의 훈련 데이터셋 $\{\mathbf{x}_i, \mathbf{y}_i\}$가 필요하다. **손실 함수**loss function 또는 비용 함수인 $L[\phi]$는 모델 예측 $\mathbf{f}[\mathbf{x}_i, \phi]$와 이에 대한 정답인 출력 $\mathbf{y}_i$ 간의 불일치를 나타내는 하나의 수치를 반환한다. 훈련 중에는 손실을 최소화하고 훈련 입력을 출력에 최대한 가깝게 매핑하는 매개변수값 ϕ를 찾는다. 2장에서 이미 손실 함수의 예로 최소제곱 손실 함수를 살펴보았는데, 이는 회귀의 목표target가 **실수** $y \in \mathbb{R}$인 단변량 회귀 문제에 적합하다.† 모델 예측 $\mathbf{f}[\mathbf{x}_i, \phi]$와 참값 y_i 사이의 편차 제곱의 합을 계산한다.

A.3절 '집합' 참고

이 장에서는 실숫값 출력에 대한 최소제곱 기준을 선택하고 또 다른 예측 유형에 대한 손실 함수를 구축할 수 있는 프레임워크를 제공한다. 이러한 유형으로 예측 $y \in \{0, 1\}$가 두 범주 중 하나에 속하는 이진 분류, 예측 $y \in \{1, 2, \ldots, K\}$가 K 범주 중 하나에 속하는 다중 클래스 분류, 더 복잡한 경우를 고려한다. 앞으로 다룰 5장과 6장에서는 이러한 손실 함수를 최소화하는 매개변숫값을 찾는 모델 훈련을 다룬다.

5.1 최대 우도

이 절에서는 손실 함수를 구성하는 방법을 구채적으로 살펴본다. 입력 $\mathbf{x}$로부터 출력을 계산하는 모델 $\mathbf{f}[\mathbf{x}, \boldsymbol{\phi}]$를 생각해보자. 이 모델은 매개변수 $\boldsymbol{\phi}$를 갖는다. 지금까지는 암묵적으로 모델이 예측 $\mathbf{y}$를 직접 계산한다고 생각했다. 이제 관점을 바꿔서 모델을 입력 $\mathbf{x}$가 주어졌을 때 가능한 출력 $\mathbf{y}$에 대한 조건부 확률†분포 $Pr(\mathbf{y}|\mathbf{x})$를 계산하는 것으로 생각해보자. 손실을 통해 각 훈련 데이터셋의 출력 $\mathbf{y}_i$에 해당하는 입력 $\mathbf{x}_i$가 분포 $Pr(\mathbf{y}_i|\mathbf{x}_i)$에서 높은 확률을 갖도록 한다(그림 5.1).

C.1.3절 '조건부 확률과 우도' 참고

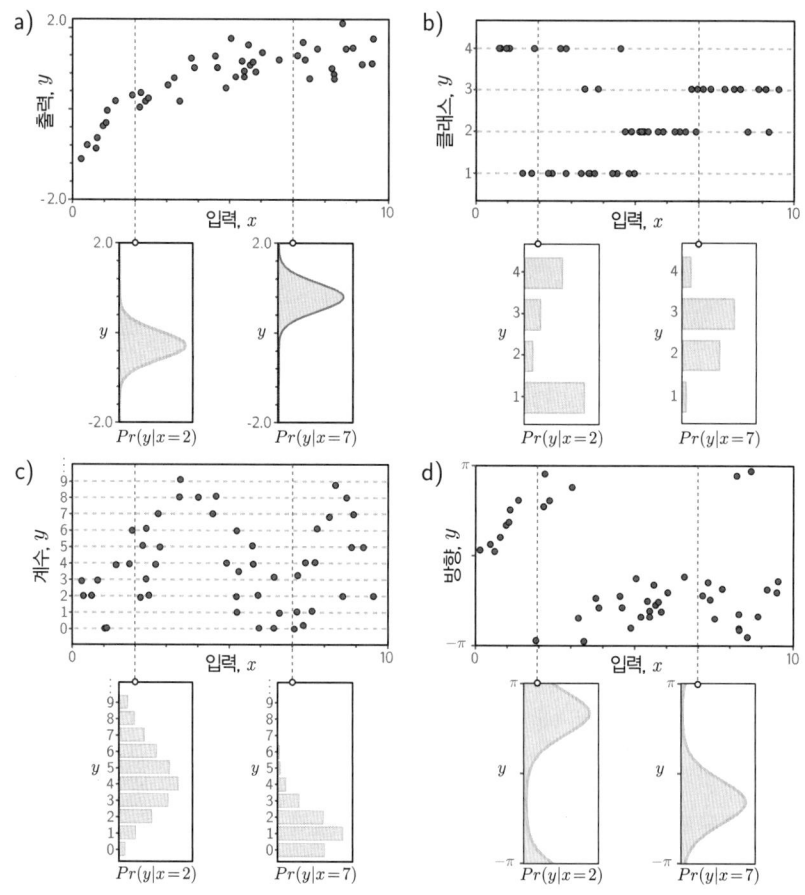

그림 5.1 출력에 대한 분포 예측. a) 회귀 작업의 목표는 훈련 데이터 $\{x_i, y_i\}$(주황색 점)를 이용해서 입력 x에서 실숫값 출력 y를 예측하는 것이다. 머신러닝 모델은 각 입력값 x에 대해서 출력 $y \in \mathbb{R}$에 대한 분포 $Pr(y|x)$를 예측한다(청록색 곡선은 $x = 2.0$, $x = 7.0$에 대한 분포를 나타낸다). 손실 함수를 통해 해당 입력 x_i에서 예측된 분포에서 관찰된 훈련 출력 y_i의 확률이 최대가 되도록 한다. b) 이산 클래스 $y \in \{1, 2, 3, 4\}$를 예측하기 위한 분류 작업에서는 이산 확률분포를 사용하는데, 이때 모델은 각 x_i값에 대해서 서로 다른 네 가지 y_i 값에 대한 히스토그램을 예측한다. c) 계수 $y \in \{0,1,2,\ldots\}$와 d) 방향 $y \in (-\pi, \pi]$을 예측하기 위해서 각각 양의 정수와 원형 도메인에서 정의된 분포를 사용한다.

5.1.1 출력에 대한 분포 계산

이러한 관점의 전환은 모델 모델 $\mathbf{f}[\mathbf{x}, \boldsymbol{\phi}]$로부터 어떻게 확률분포를 계산하는지에 대한 의문이 생긴다. 이에 대한 답은 간단하다. 먼저, 출력 도메인 $\mathbf{y}$에 정의된 매개변수화된 분포 $Pr(\mathbf{y}|\boldsymbol{\theta})$를 선택한다. 그다음 네트워크를 사용하여 이 분포의 매개변수 $\boldsymbol{\theta}$를 계산한다.

예를 들어 예측 도메인이 실수 집합 $y \in \mathbb{R}$이라고 가정하자. 여기서는 $\mathbb{R}$에 정의된 단변량 정규분포를 선택할 수 있는데, 이 분포는 평균 μ와 분산 σ^2으로 정의되므로 $\boldsymbol{\theta} = \{\mu, \sigma^2\}$이다. 머신러닝 모델로 평균 μ를 예측할 수 있는데, 이때 분산 σ^2은 미지의 상수로 처리할 수 있다.

5.1.2 최대 우도 기준

이제 모델로 각 훈련용 입력 $\mathbf{x}_i$에 대한 분포 매개변수 $\boldsymbol{\theta}_i = \mathbf{f}[\mathbf{x}_i, \boldsymbol{\phi}]$를 계산한다. 각 훈련용 출력 $\mathbf{y}_i$는 해당하는 분포 $Pr(\mathbf{y}_i|\boldsymbol{\theta}_i)$에서 높은 확률을 갖는다. 따라서 I개의 모든 훈련 견본에 대해서 결합된 확률이 최대가 되도록 하는 모델 매개변수 $\boldsymbol{\phi}$를 선택한다.

$$\begin{aligned}
\hat{\boldsymbol{\phi}} &= \underset{\boldsymbol{\phi}}{\operatorname{argmax}} \left[\prod_{i=1}^{I} Pr(\mathbf{y}_i|\mathbf{x}_i) \right] \\
&= \underset{\boldsymbol{\phi}}{\operatorname{argmax}} \left[\prod_{i=1}^{I} Pr(\mathbf{y}_i|\boldsymbol{\theta}_i) \right] \\
&= \underset{\boldsymbol{\phi}}{\operatorname{argmax}} \left[\prod_{i=1}^{I} Pr(\mathbf{y}_i|\mathbf{f}[\mathbf{x}_i, \boldsymbol{\phi}]) \right]
\end{aligned}$$

식 5.1

결합된 확률 항을 매개변수의 **우도**likelihood라고 하고, 따라서 식 5.1은 **최대 우도 기준**maximum likelihood criterion이 된다.[†]

여기서는 암묵적으로 두 가지 가정을 하고 있다. 먼저, 데이터가 동일하게 분포되어 있다고 가정한다(출력 $\mathbf{y}_i$에 대한 확률분포는 각 데이터에 대해서 동일하다). 둘째, 주어진 입력에 대해서 출력의 조건부 분포 $Pr(\mathbf{y}_i|\mathbf{x}_i)$가 독립적[†]이라고 가정하면, 훈련 데이터의 총 우도는 다음과 같이 분해된다.

조건부 확률 $Pr(z|\psi)$은 두 가지로 해석할 수 있다. z의 함수로 봤을 때는 합이 1이 되는 확률분포다. ψ의 함수로 봤을 때 우도라고 하는데, 일반적으로 합이 1이 되지 않는다.

C.1.5절 '독립성' 참고

$$Pr(\mathbf{y}_1, \mathbf{y}_2, \ldots, \mathbf{y}_I | \mathbf{x}_1, \mathbf{x}_2, \ldots, \mathbf{x}_I) = \prod_{i=1}^{I} Pr(\mathbf{y}_i | \mathbf{x}_i)$$

식 5.2

즉 데이터가 **독립적이고 동일하게 분포**independent and identically distributed되어 있다고 가정한다.

5.1.3 로그 우도 최대화

최대 우도 기준(식 5.1)은 그다지 실용적이지 않다. 각 항 $Pr(\mathbf{y}_i|\mathbf{f}[\mathbf{x}_i, \boldsymbol{\phi}])$이 작은 값을 가질 때 이러한 항의 곱은 매우 작아진다. 이런 작은 값은 유한한 정밀도 산술로 표현하기 어렵다. 다행히도 우도 대신 우도의 로그를 최대화하면 된다.

$$\begin{aligned} \hat{\boldsymbol{\phi}} &= \underset{\boldsymbol{\phi}}{\operatorname{argmax}} \left[\prod_{i=1}^{I} Pr(\mathbf{y}_i|\mathbf{f}[\mathbf{x}_i, \boldsymbol{\phi}]) \right] \\ &= \underset{\boldsymbol{\phi}}{\operatorname{argmax}} \left[\log \left[\prod_{i=1}^{I} Pr(\mathbf{y}_i|\mathbf{f}[\mathbf{x}_i, \boldsymbol{\phi}]) \right] \right] \\ &= \underset{\boldsymbol{\phi}}{\operatorname{argmax}} \left[\sum_{i=1}^{I} \log \left[Pr(\mathbf{y}_i|\mathbf{f}[\mathbf{x}_i, \boldsymbol{\phi}]) \right] \right] \end{aligned}$$

식 5.3

로그가 단조 증가 함수이기 때문에 **로그 우도**log-likelihood 기준은 동일한 특성을 갖는다. 즉 $z > z'$이면 $\log[z] > \log[z']$이고 그 반대의 경우도 마찬가지다(그림 5.2 참고). 모델 매개변수 $\boldsymbol{\phi}$를 변경해서 로그 우도 기준을 개선하면 원래의 최대 우도 기준도 개선된다. 또한 두 기준의 전체 최댓값의 위치는 동일하므로 최적의 모델 매개변수 $\hat{\boldsymbol{\phi}}$은 두 경우 모두 동일하다. 그러나 로그 우도 기준은 각 항의 곱이 아닌 합을 사용하기 때문에 유한 정밀도로 충분히 잘 표현할 수 있다는 실용적인 이점이 있다.

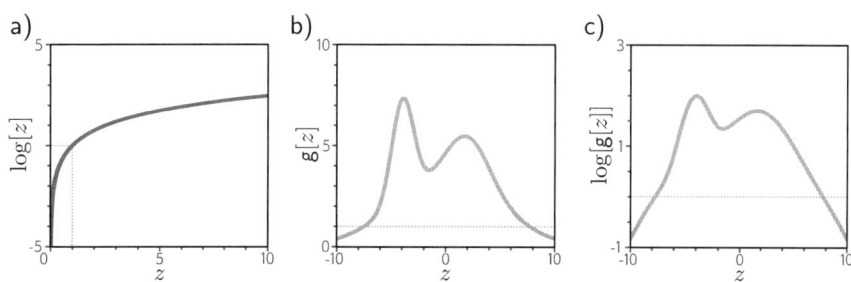

그림 5.2 로그 변환. a) 로그 함수는 단조롭게 증가한다. $z > z'$이면 $\log[z] > \log[z']$이다. 따라서 모든 함수 $g[z]$의 최댓값은 $\log[g[z]]$의 최댓값과 같은 위치에 있다. b) 함수 $g[z]$. c) $g[z]$를 로그 변환한 $\log[g[z]]$. 양의 기울기를 갖는 $g[z]$의 모든 부분은 로그 변환 후에도 양의 기울기를 유지하고, 음의 기울기를 갖는 부분은 그대로 음의 기울기를 유지한다. 최댓값의 위치도 동일하게 유지된다.

5.1.4 음의 로그 우도 최소화

관례적으로 모델 적합 문제는 보통 손실을 최소화하는 형식으로 구성한다. 최대 로그 우도 기준을 최소화 문제로 바꿔주기 위해서 최대 로그 우도 기준에 −1을 곱해서 **음의 로그 우도**negative log-likelihood 기준을 구한다.

$$\begin{aligned}\hat{\phi} &= \underset{\phi}{\operatorname{argmin}}\left[-\sum_{i=1}^{I}\log\Big[Pr(\mathbf{y}_i|\mathbf{f}[\mathbf{x}_i,\phi])\Big]\right] \\ &= \underset{\phi}{\operatorname{argmin}}\Big[\mathrm{L}[\phi]\Big]\end{aligned}$$

식 5.4

이것이 실제로 많이 사용하게 되는 손실 함수 $\mathrm{L}[\phi]$가 된다.

5.1.5 추론

네트워크는 더 이상 출력 $\mathbf{y}$를 직접 예측하지 않고 대신 $\mathbf{y}$에 대한 확률분포를 결정한다. 추론을 할 때 분포보다는 점 추정을 원하기 때문에 분포의 최댓값을 구한다.

$$\hat{\mathbf{y}} = \underset{\mathbf{y}}{\operatorname{argmax}}\Big[Pr(\mathbf{y}|\mathbf{f}[\mathbf{x},\hat{\phi}])\Big]$$

식 5.5

일반적으로 모델을 통해 예측한 분포 매개변수 $\boldsymbol{\theta}$를 이용해서 점 추정을 할 수 있다. 예를 들어 단변량 정규분포에서의 최댓값은 평균 μ에서의 확률값이다.

5.2 손실 함수 구성 방법

최대 우도 접근법으로 훈련 데이터 $\{\mathbf{x}_i, \mathbf{y}_i\}$에 대한 손실 함수를 구성하는 방법은 다음과 같다.

1. 예측 $\mathbf{y}$의 도메인에서 정의된 적절한 확률분포 $Pr(\mathbf{y}|\boldsymbol{\theta})$를 선택한다. 이때 $\boldsymbol{\theta}$는 분포 매개변수다.

2. 머신러닝 모델 $\mathbf{f}[\mathbf{x}, \boldsymbol{\phi}]$로 매개변수를 예측한다. 따라서 $Pr(\mathbf{y}|\boldsymbol{\theta}) = Pr(\mathbf{y}|\mathbf{f}[\mathbf{x}, \boldsymbol{\phi}])$가 된다.

3. 모델 훈련을 위해, 훈련 데이터셋 쌍 $\{\mathbf{x}_i, \mathbf{y}_i\}$에 대해 음의 로그 우도 손실 함수를 최소화하는 네트워크 매개변수 $\hat{\boldsymbol{\phi}}$를 찾는다.

$$\hat{\boldsymbol{\phi}} = \underset{\boldsymbol{\phi}}{\operatorname{argmin}}\Big[L[\boldsymbol{\phi}]\Big] = \underset{\boldsymbol{\phi}}{\operatorname{argmin}}\left[-\sum_{i=1}^{I}\log\Big[Pr(\mathbf{y}_i|\mathbf{f}[\mathbf{x}_i, \boldsymbol{\phi}])\Big]\right] \quad \text{식 5.6}$$

4. 새로운 테스트 견본 $\mathbf{x}$를 추론하기 위해, 전체 분포 $Pr(\mathbf{y}|\mathbf{f}[\mathbf{x}, \hat{\boldsymbol{\phi}}])$를 반환하거나 이 분포에서 최댓값을 갖는 값을 반환한다.

이 장의 나머지 대부분을 할애해서 이 방법을 사용하여 일반적인 예측 유형에 대한 손실 함수를 구성하도록 한다.

5.3 예제 1: 단변량 회귀분석

우선 단변량 회귀 모델로 시작해보자. 여기서 목표는 매개변수가 $\boldsymbol{\phi}$인 모델 $\mathbf{f}[\mathbf{x}, \boldsymbol{\phi}]$로 입력 $\mathbf{x}$로부터 단일 스칼라 출력 $y \in \mathbb{R}$를 예측하는 것이다. 앞에서 설명한 방법에 따라 출력 도메인 y에 대한 확률분포로 $y \in \mathbb{R}$에 대해 정의된 **단변량 정규분포** univariate normal distribution(그림 5.3)를 선택한다. 이 분포에는 2개의 매개변수(평균 μ, 분산 σ^2)가 있고, **확률밀도함수** probability density function, PDF는 다음과 같다.

$$Pr(y|\mu, \sigma^2) = \frac{1}{\sqrt{2\pi\sigma^2}}\exp\left[-\frac{(y-\mu)^2}{2\sigma^2}\right] \quad \text{식 5.7}$$

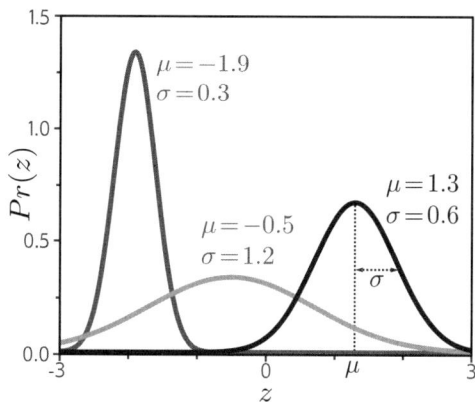

그림 5.3 단변량 정규분포(가우스 분포라고도 한다)는 실선 $z \in \mathbb{R}$에서 정의되고 매개변수 μ, σ^2를 갖는다. 평균 μ는 분포 곡선에서 정점의 위치를 결정한다. 분산 σ^2의 양의 제곱근(표준편차)는 분포의 폭을 결정한다. 전체 확률밀도의 합은 1이므로 분산이 작아질수록 정점은 더 높아지고 분포는 좁아진다.

그다음, 머신러닝 모델 $f[\mathbf{x}, \boldsymbol{\phi}]$로 이 분포의 매개변수를 계산한다. 여기서는 평균만 계산하면 되기 때문에 $\mu = f[\mathbf{x}, \boldsymbol{\phi}]$가 된다.

$$Pr(y|f[\mathbf{x}, \boldsymbol{\phi}], \sigma^2) = \frac{1}{\sqrt{2\pi\sigma^2}} \exp\left[-\frac{(y - f[\mathbf{x}, \boldsymbol{\phi}])^2}{2\sigma^2}\right] \quad \text{식 5.8}$$

이제 목표는 이 분포에서 훈련 데이터 $\{\mathbf{x}_i, y_i\}$의 가능성을 가장 높게 만드는 매개변수 $\boldsymbol{\phi}$를 찾는 것이다(그림 5.4). 이를 위해 음의 로그 우도를 기반으로 손실 함수 $L[\boldsymbol{\phi}]$를 선택한다.

$$\begin{aligned} L[\boldsymbol{\phi}] &= -\sum_{i=1}^{I} \log\left[Pr(y_i|f[\mathbf{x}_i, \boldsymbol{\phi}], \sigma^2)\right] \\ &= -\sum_{i=1}^{I} \log\left[\frac{1}{\sqrt{2\pi\sigma^2}} \exp\left[-\frac{(y_i - f[\mathbf{x}_i, \boldsymbol{\phi}])^2}{2\sigma^2}\right]\right] \end{aligned} \quad \text{식 5.9}$$

모델 훈련을 통해, 이 손실을 최소화하는 매개변수 $\hat{\boldsymbol{\phi}}$을 찾는다.

5.3.1 최소제곱 손실 함수

이제 손실 함수에 대해서 몇 가지 대수적 연산을 해보자.

$$\begin{aligned}
\hat{\phi} &= \underset{\phi}{\operatorname{argmin}} \left[-\sum_{i=1}^{I} \log \left[\frac{1}{\sqrt{2\pi\sigma^2}} \exp\left[-\frac{(y_i - f[\mathbf{x}_i, \phi])^2}{2\sigma^2} \right] \right] \right] \\
&= \underset{\phi}{\operatorname{argmin}} \left[-\sum_{i=1}^{I} \log \left[\frac{1}{\sqrt{2\pi\sigma^2}} \right] - \frac{(y_i - f[\mathbf{x}_i, \phi])^2}{2\sigma^2} \right] \\
&= \underset{\phi}{\operatorname{argmin}} \left[-\sum_{i=1}^{I} -\frac{(y_i - f[\mathbf{x}_i, \phi])^2}{2\sigma^2} \right] \\
&= \underset{\phi}{\operatorname{argmin}} \left[\sum_{i=1}^{I} (y_i - f[\mathbf{x}_i, \phi])^2 \right]
\end{aligned}$$

식 5.10

식 5.10의 두 번째 줄의 첫 번째 항은 ϕ에 의존하지 않기 때문에 세 번째 줄에서는 생략했다. 세 번째 줄의 분모는 최솟값의 위치에 영향을 주지 않는 상수이기 때문에 네 번째 줄에서는 생략했다.

이 결과 손실 함수가 앞서 2장에서 선형회귀를 논의할 때 처음 소개했던 최소제곱 손실 함수와 같아진다.

$$L[\phi] = \sum_{i=1}^{I} (y_i - f[\mathbf{x}_i, \phi])^2$$

식 5.11

깃허브의 노트북 5.1 'Least Squares Loss' 참고. https://bit.ly/udl5_1

최소제곱 손실 함수는 예측값이 (i) 독립적이고 (ii) 평균 $\mu = f[\mathbf{x}_i, \phi]$을 갖는 정규분포에서 성된다는 가정에서 자연스럽게 도출된다는 것을 알 수 있다(그림 5.4).[†]

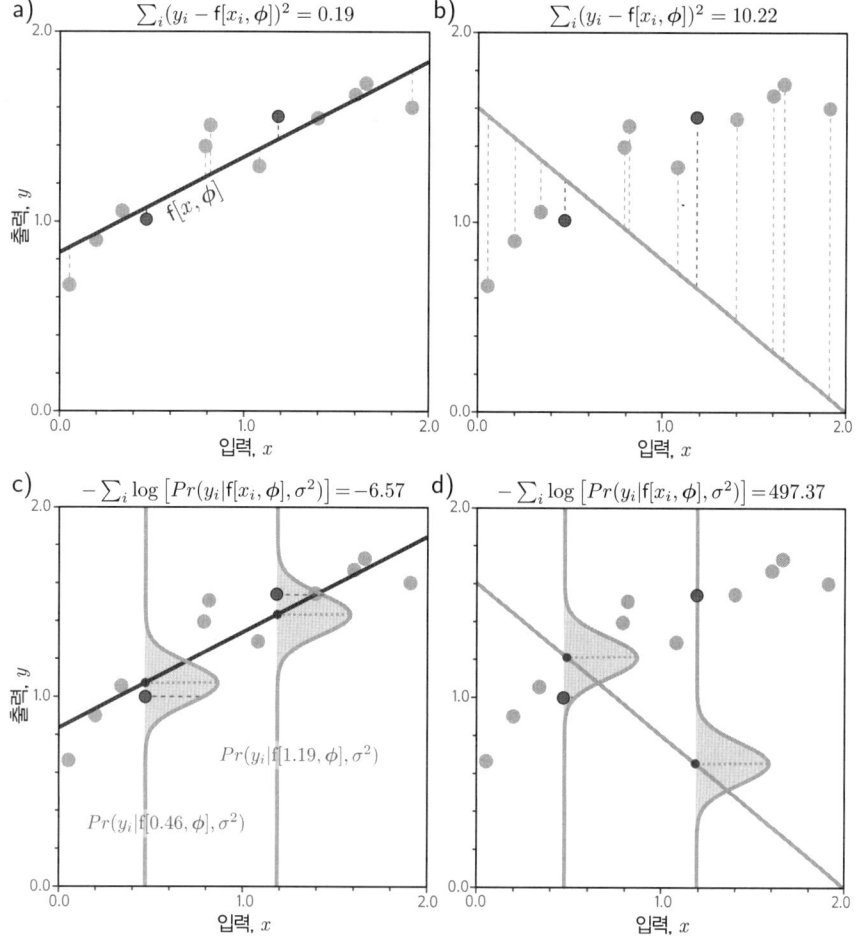

그림 5.4 정규분포에 대한 최소제곱과 최대 우도 손실의 동등성. a) 그림 2.2의 선형 모델을 다시 가져와 보자. 최소제곱 기준은 모델 예측 f[x_i, ϕ](녹색 선)와 실제 출력값 y_i(주황색 점) 사이의 편차(점선)의 제곱의 합을 최소화한다. 적합도가 좋으므로 편차가 작다(예: 강조되어 표시된 두 점의 경우). b) 주어진 매개변수에 대해서 적합도가 나쁘고 제곱 편차가 크다. c) 최소제곱 기준은 모델이 출력에 대한 정규분포의 평균을 예측하고 확률을 최대화한다는 가정을 따른다. 모델의 적합도가 높아서 데이터의 확률 $Pr(y_i|x_i)$(수평 주황색 점선)이 높다(음의 로그 확률은 작다). d) 모형의 적합도가 낮아서 확률이 낮고 음의 로그 확률이 크다.

5.3.2 추론

네트워크는 y를 직접 예측하는 대신 y에 대한 **정규분포**normal distribution의 평균 $\mu = f[\mathbf{x}, \phi]$를 예측한다. 일반적으로 추론을 할 때는 하나의 '최적' 점 추정값 $\hat{y}$을 구해야 하므로, 예측한 분포의 최댓값을 취한다.

$$\hat{y} = \underset{y}{\mathrm{argmax}} \left[Pr(y|\mathrm{f}[\mathbf{x}, \hat{\boldsymbol{\phi}}], \sigma^2) \right]$$

식 5.12

단변량 정규분포의 경우, 최댓값 위치는 평균 매개변수 μ에 의해 결정된다(그림 5.3). 이것은 모델로 계산한 값 $\hat{y} = \mathrm{f}[\mathbf{x}, \hat{\boldsymbol{\phi}}]$이 된다.

5.3.3 분산 추정

최소제곱 손실 함수를 식으로 표현하기 위해서, 네트워크가 정규분포의 평균을 예측한다고 가정했다. 놀랍게도 식 5.11의 최종 표현식은 분산 σ^2에 독립적이다. 그러나 σ^2도 역시 학습 가능한 매개변수로 간주하여, 모델 매개변수 $\boldsymbol{\phi}$와 함께 식 5.9를 최소화할 수 있다.

$$\hat{\boldsymbol{\phi}}, \hat{\sigma}^2 = \underset{\boldsymbol{\phi}, \sigma^2}{\mathrm{argmin}} \left[-\sum_{i=1}^{I} \log \left[\frac{1}{\sqrt{2\pi\sigma^2}} \exp \left[-\frac{(y_i - \mathrm{f}[\mathbf{x}_i, \boldsymbol{\phi}])^2}{2\sigma^2} \right] \right] \right]$$

식 5.13

추론을 위해 모델은 입력으로부터 평균 $\mu = \mathrm{f}[\mathbf{x}, \hat{\boldsymbol{\phi}}]$을 예측한다. 분산 $\hat{\sigma}^2$은 훈련 과정에서 학습하는데, 이는 얼마나 최적의 예측이 되었는지 대한 불확실한 정도를 알려준다.

5.3.4 이분산성 회귀분석

앞의 모델은 데이터의 분산이 모든 곳에서 일정하다고 가정한다. 하지만 현실에서는 이런 가정을 하기 어렵다. 불확실성이 일정한 **동분산성**homoscedastic과는 달리, 입력 데이터에 따라 모델의 불확실성이 달라지는 경우, 이를 **이분산성**heteroscedastic이라고 한다.

이분산성을 모델링하는 간단한 방법은 신경망 $\mathrm{f}[\mathbf{x}, \boldsymbol{\phi}]$이 평균과 분산을 모두 학습하는 것이다. 예를 들어 출력이 2개인 얕은 신경망으로 첫 번째 출력 $\mathrm{f}_1[\mathbf{x}, \boldsymbol{\phi}]$은 평균을 예측하고, 두 번째 출력 $\mathrm{f}_2[\mathbf{x}, \boldsymbol{\phi}]$은 분산을 예측한다.

주의할 점은 분산은 양수여야 하지만 네트워크의 출력이 항상 양수라고 보장할 수 없다는 것이다. 분산이 항상 양수가 되도록, 두 번째 네트워크의 출력을 임의의 값을 양수로 매핑하는 함수에 입력한다. 제곱 함수가 하나의 좋은 선택이 될 수 있는

데, 다음과 같이 표현할 수 있다.

$$\mu = f_1[\mathbf{x}, \phi]$$
$$\sigma^2 = f_2[\mathbf{x}, \phi]^2$$

식 5.14

손실 함수는 다음과 같다.

$$\hat{\phi} = \underset{\phi}{\operatorname{argmin}} \left[-\sum_{i=1}^{I} \log \left[\frac{1}{\sqrt{2\pi f_2[\mathbf{x}_i, \phi]^2}} \right] - \frac{(y_i - f_1[\mathbf{x}_i, \phi])^2}{2f_2[\mathbf{x}_i, \phi]^2} \right]$$

식 5.15

그림 5.5는 동분산성 모델과 이분산성 모델heteroscedastic model을 비교해서 보여준다.

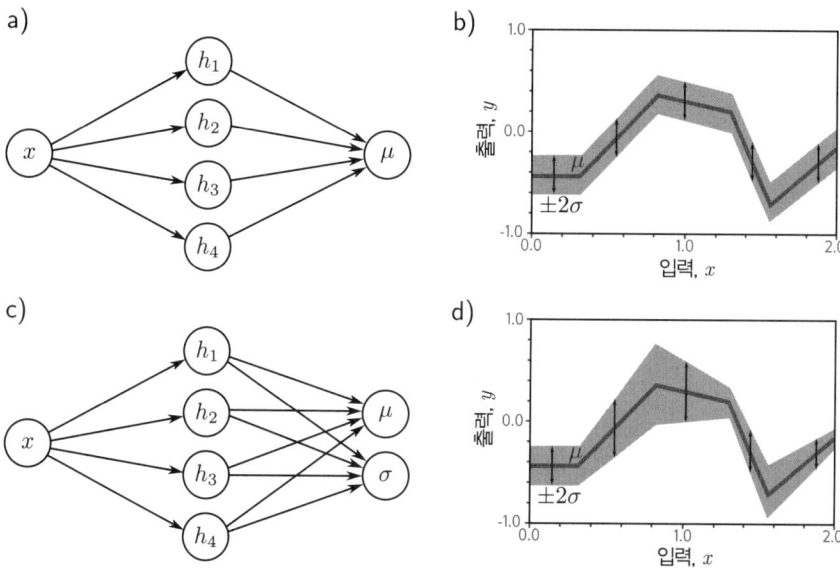

그림 5.5 동분산성 vs. 이분산성 회귀분석. a) 등분산성 회귀분석을 위한 얕은 신경망은 입력 x로부터 출력 분포의 평균 μ만 예측한다. b) 결과적으로 평균(파란색 선)은 입력 x에 대해서 구간별 부분 선형 함수이고, 분산은 모든 곳에서 일정하다(화살표와 회색 영역은 ± 2 표준편차를 나타낸다). c) 이분산성 회귀분석을 위한 얕은 신경망은 분산 σ^2도 예측한다(좀 더 정확하게는 제곱근을 계산한 다음에 이를 제곱한다). d) 표준편차는 입력 x에 대해서 구간별 부분 선형함수가 된다.

5.4 예제 2: 이진 분류

이진 분류에서는 데이터 **x**를 2개의 이산 클래스 $y \in \{0, 1\}$ 중 하나에 할당한다. 이런 맥락에서 y를 **레이블**label이라고 한다. 이진 분류의 예로는 (i) 텍스트 데이터 **x**로부터 레스토랑 리뷰가 긍정적인지($y = 1$) 또는 부정적인지($y = 0$) 예측하는 것과 (ii) MRI 스캔 **x**로부터 종양이 있는지($y = 1$) 또는 없는지($y = 0$) 예측하는 것이 있다.

다시 한번, 5.2절의 절차에 따라 손실 함수를 구성한다. 첫째, 출력 공간 $y \in \{0, 1\}$에 대한 확률분포를 선택한다. 이에 적합한 선택 중 하나는 $\{0, 1\}$에 대해서 정의된 **베르누이 분포**Bernoulli distribution다. 하나의 매개변수 $\lambda \in [0, 1]$를 갖는데, 이는 y가 1의 값을 가질 확률을 나타낸다(그림 5.6).

$$Pr(y|\lambda) = \begin{cases} 1 - \lambda & y = 0 \\ \lambda & y = 1 \end{cases}$$

식 5.16

이 식은 다음과 같이 나타낼 수도 있다.

$$Pr(y|\lambda) = (1 - \lambda)^{1-y} \cdot \lambda^y$$

식 5.17

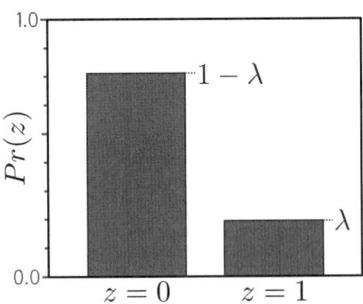

그림 5.6 베르누이 분포. 베르누이 분포는 $z \in \{0, 1\}$에서 정의되는데, $z = 1$일 확률은 λ이고, $z = 0$일 확률은 $1 - \lambda$이다.

연습 문제 5.1 참고

둘째, 머신러닝 모델 f[**x**, ϕ]로 단일 분포 매개변수 λ를 예측한다. λ는 [0, 1] 범위의 값만 취할 수 있는데, 네트워크의 출력이 이 범위에 속한다고 보장할 수가 없다. 이를 위해 네트워크의 출력을 실수 $\mathbb{R}$을 [0, 1]에 매핑하는 함수에 입력한다. 이에 적합한 함수로는 **로지스틱 시그모이드**logistic sigmoid가 있다(그림 5.7).†

$$\text{sig}[z] = \frac{1}{1+\exp[-z]} \qquad \text{식 5.18}$$

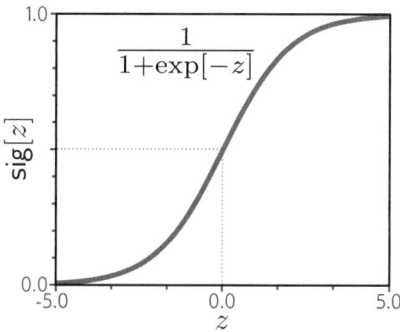

그림 5.7 로지스틱 시그모이드 함수. 이 함수는 실수 $z \in \mathbb{R}$을 0과 1 사이의 숫자로 매핑하므로 $\text{sig}[z] \in [0,1]$이다. 입력이 0일 때는 0.5로 매핑된다. 입력이 음수일 때는 0.5 미만의 숫자에 매핑되고 입력이 양수일 때는 0.5 이상의 숫자에 매핑된다.

따라서 분포 매개변수의 예측 결과는 $\lambda = \text{sig}[f[\mathbf{x}, \boldsymbol{\phi}]]$이다. 이제 우도는 다음과 같다.

$$Pr(y|\mathbf{x}) = (1 - \text{sig}[f[\mathbf{x}, \boldsymbol{\phi}]])^{1-y} \cdot \text{sig}[f[\mathbf{x}, \boldsymbol{\phi}]]^y \qquad \text{식 5.19}$$

그림 5.8에 얕은 신경망 모델에 대해 설명되어 있다. 앞에서 설명한 대로, 손실 함수는 훈련 데이터셋의 음의 로그 우도가 된다.

$$L[\boldsymbol{\phi}] = \sum_{i=1}^{I} -(1-y_i)\log\Big[1 - \text{sig}[f[\mathbf{x}_i, \boldsymbol{\phi}]]\Big] - y_i \log\Big[\text{sig}[f[\mathbf{x}_i, \boldsymbol{\phi}]]\Big] \qquad \text{식 5.20}$$

이는 **이진 교차 엔트로피 손실**binary cross-entropy loss이라고도 하는데, 이에 대한 이유는 5.7절에서 설명한다.

모델의 시그모이드 함수 출력 $\text{sig}[f[\mathbf{x}, \boldsymbol{\phi}]]$으로 베르누이 분포의 매개변수 λ를 예측한다.† 이는 $y = 1$일 확률을 나타내므로, $y = 0$일 확률은 $1 - \lambda$이 된다.† 추론을 위한 y의 점 추정을 하려면 $\lambda > 0.5$이면 $y = 1$로, 그렇지 않으면 $y = 0$으로 설정한다.

깃허브의 노트북 5.2 'Binary Cross-Entropy Loss' 참고. https://bit.ly/udl5_2

연습 문제 5.2 참고

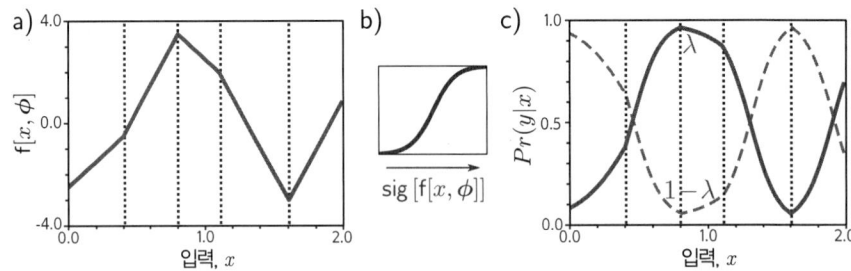

그림 5.8 이진 분류 모델. a) 네트워크 출력은 임의의 실숫값을 취할 수 있는 구간별 부분 선형함수다. b) 로지스틱 시그모이드 함수가 이 값을 [0, 1] 범위로 압축 변환한다. c) 변환된 출력으로 $y = 1$(실선)일 확률 λ를 예측한다. 따라서 $y = 0$일 확률은 $1 - \lambda$(점선)이다. 그림 5.6과 유사한 베르누이 분포의 두 값을 찾기 위해, 임의의 고정된 x에서 수직 위치에 해당하는 $\lambda, 1 - \lambda$를 구한다. 손실 함수는 긍정적인 견본(positive example) $y_i = 1$과 관련된 위치 x_i에서 큰 λ 값을 생성하고 부정적인 견본(negative example) $y_i = 0$과 관련된 위치에서 작은 λ 값을 생성하는 모델 매개변수를 찾는다.

5.5 예제 3: 다중 클래스 분류

다중 클래스 분류에서는 입력 데이터 견본 **x**를 $K > 2$ 클래스 중 하나에 할당한다. 따라서 $y \in \{1, 2, ..., K\}$이다. 실제 사례로는 (i) 손으로 쓴 숫자 이미지 **x**에 존재하는 $K = 10$자리 숫자 y를 예측하는 것과 (ii) K개의 가능한 단어 중에 문장 **x** 뒤에 오는 y를 예측하는 것이 있다.

다시 한번 5.2절의 절차에 따라, 먼저 예측 공간 y에 대한 분포를 선택한다. 이 경우에는 $y \in \{1, 2, ..., K\}$이므로 이 범위에서 정의된 **범주형 분포**categorical distribution를 선택한다(그림 5.9). 여기서 K개의 매개변수 $\lambda_1, \lambda_2, ..., \lambda_K$는 각 범주의 확률을 결정한다.

$$Pr(y = k) = \lambda_k$$

식 5.21

유효한 확률분포가 되기 위해서 각 매개변수는 0과 1 사이의 값을 가져야 하고, 전체 매개변수의 합은 1이 되어야 한다.

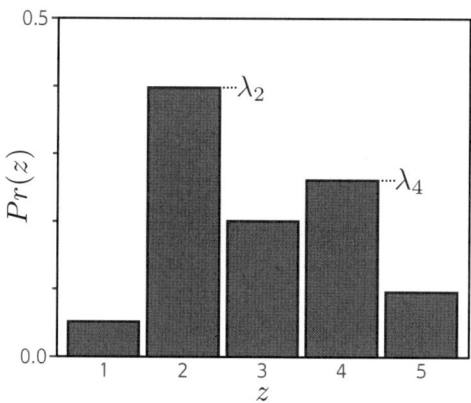

그림 5.9 범주형 분포. 범주형 분포는 $K > 2$ 범주에 각각 $\lambda_1, \lambda_2, ..., \lambda_K$인 확률을 할당한다. 이 예에는 5개의 범주가 있으므로 $K = 5$이다. 이것이 유효한 확률분포가 되려면, 각 매개변수 λ_k는 $[0, 1]$ 범위에 있어야 하고, 모든 K개 매개변수의 합은 1이 되어야 한다.

그다음 K개의 출력이 있는 네트워크 $\mathbf{f}[\mathbf{x}, \boldsymbol{\phi}]$를 사용하여 입력 $\mathbf{x}$로부터 이러한 K개의 매개변수를 계산한다. 불행하게도 네트워크 출력은 앞서 언급한 제약 조건을 만족하지 못할 수도 있다. 따라서 이러한 제약 조건을 만족할 수 있도록 네트워크의 K개 출력을 추가적인 함수에 입력한다. 이때 적합한 선택 중 하나가 **소프트맥스 함수**softmax function다(그림 5.10). 소프트맥스 함수는 길이가 K인 임의의 벡터를 입력받아서 동일한 길이의 벡터를 출력한다. 이때 출력 벡터의 각 요소는 $[0, 1]$ 범위에 있고, 출력 벡터의 모든 요소의 합은 1이 된다. 소프트맥스 함수의 k번째 출력은 다음과 같다.

$$\text{softmax}_k[\mathbf{z}] = \frac{\exp[z_k]}{\sum_{k'=1}^{K} \exp[z_{k'}]} \quad \text{식 5.22}$$

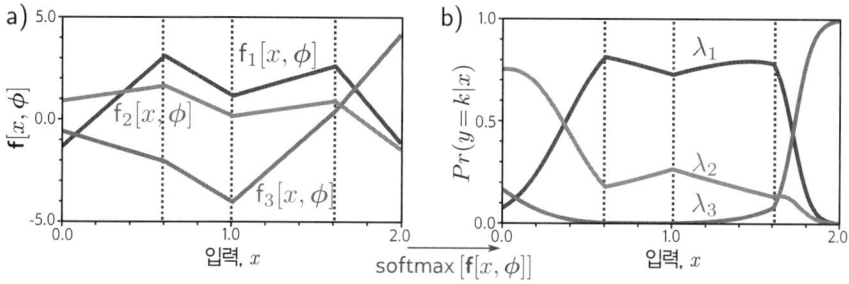

그림 5.10 $K = 3$ 클래스에 대한 다중클래스 분류. a) 네트워크에는 임의의 값을 취할 수 있는 3개의 구간별 부분 선형 출력이 있다. b) 소프트맥스 함수의 출력은 음수가 아니고 합이 1이 된다. 따라서 주어진 입력 $\mathbf{x}$에 대해서 범주형 분포에 대한 유효 매개변수를 계산한다. 임의의 $\mathbf{x}$에서 수직 위치에 있는 3개의 값 $\lambda_1, \lambda_2, \lambda_3$의 합은 1이 되고, 그림 5.9와 유사한 범주형 분포에서 막대의 높이가 된다.

B.1.3절 '특수 함수' 참고

여기서 소프트맥스 함수를 구성하는 지수 함수†는 양수가 되도록 보장해주고, 분모에 있는 지수 함수의 합은 K개 숫자의 합이 1이 되도록 해준다.

따라서 입력 $\mathbf{x}$가 레이블 $y = k$를 가질 확률(그림 5.10)은 다음과 같다.

$$Pr(y=k|\mathbf{x}) = \text{softmax}_k\left[\mathbf{f}[\mathbf{x}, \phi]\right]$$

식 5.23

손실 함수는 훈련 데이터의 음의 로그 우도다.

$$\begin{aligned} L[\phi] &= -\sum_{i=1}^{I} \log\left[\text{softmax}_{y_i}\left[\mathbf{f}[\mathbf{x}_i, \phi]\right]\right] \\ &= -\sum_{i=1}^{I} \left(\mathrm{f}_{y_i}[\mathbf{x}_i, \phi] - \log\left[\sum_{k'=1}^{K} \exp[\mathrm{f}_{k'}[\mathbf{x}_i, \phi]]\right] \right) \end{aligned}$$

식 5.24

여기서 $\mathrm{f}_{y_i}[\mathbf{x}, \phi]$는 신경망의 y_t번째 출력, $\mathrm{f}_{k'}[\mathbf{x}_i, \phi]$는 k'번째 출력을 나타낸다. 이는 **다중 클래스 교차 엔트로피 손실**multiclass cross-entropy loss이라고도 하는데, 그 이유는 5.7절에서 설명한다.

깃허브의 노트북 5.3 'Multiclass Cross-Entropy Loss' 참고. https://bit.ly/udl5_3

모델의 소프트맥스 함수 출력은 K개의 가능한 클래스 $y \in \{1, 2, ..., K\}$에 대한 범주 분포를 나타낸다.† 점 추정을 위해서는 가장 가능성이 높은 범주인 $\hat{y} = \text{argmax}_k[Pr(y = k|\mathbf{f}[\mathbf{x}, \hat{\phi}])]$을 선택한다. 이것은 그림 5.10에서 해당 $\mathbf{x}$값에 대해서 가장 큰 확률값을 갖는 곡선에 해당한다.

5.5.1 다른 유형의 데이터 예측

이 장에서 지금까지 회귀분석과 분류에 중점을 두었다. 두 가지 예측 유형이 가장 많이 사용되기 때문이다. 그러나 그 밖의 다른 유형의 예측을 하려면 해당 도메인에 대한 적절한 분포를 선택하고 5.2절의 절차를 적용하면 된다. 표 5.1은 일련의 확률분포와 예측 도메인을 열거해서 보여준다.† 이들 중 일부는 이 장의 마지막 문제에서 살펴본다.

연습 문제 5.3 – 5.6 참고

표 5.1 다양한 예측 유형에 대한 손실 함수와 해당 분포

데이터 유형	도메인	분포	사용 예
단변량, 연속형, 무한	$y \in \mathbb{R}$	단변량 정규분포	회귀분석
단변량, 연속형, 무한	$y \in \mathbb{R}$	라플라스 또는 t 분포	강건한 회귀분석
단변량, 연속형, 무한	$y \in \mathbb{R}$	가우시안 혼합	다중 모드 회귀분석
단변량, 연속형, 하한	$y \in \mathbb{R}^+$	지수, 감마	크기 예측
단변량, 연속형, 유한	$y \in [0, 1]$	베타	비율 예측
다변량, 연속형, 무한	$y \in \mathbb{R}^K$	다변량 정규분포	다변량 회귀분석
단변량, 연속형, 원형	$y \in (-\pi, \pi]$	폰-미제스	방향 예측
단변량, 이산형, 이진	$y \in \{0, 1\}$	베르누이	이진 분류
단변량, 이산형, 유한	$y \in \{1, 2, \ldots, K\}$	범주형	다중 클래스 분류
단변량, 이산형, 하한	$y \in [0, 1, 2, 3, \ldots]$	푸아송	사건 횟수 예측
다변량, 이산형, 순열	$\mathbf{y} \in \text{Perm}[1, 2, \ldots, K]$	플라켓-루스 Plackett-Luce	순위 예측 ranking

5.6 다중 출력

종종 동일한 모델을 사용하여 하나 이상의 예측을 하려고 할 때, 예측의 대상이 되는 출력 $\mathbf{y}$는 벡터가 된다. 예를 들어 분자의 녹는점과 끓는점 예측(다변량 회귀분석 문제, 그림 1.2b)이나 또는 이미지의 모든 점에서의 객체 클래스(다변량 분류 문제, 그림 1.4a) 예측이 있다. 다변량 확률분포를 정의하고 신경망을 사용하여 모델의 매개변수를 입력에 대한 함수로 모델링할 수도 있지만, 일반적으로 각 예측을 독립적으로 처리하게 된다.

독립성†은 확률 $Pr(\mathbf{y}|\mathbf{f}[\mathbf{x}, \boldsymbol{\phi}])$를 각 요소 $y_d \in \mathbf{y}$에 대한 단변량 항의 곱으로 처리한다는 의미다.

C.1.5절 '독립성' 참고

$$Pr(\mathbf{y}|\mathbf{f}[\mathbf{x}, \boldsymbol{\phi}]) = \prod_d Pr(y_d|\mathbf{f}_d[\mathbf{x}, \boldsymbol{\phi}])$$

식 5.25

여기서 $\mathbf{f}_d[\mathbf{x}, \boldsymbol{\phi}]$는 네트워크 출력의 d번째 집합으로, 이는 y_d에 대한 분포의 매개변수를 나타낸다. 예를 들어 다수의 연속 변수 $y_d \in \mathbb{R}$를 예측하기 위해서 각 y_d에 대해 정규분포를 사용하고 네트워크 출력 $\mathbf{f}_d[\mathbf{x}, \boldsymbol{\phi}]$는 이러한 분포의 평균을 예측한다. 다수의 이산 변수 $y_d \in \{1, 2, \ldots, K\}$를 예측하기 위해서, 각 y_d에 대한 범

주형 분포를 사용한다. 여기서 네트워크의 각 출력셋 $\mathbf{f}_d[\mathbf{x}, \boldsymbol{\phi}]$는 y_d에 대한 범주형 분포에 기여하는 K개의 값을 예측한다.

음의 로그 확률을 최소화하는 과정에서, 손실 함수를 구성하는 각 항의 곱은 합으로 대치된다.

$$L[\phi] = -\sum_{i=1}^{I} \log\Big[Pr(\mathbf{y}_i|\mathbf{f}[\mathbf{x}_i, \boldsymbol{\phi}])\Big] = -\sum_{i=1}^{I}\sum_{d} \log\Big[Pr(y_{id}|\mathbf{f}_d[\mathbf{x}_i, \boldsymbol{\phi}])\Big] \quad \text{식 5.26}$$

여기서 y_{id}는 i번째 훈련 견본의 d번째 출력이다.

동시에 두 가지 이상의 유형의 예측을 하려면, 동일한 방식으로 각각의 오차가 독립적이라고 가정한다. 예를 들어 풍향과 풍속을 예측하기 위해서, 풍향과 풍속에 대해서 각각 **폰-미제스 분포**Von-Mises distribution(원형 도메인에서 정의된다)와 **지수 분포** exponential distribution(양의 실수에 대해서 정의된다)를 선택한다.† 독립성 가정으로 2개 예측의 결합 우도는 개별 우도의 곱과 같아진다. 따라서 이러한 항은 음의 로그 우도 계산을 할 때 덧셈 형식으로 계산한다.

연습 문제 5.7 – 5.10 참고

5.7 교차 엔트로피 손실

이 장에서는 음의 로그 우도를 최소화하는 손실 함수를 유도했다. 이와 함께 **교차 엔트로피 손실**cross-entropy loss이라는 용어도 많이 사용된다. 이 절에서는 교차 엔트로피 손실을 설명하고 이것이 음의 로그 우도를 사용하는 것과 동일하다는 것을 보인다.

교차 엔트로피 손실은 관측 데이터 y의 경험적 분포 $q(y)$와 모델 분포 $Pr(y|\boldsymbol{\theta})$ 사이의 거리를 최소화하는 매개변수 $\boldsymbol{\theta}$를 찾는다는 개념을 기반으로 한다(그림 5.11). 두 확률분포 $q(z)$와 $p(z)$ 사이의 거리는 **쿨백-라이블러 발산**Kullback Leibler divergence, KLD†을 이용하여 평가할 수 있다.

C.5.1절 '쿨백 라이블러 발산' 참고

$$D_{KL}[q\|p] = \int_{-\infty}^{\infty} q(z)\log[q(z)]dz - \int_{-\infty}^{\infty} q(z)\log[p(z)]dz \quad \text{식 5.27}$$

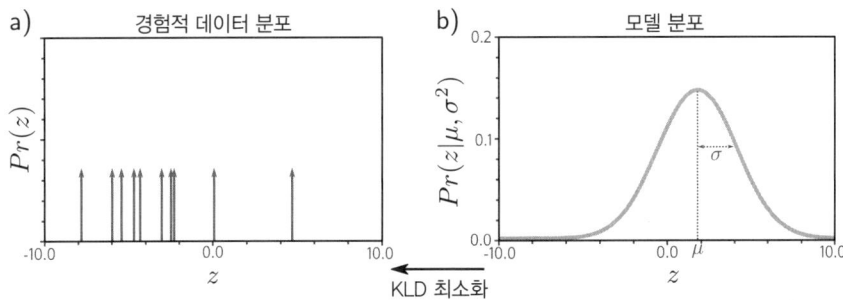

그림 5.11 교차 엔트로피 방법. a) 훈련 샘플의 경험적 분포(화살표는 디랙 델타 함수를 나타낸다). b) 모델 분포(매개변수 $\boldsymbol{\theta} = \{\mu,\ \sigma^2\}$를 갖는 정규분포). 교차 엔트로피 방법에서는 모델 매개변수 $\boldsymbol{\theta}$의 함수로 이 두 분포 사이의 거리(KLD)를 최소화한다.

이제 $\{y_i\}_{i=1}^{I}$에서 경험적 데이터 분포를 관찰한다고 가정해보자. 이제 경험적 데이터 분포를 점 질량의 가중합으로 표현할 수 있다.

$$q(y) = \frac{1}{I}\sum_{i=1}^{I}\delta[y - y_i] \qquad \text{식 5.28}$$

여기서 $\delta[\bullet]$는 디랙 델타 함수다. 이제 모델 분포 $Pr(y|\boldsymbol{\theta})$와 이 경험적 분포 사이의 KLD를 최소화한다.

B.1.3절 '특수 함수' 참고

$$\begin{aligned}\hat{\boldsymbol{\theta}} &= \operatorname*{argmin}_{\boldsymbol{\theta}}\left[\int_{-\infty}^{\infty}q(y)\log[q(y)]dy - \int_{-\infty}^{\infty}q(y)\log[Pr(y|\boldsymbol{\theta})]dy\right]\\ &= \operatorname*{argmin}_{\boldsymbol{\theta}}\left[-\int_{-\infty}^{\infty}q(y)\log[Pr(y|\boldsymbol{\theta})]dy\right]\end{aligned} \qquad \text{식 5.29}$$

여기서 첫 번째 항은 $\boldsymbol{\theta}$에 의존성이 없으므로 생략한다. 남은 두 번째 항이 **교차 엔트로피**cross-entropy로 알려져 있다. 이는 다른 분포로부터 이미 알게 된 것을 고려한 후에 해당 분포에 남아 있는 불확실성의 양으로 해석할 수 있다. 이제 식 5.28의 $q(y)$ 정의를 식 5.29에 대입한다.

$$\begin{aligned}\hat{\boldsymbol{\theta}} &= \operatorname*{argmin}_{\boldsymbol{\theta}}\left[-\int_{-\infty}^{\infty}\left(\frac{1}{I}\sum_{i=1}^{I}\delta[y-y_i]\right)\log[Pr(y|\boldsymbol{\theta})]dy\right]\\ &= \operatorname*{argmin}_{\boldsymbol{\theta}}\left[-\frac{1}{I}\sum_{i=1}^{I}\log[Pr(y_i|\boldsymbol{\theta})]\right]\\ &= \operatorname*{argmin}_{\boldsymbol{\theta}}\left[-\sum_{i=1}^{I}\log[Pr(y_i|\boldsymbol{\theta})]\right]\end{aligned} \qquad \text{식 5.30}$$

첫 번째 줄에 있는 두 항의 곱은 그림 5.11a의 점 질량과 그림 5.11b의 분포의 로그의 점별 곱pointwise multiplying과 같다. 따라서 데이터 지점을 중심으로 한 유한한 가중 확률 질량셋이 남게 된다. 마지막 줄에서는 상수 스케일링 인자 $1/I$를 제거했는데, 이는 최솟값의 위치에 영향을 주지 않기 때문이다.

머신러닝에서는 모델 f[$\mathbf{x}_i$, ϕ]를 통해 분포 매개변수 $\boldsymbol{\theta}$를 계산하므로, 결과는 다음과 같다.

$$\hat{\boldsymbol{\phi}} = \underset{\boldsymbol{\phi}}{\operatorname{argmin}} \left[-\sum_{i=1}^{I} \log\left[Pr(y_i|\mathbf{f}[\mathbf{x}_i, \boldsymbol{\phi}])\right] \right] \qquad \text{식 5.31}$$

이는 정확히 5.2절의 음의 로그 우도 기준과 같다.

따라서 음의 로그 우도 기준(데이터 우도를 최대화)과 교차 엔트로피 기준(모델과 경험적 데이터 분포 사이의 거리를 최소화)는 서로 동일하다.

5.8 요약

이전에는 신경망이 입력 데이터 $\mathbf{x}$로부터 직접 출력 $\mathbf{y}$를 예측한다고 생각했다. 이 장에서는 관점을 바꿔서 신경망이 출력 공간상의 확률분포 $Pr(\mathbf{y}|\boldsymbol{\theta})$의 매개변수 $\boldsymbol{\theta}$를 계산하는 것으로 생각해봤다. 이로부터 손실 함수를 유도하는 절차를 살펴보았다. 이러한 분포에서 관찰된 데이터의 우도를 최대화하는 모델 매개변수 $\boldsymbol{\phi}$를 선택했다. 그리고 이것이 음의 로그 우도를 최소화하는 것과 동일하다는 것을 알았다.

y가 정규분포를 따르고 평균을 예측한다는 가정에서 회귀분석에 대한 최소제곱 기준을 자연스럽게 도출할 수 있었다. 또한 회귀 모델을 확장해서 (i) 예측에 대한 불확실성을 추정하고 (ii) 해당 불확실성이 입력에 종속성을 갖도록(이분산성 모델)하는 것도 살펴보았다. 동일한 방식으로 이진 분류와 다중 클래스 분류 각각에 대한 손실 함수를 도출했다. 좀 더 복잡한 데이터 유형과 다수의 출력을 처리하는 방법에 대해서 논의했다. 마지막으로 교차 엔트로피도 모델을 적합하게 하는 동일한 방법이라는 것을 알 수 있었다.

앞 장에서는 신경망 모델을 소개했다. 이 장에서는 주어진 매개변수셋에 대해서 모델이 훈련 데이터를 얼마나 잘 설명하는지를 결정하기 위한 손실 함수를 도입했다. 다음 장에서는 이러한 손실을 최소화하는 모델 매개변수를 찾기 위한 모델 훈련을 살펴본다.

노트

정규분포를 기반으로 한 손실

Nix & Weigend(1994)[1]와 Williams(1996)[2]는 출력의 평균과 분산이 모두 입력에 따라 변하는 이분산성 비선형회귀를 연구했다. 비지도 학습의 맥락에서 Burda et al.(2016)[3]은 대각 공분산diagonal covariance을 갖는 다변량 정규분포를 기반으로 하는 손실 함수를 사용하고, Dorta et al.(2018)[4]은 완전 공분산full covariance을 갖는 정규분포를 기반으로 하는 손실 함수를 사용한다.

강건한 회귀

Qi et al.(2020)[5]은 평균 제곱 오차가 아닌 평균 절대 오차를 최소화하는 회귀 모델의 속성을 연구한다. 이 손실 함수는 출력이 라플라스 분포Laplace distribution를 따른다고 가정하고 주어진 입력에 대해서 평균이 아니라 출력의 **중앙값**median을 추정한다. Barron(2019)[6]은 강건성 정도를 매개변수로 갖는 손실 함수를 제안한다. 확률적 맥락에서 해석해보면, 정규분포와 코시 분포를 특수한 경우로 포함하는 단변량 확률 분포군을 얻을 수 있다.

분위수 추정

때로는 회귀 작업에서 평균이나 중앙값 대신에 **분위수**quantile를 예측해야 할 때가 있다. 예를 들어 이는 참값이 예측값보다 90% 정도 작다는 것을 알려주는 위험 모델에 유용하다. 이는 **분위수 회귀**quantile regression로 알려져 있다(Koenker & Hallock, 2001)[7]. 이는 이분산성 회귀 모델을 적합하고 예측된 정규분포를 기반으로 분위수를 추정할 수 있다. 또는 **분위수 손실**quantile loss(**핀볼 손실**pinball loss이라고도 한다)을 사용하여 직접 분위수를 추정할 수도 있다. 실제로 이는 모델로부터의 데이터의 절대 편차를 최소화하지만 한 방향의 편차에 다른 방향보다 더 가중치를 준다. 최근 연구에서는 전체적인 분포 형태에 대한 아이디어를 얻기 위해 여러 분위수를 동시에 예측하는 방법을 제안했다(Rodrigues & Pereira, 2020)[8].

클래스 불균형 및 초점 손실

Lin et al.(2017c)[9]은 분류 문제에서의 데이터 불균형을 다룬다. 일부 클래스의 견본 수가 다른 클래스보다 훨씬 많으면 표준 최대 우도 손실이 제대로 작동하지 않는다. 모델은 지배적인 클래스의 잘 분류된 견본에 대해 더 확신을 갖게 되고, 결과적으로 잘 표현되지 못한 클래스를 제대로 분류하지 못할 수 있다. Lin et al.(2017c)[9]은 성능 향상을 위해 매개변수를 하나 추가해서 잘 분류된 견본의 영향을 줄여주도록 하는 **초점 손실**focal loss을 도입한다.

순위 학습

Cao et al.(2007)[10], Xia et al.(2008)[11], Chen et al.(2009)[12]은 데이터의 순위를 정하는 학습을 위해 손실 함수에 플라켓-루스 모델Plackett-Luce model을 사용했다. 이는 모델이 순위를 매길 전체 객체 목록을 한 번에 모델에 입력하는 목록별listwise 순위 학습이다. 다른 접근 방식으로는 모델에 단일 객체를 입력하는 점별pointwise 접근 방식과 모델에 객체 쌍을 입력하는 쌍별pairwise 접근 방식이 있다. Chen et al.(2009)[12]은 순위 학습을 위한 다양한 접근법을 요약해서 보여준다.

다른 데이터 유형

Fan et al.(2020)[13]은 0과 1 사이의 값을 예측하기 위해 베타 분포를 기반으로 한 손실을 사용한다. Jacobs et al.(1991)[14]과 Bishop(1994)[15]은 다중 모드multimodal 데이터에 대한 **혼합 밀도 네트워크**mixture density network를 연구했다. 이는 입력에 따른 **가우시안 혼합**mixture of Gaussian, MoG(그림 5.13 참고)으로 출력을 모델링한다. Prokudin et al.(2018)[16]은 폰-미제스 분포를 사용하여 방향을 예측했다(그림 5.12 참고). Fallah et al.(2009)[17]은 푸아송분포를 사용하여 예측 카운트에 대한 손실 함수를 구현했다(그림 5.14 참고). Ng et al.(2017)[18]은 감마 분포를 기반으로 한 손실 함수를 사용하여 기간을 예측했다.

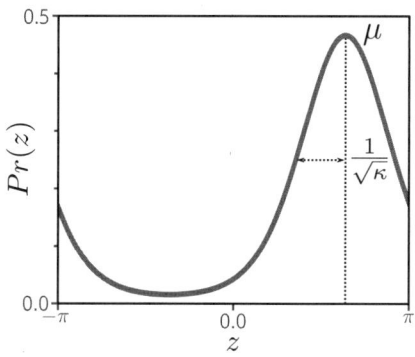

그림 5.12 폰-미제스 분포는 원형 도메인 $(-\pi, \pi]$에서 정의되고, 2개의 매개변수가 있다. 평균 μ는 최댓값의 위치를 결정한다. 집중도(concentration) $\kappa > 0$은 분산의 역수처럼 작용한다. 따라서 $1/\sqrt{\kappa}$는 정규분포의 표준편차와 거의 같다.

비확률적 접근법

최근 들어 이 장에서 논의한 확률적 접근법이 많이 사용되고 있다. 모델 출력과 훈련 출력 간의 거리를 줄일 수 있는 손실 함수만 있으면 되고, 이때의 거리는 일반적인 방식으로 정의할 수 있다. 반면에 분류를 위한 몇 가지 유명한 비확률적 머신러닝 모델이 있는데, 그중에는 **힌지 손실**hinge loss을 사용하는 서포트 벡터 머신(Vapnik, 1995[19], Cristianini & Shawe-Taylor, 2000[20])과 **지수 손실**exponential loss을 사용하는 AdaBoost(Freund & Schapire, 1997)[21]가 있다.

연습 문제

5.1 로지스틱 시그모이드 함수 sig[z]가 $z \to -\infty$를 0으로, $z = 0$을 0.5로, $z \to \infty$를 1로 매핑한다는 것을 증명해보자. 여기서 로지스틱 시그모이드 함수는 다음과 같다.

$$\text{sig}[z] = \frac{1}{1 + \exp[-z]} \qquad \text{식 5.32}$$

5.2 단일 훈련 쌍 $\{\mathbf{x}, y\}$에 대한 이진 분류의 손실 L은 다음과 같다.

$$L = -(1-y)\log\Big[1 - \text{sig}[\text{f}[\mathbf{x}, \boldsymbol{\phi}]]\Big] - y\log\Big[\text{sig}[\text{f}[\mathbf{x}, \boldsymbol{\phi}]]\Big] \qquad \text{식 5.33}$$

여기서 sig[•]는 식 5.32에서 정의되어 있다. (i) 훈련 레이블이 $y = 0$일 때와 (ii) $y = 1$일 때, 이 손실을 시그모이드 변환된 네트워크 출력 $\text{sig}[f[\mathbf{x}, \boldsymbol{\phi}]] \in [0, 1]$의 함수로 그려보자.

5.3* 국지적 기압 측정값 $\mathbf{x}$를 기반으로 탁월풍prevailing wind의 방향 y를 라디안radian으로 예측하는 모델을 구축한다고 가정하자. 원형 도메인에 대한 적합한 분포는 폰-미제스 분포다(그림 5.13).

$$Pr(y|\mu, \kappa) = \frac{\exp[\kappa \cos[y - \mu]]}{2\pi \cdot \text{Bessel}_0[\kappa]}$$

식 5.34

여기서 μ는 평균 방향에 대한 측정값이고, κ는 집중도(분산의 역수)에 대한 측정값이다. $\text{Bessel}_0[\kappa]$은 0차 변형 베셀 함수modified Bessel function다. 5.2절의 방법을 사용하여 가장 가능성이 높은 풍향을 예측하기 위한 모델 $f[\mathbf{x}, \boldsymbol{\phi}]$의 매개변수 μ를 학습하기 위한 손실 함수를 도출해보자. 이때 집중도 κ는 상수로 처리한다. 그리고 추론을 해보자.

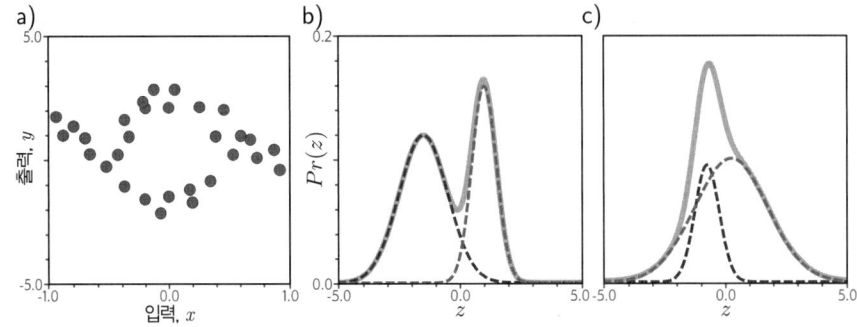

그림 5.13 다중 모드 데이터와 혼합 가우시안 밀도. a) 입력의 중간값 $x = 0$에 대한 출력 y는 두 가지 분포에 따른 결과 중 하나에 해당하는 견본 훈련 데이터. 예를 들어 $x = 0$에서 출력 y는 대략 -2 또는 $+3$이 될 수 있지만 이 사이의 값일 가능성은 별로 없다. b) 가우시안 혼합은 이러한 종류의 데이터에 적합한 확률 모델이다. 이름에서 알 수 있듯이 이 모델은 평균과 분산이 서로 다른 2개 이상의 정규분포(여기서는 2개의 정규분포, 파란색 점선 곡선과 주황색 점선 곡선)의 가중합(청록색 실선 곡선)이다. 각 분포의 평균이 서로 멀리 떨어져 있으면 다중 모드 분포가 된다. c) 평균이 서로 가까운 가우시안 혼합은 정규분포가 아닌 단일 모드 밀도를 모델링할 수 있다.

5.4* 입력 **x**에 대한 출력 y가 다음과 같이 다중 모드다(그림 5.13a). 즉 주어진 입력에 대한 유효한 예측이 2개 이상인 경우이다. 이러한 경우에는 출력에 대한 분포로 정규분포의 가중합을 사용할 수 있다. 이를 가우시안 혼합 모델이라고 한다. 예를 들어 매개변수가 $\boldsymbol{\theta} = \{\lambda, \mu_1, \sigma_1^2, \mu_2, \sigma_2^2\}$인 두 가우시안 분포의 혼합은 다음과 같다.

$$Pr(y|\lambda, \mu_1, \mu_2, \sigma_1^2, \sigma_2^2) = \frac{\lambda}{\sqrt{2\pi\sigma_1^2}} \exp\left[\frac{-(y-\mu_1)^2}{2\sigma_1^2}\right] + \frac{1-\lambda}{\sqrt{2\pi\sigma_2^2}} \exp\left[\frac{-(y-\mu_2)^2}{2\sigma_2^2}\right]$$

식 5.35

여기서 $\lambda \in [0, 1]$은 각각 평균이 μ_1, μ_2이고 분산이 σ_1^2, σ_2^2인 두 가우시안 분포의 상대적 가중치다. 이 모델은 2개의 봉우리를 갖는 분포(그림 5.13b) 또는 하나의 봉우리를 갖는 분포(그림 5.13c)를 나타낼 수 있다. 5.2절의 방법을 사용하여 입력 x에 대해서 두 가우시안 분포의 혼합을 예측하는 모델 f[**x**, $\boldsymbol{\phi}$]를 훈련하기 위한 손실 함수를 구성해보자. 이때 손실은 I개의 훈련 데이터 쌍 $\{x_i, y_i\}$으로 구한다. 추론을 할 때 어떤 문제가 생길까?

5.5 문제 5.3의 모델을 확장하여 2개의 폰−미제스 분포의 혼합을 사용하여 풍향을 예측해보자. 이 모델에 대한 우도 $Pr(y|\boldsymbol{\theta})$ 표현식을 구해보자. 네트워크의 출력은 몇 개일까?

5.6 하루 중 특정 시간, 경도와 위도, 지역 유형에 대한 정보를 담고 있는 데이터 **x**를 기반으로 1분 동안에 도시의 특정 지점을 통과하는 보행자 수 $y \in \{0, 1, 2, ...\}$를 예측하는 모델을 만들어보자. 이러한 계수 모델링에는 **푸아송분포**Poisson distribution(그림 5.14)가 적합하다. 푸아송분포에는 분포의 평균을 나타내는 비율rate이라고 하는 하나의 매개변수 $\lambda > 0$이 있다. 분포의 확률밀도함수는 다음과 같다.

$$Pr(y = k) = \frac{\lambda^k e^{-\lambda}}{k!}$$

식 5.36

I개의 훈련 쌍 $\{\mathbf{x}_i, y_i\}$이 있다고 할 때, 이 모델에 대한 손실 함수를 설계해보자.

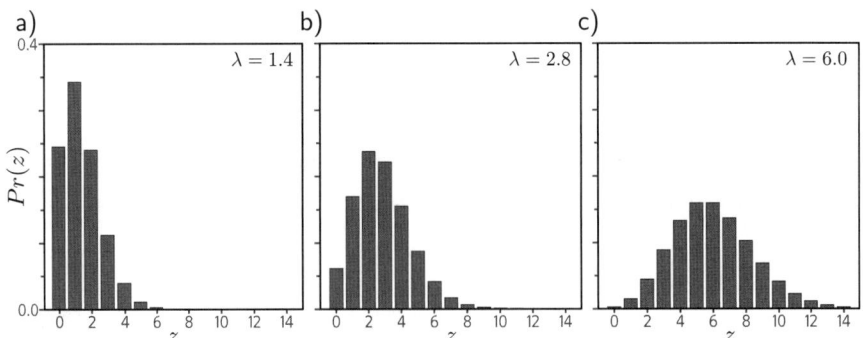

그림 5.14 푸아송분포. 이 이산 분포는 음이 아닌 정수 $z \in \{0, 1, 2, \ldots\}$에 대해서 정의된다. 푸아송분포는 비율이라고 하는 하나의 매개변수 $\lambda \in \mathbb{R}^+$를 갖는데, 분포의 평균이다. a–c) 각각 비율이 1.4, 2.8, 6.0인 푸아송분포다.

5.7 10개의 출력 $\mathbf{y} \in \mathbb{R}^{10}$를 예측하는 다변량 회귀 문제를 고려해보자. 네트워크는 각각의 출력을 평균이 μ_d인 독립 정규분포로 모델링하는데, 이때 분산 σ^2은 상수다. 우도 $Pr(\mathbf{y}|\mathbf{f}[\mathbf{x}, \boldsymbol{\phi}])$에 대한 표현식을 구해보자. 분산 σ^2을 추정하지 않는 경우에 이 모델의 음의 로그 우도를 최소화하는 것과 제곱 항의 합을 최소화하는 것과 동일하다는 것을 증명해보자.

5.8* 각 차원에 대해 서로 다른 분산 σ_d^2를 갖는 독립 정규분포를 기반으로 다변량 예측 $y \in \mathbb{R}^{D_o}$을 하기 위한 손실 함수를 구해보자. 이때 평균 μ_d와 분산 σ_d^2가 모두 데이터에 따라 변하는 이분산성 모델을 가정한다.

5.9* 데이터 $\mathbf{x}$로부터 사람의 키를 미터 단위로, 체중을 킬로 단위로 예측하는 다변량 회귀 문제를 생각해보자. 여기서 단위의 범위는 서로 매우 다르다. 이로 인해 어떤 문제가 발생할까? 이러한 문제에 대한 두 가지 해결책을 제시해보자.

5.10 문제 5.3의 모델을 확장해서 풍향과 풍속을 모두 예측하고 관련 손실 함수를 정의해보자.

참고 문헌

[1] Nix, D. A., & Weigend, A. S. (1994). Estimating the mean and variance of the target probability distribution. *IEEE International Conference on Neural Networks*, 55–60.

[2] Williams, P. M. (1996). Using neural networks to model conditional multivariate densities. *Neural Computation*, 8(4), 843–854.

[3] Burda, Y., Grosse, R. B., & Salakhutdinov, R. (2016). Importance weighted autoencoders. *International Conference on Learning Representations*.

[4] Dorta, G., Vicente, S., Agapito, L., Campbell, N. D., & Simpson, I. (2018). Structured uncertainty prediction networks. *IEEE/CVF Computer Vision & Pattern Recognition*, 5477–5485.

[5] Qi, J., Du, J., Siniscalchi, S. M., Ma, X., & Lee, C.-H. (2020). On mean absolute error for deep neural network based vector-to-vector regression. *IEEE Signal Processing Letters*, 27, 1485–1489.

[6] Barron, J. T. (2019). A general and adaptive robust loss function. *IEEE/CVF Computer Vision & Pattern Recognition*, 4331–4339.

[7] Koenker, R., & Hallock, K. F. (2001). Quantile regression. *Journal of Economic Perspectives*, 15(4), 143–156.

[8] Rodrigues, F., & Pereira, F. C. (2020). Beyond expectation: Deep joint mean and quantile regression for spatiotemporal problems. *IEEE Transactions on Neural Networks and Learning Systems*, 31(12), 5377–5389.

[9] Lin, T.-Y., Goyal, P., Girshick, R., He, K., & Dollár, P. (2017c). Focal loss for dense object detection. *IEEE/CVF International Conference on Computer Vision*, 2980–2988.

[10] Cao, Z., Qin, T., Liu, T.-Y., Tsai, M.-F., & Li, H. (2007). Learning to rank: From pairwise approach to listwise approach. *International Conference on Machine Learning*, 129–136.

[11] Xia, F., Liu, T.-Y., Wang, J., Zhang, W., & Li, H. (2008). Listwise approach to learning to rank: theory and algorithm. *International Conference on Machine Learning*, 1192–1199.

[12] Chen, W., Liu, T.-Y., Lan, Y., Ma, Z.-M., & Li, H. (2009). Ranking measures and loss functions in learning to rank. *Neural Information Processing Systems*, 22, 315–323.

[13] Cao, Z., Qin, T., Liu, T.-Y., Tsai, M.-F., & Li, H. (2007). Learning to rank: From pairwise approach to listwise approach. *International Conference on Machine Learning*, 129–136.

[14] Jacobs, R. A., Jordan, M. I., Nowlan, S. J., & Hinton, G. E. (1991). Adaptive mixtures of local experts. *Neural Computation*, 3(1), 79–87.

[15] Bishop, C. M. (1994). Mixture density networks. *Aston University Technical Report*.

[16] Prokudin, S., Gehler, P., & Nowozin, S. (2018). Deep directional statistics: Pose estimation with uncertainty quantification. *European Conference on Computer Vision*, 534–551.

[17] Fallah, N., Gu, H., Mohammad, K., Seyyedsalehi, S. A., Nourijelyani, K., & Eshraghian, M. R. (2009). Nonlinear Poisson regression using neural networks: A simulation study. *Neural Computing and Applications*, 18(8), 939–943.

[18] Ng, N. H., Gabriel, R. A., McAuley, J., Elkan, C., & Lipton, Z. C. (2017). Predicting surgery duration with neural heteroscedastic regression. *PMLR Machine Learning for Healthcare Conference*, 100–111.

[19] Vapnik, V. (1995). *The nature of statistical learnin theory*. New York: Springer Verlag.

[20] Cristianini, M., & Shawe-Taylor, J. (2000). *An Introduction to support vector machines*. CUP.

[21] Freund, Y., & Schapire, R. E. (1997). A decisiontheoretic generalization of on-line learning and an application to boosting. *Journal of Computer and System Sciences*, 55(1), 119–139.

CHAPTER 06 모델 적합

3장과 4장에서는 얕은 신경망과 심층 신경망을 설명했다. 이런 신경망은 구간별 부분 선형함수족을 표현하는데, 신경망이 표현하는 함수는 매개변수가 결정한다. 5장에서 네트워크의 예측과 훈련셋의 정답 간의 불일치를 나타내기 위해 스칼라 값을 갖는 손실을 도입했다.

손실은 네트워크의 매개변수에 따라 달라지는데, 이 장에서는 손실을 최소화하는 매개변숫값을 찾는다. 이를 네트워크의 매개변수를 학습한다고 하거나 또는 단순히 모델을 훈련한다고 하거나 적합하도록 만든다고 한다. 이는 매개변수의 초깃값을 선택한 후에 다음의 두 단계를 반복하는 과정이다. (i) 매개변수에 대한 손실의 미분(기울기)를 계산하고, (ii) 손실을 줄이기 위해 기울기를 기반으로 매개변수를 조정한다. 손실 함수의 전체 최솟값에 도달할 수 있도록 여러 번 반복해서 조정한다.

이 장에서는 우선 두 번째 단계, 즉 손실을 줄이기 위해 매개변수를 조정하는 알고리즘을 살펴본다. 매개변수를 초기화하고 신경망의 기울기를 계산하는 방법은 이후 7장에서 설명한다.

6.1 경사 하강법

모델을 적합하려면 입력/출력 쌍으로 구성된 훈련셋 $\{\mathbf{x}_i, \mathbf{y}_i\}$가 필요하다. 입력 $\mathbf{x}_i$를 출력 $\mathbf{y}_i$에 가능한 한 잘 매핑하는 모델 $\mathbf{f}[\mathbf{x}_i, \phi]$의 매개변수를 찾는다. 이를 위해 매핑의 불일치를 정량적으로 나타내는 하나의 숫자를 반환하는 손실 함수 $L[\phi]$

를 정의한다. **최적화 알고리즘**optimization algorithm의 목표는 손실을 최소화하는 매개변수 $\hat{\phi}$를 찾는 것이다.

$$\hat{\phi} = \underset{\phi}{\operatorname{argmin}} \left[L[\phi] \right]$$

식 6.1

다양한 최적화 알고리즘이 있지만, 신경망 훈련을 위한 표준적인 방법은 반복적으로 적용하는 것이다. 이러한 알고리즘은 경험적으로 매개변수를 초기화한 다음 손실이 감소하는 방향으로 매개변수를 반복적으로 조정한다.

이 중에 가장 간단한 방법은 **경사 하강법**gradient descent이다. 경사 하강법에서는 매개변수 $\phi = [\phi_0, \phi_1, \ldots, \phi_N]^T$를 초기화하고, 다음의 2단계를 반복한다.

1단계, 매개변수에 대한 손실의 미분을 계산한다.

$$\frac{\partial L}{\partial \phi} = \begin{bmatrix} \frac{\partial L}{\partial \phi_0} \\ \frac{\partial L}{\partial \phi_1} \\ \vdots \\ \frac{\partial L}{\partial \phi_N} \end{bmatrix}$$

식 6.2

2단계, 다음 규칙에 따라 매개변수를 갱신한다.

$$\phi \longleftarrow \phi - \alpha \cdot \frac{\partial L}{\partial \phi}$$

식 6.3

여기서 양수 값을 갖는 스칼라 α는 매개변수를 얼마나 갱신할지를 결정한다.

1단계에서는 현재 위치에서 손실 함수의 기울기를 계산한다. 이는 손실 함수의 오르막uphill 방향을 결정한다. 2단계에서는 작은 거리 α만큼 내리막downhill으로 이동한다(이를 위해 음수 부호를 붙인다). 매개변수 α는 고정값일 수도 있고(이 경우 **학습률**learning rate이라고 한다), 또는 손실을 가장 많이 줄이는 값을 찾기 위해 여러 α값을 시도해보는 **선형 탐색**line search[†]을 할 수도 있다.

깃허브의 노트북 6.1 'Line search' 참고. https://bit.ly/udl6_1

손실 함수가 최솟값일 때, 손실 함수의 표면은 평평해야 한다(그렇지 않으면 내리막으로 더 내려가면서 손실을 더 줄일 수 있기 때문이다.). 따라서 기울기는 0이 되고 매개변수는 더 이상 변하지 않는다. 실제로는 기울기의 크기를 관찰하다가, 기울기의 크기가 너무 작아지면 알고리즘을 종료한다.

6.1.1 선형회귀 예제

2장에서 살펴본 1차원 선형회귀 모델에 경사 하강법을 적용해보자. 모델 $f[x, \boldsymbol{\phi}]$는 스칼라 입력 x를 스칼라 출력 y에 매핑한다. 모델의 매개변수 $\boldsymbol{\phi} = [\phi_0, \phi_1]^T$의 원소는 각각 y 절편과 기울기를 나타낸다.

$$\begin{aligned} y &= f[x, \boldsymbol{\phi}] \\ &= \phi_0 + \phi_1 x \end{aligned}$$

식 6.4

I개의 입력/출력 쌍으로 구성된 데이터셋 $\{x_i, y_i\}$가 주어지면, 최소제곱 손실 함수를 선택한다.

$$\begin{aligned} L[\boldsymbol{\phi}] &= \sum_{i=1}^{I} \ell_i = \sum_{i=1}^{I} (f[x_i, \boldsymbol{\phi}] - y_i)^2 \\ &= \sum_{i=1}^{I} (\phi_0 + \phi_1 x_i - y_i)^2 \end{aligned}$$

식 6.5

여기서 $\ell_i = (\phi_0 + \phi_1 x_i - y_i)^2$ 항은 i번째 훈련 견본의 손실이다.

매개변수에 대한 손실 함수의 미분은 개별 견본의 손실의 미분의 합으로 구할 수 있다.

$$\frac{\partial L}{\partial \boldsymbol{\phi}} = \frac{\partial}{\partial \boldsymbol{\phi}} \sum_{i=1}^{I} \ell_i = \sum_{i=1}^{I} \frac{\partial \ell_i}{\partial \boldsymbol{\phi}}$$

식 6.6

여기서 개별 견본에 대한 손실의 미분은 다음과 같다.[†]

연습 문제 6.1 참고

$$\frac{\partial \ell_i}{\partial \boldsymbol{\phi}} = \begin{bmatrix} \frac{\partial \ell_i}{\partial \phi_0} \\ \frac{\partial \ell_i}{\partial \phi_1} \end{bmatrix} = \begin{bmatrix} 2(\phi_0 + \phi_1 x_i - y_i) \\ 2 x_i (\phi_0 + \phi_1 x_i - y_i) \end{bmatrix}$$

식 6.7

그림 6.1은 식 6.6과 식 6.7에 따라 미분을 반복적으로 계산한 다음 식 6.3의 규칙을 사용하여 매개변수를 갱신하는 알고리즘의 진행 과정을 보여준다.[†] 이 경우 반

깃허브의 노트북 6.2 'Gradient descent' 참고. https://bit.ly/udl6_2

복마다 손실을 가장 많이 줄이는 α값을 찾기 위해 선형 탐색을 했다.

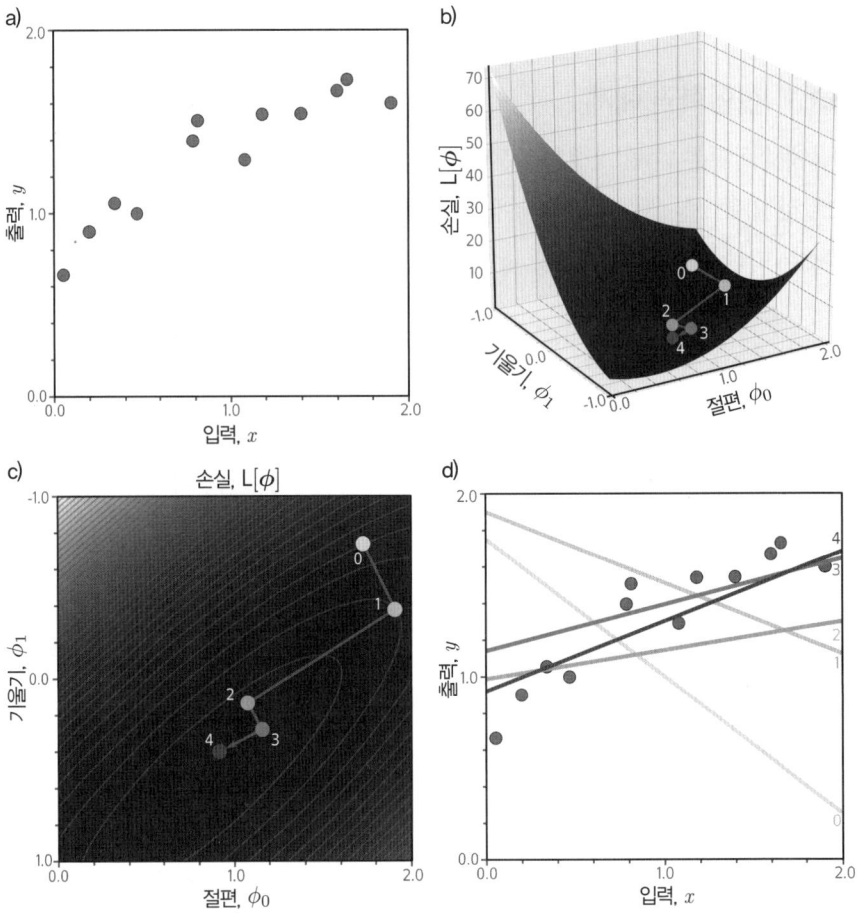

 그림 6.1 선형회귀 모델의 경사 하강법. a) $I = 12$개 훈련셋의 입력/출력 쌍 $\{x_i, y_i\}$. b) 반복적인 경사 하강법을 보여주는 손실 함수. 점 0에서 시작해서 가장 가파른 내리막 방향으로 이동해서 점 1에 도달한다. 점 1에서 다시 기울기를 측정하고 점 2까지 내리막 방향으로 이동한다. 다음 점까지 이 절차를 계속해서 반복한다. c) 이는 밝기가 손실을 나타내는 히트맵으로 더 잘 시각화할 수 있다. 단 4번의 반복 후에 이미 최솟값에 가까워졌다. d) 점 0(가장 밝은 선)에서의 매개변수를 갖는 모델은 데이터를 매우 형편없이 표시하지만 계속해서 반복할 때마다 적합도가 향상된다. 점 4(가장 어두운 선)에서의 매개변수를 갖는 모델은 이미 훈련 데이터를 충분히 잘 표현하고 있다.

6.1.2 가버 모델 예제

선형회귀 문제(그림 6.1c)의 손실 함수는 항상 잘 정의된 하나의 전역 최솟값을 갖는다. 좀 더 수학적으로 말하면, 손실 함수는 아래로 **볼록**convex하다.† 즉 모든 현chord(표면 위의 두 점 사이의 선분)이 함수 위에 있으며 함수와 교차하지 않는다. 손실 함수의 볼록성으로 인해 매개변수를 어떤 값으로 초기화하든지 계속해서 내리막 방향으로 따라 내려가면 최솟값에 도달할 수 있다. 따라서 어떤 경우에도 훈련에 성공할 수 있다.

> 연습 문제 6.2 참고

안타깝게도 얕은 신경망과 깊은 네트워크를 포함한 대부분의 비선형 모델의 손실 함수는 **비볼록**non-convex하다. 매개변수가 너무 많기 때문에 신경망의 손실 함수를 시각화하는 것은 어렵다. 따라서 비볼록 손실 함수의 속성에 대한 통찰력을 얻기 위해, 먼저 2개의 매개변수를 갖는 좀 더 간단한 비선형 모델을 살펴본다.

$$\mathrm{f}[x, \phi] = \sin[\phi_0 + 0.06 \cdot \phi_1 x] \cdot \exp\left(-\frac{(\phi_0 + 0.06 \cdot \phi_1 x)^2}{32.0}\right) \quad \text{식 6.8}$$

식 6.8은 **가버 모델**Gabor model이라고 하는데, 이는 스칼라 입력 x를 스칼라 출력 y에 매핑하고 정현파 성분(진동 함수oscillatory function를 생성한다)에 음의 지수 성분(중심에서 멀어질수록 진폭이 감소한다)이 곱해진다.† 가버 모델에는 2개의 매개변수 $\boldsymbol{\phi} = [(\phi_0, \phi_1)]^T$가 있다. 여기서 $\phi_0 \in \mathbb{R}$은 함수의 평균 위치를 결정하고 $\phi_1 \in \mathbb{R}^+$는 x축을 따라 함수를 늘리거나 압축한다(그림 6.2).

> 연습 문제 6.3 – 6.5 참고

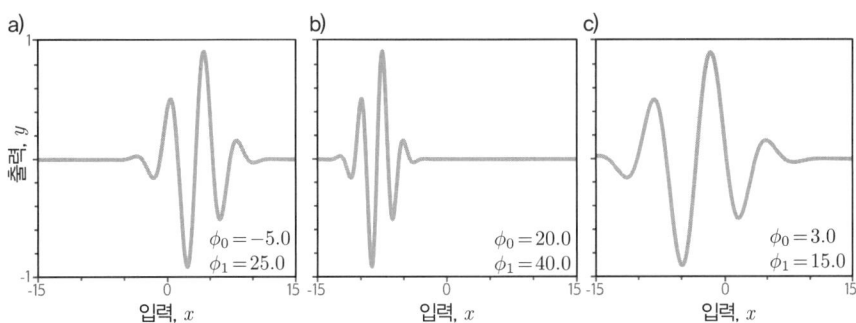

그림 6.2 가버 모델. 이 비선형 모델은 스칼라 입력 x를 스칼라 출력 y에 매핑하고 매개변수 $\boldsymbol{\phi} = [\phi_0, \phi_1]^T$를 갖는다. 이는 중심으로부터 멀어질수록 진폭이 감소하는 사인파 함수를 나타낸다. 매개변수 $\phi_0 \in \mathbb{R}$은 중심 위치를 결정하는데, ϕ_0이 커지면 함수는 왼쪽으로 이동한다. 매개변수 $\phi_1 \in \mathbb{R}^+$는 중심을 기준으로 x축을 따라 함수를 압축하는데, ϕ_1이 커지면 함수가 좁아진다. a–c) 각각 서로 다른 매개변수를 갖는 모델을 나타낸다. 동적 이미지: https://udlbook.github.io/udlfigures/

I개의 견본 $\{x_i, y_i\}$으로 구성된 훈련셋(그림 6.3)에 대한 최소제곱 손실 함수는 다음과 같이 정의한다.

$$L[\phi] = \sum_{i=1}^{I} (f[x_i, \phi] - y_i)^2$$

식 6.9

다시 한번 강조하지만 경사 하강법의 목표는 이 손실을 최소화하는 매개변수 $\hat{\phi}$를 찾는 것이다.

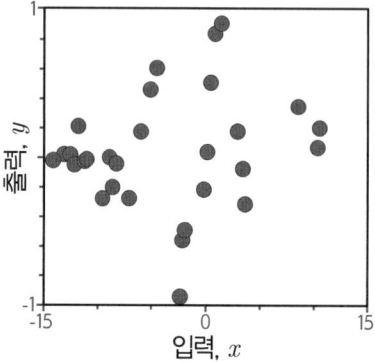

그림 6.3 가버 모델을 적합하기 위한 훈련 데이터. 훈련 데이터셋에는 28개의 입력/출력 견본 $\{x_i, y_i\}$이 있다. 이는 $x_i \in [-15, 15]$를 균일하게 샘플링한 후, 매개변수 $\phi = [0.0, 16.6]^T$를 갖는 가버 모델을 통과시킨 출력에 정규분포 잡음을 더한 것이다.

6.1.3 지역 최솟값과 안장점

그림 6.4는 이 데이터셋에 대한 가버 모델의 손실 함수를 보여준다. 손실 함수는 다수의 **지역 최솟값**local minima(청록색 점)을 갖는다. 지역 최소점에서 기울기는 0이고 어떤 방향으로든 이동하면 손실이 증가하지만 함수의 전체 최솟값은 아니다.† 손실이 가장 낮은 지점을 **전역 최솟값**global minimum이라고 하고, 이는 회색 점으로 표시되어 있다.

연습 문제 6.6 참고

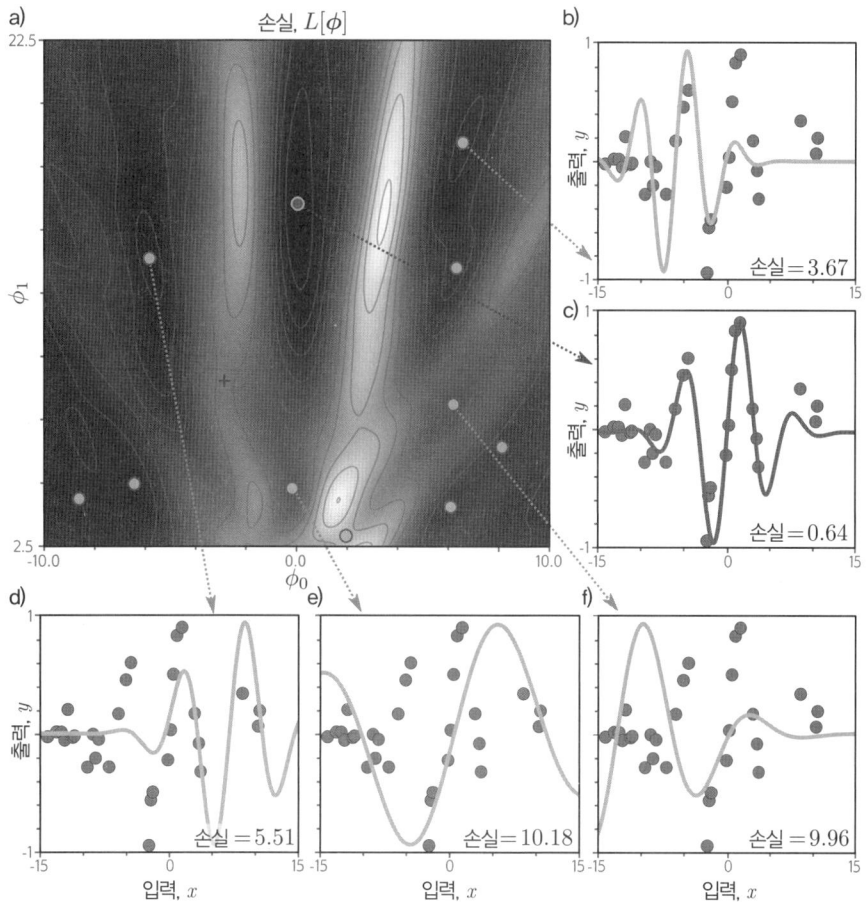

그림 6.4 가버 모델의 손실 함수. a) 손실 함수는 전역 최솟값(회색 점) 외에도 여러 지역 최솟값(청록색 원)을 갖는 비볼록 함수다. 또한 손실 함수에는 안장점도 있는데, 안장점에서는 기울기가 0이고 어느 한 방향으로는 함수가 증가하고 또 다른 방향으로는 감소한다. 파란색 + 표시는 안장점을 나타내는데, 수평 방향으로 움직이면 함수는 감소하고 수직 방향으로 움직이면 함수는 증가한다. b–f) 서로 다른 최솟값을 갖는 모델들. 각각의 경우에 손실을 줄이기 위해 변경한 것은 없다. c)는 손실이 0.64인 전역 최솟값을 보여준다. 동적 이미지: https://udlbook.github.io/udlfigures/

임의의 위치†에서 시작하여 경사 하강법으로 내리막 방향으로 내려간다고 해서 전역 최솟값에 도달해서 최적의 매개변수를 찾는다는 보장은 없다(그림 6.5a). 오히려 알고리즘이 지역 최솟값 중 하나로 수렴할 가능성이 훨씬 더 높다. 게다가 더 나은 다른 해가 있는지도 알 수 없다.

연습 문제 6.7 – 6.7 참고

또한 손실 함수에는 **안장점**saddle point(예를 들어 그림 6.4의 + 표시)도 있다. 안장점에서 기울기는 0이지만 함수가 어떤 방향으로는 증가하고 또 다른 방향으로는 감소한다. 매개변수가 정확히 안장점에 있지 않으면 경사 하강법을 사용하여 내리막 방향으로 이동해서 안장점을 벗어날 수 있다. 그러나 안장점 근처의 표면은 평평하기 때문에 훈련이 수렴되지 않았는지 확신하기 어렵다. 따라서 기울기가 작다고 해서 알고리즘을 종료하면 잘못해서 안장점 근처에서 멈춰버릴 수도 있다.

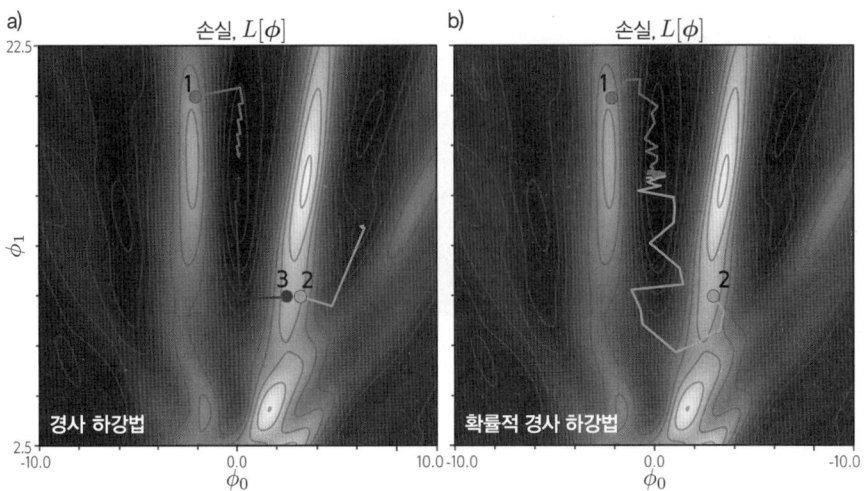

그림 6.5 경사 하강법 vs. SGD. a) 선형 탐색을 이용한 경사 하강법. 손실 함수의 적절한 '계곡'(예를 들어 지점 1과 지점 3) 위치에서 경사하강 알고리즘이 초기화되었다면, 전역 최솟값을 향해 이동하면서 매개변수를 추정하게 된다. 그러나 이 계곡 외부(예를 들어 지점 2)에서 초기화되면 지역 최솟값 중 하나를 향해 내려간다. b) SGD는 최적화 과정에 잡음을 추가함으로써 잘못된 계곡(예를 들어 지점 2)에서 벗어나서 전역 최솟값에 도달할 수 있다.

6.2 확률적 경사 하강법

가버 모델에는 2개의 매개변수가 있으므로 (i) 매개변수 공간을 하나도 빠짐없이 탐색하거나 (ii) 각각의 매개변수에 대해서 서로 다른 초기 위치에서 경사 하강법을 반복적으로 적용해서 손실이 가장 작은 결과를 선택해서 전역 최솟값을 찾을 수 있다. 그러나 신경망 모델에는 수백만 개의 매개변수가 있을 수 있으므로 두 접근 방식 모두 실용적이지 않다. 즉 경사 하강법으로 고차원 손실 함수의 전역 최적값을 찾는 것은 어렵다. 최솟값을 찾는다고 해도, 이것이 전역 최솟값인지 또는 지역 최솟값인지 알 수 없다.

주요 문제 중 하나는 경사하강 알고리즘의 최종 목적지가 전적으로 시작점에 의해 결정된다는 것이다. **확률적 경사 하강법**stochastic gradient descent, SGD[†]은 각 단계에서 기울기에 약간의 잡음을 더해서 이 문제를 해결한다. 이 해결책은 여전히 평균적으로는 내리막 방향으로 이동하지만 어느 순간에 선택한 방향이 반드시 가장 가파른 내리막 방향이 아닐 수도 있다. 심지어 내리막 방향이 아닐 수도 있다. SGD 알고리즘은 일시적으로 오르막 방향으로 이동할 수도 있고, 경우에 따라 손실 함수의 한 '계곡'에서 다른 '계곡'으로 이동할 수도 있다(그림 6.5b).

깃허브의 노트북 6.3 'Stochastic gradient descent' 참고. https://bit.ly/udl6_3

6.2.1 배치와 에포크

알고리즘에 무작위성을 도입하는 방법은 간단하다. 반복마다 훈련 데이터의 부분집합을 무작위로 선택하고 해당 견본에 대해서만 기울기를 계산하는 것이다. 이 부분집합을 **미니배치**minibatch 또는 줄여서 **배치**batch라고 한다. 이제 반복 t에서 모델 매개변수 ϕ_t의 갱신 규칙은 다음과 같다.

$$\phi_{t+1} \longleftarrow \phi_t - \alpha \cdot \sum_{i \in \mathcal{B}_t} \frac{\partial \ell_i[\phi_t]}{\partial \phi} \qquad \text{식 6.10}$$

여기서 $\mathcal{B}_t$는 현재 배치의 입력/출력 쌍의 인덱스 집합이고, 앞에서와 같이 ℓ_i는 i번째 데이터 쌍에 대한 손실이다. α는 학습 속도이며 기울기 크기와 함께 각 반복에서 이동할 거리를 결정한다. 학습률은 훈련을 시작할 때 선택하고, 함수의 지역적 속성에 의존하지 않는다.

일반적으로 배치는 데이터셋에서 비복원 추출한다. 알고리즘은 추출한 데이터를 모두 사용할 때까지 훈련 견본을 처리한 다음 전체 훈련 데이터셋에서 다시 샘플링을 한다.[†] 전체 훈련 데이터셋을 빠짐없이 한 번 처리하는 것을 **에포크**epoch라고 한다. 배치는 하나의 견본일 수도 있고 전체 데이터셋이 될 수도 있다. 후자의 경우를 **전체 배치 경사 하강법**full-batch gradient descent이라고 하고 일반적인(비확률적) 경사하강법과 같다.

연습 문제 6.9 참고

SGD의 또 다른 해석은 반복마다 서로 다른 손실 함수의 기울기를 계산한다는 것이다. 손실 함수는 모델과 훈련 데이터에 따라 달라지므로 무작위로 선택한 각 배치마다 달라지게 된다. 이 관점에서 SGD는 계속해서 달라지는 손실 함수에 대해 경사 하강법을 수행한다고 볼 수 있다(그림 6.6). 그러나 이러한 변동성에도 불구하고 어느 지점에서든 손실의 기댓값과 기울기의 기댓값은 경사 하강법과 동일하다.

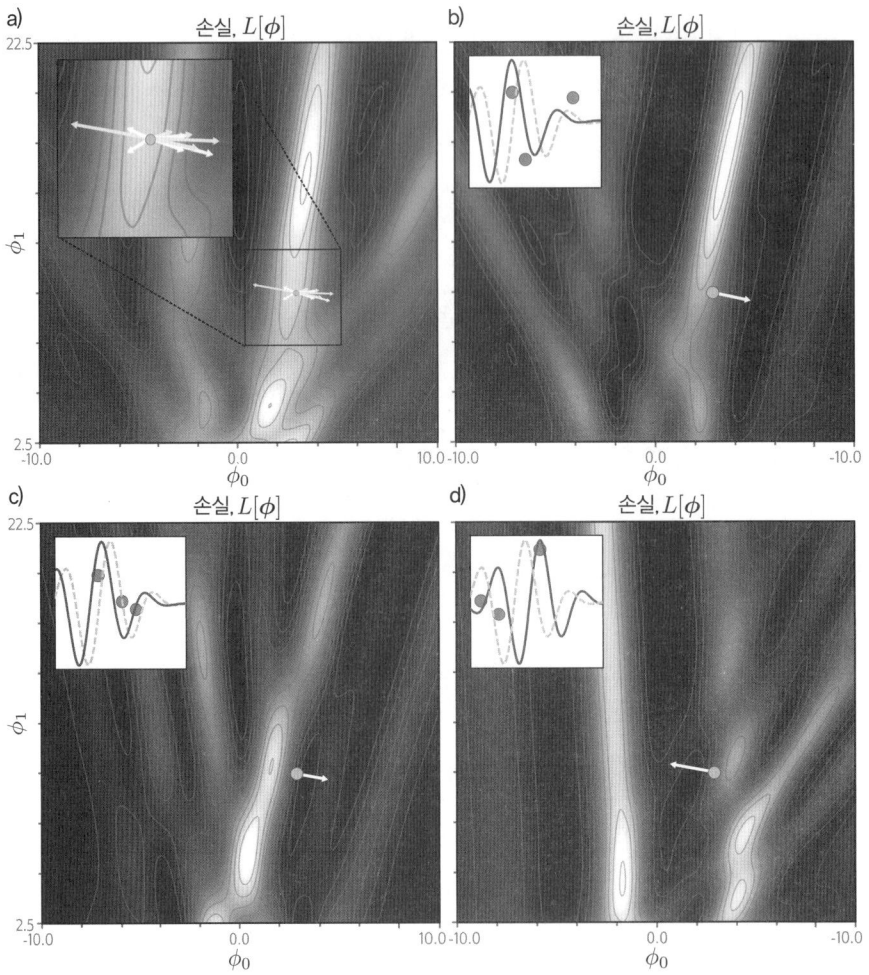

그림 6.6 배치 크기가 3인 가버 모델에 대한 여러 관점에서의 SGD. a) 전체 훈련 데이터셋에 대한 손실 함수. 반복마다 매개변수를 무작위로 변경한다(무작위로 뽑힌 매개변수를 확대해서 보여준다). 이는 서로 다른 세 배치에 대한 결과를 보여준다. b) 특정 배치에 대한 손실 함수. SGD 알고리즘은 학습률과 지역 기울기 크기에 의해 결정되는 거리만큼 이 함수에서 내리막 방향으로 이동한다. 현재의 모델(점선 함수)은 배치 데이터에 더 잘 맞도록 실선 함수로 변경된다. c) 다른 배치에서의 손실 함수에 의해 다르게 갱신된다. d) 해당 배치의 경우 알고리즘은 배치 손실 함수에 대해서는 내리막 방향으로 이동하지만 그림 (a)의 전역 손실 함수에 대해서는 오르막 방향으로 이동한다. 이것이 SGD가 지역 최솟값을 벗어날 수 있는 방법이다.

6.2.2 확률적 경사 하강법의 특성

SGD에는 몇 가지 매력적인 특징이 있다. 첫째, 경사 하강 경로에 잡음이 추가되지만 반복마다 데이터 부분집합에 대한 적합성이 향상된다. 따라서 최적이 아니더라도 합리적으로 갱신이 된다. 둘째, 데이터셋에서 훈련 견본을 반복적으로 비복원 추출하기 때문에 모든 훈련 견본을 동등하게 뽑을 수 있다. 셋째, 훈련 데이터의 부분집합에서만 기울기를 계산하기 때문에 계산 비용이 적게 든다. 넷째, 경우에 따라 지역 최솟값을 벗어날 수 있다. 다섯째, 안장점 근처에 갇힐 가능성이 줄어든다. 배치 중 일부는 손실 함수의 어느 지점에서 상당히 큰 기울기를 가질 가능성이 높다. 마지막으로 SGD로 새로운 데이터에 대해 잘 일반화되도록 하는 신경망의 매개변수를 찾을 수 있다는 증거가 있다(9.2절 참고).

SGD가 반드시 '수렴'한다고 보장할 수는 없다. 그러나 전역 최솟값에 가까워지면 모델이 모든 데이터 점에 잘 적합하게 될 것이다. 결과적으로 어떤 배치를 선택하든 기울기는 작아지고 매개변수는 크게 변하지 않을 것이다. 실제로 SGD와 학습률 스케줄링learning rate schedule을 함께 적용하는 경우가 많다. 처음에는 큰 값의 학습률 α로 시작하고 N 에포크마다 일정 비율로 줄여나간다. 이러한 학습률 스케줄링 논리의 근거는 훈련 초기 단계에서는 알고리즘이 최솟값에 가까운 영역을 찾을 수 있도록 계곡에서 계곡으로 뛰어넘으며 매개변수 공간을 탐색할 수 있도록 하는 것이다. 이후 단계에서는 어느 정도 최솟값 근처에서 매개변수를 미세 조정해야 하므로 α를 줄여서 기울기의 변화를 줄인다.

6.3 모멘텀

SGD를 약간 수정해서 **모멘텀**(운동량)momentum 항을 추가한다. 현재 배치에서 계산한 기울기와 이전 단계에서 이동한 방향의 가중 조합으로 매개변수를 갱신한다.

$$\begin{aligned} \mathbf{m}_{t+1} &\leftarrow \beta \cdot \mathbf{m}_t + (1-\beta) \sum_{i \in \mathcal{B}_t} \frac{\partial \ell_i[\phi_t]}{\partial \phi} \\ \phi_{t+1} &\leftarrow \phi_t - \alpha \cdot \mathbf{m}_{t+1} \end{aligned}$$

식 6.11

여기서 $\mathbf{m}_t$는 t 시점 반복에서의 모멘텀이고, $\beta \in [0, 1)$은 시간이 지남에 따라 기울기의 평활도를 조절하고, α는 학습률이다.

모멘텀 계산의 재귀적 정의는 현재의 기울기가 이전의 모든 기울기의 무한 가중합이라는 것을 의미한다. 그리고 이때의 이전 시간으로 갈수록 기울기에 대한 가중치가 작아진다.† 여러 번 반복되는 동안 기울기가 정렬되면 유효 학습률이 증가하지만 반복되는 동안 기울기의 방향이 계속 바뀌어 서로 상쇄되면 유효 학습률은 감소한다. 전반적으로 경로가 더 매끄러워지고 계곡에서의 진동이 감소하는 효과가 있다(그림 6.7).

연습 문제 6.10 참고

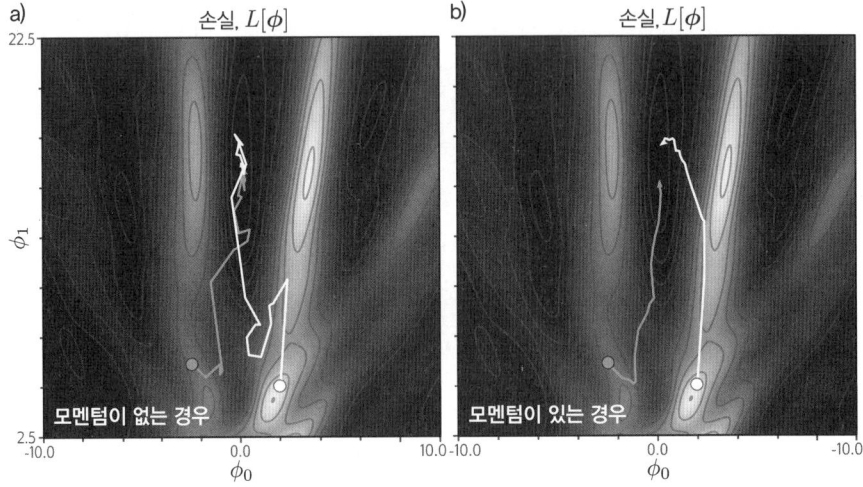

그림 6.7 모멘텀을 이용한 SGD. a) 일반적인 확률적 하강법에서는 우회하는 경로를 따라 최솟값으로 수렴한다. b) 모멘텀 항을 사용하면 현재 단계에서 변경은 이전 단계에서의 변경과 배치로부터 계산한 기울기의 가중 조합이다. 이렇게 하면 경로가 매끄러워지고 수렴 속도가 빨라진다.

6.3.1 네스테로프 가속 모멘텀

모멘텀 항은 SGD 알고리즘이 다음에 어디로 이동할지에 대한 대략적인 예측으로 볼 수 있다.† **네스테로프 가속 모멘텀**Nesterov accelerated momentum, NAM(그림 6.8)은 현재 지점이 아닌 예측 지점에서 기울기를 계산한다.

깃허브의 노트북 6.4
'Momentum' 참고.
https://bit.ly/udl6_4

$$\mathbf{m}_{t+1} \leftarrow \beta \cdot \mathbf{m}_t + (1-\beta) \sum_{i \in \mathcal{B}_t} \frac{\partial \ell_i[\phi_t - \alpha\beta \cdot \mathbf{m}_t]}{\partial \phi}$$

$$\phi_{t+1} \leftarrow \phi_t - \alpha \cdot \mathbf{m}_{t+1}$$

식 6.12

이제 기울기는 $\phi_t - \alpha\beta \cdot \mathbf{m}_t$에서 평가한다. 이는 기울기 항이 모멘텀으로만 제공되는 경로를 보정하는 것으로 볼 수 있다.

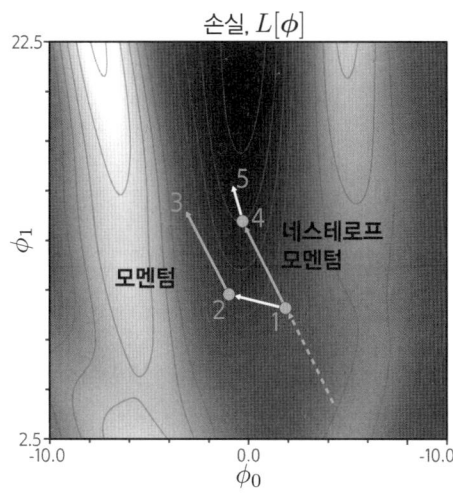

그림 6.8 네스테로프 가속 모멘텀. 해가 점선을 따라 이동하여 점 1에 도달한다. 전통적인 모멘텀 갱신에서는 점 1에서의 기울기를 측정하고 이 방향으로 점 2까지 일정 거리를 이동한 다음 이전 반복에서의 모멘텀 항을 추가(즉 점선과 동일한 방향으로 이동)해서 점 3에 도달한다. 네스테로프 모멘텀 갱신에서는 먼저 모멘텀 항을 적용(점 1에서 점 4로 이동)한 다음에 기울기를 측정하고 이를 반영하도록 갱신해서 점 5에 도달한다.

6.4 적응 모멘트 추정

경사 하강법에서 단계마다 조정하는 크기를 고정하면 다음과 같은 문제가 발생할 수 있다. 즉 좀 더 조심스럽게 조정해야 하는데 오히려 매개변수의 기울기가 커서 많이 조정하고, 어쩌면 좀 더 탐색을 진행해야 하는데 매개변수의 기울기가 작아서 조금밖에 조정을 못하게 되는 것이다. 손실 표면의 기울기가 어느 한 방향으로만 훨씬 가파르다면 (i) 여러 방향으로 내리막을 따라 내려가고, (ii) 안정적인 학습을 할 수 있는 학습률을 선택하기 어렵다(그림 6.9a–b).

이런 문제를 해결하기 위한 간단한 방법은 각 방향으로 일정한 거리(학습률에 따라 결정됨)만큼 이동하도록 기울기를 정규화하는 것이다. 이를 위해 먼저 기울기 $\mathbf{m}_{t+1}$과 점 단위로 기울기 $\mathbf{v}_{t+1}$의 제곱을 측정한다.

$$\mathbf{m}_{t+1} \leftarrow \frac{\partial L[\phi_t]}{\partial \phi}$$
$$\mathbf{v}_{t+1} \leftarrow \left(\frac{\partial L[\phi_t]}{\partial \phi}\right)^2$$

식 6.13

그런 다음에는 식 6.14 같은 갱신 규칙을 적용한다.

$$\phi_{t+1} \leftarrow \phi_t - \alpha \cdot \frac{\mathbf{m}_{t+1}}{\sqrt{\mathbf{v}_{t+1}} + \epsilon}$$

식 6.14

여기서 제곱근과 나눗셈은 모두 점 단위로 계산하고, α는 학습률이고, ϵ는 기울기 크기가 0일 때 0으로 나누는 것을 방지하기 위한 작은 상수다. $\mathbf{v}_{t+1}$은 기울기의 제곱이므로, $\mathbf{v}_{t+1}$의 양의 제곱근으로 기울기를 정규화하면 각 좌표 방향의 부호만 남게 된다. 결과적으로 알고리즘은 각 좌표를 따라 내리막 방향으로 고정된 거리 α를 이동하게 된다(그림 6.9c). 이 간단한 알고리즘은 내리막 방향으로 잘 따라 내려오지만 정확히 최솟값에 수렴하지 못하고, 최솟값을 중심으로 진동을 한다.

적응 모멘트 추정adaptive moment estimation 또는 줄여서 **Adam**은 이 개념을 이용하여 기울기와 기울기 제곱의 추정값 모두에 다음과 같이 모멘텀을 더한다.

$$\mathbf{m}_{t+1} \leftarrow \beta \cdot \mathbf{m}_t + (1-\beta)\frac{\partial L[\phi_t]}{\partial \phi}$$
$$\mathbf{v}_{t+1} \leftarrow \gamma \cdot \mathbf{v}_t + (1-\gamma)\left(\frac{\partial L[\phi_t]}{\partial \phi}\right)^2$$

식 6.15

여기서 β와 γ는 두 통곗값에 대한 모멘텀 계수다.

모멘텀을 사용하는 것은 이러한 각 통계의 과거값의 가중 평균을 취하는 것과 같다. 훈련을 처음 시작할 때는 이전의 측정값이 0이므로 추정값이 매우 작다. 따라서 다음 규칙을 사용하여 통곗값을 수정한다.

$$\tilde{\mathbf{m}}_{t+1} \leftarrow \frac{\mathbf{m}_{t+1}}{1-\beta^{t+1}}$$
$$\tilde{\mathbf{v}}_{t+1} \leftarrow \frac{\mathbf{v}_{t+1}}{1-\gamma^{t+1}}$$

식 6.16

β와 γ는 [0, 1) 범위에 있으므로 분모에 지수 $t+1$이 있는 항은 각 시간 단계마다 작아지므로 분모 전체의 값이 1에 가까워진다. 따라서 분모항의 효과가 줄어든다.

마지막으로 수정된 항으로 이전과 같이 매개변수를 갱신한다.

$$\phi_{t+1} \leftarrow \phi_t - \alpha \cdot \frac{\tilde{\mathbf{m}}_{t+1}}{\sqrt{\tilde{\mathbf{v}}_{t+1}} + \epsilon}$$

식 6.17

결과적으로 이 알고리즘은 매개변수 공간의 모든 방향으로 내리막을 따라 내려와서 전체 최솟값으로 수렴할 수 있다.[†] 일반적으로 Adam은 미니배치를 사용해서 확률적으로 기울기와 기울기의 제곱을 계산하는 경우에 사용한다.

깃허브의 노트북 6.5 'Adam' 참고. https://bit.ly/udl6_5

$$\mathbf{m}_{t+1} \leftarrow \beta \cdot \mathbf{m}_t + (1-\beta) \sum_{i \in \mathcal{B}_t} \frac{\partial \ell_i[\phi_t]}{\partial \phi}$$

$$\mathbf{v}_{t+1} \leftarrow \gamma \cdot \mathbf{v}_t + (1-\gamma) \left(\sum_{i \in \mathcal{B}_t} \frac{\partial \ell_i[\phi_t]}{\partial \phi} \right)^2$$

식 6.18

따라서 실제 경로는 매끄럽지 못하다.

7장에서 살펴보겠지만, 신경망 매개변수의 기울기 크기는 네트워크의 깊이에 따라 달라진다. Adam은 이러한 경향을 보완하고 여러 층 간의 변경을 균형 있게 처리할 수 있다. 실제로 Adam은 그림 6.9a–b와 같은 상황을 피할 수 있기 때문에 초기 학습률에 덜 민감하다는 장점도 있다. 따라서 복잡한 학습률 스케줄링이 필요하지 않다.

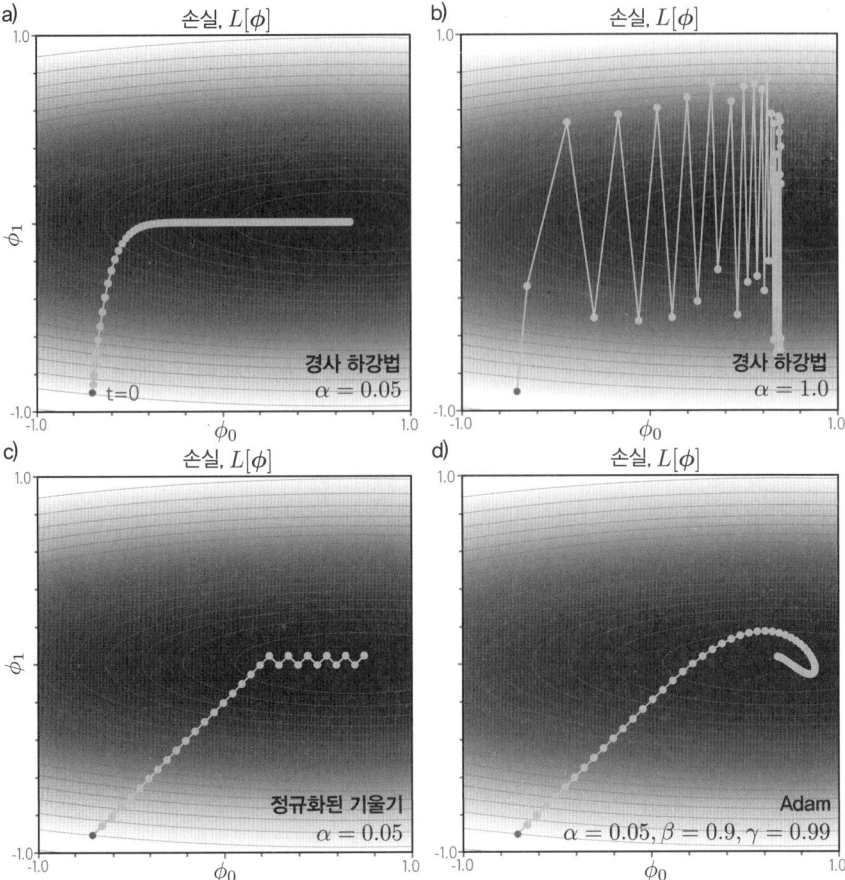

그림 6.9 Adam. a) 이 손실 함수는 수직 방향으로는 빠르게 변하지만 수평 방향으로는 느리게 변한다. 따라서 수직 방향으로 빨리 수렴하는 학습률로 전체 배치 경사 하강법을 실행하면 알고리즘이 최종 수평 위치에 도달하는 데 시간이 오래 걸린다. b) 알고리즘이 수평 방향으로 잘 수렴하도록 학습률을 선택하면 수직 방향으로 더 많이 이동하게 되어서 불안정해진다. c) 이 문제를 해결하기 위한 간단한 방법은 각 단계에서 각 축을 따라 고정된 거리를 이동하여 양방향으로 내려가는 것이다. 이를 위해 기울기의 크기를 정규화하고 부호만 유지하면 된다. 그러나 이렇게 하면 일반적으로 정확한 최솟값으로 수렴하지 못하고 최솟값 주위에서 앞뒤로 진동한다(여기서는 마지막 두 지점 사이를 진동한다). d) Adam 알고리즘은 기울기 추정값과 정규화 항 모두에서 모멘텀을 사용하여 좀 더 매끄러운 경로를 따라간다.

6.5 훈련 알고리즘 하이퍼파라미터

학습 알고리즘, 배치 크기, 학습률 스케줄링, 모멘텀 계수는 모두 훈련 알고리즘의 하이퍼파라미터다. 하이퍼파라미터는 최종 모델의 성능에 직접적인 영향을 미치지만 모델 매개변수와는 다르다. 좋은 하이퍼파라미터를 선택하는 것은 과학이라기보다는 예술에 가깝다. 따라서 다양한 하이퍼파라미터로 많은 모델을 훈련하고 가장 좋은 모델을 선택하는 것이 일반적이다. 이를 **하이퍼파라미터 탐색**hyperparameter search이라고 하는데, 이 문제는 8장에서 다시 다룬다.

6.6 요약

이 장에서는 모델 훈련을 살펴보았다. 이 문제는 손실 함수 $L[\phi]$의 최솟값에 해당하는 매개변수를 찾는 것이다. 경사 하강법은 현재 매개변수에 대한 손실 함수의 기울기를 측정한다(즉 매개변수를 약간 변경했을 때 손실이 어떻게 변하는지 관찰한다). 그런 다음 손실이 가장 빨리 감소하는 방향으로 매개변수를 조정한다. 이 과장을 최솟값에 수렴될 때까지 반복한다.

비선형함수nonlinear function의 경우, 손실 함수에는 지역 최솟값(경사 하강법이 갇히는 지점)과 안장점(경사 하강법이 수렴한 것처럼 보이지만 실제로는 그렇지 않은 지점)이 모두 있을 수 있다. SGD는 이러한 문제를 완화하는 데 도움이 된다.† 반복마다 데이터의 서로 다른 무작위 부분집합(배치)을 사용하여 기울기를 계산한다. 이는 경사 하강법에 잡음을 추가하고 알고리즘이 매개변수 공간의 최적이 아닌 영역에 갇히는 것을 방지하는 데 도움이 된다. 반복마다 데이터의 부분집합만 사용하므로 계산량도 적다. 또한, 모멘텀 항을 추가하면 더 효율적으로 수렴한다는 것을 확인했다. 그리고 마지막으로 Adam 알고리즘을 소개했다.

이 장의 개념을 바탕으로 어떤 모델이라도 최적화할 수 있다. 다음 장에서는 신경망과 관련된 훈련의 두 가지 측면을 살펴본다. 첫째, 신경망의 매개변수에 대한 손실의 기울기를 계산하는 방법을 다룬다. 이를 위해 유명한 역전파 알고리즘을 사용한다. 둘째, 최적화를 시작하기 전에 네트워크 매개변수를 초기화하는 방법을 논의한다. 초기화를 잘못하면 최적화에 사용되는 기울기가 너무 커지거나 작아져서 훈련이 잘 되지 않을 수 있다.

20장에서는 안장점과 지역 최솟값이 딥러닝에서 실제로 어느 정도나 문제가 되는지 논의한다. 실제로는 심층망을 훈련하는 것이 놀라울 정도로 쉽다.

노트

최적화 알고리즘

최적화 알고리즘은 엔지니어링 전반에 걸쳐 광범위하게 사용되며, 일반적으로 손실 함수나 비용 함수보다는 목적 함수라는 용어를 사용한다. 경사 하강법은 Cauchy(1847)[1]에 의해 발명되었으며, SGD의 역사는 적어도 Robbins & Monro(1951)[2]로 거슬러 올라간다. 이 둘 사이의 현대적인 절충안은 **확률적 분산 감소 하강법**stochastic variance-reduced descent(Johnson & Zhang(2013)[1])으로, 중간에 한 번씩 확률적으로 갱신을 하면서 주기적으로 전체 기울기를 계산한다. 신경망 최적화 알고리즘에 대한 리뷰는 Ruder(2016)[3], Bottou et al.(2018)[4], Sun(2020)[5]에서 찾을 수 있다. Bottou(2012)[6]는 비복원 셔플링을 포함한 SGD의 모범 사례에 대해 논의한다.

볼록성, 최솟값, 안장점

모든 현(표면 위의 두 점 사이의 선분)이 함수 위에 있고 함수와 교차하지 않을 때 함수는 볼록하다. 이는 헤세 행렬(이차 미분 행렬)Hessian matrix을 이용해서 대수적으로 테스트할 수 있다.

$$\mathbf{H}[\phi] = \begin{bmatrix} \frac{\partial^2 L}{\partial \phi_0^2} & \frac{\partial^2 L}{\partial \phi_0 \partial \phi_1} & \cdots & \frac{\partial^2 L}{\partial \phi_0 \partial \phi_N} \\ \frac{\partial^2 L}{\partial \phi_1 \partial \phi_0} & \frac{\partial^2 L}{\partial \phi_1^2} & \cdots & \frac{\partial^2 L}{\partial \phi_1 \partial \phi_N} \\ \vdots & \vdots & \ddots & \vdots \\ \frac{\partial^2 L}{\partial \phi_N \partial \phi_0} & \frac{\partial^2 L}{\partial \phi_N \partial \phi_1} & \cdots & \frac{\partial^2 L}{\partial \phi_N^2} \end{bmatrix}$$

식 6.19

> B.3.7절 '고유 스펙트럼' 참고

가능한 모든 매개변숫값에 대해서 헤세 행렬이 양의 정부호positive definite(양의 고윳값†을 갖는다)이면 함수는 볼록하다. 매끄러운 그릇처럼 보이는 손실 함수(그림 6.1c 참고)는 상대적으로 훈련이 쉽다. 하나의 전역 최솟값이 있고 지역 최솟값이나 안장점이 없기 때문이다.

모든 손실 함수에 대해서, 기울기가 0인 위치에서의 헤세 행렬의 고윳값을 이용해서 이 위치를 (i) 최솟값(고윳값이 모두 양수다.), (ii) 최댓값(고윳값이 모두 음수다.) (iii) 안장점(양수 고윳값은 최솟값 방향과 관련이 있고 음수 고윳값은 최댓값 방향과 관련이 있다) 중에 하나로 분류할 수 있다.

선형 탐색

고정된 하강 단계 크기를 사용하는 경사 하강법은 이동하는 거리가 전적으로 경사의 크기에 따라 달라지기 때문에 비효율적이다. 함수가 빠르게 변할 때(아마도 좀 더 조심해서 이동해야 하는 경우에) 많이 이동하고, 함수가 느리게 변할 때(좀 더 탐색을 해야 하는 경우에) 조금만 이동한다. 이러한 이유로 일반적으로 경사 하강법에서 최적의 단계 크기를 찾기 위해서 원하는 방향을 따라 함수를 샘플링해보는 선형 탐색 절차와 함께 사용한다. 그러한 접근법 중 하나가 브라케팅bracketing(그림 6.10)이다. 경사 하강법의 또 다른 문제는 계곡을 따라 내려갈 때 비효율적으로 진동을 한다는 것이다(예: 그림 6.5a의 경로 1).

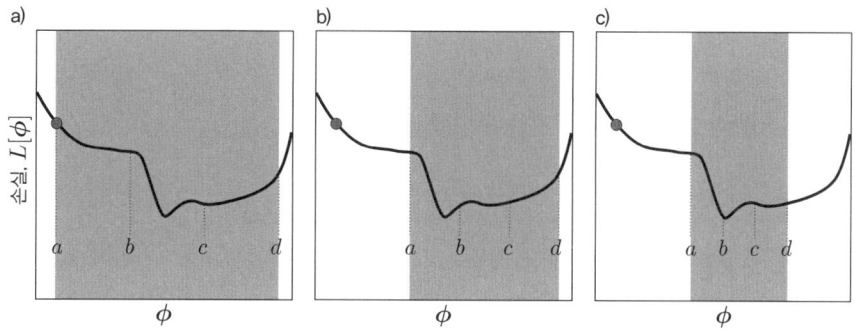

그림 6.10 브라케팅 방법을 사용한 선형 탐색. a) 현재의 해는 위치 a(주황색 점)에 있으며 $[a, d]$(회색 음영 영역) 영역을 탐색하려고 한다. 탐색 영역 내부의 두 점 b, c를 정의하고 두 점에서 손실 함수를 평가한다. 여기서 $L[b] > L[c]$이므로 범위 $[a, b]$는 제거한다. b) 이제 조정한 탐색 영역에서 이 절차를 반복하는데, $L[b] < L[c]$이므로 범위 $[c, d]$를 제거한다. c) 괄호를 치듯 두 점이 최솟값에 가까워질 때까지 이 과정을 반복한다.

경사 하강법 개선

경사 하강법이 안고 있는 문제를 해결하기 위해 수많은 알고리즘이 개발되었다. 가장 주목할 만한 방법은 헤세 행렬의 역행렬을 사용하여 표면의 곡률을 반영하는 **뉴턴 방법**Newton method이다. 이를 통해 함수의 기울기가 빠르게 변하는 경우에는 이동 거리를 더 조심스럽게 갱신한다. 이 방법에는 선형 탐색이 필요 없고 진동이 발생하지 않는다. 그러나 이 방법에도 문제가 있다. 기본적으로 이 방법은 가장 가까운 극점을 향해 이동하게 되는데, 계곡 바닥보다 언덕 꼭대기에 더 가까이 있었다면 최댓값으로 수렴할 수 있다.† 더욱이, 신경망처럼 매개변수의 수가 많으면 문

연습 문제 6.11 참고

제 6.11에서 보는 것처럼 헤세 역행렬을 계산하는 것이 어렵다.

확률적 경사 하강법의 특성

학습률이 0에 가까워지면 SGD는 확률적 미분 방정식과 같아진다. Jastrzębski et al.(2018)[7]은 이 식이 학습률과 배치 크기 간의 비율과 관련이 있으며 학습률과 배치 크기 비율과 발견된 최솟값의 너비 사이에 관계가 있음을 보여주었다. 최솟값의 너비가 넓을수록 더 좋다. 테스트 데이터에 대한 손실 함수가 유사한 경우, 매개변수 추정의 작은 오차가 테스트 성능에 거의 영향을 미치지 않는다. He et al.(2019)[8]은 SGD의 일반화 한계를 입증했는데, 이는 배치 크기와 학습률의 비율과 양의 상관관계가 있다. 그들은 다양한 구조와 데이터셋에서 많은 모델을 훈련하고 배치 크기와 학습률의 비율이 낮을 때 테스트 정확도가 향상된다는 경험적 증거를 찾았다. Smith et al.(2018)[9]과 Goyal et al.(2018)[10]은 또한 배치 크기와 학습률의 비율이 일반화에 중요하다는 것을 확인했다(그림 20.10 참고).

모멘텀

최적화 속도를 높이기 위해 모멘텀을 사용하는 개념을 처음 제안한 사람은 Polyak(1964)[11]이다. 이후 Goh(2017)[12]는 모멘텀의 특성을 심도 있게 연구했다. 네스테로프 가속 경사법은 Nesterov(1983)[13]가 처음 도입했다. 이후 네스테로프 모멘텀은 Sutskever et al.(2013)[14]이 SGD에 네스테로프 모멘텀을 처음 적용했다.

적응형 훈련 알고리즘

AdaGrad(Duchi et al., 2011)[15]은 각 매개변수에 서로 다른 학습률을 할당하여 일부 매개변수를 다른 매개변수보다 더 많이 갱신할 수 있도록 한 최적화 알고리즘이다. AdaGrad는 각 매개변수에 대해 누적 제곱 기울기를 사용하여 학습률을 줄인다. 이로 인해 시간이 지남에 따라 학습률이 감소하고 최솟값을 찾기 전에 학습이 중단될 수 있다는 단점이 있다. **RMSProp**(Hinton et al., 2012a)[16]과 **AdaDelta**(Zeiler, 2012)[17]는 이러한 문제를 방지하기 위해 제곱 기울기 항을 재귀적으로 갱신하여 이 알고리즘을 수정했다.

지금까지 가장 널리 사용되는 적응형 훈련 알고리즘은 적응형 모멘트 최적화 또는 Adam(Kingma & Ba, 2015)[18]이다. 이는 모멘텀(시간 경과에 따른 기울기 벡터의 평균을 구한다)과 AdaGrad, AdaDelta, RMSProp(평활화된 제곱 기울기 항을 사용하여 각 매개변수의 학습 속도를 수정한다.) 개념을 결합한다. Adam 알고리즘에 대한 원본 논문에서는 볼록 손실 함수에 대한 수렴을 증명했지만 Reddi et al.(2018)[19]은 반례를 발견하고 Adam을 개선해서 **AMSGrad**를 개발했다. 이후 Zaheer et al.(2018)[20]은 **YOGI**라는 적응형 알고리즘을 개발하여 손실 함수는 볼록하지 않은 딥러닝에서 수렴한다는 것을 증명했다. 이러한 단점에도 불구하고 원본 Adam 알고리즘은 실제로 잘 작동하고 널리 사용되고 있는데, 이는 다양한 하이퍼파라미터에 대해 잘 작동하고 훈련 초기 수렴 속도가 빠르기 때문이다.

적응형 훈련 알고리즘의 잠재적인 문제점 중 하나는 학습률이 관찰된 기울기의 누적 통계를 기반으로 한다는 것이다. 훈련 시작 시에는 샘플 수가 적기 때문에 이러한 통계에 잡음이 매우 많을 수 있다. 이는 Goyal et al.(2018)[10]이 제안한 **학습률 워밍업**learning rate warm-up을 통해 해결할 수 있는데, 여기서는 처음에 몇 천 번의 반복에 걸쳐 학습률을 점진적으로 증가시킨다. 이를 대체하는 해결책으로 수정된 Adam(Liu et al., 2021a)[21]이 있는데, 이는 시간이 지남에 따라 모멘텀 항을 점진적으로 변경해서 분산이 커지는 것을 방지한다. Dozat(2016)[22]은 네스테로프 모멘텀을 Adam 알고리즘에 통합했다.

SGD vs. Adam

SGD와 Adam의 상대적 장점에 대해 활발한 논의가 있어왔다. Wilson et al.(2017)[23]은 모멘텀을 추가한 SGD가 Adam보다 더 우수한 최솟값을 찾을 수 있고, 다양한 딥러닝 작업에서 일반화 성능이 더 낫다는 것을 입증했다. 그러나 이는 다소 이상하게 느껴질 수 있다. 수정 항(식 6.16)이 빠르게 1에 수렴하면, Adam은 $\beta = 0, \gamma = 1$일 때 SGD의 특수한 경우가 되기 때문이다. 따라서 Adam의 기본 하이퍼파라미터를 사용할 경우, SGD가 Adam보다 더 나은 성능을 보일 가능성이 크다. Loshchilov & Hutter(2019)[24]는 L2 정칙화를 통해 Adam의 성능을 크게 향상시키는 **AdamW**를 제안했다(9.1절 참고). Choi et al.(2019)[25]은 Adam의 하이퍼파라미터를 잘 선택하면 SGD만큼 성능이 뛰어나고 더 빠르게 수렴된다는 것을 입증했다. Keskar & Socher(2017)[26]는 **SWATS**라는 방법을 제안했는데, 이는 처음에는 Adam을 사용하고(빠른 초기 수렴을 위해서) 이후에 SGD로 전환(더 나은 일반화 성능을 얻기 위해서)한다.

완전 탐색

이 장에서 논의한 모든 알고리즘은 반복적이다. 이와는 완전히 다른 접근 방식은 네트워크 매개변수를 양자화하고 결과적으로 이산화된 매개변수 공간을 SAT 솔버 SAT solver를 사용하여 하나도 빠짐없이 검색하는 것이다(Mézard & Mora, 2009)[25]. 이 방법은 전역 최솟값을 보장할 수 있지만, 매우 작은 모델에만 적용할 수 있다.

연습 문제

6.1 식 6.5의 최소제곱 손실 함수의 미분이 식 6.7의 표현식이 됨을 증명해 보자.

6.2 헤세 행렬 $\mathbf{H}[\phi]$의 고윳값이 항상 양수이면 손실 함수의 표면은 볼록하다. 이 경우 손실 함수는 하나의 최솟값을 갖기 때문에 최적화가 쉽다. 선형회귀 모델(식 6.5)에 대해서, 헤세 행렬을 대수적으로 표현해보자.

$$\mathbf{H}[\phi] = \begin{bmatrix} \frac{\partial^2 L}{\partial \phi_0^2} & \frac{\partial^2 L}{\partial \phi_0 \partial \phi_1} \\ \frac{\partial^2 L}{\partial \phi_1 \partial \phi_0} & \frac{\partial^2 L}{\partial \phi_1^2} \end{bmatrix}$$

식 6.20

헤세 행렬의 고윳값이 항상 양수임을 보여서 이 함수가 볼록하다는 것을 증명해보자. 이는 행렬의 대각합과 행렬식 모두 양수임을 보임으로써 증명할 수 있다.†

B.3.8절 '행렬식과 대각합' 참고

6.3 가버 모델(식 6.8)의 매개변수 ϕ_0와 ϕ_1에 대한 최소제곱 손실 $L[\phi]$의 미분을 계산해보자.

6.4* **로지스틱 회귀**logistic regression 모델은 선형함수를 사용하여 입력 $\mathbf{x}$를 두 클래스 $y \in \{0, 1\}$ 중 하나에 할당한다. 1차원 입력과 1차원 출력의 경우, 2개의 매개변수 ϕ_0와 ϕ_1를 갖는 모델은 다음과 같이 정의된다.

$$Pr(y = 1|x) = \text{sig}[\phi_0 + \phi_1 x]$$

식 6.21

여기서 $\text{sig}[\bullet]$는 로지스틱 시그모이드 함수다.

$$\text{sig}[z] = \frac{1}{1 + \exp[-z]}$$

식 6.22

(i) 서로 다른 ϕ_0, ϕ_1값에 대해 이 모델의 x에 대한 y를 그리고 각 매개변수의 정성적 의미를 설명해보자. (ii) 이 모델에 적합한 손실 함수는 무엇일까? (iii) 매개변수에 대한 이 손실 함수의 미분을 구해보자. (iv) 평균이 −1이고 표준편차가 1인 정규분포에서 10개의 데이터 표본을 추출하고 레이블 $y = 0$을 할당한다. 평균이 1이고 표준편차가 1인 정규분포에서 또 다른 10개의 데이터 표본을 추출하고 레이블 $y = 1$을 할당한다. 두 매개변수 ϕ_0, ϕ_1에 대한 히트맵heatmap으로 손실을 표현해보자. (v) 이 손실 함수가 볼록인지 증명해보자.

6.5* 식 3.1에 소개된 간단한 신경망 모델의 10개 매개변수에 대한 최소제곱 손실의 미분을 계산해보자.

$$f[x, \phi] = \phi_0 + \phi_1 a[\theta_{10} + \theta_{11}x] + \phi_2 a[\theta_{20} + \theta_{21}x] + \phi_3 a[\theta_{30} + \theta_{31}x]$$

식 6.23

이때 ReLU 함수 $a[\bullet]$의 미분에 주의해보자.

6.6 그림 6.11의 함수 중 볼록인 것은 무엇일까? 근거를 설명해보자. 각 점 1–7을 (i) 지역 최솟값, (ii) 전역 최솟값, (iii) 둘 다 아닌 것으로 분류해보자.

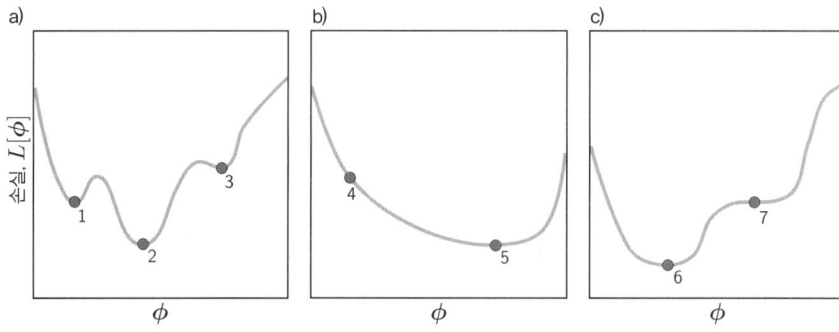

그림 6.11 연습 문제 6.6을 위한 세 가지 1D 손실 함수

6.7* 그림 6.5a의 경로 1에 대한 경사 하강 궤적은 최솟점을 향해 계곡 아래로 이동할 때 비효율적으로 진동한다. 또한 단계마다 이전 방향과 직각으로 방향을 바꾼다. 이 상황을 정성적으로 설명해보자. 이러한 동작을 방지하는 해결책을 제안해보자.

6.8* 고정된 학습률을 사용하는 (비확률적) 경사 하강법으로 지역 최솟값을 벗어날 수 있는가?

6.9 배치 크기가 20인 100개의 데이터셋에 대해 SGD 알고리즘을 1,000번 반복 실행했다. 모델을 몇 에포크 동안 훈련한 것일까?

6.10 모멘텀 항 $\mathbf{m}_t$(식 6.11)가 이전 반복에서의 기울기의 무한 가중합임을 보이고, 그 합의 계수(가중치)에 대한 식을 유도해보자.

6.11 모델에 100만 개의 매개변수가 있는 경우 헤세 행렬의 차원은 얼마일까?

참고 문헌

[1] Cauchy, A. (1847). Methode generale pour la resolution des systemes d'equations simultanees. *Comptes Rendus de l'Académie des Sciences, 25*.

[2] Robbins, H., & Monro, S. (1951). A stochastic approximation method. *The Annals of Mathematical Statistics, 22*(3), 400–407.

[3] Ruder, S. (2016). An overview of gradient descent optimization algorithms. *arXiv:1609.04747*.

[4] Bottou, L., Curtis, F. E., & Nocedal, J. (2018). Optimization methods for large-scale machine learning. *SIAM Review, 60*(2), 223–311.

[5] Sun, R.-Y. (2020). Optimization for deep learning: An overview. *Journal of the Operations Research Society of China, 8*(2), 249–294.

[6] Bottou, L. (2012). Stochastic gradient descent tricks. *Neural Networks: Tricks of the Trade: Second Edition*, 421–436.

[7] Jastrzębski, S., Kenton, Z., Arpit, D., Ballas, N., Fischer, A., Bengio, Y., & Storkey, A. (2018). Three factors influencing minima in SGD. *arXiv:1711.04623*.

[8] He, F., Liu, T., & Tao, D. (2019). Control batch size and learning rate to generalize well: Theoretical and empirical evidence. *Neural Information Processing Systems, 32*, 1143–1152.

[9] Smith, S. L., Kindermans, P., Ying, C., & Le, Q. V. (2018). Don't decay the learning rate, increase the batch size. *International Conference on Learning Representations*.

[10] Goyal, P., Dollár, P., Girshick, R., Noordhuis, P., Wesolowski, L., Kyrola, A., Tulloch, A., Jia, Y., & He, K. (2018). Accurate, large minibatch SGD: Training ImageNet in 1 hour. *arXiv:1706.02677*.

[11] Polyak, B. T. (1964). Some methods of speeding up the convergence of iteration methods. *USSR Computational Mathematics and Mathematical Physics, 4*(5), 1–17.

[12] Goh, G. (2017). Why momentum really works. Distill, http://distill.pub/2017/momentum.

[13] Nesterov, Y. E. (1983). A method for solving the convex programming problem with convergence rate. *Doklady Akademii Nauk SSSR*, vol. 269, 543–547.

[14] Sutskever, I., Martens, J., Dahl, G., & Hinton, G. (2013). On the importance of initialization and momentum in deep learning. *International Conference on Machine Learning*, 1139–1147.

[15] Duchi, J., Hazan, E., & Singer, Y. (2011). Adaptive subgradient methods for online learning and stochastic optimization. *Journal of Machine Learning Research, 12*, 2121–2159.

[16] Hinton, G., Srivastava, N., & Swersky, K. (2012a). Neural networks for machine learning: Lecture 6a – Overview of mini-batch gradient descent. https://www.cs.toronto.edu/~tijmen/csc321/slides/lecture_slides_lec6.pdf.

[17] Zeiler, M. D. (2012). ADADELTA: An adaptive learning rate method. *arXiv:1212.5701*.

[18] Kingma, D. P., & Ba, J. (2015). Adam: A method for stochastic optimization. *International Conference on Learning Representations*.

[19] Reddi, S. J., Kale, S., & Kumar, S. (2018). On the convergence of Adam and beyond. *International Conference on Learning Representations*.

[20] Zaheer, M., Reddi, S., Sachan, D., Kale, S., & Kumar, S. (2018). Adaptive methods for nonconvex optimization. *Neural Information Processing Systems, 31*, 9815–9825.

[21] Liu, L., Jiang, H., He, P., Chen, W., Liu, X., Gao, J., & Han, J. (2021a). On the variance of the adaptive learning rate and beyond. *International Conference on Learning Representations*.

[22] Dozat, T. (2016). Incorporating Nesterov momentum into Adam. *International Conference on Learning Representations — Workshop track*.

[23] Wilson, A. C., Roelofs, R., Stern, M., Srebro, N., & Recht, B. (2017). The marginal value of adaptive gradient methods in machine learning. *Neural Information Processing Systems, 30*, 4148–4158.

[24] Loshchilov, I., & Hutter, F. (2019). Decoupled weight decay regularization. *International Conference on Learning Representations*.

[25] Choi, D., Shallue, C. J., Nado, Z., Lee, J., Maddison, C. J., & Dahl, G. E. (2019). On empirical comparisons of

optimizers for deep learning. *arXiv:1910.05446*.

[26] Keskar, N. S., & Socher, R. (2017). Improving generalization performance by switching from Adam to SGD. *arXiv:1712.07628*.

[27] Mézard, M., & Mora, T. (2009). Constraint satisfaction problems and neural networks: A statistical physics perspective. *Journal of Physiology-Paris*, *103*(1-2), 107–113.

CHAPTER 07
기울기와 초기화

6장에서는 반복적인 최적화 알고리즘을 소개했다. 이는 함수의 최솟값을 찾기 위한 범용적인 방법이다. 신경망의 경우, 이러한 알고리즘을 사용하여 모델이 훈련 데이터셋의 입력으로부터 출력을 정확하게 예측할 수 있도록 손실을 최소화하는 매개변수를 찾는다. 기본적인 접근 방법은 초기 매개변수를 무작위로 선택한 다음 평균적으로 손실을 줄이도록 매개변수를 계속해서 조금씩 조정해 나가는 것이다. 이때 각 매개변수를 조정하는 정도는 현재 위치에서의 매개변수에 대한 손실의 기울기를 기반으로 한다.

이 장에서는 신경망과 관련된 두 가지 문제를 논의한다. 첫째, 기울기를 효율적으로 계산하는 방법을 논의한다. 이 책을 집필하는 시점에 가장 큰 모델의 매개변수는 10^{12}개까지도 될 수 있고, 훈련 알고리즘을 반복할 때마다 모든 매개변수에 대해 기울기를 계산해야 하기 때문에 이것은 매우 중요한 문제다. 둘째, 매개변수를 초기화하는 방법을 살펴본다. 초기화가 잘못되면 훈련 초기의 손실과 기울기가 매우 크거나 작을 수 있는데, 두 경우 모두 훈련 과정이 어려워진다.

7.1 문제 정의

다변량 입력 $\mathbf{x}$, 매개변수 $\boldsymbol{\phi}$, 3개의 은닉층 $\mathbf{h}_1, \mathbf{h}_2, \mathbf{h}_3$이 있는 네트워크 $\mathbf{f}[\mathbf{x}, \boldsymbol{\phi}]$는 다음과 같이 나타낼 수 있다.

$$\begin{aligned}
\mathbf{h}_1 &= \mathbf{a}[\boldsymbol{\beta}_0 + \boldsymbol{\Omega}_0 \mathbf{x}] \\
\mathbf{h}_2 &= \mathbf{a}[\boldsymbol{\beta}_1 + \boldsymbol{\Omega}_1 \mathbf{h}_1] \\
\mathbf{h}_3 &= \mathbf{a}[\boldsymbol{\beta}_2 + \boldsymbol{\Omega}_2 \mathbf{h}_2] \\
\mathbf{f}[\mathbf{x}, \boldsymbol{\phi}] &= \boldsymbol{\beta}_3 + \boldsymbol{\Omega}_3 \mathbf{h}_3
\end{aligned}$$

식 7.1

여기서 함수 $\mathbf{a}[\bullet]$는 입력의 모든 요소에 각각 활성화 함수를 적용한다. 모델의 매개변수 $\boldsymbol{\phi} = \{\boldsymbol{\beta}_0, \boldsymbol{\Omega}_0, \boldsymbol{\beta}_1, \boldsymbol{\Omega}_1, \boldsymbol{\beta}_2, \boldsymbol{\Omega}_2, \boldsymbol{\beta}_3, \boldsymbol{\Omega}_3\}$은 편향 벡터 $\boldsymbol{\beta}_k$와 모든 층 사이의 가중치 행렬 $\boldsymbol{\Omega}_k$로 구성된다(그림 7.1).

개별 손실 항 ℓ_i은 훈련 입력 $\mathbf{x}_i$에 대한 모델 예측 $\mathbf{f}[\mathbf{x}_i, \boldsymbol{\phi}]$에 대해 정답 레이블 y_i의 음의 로그 우도를 반환한다. 예를 들어 최소제곱 손실 $\ell_i = (\mathbf{f}[\mathbf{x}_i, \boldsymbol{\phi}] - y_i)^2$이 있다. 총 손실은 훈련 데이터에 각각에 대한 개별 손실 항의 합이다.

$$L[\boldsymbol{\phi}] = \sum_{i=1}^{I} \ell_i$$

식 7.2

신경망 훈련에 가장 일반적으로 사용되는 최적화 알고리즘은 SGD로, 매개변수는 다음과 같이 갱신한다.

$$\phi_{t+1} \leftarrow \phi_t - \alpha \sum_{i \in \mathcal{B}_t} \frac{\partial \ell_i[\phi_t]}{\partial \phi}$$

식 7.3

여기서 α는 학습률이고 $\mathbf{B}_t$는 t번째 반복에서의 배치 인덱스 집합이다. 매개변수를 갱신하려면 모든 층 $k \in \{0, 1, ..., K\}$에서의 매개변수 $\{\boldsymbol{\beta}_k, \boldsymbol{\Omega}_k\}$와 배치의 각 인덱스 i에 대해서 다음 미분을 계산해야 한다.

$$\frac{\partial \ell_i}{\partial \boldsymbol{\beta}_k}, \quad \frac{\partial \ell_i}{\partial \boldsymbol{\Omega}_k}$$

식 7.4

연습 문제 7.1 참고

이 장의 첫 번째 부분에서는 이러한 미분을 효율적으로 계산하기 위한 **역전파 알고리즘**backpropagation algorithm을 설명한다.†

이 장의 두 번째 부분에서는 훈련을 시작하기 전에 네트워크 매개변수를 초기화하는 방법을 살펴본다. 훈련이 안정적으로 진행되도록 초기 가중치 $\boldsymbol{\Omega}_k$와 편향 $\boldsymbol{\beta}_k$를 선택하는 방법을 설명한다.

7.2 미분 계산

손실의 미분은 매개변수의 작은 변화에 대한 손실의 변화를 알려준다. 최적화 알고리즘은 이 정보를 활용하여 손실이 더 작아지도록 매개변수를 조정한다. 역전파 알고리즘은 이러한 미분을 계산한다. 수학적 세부 사항은 다소 복잡하기 때문에 먼저 직관을 제공하기 위한 두 가지 관찰을 해본다.

첫 번째 관찰은 각 가중치(Ω_k의 요소)는 소스 은닉 유닛의 활성화를 곱하고 그 결과를 다음 층의 대상 은닉 유닛에 더한다. 따라서 가중치를 조금 변경했을 때의 효과는 소스 은닉 유닛의 활성화에 의해 증폭되거나 감쇄된다. 따라서 배치의 각 데이터 견본에 대해 네트워크를 실행하고 모든 은닉 유닛의 활성화를 저장한다. 이를 **순방향 전파**forward pass라고 한다(그림 7.1). 저장된 활성화는 이후에 기울기를 계산하는 데 사용된다.

두 번째 관찰은 편향이나 가중치의 작은 변화는 후속 네트워크를 통해 파급 효과를 일으킨다. 앞부분의 변경으로 인해 대상 은닉 유닛의 값도 바뀐다. 이는 차례로 그다음 층의 은닉 유닛값을 변경하고, 이는 또다시 그다음 층의 은닉 유닛을 변경하는데, 이런 식으로 모델 출력이 변경되고 최종적으로 손실이 바뀔 때까지 계속된다.

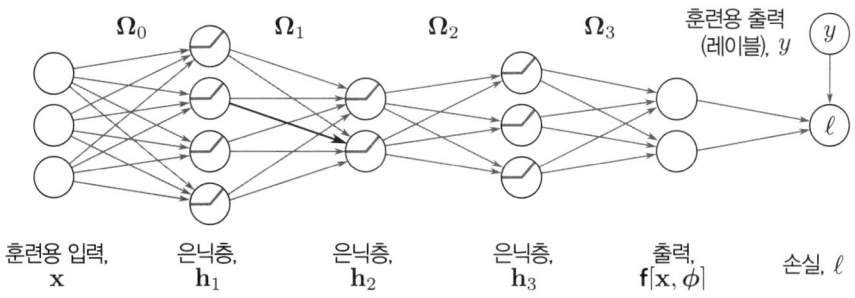

그림 7.1 역전파의 순방향 전파. 목표는 가중치(화살표)와 편향(표시되지 않음)에 대한 손실 ℓ의 미분을 구하는 것이다. 즉 각 매개변수를 조금 조정했을 때 손실이 어떻게 변하는지를 알아보고자 한다. 각 가중치를 소스의 은닉 유닛과 곱하고 그 결과를 목적지의 은닉 유닛에 더한다. 따라서 가중치의 작은 변화에 따른 효과는 소스의 은닉 유닛의 활성화에 따라 조정된다. 예를 들어 파란색 가중치는 첫 번째 층의 두 번째 은닉 유닛에 적용된다. 이 은닉 유닛의 활성화가 2배로 증가하면 파란색 가중치에 대한 작은 변화의 효과도 2배로 증가한다. 따라서 가중치의 미분을 계산하려면 은닉층의 활성화 값을 계산하고 저장해야 한다. 이는 네트워크 방정식을 순차적으로 실행하는 것이므로 순방향 전파라고 한다.

따라서 매개변수의 변화에 따라 손실이 어떻게 바뀌는지 알려면 모든 후속 은닉층의 변화가 그 후속 은닉층을 차례로 어떻게 바꾸는지도 알아야 한다. 현재 층이나 이전 층의 다른 매개변수를 고려할 때 이때의 변경 내용이 필요하다. 따라서 한 번 계산하고 재사용할 수 있다. 예를 들어 은닉층에 연결된 가중치를 조금 변경했을 때 은닉층 h_3, h_2, h_1에 각각 미치는 효과를 계산해보자.

- 은닉층 h_3으로 향하는 가중치나 편향의 작은 변화로 인해 손실이 얼마나 변하는지 계산하려면 (i) 은닉층 h_3의 변화로 인해 모델 출력 f가 어떻게 변하는지, (ii) 이러한 출력의 변화로 인해 손실 ℓ이 어떻게 변하는지 알아야 한다(그림 7.2a).

- 은닉층 h_2으로 향하는 가중치나 편향의 작은 변화로 인해 손실이 얼마나 변하는지 계산하려면 (i) 은닉층 h_2의 변화가 h_3에 어떻게 영향을 미치는지, (ii) h_3의 변화로 인해 모델 출력이 어떻게 변하는지, (iii) 출력의 변화로 인해 손실이 어떻게 변하는지 알아야 한다(그림 7.2b).

- 은닉층 h_1으로 향하는 가중치나 편향의 작은 변화로 인해 손실이 얼마나 변하는지 계산하려면 (i) 은닉층 h_1의 변화가 은닉층 h_2에 어떻게 영향을 미치는지, (ii) 은닉층 h_2의 변화가 은닉층 h_3에 어떻게 영향을 미치는지 알아야 한다. (iii) 은닉층 h_3의 변화로 인해 모델 출력이 어떻게 변하는지, (iv) 모델 출력의 변화로 인해 손실이 어떻게 변하는지 알아야 한다(그림 7.2c).

네트워크를 역방향으로 이동할 때는 계산에 필요한 대부분의 항이 이미 이전의 순방향 전파 단계에서 이미 계산했으므로 다시 계산할 필요가 없다. 이렇게 네트워크를 통해 역방향으로 진행하면서 미분을 계산하는 것을 **역방향 전파**backward pass라고 한다.

역전파backpropagation의 개념은 쉽게 이해할 수 있다. 그러나 편향 항과 가중치 항은 각각 벡터와 행렬이므로 이를 수식으로 유도하려면 **행렬 미적분**matrix calculus이 필요하다. 기본 원리 파악을 위해 다음 절에서는 스칼라 매개변수를 사용하는 좀 더 간단한 모델에 대한 역전파를 유도해본다. 그런 다음 7.4절에서 심층 신경망에 동일한 방법을 적용한다.

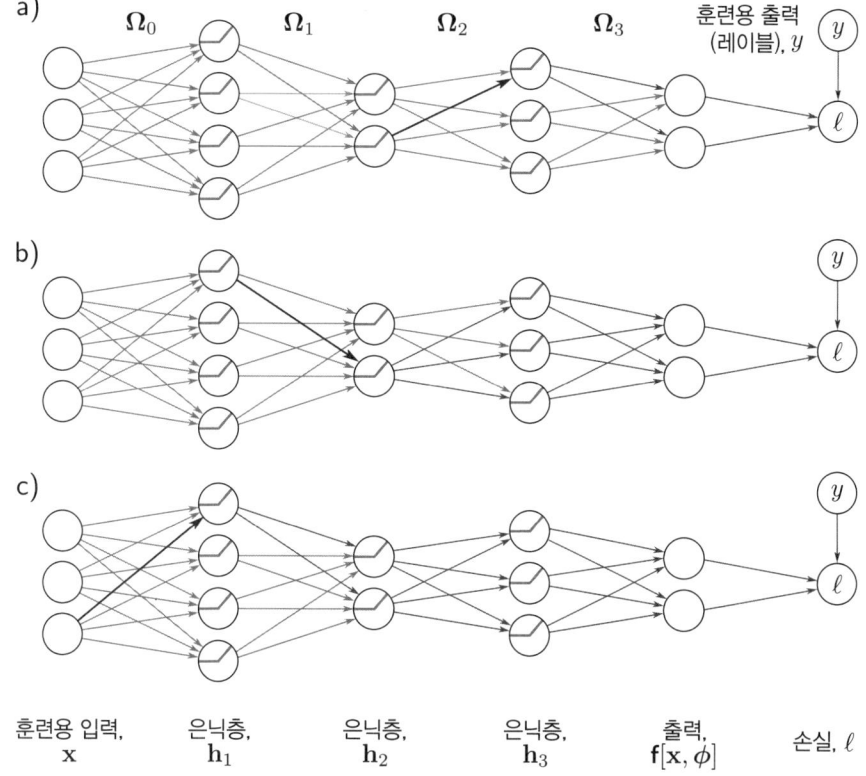

훈련용 입력, x   은닉층, h_1 은닉층, h_2 은닉층, h_3 출력, $f[x, \phi]$ 손실, ℓ

그림 7.2 역전파의 역방향 전파. a) 은닉층 h_3으로 향하는 가중치(파란색 화살표)의 변화로 인해 손실이 어떻게 변하는지 계산하려면 h_3의 은닉 단위가 모델 출력 f를 어떻게 변하게 하고 f가 손실을 어떻게 변하게 하는지(주황색 화살표) 알아야 한다. b) h_2로 향하는 가중치(파란색 화살표)의 작은 변화가 손실을 어떻게 변하게 하는지 계산하려면 (i) h_2의 은닉 유닛이 h_3을 어떻게 변하게 하는지, (ii) h_3이 f를 어떻게 변하게 하는지, (iii) f가 손실을 어떻게 변하게 하는지(주황색 화살표) 알아야 한다. c) 마찬가지로 h_1으로 향하는 가중치의 작은 변화(파란색 화살표)가 손실을 어떻게 변하게 하는지 계산하려면 h_1이 h_2를 어떻게 변하게 하는지, 이러한 변화가 손실에 어떻게 전파되는지(주황색 화살표) 알아야 한다. 역방향 전파에서는 먼저 네트워크 끝에서 미분을 계산한 다음 이러한 계산의 내재적 중복성을 활용하기 위해 역방향으로 계산한다.†

[옮긴이] 이를 자동 미분(automatic differentiation)이라고 한다.

7.3 간단한 예시

모델 $f[x, \phi]$는 8개의 스칼라 매개변수 $\phi = \{\beta_0, \omega_0, \beta_1, \omega_1, \beta_2, \omega_2, \beta_3, \omega_3\}$를 갖고 $\sin[\bullet], \exp[\bullet], \cos[\bullet]$ 함수로 구성되어 있다.

$$f[x, \phi] = \beta_3 + \omega_3 \cdot \cos\Big[\beta_2 + \omega_2 \cdot \exp\big[\beta_1 + \omega_1 \cdot \sin[\beta_0 + \omega_0 \cdot x]\big]\Big] \quad \text{식 7.5}$$

그리고 최소제곱 손실 함수 $\mathrm{L}[\phi] = \sum_i \ell_i$의 개별항은 다음과 같다.

$$\ell_i = (\mathrm{f}[x_i, \phi] - y_i)^2 \qquad \text{식 7.6}$$

여기서 x_i는 i번째 훈련 입력이고 y_i는 i번째 훈련 출력이다. 이것을 각 층에 하나의 입력, 하나의 출력, 하나의 은닉 유닛이 있고 각 층 사이에는 서로 다른 활성화 함수 $\sin[\bullet], \exp[\bullet], \cos[\bullet]$가 있는 간단한 신경망으로 생각할 수 있다.

이제 각 매개변수에 대한 손실 함수의 미분을 계산해보자.

$$\frac{\partial \ell_i}{\partial \beta_0}, \quad \frac{\partial \ell_i}{\partial \omega_0}, \quad \frac{\partial \ell_i}{\partial \beta_1}, \quad \frac{\partial \ell_i}{\partial \omega_1}, \quad \frac{\partial \ell_i}{\partial \beta_2}, \quad \frac{\partial \ell_i}{\partial \omega_2}, \quad \frac{\partial \ell_i}{\partial \beta_3}, \quad \frac{\partial \ell_i}{\partial \omega_3} \qquad \text{식 7.7}$$

물론 이러한 미분을 손으로 직접 계산할 수도 있지만, 미분 중 일부는 매우 복잡하다.

$$\begin{aligned}
\frac{\partial \ell_i}{\partial \omega_0} =\ & -2\left(\beta_3 + \omega_3 \cdot \cos\left[\beta_2 + \omega_2 \cdot \exp\left[\beta_1 + \omega_1 \cdot \sin[\beta_0 + \omega_0 \cdot x_i]\right]\right] - y_i\right) \\
& \cdot \omega_1 \omega_2 \omega_3 \cdot x_i \cdot \cos[\beta_0 + \omega_0 \cdot x_i] \cdot \exp\left[\beta_1 + \omega_1 \cdot \sin[\beta_0 + \omega_0 \cdot x_i]\right] \\
& \cdot \sin\left[\beta_2 + \omega_2 \cdot \exp\left[\beta_1 + \omega_1 \cdot \sin[\beta_0 + \omega_0 \cdot x_i]\right]\right] \qquad \text{식 7.8}
\end{aligned}$$

이런 복잡한 미분의 수식을 실수 없이 유도하고 코딩하기가 어렵고, 미분에 내재된 중복성을 활용할 수도 없다. 특히 식 7.7에 있는 세 가지 지수항이 동일하다는 점에 주목해보자.

역전파 알고리즘은 이러한 모든 미분을 한 번에 계산할 수 있는 효율적인 방법이다. 이는 (i) 일련의 중간값과 네트워크 출력을 계산하고 저장하는 순방향 전파와 (ii) 네트워크의 끝에서 시작하여 각 매개변수의 미분을 계산하고 이전에 계산해서 저장해놓은 중간값을 재사용하면서 앞부분으로 이동하는 역방향 전파로 구성된다.

순방향 전파

다음과 같은 일련의 계산으로 손실을 계산한다.

$$\begin{aligned}
f_0 &= \beta_0 + \omega_0 \cdot x_i \\
h_1 &= \sin[f_0] \\
f_1 &= \beta_1 + \omega_1 \cdot h_1 \\
h_2 &= \exp[f_1] \\
f_2 &= \beta_2 + \omega_2 \cdot h_2 \\
h_3 &= \cos[f_2] \\
f_3 &= \beta_3 + \omega_3 \cdot h_3 \\
\ell_i &= (f_3 - y_i)^2
\end{aligned}$$

식 7.9

중간 변수 f_k와 h_k의 값을 계산하고 저장한다(그림 7.3).

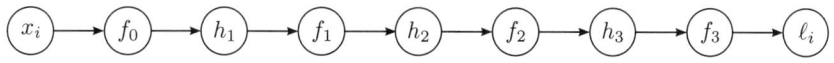

그림 7.3 역전파의 순방향 전파. 최종적으로 손실을 계산할 때까지 각 중간 변수를 차례로 계산하고 저장한다.

역방향 전파 #1

이제 중간 변수에 대해 ℓ_i의 미분을 역순으로 계산한다.

$$\frac{\partial \ell_i}{\partial f_3}, \quad \frac{\partial \ell_i}{\partial h_3}, \quad \frac{\partial \ell_i}{\partial f_2}, \quad \frac{\partial \ell_i}{\partial h_2}, \quad \frac{\partial \ell_i}{\partial f_1}, \quad \frac{\partial \ell_i}{\partial h_1}, \quad \frac{\partial \ell_i}{\partial f_0}$$

식 7.10

이 중에 첫 번째 미분 계산은 간단하다.

$$\frac{\partial \ell_i}{\partial f_3} = 2(f_3 - y_i)$$

식 7.11

그다음 미분은 연쇄 법칙chain rule을 이용하여 계산한다.

$$\frac{\partial \ell_i}{\partial h_3} = \frac{\partial f_3}{\partial h_3} \frac{\partial \ell_i}{\partial f_3}$$

식 7.12

좌변은 h_3가 변할 때 ℓ_i가 어떻게 변하는지를 나타낸다. 우변은 이것을 (i) h_3가 변할 때 f_3가 어떻게 변하는지, (ii) f_3가 변할 때 ℓ_i가 어떻게 변하는지로 분해할 수 있음을 나타낸다. 원래 식에서 h_3가 f_3를 변하게 하고 f_3가 다시 ℓ_i를 변하게 하는데, 미분이 이러한 연쇄 효과를 나타낸다. 이 미분 중에서 두 번째 미분을 이미 계산했고, 다른 하나는 h_3에 대한 $\beta_3 + \omega_3 \cdot h_3$의 편미분, 즉 ω_3이다.

이런 방식으로 계속해서 이러한 중간값에 대한 출력의 미분을 계산한다(그림 7.4).

$$\begin{aligned}
\frac{\partial \ell_i}{\partial f_2} &= \frac{\partial h_3}{\partial f_2}\left(\frac{\partial f_3}{\partial h_3}\frac{\partial \ell_i}{\partial f_3}\right) \\
\frac{\partial \ell_i}{\partial h_2} &= \frac{\partial f_2}{\partial h_2}\left(\frac{\partial h_3}{\partial f_2}\frac{\partial f_3}{\partial h_3}\frac{\partial \ell_i}{\partial f_3}\right) \\
\frac{\partial \ell_i}{\partial f_1} &= \frac{\partial h_2}{\partial f_1}\left(\frac{\partial f_2}{\partial h_2}\frac{\partial h_3}{\partial f_2}\frac{\partial f_3}{\partial h_3}\frac{\partial \ell_i}{\partial f_3}\right) \\
\frac{\partial \ell_i}{\partial h_1} &= \frac{\partial f_1}{\partial h_1}\left(\frac{\partial h_2}{\partial f_1}\frac{\partial f_2}{\partial h_2}\frac{\partial h_3}{\partial f_2}\frac{\partial f_3}{\partial h_3}\frac{\partial \ell_i}{\partial f_3}\right) \\
\frac{\partial \ell_i}{\partial f_0} &= \frac{\partial h_1}{\partial f_0}\left(\frac{\partial f_1}{\partial h_1}\frac{\partial h_2}{\partial f_1}\frac{\partial f_2}{\partial h_2}\frac{\partial h_3}{\partial f_2}\frac{\partial f_3}{\partial h_3}\frac{\partial \ell_i}{\partial f_3}\right)
\end{aligned}$$

식 7.13

그림 7.4 역전파의 역방향 전파 #1. 중간값에 대한 손실의 미분 $\partial \ell_i / \partial f_k$와 $\partial \ell_i / \partial h_k$를 계산하는 함수의 끝에서부터 역방향으로 계산한다. 각 미분은 $\partial f_k / \partial h_k$ 또는 $\partial h_k / \partial f_{k-1}$ 형식의 항을 곱하여 이전 미분으로부터 계산한다.

각각의 경우에 괄호 안의 값을 이전 단계에서 이미 계산했고, 마지막 항은 간단히 표현할 수 있다.† 이 식은 앞 절의 관찰 2를 구현한 것이다(그림 7.2). 역순으로 계산한다면 이전에 계산한 미분을 다시 사용할 수 있다.

연습 문제 7.2 참고

역방향 전파 #2

마지막으로 매개변수 $\{\beta_k\}$와 $\{\omega_k\}$를 변경할 때 손실 ℓ_i가 어떻게 변하는지 계산한다. 다시 한번 연쇄 법칙을 적용한다(그림 7.5).

$$\begin{aligned}
\frac{\partial \ell_i}{\partial \beta_k} &= \frac{\partial f_k}{\partial \beta_k}\frac{\partial \ell_i}{\partial f_k} \\
\frac{\partial \ell_i}{\partial \omega_k} &= \frac{\partial f_k}{\partial \omega_k}\frac{\partial \ell_i}{\partial f_k}
\end{aligned}$$

식 7.14

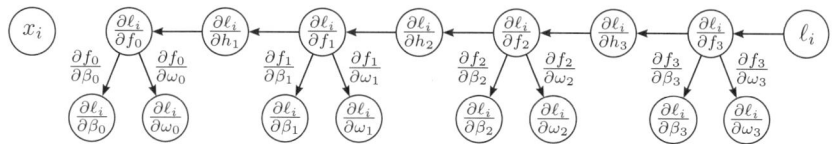

그림 7.5 역전파 역방향 전파 #2. 마지막으로 미분 $\partial \ell_i/\partial \beta_k$와 $\partial \ell_i/\partial \omega_k$를 계산한다. 각각의 미분은 $\partial \ell_i/\partial f_k$ 항에 $\partial f_k/\partial \beta_k$ 또는 $\partial f_k/\partial \omega_k$를 적절하게 곱해서 계산한다.

각 경우에 우변의 두 번째 항은 식 7.13에서 계산했다. $k > 0$일 때 $f_k = \beta_k + \omega_k \cdot h_k$이므로 β_k와 ω_k에 대한 f_k의 편미분은 다음과 같다.

$$\frac{\partial f_k}{\partial \beta_k} = 1, \qquad \frac{\partial f_k}{\partial \omega_k} = h_k \qquad \text{식 7.15}$$

이는 앞 절의 관찰 1과 일치한다. 즉 가중치 ω_k를 변경했을 때의 효과는 소스 변수 h_k(순방향 전파 때 저장된다)의 값에 비례한다. 마지막으로 $f_0 = \beta_0 + \omega_0 \cdot x_i$ 항의 미분은 다음과 같다.†

$$\frac{\partial f_0}{\partial \beta_0} = 1, \qquad \frac{\partial f_0}{\partial \omega_0} = x_i \qquad \text{식 7.16}$$

깃허브의 노트북 7.1
'Backpropagation in Toy Model' 참고. https://bit.ly/udl7_1ToyModel

역전파는 식 7.8에서처럼 **편미분**partial derivative을 개별적으로 계산하는 것보다 더 간단하고 효율적이다.†

활성화에 대한 손실의 미분 $\partial \ell_i/\partial h_k$는 필요하지 않다. 따라서 앞으로는 역전파 알고리즘에서 이를 계산하지 않는다.

7.4 역전파 알고리즘

이제 3개의 층을 갖는 네트워크로 확장해보자(그림 7.1). 직관적인 부분과 대부분의 대수적인 수식은 동일하다. 주요 차이점은 중간 변수 $\mathbf{f}_k$, $\mathbf{h}_k$와 편향 $\boldsymbol{\beta}_k$는 벡터이고, 가중치 $\boldsymbol{\Omega}_k$는 행렬이고, $\cos[\bullet]$와 같은 단순한 대수 함수 대신 ReLU 함수를 사용한다.

순방향 전파

네트워크를 일련의 순차적 계산식으로 구성한다.

$$\begin{aligned}
\mathbf{f}_0 &= \boldsymbol{\beta}_0 + \boldsymbol{\Omega}_0 \mathbf{x}_i \\
\mathbf{h}_1 &= \mathbf{a}[\mathbf{f}_0] \\
\mathbf{f}_1 &= \boldsymbol{\beta}_1 + \boldsymbol{\Omega}_1 \mathbf{h}_1 \\
\mathbf{h}_2 &= \mathbf{a}[\mathbf{f}_1] \\
\mathbf{f}_2 &= \boldsymbol{\beta}_2 + \boldsymbol{\Omega}_2 \mathbf{h}_2 \\
\mathbf{h}_3 &= \mathbf{a}[\mathbf{f}_2] \\
\mathbf{f}_3 &= \boldsymbol{\beta}_3 + \boldsymbol{\Omega}_3 \mathbf{h}_3 \\
\ell_i &= \mathrm{l}[\mathbf{f}_3, y_i]
\end{aligned}$$

식 7.17

여기서 $\mathbf{f}_{k-1}$은 k번째 은닉층의 사전 활성화pre-activation(즉 ReLU 함수 $\mathbf{a}[\bullet]$ 이전의 값)이고, $\mathbf{h}_k$는 k번째 은닉층에서의 활성화(즉 ReLU 함수 이후). $\mathrm{l}[\mathbf{f}_3, y_i]$ 항은 손실 함수(예로는 최소제곱 또는 이진 교차 엔트로피 손실이 있다)다. 순방향 전파에서는 이러한 계산을 수행하고 모든 중간값을 저장한다.

역방향 전파 #1

이제 사전 활성화 $\mathbf{f}_0, \mathbf{f}_1, \mathbf{f}_2$의 변화에 따라 손실이 어떻게 변하는지 살펴보자. 연쇄 법칙을 적용하면 $\mathbf{f}_2$에 대한 손실 ℓ_i의 **미분**†은 다음과 같다.

B.5절 '행렬 미적분' 참고

$$\frac{\partial \ell_i}{\partial \mathbf{f}_2} = \frac{\partial \mathbf{h}_3}{\partial \mathbf{f}_2} \frac{\partial \mathbf{f}_3}{\partial \mathbf{h}_3} \frac{\partial \ell_i}{\partial \mathbf{f}_3}$$

식 7.18

우변의 세 항의 크기는 각각 $D_3 \times D_3$, $D_3 \times D_f$, $D_f \times 1$이다. 여기서 D_3는 세 번째 층의 은닉 유닛의 수이고 D_f는 모델 출력 $\mathbf{f}_3$의 차원이다.

마찬가지로, $\mathbf{f}_1$과 $\mathbf{f}_0$의 변화에 따라 손실이 어떻게 변하는지 계산할 수 있다.

$$\frac{\partial \ell_i}{\partial \mathbf{f}_1} = \frac{\partial \mathbf{h}_2}{\partial \mathbf{f}_1} \frac{\partial \mathbf{f}_2}{\partial \mathbf{h}_2} \left(\frac{\partial \mathbf{h}_3}{\partial \mathbf{f}_2} \frac{\partial \mathbf{f}_3}{\partial \mathbf{h}_3} \frac{\partial \ell_i}{\partial \mathbf{f}_3} \right)$$

식 7.19

$$\frac{\partial \ell_i}{\partial \mathbf{f}_0} = \frac{\partial \mathbf{h}_1}{\partial \mathbf{f}_0} \frac{\partial \mathbf{f}_1}{\partial \mathbf{h}_1} \left(\frac{\partial \mathbf{h}_2}{\partial \mathbf{f}_1} \frac{\partial \mathbf{f}_2}{\partial \mathbf{h}_2} \frac{\partial \mathbf{h}_3}{\partial \mathbf{f}_2} \frac{\partial \mathbf{f}_3}{\partial \mathbf{h}_3} \frac{\partial \ell_i}{\partial \mathbf{f}_3} \right)$$

식 7.20

각각의 경우에 괄호 안의 항은 이미 이전 단계에서 계산한 것이라는 점에 주목하자.† 네트워크를 통해 역방향으로 계산함으로써 이전에 계산한 값을 재사용할 수 있다.

연습 문제 7.3 참고

연습 문제 7.4 – 7.5 참고

또한 각각의 항도 계산이 간단하다.† 식 7.18의 우변을 오른쪽 끝에서부터 역방향으로 살펴보면 다음과 같다.

- 네트워크 출력 f_3에 대한 손실 ℓ_i의 미분 $\partial \ell_i / \partial f_3$은 손실 함수에 따라 달라지지만 일반적으로 간단한 형태를 갖는다.

- 은닉층 h_3에 대한 네트워크 출력의 미분 $\partial \mathbf{f}_3 / \partial \mathbf{h}_3$은 다음과 같다.

$$\frac{\partial \mathbf{f}_3}{\partial \mathbf{h}_3} = \frac{\partial}{\partial \mathbf{h}_3} (\boldsymbol{\beta}_3 + \boldsymbol{\Omega}_3 \mathbf{h}_3) = \boldsymbol{\Omega}_3^T \qquad \text{식 7.21}$$

행렬 미적분에 익숙하지 않다면, 이 결과가 잘 이해되지 않을 것이다. 문제 7.6에서 좀 더 연습해보자.†

연습 문제 7.6 참고

- 입력 f_2에 대한 활성화 함수 출력 h_3의 미분 $\partial \mathbf{h}_3 / \partial \mathbf{f}_2$는 활성화 함수에 따라 달라진다. 각각의 활성화는 해당하는 사전 활성화에만 의존하므로 미분은 대각 행렬이 된다. ReLU 함수의 경우 대각 항은 f_2가 0보다 작으면 0이고 그렇지 않으면 1이다(그림 7.6).† 계산의 효율성을 위해 이 행렬을 곱하는 대신 행렬의 대각 항만 모아서 벡터 $\mathbb{I}[\mathbf{f}_2 > 0]$으로 만들고 점별 곱셈을 한다.

연습 문제 7.7 – 7.8 참고

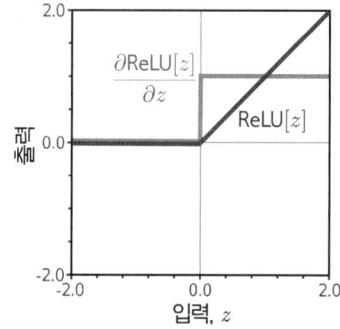

그림 7.6 ReLU의 미분. ReLU(주황색 곡선)는 입력이 0보다 작으면 0을 반환하고 그렇지 않으면 입력을 반환한다. ReLU의 미분(청록색 곡선)는 입력이 0보다 작으면 0을 반환하고(여기서의 기울기는 0이므로), 입력이 0보다 크면 1을 반환한다(여기서의 기울기는 1이기 때문).

식 7.19과 7.20의 우변의 형태는 유사하다. 네트워크를 역방향으로 진행하면서 (i) 가중치 행렬 $\boldsymbol{\Omega}_k^T$의 전치를 곱하고 (ii) 은닉층에 대한 입력 $\mathbf{f}_{k-1}$을 기반으로 하는 임곗값을 적용한다. 이러한 입력은 순방향 전파 때 저장해놓은 계산값이다.

역방향 전파 #2

이제 $\partial \ell_i / \partial \mathbf{f}_k$를 계산하는 방법을 살펴봤으므로, 가중치와 편향에 대한 손실의 미분을 계산하는 방법을 살펴보자. 편향 β_k에 대한 손실의 미분을 계산하기 위해 다시 연쇄 법칙을 사용한다.

$$\begin{aligned}\frac{\partial \ell_i}{\partial \boldsymbol{\beta}_k} &= \frac{\partial \mathbf{f}_k}{\partial \boldsymbol{\beta}_k}\frac{\partial \ell_i}{\partial \mathbf{f}_k} \\ &= \frac{\partial}{\partial \boldsymbol{\beta}_k}(\boldsymbol{\beta}_k + \boldsymbol{\Omega}_k\mathbf{h}_k)\frac{\partial \ell_i}{\partial \mathbf{f}_k} \\ &= \frac{\partial \ell_i}{\partial \mathbf{f}_k}\end{aligned}$$ 식 7.22

이것은 이미 식 7.18과 7.19에서 계산했다.

마찬가지로 가중치 행렬 $\boldsymbol{\Omega}_k$에 대한 미분은 다음과 같다.

$$\begin{aligned}\frac{\partial \ell_i}{\partial \boldsymbol{\Omega}_k} &= \frac{\partial \mathbf{f}_k}{\partial \boldsymbol{\Omega}_k}\frac{\partial \ell_i}{\partial \mathbf{f}_k} \\ &= \frac{\partial}{\partial \boldsymbol{\Omega}_k}(\boldsymbol{\beta}_k + \boldsymbol{\Omega}_k\mathbf{h}_k)\frac{\partial \ell_i}{\partial \mathbf{f}_k} \\ &= \frac{\partial \ell_i}{\partial \mathbf{f}_k}\mathbf{h}_k^T\end{aligned}$$ 식 7.23

여기서도 두 번째 줄에서 세 번째 줄로의 전개를 이해하기가 좀 어려운데 세부적인 내용은 문제 7.9에서 좀 더 살펴보자. 하지만 결과는 이해하기 쉽다. 마지막 줄은 $\boldsymbol{\Omega}_k$와 동일한 크기의 행렬이다. 이는 원래 식에서 $\boldsymbol{\Omega}_k$를 곱한 $\mathbf{h}_k$에 따라 정비례로 증감한다. 또한 이것은 가중치 벡터 $\boldsymbol{\Omega}_k$의 미분이 이들과 곱해지는 은닉 유닛 $\mathbf{h}_k$의 값에 비례할 것이라는 초기의 직관과도 일치한다. 또한 이것은 이미 순방향 전파 때 계산했다는 점에 주목하자.

7.4.1 역전파 알고리즘 요약

이제 역전파 알고리즘을 간략하게 요약해보자. 입력이 $\mathbf{x}_i$이고 ReLU 활성화가 포함된 K개의 은닉층과 개별 손실 항이 $\ell_i = l[\mathbf{f}[\mathbf{x}_i, \boldsymbol{\phi}], \mathbf{y}_i]$인 심층 신경망 $\mathbf{f}[\mathbf{x}_i, \boldsymbol{\phi}]$를 생각해보자. 역전파의 목표는 편향 $\boldsymbol{\beta}_k$와 가중치 $\boldsymbol{\Omega}_k$에 대한 미분 $\partial \ell_i / \partial \boldsymbol{\beta}_k$, $\partial \ell_i / \partial \boldsymbol{\Omega}_k$를 구하는 것이다.

순방향 전파

다음 값을 계산하고 저장한다.

$$\begin{aligned}
\mathbf{f}_0 &= \boldsymbol{\beta}_0 + \boldsymbol{\Omega}_0 \mathbf{x}_i \\
\mathbf{h}_k &= \mathbf{a}[\mathbf{f}_{k-1}] & k \in \{1, 2, \ldots, K\} \\
\mathbf{f}_k &= \boldsymbol{\beta}_k + \boldsymbol{\Omega}_k \mathbf{h}_k & k \in \{1, 2, \ldots, K\}
\end{aligned}$$

식 7.24

역방향 전파

네트워크 출력 $\mathbf{f}_K$에 대한 손실 함수 ℓ_i의 미분 $\partial \ell_i / \partial \mathbf{f}_K$을 구하고 네트워크를 따라 역방향으로 순차적으로 미분 계산을 한다.

$$\begin{aligned}
\frac{\partial \ell_i}{\partial \boldsymbol{\beta}_k} &= \frac{\partial \ell_i}{\partial \mathbf{f}_k} & k \in \{K, K-1, \ldots, 1\} \\
\frac{\partial \ell_i}{\partial \boldsymbol{\Omega}_k} &= \frac{\partial \ell_i}{\partial \mathbf{f}_k} \mathbf{h}_k^T & k \in \{K, K-1, \ldots, 1\} \\
\frac{\partial \ell_i}{\partial \mathbf{f}_{k-1}} &= \mathbb{I}[\mathbf{f}_{k-1} > 0] \odot \left(\boldsymbol{\Omega}_k^T \frac{\partial \ell_i}{\partial \mathbf{f}_k} \right) & k \in \{K, K-1, \ldots, 1\}
\end{aligned}$$

식 7.25

여기서 $\odot$는 점별 곱셈을 나타내고, $\mathbb{I}[\mathbf{f}_{k-1} > 0]$는 $\mathbf{f}_{k-1}$이 0보다 크면 원소가 1이고 그렇지 않으면 원소가 0인 벡터다. 마지막으로 첫 번째 편향과 가중치에 대한 미분을 계산한다.

$$\begin{aligned}
\frac{\partial \ell_i}{\partial \boldsymbol{\beta}_0} &= \frac{\partial \ell_i}{\partial \mathbf{f}_0} \\
\frac{\partial \ell_i}{\partial \boldsymbol{\Omega}_0} &= \frac{\partial \ell_i}{\partial \mathbf{f}_0} \mathbf{x}_i^T
\end{aligned}$$

식 7.26

배치의 모든 훈련 견본에 대한 미분 계수를 구하고 이를 합산†해서 SGD 갱신에 필요한 기울기를 얻는다.†

연습 문제 7.10 참고

깃허브의 노트북 7.2 'Backpropagation' 참고.
https://bit.ly/udl7_2

역전파 알고리즘은 매우 효율적이다. 순방향 및 역방향 전파 과정에서 가장 계산량이 많은 계산은 행렬 곱셈(순방향, 역방향일 때, 각각 $\boldsymbol{\Omega}$, $\boldsymbol{\Omega}^T$를 곱한다)인데, 이때는 덧셈과 곱셈만 필요하다. 그러나 이는 메모리 효율적이지는 않다. 순방향 전파의 중간값을 모두 저장해야 하는데, 이로 인해 훈련할 수 있는 모델의 크기가 제한될 수 있다.

7.4.2 알고리즘 미분

역전파 알고리즘을 이해하는 것이 중요하지만 실제로 코딩할 필요는 거의 없다. 파이토치PyTorch와 텐서플로TensorFlow 같은 최신 딥러닝 프레임워크는 미분을 자동으로 계산해준다. 이를 **알고리즘 미분**algorithmic differentiation이라고 한다.

프레임워크는 각 기능 구성 요소(선형 변환, ReLU 활성화, 손실 함수)의 미분을 계산할 수 있다. 예를 들어 파이토치 ReLU 함수 $\mathbf{z}_{out} = \mathbf{relu}[\mathbf{z}_{in}]$은 입력 $\mathbf{z}_{in}$에 대한 출력 $\mathbf{z}_{out}$의 미분을 계산할 수 있다. 마찬가지로, 선형함수 $\mathbf{z}_{out} = \boldsymbol{\beta} + \boldsymbol{\Omega}\mathbf{z}_{in}$은 입력 $\mathbf{z}_{in}$과 매개변수 $\boldsymbol{\beta}$ 및 $\boldsymbol{\Omega}$에 대해 출력 $\mathbf{z}_{out}$의 미분을 계산할 수 있다. 또한 알고리즘 미분 프레임워크는 네트워크의 계산 순서를 알고 있으므로 순방향 전파와 역방향 전파에 필요한 모든 정보를 갖고 있다.

연습 문제 7.11 참고

이러한 프레임워크는 최신 그래픽 처리 장치graphic processing unit, GPU의 대규모 병렬 처리 능력을 활용한다. 행렬 곱셈(순방향 전파와 역방향 전파 모두의 특징적인 계산) 계산은 병렬로 처리하기에 이상적이다.† 또한 순방향 전파의 모델과 중간 결과가 사용 가능한 메모리를 초과하지 않으면 전체 배치에 대해 순방향 전파와 역방향 전파를 병렬로 처리할 수 있다.

이제 훈련 알고리즘이 전체 배치를 병렬로 처리하기 위해 입력은 다차원 **텐서**가 된다. 이러한 맥락에서 텐서는 행렬을 임의의 차원으로 일반화한 것으로 볼 수 있다. 따라서 벡터는 1차원 텐서, 행렬은 2차원 텐서, 3차원 텐서는 숫자의 3차원 격자다. 지금까지 훈련 데이터는 1차원이었으므로 역전파를 위한 입력은 첫 번째 차원이 배치 요소를 인덱싱하고 두 번째 차원이 데이터 차원을 인덱싱하는 2D 텐서다. 다음 장에서는 더 복잡하고 구조화된 입력 데이터를 다루게 된다. 예를 들어 입력이 RGB 이미지인 모델의 경우 원본 데이터 견본은 3차원(높이 × 너비 × 채널)이다. 여기서 배치 요소를 인덱싱하기 위한 차원이 추가되어서 학습 프레임워크에 대한 입력은 4차원 텐서가 된다.

7.4.3 임의의 계산 그래프로의 확장

지금까지는 순차적인 구조를 갖는 심층 신경망에서의 역전파를 살펴보았다. 이때는 중간값 $\mathbf{f}_0$, $\mathbf{h}_1$, $\mathbf{f}_1$, $\mathbf{h}_2$, ..., $\mathbf{f}_k$를 차례로 계산하면 된다. 그러나 역전파 적용을 순차적인 구조의 모델로 제한할 필요는 없다. 이 책의 뒷부분에서 분기 구조를 가진 모델을 다룬다. 이런 모델에서는 은닉층의 값을 서로 다른 하위 네트워크를 통해 처리한 다음에 다시 합할 수도 있다.

다행스럽게도 계산 그래프가 비순환적이라면 역전파를 적용할 수 있다.† 파이토치와 텐서플로 같은 최신 알고리즘 미분 프레임워크는 임의의 비순환 계산 그래프를 처리할 수 있다.

연습 문제 7.12 – 7.13 참고

7.5 매개변수 초기화

역전파 알고리즘은 SGD와 Adam으로 모델을 훈련하는 데 필요한 미분을 계산한다. 이제 훈련을 시작하기 전에 매개변수를 초기화하는 방법을 살펴보자. 이것이 왜 중요한지 알아보기 위해 순방향 전파 동안 각 사전 활성화 $\mathbf{f}_k$를 다음과 같이 계산한다고 가정해보자.

$$\begin{aligned}\mathbf{f}_k &= \boldsymbol{\beta}_k + \boldsymbol{\Omega}_k \mathbf{h}_k \\ &= \boldsymbol{\beta}_k + \boldsymbol{\Omega}_k \mathrm{a}[\mathbf{f}_{k-1}]\end{aligned}$$

식 7.27

여기서 $\mathrm{a}[\bullet]$는 ReLU 함수이고 $\boldsymbol{\Omega}_k$와 $\boldsymbol{\beta}_k$는 각각 가중치와 편향이다. 모든 편향은 0으로 초기화하고 $\boldsymbol{\Omega}_k$의 요소는 평균이 0이고 분산이 σ^2인 정규분포에 따라 초기화한다고 가정한다. 이제 다음과 같은 두 가지 시나리오를 고려해보자.

- 분산 σ^2이 매우 작은 경우(예를 들어 10^{-5}), $\boldsymbol{\beta}_k + \boldsymbol{\Omega}_k \mathbf{h}_k$의 각 요소는 가중치가 매우 작은 $\mathbf{h}_k$의 가중합이 된다. 따라서 결과 값은 입력보다 작아질 가능성이 높다. 또한 ReLU 함수는 0보다 작은 값을 잘라내므로 $\mathbf{h}_k$ 범위는 $\mathbf{f}_{k-1}$의 절반이 된다. 결과적으로 은닉층의 사전 활성화의 크기는 네트워크를 통해 전파되면서 점점 작아진다.

- 분산 σ^2가 매우 큰 경우(예를 들어 10^5), $\boldsymbol{\beta}_k + \boldsymbol{\Omega}_k \mathbf{h}_k$의 각 요소는 가중치가 매우 큰 $\mathbf{h}_k$의 가중합이 된다. 결과 값은 입력보다 훨씬 더 커질 가능성이 높다. ReLU 함수는 입력 범위를 절반으로 줄이지만 σ^2가 충분히 크면 네트워크를 통해 전파하면서 사전 활성화의 크기가 계속 커진다.

이 두 가지 상황에서 사전 활성화의 값은 유한 정밀도 부동 소수점 연산으로 표현할 수 없을 정도로 작거나 커질 수 있다.

순방향 전파를 마친 후, 역방향 전파에도 동일한 논리가 적용된다. 기울기를 갱신(식 7.25)하기 위해서 Ω^T를 곱한다. Ω값을 적절하게 초기화하지 않으면 기울기 크기가 역방향 전파 중에 조절할 수 없을 정도로 감소하거나 증가할 수 있다. 이러한 경우를 각각 **기울기 소멸 문제**vanishing gradient problem와 **기울기 폭발 문제**exploding gradient problem라고 한다. 전자의 경우 모델에 대한 갱신이 점차적으로 아주 작아지고, 후자의 경우 모델이 불안정하게 갱신된다.

7.5.1 순방향 전파 초기화

이제 앞서 설명한 내용을 수학적으로 살펴보자. 각각 D_h와 $D_{h'}$ 차원을 갖는 인접한 사전 활성화 $\mathbf{f}$와 $\mathbf{f'}$ 사이의 계산을 고려해보자.

$$\begin{aligned} \mathbf{h} &= \mathbf{a}[\mathbf{f}] \\ \mathbf{f'} &= \boldsymbol{\beta} + \boldsymbol{\Omega}\mathbf{h} \end{aligned}$$

식 7.28

여기서 $\mathbf{h}$는 사전 활성화를 나타내고, $\boldsymbol{\Omega}$, $\boldsymbol{\beta}$는 각각 가중치와 편향을 나타내고, $\mathbf{a}[\bullet]$는 활성화 함수를 나타낸다.

입력층 $\mathbf{f}$의 사전 활성화 f_j의 분산이 σ_f^2라고 가정하자. 편향 β_i를 0으로 초기화하고 가중치 Ω_{ij}를 평균이 0이고 분산이 σ_Ω^2인 정규분포로 초기화한다고 가정하자. 이제 다음 층의 사전 활성화 f'의 평균과 분산에 대한 표현식을 유도해보자.

C.2절 '기댓값' 참고

중간값 f'_i의 기댓값†(평균) $\mathbb{E}[f'_i]$는 다음과 같다.

$$\begin{aligned} \mathbb{E}[f'_i] &= \mathbb{E}\left[\beta_i + \sum_{j=1}^{D_h} \Omega_{ij} h_j\right] \\ &= \mathbb{E}[\beta_i] + \sum_{j=1}^{D_h} \mathbb{E}[\Omega_{ij} h_j] \\ &= \mathbb{E}[\beta_i] + \sum_{j=1}^{D_h} \mathbb{E}[\Omega_{ij}] \mathbb{E}[h_j] \\ &= 0 + \sum_{j=1}^{D_h} 0 \cdot \mathbb{E}[h_j] = 0 \end{aligned}$$

식 7.29

여기서 D_h는 입력층 $\mathbf{h}$의 차원이다. 기댓값에 대한 규칙†을 사용했고, 두 번째 줄에서 세 번째 줄을 유도할 때는 은닉 유닛 h_j와 네트워크 가중치 Ω_{ij}에 대한 분포가 독립이라고 가정했다.

C.2.1절 '기댓값 조작 규칙' 참고

이 결과로부터 사전 활성화 f'_i의 분산 $\sigma^2_{f'}$를 유도하면 다음과 같다.

$$\begin{aligned}
\sigma^2_{f'} &= \mathbb{E}[f'^2_i] - \mathbb{E}[f'_i]^2 \\
&= \mathbb{E}\left[\left(\beta_i + \sum_{j=1}^{D_h} \Omega_{ij} h_j\right)^2\right] - 0 \\
&= \mathbb{E}\left[\left(\sum_{j=1}^{D_h} \Omega_{ij} h_j\right)^2\right] \\
&= \sum_{j=1}^{D_h} \mathbb{E}\left[\Omega^2_{ij}\right] \mathbb{E}\left[h^2_j\right] \\
&= \sum_{j=1}^{D_h} \sigma^2_\Omega \mathbb{E}\left[h^2_j\right] = \sigma^2_\Omega \sum_{j=1}^{D_h} \mathbb{E}\left[h^2_j\right]
\end{aligned}$$

식 7.30

여기서 분산 항등식† $\sigma^2 = \mathbb{E}[(z - \mathbb{E}[z])^2] = \mathbb{E}[z^2] - \mathbb{E}[z]^2$를 사용했다. 세 번째에서 네 번째 줄을 유도할 때 다시 한번 가중치 Ω_{ij}와 숨겨진 단위 h_j의 분포가 독립이라고 가정했다.

C.2.3절 '분산 동일성' 참고

사전 활성화 f_j의 입력 분포가 0을 중심으로 대칭이라고 가정하면 이러한 사전 활성화의 절반은 ReLU 함수에 의해 잘릴 것이고, 이차 모멘트 $\mathbb{E}[h^2_j]$은 f_j의 분산 σ^2_f의 절반이 된다.†

연습 문제 7.14 참고

$$\sigma^2_{f'} = \sigma^2_\Omega \sum_{j=1}^{D_h} \frac{\sigma^2_f}{2} = \frac{1}{2} D_h \sigma^2_\Omega \sigma^2_f$$

식 7.31

따라서 순방향 전파를 하는 동안 후속 사전 활성화 $\mathbf{f}'$의 분산 $\sigma^2_{f'}$이 원래 사전 활성화 $\mathbf{f}$의 분산 σ^2_f와 동일하게 하려면 다음과 같이 설정해야 한다.

$$\sigma^2_\Omega = \frac{2}{D_h}$$

식 7.32

여기서 D_h는 가중치가 적용된 원래 층의 차원이다. 이를 **He 초기화**He initialization라고 한다.

7.5.2 역방향 전파 초기화

유사한 논리로 역전파 전파 중에 기울기 $\partial l/\partial f_k$의 분산이 어떻게 변하는지 살펴보자. 역방향 전파 중에 가중치 행렬의 전치 Ω^T를 곱하므로(식 7.25) 등가식은 다음과 같다.

$$\sigma_\Omega^2 = \frac{2}{D_{h'}}$$

식 7.33

여기서 $D_{h'}$은 가중치가 적용되는 층의 차원이다.

7.5.3 순방향 전파와 역방향 전파에 대한 초기화

가중치 행렬 Ω이 정방형이 아닌 경우(즉 인접한 두 층의 은닉 유닛의 수가 다르므로 D_h와 $D_{h'}$가 서로 다르다) 분산이 식 7.32과 7.33를 동시에 만족할 수 없다.† 가능한 절충안으로 평균 $(D_h + D_{h'})/2$을 사용할 수 있는데, 평균을 사용했을 때의 결과는 다음과 같다.

연습 문제 7.15 참고

$$\sigma_\Omega^2 = \frac{4}{D_h + D_{h'}}$$

식 7.34

깃허브의 노트북 7.3 'Initialization' 참고. https://bit.ly/udl7_3

그림 7.7은 매개변수를 적절하게 초기화했을 때,† 순방향 전파에서 은닉 유닛의 분산과 역방향 전파에서 기울기의 분산이 모두 안정적으로 유지된다는 것을 경험적으로 보여준다.

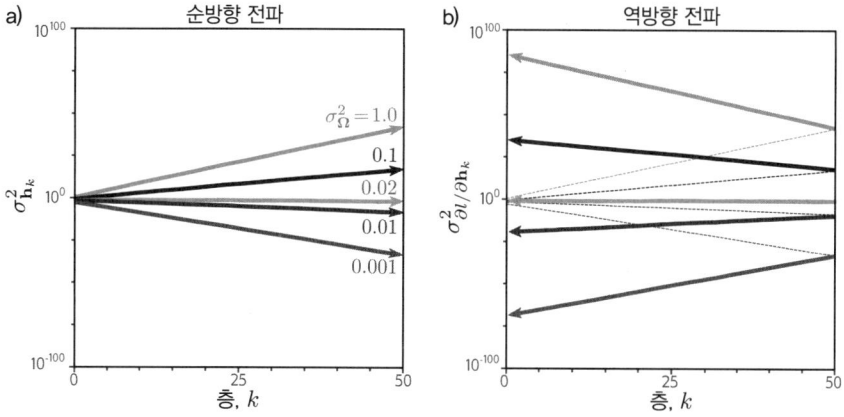

그림 7.7 가중치 초기화. 50개의 은닉층과 $D_h = 100$개의 은닉 유닛이 있는 심층 신경망을 생각해보자. 네트워크의 100차원 입력 x는 표준 정규분포로 초기화하고, 하나의 고정된 목푯값 $y = 0$과 이에 대한 최소제곱 손실 함수를 구한다. 편향 벡터 β_k는 0으로 초기화되고 가중치 행렬 Ω_k는 평균 0과 서로 다른 다섯 가지의 분산 $\sigma_\Omega^2 \in \{0.001, 0.01, 0.02, 0.1, 1.0\}$을 갖는 정규분포로 초기화한다. a) 순방향 전파 중에 계산한 은닉 유닛 활성화의 분산(네트워크층 k의 함수다). He 초기화($\sigma_\Omega^2 \in = 2/D_h = 0.02$)의 경우 분산이 안정적이다. 그러나 더 큰 값으로 초기화할 경우 분산이 빠르게 증가하고, 더 작은 값으로 초기화할 경우 빠르게 감소한다(로그 스케일 참고). b) 역방향 전파의 기울기의 분산(실선)도 비슷한 추세를 보인다. 0.02보다 큰 값으로 초기화하면 네트워크를 역방향으로 통과할 때 기울기가 급격히 커진다. 더 작은 값으로 초기화하면 기울기의 크기가 작아진다. 이는 각각 기울기 폭발 문제와 기울기 소멸 문제라고 한다.

7.6 훈련 코드 예제

이 책은 딥러닝의 과학적인 개념에 초점을 맞추고 있다. 딥러닝 모델 구현을 위한 지침서는 아니지만, 코드 7.1에서는 지금까지 이 책에서 다룬 개념을 구현하는 파이토치 코드를 제시한다.† 신경망을 정의하고 가중치를 초기화하는 코드가 있다. 무작위 입력과 출력 데이터셋을 생성하고 최소제곱 손실 함수를 정의한다. 모델은 100 에포크에 걸쳐 크기가 10인 배치 데이터로 모멘텀 SGD를 사용하여 훈련한다. 학습률의 초깃값은 0.01이고 10 에포크마다 절반으로 줄어든다.

연습 문제 7.16 – 7.17 참고

여기서 중요한 점은 딥러닝의 기본 개념은 상당히 복잡하지만 비교적 간단하게 구현할 수 있다는 것이다. 예를 들어 역전파의 복잡한 모든 세부 사항은 `loss.backward()`라는 한 줄의 코드에 구현되어 있다.

코드 7.1 무작위 데이터로 2개의 층을 갖는 신경망으로 훈련하기 위한 예제 코드

```python
import torch, torch.nn as nn
from torch.utils.data import TensorDataset, DataLoader
from torch.optim.lr_scheduler import StepLR

# 입력 크기, 은닉층 크기, 출력 크기 정의
D_i, D_k, D_o = 10, 40, 5
# 2개의 은닉층이 있는 모델 생성
model = nn.Sequential(
    nn.Linear(D_i, D_k),
    nn.ReLU(),
    nn.Linear(D_k, D_k),
    nn.ReLU(),
    nn.Linear(D_k, D_o))

# He 방법으로 가중치 초기화
def weights_init(layer_in):
    if isinstance(layer_in, nn.Linear):
        nn.init.kaiming_normal(layer_in.weight)
        layer_in.bias.data.fill_(0.0)
model.apply(weights_init)

# 최소제곱 손실 함수 선택
criterion = nn.MSELoss()
# SGD 최적화기 구성, 학습률과 모멘텀 초기화
optimizer = torch.optim.SGD(model.parameters(), lr = 0.1, momentum=0.9)
# 10 에포크마다 학습률을 절반으로 감소시키는 객체
scheduler = StepLR(optimizer, step_size=10, gamma=0.5)

# 100개의 무작위 데이터 지점 생성 및 데이터 로더 클래스에 저장
x = torch.randn(100, D_i)
y = torch.randn(100, D_o)
data_loader = DataLoader(TensorDataset(x,y), batch_size=10, shuffle=True)

# 데이터셋을 100번 반복
for epoch in range(100):
    epoch_loss = 0.0
    # 배치에 대한 루프 연산
    for i, data in enumerate(data_loader):
        # 배치에 대한 입력과 레이블 할당
        x_batch, y_batch = data
        # 매개변수 기울기를 0으로 초기화
        optimizer.zero_grad()
        # 순방향 전파
        pred = model(x_batch)
        loss = criterion(pred, y_batch)
        # 역방향 전파
```

```
    loss.backward()
    # SGD 갱신
    optimizer.step()
    # 손실에 대한 통곗값 갱신
    epoch_loss += loss.item()
# 에포크별 손실값 출력
print(f'Epoch {epoch:5d}, loss {epoch_loss:.3f}')
# 스케줄러로 학습률 갱신
scheduler.step()
```

7.7 요약

앞 장에서는 함수의 최솟값을 찾기 위한 반복 최적화 알고리즘인 SGD를 소개했다. 신경망의 맥락에서 이 알고리즘은 손실 함수를 최소화하는 매개변수를 찾는다. SGD 최적화에서는 매개변수에 대한 손실 함수의 기울기를 이용하는데, 최적화 전에 초기화를 해야 한다. 이 장에서는 심층 신경망의 두 가지 문제를 다뤘다.

매우 많은 수의 매개변수, 배치의 각 원소, 각 SGD 반복에 대해서 기울기를 평가해야 한다. 따라서 기울기를 효율적으로 계산하기 위해 역전파 알고리즘이 도입되었다. 매개변수를 신중하게 초기화하는 것도 중요하다. 은닉 유닛 활성화의 크기는 순방향 전파에서 기하급수적으로 감소하거나 증가할 수 있다. 역방향 전파의 기울기 크기도 마찬가지로 기울기 소실 문제와 기울기 폭발 문제가 발생할 수 있다. 둘 다 훈련을 방해하지만 적절한 초기화를 통해 피할 수 있다.

이제 모델과 손실 함수를 정의했으므로 주어진 작업에 대해 모델을 훈련할 수 있다. 다음 장에서는 모델 성능을 측정하는 방법을 논의한다.

노트

역전파

Werbos(1974)[1], Bryson et al.(1979)[2], LeCun(1985)[3], Parker(1985)[4]가 계산 그래프에서 기울기를 계산할 때 부분 계산을 효율적으로 재사용하는 방법을 발견했다.

그러나 이 아이디어에 대해서는 Rumelhart et al.(1985)[5]과 Rumelhart et al.(1986)[6]이 가장 유명한데, 이들이 '역전파'라는 용어를 만들었다.

루멜하트의 역전파 알고리즘은 1980년대와 1990년대에 신경망 연구의 새로운 장을 열었다. 처음으로 은닉층이 있는 네트워크의 훈련을 실용화했다. 그러나 돌이켜 보면 훈련 데이터 부족, 제한된 계산 능력, 시그모이드 활성화 사용으로 인해 발전이 정체되었다. Krizhevsky et al.(2012)[7]이 놀라운 이미지 분류 결과로 현대 딥러닝 시대를 열기 전까지는 자연어 처리와 컴퓨터 비전과 같은 영역에서는 신경망 모델을 사용하지 않았다.

파이토치와 텐서플로와 같은 최신 딥러닝 프레임워크에서의 역전파 구현은 역방향 모드 알고리즘 미분의 한 예다. 이는 계산 그래프를 통해 순방향 전파하는 동안 연쇄 법칙으로 계산한 미분이 누적되는 순방향 모드 알고리즘 미분과 구별된다(문제 7.13 참고). 알고리즘 미분에 대한 추가 정보는 Griewank & Walther(2008)[8]와 Baydin et al.(2018)[9]을 참고하자.

초기화

He 초기화는 He et al.(2015)[10]이 처음 소개했다. 이는 **Glorot 초기화** 또는 **Xavier 초기화**(Glorot & Bengio, 2010)[11]와 매우 유사하지만 ReLU층의 영향을 고려하지 않으므로 두 배 정도 차이가 난다. 본질적으로 동일한 방법이 LeCun et al.(2012)[12]에 의해 훨씬 이전에 제안되었는데, 동기는 약간 다르다. 이 경우에는 시그모이드 활성화 함수를 사용해서 각 층의 출력 범위를 정규화해서 은닉 유닛의 크기가 기하급수적으로 증가하는 것을 방지한다. 그러나 사전 활성화가 너무 크면 시그모이드 함수의 평탄한 영역에 속하게 되어 기울기가 매우 작아진다. 따라서 가중치를 신중하게 초기화하는 것이 여전히 중요하다. Klambauer et al.(2017)[13]은 **스케일링 된 지수 선형 유닛**scaled exponential linear unit, SeLU을 소개하고, 이 활성화 함수가 특정한 입력 범위 내에서 네트워크층의 활성화의 평균이 0이고 분산이 1로 수렴하게 만든다는 것을 알아냈다.

또 다른 접근 방식은 네트워크를 통해 데이터를 통과시킨 다음 측정한 분산으로 정규화하는 것이다. 이러한 유형의 방법으로는 Mishkin & Matas(2016)[14]가 제안한 **층별 순차 단위 분산 초기화**layer-sequential unit variance initialization가 있는데, 여기서는 정규화된 직교 가중치 행렬로 초기화한다. **GradInit**(Zhu et al., 2021)[15]은 초기 가중치를 무작위로 설정하고 각 가중치 행렬에 대해 음수가 아닌 스케일링 인자를 학습하는 동안 이를 일시적으로 고정한다. 이러한 인자는 최대 기울기 노름 maximum gradient norm 제약 조건에서 고정 학습률에 대한 손실이 최대로 감소하도록 선택한다. **활성화 정규화**activation normalization 또는 **ActNorm**은 각 네트워크층의 각 은닉 유닛의 뒤에 학습 가능한 스케일링 매개변수와 오프셋 매개변수를 추가한다. 초기 배치 데이터로 네트워크를 훈련한 다음 활성화의 평균이 0, 분산이 1이 되도록 오프셋과 스케일을 선택한다. 그 후에는 이러한 추가 매개변수를 모델의 일부로 학습한다.

이러한 방법과 밀접하게 관련이 있는 것으로 2015년에 Ioffe와 Szegedy가 제안한 배치 정규화(Ioffe & Szegedy, 2015)[16]가 있는데, 이는 훈련 단계마다 네트워크가 각 배치의 분산을 정규화한다. 배치 정규화와 그 변형에 대해서는 11장에서 좀 더 논의한다. 합성곱 네트워크를 위한 ConvolutionOrthogonal 초기화(Xiao et al., 2018a)[17], 잔차 네트워크를 위한 Fixup(Zhang et al., 2019a)[18], 트랜스포머를 위한 TFixup(Huang et al., 2020a)[19]과 DTFixup(Xu et al., 2021b)[20]을 포함한 특정 구조에 대한 다른 초기화 방법도 제안되었다.

메모리 요구량 줄이기

신경망 훈련은 메모리를 많이 사용한다. 순방향 전파 동안 각 배치의 모든 데이터에 대해서 모델 매개변수와 은닉 유닛의 사전 활성화를 모두 저장해야 한다. 메모리 요구량을 줄이는 두 가지 방법으로 **기울기 체크포인트**gradient checkpointing(Chen et al., 2016a)[21]와 **마이크로 배치처리**micro-batching(Huang et al., 2019)[22]가 있다. 기울기 체크포인트에서는 순방향 전파 동안 N개의 층마다 활성화를 저장한다. 역방향 전파 때는 중간에 누락된 활성화를 가장 가까운 체크포인트에서 다시 계산한다. 이 방식에서는 순방향 전파에 필요한 메모리 요구 사항을 대폭 줄어들지만 계산 비용은 최대 두 배가 될 수 있다(연습 문제 7.11). 마이크로 배치처리에서는 배치를 더 작은 부분 배치로 나누고, 각 부분 배치에 대한 결과를 모아서 네트워크의 기울기를 갱신한다. 완전히 다른 접근 방식은 가역적 네트워크reversable network를 구축하는 것이다(Gomez et al., 2017)[23]. 이 네트워크에서는 이전 층의 활성화를 현재 층의 활성화로부터 계산할 수 있으므로 순방향 전파 중에 아무것도 임시 저장cache할 필요가 없다(16장 참고). 소호니(Sohoni et al., 2019)[24]는 메모리 요구량을 줄이는 방법을 기술적으로 정리했다.

분산 훈련

큰 모델의 경우 메모리 요구량이나 총 계산 시간이 단일 프로세서로는 처리하기 어렵다. 이 경우는 여러 프로세서에 걸쳐 병렬로 훈련을 하는 **분산 훈련**distributed training을 해야 한다. 여러 가지 병렬화 방식이 있다. **데이터 병렬화**data parallelism에서는 각 프로세서나 노드에 모델을 두고 배치의 일부만 처리한다(Xing et al., 2015[25]; Li et al., 2020b[26] 참고). 각 노드의 기울기는 중앙에서 집계한 다음 각 노드로 다시 재분배해서 모델의 일관성을 유지한다. 이를 **동기식 훈련**synchronous training이라고 한다. 기울기를 집계하고 재분배하는 데 필요한 동기화는 성능에 병목이 될 수 있으며, 이로부터 **비동기식 훈련**asynchronous training 아이디어가 나왔다. 예를 들어 **호그와일드! 알고리즘**Hogwild! algorithm(Recht et al., 2011)[27]에서는 노드의 기울기 계산이 끝날 때마다 중앙 모델을 갱신한다. 그런 다음 갱신된 모델이 노드에 재배포된다. 이는 특정 시점에 각 노드의 모델 버전이 약간 다를 수 있으므로 기울기 갱신이 늦어질 수도 있지만 실제로는 잘 작동한다. 다른 분산형 방식도 개발되었다. 예를 들어 Zhang et al.(2016a)[28]에서는 개별 노드가 링 구조로 서로 갱신된다.

데이터 병렬화 방법에서는 전체 모델이 단일 노드의 메모리에 저장되어 있다고 가정한다. **파이프라인 모델 병렬화**pipeline model parallelism에서는 네트워크의 서로 다른 층을 서로 다른 노드에 저장하므로 이러한 가정이 필요 없다. 초보적인 구현에서는 첫 번째 노드는 네트워크의 처음 몇 개의 층에 대해서 배치에 대한 순방향 전파를 처리한 결과를 다음 노드에 전달한다. 그러면 다음 노드가 그 다음 몇 개 층에 대한 순방향 전파를 실행하는 방식으로 진행된다. 역방향 전파에서는 반대 순서로 기울기를 갱신한다. 이 접근 방식의 명백한 단점은 각 노드가 대부분 사이클 동안 유휴 상태로 있다는 것이다. 이러한 비효율성을 줄이기 위해 각 노드를 중심으로 마이크로 배치를 순차적으로 처리하는 다양한 방식이 제안되었다(Huang et al., 2019[29]; Narayanan et al., 2021a[30]). 마지막으로 **텐서 모델 병렬화**tensor model parallelism에서는 네트워크의 단일층에 대한 계산이 노드 전체에 분산된다(Shoeybi et al., 2019)[31]. 분산 훈련 방법에 대한 좋은 개요는 Narayanan(Narayanan et al., 2021b)[32]의 결과에서 찾아볼 수 있는데, 그는 텐서 병렬화, 파이프라인 병렬화, 데이터 병렬화를 결합하여 3,072개의 GPU에서 1조 개의 매개변수가 있는 언어 모델을 훈련했다.

연습 문제

7.1 각 층에 2개의 은닉 유닛이 있는 2층 신경망은 다음과 같이 정의할 수 있다.

$$\begin{aligned} y = & \phi_0 + \phi_1 \mathrm{a}\Big[\psi_{01} + \psi_{11}\mathrm{a}[\theta_{01} + \theta_{11}x] + \psi_{21}\mathrm{a}[\theta_{02} + \theta_{12}x]\Big] \\ & + \phi_2 \mathrm{a}\Big[\psi_{02} + \psi_{12}\mathrm{a}[\theta_{01} + \theta_{11}x] + \psi_{22}\mathrm{a}[\theta_{02} + \theta_{12}x]\Big] \end{aligned}$$

식 7.35

여기서 $a[\bullet]$ 함수는 ReLU 함수이다. 13개 매개변수 $\phi_\bullet, \theta_{\bullet\bullet}, \psi_{\bullet\bullet}$ 각각에 대해 출력 y의 미분을 역전파 알고리즘을 사용하지 않고 직접 계산해보자. 입력 $\partial a[z]/\partial z$에 대한 ReLU 함수의 미분은 표시 함수$_{\text{indicator function}}$ $\mathbb{I}[z > 0]$이며, 이 함수는 인수가 0보다 크면 1을 반환하고 그렇지 않으면 0을 반환한다(그림 7.6).

7.2 식 7.13에서 5개의 미분 연쇄 법칙의 마지막 항에 대한 표현식을 구해보자.

7.3 식 7.20의 각 항의 크기는 얼마일까?

7.4 최소제곱 손실 함수에 대한 미분 $\partial \ell_i/\partial f[\mathbf{x}_i, \boldsymbol{\phi}]$를 계산해보자.

$$\ell_i = (y_i - \mathrm{f}[\mathbf{x}_i, \boldsymbol{\phi}])^2$$

식 7.36

7.5 이진 분류 손실 함수에 대한 미분 $\partial \ell_i/\partial f[\mathbf{x}_i, \boldsymbol{\phi}]$를 계산해보자.

$$\ell_i = -(1-y_i)\log\Big[1 - \mathrm{sig}[\mathrm{f}[\mathbf{x}_i, \boldsymbol{\phi}]]\Big] - y_i \log\Big[\mathrm{sig}[\mathrm{f}[\mathbf{x}_i, \boldsymbol{\phi}]]\Big]$$

식 7.37

여기서 함수 $\mathrm{sig}[\bullet]$는 로지스틱 시그모이드이고, 다음과 같이 정의된다.

$$\mathrm{sig}[z] = \frac{1}{1 + \exp[-z]}$$

식 7.38

7.6* $\mathbf{z} = \boldsymbol{\beta} + \boldsymbol{\Omega}\mathbf{h}$에 대해서 다음을 증명해보자.

$$\frac{\partial \mathbf{z}}{\partial \mathbf{h}} = \boldsymbol{\Omega}^T \qquad \text{식 7.39}$$

여기서 $\partial \mathbf{z}/\partial \mathbf{h}$는 j번째 행과 i번째 열의 요소가 $\partial z_i/\partial h_j$인 행렬이다. 이를 위해 우선 구성 요소 $\partial z_i/\partial h_j$에 대한 표현식을 찾고 행렬 $\partial \mathbf{z}/\partial \mathbf{h}$의 형상을 고려해보자.

7.7 로지스틱 시그모이드(식 7.38 참고) $h = \text{sig}[f]$를 활성화 함수로 사용하는 경우를 생각해보자. 이 활성화 함수에 대한 미분 $\partial h/\partial f$를 계산해보자. 입력이 (i) 큰 양숫값, (ii) 큰 음숫값일 때 미분은 어떻게 구할까?

7.8 활성화 함수로 (i) **헤비사이드 함수**Heaviside function, (ii) 구형 함수를 고려해보자.

$$\text{Heaviside}[z] = \begin{cases} 0 & z < 0 \\ 1 & z \geq 0 \end{cases} \qquad \text{식 7.40}$$

$$\text{rect}[z] = \begin{cases} 0 & z < 0 \\ 1 & 0 \leq z \leq 1 \\ 0 & z > 1 \end{cases} \qquad \text{식 7.41}$$

이러한 함수가 기울기 기반 최적화 방법을 사용하는 신경망 훈련에 문제가 되는 이유를 설명해보자.

7.9* $\mathbf{f} = \boldsymbol{\beta} + \boldsymbol{\Omega}\mathbf{h}$에 대한 손실 함수를 $\ell[\mathbf{f}]$라고 하자. i번째 행과 j번째 열의 원소가 미분값 $\partial \ell/\partial \Omega_{ij}$인 행렬로 $\boldsymbol{\Omega}$의 변화에 따라 손실 ℓ이 어떻게 변하는지를 나타낸다고 하자. $\partial f_i/\partial \Omega_{ij}$에 대한 표현식을 찾고 연쇄 법칙을 사용하여 다음을 증명해보자.

$$\frac{\partial \ell}{\partial \boldsymbol{\Omega}} = \frac{\partial \ell}{\partial \mathbf{f}}\mathbf{h}^T \qquad \text{식 7.42}$$

7.10* 다음과 같이 정의되는 누출이 있는 ReLU 활성화를 사용하는 네트워크에 대한 역전파 알고리즘의 역방향 전파식을 유도해보자.

$$\text{a}[z] = \text{ReLU}[z] = \begin{cases} \alpha \cdot z & z < 0 \\ z & z \geq 0 \end{cases} \qquad \text{식 7.43}$$

여기서 α는 작은 양의 상수(일반적으로 0.1)이다.

7.11 50개 층으로 구성된 네트워크를 훈련하는데, 순방향 전파 때 매 열 번째 은닉층에 대한 사전 활성화를 저장할 만큼의 메모리만 있다. 이 상황에서 기울기 체크포인트를 사용하여 미분을 계산하는 방법을 설명해보자.

7.12* 이 문제는 일반적인 비순환 계산 그래프에서의 미분 계산을 다룬다. 다음 함수를 고려해보자.

$$y = \exp\left[\exp[x] + \exp[x]^2\right] + \sin[\exp[x] + \exp[x]^2]$$ 식 7.44

이를 다음과 같이 일련의 중간 계산으로 나눌 수 있다.

$$\begin{aligned} f_1 &= \exp[x] \\ f_2 &= f_1^2 \\ f_3 &= f_1 + f_2 \\ f_4 &= \exp[f_3] \\ f_5 &= \sin[f_3] \\ y &= f_4 + f_5 \end{aligned}$$ 식 7.45

관련 계산 그래프는 그림 7.8과 같다. **역방향 모드 미분**reverse-mode differentiation을 통해 미분 $\partial y/\partial x$를 구해보자. 즉 다음을 차례대로 계산한다.

$$\frac{\partial y}{\partial f_5}, \frac{\partial y}{\partial f_4}, \frac{\partial y}{\partial f_3}, \frac{\partial y}{\partial f_2}, \frac{\partial y}{\partial f_1}, \frac{\partial y}{\partial x}$$ 식 7.46

각각의 경우에 이미 구한 미분을 활용하기 위해 연쇄 법칙을 사용한다.

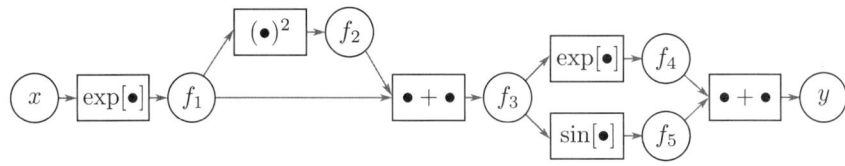

그림 7.8 문제 7.12와 문제 7.13에 대한 계산 그래프(Domke(2010)[33]에서 인용)

7.13* 문제 7.12의 동일한 함수에 대해 **순방향 모드 미분**forward-mode differentiation을 통해 미분 $\partial y/\partial x$를 구해보자. 즉 다음을 차례대로 계산한다.

$$\frac{\partial f_1}{\partial x}, \frac{\partial f_2}{\partial x}, \frac{\partial f_3}{\partial x}, \frac{\partial f_4}{\partial x}, \frac{\partial f_5}{\partial x}, \frac{\partial y}{\partial x}$$ 식 7.47

각각의 경우에 이미 구한 미분을 활용하기 위해 연쇄 법칙을 사용한다. 심층 신경망의 매개변수에 대한 기울기를 계산할 때 순방향 미분을 사용하지 않는 이유는 무엇일까?

7.14 평균 $\mathbb{E}[a] = 0$을 중심으로 대칭적인 분포를 가지며, 분산 $\text{Var}[a] = \sigma^2$인 확률변수 a를 고려해보자. 이 변수를 다음과 같이 ReLU 함수를 통과시킨다고 하자.

$$b = \text{ReLU}[a] = \begin{cases} 0 & a < 0 \\ a & a \geq 0 \end{cases} \quad \text{식 7.48}$$

ReLU 함수를 통과한 변수 b의 2차 모멘트가 $\mathbb{E}[b^2] = \sigma^2/2$임을 증명해 보자.

7.15 네트워크의 모든 가중치와 편향을 0으로 초기화하면 어떤 일이 일어날까?

7.16 그림 7.8의 코드를 파이토치로 구현하고 에포크에 따른 훈련 손실을 그래프로 나타내보자.

7.17 그림 7.8의 코드를 수정해서 이진 분류 문제를 풀어보자. (i) 목푯값 y를 이진수가 되도록 변경하고, (ii) 0과 1 사이의 숫자를 예측하도록 네트워크를 변경하고, (iii) 손실 함수를 적절하게 변경해야 한다.

참고 문헌

[1] Werbos, P. (1974). Beyond regression: New tools for prediction and analysis in the behavioral sciences. *Ph.D. dissertation, Harvard University*.

[2] Bryson, A., Ho, Y.-C., & Siouris, G. (1979). Applied optimal control: Optimization, estimation, and control. *IEEE Transactions on Systems, Man & Cybernetics*, 9, 366–367.

[3] LeCun, Y. (1985). Une procedure d'apprentissage pour reseau a seuil asymmetrique. *Proceedings of Cognitiva*, 599–604.

[4] Parker, D. B. (1985). *Learning-logic: Casting the cortex of the human brain in silicon*. Alfred P. Sloan School of Management, MIT.

[5] Rumelhart, D. E., Hinton, G. E., & Williams, R. J. (1985). Learning internal representations by error propagation. *Techical Report, La Jolla Institute for Cognitive Science, UCSD*.

[6] Rumelhart, D. E., Hinton, G. E., & Williams, R. J. (1986). Learning representations by backpropagating errors. *Nature*, 323(6088), 533–536.

[7] Krizhevsky, A., Sutskever, I., & Hinton, G. E. (2012). ImageNet classification with deep convolutional neural networks. *Neural Information Processing Systems*, 25, 1097–1105.

[8] Griewank, A., & Walther, A. (2008). *Evaluating derivatives: Principles and techniques of algorithmic differentiation*. SIAM.

[9] Baydin, A. G., Pearlmutter, B. A., Radul, A. A., & Siskind, J. M. (2018). Automatic differentiation in machine learning: A survey. *Journal of Marchine Learning Research*, 18, 1–43.

[10] He, K., Zhang, X., Ren, S., & Sun, J. (2015). Delving deep into rectifiers: Surpassing humanlevel performance on ImageNet classification. *IEEE International Conference on Computer Vision*, 1026–1034

[11] Glorot, X., & Bengio, Y. (2010). Understanding the difficulty of training deep feedforward neural networks. *International Conference on Artificial Intelligence and Statistics*, 9, 249–256.

[12] LeCun, Y. A., Bottou, L., Orr, G. B., & Müller, K.-R. (2012). Efficient backprop. *Neural Networks: Tricks of the trade*, 9–48. Springer.

[13] Klambauer, G., Unterthiner, T., Mayr, A., & Hochreiter, S. (2017). Self-normalizing neural networks. *Neural Information Processing Systems*, vol. 30, 972–981.

[14] Mishkin, D., & Matas, J. (2016). All you need is a good init. *International Conference on Learning Representations*.

[15] Zhu, C., Ni, R., Xu, Z., Kong, K., Huang, W. R., & Goldstein, T. (2021). GradInit: Learning to initialize neural networks for stable and efficient training. *Neural Information Processing Systems*, 34, 16410–16422.

[16] Ioffe, S., & Szegedy, C. (2015). Batch normalization: Accelerating deep network training by reducing internal covariate shift. *International Conference on Machine Learning*, 448–456.

[17] Xiao, L., Bahri, Y., Sohl-Dickstein, J., Schoenholz, S., & Pennington, J. (2018a). Dynamical isometry and a mean field theory of CNNs: How to train 10,000-layer vanilla convolutional neural networks. *International Conference on Machine Learning*, 5393–5402.

[18] Zhang, H., Dauphin, Y. N., & Ma, T. (2019a). Fixup initialization: Residual learning without normalization. *International Conference on Learning Representations*.

[19] Huang, X. S., Perez, F., Ba, J., & Volkovs, M. (2020a). Improving transformer optimization through better initialization. *International Conference on Machine Learning*, 4475–4483.

[20] Xu, P., Kumar, D., Yang, W., Zi, W., Tang, K., Huang, C., Cheung, J. C. K., Prince, S. J. D., & Cao, Y. (2021b). Optimizing deeper transformers on small datasets. *Meeting of the Association for Computational Linguistics*.

[21] Chen, T., Xu, B., Zhang, C., & Guestrin, C. (2016a). Training deep nets with sublinear memory cost. *arXiv:1604.06174*.

[22] Huang, Y., Cheng, Y., Bapna, A., Firat, O., Chen, D., Chen, M., Lee, H., Ngiam, J., Le, Q. V., Wu, Y., et al. (2019). GPipe: Efficient training of giant neural networks using pipeline parallelism. *Neural Information Processing Systems*, 32, 103–112.

[23] Gomez, A. N., Ren, M., Urtasun, R., & Grosse, R. B. (2017). The reversible residual network: Backpropagation without storing activations. *Neural Information Processing Systems*, *30*, 2214–2224.

[24] Sohoni, N. S., Aberger, C. R., Leszczynski, M., Zhang, J., & Ré, C. (2019). Low-memory neural network training: A technical report. *arXiv:1904.10631*.

[25] Xing, E. P., Ho, Q., Dai, W., Kim, J. K., Wei, J., Lee, S., Zheng, X., Xie, P., Kumar, A., & Yu, Y. (2015). Petuum: A new platform for distributed machine learning on big data. *IEEE Transactions on Big Data*, *1*(2), 49–67.

[26] Li, S., Zhao, Y., Varma, R., Salpekar, O., Noordhuis, P., Li, T., Paszke, A., Smith, J., Vaughan, B., Damania, P., & Chintala, S. (2020b). Pytorch distributed: Experiences on accelerating data parallel training. *International Conference on Very Large Databases*.

[27] Recht, B., Re, C., Wright, S., & Niu, F. (2011). Hogwild!: A lock-free approach to parallelizing stochastic gradient descent. *Neural Information Processing Systems*, *24*, 693–701.

[28] Zhang, H., Hsieh, C.-J., & Akella, V. (2016a). Hogwild++: A new mechanism for decentralized asynchronous stochastic gradient descent. *IEEE International Conference on Data Mining*, 629–638.

[29] Huang, Y., Cheng, Y., Bapna, A., Firat, O., Chen, D., Chen, M., Lee, H., Ngiam, J., Le, Q. V., Wu, Y., et al. (2019). GPipe: Efficient training of giant neural networks using pipeline parallelism. *Neural Information Processing Systems*, *32*, 103–112.

[30] Narayanan, D., Phanishayee, A., Shi, K., Chen, X., & Zaharia, M. (2021a). Memory-efficient pipeline-parallel DNN training. *International Conference on Machine Learning*, 7937–7947.

[31] Shoeybi, M., Patwary, M., Puri, R., LeGresley, P., Casper, J., & Catanzaro, B. (2019). Megatron-LM: Training multi-billion parameter language models using model parallelism. *arXiv:1909.08053*.

[32] Narayanan, D., Shoeybi, M., Casper, J., LeGresley, P., Patwary, M., Korthikanti, V., Vainbrand, D., Kashinkunti, P., Bernauer, J., Catanzaro, B., et al. (2021b). Efficient largescale language model training on GPU clusters using Megatron-LM. *International Conference for High Performance Computing, Networking, Storage and Analysis*, 1–15.

[33] Domke, J. (2010). Statistical machine learning. https://people.cs.umass.edu/~domke/.

CHAPTER 08 성능 측정

앞 장에서는 신경망 모델, 손실 함수, 훈련 알고리즘을 설명했다. 이 장에서는 훈련된 모델의 성능을 측정하는 방법을 살펴본다. 신경망 모델의 용량이 충분하면(즉 은닉 유닛의 수가 많은 경우) 훈련 데이터에 대해서는 뛰어난 성능을 보여준다. 그러나 그렇다고 해서 반드시 새로운 테스트 데이터에 대해서도 일반화가 잘 된다는 의미는 아니다.

테스트 오차에는 크게 세 가지 원인이 있는데, 전체 오차에 미치는 각각의 원인의 영향은 (i) 작업에 내재된 불확실성, (ii) 훈련 데이터의 양, (iii) 모델 선택에 따라 달라진다. 이 중에서 모델 선택에 있어서는 하이퍼파라미터의 선택이 중요하다. 모델의 하이퍼파라미터(예를 들어 은닉층 수, 각 은닉층의 은닉 유닛 수)와 학습 알고리즘 하이퍼파라미터(예를 들어 학습률, 배치 크기)를 모두 선택하는 방법에 대해서도 논의한다.

8.1 간단한 모델 훈련

MNIST-1D 데이터셋에 대한 모델 성능을 살펴보자(그림 8.1). 이 데이터셋에는 숫자 0–9를 나타내는 10개의 클래스 $y \in \{0, 1, ..., 9\}$가 있다. 데이터는 각 숫자에 대한 1차원 템플릿_{1D template}에서 유도된다. 각 데이터 견본 **x**는 이러한 템플릿 중 하나를 무작위로 변환하고 잡음을 더해서 생성한다. 전체 학습 데이터셋 $\{\mathbf{x}_i, y_i\}$는 $I = 4{,}000$개의 학습 견본으로 구성되며, 각 견본은 40개 위치에서의 수평 오프셋을 나타내는 $D_i = 40$차원으로 구성된다. 데이터 생성 중에 10개의 클래스를 동일한 확률로 샘플링하므로 각 클래스의 견본은 약 400개다.

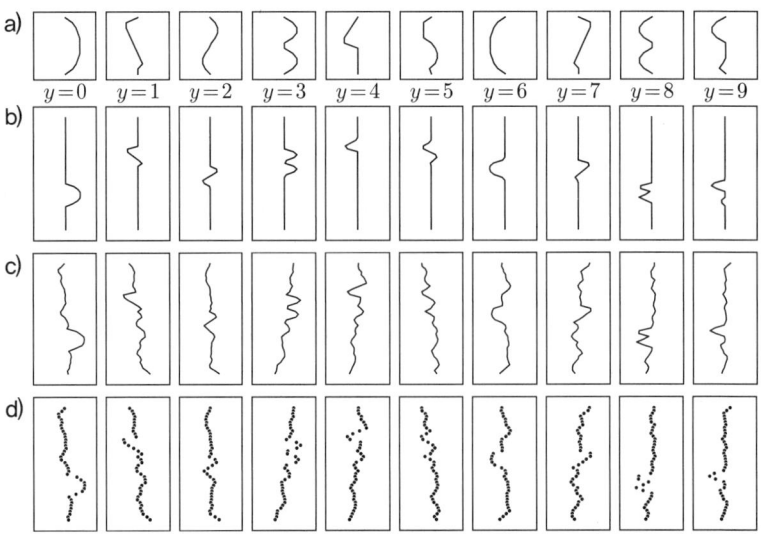

그림 8.1 MNIST-1D. a) 숫자 0–9를 나타내는 10개 클래스에 대한 템플릿 $y \in \{0, ..., 9\}$. 훈련 견본 x는 b) 템플릿을 무작위로 변환하고 c) 잡음을 더해서 생성한다. d) 변환된 템플릿의 수평 오프셋은 40개의 수직 위치에서 샘플링한다(출처: Greydanus, 2020[1]).

입력이 $D_i = 40$이고, 출력이 $D_o = 10$인 네트워크를 사용하고, 소프트맥스 함수를 통과한 출력은 클래스 확률을 나타낸다(5.5절 참고). 네트워크에는 2개의 은닉층이 있고 각각의 은닉층에는 $D = 100$개의 은닉 유닛이 있다. 6,000단계(150 에포크) 동안 다중 클래스 교차 엔트로피 손실(식 5.24)을 이용해서 배치 크기가 100이고, 학습률이 0.1인 SGD로 훈련한다. 그림 8.2는 훈련이 진행됨에 따라 훈련 오차가 감소하는 것을 보여준다. 훈련 데이터는 약 4,000단계 후에 완벽하게 분류된다. 훈련 손실도 감소하여 결국 0에 가까워진다.†

연습 문제 8.1 참고

그러나 이것이 분류기가 완벽하다는 것을 의미하지는 않는다. 모델이 훈련셋은 정확히 기억하지만 새로운 견본은 예측하지 못할 수도 있다. 모델의 실제 성능을 추정하려면 입력/출력 쌍 $\{\mathbf{x}_i, y_i\}$으로 구성된 별도의 **테스트셋**test set이 필요하다. 이를 위해 동일한 과정을 통해 1,000개의 견본을 추가로 생성한다. 그림 8.2a는 훈련 단계에 따른 테스트 데이터의 추정 오차를 백분율로 보여준다. 훈련이 진행됨에 따라 오차는 감소하지만 약 40% 정도에 머무르고 있다. 이는 10개의 클래스 중에 무작위로 정답을 뽑았을 때의 90% 기회 오차율chance error rate보다는 낫지만 훈련셋보다는 훨씬 나쁜 성능이다. 따라서 모델이 테스트 데이터에 대해 잘 일반화되지generalized 않았다고 볼 수 있다.

테스트 손실(그림 8.2b)은 처음 1,500개의 훈련 단계 동안에는 감소하지만 그 이후에는 다시 증가한다.† 하지만 이 시점에 테스트 오차율은 일정하다. 모델이 더 높은 신뢰도로 동일한 실수를 저지르고 있는 것이다. 이로 인해 정답일 확률은 감소하고 음의 로그 우도는 증가한다. 소프트맥스 함수의 부작용으로 이렇게 신뢰도가 증가한다. 즉 훈련 데이터의 확률이 1에 가까워지도록 하기 위해 소프트맥스 이전 활성화를 점점 더 양 끝 값으로 만든다(그림 5.10 참고).

깃허브의 노트북 8.1 'MNIST-1D performance' 참고.
https://bit.ly/udl8_1

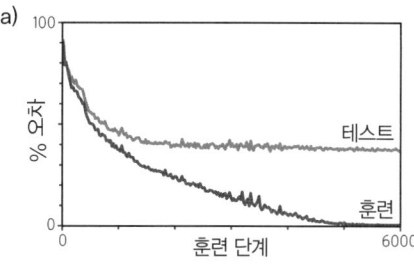
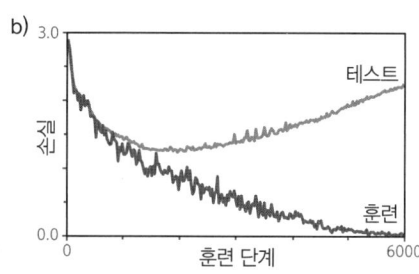

그림 8.2 MNIST-1D 결과. a) 훈련 단계에 따른 백분율 분류 오차. 훈련셋의 오차는 0으로 감소하지만 테스트 오차는 ~40% 아래로 떨어지지 않는다. 이 모델은 새로운 테스트 데이터에 대해서 잘 일반화되지 않았다. b) 훈련 단계에 따른 손실. 훈련 손실은 꾸준히 0으로 감소한다. 테스트 손실은 처음에는 감소하지만 모델이 (잘못된) 예측에 대해 점점 더 확신을 갖게 되면서 이후에는 증가한다.

8.2 오차의 원인

이제 모델이 일반화에 실패하게 하는 오차의 원인을 살펴보자. 오차의 원인을 좀 더 쉽게 시각화하기 위해서 정답 데이터가 어떻게 생성되었는지 정확히 알 수 있는 1차원 선형 최소제곱 회귀 문제로 돌아가보자. 그림 8.3은 준정현파quasi-sinusoidal 함수를 보여준다. 훈련 데이터와 테스트 데이터는 [0, 1] 범위에서 샘플링한 입력값에 대한 함수의 출력값에 고정된 분산값을 갖는 가우시안 잡음Gaussian noise을 더해서 생성한다.

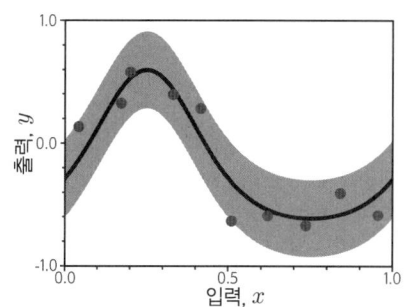

그림 8.3 회귀 함수. 검은색 실선은 원하는 정답 함수를 나타낸다. I개의 훈련 견본을 $\{x_i, y_i\}$를 생성하기 위해 입력 구간 $x \in [0, 1]$은 I개의 동일한 세그먼트로 나누고 각 세그먼트에 대해서 동일한 확률로 x_i를 샘플링한다. y_i는 x_i에서의 함숫값에 가우시안 잡음을 더해서 생성한다(회색 영역은 ±2 표준편차를 나타낸다). 테스트 데이터도 동일한 방식으로 생성한다.

단순화된 얕은 신경망으로 이 데이터를 적합하도록 만든다(그림 8.4). 함수의 '연결점'이 범위 내에 균등하게 배치되도록 입력층을 은닉층에 연결하는 가중치와 편향을 선택한다. D개의 은닉 유닛이 있는 경우 이러한 연결점은 $0, 1/D, 2/D, ..., (D-1)/D$에 위치한다. 이 모델은 $[0, 1]$ 범위 내에 D개의 동일한 크기의 영역을 갖는 모든 구간별 부분 선형함수를 나타낼 수 있다. 이 모델은 이해하기 쉬울 뿐만 아니라, 확률론적 최적화 알고리즘 없이도 닫힌 형태의 해석적 적합 결과를 얻을 수 있다는 장점이 있다(문제 8.3 참고).† 결과적으로 훈련 중에 손실 함수의 전역 최솟값을 찾는 것을 보장할 수 있다.

연습 문제 8.2 – 8.3 참고

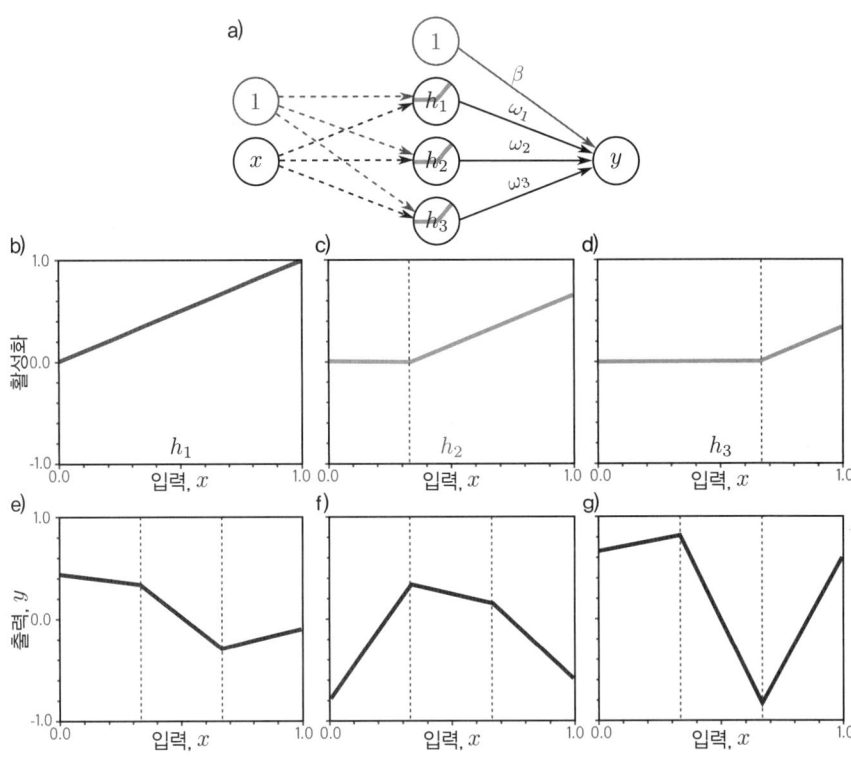

그림 8.4 3개의 은닉 유닛이 있는 단순한 신경망. a) 입력층과 은닉층 사이의 가중치와 편향은 고정되어 있다(점선 화살표). b–d) 은닉 유닛 활성화의 기울기는 1이고 연결점이 전체 구간에 동일한 간격으로 배치되도록 각각 $x = 0, x = 1/3, x = 2/3$을 선택한다. 나머지 매개변수 $\phi = \{\beta, \omega_1, \omega_2, \omega_3\}$를 조절해서 $x \in [0, 1]$ 구간에서 연결점이 $1/3, 2/3$에 있는 임의의 구간별 부분 선형함수를 생성할 수 있다. e–g) 서로 다른 매개변수 ϕ값을 갖는 세 가지 예시 함수이다.

8.2.1 잡음, 편향, 분산

오차의 주요 원인으로는 잡음, 편향, 분산이 있다(그림 8.5).

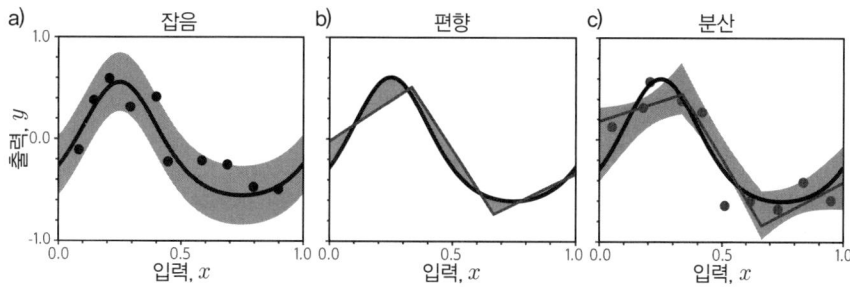

그림 8.5 테스트 오차의 원인. a) 잡음. 데이터 생성 시 잡음이 더해지므로 모델이 실제 기저 함수(검은색 선)를 정확하게 적합하더라도 테스트 데이터의 잡음(회색 점) 때문에 어느 정도 오차가 남는다(회색 영역은 2개의 표준편차를 나타낸다). b) 편향. 최적의 매개변수를 사용하더라도 세 부분 영역 모델(청록색 선)은 실제 함수(검은색 선)를 정확하게 적합할 수 없다. 이 편향은 오차의 또 다른 원인이다(회색 영역은 부호 있는 오차를 나타낸다). c) 분산. 실제로는 잡음이 있는 한정된 개수의 훈련 데이터(주황색 점)가 있을 뿐이다. 모델을 적합할 때 그림 (b)에서 가능한 최상의 함수를 복구하는 것이 아니라 훈련 데이터의 특이성을 반영하는 약간 다른 함수(청록색 선)를 복구한다. 이는 추가적인 오차의 원인이 된다(회색 영역은 2개의 표준편차를 나타낸다). 그림 8.6은 이 영역을 계산하는 방법을 보여준다.

잡음

데이터 생성과정에서 잡음이 더해지기 때문에, 각 입력 x에 대해서 여러 가능한 출력 y가 존재한다(그림 8.5a). 이러한 오차 원인은 테스트 데이터에도 존재한다. 하지만 잡음이 반드시 훈련 성능을 제한하는 것은 아니라는 점에 주목하자.

데이터 생성 과정에 실제 확률적 요소가 있거나, 일부 데이터에 레이블이 잘못 지정되었거나 관찰하지 못한 추가 설명 변수explanatory variable가 있기 때문에 잡음이 발생할 수 있다. 드문 경우지만 예를 들어 입력값이 같다면 출력값도 항상 같지만 평가에 상당한 계산이 필요한 결정적 함수를 근사하는 경우에는 네트워크에 잡음이 없을 수도 있다. 그러나 일반적으로 **잡음**noise은 테스트 성능을 근본적으로 제한한다.

편향

두 번째 잠재적 오차 원인은 모델이 실제 함수를 완벽하게 적합할 만큼 유연하지 않기 때문에 발생할 수 있다. 예를 들어 3개의 구간별 부분 선형 영역을 갖는 신경망 모델은 매개변수를 최적으로 선택하더라도 준사인파 함수quasi-sinusoidal function

를 정확하게 표현할 수 없다(그림 8.5b). 이것을 **편향**bias이라고 한다.

분산

훈련 견본의 개수가 유한하므로 기저 함수underlying function의 구조적인 변화와 기저 데이터underlying data의 잡음을 구별할 방법이 없다. 모델을 적합할 때 실제 기저 함수에 가장 가까운 근사치를 얻지 못하게 된다. 실제로, 서로 다른 학습 데이터셋에 대한 결과는 매번 조금씩 다를 수 있다. 적합된 함수의 추가적인 변동의 원인을 **분산**variance이라고 한다(그림 8.5c). 실제로는 확률적 학습 알고리즘에 따른 추가적인 분산이 있을 수도 있으며, 이로 인해 매번 동일하지 않은 해를 얻게 된다.

8.2.2 테스트 오차의 수학적 정의

이제 잡음, 편향, 분산의 개념을 수학적으로 정확하게 정의해보자. 데이터 생성 과정에 분산이 σ^2인 잡음이 더해지는 1차원 회귀 문제를 생각해보자(예를 들어 그림 8.3). 잡음이 더해져서 같은 입력 x에 대해 서로 다른 출력 y를 관찰할 수 있다. 이때 y는 x에 대한 기댓값†(평균) $\mu[x]$를 갖는 확률분포 $Pr(y|x)$를 따른다.

C.2절 '기댓값' 참고

$$\mu[x] = \mathbb{E}_y[y[x]] = \int y[x] Pr(y|x) dy$$

식 8.1

잡음의 분산은 $\sigma^2 = \mathbb{E}_y\left[(\mu[x] - y[x])^2\right]$이다. 여기서는 입력 x에 대한 출력 y를 명시적으로 나타내기 위해서 $y[x]$와 같이 표기한다.

이제 x에서의 모델 예측 f$[x, \boldsymbol{\phi}]$와 관찰값 $y[x]$ 사이의 최소제곱 손실을 고려해 보자.

$$\begin{aligned} L[x] &= \left(\text{f}[x, \boldsymbol{\phi}] - y[x]\right)^2 \\ &= \left(\left(\text{f}[x, \boldsymbol{\phi}] - \mu[x]\right) + \left(\mu[x] - y[x]\right)\right)^2 \\ &= \left(\text{f}[x, \boldsymbol{\phi}] - \mu[x]\right)^2 + 2\left(\text{f}[x, \boldsymbol{\phi}] - \mu[x]\right)\left(\mu[x] - y[x]\right) + \left(\mu[x] - y[x]\right)^2 \end{aligned}$$

식 8.2

두 번째 줄의 제곱항을 주목해보자. 기저 함수의 평균 $\mu[x]$를 첫 번째 항에는 더하고 두 번째 항에서는 뺀 다음에 세 번째 줄에서 이항정리를 이용해서 제곱항을 전개했다.

기저 함수는 확률적이므로, 이 손실은 특정한 관찰값 $y[x]$에 따라 달라진다. 손실의 기댓값은 다음과 같다.

$$\begin{aligned}
\mathbb{E}_y[L[x]] &= \mathbb{E}_y\Big[\big(f[x,\phi]-\mu[x]\big)^2 + 2\big(f[x,\phi]-\mu[x]\big)\big(\mu[x]-y[x]\big) + \big(\mu[x]-y[x]\big)^2\Big] \\
&= \big(f[x,\phi]-\mu[x]\big)^2 + 2\big(f[x,\phi]-\mu[x]\big)\big(\mu[x]-\mathbb{E}_y[y[x]]\big) \\
&\quad + \mathbb{E}_y\big[(\mu[x]-y[x])^2\big] \\
&= \big(f[x,\phi]-\mu[x]\big)^2 + 2\big(f[x,\phi]-\mu[x]\big)\cdot 0 + \mathbb{E}_y\big[(\mu[x]-y[x])^2\big] \\
&= \big(f[x,\phi]-\mu[x]\big)^2 + \sigma^2
\end{aligned}$$

식 8.3

여기서 기댓값 조작 규칙†을 이용해서 기댓값을 유도했다. 두 번째 줄에서는 기댓값 연산자를 배분하고 $y[x]$에 의존성이 없는 항에서 기댓값 연산자를 제거했다. 정의에 따르면 $\mathbb{E}_y[y[x]] = \mu[x]$이므로, 세 번째 줄에서 두 번째 항은 0이 된다. 마지막으로 네 번째 줄에서는 세 번째 줄의 마지막 항을 잡음 σ^2의 정의를 대체했다. 결과적으로 손실의 기댓값은 2개의 항으로 구성되어 있는데, 첫 번째 항은 모델과 실제 함수 평균 차이의 제곱이고 두 번째 항은 잡음이다.

† C.2.1절 '기댓값 조작 규칙' 참고

첫 번째 항은 편향과 분산으로 나눠서 표현할 수 있다. 모델 $f[x, \phi]$의 매개변수 ϕ는 훈련 데이터셋 $\mathcal{D} = \{x_i, y_i\}$에 따라 달라지므로, 좀 더 엄밀히 말해서 $f[x, \phi[\mathcal{D}]]$라고 표현해야 한다. 훈련 데이터셋은 데이터 생성 과정에서 무작위로 추출된 샘플이다. 따라서 다른 훈련 데이터 샘플을 사용하면 다른 매개변숫값을 학습하게 된다. 따라서 가능한 모든 데이터셋 $\mathcal{D}$에 대한 예상되는 모델 출력의 기댓값 $f_\mu[x]$는 다음과 같다.

$$f_\mu[x] = \mathbb{E}_\mathcal{D}\big[f[x, \phi[\mathcal{D}]]\big]$$

식 8.4

다시 식 8.3의 첫 번째 항으로 돌아와서 $f_\mu[x]$를 더하고 뺀 다음에 다음과 같이 전개한다.

$$\begin{aligned}
&\big(f[x,\phi[\mathcal{D}]]-\mu[x]\big)^2 \\
&= \Big(\big(f[x,\phi[\mathcal{D}]]-f_\mu[x]\big) + \big(f_\mu[x]-\mu[x]\big)\Big)^2 \\
&= \big(f[x,\phi[\mathcal{D}]]-f_\mu[x]\big)^2 + 2\big(f[x,\phi[\mathcal{D}]]-f_\mu[x]\big)\big(f_\mu[x]-\mu[x]\big) + \big(f_\mu[x]-\mu[x]\big)^2
\end{aligned}$$

식 8.5

그런 다음 훈련 데이터셋 $\mathcal{D}$에 대한 기댓값을 구한다.

$$\mathbb{E}_{\mathcal{D}}\left[\left(f[x,\phi[\mathcal{D}]]-\mu[x]\right)^2\right] = \mathbb{E}_{\mathcal{D}}\left[\left(f[x,\phi[\mathcal{D}]]-f_\mu[x]\right)^2\right] + \left(f_\mu[x]-\mu[x]\right)^2 \quad \text{식 8.6}$$

식 8.3과 유사한 단계를 거쳐서 식을 단순화했다. 마지막으로 이 결과를 식 8.3으로 대입한다.

$$\mathbb{E}_{\mathcal{D}}\left[\mathbb{E}_y[L[x]]\right] = \underbrace{\mathbb{E}_{\mathcal{D}}\left[\left(f[x,\phi[\mathcal{D}]]-f_\mu[x]\right)^2\right]}_{\text{분산}} + \underbrace{\left(f_\mu[x]-\mu[x]\right)^2}_{\text{편향}} + \underbrace{\sigma^2}_{\text{잡음}} \quad \text{식 8.7}$$

이 식은 훈련 데이터 $\mathcal{D}$와 테스트 데이터 y의 불확실성을 고려한 손실의 기댓값이 세 가지 요소로 구성되어 있음을 나타낸다. 분산은 샘플링한 특정 훈련 데이터셋으로 인한 적합 모델의 불확실성이다. 편향은 모델링하려는 함수의 평균으로부터 모델이 벗어나 있는 차이를 의미한다. 잡음은 입력에서 출력으로의 실제 매핑에 내재된 불확실성이다. 이 세 가지 오차 원인은 모든 작업에 존재한다. 선형회귀의 경우, 최소제곱 손실에 이러한 오차가 더해진다. 그러나 다른 유형의 문제에서는 오차와의 상호작용이 더 복잡할 수 있다.

8.3 오차 줄이기

앞 절에서는 테스트 오차가 세 가지 원인, 즉 잡음, 편향, 분산에서 발생한다는 것을 확인했다. 잡음 성분은 항상 존재하기 때문에, 근본적으로 없앨 방법은 없다. 이는 모델 성능에 대한 근본적인 한계가 된다. 그러나 나머지 2개의 오차는 줄일 수 있다.

8.3.1 분산 줄이기

분산은 잡음이 더해진 한정된 개수의 훈련 데이터로 인해 발생한다는 점을 떠올려 보자. 모델을 2개의 서로 다른 훈련셋에 적합하면 매개변수가 약간 달라진다. 따라서 훈련 데이터의 양을 늘리면 분산을 줄일 수 있다. 이는 데이터에 내재된 잡음을 제거하는 효과가 있어서 입력 공간을 좀 더 잘 샘플링할 수 있도록 한다.

그림 8.6은 6개, 10개, 100개 샘플을 사용했을 때, 샘플의 개수에 따른 훈련의 효과

를 보여준다. 각 데이터셋의 크기에 대해서 세 가지 훈련 데이터셋에 가장 적합한 모델을 보여준다. 6개의 샘플만 사용한 경우, 적합된 함수가 매번 상당히 다르다. 즉 분산이 중요하다. 샘플 수를 더 늘리면 적합된 모델이 매우 유사해지고 분산이 줄어든다. 일반적으로 훈련 데이터를 추가하면 대체로 테스트 성능이 향상된다.

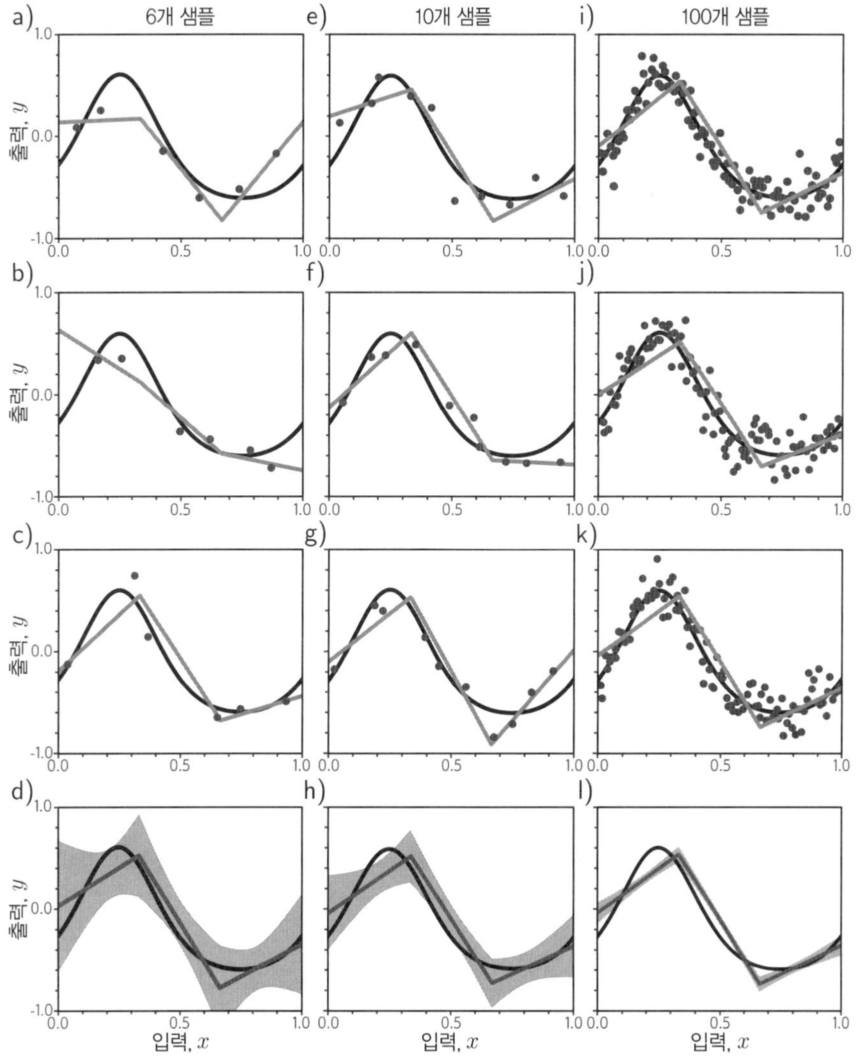

그림 8.6 훈련 데이터를 늘려 분산 줄이기. a–c) 무작위로 샘플링한 6개의 점으로 구성된 3개의 서로 다른 데이터셋에 적합한 3개 영역 모델. 각 데이터셋에 적합된 모델의 형태가 매우 다르다. d) 이 실험을 여러 번 반복한 후에, 평균 모델 예측(청록색 선)과 모델 예측의 분산(회색 영역은 2개의 표준편차를 나타낸다)을 표시한다. e–h) 이번에는 10개의 점으로 구성된 데이터셋에 대해서 동일한 실험을 수행한다. 예측의 분산이 감소한다. i–l) 100개의 점으로 구성된 데이터셋을 사용하여 이 실험을 반복한다. 각 데이터셋에 적합된 모델이 서로 유사하고 분산도 작다.

8.3 오차 줄이기

8.3.2 편향 줄이기

편향은 모델이 실제 기저 함수를 제대로 표현할 수 없기 때문에 발생한다. 따라서 모델을 유연하게 만들어서 이 오차를 줄일 수 있다. 이는 일반적으로 모델의 용량을 늘려서 해결할 수 있다. 신경망의 경우 더 많은 은닉 유닛/은닉층을 추가해서 모델의 용량을 늘일 수 있다.

단순한 모델에서 용량을 늘이는 것은 은닉 유닛을 추가해서 구간 [0, 1]을 좀 더 많은 선형 영역으로 분할하는 것과 같다. 그림 8.7a–c는 이를 통해 실제로 편향이 줄어드는 것을 보여준다. 선형 영역의 수를 열개로 늘리면 실제 함수에 밀접하게 적합할 만큼 모델이 충분히 유연해진다.

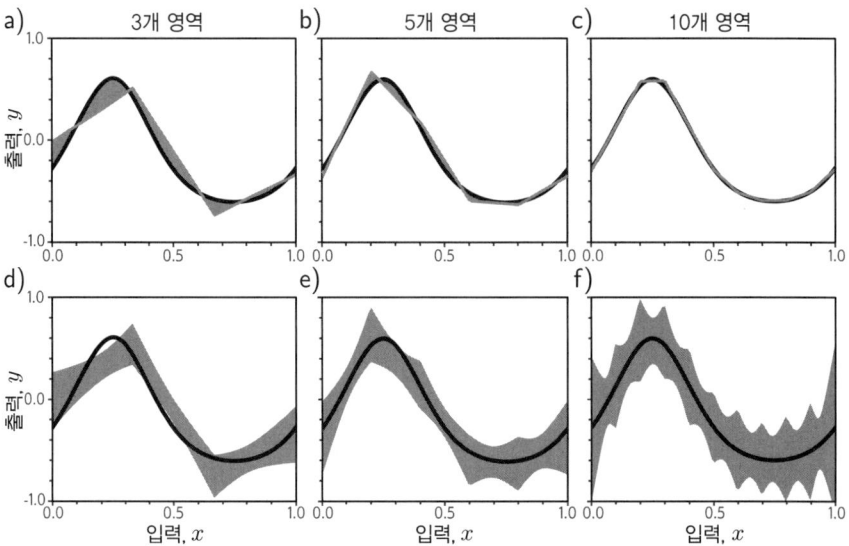

그림 8.7 모델 용량에 따른 편향과 분산. a–c) 간단한 모델의 은닉 유닛 수를 늘리면 선형 영역의 수가 증가하고 모델이 실제 함수를 좀더 정확하게 적합할 수 있다. 동시에 편향(회색 영역)도 감소한다. d–f) 반면에 모델 용량을 늘리면 분산 항(회색 영역)이 늘어나는 부작용이 생긴다. 이를 편향-분산 트레이드오프라고 한다.

8.3.3 편향-분산 트레이드오프

그림 8.7d–f는 모델 용량 증가로 인한 예상치 못한 부작용을 보여준다. 훈련 데이터셋의 크기가 고정되어 있는 경우 모델 용량이 증가함에 따라 분산 항이 증가한다. 결과적으로, 모델 용량을 늘린다고 해서 반드시 테스트 오차가 줄어드는 것은 아니다. 이를 **편향-분산 트레이드오프**bias-variance trade-off라고 한다.

그림 8.8은 이 현상을 보여준다. a)–c)에서는 3개 영역을 갖는 단순한 모델을 15개 포인트로 구성된 3개의 서로 다른 데이터셋에 적합하도록 만든다. 데이터셋은 다르지만 최종 모델은 거의 동일하다. 각 선형 영역에서 데이터셋의 잡음은 평균화를 통해 대체로 상쇄된다. d)–f)에서는 10개 영역이 있는 모델을 동일한 3개 데이터셋에 적합하도록 만든다. 이 모델은 유연성이 더 뛰어나지만 이 경우에 오히려 불리하다. 모델이 데이터에 더 잘 적합되고 훈련 오차도 더 줄어들지만 모델의 추가적인 표현력이 대부분 잡음을 모델링 하는데 사용된다. 이 현상을 과적합이라고 한다.

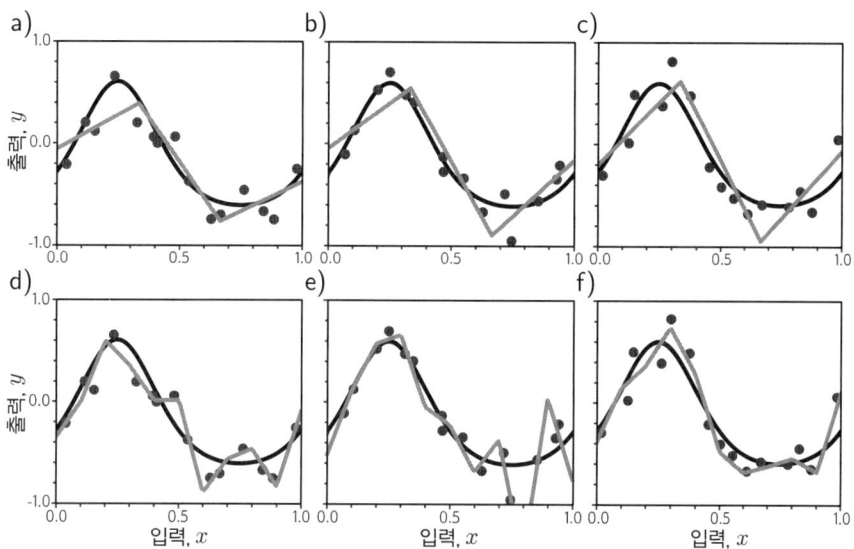

그림 8.8 과적합. a)–c) 세 영역이 있는 모델을 각각 15개 점으로 구성된 3개의 서로 다른 데이터셋에 적합하도록 만든다. 세 경우 모두 결과가 유사하다(즉 분산이 낮다). d)–f) 10개 영역이 있는 모델을 동일한 데이터셋에 적합하도록 만든다. 모델의 유연성이 더 높아진다고 해서 반드시 더 나은 예측을 하는 것은 아니다. 이 세 모델은 훈련 데이터를 좀 더 잘 표현하지만 반드시 실제 기저 함수(검은색 곡선)에 더 가까워지지는 않는다. 대신 데이터에 과적합되어 잡음을 표현하게 되면서 분산(적합된 곡선 간의 차이)이 더 크다.

모델의 용량을 늘리면 편향이 감소하지만 고정된 크기의 훈련 데이터셋의 경우 분산이 증가한다는 것을 확인했다. 이는 편향도 너무 크지 않고 분산도 어느 정도 작은 최적의 모델 용량이 있음을 시사한다. 그림 8.9는 그림 8.8의 데이터를 사용하여 용량이 증가함에 따라 간단한 모델에 대해서 편향과 분산이 어떻게 변하는지를 수치적으로 보여준다.† 회귀 모델의 경우 전체 오차의 기댓값은 편향과 분산의 합이며, 이 합은 모델 용량이 4일 때(즉 4개의 은닉 유닛과 데이터 범위 내에서 4개의 선형 영역이 있는 경우) 최소가 된다.

깃허브의 노트북 8.2 'Bias-variance trade-off' 참고.
https://bit.ly/udl8_2

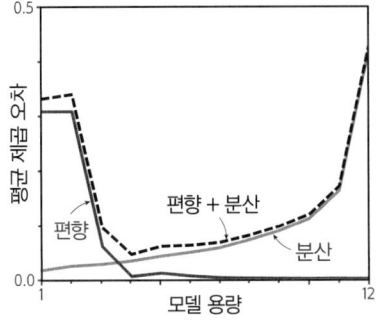

그림 8.9 편향-분산 트레이드오프. 그림 8.8의 훈련 데이터를 사용한 단순화된 모델에서 모델 용량(은닉 유닛 수/데이터 범위 내 선형 영역 수)의 함수로 식 8.7의 편향 항과 분산 항을 보여주고 있다. 용량이 늘어남에 따라 편향(주황색 실선)는 감소하지만 분산(청록색 실선)은 증가한다. 이 두 항의 합(회색 점선)은 용량이 4일 때 최소가 된다.

8.4 이중 하강

앞 절에서는 모델의 용량을 늘리면서 편향-분산 트레이드오프 관계를 살펴보았다. 이제 MNIST-1D 데이터셋으로 돌아가서 이런 현상이 실제로 발생하는지 확인해보자. 10,000개의 훈련 견본과 또 다른 5,000개의 견본으로 모델의 용량(매개변수 수)을 늘리면서 훈련 성능과 테스트 성능을 검사한다. 10,000개의 견본으로 구성된 전체 배치를 사용하여 Adam과 0.005의 학습률을 사용하여 4,000단계에 걸쳐 모델을 훈련한다.

그림 8.10a는 은닉 유닛의 수가 증가함에 따라 2개의 은닉층이 있는 신경망의 훈련 오차와 테스트 오차를 보여준다. 용량이 커짐에 따라 훈련 오차는 감소하고 빠르게 0으로 수렴한다. 수직 점선은 모델이 학습 견본과 동일한 개수의 매개변수를 갖는 시점의 용량을 나타내고, 이 지점 이전에는 모델이 데이터셋을 암기하게 된다. 모델의 용량을 늘리면 테스트 오차가 감소하는데, 편향-분산 트레이드오프 곡선에서 예측한 대로 증가하지 않고 계속해서 감소한다.

그림 8.10b에서도 이 실험을 반복하는데, 이번에는 훈련 레이블의 15%를 무작위로 할당한다. 이때도 학습 오차가 0으로 감소한다. 이번에는 무작위성이 더 많고, 모델은 데이터를 암기하기 위해 데이터 지점만큼의 매개변수를 필요로 한다. 모델이 훈련 데이터에 정확히 적합되는 지점까지 용량을 늘리면 테스트 오차는 일반적인 편향-분산 트레이드오프를 보여준다. 그러나 그 이후에는 다시 줄어들기 시작한다. 실제로 용량을 충분히 늘리면 테스트 손실이 곡선의 첫 번째 부분에서의 최소 수준보다 낮아진다.

이 현상을 **이중 하강**double descent†이라고 한다. MNIST와 같은 일부 데이터셋의 경우 원본 데이터로부터 나타난다(그림 8.10c). MNIST-1D와 CIFAR-100(그림 8.10d) 과 같은 다른 데이터셋의 경우에는 레이블에 잡음을 더할 때 나타나거나 더욱 두드러진다. 곡선의 첫 번째 부분을 **고전적**classical 또는 **과소 매개변수화된 단계**under-parameterized regime라고 하고, 두 번째 부분은 **현대적**modern 또는 **과도 매개변수화된 단계**over-parameterized regime라고 한다. 오차가 증가하는 중앙 부분을 **임계 단계**critical regime라고 한다.

깃허브의 노트북 8.3 'Double descent' 참고. https://bit.ly/udl8_3DoubleDescent

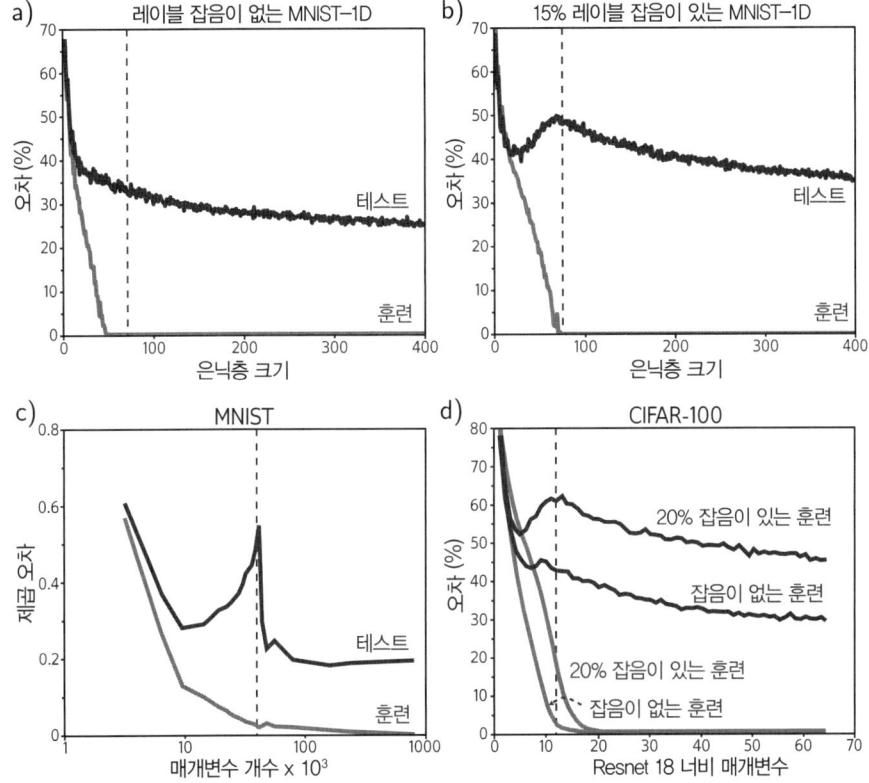

그림 8.10 이중 하강. a) 2개의 은닉층을 가진 네트워크의 각 층의 은닉 유닛(및 매개변수) 수를 증가시킬 때, MNIST-1D에 대한 두 은닉층 네트워크의 훈련 오류와 테스트 오류. 매개변수 개수가 훈련 견본 수와 비슷해지면 훈련 오류는 0으로 줄어든다(세로 점선). 테스트 오차는 예상되는 편향-분산 트레이드오프 관계를 보여주지 않지만 모델이 데이터셋을 암기한 후에도 계속 감소한다. b) 잡음이 있는 훈련 데이터를 사용하여 동일한 실험을 반복한다. 이제는 데이터셋을 암기하기 위해 훈련 포인트만큼의 많은 매개변수가 필요하지만 훈련 오차는 0으로 다시 감소한다. 테스트 오차는 예측된 편향/분산 절충을 보여준다. 즉 용량이 증가하면 테스트 오차가 감소하지만 훈련 데이터를 정확히 암기하는 지점에 가까워지면 다시 증가한다. 그러나 그 이후로는 다시 감소하여 최종적으로 더 나은 성능 수준에 도달한다. 이것을 이중 하강이라고 한다. 손실 함수, 모델, 데이터의 잡음 양에 따라 많은 데이터셋에서 이중 하강 패턴이 어느 정도 나타난다. c) MNIST(레이블 잡음이 없는 경우)에 대한 얕은 신경망의 결과(Belkin et al., 2019)[2]. d) CIFAR-100에 대한 ResNet18 네트워크(11장 참고)의 결과(Nakkiran et al., 2021[3]). 자세한 내용은 원본 논문을 참고하자.

8.4.1 이중 하강의 개념 설명

이중 하강의 발견은 최근의 일이고, 예상치 못했던 것이라 다소 당혹스러운 현상이다. 이는 두 가지 현상의 상호작용으로 인해 발생한다. 첫째, 모델이 데이터를 암기할 만큼의 용량만 갖고 있으면 테스트 성능이 일시적으로 나빠진다. 둘째, 모델 용량이 훈련 데이터를 모두 정확히 분류할 수 있는 지점을 초과한 이후에도 테스트 성능은 계속해서 향상된다. 첫 번째 현상은 편향–분산 트레이드오프에 의한 예측과 정확히 일치한다. 하지만 두 번째 현상은 더욱 이해하기가 어렵다. 모델의 매개변수를 특정하기에 훈련 데이터가 충분하지 않은 상황에서 과도하게 매개변수화된 단계에서의 성능이 더 좋은 이유는 분명하지 않다.

연습 문제 8.4 – 8.5 참고

더 많은 매개변수를 추가할수록 성능이 계속 향상되는 이유를 이해하기 위해서, 훈련 손실을 거의 0으로 만들 수 있을 만큼 모델의 용량이 충분하다면 모델이 훈련 데이터에 거의 완벽하게 적합되었다는 점에 주목하자.† 이는 모델의 용량을 더 늘인다고 해서 훈련 데이터에 더 잘 적합되지 않는다는 의미다. 모든 변화가 훈련 데이터 지점 사이에서 발생해야 한다. 모델이 데이터 지점 사이의 값을 추정할 때 어떤 해를 다른 해보다 더 우선시하는 경향을 **귀납적 편향**inductive bias이라고 한다.

고차원 공간에서는 훈련 데이터가 매우 희소하기 때문에 데이터 지점 사이에서 모델이 어떻게 동작하는지가 중요하다. MNIST–1D 데이터셋은 40차원이고 10,000개의 견본으로 학습했다. 데이터가 많다고 생각된다면, 입력의 각 차원을 10개의 구간bin으로 나누면 어떻게 될지 생각해보자. 총 10^{40}개의 구간이 생기고 견본은 10^4개가 된다. 이렇게 대략적으로 구간을 나눠도 10^{36}개 구간마다 하나의 데이터 지점만 남게 된다. 이처럼 훈련 포인트의 수에 비해 고차원 공간의 부피가 압도적으로 큰 것을 **차원의 저주**curse of dimensionality라고 한다.

이는 고차원의 문제가 그림 8.11a처럼 보일 수 있다는 것을 의미한다. 입력 공간에는 상당한 간격을 두고 데이터가 관찰되는 작은 영역이 있다. 이로부터 이중 하강을 다시 설명해보면, 모델의 용량을 늘임에 따라 가장 가까운 데이터 지점 사이를 점점 더 원활하게 보간한다고 추정해볼 수 있다. 훈련 포인트 사이가 어떻게 생겼는지에 대한 정보가 없는 경우, 포인트 사이를 매끄럽게 보간할 수 있다고 가정하는 것이 합리적이고 새로운 데이터에 대해 상당히 잘 일반화될 것이다.

이 주장은 타당하다. 실제로 모델의 용량을 늘이면 좀 더 매끄러운 함수를 표현할 수 있다. 그림 8.11b–f는 은닉 유닛의 수를 늘려갈 때 데이터 지점을 통과하는 가장 매끄러운 함수를 보여준다. 매개변수 수가 훈련 데이터 견본의 수와 거의 같을 경우(그림 8.11b), 훈련 데이터에 너무 정확하게 적합하기 위해서 오히려 모델이 왜곡되어 잘못된 예측을 하게 된다. 이로부터 이중 하강 곡선의 정점이 그토록 뚜렷한 이유를 알 수 있다. 은닉 유닛을 더 추가하면 모델은 좀 더 매끄러운 함수를 표현할 수 있게 되고, 새로운 데이터에 대해서 일반화 성능이 좋아진다.

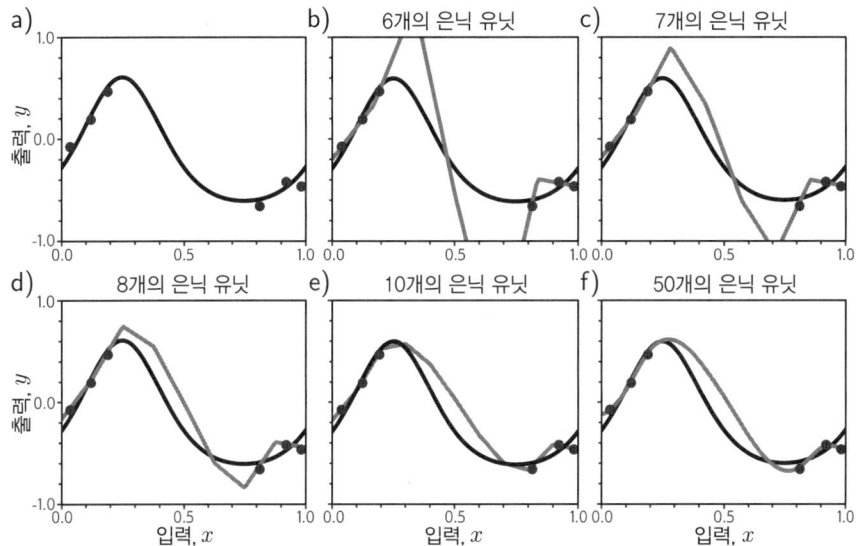

그림 8.11 용량(은닉 유닛)을 늘리면 희소 데이터 지점 사이의 매끄러운 보간이 가능해진다. a) 훈련 데이터(주황색 원)가 희소한 상황을 고려해보자. 중앙의 넓은 영역에는 데이터 견본이 없어서 이 영역에서는 모델이 실제 함수(검은색 곡선)를 적합할 수가 없다. b) 훈련 데이터(청록색 곡선)를 적합하기에 충분한 용량의 모델을 적합하는 경우, 훈련 데이터를 통과하기 위해 모델이 왜곡되어서 예측한 출력이 매끄럽지 않게 된다. c–f) 그러나 은닉 유닛을 더 추가하면 모델은 점 사이를 좀 더 매끄럽게 보간할 수 있다(각 경우에 가장 매끄러운 곡선을 보여주고 있다). 그러나 이 그림과 달리 반드시 이렇게 매끄럽게 보간한다는 것은 아니다.

그러나 아직 과도하게 매개변수화된 모델이 매끄러운 함수를 생성할 수 있는 이유를 설명하지는 못한다. 그림 8.12는 50개의 은닉 유닛이 있는 단순화된 모델로 생성할 수 있는 세 가지 함수를 보여준다. 각 경우에 모델은 데이터를 정확하게 적합하므로 손실은 0이다. 매끄러움의 증가로 이중 하강의 현대적 구간을 설명할 수 있다면, 이러한 매끄러움을 촉진하는 것은 정확히 무엇일까?

이 질문에 대한 정답은 불확실하지만 두 가지 가능성이 있다. 첫째, 네트워크 초기화가 매끄러움을 촉진하고, 훈련 과정에서 모델이 매끄러운 함수의 부분 영역을 벗어나지 않는다. 둘째, 훈련 알고리즘은 어떻게든 매끄러운 함수로 수렴하려고 한다. 가능한 해 중에서 간단한 형태의 동등한 해를 구하도록 해주는 모든 요소를 정규화기regularizaer라고 한다. 따라서 훈련 알고리즘이 암묵적 정칙화로 작용할 가능성이 있다(9.2절 참고).

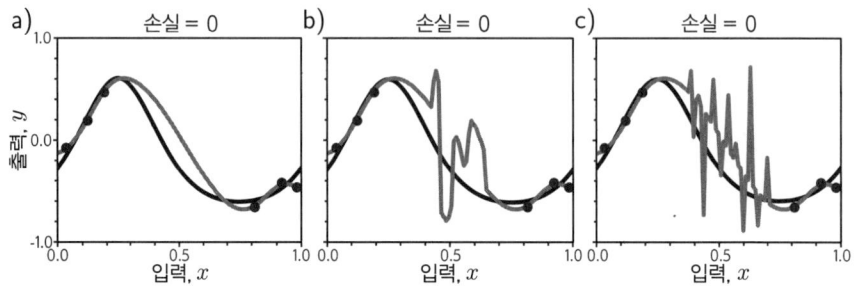

그림 8.12 정칙화. a)–c) 3개의 적합 곡선은 각각 데이터 지점을 정확하게 통과하므로 각각의 훈련 손실은 0이다. 그러나 a)의 매끄러운 곡선이 b)와 c)의 불규칙한 곡선보다 새로운 데이터에 훨씬 더 잘 일반화될 것으로 예상할 수 있다. 훈련 손실이 유사한 간단한 형태의 해를 얻을 수 있도록 모델을 강제하는 모든 요소를 정규화기(regularizer)라고 한다. 신경망의 초기화와 적합은 암묵적인 정규화 효과를 갖는다. 결과적으로 과도하게 매개변수화된 구간에서는 a) 같은 합리적인 해가 더 낫다.

8.5 하이퍼파라미터 선택

앞 절에서는 모델 용량에 따라 테스트 성능이 어떻게 변하는지에 대해 논의했다. 불행하게도 고전적인 패러다임에서는 편향(실제 기저 함수에 대한 지식이 필요하다)이나 분산(추정을 위해 독립적으로 샘플링된 여러 데이터셋이 필요하다)에 대한 정보를 얻기가 어렵다. 현대적인 패러다임에서는 용량을 얼마나 늘려야 테스트 오차가 개선될지 알 수 있는 방법이 없다. 이로 인해 실제로 모델 용량을 어떻게 선택해야 하는지에 대한 의문이 남게 된다.

심층 신경망의 모델 용량은 아직 소개하지 않은 구조의 다른 측면뿐만 아니라 은닉층의 수와 은닉층당 은닉 유닛 수에 따라 달라진다. 또한 학습 알고리즘의 선택과 관련 매개변수(학습률 등)도 테스트 성능에 영향을 미친다. 이러한 요소를 통틀어 하이퍼파라미터라고 한다. 최적의 하이퍼파라미터를 찾는 과정을 하이퍼파라미터 탐색 또는 (네트워크 구조에 초점을 맞춘 경우) **신경망 구조 탐색**neural architecture search이라고 한다.

일반적으로 하이퍼파라미터는 경험적으로 선택한다. 동일한 훈련셋에 대해서 다양한 하이퍼파라미터로 많은 모델을 훈련하고, 그 성능을 측정한 뒤 가장 좋은 모델을 보관한다. 그러나 테스트셋에 대해서는 하이퍼파라미터의 성능을 측정하지 않는다. 이렇게 하면 하이퍼파라미터가 해당 테스트셋에서는 잘 작동하지만 추가 데이터에 대한 일반화 성능이 떨어질 수 있다. 대신 검증셋validation set을 사용한다. 선택한 하이퍼파라미터에 대해 훈련셋으로 모델을 훈련하고 검증셋에 대한 성능을 평가한다. 마지막으로 검증셋에서 가장 잘 작동하는 모델을 선택하고 테스트셋에서 성능을 측정한다. 이렇게 하면 실제 성능에 대한 합리적인 추정치를 제공할 수 있다.

일반적으로 하이퍼파라미터 공간은 매개변수 공간보다 작지만 모든 하이퍼파라미터 조합을 탐색할 수는 없다. 불행하게도 많은 하이퍼파라미터는 이산적이며(예를 들어 은닉층 수), 다른 하이퍼파라미터는 서로 의존성을 갖기도 한다(예를 들어 10개 이상의 층이 있는 경우 10번째 은닉층의 은닉 유닛 수만 지정하면 된다). 따라서 모델 매개변수를 학습할 때처럼 경사 하강법을 사용할 수 없다. 하이퍼파라미터 최적화 알고리즘은 이전 결과에 따라 하이퍼파라미터 공간을 지능적으로 샘플링한다. 이 절차는 각 하이퍼파라미터 조합에 대해 전체 모델을 훈련하고 검증 성능을 측정해야 하기 때문에 계산 비용이 많이 든다.

8.6 요약

성능 측정을 위해 별도의 테스트셋을 사용한다. 이 테스트셋에서의 성능이 유지되는 정도를 일반화라고 한다. 테스트 오차는 잡음, 편향, 분산이라는 세 가지 요인으로 설명할 수 있다. 이들은 회귀 문제에서 최소제곱 손실에 더해진다. 훈련 데이터를 추가함으로써 분산을 줄일 수 있다. 모델 용량이 훈련 견본 수보다 적을 때, 용량을 늘리면 편향이 줄어들지만 분산이 증가한다. 이를 편향–분산 트레이드오프이라고 하며, 최적의 절충점에 도달하는 용량이 있다.

그러나 이는 매개변수 개수가 훈련 견본의 수를 초과하는 경우에도 용량에 따라 성능이 향상되는 경향과 균형을 이룬다. 이 두 가지 현상이 함께 작용하여 이중 하강 곡선을 만든다. 과도하게 매개변수화된 '현대적 패러다임'에서는 모델이 훈련 데이터 지점 사이를 매끄럽게 보간한다고 생각되지만, 이에 대한 원인은 명확하지 않다. 용량, 모델, 훈련 알고리즘 하이퍼파라미터를 선택하기 위해서 여러 모델을 적합해보고 별도의 검증셋을 통해 성능을 평가한다.

노트

편향-분산 트레이드오프

최소제곱 손실 기반의 회귀 문제에 대한 테스트 오차가 잡음, 편향, 분산 항의 합으로 구성된다는 것을 보였다. 이러한 오차 요인들은 다른 손실을 사용하는 모델에도 존재하지만 일반적으로 이들 오차 요인들 간의 상호작용은 좀 더 복잡하다(Friedman(1997)[4]; Domingos(2000)[5]). 분류 문제의 경우, 몇 가지 직관에 반하는 예측이 있다. 예를 들어 모델이 입력 공간의 특정 영역에서 잘못된 클래스를 선택하도록 편향되어 있는 경우, 분산을 증가시키면 예측 중 일부가 임곗값을 초과해서 올바르게 분류되어서 분류율이 향상될 수 있다.

교차 검증

일반적으로 데이터를 훈련 데이터(모델 매개변수 학습에 사용), 검증 데이터(하이퍼파라미터 선택에 사용), 테스트 데이터(최종 성능 추정에 사용)로 나눈다. 그러나 전체 데이터 견본 수가 충분하지 않은 경우 문제가 된다. 훈련 견본의 수가 모델 용량과 비슷하다면 분산이 커질 것이다.

이 문제를 완화하는 방법은 **k배 교차 검증**k-fold cross-validation이다. 훈련 데이터와 검증 데이터를 K개의 서로 겹치지 않는 부분집합으로 분할한다. 예를 들어 5개의 부분집합으로 나누고, 다섯 가지 순열에 따라 각각 처음 4개 부분집합과 마지막 다섯 번째 부분집합으로 순차적으로 훈련과 검증을 하고, 최종적으로 평균 검증 성능을 기반으로 하이퍼파라미터를 선택한다. 최종 테스트 성능은 별도의 테스트셋에서 최적의 하이퍼파라미터를 가진 5개 모델의 예측 평균으로 평가한다. 이 아이디어는 다양하게 변형이 되었지만, 기본 목표는 모델 학습에 더 많은 양의 데이터를 사용하여 분산을 줄이는 것이다.

용량

지금까지 모델의 매개변수나 은닉 유닛의 수(간접적으로는 좀 더 복잡한 함수를 적합하는 모델의 능력)의 의미로 용량이라는 비공식적인 용어를 사용해왔다. 좀 더 공식적으로 설명하면, 모델의 **표현 용량**representational capacity은 가능한 모든 매개변숫값에 대해서 모델이 구축할 수 있는 모든 가능한 함수 공간을 나타낸다. 그리고 최적화 알고리즘이 이러한 모든 함수 공간을 탐색할 수 없다는 현실을 고려했을 때, 표현 용량보다 작은 것이 **유효 용량**effective capacity이다.

바프니크-체르보넨키스 차원 Vapnik-Chervonenkis dimension, VC dimension(Vapnik & Chervonenkis, 1971)[6]은 용량에 대한 공식적인 척도다. 이는 이진 분류기가 임의로 레이블을 지정할 수 있는 최대 훈련 견본의 수에 해당한다. Bartlett et al.(2019)[7]은 층 수와 가중치 측면에서 VC 차원의 상한과 하한을 도출한다. 용량의 또 다른 척도는 라데마허 복잡도Rademacher complexity다. 이는 무작위로 레이블을 가진 데이터에 대한 분류 모델(최적 매개변수를 사용한 경우)의 경험적 기대 성능이다. Neyshabur et al.(2017)[8]은 **라데마허 복잡도**Rademacher complexity 측면에서 일반화 오차의 하한을 도출했다.

이중 하강

이중 하강은 Belkin et al.(2019)[2]이 만든 용어다. 그들은 층이 2개 있는 신경망과 무작위로 추출한 특징에 대해서 과매개변수화된 구간에서 테스트 오차가 다시 감소한다는 것을 입증했다. 그들은 또한 이러한 현상이 의사결정 트리에서도 발생한다고 주장했지만 Buschjäger & Morik(2021)[9]이 이후에 반증을 했다. Nakkiran et al.(2021)[3]은 다양한 최신 데이터셋(CIFAR-10, CIFAR-100, IWSLT'14 de-en), 네트워크 구조(ResNet, 트랜스포머), 최적화기(SGD, Adam)에 대해서 이중 하강이 발생한다는 것을 보였다. 이 현상은 대상 레이블에 잡음이 추가될 때(Nakkiran et al., 2021)[3]와 일부 정칙화 기술이 사용될 때(Ishida et al., 2020)[10] 더욱 두드러진다.

또한 Nakkiran et al.(2021)[3]은 테스트 성능이 유효 모델 용량effective model capacity (주어진 모델과 훈련 방법으로 훈련 오차를 0으로 만들기 위한 최대 샘플 수)에 달려 있다는 경험적 증거를 제공한다. 이 지점에서 모델은 매끄럽게 보간하기 위해 노력하기 시작한다. 따라서 테스트 성능은 모델뿐만 아니라 훈련 알고리즘과 훈련 시간에 따라 달라진다. 그들은 고정된 용량을 가진 모델을 연구하고 훈련 반복 횟수를 늘릴 때 동일한 패턴을 관찰하고, 이것을 **에포크별 이중 하강**epoch-wise double descent이라고 이름 붙였다. 이 현상은 Pezeshki et al.(2022)[11]에 의해 모델의 다른 특징이 서로 다른 속도로 학습된다는 관점에서 모델링되었다.

이중 하강은 훈련 데이터를 추가하면 테스트 성능이 저하될 수 있다는 다소 이상한 예측을 한다. 곡선의 두 번째 하강 부분에서 과도하게 매개변수화된 모델을 고려해보자. 훈련 데이터를 모델 용량에 맞게 늘린다면, 이제 새로운 테스트 오차 곡선의 임계 영역에 진입하게 되면서 테스트 손실이 증가할 수 있다.

Bubeck & Sellke(2021)[12]는 고차원에서 데이터를 매끄럽게 보간하려면 과매개변수화가 필요하다는 것을 증명했다. 그들은 매개변수 개수와 모델의 립시츠 상수†(입력의 작은 변화에 대한 출력의 가장 빠른 변화 속도) 사이의 절충을 보여준다. 과도하게 매개변수화된 머신러닝 이론에 대한 리뷰는 Dar et al.(2021)[13]에서 찾아볼 수 있다.

B.1.1절 '립시츠 상수' 참고

차원의 저주

차원이 증가함에 따라 공간의 부피가 너무 빨리 커져서 이를 조밀하게 샘플링하는 데 필요한 데이터의 양이 기하급수적으로 증가한다. 이 현상을 차원의 저주라고 한다. 고차원 공간에는 예상치 못한 특성이 많이 있으므로, 이를 저차원 견본을 기반으로 추론할 때는 주의해야 한다. 이 책은 딥러닝의 여러 측면을 1차원 또는 2차원으로 시각화하지만 이러한 시각화에는 어쩔 수 없는 한계가 있다는 점에 유의해야 한다.

고차원 공간에는 다음과 같은 놀라운 특성이 있다. (i) 표준 정규분포에서 무작위로 샘플링한 2개의 데이터 지점은 원점을 기준으로 서로 직교할 가능성이 높다.† (ii) 표준 정규분포를 따르는 샘플과 원점과의 거리는 대체적으로 일정하다. (iii) 고차원 구(초구 hypersphere)의 대부분의 부피는 표면에 인접해 있다(고차원 오렌지의 부피는 대부분 과육이 아닌 껍질에 있다고 비유할 수 있다). (iv) 단위 길이의 변을 가진 초입방체 hypercube 안에 단위 직경의 초구체를 배치하면, 차원이 증가함에 따라 초구체는 입방체의 부피에서 차지하는 비율이 감소한다. 입방체의 부피는 크기가 1로 고정되어 있으므로 이는 고차원 초구의 부피가 0에 가까워진다는 것을 의미한다.† (v) 고차원 초입방체의 균일한 분포에서 무작위로 추출한 점에 대해서, 가장 가까운 점과 가장 먼 점 사이의 유클리드 거리 비율은 1에 가까워진다. 자세한 내용은 Beyer et al.(1999)[14]과 Aggarwal et al.(2001)[15]을 참고하자.

연습 문제 8.6 – 8.9 참고

깃허브의 노트북 8.4 'High-dimensional spaces' 참고. https://bit.ly/udl8_4

실제 성능

이 장에서 훈련셋과는 별도의 테스트셋을 사용해서 모델 성능을 평가할 수 있다고 했다. 그러나 테스트셋의 통계적 특성이 실제 데이터의 통계적 특성과 일치하지 않으면 결과가 실제 성능을 대변한다고 할 수 없다. 더욱이 실제 데이터의 통계는 시간이 지남에 따라 변할 수 있으며 이로 인해 모델이 점점 이러한 변화를 반영하지 못하게 되고 성능이 저하될 수 있다. 이를 **데이터 드리프트** data drift라고 하는데, 이런 이유로 배포된 모델을 주의 깊게 모니터링해야 한다.

실제 성능이 테스트 성능보다 나빠질 수 있는 이유는 크게 세 가지가 있다. 첫째, 입력 데이터 $\mathbf{x}$의 통계가 변할 수 있다. 훈련 중에 드물게 샘플링되었거나 전혀 샘플링되지 않은 함수의 일부를 관찰하는 것일 수도 있다. 이를 **공변량 변화** covariate shift 이라고 한다. 둘째, 출력 데이터 $\mathbf{y}$의 통계가 변할 수 있다. 훈련 중에 일부 출력값이 자주 발생하지 않으면 모델이 모호한 상황에서 이를 예측하지 않도록 학습할 수 있는데, 만약 실제 세계에서 그러한 출력값이 더 일반적이면 잘못된 예측을 하게 된다. 이를 **사전 확률 변화** prior shift라고 한다. 셋째, 입력과 출력의 관계가 바뀔 수 있다. 이를 **개념 변화** concept shift라고 한다. 이러한 문제에 대한 논의는 Moreno-Torres et al.(2012)[16]을 참고하자.

하이퍼파라미터 탐색

최적의 하이퍼파라미터를 찾는 것은 어려운 최적화 작업이다. 하이퍼파라미터 구성 하나를 테스트하는 것은 비용이 많이 든다. 전체 모델을 훈련하고 성능을 측정해야 한다. 하이퍼파라미터의 미분을 구하기도 쉽지 않다(예를 들어 하이퍼파라미터를 약간 조정했을 때 성능이 어떻게 변하는지). 게다가 많은 하이퍼파라미터는 이산적이므로 경사 하강법을 사용할 수 없다. 많은 지역 최솟값이 있으며 전역 최솟값에 가까운지 알 수 있는 방법이 없다. 훈련/검증 주기마다 확률적 훈련 알고리즘을 사용하기 때문에 잡음 수준이 높다. 따라서 동일한 하이퍼파라미터로 모델을 두 번 훈련하면 다른 결과가 나올 것이다. 마지막으로 일부 변수는 조건부여서 다른 변수가 설정된 경우에만 존재한다. 예를 들어 세 번째 은닉층에 있는 은닉 유닛의 수는 은닉층이 3개 이상 있는 경우에만 의미가 있다.

간단한 탐색 방법은 하이퍼파라미터 공간을 무작위로 샘플링하는 것이다(Bergstra & Bengio, 2012)[17]. 그러나 연속형 변수의 경우 하이퍼파라미터와 이 함수의 불확실성의 함수로 성능 모델을 구축하는 것이 더 좋다. 성능 모델을 통해 불확실성이 큰 곳을 테스트(공간 탐색)하거나 성능이 좋아 보이는 지역에 접근할 수 있다(이전 지식 활용). **베이즈 최적화**Bayesian optimization 는 가우시안 프로세스Gaussian process를 기반으로 한 프레임워크이며, 이를 하이퍼파라미터 탐색에 적용하는 방법은 Snoek et al.(2012)[18]에 설명되어 있다. **베타-베르누이 밴딧**Beta-Bernoulli bandit(Lattimore & Szepesvári, 2020 참고)[19]는 이산 변수로 인한 결과의 불확실성을 설명하는 거의 동등한 모델이다.

순차 모델 기반 구성sequential model-based configuration, SMAC 알고리즘(Hutter et al., 2011)[20]은 연속, 이산, 조건부 매개변수를 처리할 수 있다. 기본적인 접근 방식은 랜덤 포레스트random forest를 사용하여 목적 함수를 모델링하는데, 트리 예측의 평균이 목적 함수에 대한 최선의 추정이고 분산이 불확실성을 나타낸다. 연속형, 이산형, 조건부 매개변수의 조합도 처리할 수 있는 완전히 다른 접근 방식은 **트리-파젠 추정기**Tree-Parzen Estimators(Bergstra et al., 2011)[21]다. 이전의 방법은 하이퍼파라미터가 주어졌을 때 모델 성능의 확률을 모델링했다. 이와 대조적으로, 트리-파젠 추정기는 모델 성능이 주어진 경우 하이퍼파라미터의 확률을 모델링한다.

하이퍼밴드hyperband(Li et al., 2017b)[22]는 하이퍼파라미터 최적화를 위한 멀티 암드 밴딧 전략multi-armed bandit strategy, MAB이다. 성능을 측정하기 위한 계산적으로 저렴하지만 근사적인 방법(예를 들어 완료할 때까지 훈련하지 않는다)이 있고, 이러한 방법이 예산을 만족한다고 가정한다(예를 들어 일정 횟수만큼만 훈련한다). 예산이 소진될 때까지 여러 구성을 샘플링해서 실행한다. 그런 다음 가장 성능이 좋은 η만큼의 실행 결과만 남기고, 예산에 $1/\eta$를 곱한다. 최대 예산에 도달할 때까지 이 과정을 반복한다. 이 방법의 장점은 효율성이다. 잘못된 구성의 경우 실험을 끝까지 진행할 필요가 없기 때문이다. 그러나 각 샘플을 무작위로 선택하므로 비효율적이다. **BOHB 알고리즘**(Falkner et al., 2018)[23]은 하이퍼밴드의 효율성과 트리 파젠 추정기의 합리적인 하이퍼파라미터 선택을 결합하여 훨씬 더 나은 방법을 구축했다.

연습 문제

8.1 그림 8.2의 다중 클래스 교차 엔트로피 훈련 손실이 0이 될 수 있을까? 이유를 설명해보자.

8.2 그림 8.4a 모델의 첫 번째 층의 은닉 유닛의 응답이 그림 8.4b-d와 같아지려면 3개의 가중치와 편향을 어떤 값으로 선택해야 할까?

8.3* I개의 입력/출력 쌍 $\{x_i, y_i\}$로 구성된 훈련 데이터셋이 주어졌을 때, 최소제곱 손실 함수를 사용하여 그림 8.4a 모델의 매개변수 $\{\beta, \omega_1, \omega_2, \omega_3\}$를 어떻게 닫힌 형태의 해석해를 찾을 수 있는지 증명해보자.

8.4 200개의 은닉층을 갖는 모델(50,410개의 매개변수를 갖는다)의 훈련에 대해서, 그림 8.10b의 곡선을 고려해보자. 훈련 견본의 수를 10,000개에서 50,410개로 늘리면 훈련 성능과 테스트 성능이 어떻게 될지 예상해보자.

8.5 모델 용량이 훈련 데이터 지점 수를 초과하고 모델이 훈련 손실을 0으로 줄일 수 있을 만큼 충분히 유연한 경우를 고려해보자. 이분산성 모델을 적합하는 데 어떤 영향을 미칠까? 이를 해결할 수 있는 방법을 제안해보자.

8.6 1,000차원 표준 가우시안 분포에서 무작위로 추출한 2개의 점이 원점에 대해 직교할 확률이 높다는 것을 증명해보자.

8.7 D차원에서 반지름이 r인 초구의 부피는 다음과 같다.

$$\text{Vol}[r] = \frac{r^D \pi^{D/2}}{\Gamma[D/2+1]}$$

식 8.8

B.1.3절 '특수 함수' 참고
B.1.4절 '스털링 공식' 참고

여기서 $\Gamma[\bullet]$는 감마 함수다. 스털링 공식을 사용하여 차원이 증가함에 따라 직경이 1(반지름 $r = 0.5$)인 초구의 부피가 0이 된다는 것을 증명해보자.

8.8* 반지름 $r = 1$인 초구를 생각해보자. 중심으로부터 가장 바깥쪽 1% 거리(즉 두께가 0.01인 가장 바깥쪽 껍질에 있는)에 있는 전체 부피의 비율에 대한 표현식을 구해보자. 그리고 차원이 증가함에 따라 이것이 1이 됨을 증명해보자.

8.9 그림 8.13c는 차원이 증가함에 따른 표준 정규분포를 따르는 샘플의 거리 분포를 보여준다. 25, 100, 500차원의 표준 정규분포에서 샘플링하고 중심으로부터의 거리에 대한 히스토그램을 그려서 이 결과를 경험적으로 검증해보자. 이러한 거리를 표현할 수 있는 닫힌 형태의 해석적 확률분포는 무엇일까?

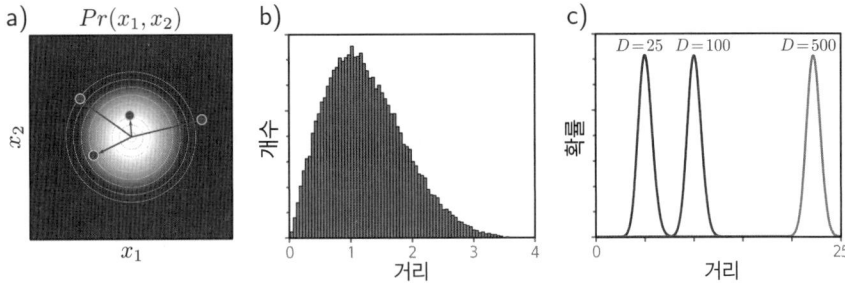

그림 8.13 전형적인 집합. a) 2차원의 표준 정규분포. 원은 이 분포로부터 추출한 4개의 샘플 표본이다. 중심으로부터의 거리가 증가함에 따라 확률은 감소하지만 해당 반경에서의 공간의 부피(즉 균등한 간격의 인접한 원 사이의 영역)은 증가한다. b) 이러한 요인들은 균형을 이루므로 중심으로부터의 샘플 거리의 히스토그램이 뚜렷한 피크를 갖는다. c) 더 높은 차원에서는 이 효과가 더욱 뚜렷해지며, 평균에 가까운 표본을 관찰할 확률은 점점 작아진다. 가장 가능성이 높은 지점은 분포의 평균이지만, 전형적인 표본(typical sample)은 비교적 좁은 껍질 안에 위치해 있다.

참고 문헌

[1] Greydanus, S. (2020). Scaling down deep learning. *arXiv:2011.14439*.

[2] Belkin, M., Hsu, D., Ma, S., & Mandal, S. (2019). Reconciling modern machine-learning practice and the classical bias–variance trade-off. *Proceedings of the National Academy of Sciences*, *116*(32), 15849–15854.

[3] Nakkiran, P., Kaplun, G., Bansal, Y., Yang, T., Barak, B., & Sutskever, I. (2021). Deep double descent: Where bigger models and more data hurt. *Journal of Statistical Mechanics: Theory and Experiment*, *2021*(12), 124003.

[4] Friedman, J. H. (1997). On bias, variance, 0/1—loss, and the curse-of-dimensionality. *Data Mining and Knowledge Discovery*, *1*(1), 55–77.

[5] Domingos, P. (2000). A unified bias-variance decomposition. *International Conference on Machine Learning*, 231–238.

[6] Vapnik, V. N., & Chervonenkis, A. Y. (1971). On the uniform convergence of relative frequencies of events to their probabilities. *Measures of Complexity*, 11–30.

[7] Bartlett, P. L., Harvey, N., Liaw, C., & Mehrabian, A. (2019). Nearly-tight VC-dimension and pseudodimension bounds for piecewise linear neural networks. *Journal of Machine Learning Research*, *20*(1), 2285–2301.

[8] Neyshabur, B., Bhojanapalli, S., McAllester, D., & Srebro, N. (2017). Exploring generalization in deep learning. *Neural Information Processing Systems*, *30*, 5947–5956.

[9] Buschjäger, S., & Morik, K. (2021). There is no double-descent in random forests. *arXiv:2111.04409*.

[10] Ishida, T., Yamane, I., Sakai, T., Niu, G., & Sugiyama, M. (2020). Do we need zero training loss after achieving zero training error? *International Conference on Machine Learning*, 4604–4614.

[11] Pezeshki, M., Mitra, A., Bengio, Y., & Lajoie, G. (2022). Multi-scale feature learning dynamics: Insights for double descent. *International Conference on Machine Learning*, 17669–17690.

[12] Bubeck, S., & Sellke, M. (2021). A universal law of robustness via isoperimetry. *Neural Information Processing Systems*, *34*, 28811–28822.

[13] Dar, Y., Muthukumar, V., & Baraniuk, R. G. (2021). A farewell to the bias-variance tradeoff? An overview of the theory of overparameterized machine learning. *arXiv:2109.02355*.

[14] Beyer, K., Goldstein, J., Ramakrishnan, R., & Shaft, U. (1999). When is "nearest neighbor" meaningful? *International Conference on Database Theory*, 217–235.

[15] Aggarwal, C. C., Hinneburg, A., & Keim, D. A. (2001). On the surprising behavior of distance metrics in high dimensional space. *International Conference on Database Theory*, 420–434.

[16] Moreno-Torres, J. G., Raeder, T., Alaiz-Rodríguez, R., Chawla, N. V., & Herrera, F. (2012). A unifying view on dataset shift in classification. *Pattern Recognition*, *45*(1), 521–530.

[17] Bergstra, J., & Bengio, Y. (2012). Random search for hyper-parameter optimization. *Journal of Machine Learning Research*, *13*(10), 281–305.

[18] Snoek, J., Larochelle, H., & Adams, R. P. (2012). Practical Bayesian optimization of machine learning algorithms. *Neural Information Processing Systems*, vol. 25, 2951–2959.

[19] Lattimore, T., & Szepesvári, C. (2020). *Bandit algorithms*. Cambridge University Press.

[20] Hutter, F., Hoos, H. H., & Leyton-Brown, K. (2011). Sequential model-based optimization for general algorithm configuration. *International Conference on Learning and Intelligent Optimization*, 507–523.

[21] Bergstra, J. S., Bardenet, R., Bengio, Y., & Kégl, B. (2011). Algorithms for hyper-parameter optimization. *Neural Information Processing Systems*, vol. 24, 2546–2554.

[22] Li, L., Jamieson, K., DeSalvo, G., Rostamizadeh, A., & Talwalkar, A. (2017b). Hyperband: A novel bandit-based approach to hyperparameter optimization. *Journal of Machine Learning Research*, *18*(1), 6765–6816.

[23] Falkner, S., Klein, A., & Hutter, F. (2018). BOHB: Robust and efficient hyperparameter optimization at scale. *International Conference on Machine Learning*, 1437–1446.

CHAPTER 09 정칙화

8장에서 모델 성능을 측정하는 방법을 살펴보면서 훈련 데이터와 테스트 데이터 사이에 상당한 성능 차이가 있을 수 있음을 확인했다. 이러한 차이가 발생하는 이유는 다음과 같다. 첫째, 모델이 입력과 출력 간의 실제 매핑을 표현하지 못하는 학습 데이터의 특이한 통계적 특성을 학습하고(과적합), 둘째, 모델이 훈련 견본이 없는 영역에서 학습에 필요한 제약이 없어서 잘못된 예측을 하게 된다.

이 장에서는 **정칙화**regularization† 기법에 대해 살펴본다. 이는 훈련 성능과 테스트 성능 사이의 일반화 격차를 줄이기 위한 일련의 방법이다. 엄밀히 말하면, 정칙화는 손실 함수에 특정 매개변수를 선택하도록 해주는 명시적인 항을 추가하는 것을 말하지만 좀 더 일반적으로 머신러닝에서는 이 용어를 일반화를 개선하기 위한 모든 전략을 나타내는 데 사용한다.

우선 가장 엄격한 의미의 정칙화부터 살펴본다. 그다음 SGD가 알고리즘적으로 특정 해를 선호하는 방법을 보여준다. 이를 암묵적 정칙화라고 한다. 이어서, 테스트 성능을 향상시키기 위한 일련의 경험적 방법을 고려한다. 여기에는 조기 중단, 앙상블, 드롭아웃, 레이블 평활화, 전이학습이 있다.

> **옮긴이** 일반적으로 '정규화'라고도 하지만 이 책에서는 normalization(정규화)과의 혼동을 피하기 위해 '정칙화'로 번역했다. 정규화는 데이터 크기를 조정하여 학습을 빠르고 안정적으로 만드는 것이고, 정칙화는 모델이 과적합되는 것을 방지하는 것이다.

9.1 명시적 정칙화

입력/출력 쌍으로 구성된 훈련셋 $\{\mathbf{x}_i, \mathbf{y}_i\}$를 사용하여 매개변수가 ϕ인 모델 $\mathbf{f}[\mathbf{x}, \phi]$를 적합하는 경우를 고려해보자. 손실 함수 $L[\phi]$를 최소화하는 매개변수 $\hat{\phi}$를 구하고자 한다.

$$\begin{aligned}\hat{\phi} &= \operatorname*{argmin}_{\phi}\bigl[L[\phi]\bigr] \\ &= \operatorname*{argmin}_{\phi}\left[\sum_{i=1}^{I}\ell_i[\mathbf{x}_i,\mathbf{y}_i]\right]\end{aligned}$$

식 9.1

여기서 개별 항 $\ell_i[\mathbf{x}_i,\mathbf{y}_i]$는 각 훈련 쌍에 대한 네트워크 예측 $\mathbf{f}[\mathbf{x}_i,\phi]$와 출력의 목푯값 $\mathbf{y}_i$ 간의 오차다. 최소화 과정에서 원하는 형태의 해를 얻기 위해서 다음과 같은 항을 추가한다.

$$\hat{\phi} = \operatorname*{argmin}_{\phi}\left[\sum_{i=1}^{I}\ell_i[\mathbf{x}_i,\mathbf{y}_i] + \lambda\cdot\mathrm{g}[\phi]\right]$$

식 9.2

여기서 $\mathrm{g}[\phi]$는 스칼라값을 반환하는 함수로, 매개변수가 덜 선호될수록 더 큰 값을 갖는다. λ항은 원래 손실 함수와 정칙화 항의 상대적 기여도를 조절하는 양의 스칼라다. 일반적으로 정칙화된 손실 함수의 최솟값은 원래 손실 함수의 최솟값과 다르므로 훈련 결과 다른 매개변숫값을 얻게 된다(그림 9.1).

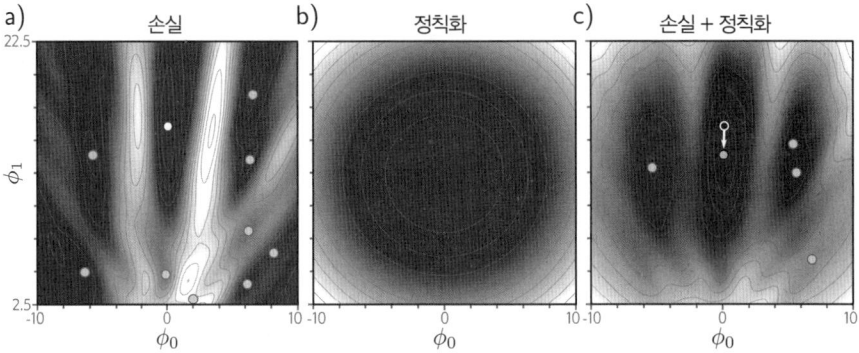

그림 9.1 명시적 정칙화. a) 가버 모델의 손실 함수(6.1.2절 참고). 청록색 점은 지역 최솟값을 나타낸다. 회색 점은 전역 최솟값을 나타낸다. b) 이 점에서 멀어질수록 정칙화 항으로 인한 손실이 커지기 때문에 그림의 중심에 가까운 매개변수를 선택하게 된다. c) 최종 손실 함수는 원래 손실 함수에 정칙화 항을 더한 값이다. 최종 손실 함수의 표면에는 지역 최솟값이 더 적고 전역 최솟값이 다른 위치로 이동했다(화살표는 변화를 나타낸다).

9.1.1 확률적 해석

정칙화는 확률적 관점에서도 볼 수 있다. 5.1절은 최대 우도 기준으로 손실 함수를 구성하는 방법을 보여준다.

$$\hat{\phi} = \underset{\phi}{\mathrm{argmax}} \left[\prod_{i=1}^{I} Pr(\mathbf{y}_i|\mathbf{x}_i, \phi) \right] \quad \text{식 9.3}$$

정칙화 항은 데이터를 관찰하기 전에 매개변수에 대한 지식을 나타내는 **사전 확률**prior $Pr(\phi)$로 볼 수 있으며, 이제 이를 고려한 **최대 사후 확률**maximum a posterior, MAP에 대한 판별 기준을 다음과 같이 나타낼 수 있다.

$$\hat{\phi} = \underset{\phi}{\mathrm{argmax}} \left[\prod_{i=1}^{I} Pr(\mathbf{y}_i|\mathbf{x}_i, \phi) Pr(\phi) \right] \quad \text{식 9.4}$$

로그를 취하고 마이너스 1을 곱하여 다시 음의 로그 우도 손실 함수 형태로 만들면 $\lambda \cdot g[\phi] = -\log[Pr(\phi)]$임을 알 수 있다.

9.1.2 L2 정칙화

정칙화 논의에서는 정칙화 항이 어떤 해에 벌칙을 주어야 하는지(또는 사전에 선호하는 해가 무엇인지)에 대한 질문을 회피해왔다. 신경망은 매우 광범위한 응용 분야에 사용되므로 이는 매우 일반적인 선호도일 수밖에 없다. 가장 일반적으로 사용되는 정칙화 항은 **L2 노름**L2 norm으로, 매개변숫값의 제곱의 합에 불이익을 준다.

$$\hat{\phi} = \underset{\phi}{\mathrm{argmin}} \left[\sum_{i=1}^{I} \ell_i[\mathbf{x}_i, \mathbf{y}_i] + \lambda \sum_j \phi_j^2 \right] \quad \text{식 9.5}$$

여기서 j는 매개변수 인덱스다.† 이는 **티호노프 정칙화**Tikhonov regularization 또는 **릿지 회귀**ridge regression 또는 (행렬에 적용되는 경우) **프로베니우스 노름 정칙화**Frobenius norm regularization라고도 한다.

연습 문제 9.1 – 9.2 참고

신경망의 경우 L2 정칙화는 일반적으로 가중치에만 적용되고 편향에는 적용되지 않으므로 **가중치 감쇠**weight decay 항이라고 한다. 이는 더 작은 가중치를 선택하도록 하는 효과가 있으므로 출력 함수가 좀 더 매끄러워진다. 이를 확인하기 위해, 마지막 은닉층의 활성화의 가중합이 출력 예측이라는 점을 고려해보자.† 가중치의 크기가 더 작을수록 출력의 변화도 줄어든다. 마지막 은닉층에서의 사전 활성화 계산에도 동일한 논리가 적용되어 네트워크를 통해 역방향 전파된다. 극단적으로 모든

깃허브의 노트북 9.1 'L2 regularization' 참고.
https://bit.ly/udl9_1

가중치를 강제로 0으로 만들면 네트워크는 최종 **편향 매개변수**bias parameter에 의해 결정되는 상수를 출력할 것이다.

그림 9.2는 가중치 감쇠와 서로 다른 정칙화 계수 λ값으로 그림 8.4의 단순화된 네트워크를 적합한 효과를 보여준다. λ가 작으면 효과가 거의 없다. 그러나 λ가 증가함에 따라 데이터에 대한 적합도가 떨어지고 함수가 더 매끄러워진다. 이렇게 하면 다음 두 가지 이유로 테스트 성능이 향상될 수 있다.

- 네트워크가 과적합된 경우 정칙화 항을 추가함으로써 네트워크는 데이터에 너무 정확하게 적합하려는 경향과 매끄러운 적합 함수 간의 절충을 꾀할 수 있다. 이는 편향이 증가하는 대가로(모델이 매끄러운 함수만 표현할 수 있다) 분산으로 인한 오차가 감소한다고(모델이 더 이상 모든 데이터 지점을 통과할 필요가 없다) 볼 수 있다.

- 네트워크가 과매개변수화된 경우, 추가된 모델 용량 중 일부는 훈련 데이터가 없는 영역을 표현한다. 이 경우, 정칙화 항은 인근 점 사이를 매끄럽게 보간하는 함수를 선호한다. 이는 실제 함수를 모르는 경우 합리적인 선택이다.

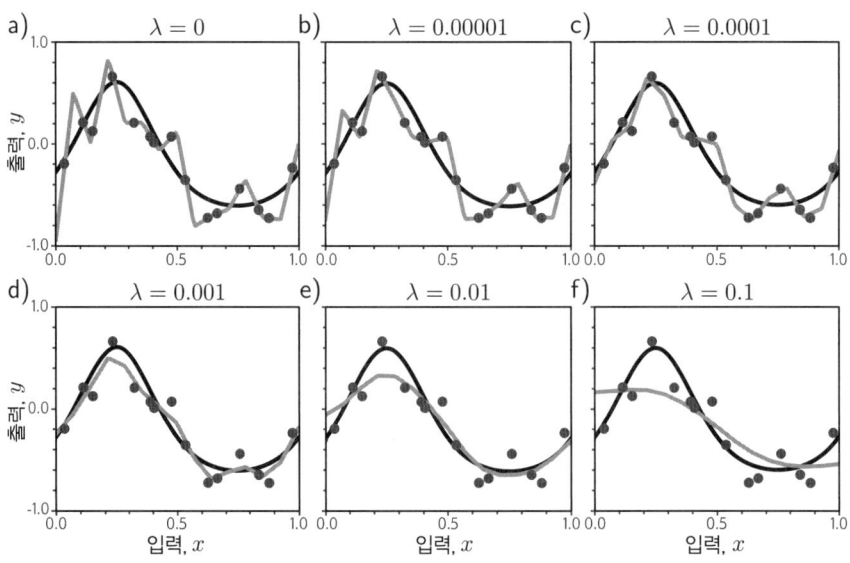

그림 9.2 은닉 유닛이 14개인 단순화된 신경망에서의 L2 정칙화(그림 8.4 참고). a–f) 정칙화 계수 λ를 증가시키면서 적합한 함수. 검은색 곡선은 실제 함수이고, 주황색 점은 잡음이 있는 훈련 데이터이며, 청록색 곡선은 적합된 모델이다. 작은 λ(그림 a–b)값의 경우 적합 함수는 데이터 점을 정확하게 통과한다. 중간 λ(그림 c–d) 값의 경우 함수는 더 매끄러워지고 실제 함수에 좀 더 가까워진다. λ가 클 경우(그림 e–f), 정칙화 항이 우도 항보다 영향력이 커지게 되고, 적합된 함수가 지나치게 부드러워져서 전체적인 적합 성능이 나빠진다.

9.2 암묵적 정칙화

최근의 흥미로운 발견 중 하나는 경사 하강법이나 SGD 모두 손실 함수의 최솟값으로 중립적으로 이동하지 않는다는 것이다. 각각의 방법은 서로 다른 특정한 해를 선호하는 경향을 보이는데, 이를 **암묵적 정칙화**implicit regularization라고 한다.

9.2.1 경사 하강법에서의 암묵적 정칙화

단계 크기가 극단적으로 매우 작은 연속 버전의 경사 하강법을 생각해보자. 매개변수 ϕ의 변화는 다음과 같은 미분 방정식에 의해 결정된다.

$$\frac{d\phi}{dt} = -\frac{\partial L}{\partial \phi}$$

식 9.6

경사 하강법은 크기가 α인 일련의 이산 단계로 이 과정을 근사한다.

$$\phi_{t+1} = \phi_t - \alpha \frac{\partial L[\phi_t]}{\partial \phi}$$

식 9.7

이산화로 인해 연속 경로와의 편차가 발생한다(그림 9.3).

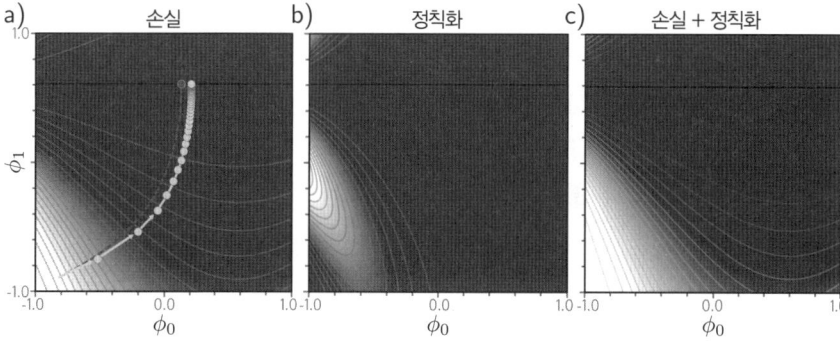

그림 9.3 경사 하강법에서의 암묵적 정칙화. a) 수평선 $\phi_1 = 0.61$에 전역 최솟값이 있는 손실 함수. 파란색 점선은 왼쪽 하단에서 시작하는 연속적인 경사하강 경로를 보여준다. 청록색 경로는 단계 크기가 0.1인 이산 경사 하강법을 보여준다(처음 몇 단계는 명시적으로 화살표로 표시되어 있다). 유한한 단계 크기로 인해 경로가 달라지고 이로 인해 다른 최종 위치에 도달하게 된다. b) 이러한 차이는 연속 경사 하강법 손실 함수에 제곱 기울기 크기가 클수록 불이익을 주는 정칙화 항을 추가하여 근사할 수 있다. c) 정칙화 항을 추가한 후 연속 경사 하강법 경로는 원래 함수에서 이산 경로가 도달한 곳과 동일한 위치로 수렴한다.

이 편차를 이해하기 위해, 원래의 손실 L에 대한 이산화된 버전과 동일한 위치에 도달하는 연속 경사 하강법에 대한 수정 손실 항 $\tilde{L}$을 도출해보자. 이 수정된 손실은 다음과 같다(이 장의 끝부분 참고).

$$\tilde{L}_{GD}[\phi] = L[\phi] + \frac{\alpha}{4}\left\|\frac{\partial L}{\partial \phi}\right\|^2$$

식 9.8

즉 이산적인 경로는 기울기 노름norm이 큰 곳(표면이 가파른 곳)에서 벗어나는 경향이 있다. 이로 인해 기울기가 0인 최솟값의 위치는 변하지 않지만, 다른 곳에서 손실 함수를 변화시키고 최적화 경로를 수정해서 잠재적으로 다른 최솟값으로 수렴하게 만든다. 경사 하강법으로 인한 암묵적 정칙화는 전체 배치 경사 하강법이 단계 크기가 클수록 더 잘 일반화되는 원인이 될 수 있다(그림 9.5a).

9.2.2 확률적 경사 하강법에서의 암묵적 정칙화

SGD에 대해서도 유사한 분석을 할 수 있다. 이제 연속적인 SGD가 무작위로 갱신한 SGD의 평균과 동일한 위치에 도달하도록 수정한 손실 함수를 찾아보자. 이는 다음과 같이 나타낼 수 있다.

$$\begin{aligned}\tilde{L}_{SGD}[\phi] &= \tilde{L}_{GD}[\phi] + \frac{\alpha}{4B}\sum_{b=1}^{B}\left\|\frac{\partial L_b}{\partial \phi} - \frac{\partial L}{\partial \phi}\right\|^2 \\ &= L[\phi] + \frac{\alpha}{4}\left\|\frac{\partial L}{\partial \phi}\right\|^2 + \frac{\alpha}{4B}\sum_{b=1}^{B}\left\|\frac{\partial L_b}{\partial \phi} - \frac{\partial L}{\partial \phi}\right\|^2\end{aligned}$$

식 9.9

여기서 L_b는 에포크 중 B 배치의 b번째 손실이고, L과 L_b는 각각 전체 데이터셋에서 I개의 개별 손실의 평균과 $|\mathcal{B}|$ 배치의 개별 손실의 평균을 나타낸다.

$$L = \frac{1}{I}\sum_{i=1}^{I}\ell_i[\mathbf{x}_i, y_i], \qquad L_b = \frac{1}{|\mathcal{B}|}\sum_{i\in\mathcal{B}_b}\ell_i[\mathbf{x}_i, y_i]$$

식 9.10

식 9.9는 배치 손실 L_b의 기울기 분산에 해당하는 추가 정칙화 항을 나타낸다. 즉 SGD는 암묵적으로 기울기가 안정적인 위치(모든 배치가 기울기에 동의하는 위치)를 선호한다. 이는 최적화 과정의 궤적을 수정하지만(그림 9.4) 전역 최솟값의 위치가 반드시 바뀌지는 않는다. 모델이 과매개변수화되면 모든 훈련 데이터를 정확하게 적합할 수 있으므로 이러한 모든 기울기 항은 전역 최솟값에서 각각 0이 된다.

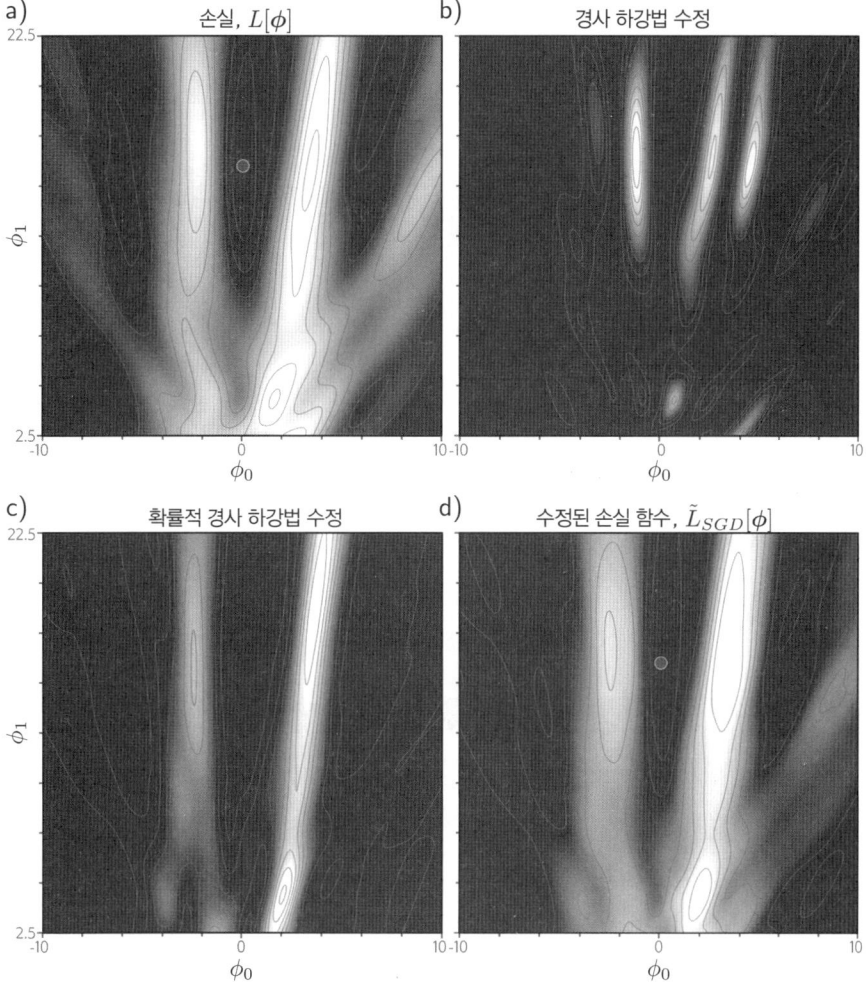

그림 9.4 SGD의 암묵적 정칙화. a) 가버 모델의 원래 손실 함수(6.1.2절 참고). b) 경사 하강법의 암묵적 정칙화 항은 기울기 크기의 제곱으로 손실 함수에 불이익을 준다. c) SGD에서의 추가적인 암묵적 정칙화는 배치 기울기의 분산에 불이익을 준다. d) 수정된 손실 함수(원래 손실과 2개의 암묵적 정칙화 구성 요소의 합).

SGD는 경사 하강법보다 일반화 성능이 뛰어나고, 일반적으로 배치 크기가 작을수록 큰 배치 크기보다 성능이 더 좋다(그림 9.5b). 이는 내재된 무작위성으로 인해 알고리즘이 손실 함수의 다른 부분에 도달할 수 있다는 것이다.† 그러나 이러한 성능 향상이 부분적으로 또는 전적으로 암묵적 정칙화로 인한 것일 수도 있다. 이는 일부 데이터에는 매우 잘 맞고 다른 데이터에는 잘 맞지 않는 해보다는(전체 손실은 동일하지만 배치 분산이 더 클 수 있다) 모든 데이터에 잘 맞는(배치의 분산이 적다) 해가 더 낫다. 그리고 배치 분산이 적은 해의 일반화 성능이 좀 더 우수하다.

깃허브의 노트북 9.2 'Implicit regularization' 참고. https://bit.ly/udl9_2

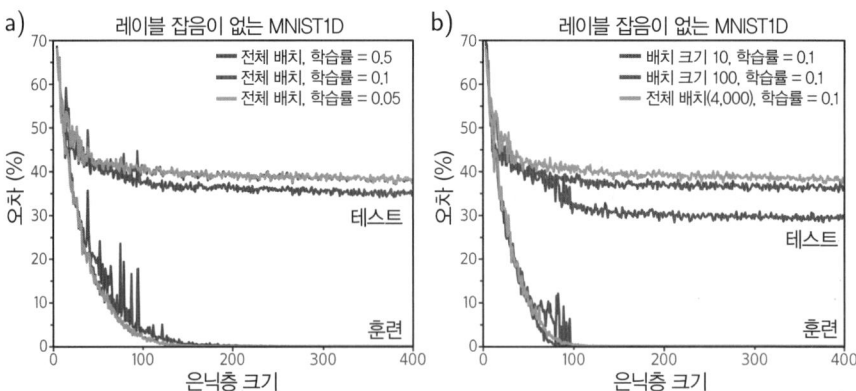

그림 9.5 MNIST-1D(그림 8.1 참고)의 4,000개 훈련 견본과 4,000개 테스트 견본을 사용할 때, 2개의 은닉층이 있는 신경망에 대한 학습률과 배치 크기의 효과. a) 중간 또는 작은 학습률보다 큰 학습률에서 성능이 더 좋다. 각각의 경우 반복 횟수는 학습 속도의 6,000배로 설정되어, 각 해는 동일한 거리만큼 이동할 수 있다. b) 배치 크기가 작을수록 성능이 우수하다. 각각의 경우에 거의 동일한 모델 용량에서 훈련 데이터를 기억하도록 반복 횟수를 선택한다.

9.3 성능 향상을 위한 경험적 방법

손실 함수에 명시적인 정칙화 항을 추가함으로써 학습 알고리즘이 좋은 해를 찾도록 유도할 수 있다는 것을 알았다. SGD에서도 의도치 않게 (도움이 되는 것처럼 보이는) 이런 효과가 암묵적으로 발생한다. 이 절에서는 일반화를 개선하는 데 사용되는 다른 경험적 방법heuristic method을 설명한다.

9.3.1 조기 중단

조기 중단early stopping은 훈련이 마무리되기 전에 중지하는 것을 말한다. 모델이 이미 기저 함수의 대략적인 모양을 포착했으면 아직 잡음에 과적합하기 전에 조기 중단을 하면 모델의 과적합을 줄일 수 있다(그림 9.6). 이는 가중치가 작은 값으로 초기화되었기 때문에(7.5절 참고) 가중치 값이 커지기 전에 조기 중단하는 것은 명시적인 L2 정칙화와 유사한 효과를 갖는다. 또 다른 관점은 조기 중단이 모델의 복잡도를 줄여준다는 것이다. 따라서 임계 영역에서 편향/분산 절충 곡선을 따라 다시 아래로 이동하고 성능이 향상된다(그림 8.9, 그림 8.10 참고).

조기 중단에는 학습을 종료할 때까지의 단계 수를 나타내는 하나의 하이퍼파라미터가 필요한데, 이는 검증셋(8.5절)를 사용하여 경험적으로 선택한다. 조기 중단을 위한 하이퍼파라미터는 이전의 하이퍼파라미터 선택과 달리 여러 모델을 학습할 필요 없이 선택할 수 있다. 모델을 한 번 훈련하면서, T번 반복마다 검증셋의 성능을 모니터링하면서 관련 매개변수가 저장한다. 검증 성능이 가장 좋은 저장된 매개변수가 선택된다.

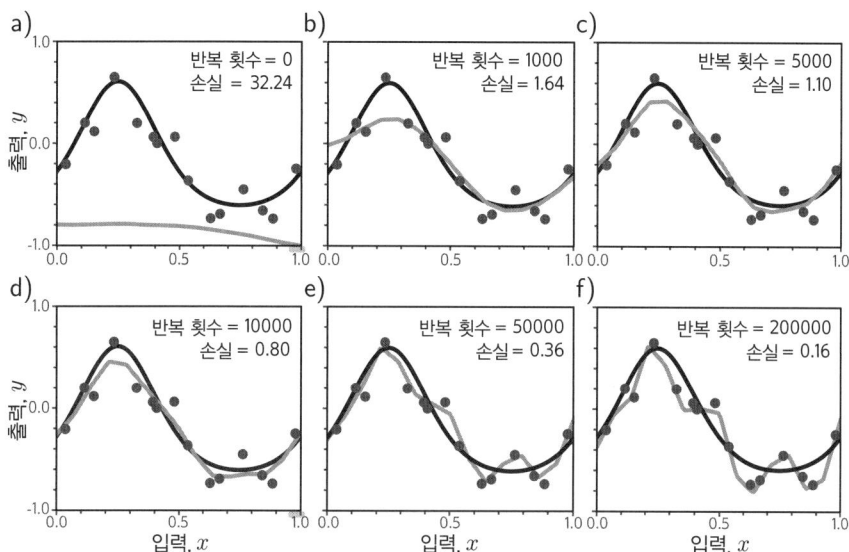

그림 9.6 조기 중단. a) 14개의 선형 영역이 있는 단순화된 얕은 신경망 모델(그림 8.4)을 무작위로 초기화하고(청록색 곡선) 배치 크기 5와 학습률 0.05를 사용하여 SGD로 훈련한다. b–d) 훈련이 진행됨에 따라 함수는 먼저 실제 함수(검은색 곡선)의 대략적인 구조를 포착한다. e-f) 훈련을 더 진행하면, 잡음이 있는 훈련 데이터(주황색 점)에 과적합된다. 훈련 과정 동안 훈련 손실은 계속 감소하지만 c)와 d)의 학습된 모델이 실제 기저 함수에 가장 가깝다. 이러한 모델이 e)나 f)의 모델보다 평균적으로 테스트 데이터에 좀 더 잘 일반화된다.

9.3.2 앙상블

훈련 데이터와 테스트 데이터 사이의 일반화 격차를 줄이기 위한 또 다른 방법은 여러 모델을 구축하고 모델 예측의 평균을 구하는 것이다. 이러한 모델의 그룹을 **앙상블**ensemble이라고 한다. 이 기술은 여러 모델을 훈련하고 저장하는 데 따른 비용과 추론을 여러 번 수행하는 비용이 더 들지만 테스트 성능을 안정적으로 향상시킬 수 있다.

출력의 평균(회귀 문제의 경우)이나 소프트맥스 사전 활성화의 평균(분류 문제의 경우)을 사용하여 모델을 결합할 수 있다. 이때는 모델의 오차가 서로 독립적이어서 모델 결합 시 오차가 서로 상쇄된다고 가정한다. 또는 출력의 중앙값(회귀 문제의 경우)이나 가장 자주 예측되는 클래스(분류 문제의 경우)를 사용하여 더욱 정확한 예측을 할 수 있다.

서로 다른 모델을 훈련하는 첫 번째 방법은 모델마다 서로 다른 무작위 초깃값을 사용하는 것이다. 이는 훈련 데이터와 멀리 떨어진 입력 공간 영역에 대해서도 도움이 될 수 있다.† 여기서는 상대적으로 적합 함수에 제약이 없어서 서로 다른 모델이 다른 예측을 할 수 있으므로 여러 모델의 평균이 단일 모델보다 일반화 성능이 더 좋다.

> 깃허브의 노트북 9.3 'Ensembling' 참고. https://bit.ly/udl9_3

두 번째 방법은 훈련 데이터를 복원 샘플링해서 다수의 서로 다른 데이터셋을 만들고, 각 데이터셋으로 서로 다른 모델을 훈련하는 것이다. 이를 **부트스트랩 집계** bootstrap aggregating 또는 줄여서 **배깅**bagging이라고 한다(그림 9.7). 이는 데이터를 평활화하는 효과가 있다. 특정 데이터 지점이 하나의 훈련셋에 없으면 모델이 가까운 데이터 지점에서 보간한다. 따라서 해당 데이터 지점이 특이치인 경우 적합 함수는 이 영역에서 중간값에 가깝게 된다. 또 다른 방법으로는 다양한 하이퍼파라미터로 모델을 훈련하거나 완전히 다른 계열의 모델을 훈련하는 것이다.

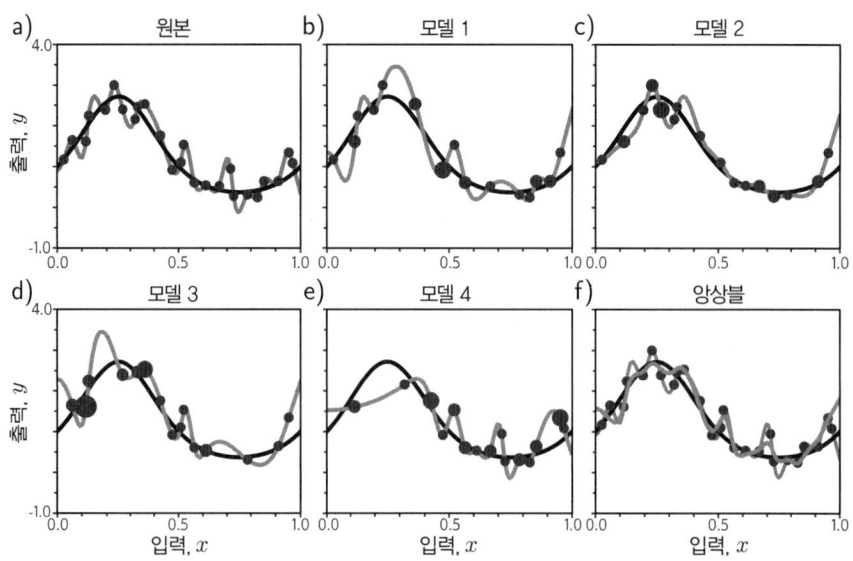

그림 9.7 앙상블 방법. a) 단일 모델(회색 곡선)을 전체 데이터셋(주황색 점)에 적합하도록 만든다. b)-e) 데이터를 교체하면서 네 번 재샘플링(배깅)하여 만든 4개의 모델(주황색 점의 크기는 데이터 지점이 재샘플링된 횟수를 나타낸다) f) 이 앙상블의 예측을 평균한 결과(청록색 곡선)는 전체 데이터셋(회색 곡선)에 대한 a)의 결과보다 더 매끄럽고 아마도 일반화가 좀 더 잘 될 것이다.

9.3.3 드롭아웃

드롭아웃dropout은 SGD의 반복마다 은닉 유닛의 무작위 부분 집합(일반적으로 50%)을 0으로 만든다(그림 9.8). 이렇게 하면 네트워크가 특정 은닉 유닛에 덜 의존하게 만들고 가중치가 더 작아지도록 유도해서 특정 은닉 유닛의 존재 여부에 따른 함수의 변화가 줄어든다.

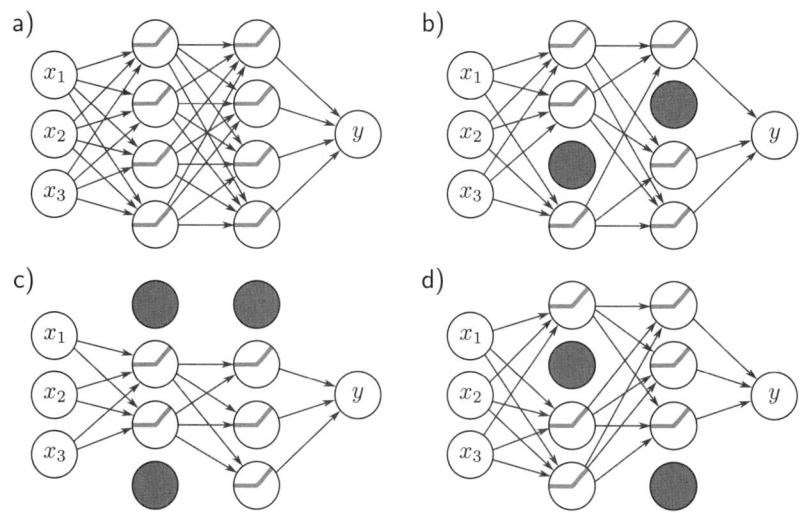

그림 9.8 드롭아웃. a) 원본 네트워크. b–d) 각 훈련 반복마다 일부 은닉 유닛을 무작위로 0으로 고정한다(회색 노드). 결과적으로 이러한 은닉 유닛으로 들어오고 나가는 가중치는 아무런 영향을 미치지 않으므로 매번 약간 다른 네트워크로 훈련하는 것과 같다.

드롭아웃 기술은 훈련 데이터와 멀리 떨어져 있고 손실에 영향을 주지 않는 함수의 바람직하지 않은 '꺾임'을 제거할 수 있다는 긍정적인 이점이 있다. 예를 들어 곡선을 따라 이동할 때 순차적으로 활성화되는 3개의 은닉 유닛을 고려해보자(그림 9.9a). 첫 번째 은닉 유닛은 기울기를 크게 증가시킨다. 두 번째 은닉 유닛은 기울기를 감소시키므로 함수는 다시 내려간다. 마지막으로 세 번째 은닉 유닛은 이러한 감소를 상쇄해서 곡선을 원래 궤적으로 되돌린다. 이 세 은닉 유닛이 결합하여 함수에 바람직하지 않은 지역적 변화를 유발한다. 이것은 훈련 손실에 영향을 주지는 않지만 일반화에는 적합하지 않다.

여러 은닉 유닛이 이러한 방식으로 결합할 때, 은닉 유닛 하나를 제거하면(드롭아웃에서 발생하는 것처럼) 제거된 은닉 유닛의 활성화된 절반의 공간으로 전파되는 출력 함수에 상당한 변화를 일으킨다(그림 9.9b). 이후의 경사 하강 단계에서는 이로 인한 변화를 보상하려고 시도하며 이러한 종속성은 시간이 지남에 따라 제거된다. 이에 따른 전체적인 효과는, 손실에는 아무런 영향을 미치지 않더라도 훈련 데이터 지점 간의 불필요한 큰 변화를 점진적으로 제거한다는 것이다(그림 9.9).

테스트 시에는 모든 은닉 유닛이 활성화된 상태에서 네트워크를 실행한다. 따라서 네트워크에는 훈련때보다 더 많은 은닉 유닛이 있으므로, 이를 보상해주기 위해 1에서 드롭아웃 확률을 뺀 값을 가중치에 곱해준다. 이를 가중치 스케일링 추론 규칙weight scaling inference rule이라고 한다. 또 다른 추론 방법은 **몬테카를로 드롭아웃**Monte Carlo dropout을 사용하는 것인데, 이 경우에는 (훈련 때와 같이) 무작위로 일부 은닉 유닛을 0으로 만든 네트워크를 여러 번 실행하고 그 결과를 결합한다. 이는 모든 무작위 버전의 네트워크가 서로 다른 모델이라는 점에서 앙상블과 유사하지만 여기서는 여러 네트워크를 훈련하거나 저장할 필요가 없다.

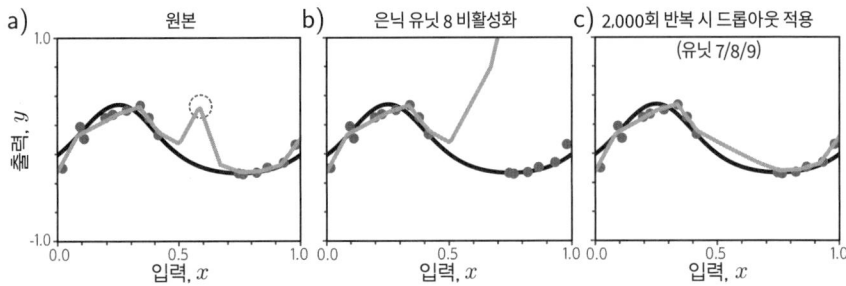

그림 9.9 드롭아웃 메커니즘. a) 곡선의 바람직하지 않은 꺾임은 연속적인 기울기 증가, 기울기 감소(점선 원 안의 연결점에서), 그리고 곡선을 원래 궤적으로 되돌리기 위한 또 다른 기울기 증가로 인해 생긴다. 여기서는 전체 배치 경사 하강법을 사용하고 있어서 이미 모델이 데이터에 최대한 적합되어 있으므로(그림 8.4) 추가 훈련으로 꺾임이 제거되지 않는다. b) 드롭아웃의 경우처럼 (a)에서 원 안의 연결점을 생성하는 은닉 유닛을 제거하면 어떻게 되는지 고려해보자. 기울기의 감소없이 함수의 오른쪽 부분은 위쪽 궤적을 따르게 되고, 이후의 경사 하강 단계에서는 이러한 변화를 보상하려고 한다. c) 다음의 두 단계를 2,000회 반복한 후의 곡선, (i) 꺾임을 유발하는 3개의 은닉 유닛 중 하나를 무작위로 제거, (ii) 경사 하강 단계 수행. 이 꺾임은 손실에 영향을 미치지는 않지만 드롭아웃 메커니즘의 이와 같은 근사에 의해 제거된다.

9.3.4 잡음 추가

드롭아웃은 네트워크 활성화에 곱셈적 **베르누이 잡음**Bernoulli noise을 추가하는 것으로 해석할 수 있다. 이로부터 훈련을 마친 모델을 더욱 견고하게 만들기 위해서 훈련 중에 네트워크의 다른 부분에 잡음을 추가하는 아이디어를 얻을 수 있다.

예를 들어 입력 데이터에 잡음을 추가하는 것이다.† 이는 학습을 마친 함수를 매끄럽게 만든다(그림 9.10). 회귀 문제의 경우 입력에 대한 네트워크 출력의 미분 항목에 벌칙을 주는 정칙화 항을 추가하는 것과 동일하다고 볼 수 있다. 이에 대한 극단적인 예가 **적대적 학습**adversarial training으로, 여기서 최적화 알고리즘은 출력에 큰 변화를 일으키는 입력의 작은 변화를 적극적으로 찾는다. 이는 최악의 가산 잡음 벡터로 볼 수 있다.

연습 문제 9.3 참고

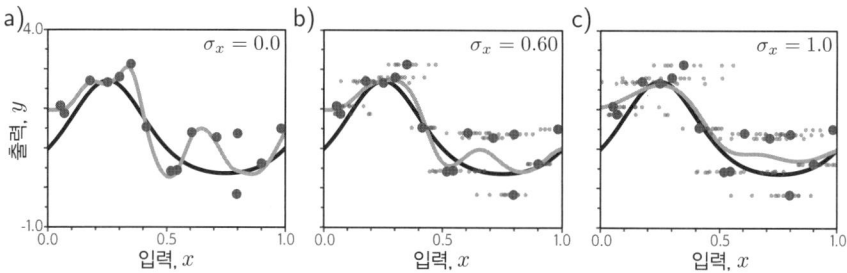

그림 9.10 입력에 잡음 추가. SGD의 각 단계에서 분산이 σ_x^2인 무작위 잡음을 배치 데이터에 추가한다. a–c) 잡음 수준이 다른 적합 모델(작은 점은 10개의 샘플을 나타낸다) 잡음을 더 많이 추가하면 적합된 함수가 매끄러워진다(청록색 선).

두 번째 가능한 방법은 가중치에 잡음을 추가하는 것이다. 이는 네트워크가 가중치의 작은 섭동에도 합리적인 예측을 하도록 유도한다. 결과적으로 훈련은 넓고 평평한 영역의 중앙에 있는 지역 최솟값으로 수렴하는데, 여기서는 개별 가중치의 변화가 별로 중요하지 않다.

마지막으로 레이블을 변형시킬 수 있다. 다중 클래스 분류를 위한 최대 우도 기준에서는 절대적인 확신에 따라 올바른 클래스를 예측하려고 한다(식 5.24). 이를 위해 네트워크의 최종 활성화(즉 소프트맥스 함수 전)를 올바른 클래스에 대해서는 매우 큰 값으로, 잘못된 클래스에 대해서는 매우 작은 값으로 이동시킨다.

전체 훈련 레이블의 ρ 부분이 부정확하고 결과적으로 해당 부분이 틀린 클래스에 속한다고 가정함으로써 이처럼 확신이 너무 강한 행동을 억제할 수 있다. 이는 훈련을 반복할 때마다 레이블을 무작위로 변경하면 된다. 또한, 손실 함수를 변경하여 예측 분포와 실제 레이블의 확률은 $1-\rho$이고 다른 클래스는 동일한 확률을 갖는 분포 사이의 교차 엔트로피를 최소화함으로써 같은 결과를 얻을 수 있다.† 이를 **레이블 평활화**label smoothing라고 하며 다양한 시나리오에서 일반화 성능을 향상시킨다.

연습 문제 9.4 참고

9.3.5 베이즈 추론

일반적으로 최대 우도 접근법에서는 지나치게 확신을 한다. 즉 훈련 단계에서 가장 가능성 있는 매개변수를 선택하고 이 매개변수로 정의된 모델로 예측한다. 하지만 그 밖의 많은 매개변숫값으로도 데이터를 어느 정도 예측할 수 있다. 단지 예측 가능성이 조금 낮을 뿐이다. **베이즈 접근**Bayesian approach에서는 매개변수를 미지의 변수로 취급하고 베이즈 정리†를 이용하여 훈련 데이터 $\{\mathbf{x}_i, \mathbf{y}_i\}$에 대해 이러한 매개변수 $\boldsymbol{\phi}$에 대한 분포 $Pr(\boldsymbol{\phi}|\{\mathbf{x}_i, \mathbf{y}_i\})$를 계산한다.

> C.1.4절 '베이즈 정리' 참고

$$Pr(\boldsymbol{\phi}|\{\mathbf{x}_i, \mathbf{y}_i\}) = \frac{\prod_{i=1}^{I} Pr(\mathbf{y}_i|\mathbf{x}_i, \boldsymbol{\phi})Pr(\boldsymbol{\phi})}{\int \prod_{i=1}^{I} Pr(\mathbf{y}_i|\mathbf{x}_i, \boldsymbol{\phi})Pr(\boldsymbol{\phi})d\boldsymbol{\phi}}$$

식 9.11

여기서 $Pr(\boldsymbol{\phi})$는 매개변수의 사전 확률이고, 분모는 정규화 항이다. 따라서 모든 매개변수 선택에는 확률이 할당된다(그림 9.11).

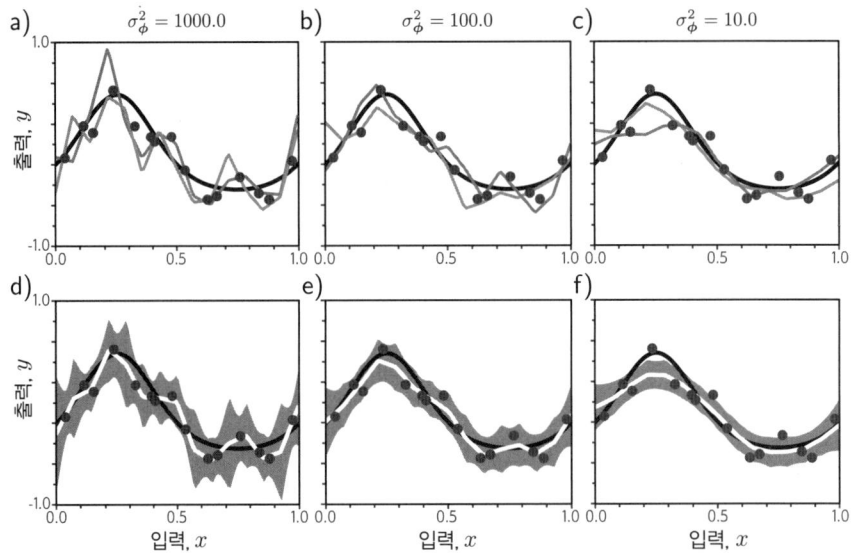

그림 9.11 단순화된 네트워크 모델에 대한 베이즈 접근 방식(그림 8.4 참고). 매개변수는 불확실한 것으로 간주된다. 매개변수 집합에 대한 사후 확률 $Pr(\boldsymbol{\phi}|\{\mathbf{x}_i, \mathbf{y}_i\})$는 데이터 $\{\mathbf{x}_i, \mathbf{y}_i\}$와 사전 분포 $Pr(\boldsymbol{\phi})$를 통해 결정된다. a-c) 평균이 0이고 서로 다른 3개의 분산을 갖는 정규분포를 갖는 사전 확률을 사용하여 사후 확률에서 샘플링된 2개의 매개변수 집합(청록색 곡선). 사전 확률의 분산이 작으면 매개변수도 작아지고 함수는 좀 더 매끄러워진다. d-f) 사후 확률을 가중치로 해서 모든 가능한 매개변숫값에 대한 가중합을 구해서 추론을 한다. 이를 통해 평균(청록색 곡선)과 관련 불확실성(회색 영역은 두 표준편차)에 대한 예측을 한다.

새로운 입력 $\mathbf{x}$에 대한 예측 $\mathbf{y}$는 각 매개변수 집합에 대한 예측의 **무한 가중합**infinite weighted sum(즉 적분)이다. 이때 확률값은 가중합을 구할 때의 가중치가 된다.

$$Pr(\mathbf{y}|\mathbf{x}, \{\mathbf{x}_i, \mathbf{y}_i\}) = \int Pr(\mathbf{y}|\mathbf{x}, \boldsymbol{\phi}) Pr(\boldsymbol{\phi}|\{\mathbf{x}_i, \mathbf{y}_i\}) d\boldsymbol{\phi}$$

식 9.12

이는 사실상 **무한 가중 앙상블**infinite weighted ensemble로, 가중치는 (i) 매개변수의 사전 확률과 (ii) 데이터와의 일치성에 따라 달라진다.

베이즈 접근은 우아하며 최대 우도에 기반한 접근 방식보다 더 정확한 예측을 할 수 있다. 안타깝게도 신경망과 같은 복잡한 모델의 경우 매개변수에 대한 전체 확률분포를 구하거나 추론 단계에서 이를 통합할 수 있는 실용적인 방법이 없다.† 따라서 이러한 유형에 대해서는 일종의 근사를 할 수밖에 없고, 이로 인해 학습과 추론이 상당히 복잡해진다.

깃허브의 노트북 9.4
'Bayesian approach' 참고.
https://bit.ly/udl9_4

9.3.6 전이학습과 다중 작업 학습

훈련 데이터가 부족하면 다른 데이터셋을 활용하여 성능을 향상할 수 있다. **전이학습**transfer learning, TL(그림 9.12a)에서는 우선 네트워크를 **사전 훈련**pre-trained한다. 그런 다음 사전 훈련한 모델을 새로운 작업에 맞게 조정한다. 이는 일반적으로 마지막 층을 제거하고 적절한 출력을 생성하기 위해 하나 이상의 층을 추가하는 방식으로 수행한다. 사전 훈련한 기본 모델은 고정해놓고 새로운 층을 새로운 작업에 맞게 훈련하거나 전체 모델을 **미세 조정**fine-tune할 수 있다.

전이학습의 기본 원칙은 사전 훈련된 네트워크가 데이터에 대한 좋은 내부 표현internal representation을 구축하고 이후에 이를 새로운 작업에 활용할 수 있다는 것이다. 다른 말로 표현하면, 전이학습은 좋은 해를 생성할 가능성이 있는 공간의 합리적인 부분에서 새로운 네트워크의 매개변수를 초기화한다고 볼 수 있다.

다중 작업 학습multi-task learning, MTL(그림 9.12b)은 여러 문제를 동시에 해결하도록 네트워크를 훈련하는 기술이다. 예를 들어 네트워크는 하나의 이미지에 대해서 이미지를 분할하고, 픽셀별 깊이를 추정하고, 이미지를 설명하는 캡션을 예측하는 방법을 동시에 학습할 수 있다. 이러한 모든 작업에는 이미지에 대한 어느 정도의 이해가 필요한데, 서로 다른 작업을 동시에 학습하면 각 작업에 대한 모델 성능이 향상될 수 있다.

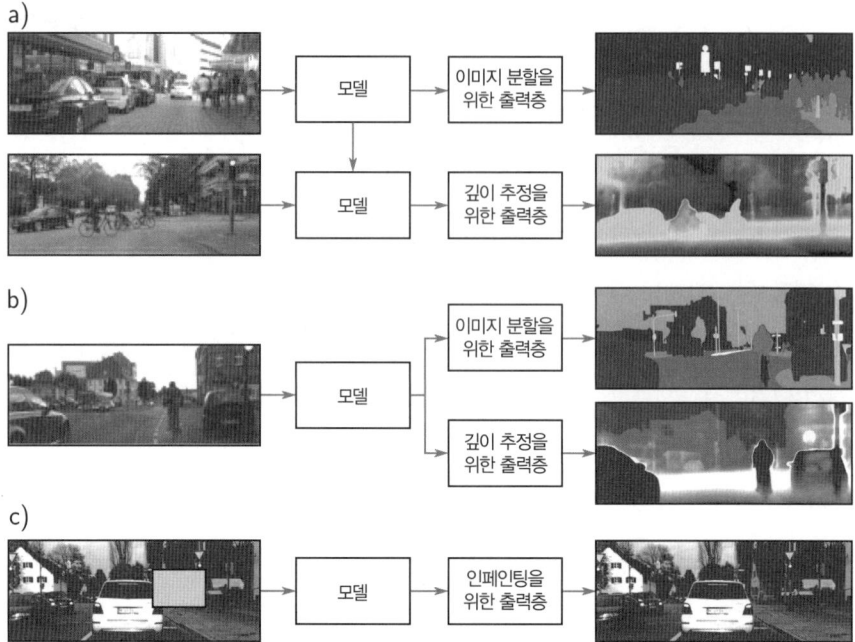

그림 9.12 전이학습, 다중 작업 학습, 자기 지도 학습. a) 전이학습은 기본 작업(여기서는 깊이 추정)을 위한 레이블이 지정된 데이터는 부족하지만 보조 작업(여기서는 이미지 분할)에 대한 데이터가 많을 때 사용한다. 보조 작업을 위한 모델을 훈련하고, 마지막 층을 제거하고, 기본 작업에 적합한 새로운 층으로 교체한다. 그런 다음 새로운 층만 훈련하거나 기본 작업을 위해 전체 네트워크를 미세 조정한다. 네트워크는 보조 작업으로부터 좋은 내부 표현을 학습하고 이를 기본 작업에 활용한다. b) 다중 작업 학습에서는 각 작업의 성능이 향상되기를 바라면서 여러 작업을 동시에 수행하도록 모델을 훈련한다. c) 생성적 자기 지도 학습에서는 데이터의 일부를 제거하고 누락된 정보를 완성하도록 네트워크를 훈련한다. 여기서 작업은 이미지의 가려진 부분을 채우는 것(인페인트)이다. 이를 통해 레이블이 있는 데이터가 없을 때도 전이학습을 할 수 있다(이미지 출처: Cordts et al., 2016[1]).

9.3.7 자기 지도 학습

위의 논의에서는 사전 훈련에 사용한 대한 데이터가 많거나 동시에 학습할 여러 작업에 대한 데이터가 있다고 가정하고 있다. 그렇지 않은 경우 **자기 지도 학습** self-supervised learning, SSL을 통해 대량의 레이블이 지정된 데이터를 생성하고 이를 전이학습에 사용할 수 있다. 자기 지도 학습에는 **생성적**generative 방법과 **대조적**contrastive 방법이 있다.

생성적 자기 지도 학습generative self-supervised learning에서는 각 데이터 견본의 일부를 가리고, 누락된 부분을 예측하는 보조 작업을 수행한다(그림 9.12c). 예를 들어 레이블이 지정되지 않은 이미지 모음과 이미지의 누락된 부분을 인페인팅(채우기)하기 위한 보조 작업을 사용할 수 있다(그림 9.12c). 마찬가지로, 대규모 텍스트 모음의 일부 단어를 가리고, 누락된 단어를 예측하도록 네트워크를 훈련시킨 다음 관심 있는 실제 언어 작업에 맞게 미세 조정한다(12장 참고).

대조적 자기 지도 학습contrastive self-supervised learning에서는 서로 공통점이 있는 견본 쌍을 공통점이 없는 쌍과 비교한다. 이미지의 경우 보조 작업은 이미지 쌍이 서로의 변형 버전인지 또는 관련성이 없는지 식별한다. 텍스트의 경우 보조 작업은 원본 문서에서 두 문장이 서로 문맥에 맞게 이어지는 문장인지 확인한다. 때로는 보조 작업이 연결된 쌍 사이의 정확한 관계를 식별해야 하는 경우도 있다(예를 들어 동일한 이미지에서 두 패치의 상대적 위치 찾기가 있다).

9.3.8 데이터 증대

전이학습은 다양한 데이터셋을 활용하여 성능을 향상시킨다. 다중 작업 학습은 추가 레이블을 사용하여 성능을 향상시킨다. 세 번째 선택지는 데이터셋을 확장하는 것이다. 레이블은 그대로 두고 각 입력 데이터 견본을 변환한다. 예를 들어 이미지에 새가 있는지 확인하려는 경우를 생각해보자(그림 9.13). 여기에서 '새'라는 레이블을 가진 이미지를 회전, 뒤집기, 흐리게 처리, 색상 균형을 조절할 수 있다.† 마찬가지로 입력이 텍스트인 작업의 경우 동의어로 대체하거나 다른 언어로 번역했다가 다시 되돌릴 수 있다. 입력이 오디오인 작업의 경우 서로 다른 주파수 대역을 증폭하거나 감쇠할 수 있다.

깃허브의 노트북 9.5 'Augmentation' 참고. https://bit.ly/udl9_5

이러한 방식으로 추가 훈련 데이터를 생성하는 것을 **데이터 증대**data augmentation라고 한다. 이를 통해 모델이 이러한 관련 없는 데이터 변환에 영향을 덜 받도록 가르치는 것이다.

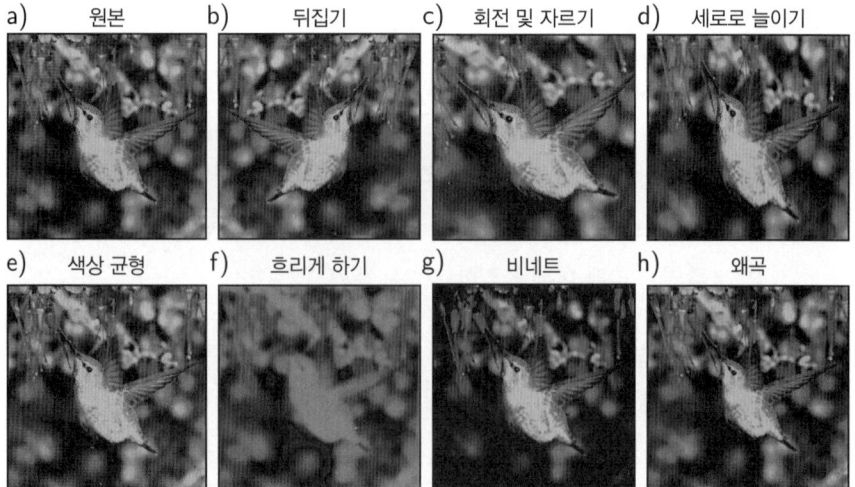

그림 9.13 데이터 증대. 일부 문제의 경우 각 데이터 견본을 변환해서 데이터셋을 늘릴 수 있다. a) 원본 이미지. b–h) 원본 이미지의 다양한 기하학적, 광학적 변환. 이미지 분류의 경우 이러한 모든 이미지의 레이블은 '새'다(출처: Wu et al., 2015a[2]).

9.4 요약

명시적 정칙화를 위해서 손실 함수에 새로운 항을 추가하는데, 이로 인해 최솟값의 위치가 바뀌게 된다. 이 항은 매개변수에 대한 사전 확률로 해석할 수 있다. 유한한 단계 크기를 갖는 SGD는 손실 함수의 높은 곡률을 갖는 경로를 따라 최솟값까지 내려간다. 이러한 편향은 손실 함수에 추가 항을 추가하는 것으로 해석될 수 있으며 이를 암묵적 정칙화라고 한다.

조기 중단, 드롭아웃, 앙상블, 베이즈 접근 방식, 잡음 추가, 전이학습, 다중작업 학습, 데이터 증대 등 일반화를 개선하기 위한 많은 경험적 방법도 있다. 이러한 방법들은 네 가지 주요 원칙을 따른다(그림 9.14). (i) 함수를 더 매끄럽게 만들거나(예를 들어 L2 정칙화), (ii) 데이터 양을 늘리거나(예를 들어 데이터 증대), (iii) 모델을 결합하거나(예: 앙상블), (iv) 바닥이 더 넓은 최솟값을 탐색한다(예를 들어 네트워크 가중치에 잡음 적용).

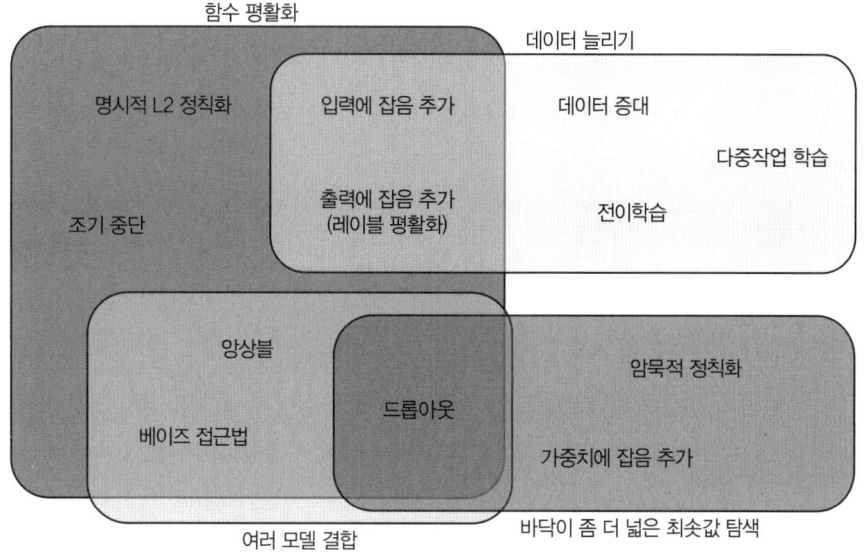

그림 9.14 정칙화 방법. 이 장에서 논의한 정칙화 방법은 네 가지 메커니즘 중 하나를 통해 일반화를 개선한다. 일부 방법은 모델링된 함수를 좀 더 매끄럽게 만든다. 다른 방법은 유효한 데이터 양을 늘린다. 세 번째 방법은 여러 모델을 결합하여 적합 과정의 불확실성을 완화한다. 마지막으로 네 번째 방법은 훈련 과정에서 매개변수의 작은 추정 오차에 덜 민감해지도록 바닥이 넓은 최솟값으로 수렴하도록 유도한다(그림 20.11 참고).

일반화를 개선하는 또 다른 방법은 작업에 맞는 모델 구조를 선택하는 것이다. 예를 들어 이미지 분할에서는 모델 내에서 매개변수를 공유할 수 있으므로 각 이미지 위치에서 나무가 어떻게 보이는지 독립적으로 학습할 필요가 없다. 10-13장에서는 다양한 작업에 맞게 설계된 모델의 구조를 살펴본다.

노트

딥러닝에서의 정칙화 기술에 대한 개요와 분류는 Kukačka et al.(2017)[3]에서 찾아볼 수 있다. 이 장에서는 배치 정규화(Szegedy et al., 2016)[4] 및 이에 대한 변형을 다루지 않았는데, 이는 11장에서 살펴보도록 한다.

정칙화

L2 정칙화는 네트워크 가중치의 제곱합에 벌칙을 준다. 이를 통해 출력 함수가 천천히 변하도록(즉 좀 더 매끄러워진다) 할 수 있는데, 이는 가장 많이 사용되는 정칙

화 항이기도 하다. 이는 가중치 행렬의 프로베니우스 노름Frobenius norm에 벌칙을 주기 때문에 프로베니우스 노름 정칙화라고도 한다. 이는 종종 가중치 감쇠로 오해되는 경우도 있지만, 이것은 Hanson & Pratt(1988)[5]가 고안한 별도의 기술로 매개변수 ϕ가 다음과 같이 갱신된다.

$$\phi \leftarrow (1 - \lambda')\phi - \alpha \frac{\partial L}{\partial \phi}$$

식 9.13

연습 문제 9.5 참고

여기서 α는 학습률이고 L은 손실이다. 이는 경사를 갱신하기 전에 가중치를 $1 - \lambda'$만큼의 비율로 감소시킨다는 점을 제외하면 경사 하강법과 동일하다. 표준 SGD의 경우, 가중치 감쇠는 계수 $\lambda = \lambda'/2\alpha$인 L2 정칙화(수식 9.5)와 동일하다.† 그러나 Adam의 경우 학습률 α가 매개변수마다 다르기 때문에 L2 정칙화와 가중치 감쇠가 서로 다르다. Loshchilov & Hutter(2019)[6]는 Adam을 수정한 AdamW를 제안했는데, 이는 가중치 감쇠를 올바르게 구현해서 성능을 향상되는 것을 보여주었다.

B.3.2절 '벡터 노름과 행렬 노름' 참고

다른 **벡터 노름**vector norm†을 선택하면 가중치의 희소성이 커진다. **L0 정칙화**L0 regularization 항은 0이 아닌 모든 가중치에 대해 고정된 벌칙을 적용한다. 이는 네트워크를 '가지치기prune'하는 효과가 있다. L0 정칙화는 그룹 희소성을 증가시킬 수도 있다. 이는 특정 은닉 유닛에 연결된 가중치 중 하나라도 0이 아닌 경우 고정된 벌칙을 적용할 수 있다. 가중치가 모두 0이면 은닉 유닛을 제거하여 모델 크기를 줄이고 추론을 더 빠르게 할 수 있다.

연습 문제 9.6 참고

불행하게도 L0 정칙화는 정칙화 항의 미분이 매끄럽지 않고 보다 정교한 적합 방법이 필요하기 때문에 구현하기가 어렵다(Louizos et al., 2018 참고)[7]. L2 정칙화와 L0 정칙화 중간 정도에 **L1 정칙화**L1 regularization 또는 **라쏘**LASSO(최소 절대 축소 및 선택 연산자)가 있는데, 이는 가중치의 절댓값에 벌칙을 부과한다. L2 정칙화는 가중치가 작아질수록 벌칙 제곱의 미분이 감소하여 가중치를 작게 만들기 어려워지기 때문에 희소성이 다소 떨어진다. L1 정칙화의 경우, 페널티의 미분이 일정하므로 이러한 단점이 없다.† 이는 L2 정칙화보다 희소한 해를 생성할 수 있으면서도 L0 정칙화보다 최적화하기가 훨씬 쉽다. 때로는 L1, L2 정칙화 항을 모두 사용하기도 하는데, 이를 **탄력적 순 벌칙**elastic net penalty이라고 한다(Zou & Hastie, 2005)[8].

또 다른 정칙화 방법은 새로운 손실 함수를 명시적으로 정의하지 않고 학습 알고리즘의 기울기를 수정하는 것이다(예: 식 9.13). 이 방법은 역전파 중에 희소성을 높이기 위해 사용되었다(Schwarz et al., 2021)[9].

명시적 정칙화의 효과에 대한 엇갈린 주장이 있다. Zhang et al.(2017a)[10]은 L2 정칙화가 일반화에 별로 효과가 없다는 것을 보여주었다. 네트워크의 립시츠 상수†(입력의 변화에 따라 함수가 얼마나 빨리 바뀔 수 있는지)가 일반화 오차를 제한한다는 것을 입증했다(Bartlett et al., 2017[11]; Neyshabur et al., 2018[12]). 그러나 립시츠 상수는 가중치 행렬 Ω_k의 스펙트럴 노름의 곱에 따라 결정되는데, 이는 개별 가중치의 크기에 간접적인 의존성을 갖는다. Bartlettet al.(2017)[11], Neyshabur et al.(2018)[12], Yoshida & Miyato(2017)[13]는 간접적으로 스펙트럴 노름이 더 작아지도록 하는 항을 추가했다. Gouk et al.(2021)[14]은 다른 접근 방식을 사용해서 네트워크의 립시츠 상수를 특정값 이하로 제한하는 알고리즘을 개발했다.

† B.1.1절 '립시츠 상수' 참고

경사 하강법에서의 암묵적 정칙화

경사 하강법 단계는 다음과 같다.

$$\phi_1 = \phi_0 + \alpha \cdot \mathbf{g}[\phi_0]$$

식 9.14

여기서 $\mathbf{g}[\phi_0]$는 손실 함수의 기울기의 음수이고 α는 단계 크기다. α가 0에 수렴함에 따라 경사 하강과정은 미분방정식으로 설명할 수 있다.

$$\frac{d\phi}{dt} = \mathbf{g}[\phi]$$

식 9.15

특정한 단계 크기 α에 대해, 이산 버전과 연속 버전이 서로 다른 해로 수렴한다. **역방향 오차 분석**backward error analysis을 통해 연속 버전에 대한 수정 항 $\mathbf{g}_1[\phi]$를 찾을 수 있다.

$$\frac{d\phi}{dt} \approx \mathbf{g}[\phi] + \alpha\mathbf{g}_1[\phi] + \ldots$$

식 9.16

이를 통해 이산 버전과 동일한 결과를 얻을 수 있다.

수정된 연속해 ϕ의 초기 위치 ϕ_0 주위에서 테일러 전개했을 때 처음 두 항을 고려해보자.

$$\begin{aligned}
\phi[\alpha] &\approx \phi + \alpha \frac{d\phi}{dt} + \frac{\alpha^2}{2}\frac{d^2\phi}{dt^2}\bigg|_{\phi=\phi_0} \\
&\approx \phi + \alpha(\mathbf{g}[\phi] + \alpha\mathbf{g}_1[\phi]) + \frac{\alpha^2}{2}\left(\frac{\partial \mathbf{g}[\phi]}{\partial \phi}\frac{d\phi}{dt} + \alpha\frac{\partial \mathbf{g}_1[\phi]}{\partial \phi}\frac{d\phi}{dt}\right)\bigg|_{\phi=\phi_0} \\
&= \phi + \alpha(\mathbf{g}[\phi] + \alpha\mathbf{g}_1[\phi]) + \frac{\alpha^2}{2}\left(\frac{\partial \mathbf{g}[\phi]}{\partial \phi}\mathbf{g}[\phi] + \alpha\frac{\partial \mathbf{g}_1[\phi]}{\partial \phi}\mathbf{g}[\phi]\right)\bigg|_{\phi=\phi_0} \\
&\approx \phi + \alpha\mathbf{g}[\phi] + \alpha^2\left(\mathbf{g}_1[\phi] + \frac{1}{2}\frac{\partial \mathbf{g}[\phi]}{\partial \phi}\mathbf{g}[\phi]\right)\bigg|_{\phi=\phi_0}
\end{aligned}$$

식 9.17

두 번째 줄에서는 수정 항(식 9.16)을 대입했고 마지막 줄에서는 α^2보다 큰 차수의 항을 제거했다.

우변의 첫 두 항인 $\boldsymbol{\phi}_0 + \alpha\mathbf{g}[\boldsymbol{\phi}_0]$은 이산 갱신 식(식 9.14)와 같다. 따라서 연속 버전과 이산 버전이 같은 위치에 도달하려면 오른쪽의 세 번째 항이 0이 되어야 하므로, $\mathbf{g}_1[\boldsymbol{\phi}]$에 대해서 다음과 같이 풀 수 있다.

$$\mathbf{g}_1[\phi] = -\frac{1}{2}\frac{\partial \mathbf{g}[\phi]}{\partial \phi}\mathbf{g}[\phi]$$

식 9.18

훈련 중에 진화 함수evolution function $\mathbf{g}[\boldsymbol{\phi}]$는 손실의 기울기의 음수다.

$$\begin{aligned}
\frac{d\phi}{dt} &\approx \mathbf{g}[\phi] + \alpha\mathbf{g}_1[\phi] \\
&= -\frac{\partial L}{\partial \phi} - \frac{\alpha}{2}\left(\frac{\partial^2 L}{\partial \phi^2}\right)\frac{\partial L}{\partial \phi}
\end{aligned}$$

식 9.19

이는 손실 함수에 대해 연속 경사 하강법을 수행하는 것과 같다.

$$L_{GD}[\phi] = L[\phi] + \frac{\alpha}{4}\left\|\frac{\partial L}{\partial \phi}\right\|^2$$

식 9.20

왜냐하면 식 9.19의 우변은 식 9.20의 미분이기 때문이다.

이러한 암묵적 정칙화 공식은 Barrett & Dherin(2021)[15]에 의해 개발되었고, Smith et al.(2021)[16]에 의해 SGD로 확장되었다. Smith et al.(2020)[17]과 다른 연구자들은 배치 크기가 작거나 중간 정도인 SGD가 테스트셋에 대해서 전체 배치 경사 하강법보다 성능이 우수하다는 것을 증명했는데, 이는 부분적으로 암묵적 정칙화 때문일 수 있다.

이와 관련하여 Jastrzębski et al.(2021)[18]과 Cohen et al.(2021)[19]은 큰 학습률을 사용할 경우, 일반적인 최적화 경로가 손실 함수의 '더 날카로운' 부분(적어도 한 방향의 곡률이 높은 부분)으로 이동하는 경향이 줄어든다는 것을 보여주었다. 큰 학습률의 이러한 암묵적인 정칙화 효과는 피셔 정보 행렬Fisher Information Matrix의 대각합에 벌칙을 적용하여 근사할 수 있으며, 이는 식 9.20의 기울기 노름gradient norm에 벌칙을 적용하는 것과 밀접한 관련이 있다(Jastrzębski et al.(2021)[18]).

조기 중단

Bishop(1995)[20]과 Sjöberg & Ljung(1995)[21]은 조기 중단이 훈련 과정에서의 탐색 공간을 제한한다고 주장했다. 가중치를 작은 값으로 초기화하므로, 이는 조기 중단이 가중치가 너무 커지는 것을 방지하는 데 도움이 된다는 아이디어를 얻게 되었다. Goodfellow et al.(2016)[22]은 매개변수가 0으로 초기화된 손실 함수를 2차 근사했을 때 조기 중단이 경사 하강법의 L2 정규화와 동일함을 보여주었다. 효과적인 정칙화 가중치 λ는 대략 $1/(\tau\alpha)$인데, 여기서 α는 학습률이고 τ는 조기 중단 시간이다.

앙상블

앙상블은 다양한 무작위 시드(Lakshminarayanan et al., 2017)[23], 하이퍼파라미터(Wenzel et al., 2020b)[24] 또는 완전히 다른 모델을 사용하여 훈련할 수 있다. 모델은 예측의 평균을 구하거나, 예측에 가중치를 부여하거나 또는 **스태킹**stacking(Wolpert, 1992)[25]을 통해 결합할 수 있고, 이러한 결과를 다른 머신러닝 모델을 사용하여 결합한다. Lakshminarayanan et al.(2017)[26]은 독립적으로 훈련된 네트워크의 출력을 평균화하면 정확도, 보정, 견고성이 향상될 수 있음을 보여주었다. 반대로 Frankle et al.(2020)[27]은 가중치를 평균하여 하나의 모델을 만들면 네트워크의 성능이 떨어진다는 것을 보여주었다. Fort et al.(2019)[28]은 초기화를 서로 다르게 한 앙상블 해법을 동일한 원래 모델에서 생성된 앙상블 해법과 비교했다. 예를 들어 후자의 경우 근처에 있는 더 좋은 다른 지점을 찾기 위해 제한된 부분 공간†에서만 해의 주변을 탐색한다. 그들은 두 기술 모두 서로 보완적인 이점이 있지만, 서로 다른 임의의 시작점을 갖는 진정한 앙상블의 개선점이 더 크다는 것을 발견했다.

† B.3.6절 '부분 공간' 참고

효율적인 앙상블 방법은 훈련 중간 단계의 모델을 결합하는 것이다. 이를 위해 Izmailov et al.(2018)[29]은 **확률적 가중치 평균**stochastic weight averaging, SWA을 도입했는데, 모델 가중치를 서로 다른 시간 단계에서 샘플링해서 평균을 구한다. **스냅숏 앙상블**snapshot ensemble(Huang et al., 2017a)[30]은 이름에서 알 수 있듯이 다양한 시간 단계의 모델을 저장하고 예측의 평균을 구한다. 학습률을 주기적으로 늘리거나 줄임으로써 이러한 모델의 다양성을 향상시킬 수 있다. Garipov et al.(2018)[31]은 손실 함수의 서로 다른 최솟값이 낮은 에너지 경로(즉 전체적으로 손실이 낮은 경로)로 연결되는 경우가 많다는 사실을 관찰했다. 이러한 관찰을 바탕으로 초기 해 주변의 저에너지 영역을 탐색하여 재학습 없이 다양한 모델을 제공하는 방법을 개발했다. 이것을 **빠른 기하학적 앙상블**fast geometric ensemble이라고 한다. 앙상블 방법에 대한 검토는 Ganaie et al.(2022)[32]에서 찾아볼 수 있다.

드롭아웃

드롭아웃은 Hinton et al.(2012b)[33]과 Srivastava et al.(2014)[34]에 의해 처음 소개되었다. 드롭아웃은 은닉 유닛에 적용하는데, 은닉 유닛을 삭제하는 것은 해당 은닉 유닛에 연결된 모든 가중치와 편향을 일시적으로 0으로 설정하는 것과 동일한 효과를 갖는다. Wan et al.(2013)[35]은 개별 가중치를 무작위로 0으로 설정하는 방식으로 드롭아웃을 일반화했다. Gal & Ghahramani(2016)[36]와 Kendall & Gal(2017)[37]은 몬테카를로 드롭아웃을 제안했다. 여기서는 여러 드롭아웃 패턴으로 추론한 결과의 평균을 구한다. Gal & Ghahramani(2016)[36]는 이것이 베이즈 추론을 근사한 것으로 해석할 수 있다고 주장했다.

드롭아웃은 은닉 단위에 곱셈적 베르누이 잡음을 적용하는 것과 같다. 정규분포(Srivastava et al., 2014[34]; Shen et al., 2017[38]), 균일 분포(Shen et al., 2017)[38], 베타 분포(Liu et al., 2019b)[39]와 같은 다른 분포를 사용해도 유사한 이점이 얻을 수 있다.

잡음 추가

Bishop(1995)[20]과 An(1996)[40]은 성능을 향상시키기 위해 네트워크 입력에 가우시안 잡음을 추가했다. Bishop(1995)[20]은 이것이 가중치 감쇠와 동일하다는 것을 보였다. An(1996)[40]도 가중치에 잡음을 추가하는 방법을 제안했다. DeVries & Taylor(2017a)[41]는 은닉 유닛에 가우시안 잡음을 추가했다. **무작위 ReLU**randomized ReLU(Xu et al., 2015)[42]는 확률적 활성화 함수를 통해 다른 방식으로 잡음을 적용한다.

레이블 평활화

레이블 평활화는 Szegedy et al.(2016)[4]이 이미지 분류를 위해 도입한 이래, 음성 인식(Chorowski & Jaitly, 2017)[43], 기계 번역(Vaswani et al., 2017)[44], 언어 모델링(Pereyra et al., 2017)[45]에도 도움이 되는 것으로 나타났다. 레이블 평활화가 테스트 성능을 향상시키는 정확한 메커니즘은 잘 알려져 있지 않지만 Müller et al.(2019a)[46]은 예측된 출력 확률을 좀 더 잘 보정한다는 것을 보였다. 이와 밀접한 관련성이 있는 기술은 **DisturbLabel**†(Xie et al., 2016)[47]로, 훈련 반복마다 각 배치의 특정 비율의 레이블을 무작위로 교체한다.

> [옮긴이] 딥러닝에서의 데이터 정칙화 기법 중 하나로, 훈련 중 일부 레이블(정답)을 의도적으로 잘못된 레이블로 바꾸어 모델을 학습시키는 방법을 뜻한다.

바닥이 더 넓은 최솟값 찾기

바닥이 더 넓은 최솟값이 일반화가 더 잘 되는 것으로 알려져 있다(그림 20.11 참고). 여기서는 가중치의 정확한 값은 덜 중요하고, 추정치의 오차에 대한 성능이 강건해야 한다. 훈련 중에 네트워크의 일부에 잡음을 적용하는 것이 효과적인 이유 중 하나는 네트워크가 정확한 값에 덜 민감하도록 유도한다는 것이다.

Chaudhari et al.(2019)[48]은 SGD를 변형해서 바닥이 평평한 최솟값 쪽으로 편향되도록 하는 최적화 방법을 개발했는데, 이를 **엔트로피 SGD**entropy SGD라고 한다. 아이디어는 로컬 엔트로피를 손실 함수의 항으로 추가하는 것이다. 실제로 이는 또 다른 SGD 내에서 SGD와 유사하게 갱신하는 형태를 갖는다. Keskar et al.(2017)[49]은 배치 크기가 줄어들수록 SGD가 바닥이 더 넓은 최솟값을 찾는다는 것을 보여주었다. 이는 SGD에 의한 암묵적 정칙화로 인해 발생하는 배치 분산 항 때문일 수 있다.

Ishida et al.(2020)[50]은 의도적으로 훈련 손실이 0이 되는 것을 방지하는 **플러딩**flooding이라는 기술을 사용한다. 이는 해가 손실 표면을 무작위로 탐색하고 더 나은 일반화를 통해 더 평평한 영역으로 이동하도록 유도한다.

베이즈 접근법

그림 9.11의 단순화된 신경망 모델을 포함한 일부 모델의 경우 베이즈 예측 분포는 닫힌 형식으로 계산할 수 있다(Bishop, 2006[51]; Prince, 2012[52] 참고). 신경망의 경우 매개변수에 대한 사후 확률을 닫힌 형태의 해석해로 표현할 수 없기 때문에 근사적으로 구해야 한다. 이를 위한 두 가지 주요 접근법으로는 변분 베이즈(Hinton & van Camp(1993)[53], MacKay(1995)[54], Barber & Bishop(1997)[55], Blundell et al.(2015)[56])와 마르코프 연쇄 몬테카를로 Markov Chain Monte Carlo, MCMC(Neal(1995)[57], Welling & The(2011)[58], Chen et al.(2014)[59], Ma et al.(2015)[60], Li et al.(2016a)[61]) 방법이 있다. 여기서 전자는 사후 분포를 더 간단한 다루기 쉬운 분포로 근사하고, 후자는 일련의 샘플을 뽑아서 분포를 근사한다. 샘플 생성은 SGD에 통합될 수 있는데, 이를 SGD MCMC stochastic gradient MCMC라고 한다(Ma et al., 2015)[62]. 최근에 매개변수에 대한 사후 확률을 냉각(좀 더 선명하게 만든다)하면 이러한 모델의 예측이 향상된다는 것이 발견되었지만(Wenzel et al., 2020a)[63], 이 현상에 대해 아직까지 완전히 이해하지는 못하고 있다(Noci et al., 2021 참고)[64].

전이학습

시각 작업을 위한 전이학습은 매우 효과적이며(Sharif Razavian et al., 2014)[65], 최초의 성공적인 결과로 알렉스넷(Krizhevsky et al., 2012)[66]이 발표된 이후로 컴퓨터 비전의 빠른 발전의 밑거름이 되었다. 전이학습은 또한 자연어 처리에도 영향을 미쳤는데, 많은 모델이 BERT 모델의 사전 훈련된 특징을 기반으로 개발되었다(Devlin et al., 2019)[67]. 좀 더 자세한 내용은 Zhuang et al.(2020)[68]과 Yang et al.(2020b)[69]에서 확인할 수 있다.

자기 지도 학습

이미지에 대한 자기 지도 학습 기술에는 마스크된 이미지 영역 인페인팅(Pathak et al., 2016)[70], 이미지에서 패치의 상대적 위치 예측(Doersch et al., 2015)[71], 순열 이미지 타일을 재배열해서 원래 구성으로 되돌리기(Noroozi & Favaro, 2016)[72], 흑백 이미지 색상화(Zhang et al., 2016b)[73], 회전된 이미지를 원래 방향으로 다시 변환하기(Gidaris et al., 2018)[74]가 있다. SimCLR(Chen et al., 2020c)[75]에서는 관련성이 없는 이미지 변환에 둔감해지도록 하기 위해서, 다른 이미지의 버전은 걸러내고 광학적으로 또는 기하학적으로 변환된 동일한 이미지의 버전은 동일한 표현으로 매핑하는 네트워크를 학습한다. Jing & Tian(2020)[76]은 이미지에서의 자기 지도 학습에 대한 서베이 논문을 발표했다.

자연어 처리에서의 자기 지도 학습은 마스킹된 단어 예측(Devlin et al., 2019)[67], 문장의 다음 단어 예측(Radford et al., 2019[77]; Brown et al., 2020[78]), 두 문장이 서로 연이어 나오는지 예측(Devlin et al., 2019)[79]을 기반으로 한다. 자동 음성 인식에서 wav2vec 모델(Schneider et al., 2019)[80]은 원본 오디오 샘플과 오디오 클립의 10ms 구간의 오디오가 바뀐 샘플과 구별하도록 학습한다. 자기지도는 그래프 신경망에도 적용되었다(13장). 이를 위한 작업에는 마스킹된 특징 복구(You et al., 2020)[81], 그래프의 인접 구조 복구(Kipf & Welling, 2016)[82]가 있다. Liu et al.(2023a)[83]은 그래프 모델에 대한 자기 지도 학습을 설명한다.

데이터 증대

이미지 데이터 증대는 적어도 LeCun et al.(1998)[84]까지 거슬러 올라간다. 이는 알렉스넷(Krizhevsky et al., 2012)[66]의 성공에 기여했는데, 이를 통해 데이터셋이 2,048배 증가했다. 이미지를 확장하는 방법에는 기하학적 변환, 색 공간 변경 또는 조작, 잡음 주입, 공간 필터링이 있다. 이보다 정교한 기술로는 이미지 무작위 혼합(Inoue, 2018[85]; Summers & Dinneen, 2019[86]), 무작위로 이미지 일부 삭제(Zhong et al., 2020)[87], 스타일 전이(Jackson et al., 2019)[88], 이미지 패치 무작위 교체(Kang et al., 2017)[89] 등이 있다. 또한 많은 연구에서 생성적 적대 신경망(15장 참고)를 사용하여 새롭고 그럴듯한 데이터 견본을 생성했다(예: Calimeri et al., 2017)[90]. 다른 경우에는 데이터가 적대적 견본으로 확장되었는데(Goodfellow et al., 2015a)[91], 이는 훈련 데이터를 약간 교란해서 견본이 잘못 분류되도록 한다. 이미지의 데이터 증대에 대한 검토는 Shorten & Khoshgoftaar(2019)[92]에서 확인할 수 있다.

음향 데이터의 확장 방법에는 피치 이동, 시간 늘리기, 동적 범위 압축, 무작위 잡음 추가(예: Abeßer et al., 2017[93]; Salamon & Bello, 2017[94], Xu et al., 2015[42], Lasseck, 2018[95])가 있는데, 이분만 아니라 데이터 쌍 혼합(Zhang et al., 2017c[96]; Yun et al., 2019[97]), 마스킹 피처(Park et al., 2019)[98], GAN을 사용한 새로운 데이터 생성(Mun et al., 2017)[99]이 있다. 음성 데이터의 확장에는 VTLP~vocal tract length~

perturbation(Jaitly & Hinton, 2013[100]; Kanda et al., 2013[101]), 스타일 전이(Gales, 1998[102]; Ye & Young, 2004[103]), 소음 추가(Hannun et al., 2014)[104], 음성 합성 (Gales et al., 2009)[105]이 있다.

텍스트 확장을 위해서 글자 바꾸기, 글자 삭제, 글자 삽입(Belinkov & Bisk, 2018[106]; Feng et al., 2020[107]), 적대적 견본 생성(Ebrahimi et al., 2018)[108], 흔한 철자 오류 (Coulombe, 2018)[109], 무작위 단어 교체 또는 삭제(Wei & Zou, 2019)[110], 동의어 사용(Kolomiyets et al., 2011)[111], 형용사 변경(Li et al., 2017c)[112], 수동 표현화(Min et al., 2020)[113], 생성 모델을 사용하여 새로운 데이터 생성(Qiu et al., 2020)[83], 다른 언어로의 왕복 번역(Aiken & Park, 2010)[115]을 이용하여 문자 수준에서 잡음을 추가한다. 텍스트에 대한 확장 방법은 Bayer et al.(2022)[116]이 정리를 했다.

연습 문제

9.1 매개변수에 대한 사전 분포가 평균이 0이고 분산이 σ_ϕ^2인 정규분포인 모델을 고려하면 다음과 같다.

$$Pr(\boldsymbol{\phi}) = \prod_{j=1}^{J} \text{Norm}_{\phi_j}[0, \sigma_\phi^2]　\quad 식\ 9.21$$

여기서 j는 모델 매개변수를 인덱싱한다. 이제 $\prod_{i=1}^{I} Pr(\mathbf{y}_i|\mathbf{x}_i, \boldsymbol{\phi})Pr(\boldsymbol{\phi})$를 최대화한다. 이 모델의 손실 함수가 L2 정칙화와 동일하다는 것을 증명해보자.

9.2 L2 정칙화(식 9.5)를 추가하면 손실 함수의 기울기는 어떻게 변할까?

9.3* 입력이 x, 출력이 y, 매개변수가 $\boldsymbol{\phi}_0, \boldsymbol{\phi}_1$인 선형회귀 모델 $y = \boldsymbol{\phi}_0 + \boldsymbol{\phi}_1 x$를 고려해보자. I개의 훈련 견본 $\{x_i, y_i\}$가 있고 최소제곱 손실을 사용한다고 가정하자. 각 훈련 반복마다 입력 x_i에 평균이 0이고 분산이 σ_x^2인 가우시안 잡음을 추가하는 경우, 기울기 갱신은 어떻게 될까?

9.4* 레이블 평활화를 사용하여 다중 클래스 분류에 대한 손실 함수를 유도해 보자. 이때 목표 확률분포는 올바른 클래스가 0.9가 되고 나머지 확률 질량 0.1을 나머지 $D_o - 1$개의 클래스에 나누어 할당한다.

9.5 원래의 손실 함수 $L[\phi]$에 대해서 감쇠율이 λ인 가중치 감쇠 매개변수 갱신이 다음과 같다.

$$\phi \longleftarrow (1-\lambda)\phi - \alpha \frac{\partial L}{\partial \phi} \qquad \text{식 9.22}$$

이것이 L2 정칙화를 사용하는 표준 기울기 갱신과 동등함을 증명해보자. 수정된 손실 함수 $\tilde{L}[\phi]$는 다음과 같다.

$$\tilde{L}[\phi] = L[\phi] + \frac{\lambda}{2\alpha}\sum_k \phi_k^2 \qquad \text{식 9.23}$$

여기서 ϕ는 매개변수이고 α는 학습률이다.

9.6 매개변수가 $\phi = [\phi_0, \phi_1]^T$인 모델을 고려해보자. 그림 9.1b와 유사한 형태로 L0, L$\frac{1}{2}$, L1 정칙화 항을 그려보자. LP 정칙화 항은 $\sum_{d=1}^{D}|\phi_d|^P$이다.

참고 문헌

[1] Cordts, M., Omran, M., Ramos, S., Rehfeld, T., Enzweiler, M., Benenson, R., Franke, U., Roth, S., & Schiele, B. (2016). The Cityscapes dataset for semantic urban scene understanding. *IEEE/CVF Computer Vision & Pattern Recognition*, 1877–1901.

[2] Wu, R., Yan, S., Shan, Y., Dang, Q., & Sun, G. (2015a). Deep image: Scaling up image recognition. *arXiv:1501.02876*, 7(8).

[3] Kukačka, J., Golkov, V., & Cremers, D. (2017). Regularization for deep learning: A taxonomy. *arXiv:1710.10686*.

[4] Szegedy, C., Vanhoucke, V., Ioffe, S., Shlens, J., & Wojna, Z. (2016). Rethinking the Inception architecture for computer vision. *IEEE/CVF Computer Vision & Pattern Recognition*, 2818–2826.

[5] Hanson, S. J., & Pratt, L. Y. (1988). Comparing biases for minimal network construction with back-propagation. *Neural Information Processing Systems*, vol. 2, 177–185.

[6] Loshchilov, I., & Hutter, F. (2019). Decoupled weight decay regularization. *International Conference on Learning Representations*.

[7] Louizos, C., Welling, M., & Kingma, D. P. (2018). Learning sparse neural networks through l0 regularization. *International Conference on Learning Representations*.

[8] Zou, H., & Hastie, T. (2005). Regularization and variable selection via the elastic net. *Journal of the Royal Statistical Society: Series B*, 67(2), 301–320.

[9] Schwarz, J., Jayakumar, S., Pascanu, R., Latham, P., & Teh, Y. (2021). Powerpropagation: A sparsity inducing weight reparameterisation. *Neural Information Processing Systems*, 34, 28889–28903.

[10] Zhang, C., Bengio, S., Hardt, M., Recht, B., & Vinyals, O. (2017a). Understanding deep learning requires rethinking generalization. *International Conference on Learning Representations*.

[11] Bartlett, P. L., Foster, D. J., & Telgarsky, M. J. (2017). Spectrally-normalized margin bounds for neural networks. *Neural Information Processing Systems*, vol. 30, 6240–6249.

[12] Neyshabur, B., Bhojanapalli, S., & Srebro, N. (2018). A PAC-Bayesian approach to spectrally-normalized margin bounds for neural networks. *International Conference on Learning Representations*.

[13] Yoshida, Y., & Miyato, T. (2017). Spectral norm regularization for improving the generalizability of deep learning. *arXiv:1705.10941*.

[14] Gouk, H., Frank, E., Pfahringer, B., & Cree, M. J. (2021). Regularisation of neural networks by enforcing Lipschitz continuity. *Machine Learning*, 110(2), 393–416.

[15] Barrett, D. G. T., & Dherin, B. (2021). Implicit gradient regularization. *International Conference on Learning Representations*.

[16] Smith, S. L., Dherin, B., Barrett, D. G. T., & De, S. (2021). On the origin of implicit regularization in stochastic gradient descent. *International Conference on Learning Representations*.

[17] Smith, S., Elsen, E., & De, S. (2020). On the generalization benefit of noise in stochastic gradient descent. *International Conference on Machine Learning*, 9058–9067.

[18] Jastrzebski, S., Arpit, D., Astrand, O., Kerg, G. B., Wang, H., Xiong, C., Socher, R., Cho, K., & Geras, K. J. (2021). Catastrophic fisher explosion: Early phase fisher matrix impacts generalization. *International Conference on Machine Learning*, 4772–4784.

[19] Cohen, J. M., Kaur, S., Li, Y., Kolter, J. Z., & Talwalkar, A. (2021). Gradient descent on neural networks typically occurs at the edge of stability. *International Conference on Learning Representations*.

[20] Bishop, C. (1995). Regularization and complexity control in feed-forward networks. *International Conference on Artificial Neural Networks*, 141–148.

[21] Sjöberg, J., & Ljung, L. (1995). Overtraining, regularization and searching for a minimum, with application to neural networks. *International Journal of Control*, 62(6), 1391–1407.

[22] Goodfellow, I., Bengio, Y., & Courville, A. (2016). *Deep learning*. MIT Press.

[23] Lakshminarayanan, B., Pritzel, A., & Blundell, C. (2017). Simple and scalable predictive uncertainty estimation using deep ensembles. *Neural Information Processing Systems*,

30, 6402–6413.

24 Wenzel, F., Snoek, J., Tran, D., & Jenatton, R. (2020b). Hyperparameter ensembles for robustness and uncertainty quantification. *Neural Information Processing Systems*, 33, 6514–6527.

25 Wolpert, D. H. (1992). Stacked generalization. *Neural Networks*, 5(2), 241–259.

26 Lakshminarayanan, B., Pritzel, A., & Blundell, C. (2017). Simple and scalable predictive uncertainty estimation using deep ensembles. *Neural Information Processing Systems*, 30, 6402–6413.

27 Frankle, J., Dziugaite, G. K., Roy, D. M., & Carbin, M. (2020). Linear mode connectivity and the lottery ticket hypothesis. *International Conference on Machine Learning*, 3259–3269.

28 Fort, S., Hu, H., & Lakshminarayanan, B. (2019). Deep ensembles: A loss landscape perspective. *arXiv:1912.02757*.

29 Izmailov, P., Podoprikhin, D., Garipov, T., Vetrov, D., & Wilson, A. G. (2018). Averaging weights leads to wider optima and better generalization. *Uncertainly in Artificial Intelligence*, 876–885.

30 Huang, G., Li, Y., Pleiss, G., Liu, Z., Hopcroft, J. E., & Weinberger, K. Q. (2017a). Snapshot ensembles: Train 1, get M for free. *International Conference on Learning Representations*.

31 Garipov, T., Izmailov, P., Podoprikhin, D., Vetrov, D., & Wilson, A. G. (2018). Loss surfaces, mode connectivity, and fast ensembling of DNNs. *Neural Information Processing Systems*, vol. 31, 8803–8812.

32 Ganaie, M., Hu, M., Malik, A., Tanveer, M., & Suganthan, P. (2022). Ensemble deep learning: A review. *Engineering Applications of Artificial Intelligence*, 115.

33 Hinton, G. E., Srivastava, N., Krizhevsky, A., Sutskever, I., & Salakhutdinov, R. R. (2012b). Improving neural networks by preventing co-adaptation of feature detectors. *arXiv:1207.0580*.

34 Srivastava, N., Hinton, G., Krizhevsky, A., Sutskever, I., & Salakhutdinov, R. (2014). Dropout: A simple way to prevent neural networks from overfitting. *Journal of Machine Learning Research*, 15(1), 1929–1958.

35 Wan, L., Zeiler, M., Zhang, S., Le Cun, Y., & Fergus, R. (2013). Regularization of neural networks using DropConnect. *International Conference on Machine Learning*, 1058–1066.

36 Gal, Y., & Ghahramani, Z. (2016). Dropout as a Bayesian approximation: Representing model uncertainty in deep learning. *International Conference on Machine Learning*, 1050–1059.

37 Kendall, A., & Gal, Y. (2017). What uncertainties do we need in Bayesian deep learning for computer vision? *Neural Information Processing Systems*, 30, 5574–5584.

38 Shen, X., Tian, X., Liu, T., Xu, F., & Tao, D. (2017). Continuous dropout. *IEEE Transactions on Neural Networks and Learning Systems*, 29(9), 3926–3937.

39 Liu, L., Luo, Y., Shen, X., Sun, M., & Li, B. (2019b). Beta-dropout: A unified dropout. *IEEE Access*, 7, 36140–36153.

40 An, G. (1996). The effects of adding noise during backpropagation training on a generalization performance. *Neural Computation*, 8(3), 643–674.

41 DeVries, T., & Taylor, G. W. (2017a). Dataset augmentation in feature space. *arXiv:1702.05538*.

42 Xu, B., Wang, N., Chen, T., & Li, M. (2015). Empirical evaluation of rectified activations in convolutional network. *arXiv:1505.00853*.

43 Chorowski, J., & Jaitly, N. (2017). Towards better decoding and language model integration in sequence to sequence models. *INTERSPEECH*, 523–527.

44 Vaswani, A., Shazeer, N., Parmar, N., Uszkoreit, J., Jones, L., Gomez, A. N., Kaiser, Ł., & Polosukhin, I. (2017). Attention is all you need. *Neural Information Processing Systems*, 30, 5998–6008.

45 Pereyra, G., Tucker, G., Chorowski, J., Kaiser, Ł., & Hinton, G. (2017). Regularizing neural networks by penalizing confident output distributions. *International Conference on Learning Representations Workshop*.

46 Müller, R., Kornblith, S., & Hinton, G. E. (2019a). When does label smoothing help? *Neural Information Processing Systems*, 32, 4696–4705.

47 Xie, L., Wang, J., Wei, Z., Wang, M., & Tian, Q. (2016). DisturbLabel: Regularizing CNN on the loss layer. *IEEE/CVF Computer Vision & Pattern Recognition*, 4753–4762.

48 Chaudhari, P., Choromanska, A., Soatto, S., LeCun, Y.,

Baldassi, C., Borgs, C., Chayes, J., Sagun, L., & Zecchina, R. (2019). Entropy-SGD: Biasing gradient descent into wide valleys. *Journal of Statistical Mechanics: Theory and Experiment*, 12, 124018.

[49] Keskar, N. S., Mudigere, D., Nocedal, J., Smelyanskiy, M., & Tang, P. T. P. (2017). On largebatch training for deep learning: Generalization gap and sharp minima. *International Conference on Learning Representations*.

[50] Ishida, T., Yamane, I., Sakai, T., Niu, G., & Sugiyama, M. (2020). Do we need zero training loss after achieving zero training error? *International Conference on Machine Learning*, 4604–4614.

[51] Bishop, C. M. (2006). *Pattern recognition and machine learning*. Springer.

[52] Prince, S. J. D. (2012). *Computer vision: Models, learning, and inference*. Cambridge University Press.

[53] Hinton, G., & van Camp, D. (1993). Keeping neural networks simple by minimising the description length of weights. *Computational learning theory*, 5–13.

[54] MacKay, D. J. (1995). Ensemble learning and evidence maximization. *Neural Information Processing Systems*, vol. 8, 4083–4090.

[55] Barber, D., & Bishop, C. (1997). Ensemble learning for multi-layer networks. *Neural Information Processing Systems*, 10, 395–401.

[56] Blundell, C., Cornebise, J., Kavukcuoglu, K., & Wierstra, D. (2015). Weight uncertainty in neural network. *International Conference on Machine Learning*, 1613–1622.

[57] Neal, R. M. (1995). *Bayesian learning for neural networks*. Springer.

[58] Welling, M., & Teh, Y. W. (2011). Bayesian learning via stochastic gradient Langevin dynamics. *International Conference on Machine Learning*, 681–688.

[59] Chen, T., Fox, E., & Guestrin, C. (2014). Stochastic gradient Hamiltonian Monte Carlo. *International Conference on Machine Learning*, 1683–1691.

[60] Ma, Y.-A., Chen, T., & Fox, E. (2015). A complete recipe for stochastic gradient MCMC. *Neural Information Processing Systems*, 28, 2917–2925.

[61] Li, C., Chen, C., Carlson, D., & Carin, L. (2016a). Preconditioned stochastic gradient Langevin dynamics for deep neural networks. *AAAI Conference on Artificial Intelligence*, 1788–1794.

[62] Ma, Y.-A., Chen, T., & Fox, E. (2015). A complete recipe for stochastic gradient MCMC. *Neural Information Processing Systems*, 28, 2917–2925.

[63] Wenzel, F., Roth, K., Veeling, B. S., Świątkowski, J., Tran, L., Mandt, S., Snoek, J., Salimans, T., Jenatton, R., & Nowozin, S. (2020a). How good is the Bayes posterior in deep neural networks really? *International Conference on Machine Learning*, 10248–10259.

[64] Noci, L., Roth, K., Bachmann, G., Nowozin, S., & Hofmann, T. (2021). Disentangling the roles of curation, data-augmentation and the prior in the cold posterior effect. *Neural Information Processing Systems*, 34, 12738–12748.

[65] Sharif Razavian, A., Azizpour, H., Sullivan, J., & Carlsson, S. (2014). CNN features off-the-shelf: An astounding baseline for recognition. *IEEE Conference on Computer Vision and Pattern Recognition Workshop*, 806–813.

[66] Krizhevsky, A., Sutskever, I., & Hinton, G. E. (2012). ImageNet classification with deep convolutional neural networks. *Neural Information Processing Systems*, 25, 1097–1105.

[67] Devlin, J., Chang, M., Lee, K., & Toutanova, K. (2019). BERT: pre-training of deep bidirectional transformers for language understanding. *ACL Human Language Technologies*, 4171–4186.

[68] Zhuang, F., Qi, Z., Duan, K., Xi, D., Zhu, Y., Zhu, H., Xiong, H., & He, Q. (2020). A comprehensive survey on transfer learning. *Proceedings of the IEEE*, 109(1), 43–76.

[69] Yang, Q., Zhang, Y., Dai, W., & Pan, S. J. (2020b). *Transfer learning*. Cambridge University Press.

[70] Pathak, D., Krahenbuhl, P., Donahue, J., Darrell, T., & Efros, A. A. (2016). Context encoders: Feature learning by inpainting. *IEEE/CVF Computer Vision & Pattern Recognition*, 2536–2544.

[71] Doersch, C., Gupta, A., & Efros, A. A. (2015). Unsupervised visual representation learning by context prediction. *IEEE International Conference on Computer Vision*, 1422–1430.

[72] Noroozi, M., & Favaro, P. (2016). Unsupervised learning

of visual representations by solving jigsaw puzzles. *European Conference on Computer Vision*, 69–84.

73. Zhang, R., Isola, P., & Efros, A. A. (2016b). Colorful image colorization. *European Conference on Computer Vision*, 649–666.

74. Gidaris, S., Singh, P., & Komodakis, N. (2018). Unsupervised representation learning by predicting image rotations. *International Conference on Learning Representations*.

75. Chen, T., Kornblith, S., Norouzi, M., & Hinton, G. (2020c). A simple framework for contrastive learning of visual representations. *International Conference on Machine Learning*, 1597–1607.

76. Jing, L., & Tian, Y. (2020). Self-supervised visual feature learning with deep neural networks: A survey. *IEEE Transactions on Pattern Analysis & Machine Intelligence*, 43(11), 4037–4058.

77. Radford, A., Wu, J., Child, R., Luan, D., Amodei, D., Sutskever, I., et al. (2019). Language models are unsupervised multitask learners. *OpenAI Blog*, 1(8), 9.

78. Brown, T., Mann, B., Ryder, N., Subbiah, M., Kaplan, J. D., Dhariwal, P., Neelakantan, A., Shyam, P., Sastry, G., Askell, A., et al. (2020). Language models are few-shot learners. *Neural Information Processing Systems*, 33, 1877–1901.

79. Devlin, J., Chang, M., Lee, K., & Toutanova, K. (2019). BERT: pre-training of deep bidirectional transformers for language understanding. *ACL Human Language Technologies*, 4171–4186.

80. Schneider, S., Baevski, A., Collobert, R., & Auli, M. (2019). wav2vec: Unsupervised pre-training for speech recognition. *INTERSPEECH*, 3465–3469.

81. You, Y., Chen, T., Wang, Z., & Shen, Y. (2020). When does self-supervision help graph convolutional networks? *International Conference on Machine Learning*, 10871–10880.

82. Kipf, T. N., & Welling, M. (2016). Variational graph auto-encoders. *NIPS Bayesian Deep Learning Workshop*.

83. Liu, X., Zhang, F., Hou, Z., Mian, L., Wang, Z., Zhang, J., & Tang, J. (2023a). Self-supervised learning: Generative or contrastive. *IEEE Transactions on Knowledge and Data Engineering*, 35(1), 857–876.

84. LeCun, Y., Bottou, L., Bengio, Y., & Haffner, P. (1998). Gradient-based learning applied to document recognition. *Proceedings of the IEEE*, 86(11), 2278–2324.

85. Inoue, H. (2018). Data augmentation by pairing samples for images classification. *arXiv:1801.02929*.

86. Summers, C., & Dinneen, M. J. (2019). Improved mixed-example data augmentation. *Winter Conference on Applications of Computer Vision*, 1262–1270.

87. Zhong, Z., Zheng, L., Kang, G., Li, S., & Yang, Y. (2020). Random erasing data augmentation. *AAAI Conference on Artificial Intelligence*, 13001–13008.

88. Jackson, P. T., Abarghouei, A. A., Bonner, S., Breckon, T. P., & Obara, B. (2019). Style augmentation: Data augmentation via style randomization. *IEEE Computer Vision and Pattern Recognition Workshops*, 10–11.

89. Kang, G., Dong, X., Zheng, L., & Yang, Y. (2017). PatchShuffle regularization. *arXiv:1707.07103*.

90. Calimeri, F., Marzullo, A., Stamile, C., & Terracina, G. (2017). Biomedical data augmentation using adversarial neural networks. *International Conference on Artificial Neural Networks*, 626–634.

91. Goodfellow, I. J., Shlens, J., & Szegedy, C. (2015a). Explaining and harnessing adversarial examples. *International Conference on Learning Representations*.

92. Shorten, C., & Khoshgoftaar, T. M. (2019). A survey on image data augmentation for deep learning. *Journal of Big Data*, 6(1), 1–48.

93. Abeßer, J., Mimilakis, S. I., Gräfe, R., Lukashevich, H., & Fraunhofer, I. (2017). Acoustic scene classification by combining autoencoderbased dimensionality reduction and convolutional neural networks. *Workshop on Detection and Classification of Acoustic Scenes and Events*, 7–11.

94. Salamon, J., & Bello, J. P. (2017). Deep convolutional neural networks and data augmentation for environmental sound classification. *IEEE Signal Processing Letters*, 24(3), 279–283.

95. Lasseck, M. (2018). Acoustic bird detection with deep convolutional neural networks. *Detection and Classification of Acoustic Scenes and Events*, 143–147.

96. Zhang, H., Cisse, M., Dauphin, Y. N., & Lopez-Paz, D. (2017c). mixup: Beyond empirical risk minimization. *International Conference on Learning Representations*.

[97] Yun, S., Han, D., Oh, S. J., Chun, S., Choe, J., & Yoo, Y. (2019). CutMix: Regularization strategy to train strong classifiers with localizable features. *IEEE/CVF International Conference on Computer Vision*, 6023–6032.

[98] Park, D. S., Chan, W., Zhang, Y., Chiu, C.-C., Zoph, B., Cubuk, E. D., & Le, Q. V. (2019). SpecAugment: A simple data augmentation method for automatic speech recognition. *INTERSPEECH*.

[99] Mun, S., Shon, S., Kim, W., Han, D. K., & Ko, H. (2017). Deep neural network based learning and transferring mid-level audio features for acoustic scene classification. *IEEE International Conference on Acoustics, Speech and Signal Processing*, 796–800.

[100] Jaitly, N., & Hinton, G. E. (2013). Vocal tract length perturbation (VTLP) improves speech recognition. *ICML Workshop on Deep Learning for Audio, Speech and Language*.

[101] Kanda, N., Takeda, R., & Obuchi, Y. (2013). Elastic spectral distortion for low resource speech recognition with deep neural networks. *IEEE Workshop on Automatic Speech Recognition and Understanding*, 309–314.

[102] Gales, M. J. (1998). Maximum likelihood linear transformations for HMM-based speech recognition. *Computer Speech & Language*, *12*(2), 75–98.

[103] Ye, H., & Young, S. (2004). High quality voice morphing. *IEEE International Conference on Acoustics, Speech, and Signal Processing*, 1–9.

[104] Hannun, A. Y., Case, C., Casper, J., Catanzaro, B., Diamos, G., Elsen, E., Prenger, R., Satheesh, S., Sengupta, S., Coates, A., & Ng, A. Y. (2014). Deep speech: Scaling up end-to-end speech recognition. *arXiv:1412.5567*.

[105] Gales, M. J., Ragni, A., AlDamarki, H., & Gautier, C. (2009). Support vector machines for noise robust ASR. *2009 IEEE Workshop on Automatic Speech Recognition & Understanding*, 205–210.

[106] Belinkov, Y., & Bisk, Y. (2018). Synthetic and natural noise both break neural machine translation. *International Conference on Learning Representations*.

[107] Feng, S. Y., Gangal, V., Kang, D., Mitamura, T., & Hovy, E. (2020). GenAug: Data augmentation for finetuning text generators. *ACL Deep Learning Inside Out*, 29–42.

[108] Ebrahimi, J., Rao, A., Lowd, D., & Dou, D. (2018). HotFlip: White-box adversarial examples for text classification. *Meeting of the Association for Computational Linguistics*, 31–36.

[109] Coulombe, C. (2018). Text data augmentation made simple by leveraging NLP cloud APIs. *arXiv:1812.04718*.

[110] Wei, J., & Zou, K. (2019). EDA: Easy data augmentation techniques for boosting performance on text classification tasks. *ACL Empirical Methods in Natural Language Processing*, 6382–6388.

[111] Kolomiyets, O., Bethard, S., & Moens, M.-F. (2011). Model-portability experiments for textual temporal analysis. *Meeting of the Association for Computational Linguistics*, 271–276.

[112] Li, Y., Cohn, T., & Baldwin, T. (2017c). Robust training under linguistic adversity. *Meeting of the Association for Computational Linguistics*, 21–27.

[113] Min, J., McCoy, R. T., Das, D., Pitler, E., & Linzen, T. (2020). Syntactic data augmentation increases robustness to inference heuristics. *Meeting of the Association for Computational Linguistics*, 2339–2352.

[114] Qiu, S., Xu, B., Zhang, J., Wang, Y., Shen, X., De Melo, G., Long, C., & Li, X. (2020). EasyAug: An automatic textual data augmentation platform for classification tasks. *Companion Proceedings of the Web Conference 2020*, 249–252.

[115] Aiken, M., & Park, M. (2010). The efficacy of round-trip translation for MT evaluation. *Translation Journal*, *14*(1).

[116] Bayer, M., Kaufhold, M.-A., & Reuter, C. (2022). A survey on data augmentation for text classification. *ACM Computing Surveys*, *55*(7), 1–39.

CHAPTER 10
합성곱 네트워크

2장부터 9장에서는 심층 신경망을 위한 지도 학습 파이프라인을 소개했다. 이들 앞 장에서는 입력에서 출력까지 단일 경로가 있는 완전 연결 네트워크만 고려했다. 10장부터 13장에서는 더 희소한 연결, 가중치 공유, 병렬 처리 경로가 있는 좀 더 특화된 네트워크 구성 요소를 소개한다. 이번 장에서는 영상 데이터 처리에 주로 사용되는 합성곱층에 대해 설명한다.

이미지에는 특화된 모델 구조의 필요성을 시사하는 세 가지 속성이 있다. 첫째, 이미지는 고차원이다. 분류 작업을 위한 이미지에는 224×224 크기의 RGB값(즉 150,528개의 입력 차원)이 있다. 일반적으로 완전 연결 네트워크의 은닉층은 입력 크기보다 크기 때문에 얕은 신경망의 경우에도 가중치 수가 $150,528^2$, 대략 220억 개가 넘는다. 이는 필요한 훈련 데이터, 메모리, 계산 측면에서 볼 때, 현실적으로 많은 문제가 발생한다.

둘째, 인접한 이미지 픽셀은 통계적으로 유사한 특성이 있다. 그러나 완전 연결 네트워크에는 '인접한'이라는 개념이 없으며 모든 입력 간의 관계를 동일하게 처리한다. 훈련 이미지와 테스트 이미지의 픽셀이 동일한 방식으로 무작위로 바뀌면 여전히 실질적인 차이 없이 네트워크를 훈련할 수 있다.

셋째, 기하학적 변환을 해도 이미지 해석이 달라지지 않는다. 나무 이미지를 왼쪽으로 몇 픽셀 이동해도 여전히 나무 이미지다. 그러나 이러한 변화로 인해 네트워크에 대한 모든 입력이 변한다. 따라서 완전 연결 모델은 모든 위치에서 나무를 의미하는 픽셀의 패턴을 별도로 학습해야 하는데, 이는 매우 비효율적이다.

합성곱층은 전체 이미지에 걸쳐서 공유되는 매개변수를 사용하여 각 지역 이미지 영역을 독립적으로 처리한다. **완전 연결층**fully connected layer보다 더 적은 수의 매개변수를 사용하고, 인접한 픽셀 간의 공간적 관계를 활용하고, 모든 위치에서 픽셀의 해석을 다시 학습할 필요가 없다. 많은 합성곱층으로 구성된 네트워크를 **합성곱 신경망**convolutional neural network, CNN이라고 한다.

10.1 불변성과 등변성

앞에서 언급한 바와 같이 이미지의 일부 속성(예를 들어 나무 질감)은 변환을 해도 바뀌지 않는다. 이 절에서는 이 개념을 수학적으로 좀 더욱 정확하게 살펴본다. 이미지 $\mathbf{x}$의 함수 $\mathbf{f}[\mathbf{x}]$는 다음과 같은 경우 변환 $\mathbf{t}[\mathbf{x}]$에 대해 **불변량**invariant이다.

$$\mathbf{f}[\mathbf{t}[\mathbf{x}]] = \mathbf{f}[\mathbf{x}]$$

식 10.1

다른 말로 하면, 함수 $f[\mathbf{x}]$의 출력은 변환 $\mathbf{t}[\mathbf{x}]$에 관계없이 동일하다. 이미지 분류를 위한 네트워크는 이미지의 기하학적 변환에 대해서 변하지 않아야 한다(그림 10.1a-b). 네트워크 $\mathbf{f}[\mathbf{x}]$는 이미지에 이동, 회전, 뒤집힘, 뒤틀림이 있는 경우에도 동일한 객체를 포함하는 이미지로 판별해야 한다.

이미지 $\mathbf{x}$의 함수 $f[\mathbf{x}]$는 다음과 같은 경우 변환 $\mathbf{t}[\mathbf{x}]$에 대해 **등변**eqivariant 또는 **공변**covariant이라고 한다.

$$\mathbf{f}[\mathbf{t}[\mathbf{x}]] = \mathbf{t}[\mathbf{f}[\mathbf{x}]]$$

식 10.2

즉 변환을 할 때 입력의 변화만큼 출력이 변하는 경우 $\mathbf{f}[\mathbf{x}]$는 변환 $\mathbf{t}[\mathbf{x}]$와 등변이다. 픽셀 단위의 이미지 분할을 위한 네트워크는 변환에 등변해야 한다(그림 10.1c-f). 이미지가 이동, 회전, 뒤집히면 네트워크 $\mathbf{f}[\mathbf{x}]$는 동일한 방식으로 변환된 분할 결과를 반환해야 한다.

그림 10.1 이동에 대한 불변성과 등변성. a-b) 이미지 분류에서는 수평 이동에 관계없이 두 이미지를 모두 '산'으로 분류해야 한다. 즉 네트워크의 예측이 이동에 따라 변하지 않아야 한다. c,e) 의미론적 분할에서는 레이블을 각 픽셀에 할당한다. d,f) 입력 이미지가 이동하면 출력(색상 오버레이)도 동일하게 이동해야 한다. 즉 출력이 변환에 등변해야 한다. 그림 c-f)의 출처는 Bousselham et al.(2021)[1]이다.

10.2 1차원 입력에 대한 합성곱 네트워크

합성곱 네트워크convolutional network는 일련의 합성곱층으로 구성되며, 각 층은 이동에 대해서 등변성을 갖는다. 또한 합성곱 네트워크에 포함되어 있는 풀링pooling층도 일반적으로 이동에 대해서 어느 정도 불변성을 갖는다. 명확한 설명을 위해서 우선 시각화하기 쉬운 1차원 데이터에 대한 합성곱 네트워크를 고려한다. 그리고 10.3절에서는 이미지 데이터에 적용할 수 있는 2차원 합성곱을 살펴본다.

10.2.1 1차원 합성곱 연산

합성곱층convolutional layer은 합성곱 연산을 하는 네트워크층이다. 1차원 합성곱은 입력 벡터 **x**를 출력 벡터 **z**로 변환하는데, 이때 각 출력 z_i는 인접한 입력의 가중합이다. 모든 위치에서 동일한 가중치가 사용되며 이를 통칭해서 **합성곱 커널**convolution kernel 또는 **필터**filter라고 한다. 입력이 결합되는 영역의 크기를 **커널 크기**kernel size라고 한다. 커널 크기가 3인 경우, 출력은 다음과 같다.

$$z_i = \omega_1 x_{i-1} + \omega_2 x_i + \omega_3 x_{i+1} \qquad \text{식 10.3}$$

연습 문제 10.1 참고

엄밀히 말하면, 이는 입력에 대해 가중치가 뒤집히는 합성곱이 아니라 교차 상관(cross-correlation)이다(따라서 x_{i-1}을 x_{i+1}로 교체해야 한다). 그럼에도 불구하고, 머신러닝에서는 이러한 (잘못된) 정의를 관례적으로 사용한다.

여기서 $\boldsymbol{\omega} = [\omega_1, \omega_2, \omega_3]^T$는 커널†이다(그림 10.2).† 합성곱 연산은 이동에 등변이라는 점에 유의하자. 입력 x를 이동하면 해당 출력 z도 동일하게 이동한다.

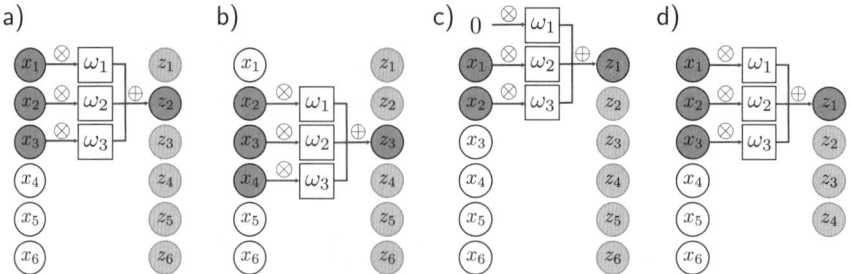

그림 10.2 커널 크기가 3인 1차원 합성곱. 각 출력 z_i는 가장 인접한 3개 입력 x_{i-1}, x_i, x_{i+1}의 가중합이다. 여기서 가중치는 $\boldsymbol{\omega} = [\omega_1, \omega_2, \omega_3]$이다. a) 출력 z_2는 $z_2 = \omega_1 x_1 + \omega_2 x_2 + \omega_3 x_3$으로 계산한다. b) 출력 z_3은 $z_3 = \omega_1 x_2 + \omega_2 x_3 + \omega_3 x_4$로 계산한다. c) 위치 z_1에서 커널은 첫 번째 입력 x_1을 벗어난다. 이는 입력 영역을 벗어나는 부분의 값이 0이라고 가정하는 제로 패딩으로 처리할 수 있다. 최종 출력도 비슷하게 처리한다. d) 커널이 입력 범위 내에 있는 출력(유효한 합성곱)만 계산한다. 결과적으로 출력은 입력보다 더 작아지게 된다.

10.2.2 패딩

식 10.3은 각 출력이 입력의 이전 위치, 현재 위치, 다음 위치의 가중합이라는 것을 보여준다. 이때 첫 번째 출력(이전 입력이 없는 경우)과 마지막 출력(이후 입력이 없는 경우)을 어떻게 처리해야 할까?

두 가지 방법이 있다. 첫 번째는 입력의 가장자리를 새로운 값으로 채우는 것이다. **제로 패딩**zero padding은 유효한 범위를 벗어나는 입력을 0이라고 가정한다(그림 10.2c). 또는 입력을 원형으로 처리하거나 경계 안쪽의 값으로 채워넣는다. 두 번째 방법은 입력이 위치하는 범위를 초과하는 커널의 출력 부분을 버리는 것이다. 이러한 **유효한 합성곱**valid convolution은 입력의 가장자리에서 인위적인 정보를 추가하지 않는다는 장점이 있다. 그러나 출력의 크기가 줄어든다는 단점이 있다.

10.2.3 스트라이드, 커널 크기, 확장

앞의 예에서 각 출력은 가장 인접한 세 입력의 합이다. 그러나 이는 스트라이드, 커널 크기, 확장률로 구별되는 더 큰 합성곱 연산 중에 하나다. 모든 위치에서 출력을 계산할 때 이를 **스트라이드**stride†가 1이라고 한다. 그러나 1보다 큰 스트라이드로 커

[옮긴이] '커널의 이동 거리'를 의미한다.

널을 이동할 수도 있다. 스트라이드가 2라면 출력의 크기는 대략 절반이 된다(그림 10.3a–b).

커널 크기를 늘리면 더 넓은 영역의 정보를 취합할 수 있다(그림 10.3c). 그러나 커널이 현재 위치를 중심으로 중앙에 위치할 수 있도록 일반적으로 커널 크기는 홀수로 한다. 커널 크기를 늘리면 더 많은 가중치가 필요하다는 단점이 있다. 이를 개선하기 위한 것이 커널의 가중치 사이 사이에 0을 배치하는 **확장된 합성곱**dilated convolution 또는 **아트러스 합성곱**atrous convolution이다. 예를 들어 두 번째와 네 번째 요소를 0으로 설정하여 크기가 5인 커널을 크기가 3인 확장된 커널로 바꿀 수 있다. 여전히 더 큰 입력 영역의 정보를 취합하지만 이젠 3개의 가중치만 필요하다(그림 10.3d).† 커널의 가중치 사이에 배치한 0의 수를 **확장률**dilation rate을 결정한다.

연습 문제 10.2 – 10.4 참고

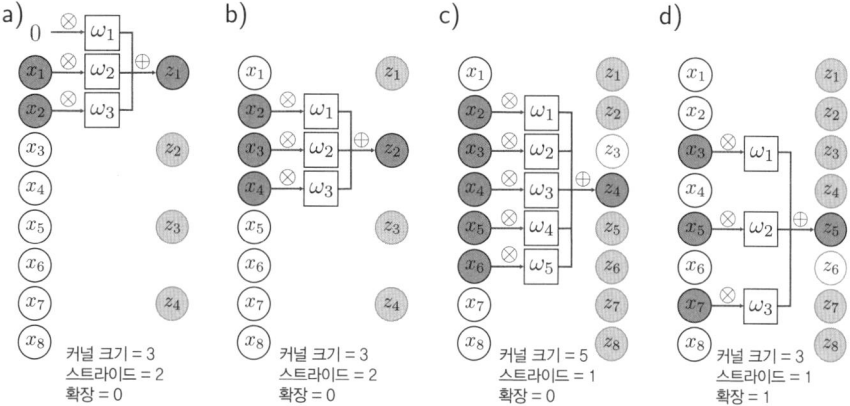

그림 10.3 스트라이드, 커널 크기, 확장. a) 스트라이드가 2일 때, 위치를 하나씩 건너뛰면서 커널과 곱해주므로 첫 번째 출력 z_1은 x_1을 중심으로 가중합을 계산하고 b) 두 번째 출력 z_2는 x_3을 중심으로 가중합을 계산한다. c) 커널 크기도 변경할 수 있다. 커널 크기가 5인 경우 가장 인접한 5개 입력의 가중치합을 구한다. d) 확장 합성곱 또는 아트러스 합성곱(프랑스어 à trous(구멍이 있는)에서 유래한 용어)에서는 가중치 벡터에 0을 삽입하여 더 적은 가중치를 사용하여 넓은 영역에 대한 정보를 취합할 수 있다.

10.2.4 합성곱층

합성곱층은 입력을 합성곱하고 편향 β를 더한 다음 그 결과를 활성화 함수 $a[\bullet]$를 통과시켜서 출력을 계산한다. 커널 크기가 3, 스트라이드가 1, 확장률이 1일 때, i번째 은닉 유닛 h_i는 다음과 같이 계산한다.

$$h_i = \text{a}\left[\beta + \omega_1 x_{i-1} + \omega_2 x_i + \omega_3 x_{i+1}\right]$$
$$= \text{a}\left[\beta + \sum_{j=1}^{3} \omega_j x_{i+j-2}\right]$$

식 10.4

여기서 편향 β와 커널 가중치 $\omega_1, \omega_2, \omega_3$은 훈련 가능한 매개변수이고, (제로 패딩을 사용하여) 입력 x가 유효 범위를 벗어나는 경우에는 0으로 처리한다. 이는 i번째 은닉 유닛을 다음과 같이 계산하는 완전 연결층의 특별한 경우다.

$$h_i = \text{a}\left[\beta_i + \sum_{j=1}^{D} \omega_{ij} x_j\right]$$

식 10.5

D개의 입력 $x_\bullet$과 D개의 은닉 유닛 $h_\bullet$가 있는 경우, 완전 연결층은 D^2개의 가중치 $\omega_{\bullet\bullet}$와 D개의 편향 $\beta_\bullet$를 갖는다. 반면에 합성곱층은 3개의 가중치와 1개의 편향만 사용한다. 완전 연결층의 대부분의 가중치를 0으로 설정하고 다른 가중치는 동일하도록 제한되는 경우 합성곱층과 같게 된다(그림 10.4).†

연습 문제 10.5 참고

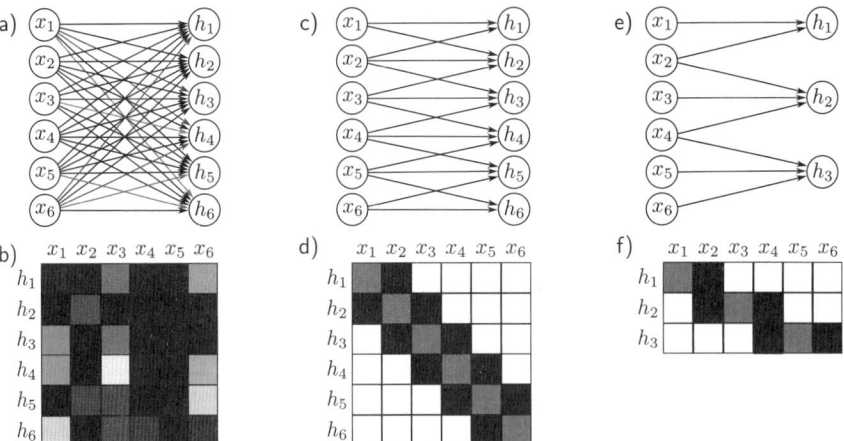

그림 10.4 완전 연결층 vs. 합성곱층. a) 완전 연결층에는 각 입력 x과 각 은닉 유닛 h(색 화살표)를 연결하는 가중치와 각 은닉 유닛에 대한 편향(표시되지 않음)이 있다. b) 따라서 완전 연결층의 가중치 행렬 Ω에는 6개의 입력과 6개의 은닉 유닛을 연결하는 36개의 가중치가 있다. c) 커널 크기가 3인 합성곱층은 인접한 3개 입력(화살표)의 가중합에 편향(표시되지 않음)을 더해서 각 은닉 유닛을 계산한다. d) 가중치 행렬은 많은 가중치가 0이고 다른 가중치가 반복되는 완전 연결 행렬의 특수한 경우이다(동일한 색상은 같은 값을 나타내고 흰색은 가중치가 0을 나타낸다). e) 커널 크기가 3이고 스트라이드가 2인 합성곱층은 하나씩 건너뛴 위치에서의 가중합을 계산한다. f) 이는 다른 희소 가중치 구조를 갖는 완전 연결 네트워크의 특별한 경우에 해당한다.

10.2.5 채널

하나의 합성곱층만 사용하면 정보가 손실될 가능성이 크다. 인접한 입력의 평균을 구하고 이를 ReLU 활성화 함수를 통과시킬 때 0보다 작은 값을 잘라내기 때문이다. 따라서 일반적으로 병렬로 여러 합성곱을 계산한다. 각 합성곱은 새로운 숨겨진 변수 집합을 생성하는데, **특징 맵**feature map 또는 **채널**channel이라고 한다.

그림 10.5a-b는 커널의 크기가 3이고 제로 패딩을 사용하는 2개의 합성곱 커널을 사용하여 이를 도식적으로 보여준다. 첫 번째 커널은 가장 인접한 3개 픽셀의 가중합을 계산하고 편향을 더한 다음 활성화 함수를 통과시켜서 은닉 유닛 h_1-h_6을 생성한다. 이것이 첫 번째 채널이 된다. 두 번째 커널은 가장 인접한 3개 픽셀의 다른 가중합을 계산하고 다른 편향을 더한 다음 활성화 함수를 통과시켜서 은닉 유닛 h_7-h_{12}를 생성한다. 이것이 두 번째 채널이 된다.

일반적으로 입력과 은닉층 모두 여러 채널을 갖는다(그림 10.5c). 만약 입력층에 C_i개의 채널이 있고 채널당 커널의 크기가 K인 경우,† 각 출력 채널의 은닉 유닛은 가중치 행렬 $\Omega \in \mathbb{R}^{C_i \times K}$와 하나의 편향을 사용하여 모든 C_i 채널과 K개의 커널 항 위치에 대한 가중합으로 계산된다.† 따라서 다음 층에 C_o개의 채널이 있는 경우 $\Omega \in \mathbb{R}^{C_i \times C_o \times K}$ 가중치와 $\beta \in \mathbb{R}^{C_o}$ 편향이 필요하다.

연습 문제 10.6 – 10.8 참고

깃허브의 노트북 10.1 '1D Convolution' 참고. https://bit.ly/udl10_1

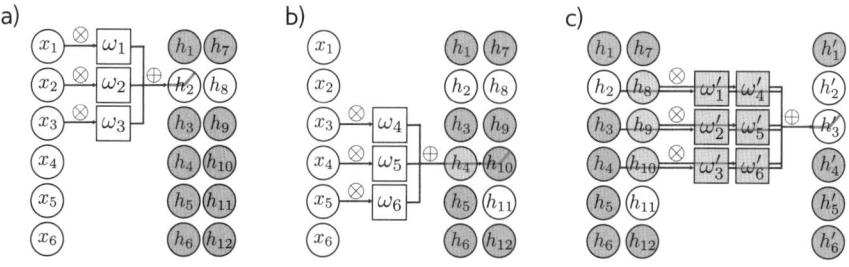

그림 10.5 채널. 일반적으로 입력 x에 대한 여러 합성곱을 계산해서 채널에 저장한다. a) 합성곱을 통해 계산한 은닉 유닛 h_1-h_6이 첫 번째 채널을 구성한다. b) 두 번째 합성곱 연산을 적용하여 계산한 은닉 유닛 h_7-h_{12}이 두 번째 채널을 구성한다. 채널은 첫 번째 은닉층의 모든 은닉 유닛을 포함하는 2차원 배열 H_1에 저장된다. c) 합성곱층을 더 추가하면 각 입력 위치에 2개의 채널이 추가된다. 여기서 1차원 합성곱은 각각의 새로운 출력 채널을 만들기 위한 가장 인접한 세 위치에서의 두 입력 채널에 대한 가중합을 정의한다.

10.2.6 합성곱 네트워크와 수용 영역

4장에서는 일련의 완전 연결층으로 구성된 심층 신경망을 설명했다. 마찬가지로 합성곱 네트워크는 일련의 합성곱층으로 구성된다. 네트워크에 있는 은닉 유닛의

수용 영역receptive field은 해당 은닉 유닛에 연결되는 원래 입력의 영역이다. 각 합성곱층의 커널 크기가 3인 합성곱 네트워크를 고려해보자. 첫 번째 층의 은닉 유닛은 가장 인접한 세 입력의 가중합을 취하므로 수용 영역의 크기는 3이다. 두 번째 층의 은닉 유닛은 첫 번째 층에서 가장 인접한 세 위치에서의 가중합을 취하며, 이 값 자체는 세 입력의 가중합이다. 따라서 두 번째 층의 은닉 유닛은 크기가 5인 수용 영역을 갖는다. 이러한 방식으로 연속적인 층에 있는 은닉 유닛의 수용 영역이 증가하고 입력 전체의 정보가 점차 통합된다(그림 10.6).†

연습 문제 10.9 – 10.11 참고

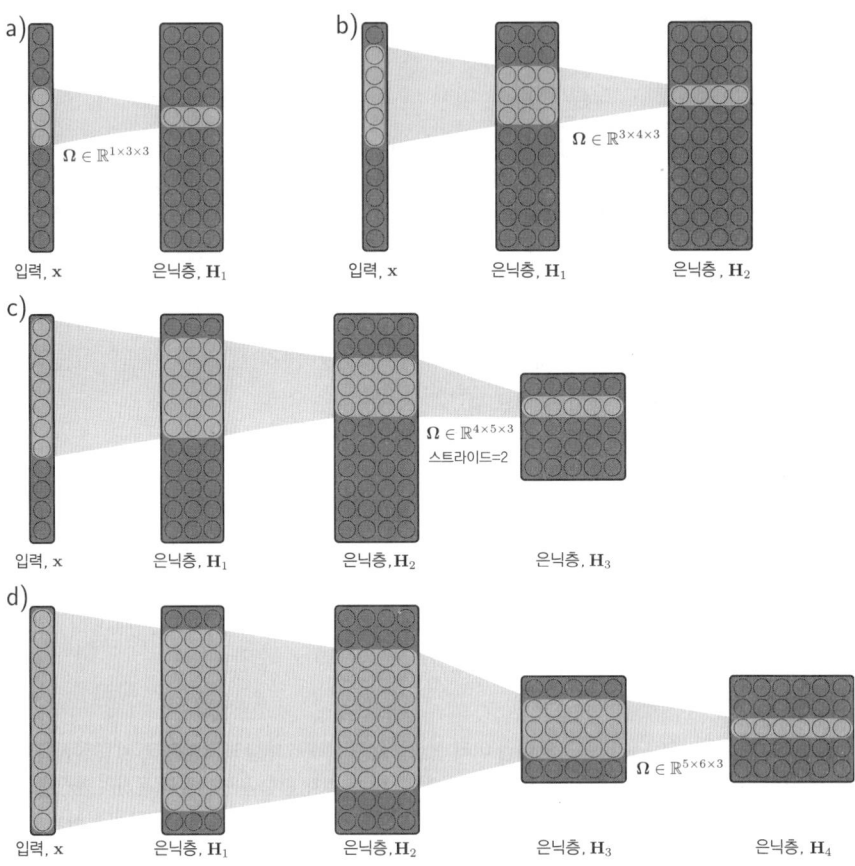

그림 10.6 커널 너비가 3인 네트워크의 수용 영역. a) 합성곱 커널의 크기가 3이고 3개의 채널이 있는 은닉층으로 11차원의 데이터가 입력된다. 첫 번째 은닉층 H_1에서 강조 표시된 3개의 은닉 유닛의 사전 활성화는 가장 인접한 3개 입력의 서로 다른 가중치의 가중합이므로 H_1에서의 수용 영역의 크기는 3이다. b) 두 번째 은닉층 H_2에서 강조 표시된 4개의 은닉 유닛의 사전 활성화는 은닉층 H_1의 가장 인접한 3개 위치에 있는 3개 채널에 대한 가중합이다. H_1의 각 은닉 유닛은 가장 인접한 3개의 입력 위치에 가중치를 부여한다. 따라서 H_2에 있는 은닉 유닛의 수용 영역의 크기는 5이다. c) 세 번째 층에 있는 은닉 유닛(커널 크기 3, 스트라이드 2)의 수용 영역 크기는 7로 커진다. d) 네 번째 층의 세 번째 위치에 있는 은닉 유닛의 수용 영역은 전체 입력을 포괄하게 된다.

10.2.7 MNIST-1D 예제

이제 MNIST–1D 데이터에 합성곱 네트워크를 적용한다(그림 8.1 참고). 입력 **x**는 40차원 벡터이고 출력 **f**는 소프트맥스층을 통과하여 클래스 확률을 생성하는 10차원 벡터이다. 3개의 은닉층이 있는 네트워크를 사용한다(그림 10.7). 첫 번째 은닉층 H_1의 15개 채널은 각각 커널 크기 3, 스트라이드 2, 유효 패딩valid padding을 사용하여 19개의 공간 위치에서 계산한다. 두 번째 은닉층 H_2도 커널 크기 3, 스트라이드 2, 유효 패딩을 사용하여 계산한다. 세 번째 은닉층도 비슷하게 계산한다. 이 단계에서의 표현은 4개의 공간 위치와 15개의 채널로 구성된다. 이 표현 값은 크기가 60인 벡터로 재구성하고, 이는 완전 연결층을 통해 10개의 출력 활성화로 매핑된다.

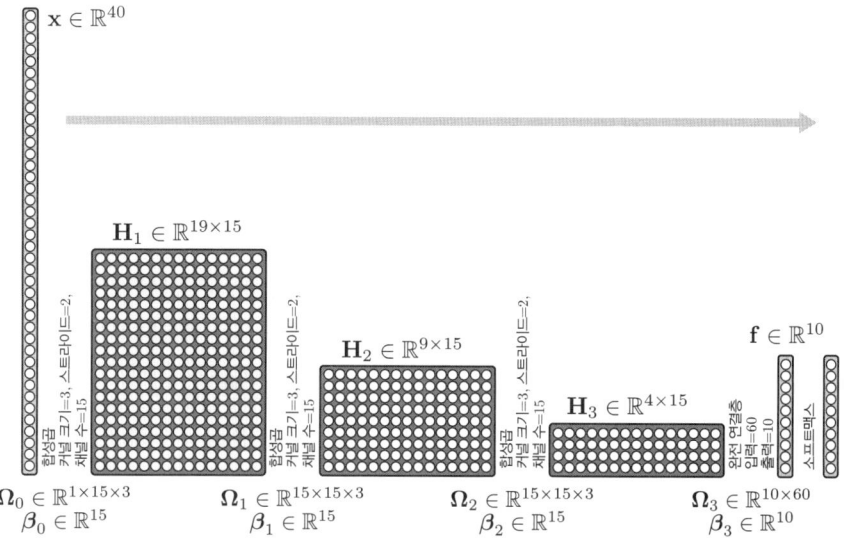

그림 10.7 MNIST-1D 데이터 분류를 위한 합성곱 네트워크(그림 8.1 참고) MNIST-1D 입력의 차원은 $D_i = 40$이다. 첫 번째 합성곱층은 15개의 채널, 커널 크기 3, 스트라이드 2를 가지며, '유효한' 위치에 대해서만 19개의 위치와 15개의 채널로 구성된 은닉층을 생성한다. 다음의 2개 합성곱층의 설정도 동일하므로 각 은닉층마다 특징에 대한 표현의 크기가 점차 줄어든다. 마지막으로 세 번째 은닉층에 있는 60개의 은닉 유닛을 완전 연결층에 입력한다. 완전 연결층이 출력하는 10개 활성화를 소프트맥스층을 통과시켜서 10개 클래스 확률을 생성한다.

이 네트워크는 모멘텀 없는 SGD, 학습률 0.01, 배치 크기 100을 사용하여 4,000개 견본 데이터셋에서 100,000단계 동안 훈련했다.† 이를 동일한 수의 층과 은닉 유닛(즉 각각 285, 135, 60개의 은닉 유닛이 있는 3개의 은닉층)을 가진 완전 연결 네트워크와 비교한다. 합성곱 네트워크에는 2,050개의 매개변수가 있고 완전 연결 네트워

연습 문제 10.12 참고

크에는 50,065개의 매개변수가 있다. 그림 10.4의 논리에 따르면 합성곱 네트워크는 완전 연결 네트워크의 특별한 경우에 해당한다. 후자는 전자를 정확하게 복제할 수 있을 만큼 충분한 유연성을 갖고 있다. 그림 10.8은 두 모델 모두 훈련 데이터를 완벽하게 적합하는 것을 보여준다.† 그러나 합성곱 네트워크의 테스트 오차는 완전 연결 네트워크보다 훨씬 적다.

깃허브의 노트북 10.2 'Convolution for MNIST-1D' 참고. https://bit.ly/udl10_2

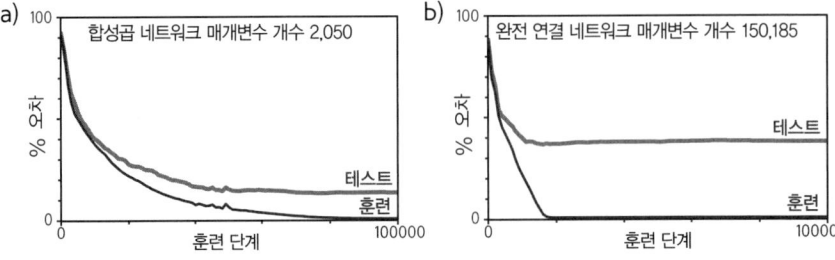

그림 10.8 MNIST-1D 결과. a) 그림 10.7의 합성곱 네트워크는 훈련 데이터에 완벽하게 적합해서 테스트 오차는 약 17%가 된다. b) 동일한 수의 은닉층과 은닉층마다 동일한 수의 은닉 유닛이 있는 완전 연결 네트워크는 훈련 데이터를 더 빨리 학습하지만 테스트 오차가 40% 정도로 잘 일반화하지 못한다. 완전 연결 네트워크는 합성곱 모델과 같은 작업을 할 수는 있지만 재현할 성능이 떨어진다. 합성곱 구조는 모든 위치를 유사하게 처리하도록 매핑을 제한하는데, 이러한 제한으로 인해 성능이 향상된다.

아마도 이러한 차이는 매개변수 개수의 차이 때문은 아닐 것이다. 일반적으로 과도한 매개변수화는 성능을 향상시킨다(8.4.1절). 따라서 합성곱 네트워크가 더 나은 성능을 보이는 것은 네트워크가 입력의 각 위치를 동일한 방식으로 처리하도록 함으로써 합성곱 구조에 일부 사전 지식을 반영했기 때문에 합성곱 구조가 뛰어난 귀납적 편향(즉 훈련 데이터 사이를 좀 더 잘 보간한다)을 갖는다는 것으로 설명할 수 있다. 데이터가 (다른 여러 변환과 함께) 무작위로 이동한 숫자 템플릿으로 생성되었으므로 이는 합리적이다.

완전 연결된 네트워크는 모든 위치에서 각 숫자 템플릿이 어떻게 보이는지 학습해야 한다. 반면에, 합성곱 네트워크는 여러 위치 간에 정보를 공유하므로 각 범주를 좀 더 정확하게 식별하는 방법을 학습한다. 이를 다른 관점에서 생각해보면, 합성곱 네트워크를 훈련할 때는 더 작은 입력/출력 매핑을 탐색하는데, 이는 타당하다. 또는 합성곱 구조는 완전 연결 네트워크가 표현할 수 있는 대부분의 해에 무한 벌칙을 적용하는 정칙화로 볼 수 있다.

10.3 2차원 입력에 대한 합성곱 네트워크

앞 절에서는 1차원 데이터 처리를 위한 합성곱 네트워크를 설명했다. 이러한 네트워크는 시계열 금융 데이터, 오디오, 텍스트에 적용할 수 있다. 그러나 합성곱 네트워크는 2차원 이미지 데이터에 더 적합한데, 이때는 합성곱 커널이 2차원 필터 역할을 한다.

3×3 커널 $\Omega \in \mathbb{R}^{3 \times 3}$을 x_{ij}로 구성된 2차원 입력에 적용해서 은닉층의 은닉 유닛 h_{ij}를 다음과 같이 계산한다.

$$h_{ij} = \mathrm{a}\left[\beta + \sum_{m=1}^{3}\sum_{n=1}^{3}\omega_{mn}x_{i+m-2,j+n-2}\right] \quad \text{식 10.6}$$

여기서 ω_{mn}은 합성곱 커널의 원소이고, 따라서 은닉 유닛 h_{ij}는 단순히 3×3 입력 영역에 대한 가중치 ω_{mn}의 가중합이다.† 그리고 커널을 2차원 입력(그림 10.9)을 가로질러 수평 및 수직으로 이동하면서 각 위치에서 출력을 계산한다.

연습 문제 10.13 참고

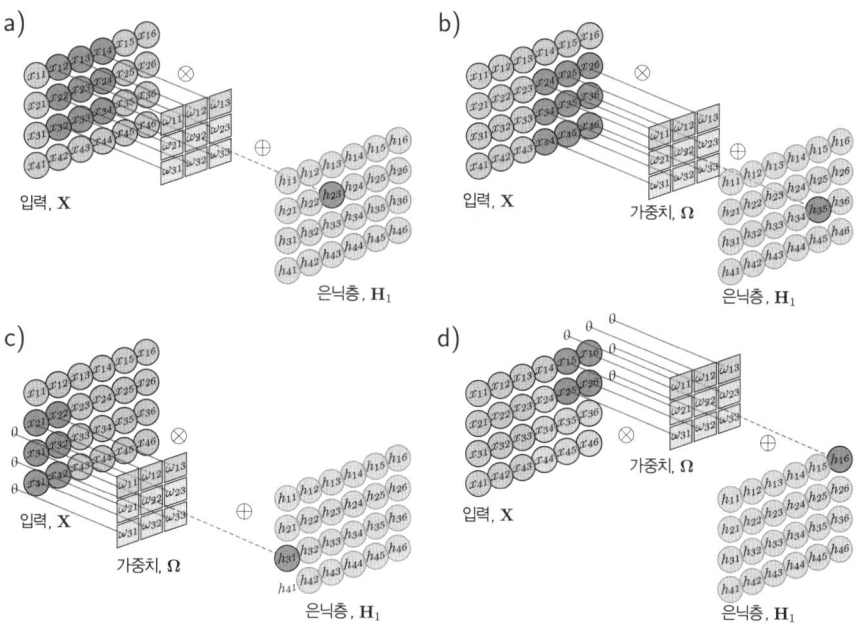

그림 10.9 2차원 합성곱층. 각 출력 h_{ij}는 가장 인접한 3×3 입력의 가중합을 계산하고 편향을 더한 다음 그 결과값을 활성화 함수를 통과시킨다. a) 여기서 출력 h_{23}(음영 표시된 출력)은 x_{12}부터 x_{34}(음영 표시된 입력)까지 9개 위치에 있는 입력의 가중합이다. b) 이미지 격자를 가로질러 커널을 2차원 수직, 수평 방향으로 이동하면서 해당 위치에서의 출력을 계산한다. c–d) 제로 패딩으로 인해 이미지 가장자리를 벗어나는 위치는 0으로 간주한다.

깃허브의 노트북 10.3 '2D Convolution' 참고. https://bit.ly/udl10_3

연습 문제 10.14 참고

B.3절 '벡터, 행렬, 텐서' 참고

일반적으로 입력은 RGB 이미지인데, 이는 3개 채널이 있는 2차원 신호로 처리한다 (그림 10.10). 여기서 3×3 커널은 $3 \times 3 \times 3$ 가중치를 갖는데,† 각각의 3×3 위치에서 3개 입력 채널에 적용되어 입력 이미지와 높이와 너비가 동일한 2차원 출력을 생성한다(제로 패딩을 가정한다).† 여러 출력 채널을 생성하려면 서로 다른 커널 가중치를 사용하여 이 과정을 반복하고 각각의 결과를 쌓아서 3차원 텐서†를 만든다. 커널 크기가 $K \times K$이고 C_i개의 입력 채널이 있는 경우 각각의 출력 채널은 $C_i \times K \times K$개의 가중합에 하나의 편향을 더한 값이다. C_o개의 출력 채널을 얻으려면 $C_i \times C_o \times K \times K$개의 가중치와 C_o개의 편향이 필요하다.

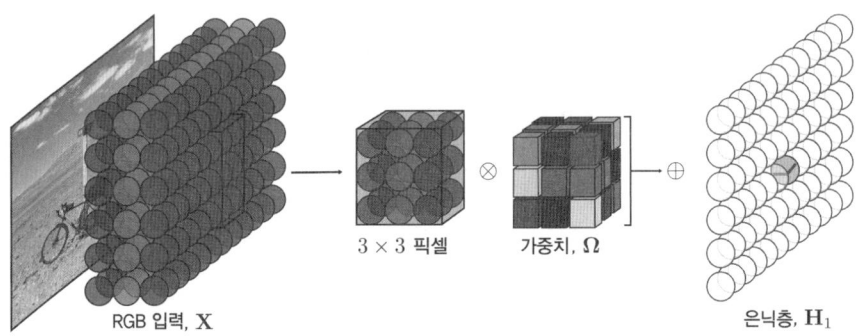

그림 10.10 이미지에 적용된 2차원 합성곱. 이미지는 빨간색, 녹색, 파란색 구성 요소에 해당하는 3개의 채널이 있는 2차원 입력으로 생각한다. 3×3 커널을 사용하는 경우, 첫 번째 은닉층의 각 사전 활성화는 $3 \times 3 \times 3$ 커널 가중치와 3×3 RGB 이미지 패치의 중심이 동일한 위치에 놓이도록 하고 해당하는 위치의 값들을 점별로 곱하고 합산한 다음 편향을 더해서 계산한다. 은닉층의 모든 사전 활성화를 계산하기 위해서 커널을 이미지 위로 수평 방향과 수직 방향으로 이동한다. 출력은 은닉 유닛으로 구성된 2차원 은닉층이다. 다중 출력 채널을 생성하려면, 여러 커널에 대해서 각각 이 과정을 반복해서 얻은 은닉층 $\mathbf{H}_1$의 은닉 유닛을 순차적으로 쌓은 3차원 텐서를 생성한다.

10.4 다운샘플링과 업샘플링

그림 10.7의 네트워크는 스트라이드가 2인 합성곱을 사용하여 각 층의 표현의 크기를 축소하여 수용 영역의 크기가 커졌다. 이제 2차원 입력 표현의 크기를 축소하거나 다운샘플링하는 방법을 알아보자. 또한 표현의 크기를 다시 확대(업샘플링)하는 방법도 살펴보는데, 이는 출력이 이미지일 때 유용하다. 마지막으로 층 간의 채널 수를 변경하는 방법을 살펴보는데, 이는 네트워크의 다른 두 가지 부분에서 표현을 하나로 합칠 때 유용하다(11장 참고).

10.4.1 다운샘플링

2차원 표현의 크기를 축소하는 세 가지 주요 방법이 있다. 여기서는 표현의 각 차원을 두 배 축소하는 가장 일반적인 경우를 고려한다.

첫째, 하나씩 건너뛴 위치에서 샘플링하는 것이다.† 스트라이드가 2인 합성곱 연산을 사용해서 효과적으로 적용할 수 있다(그림 10.11a).

연습 문제 10.15 참고

둘째, **최대 풀링**max pooling은 2×2 입력의 최댓값을 출력한다(그림 10.11b). 이를 통해 약간의 이동에 대해서 결과값이 변하지 않는다. 예를 들어 입력이 한 픽셀만큼 이동하는 경우, 2×2 입력의 최댓값 중 대부분은 변하지 않을 것이기 때문이다. **평균 풀링**mean pooling/average pooling은 2×2 입력의 평균을 계산한다. 결과적으로 각 채널에 대해서 **다운샘플링**downsampling을 적용한 결과 출력의 너비와 높이가 절반이 된다. 하지만 이때 채널 수는 변하지 않는다.

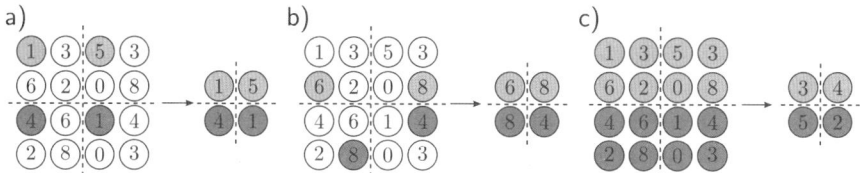

그림 10.11 표현 크기를 축소하는 방법(다운샘플링) a) 서브샘플링(sub sampling). 원래의 4×4 크기의 표현(왼쪽)을 하나씩 건너뛴 위치에 있는 입력만 남겨서 2×2(오른쪽) 크기로 축소한다. 왼쪽의 입력에 해당하는 색상은 오른쪽의 출력에 남는 입력을 나타낸다. 이는 중간값을 계산하지 않는다는 점을 제외하면 사실상 스트라이드가 2인 커널 때와 같다. b) 최대 풀링. 각 출력은 해당하는 2×2 블록의 최댓값이다. c) 평균 풀링. 각 출력은 2×2 블록에 있는 값의 평균이다.

10.4.2 업샘플링

네트워크층을 확장하여 해상도를 2배로 높이는 가장 간단한 방법은 각 공간 위치에서 모든 채널을 4번 복제하는 것이다(그림 10.12a). 두 번째 방법은 **최대 언풀링**max unpooling이다. 이는 이전에 최대 풀링으로 다운샘플링을 한 경우에 사용하는데, 원래 최댓값이 있었던 위치에 최댓값을 재할당한다(그림 10.12b). 세 번째 방법은 이중 선형 보간법bilinear interpolation을 사용하여 샘플이 있는 지점 사이의 누락된 값을 채운다(그림 10.12c).

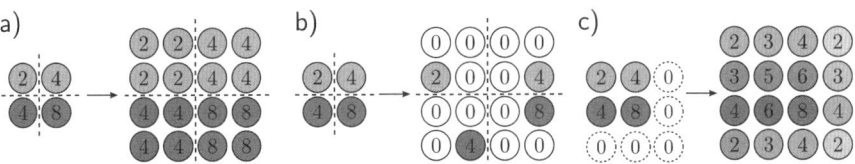

그림 10.12 표현의 크기를 확장하는 방법(업샘플링) a) 2차원 층의 크기를 2배로 늘리는 가장 간단한 방법은 각 입력을 4번 복제하는 것이다. b) 이전에 최대 풀링을 사용한 네트워크(그림 10.11b)에서는 값을 원래 있던 위치(즉 최댓값이 있었던 위치)에 재할당한다. 이를 최대 언풀링이라고 한다. c) 세 번째 방법은 입력값 간의 누락된 값을 이중선형 보간하는 것이다.

깃허브의 노트북 10.4 'Down-sampling and Upsampling' 참고. https://bit.ly/udl10_4

네 번째 방법은 스트라이드가 2인 다운샘플링과 유사하다.† 스트라이드가 2인 다운샘플링에서는 출력이 입력의 절반이 되고 커널 크기가 3인 경우 각 출력은 가장 인접한 입력 3개의 가중합이다(그림 10.13a). **전치 합성곱**transposed convolution에서는 이와 반대되는 결과를 얻는다(그림 10.13c). 입력보다 출력이 2배 더 많아지고 각 입력은 3개의 출력에 영향을 미친다. 이러한 **업샘플링**upsampling 메커니즘의 관련 가중치 행렬을 고려해보면(그림 10.13d) 이것이 다운샘플링 메커니즘의 전치 행렬임을 알 수 있다(그림 10.13b).

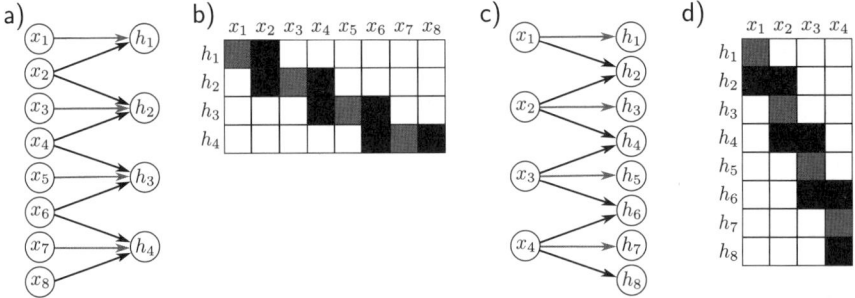

그림 10.13 1차원에서의 전치 합성곱. a) 커널 크기 3, 스트라이드 2, 제로 패딩을 사용한 다운샘플링. 각 출력은 3개 입력의 가중합이다(화살표는 가중치를 나타낸다). b) 이는 가중치 행렬로 표현할 수 있다(동일한 색상은 공유하는 가중치를 나타낸다). c) 전치 합성곱에서 각 입력은 출력층의 3개의 값에 영향을 미치고, 입력보다 두 배 많은 출력이 있다. d) 전치 합성곱의 가중치 행렬은 (b)의 전치행렬이 된다.

10.4.3 채널 수 변경

때로는 별도의 공간 풀링을 하지 않고 연속된 2개의 은닉층 사이의 채널 수를 변경하고 싶을 때가 있다. 일반적으로 이는 어떤 표현을 병렬로 계산한 다른 표현과 결합하기 위해서이다(11장 참고). 이를 위해 커널 크기가 1인 합성곱을 적용한다.

출력층의 각 요소는 동일한 위치에 있는 모든 채널의 가중합으로 계산한다(그림 10.14). 서로 다른 가중치로 이를 여러 번 반복해서 필요한 만큼의 출력 채널을 생성할 수 있다. 이와 연관된 합성곱 가중치의 크기는 $1 \times 1 \times C_i \times C_o$이다. 따라서 이를 **1×1 합성곱**1×1 convolution이라고 한다. 편향, 활성화 함수를 적용하면 이는 각 위치에서 채널에 동일한 완전 연결 네트워크를 실행하는 것과 같다.

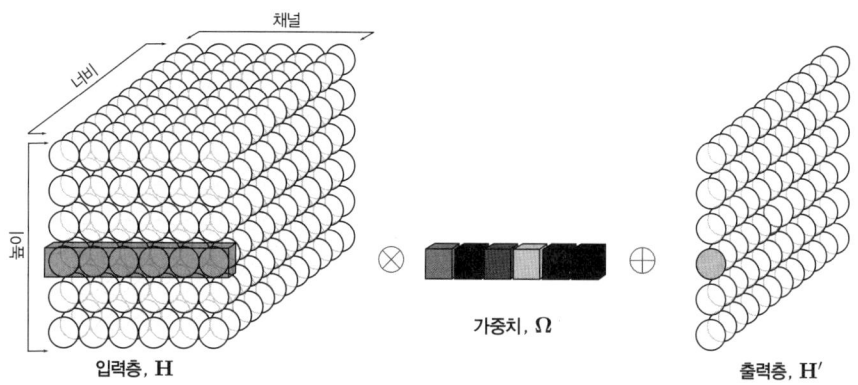

그림 10.14 1 × 1 합성곱. 공간 풀링 없이 채널 수를 변경하기 위해서 1 × 1 커널을 적용한다. 각 출력 채널은 동일한 위치에 있는 모든 채널의 가중합을 구하고, 편향을 더하고, 활성화 함수를 통과시켜서 계산한다. 서로 다른 가중치와 편향을 사용하여 이 작업을 반복해서 여러 출력 채널을 생성한다.

10.5 응용

세 가지 컴퓨터 비전 응용을 설명하고 마무리를 해보자. 먼저 이미지를 미리 정해진 범주 중 하나에 할당하는 이미지 분류를 위한 합성곱 네트워크를 살펴보자. 그런 다음 이미지에서 여러 객체를 식별하고 각 객체를 둘러싸는 바운딩 박스bounding box를 찾는 객체 탐지을 살펴본다. 마지막으로 어떤 객체가 존재하는 영역의 각 픽셀에 해당하는 레이블을 할당하는 의미론적 분할의 초기 시스템을 설명한다.

10.5.1 이미지 분류

컴퓨터 비전 분야에서 딥러닝을 개척한 대부분의 연구는 이미지넷 데이터셋ImageNet dataset을 사용한 이미지 분류에서 시작되었다(그림 10.15). 이미지넷에는 1,281,167개의 훈련 이미지, 50,000개의 검증 이미지, 100,000개의 테스트 이미지가 있으며, 모든 이미지는 1,000개의 범주 중 하나를 나타내는 레이블이 할당되어 있다.

대부분의 이미지 분류 방법에서는 입력 이미지를 표준 크기로 변경한다. 일반적인 시스템에서 네트워크에 대한 입력 x는 224 × 224 크기의 RGB 이미지이고 출력은 1,000개 클래스에 대한 확률분포이다. 클래스의 수가 많고, 클래스 간에 상당한 차이가 있기 때문에 이 작업은 매우 어렵다(그림 10.15). 딥 네트워크가 적용되기 전인 2011년에는 그 당시 최고 수준의 방법으로 테스트 이미지에 대해서 상위 5개 예측에 올바른 클래스가 포함되는지를 기준으로 약 25%의 분류 오차를 보였다. 하지만 5년 후, 최고의 딥러닝 모델은 인간의 능력을 능가하게 되었다.

그림 10.15 이미지넷 이미지 분류의 예. 이 모델은 입력 이미지를 1,000개의 클래스 중 하나에 할당한다. 이미지 분류는 이미지가 다양한 속성(열)에 따라 크게 달라지기 때문에 어렵다. 이러한 속성에는 단단함(원숭이 < 카누), 이미지 내의 인스턴스 수(도마뱀 < 딸기), 혼잡도(나침반 < 강철 드럼), 크기(양초 < 거미줄), 질감(드라이버 < 표범), 색상의 뚜렷함(머그 < 레드 와인), 모양의 명확성(곶 < 종)이 있다 (출처: Russakovsky et al., 2015[2]).

2012년에 발표된 **알렉스넷**AlexNet은 컴퓨터 비전 작업에서 우수한 성능을 보인 최초의 합성곱 네트워크였다. 알렉스넷은 ReLU 활성화 함수를 사용하는 8개의 은닉층으로 구성되어 있는데, 그중 첫 5개 층은 합성곱층이고 나머지는 완전 연결층이다 (그림 10.16). 이 신경망은 11 × 11 커널과 스트라이드 4를 사용해 입력을 다운샘플링하면서 96개의 채널을 생성하는 것으로 시작한다. 이후 맥스 풀링 계층을 통해 한 번 더 다운샘플링한 다음, 5 × 5 커널을 적용하여 256개 채널을 생성한다. 커널 크기가 3 × 3인 합성곱층을 3개 더 통과시켜서 결국 256개 채널을 갖는 13 × 13 크기의 표현 결과를 얻는다. 마지막 최대 풀링층은 256개의 채널을 갖는 6 × 6 크기의 표현을 생성한다. 이는 크기가 9,216인 벡터로 변환된 다음, 각각 4,096, 4,096, 1,000개의 은닉 유닛을 가진 3개의 완전 연결층을 통과한다.† 완전 연결층의 마지막 층은 소프트맥스 함수를 통과하여 1,000개 클래스에 대한 확률 분포를 출력한다. 전체 네트워크에는 약 6,000만 개의 파라미터가 있는데, 대부분 완전 연결층이 차지한다.

데이터셋 크기는 (i) 공간 변환 및 (ii) 입력 픽셀의 크기 조정을 통해 2,048배 증가했다.† 테스트 시에는 이미지를 일부 자르고, 미러링해서 서로 다른 다섯 종류의 이미지를 네트워크에 입력하고 예측 결과의 평균을 구한다. 모멘텀 계수 0.9, 배치 크기 128인 SGD를 사용하여 학습한다. 완전 연결층에는 드롭아웃이 적용되었고 L2(가중치 감쇠) 정칙화를 사용했다. 상위 5개$_{top-5}$ 오차율은 16.4%이고 상위 1개$_{top-1}$ 오차율은 38.1%다. 이는 그 당시의 다른 방법들의 성능을 훨씬 넘어서는 엄청난 도약이었다. 이러한 결과는 딥러닝의 잠재력을 보여주었고 현대의 AI 연구 시대를 열었다.

깃허브의 노트북 10.5 'Convolution for MNIST' 참고.
https://bit.ly/udl10_5

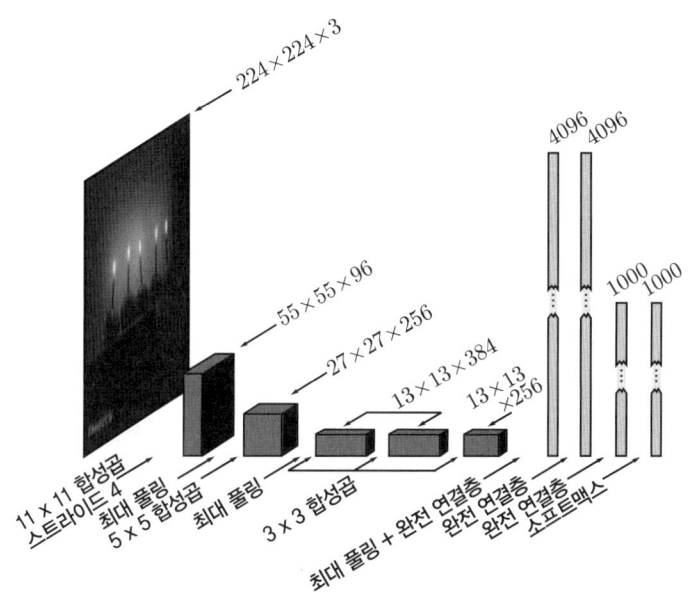

그림 10.16 알렉스넷(Krizhevsky el. al, 2012[3]). 네트워크는 224×224 컬러 이미지를 클래스 확률을 나타내는 1,000차원 벡터로 매핑한다. 네트워크는 먼저 11×11 커널과 스트라이드 4로 합성곱을 해서 96개의 채널이 만들어진다. 최대 풀링 연산을 통해 해상도를 다시 낮추고 5×5 합성곱층을 통과시킨다. 또 다른 최대 풀링층과 3개의 3×3 합성곱층을 통과시킨다. 최종 최대 풀링 연산 결과를 벡터로 만들어 3개의 완전 연결층을 통과시키고 마지막에 소프트맥스 함수를 통해 확률값을 계산한다.

VGG 네트워크$_{VGG\ network}$는 또한 이미지넷 분류에서 상위 5개 오차율 6.8%, 상위 1개 오차율 23.7%라는 훨씬 더 나은 성능을 달성했다. 이 네트워크는 일련의 합성곱층과 최대 풀링층이 교대로 배치되는 방식으로 구성되었고, 표현을 나타내는 공간 크기는 점차 감소하고 채널 수는 증가한다. 그다음에는 3개의 완전 연결층이 배치된다(그림 10.17). VGG 네트워크는 또한 데이터 증대, 가중치 감쇠와 드롭아웃을 적용하여 훈련되었다.

훈련 방식에는 여러 가지 사소한 차이가 있었지만 알렉스넷과 VGG 간의 가장 중요한 차이는 네트워크의 깊이다. VGG는 19개의 은닉층과 1억 4,400만 개의 매개변수를 사용했다.† 비교를 위해 그림 10.16과 그림 10.17에는 동일한 축척으로 네트워크를 표시했다. 몇 년 동안 네트워크의 깊이가 증가함에 따라 이미지 분류의 성능이 향상되었는데, 이는 신경망에서 깊이가 중요하다는 증거가 되었다.

연습 문제 10.18 참고

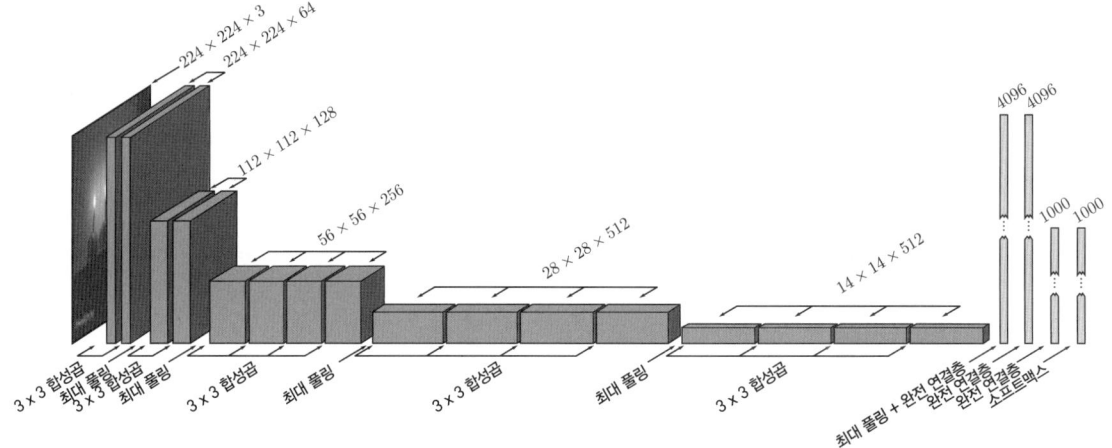

 그림 10.17 알렉스넷과 동일한 규모의 VGG 네트워크(Simonyan & Zisserman, 2014[4])(그림 10.16 참고). 이 네트워크는 일련의 합성곱층과 최대 풀링 연산으로 구성되어 있으며, 표현의 공간적 크기는 점차 감소하고 채널 수는 점차 증가한다. 마지막 합성곱 연산을 마친 은닉층을 1차원 벡터로 만들어서 3개의 완전 연결층을 통과시킨다. 네트워크는 클래스 레이블에 해당하는 1,000개의 활성화값을 출력하고 이 값은 소프트맥스 함수를 거쳐 클래스 확률을 생성한다.

10.5.2 객체 탐지

객체 탐지object detection는 이미지 내에서 여러 객체를 식별하고 위치를 찾는 것이다. 합성곱 네트워크를 기반으로 한 초기의 방법으로 You Only Look Once, 즉 줄여서 **YOLO**가 있다. YOLO 네트워크는 448 × 448 RGB 이미지를 입력으로 받는다. 이는 VGG 네트워크와 유사하게 24개의 합성곱층을 통과하면서 최대 풀링 연산을 통해 표현의 크기를 점차적으로 줄이는 동시에 채널 수를 늘린다. 마지막 합성곱층의 크기는 7 × 7이고 채널의 개수는 1,024개다. 이를 벡터로 바꿔서 완전 연결층을 통해 4,096개의 값으로 매핑한다. 또 하나의 완전 연결층을 통해 이 표현을 출력에 매핑한다.

출력값은 7×7 그리드의 각 위치에 어떤 클래스가 존재하는지 인코딩한다(그림 10.18a-b). 각 위치에 대한 출력값은 또한 고정된 수의 바운딩 박스도 인코딩한다(그림 10.18b). 각 바운딩 박스는 5개의 매개변수로 정의되는데, 바운딩 박스의 중심을 나타내는 x, y 위치, 바운딩 박스의 높이와 너비, 예측 신뢰도(그림 10.18c)이다. 신뢰도는 예측한 바운딩 박스와 정답 바운딩 박스가 얼마나 중첩되는지를 추정한다. 시스템은 모멘텀, 가중치 감쇠, 드롭아웃, 데이터 증대를 사용해서 훈련한다. 네트워크는 처음에 이미지넷 분류 작업에 대해 훈련한 다음 객체 탐지를 위해 미세 조정하는 전이학습을 적용한다.

네트워크를 실행한 후에는 경험적 방법을 사용하여 신뢰도가 낮은 바운딩 박스를 제거하고 동일한 객체에 해당하는 바운딩 박스도 제거해서 가장 신뢰도가 높은 바운딩 박스만 남긴다.

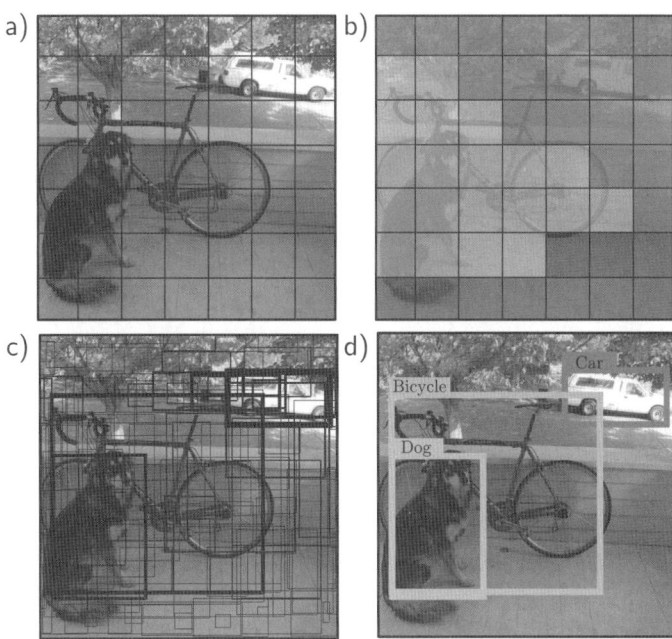

그림 **10.18** YOLO 객체 탐지. a) 입력 이미지를 448×448로 만들고 7×7 그리드로 나눈다. b) 시스템은 각 그리드 셀에서 가장 가능성이 높은 클래스를 예측한다. c) 또한 셀마다 2개의 바운딩 박스와 신뢰도값(선의 두께로 신뢰 정도를 표시한다)을 예측한다. d) 추론 중에 가능성이 가장 높은 바운딩 박스는 남기고, 동일한 객체에 대한 신뢰도 값이 낮은 바운딩 박스는 버린다(출처: Redmon et al., 2016[5]).

10.5.3 의미론적 분할

[옮긴이] 이미지에서 픽셀을 사람, 자동차, 비행기 등의 물리적 단위로 분류하는 방법을 의미한다.

의미론적 분할semantic segmentation[†]은 각 픽셀이 속한 객체에 따라 각 픽셀에 해당 레이블을 할당하고 해당 픽셀이 훈련 데이터베이스의 어떤 항목에도 해당하지 않는 경우 레이블을 할당하지 않는다. 그림 10.19는 의미론적 분할을 위한 초기 네트워크를 보여준다. 입력은 224 × 224 RGB 이미지이고, 출력은 각 위치에 대한 21개 후보 클래스의 확률을 나타내는 224 × 224 × 21 배열이다.

네트워크의 첫 번째 부분은 16개 합성곱층을 갖는 VGG를 약간 축소해서 13개의 합성곱층을 갖는 작은 버전(그림 10.19)으로 표현의 크기를 14 × 14로 축소한다. 그리고 최대 풀링 연산이 하나 더 있고, 그 뒤로 2개의 완전 연결층이 있는데, 각각 크기가 4,096인 2개의 1차원 표현으로 매핑한다. 이러한 층은 공간상의 위치를 나타내지 않고 전체 이미지에서 정보를 결합한다.

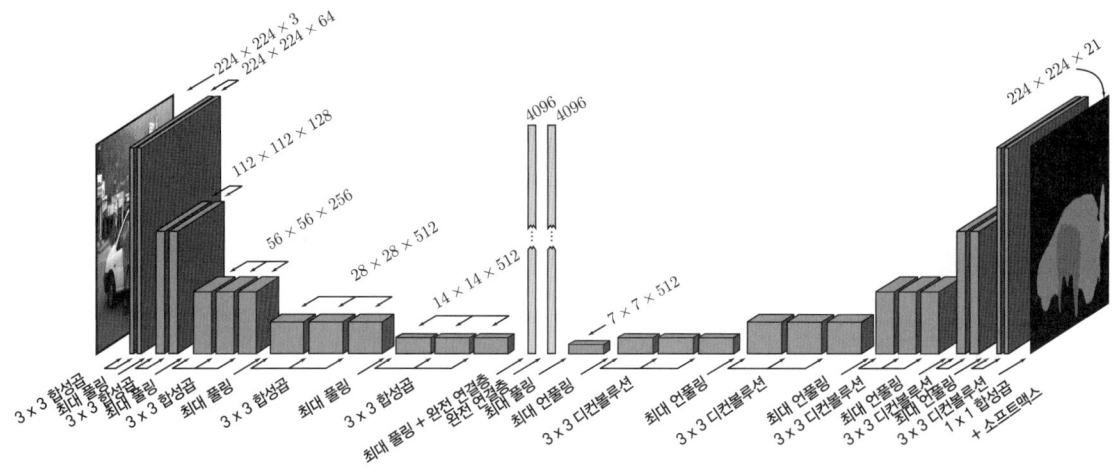

그림 10.19 의미론적 분할 네트워크(Noh et al.(2015)[6]). 입력은 224 × 224 이미지이고, VGG 형태의 네트워크를 통과한 후 최종적으로 완전 연결층을 사용하여 크기가 4,096인 표현으로 변환된다. 여기에는 전체 이미지에 대한 정보가 담겨 있다. 그런 다음 이는 또 다른 완전 연결층을 사용하여 크기 7 × 7 크기의 표현으로 변환되고, 이미지는 VGG 네트워크의 미러 이미지에서 업샘플링과 디컨볼루션(업샘플링 없는 전치 합성곱)된다. 출력은 각 위치에서의 21개 클래스에 대한 출력 확률을 제공하는 224 × 224 × 21 크기의 표현이다.

여기서부터 VGG와 구조가 달라진다. 또 다른 완전 연결층으로 표현을 7 × 7 크기의 공간 위치와 512개 채널로 변경한다. 그다음에는 일련의 최대 언풀링층(그림 10.12b 참고)과 **디컨볼루션**deconvolution이 이어진다. 이는 전치된 합성곱(그림 10.13 참고)이지만 2차원이고 업샘플링이 없다. 마지막으로 1×1 합성곱으로 후보 클래스를 나타내는 21개 채널을 생성하고 각 공간 위치에서의 활성화를 클래스 확률에 매핑하기 위한 소프트맥스 연산이 있다. 때로는 네트워크의 다운샘플링 부분은 인코더라고 하고, 업샘플링 부분은 디코더라고도 한다. 이러한 유형의 네트워크는 그 모양 때문에 **인코더-디코더 네트워크**encoder-decoder network 또는 **모래시계 네트워크**hourglass network라고도 한다.

최종적인 분할 결과는 탐욕 검색을 통해 확률과 픽셀의 연결성을 고려해서 찾은 가장 대표적인 클래스로 해당 영역을 추론하는 경험적 방법을 통해 결정한다. 그런 다음, 아직 레이블이 지정되지 않은 나머지 픽셀에 대해서 그다음으로 가장 대표적인 클래스가 발견된 위치에 해당 레이블을 추가한다. 더 이상 추가할 것이 없을 때까지 이 과정을 계속한다(그림 10.20).

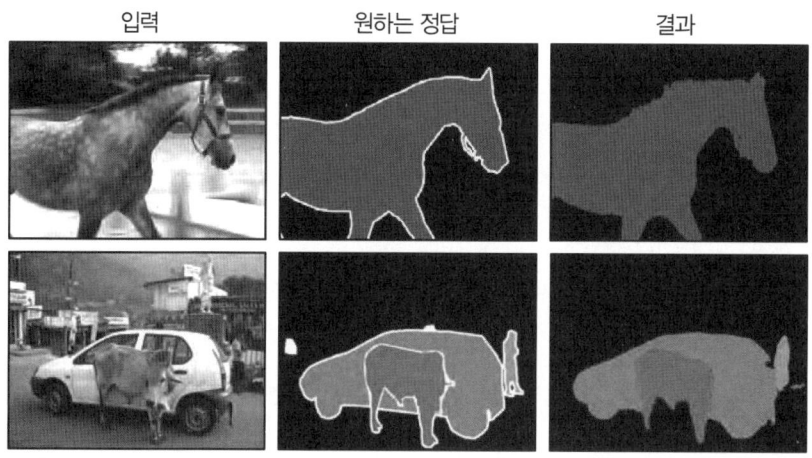

그림 10.20 의미론적 분할 결과. 21개의 확률 맵으로부터 탐욕적 방법으로 최적의 클래스를 선택하고 경험적 방법을 사용하여 확률과 공간적 근접성을 기반으로 합리적인 이진 맵을 찾아서 최종 결과를 생성한다. 충분한 증거가 있으면 그다음 클래스가 추가되고 해당 분할 맵을 결합한다(출처: Noh et al., 2015[6]).

10.6 요약

합성곱층에서 각 은닉 유닛은 인접한 입력의 가중합에 편향을 더하고 활성화 함수를 통과시켜서 계산한다. 모든 공간 위치에서 가중치와 편향이 동일하므로 완전 연결 네트워크보다 매개변수 수가 훨씬 적고 입력 이미지 크기가 커져도 매개변수 수는 증가하지 않는다. 정보 손실을 막기 위해 서로 다른 가중치와 편향으로 이 연산을 반복해서 각 공간 위치에서 여러 채널을 생성한다.

전형적인 합성곱 네트워크는 2배 다운샘플링하는 층과 합성곱층이 교대로 배치되도록 구성한다. 일반적으로 네트워크를 통과하면서 공간 차원은 2배씩 감소하고 채널 수는 2배씩 증가한다. 일반적으로 네트워크의 끝부분에는 전체 입력의 정보를 통합하고 원하는 출력을 생성하기 위한 하나 이상의 완전 연결층이 있다. 출력이 이미지인 경우 미러링된 '디코더'가 다시 원래 크기로 업샘플링한다.

합성곱층의 이동 등변성은 완전 연결 네트워크에 비해 이미지 기반 작업의 성능을 향상시키는 유용한 귀납적 편향을 갖는다. 앞에서 이미지 분류, 객체 탐지, 의미론적 분할 네트워크를 살펴보았다. 네트워크가 깊어질수록 이미지 분류 성능이 향상된다. 그러나 후속 실험에서는 네트워크 깊이를 무한정 늘리는 것이 도움이 되지 않는 것으로 나타났다. 이는 특정 깊이 이상에서는 시스템을 훈련하기가 어려워지기 때문이다. 이것이 다음 장의 주제인 잔차 연결의 동기가 된다.

노트

Dumoulin & Visin(2016)[7]은 이 장에서 간략히 다룬 합성곱과 관련된 상세한 수학적 개요를 설명한다.

합성곱 네트워크

초기 합성곱 네트워크는 Fukushima & Miyake(1982)[8], LeCun et al.(1989a)[9], LeCun et al.(1989b)[10]에 의해 개발되었다. 초기 응용 사례로는 필기 인식(LeCun et al., 1989a[9]; Martin, 1993[11]), 얼굴 인식(Lawrence et al., 1997[12]), 음소 인식(Waibel et al., 1989[13]), 음성 인식(Bottou et al., 1990[14]), 서명 확인(Bromley et al., 1993[15])이 있다. 합성곱 네트워크는 LeCun et al.(1998)[16]이 손으로 쓴 28 × 28 흑백 숫자 이미지 분류하기 위해 **LeNet**이라는 시스템을 구축한 이후에 대중화되었다. LeNet은 현대적인 네트워크의 선구적인 역할을 했는데, 일련의 합성곱층과 완전 연결층으로 구성되었고 ReLU 대신 시그모이드 활성화, 최대 풀링 대신 평균 풀링을 사용했다. 이후 발표된 알렉스넷(Krizhevsky et al., 2012[3])이 현대 심층 합성곱 네트워크의 출발점으로 인정받고 있다.

이미지넷 대회

Deng et al.(2009)[17]은 이미지넷 데이터베이스를 수집 분석했고, 이미지넷 관련 분류 대회를 통해 알렉스넷 이후 몇 년 동안 딥러닝의 발전을 주도했다. 이 대회의 주목할 만한 수상자들은 **네트워크 인 네트워크 구조**network in network architecture(Lin et al., 2014[18])를 사용했는데, 이는 각 위치의 모든 채널에서 독립적으로 작동하는 완전 연결층이 합성곱층과 교대로 위치하는 구조다(예: 1×1 합성곱). Zeiler & Fergus(2014)[19]와 Simonyan & Zisserman(2014)[20]은 알렉스넷과 유사하지만 더 크고 더 깊은 구조를 훈련했다. Szegedy et al.(2017)[21]은 **인셉션 블록**inception block을 도입한 **GoogLeNet**이라는 구조를 개발했다. 이는 서로 다른 필터 크기를 가진 여러 병렬 경로를 사용한 다음 이들을 다시 결합한다. 이를 통해 시스템은 필터 크기를 효과적으로 학습할 수 있었다.

일반적으로 네트워크를 깊게 만들어서 성능을 향상시킬 수 있다. 그러나 네트워크가 깊어질수록 훈련시키는 것이 점점 더 어려워졌다. 이를 해결하기 위해서 잔차 연결과 정규화층이 도입되었는데, 이는 다음 장에서 살펴본다. 역대 이미지넷 대회 관련 내용은 Russakovsky et al.(2015)[2]에 잘 요약되어 있다. 합성곱 네트워크를 사용한 이미지 분류에 대한 보다 일반적인 조사 내용은 Rawat & Wang(2017)[22]에서 찾아볼 수 있다. 그림 10.21은 역대 이미지 분류 네트워크의 개선 내용을 보여주고 있다.

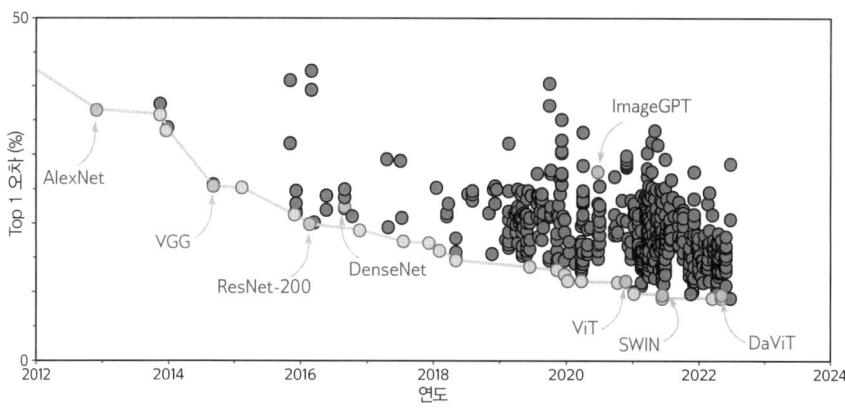

그림 **10.21** 이미지넷 성능. 각 원은 서로 다른 공개된 모델을 나타낸다. 파란색 원은 최고 성능을 달성한 모델을 나타낸다. 이 중에 이 책에서 논의된 모델은 좀 더 짙은 색으로 강조되어 있다. 알렉스넷과 VGG 네트워크는 당시에는 주목할 만한 네트워크였지만 지금의 최고 성능 모델과는 거리가 멀다. ResNet-200과 DenseNet은 11장에서 살펴본다. ImageGPT, ViT, SWIN, DaViT는 12장에서 살펴본다(출처: https://github.com/paperswithcode).

합성곱층 유형

아트러스 합성곱이라고도 하는 확장된 합성곱은 Chen et al.(2018c)[23]과 Yu & Koltun(2015)[24]이 처음 발표했다. 전치 합성곱은 Long et al.(2015)[25]이 발표했다. Odena et al.(2016)[26]은 바둑판 모양의 왜곡이 발생할 수 있으므로 사용에 주의해야 한다고 지적했다. Lin et al.(2014)[27]은 1×1 필터를 사용한 합성곱의 초기 예다.

표준적인 합성곱층의 매개변수 수를 줄이기 위해 많은 변형된 형태가 생겨났다. 이 중에 **깊이별 합성곱**depthwise convolution 또는 **채널별 분리 합성곱**channel-separate convolution(Howard et al., 2017[28]; Tran et al., 2018[29])이 있는데, 여기서는 각 채널을 서로 다른 필터로 합성곱해서 새로운 채널 집합을 생성한다. C개의 입력 채널과 C개의 출력 채널이 있고 커널 크기가 $K \times K$인 경우, 일반 합성곱층은 $K \times K \times C \times C$개의 매개변수를 갖지 않고 $K \times K \times C$개의 매개변수를 갖는다. 또 다른 방법은 **그룹별 합성곱**grouped convolution(Xie et al., 2017)[30]인데, 여기서는 각 합성곱 커널을 채널의 부분집합에만 적용해서 매개변수가 그만큼 감소한다. 실제로 알렉스넷에서는 계산상의 이유로 그룹별 합성곱을 사용했다. 전체 네트워크를 하나의 GPU에서 실행할 수 없어서 일부 채널은 하나의 GPU에서 처리하고 일부 채널은 또 다른 GPU에서 처리한다. **분리 가능한 합성곱**separable convolution은 각 커널을 1차원 벡터의 외적outer product으로 처리한다. C개의 각 채널에 대해 $C + K + K$ 매개변수가 필요하다. **부분 합성곱**partial convolution(Liu et al., 2018a)[31]은 누락된 픽셀을 인페인팅할 때 사용하는데 입력의 부분적인 마스킹을 표현한다. **게이트 합성곱**gated convolution은 이전 층으로부터 마스크를 학습한다(Yu et al., 2019[32]; Chang et al., 2019b[33]). Hu et al.(2018b)[34]은 모든 공간 위치에 걸쳐 통합한pooled 정보를 사용하여 채널에 가중치를 곱해주는 squeeze-and-excitation 네트워크를 제안한다.

다운샘플링 및 업샘플링

평균 풀링은 LeCun et al.(1989a)[9]이 처음 사용했고, 최대 풀링은 Zhou & Chellappa(1988)[35]가 처음 사용했다. Scherer et al.(2010)[36]은 평균 풀링과 최대 풀링을 비교하고 최대 풀링이 더 우수하다고 결론을 내렸다. 최대 언풀링 방법은 Zeiler et al.(2011)[37]과 Zeiler & Fergus(2014)[19]가 처음 소개했다. 최대 풀링은 풀링할 은닉 유닛에 L_∞ 노름†을 적용하는 것으로 생각할 수 있다. 이로부터 다른 L_k 노름(Springenberg et al., 2015[38]; Sainath et al., 2013[39])도 적용해보았지만, 더 많은 계산이 필요해서 널리 사용되지 않는다. Zhang(2019)[40]은 위신호 현상aliasing을 방지하기 위해 다운샘플링 전에 저주파 필터를 적용하는 **최대 블러 풀링**max-blur-pooling을 도입했는데, 이것이 입력의 이동에 대해 강건해지고 적대적 공격으로부터 보호해준다는 것을 증명했다(20.4.6절 참고).

B.3.2절 '벡터 노름과 행렬 노름' 참고

Shi et al.(2016)[41]은 스트라이드가 $1/s$인 합성곱 필터를 사용하여 1차원 신호를 s배 확장하는 **PixelShuffle**을 도입했다. 정확한 위치에 있는 가중치만을 사용해서 출력을 생성하고, 위치 사이에 있는 가중치는 버린다. 이는 커널의 채널 수에 s를 곱하여 구현할 수 있는데, 여기서 s번째 출력 위치는 채널의 s번째 부분집합에서만 계산된다. 이는 2차원 합성곱으로도 간단하게 확장될 수 있는데, 이때는 s^2개의 채널이 필요하다.

1차원 합성곱 및 3차원 합성곱

일반적으로 합성곱 네트워크는 이미지에 적용되지만, 음성 인식(Abdel-Hamid et al., 2012)[42], 문장 분류(Zhang et al., 2015[43]; Conneau et al., 2017[44]), 심전도 분류(Kiranyaz et al., 2015)[45], 베어링 결함 진단(Eren et al., 2019)[46]과 같은 1차원 데이터 응용 프로그램에도 적용되었다. Kiranyaz et al.(2021)[47]이 1차원 합성곱 네트워크에 대해 조사해서 정리했다. 합성곱 네트워크는 비디오(Ji et al., 2012[48]; Saha et al., 2016[49]; Tran et al., 2015[50])와 체적 측정(Wu et al., 2015b[51]; Maturana & Scherer, 2015[52]) 같은 3차원 데이터에도 적용되었다.

불변성과 등변성

합성곱층은 입력의 이동에 대해서 등변적이고, 최대 풀링은 입력의 약간의 이동에 대해서 불변성을 갖는다. Zhang(2019)[40]은 합성곱 네트워크가 실제로 이러한 속성을 얼마나 갖고 있는지를 조사하고 이러한 장점을 갖는 최대 블러 풀링을 제안했다. 반사, 회전, 스케일링과 같은 다른 유형의 변환에 대해서도 등변성과 불변성을 갖는 네트워크를 만드는 데 상당한 노력을 기울여왔다. Sifre & Mallat(2013)[53]은 웨이블릿wavelet을 기반으로 이미지 패치에서 이동 불변성과 회전 불변성을 갖는 시스템을 구축하고 이를 질감texture 분류에 적용했다. Kanazawa et al.(2014)[54]은 지역적으로 크기 불변인 합성곱 신경망을 개발했다. Cohen & Welling(2016)[55]은 그룹 이론을 활용하여 반사 및 회전을 포함한 더 큰 변환들에 등변인 **그룹 CNN**group CNN을 설계했다. Esteves et al.(2018)[56]은 이동에 불변이고 회전과 크기에 등변인 Polar 트랜스포머 네트워크Polar Transformer Network, PTN를 도입했다. Worrall et al.(2017)[57]은 연속 회전에 등변성을 갖는 첫 번째로 그룹 CNN을 적용한 **조화 네트워크**harmonic network를 개발했다.

초기화 및 정규화

일반적으로 합성곱 네트워크는 7.5절에서 설명한 대로 Xavier 초기화(Glorot & Bengio, 2010)[58] 또는 He 초기화(He et al., 2015)[59]를 사용하여 초기화한다.† 합성곱 네트워크에 특화되어 초기화 방법으로 **ConvolutionOrthogonal 초기화**†(Xiao et al., 2018a)[60]가 있다. 이 초기화를 사용하면 잔차 연결 없이 최대 10,000개의 층으로 구성된 네트워크를 훈련할 수 있다.

연습 문제 10.19 참고

[옮긴이] 합성곱 신경망에서 가중치를 초기화할 때 사용하는 기법으로, 가중치를 직교 행렬로 초기화하여 학습 안정성과 정보 보존성을 높일 수 있다.

드롭아웃은 완전 연결 네트워크에는 효과적이지만 합성곱층에는 효과적이지 않다(Park & Kwak, 2016)[61]. 이는 인접한 이미지 픽셀 간의 상관성이 높기 때문에 은닉 유닛이 누락되면 동일한 정보가 인접한 위치를 통해 전달되기 때문일 수 있다. 이 때문에 공간적 드롭아웃과 컷아웃cutout이라는 방법이 생겼다. 공간적 드롭아웃(Tompson et al., 2015)[62]에서는 개별 픽셀 대신 전체 특징맵을 삭제한다. 이로부터 이웃 픽셀을 통해 동일한 정보가 전달하는 문제를 해결할 수 있다. DeVries & Taylor(2017b)[63]는 컷아웃을 제안했는데, 훈련할 때 각 입력 이미지의 정사각형 패치를 마스킹한다. Wu & Gu(2015)[64]는 항상 최댓값을 취하는 대신 구성 요소에 대한 확률분포에서 샘플링하는 방법을 사용하여 드롭아웃층에 대한 최대 풀링을 수정했다.

적응형 커널

인셉션 블록(Szegedy et al., 2017)[21]은 다양한 크기의 합성곱 필터를 병렬로 적용하여, 네트워크가 적절한 필터 크기를 학습할 수 있는 초기 메커니즘을 제공한다. 다른 연구에서는 훈련 과정에서 합성곱의 규모를 학습하거나(예를 들어 Pintea et al.(2021)[65], Romero et al.(2021)[66]) 다운샘플링층의 스트라이드를 학습(Riad et al., 2022)[67]했다.

일부 시스템에서는 커널 크기가 데이터에 따라 적응적으로 변한다. 이는 때때로 하나의 입력에 따라 또 다른 입력을 계산하는 가이드된 합성곱에서 볼 수 있다. 예를 들어 RGB 이미지는 저해상도 깊이 맵을 업샘플링하는 데 사용할 수 있다. Jia et al.(2016)[68]은 다른 네트워크의 분기를 사용하여 필터 가중치를 직접 예측했다. Xiong et al.(2020b)[69]은 커널 크기를 적응적으로 변경했다. Su et al.(2019a)[70]은 다른 모달리티에서 학습된 함수를 통해 고정된 커널의 가중치를 조정한다. Dai et al.(2017)[71]은 일반 그리드에 적용할 필요가 없도록 가중치 오프셋을 학습한다.

객체 탐지 및 의미론적 분할

객체 탐지 방법은 제안 기반proposal-based과 제안 없는proposal-free 방식으로 나눌 수 있다. 전자의 경우 객체 탐지가 두 단계로 진행된다. 합성곱 네트워크는 전체 이미지를 입력으로 받아서 객체를 포함할 수 있는 영역을 제안한다. 그런 다음 이러한 제안 영역의 크기를 조정하고 두 번째 네트워크가 이를 분석하여 거기에 개체가 있는지, 그것이 무엇인지 확인한다. 이 방법의 초기 예로는 **R-CNN**(Girshick et al., 2014)[72]이 있다. 이후 이를 확장해서 엔드-투-엔드 훈련을 적용(Girshick, 2015)[73]하고 영역 제안region proposal 비용을 줄였다(Ren et al., 2015)[74]. 이후 **특징 피라미드 네트워크**feature pyramid network에 대한 후속 연구에서는 다양한 크기의 특징을 결합하여 성능과 속도가 모두 향상되었다(Lin et al., 2017b)[75]. 반면, 제안 없는 방식은 한 번에 모든 과정을 처리한다. 10.5.2절에서 설명한 YOLO(Redmon et al., 2016)[5]는 제안 없는 방식의 가장 유명한 예다. 이 책을 집필하는 당시 이 프레임워크의 가장 최근 버전은 YOLOv7이다(Wang et al., 2022a)[76]. 객체 탐지에 대한 최근 리뷰는 Zou et al.(2023)[77]에서 찾아볼 수 있다.

10.5.3절에서 설명한 의미론적 분할 네트워크는 Noh et al.(2015)[6]이 처음 개발했다. 11.5.3절에서 설명할 U-Net(Ronneberger et al., 2015)[78]을 변형하여 많은 후속 방법들이 개발되었다. 의미론적 분할에 대한 최근 동향은 Minaee et al.(2021)[79]과 Ulku & Akagündüz(2022)[80]에서 찾아볼 수 있다.

합성곱 네트워크 시각화

합성곱 네트워크의 극적인 성공으로 인해 이미지에서 추출한 정보를 시각화하려는 일련의 노력이 이루어졌다(검토를 위해 Qin et al., 2018 참고[81]). Erhan et al.(2009)[82]은 잡음이 포함된 이미지로부터 경사 상승을 사용하여 은닉 유닛을 가장 활성화하도록 입력을 최적화함으로써 은닉 유닛을 활성화하는 최적의 자극을 시각화했다. Zeiler & Fergus(2014)[19]는 입력을 재구성한 다음 관심 있는 항목을 제외한 모든 은닉 유닛을 0으로 설정하도록 네트워크를 훈련한 다음 재구성을 통해 은닉 유닛을 구동하는 요인에 대한 정보를 제공한다. Mahendran & Vedaldi(2015)[83]는 네트워크의 전체 층을 시각화했다. 그들이 제안한 **네트워크 역전**network inversion 기술은 해당 층에서의 활성화에 대응하는 이미지를 찾기 위한 것이지만, 이 기술은 이미지가 자연 이미지와 유사한 통계를 갖도록 유도하는 사전 지식도 포함한다.

마지막으로 Bau et al.(2017)[84]은 **네트워크 절개**network dissection를 도입했다. 여기서는 색상, 질감, 객체 유형을 포착하기 위해 알려진 픽셀 레이블이 있는 일련의 이미지를 네트워크를 통과시키고 은닉 유닛과 각 속성의 상관관계를 측정한다. 이 방법은 네트워크의 순방향 전파만 사용하고 최적화가 필요하지 않다는 장점이 있다. 이러한 방법은 네트워크가 이미지를 처리하는 방법에 대한 부분적인 통찰력을 제공한다. 예를 들어 Bau et al.(2017)[84]은 네트워크 앞 부분에 있는 층은 질감 및 색상과 더 많은 상관관계가 있고, 뒷부분에 있는 층은 객체 유형과 더 많은 상관관계가 있음을 보여주었다. 그러나 수백만 개의 매개변수가 포함된 네트워크의 처리를 완전히 이해하는 것은 현재로서는 불가능하다.

연습 문제

10.1* 식 10.3의 연산이 이동에 대해 등변적임을 증명해보자.

10.2 식 10.3은 커널 크기가 3, 스트라이드 1, 확장률이 1인 1차원 합성곱을 정의한다. 그림 10.3a–b와 같이 커널 크기가 3, 스트라이드 2인 1차원 합성곱과 등가인 식을 작성해보자.

[10.3] 그림 10.3d와 같이 커널 크기가 3이고 확장 계수가 2인 1차원 확장 합성곱의 식을 작성해보자.

[10.4] 커널 크기 7, 확장률 3, 스트라이드 3인 1차원 합성곱에 대한 식을 작성해보자.

[10.5] (i) 그림 10.3a–b의 스트라이드 합성곱, (ii) 그림 10.3c의 커널 크기 5를 사용한 합성곱, (iii) 그림 10.3d의 확장 합성곱에 대해 가중치 행렬을 그림 10.4d 스타일로 나타내보자.

[10.6*] 그림 10.5a–b와 같이 다중 채널 합성곱에서 입력 x_1, ..., x_6과 출력 h_1, ..., h_{12} 사이의 관계를 나타내는 12×6 가중치 행렬을 그림 10.4d의 스타일로 그려보자.

[10.7*] 그림 10.5c의 다중 채널 합성곱에서 입력 h_1, ..., h_{12}와 출력 h'_1, ..., h'_6 사이의 관계를 나타내는 6×12 가중치 행렬을 그림 10.4d의 스타일로 그려보자.

[10.8] 입력이 3개의 채널을 갖는 1차원 합성곱 신경망을 생각해보자. 첫 번째 은닉층은 커널 크기가 3인 커널을 사용하여 계산하며 4개의 채널을 갖는다. 두 번째 은닉층은 커널 크기가 5인 커널을 사용하여 계산하며 10개의 채널을 갖는다. 두 합성곱층에는 각각 몇 개의 편향과 가중치가 필요할까?

[10.9] 네트워크는 3개의 1차원 합성곱층으로 구성된다. 각 층에는 커널 크기 3, 스트라이드 1, 확장률이 1인 제로 패딩 합성곱을 적용한다. 세 번째 층에 있는 은닉 유닛의 수용 필드 크기는 얼마일까?

[10.10] 네트워크는 3개의 일차원 합성곱층으로 구성된다. 각 층에는 커널 크기 7, 스트라이드 1, 확장률 1의 제로 패딩 합성곱을 적용한다. 세 번째 층에 있는 은닉 유닛의 수용 영역의 크기는 얼마일까?

[10.11] 1차원 입력 **x**를 갖는 합성곱 네트워크를 생각해보자. 첫 번째 은닉층 $\mathbf{H}_1$은 커널 크기 5, 스트라이드 2, 확장률 0의 합성곱을 사용하여 계산한다. 두 번째 은닉층 $\mathbf{H}_2$는 커널 크기 3, 스트라이드 1, 확장률 1의 합성곱을 사용하여 계산한다. 세 번째 은닉층 $\mathbf{H}_3$은 커널 크기 5, 스트라이드 1, 확장률 2의 합성곱을 사용하여 계산한다. 각 은닉층의 수용 영역 크기는 얼마일까?

10.12 그림 10.7의 1차원 합성곱 네트워크는 100,000단계에 걸쳐 4,000개의 견본으로 구성된 훈련 데이터셋에서 학습률 0.01, 배치 크기 100인 SGD로 훈련했다. 네트워크는 몇 에포크 동안 훈련했을까?

10.13 그림 10.9의 24개 입력과 24개 출력 사이의 관계를 보여주는 그림 10.4d 스타일의 가중치 행렬을 그려보자.

10.14 3개의 채널을 입력받고 10개의 채널을 출력하는 커널 크기가 5 × 5인 2차원 합성곱층을 고려해보자. 합성곱 가중치와 편향은 몇 개일까?

10.15 1차원 입력에서 각 변수를 하나씩 건너뛰면서 샘플링하는 가중치 행렬을 그림 10.4d 스타일로 그려보자(즉 그림 10.11a의 1차원 버전). 커널 크기 3, 스트라이드 2인 1차원 합성곱에 대한 가중치 행렬이 커널 크기 3, 스트라이드 1인 1차원 합성곱에 대한 행렬과 이 샘플링 행렬을 합성한 것과 동일하다는 것을 증명해보자.

10.16* 알렉스넷 네트워크를 고려해보자(그림 10.16). 각 합성곱층과 완전 연결층의 매개변수는 각각 몇 개일까? 매개변수의 총 개수는 얼마일까?

10.17 알렉스넷(그림 10.16에서 처음 3개의 주황색 블록)의 처음 세 층의 수용 영역의 크기는 각각 얼마일까?

10.18 VGG 구조(그림 10.17)에서 각 합성곱층과 완전 연결층에는 각각 몇 개의 가중치와 편향이 있나?

10.19* 크기가 224 × 224인 두 은닉층을 고려해보자. 두 은닉층은 각각 C_1, C_2개의 채널을 갖고 3 × 3 합성곱층으로 연결되어 있다. He 초기화를 사용하여 가중치를 초기화하는 방법을 설명해보자.

참고 문헌

[1] Bousselham, W., Thibault, G., Pagano, L., Machireddy, A., Gray, J., Chang, Y. H., & Song, X. (2021). Efficient self-ensemble framework for semantic segmentation. *arXiv:2111.13280*.

[2] Russakovsky, O., Deng, J., Su, H., Krause, J., Satheesh, S., Ma, S., Huang, Z., Karpathy, A., Khosla, A., Bernstein, M., et al. (2015). ImageNet large scale visual recognition challenge. *International Journal of Computer Vision*, 115(3), 211–252.

[3] Krizhevsky, A., Sutskever, I., & Hinton, G. E.(2012). ImageNet classification with deep convolutional neural networks. *Neural Information Processing Systems*, 25, 1097–1105.

[4] Simonyan, K., & Zisserman, A. (2014). Very deep convolutional networks for large-scale image recognition. *International Conference on Learning Representations*.

[5] Redmon, J., Divvala, S., Girshick, R., & Farhadi, A. (2016). You only look once: Unified, realtime object detection. *IEEE/CVF Computer Vision & Pattern Recognition*, 779–788.

[6] Noh, H., Hong, S., & Han, B. (2015). Learning deconvolution network for semantic segmentation. *IEEE International Conference on Computer Vision*, 1520–1528.

[7] Dumoulin, V., & Visin, F. (2016). A guide to convolution arithmetic for deep learning. *arXiv:1603.07285*.

[8] Fukushima, K., & Miyake, S. (1982). Neocognitron: for a mechanism of visual pattern recognition. *Competition and Cooperation in Neural Nets*, 267–285.

[9] LeCun, Y., Boser, B., Denker, J., Henderson, D., Howard, R., Hubbard, W., & Jackel, L. (1989a). Handwritten digit recognition with a back-propagation network. *Neural Information Processing Systems*, 2, 396–404.

[10] LeCun, Y., Boser, B., Denker, J. S., Henderson, D., Howard, R. E., Hubbard, W., & Jackel, L. D. (1989b). Backpropagation applied to handwritten zip code recognition. *Neural Computation*, 1(4), 541–551.

[11] Martin, G. L. (1993). Centered-object integrated segmentation and recognition of overlapping handprinted characters. *Neural Computation*, 5(3), 419–429.

[12] Lawrence, S., Giles, C. L., Tsoi, A. C., & Back, A. D. (1997). Face recognition: A convolutional neural-network approach. *IEEE Transactions on Neural Networks*, 8(1), 98–113.

[13] Waibel, A., Hanazawa, T., Hinton, G., Shikano, K., & Lang, K. J. (1989). Phoneme recognition using time-delay neural networks. *IEEE Transactions on Acoustics, Speech, and Signal Processing*, 37(3), 328–339.

[14] Bottou, L., Soulié, F. F., Blanchet, P., & Liénard, J.-S. (1990). Speaker-independent isolated digit recognition: Multilayer perceptrons vs. dynamic time warping. *Neural Networks*, 3(4), 453–465.

[15] Bromley, J., Guyon, I., LeCun, Y., Säckinger, E., & Shah, R. (1993). Signature verification using a "Siamese" time delay neural network. *Neural Information Processing Systems*, 6, 737–744.

[16] LeCun, Y., Bottou, L., Bengio, Y., & Haffner, P. (1998). Gradient-based learning applied to document recognition. *Proceedings of the IEEE*, 86(11), 2278–2324.

[17] Deng, J., Dong, W., Socher, R., Li, L.-J., Li, K., & Fei-Fei, L. (2009). ImageNet: A large-scale hierarchical image database. *IEEE Computer Vision & Pattern Recognition*, 248–255.

[18] Lin, M., Chen, Q., & Yan, S. (2014). Network in network. *International Conference on Learning Representations*.

[19] Zeiler, M. D., & Fergus, R. (2014). Visualizing and understanding convolutional networks. *European Conference on Computer Vision*, 818–833.

[20] Simonyan, K., & Zisserman, A. (2014). Very deep convolutional networks for large-scale image recognition. *International Conference on Learning Representations*.

[21] Szegedy, C., Ioffe, S., Vanhoucke, V., & Alemi, A. A. (2017). Inception-v4, Inception-Resnet and the impact of residual connections on learning. *AAAI Conference on Artificial Intelligence*, 4278–4284.

[22] Rawat, W., & Wang, Z. (2017). Deep convolutional neural networks for image classification: A comprehensive review. *Neural Computation*, 29(9), 2352–2449.

[23] Chen, L.-C., Papandreou, G., Kokkinos, I., Murphy, K., & Yuille, A. L. (2018c). DeepLab: Semantic image segmentation with deep convolutional nets, atrous convolution, and fully connected CRFs. *IEEE Transactions*

on *Pattern Analysis & Machine Intelligence, 40*(4), 834–848.

24. Yu, F., & Koltun, V. (2015). Multi-scale context aggregation by dilated convolutions. *International Conference on Learning Representations.*

25. Long, J., Shelhamer, E., & Darrell, T. (2015). Fully convolutional networks for semantic segmentation. *IEEE/CVF Computer Vision & Pattern Recognition*, 3431–3440.

26. Odena, A., Dumoulin, V., & Olah, C. (2016). Deconvolution and checkerboard artifacts. Distill, https://distill.pub/2016/deconv-checkerboard/.

27. Lin, M., Chen, Q., & Yan, S. (2014). Network in network. *International Conference on Learning Representations.*

28. Howard, A. G., Zhu, M., Chen, B., Kalenichenko, D., Wang, W., Weyand, T., Andreetto, M., & Adam, H. (2017). MobileNets: Efficient convolutional neural networks for mobile vision applications. *arXiv:1704.04861.*

29. Tran, D., Wang, H., Torresani, L., Ray, J., Le-Cun, Y., & Paluri, M. (2018). A closer look at spatiotemporal convolutions for action recognition. *IEEE/CVF Computer Vision & Pattern Recognition*, 6450–6459.

30. Xie, S., Girshick, R., Dollár, P., Tu, Z., & He, K. (2017). Aggregated residual transformations for deep neural networks. *IEEE/CVF Computer Vision & Pattern Recognition*, 1492–1500.

31. Liu, G., Reda, F. A., Shih, K. J., Wang, T.-C., Tao, A., & Catanzaro, B. (2018a). Image inpainting for irregular holes using partial convolutions. *European Conference on Computer Vision*, 85–100.

32. Yu, J., Lin, Z., Yang, J., Shen, X., Lu, X., & Huang, T. S. (2019). Free-form image inpainting with gated convolution. *IEEE/CVF International Conference on Computer Vision*, 4471–4480.

33. Chang, Y.-L., Liu, Z. Y., Lee, K.-Y., & Hsu, W. (2019b). Free-form video inpainting with 3D gated convolution and temporal Patch-GAN. *IEEE/CVF International Conference on Computer Vision*, 9066–9075.

34. Hu, J., Shen, L., & Sun, G. (2018b). Squeeze-and-excitation networks. *IEEE/CVF Computer Vision & Pattern Recognition*, 7132–7141.

35. Zhou, Y.-T., & Chellappa, R. (1988). Computation of optical flow using a neural network. *IEEE International Conference on Neural Networks*, 71–78.

36. Scherer, D., Müller, A., & Behnke, S. (2010). Evaluation of pooling operations in convolutional architectures for object recognition. *International Conference on Artificial Neural Networks*, 92–101.

37. Zeiler, M. D., Taylor, G. W., & Fergus, R. (2011). Adaptive deconvolutional networks for mid and high level feature learning. *IEEE International Conference on Computer Vision*, 2018–2025.

38. Springenberg, J. T., Dosovitskiy, A., Brox, T., & Riedmiller, M. (2015). Striving for simplicity: The all convolutional net. *International Conference on Learning Representations.*

39. Sainath, T. N., Kingsbury, B., Mohamed, A.-r., Dahl, G. E., Saon, G., Soltau, H., Beran, T., Aravkin, A. Y., & Ramabhadran, B. (2013). Improvements to deep convolutional neural networks for LVCSR. *IEEE Workshop on Automatic Speech Recognition and Understanding*, 315–320.

40. Zhang, R. (2019). Making convolutional networks shift-invariant again. *International Conference on Machine Learning*, 7324–7334.

41. Shi, W., Caballero, J., Huszár, F., Totz, J., Aitken, A. P., Bishop, R., Rueckert, D., & Wang, Z. (2016). Real-time single image and video super-resolution using an efficient sub-pixel convolutional neural network. *IEEE/CVF Computer Vision & Pattern Recognition*, 1874–1883.

42. Abdel-Hamid, O., Mohamed, A.-r., Jiang, H., & Penn, G. (2012). Applying convolutional neural networks concepts to hybrid NN-HMM model for speech recognition. *IEEE International Conference on Acoustics, Speech and Signal Processing*, 4277–4280.

43. Zhang, X., Zhao, J., & LeCun, Y. (2015). Character-level convolutional networks for text classification. *Neural Information Processing Systems, 28*, 649–657.

44. Conneau, A., Schwenk, H., Barrault, L., & Lecun, Y. (2017). Very deep convolutional networks for text classification. *Meeting of the Association for Computational Linguistics*, 1107–1116.

45. Kiranyaz, S., Ince, T., Hamila, R., & Gabbouj, M. (2015). Convolutional neural networks for patient-specific ECG

classification. *International Conference of the IEEE Engineering in Medicine and Biology Society*, vol. 37, 2608–2611.

46 Eren, L., Ince, T., & Kiranyaz, S. (2019). A generic intelligent bearing fault diagnosis system using compact adaptive 1D CNN classifier. *Journal of Signal Processing Systems*, 91(2), 179–189.

47 Kiranyaz, S., Avci, O., Abdeljaber, O., Ince, T., Gabbouj, M., & Inman, D. J. (2021). 1D convolutional neural networks and applications: A survey. *Mechanical Systems and Signal Processing*, 151, 107398.

48 Ji, S., Xu, W., Yang, M., & Yu, K. (2012). 3D convolutional neural networks for human action recognition. *IEEE Transactions on Pattern Analysis & Machine Intelligence*, 35(1), 221–231.

49 Saha, S., Singh, G., Sapienza, M., Torr, P. H., & Cuzzolin, F. (2016). Deep learning for detecting multiple space-time action tubes in videos. *British Machine Vision Conference*.

50 Tran, D., Bourdev, L., Fergus, R., Torresani, L., & Paluri, M. (2015). Learning spatiotemporal features with 3D convolutional networks. *IEEE International Conference on Computer Vision*, 4489–4497.

51 Wu, Z., Song, S., Khosla, A., Yu, F., Zhang, L., Tang, X., & Xiao, J. (2015b). 3D ShapeNets: A deep representation for volumetric shapes. *IEEE/CVF Computer Vision & Pattern Recognition*, 1912–1920.

52 Maturana, D., & Scherer, S. (2015). VoxNet: A 3D convolutional neural network for real-time object recognition. *IEEE/RSJ International Conference on Intelligent Robots and Systems*, 922–928.

53 Sifre, L., & Mallat, S. (2013). Rotation, scaling and deformation invariant scattering for texture discrimination. *IEEE/CVF Computer Vision & Pattern Recognition*, 1233–1240.

54 Kanazawa, A., Sharma, A., & Jacobs, D. (2014). Locally scale-invariant convolutional neural networks. *Neural Information Processing Systems Workshop*.

55 Cohen, T., & Welling, M. (2016). Group equivariant convolutional networks. *International Conference on Machine Learning*, 2990–2999.

56 Esteves, C., Allen-Blanchette, C., Zhou, X., & Daniilidis, K. (2018). Polar transformer networks. *International Conference on Learning Representations*.

57 Worrall, D. E., Garbin, S. J., Turmukhambetov, D., & Brostow, G. J. (2017). Harmonic networks: Deep translation and rotation equivariance. *IEEE/CVF Computer Vision & Pattern Recognition*, 5028–5037.

58 Glorot, X., & Bengio, Y. (2010). Understanding the difficulty of training deep feedforward neural networks. *International Conference on Artificial Intelligence and Statistics*, 9, 249–256.

59 He, K., Zhang, X., Ren, S., & Sun, J. (2015). Delving deep into rectifiers: Surpassing humanlevel performance on ImageNet classification. *IEEE International Conference on Computer Vision*, 1026–1034.

60 Xiao, L., Bahri, Y., Sohl-Dickstein, J., Schoenholz, S., & Pennington, J. (2018a). Dynamical isometry and a mean field theory of CNNs: How to train 10,000-layer vanilla convolutional neural networks. *International Conference on Machine Learning*, 5393–5402.

61 Park, S., & Kwak, N. (2016). Analysis on the dropout effect in convolutional neural networks. *Asian Conference on Computer Vision*, 189–204.

62 Tompson, J., Goroshin, R., Jain, A., LeCun, Y., & Bregler, C. (2015). Efficient object localization using convolutional networks. *IEEE/CVF Computer Vision & Pattern Recognition*, 648–656.

63 DeVries, T., & Taylor, G. W. (2017b). Improved regularization of convolutional neural networks with Cutout. *arXiv:1708.04552*.

64 Wu, H., & Gu, X. (2015). Max-pooling dropout for regularization of convolutional neural networks. *Neural Information Processing Systems*, vol. 18, 46–54.

65 Pintea, S. L., Tömen, N., Goes, S. F., Loog, M., & van Gemert, J. C. (2021). Resolution learning in deep convolutional networks using scalespace theory. *IEEE Transactions on Image Processing*, 30, 8342–8353.

66 Romero, D. W., Bruintjes, R.-J., Tomczak, J. M., Bekkers, E. J., Hoogendoorn, M., & van Gemert, J. C. (2021). FlexConv: Continuous kernel convolutions with differentiable kernel sizes. *International Conference on Learning Representations*.

67 Riad, R., Teboul, O., Grangier, D., & Zeghidour, N. (2022). Learning strides in convolutional neural networks.

International Conference on Learning Representations.

68. Jia, X., De Brabandere, B., Tuytelaars, T., & Gool, L. V. (2016). Dynamic filter networks. *Neural Information Processing Systems, 29.*

69. Xiong, Z., Yuan, Y., Guo, N., & Wang, Q. (2020b). Variational context-deformable convnets for indoor scene parsing. *IEEE/CVF Computer Vision & Pattern Recognition,* 3992–4002.

70. Su, H., Jampani, V., Sun, D., Gallo, O., Learned-Miller, E., & Kautz, J. (2019a). Pixel-adaptive convolutional neural networks. *IEEE/CVF Computer Vision & Pattern Recognition,* 11166–11175.

71. Dai, J., Qi, H., Xiong, Y., Li, Y., Zhang, G., Hu, H., & Wei, Y. (2017). Deformable convolutional networks. *IEEE/CVF International Conference on Computer Vision,* 764–773.

72. Girshick, R., Donahue, J., Darrell, T., & Malik, J. (2014). Rich feature hierarchies for accurate object detection and semantic segmentation. *IEEE Computer Vision & Pattern Recognition,* 580–587.

73. Girshick, R. (2015). Fast R-CNN. *IEEE International Conference on Computer Vision,* 1440–1448.

74. Ren, S., He, K., Girshick, R., & Sun, J. (2015). Faster R-CNN: Towards real-time object detection with region proposal networks. *Neural Information Processing Systems, 28.*

75. Lin, T.-Y., Dollár, P., Girshick, R., He, K., Hariharan, B., & Belongie, S. (2017b). Feature pyramid networks for object detection. *IEEE Computer Vision & Pattern Recognition,* 2117–2125.

76. Wang, C.-Y., Bochkovskiy, A., & Liao, H.-Y. M. (2022a). Yolov7: Trainable bag-of-freebies sets new state-of-the-art for real-time object detectors. *arXiv:2207.02696.*

77. Zou, Z., Chen, K., Shi, Z., Guo, Y., & Ye, J. (2023). Object detection in 20 years: A survey. *Proceedings of the IEEE.*

78. Ronneberger, O., Fischer, P., & Brox, T. (2015). U-Net: Convolutional networks for biomedical image segmentation. *International Conference on Medical Image Computing and Computer-Assisted Intervention,* 234–241.

79. Minaee, S., Boykov, Y. Y., Porikli, F., Plaza, A. J., Kehtarnavaz, N., & Terzopoulos, D. (2021). Image segmentation using deep learning: A survey. *IEEE Transactions on Pattern Analysis & Machine Intelligence, 44*(7), 3523–3542.

80. Ulku, I., & Akagündüz, E. (2022). A survey on deep learning-based architectures for semantic segmentation on 2D images. *Applied Artificial Intelligence, 36*(1).

81. Qin, Z., Yu, F., Liu, C., & Chen, X. (2018). How convolutional neural network see the world — A survey of convolutional neural network visualization methods. *arXiv:1804.11191.*

82. Erhan, D., Bengio, Y., Courville, A., & Vincent, P. (2009). Visualizing higher-layer features of a deep network. *Technical Report, University of Montreal, 1341*(3).

83. Mahendran, A., & Vedaldi, A. (2015). Understanding deep image representations by inverting them. *IEEE/CVF Computer Vision & Pattern Recognition,* 5188–5196.

84. Bau, D., Zhou, B., Khosla, A., Oliva, A., & Torralba, A. (2017). Network dissection: Quantifying interpretability of deep visual representations. *IEEE/CVF Computer Vision & Pattern Recognition,* 6541–6549.

CHAPTER 11 잔차 신경망

앞 장에서는 합성곱 네트워크의 깊이가 8개층(알렉스넷)에서 19개층(VGG)으로 깊어짐에 따라 이미지 분류 성능이 향상되었다. 이로 인해 훨씬 더 깊은 신경망에 대한 실험이 이루어졌다. 그러나 더 많은 층을 추가하면 어느 시점부터 성능이 다시 저하된다.

이 장에서는 **잔차 블록**residual block을 소개한다. 여기서 신경망의 각 층은 현재의 표현을 직접 변환하는 대신 추가적인 변경 사항을 계산한다. 이를 통해 더 깊은 신경망을 훈련할 수 있지만 초기화 시 활성화 크기가 기하급수적으로 증가한다. 잔차 블록은 이를 보완하기 위해 배치 정규화를 사용하는데, 이는 각 층에서 활성화의 중심을 다시 맞추고 크기를 조정한다.

배치 정규화가 적용된 잔차 블록을 사용하면 훨씬 더 깊은 신경망을 훈련할 수 있고, 이러한 신경망은 다양한 작업에서 성능이 향상된다. 앞으로 이미지 분류, 의료 이미지 분할, 인간 자세 추정을 처리하기 위해 잔차 블록을 결합하는 구조에 대해 살펴본다.

11.1 순차 처리

지금까지 살펴본 모든 신경망은 데이터를 순차적으로 처리한다. 각 층은 이전 층의 출력을 입력으로 받아서 그 결과를 다음 층으로 전달한다(그림 11.1). 예를 들어 3개의 층을 갖는 신경망은 다음과 같이 정의된다.

$$\begin{aligned} \mathbf{h}_1 &= \mathbf{f}_1[\mathbf{x}, \boldsymbol{\phi}_1] \\ \mathbf{h}_2 &= \mathbf{f}_2[\mathbf{h}_1, \boldsymbol{\phi}_2] \\ \mathbf{h}_3 &= \mathbf{f}_3[\mathbf{h}_2, \boldsymbol{\phi}_3] \\ \mathbf{y} &= \mathbf{f}_4[\mathbf{h}_3, \boldsymbol{\phi}_4] \end{aligned}$$

식 11.1

여기서 $\mathbf{h}_1$, $\mathbf{h}_2$, $\mathbf{h}_3$은 중간 은닉층, $\mathbf{x}$는 신경망 입력, $\mathbf{y}$는 출력을 나타내고, 함수 $\mathbf{f}_k[\bullet, \boldsymbol{\phi}_k]$가 각각의 입력에 대한 처리를 수행한다.

표준 신경망에서 각 층은 선형 변환과 활성화 함수로 구성되고 매개변수 $\boldsymbol{\phi}_k$는 선형 변환의 가중치와 편향으로 구성된다. 합성곱 네트워크에서 각 층은 일련의 합성곱과 활성화 함수로 구성되고, 매개변수는 합성곱 커널과 편향으로 구성된다.

신경망이 순차적으로 처리하기 때문에, 이 신경망을 일련의 중첩된 함수와 같다고 볼 수 있다.

$$\mathbf{y} = \mathbf{f}_4\Big[\mathbf{f}_3\big[\mathbf{f}_2[\mathbf{f}_1[\mathbf{x}, \boldsymbol{\phi}_1], \boldsymbol{\phi}_2], \boldsymbol{\phi}_3\big], \boldsymbol{\phi}_4\Big]$$

식 11.2

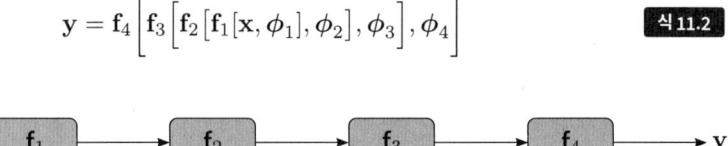

그림 11.1 순차 처리. 표준 신경망은 각 층의 출력이 다음 층의 입력으로 전달된다.

11.1.1 순차 처리의 한계

원칙적으로 원하는 만큼의 층을 추가할 수 있으며, 앞 장에서 합성곱 네트워크에 더 많은 층을 추가하면 성능이 향상된다는 것을 알았다. 19개의 층으로 구성된 VGG 네트워크(그림 10.17)는 8개의 층으로 구성된 알렉스넷(그림 10.16)보다 성능이 뛰어나다. 그러나 층을 계속 추가하다 보면 어느 시점부터는 이미지 분류 성능이 오히려 저하된다(그림 11.2). 일반적으로 더 많은 용량을 추가할수록 모델의 성능이 더 좋아지기 때문에, 이 같은 결과는 의외다(그림 8.10). 실제로 훈련셋과 테스트셋 모두에 대해서 성능 감소가 나타났다. 이는 깊은 신경망을 일반화할 수 없다는 것이 아니라 깊은 신경망을 훈련시키기 어렵다는 것이 문제라는 것을 의미한다.

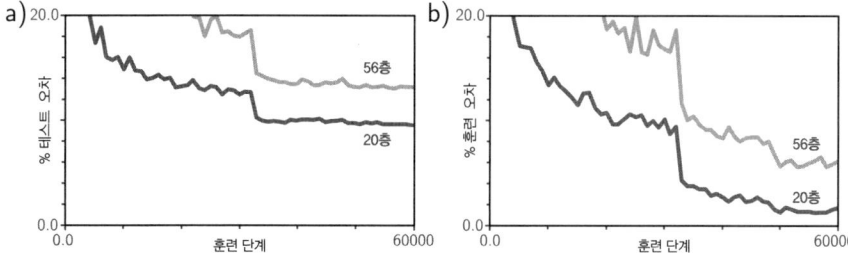

그림 11.2 더 많은 합성곱층을 추가할 때의 성능 저하. a) 20층 합성곱 네트워크가 CIFAR-10 데이터셋의 테스트셋에 대한 이미지 분류에서 56층 신경망보다 우수한 성능을 보인다(Krizhevsky & Hinton, 2009[1]). b) 이는 훈련셋의 경우에도 마찬가지이며, 이는 문제가 새로운 데이터로의 일반화 실패가 아니라 신경망 훈련과 관련이 있음을 의미한다(출처: He et al., 2016a[2]).

아직 이 같은 현상을 완전히 이해하지는 못하고 있다. 여기서 추측해볼 수 있는 것은, 초기화를 할 때 신경망 앞 부분†에 있는 층의 매개변수를 수정할 때 손실의 기울기가 예측할 수 없을 만큼 변한다는 것이다. 가중치를 적절하게 초기화하면(7.5절 참고) 이러한 매개변수에 대한 손실 기울기가 합리적일 것이다(즉 기울기가 폭발하거나 사라지지 않는다). 그러나 미분은 매개변수의 극도로 작은 변화를 가정하는 반면 최적화 알고리즘은 유한한 단계 크기step size를 사용한다.† 단계 크기를 잘 선택하면 완전히 다른 기울기를 갖는 위치로 이동할 수 있다. 손실 표면은 쉽게 내려갈 수 있는 매끄러운 구조가 아니라 울퉁불퉁한 작은 산처럼 보인다. 결과적으로 알고리즘은 손실 함수 기울기가 더 천천히 변화할 때와 같은 방식으로 진행되지 않는다.

하나의 입력과 하나의 출력이 있는 신경망의 기울기에 대한 경험적 관찰에 의해서 이 같은 추측을 해 볼 수 있다. 얕은 신경망의 경우 입력에 대한 출력의 기울기는 입력이 변함에 따라 천천히 변한다(그림 11.3a). 그러나 깊은 신경망의 경우 입력의 작은 변화로 인해 출력의 기울기가 크게 달라진다(그림 11.3b). 이는 기울기의 **자기상관 함수**autocorrelation function, ACF를 통해 알 수 있다(그림 11.3c). 얕은 신경망에서는 인접한 기울기의 상관관계가 있지만 심층 신경망에서는 이러한 상관관계가 빠르게 0으로 떨어진다. 이를 **부서진 기울기 현상**shattered gradients phenomenon†이라고 한다.

[옮긴이] 입력에 가까운 쪽의 신경망 부분이다.

깃허브의 노트북 11.1 'Shattered gradients' 참고. https://bit.ly/udl11_1

B.2.1절 '자기상관' 참고

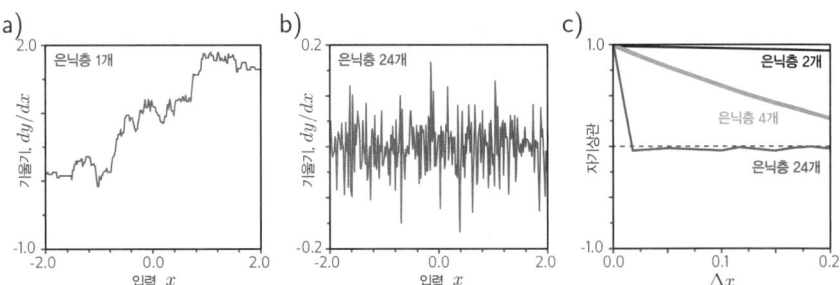

그림 11.3 부서진 기울기. a) 가중치와 편향 모두 Glorot 초기화(He 초기화에서 인수 2가 없는 초기화)하는 200개의 은닉 유닛이 있는 얕은 신경망을 고려한다. 스칼라 입력 x에 대한 스칼라 신경망 출력 y의 기울기 $\partial y / \partial x$는 입력 x가 변할 때 상대적으로 느리게 변한다. b) 24개의 층과 층마다 200개의 은닉 유닛이 있는 심층 신경망의 경우 이 기울기는 예측할 수 없을 만큼 매우 빠르게 변한다. c) 기울기의 자기상관 함수는 심층 신경망에서 인접한 기울기가 관련성이 없다는(자기상관이 0에 가까워진다)을 보여준다. 이러한 부서진 기울기 현상은 심층 신경망 훈련이 어려운 이유를 설명할 수 있다. 경사 하강법 알고리즘은 손실 표면이 상대적으로 매끄럽다고 가정하므로 각 기울기 갱신 단계 전후에 기울기의 관련성이 높아야 한다(출처: Balduzzi et al., 2017[3]).

B.5절 '행렬 미적분' 참고

부서진 기울기는 아마도 신경망이 깊어짐에 따라 신경망 앞부분에 있는 층의 변화가 점점 더 복잡한 방식으로 출력을 수정하기 때문에 발생할 수 있다.† 식 11.1에서 신경망의 첫 번째 층 $\mathbf{f}_1$에 대한 출력 $\mathbf{y}$의 미분은 다음과 같다.

$$\frac{\partial \mathbf{y}}{\partial \mathbf{f}_1} = \frac{\partial \mathbf{f}_2}{\partial \mathbf{f}_1} \frac{\partial \mathbf{f}_3}{\partial \mathbf{f}_2} \frac{\partial \mathbf{f}_4}{\partial \mathbf{f}_3} \qquad \text{식 11.3}$$

$\mathbf{f}_1$을 결정하는 매개변수를 변경하면 $\mathbf{f}_2, \mathbf{f}_3, \mathbf{f}_4$가 $\mathbf{f}_1$으로부터 계산되기 때문에, 이들 연산에 포함된 모든 도함수들은 약간씩 다른 위치에서 평가된다. 결과적으로 각 훈련 견본으로 갱신한 기울기가 완전히 달라져서 손실 함수가 제대로 동작하지 않게 된다.†

식 11.3과 식 11.6에서는 f_k를 함수 $f_k[\bullet]$의 출력으로 정의하기 위해 표기법을 오버로드한다.

11.2 잔차 연결과 잔차 블록

잔차 연결residual connection 또는 **스킵 연결**skip connection은 계산 경로의 분기로, 각 신경망층 $\mathbf{f}[\bullet]$의 입력을 출력에 더해준다(그림 11.4a). 식 11.1과 유사하게 잔차 신경망은 다음과 같이 정의된다.

$$\begin{aligned}
\mathbf{h}_1 &= \mathbf{x} + \mathbf{f}_1[\mathbf{x}, \phi_1] \\
\mathbf{h}_2 &= \mathbf{h}_1 + \mathbf{f}_2[\mathbf{h}_1, \phi_2] \\
\mathbf{h}_3 &= \mathbf{h}_2 + \mathbf{f}_3[\mathbf{h}_2, \phi_3] \\
\mathbf{y} &= \mathbf{h}_3 + \mathbf{f}_4[\mathbf{h}_3, \phi_4]
\end{aligned}$$

식 11.4

여기서 각 줄의 우변 첫 번째 항이 잔차 연결이다. 각 함수 $\mathbf{f}_k$는 현재 표현에 더해지는 변화를 학습한다. 이를 위해 출력의 크기는 입력의 크기와 같아야 한다. 입력과 처리를 마친 출력을 더한 조합을 **잔차 블록**residual block 또는 **잔차층**residual layer이라고 한다.

다시 한번, 중간값 $\mathbf{h}_k$에 대한 표현식을 대체하여 이를 단일 함수로 작성할 수 있다.[†]

연습 문제 11.1 참고

$$\begin{aligned}
\mathbf{y} = \mathbf{x} &+ \mathbf{f}_1[\mathbf{x}] \\
&+ \mathbf{f}_2\big[\mathbf{x} + \mathbf{f}_1[\mathbf{x}]\big] \\
&+ \mathbf{f}_3\big[\mathbf{x} + \mathbf{f}_1[\mathbf{x}] + \mathbf{f}_2[\mathbf{x} + \mathbf{f}_1[\mathbf{x}]]\big] \\
&+ \mathbf{f}_4\big[\mathbf{x} + \mathbf{f}_1[\mathbf{x}] + \mathbf{f}_2[\mathbf{x} + \mathbf{f}_1[\mathbf{x}]] + \mathbf{f}_3[\mathbf{x} + \mathbf{f}_1[\mathbf{x}] + \mathbf{f}_2[\mathbf{x} + \mathbf{f}_1[\mathbf{x}]]]\big]
\end{aligned}$$

식 11.5

여기서는 수식을 간결하게 표현하기 위해서 매개변수 $\phi_\bullet$를 생략했다. 이 식을 신경망을 '풀어헤치는' 관점으로 볼 수 있다(그림 11.4b). 최종 신경망 출력이 입력과 식의 각 줄에 해당하는 4개의 작은 신경망의 합이라는 것을 알 수 있다. 즉 잔차 연결이 원래 신경망을 더 작은 신경망의 앙상블로 바꾸고, 작은 신경망의 출력을 합산하여 결과를 계산한다.

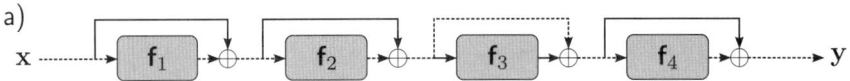

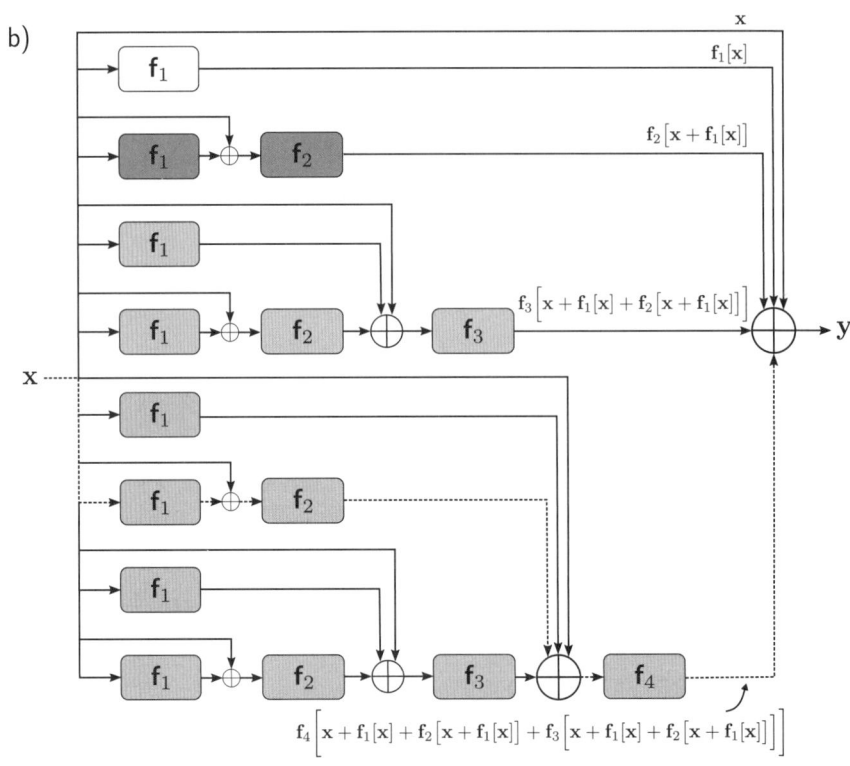

그림 11.4 잔차 연결. a) 각 함수 $f_k[\mathbf{x}, \boldsymbol{\phi}_k]$의 출력은 입력에 다시 더해지고, 이는 잔차 또는 스킵 연결이라고 하는 병렬 계산 경로를 통해 전달된다. 따라서 이 함수는 표현에 더해지는 변화를 계산한다. b) 신경망 식을 확장(풀어헤친다)하면 출력이 입력과 4개의 더 작은 신경망(각각 흰색, 주황색, 회색, 청록색으로 표시되고 식 11.5의 항에 해당한다)의 합이라는 것을 알 수 있다. 이것은 또한 신경망의 앙상블로 생각할 수도 있다. 더욱이, 청록색 신경망의 출력은 다른 앙상블의 변환 $f_4[\bullet, \boldsymbol{\phi}_4]$이고 다른 신경망도 마찬가지로 볼 수 있다. 또는 신경망을 계산 그래프를 통한 16개의 서로 다른 경로의 조합으로 볼 수도 있다. 입력 x에서 출력 y까지의 점선 경로가 한 예인데, 이는 (a)와 (b)에서 동일하다.

잔차 신경망을 이해하는 또 관점은 입력과 출력 사이에 서로 다른 변환 횟수를 갖는 16개의 경로를 생성한다고 보는 것이다.† 예를 들어 첫 번째 함수 $f_1[\mathbf{x}]$는 직접 더하는 항(즉 경로 길이 1)을 포함해서 16개의 경로 중 8개에 포함되는데, 이제 식 11.3의 미분은 다음과 같이 나타낼 수 있다.†

연습 문제 11.2 참고

연습 문제 11.3 참고

$$\frac{\partial \mathbf{y}}{\partial \mathbf{f}_1} = \mathbf{I} + \frac{\partial \mathbf{f}_2}{\partial \mathbf{f}_1} + \left(\frac{\partial \mathbf{f}_3}{\partial \mathbf{f}_1} + \frac{\partial \mathbf{f}_2}{\partial \mathbf{f}_1}\frac{\partial \mathbf{f}_3}{\partial \mathbf{f}_2}\right) +$$
$$\left(\frac{\partial \mathbf{f}_4}{\partial \mathbf{f}_1} + \frac{\partial \mathbf{f}_2}{\partial \mathbf{f}_1}\frac{\partial \mathbf{f}_4}{\partial \mathbf{f}_2} + \frac{\partial \mathbf{f}_3}{\partial \mathbf{f}_1}\frac{\partial \mathbf{f}_4}{\partial \mathbf{f}_3} + \frac{\partial \mathbf{f}_2}{\partial \mathbf{f}_1}\frac{\partial \mathbf{f}_3}{\partial \mathbf{f}_2}\frac{\partial \mathbf{f}_4}{\partial \mathbf{f}_3}\right)$$

식 11.6

여기에는 각각의 8개 경로에 대응하는 항이 하나씩 있다. 우변의 항등항은 첫 번째 층 $\mathbf{f}_1[\mathbf{x}, \boldsymbol{\phi}_1]$의 매개변수 $\boldsymbol{\phi}_1$의 변화가 신경망 출력 $\mathbf{y}$의 변화에 직접적으로 영향을 미친다는 것을 보여준다. 또한 서로 다른 길이의 다른 연쇄 미분을 통해 간접적으로 영향을 미친다. 일반적으로 더 짧은 경로를 통한 기울기가 더 잘 작동한다. 항등항과 다양한 짧은 연쇄 미분이 모두 각 층의 미분에 기여하기 때문에 잔차 연결이 있는 신경망은 부서진 기울기로 인한 영향을 덜 받는다.†

깃허브의 노트북 11.2
'Residual Networks' 참고.
https://bit.ly/udl11_2

11.2.1 잔차 블록에서의 연산 순서

지금까지는 암묵적으로 신경망을 구성하는 모든 층(예: 완전 연결층 또는 합성곱층)이 덧셈 함수additive function $\mathbf{f}[\mathbf{x}]$가 될 수 있다고 가정했다. 이는 기술적으로는 사실이지만 이러한 함수의 연산 순서가 중요하다. ReLU와 같은 비선형 활성화 함수를 포함해야 한다. 그렇지 않으면 전체 신경망이 선형이 된다. 그러나 일반적인 신경망 층(그림 11.5a)에서는 ReLU 함수가 끝에 있으므로 출력은 음수가 아니다. 이 규칙을 따르면 각 잔차 블록은 입력값을 증가시킬 수만 있다.

따라서 일반적으로 활성화 함수를 먼저 적용하고 그다음에 선형 변환을 적용하도록 연산 순서를 조정한다(그림 11.5b). 때로는 잔차 블록 내에 여러 층이 있을 수 있지만(그림 11.5c) 일반적으로 선형 변환으로 끝난다. 마지막으로 이러한 블록을 ReLU 연산으로 시작하면 신경망 입력이 음수인 경우 ReLU가 전체 신호를 0으로 클리핑하기 때문에 아무것도 하지 않는다는 점에 유의하자. 따라서 그림 11.5b와 같이 신경망을 잔차 블록이 아닌 선형 변환으로 시작하는 것이 일반적이다.

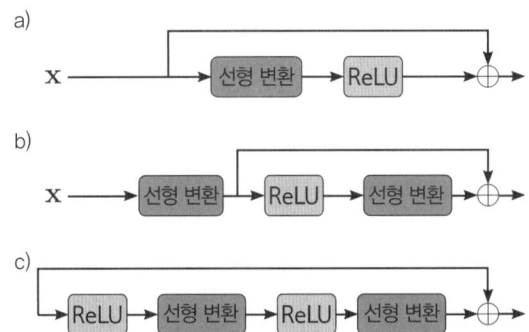

그림 11.5 잔차 블록에서의 연산 순서. a) 선형 변환이나 합성곱 뒤에 ReLU 비선형함수가 따라오는 일반적인 순서에서는 각 잔차 블록이 음수가 아닌 값만 더할 수 있다. b) 역순으로 하면 양수와 음수를 모두 더할 수 있다. 그러나 입력이 모두 음수인 경우 신경망 시작 부분에 선형 변환을 추가해야 한다. c) 실제로는 잔차 블록이 여러 신경망층을 포함하는 것이 일반적이다.

11.2.2 잔차 연결이 있는 더 깊은 신경망

잔차 연결을 추가하면 성능 저하 없이 훈련할 수 있는 신경망의 깊이가 대략 두 배 늘어난다. 그러나 신경망의 깊이를 더 깊게 하고 싶지만, 잔차 연결을 통해 깊이를 그 이상 증가시킬 수 없는 이유를 이해하려면 순방향 전파 동안 활성화의 분산이 어떻게 변하고 역방향 전파 동안 기울기의 크기가 어떻게 변하는지를 고려해야 한다.

11.3 잔차 신경망의 기울기 폭발

7.5절에서 신경망 매개변수를 초기화하는 것이 중요하다는 것을 알았다. 주의 깊게 초기화하지 않으면 역전파의 순방향 전파 동안 중간값의 크기가 기하급수적으로 증가하거나 감소할 수 있다. 마찬가지로 역방향 전파 중 기울기가 신경망을 역방향으로 통과할 때 폭발하거나 사라질 수 있다.

따라서 활성화(순방향 전파)와 기울기(역방향 전파)의 예상 분산이 층 간에 동일하게 유지되도록 신경망 매개변수를 초기화한다. 이를 위해 ReLU 활성화에 대해서 편향 β를 0으로 초기화하고 평균이 0이고 분산이 $2/D_h$인 정규분포를 따르는 가중치 Ω로 He 초기화(7.5절)한다. 여기서 D_h는 이전 층의 은닉 유닛의 수다.

이제 잔차 신경망을 고려해보자. 각 층이 신경망 출력에 직접적으로 연결되는 경로가 존재하기 때문에 신경망 깊이에 따라 중간값이나 기울기가 사라지는 것에 대해 걱정할 필요가 없다(식 11.5, 그림 11.4b). 그러나 잔차 블록 내에서 He 초기화를 사용하더라도 순방향 전파의 값은 신경망을 통해 이동함에 따라 기하급수적으로 증가한다.

이유를 알아보기 위해 잔차 블록의 처리 결과를 입력에 더한다고 가정해보자. 신경망의 각 분기branch에는 약간의 (상관성이 없는) 변동성이 있다.† 따라서 분기된 신경망을 다시 합치면 전체 분산이 증가한다. ReLU 활성화와 He 초기화를 사용하면 각 블록에서의 처리에 따른 예상 분산이 변하지 않는다. 결과적으로, 입력과 다시 합치면 분산이 두 배가 되고(그림 11.6a), 잔차 블록의 수에 따라 기하급수적으로 증가한다. 이는 순방향 전파에서 부동 소수점 정밀도로 계산 가능한 신경망 깊이를 제한한다. 역전파 알고리즘의 역방향 전파의 기울기에 대해서도 유사한 논리를 적용할 수 있다.

> 연습 문제 11.4 참고

따라서 잔차 신경망은 He 초기화를 사용하더라도 여전히 불안정한 순방향 전파와 폭발적인 기울기로 인해 어려움을 겪을 수밖에 없다. 순방향 전파와 역방향 전파를 안정화시키는 방법은 He 초기화를 사용한 다음 각 잔차 블록의 결합된 출력에 $1/\sqrt{2}$을 곱해서 보상하는 것이다(그림 11.6b). 그러나 배치 정규화를 사용하는 것이 더 일반적이다.

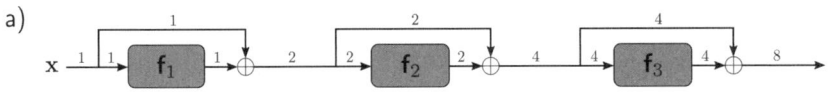

그림 11.6 잔차 신경망의 분산. a) He초기화를 통해 선형 변환과 ReLU로 구성된 f_k층 다음에 분산의 예상값이 변하지 않는다. 하지만 잔차 신경망에서는 각 블록의 입력이 출력에 다시 더해지므로로 각 층에서 분산이 두 배가 되고(회색 숫자는 분산을 나타낸다), 기하급수적으로 증가한다. b) 이 문제를 해결하기 방법은 각 잔차 블록 사이에서 $1/\sqrt{2}$만큼 신호 크기를 조정하는 것이다. c) 두 번째 방법은 잔차 블록의 첫 번째 단계로 배치 정규화를 사용하고 오프셋 δ를 0으로, 스케일 인수 γ를 1로 초기화한다. 이렇게 하면 각 층의 입력의 분산이 1이 되도록 변환되고, He 초기화를 통해 출력 분산도 1이 된다. 이제 잔차 블록 수에 따라 분산이 선형적으로 증가한다. 이에 따른 부작용이 있는데, 초기화 시 신경망 뒷부분에 있는 층이 잔차 연결에 큰 영향을 받게 결과적으로 항등 함수를 계산하게 된다.

11.4 배치 정규화

배치 정규화batch normalization 또는 **BatchNorm**은 전체 배치 $\mathcal{B}$의 평균과 분산이 훈련 중에 학습한 값이 되도록 각 활성화 h를 이동하고 크기를 조정한다. 먼저 경험적 평균 m_h와 표준편차 s_h를 계산한다.

$$m_h = \frac{1}{|\mathcal{B}|} \sum_{i \in \mathcal{B}} h_i$$

$$s_h = \sqrt{\frac{1}{|\mathcal{B}|} \sum_{i \in \mathcal{B}} (h_i - m_h)^2}$$

식 11.7

여기서 모든 양은 스칼라다. 그런 다음 이러한 통계를 사용하여 배치 활성화가 평균 0과 단위 분산을 갖도록 표준화†한다.

C.2.4절 '표준화' 참고

$$h_i \leftarrow \frac{h_i - m_h}{s_h + \epsilon} \qquad \forall i \in \mathcal{B}$$

식 11.8

여기서 ϵ는 배치에 속하는 모든 원소에 대해 h_i가 동일하고 $s_h = 0$인 경우에 0으로 나누는 것을 방지하기 위한 작은 숫자다.

마지막으로 정규화된 변수는 γ로 크기를 조정하고 δ만큼 이동한다.

$$h_i \leftarrow \gamma h_i + \delta \qquad \forall i \in \mathcal{B} \qquad \text{식 11.9}$$

이 연산 후에는 배치의 모든 원소에 대해서 활성화의 평균이 δ, 표준편차가 γ가 된다. 이 두 가지 값은 훈련 중에 학습된다.†

연습 문제 11.5 참고

배치 정규화는 각 은닉 유닛에 독립적으로 적용한다. K개의 층이 있고 층마다 D개의 은닉 유닛이 있는 표준 신경망에는 KD개의 학습된 오프셋 δ와 KD개의 학습된 스케일 인수 γ가 있다.† 합성곱 네트워크에서 정규화 통계는 배치와 공간상의 위치를 모두 고려해서 계산한다.† 각각 C개의 채널이 있는 K개의 층이 있다면 KC개의 오프셋과 KC개의 스케일이 있다. 테스트 시에는 통계를 수집할 수 있는 배치가 없으므로, 이를 해결하기 위해 통계치 m_h와 s_h를 (하나의 배치가 아니라) 전체 훈련 데이터셋에서 계산하고 최종 신경망에서는 고정시킨다.

연습 문제 11.6 참고

깃허브의 노트북 11.3 'Batch normalization' 참고.
https://bit.ly/udl11_3

11.4.1 배치 정규화의 비용과 이점

배치 정규화는 각 활성화에 영향을 미치는 가중치와 편향을 재조정할 때, 신경망이 이러한 변화에 영향을 받지 않도록 해준다. 가중치와 편향의 크기가 두 배가 되면 활성화도 두 배가 되고, 추정된 표준편차 s_h도 두 배가 되는데, 식 11.8의 정규화는 이러한 변화를 보상해준다.† 이는 은닉 유닛마다 별도로 배치 정규화를 해준다. 결과적으로, 동일한 효과를 내는 많은 가중치와 편향의 조합이 존재할 수 있다. 배치 정규화를 하게 되면 모든 은닉 유닛에 2개의 매개변수 γ와 δ가 추가되는데, 이로 인해 모델이 다소 커진다. 따라서 가중치와 편향에 중복성을 생기는데, 그 중복성을 보상하기 위해 또 다른 매개변수를 추가한다. 이것은 분명히 비효율적이지만 그럼에도 불구하고 배치 정규화는 여러 가지 이점도 제공한다.

기술적으로는 배치 정규화 연산이 네트워크층 바로 뒤에 적용될 때만 이 말이 성립한다. 하지만 그림 11.6c처럼 네트워크층과 정규화 사이에서 잔차 경로가 합쳐졌다가 다시 나뉘는 경우에는 상황이 조금 더 복잡하다. 그렇지만 논리의 핵심 취지는 변하지 않는다.

안정적인 순방향 전파

오프셋 δ를 0으로 초기화하고 스케일 인수 γ를 1로 초기화하면 각 출력 활성화에 분산은 1이 된다. 이는 일반적인 신경망에서 초기화 시 순방향 전파 중에 분산이 안정적으로 유지되도록 한다. 잔차 신경망에서는 각 층의 입력에 새로운 변화 요인을 추가함에 따라 분산이 계속 증가한다. 그러나 각 잔차 블록이 있어서 선형적으로 증가한다. 따라서 k번째 층의 분산은 기존 분산 k에서 1이 증가한다(그림 11.6c).

초기화 단계에서 이는 뒷부분에 있는 층이 앞부분에 있는 층보다 전체 변동에 더 작은 영향을 미치는 부작용이 있다. 즉 신경망의 뒷부분에 있는 층은 항등 함수와 같기 때문에, 훈련 초기에는 신경망의 깊이가 사실상 그만큼 줄어든다. 훈련이 진행됨에 따라 신경망은 뒷부분에 있는 층에서 스케일 인수 γ를 증가시켜서 깊이를 조절할 수 있다.

더 높은 학습률

실증적 연구와 이론 모두 배치 정규화가 손실 표면과 그 기울기가 좀 더 매끄럽게 변하도록 만든다는 것을 보여준다(즉 부서진 기울기를 줄인다). 이는 손실 표면이 좀 더 예측 가능하기 때문에 더 높은 학습률을 사용할 수 있다. 기억을 떠올려보면, 9.2절에서 학습률이 높을수록 테스트 성능이 향상된다는 것을 살펴보았다.

정칙화

9장에서 보았듯이, 훈련 과정에 잡음을 추가하면 일반화를 향상시킬 수 있다. 배치 통계에 따라 정규화가 달라지므로 배치 정규화는 잡음을 주입하는 것과 같다. 주어진 훈련 견본에 대한 활성화는 배치의 다른 원소에 따라 정규화되고, 각 훈련 반복마다 약간씩 다르다.

11.5 일반적인 잔차 신경망

잔차 연결은 이제 딥러닝 파이프라인의 표준적인 부분이 되었다. 이 절에서는 잔차 연결을 추가하는 몇 가지 잘 알려진 신경망 구조를 살펴본다.

11.5.1 잔차 신경망(ResNet)

잔차 블록은 이미지 분류를 위해 합성곱 네트워크에서 처음 등장했다. 잔차 블록이 있는 신경망을 잔차 신경망, 줄여서 **ResNet**이라고 한다. ResNet에서 각 잔차 블록에는 배치 정규화 연산, ReLU 활성화 함수, 합성곱층이 있다.† 입력에 다시 더해지기 전까지 잔차 블록이 이어진다(그림 11.7a). 시행착오를 통해 이러한 연산 순서가 이미지 분류에 적합하다는 것이 확인되었다.

연습 문제 11.7 참고

매우 깊은 신경망의 경우 매개변수 수가 매우 커질 수 있다. **병목 잔차 블록**bottleneck residual block은 3개의 합성곱을 사용하여 매개변수를 좀 더 효율화한다. 첫 번째 합성곱은 1×1 커널을 이용해 채널 수를 줄인다. 두 번째 합성곱은 일반적인 3×3 커널을 사용하고, 세 번째 합성곱은 또 다른 1×1 커널을 이용해서 다시 원래의 채널 수로 만든다(그림 11.7b). 이러한 방식으로 더 적은 수의 매개변수를 사용하여 3×3 픽셀 영역에 대한 정보를 취합할 수 있다.†

연습 문제 11.8 참고

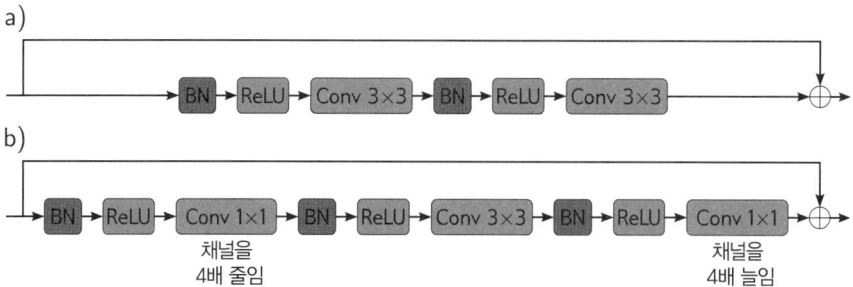

그림 11.7 ResNet 블록. a) ResNet 구조의 표준 블록에는 배치 정규화 연산과 활성화 함수, 3×3 합성곱층이 있다. 그런 다음 이 순서가 반복된다. b) 병목 ResNet 블록은 더 적은 수의 매개변수를 사용하여 3×3 영역에 대한 정보를 취합한다. 여기에는 3개의 합성곱이 있다. 첫 번째 1×1 합성곱은 채널 수를 줄이고, 두 번째 3×3 합성곱은 더 작은 표현에 적용하고, 마지막 1×1 합성곱은 입력에 다시 더할 수 있도록 채널 수를 다시 늘인다.

ResNet-200 모델(그림 11.8)은 200개의 층이 있고 이미지넷 데이터베이스(그림 10.15)에 대한 이미지 분류에 사용되었다. ResNet-200의 구조는 알렉스넷, VGG와 유사하지만 기본적인 형태의 합성곱층 대신에 병목 잔차 블록을 사용한다.

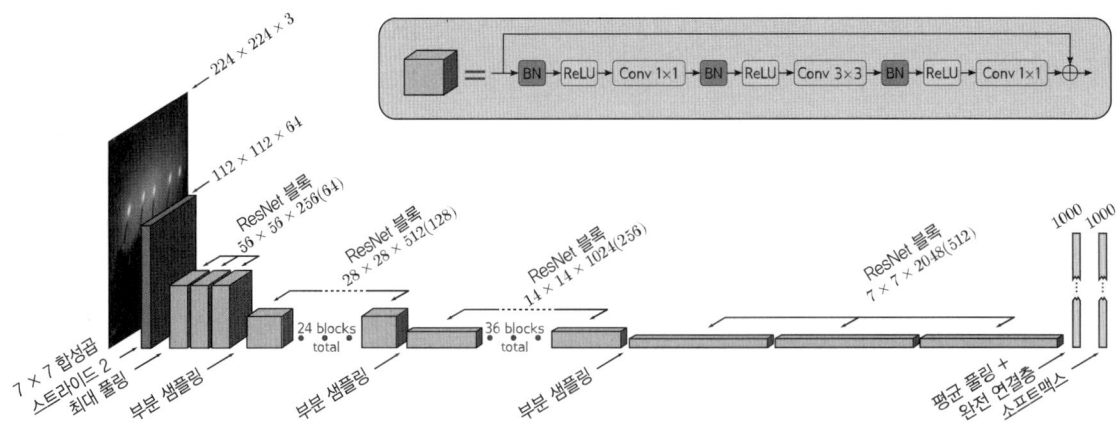

그림 11.8 ResNet-200 모델. 스트라이드가 2인 표준 7 × 7 합성곱층을 적용한 후 최대 풀링 연산을 한다. 일련의 병목 잔차 블록이 뒤따르고(괄호 안의 숫자는 첫 번째 1 × 1 합성곱 후의 채널 수다), 주기적인 다운샘플링을 하고 이에 따라 채널 수가 증가한다. 신경망은 모든 공간 위치에 대한 평균 풀링을 하고 마지막으로 소프트맥스 사전 활성화에 매핑되는 완전 연결층이 있다.

알렉스넷, VGG와 마찬가지로 병목 잔차 블록은 신경망 중간 중간에서 위치하면서 공간 해상도를 줄이면서 동시에 채널 수를 증가시킨다. 인접한 ResNet 블록 간의 해상도는 스트라이드가 2인 합성곱을 사용하여 감소시킨다. 반면에 표현에 0을 덧붙이거나 또는 별도의 1 × 1 합성곱을 추가로 적용하여 채널 수를 늘린다. 신경망의 첫 부분에는 7 × 7 합성곱층이 있고 그 뒤에 다운샘플링 연산이 이어진다. 신경망의 끝부분에 있는 완전 연결층은 특징맵 블록을 길이가 1,000인 벡터로 매핑한다. 이 벡터를 소프트맥스층을 통과시켜 클래스 확률을 생성한다.

ResNet-200 모델은 상위 5개 예측 결과 안에 올바른 클래스가 포함되는 경우의 오차율은 4.8%를 달성했고, 정답 클래스를 식별하는 경우에는 20.1%의 오차율을 달성했다. 이는 알렉스넷(16.4%, 38.1%) 및 VGG(6.8%, 23.7%)와 비교하여 좋은 성능을 보여주었으며, 인간보다 뛰어난 성능을 보여준 최초의 신경망 중 하나였다(상위 5개 예측에 정답이 포함된 경우의 오차율 5.1%). 하지만 이 모델은 2016년에 고안된 모델이라 최신 모델과는 성능 차이가 많이 난다. 이 글을 쓰는 시점에서 이미지 분류 작업에서 가장 성능이 좋은 모델은 올바른 클래스를 식별하는 데 9.0%의 오차가 있다(그림 10.21 참고). 이 모델을 포함해서 현재 이미지 분류를 위한 다른 모든 최고 성능 모델은 이제 트랜스포머를 기반으로 한다(12장 참고).

11.5.2 DenseNet

잔차 블록은 이전 층의 출력을 받아 일부 신경망층을 통과하면서 처리된 후 원래 입력에 다시 더해진다. 이에 대한 또 다른 대안은 수정된 신호와 원래 신호를 연결concatenate하는 것이다. 이는 표현 크기(합성곱 네트워크에서는 채널에 해당한다)를 증가시키지만, 후속 선형 변환으로 원래 크기로 다시 매핑할 수 있다(CNN의 경우 1×1 합성곱). 이를 통해 모델은 표현을 더하거나, 가중합을 구하거나, 더 복잡한 방식으로 결합할 수 있다.

DenseNet 구조에서는 이전의 모든 층의 출력을 연결한 것을 다음 층의 입력으로 사용한다(그림 11.9). 이는 이전 표현과 연결해서 새로운 표현을 생성할 수 있도록 다음 층으로 전달한다. 이러한 연결로 이전 층이 출력에 직접적인 영향을 미치므로 손실 표면이 합리적으로 작동하게 된다.

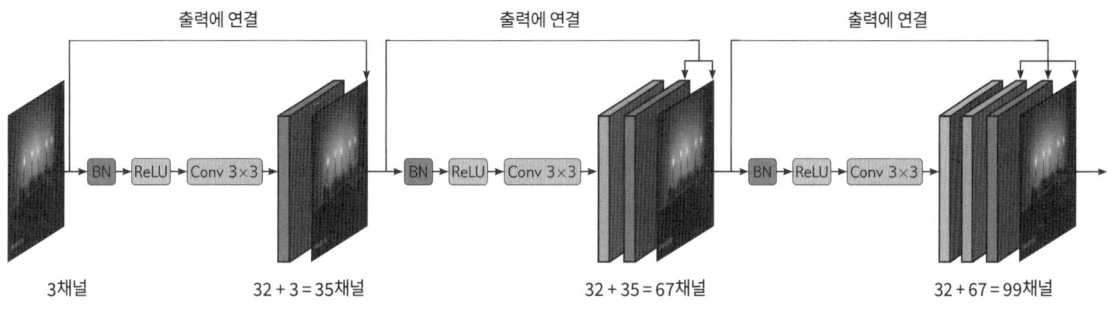

그림 11.9 DenseNet. 이 구조는 잔차 연결을 사용하여 이전 층의 출력을 그다음 층에 연결한다. 여기서는 3채널 입력 이미지를 32채널 표현으로 변환한다. 여기에 입력 이미지를 연결하여 총 35개의 채널이 된다. 이렇게 결합된 표현을 처리해서 또 다른 32채널 표현을 생성하고, 이전의 두 표현이 여기에 연결되어 총 67개의 채널이 되고, 이런 식으로 계속 진행한다.

실제로 채널 수(이를 처리하는 데 필요한 매개변수 수)가 점점 커지기 때문에 이는 몇 개의 층에만 적용할 수 있다. 이 문제를 해결하기 위해 다음 3×3 합성곱을 적용되기 전에 1×1 합성곱을 적용해서 채널 수를 줄인다. 합성곱 네트워크에서는 입력을 주기적으로 다운샘플링한다. 다운샘플링 후에는 공간 크기가 다르기 때문에 전체를 연결할 수가 없다. 따라서 이 지점에서 더 작은 표현에 대한 새로운 연결을 시작한다. 또한, 다운샘플링을 하고 나서 표현 크기를 추가로 조절하기 위해서 또 다른 병목 1×1 합성곱을 적용할 수 있다.

이 신경망은 이미지 분류에서 ResNet 모델과 비교해도 경쟁력 있는 성능을 보인다 (그림 10.21 참고). 실제로, 비슷한 매개변수 수에 대해 더 나은 성능을 발휘할 수 있다. 이는 아마도 이전 층에서 처리한 것을 보다 유연하게 재사용할 수 있기 때문이다.

11.5.3 U-Net과 모래시계 구조의 신경망

10.5.3절에서는 인코더-디코더 또는 모래시계 구조를 갖는 의미론적 분할 신경망을 살펴보았다. 인코더는 이미지를 반복적으로 다운샘플링해서 수용 영역이 커지고 이미지 전체에서 정보를 취합한다. 그런 다음 디코더는 이를 다시 원본 이미지 크기로 업샘플링한다. 최종 출력은 각 픽셀에서 가능한 객체 클래스에 대한 확률이다. 이 구조의 단점은 최종 결과를 정확하게 만들기 위해서 신경망 중간에 있는 저해상도 표현이 고해상도 세부 정보를 '기억'하고 있어야 한다는 것이다. 이런 문제는 잔차 연결을 통해 인코더의 표현을 디코더의 해당 부분으로 전달하면 해결할 수 있다.

U-Net(그림 11.10)은 이전 층의 표현과 다음 층의 표현이 연결되는 인코더-디코더 구조다. 원래 구현에서는 '유효한$_{valid}$' 합성곱을 사용했기 때문에 3×3 합성곱층이 적용될 때마다 공간 크기가 2픽셀씩 감소한다. 이로 인해 업샘플링된 버전이 인코더에 대응되는 버전보다 작아지므로 연결하기 전에 해당 부분을 잘라내야$_{crop}$ 한다. 이후 구현에서는 제로 패딩을 사용해서 이러한 자르기는 하지 않아도 된다. U-Net은 합성곱을 사용하므로 훈련 후에는 어떤 크기의 이미지에서도 실행할 수 있다.†

연습 문제 11.9 참고

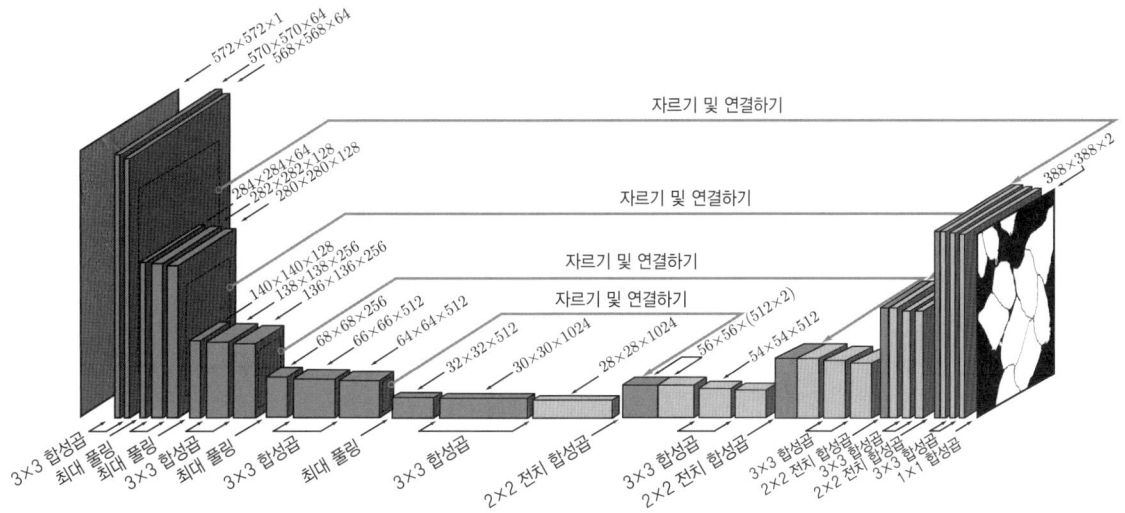

그림 11.10 HeLa 세포 분할을 위한 U-Net. U-Net은 표현을 다운샘플링(주황색 블록)한 다음 다시 업샘플링(파란색 블록)하는 인코더-디코더 구조를 갖는다. 인코더는 일반 합성곱을 사용하고 디코더는 전치 합성곱을 사용한다. 잔차 연결은 인코더의 각 스케일의 마지막 표현을 디코더의 동일한 스케일의 첫 번째 표현에 추가한다(주황색 화살표). 원래 U-Net은 '유효한' 합성곱을 사용했기 때문에 다운샘플링을 하지 않아도 각 층마다 크기가 약간 줄어든다. 따라서 인코더의 표현을 디코더에 추가하기 전에 자른다(점선 사각형)(출처: Ronneberger et al., 2015[4]).

U-Net은 의료 이미지 분할을 위해 고안되었지만(그림 11.11) 컴퓨터 그래픽 분야와 비전 분야에서 다른 용도로 많이 사용되었다.

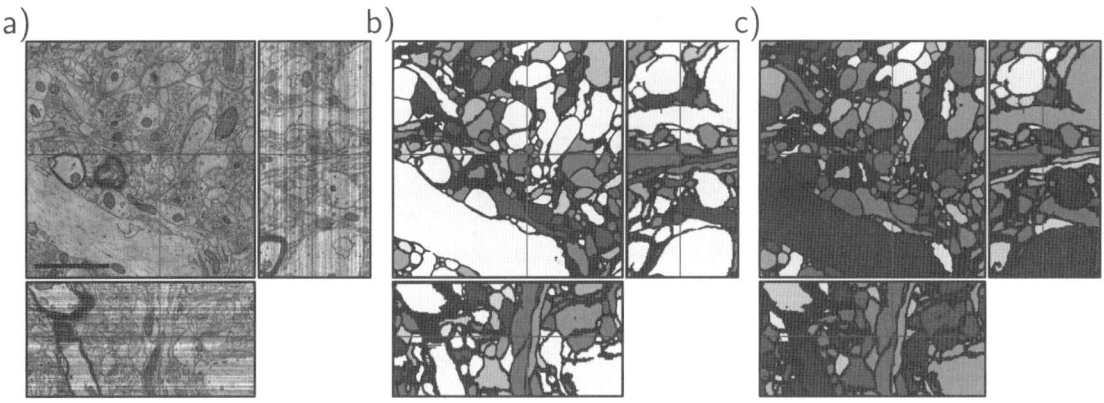

그림 11.11 U-Net을 이용한 3차원 분할. a) 주사 전자 현미경으로 촬영한 3D 볼륨의 쥐 피질을 3개의 단면. b) 하나의 UNet을 사용하여 복셀(voxel)이 신경돌기 내부에 있는지 외부에 있는지 분류한다. 연결된 영역은 서로 다른 색상으로 식별한다. c) 더 나은 결과를 얻기 위해 5개의 U-Net으로 구성된 앙상블을 훈련하고, 5개 신경망의 결과가 모두 일치하는 경우에만 복셀이 세포에 내부에 있는 것으로 분류한다(출처: Falk et al., 2019[5]).

모래시계망hourglass network은 U-Net과 유사하지만 스킵 연결에 추가적인 합성곱층을 적용하고 이 결과를 연결하는 대신에 디코더에 다시 더한다. 이러한 모래시계망을 쌓아서 만든 **쌓은 모래시계망**stacked hourglass network 모델은 지역 수준과 전역 수준에서 번갈아 가면서 이미지를 고려한다. 이러한 신경망은 자세 추정에도 사용된다(그림 11.12). 시스템은 각 관절에 대해 하나의 '히트맵'을 예측하도록 훈련되며, 각 히트맵의 최댓값이 추정된 위치가 된다.

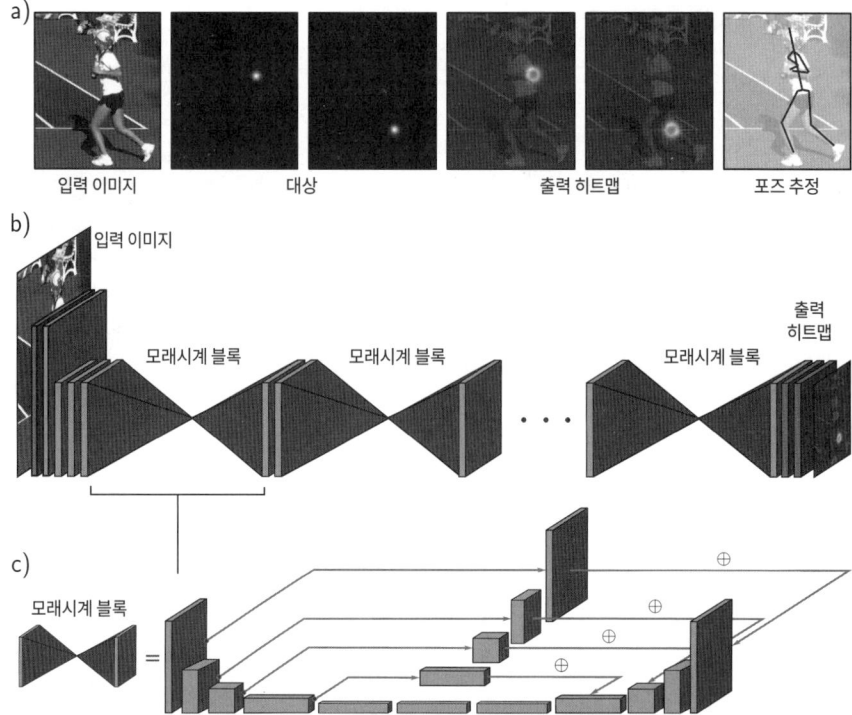

그림 11.12 자세 추정을 위한 적층 모래시계 신경망. a) 신경망 입력은 사람이 포함된 이미지이고 출력은 각 관절에 대한 히트맵이 하나씩 있는 히트맵셋이다. 이는 목표가 정답 관절 위치에 작고 강조된 영역이 있는 히트맵 이미지인 회귀 문제로 구성할 수 있다. 추정된 히트맵의 최고점을 이용해서 각 관절의 최종 위치를 설정한다. b) 신경망은 합성곱층, 잔차층, 일련의 모래시계 블록으로 구성된다. c) 각 모래시계 블록은 합성곱이 제로 패딩을 사용하고 잔차 연결에서 몇 가지 추가적인 처리를 하고 이러한 연결이 처리한 표현을 연결하는 대신 더한다는 점을 제외하면 U-Net과 유사한 인코더-디코더 신경망으로 구성된다. 각각의 파란색 직육면체는 병목 잔차 블록이다(그림 11.7b)(출처: Newell et al., 2016[6]).

11.6 잔차 연결이 있는 신경망의 성능이 우수한 이유

잔차 연결을 사용하면 훨씬 더 깊은 신경망도 훈련할 수 있다. 1,000개 층으로 확장한 ResNet 구조를 효과적으로 훈련할 수 있다. 초기의 이미지 분류 성능의 향상은 추가적인 신경망 깊이 덕분이었지만, 다음과 같은 두 가지 증거가 이러한 관점과 모순된다.

첫째, 종종 더 얕지만 더 넓은 잔차 신경망이 비슷한 매개변수 수를 가진 더 깊고 좁은 잔차 신경망보다 성능이 뛰어나다. 즉 층 수는 적지만 각 층의 채널 수가 더 많은 신경망이 더 나은 성능을 보일 수도 있다. 둘째, 훈련을 할 때, 펼친 신경망의 매우 긴 경로를 통해서는 기울기가 효과적으로 전파되지 않는다(그림 11.4b). 실제로 매우 깊은 신경망은 더 얕은 신경망의 조합처럼 작동한다.

현재로서는 잔차 연결이 더 깊은 신경망을 훈련시킬 수 있을 뿐만 아니라 독자적인 가치를 갖는다고 보고 있다. 이는 잔여 신경망의 최솟값 주변의 손실 표면이 스킵 연결이 없는 동일한 신경망의 손실 표면보다 더 매끄럽고 더 예측 가능한 경향이 있다는 사실로부터 알 수 있다(그림 11.13). 또한 이렇게 하면 일반화 성능이 더 좋은 해를 더 쉽게 학습할 수 있다.

a) 잔차 연결이 있을 때
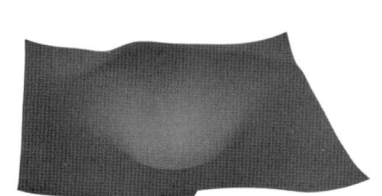

b) 잔차 연결이 없을 때
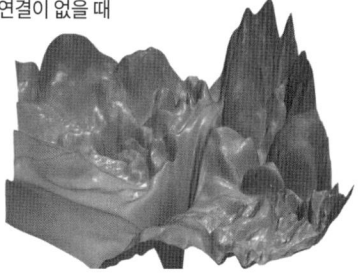

그림 11.13 신경망 손실 표면 시각화. 각 그림은 CIFAR-10 데이터셋의 이미지 분류 작업에 대해 SGD로 찾은 최솟값 주변의 매개변수 공간에서 2개의 무작위 방향에서의 손실 표면을 보여준다. 비교하기 쉽도록 방향을 나란히 맞췄다. a) 56개 층으로 구성된 잔차 신경망. b) 스킵 연결이 없는 동일한 신경망의 결과. 스킵 연결을 사용하면 표면이 더 매끄러워진다. 이를 통해 학습이 용이해지고, 최종 신경망 성능이 매개변수의 사소한 오차에 대해 좀 더 강건해지고 일반화가 더 잘된다(출처: Li et al., 2018b[7]).

11.7 요약

신경망 깊이를 무한정 늘리면 이미지 분류에 대한 훈련 성능과 테스트 성능 모두 저하된다. 이는 신경망 앞부분에 있는 층의 매개변수에 대한 손실의 기울기가 갱신 단계 크기에 비해 빠르고 예측 불가능하게 변하기 때문이다. 잔차 연결은 처리한 표현을 입력에 다시 더한다. 이제 각 층은 출력에 직간접적으로 기여하므로 여러 층을 통해 기울기를 전파하는 것이 가능하고 손실 표면이 더 매끄러워진다.

잔차 신경망은 기울기 소실로 인한 어려움을 겪지 않지만 순방향 전파 중 활성화의 분산이 기하급수적으로 증가하고 기울기 폭발과 관련된 문제가 발생한다. 일반적으로 이 문제는 배치 정규화로 해결한다. 배치 정규화는 배치의 경험적 평균과 분산을 보상하고 학습된 매개변수를 사용하여 이동하고 크기를 조정하는 것이다. 매개변수의 초기화를 잘하면 매우 깊은 신경망도 훈련할 수 있다. 잔차 연결과 배치 정규화 모두 손실 표면을 더 매끄럽게 만들어서 더 큰 학습률로 훈련을 할 수 있다. 또한 배치 통계의 가변성은 정칙화 효과를 갖는다.

잔차 블록이 합성곱 네트워크에 통합되면서 더 깊은 신경망을 훈련할 수 있게 되면서 이미지 분류 성능이 그에 상응하게 향상되었다. 잔차 신경망의 변형으로는 이전의 모든 층의 출력을 연결하여 현재 층에 입력하는 DenseNet 구조와 잔차 연결을 인코더-디코더 모델에 통합하는 U-Net이 있다.

노트

잔차 연결

잔차 연결은 He et al.(2016a)[2]이 도입했는데, 이를 통해 VGG(그림 10.17)보다 8배나 더 큰 152개 층으로 구성된 신경망을 구축하고 이미지넷 분류 작업에서 최고의 성능을 달성했다. 각 잔차 블록은 합성곱층, 배치 정규화, ReLU 활성화, 두 번째 합성곱층, 두 번째 배치 정규화로 구성된다. 기본이 되는 표현에 이 블록을 더한 다음에 두 번째 ReLU 함수를 적용한다. 이 구조를 **ResNet v1**이라고 한다. He et al.(2016b)[8]은 (i) 스킵 연결을 따라 처리를 하거나 (ii) 신경망의 두 분기를 다시 결합된 후에 처리를 하는 잔차 구조의 다양한 변형을 연구했다. 그들은 이러한 두 가지 구조 모두 필요하지 않다는 결론을 내리고 그림 11.7의 구조를 도입했는데, **사전 활성화 잔차 블록**pre-activation residual block이라고도 하는 이 구조는 **ResNet v2**의 백본이 되었다.

그들은 200층 신경망을 훈련해서 이미지넷 분류 작업을 더욱 개선했다(그림 11.8 참고). 이후 정칙화, 최적화, 데이터 증대를 위한 새로운 방법이 개발되었고 Wightman et al.(2021)[9]은 이를 활용하여 ResNet 구조에 대한 보다 현대적인 훈련 파이프라인을 제시했다.

잔차 연결이 도움이 되는 이유

잔차 신경망을 사용하면 확실히 더 깊은 신경망을 훈련할 수 있다. 아마도 이는 훈련 시작 시, 파편화된 기울기를 줄이고(Balduzzi et al., 2017)[3], 그림 11.13(Li et al., 2018b)[7]에 설명된 것처럼 최솟값 근처에서 더 매끄러운 손실 표면과 관련이 있을 것이다. 잔차 연결만으로도(즉 배치 정규화 없이) 훈련 가능한 신경망의 깊이가 대략 두 배 증가한다(Sankararaman et al., 2020)[10]. 배치 정규화를 사용하면 매우 깊은 신경망을 훈련할 수 있지만 깊이가 성능에 중요한지는 확실하지 않다. Zagoruyko & Komodakis(2016)[11]는 16개의 층을 갖는 넓은 잔차 신경망이 당시의 다른 모든 잔차 신경망보다 이미지 분류 성능이 우수하다는 것을 보여주었다. Orhan & Pitkow(2017)[12]는 잔차 연결이 학습을 향상시키는 이유로 특이점(손실 표면에서 헤세 행렬이 비정상적인 지점에 위치한다) 제거 측면에서 다른 관점을 제시했다.

관련 신경망 구조

잔차 연결은 계산을 2개의 분기로 분할하고 이를 다시 더하는 방식으로 합치는 **하이웨이 네트워크**highway network(Srivastava et al., 2015)[13]의 특별한 예다. 고속도로 신경망은 데이터를 기반으로 신경망의 두 분기의 입력에 가중치를 부여하는 게이팅 함수gating function 사용하는 반면 잔차 신경망은 간단한 방식으로 신경망의 두 분기에 데이터를 보낸다. Xie et al.(2017)[14]은 여러 병렬 합성곱 분기 주위에 잔차 연결을 배치하는 **ResNeXt** 구조를 도입했다.

앙상블로서의 잔차 신경망

Veit et al.(2016)[15]은 잔차 신경망을 더 짧은 신경망의 앙상블로 특징짓고 '펼친 신경망' 해석을 내놓았다(그림 11.4b). 그들은 훈련된 신경망에서 층을 삭제하면(일부 경로에 해당한다.) 성능에 미미한 영향만 미친다는 것을 보여줌으로써 이러한 해석이 타당하다는 증거를 제시했다. 반대로 VGG와 같은 순차적인 신경망에서 층을 제거하는 것은 성능에 치명적이다. 그들은 또한 서로 다른 길이의 경로를 따라 기울기 크기를 조사하고, 더 긴 경로에서 기울기가 사라지는 것을 보여주었다. 54개 블록으로 구성된 잔차 신경망에서 훈련 중 거의 모든 기울기 갱신이 길이가 5–17 블록인 경로에서 이루어졌는데, 이들은 전체 경로의 0.45%에 불과하다. 더 많은 블록을 추가하면 더 깊은 신경망을 만들기 보다는 사실상 더 많은 짧은 경로를 병렬로 추가하는 것으로 보인다.

잔차 신경망의 정칙화

가중치에 대한 L2 정칙화는 기본 신경망과 배치 정규화가 없는 잔차 신경망에서 근본적으로 다른 영향을 미친다. 전자의 경우 층의 출력이 편향에 의해 결정되는 상수 함수가 되도록 유도한다. 후자의 경우, 잔차 블록이 항등식과 편향에 의해 결정된 상수를 더한 것을 계산하도록 유도한다.

특별히 잔차 구조를 위한 여러 가지 정칙화 방법이 개발되었다. **ResDrop**(Yamada et al., 2016)[16], **확률적 깊이**(Huang et al., 2016)[17], **RandomDrop**(Yamada et al., 2019)[18]은 모두 훈련 과정에서 잔차 블록을 무작위로 삭제하여 잔차 신경망을 정규화한다.

후자의 경우 블록을 삭제하는 경향은 베르누이 변수에 의해 결정되는데, 이 변수의 매개변수는 훈련 중에 선형적으로 감소한다. 테스트 시에는 예상 확률에 따라 잔차 블록을 다시 추가한다. 이러한 방법은 사실상 블록의 모든 은닉 유닛이 동시에 삭제되는 드롭아웃 버전이다. 잔차 신경망의 다중 경로 관점(그림 11.4b)에서는 단순히 각 훈련 단계에서 일부 경로를 제거한다. Wu et al.(2018b)[19]은 **BlockDrop**을 개발했는데, 이는 기존 신경망을 분석해서 추론 효율성 향상을 위해 런타임에 사용할 잔차 블록을 결정한다.

잔차 블록 내부에 여러 경로가 있는 신경망을 위한 또 다른 정칙화 방법이 개발되었다. Shake-Shake(Gastaldi, 2017a, b)[20]는 순방향 전파 및 역방향 전파 중에 무작위로 경로의 가중치를 조정한다. 순방향 전파에서는 이를 무작위 데이터 합성으로 볼 수 있고, 역방향 전파에서는 훈련 방법에 또 다른 형태의 잡음을 주입하는 것으로 볼 수 있다. **ShakeDrop**(Yamada et al., 2019)[21]은 베르누이 변수_{Bernoulli variable}에 따라 이번 훈련 단계에서 각 블록이 **Shake-Shake**를 따를지 아니면 표준 잔차 유닛처럼 동작할지 여부를 결정한다.

배치 정규화

배치 정규화는 Ioffe & Szegedy(2015)[22]에 의해 잔차 신경망의 맥락 밖에서 도입되었다. 그들은 더 높은 학습률과 빠른 수렴 속도가 가능하고 시그모이드 활성화 함수를 보다 실용적으로 만들 수 있다는 것을 실증적으로 보여주었다(왜냐하면 출력 분포를 조절해서 견본이 시그모이드가 포화되는 극단 부분에 떨어질 가능성이 적기 때문이다). Balduzzi et al.(2017)[3]은 초기화 시 ReLU 함수를 사용하여 심층 신경망의 후방에 있는 층의 은닉 유닛의 활성화를 연구했다. 그들은 이러한 은닉 유닛 중 상당수가 입력에 관계없이 항상 활성 상태이거나 항상 비활성 상태이지만 배치 정규화가 이러한 경향을 줄인다는 것을 보여주었다.

배치 정규화가 신경망을 통한 신호의 순방향 전파를 안정화하는 데 도움이 되지만 Yang et al.(2019)[23]은 스킵 연결이 없는 ReLU 신경망에서 기울기 폭발을 일으키며, 이때 각 층의 기울기의 크기가 $\sqrt{\pi/(\pi-1)} \approx 1.21$만큼 증가하는 것으로 나타났다. 이러한 주장은 Luther(2020)[24]이 요약 정리를 했다. 잔차 신경망은 서로 다른 길이의 경로의 조합으로 볼 수 있으므로(그림 11.4) 이 효과는 잔차 신경망에도 존재해야 한다. 그러나 아마도 K개의 층이 있는 신경망의 순방향 전파에서 크기가 2^K 증가하는 것을 막아주는 이점이 역방향 전파에서 1.21^K만큼의 기울기 증가로 발생하는 피해보다 더 크기 때문에 전반적으로 배치 정규화가 훈련을 더 안정적으로 만든다.

배치 정규화의 변형

배치 정규화의 여러 가지 변형이 제안되었다(그림 11.14). 배치 정규화는 배치 전반에 걸쳐 수집한 통계를 기반으로 각 채널을 개별적으로 정규화한다. **고스트 배치 정규**

화ghost batch normalization 또는 줄여서 **GhostNorm**(Hoffer et al., 2017)[25]은 배치의 일부만 사용하여 정규화 통계를 계산한다. 이로 인해 배치 크기가 매우 클 때, 잡음이 많아지고 정칙화 효과가 좋아진다(그림 11.14b).

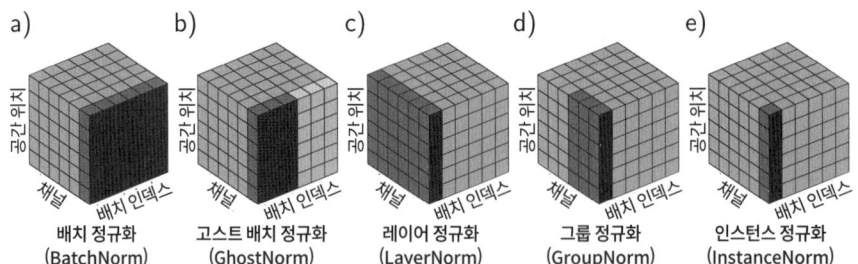

그림 **11.14** 정규화 방법. 배치 정규화는 각 채널을 개별적으로 수정하지만 배치와 공간 위치에서 수집된 통계를 기반으로 각 배치 멤버를 동일한 방식으로 조정한다. 고스트 배치 정규화는 일부 배치에서만 이러한 통계를 계산해서 더 많은 변동성을 유발한다. 레이어 정규화는 채널과 공간 위치에서 수집된 통계를 기반으로 각 배치 멤버에 대한 통계를 개별적으로 계산한다. 각 채널마다 별도의 학습된 스케일링 인수를 갖는다. 그룹 정규화는 각 채널 그룹 내에서 정규화하고 각 채널마다 별도의 스케일 매개변수와 오프셋 매개변수를 갖는다. InstanceNorm은 각 채널 내에서 개별적으로 정규화하는데, 이때는 공간 위치에 대해서만 통계를 계산한다(출처: Wu & He, 2018[28]).

배치 크기가 매우 작거나 배치 내 변동이 매우 큰 경우(자연어 처리에서 흔히 발생한다) 배치 정규화의 통계를 신뢰하기 어렵게 될 수 있다. Ioffe(2017)[26]는 배치 통계의 실행 평균을 유지하고 배치의 정규화를 수정하여 좀 더 대표성을 확보할 수 있도록 한 **배치 재정규화**batch renormalization를 제안했다. 또 다른 문제는 배치 정규화가 **순환 신경망**recurrent neural network, RNN(시퀀스를 처리할 때 이전 출력이 추가 입력으로 피드백되는 시퀀스 처리용 신경망, 그림 12.19 참고)에서 사용하기에 적합하지 않다는 것이다(그림 12.19 참고). 이 경우, 시퀀스의 각 단계마다 통계를 저장해야 하는데, 테스트 시퀀스가 훈련 시퀀스보다 긴 경우에는 어떻게 해야 할지 불분명하다. 세 번째 문제는 배치 정규화가 전체 배치를 사용할 수 있어야 한다는 것이다. 하지만 여러 시스템에 분산되어 훈련을 하는 경우 모든 배치를 사용하기 어려울 수 있다.

레이어 정규화layer normalization 또는 줄여서 **LayerNorm**(Ba et al., 2016)[27]은 채널과 공간 위치에 걸쳐 수집된 통계를 사용하여 각 데이터 견본을 개별적으로 정규화하기 때문에 배치 통계를 사용하지 않는다(그림 11.14c). 그러나 여전히 채널마다 별도의 학습된 스케일 γ와 오프셋 δ가 있다. **그룹 정규화**group normalization 또는 줄여서 **GroupNorm**(Wu & He, 2018)[28]은 LayerNorm과 유사하지만 채널을 그룹으로 나누고, 각 그룹에 대해 그룹 내 채널과 공간 위치에 걸쳐 개별적으로 통계를 계산한다(그림 11.14d). 이 경우에도, 여전히 채널당 별도의 스케일과 오프셋 매개변수가 있다. **인스턴스 정규화**instance normalization 또는 줄여서 **InstanceNorm**(Ulyanov et al., 2016)[29]은 그룹 정규화에서 그룹 수가 채널 수와 동일하도록 극단적으로 적용하여 공간 위치에서 수집된 통계만 사용하여 각 채널을 별도로 정규화한다(그림 11.14e). Salimans & Kingma(2016)[30]는 활성화 정규화가 아닌 신경망 가중치 정규화를 연구했지만, 이는 별로 성공적이지 못했다. Teye et al.(2018)[31]은 신경망 예측의 불확실성에 대한 의미 있는 추정치를 제공할 수 있는 **몬테카를로 배치 정규화** Monte Carlo batch normalization를 도입했다. 다양한 정규화 방식의 속성에 대한 최근 비교는 Lubana et al.(2021)[32]에서 찾아볼 수 있다.

배치 정규화가 도움이 되는 이유

배치 정규화는 잔차 신경망의 초기 기울기를 조절하는 데 도움이 된다(그림 11.6c). 그러나 배치 정규화가 성능을 향상시키는 작동원리는 잘 알려져 있지 않다. Ioffe & Szegedy(2015)[22]의 명시적인 목표는 역전파 갱신 중에 이전 층 갱신으로 발생하는 현재 층에 대한 입력 분포의 변화인 **내부 공변량 변화**internal covariance shift로 인한 문제를 줄이는 것이었다. 그러나 Santurkar et al.(2018)[33]은 인위적으로 공변량 변화를 발생시켜서 배치 정규화가 있는 신경망과 없는 신경망이 똑같이 잘 수행된다는 것을 보여줌으로써 이러한 견해를 반박했다.

이에 자극을 받아서, 배치 정규화가 성능을 향상시키는 또 다른 이유를 찾았다. VGG 네트워크에 배치 정규화를 추가하면 기울기 방향으로 이동할 때 손실과 기울기의 변화가 감소한다는 것을 실증적으로 보였다. 즉 손실 표면이 더 매끄럽고 더 느리게 변하므로 더 큰 학습률을 적용할 수 있다. 또한 이러한 현상에 대한 이론적 증거를 제공하고 매개변수 초기화의 경우 가장 가까운 최적값까지의 거리가 배치 정규화가 적용된 신경망에서 더 짧다는 것을 보였다. Bjorck et al.(2018)[34]도 배치 정규화가 손실 표면의 속성을 개선하고 더 큰 학습률을 적용할 수 있도록 한다고 주장했다.

배치 정규화가 성능을 향상시키는 이유에 대한 또 다른 설명은 학습률 조정의 중요성이 감소한다는 것이다(Ioffe & Szegedy(2015)[22], Arora et al.(2018)[35]). 실제로 Li & Arora(2019)[36]는 배치 정규화를 사용해서 기하급수적으로 증가하는 학습률 스케쥴을 사용할 수 있다는 것을 보였다. 이는 궁극적으로 배치 정규화를 통해 신경망이 가중치 행렬의 크기에 영향을 받지 않기 때문이다(직관적인 시각화는 Huszár(2019)[37] 참고).

Hoffer et al.(2017)[25]은 배치 정규화가 배치의 무작위 구성으로 인한 통계적 변동으로 인해 정규화 효과가 있음을 확인했다. 그들은 고스트 배치 크기를 사용해서 평균과 표준편차 통계를 배치의 부분집합에서 계산할 것을 제안했다. 이제 더 작은 배치 크기를 사용했을 때 발생하는 추가적인 잡음에 따른 정규화 효과를 잃지 않고 큰 배치 크기를 사용할 수 있다. Luo et al.(2018)[38]은 배치 정규화의 정칙화 효과를 연구했다.

배치 정규화의 대안

배치 정규화가 널리 사용되고 있지만, 깊은 잔차 신경망 훈련에 배치 정규화가 반드시 있어야만 하는 것은 아니다. 손실 표면을 손쉽게 다룰 수 있도록 해주는 또 다른 방법이 있다. Balduzzi et al.(2017)[3]은 그림 11.6b에서 $\sqrt{1/2}$로 크기를 조정하는 것을 제안했다. 그들은 이를 통해 기울기 폭발은 방지할 수 있지만 파편화된 기울기 문제는 해결하지 못한다고 주장했다.

다른 연구에서는 잔차 블록 함수의 출력을 입력에 다시 더하기 전에 잔차 블록에서 함수의 출력 크기를 다시 조정하는 방법을 제안했다. 예를 들어 De & Smith(2020)[39]는 학습 가능한 스칼라 곱셈기를 각 잔차 분기의 끝에 배치하는 **SkipInit**을 도입했다. 이 곱셈기를 $\sqrt{1/K}$ 미만으로 초기화하면 도움이 되는데, 여기서 K는 잔차 블록의 수다. 실제로는 이를 0으로 초기화하는 것이 좋다고 제안했다. 비슷한 방식으로, Hayou et al.(2021)[40]은 k번째 잔차 블록(메인 브랜치에 더하기 전)의 함수 출력을 상수 λ_k로 재조정하는 **안정적인 ResNet**stable ResNet을 도입했다. 신경망의 폭을 무한대로 했을 경우, 첫 번째 층에 있는 가중치의 예상 기울기 노름이 스케일링 λ_k의 제곱합으로 하한이 결정된다는 것을 증명했다. 그들은 또한 이를 상수 $\sqrt{1/K}$로 설정하는 것을 연구했다. 여기서 K는 잔차 블록의 수이고, 최대 1,000개의 블록을 가진 신경망을 훈련하는 것이 가능하다는 것을 보였다.

Zhang et al.(2019a)[41]은 FixUp을 제안했다. 여기서 모든 층은 He 정규화를 사용하여 초기화하지만 모든 잔차 블록의 마지막 선형/합성곱층은 0으로 설정한다. 이제 초기 순방향 전파는 안정적이고(각 잔차 블록은 아무 영향도 미치지 않기 때문이다), 역방향 전파에서 기울기는 폭발하지 않는다(동일한 이유다). 또한 매개변수의 전체 예상 변화량의 크기가 잔차 블록 수에 관계없이 일정하도록 분기 크기를 다시 조정한다. 이러한 방법을 사용하면 깊은 잔차 신경망을 훈련할 수는 있지만 일반적으로 배치 정규화를 사용할 때와 동일한 테스트 성능을 달성하지는 못한다. 이는 아마도 잡음이 많은 배치 통계에 의한 정칙화의 이점을 얻지 못하기 때문이다. De & Smith(2020)[42]는 드롭아웃을 통한 정칙화 방법을 수정하여 이러한 격차를 줄였다.

DenseNet과 U-Net

DenseNet은 Huang et al.(2017b)[43]이 처음 소개했다. U-Net은 Ronneberger et al.(2015)[44]이 개발했다. 적층 모래시계 신경망은 Newell et al.(2016)[6]이 제안했다. 이러한 구조 중에서 U-Net이 가장 널리 적용되었다. Çiçek et al.(2016)[45]과 Milletari et al.(2016)[46]은 각각 **3차원 U-Net**과 **V-Net**을 도입했는데, 이들은 모두 3차원 데이터를 처리할 수 있도록 U-Net을 확장한 것이다. Zhou et al.(2018)[47]은 DenseNet과 U-Net의 아이디어를 결합한 구조를 소개했다. 이 구조에서는 이미지를 다운샘플링하고 다시 업샘플링하지만 중간 표현을 반복적으로 사용한다. 일반적으로 U-Net은 의료 영상 분할에 사용되었다(Siddique et al., 2021[48]). 그러나 깊이 추정(Garg et al., 2016)[49], 의미론적 분할(Iglovikov & Shvets, 2018)[50], 인페인팅(Zeng et al., 2019)[51], 팬샤프닝pansharpening(Yao et al., 2018)[52], 이미지-이미지 변환(Isola et al., 2017)[53]과 같은 영역에도 적용되었다. U-Net은 또한 확산 모델의 핵심 구성 요소이기도 하다(18장).

연습 문제

11.1 식 11.4의 신경망 정의로부터 식 11.5를 유도해보자.

11.2 그림 11.4a의 네 블록 신경망을 펼치면 길이가 0인 경로 1개, 길이가 1인 경로 4개, 길이가 2인 경로 6개, 길이가 3인 경로 4개, 길이가 4인 경로 1개가 생성된다. (i) 3개의 잔차 블록이 있는 경우, (ii) 5개의 잔차 블록이 있는 경우 각각의 길이에 해당하는 경로는 몇 개일까? 이를 일반화해서 K개의 잔차 블록에 대한 규칙을 유도해보자.

11.3 식 11.5의 신경망에서 첫 번째 층 $\mathbf{f}_1[\mathbf{x}]$에 대한 미분이 식 11.6임을 증명해보자.

11.4* 그림 11.6a의 잔차 블록의 두 분기의 값이 상관성이 없는 이유를 설명해보자. 상관관계가 없는 변수의 합의 분산은 해당 변수의 개별 분산의 합임을 증명해보자.

11.5* 스칼라값 배치 $\{z_i\}_{i=1}^{I}$이 주어진 경우, 배치 정규화를 위한 순방향 전파는 다음과 같은 연산으로 구성된다(그림 11.15).

$$\begin{aligned}
f_1 &= \mathbb{E}[z_i] & f_5 &= \sqrt{f_4 + \epsilon} \\
f_{2i} &= z_i - f_1 & f_6 &= 1/f_5 \\
f_{3i} &= f_{2i}^2 & f_{7i} &= f_{2i} \times f_6 \\
f_4 &= \mathbb{E}[f_{3i}] & z_i' &= f_{7i} \times \gamma + \delta
\end{aligned}$$

식 11.10

여기서 $\mathbb{E}[z_i] = \frac{1}{I}\sum_i z_i$이다. 순방향 전파를 구현하기 위한 파이썬 코드를 작성해보자. 이제 역방향 전파 알고리즘을 도출해보자. 모든 배치 멤버에 대해 $\partial z_i'/\partial z_i$를 계산하는 일련의 연산을 생성하기 위한 미분을 계산하는 계산 그래프를 통해 거꾸로 작업을 한다. 역방향 전파를 구현하는 파이썬 코드를 작성해보자.

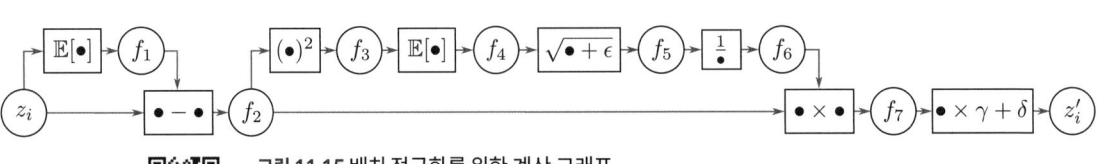

그림 11.15 배치 정규화를 위한 계산 그래프

11.6 1개의 입력, 1개의 출력, 각각 20개의 은닉 유닛을 포함하는 10개의 은닉층이 있는 완전 연결 신경망을 고려해보자. 이 신경망의 매개변수는 몇 개일까? 각 선형 변환과 ReLU 사이에 배치 정규화 연산을 추가하면 매개변수는 몇 개가 될까?

11.7* 그림 11.7a의 합성곱층의 가중치에 L2 정칙화 벌칙을 적용해보자. 단 이때 배치 정규화층의 스케일링 매개변수에는 적용하지 않는다. 훈련을 진행하면서 어떤 일이 일어날지를 생각해보자.

11.8 배치 정규화 연산, ReLU 활성화 함수, 3×3 합성곱층이 있는 합성곱 잔차 블록을 고려해보자. 입력과 출력 모두 512개의 채널이 있는 경우, 이 블록을 정의하는데 몇 개의 매개변수가 필요할까? 이제 3개의 배치 정규화, ReLU, 합성곱 시퀀스를 포함하는 병목 잔차 블록을 고려해보자. 첫 번째는 1×1 합성곱을 사용하여 채널 수를 512에서 128로 줄인다. 두 번째는 동일한 수의 입력 채널과 출력 채널에 3×3 합성곱을 사용한다. 세 번째는 1×1 합성곱을 사용하여 채널 수를 128에서 512로 늘린다(그림 11.7b 참고). 이 블록을 정의하는데 몇 개의 매개변수가 필요한가?

11.9 U-Net은 합성곱으로 구성되어 있어서, 훈련 후에는 임의의 크기를 갖는 이미지로도 실행할 수 있다. 그렇다면 임의의 크기의 이미지 모음으로 훈련하지 않는 이유는 무엇일까?

참고 문헌

[1] Krizhevsky, A., & Hinton, G. (2009). Learning multiple layers of features from tiny images. *Technical Report, University of Toronto.*

[2] He, K., Zhang, X., Ren, S., & Sun, J. (2016a). Deep residual learning for image recognition. *IEEE/CVF Computer Vision & Pattern Recognition*, 770–778.

[3] Balduzzi, D., Frean, M., Leary, L., Lewis, J., Ma, K. W.-D., & McWilliams, B. (2017). The shattered gradients problem: If ResNets are the answer, then what is the question? *International Conference on Machine Learning*, 342–350.

[4] Ronneberger, O., Fischer, P., & Brox, T. (2015). U-Net: Convolutional networks for biomedical image segmentation. *International Conferenceon Medical Image Computing and Computer-Assisted Intervention*, 234–241.

[5] Falk, T., Mai, D., Bensch, R., Çiçek, Ö., Abdulkadir, A., Marrakchi, Y., Böhm, A., Deubner, J., Jäckel, Z., Seiwald, K., et al. (2019). U-Net: Deep learning for cell counting, detection, and morphometry. *Nature Methods*, 16(1), 67–70.

[6] Newell, A., Yang, K., & Deng, J. (2016). Stacked hourglass networks for human pose estimation. *European Conference on Computer Vision*, 483–499.

[7] Li, H., Xu, Z., Taylor, G., Studer, C., & Goldstein, T. (2018b). Visualizing the loss landscape of neural nets. *Neural Information Processing Systems*, 31, 6391–6401.

[8] He, K., Zhang, X., Ren, S., & Sun, J. (2016b). Identity mappings in deep residual networks. *European Conference on Computer Vision*, 630–645.

[9] Wightman, R., Touvron, H., & Jégou, H. (2021). ResNet strikes back: An improved training procedure in timm. *Neural Information Processing Systems Workshop.*

[10] Sankararaman, K. A., De, S., Xu, Z., Huang, W. R., & Goldstein, T. (2020). The impact of neural network overparameterization on gradient confusion and stochastic gradient descent. *International Conference on Machine Learning*, 8469–8479.

[11] Zagoruyko, S., & Komodakis, N. (2016). Wide residual networks. *British Machine Vision Conference.*

[12] Orhan, A. E., & Pitkow, X. (2017). Skip connections eliminate singularities. *International Conference on Learning Representations.*

[13] Srivastava, R. K., Greff, K., & Schmidhuber, J(2015). Highway networks. *arXiv:1505.00387.*

[14] Xie, S., Girshick, R., Dollár, P., Tu, Z., & He, K. (2017). Aggregated residual transformations for deep neural networks. *IEEE/CVF Computer Vision & Pattern Recognition*, 1492–1500.

[15] Veit, A., Wilber, M. J., & Belongie, S. (2016). Residual networks behave like ensembles of relatively shallow networks. *Neural Information Processing Systems*, 29, 550–558.

[16] Yamada, Y., Iwamura, M., & Kise, K. (2016). Deep pyramidal residual networks with separated stochastic depth. *arXiv:1612.01230.*

[17] Huang, G., Sun, Y., Liu, Z., Sedra, D., & Weinberger, K. Q. (2016). Deep networks with stochastic depth. *European Conference on Computer Vision*, 646–661.

[18] Yamada, Y., Iwamura, M., Akiba, T., & Kise, K. (2019). Shakedrop regularization for deep residual learning. *IEEE Access*, 7, 186126–186136.

[19] Wu, Z., Nagarajan, T., Kumar, A., Rennie, S., Davis, L. S., Grauman, K., & Feris, R. (2018b). BlockDrop: Dynamic inference paths in residual networks. *IEEE/CVF Computer Vision & Pattern Recognition*, 8817–8826.

[20] Gastaldi, X. (2017a). Shake-shake regularization. *arXiv:1705.07485.*

[21] Yamada, Y., Iwamura, M., Akiba, T., & Kise, K. (2019). Shakedrop regularization for deep residual learning. *IEEE Access*, 7, 186126–186136.

[22] Ioffe, S., & Szegedy, C. (2015). Batch normalization: Accelerating deep network training by reducing internal covariate shift. *International Conference on Machine Learning*, 448–456.

[23] Yang, G., Pennington, J., Rao, V., Sohl-Dickstein, J., & Schoenholz, S. S. (2019). A mean field theory of batch normalization. *International Conference on Learning Representations.*

[24] Luther, K. (2020). Why BatchNorm causes exploding gradients. https://kyleluther.github.io/2020/02/18/

batchnorm-exploding-gradients.html.

25. Hoffer, E., Hubara, I., & Soudry, D. (2017). Train longer, generalize better: Closing the generalization gap in large batch training of neural networks. *Neural Information Processing Systems*, 30, 1731–1741.

26. Ioffe, S. (2017). Batch renormalization: Towards reducing minibatch dependence in batchnormalized models. *Neural Information Processing Systems*, 30, 1945–1953.

27. Ba, J. L., Kiros, J. R., & Hinton, G. E. (2016). Layer normalization. *arXiv:1607.06450*.

28. Wu, Y., & He, K. (2018). Group normalization. *European Conference on Computer Vision*, 3–19.

29. Ulyanov, D., Vedaldi, A., & Lempitsky, V. (2016). Instance normalization: The missing ingredient for fast stylization. *arXiv:1607.08022*.

30. Salimans, T., & Kingma, D. P. (2016). Weight normalization: A simple reparameterization to accelerate training of deep neural networks. *Neural Information Processing Systems*, 29, 901–909.

31. Teye, M., Azizpour, H., & Smith, K. (2018). Bayesian uncertainty estimation for batch normalized deep networks. *International Conference on Machine Learning*, 4907–4916.

32. Lubana, E. S., Dick, R., & Tanaka, H. (2021). Beyond BatchNorm: Towards a unified understanding of normalization in deep learning. *Neural Information Processing Systems*, 34, 4778–4791.

33. Santurkar, S., Tsipras, D., Ilyas, A., & Madry, A. (2018). How does batch normalization help optimization? *Neural Information Processing Systems*, 31, 2488–2498.

34. Bjorck, N., Gomes, C. P., Selman, B., & Weinberger, K. Q. (2018). Understanding batch normalization. *Neural Information Processing Systems*, 31, 7705–7716.

35. Arora, S., Li, Z., & Lyu, K. (2018). Theoretical analysis of auto rate-tuning by batch normalization. *arXiv:1812.03981*.

36. Li, Z., & Arora, S. (2019). An exponential learning rate schedule for deep learning. *International Conference on Learning Representations*.

37. Huszár, F. (2019). Exponentially growing learning rate? Implications of scale invariance induced by batch normalization. https://www.inference.vc/exponentially-growing-learning-rate-implications-of-scale-invariance-induced-by-BatchNorm/.

38. Luo, P., Wang, X., Shao, W., & Peng, Z. (2018). Towards understanding regularization in batch normalization. *International Conference on Learning Representations*.

39. De, S., & Smith, S. (2020). Batch normalization biases residual blocks towards the identity function in deep networks. *Neural Information Processing Systems*, 33, 19964–19975.

40. Hayou, S., Clerico, E., He, B., Deligiannidis, G., Doucet, A., & Rousseau, J. (2021). Stable ResNet. *International Conference on Artificial Intelligence and Statistics*, 1324–1332.

41. Zhang, H., Dauphin, Y. N., & Ma, T. (2019a). Fixup initialization: Residual learning without normalization. *International Conference on Learning Representations*.

42. De, S., & Smith, S. (2020). Batch normalization biases residual blocks towards the identity function in deep networks. *Neural Information Processing Systems*, 33, 19964–19975.

43. Huang, G., Liu, Z., Van Der Maaten, L., & Weinberger, K. Q. (2017b). Densely connected convolutional networks. *IEEE/CVF Computer Vision & Pattern Recognition*, 4700–4708.

44. Ronneberger, O., Fischer, P., & Brox, T. (2015). U-Net: Convolutional networks for biomedical image segmentation. *International Conference on Medical Image Computing and Computer-Assisted Intervention*, 234–241.

45. Çiçek, Ö., Abdulkadir, A., Lienkamp, S. S., Brox, T., & Ronneberger, O. (2016). 3D U-Net: Learning dense volumetric segmentation from sparse annotation. *International Conference on Medical Image Computing and Computer-Assisted Intervention*, 424–432.

46. Milletari, F., Navab, N., & Ahmadi, S.-A. (2016). V-Net: Fully convolutional neural networks for volumetric medical image segmentation. *International Conference on 3D Vision*, 565–571.

47. Zhou, Z., Rahman Siddiquee, M. M., Tajbakhsh, N., & Liang, J. (2018). UNet++: A nested UNet architecture for medical image segmentation. *Deep Learning in Medical Image Analysis Workshop*, 3–11.

[48] Siddique, N., Paheding, S., Elkin, C. P., & Devabhaktuni, V. (2021). U-Net and its variants for medical image segmentation: A review of theory and applications. *IEEE Access*, 82031–82057.

[49] Garg, R., Bg, V. K., Carneiro, G., & Reid, I. (2016). Unsupervised CNN for single view depth estimation: Geometry to the rescue. *European Conference on Computer Vision*, 740–756.

[50] Iglovikov, V., & Shvets, A. (2018). TernausNet: U-Net with VGG11 encoder pretrained on ImageNet for image segmentation. *arXiv:1801.05746*.

[51] Zeng, Y., Fu, J., Chao, H., & Guo, B. (2019). Learning pyramid-context encoder network for high-quality image inpainting. *IEEE/CVF Computer Vision & Pattern Recognition*, 1486–1494.

[52] Yao, W., Zeng, Z., Lian, C., & Tang, H. (2018). Pixel-wise regression using U-Net and its application on pansharpening. *Neurocomputing, 312*, 364–371.

[53] Isola, P., Zhu, J.-Y., Zhou, T., & Efros, A. A. (2017). Image-to-image translation with conditional adversarial networks. *IEEE/CVF Computer Vision & Pattern Recognition*, 1125–1134.

CHAPTER 12 트랜스포머

10장에서는 격자 형태의 데이터 처리에 특화된 합성곱 네트워크를 살펴봤다. 이는 이미지 처리와 같이 입력 변수가 매우 많아서 완전 연결 신경망을 사용할 수 없는 경우에 특히 적합하다. 합성곱 네트워크의 각 층은 매개변수를 공유하므로 이미지의 모든 위치에서 부분 이미지 패치를 유사하게 처리한다.

이 장에서는 **트랜스포머**transformer를 소개한다. 처음에는 트랜스포머를 자연어 처리 문제에 적용을 했는데, 이때는 단어나 단어 조각을 나타내는 일련의 고차원 임베딩이 신경망 입력이 된다. 언어 데이터셋은 이미지 데이터와 일부 특성을 공유한다. 입력 변수의 수는 매우 클 수 있고, 모든 위치에서의 통계는 유사하다. 텍스트 본문의 어느 위치에서도 개라는 단어가 등장할 수 있는데 그때마다 '개'의 의미를 다시 배우는 것은 합리적이지 않다. 그러나 언어 데이터셋에는 이미지 데이터에는 없는 복잡함이 있는데, 텍스트 시퀀스의 길이가 다양하고 이미지와 달리 크기를 쉽게 조정할 수 없다.

12.1 텍스트 데이터 처리

트랜스포머를 설명하기 위해 다음 단락을 고려해보자.

> The restaurant refused to serve me a ham sandwich because it only cooks vegetarian food. In the end, they just gave me two slices of bread. Their ambiance was just as good as the food and service.

목표는 이 텍스트를 다운스트림downstream 작업에 적합한 표현으로 처리하기 위한 신경망을 설계하는 것이다. 예를 들어 리뷰를 긍정적 또는 부정적으로 분류하거나 '레스토랑에서 스테이크를 제공합니까?'와 같은 질문에 답하는 데 사용할 수 있다.

우선 세 가지 사실을 관찰할 수 있다. 첫째, 인코딩된 입력의 크기가 놀라울 정도로 클 수 있다. 이 경우 37개 단어 각각은 길이 1,024의 임베딩 벡터로 표현할 수 있으므로 인코딩된 입력의 길이는 이 작은 구절에 대해서도 $37 \times 1{,}024 = 37{,}888$이 된다. 보다 현실적인 크기의 텍스트 본문에는 수백 또는 수천 개의 단어가 포함될 수 있으므로 완전 연결 신경망을 적용하는 것은 비현실적이다.

둘째, 자연어 처리 문제의 대표적인 특징 중 하나는 각 입력(하나 이상의 문장)의 길이가 다르다는 것이다. 따라서 완전 연결 신경망을 적용하는 방법조차 명확하지 않다. 이러한 관찰은 합성곱 네트워크가 다양한 이미지 위치에서 매개변수를 공유하는 방식과 유사하게 신경망이 다양한 입력 위치의 단어 간에 매개변수를 공유해야 함을 시사한다.

셋째, 언어는 모호하다. 구문만으로는 대명사 그것(it)이 햄샌드위치가 아니라 레스토랑을 가리키는지 명확하지 않다. 본문을 이해하려면 그것이라는 단어가 레스토랑이라는 단어와 어떻게든 연결되어야 한다. 트랜스포머 용어로 말하자면, 그것은 레스토랑에 주의를 기울여야 한다. 이는 단어 사이에 연결이 있어야 하고 이러한 연결의 강도는 단어에 따라 달라야 한다는 것을 의미한다. 게다가 이러한 연결은 큰 텍스트 범위 전체로 확장해야 한다. 예를 들어 마지막 문장의 '그들의(their)'라는 단어는 레스토랑을 의미하기도 한다.

12.2 점곱 셀프 어텐션

앞 절에서 텍스트 처리 모델이 (i) 길이가 다른 긴 입력 구절을 처리하기 위해 매개변수를 공유하고 (ii) 단어 표현 간의 연결을 단어 자체에 따라 설정한다고 설명했다. 트랜스포머는 **점곱 셀프 어텐션**dot-product self-attention을 통해 이 두 가지 속성을 모두 갖고 있다.

표준 신경망층 $\mathbf{f}[\mathbf{x}]$는 $D \times 1$ 입력 $\mathbf{x}$를 취하고 선형 변환을 적용한 후에 ReLU와 같은 활성화 함수를 적용한다. 이를 수식으로 표현하면 다음과 같다.

$$\mathbf{f}[\mathbf{x}] = \text{ReLU}[\boldsymbol{\beta} + \boldsymbol{\Omega}\mathbf{x}] \qquad \text{식 12.1}$$

여기서 $\boldsymbol{\beta}$는 편향을 나타내고 $\boldsymbol{\Omega}$은 가중치를 나타낸다.

셀프 어텐션 블록 $\mathbf{sa}[\bullet]$는 각각의 차원이 $D \times 1$인 N개의 입력 $\mathbf{x}_1, ..., \mathbf{x}_N$을 받고, 각각 동일한 크기인 $D \times 1$의 N개의 출력을 반환한다. 자연어 처리의 맥락에서 각 입력은 단어 또는 단어 조각을 나타낸다. 먼저, 각 입력에 대해 일련의 **값**$_{\text{value}}$을 계산한다.

$$\mathbf{v}_m = \boldsymbol{\beta}_v + \boldsymbol{\Omega}_v \mathbf{x}_m \qquad \text{식 12.2}$$

여기서 $\beta_v \in \mathbb{R}^{D \times 1}$와 $\Omega_v \in \mathbb{R}^{D \times D}$는 각각 편향과 가중치를 나타낸다.

이제 n번째 출력 $\mathbf{sa}_n[\mathbf{x}_1, ..., \mathbf{x}_N]$은 모든 값 $\mathbf{v}_1, ..., \mathbf{v}_N$의 가중합이 된다.

$$\mathbf{sa}_n[\mathbf{x}_1, ..., \mathbf{x}_N] = \sum_{m=1}^{N} a[\mathbf{x}_m, \mathbf{x}_n] \mathbf{v}_m \qquad \text{식 12.3}$$

스칼라 가중치 $a[\mathbf{x}_m, \mathbf{x}_n]$은 n번째 출력이 입력 $\mathbf{x}_m$에 기울이는 어텐션†의 정도이다. N개의 가중치 $a[\bullet, \mathbf{x}_n]$은 음수가 아니고 합이 1이다. 따라서 **셀프 어텐션**$_{\text{self-attention}}$은 각 출력을 생성하기 위해 값을 서로 다른 비율로 **라우팅**$_{\text{routing}}$하는 것으로 생각할 수 있다(그림 12.1).

[옮긴이] 관심, 주의라는 용어로 사용하기도 하지만, 일반적으로 통용되는 어텐션으로 번역했다.

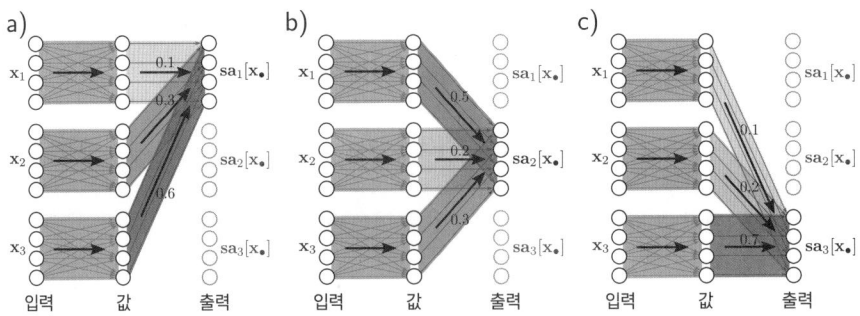

그림 12.1 셀프 어텐션을 라우팅으로 표현한 그림. 셀프 어텐션 메커니즘은 N개의 벡터 $\mathbf{x}_1, \ldots, \mathbf{x}_N \in \mathbb{R}^D$ (여기서 $N = 3, D = 4$)을 입력으로 받아서, 각각을 개별적으로 처리하여 N개의 값 벡터를 계산한다. n번째 출력 $\mathrm{sa}_n[\mathbf{x}_1, \ldots \mathbf{x}_N]$(간단히 $\mathrm{sa}_n[\mathbf{x}_\bullet]$로 표시한다)은 N개 값 벡터의 가중합으로 계산한다. 여기서 가중치는 양수이고 가중치의 합은 1이다. a) 출력 $\mathrm{sa}_1[\mathbf{x}_\bullet]$는 $a[\mathbf{x}_1, \mathbf{x}_1]$ = 첫 번째 값 벡터 곱하기 0.1, $a[\mathbf{x}_2, \mathbf{x}_1]$ = 두 번째 값 벡터 곱하기 0.3, $a[\mathbf{x}_3, \mathbf{x}_1]$ = 세 번째 값 벡터 곱하기 0.6으로 계산된다. b) 출력 $\mathrm{sa}_2[\mathbf{x}_\bullet]$도 동일한 방식으로 계산되지만 이번에는 가중치가 각각 0.5, 0.2, 0.3이다. c) 출력 $\mathrm{sa}_3[\mathbf{x}_\bullet]$ 계산에는 또 다른 가중치가 사용된다. 따라서 각각의 출력은 N개 값을 서로 다르게 라우팅하는 것으로 볼 수 있다.

다음 절에서는 점곱 셀프 어텐션을 좀 더 자세히 살펴본다. 먼저, 값을 계산하고 그에 따른 가중치(식 12.3)를 고려한다. 그런 다음 어텐션 가중치 $a[\mathbf{x}_m, \mathbf{x}_n]$를 계산하는 방법을 살펴본다.

12.2.1 값 계산과 값에 대한 가중치

식 12.2는 각각의 입력 $x_\bullet \in \mathbb{R}^D$에 동일한 가중치 $\mathbf{\Omega}_v \in \mathbb{R}^{D \times D}$와 편향 $\boldsymbol{\beta}_v \in \mathbb{R}^D$를 적용한다는 것을 보여준다. 이 계산은 시퀀스 길이 N에 따라 선형적으로 증가하므로 모든 DN 입력을 모든 DN 출력과 연결하는 완전 연결 신경망보다 더 적은 매개변수가 필요하다. 실제로 값 계산은 이러한 DN 양들을 연결하는, 매개변수가 공유된 희소 행렬 연산으로 볼 수 있다(그림 12.2b).

어텐션 가중치 $a[\mathbf{x}_m, \mathbf{x}_n]$은 서로 다른 입력의 값을 결합한다. 입력의 크기에 관계없이 입력의 각 순서쌍 $(\mathbf{x}_m, \mathbf{x}_n)$에 대해 하나의 가중치만 있기 때문에 어텐션 가중치 또한 희소하다(그림 12.2c). 어텐션 가중치의 수는 시퀀스 길이 N의 제곱에 비례하지만 각 입력 $\mathbf{x}_n$의 길이 D에는 독립적이다.

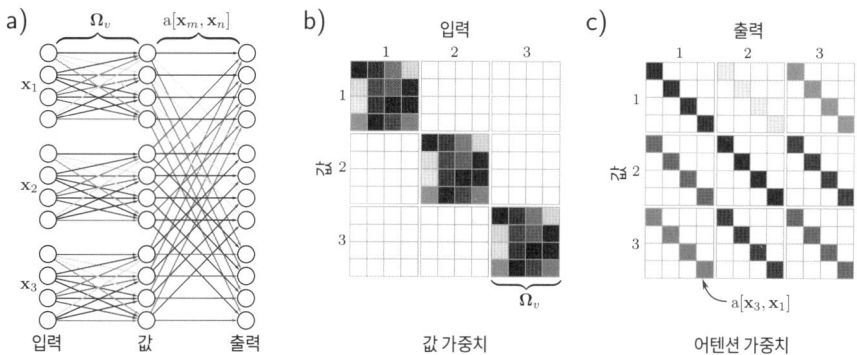

그림 12.2 $N = 3$이고 각각의 차원이 $D = 4$인 입력 $\mathbf{x}_n$에 대한 셀프 어텐션. a) 각 입력 $\mathbf{x}_m$에 동일한 가중치 Ω_v(동일한 색상은 동일한 가중치를 나타낸다)와 편향 β_v(그림에는 표시하지 않았다)을 독립적으로 적용해서 값 $\beta_v + \Omega_v \mathbf{x}_m$을 얻는다. 각 출력은 값의 선형 조합으로, 이때 공유 어텐션 가중치 $a[\mathbf{x}_m, \mathbf{x}_n]$을 사용하는데, $a[\mathbf{x}_m, \mathbf{x}_n]$는 n번째 출력에 대한 m번째 값의 기여도를 정의한다. b) 입력과 값 사이의 선형 변환 Ω_v의 블록 희소성을 보여주는 행렬. c) 값과 출력 사이의 어텐션 가중치의 희소성을 보여주는 행렬

12.2.2 어텐션 가중치 계산

앞 절에서 보았듯이 출력은 2개의 연결된 선형 변환의 결과이다. 우선 값 벡터 $\beta_v + \Omega_v \mathbf{x}_m$는 각 입력 $\mathbf{x}_m$에 대해 독립적으로 계산하고, 어텐션 가중치 $a[\mathbf{x}_m, \mathbf{x}_n]$로 값 벡터들의 선형 가중합을 구한다. 그러나 전체적인 셀프 어텐션 계산은 비선형적이다. 곧 살펴보겠지만, 어텐션 가중치는 입력에 대해서 비선형함수로 구한다. 이는 하나의 신경망 분기가 다른 신경망 분기의 가중치를 계산하는 **하이퍼네트워크**HyperNetwork의 예다.

어텐션을 계산하기 위해서는 또 다른 2개의 입력에 대한 선형 변환이 필요하다.

$$\begin{aligned} \mathbf{q}_n &= \beta_q + \omega_q \mathbf{x}_n \\ \mathbf{k}_m &= \beta_k + \omega_k \mathbf{x}_m \end{aligned}$$

식 12.4

여기서 $\{\mathbf{q}_n\}$과 $\{\mathbf{k}_m\}$을 각각 **쿼리**query와 **키**key라고 한다. 이제 쿼리와 키의 점곱†을 계산하고, 그 결과를 소프트맥스 함수에 통과시킨다.

B.3.4절 '벡터의 점곱' 참고

$$\begin{aligned} a[\mathbf{x}_m, \mathbf{x}_n] &= \text{softmax}_m \left[\mathbf{k}_\bullet^T \mathbf{q}_n \right] \\ &= \frac{\exp\left[\mathbf{k}_m^T \mathbf{q}_n\right]}{\sum_{m'=1}^{N} \exp\left[\mathbf{k}_{m'}^T \mathbf{q}_n\right]} \end{aligned}$$

식 12.5

각 $\mathbf{x}_n$에 대해서 어텐션 가중치는 양수이고 어텐션 가중치의 합은 1이 된다(그림 12.3). 어텐션 계산에 점곱을 사용했기 때문에, 이를 점곱 셀프 어텐션이라고 한다.

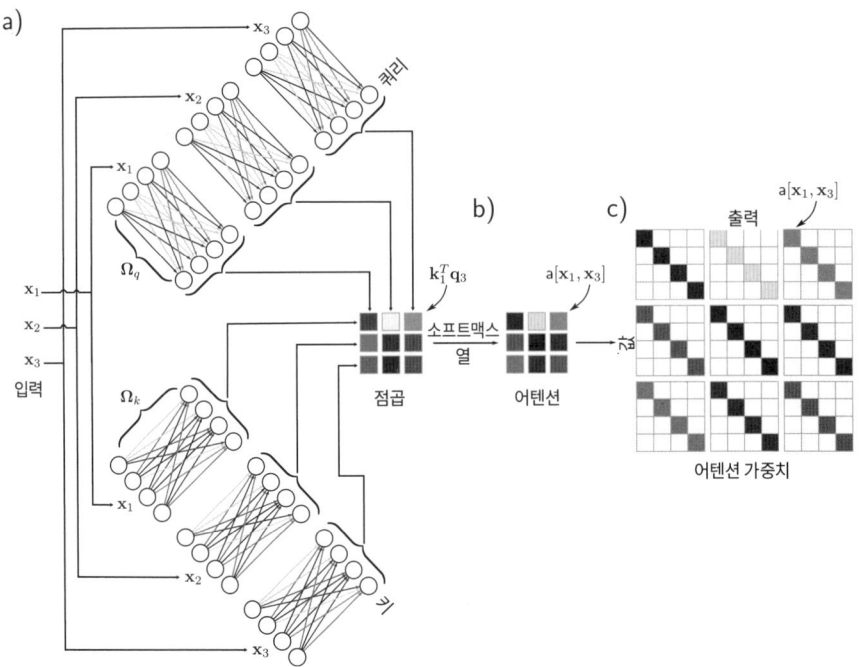

그림 12.3 어텐션 가중치 계산. a) 각 입력 $\mathbf{x}_n$에 대해 쿼리 벡터 $\mathbf{q}_n = \boldsymbol{\beta}_q + \boldsymbol{\Omega}_q \mathbf{x}_n$와 키 벡터 $\mathbf{k}_n = \boldsymbol{\beta}_k + \boldsymbol{\Omega}_k \mathbf{x}_n$을 계산한다. b) 각 쿼리와 3개의 키 사이의 점곱은 소프트맥스 함수를 거쳐서 음이 아니고 합이 1이 되는 어텐션을 형성한다. c) 이는 그림 12.2c의 희소 행렬을 통해 값 벡터(그림 12.1)를 라우팅한다.

'쿼리'와 '키'라는 이름은 정보 검색 분야에서 유래되었는데, 다음과 같이 해석할 수 있다. 점곱 연산은 입력 간의 유사성 척도가 되므로, 어텐션 가중치 $a[\mathbf{x}_\bullet, \mathbf{x}_n]$는 n번째 쿼리와 모든 키 사이의 상대적인 유사성에 따라 달라진다. 소프트맥스 함수에 의해 키 벡터가 최종 결과에 미치는 영향의 정도가 결정된다. 쿼리와 키는 동일한 차원을 가져야 하지만 일반적으로 값의 차원과는 다를 수도 있다. 값은 입력과 크기가 같으므로 표현의 크기는 변하지 않는다.†

연습 문제 12.2 참고

12.2.3 셀프 어텐션 요약

n번째 출력은 모든 입력에 동일한 선형 변환 $\mathbf{v}_\bullet = \boldsymbol{\beta}_v + \boldsymbol{\omega}_v \mathbf{x}_\bullet$를 적용해서 얻은 값의 가중합이다. 여기서 어텐션 가중치는 양수이고 합은 1이다. 가중치는 입력 $\mathbf{x}_n$과 다른 입력 간의 유사성 척도에 따라 결정된다. 활성화 함수는 없지만 어텐션 가중치 계산에 점곱과 소프트맥스 연산을 적용하기 때문에 어텐션 메커니즘은 비선형이다.

이 메커니즘은 앞에서 언급한 요구 사항을 충족한다. 첫째, 하나의 매개변수 집합 $\boldsymbol{\phi} = \{\boldsymbol{\beta}_v, \boldsymbol{\omega}_v, \boldsymbol{\beta}_q, \boldsymbol{\omega}_q, \boldsymbol{\beta}_k, \boldsymbol{\omega}_k\}$을 공유한다. 이는 입력의 개수 N과 무관하므로 신경망을 다양한 시퀀스 길이에 적용할 수 있다. 둘째, 입력(단어) 간에 연결이 있으며, 이러한 연결의 강도는 어텐션 가중치를 통해 입력에 따라 결정된다.

12.2.4 행렬 형태

N개의 입력 $\mathbf{x}_n$을 행렬의 열로 하는 $D \times N$ 행렬 $\mathbf{X}$를 이용해서 위의 계산을 간단한 형식으로 나타낼 수 있다. $\mathbf{X}$를 통해 값, 쿼리, 키를 다음과 같이 계산될 수 있다.

$$\mathbf{V}[\mathbf{X}] = \boldsymbol{\beta}_v \mathbf{1}^\mathbf{T} + \boldsymbol{\Omega}_v \mathbf{X}$$
$$\mathbf{Q}[\mathbf{X}] = \boldsymbol{\beta}_q \mathbf{1}^\mathbf{T} + \boldsymbol{\Omega}_q \mathbf{X}$$
$$\mathbf{K}[\mathbf{X}] = \boldsymbol{\beta}_k \mathbf{1}^\mathbf{T} + \boldsymbol{\Omega}_k \mathbf{X}$$

식 12.6

여기서 1은 원소가 모두 1인 $N \times 1$ 벡터다. 이제 셀프 어텐션 계산은 다음과 같다.

$$\mathbf{Sa}[\mathbf{X}] = \mathbf{V}[\mathbf{X}] \cdot \mathbf{Softmax}\left[\mathbf{K}[\mathbf{X}]^T \mathbf{Q}[\mathbf{X}]\right]$$

식 12.7

여기서 $\mathbf{Softmax}[\bullet]$ 함수는 행렬의 각 열에 대해 독립적으로 소프트맥스 연산을 수행한다(그림 12.4). 이 식에서는 셀프 어텐션이 입력을 기반으로 일종의 삼중 곱 triple product을 계산한다는 점을 강조하기 위해 입력 $\mathbf{X}$에 대한 값, 쿼리, 키의 의존성을 명시적으로 표현했다.† 그러나 지금부터는 이러한 의존성을 생략하고 다음과 같이 나타낸다.

$$\mathbf{Sa}[\mathbf{X}] = \mathbf{V} \cdot \mathbf{Softmax}[\mathbf{K}^T \mathbf{Q}]$$

식 12.8

깃허브의 노트북 12.1 'Self Attention' 참고. https://bit.ly/udl12_1

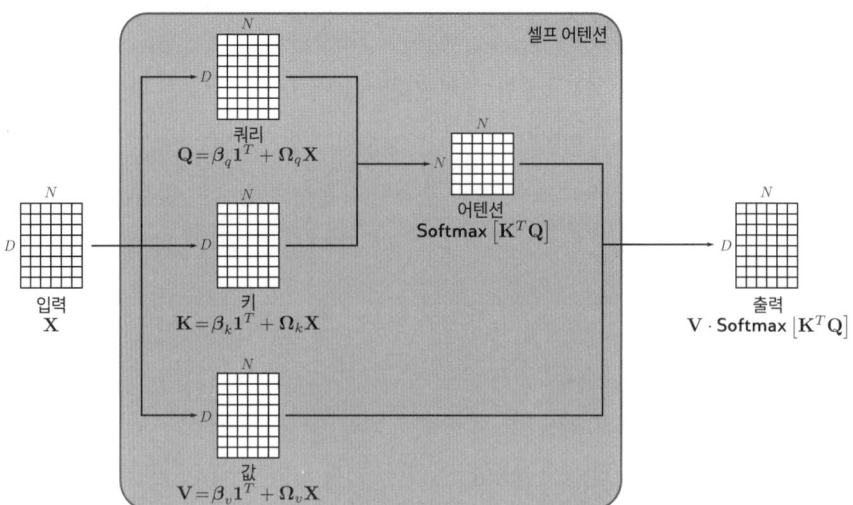

 그림 12.4 행렬 형태의 셀프 어텐션. N개의 입력 벡터 x_n을 $D \times N$ 행렬 X의 열에 저장하면 셀프 어텐션을 효율적으로 구현할 수 있다. 입력 X와 쿼리 행렬 Q, 키 행렬 K, 값 행렬 V 각각에 대해서 행렬 연산을 한다. 그런 다음 행렬 곱셈을 이용해서 점곱을 계산하고, 계산 결과로 얻게 되는 행렬의 각 열에 독립적으로 소프트맥스 연산을 적용하여 어텐션을 계산한다. 마지막으로 값에 어텐션을 곱해서 입력과 동일한 크기의 출력을 얻는다.

12.3 점곱 셀프 어텐션 확장

앞 절에서는 셀프 어텐션을 설명했다. 이제 실제 응용에서 셀프 어텐션과 늘 함께 사용하는 세 가지 확장 요소를 소개한다.

12.3.1 위치 인코딩

앞에서 주의 깊게 보았다면 셀프 어텐션 메커니즘이 중요한 정보를 버린다는 것을 알아차렸을 것이다. 입력 x_n의 순서와 상관없이 계산 결과가 동일하다는 점이다.† 보다 정확하게는 입력 순열에 대해서 등변적equivariant이다. 그러나 문장의 단어가 입력으로 들어오는 경우에는 순서가 중요하다. '여자가 라쿤을 잡아먹었다'라는 문장과 '라쿤이 여자를 잡아먹었다'라는 문장은 다른 의미를 갖는다. 위치 정보를 할당하기 위한 두 가지 방법이 있다.

연습 문제 12.3 참고

절대 위치 인코딩

입력 $\mathbf{X}$에 위치 정보를 인코딩하는 행렬 $\mathbf{\Pi}$를 더한다(그림 12.5). $\mathbf{\Pi}$의 각 열은 고유하므로 입력 시퀀스의 절대 위치에 대한 정보를 포함한다. 이 행렬은 직접 선택하거나 학습할 수 있고, 이 행렬을 신경망 입력이나 모든 신경망층에 더할 수 있다. 쿼리와 키를 계산할 때는 이 행렬을 입력 $\mathbf{X}$에 더하지만 값을 계산할 때는 더하지 않는다.

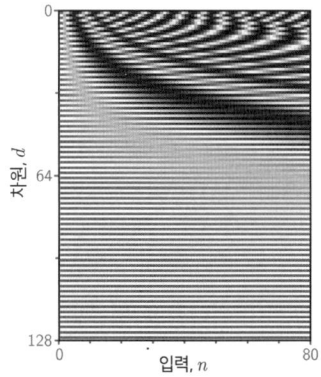

그림 12.5 위치 인코딩. 셀프 어텐션 구조는 입력에 대한 순열과 같다. 서로 다른 위치의 입력을 다르게 처리하기 위해 위치 인코딩 행렬 $\mathbf{\Pi}$를 데이터 행렬에 더한다. 각 열은 서로 다르기 때문에 위치를 구분할 수 있다. 여기서는 미리 정의된 정현파 패턴(필요한 경우 더 큰 N값으로 확장될 수 있다)을 위치 인코딩으로 사용한다. 그러나 다른 경우에는 학습된 위치 인코딩을 사용할 수도 있다.

상대 위치 인코딩

셀프 어텐션 메커니즘에서는 전체 문장, 많은 문장, 문장의 일부를 입력으로 받을 수 있는데, 이때 단어의 상대 위치가 두 단어 간의 절대 위치보다 훨씬 더 중요하다. 물론 시스템이 절대 위치를 알고 있으면 이를 복구할 수 있지만 상대 위치 인코딩은 이 정보를 직접 인코딩한다. 어텐션 행렬의 각 요소는 키 위치 a와 쿼리 위치 b 사이의 특정 오프셋에 해당한다. 상대 위치 인코딩은 각 오프셋에 대한 매개변수 $\pi_{a,b}$를 학습하고 이 값을 더하거나 곱하거나 다른 방식으로 방식으로 어텐션 행렬을 수정한다.

12.3.2 스케일링된 점곱 셀프 어텐션

어텐션 계산에서 점곱의 크기가 큰 값을 가질 수 있으며, 가장 큰 점곱 값은 소프트맥스 함수의 인수를 양 극단에 해당하는 영역으로 이동시킨다. 이제 소프트맥스 함수에 대한 입력의 작은 변화는 출력에 거의 영향을 미치지 않게 되므로(즉 기울기가 매우 작다.) 모델을 훈련하기가 어려워진다.† 이를 방지하기 위해 쿼리와 키의 차원 D_q(이는 Ω_q와 Ω_k의 행 수에 해당한다)의 제곱근으로 점곱을 스케일링한다.

연습 문제 12.4 참고

$$\mathbf{Sa}[\mathbf{X}] = \mathbf{V} \cdot \mathbf{Softmax}\left[\frac{\mathbf{K}^T\mathbf{Q}}{\sqrt{D_q}}\right] \quad \text{식 12.9}$$

이를 **스케일링된 점곱 셀프 어텐션**scaled dot product self-attention이라고 한다.

12.3.3 멀티 헤드

일반적으로 다수의 셀프 어텐션 메커니즘을 병렬로 적용하는데, 이를 **멀티 헤드 셀프 어텐션**multi-head self-attention이라고 한다. 이제 각각 H개의 서로 다른 값, 키, 쿼리를 계산한다.

$$\begin{aligned} \mathbf{V}_h &= \boldsymbol{\beta}_{vh}\mathbf{1}^\mathbf{T} + \boldsymbol{\Omega}_{vh}\mathbf{X} \\ \mathbf{Q}_h &= \boldsymbol{\beta}_{qh}\mathbf{1}^\mathbf{T} + \boldsymbol{\Omega}_{qh}\mathbf{X} \\ \mathbf{Q}_h &= \boldsymbol{\beta}_{kh}\mathbf{1}^\mathbf{T} + \boldsymbol{\Omega}_{kh}\mathbf{X} \end{aligned} \quad \text{식 12.10}$$

h번째 셀프 어텐션 메커니즘 또는 헤드head는 다음과 같이 나타낼 수 있다.

$$\mathbf{Sa}_h[\mathbf{X}] = \mathbf{V}_h \cdot \mathbf{Softmax}\left[\frac{\mathbf{K}_h^T\mathbf{Q}_h}{\sqrt{D_q}}\right] \quad \text{식 12.11}$$

여기서 각 헤드는 서로 다른 매개변수 $\{\boldsymbol{\beta}_{vh}, \boldsymbol{\omega}_{vh}\}$, $\{\boldsymbol{\beta}_{qh}, \boldsymbol{\omega}_{qh}\}$, $\{\boldsymbol{\beta}_{kh}, \boldsymbol{\omega}_{kh}\}$를 갖는다. 일반적으로 입력 x_m의 차원이 D이고 H개의 헤드가 있는 경우, 효율적인 구현을 위해 값, 쿼리, 키의 크기는 모두 D/H으로 설정한다.† 멀티 헤드 셀프 어텐션 메커니즘의 출력을 수직으로 연결하고, 이를 결합하기 위해 또 다른 선형 변환 Ω_c를 적용한다(그림 12.6).

연습 문제 12.5 참고

$$\mathbf{MhSa}[\mathbf{X}] = \boldsymbol{\Omega}_c\left[\mathbf{Sa}_1[\mathbf{X}]^T, \mathbf{Sa}_2[\mathbf{X}]^T, \ldots, \mathbf{Sa}_H[\mathbf{X}]^T\right]^T \quad \text{식 12.12}$$

셀프 어텐션이 잘 작동하기 위해서는 여러 개의 헤드가 필요해 보인다.† 이는 초기화를 잘못했을 경우에 셀프 어텐션 신경망이 이러한 초기화 문제에 더욱 강건하게 만드는 것으로 추측된다.

깃허브의 노트북 12.2 'Multi head Self-Attention' 참고. https://bit.ly/udl12_2

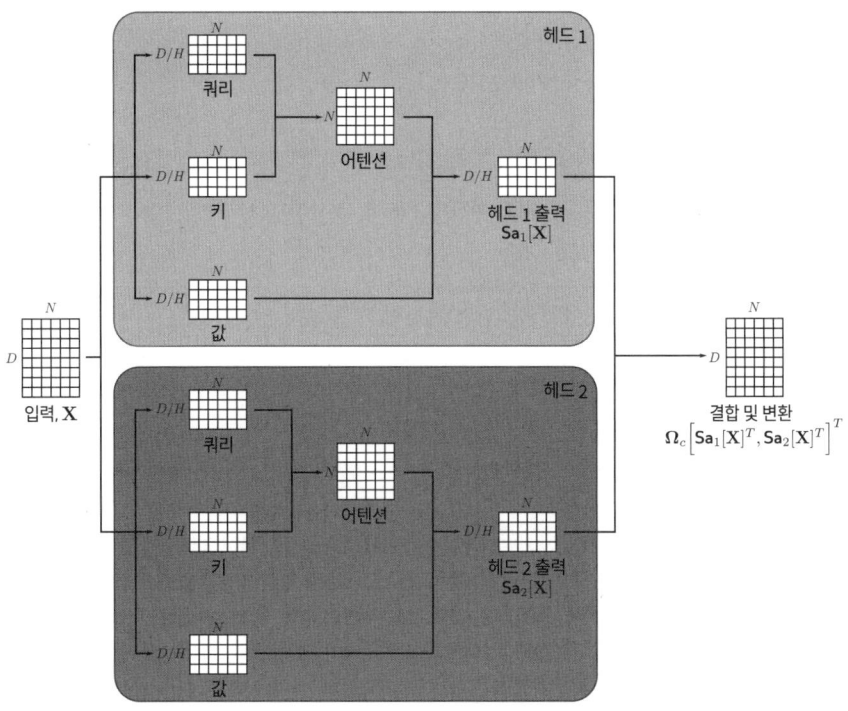

그림 12.6 멀티 헤드 셀프 어텐션. 여러 헤드에서 동시에 셀프 어텐션 계산을 한다. 각각의 헤드에는 고유한 쿼리, 키, 값이 있다. 그림에는 2개의 헤드가 각각 청록색과 주황색 상자에 표시되어 있다. 각 헤드의 출력은 수직으로 연결되고 또 다른 선형 변환 Ω_c를 사용하여 이를 다시 결합한다.

12.4 트랜스포머층

셀프 어텐션은 **트랜스포머층**transformer layer의 한 부분이다. 트랜스포머는 멀티 헤드 셀프 어텐션 유닛(단어 표현이 서로 상호작용할 수 있도록 한다)와 완전 연결 신경망 $\text{mlp}[\mathbf{x}_\bullet]$(각 단어마다 별도로 적용한다)로 구성된다. 두 유닛 모두 잔차 신경망이다(즉 출력을 원래의 입력에 다시 더한다). 또한 일반적으로 셀프 어텐션 신경망과 완전 연결 신경망 뒤에 LayerNorm 연산을 추가한다. LayerNorm은 배치 정규화와 유사하지만 단일 입력 시퀀스 내의 토큰에 대한 통계를 사용하여 정규화를 수행한다(11.4절, 그림 11.14). 전체 층은 다음과 같은 일련의 연산으로 설명할 수 있다(그림 12.7).

$$\begin{aligned} \mathbf{X} &\leftarrow \mathbf{X} + \mathrm{MhSa}[\mathbf{X}] \\ \mathbf{X} &\leftarrow \mathrm{LayerNorm}[\mathbf{X}] \\ \mathbf{x}_n &\leftarrow \mathbf{x}_n + \mathrm{mlp}[\mathbf{x}_n] \qquad \forall\, n \in \{1, \ldots, N\} \\ \mathbf{X} &\leftarrow \mathrm{LayerNorm}[\mathbf{X}] \end{aligned}$$

식 12.13

여기서 열 벡터 $\mathbf{x}_n$은 전체 데이터 행렬 $\mathbf{X}$에서 하나씩 가져온다. 실제 신경망은 식 12.13과 같은 트랜스포머층을 여러 개 연결해서 구성한다.

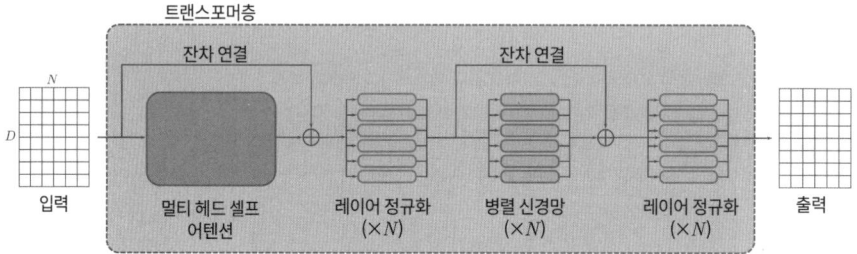

그림 12.7 트랜스포머층. 입력은 N개의 입력 토큰 각각에 대한 D차원 단어 임베딩을 포함하는 $D \times N$ 행렬로 구성된다. 출력은 같은 크기의 행렬이다. 트랜스포머층은 일련의 연산으로 구성된다. 첫째, 단어 임베딩이 서로 상호작용할 수 있도록 하는 멀티 헤드 어텐션 블록이 있다. 이는 잔차 블록 처리를 하므로 입력이 출력에 다시 더해진다. 둘째, LayerNorm을 각 임베딩에 개별적으로 적용한다. 셋째, N개의 단어 표현(열) 각각에 동일한 완전 연결 신경망을 개별적으로 적용하는 두 번째 잔차층이 있다. 마지막으로 LayerNorm을 다시 적용한다.

12.5 자연어 처리를 위한 트랜스포머

앞 절에서 트랜스포머층에 대해 살펴보았다. 이 절에서는 **자연어 처리**natural language processing, NLP 작업에 트랜스포머를 사용하는 방법을 살펴본다. 일반적인 자연어 처리 파이프라인의 맨 앞단에는 텍스트를 단어 또는 단어 조각으로 분할하는 토크나이저가 있다. 그런 다음 이러한 각 토큰은 학습된 임베딩에 매핑된다. 이러한 임베딩을 일련의 트랜스포머층들을 통과시킨다. 이제 이러한 각 단계를 차례로 살펴보자.

12.5.1 토큰화

텍스트 처리 파이프라인은 **토크나이저**tokenizer로 시작한다. 토크나이저는 텍스트를 가능한 토큰 어휘vocabulary에서 더 작은 구성 단위(토큰)로 분할한다. 앞의 논의에서는 은연중에 이러한 토큰이 단어를 나타낸다고 암시했지만, 여기에는 몇 가지 어려움이 있다.

- 불가피하게 일부 단어(예: 이름)는 어휘에 포함되지 않는다.
- 구두점을 어떻게 처리해야 할지 명확하지 않지만 이는 중요하다. 문장이 물음표로 끝나면 이 정보를 인코딩해야 한다.
- 어휘에는 같은 단어에 다른 접미사가 붙은 단어(예: walk, walks, walked, walking)에 대해 서로 다른 토큰이 필요하며 이러한 변형된 단어가 서로 관련되어 있음을 명시할 방법이 없다.

해결 방법은 문자와 구두점을 어휘에 포함하는 것인데, 이렇게 하면 텍스트를 매우 작은 부분으로 분할하게 되고 신경망이 이들 사이의 관계를 다시 학습해야 한다.

실제로는 문자와 전체 단어 사이의 절충안이 사용되는데, 최종 어휘에는 일반적인 단어와 더 크고 덜 빈번하게 사용되는 단어를 구성할 수 있는 단어 조각이 모두 포함된다.† 어휘는 빈도에 따라 일반적으로 발생하는 부분 문자열을 탐욕적으로 병합하는 **바이트 페어 인코딩**byte pair encoding, BPE(그림 12.8)과 같은 **서브워드 토크나이저**sub-word tokenizer를 사용하여 계산한다.

깃허브의 노트북 12.3 'Tokenization' 참고. https://bit.ly/udl12_3

a) a_sailor_went_to_see_see_see_
to_see_what_he_could_see_see_see_
but_all_that_he_could_see_see_see_
was_the_bottom_of_the_deep_blue_sea_sea_sea_

_	e	s	a	t	o	h	l	u	b	d	w	c	f	i	m	n	p	r
33	28	15	12	11	8	6	6	4	3	3	3	2	1	1	1	1	1	1

b) a_sailor_went_to_see_see_see_
to_see_what_he_could_see_see_see_
but_all_that_he_could_see_see_see_
was_the_bottom_of_the_deep_blue_sea_sea_sea_

_	e	se	a	t	o	h	l	u	b	d	w	c	s	f	i	m	n	p	r
33	15	13	12	11	8	6	6	4	3	3	3	2	1	1	1	1	1	1	1

c) a_sailor_went_to_see_see_see_
to_see_what_he_could_see_see_see_
but_all_that_he_could_see_see_see_
was_the_bottom_of_the_deep_blue_sea_sea_sea_

_	se	a	e_	t	o	h	l	u	b	d	e	w	c	s	f	i	m	n	p	r
21	13	12	12	11	8	6	6	4	3	3	3	3	2	2	1	1	1	1	1	1

⋮

d)
see_	sea_	e	b	l	w	a	could_	hat_	he_	o	t	t_	the_	to_	u	a	d	f	m	n	p	s	sailor_	to
7	6	4	3	3	3	3	2	2	2	2	2	2	2	2	1	1	1	1	1	1	1	1	1	1

⋮

e)
see_	sea_	could_	he_	the_	a_	all_	blue_	bottom_	but_	deep_	of_	sailor_	that_	to_	was_	went_	what_
7	6	2	2	2	1	1	1	1	1	1	1	1	1	1	1	1	1

f) (그래프: x축 반복 0~50, y축 #토큰 수 0~30)

그림 12.8 부분 단어 토큰화. a) 동요의 한 구절. 처음에는 토큰이 문자와 공백(밑줄로 표시된다)만 있고, 토큰의 빈도가 표에 표시된다. b) 반복마다 서브워드 토크나이저는 가장 일반적으로 발생하는 인접한 문자 쌍(이 경우 se)을 찾아서 병합한다. 이렇게 하면 새로운 토큰이 만들어지고 원래의 토큰 s와 e의 개수가 감소한다. c) 두 번째 반복에서 알고리즘은 e와 공백 문자_를 병합한다. 병합할 첫 번째 토큰의 마지막 문자는 공백이 될 수 없으므로 단어 간 병합은 되지 않는다. d) 22번의 반복 후, 토큰은 문자, 단어 조각, 일반적으로 사용되는 단어의 혼합으로 구성된다. e) 이 과정을 무한히 반복하면 토큰은 결국 전체 단어를 나타낸다. f) 시간이 지남에 따라 문자에 단어 조각을 추가하면 토큰 수가 증가하고 이러한 조각을 병합하면 다시 감소한다. 실제 상황에서는 매우 많은 수의 단어가 있기 때문에, 어휘 크기(토큰 수)가 미리 정의한 값에 도달하면 알고리즘을 종료한다. 구두점과 대문자도 별도의 입력 문자로 처리한다.

12.5.2 임베딩

어휘 $\mathcal{V}$의 각 토큰은 고유한 **단어 임베딩**word embedding에 매핑되고, 전체 어휘에 대한 임베딩은 행렬 $\mathbf{\Omega}_e \in \mathbb{R}^{D \times |\mathcal{V}|}$에 저장한다. 이를 위해 N개의 입력 토큰은 먼저 행렬 $\mathbf{T} \in \mathbb{R}^{|\mathcal{V}| \times N}$으로 인코딩된다. 여기서 n번째 열은 n번째 토큰에 해당하고, 크기가 $|\mathcal{V}| \times 1$인 **원-핫 벡터**one-hot vector(즉 토큰에 해당하는 항목만 1이고, 다른 모든 항목이 0인 벡터)이다. 입력 임베딩은 $\mathbf{X} = \mathbf{\Omega}_e \mathbf{T}$로 계산하고, $\mathbf{\Omega}_e$는 다른 신경망 매개

변수처럼 학습한다(그림 12.9). 일반적인 임베딩 크기 D와 전체 어휘 크기 $|\mathcal{V}|$는 각각 1,024과 30,000인데, 메인 신경망을 제외하고도 Ω_e에 학습해야 할 매개변수가 많다.

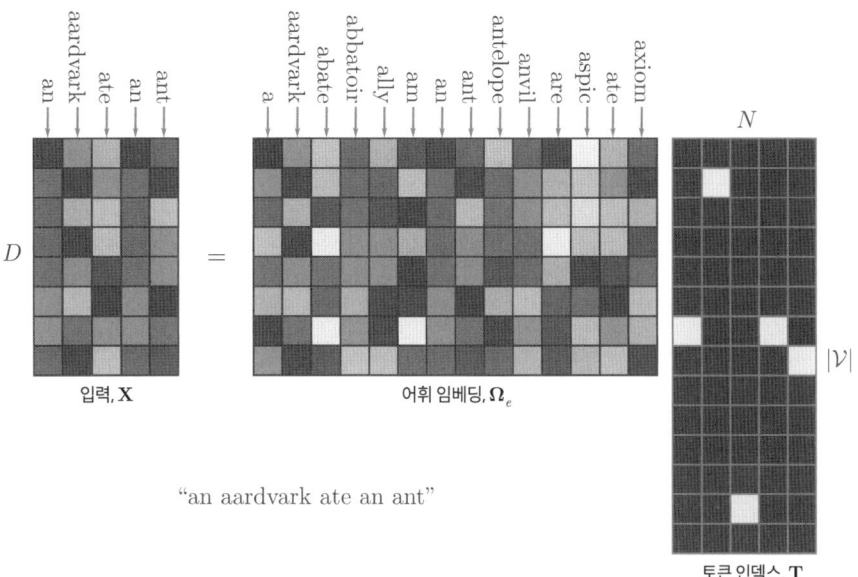

그림 12.9 입력 임베딩 행렬 $\mathbf{x} \in \mathbb{R}^{D \times N}$는 길이가 D인 N개의 임베딩을 포함한다. $\mathbf{X}$는 전체 어휘에 대한 임베딩을 포함하는 행렬 Ω_e와 단어 또는 부분 단어 인덱스에 해당하는 열에 원 핫 벡터를 포함하는 행렬을 곱하여 만들어진다. 어휘 행렬 Ω_e는 모델의 매개변수로 간주되고 다른 매개변수와 함께 학습한다. $\mathbf{X}$에 있는 단어 an에 대한 2개의 임베딩이 서로 같다는 점에 유의하자.

12.5.3 트랜스포머 모델

마지막으로 텍스트를 나타내는 임베딩 행렬 $\mathbf{X}$는 **트랜스포머 모델**transformer model이라고 하는 일련의 K개의 트랜스포머층을 통해 전달된다. 트랜스포머 모델에는 세 가지 유형이 있다. **인코더**encoder는 텍스트 임베딩을 다양한 작업에 적용할 수 있는 표현으로 변환한다. **디코더**decoder는 입력 텍스트에 이어지는 다음 토큰을 예측한다. **인코더-디코더**encoder-decoder는 하나의 텍스트 문자열이 다른 텍스트 문자열로 변환되는 **seq2seq 작업**sequence-to-sequence task에 사용된다(예를 들어 기계 번역). 이러한 변형 모델은 각각 12.6–12.8절에서 살펴본다.

12.6 인코더 모델의 예: BERT

BERT는 30,000개의 토큰 어휘를 사용하는 인코더 모델이다. 입력 토큰은 1,024차원의 단어 임베딩으로 변환되어 24개의 트랜스포머를 통과한다. 각각의 트랜스포머에는 16개의 헤드가 있는 셀프 어텐션 메커니즘이 포함되어 있다. 각 헤드에 대한 쿼리, 키, 값의 차원은 64이다(즉 행렬 $\Omega_{vh}, \Omega_{qh}, \Omega_{kh}$의 크기는 64×1024이다). 완전 연결 신경망의 단일 은닉층의 크기는 4,096이다. 총 매개변수의 수는 대략 3억 4,000만 개다. BERT가 도입될 당시에는 이것도 크다고 생각했지만 현재 최신 모델에 비하면 훨씬 작다.

BERT와 같은 인코더 모델은 전이학습(9.3.6절)을 활용한다. 사전 훈련을 통해, 대규모 텍스트 말뭉치를 사용해서 자기지도self-supervision를 통해 트랜스포머 구조의 매개변수를 학습한다. 사전 훈련의 목표는 모델이 언어 통계에 대한 일반적인 정보를 학습하는 것이다. 미세 조정 단계fine-tuning stage에서는 더 작은 규모의 라벨이 있는 학습 데이터를 사용하여 특정 작업을 해결하도록 사전 훈련된 신경망을 조정한다.

12.6.1 사전 훈련

연습 문제 12.6 참고

BERT는 또한 두 문장이 원래 텍스트에서 서로 인접한 문장이었는지 여부를 예측하는 또 다른 보조 작업을 사용하지만 이 작업은 성능을 약간만 향상시킨다.

사전 훈련 단계에서는 신경망이 자기 지도를 통해 신경망을 훈련한다. 자기 지도를 통해 손으로 일일이 엄청난 양의 데이터에 레이블을 달아주지 않아도 된다.† BERT의 경우, 자기 지도 작업은 대규모 인터넷 말뭉치의 문장에서 누락된 단어를 예측하는 것이다(그림 12.10).† 훈련에 사용하는 최대 입력 길이는 512개 토큰이고 배치 크기는 256개다. 시스템은 백만 단계 동안 훈련을 하는데, 이는 33억 단어 말뭉치로 대략 50 에포크 동안 훈련하는 것에 해당한다.

누락된 단어 예측을 통해 트랜스포머 신경망은 일부 구문을 이해할 수 있게 된다. 예를 들어 형용사 '붉은'은 집이나 자동차와 같은 명사 앞에서는 자주 발견되지만, '외치다'와 같은 동사 앞에서는 결코 발견되지 않는다는 것을 학습할 수 있다. 또한 모델은 세상에 대한 피상적인 상식을 배울 수 있다. 예를 들어 훈련 후에 모델은 '<mask>가 역에 들어오고 있다'라는 문장에서 누락된 단어로 '땅콩'보다 '기차'에 더 높은 확률을 할당한다. 그러나 이러한 유형의 모델이 가질 수 있는 '이해'의 정도는 제한적이다.

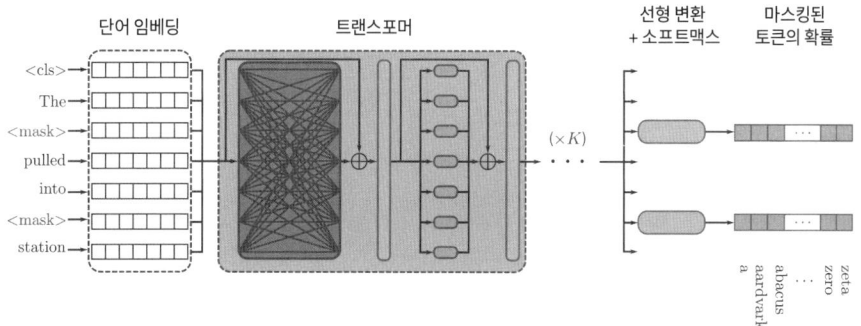

그림 12.10 BERT와 같은 인코더의 사전 훈련 과정. 입력 토큰(시퀀스의 시작을 나타내는 특수 토큰인 <cls>도 포함한다)을 단어 임베딩으로 변환한다. 여기서는 변환된 단어 임베딩이 열이 아닌 행에 해당하므로 '단어 임베딩'이라고 표시된 상자는 $\mathbf{X}^T$이다. 이러한 임베딩은 일련의 트랜스포머층(주황색 연결은 모든 토큰이 층의 다른 모든 토큰에 주의를 기울인다는 것을 나타낸다.)를 통과해서 출력 임베딩 집합을 생성한다. 입력 토큰의 일부를 무작위로 <mask> 토큰으로 대체한다. 사전 훈련의 목표는 연관된 출력 임베딩에서 누락된 단어를 예측하는 것이다. 이를 위해 마스킹된 토큰에 해당하는 출력은 소프트맥스 함수에 통과되며, 각 출력에 다중 클래스 분류 손실 함수(식 5.24)가 적용된다. 이 작업은 누락된 단어를 예측하기 위해 좌우 문맥을 모두 사용한다는 장점이 있지만 데이터를 효율적으로 사용하지 못한다는 단점이 있다. 여기서 손실 함수에 두 항을 추가하려면 7개의 토큰을 처리해야 한다.

12.6.2 미세 조정

미세 조정 단계에서는 모델 매개변수를 조정해서 신경망을 특정 작업에 적합하도록 만든다. 트랜스포머 신경망에 별도의 층을 추가해서 출력 벡터를 원하는 출력 형식으로 변환한다. 그러한 예로는 다음과 같은 것들이 있다.

텍스트 분류

BERT에서는 사전 훈련 때 각 문자열의 시작 부분에 분류 또는 **<cls> 토큰**으로 알려진 특수 토큰을 배치한다. **감정 분석**sentiment analysis처럼 문장의 감정적 어조가 긍정적인지 부정적인지를 분류하는 텍스트 분류 작업에서는 <cls> 토큰에 해당하는 벡터를 하나의 숫자로 매핑한 뒤 로지스틱 시그모이드 함수를 통과시킨다(그림 12.11a). 이로부터 표준 이진 교차 엔트로피 손실을 계산한다(5.4절).

단어 분류

개체명 인식named entity recognition에서는 각 단어를 개체 유형(예: 사람, 장소, 조직, 개체 없음)으로 분류한다. 이를 위해 각 입력 임베딩 $\mathbf{x}_n$은 $E \times 1$ 벡터에 매핑되는데,

여기서 E개의 항목은 E개의 개체 유형에 해당한다. 이를 소프트맥스 함수를 시키면 각 클래스에 대한 확률을 얻을 수 있는데, 이로부터 다중 클래스 교차 엔트로피 손실을 계산한다(그림 12.11b).

텍스트 범위 예측

SQuAD 1.1 질문 답변 작업에서는 질문과 답변이 포함된 위키피디아 구절을 연결하고 이를 토큰화한다. 그런 다음 BERT를 사용하여 답변이 포함된 구절에서 텍스트 범위를 예측한다. 각 토큰은 텍스트 범위의 시작과 끝을 나타내는 2개의 숫자에 매핑된다. 매핑 결과로 얻은 2개의 숫자를 소프트맥스 함수를 통과시킨다. 시작 위치일 확률과 끝날 위치의 확률을 결합하여 어떤 텍스트 범위가 답변인지를 유추할 수 있다.

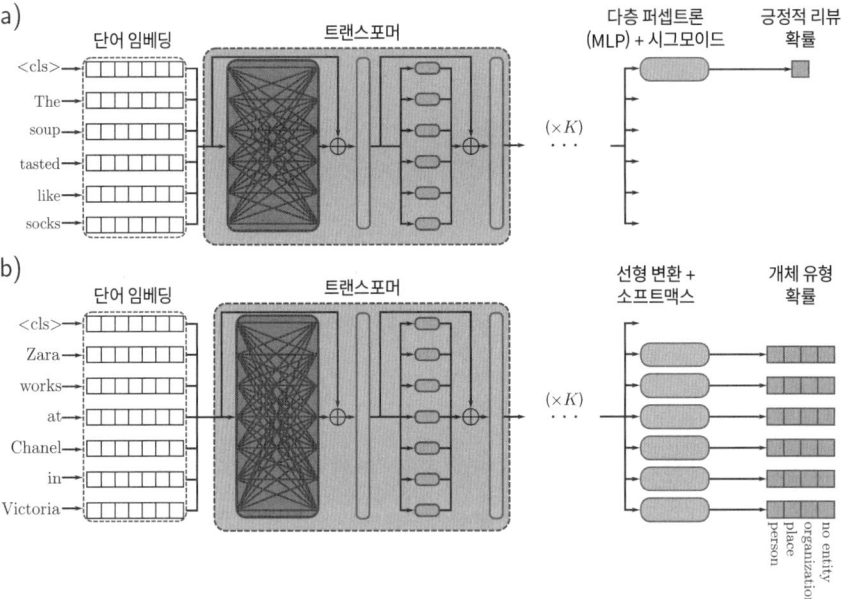

그림 12.11 사전 훈련 후 인코더는 특정 작업을 하기 위해 수동으로 레이블을 할당한 데이터를 사용하여 미세 조정을 한다. 일반적으로 선형 변환 또는 MLP를 인코더에 추가해서 필요한 출력을 생성한다. a) 텍스트 분류 작업의 예. 이와 같은 감정 분류 작업에서는 <cls> 토큰 임베딩을 사용하여 리뷰가 긍정적일 확률을 예측한다. b) 단어 분류 작업의 예. 이와 같은 명명된 개체 인식 문제에서는 각 단어에 대한 임베딩을 사용하여 해당 단어가 사람, 장소, 조직에 해당하는지 또는 개체가 아닌지를 예측한다.

12.7 디코더 모델의 예: GPT-3

이 절에서는 디코더 모델의 예인 **GPT-3**를 개략적으로 설명한다. 기본 구조는 인코더 모델과 매우 유사하고 학습된 단어 임베딩에 적용하는 일련의 트랜스포머층으로 구성된다. 그러나 GPT-3의 목표는 다르다. 인코더는 텍스트 표현을 구축하고 이를 미세 조정해서 다양한 보다 구체적인 자연어 처리 작업을 해결하는 것이 목표다. 반면에 디코더는 시퀀스에서 다음 토큰을 생성한다. 생성한 시퀀스를 다시 모델에 입력해서 일관된 텍스트 구절을 생성할 수 있다.

12.7.1 언어 모델링

GPT-3는 **자기회귀 언어 모델**autoregressive language model이다. 구체적인 예를 들어보면 이해하기가 쉽다. 'It takes great courage to let yourself appear weak(자신이 약해보이도록 하려면 큰 용기가 필요하다)'는 문장을 고려해보자. 설명의 편의를 위해 토큰이 완전한 단어라고 가정한다. 전체 문장의 확률은 다음과 같이 분해할 수 있다.

Pr(It takes great courage to let yourself appear weak) =
$\quad Pr$(It) $\times$ Pr(takes|It) $\times$ Pr(great|It takes) $\times$
$\quad Pr$(courage|It takes great) $\times$ Pr(to|It takes great courage) $\times$ Pr(let|It takes great courage to) $\times$ 식 12.14
$\quad Pr$(yourself|It takes great courage to let) $\times$
$\quad Pr$(appear|It takes great courage to let yourself) $\times$
$\quad Pr$(weak|It takes great courage to let yourself appear).

모든 사전 토큰이 주어진 경우, 자기회귀 모델은 각 토큰의 조건부 분포 $Pr(t_n|t_1, ..., t_{n-1})$을 예측하고, 간접적으로 N개 토큰의 **결합 확률**joint probability $Pr(t_1, t_2, ..., t_N)$을 계산한다.

$$Pr(t_1, t_2, \ldots, t_N) = Pr(t_1) \prod_{n=2}^{N} Pr(t_n|t_1, \ldots, t_{n-1}) \quad \text{식 12.15}$$

자기회귀 공식은 토큰의 로그 확률을 최대화하는 것과 다음 토큰 예측 작업 사이의 연관성을 보여준다.

12.7.2 마스킹된 셀프 어텐션

자기회귀 모델에서 디코더를 훈련하기 위해 입력 텍스트의 로그 확률을 최대화한다(즉 조건부 로그 확률 항들의 합을 최대화하는 것). 이상적으로는 전체 문장을 전달하고 모든 로그 확률과 기울기를 동시에 계산한다. 그러나 이 경우에는 $\log[Pr(\text{great}|\text{It takes})]$을 계산하는 항이 'great'이라는 답변과 'courage to let yourself appear weak'이라는 오른쪽 문맥에 모두 접근할 수 있다는 문제를 야기한다. 따라서 시스템은 다음 단어를 예측하는 방법을 배우기보다는 답변을 미리 보게 되어서 제대로 훈련이 되지 않는다.

다행스럽게도 토큰은 트랜스포머 신경망의 셀프 어텐션층에서만 상호작용을 한다. 따라서 답변과 오른쪽 문맥에 대한 어텐션이 0이 되도록 함으로써 문제를 해결할 수 있다. 이는 $\text{softmax}[\bullet]$ 함수를 통과하기 전에 셀프 어텐션 계산(식 12.5)에서 해당 점곱을 음의 무한대로 설정하면 된다. 이것을 **마스킹된 셀프 어텐션**masked self-attention이라고 한다. 이것의 효과는 그림 12.1에서 위로 향하는 모든 화살표의 가중치를 0으로 만드는 것과 같다.

전체 디코더 신경망은 다음과 같이 작동한다. 우선 입력 텍스트를 토큰화하고 토큰을 임베딩으로 변환한다. 임베딩은 트랜스포머층으로 전달되지만, 변환기는 이제 마스킹된 셀프 어텐션을 사용하여 현재 토큰과 이전 토큰에만 주의를 기울일 수 있다. 각각의 출력 임베딩은 부분 문장을 나타내는 것으로 생각할 수 있으며, 이는 각 시퀀스의 다음 토큰을 예측한다. 그리고 트랜스포머층을 거친 후, 하나의 선형 계층이 각 출력 임베딩을 어휘집 크기만큼의 크기로 매핑하며, 이어지는 $\text{softmax}[\bullet]$ 함수가 이러한 값을 확률로 변환한다. 훈련 중에는 표준 다중 클래스 교차 엔트로피 손실을 사용하여 정답 시퀀스의 모든 위치에서 다음 토큰의 로그 확률의 합이 최대가 되도록 한다(그림 12.12).

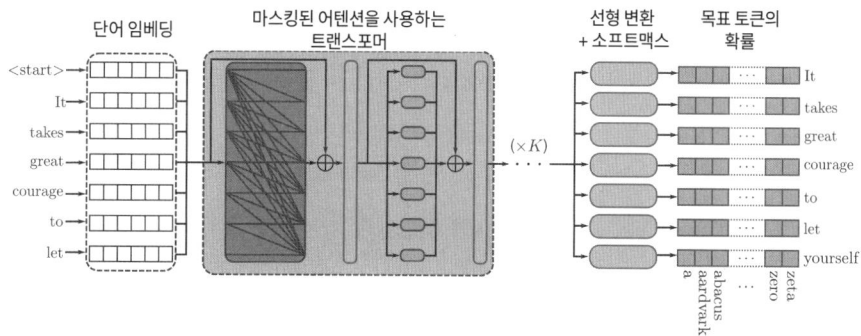

그림 12.12 GPT-3 유형의 디코더 신경망 훈련. 시퀀스 시작 부분에 특수 토큰인 <start>를 추가한 다음에 토큰을 단어 임베딩에 매핑한다. 임베딩을 마스킹된 셀프 어텐션을 사용하는 일련의 트랜스포머 층을 통과시킨다. 이때 문장의 각 위치는 자기 자신의 임베딩과 시퀀스에서 앞선 토큰들의 임베딩에만 어텐션을 적용할 수 있다(주황색 연결) 각 위치에서의 목표는 시퀀스에서 다음 정답 토큰의 확률을 최대화하는 것이다. 즉 위치 1에서 토큰 It의 확률을 최대화하려고 하고, 위치 2에서는 토큰 takes 확률을 최대화하려고 하고, 나머지 위치에서도 동일하다. 마스킹된 셀프 어텐션은 시스템이 후속 입력을 볼 수 없도록 한다. 자기회귀 작업은 모든 단어가 손실 함수에 기여하기 때문에 데이터를 효율적으로 사용할 수 있다는 장점이 있지만, 각 단어의 왼쪽 문맥만 활용한다는 단점도 있다.

12.7.3 디코더에서 텍스트 생성

자기회귀 언어 모델은 이 책에서 논의된 생성 모델의 첫 번째 예다. 자기회귀 언어 모델은 텍스트 시퀀스에 대한 확률 모델을 정의하므로, 그럴듯한 텍스트의 새로운 견본을 샘플링하는 데 사용할 수 있다. 모델에서 텍스트를 생성하기 위해서는 텍스트의 입력 시퀀스(단순히 시퀀스의 시작을 나타내는 특수 <start> 토큰일 수도 있다)를 신경망에 입력한 다음 가능한 후속 토큰에 대한 확률을 출력한다. 그런 다음 이 확률분포에서 가장 가능성이 높은 토큰이나 샘플을 선택할 수 있다. 새로 확장된 시퀀스는 다음 토큰에 대한 확률분포를 출력하는 디코더 신경망에 다시 입력한다. 이 과정을 반복함으로써 장문의 텍스트를 생성할 수 있다. 마스킹된 셀프 어텐션 덕분에 이전 임베딩이 후속 임베딩에 의존하지 않으므로 매우 효율적으로 계산을 할 수 있다. 따라서 후속 토큰을 생성할 때 이전에 계산해놓은 많은 부분을 재사용할 수 있다.†

연습 문제 12.7 참고

실제로는 다양한 전략을 통해 출력 텍스트를 더욱 일관되게 만들 수 있다.† 예를 들어 **빔 검색**beam search을 통해 여러 완성된 형태의 문장을 추적해서 가장 가능성이 높은 것을 찾는다(각 단계에서 가장 가능성이 높은 다음 단어를 탐욕적 방법으로

깃허브의 노트북 12.4
'Decoding strategies' 참고.
https://bit.ly/udl12_4

선택하면 반드시 가장 가능성이 높은 것을 찾는다고 보장할 수 없다). **톱-k 샘플링**Top-k sampling은 확률분포의 긴 꼬리 부분에 있는 낮은 확률의 토큰이 선택되어, 불필요한 문장이 이어지는 것을 방지하기 위한 방법이다. 이 기법은 가장 가능성이 높은 톱-k의 토큰 중에서만 무작위로 다음 단어를 선택한다.

12.7.4 GPT-3와 퓨샷 학습

GPT-3와 같은 **대형 언어 모델**large language model, LLM은 이러한 아이디어를 대규모로 적용한다. GPT-3에서는 시퀀스 길이가 2,048개의 토큰 길이이고, 총 배치 크기는 320만 개의 토큰이다. 모두 96개의 트랜스포머층(일부는 희소한 버전을 어텐션을 구현한다)이 있고, 각각의 트랜스포머는 크기가 12,288인 단어 임베딩을 처리한다. 셀프 어텐션층에는 96개의 헤드가 있고, 값, 쿼리, 키의 차원은 128이다. 3,000억 개의 토큰으로 훈련되었고 1,750억 개의 매개변수가 있다.

다음은 GPT-3 모델에서 텍스트를 완성하는 예다. 여기서 모델에 제공한 텍스트는 **굵은 글씨**이고, 생성한 텍스트는 밑줄로 표시했다.

> **Understanding Deep Learning is a new textbook from MIT Press by Simon Prince that**'s designed to offer an accessible, broad introduction to the field. Deep learning is a branch of machine learning that is concerned with algorithms that learn from data that is unstructured or unlabeled. The book is divided into four sections: (딥러닝의 이해는 사이먼 프린스가 집필한 MIT Press의 새로운 교재다. 이 책은 해당 분야에 대한 접근 가능하고 광범위한 부분을 소개하도록 집필되었다. 딥러닝은 구조화되지 않았거나 레이블이 지정되지 않은 데이터로부터 학습하는 알고리즘과 관련된 머신러닝의 한 분야다. 이 책은 다음과 같은 네 부분으로 구성되어 있다.)
>
> 1. Introduction to deep learning(딥러닝 소개)
> 2. Deep learning architecture(딥러닝 구조)
> 3. Deep learning algorithms(딥러닝 알고리즘)
> 4. Applications of deep learning(딥러닝의 응용)

The first section offers an introduction to deep learning, including its history and origins. The second section covers deep learning architecture, discussing various types of neural networks and their applications. The third section dives into deep learning algorithms, including supervised and unsupervised learning, reinforcement learning, and more. The fourth section applies deep learning to various domains, such as computer vision, natural language processing, and robotics. (첫 번째 절에서는 딥러닝의 역사와 기원을 포함하여 딥러닝을 소개한다. 두 번째 절에서는 딥러닝의 구조를 다루고, 다양한 유형의 신경망과 그 응용에 대해 논의한다. 세 번째 절에서는 지도 학습과 비지도 학습, 강화 학습 등을 포함한 딥러닝 알고리즘을 자세히 살펴본다. 네 번째 절에서는 컴퓨터 비전, 자연어 처리, 로봇공학 등 다양한 분야에 딥러닝을 적용한다.)

제공한 텍스트에 대해서 이어지는 부분은 비록 부분적으로만 정확하지만 그럴듯하다.

이 정도 규모의 학습 모델의 놀라운 특성 중 하나는 미세 조정 없이 많은 작업을 수행할 수 있다는 것이다. 여러 개의 올바른 질문/답변 쌍의 예를 제공하고, 다른 어떤 질문을 하면 마지막 질문에 대한 문장을 완성해서 올바르게 대답하는 경우가 종종 있다. 예를 들어 영어 문법 교정이 있다.

❶

- 나쁜 영어 입력: I eated the purple berries(나는 보라색 산딸기를 먹었다).
- 좋은 영어 출력: I ate the purple berries(나는 보라색 산딸기를 먹었다).

❷

- 나쁜 영어 입력: Thank you for picking me as your designer. I'd appreciate it(저를 디자이너로 뽑아주셔서 감사합니다. 정말 고맙습니다).
- 좋은 영어 출력: Thank you for choosing me as your designer. I appreciate it(저를 디자이너로 선택해주셔서 감사합니다. 정말 고맙습니다).

❸
- 나쁜 영어 입력: The mentioned changes have done. or I did the alteration that you requested. or I changed things you wanted and did the modifications(언급된 변경 사항이 완료되었다. 또는 당신이 요청한 변경 작업을 했다. 또는 당신이 원하는 것을 변경하고 수정했다).
- 좋은 영어 출력: The requested changed have been made. or I made the alteration that you requested. or I changed things you wanted and made the modifications(요청한 변경 사항을 적용했다. 또는 당신이 요청한 사항을 변경했다. 또는 당신이 원하는 것을 변경하고 수정했다).

❹
- 나쁜 영어 입력: I'd be more than happy to work with you in another project(다른 프로젝트에서 당신과 함께 일할 수 있기를 고대한다).
- 좋은 영어 출력: <u>I'd be more than happy to work with you on another project</u>(다른 프로젝트에서 당신과 함께 일할 수 있기를 고대한다).

(출처: Brown et al., 2020[1])

여기서 **굵은 글씨**로 표시된 쌍의 예를 담고 있는 텍스트는 GPT-3의 컨텍스트로 제공되었으며 시스템은 밑줄로 정답을 생성했다. 이러한 기능은 자연어 설명을 기반으로 코드 조각 생성, 산술, 언어 간 번역, 텍스트 구절에 대한 질문에 답하기 등 다양한 상황으로 확장할 수 있다. 결과적으로, 거대한 언어 모델은 **퓨샷 학습**few-shot learning을 할 수 있다고 할 수 있다. 즉 단지 몇 가지 예를 바탕으로 새로운 작업을 수행하는 방법을 배울 수 있다. 그러나 실제 성능은 불규칙한데, 이는 학습한 예를 단순히 보간하거나 말 그대로 복사하는 것이 아니라 학습한 예에서 얼마나 추정하는지는 불분명하다.

12.8 인코더-디코더 모델의 예: 기계 번역

언어 간 번역은 seq2seq 작업의 예다. 일반적인 방법은 인코더(원문 문장의 정확한 표현을 계산하는 데 사용)와 디코더(대상 언어로 문장을 생성하는 데 사용)를 모두 사용하는 것이다. 이를 **인코더-디코더 모델**encoder-decoder model이라고 한다.

영어에서 프랑스어로 번역하는 예를 고려해보자. 인코더는 영어로 된 문장을 입력으로 받아서 일련의 트랜스포머층을 통해 이를 처리하여 각 토큰에 대한 출력 표현을 생성한다. 훈련을 할 때 디코더는 입력으로 받은 프랑스어로 된 정답 번역을 마스킹된 셀프 어텐션을 사용하는 일련의 트랜스포머층을 통과시켜서 각 위치에서 다음 단어를 예측한다. 그러나 디코더층은 인코더의 출력에도 주의를 기울인다. 결과적으로 각 프랑스어 출력 단어는 이전의 출력 단어들과 원문 영어 문장을 기반으로 생성된다(그림 12.13).

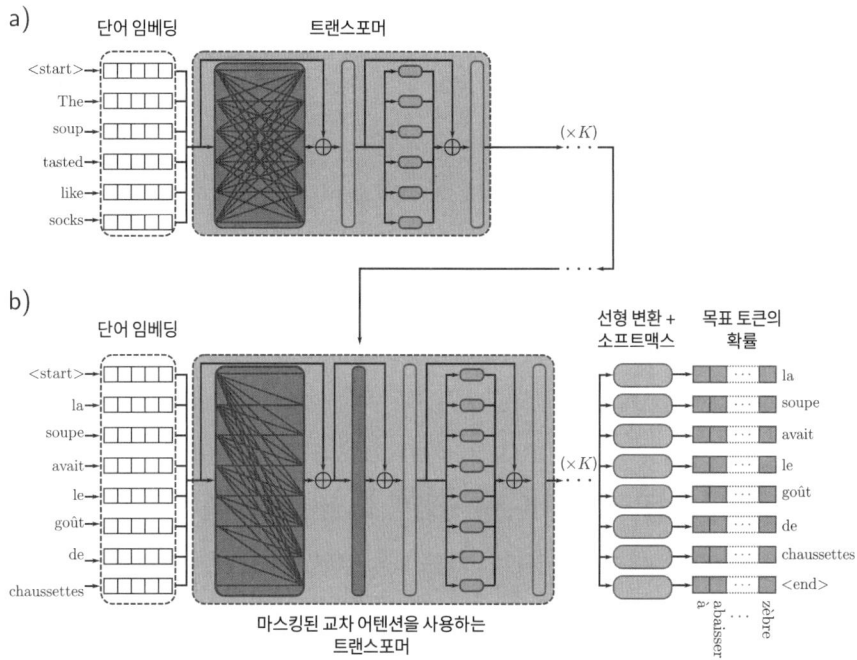

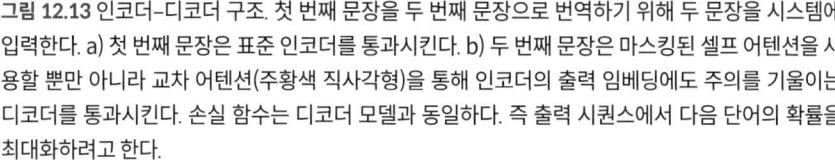

그림 12.13 인코더-디코더 구조. 첫 번째 문장을 두 번째 문장으로 번역하기 위해 두 문장을 시스템에 입력한다. a) 첫 번째 문장은 표준 인코더를 통과시킨다. b) 두 번째 문장은 마스킹된 셀프 어텐션을 사용할 뿐만 아니라 교차 어텐션(주황색 직사각형)을 통해 인코더의 출력 임베딩에도 주의를 기울이는 디코더를 통과시킨다. 손실 함수는 디코더 모델과 동일하다. 즉 출력 시퀀스에서 다음 단어의 확률을 최대화하려고 한다.

이를 위해 디코더의 트랜스포머층을 수정한다. 원래 모델은 마스킹된 셀프 어텐션층과 각 임베딩에 개별적으로 적용되는 신경망으로 구성되었다(그림 12.12). 이 두 구성 요소 사이에 새로운 셀프 어텐션층이 추가되어, 디코더 임베딩이 인코더 임베딩에 주의를 기울인다. 이를 위해 **인코더-디코더 어텐션**encoder-decoder attention 또는

교차 어텐션cross-attention이라고 하는 셀프 어텐션 버전을 사용한다. 여기서 쿼리는 디코더 임베딩으로부터 계산하고 키와 값은 인코더 임베딩으로부터 계산한다(그림 12.14).

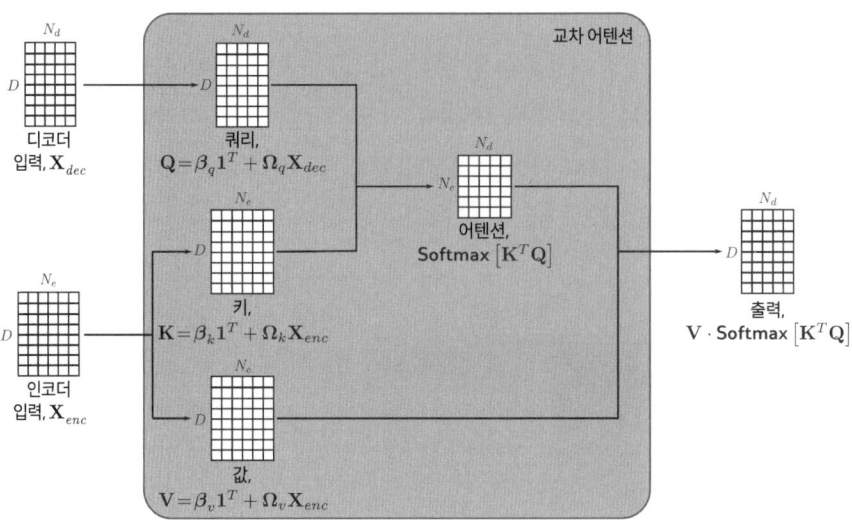

그림 12.14 교차 어텐션. 계산 흐름은 표준 셀프 어텐션과 동일하다. 그러나 쿼리는 디코더 임베딩 $\mathbf{X}_{dec}$으로부터 계산되고, 키와 값은 인코더 임베딩 $\mathbf{X}_{enc}$로부터 계산한다. 번역 작업의 경우, 인코더는 원문 언어의 통계적 정보를 담고 있고, 디코더는 번역 대상 언어의 통계적 정보를 담고 있다.

12.9 긴 시퀀스 처리를 위한 트랜스포머

트랜스포머 인코더 모델의 각 토큰은 다른 모든 토큰과 상호작용하므로 계산 복잡도는 시퀀스 길이의 제곱으로 증가한다. 디코더 모델의 경우, 각 토큰은 이전 토큰과만 상호작용하므로 상호작용 횟수는 대략 절반이지만 복잡성은 여전히 제곱으로 증가한다. 이러한 관계는 상호작용 행렬로 시각화할 수 있다(그림 12.15a-b).

이처럼 계산량이 시퀀스 길이의 제곱에 비례해서 증가하기 때문에 사용할 수 있는 시퀀스 길이에 제한이 생긴다. 좀 더 긴 시퀀스를 처리할 수 있도록 트랜스포머를 확장하기 위한 많은 방법이 개발되었다. 그중 하나는 셀프 어텐션의 상호작용을 가지치기하거나 또는 상호작용 행렬을 희소화하는 것이다(그림 12.15c-h). 예를 들어 합성곱 구조와 비슷하게 각 토큰이 몇 개의 인접 토큰과만 상호작용하도록 제한할 수 있다. 여러 층을 통해, 수용 영역이 확장됨에 따라 토큰이 더 먼 거리까지 상호작용할 수 있게 된다. 이미지에 대한 합성곱과 같이 커널 크기와 확장률을 조절할 수 있다.

순수한 합성곱과 같은 방법에서는 먼 거리에 있는 정보를 통합하기 위해서는 많은 층이 필요하다. 이를 빨리 처리할 수 있는 방법은 선택된 토큰(아마도 모든 문장의 시작 부분)이 다른 모든 토큰(인코더 모델)이나 이전의 모든 토큰(디코더 모델)에 주의를 기울일 수 있도록 하는 것이다. 이와 비슷한 또 다른 아이디어는 소수의 전역 토큰 global token을 이용해서 다른 토큰과 연결하는 것이다. <cls> 토큰과 같이 이 토큰들도 특정 단어를 나타내지는 않지만 장거리 연결을 제공하는 역할을 한다.

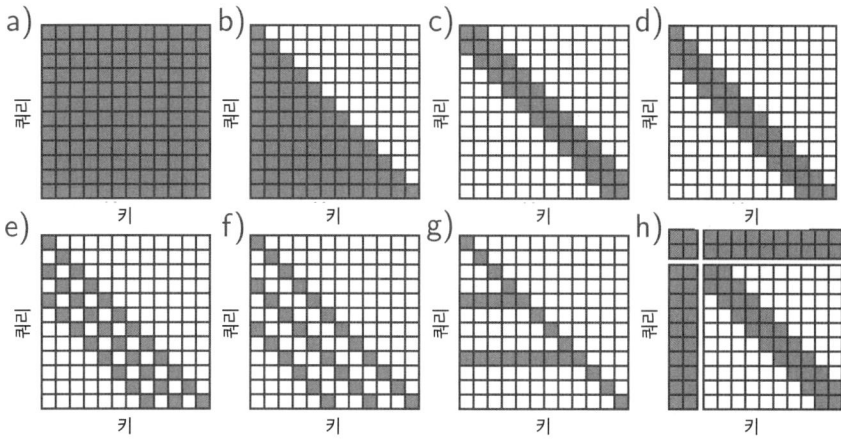

그림 12.15 셀프 어텐션의 상호작용 행렬. a) 인코더에서 각 토큰이 다른 모든 토큰과 상호작용하며 계산은 토큰 수의 제곱에 비례해서 증가한다. b) 디코더에서 각 토큰은 이전 토큰과만 상호작용하지만 복잡도는 여전히 제곱에 비례한다. c) 합성곱 구조(인코더의 경우)를 사용하여 복잡도를 줄일 수 있다. d) 디코더 경우의 합성곱 구조. e–f) 확장률이 2와 3인 합성곱 구조(디코더의 경우). g) 선택한 토큰이 다른 모든 토큰(인코더 경우) 또는 모든 이전 토큰(그림의 디코더 경우)과 상호작용하도록 하는 또 다른 전략 h) 또는 전역 토큰을 사용할 수 있다(왼쪽 두 열과 위쪽 두 행). 전역 토큰은 다른 전역 토큰뿐만 아니라 다른 모든 토큰과 상호작용한다.

12.10 이미지 처리를 위한 트랜스포머

당초 트랜스포머는 텍스트 데이터용으로 개발되었다. 텍스트 데이터 분야에서의 엄청난 성공은 이미지에 대한 실험으로 이어졌다. 하지만 두 가지 이유로 이것은 이미지 분야에 유망한 아이디어는 아니었다.

첫째, 이미지에는 문장 내 단어 수보다 훨씬 많은 수의 픽셀이 있고, 셀프 어텐션이 입력에 대한 이차 복잡도를 갖기 때문에 심각한 병목현상을 야기한다. 둘째, 합성곱 네트워크는 각 층이 공간 이동에 대해서 등변성을 갖고 이미지의 2차원 구조를 고려하기 때문에 좋은 귀납적 편향을 갖는다. 그러나 트랜스포머 신경망에서는 학습을 통해서 이러한 귀납적 편향을 배워야 한다.

이러한 명백한 단점에도 이미지용 트랜스포머 신경망은 이제 이미지 분류와 그 밖의 다른 작업에서 합성곱 네트워크의 성능을 능가한다. 이는 트랜스포머 신경망의 엄청난 규모와 신경망을 사전 훈련하는 데 사용할 수 있는 많은 양의 데이터 덕분이다. 이번 절에서는 이미지용 트랜스포머 모델을 살펴본다.

12.10.1 ImageGPT

ImageGPT는 트랜스포머 디코더로, 이미지 픽셀에 대한 자동 회귀 모델이다. 이는 부분 이미지를 입력으로 받아서 다음 픽셀값을 예측한다. 트랜스포머 신경망의 입력에 대한 이차 복잡도로 인해 가장 큰 모델(68억 개의 매개변수를 갖는다.)의 경우, 크기가 64 × 64까지의 이미지만 처리할 수 있다. 또한 이를 처리 가능하게 만들기 위해 원래 24비트 RGB 색상 공간을 9비트 색상 공간으로 양자화하여 시스템은 각 위치에서 512개의 토큰 중 하나를 입력을 받고 또한 이 중에 하나를 예측한다.

이미지는 본질적으로 2차원 객체이지만, ImageGPT는 각 픽셀에서 서로 다른 위치 인코딩을 학습한다. 따라서 각 픽셀은 이전의 이웃 픽셀과 윗 행의 인접한 픽셀과 밀접한 관계가 있음을 학습해야 한다. 그림 12.16은 생성 결과의 예를 보여준다.

이러한 디코더의 내부 표현은 이미지 분류에 유용하게 사용된다. 각 픽셀의 최종 임베딩에 대한 평균을 구하고, 선형층이 이 값을 활성화에 매핑한다. 활성화를 통과한 값은 소프트맥스층을 통과시켜 클래스 확률을 예측한다. 시스템은 대규모 웹 이미지 모음에서 사전 훈련한 다음에 이미지 분류를 위한 교차 엔트로피 항과 픽셀 예측을 위한 생성 손실 항을 포함하는 손실 함수를 사용하여 48×48 픽셀로 크기를 조정한 이미지넷 데이터베이스에서 미세 조정한다. 대규모 외부 훈련 데이터를 사용했음에도 시스템은 이미지넷에 대해서 단 27.4%의 상위 1개 오차율을 달성했다(그림 10.15). 이는 당시의 합성곱 구조보다 낮았지만(그림 10.21 참고), 작은 입력 이미지 크기를 고려하면 여전히 인상적이다. 당연히 이미지 내의 대상 객체가 작거나 얇으면 잘 분류하지 못한다.

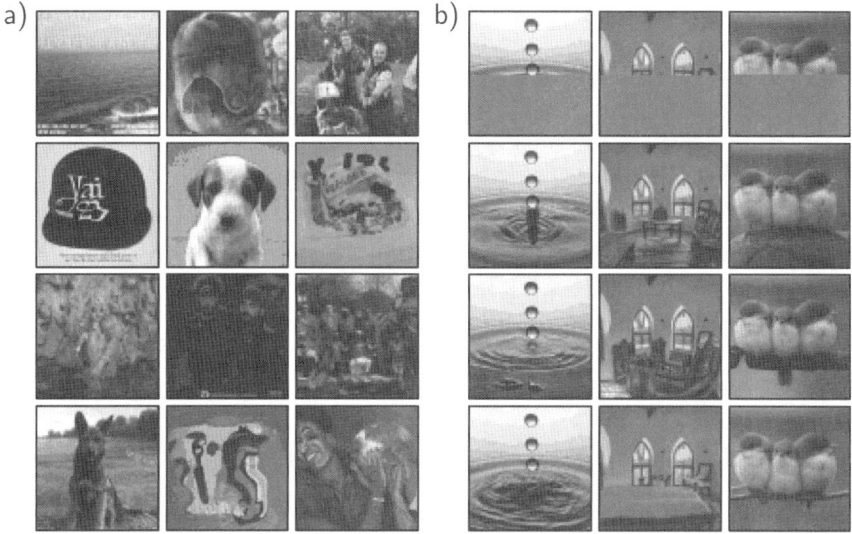

그림 12.16 ImageGPT. a) 자기회귀 ImageGPT 모델로 생성한 이미지. 왼쪽 상단 픽셀은 이 위치에서 추정한 경험적 분포에서 뽑는다. 이미지의 오른쪽 하단에 도달할 때까지 행을 따라 작업하면서 이전 픽셀에 따라 후속 픽셀을 차례로 생성한다. 각 픽셀에 대해서 트랜스포머 디코더는 식 12.15와 같이 조건부 분포를 생성하고 샘플을 뽑는다. 그런 다음 새로운 샘플로 확장된 시퀀스를 신경망으로 다시 입력해서 다음 픽셀을 생성하는 과정을 반복한다. b) 이미지 완성하기. 세 가지 각각의 경우에 이미지의 아래쪽 절반을 제거하고(맨 위쪽 행) ImageGPT가 제거한 부분을 픽셀 단위로 완성한다(세 가지 각각의 완성된 이미지가 표시된다)(출처: https://openai.com/blog/image-gpt/).

12.10.2 비전 트랜스포머

비전 트랜스포머vision transformer, ViT는 이미지 해상도 문제를 해결하기 위해서 이미지를 16 × 16 패치patch로 나누었다(그림 12.17). 각 패치는 학습된 선형 변환을 통해 입력 임베딩으로 매핑되고 이러한 표현은 트랜스포머 신경망에 입력된다.† 이때 1차원 위치 인코딩도 표현과 함께 신경망에 입력해서 학습한다.

연습 문제 12.8 참고

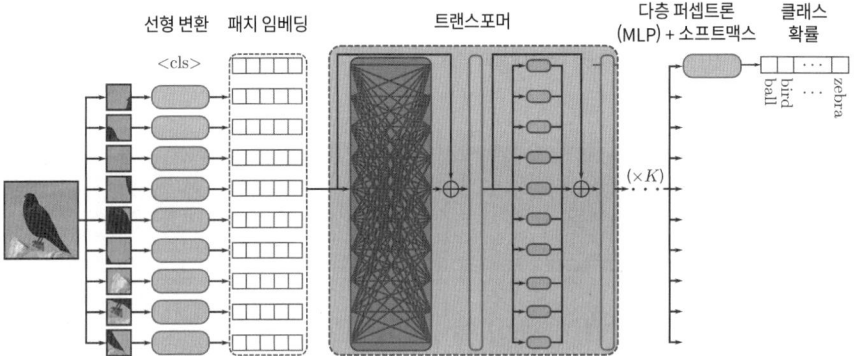

그림 12.17 비전 트랜스포머. ViT는 이미지를 격자 모양의 패치(원래 구현에서는 16×16)로 나눈다. 각각의 패치는 학습된 선형 변환을 통해 패치 임베딩으로 변환된다. 이러한 패치 임베딩은 트랜스포머 인코더 신경망에 입력되고 <cls> 토큰을 사용해서 클래스 확률을 예측한다.

이는 <cls> 토큰이 있는 인코더 모델이다(그림 12.10 및 12.11 참고). 하지만 BERT와는 달리 18,000개 클래스의 3억 300만 개의 레이블이 지정된 이미지로 구성된 대규모 데이터베이스로 지도 사전 학습을 한다. <cls> 토큰은 최종 신경망층을 통해 매핑되어 활성화값을 생성하고, 이 값은 소프트맥스 함수에 입력되어 클래스 확률을 생성한다. 사전 훈련 후 시스템의 마지막 층을 분류 해야하는 클래스 수에 매핑하는 층으로 바꾼 다음에 미세 조정을 거쳐 분류 작업에 적용한다.

이미지넷 벤치마크에서 이 시스템은 11.45%의 상위 1개 오차율을 달성했다. 그러나 지도 사전 훈련 없이는 최고의 현대 합성곱 네트워크만큼 성능을 발휘하지 못한다. 합성곱 네트워크의 강력한 귀납 편향은 대규모의 훈련 데이터를 사용해야만 대체할 수 있다.

12.10.3 다중 스케일 비전 트랜스포머

ViT는 합성곱 구조와는 달리 입력 이미지에 대해서 하나의 스케일에서 작동하고, 전체 이미지를 커버하는 단일 수용 영역을 갖는다. 이미지를 다중 스케일로 처리하는 여러 트랜스포머 모델이 제안되었다. 합성곱 네트워크와 유사하게, 이러한 다중 스케일 비전 트랜스포머 신경망도 일반적으로 고해상도 패치와 적은 수의 채널로 시작하여 점차적으로 수용 영역을 확대하고 해상도를 낮추면서 동시에 채널 수(임베딩 차원)를 늘린다.

다중 스케일 비전 트랜스포머multi-scale vision transformer, MViT의 대표적인 예로는 **이동된 윈도 트랜스포머**shifted-window transformer 또는 줄여서 **SWin 트랜스포머**가 있다. 이는 이미지를 패치로 나누고 이러한 패치를 윈도 그리드로 그룹화하여 각 윈도에서 독립적으로 셀프 어텐션을 적용하는 인코더 트랜스포머다(그림 12.18). 이러한 윈도는 인접한 트랜스포머로 이동하므로 윈도 경계를 넘어 주어진 패치에서의 유효한 수용 영역을 확장할 수 있다.

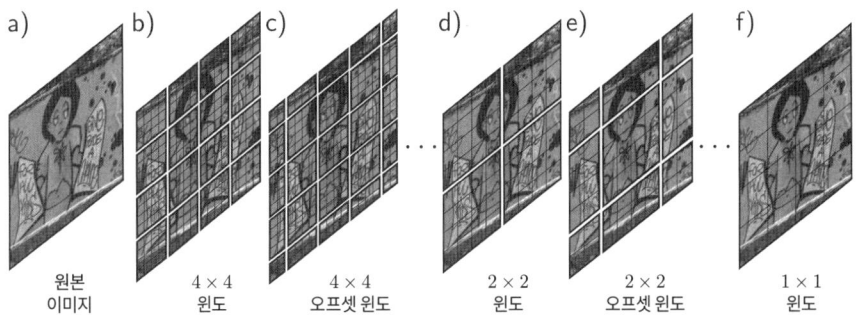

그림 12.18 이동된 윈도 트랜스포머(Liu et al., 2021c[2]). a) 원본 이미지. b) SWin 트랜스포머는 이미지를 윈도 그리드로 나누고 이러한 각 윈도를 패치의 더 작은 부분 격자로 나눈다. 트랜스포머 신경망은 각 윈도 내의 패치에 독립적으로 셀프 어텐션을 적용한다. c) 층을 번갈아 가면서 윈도를 이동해서 서로 상호작용하는 패치의 부분집합이 변하도록 해서 정보가 전체 이미지에 전파되도록 한다(각 패치는 동일한 윈도 내의 다른 패치에만 어텐션을 적용). d) 여러 층 이후에 패치 표현의 2 × 2 블록을 연결해서 유효 패치(윈도)의 크기가 커진다. e) 층을 번갈아 가면서 낮은 해상도에서 이동된 윈도를 사용한다. f) 결국 해상도는 하나의 윈도에 해당하게 되고, 패치는 전체 이미지를 차지한다.

겹치지 않는 2 × 2 패치의 특징을 연결하고 이러한 연결된 특징을 원래 채널 수의 두 배로 매핑하는 선형 변환을 적용하여 스케일이 주기적으로 감소한다. 이 구조에는 <cls> 토큰이 없는 대신 마지막 층의 출력 특징의 평균을 계산한다. 그런 다음 선형층을 통해 원하는 클래스 수에 매핑하고 소프트맥스 함수를 통해 클래스 확률을 출력한다. 이 책을 쓰는 시점에 이 구조의 가장 정교한 버전으로 이미지넷 데이터베이스에서 9.89%의 상위 1개 오차율을 달성했다.

또 다른 관련 아이디어는 전체 이미지에 걸쳐 정보를 주기적으로 통합하는 것이다. **이중 어텐션 비전 트랜스포머**dual attention vision transformer, DaViT는 두 가지 유형의 트랜스포머를 번갈아 사용한다. 첫 번째에서는 이미지 패치가 서로 주의를 기울이고, 모든 채널을 사용해서 셀프 어텐션을 계산한다. 두 번째에서는 채널이 서로 주의를 기울이고, 모든 이미지 패치를 사용해서 셀프 어텐션을 계산하다. 이 구조는 이미

연습 문제 12.9 참고

지넷에서 9.60%의 상위 1개 오차율을 달성했는데, 이는 이 책을 쓰는 시점에 공개된 모델 중에 최고 성능에 가깝다.†

12.11 요약

이번 장에서는 셀프 어텐션과 트랜스포머 구조를 소개했다. 그런 다음 인코더, 디코더, 인코더-디코더 모델을 설명했다. 트랜스포머는 고차원 임베딩 집합에서 작동한다. 층당 계산 복잡도가 낮고, 대부분의 계산을 행렬을 사용하여 병렬로 수행할 수 있다. 모든 입력 임베딩이 서로 상호작용하므로 텍스트에서 원거리에 있는 토큰 간의 종속성을 파악할 수 있다. 하지만 시퀀스 길이의 제곱에 비례해서 계산량이 증가한다. 따라서 계산 복잡도를 줄이는 방법은 상호작용 행렬을 희소화하는 것이다.

레이블이 지정되지 않은 매우 큰 데이터셋으로 트랜스포머를 훈련하는 것은 이 책에서 다룬 비지도 학습(레이블 없이 학습)의 첫 번째 예에 해당한다. 인코더는 누락된 토큰을 예측하는 훈련을 통해 다른 작업에 사용할 수 있는 표현을 학습한다. 디코더는 입력에 대해 자기회귀 모델을 구축하는데, 이 책에서 다루는 첫 번째 생성 모델이다. 생성 디코더를 사용해서 새로운 데이터 견본을 생성할 수 있다.

13장에서는 그래프 데이터를 처리하기 위한 신경망을 살펴본다. 이는 신경망의 각 층에서 그래프의 노드가 서로 주의를 기울인다는 점에서 트랜스포머와 관련성이 있다. 14-18장에서는 비지도 학습과 생성 모델을 다시 살펴본다.

노트

자연어 처리

트랜스포머는 원래 자연어 처리 작업을 위해 개발되었다. 이는 텍스트에 대한 분석, 분류, 생성, 조작을 다루는 거대한 영역이다. 이에 해당하는 작업에는 음성 태깅, 번역, 텍스트 분류, 개체 인식(사람, 장소, 회사 등), 텍스트 요약, 질문에 답변하기, 단어 의미의 모호성 해소, 문서 클러스터링이 있다. 초기에는 자연어 처리를 문법의 구조와 통계를 활용하는 규칙 기반 방법으로 처리했다. 초기의 접근 방법에 대해서는 Manning & Schutze(1999)[3]와 Jurafsky & Martin(2000)[4]을 참고하자.

순환 신경망

트랜스포머가 도입되기 전에는 많은 최첨단 자연어 처리 애플리케이션에서 RNN을 사용했다(그림 12.19). '순환'이라는 용어는 Rumelhart et al.(1985)[5]에 의해 도입되었지만, 주요 아이디어는 적어도 Minsky & Papert(1969)[6]로 거슬러 올라간다. RNN은 한 번에 하나씩 입력 시퀀스(자연어 처리에서의 단어)를 받는다. 각 단계에서 신경망은 새로운 입력과 이전 시간 단계에서 계산한 은닉 표현(순환 연결)을 모두 받는다. 최종 출력에는 전체 입력에 대한 정보가 담겨 있다. 이 표현은 분류나 번역과 같은 자연어 처리 작업에 사용할 수 있다. 또한 생성한 토큰을 모델에 다시 입력해서 다음 시퀀스의 입력이 되는 문맥 디코딩에도 사용한다. 예를 들어 PixelRNN(Van den Oord et al., 2016c)[7]은 RNN을 사용하여 이미지의 자기회귀 모델을 구축했다.

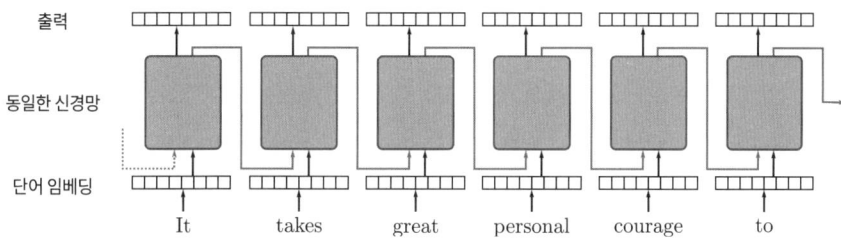

그림 12.19 RNN. 단어 임베딩은 일련의 동일한 신경망에 순차적으로 입력된다. 각 신경망에는 2개의 출력이 있다. 하나는 출력 임베딩이고, 다른 하나(주황색 화살표)는 다음 단어 임베딩과 함께 다음 신경망으로 피드백된다. 각 출력 임베딩에는 단어 자체와 이전 문장 조각에 해당하는 컨텍스트에 대한 정보가 담겨 있다. 원칙적으로 최종 출력에는 전체 문장에 대한 정보가 포함되고 트랜스포머 인코더 모델의 <cls> 토큰과 유사하게 분류 작업에 사용할 수 있다. 그러나 RNN은 과거의 토큰을 점차적으로 '잊어버린다'.

RNN에서 트랜스포머로

RNN의 문제점 중 하나는 시퀀스에서 시간이 오래 지난 이전의 정보를 잊어버릴 수 있다는 것이다. 장단기 메모리 신경망long short-term memory network, LSTM (Hochreiter & Schmidhuber, 1997b)[8]과 게이트 순환 유닛gated recurrent unit, GRU (Cho et al., 2014[9]; Chung et al., 2014[10]) 같은 좀 더 정교한 LSTM 버전은 이 문제

를 부분적으로 해결했다. 그러나 기계 번역에서는 RNN의 모든 중간 표현을 활용하여 출력 문장을 생성할 수 있다는 아이디어가 발표되었다. 또한 특정 출력 단어는 특정 입력 단어와의 관계에 따라 해당 입력 단어에 더 많이 주의를 기울여야 한다(Bahdanau et al., 2015)[11]. 이는 궁극적으로 순환 구조를 인코더-디코더 트랜스포머로 대체하게 되었다(Vaswani et al., 2017)[12]. 여기서 입력 토큰은 서로에게 주의를 기울이고(셀프 어텐션), 출력 토큰은 시퀀스의 앞부분에 주의를 기울이고(마스킹된 셀프 어텐션), 또한 입력 토큰에도 주의를 기울인다(교차 어텐션). 트랜스포머 알고리즘에 대한 공식적인 설명은 Phuong & Hutter(2022)[13]에서 찾을 수 있고, 관련 연구 조사는 Lin et al.(2022)[14]에서 찾을 수 있다. 트랜스포머에 대한 많은 개선 사항을 통제된 실험 환경에서 신중하게 평가해보면 의미 있는 성능 개선을 가져오지 않는 경우도 있기 때문에 문헌을 주의 깊게 살펴봐야 한다(Narang et al., 2021)[15].

응용 분야

셀프 어텐션 및 트랜스포머 구조를 기반으로 한 모델이 텍스트 시퀀스(Vaswani et al., 2017)[12], 이미지 패치(Dosovitskiy et al., 2021)[16], 단백질 시퀀스(Rives et al., 2021)[17], 그래프(Veličković et al., 2019)[18], 데이터베이스 스키마(Xu et al., 2021b)[19], 음성(Wang et al., 2020c)[20], 번역 문제로 공식화한 수학적 적분(Lample & Charton, 2020)[21], 시계열(Wu et al., 2020b)[22]에 적용되었다. 그러나 언어 모델 구축에 있어서 가장 큰 성과를 얻었고, 최근 들어 컴퓨터 비전에서도 합성곱 네트워크를 대체하고 있다.

대형 언어 모델

Vaswani et al.(2017)[12]은 당초 번역 작업을 대상으로 했지만 이제 트랜스포머는 인코더 모델이나 디코더 모델 구축에 더 많이 사용되고 있으며, 그중 가장 유명한 것은 각각 BERT(Devlin et al., 2019)[23]와 GPT2/GPT-3(Radford et al., 2019[24]; Brown et al., 2020[1])이다. 일반적으로 이러한 모델은 GLUE(Wang et al., 2019b)[25], SuperGLUE(Wang et al., 2019a)[26], BIG-bench(Srivastava et al., 2022)[27] 같은 벤치마크에 대해서 테스트한다. 이 중에 12.6.2절에서 설명한 GLUE는 SQuAD 질문 답변 작업(Rajpurkar et al., 2016)[28]을 포함하고, SuperGLUE와 BIG-bench는 많

은 자연어 처리 작업을 결합하여 언어 능력을 측정하기 위한 종합 점수를 산출한다. 일반적으로 디코더 모델은 이러한 작업에 맞게 미세 조정하지 않아도 몇 가지 질문과 답변 예를 주고 다음 질문에 대한 텍스트를 완성하도록 요청하면 제법 잘 수행한다. 이를 퓨샷 학습(Brown et al., 2020)[30]이라고 한다.

GPT-3 이후에는 퓨샷 학습의 결과가 꾸준히 개선되면서 많은 디코더 언어 모델이 출시되었다. 여기에는 GLaM(Du et al., 2022)[30], Gopher(Rae et al., 2021)[31], Chinchilla(Hoffmann et al., 2023)[32], Megatron-Turing NLG(Smith et al., 2022)[33], LaMDa(Thoppilan et al., 2022)[34] 등이 있다. 대부분의 성능 향상은 모델 크기 증가, 희소하게 활성화된 모듈 사용, 더 큰 데이터셋 활용에 기인한다. 이 책을 쓰는 시점에 가장 최근 모델은 PaLM(Chowdhery et al., 2022)[35]으로, 5,400억 개의 매개변수를 갖고 있으며 6,144개의 프로세서에서 7,800억 개의 토큰으로 훈련했다. 흥미롭게도 텍스트는 압축률이 높기 때문에 이 모델은 전체 훈련 데이터셋을 기억할 수 있을 만큼 충분한 용량을 가지고 있다는 것이다. 이는 그 밖의 많은 언어 모델에도 해당한다. 대규모 언어 모델이 인간의 능력을 얼마나 능가하는지에 대해서는 많은 대담한 주장이 제기되었다. 아마도 이는 일부 작업에 해당되겠지만, 그러한 주장에 주의를 기울여야 한다(Ribeiro et al., 2021[36]; McCoy et al., 2019[37]; Bowman & Dahl, 2021[38]; Dehghani et al., 2021[39] 참고).

이 모델은 상당한 수준의 세계적 지식을 가지고 있다. 예를 들어 12.7.4절에서 모델은 딥러닝이 관련 알고리즘과 애플리케이션을 갖춘 일종의 머신러닝이라는 점을 포함하여 딥러닝에 대한 주요 사실을 알고 있다. 실제로 그러한 모델 중 하나는 지각이 있는 것으로 잘못 인식되기도 했다(Clark, 2022)[40]. 그러나 이러한 유형의 모델이 가질 수 있는 '이해'의 정도는 제한적이라는 설득력 있는 주장도 있다(Bender & Koller, 2020)[41].

토크나이저

Schuster & Nakajima(2012)[42]와 Sennrich et al.(2015)[43]은 각각 **WordPiece**와 **BPE**를 도입했다. 두 방법 모두 인접 빈도에 따라 탐욕적 방법으로 토큰 쌍을 병합하는데(그림 12.8), 큰 차이점은 초기 토큰을 선택하는 방법이다. 예를 들어 BPE에서는 초기 토큰이 문자 또는 공백을 나타내는 특수 토큰이 포함된 구두점이다. 공백

위에서는 병합이 발생할 수 없다. 알고리즘이 진행됨에 따라 하위 단어와 단어 토큰이 나타나도록 문자를 재귀적으로 결합하여 새로운 토큰이 만들어진다. 유니그램 언어 모델(Kudo, 2018)[44]은 가능한 여러 후보 병합을 생성하고 언어 모델의 가능성에 따라 가장 적합한 병합을 선택한다. Provilkov et al.(2020)[45]은 빈도 계산 과정에 무작위성을 도입하여 후보를 보다 효율적으로 생성하는 **BPE 드롭아웃**BPE dropout을 개발했다. BPE와 유니그램 언어 모델은 모두 **SentencePiece 라이브러리**(Kudo & Richardson, 2018)[46]에 포함되어 있는데, 이는 유니코드 문자를 직접 처리하고 모든 언어와 호환된다. He et al.(2020)[47]은 하위 단어 분할을 학습과 추론을 위해서 제거해야 할 잠재변수로 처리하는 방법을 도입했다.

디코딩 알고리즘

트랜스포머 디코더 모델은 텍스트 본문을 입력받아서 다음 토큰에 대한 확률을 반환한다. 그런 다음 이를 이전 텍스트에 추가하고 모델이 다시 실행한다. 이러한 확률분포에서 토큰을 선택하는 과정을 **디코딩**decoding이라고 한다. 단순한 디코딩 방법은 (i) 가장 가능성이 높은 토큰을 탐욕적 방법으로 선택하거나 (ii) 분포에 따라 무작위로 토큰을 선택하는 것이다. 그러나 이러한 방법은 썩 잘 작동하지 않는다. 전자의 경우 결과가 매우 단조로울 수 있고, 후자의 경우 성능이 떨어질 수 있다(Holtzman et al., 2020)[48]. 이에 대한 일부 원인으로는 훈련 중에는 모델이 일련의 정답 **토큰(교사 강제**teacher forcing)에만 노출되고, 배포가 된 후에야 모델의 출력을 볼 수 있기 때문이다.

출력 시퀀스의 모든 토큰 조합을 시도하는 것은 계산적으로 가능하지 않기 때문에, 몇 가지 병렬 가설을 세우고 그중에 가장 가능성이 높은 전체 시퀀스를 선택한다. 이를 빔 검색이라고 한다. 빔 검색은 유사한 가설을 생성하는데, 더욱 다양한 시퀀스를 조사하기 위해 개선되었다(Vijayakumar et al., 2016[49]; Kulikov et al., 2018[50]). 무작위 샘플링의 문제점은 매우 낮은 확률의 뒤따르는 단어를 모두 모으면 그 비중이 상당히 크다는 것이다.

이로 인해 가장 가능성이 높은 K 가설에서만 토큰을 샘플링하는 톱-k 샘플링이 개발되었다(Fan et al., 2018)[51]. 하지만 톱-k 샘플링은 확률이 높은 선택 항목이 몇 개만 있는 경우에는 여전히 불합리한 토큰을 선택하는 경우가 있다. 이 문제를 해결하기 위해 Holtzman et al.(2020)[52]은 핵심 샘플링nucleus sampling을 제안했는데, 이는 전체 확률 질량의 고정된 비율에서 토큰을 샘플링한다. El Asri & Prince(2020)[53]는 디코딩 알고리즘을 더 깊이 논의한다.

어텐션 유형

스케일링된 점곱 어텐션(Vaswani et al., 2017)[12]은 덧셈 어텐션(Bahdanau et al., 2015)[11], 곱셈 어텐션(Luong et al., 2015)[54], 키-값 어텐션(Daniluk et al., 2017)[55], 메모리 압축 어텐션(Liu et al., 2019c)[56]을 포함하는 어텐션 메커니즘 중에 하나다. Zhai et al.(2021)[57]은 '어텐션 없는' 트랜스포머를 제안했는데, 이는 토큰 간의 상호작용이 이차 복잡성을 갖지 않는다. Vaswani et al.(2017)[12]은 멀티 헤드 어텐션을 소개했다. 흥미롭게도 대부분의 헤드는 훈련 후에 제거해도 성능에 심각한 영향을 주지 않는 것으로 보인다(Voita et al., 2019)[58]. 멀티 헤드의 역할은 잘못된 초기화에 따른 영향을 줄여주는 것으로 추측하고 있다. Hu et al.(2018b)[59]은 전역적으로 계산한 특징을 기반으로 합성곱층의 채널에 다시 가중치를 부여하는 어텐션 메커니즘인 squeeze-and-excitation 네트워크를 제안한다.

셀프 어텐션과 다른 모델과의 관계

셀프 어텐션 계산은 다른 모델과 밀접한 관련이 있다. 첫째, 신경망의 한 부분을 사용하여 다른 부분의 가중치를 선택한다는 점에서 하이퍼네트워크(Ha et al., 2017)[60]의 예로, 어텐션 행렬은 값을 출력에 매핑하는 희소 신경망층의 가중치가 된다(그림 12.3). **합성기**synthesizer(Tay et al.(2021)[61])는 이 아이디어를 단순화해서 신경망을 사용하여 해당 입력에서 어텐션 행렬의 행을 해당 입력 임베딩으로부터 신경망을 통해 생성한다. 입력 토큰이 더 이상 서로 상호작용하여 어텐션 가중치를 생성하지 않더라도 놀라울 정도로 잘 작동한다. Wu et al.(2019)[62]은 토큰이 이웃에 주의를 기울일 수 있도록 합성곱 구조로 어텐션 행렬을 생성하는 유사한 시스템을 제안한다. **게이트 다층 퍼셉트론**gated multi-layer perceptron(Wu et al., 2019)[62]은 값을 점별로 곱하는 행렬을 계산해서 혼합하지 않고 수정한다. 또한 트랜스포머는 하이퍼네트워크에 영향을 준 고속 가중치 메모리 시스템fast weight memory system과도 밀접한 관련이 있다(Schlag et al., 2021)[63].

셀프 어텐션은 라우팅 메커니즘(그림 12.1)으로 생각할 수도 있으며, 이러한 관점에서 **캡슐 네트워크**capsule network와도 관련이 있다(Sabour et al., 2017)[64]. 캡슐 네트워크는 이미지의 계층적 관계를 포착한다. 낮은 신경망 수준에서는 얼굴 부분(코, 입)을 감지하고, 이러한 부분은 얼굴을 나타내는 상위 수준 캡슐에서 결합(라우팅)할 수 있다. 그러나 캡슐 네트워크는 **합의에 따라 라우팅**routing by agreement을 한다. 셀프 어텐션에서는 입력이 주어진 출력에 얼마나 기여할지를 경쟁한다(소프트맥스 작업을 통해서). 캡슐 네트워크에서는 층의 출력이 이전 층의 입력을 위해 서로 경쟁한다. 라우팅 네트워크는 관점에서 셀프 어텐션을 생각해보면 이 라우팅을 동적으로 만드는 것이(즉 데이터에 따라) 필요한지 의문을 생길 수 있다. 무작위 합성기(Tay et al., 2021)[65]는 입력에 대한 어텐션 행렬의 의존성을 완전히 제거하고, 미리 결정된 무작위 값이나 학습된 값을 사용한다. 이는 다양한 작업에서 놀라울 정도로 잘 작동한다.

멀티헤드 셀프 어텐션은 또한 그래프 신경망(13장 참고), 합성곱(Cordonnier et al., 2020)[66], RNN(Choromanski et al., 2020)[67], 홉필드 네트워크Hopfield network의 메모리 검색(Ramsauer et al. 2021)[68]과도 밀접한 관련이 있다. 트랜스포머와 다른 모델 간의 관계에 대한 자세한 내용은 Prince(2021a)[69]를 참고하자.

위치 인코딩

원본 트랜스포머 논문(Vaswani et al., 2017)[12]에서는 위치 인코딩 행렬 Π를 미리 정의하고 위치 인코딩 Π을 학습하도록 실험을 했다. 위치 인코딩을 $D \times N$ 데이터 행렬 $\mathbf{X}$에 연결하지 않고 더해주는 것이 이상해 보일 수 있다. 그러나 일반적으로 데이터 차원 D는 토큰 수 N보다 크므로 위치 인코딩은 부분 공간에 있게 된다. $\mathbf{X}$의 단어 임베딩은 학습되므로 이론적으로 시스템은 두 구성 요소를 직교하는 부분 공간에 유지하고 필요에 따라 위치 인코딩을 검색할 수 있다. Vaswani et al.(2017)[12]이 선택한 미리 정의된 임베딩은 다음과 같은 두 가지 유용한 특성을 가진 정현파이다. (i) 두 임베딩의 상대 위치는 선형 연산을 통해 사용하여 쉽게 복구할 수 있고 (ii) 일반적으로 위치 간 거리가 멀어짐에 따라 점곱은 감소한다(자세한 내용은 Prince, 2021a[69] 참고). GPT-3와 BERT와 같은 많은 시스템은 위치 인코딩을 학습한다. Wang et al.(2020a)[70]은 이러한 모델에서 위치 인코딩의 코사인 유사성을 조사해서 주기적인 구성 요소가 있지만 일반적으로 상대적 거리에 따라 감소하는 것을 보였다.

많은 후속 작업에서 어텐션 행렬을 수정했는데, 이를 반영한 스케일링된 점곱 셀프 어텐션 식은 다음과 같다.

$$\mathbf{Sa}[\mathbf{X}] = \mathbf{V} \cdot \mathbf{Softmax}\left[\frac{\mathbf{K}^T\mathbf{Q}}{\sqrt{D_q}}\right]$$

식 12.16

이때 쿼리와 키에만 위치 정보가 포함된다.

$$\mathbf{V} = \boldsymbol{\beta}_v\mathbf{1^T} + \boldsymbol{\Omega}_v\mathbf{X}$$
$$\mathbf{Q} = \boldsymbol{\beta}_q\mathbf{1^T} + \boldsymbol{\Omega}_q(\mathbf{X}+\boldsymbol{\Pi})$$
$$\mathbf{K} = \boldsymbol{\beta}_k\mathbf{1^T} + \boldsymbol{\Omega}_k(\mathbf{X}+\boldsymbol{\Pi}).$$

식 12.17

이로 인해 식 12.16의 분자에 있는 이차 성분을 전개하고 일부 항만 유지하는 아이디어가 나왔다. 예를 들어 Ke et al.(2021)[71] 내용과 위치 정보를 분리하거나 떼어 놓기 위해, 내용-내용, 위치-위치 항만 유지하고 각각에 대해 서로 다른 투영 행렬 $\boldsymbol{\Omega}_\bullet$을 사용한다.

또 다른 방법은 상대적 위치에 대한 정보를 직접 주입하는 것이다. 텍스트 배치는 문서의 임의 위치에서 시작할 수 있으므로 이는 절대 위치보다 더 중요하다. Shaw et al.(2018)[72], Raffel et al.(2020)[73], Huang et al.(2020b)[74]은 모두 각각의 상대 위치 오프셋에 대해 하나의 항을 학습하고, 상대적 위치 인코딩relative positional encoding을 사용하여 다양한 방식으로 어텐션 행렬을 수정하는 시스템을 개발했다. Wei et al.(2019)[75]은 학습된 값이 아닌 사전 정의된 정현파 임베딩을 기반으로 상대적 위치 인코딩을 연구했다. DeBERTa(He et al., 2021)[76]는 이러한 아이디어를 결합해서, 이는 이차 확장의 일부 항만 유지하고, 여기에 다른 투영 행렬을 적용하고, 상대적 위치 인코딩을 사용한다. 다른 연구에서는 절대 위치 정보와 상대 위치 정보를 더 복잡한 방식으로 인코딩하는 정현파 임베딩을 연구했다(Su et al., 2021)[77].

Wang et al.(2020a)[70]은 BERT의 트랜스포머 성능을 다양한 위치 인코딩에 대해서 비교했다. 그들은 상대적 위치 인코딩이 절대적 위치 인코딩보다 더 나은 성능을 발휘하지만 정현파 임베딩과 학습된 임베딩 사이에는 큰 차이가 없다는 것을 발견했다. 위치 인코딩에 대한 자세한 조사 내용은 Dufter et al.(2021)[78]에서 찾을 수 있다.

트랜스포머를 더 긴 시퀀스로 확장하는 방법

셀프 어텐션 메커니즘의 복잡도는 시퀀스 길이의 제곱에 비례해서 증가한다. 긴 입력이 필요한 요약이나 질문 응답과 같은 일부 작업에는 이러한 복잡도 증가가 성능을 제한한다. 이 문제를 해결하기 위한 세 가지 방법이 있다. 첫 번째는 어텐션 행렬의 크기를 줄이는 것이고, 두 번째는 어텐션을 희소하게 만드는 것이고, 세 번째는 어텐션 메커니즘을 보다 효율적으로 수정하는 것이다.

Liu et al.(2018b)[79]은 어텐션 행렬의 크기를 줄이기 위해서 **메모리 압축 어텐션** memory-compressed attention을 도입했다. 이는 키와 값에 스트라이드 합성곱을 적용해서 합성곱 네트워크의 다운샘플링과 매우 유사한 방식으로 위치의 수를 줄인다. 이제 인접 위치의 가중치 조합 간에 어텐션을 적용하고, 이때 가중치는 학습한다. 비슷한 맥락에서 Wang et al.(2020b)[80]은 어텐션 메커니즘에 사용되는 어텐션 행렬의 실제 랭크가 작은low rank 경우가 많다는 것을 관찰하고 어텐션 행렬을 계산하기 전에 키와 값을 더 작은 부분 공간에 투영하는 **LinFormer**를 개발했다.

어텐션을 희소하게 만들기 위해 Liu et al.(2018b)[79]은 인접한 토큰 블록에게만 주의를 기울이는 **지역 어텐션**local attention을 제안했다. 이를 통해 블록 대각선 상호작용 행렬이 만들어지는데(그림 12.15 참고), 정보는 블록에서 블록으로는 전달될 수 없으므로 이러한 층은 전체 영역에 대한 어텐션과 번갈아 사용한다. 같은 맥락에서 GPT-3(Brown et al., 2020)[1]는 합성곱 상호작용 행렬을 사용하고 이를 전체 영역에 대한 어텐션과 번갈아 사용한다. Child et al.(2019)[81]과 Beltagy et al.(2020)[82]은 확장율이 서로 다르지만 일부 쿼리가 다른 모든 키와 상호작용할 수 있도록 하는 합성곱 구조를 포함하여 다양한 상호작용 행렬을 실험했다. Ainslie et al.(2020)[83]은 다른 모든 토큰과 상호작용하는 전역 임베딩 집합을 사용하는 **확장된 트랜스포머 구성**extended transformer construction(그림 12.15h)을 소개했다. 이는 인코더 버전에서만 수행할 수 있으며, 이를 통해 암묵적으로 시스템이 '다음 토큰을 예측'할 수 있다. 상대적 위치 인코딩과 결합할 경우, 이 방식은 전역 임베딩으로의 매핑, 전역 임베딩으로부터의 매핑, 전역 임베딩 간의 매핑을 위한 특수한 인코딩이 필요하다.

BigBird(Ainslie et al., 2020)[83]는 전역 임베딩과 합성곱 구조를 결합해서 가능한 연결을 무작위로 샘플링한다. 다른 연구에서는 어텐션 행렬의 희소성 패턴 학습을 수행했다(Roy et al.(2021)[84], Kitaev et al.(2020)[85], Tay et al.(2020)[86]).

마지막으로 어텐션을 계산하는 소프트맥스 연산의 분자와 분모의 항은 $\exp[\mathbf{k}^T\mathbf{q}]$ 형식을 갖는다는 점에 주목해왔다. 이는 커널 함수로 처리할 수 있으며, 점곱 $\mathbf{g}[\mathbf{k}]^T\mathbf{g}[\mathbf{q}]$로 표현할 수 있다.† 여기서 $\mathbf{g}[\bullet]$는 비선형 변환이다. 이를 통해 쿼리와 키를 분리하여 어텐션 계산을 더욱 효율적으로 할 수 있다. 불행하게도 지수 항의 형태를 재현하려면 변환 $\mathbf{g}[\bullet]$가 입력을 무한 공간에 매핑해야 한다. 선형 트랜스포머(Katharopoulos et al., 2020)[87]는 이 문제를 해결하기 위해 지수 항을 다른 유사도 측정값으로 대체한다. **Performer**(Choromanski et al., 2020)[67]는 이 무한 매핑을 유한차원 매핑으로 근사한다. 트랜스포머를 좀 더 긴 시퀀스로 확장하는 방법에 대한 자세한 내용은 Tay et al.(2023)[88]과 Prince(2021a)[69]에서 확인할 수 있다.

연습 문제 12.10 참고

트랜스포머 훈련

트랜스포머 훈련은 어렵고, 학습률 예열learning rate warm-up(Goyal et al., 2018)[89]과 Adam(Kingma & Ba, 2015)[90] 최적화기가 필요하다. Xiong et al.(2020a)[91]과 Huang et al.(2020a)[92]은 학습률 예열이 없으면 실제로 기울기가 사라지고 Adam 최적화에 따른 갱신의 크기가 감소하는 것을 보여준다. 이 문제는 여러 가지 상호작용 요인으로 인해 발생한다. 잔차 연결은 기울기 폭발을 유발하지만(그림 11.6), 정규화층을 통해 이를 방지한다. Vaswani et al.(2017)[12]은 배치 간에 자연어 처리 통곗값의 변동이 매우 크기 때문에 배치 정규화 대신 LayerNorm을 사용했지만 후속 연구에서는 배치 정규화를 수정해서 트랜스포머에 적용했다(Shen et al., 2020a)[93]. 잔차 블록 외부에 LayerNorm을 배치하면 신경망을 다시 통과할 때 기울기가 줄어든다(Xiong et al., 2020a)[91]. 게다가 초기화 시 잔차 연결과 주요 셀프 어텐션 메커니즘의 상대적 가중치는 신경망을 통해 이동함에 따라 달라진다(그림 11.6c 참고). 쿼리 매개변수와 키 매개변수의 기울기가 값 매개변수(Liu et al., 2020)[94]보다 작아서 Adam을 사용해야 한다. 이러한 요인은 복잡한 방식으로 서로 상호작용해서 훈련을 불안정하게 만들고 따라서 학습률 예열이 필요하다.

훈련을 안정화하기 위한 여러 가지 시도로, (i) LayerNorm 구성 요소를 제거할 수 있도록 FixUp을 변형한 **TFixup**(Huang et al., 2020a)[92], (ii) 신경망에서 LayerNorm 구성 요소의 위치 변경(Liu et al., 2020)[94], (iii) 잔차 가지에서 두 경로의 가중치 다시 조정(Liu et al., 2020[94]; Bachlechner et al., 2021[95])이 있다. Xu et al.(2021b)[19]은 더 작은 데이터셋으로 트랜스포머를 훈련할 수 있는 **DTFixup**이라는 초기화 방법을 도입했다. 자세한 논의는 Prince(2021b)[96]에서 확인할 수 있다.

비전 분야의 응용

ImageGPT(Chen et al., 2020a)[97]와 ViT(Dosovitskiy et al., 2021)[16]는 모두 이미지에 적용된 초기 트랜스포머 구조다. 트랜스포머는 이미지 분류(Dosovitskiy et al.(2021)[16], Touvron et al.(2021)[98]), 객체 탐지(Carion et al.(2020)[99], Zhu et al.(2020b)[100], Fang et al.(2021)[101]), 의미론적 분할(Ye et al.(2019)[102], Xie et al.(2021)[103], Gu et al.(2022)[104]), 초고해상도(Yang et al., 2020a)[105], 동작 인식(Sun et al.(2019)[106], Girdhar et al.(2019)[107]), 이미지 생성(Chen et al.(2021b)[108], Nash et al.(2021)[109]), 시각적 질의 응답(Su et al.(2019b)[110], Tan & Bansal(2019)[111]), 인페인팅(Wan et al.(2021)[112], Zheng et al.(2021)[113], Zhao et al.(2020b)[114], Li et al.(2022)[115]), 색상화(Kumar et al., 2021)[116], 그 밖의 여러 비전 작업(Khan et al.(2022)[117], Liu et al.(2023b)[118])에 적용되었다.

트랜스포머와 합성곱 네트워크

트랜스포머는 이미지 분류(Wu et al., 2020a)[119], 객체 탐지(Hu et al., 2018a[120]; Carion et al., 2020[121]), 비디오 처리(Wang et al., 2018c[122]; Sun et al., 2019[123]), 비지도 객체 발견(Locatello et al., 2020)[124], 다양한 텍스트/비전 작업(Chen et al., 2020d[125]; Lu et al., 2019[126]; Li et al., 2019[127]) 같은 많은 작업에서 합성곱 네트워크와 결합해서 사용되어왔다. 트랜스포머는 비전 작업에서 합성곱 네트워크보다 성능이 뛰어나지만, 우수한 성능을 보이려면 많은 양의 데이터가 필요하다. 이러한 단점을 극복하기 위해 JRT(Sun et al., 2017)[128]와 LAION(Schuhmann et al., 2021)[129]과 같은 거대한 데이터셋으로 사전 훈련을 한다. 트랜스포머는 합성곱 네트워크의 귀납적 편향을 갖지 않지만, 거대한 양의 데이터를 사용하여 이러한 단점을 극복할 수 있다.

픽셀에서 비디오로

지역적이지 않은 신경망non-local network(Wang et al., 2018c)[122]는 이미지 데이터에 대한 셀프 어텐션의 초기 응용이다. 초기에는 지역적으로 이웃하는 픽셀에 트랜스포머를 적용했다(Parmar et al., 2018[130]; Hu et al., 2019[131]; Parmar et al., 2019[132]; Zhao et al., 2020a[133]). ImageGPT(Chen et al., 2020a)[97]는 이를 확장해서 작은 이미지의 모든 픽셀을 모델링했다. ViT(Dosovitskiy et al., 2021)[16]는 더 큰 이미지를 분석하기 위해 중첩되지 않는 패치를 사용했다.

이후 SWin 트랜스포머(Liu et al., 2021c)[2], **SWinV2**(Liu et al., 2022)[134], MViT(Fan et al., 2021)[135], 피라미드 비전 트랜스포머pyramid vision transformer(Wang et al., 2021)[136] 등과 같은 많은 다중 스케일 시스템이 개발되었다. **Crossformer**(Wang et al., 2022b)[137]는 공간 스케일 간의 상호작용을 모델링한다. Ali et al.(2021)[138]은 공간적 위치가 아닌 채널이 서로 주의를 기울이는 교차 공분산 이미지 트랜스포머를 도입해서 어텐션 행렬의 크기를 이미지 크기와 독립적으로 만들었다. Ding et al.(2022)[139]이 개발한 DaViT는 부분 윈도 내의 지역 공간 어텐션과 채널 간의 공간적 전역 어텐션을 번갈아 사용한다. Chu et al.(2021)[140]은 유사하게 공간 영역을 서브 샘플링하여 부분 윈도 내 지역 어텐션과 전역 어텐션을 번갈아 사용한다. Dong et al.(2022)[141]은 요소 간의 상호작용이 2차원 이미지 영역으로 희소화되는 그림 12.15의 아이디어를 적용했다.

이후 트랜스포머는 비디오 처리에 적용되었다(Arnab et al., 2021[142]; Bertasius et al., 2021[143]; Liu et al., 2021c[2]; Neimark et al., 2021[144]; Patrick et al., 2021[145]). 비디오에 적용된 트랜스포머에 대한 조사 내용은 Selva et al.(2022)[146]에서 찾아볼 수 있다.

이미지와 텍스트의 결합

CLIP(Radford et al., 2021)[147]은 대조적 사전 학습contrastive pre-training 작업을 사용하여 이미지와 해당 캡션에 대한 공동 인코더를 학습한다. 시스템은 N개의 이미지와 해당 캡션을 입력으로 받아 이미지와 캡션 간의 호환성 행렬을 생성한다. 손실 함수는 올바른 쌍은 높은 점수를, 잘못된 쌍은 낮은 점수를 받도록 유도한다. Ramesh et al.(2021)[148]과 Ramesh et al.(2022)[149]은 CLIP 이미지 인코더를 역으로 사용하여 텍스트 조건부 이미지 생성을 위해 확산 디코더를 훈련한다(18장 참고).

연습 문제

12.1 길이가 D인 N개의 입력을 처리하여 동일한 크기의 N개의 출력을 생성하는 셀프 어텐션 메커니즘을 고려해보자. 쿼리, 키, 값을 계산하는 데 필요한 가중치와 편향의 개수를 구해보자. 3개의 값 모두 길이가 D라고 했을 때, 가중치 a[•, •]의 개수를 구해보자. 모든 DN 입력을 모든 DN 출력에 연결하는 완전 연결 얕은 신경망에는 몇 개의 가중치와 편향이 있는가?

12.2 셀프 어텐션 메커니즘에 대한 입력과 출력의 크기가 동일해야 하는 이유를 설명해보자.

B.4.4절 '치환 행렬' 참고

12.3* 셀프 어텐션 메커니즘(식 12.8)이 데이터 $\mathbf{X}$의 치환 $\mathbf{XP}$에 등변임을 증명해보자. 여기서 $\mathbf{P}$는 치환 행렬이다. 즉 다음을 증명해보자.†

$$\mathbf{Sa[XP]} = \mathbf{Sa[X]P} \qquad \text{식 12.18}$$

12.4 소프트맥스 연산을 고려해보자.

$$y_i = \text{softmax}_i[\mathbf{z}] = \frac{\exp[z_i]}{\sum_{j=1}^{5} \exp[z_j]} \qquad \text{식 12.19}$$

5개의 입력값이 각각 $z_1 = -3$, $z_2 = 1$, $z_3 = 100$, $z_4 = 5$, $z_5 = -1$일 때, 모든 $i, j \in \{1, 2, 3, 4, 5\}$에 대해 25개의 미분 $\partial y_i / \partial z_j$를 계산해보자. 어떤 결론을 내릴 수 있을까?

12.5 데이터의 차원이 D일 때, H개 헤드의 값, 쿼리, 키가 각각 D/H 차원인 경우 구현이 더 효율적인 이유는 무엇일까?

12.6 BERT는 두 가지 작업을 사용하여 사전 훈련되었다. 첫 번째 작업에서는 시스템이 누락(마스킹된) 단어를 예측한다. 두 번째 작업에서는 시스템이 문장 쌍이 원본 텍스트에서 서로 인접해 있는지 여부를 분류한다. 이

러한 각각의 작업이 생성적인지 대조적인지 확인해보자(9.3.7절 참고). 왜 사전 훈련에 두 가지 작업을 사용했을까? 언어 모델의 사전 훈련에 사용할 수 있는 새로운 대조 작업 두 가지를 제안해보자.

12.7 N개의 토큰을 갖는 미리 계산된 마스킹된 셀프 어텐션 메커니즘에 새로운 토큰을 추가해보자. 새롭게 추가된 토큰을 위해 수행해야 하는 추가 계산을 설명해보자.

12.8 ViT의 계산은 패치 수의 제곱에 비례해서 증가한다. 그림 12.15의 원리를 이용해서 계산을 줄일 수 있는 방법 두 가지를 고안해보자.

12.9 이미지를 16 × 16 패치의 격자로 표현한다고 고려해보자. 각 패치는 길이 512의 패치 임베딩으로 표현된다. DaViT 트랜스포머에서 (i) 모든 채널을 사용하여 패치 간의 어텐션 계산, (ii) 모든 패치를 사용하여 채널 간의 어텐션 계산에 필요한 계산량을 비교해보자.

12.10* 일반적으로 어텐션 가중치는 다음과 같이 계산한다.

$$a[\mathbf{x}_m, \mathbf{x}_n] = \text{softmax}_m\left[\mathbf{k}_\bullet^T \mathbf{q}_n\right] = \frac{\exp\left[\mathbf{k}_m^T \mathbf{q}_n\right]}{\sum_{m'=1}^{N} \exp\left[\mathbf{k}_{m'}^T \mathbf{q}_n\right]} \quad \text{식 12.20}$$

$\exp\left[\mathbf{k}_m^T \mathbf{q}_n\right]$을 점곱 $\mathbf{g}[\mathbf{k}_m]^T \mathbf{g}[\mathbf{q}_n]$으로 대체하는 것을 고려해보자. 여기서 $\mathbf{g}[\bullet]$는 비선형 변환이다. 이 방법이 보다 효율적으로 어텐션 가중치를 계산하는 방법임을 증명해보자.

참고 문헌

[1] Brown, T., Mann, B., Ryder, N., Subbiah, M., Kaplan, J. D., Dhariwal, P., Neelakantan, A., Shyam, P., Sastry, G., Askell, A., et al. (2020). Language models are few-shot learners. *Neural Information Processing Systems, 33*, 1877–1901.

[2] Liu, Z., Lin, Y., Cao, Y., Hu, H., Wei, Y., Zhang, Z., Lin, S., & Guo, B. (2021c). Swin transformer: Hierarchical vision transformer using shifted windows. *IEEE/CVF International Conference on Computer Vision*, 10012–10022.

[3] Manning, C., & Schutze, H. (1999). *Foundations of statistical natural language processing*. MIT Press.

[4] Jurafsky, D., & Martin, J. H. (2000). *Speech and Language Processing, 2nd Edition*. Pearson.

[5] Rumelhart, D. E., Hinton, G. E., & Williams, R. J. (1985). Learning internal representations by error propagation. *Techical Report*, La Jolla Institute for Cognitive Science, UCSD.

[6] Minsky, M., & Papert, S. A. (1969). *Perceptrons: An introduction to computational geometry*. MIT Press.

[7] Van den Oord, A., Kalchbrenner, N., & Kavukcuoglu, K. (2016c). Pixel recurrent neural networks. *International Conference on Machine Learning*, 1747–1756.

[8] Hochreiter, S., & Schmidhuber, J. (1997b). Long short-term memory. *Neural Computation, 9*(8), 1735–1780.

[9] Cho, K., van Merrienboer, B., Bahdanau, D., & Bengio, Y. (2014). On the properties of neural machine translation: Encoder-decoder approaches. *ACL Workshop on Syntax, Semantics and Structure in Statistical Translation*, 103–111.

[10] Chung, J., Gulcehre, C., Cho, K., & Bengio, Y. (2014). Empirical evaluation of gated recurrent neural networks on sequence modeling. *Deep Learning and Representation Workshop*.

[11] Bahdanau, D., Cho, K., & Bengio, Y. (2015). Neural machine translation by jointly learning to align and translate. *International Conference on Learning Representations*.

[12] Vaswani, A., Shazeer, N., Parmar, N., Uszkoreit, J., Jones, L., Gomez, A. N., Kaiser, Ł., & Polosukhin, I. (2017). Attention is all you need. *Neural Information Processing Systems, 30*, 5998–6008.

[13] Phuong, M., & Hutter, M. (2022). Formal algorithms for transformers. *Technical Report*, DeepMind.

[14] Lin, T., Wang, Y., Liu, X., & Qiu, X. (2022). A survey of transformers. *AI Open, 3*, 111–132.

[15] Narang, S., Chung, H. W., Tay, Y., Fedus, W., Fevry, T., Matena, M., Malkan, K., Fiedel, N., Shazeer, N., Lan, Z., et al. (2021). Do transformer modifications transfer across implementations and applications? *Empirical Methods in Natural Language Processing*, 5758–5773.

[16] Dosovitskiy, A., Beyer, L., Kolesnikov, A., Weissenborn, D., Zhai, X., Unterthiner, T., Dehghani, M., Minderer, M., Heigold, G., Gelly, S., et al. (2021). An image is worth 16x16 words: Transformers for image recognition at scale. *International Conference on Learning Representations*.

[17] Rives, A., Meier, J., Sercu, T., Goyal, S., Lin, Z., Liu, J., Guo, D., Ott, M., Zitnick, C. L., Ma, J., et al. (2021). Biological structure and function emerge from scaling unsupervised learning to 250 million protein sequences. *Proceedings of the National Academy of Sciences, 118*(15).

[18] Veličković, P., Cucurull, G., Casanova, A., Romero, A., Lio, P., & Bengio, Y. (2019). Graph attention networks. *International Conference on Learning Representations*.

[19] Xu, P., Kumar, D., Yang, W., Zi, W., Tang, K., Huang, C., Cheung, J. C. K., Prince, S. J. D., & Cao, Y. (2021b). Optimizing deeper transformers on small datasets. *Meeting of the Association for Computational Linguistics*.

[20] Wang, Y., Mohamed, A., Le, D., Liu, C., Xiao, A., Mahadeokar, J., Huang, H., Tjandra, A., Zhang, X., Zhang, F., et al. (2020c). Transformer-based acoustic modeling for hybrid speech recognition. *IEEE International Conference on Acoustics, Speech and Signal Processing*, 6874–6878.

[21] Lample, G., & Charton, F. (2020). Deep learning for symbolic mathematics. *International Conference on Learning Representations*.

[22] Wu, N., Green, B., Ben, X., & O'Banion, S. (2020b). Deep transformer models for time series forecasting: The influenza prevalence case. *arXiv:2001.08317*.

[23] Devlin, J., Chang, M., Lee, K., & Toutanova, K. (2019).

BERT: pre-training of deep bidirectional transformers for language understanding. *ACL Human Language Technologies*, 4171–4186.

24. Radford, A., Wu, J., Child, R., Luan, D., Amodei, D., Sutskever, I., et al. (2019). Language models are unsupervised multitask learners. *OpenAI Blog*, *1*(8), 9.

25. Wang, A., Singh, A., Michael, J., Hill, F., Levy, O., & Bowman, S. R. (2019b). GLUE: A multitask benchmark and analysis platform for natural language understanding. *International Conference on Learning Representations*.

26. Wang, A., Pruksachatkun, Y., Nangia, N., Singh, A., Michael, J., Hill, F., Levy, O., & Bowman, S. (2019a). SuperGLUE: A stickier benchmark for general-purpose language understanding systems. *Neural Information Processing Systems*, *32*, 3261–3275.

27. Srivastava, A., Rastogi, A., Rao, A., Shoeb, A. A. M., Abid, A., Fisch, A., Brown, A. R., Santoro, A., Gupta, A., Garriga-Alonso, A., et al. (2022). Beyond the imitation game: Quantifying and extrapolating the capabilities of language models. *arXiv:2206.04615*.

28. Rajpurkar, P., Zhang, J., Lopyrev, K., & Liang, P. (2016). SQuAD: 100,000+ questions for machine comprehension of text. *Empirical Methods in Natural Language Processing*, 2383–2392.

29. Brown, T., Mann, B., Ryder, N., Subbiah, M., Kaplan, J. D., Dhariwal, P., Neelakantan, A., Shyam, P., Sastry, G., Askell, A., et al. (2020). Language models are few-shot learners. *Neural Information Processing Systems*, *33*, 1877–1901.

30. Du, N., Huang, Y., Dai, A. M., Tong, S., Lepikhin, D., Xu, Y., Krikun, M., Zhou, Y., Yu, A. W., Firat, O., et al. (2022). GLaM: Efficient scaling of language models with mixture-of-experts. *International Conference on Machine Learning*, 5547–5569.

31. Rae, J. W., Borgeaud, S., Cai, T., Millican, K., Hoffmann, J., Song, F., Aslanides, J., Henderson, S., Ring, R., Young, S., et al. (2021). Scaling language models: Methods, analysis & insights from training Gopher. *arXiv:2112.11446*.

32. Hoffmann, J., Borgeaud, S., Mensch, A., Buchatskaya, E., Cai, T., Rutherford, E., Casas, D. d. L., Hendricks, L. A., Welbl, J., Clark, A., et al. (2023). Training compute-optimal large language models. *arXiv:2203.15556*.

33. Smith, S., Patwary, M., Norick, B., LeGresley, P., Rajbhandari, S., Casper, J., Liu, Z., Prabhumoye, S., Zerveas, G., Korthikanti, V., et al. (2022). Using DeepSpeed and Megatron to train Megatron-Turing NLG 530B, a large-scale generative language model. *arXiv:2201.11990*.

34. Thoppilan, R., De Freitas, D., Hall, J., Shazeer, N., Kulshreshtha, A., Cheng, H.-T., Jin, A., Bos, T., Baker, L., Du, Y., et al. (2022). LaMDA: Language models for dialog applications. *arXiv:2201.08239*.

35. Chowdhery, A., Narang, S., Devlin, J., Bosma, M., Mishra, G., Roberts, A., Barham, P., Chung, H. W., Sutton, C., Gehrmann, S., et al. (2022). PaLM: Scaling language modeling with pathways. *arXiv:2204.02311*.

36. Ribeiro, M. T., Wu, T., Guestrin, C., & Singh, S. (2021). Beyond accuracy: Behavioral testing of NLP models with CheckList. 4824–4828.

37. McCoy, R. T., Pavlick, E., & Linzen, T. (2019). Right for the wrong reasons: Diagnosing syntactic heuristics in natural language inference. *Meeting of the Association for Computational Linguistics*, 2428–3448.

38. Bowman, S. R., & Dahl, G. E. (2021). What will it take to fix benchmarking in natural language understanding? *ACL Human Language Technologies*, 4843–4855.

39. Dehghani, M., Tay, Y., Gritsenko, A. A., Zhao, Z., Houlsby, N., Diaz, F., Metzler, D., & Vinyals, O. (2021). The benchmark lottery. *arXiv:2107.07002*.

40. Clark, M. (2022). The engineer who claimed a Google AI is sentient has been fired. The Verge, July 22, 2022. https://www.theverge.com/2022/7/22/23274958/google-ai-engineer-blake-lemoine-chatbot-lamda-2-sentience.

41. Bender, E. M., & Koller, A. (2020). Climbing towards NLU: On meaning, form, and understanding in the age of data. *Meeting of the Association for Computational Linguistics*, 5185–5198.

42. Schuster, M., & Nakajima, K. (2012). Japanese and Korean voice search. *IEEE International Conference on Acoustics, Speech and Signal Processing*, 5149–5152.

43. Sennrich, R., Haddow, B., & Birch, A. (2015). Neural machine translation of rare words with subword units. *Meeting of the Association for Computational Linguistics*.

44. Kudo, T. (2018). Subword regularization: Improving

[45] Provilkov, I., Emelianenko, D., & Voita, E. (2020). BPE-Dropout: Simple and effective subword regularization. *Meeting of the Association for Computational Linguistics*, 1882–1892.

[46] Kudo, T., & Richardson, J. (2018). SentencePiece: A simple and language independent subword tokenizer and detokenizer for neural text processing. *Empirical Methods in Natural Language Processing*, 66–71.

[47] He, X., Haffari, G., & Norouzi, M. (2020). Dynamic programming encoding for subword segmentation in neural machine translation. *Meeting of the Association for Computational Linguistics*, 3042–3051.

[48] Holtzman, A., Buys, J., Du, L., Forbes, M., & Choi, Y. (2020). The curious case of neural text degeneration. *International Conference on Learning Representations*.

[49] Vijayakumar, A. K., Cogswell, M., Selvaraju, R. R., Sun, Q., Lee, S., Crandall, D., & Batra, D. (2016). Diverse beam search: Decoding diverse solutions from neural sequence models. *arXiv:1610.02424*.

[50] Kulikov, I., Miller, A. H., Cho, K., & Weston, J. (2018). Importance of search and evaluation strategies in neural dialogue modeling. *ACL International Conference on Natural Language Generation*, 76–87.

[51] Fan, A., Lewis, M., & Dauphin, Y. N. (2018). Hierarchical neural story generation. *Meeting of the Association for Computational Linguistics*, 889–898.

[52] Holtzman, A., Buys, J., Du, L., Forbes, M., & Choi, Y. (2020). The curious case of neural text degeneration. *International Conference on Learning Representations*.

[53] El Asri, L., & Prince, J. D., Simon (2020). Tutorial #6: Neural natural language generation – decoding algorithms. https://www.borealisai.com/research-blogs/tutorial-6-neural-natural-language-generation-decoding-algorithms/.

[54] Luong, M.-T., Pham, H., & Manning, C. D. (2015). Effective approaches to attention-based neural machine translation. *Empirical Methods in Natural Language Processing*, 1412–1421.

[55] Daniluk, M., Rocktäschel, T., Welbl, J., & Riedel, S. (2017). Frustratingly short attention spans in neural language modeling. *International Conference on Learning Representations*.

[56] Liu, Z., Sun, M., Zhou, T., Huang, G., & Darrell, T. (2019c). Rethinking the value of network pruning. *International Conference on Learning Representations*.

[57] Zhai, S., Talbott, W., Srivastava, N., Huang, C., Goh, H., Zhang, R., & Susskind, J. (2021). An attention free transformer.

[58] Voita, E., Talbot, D., Moiseev, F., Sennrich, R., & Titov, I. (2019). Analyzing multi-head self-attention: Specialized heads do the heavy lifting, the rest can be pruned. *Meeting of the Association for Computational Linguistics*, 5797–5808.

[59] Hu, J., Shen, L., & Sun, G. (2018b). Squeeze-andexcitation networks. *IEEE/CVF Computer Vision & Pattern Recognition*, 7132–7141.

[60] Ha, D., Dai, A., & Le, Q. V. (2017). Hypernetworks. *International Conference on Learning Representations*.

[61] Tay, Y., Bahri, D., Metzler, D., Juan, D.-C., Zhao, Z., & Zheng, C. (2021). Synthesizer: Rethinking self-attention for transformer models. *International Conference on Machine Learning*, 10183–10192.

[62] Wu, F., Fan, A., Baevski, A., Dauphin, Y. N., & Auli, M. (2019). Pay less attention with lightweight and dynamic convolutions. *International Conference on Learning Representations*.

[63] Schlag, I., Irie, K., & Schmidhuber, J. (2021). Linear transformers are secretly fast weight programmers. *International Conference on Machine Learning*, 9355–9366.

[64] Sabour, S., Frosst, N., & Hinton, G. E. (2017). Dynamic routing between capsules. *Neural Information Processing Systems*, 30, 3856–3866.

[65] Tay, Y., Bahri, D., Metzler, D., Juan, D.-C., Zhao, Z., & Zheng, C. (2021). Synthesizer: Rethinking self-attention for transformer models. *International Conference on Machine Learning*, 10183–10192.

[66] Cordonnier, J.-B., Loukas, A., & Jaggi, M. (2020). On the relationship between self-attention and convolutional layers. *International Conference on Learning Representations*.

[67] Choromanski, K., Likhosherstov, V., Dohan, D., Song, X.,

Gane, A., Sarlos, T., Hawkins, P., Davis, J., Mohiuddin, A., Kaiser, L., et al. (2020). Rethinking attention with Performers. *International Conference on Learning Representations*.

68 Ramsauer, H., Schäfl, B., Lehner, J., Seidl, P., Widrich, M., Adler, T., Gruber, L., Holzleitner, M., Pavlović, M., Sandve, G. K., et al. (2021). Hopfield networks is all you need. *International Conference on Learning Representations*.

69 Prince, S. J. D. (2021a). Transformers II: Extensions. https://www.borealisai.com/en/blog/tutorial-16-transformers-ii-extensions/.

70 Wang, B., Shang, L., Lioma, C., Jiang, X., Yang, H., Liu, Q., & Simonsen, J. G. (2020a). On position embeddings in BERT. *International Conference on Learning Representations*.

71 Ke, G., He, D., & Liu, T.-Y. (2021). Rethinking positional encoding in language pre-training. *International Conference on Learning Representations*.

72 Shaw, P., Uszkoreit, J., & Vaswani, A. (2018). Self-attention with relative position representations. *ACL Human Language Technologies*, 464–468.

73 Raffel, C., Shazeer, N., Roberts, A., Lee, K., Narang, S., Matena, M., Zhou, Y., Li, W., Liu, P. J., et al. (2020). Exploring the limits of transfer learning with a unified text-to-text transformer. *Journal of Machine Learning Research*, *21*(140), 1–67.

74 Huang, Z., Liang, D., Xu, P., & Xiang, B. (2020b). Improve transformer models with better relative position embeddings. *Empirical Methods in Natural Language Processing*.

75 Wei, J., Ren, X., Li, X., Huang, W., Liao, Y., Wang, Y., Lin, J., Jiang, X., Chen, X., & Liu, Q. (2019). NEZHA: Neural contextualized representation for Chinese language understanding. *arXiv:1909.00204*.

76 He, P., Liu, X., Gao, J., & Chen, W. (2021). De-BERTa: Decoding-enhanced BERT with disentangled attention. *International Conference on Learning Representations*.

77 Su, J., Lu, Y., Pan, S., Wen, B., & Liu, Y. (2021). Roformer: Enhanced transformer with rotary position embedding. *arXiv:2104.09864*.

78 Dufter, P., Schmitt, M., & Schütze, H. (2021). Position information in transformers: An overview. *Computational Linguistics*, 1–31.

79 Liu, P. J., Saleh, M., Pot, E., Goodrich, B., Sepassi, R., Kaiser, L., & Shazeer, N. (2018b). Generating Wikipedia by summarizing long sequences. *International Conference on Learning Representations*.

80 Wang, S., Li, B. Z., Khabsa, M., Fang, H., & Ma, H. (2020b). Linformer: Self-attention with linear complexity. *arXiv:2006.04768*.

81 Child, R., Gray, S., Radford, A., & Sutskever, I. (2019). Generating long sequences with sparse transformers. *arXiv:1904.10509*.

82 Beltagy, I., Peters, M. E., & Cohan, A. (2020). Longformer: The long-document transformer. *arXiv:2004.05150*.

83 Ainslie, J., Ontañón, S., Alberti, C., Cvicek, V., Fisher, Z., Pham, P., Ravula, A., Sanghai, S., Wang, Q., & Yang, L. (2020). ETC: Encoding long and structured inputs in transformers. *ACL Empirical Methods in Natural Language Processing*, 268–284.

84 Roy, A., Saffar, M., Vaswani, A., & Grangier, D. (2021). Efficient content-based sparse attention with routing transformers. *Transactions of the Association for Computational Linguistics*, *9*, 53–68.

85 Kitaev, N., Kaiser, Ł., & Levskaya, A. (2020). Reformer: The efficient transformer. *International Conference on Learning Representations*.

86 Tay, Y., Bahri, D., Yang, L., Metzler, D., & Juan, D.-C. (2020). Sparse Sinkhorn attention. *International Conference on Machine Learning*, 9438–9447.

87 Katharopoulos, A., Vyas, A., Pappas, N., & Fleuret, F. (2020). Transformers are RNNs: Fast autoregressive transformers with linear attention. *International Conference on Machine Learning*, 5156–5165.

88 Tay, Y., Dehghani, M., Bahri, D., & Metzler, D. (2023). Efficient transformers: A survey. *ACM Computing Surveys*, *55*(6), 109:1–109:28.

89 Goyal, P., Dollár, P., Girshick, R., Noordhuis, P., Wesolowski, L., Kyrola, A., Tulloch, A., Jia, Y., & He, K. (2018). Accurate, large minibatch SGD: Training ImageNet in 1 hour. *arXiv:1706.02677*.

[90] Kingma, D. P., & Ba, J. (2015). Adam: A method for stochastic optimization. *International Conference on Learning Representations.*

[91] Xiong, R., Yang, Y., He, D., Zheng, K., Zheng, S., Xing, C., Zhang, H., Lan, Y., Wang, L., & Liu, T. (2020a). On layer normalization in the transformer architecture. *International Conference on Machine Learning,* 10524–10533.

[92] Huang, X. S., Perez, F., Ba, J., & Volkovs, M. (2020a). Improving transformer optimization through better initialization. *International Conference on Machine Learning,* 4475–4483.

[93] Shen, S., Yao, Z., Gholami, A., Mahoney, M., & Keutzer, K. (2020a). PowerNorm: Rethinking batch normalization in transformers. *International Conference on Machine Learning,* 8741–8751.

[94] Liu, L., Liu, X., Gao, J., Chen, W., & Han, J. (2020). Understanding the difficulty of training transformers. *Empirical Methods in Natural Language Processing,* 5747–5763.

[95] Bachlechner, T., Majumder, B. P., Mao, H., Cottrell, G., & McAuley, J. (2021). ReZero is all you need: Fast convergence at large depth. *Uncertainty in Artificial Intelligence,* 1352–1361.

[96] Prince, S. J. D. (2021b). Transformers III: Training. https://www.borealisai.com/en/blog/tutorial-17-transformers-iii-training/.

[97] Chen, M., Radford, A., Child, R., Wu, J., Jun, H., Luan, D., & Sutskever, I. (2020a). Generative pretraining from pixels. *International Conference on Machine Learning,* 1691–1703.

[98] Touvron, H., Cord, M., Douze, M., Massa, F., Sablayrolles, A., & Jégou, H. (2021). Training data-efficient image transformers & distillation through attention. *International Conference on Machine Learning,* 10347–10357.

[99] Carion, N., Massa, F., Synnaeve, G., Usunier, N., Kirillov, A., & Zagoruyko, S. (2020). End-to-end object detection with transformers. *European Conference on Computer Vision,* 213–229.

[100] Zhu, X., Su, W., Lu, L., Li, B., Wang, X., & Dai, J. (2020b). Deformable DETR: Deformable transformers for end-to-end object detection. *International Conference on Learning Representations.*

[101] Fang, Y., Liao, B., Wang, X., Fang, J., Qi, J., Wu, R., Niu, J., & Liu, W. (2021). You only look at one sequence: Rethinking transformer in vision through object detection. *Neural Information Processing Systems, 34,* 26183–26197.

[102] Ye, L., Rochan, M., Liu, Z., & Wang, Y. (2019). Cross-modal self-attention network for referring image segmentation. *IEEE/CVF Computer Vision & Pattern Recognition,* 10502–10511.

[103] Xie, E., Wang, W., Yu, Z., Anandkumar, A., Alvarez, J. M., & Luo, P. (2021). SegFormer: Simple and efficient design for semantic segmentation with transformers. *Neural Information Processing Systems, 34,* 12077–12090.

[104] Gu, J., Kwon, H., Wang, D., Ye, W., Li, M., Chen, Y.-H., Lai, L., Chandra, V., & Pan, D. Z. (2022). Multi-scale high-resolution vision transformer for semantic segmentation. *IEEE/CVF Computer Vision & Pattern Recognition,* 12094–12103.

[105] Yang, F., Yang, H., Fu, J., Lu, H., & Guo, B. (2020a). Learning texture transformer network for image super-resolution. *IEEE/CVF Computer Vision & Pattern Recognition,* 5791–5800.

[106] Sun, C., Myers, A., Vondrick, C., Murphy, K., & Schmid, C. (2019). VideoBERT: A joint model for video and language representation learning. *IEEE/CVF International Conference on Computer Vision,* 7464–7473.

[107] Girdhar, R., Carreira, J., Doersch, C., & Zisserman, A. (2019). Video action transformer network. *IEEE/CVF Computer Vision & Pattern Recognition,* 244–253.

[108] Chen, H., Wang, Y., Guo, T., Xu, C., Deng, Y., Liu, Z., Ma, S., Xu, C., Xu, C., & Gao, W. (2021b). Pre-trained image processing transformer. *IEEE/CVF Computer Vision & Pattern Recognition,* 12299–12310.

[109] Nash, C., Menick, J., Dieleman, S., & Battaglia, P. W. (2021). Generating images with sparse representations. *International Conference on Machine Learning,* 7958–7968.

[110] Su, W., Zhu, X., Cao, Y., Li, B., Lu, L., Wei, F., & Dai, J. (2019b). VL-BERT: Pre-training of generic visual-linguistic representations. *International Conference on Learning Representations.*

111. Tan, H., & Bansal, M. (2019). LXMERT: Learning cross-modality encoder representations from transformers. *Empirical Methods in Natural Language Processing*, 5099–5110.

112. Wan, Z., Zhang, J., Chen, D., & Liao, J. (2021). High-fidelity pluralistic image completion with transformers. *IEEE/CVF International Conference on Computer Vision*, 4692–4701.

113. Zheng, C., Cham, T.-J., & Cai, J. (2021). TFill: Image completion via a transformer-based architecture. *arXiv:2104.00845*.

114. Zhao, L., Mo, Q., Lin, S., Wang, Z., Zuo, Z., Chen, H., Xing, W., & Lu, D. (2020b). UCTGAN: Diverse image inpainting based on unsupervised cross-space translation. *IEEE/CVF Computer Vision & Pattern Recognition*, 5741–5750.

115. Li, W., Lin, Z., Zhou, K., Qi, L., Wang, Y., & Jia, J. (2022). MAT: Mask-aware transformer for large hole image inpainting. *IEEE/CVF Computer Vision & Pattern Recognition*, 10758–10768.

116. Kumar, M., Weissenborn, D., & Kalchbrenner, N. (2021). Colorization transformer. *International Conference on Learning Representations*.

117. Khan, S., Naseer, M., Hayat, M., Zamir, S. W., Khan, F. S., & Shah, M. (2022). Transformers in vision: A survey. *ACM Computing Surveys*, 54(10), 200:1–200:41.

118. Liu, Y., Zhang, Y., Wang, Y., Hou, F., Yuan, J., Tian, J., Zhang, Y., Shi, Z., Fan, J., & He, Z. (2023b). A survey of visual transformers. *IEEE Transactions on Neural Networks and Learning Systems*.

119. Wu, B., Xu, C., Dai, X., Wan, A., Zhang, P., Yan, Z., Tomizuka, M., Gonzalez, J., Keutzer, K., & Vajda, P. (2020a). Visual transformers: Tokenbased image representation and processing for computer vision. *arXiv:2006.03677*.

120. Hu, H., Gu, J., Zhang, Z., Dai, J., & Wei, Y. (2018a). Relation networks for object detection. *IEEE/CVF Computer Vision & Pattern Recognition*, 3588–3597.

121. Carion, N., Massa, F., Synnaeve, G., Usunier, N., Kirillov, A., & Zagoruyko, S. (2020). End-to-end object detection with transformers. *European Conference on Computer Vision*, 213–229.

122. Wang, X., Girshick, R., Gupta, A., & He, K. (2018c). Non-local neural networks. *IEEE/CVF Computer Vision & Pattern Recognition*, 7794–7803.

123. Sun, C., Myers, A., Vondrick, C., Murphy, K., & Schmid, C. (2019). VideoBERT: A joint model for video and language representation learning. *IEEE/CVF International Conference on Computer Vision*, 7464–7473.

124. Locatello, F., Weissenborn, D., Unterthiner, T., Mahendran, A., Heigold, G., Uszkoreit, J., Dosovitskiy, A., & Kipf, T. (2020). Objectcentric learning with slot attention. *Neural Information Processing Systems*, 33, 11525–11538.

125. Chen, Y.-C., Li, L., Yu, L., El Kholy, A., Ahmed, F., Gan, Z., Cheng, Y., & Liu, J. (2020d). UNITER: Universal image-text representation learning. *European Conference on Computer Vision*, 104–120.

126. Lu, J., Batra, D., Parikh, D., & Lee, S. (2019). ViLBERT: Pretraining task-agnostic visiolinguistic representations for vision-and-language tasks. *Neural Information Processing Systems*, 32, 13–23.

127. Li, L. H., Yatskar, M., Yin, D., Hsieh, C.-J., & Chang, K.-W. (2019). VisualBERT: A simple and performant baseline for vision and language. *arXiv:1908.03557*.

128. Sun, C., Shrivastava, A., Singh, S., & Gupta, A. (2017). Revisiting unreasonable effectiveness of data in deep learning era. *IEEE/CVF International Conference on Computer Vision*, 843–852.

129. Schuhmann, C., Vencu, R., Beaumont, R., Kaczmarczyk, R., Mullis, C., Katta, A., Coombes, T., Jitsev, J., & Komatsuzaki, A. (2021). Laion-400m: Open dataset of clip-filtered 400 million image-text pairs. *NeurIPS Workshop on Data-centric AI*.

130. Parmar, N., Vaswani, A., Uszkoreit, J., Kaiser, L., Shazeer, N., Ku, A., & Tran, D. (2018). *Image transformer*. International Conference on Machine Learning, 4055–4064.

131. Hu, H., Zhang, Z., Xie, Z., & Lin, S. (2019). Local relation networks for image recognition. *IEEE/CVF International Conference on Computer Vision*, 3464–3473.

132. Parmar, N., Ramachandran, P., Vaswani, A., Bello, I., Levskaya, A., & Shlens, J. (2019). Stand-alone self-attention in vision models. *Neural Information Processing Systems*,

32, 68–80.

[133] Zhao, H., Jia, J., & Koltun, V. (2020a). Exploring self-attention for image recognition. *IEEE/CVF Computer Vision & Pattern Recognition*, 10076–10085.

[134] Liu, Z., Hu, H., Lin, Y., Yao, Z., Xie, Z., Wei, Y., Ning, J., Cao, Y., Zhang, Z., Dong, L., Wei, F., & Guo, B. (2022). Swin transformer V2: Scaling up capacity and resolution. *IEEE/CVF Computer Vision & Pattern Recognition*, 12009–12019.

[135] Fan, H., Xiong, B., Mangalam, K., Li, Y., Yan, Z., Malik, J., & Feichtenhofer, C. (2021). Multiscale vision transformers. *IEEE/CVF International Conference on Computer Vision*, 6824–6835.

[136] Wang, W., Xie, E., Li, X., Fan, D.-P., Song, K., Liang, D., Lu, T., Luo, P., & Shao, L. (2021). Pyramid vision transformer: A versatile backbone for dense prediction without convolutions. *IEEE/CVF International Conference on Computer Vision*, 568–578.

[137] Wang, W., Yao, L., Chen, L., Lin, B., Cai, D., He, X., & Liu, W. (2022b). Crossformer: A versatile vision transformer hinging on crossscale attention. *International Conference on Learning Representations*.

[138] Ali, A., Touvron, H., Caron, M., Bojanowski, P., Douze, M., Joulin, A., Laptev, I., Neverova, N., Synnaeve, G., Verbeek, J., et al. (2021). XCiT: Cross-covariance image transformers. *Neural Information Processing Systems*, 34, 20014–20027.

[139] Ding, M., Xiao, B., Codella, N., Luo, P., Wang, J., & Yuan, L. (2022). DaViT: Dual attention vision transformers. *European Conference on Computer Vision*, 74–92.

[140] Chu, X., Tian, Z., Wang, Y., Zhang, B., Ren, H., Wei, X., Xia, H., & Shen, C. (2021). Twins: Revisiting the design of spatial attention in vision transformers. *Neural Information Processing Systems*, 34, 9355–9366.

[141] Dong, X., Bao, J., Chen, D., Zhang, W., Yu, N., Yuan, L., Chen, D., & Guo, B. (2022). CSWin transformer: A general vision transformer backbone with cross-shaped windows. *IEEE/CVF Computer Vision & Pattern Recognition*, 12124–12134.

[142] Arnab, A., Dehghani, M., Heigold, G., Sun, C., Lučić, M., & Schmid, C. (2021). ViVit: A video vision transformer. *IEEE/CVF International Conference on Computer Vision*, 6836–6846.

[143] Bertasius, G., Wang, H., & Torresani, L. (2021). Is space-time attention all you need for video understanding? *International Conference on Machine Learning*, 3, 813–824.

[144] Neimark, D., Bar, O., Zohar, M., & Asselmann, D. (2021). Video transformer network. *IEEE/CVF International Conference on Computer Vision*, 3163–3172.

[145] Patrick, M., Campbell, D., Asano, Y., Misra, I., Metze, F., Feichtenhofer, C., Vedaldi, A., & Henriques, J. F. (2021). Keeping your eye on the ball: Trajectory attention in video transformers. *Neural Information Processing Systems*, 34, 12493–12506.

[146] Selva, J., Johansen, A. S., Escalera, S., Nasrollahi, K., Moeslund, T. B., & Clapés, A. (2022). Video transformers: A survey. *arXiv:2201.05991*.

[147] Radford, A., Kim, J. W., Hallacy, C., Ramesh, A., Goh, G., Agarwal, S., Sastry, G., Askell, A., Mishkin, P., Clark, J., et al. (2021). Learning transferable visual models from natural language supervision. *International Conference on Machine Learning*, 8748–8763.

[148] Ramesh, A., Pavlov, M., Goh, G., Gray, S., Voss, C., Radford, A., Chen, M., & Sutskever, I. (2021). Zero-shot text-to-image generation. *International Conference on Machine Learning*, 8821–8831.

[149] Ramesh, A., Dhariwal, P., Nichol, A., Chu, C., & Chen, M. (2022). Hierarchical text-conditional image generation with CLIP latents. *arXiv:2204.06125*.

CHAPTER 13
그래프 신경망

10장에서는 이미지와 같은 규칙적인 데이터 배열 처리에 장점이 있는 합성곱 네트워크를 설명했다. 12장에서는 텍스트와 같은 가변 길이의 시퀀스 처리에 특화된 트랜스포머를 설명했다. 이 장에서는 **그래프 신경망**graph neural network, GNN에 대해 살펴본다. 이름에서 알 수 있듯이 이는 그래프(즉 에지로 연결된 노드 집합)를 처리하는 신경망 구조다.

그래프 처리와 관련된 세 가지 어려운 과제가 있다. 첫째, 위상topology이 가변적이어서 표현력이 충분하면서도 이러한 변동성에 대처할 수 있는 신경망을 설계하기가 어렵다. 둘째, 그래프의 규모가 엄청나게 커질 수 있다. 일례로 소셜 신경망 사용자 간의 연결을 나타내는 그래프의 노드는 10억 개에 달한다. 셋째, 하나의 거대한 monolithic 그래프만 사용할 수 있으므로 많은 데이터 견본으로 훈련하고 새로운 데이터로 테스트하는 일반적인 절차를 항상 적용하기 어려울 수 있다.

이 장에서는 그래프의 실제 예를 제시하고, 그런 다음 이러한 그래프를 인코딩하는 방법과 그래프에 대한 지도 학습 문제를 구성하는 방법을 설명한다. 그래프 처리를 위한 알고리즘 요구 사항을 논의하고, 이어서 그래프 신경망의 특정 유형인 **그래프 합성곱 네트워크**graph convolutional network, GCN를 살펴본다.

13.1 그래프란 무엇일까?

그래프는 매우 일반적인 구조로, **노드**node 또는 **정점**vertex 집합으로 구성되며 노드 쌍은 **에지**edge 또는 **링크**link로 연결된다. 그래프는 일반적으로 노드가 희소해서, 에지의 작은 부분 집합만 존재한다.

현실 세계의 일부 객체는 자연스럽게 그래프 형태를 취한다. 예를 들어 도로 신경망은 노드가 물리적 위치이고 에지가 노드 사이의 도로를 나타내는 그래프로 볼 수 있다(그림 13.1a). 화학 분자는 노드가 원자를 나타내고 에지가 화학적 결합을 나타내는 작은 그래프다(그림 13.1b). 전기 회로는 노드가 구성 요소와 접점을 나타내고 에지는 전기적 연결을 나타내는 그래프다(그림 13.1c).

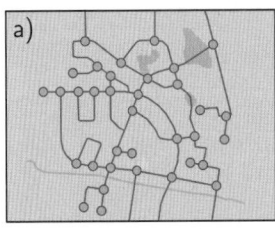
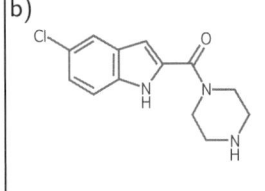
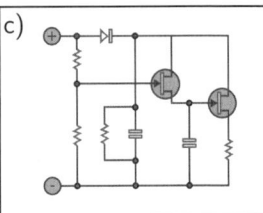

그림 13.1 실제 세계의 그래프. a) 도로 신경망, b) 분자, c) 전기 회로와 같은 일부 객체는 자연스럽게 그래프 구조를 갖는다.

더욱이 많은 데이터셋도 표면적으로는 그래프 형태가 아니더라도 그래프로 표현할 수 있다. 예를 들면 다음과 같다.

- 소셜 네트워크social network는 노드가 사람이고 에지가 사람 간의 친분을 나타내는 그래프다.
- 과학 문헌은 노드가 논문이고 에지는 논문 인용을 나타내는 그래프로 볼 수 있다.
- 위키피디아는 노드가 문서이고 에지가 문서 간의 하이퍼링크를 나타내는 그래프로 볼 수 있다.
- 컴퓨터 프로그램은 노드가 구문 토큰(프로그램 흐름의 여러 지점에 있는 변수)이고 에지는 이러한 변수와 관련된 계산을 나타내는 그래프로 표현할 수 있다.
- 기하학적인 포인트 클라우드는 그래프로 표현할 수 있다. 여기서 각 점은 노드이고 에지를 통해 인근의 다른 점과 연결된다.

- 세포 내 단백질 상호작용은 그래프로 표현할 수 있다. 여기서 노드는 단백질이고, 두 단백질이 상호작용하는 경우 두 단백질 사이에 에지가 존재한다.

또한 집합(순서가 지정되지 않은 리스트)은 모든 구성 원소가 노드이고, 모든 구성 원소가 서로 연결되어 있는 그래프로 처리할 수 있다. 이미지는 일반적인 위상을 갖는 그래프로 취급할 수 있는데, 각 픽셀은 노드이고 인접한 픽셀과는 에지로 연결된다.

13.1.1 그래프 유형

그래프는 다양한 방식으로 분류할 수 있다. 그림 13.2a의 소셜 네트워크에는 **무방향 에지**undirected edge가 있다. 서로 연결되어 쌍을 이루고 있는 개인은 서로 친구가 되기로 상호 동의했기 때문에 관계에는 방향성이 없다. 반면에, 그림 13.2b의 인용 신경망에는 **방향성 에지**directed edge가 있다. 각 논문은 다른 논문을 인용하는데, 이러한 관계는 본질적으로 방향성을 갖는다.

그림 13.2c는 객체 간의 관계를 정의하여 객체에 대한 일련의 사실을 인코딩하는 **지식 그래프**knowledge graph를 보여준다. 기술적으로, 이것은 **방향성 이종 다중 그래프** directed heterogeneous multigraph다. 노드가 다양한 유형의 개체(예: 사람, 국가, 회사)를 나타낼 수 있기 때문에 이질적이다. 두 노드 사이에 서로 다른 유형의 여러 에지가 있을 수 있으므로 다중 그래프다.

그림 13.2d의 비행기를 나타내는 점 집합은 각 점을 K개의 가장 가까이 이웃하는 점에 연결하여 그래프로 변환할 수 있다. 이렇게 변환한 결과는 각 점이 3차원 공간의 위치와 연관된 **기하학적 그래프**geometric graph가 된다. 그림 13.2e는 **계층적 그래프**hierarchical graph를 나타내는데, 테이블, 조명, 방은 각각 해당 구성 요소의 인접성을 나타내는 그래프로 설명할 수 있다. 이 세 그래프는 그 자체로 더 큰 모델에서 객체의 위상을 나타내는 다른 그래프의 노드이다.

딥러닝으로 모든 유형의 그래프를 다룰 수 있다. 그러나 이 장에서는 그림 13.2a의 소셜 네트워크와 같은 무방향 그래프를 중점적으로 살펴본다.

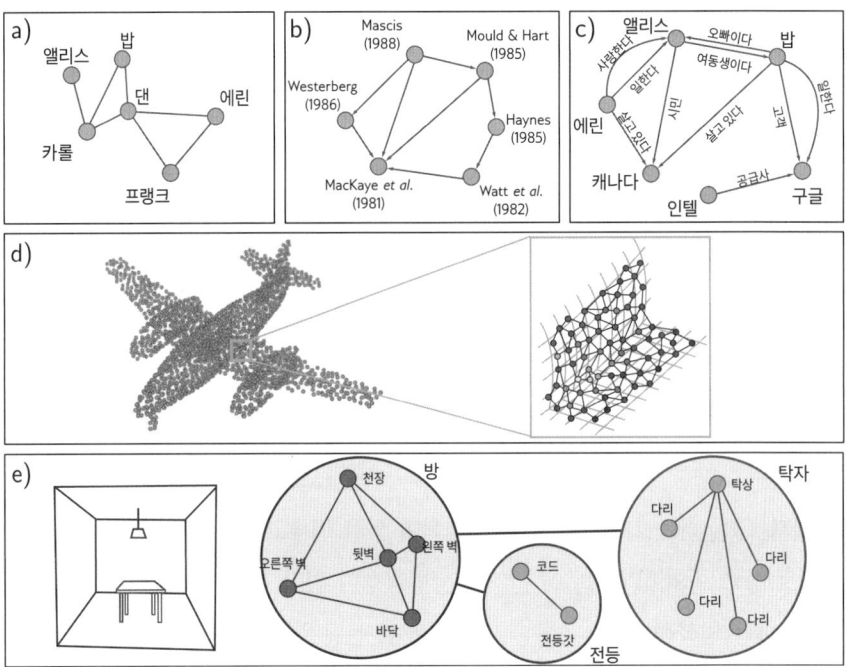

그림 13.2 그래프 유형. a) 소셜 네트워크는 무방향 그래프이고, 사람들 간의 연결은 대칭적이다. b) 인용 신경망은 방향성 그래프다. 한 논문이 다른 논문을 인용하므로 관계가 비대칭적이다. c) 지식 그래프는 방향성 이종 다중 그래프다. 노드는 서로 다른 객체 유형(사람, 장소, 회사)을 나타낸다는 점에서 이질적이고, 여러 에지가 각 노드 간의 서로 다른 관계를 나타낼 수 있다. d) 점 집합은 인접한 점 사이를 에지로 연결해서 그래프로 변환할 수 있다. 각 노드는 3차원 공간에서의 위치를 나타내며 이를 기하학적 그래프라고 한다(출처: Hu et al., 2022)[1]. e) 왼쪽의 장면은 계층적 그래프로 표현할 수 있다. 방, 테이블, 조명의 위상을 모두 그래프로 표현한다. 이들 그래프는 인접한 객체를 나타내는 더 큰 그래프의 노드가 된다(출처: Fernández Madrigal & González, 2002)[2].

13.2 그래프 표현

그래프 구조 자체에 더해서, 일반적으로 정보는 각 노드와 연결된다. 예를 들어 소셜 신경망에서 각 개인은 그들의 관심사를 나타내는 고정 길이 벡터로 특징지어진다. 때로는 에지에도 정보가 첨부된다. 예를 들어 도로 신경망의 예에서 각 에지는 길이, 차선 수, 사고 빈도, 속도 제한으로 특징지어질 수 있다. 노드의 정보는 **노드 임베딩**node embedding에 저장되고, 에지의 정보는 **에지 임베딩**edge embedding에 저장된다.

공식적으로 표현하면 그래프는 N개의 노드 집합과 노드에 연결된 E개의 에지 집합으로 구성된다. 그래프는 3개의 행렬 $\mathbf{A}$, $\mathbf{X}$, $\mathbf{E}$로 인코딩할 수 있는데, 각각 그래프 구조, 노드 임베딩, 에지 임베딩을 나타낸다(그림 13.3).

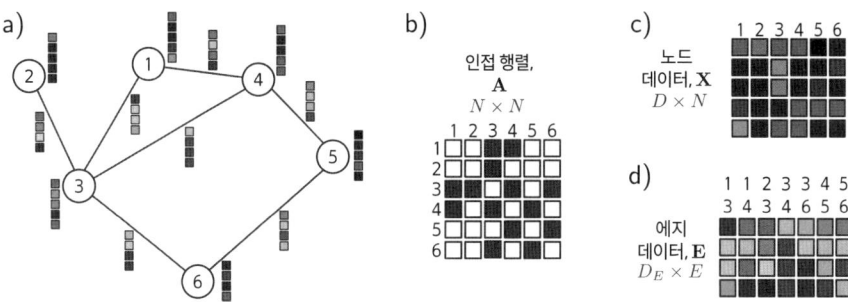

그림 13.3 그래프 표현. a) 6개의 노드와 7개의 에지가 있는 예제 그래프. 각 노드에는 길이가 5인 해당 임베딩(갈색 벡터)이 있다. 각 에지에는 길이가 4인 해당 임베딩(파란색 벡터)이 있다. 이 그래프는 3개의 행렬로 표현할 수 있다. b) 인접 행렬은 노드 m이 노드 n과 연결되어 있으면 요소 (m, n)이 1인 이진 행렬이다. c) 각 노드 임베딩은 노드 데이터 행렬 $\mathbf{X}$의 열이 된다. d) 각 에지 임베딩은 에지 데이터 행렬 $\mathbf{E}$의 열이 된다.

그래프 구조는 **인접 행렬**adjacency matrix $\mathbf{A}$로 나타낸다. 이는 $N \times N$ 행렬로, 노드 m과 n 사이에 에지가 있으면 항목 (m, n)이 1로 설정되고 그렇지 않으면 0으로 설정된다.† 무방향 그래프의 경우 이 행렬은 항상 대칭이다. 큰 희소 그래프의 경우, 메모리를 절약하기 위해 연결 목록 (m, n)으로 저장한다.

연습 문제 13.1 – 13.2 참고

n번째 노드에는 길이가 D인 노드 임베딩 $\mathbf{x}^{(n)}$이 있다. 이러한 임베딩은 크기가 $D \times N$인 노드 데이터 행렬 $\mathbf{X}$의 열로 저장한다. 마찬가지로 e번째 에지에는 길이가 D_E인 에지 임베딩 $\mathbf{e}^{(e)}$가 있다. 이러한 에지 임베딩은 크기가 $D_E \times E$인 행렬 $\mathbf{E}$의 열로 저장한다. 이해를 돕기 위해 처음에는 노드 임베딩만 있는 그래프를 고려하고 에지 임베딩은 13.9절에서 살펴본다.

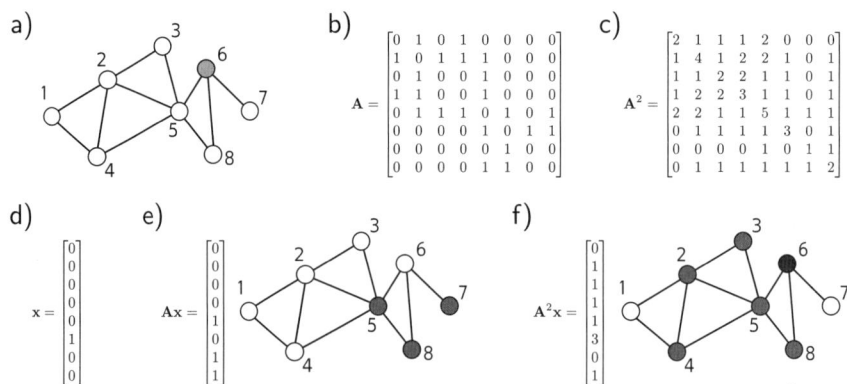

그림 13.4 인접 행렬의 속성. a) 예시 그래프. b) 인접 행렬 $\mathbf{A}$의 위치 (m, n)는 노드 m에서 노드 n까지 길이가 1인 보행 횟수를 나타낸다. c) 제곱 인접 행렬 $\mathbf{A}^2$의 위치 (m, n)는 노드 n에서 노드 m까지 길이가 2인 보행 횟수를 나타낸다. d) (a)에 강조 표시되어 있는 노드 6을 나타내는 원-핫 벡터. e) 이 벡터에 $\mathbf{A}$를 앞쪽에서 곱하면 노드 6에서 각 노드까지의 길이가 1인 보행 횟수를 구할 수 있다. 이 경우에는, 한 번의 보행으로 노드 5, 7, 8에 도달할 수 있다. f) 이 벡터에 $\mathbf{A}^2$를 앞쪽에서 곱하면 결과 벡터에는 노드 6에서 각 노드까지의 길이가 2인 보행 횟수를 구할 수 있다. 이 경우에는, 두 번의 보행으로 노드 2, 3, 4, 5, 8에 도달할 수 있으며 세 가지 다른 경로(노드 5, 7, 8을 통해)로 원래 노드로 돌아갈 수 있다.

13.2.1 인접 행렬의 속성

선형 대수를 사용하여 인접 행렬로 노드의 이웃을 찾을 수 있다. n번째 노드의 위치를 원-핫 열 벡터(n 위치에 해당하는 원소만 1이고 나머지 원소는 모두 0인 벡터)로 인코딩한다고 가정해보자. 이 벡터에 인접 행렬을 앞쪽에서 곱해서 인접 행렬의 n번째 열을 추출하고, 이웃이 있는 위치(즉 n번째 노드에서 한번의 보행으로 도달할 수 있는 모든 장소)의 원소가 1인 벡터를 반환한다. 이 절차를 반복하면(즉 $\mathbf{A}$를 다시 앞쪽에서 곱한다) 노드 n에서 모든 노드까지의 보행 횟수가 2인 결과 벡터를 얻을 수 있다(그림 13.4d-f).†

연습 문제 13.3 – 13.4 참고

깃허브의 노트북 13.1 'Encoding graphs 참고. https://bit.ly/udl13_1

일반적으로 인접 행렬을 L번 제곱하면 $\mathbf{A}^L$의 위치 (m, n)에 있는 원소는 노드 m에서 노드 n까지 길이가 L인 보행 횟수를 나타낸다(그림 13.4a-c).† 이는 동일한 노드를 여러 번 방문하는 경로를 포함하므로 고유한 경로 수와 다르다. 그럼에도 불구하고 $\mathbf{A}^L$에는 여전히 그래프 연결에 관한 유용한 정보가 담겨 있다. 예를 들어 위치 (m, n)의 0이 아닌 원소는 m에서 n까지의 거리가 L보다 작거나 같아야 한다는 것을 나타낸다.

13.2.2 노드 인덱스 치환

그래프의 노드 인덱싱은 임의로 한다. 노드 인덱스를 치환하면 노드 데이터 행렬 $\mathbf{X}$의 열과 인접 행렬 $\mathbf{A}$의 행과 열이 모두 치환된다. 하지만 기본 그래프는 변하지 않는다(그림 13.5). 이는 픽셀을 치환하면 다른 이미지가 되고, 단어를 치환하면 다른 문장이 되는 텍스트와는 대조적이다.

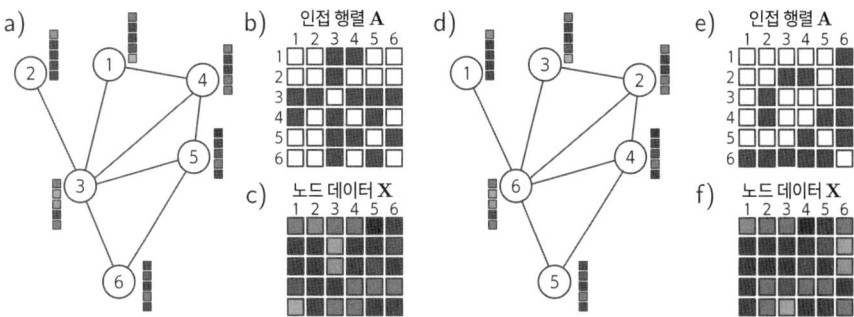

그림 13.5 노드 인덱스 치환. a) 예시 그래프, b) 예시 그래프에 대한 인접 행렬, c) 예시 그래프에 대한 노드 임베딩. d) 인덱스의 (임의의) 순서가 변경된 동일한 그래프. e) 인접 행렬과 f) 노드 행렬이 이제 다르다. 결과적으로 그래프에서 작동하는 모든 신경망층은 노드 순서와 무관해야 한다.

노드 인덱스를 교환하는 연산은 수학적으로는 **치환 행렬**permutation matrix $\mathbf{P}$로 나타낼 수 있다. 이는 각 행과 열에서 정확히 하나의 원소 값만 1이고 나머지 값은 모두 0인 행렬이다. 치환 행렬의 위치 $(m,\ n)$를 1로 설정하면 치환 이후에 노드 m이 노드 n이 된다.† 어떤 인덱싱을 다른 인덱싱으로 매핑하려면 다음과 같은 연산을 한다.

연습 문제 13.5 참고

$$\begin{aligned} \mathbf{X}' &= \mathbf{xP} \\ \mathbf{A}' &= \mathbf{P}^T\mathbf{AP} \end{aligned}$$

식 13.1

여기서 $\mathbf{P}$를 뒤에서 곱하면 열이 치환되고 $\mathbf{P}^T$를 앞에서 곱하면 행이 치환된다. 그래프에 적용하는 모든 연산 처리는 이러한 치환에 무관해야 한다. 그렇지 않으면 노드 인덱스 선택에 따라 결과가 달라진다.

13.3 그래프 신경망, 작업, 손실 함수

그래프 신경망은 입력으로 받은 노드 임베딩 **X**와 인접 행렬 **A**가 일련의 K개의 층을 통과하는 모델이다. 노드 임베딩은 각 층마다 갱신되면서 '숨겨진' 중간 표현 $\mathbf{H}_k$를 생성하고, 최종적으로 출력 임베딩 $\mathbf{H}_K$를 계산한다.

이 신경망의 시작 부분에서 입력 노드 임베딩 **X**의 각 열에는 해당 노드에 대한 정보만 담겨 있다. 마지막에는 모델 출력 $\mathbf{H}_K$의 각 열에는 그래프 내의 노드와 해당 컨텍스트에 대한 정보가 포함된다. 이는 트랜스포머 신경망을 통과하는 단어 임베딩과 유사하다. 이는 시작 부분에서는 단어를 나타내지만 끝부분에 가면 문장 맥락에서의 단어 의미를 나타낸다.

13.3.1 작업 유형과 손실 함수

그래프 신경망 모델에 대한 논의는 13.4절로 미루고 먼저 이러한 신경망이 다루는 문제 유형과 관련 손실 함수를 설명한다. 지도 그래프 문제는 일반적으로 다음 세 가지 범주 중 하나에 속한다(그림 13.6).

- **그래프 수준 작업**: 신경망은 구조와 노드 임베딩을 모두 활용하여 전체 그래프에서 레이블을 할당하거나 하나 이상의 값을 추정한다. 예를 들어 분자가 액체가 되는 온도를 예측하거나(회귀 작업) 또는 분자가 인간에게 유독한지 여부를 예측(분류 작업)할 수 있다.

  그래프 수준 작업의 경우, 출력 노드 임베딩을 결합하고(예를 들어 평균을 구한다) 결과 벡터는 선형 변환 또는 신경망을 통해 고정된 크기의 벡터로 매핑한다. 회귀분석의 경우 결과와 정답 간의 차이를 최소제곱 손실을 사용하여 계산한다. 이진 분류의 경우 출력을 시그모이드 함수를 통과시킨 다음에 이진 교차 엔트로피 손실을 사용하여 오차를 계산한다. 이때 그래프가 클래스 1에 속할 확률은 다음과 같다.

$$Pr(y=1|\mathbf{x}, \mathbf{A}) = \text{sig}\left[\beta_K + \boldsymbol{\omega}_K \mathbf{H}_K \mathbf{1}/N\right] \quad \text{식 13.2}$$

여기서 스칼라 β_K와 $1 \times D$ 벡터 $\boldsymbol{\omega}_K$는 학습된 매개변수다. 출력 임베딩 행렬 $\mathbf{H}_K$에 1을 포함하는 열 벡터 **1**을 뒤에서 곱하면 모든 임베딩을 합산한 후 노드 수 N으로 나누어 평균을 계산하는 효과가 있다. 이를 평균 풀링이라고 한다(그림 10.11 참고).

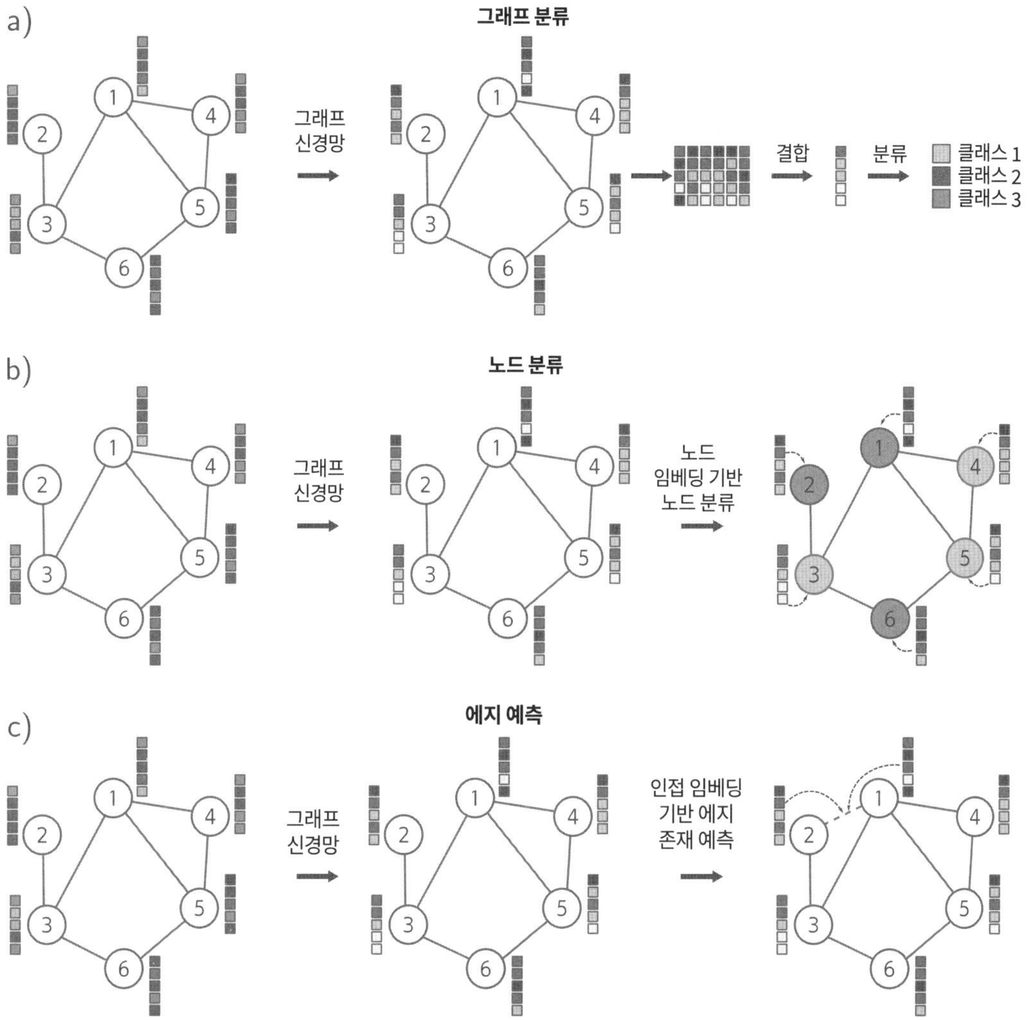

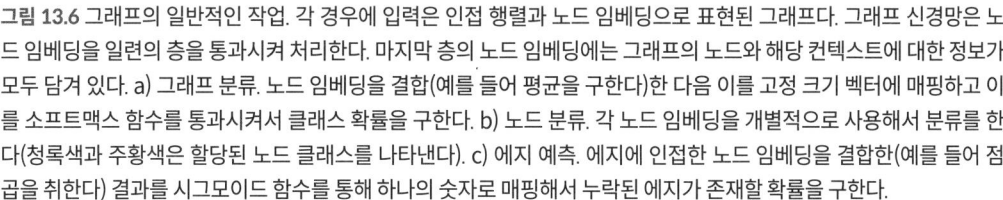

그림 13.6 그래프의 일반적인 작업. 각 경우에 입력은 인접 행렬과 노드 임베딩으로 표현된 그래프다. 그래프 신경망은 노드 임베딩을 일련의 층을 통과시켜 처리한다. 마지막 층의 노드 임베딩에는 그래프의 노드와 해당 컨텍스트에 대한 정보가 모두 담겨 있다. a) 그래프 분류. 노드 임베딩을 결합(예를 들어 평균을 구한다)한 다음 이를 고정 크기 벡터에 매핑하고 이를 소프트맥스 함수를 통과시켜서 클래스 확률을 구한다. b) 노드 분류. 각 노드 임베딩을 개별적으로 사용해서 분류를 한다(청록색과 주황색은 할당된 노드 클래스를 나타낸다). c) 에지 예측. 에지에 인접한 노드 임베딩을 결합한(예를 들어 점곱을 취한다) 결과를 시그모이드 함수를 통해 하나의 숫자로 매핑해서 누락된 에지가 존재할 확률을 구한다.

- 노드 수준 작업: 신경망은 그래프 구조와 노드 임베딩을 모두 사용하여 그래프의 각 노드에 레이블을 할당(분류)하거나 또는 하나 이상의 값(회귀)을 할당한다. 예를 들어 그림 13.2d와 유사한 3차원 포인트 클라우드에서 생성한 그래프가 주어졌을 때, 노드가 날개에 속하는지 비행기 동체에 속하는지에 따라 노드를 분류한다고 해보자. 손실 함수는 그래프 수준 작업과 동일한 방식으로 정의하지만 이 작업은 각 노드 n에서 독립적으로 수행한다.

$$Pr(y^{(n)} = 1|\mathbf{X}, \mathbf{A}) = \text{sig}\left[\beta_K + \boldsymbol{\omega}_K \mathbf{h}_K^{(n)}\right]$$

식 13.3

- 에지 예측 작업: 신경망은 노드 n과 m 사이에 에지가 있어야 하는지 여부를 예측한다. 예를 들어 소셜 네트워크 설정에서 신경망은 두 사람이 서로 알고 있고 좋아하는지 여부를 예측하고, 그렇다면 그들을 연결해야 한다고 제안할 수 있다. 이는 2개의 노드 임베딩을 에지가 존재할 확률을 나타내는 하나의 숫자에 매핑해야 하는 이진 분류 작업이다. 이를 위해, 노드 임베딩을 점곱한 결과를 시그모이드 함수에 통과시켜서 확률을 구한다.

$$Pr(y^{(mn)} = 1|\mathbf{X}, \mathbf{A}) = \text{sig}\left[\mathbf{h}^{(m)T}\mathbf{h}^{(n)}\right]$$

식 13.4

13.4 그래프 합성곱 네트워크

다양한 유형의 그래프 신경망 중에서도 **공간 기반 합성곱 그래프 신경망**spatial-based convolutional graph neural network을 중점적으로 살펴본다. 이 모델은 인접한 노드의 정보를 취합해서 각 노드를 갱신한다는 점에서 합성곱에 해당한다. 따라서 **관계적 귀납적 편향**relational inductive bias(즉 이웃의 정보를 우선시하는 편향)을 활용한다. 원래의 그래프 구조를 사용하기 때문에 공간 기반이라고 한다. 이는 푸리에 영역Fourier domain에서 합성곱을 적용하는 스펙트럼 기반 방법spectral-based method과는 대조된다.

GCN의 각 층은 노드 임베딩과 인접 행렬을 입력으로 받아서 새로운 노드 임베딩을 출력하는 매개변수 $\boldsymbol{\Phi}$를 갖는 함수 $\mathbf{F}[\bullet]$이다. 따라서 신경망은 다음과 같이 나타낼 수 있다.

$$\begin{aligned} \mathbf{H}_1 &= \mathbf{F}[\mathbf{X}, \mathbf{A}, \boldsymbol{\phi}_0] \\ \mathbf{H}_2 &= \mathbf{F}[\mathbf{H}_1, \mathbf{A}, \boldsymbol{\phi}_1] \\ \mathbf{H}_3 &= \mathbf{F}[\mathbf{H}_2, \mathbf{A}, \boldsymbol{\phi}_2] \\ \vdots &= \vdots \\ \mathbf{H}_K &= \mathbf{F}[\mathbf{H}_{K-1}, \mathbf{A}, \boldsymbol{\phi}_{K-1}] \end{aligned}$$

식 13.5

여기서 $\mathbf{X}$는 입력이고, $\mathbf{A}$는 인접 행렬이고, $\mathbf{H}_k$는 k번째 층에서 수정된 노드 임베딩을 포함하고, $\boldsymbol{\phi}_k$는 k층에서 $k+1$층으로 매핑되는 매개변수를 나타낸다.

13.4.1 등변성과 불변성

앞에서 그래프에서 노드의 인덱싱은 임의적이고, 노드 인덱스의 어떠한 치환도 그래프를 변경하지 않는다는 점을 언급했다. 따라서 모든 모델은 반드시 이 속성을 따라야 한다. 각 층은 노드 인덱스 치환에 대해서 등변적이어야 한다(10.1절 참고). 즉 노드 인덱스를 치환하면 각 단계의 노드 임베딩도 같은 방식으로 치환된다. 수학적으로 표현하면, $\mathbf{P}$가 치환 행렬일 때 다음과 같아야 한다.

$$\mathbf{H}_{k+1}\mathbf{P} = \mathbf{F}\left[\mathbf{H}_k\mathbf{P}, \mathbf{P}^T\mathbf{A}\mathbf{P}, \phi_k\right] \qquad \text{식 13.6}$$

노드 분류와 에지 예측 작업의 경우, 출력은 노드 인덱스의 치환에 대해서 등변적이어야 한다. 그러나 그래프 수준 작업의 경우 마지막 층은 그래프 전체의 정보를 취합하므로 출력은 노드 순서에 따라 변하지 않는다. 실제로 식 13.2의 출력층은 임의의 치환 행렬 $\mathbf{P}$에 대해서 노드 순서에 불변이다(연습 문제 13.6 참고).†

연습 문제 13.6 참고

$$y = \text{sig}[\beta_K + \boldsymbol{\omega}_K \mathbf{H}_K \mathbf{1}/N] = \text{sig}[\beta_K + \boldsymbol{\omega}_K \mathbf{H}_K \mathbf{P}\mathbf{1}/N] \qquad \text{식 13.7}$$

이는 이미지의 경우와 유사한데, 기하학적 변환에 대해서 이미지 분할은 등변적이어야 하고, 이미지 분류는 불변이어야 한다(그림 10.1). 여기서 합성곱층과 풀링층은 이동에 대해서 어느 정도 등변성을 갖지만 보다 일반적인 변환에 대해서는 이러한 속성을 정확하게 보장하는 방법은 알려져 있지 않다. 그러나 그래프의 경우 치환에 대해서 등변성이나 불변성을 보장하는 신경망을 정의할 수 있다.

13.4.2 매개변수 공유

10장에서는 완전 연결된 신경망을 이미지에 적용하는 것은 바람직하지 않다고 했다. 왜냐하면 신경망이 모든 이미지 위치에서 개별적으로 객체를 인식하는 방법을 학습해야 하기 때문이다. 대신 이미지의 모든 위치를 동일하게 처리하는 합성곱층을 사용했다. 이로 인해 매개변수의 수를 줄이고 모델이 이미지의 모든 부분을 동일하게 처리하도록 하는 귀납적 편향을 이용했다.

그래프의 노드에 대해서도 동일한 논리를 적용할 수 있다. 각 노드마다 별도의 매개변수를 갖는 모델을 학습할 수 있다. 그러나 이렇게 하면 신경망은 각 위치에서 그래프의 연결의 의미를 독립적으로 학습해야 하고, 동일한 위상을 갖는 많은 그래프를 훈련해야 한다. 따라서 모든 노드에서 동일한 매개변수를 사용하는 모델을 구축하여 매개변수 수를 줄이고 각 노드에서 신경망이 학습한 내용을 전체 그래프에 공유한다.

합성곱(식 10.3)은 이웃의 정보에 대한 가중합을 통해 변수를 갱신한다는 점을 떠올려보자. 이를 각각의 이웃이 관심 있는 변수에 메시지를 보내고, 이 메시지를 취합해서 갱신하는 것으로 해석해 볼 수 있다. 이미지의 경우, 이웃은 현재 위치 주변의 고정 크기 정사각형 영역의 픽셀이므로 각 위치에서의 공간 관계는 동일하다. 그러나 그래프에서 각 노드는 서로 다른 수의 이웃을 가질 수 있고 일관된 관계가 없다. 따라서 관심 노드 '위'에 있는 노드의 정보와 '아래'에 있는 노드의 정보에 다른 가중치를 부여하는 것은 의미가 없다.

13.4.3 그래프 합성곱 네트워크층 예시

이러한 사항을 고려하여 간단한 GCN층을 도입한다(그림 13.7). k층의 각 노드 n에서, 이웃 노드의 임베딩 $\mathbf{h}_\bullet$를 합산하여 정보를 취합한다.

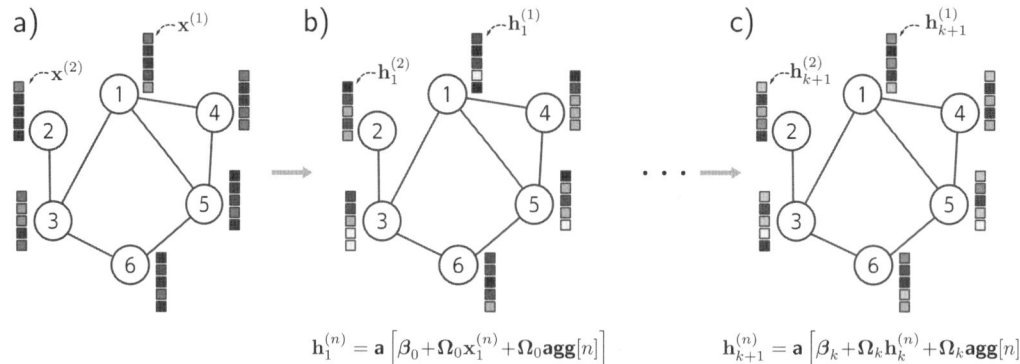

그림 13.7 간단한 GCN층. a) 입력 그래프는 구조(그래프 인접 행렬 $\mathbf{A}$에 구현되지만, 그림에는 표시하지 않았다)와 노드 임베딩(행렬 $\mathbf{X}$의 열에 저장된다)으로 구성된다. b) 첫 번째 은닉층의 각 노드는 (i) 이웃 노드를 취합하여 단일 벡터를 형성하고, (ii) 선형 변환 Ω_0를 취합한 벡터에 적용하고, (iii) 동일한 선형 변환 Ω_0을 원래 노드에 적용하고, (iv) 편향 β_0와 함께 이들을 더하고, 마지막으로 (v) ReLU와 같은 비선형 활성화 함수 a[•]를 적용해서 갱신한다. c) 신경망 끝에서 최종 임베딩을 생성할 때까지 이 과정을 후속 층에 대해서 반복한다(단 층마다 다른 매개변수를 사용한다).

$$\mathrm{agg}[n, k] = \sum_{m \in \mathrm{ne}[n]} \mathbf{h}_k^{(m)}$$

식 13.8

여기서 ne[n]은 노드 n의 이웃 인덱스 집합을 반환한다. 그런 다음 선형 변환 Ω_k를 현재 노드의 임베딩 $\mathbf{h}_k^{(n)}$와 식 13.8의 취합된 값에도 적용하고 편향 항 β_k를 더한 결과를 비선형 활성화 함수 $\mathbf{a}[\bullet]$를 통과시킨다. 그리고 이 과정은 벡터 인수의 모든 원소에 독립적으로 적용한다.

$$\mathbf{h}_{k+1}^{(n)} = \mathbf{a}\left[\beta_k + \Omega_k \cdot \mathbf{h}_k^{(n)} + \Omega_k \cdot \mathbf{agg}[n, k]\right] \quad \text{식 13.9}$$

벡터를 행렬의 뒤쪽에서 곱하면 열의 가중합을 반환한다는 점에 착안해서 이를 좀 더 간결하게 나타낼 수 있다. 인접 행렬 $\mathbf{A}$의 n번째 열은 이웃의 위치에 해당하는 원소가 1이다. 따라서 노드 임베딩을 모아서 $D \times N$ 행렬 $\mathbf{H}_k$을 만들고 인접 행렬 $\mathbf{A}$를 뒤쪽에서 곱하면 결과의 n번째 열은 $\mathbf{agg}[n, k]$가 된다. 이제 노드 갱신은 다음과 같다.

$$\begin{aligned}\mathbf{H}_{k+1} &= \mathrm{a}\left[\beta_k \mathbf{1}^T + \Omega_k \mathbf{H}_k + \Omega_k \mathbf{H}_k \mathbf{A}\right] \\ &= \mathrm{a}\left[\beta_k \mathbf{1}^T + \Omega_k \mathbf{H}_k (\mathbf{A} + \mathbf{I})\right]\end{aligned} \quad \text{식 13.10}$$

여기서 $\mathbf{1}$은 모든 원소가 1인 $N \times 1$ 벡터다. 그리고 비선형 활성화 함수 $\mathbf{a}[\bullet]$는 행렬 인수의 모든 멤버에 독립적으로 적용한다.

이 층은 설계 조건을 충족한다. 즉 노드 인덱스의 치환에 대해 등변적이고, 어떤 수의 이웃에도 대응할 수 있고, 그래프 구조를 활용하여 관계적 귀납 편향을 제공하고, 그래프 전체에 걸쳐 매개변수를 공유한다.†

연습 문제 13.7 참고

13.5 그래프 분류 예

이제 이러한 아이디어를 결합해서 분자를 독성이 있는 것과 무해한 것으로 분류하는 신경망을 구성해보자. 신경망 입력은 인접 행렬과 노드 임베딩 행렬 $\mathbf{X}$이다.† 인접 행렬 $\mathbf{A} \in \mathbb{R}^{N \times N}$은 분자 구조에서 결정된다. 노드 임베딩 행렬 $\mathbf{x} \in \mathbb{R}^{118 \times N}$ 열은 주기율표의 118개 요소 중 어느 것이 존재하는지 나타내는 원-핫 벡터다. 즉 해당 요소에 해당하는 위치의 값만 1이고, 다른 모든 위치의 값은 0인 길이가 118인 벡터다. 첫 번째 가중치 행렬 $\Omega_0 \in \mathbb{R}^{D \times 118}$을 통해 노드 임베딩을 임의의 크기 X로 변환할 수 있다.

깃허브의 노트북 13.2 'Graph classification' 참고. https://bit.ly/udl13_2

신경망 식은 다음과 같다.

$$\begin{aligned}
\mathbf{H}_1 &= \mathbf{a}\left[\boldsymbol{\beta}_0 \mathbf{1}^T + \boldsymbol{\Omega}_0 \mathbf{X}(\mathbf{A}+\mathbf{I})\right] \\
\mathbf{H}_2 &= \mathbf{a}\left[\boldsymbol{\beta}_1 \mathbf{1}^T + \boldsymbol{\Omega}_1 \mathbf{H}_1(\mathbf{A}+\mathbf{I})\right] \\
\vdots &= \vdots \\
\mathbf{H}_K &= \mathbf{a}\left[\boldsymbol{\beta}_{K-1} \mathbf{1}^T + \boldsymbol{\Omega}_{K-1} \mathbf{H}_{k-1}(\mathbf{A}+\mathbf{I})\right] \\
\mathrm{f}[\mathbf{X},\mathbf{A},\boldsymbol{\Phi}] &= \mathrm{sig}\left[\beta_K + \boldsymbol{\omega}_K \mathbf{H}_K \mathbf{1}/N\right]
\end{aligned}$$

식 13.11

여기서 신경망 출력 f[$\mathbf{X}$, $\mathbf{A}$, $\boldsymbol{\Phi}$]는 분자가 독성을 가질 확률을 결정하는 값이다 (식 13.2 참고).

13.5.1 배치를 이용한 훈련

I개의 훈련 그래프 $\{\mathbf{X}_i, \mathbf{A}_i\}$와 해당 레이블 y_i가 주어지면, SGD와 이진 교차 엔트로피 손실(식 5.19)을 사용하여 매개변수 $\boldsymbol{\Phi} = \{\boldsymbol{\beta}_k, \boldsymbol{\Omega}_k\}_{k=0}^{K}$을 학습할 수 있다. 완전 연결 신경망, 합성곱 네트워크, 트랜스포머는 모두 최신 하드웨어의 병렬성을 활용하여 전체 훈련 견본 배치를 동시에 처리한다. 이를 위해 배치 요소를 모아서 더 높은 차원의 텐서로 만든다(7.4.2절). 그러나 각 그래프는 노드 수가 서로 다를 수 있다. 따라서 행렬 $\mathbf{X}_i$와 $\mathbf{A}_i$는 서로 크기가 달라서 이를 3차원 텐서로 만들 수 없다.

다행스럽게도 간단한 트릭을 사용하면 전체 배치를 병렬로 처리할 수 있다. 배치에 있는 그래프를 하나의 큰 그래프의 분리된 구성 요소로 처리한다. 그러면 신경망은 신경망 식의 단일 인스턴스로 실행할 수 있다. 손실 함수에 입력할 수 있도록 그래프당 하나의 표현을 만들기 위해 평균 풀링은 개별 그래프에 대해서만 수행한다.

13.6 귀납적 모델 vs. 전이적 모델

지금까지 이 책에서 다룬 모델은 모두 **귀납적**inductive이었다. 즉 입력과 출력 간의 관계를 학습하기 위해 레이블이 지정된 데이터로 구성된 훈련셋을 활용했다. 그런 다음 이를 새로운 테스트 데이터에 적용한다. 이에 대한 또 하나의 관점은 입력을 출력으로 매핑하는 규칙을 학습한 다음에 이를 다른 곳에 적용하는 것이다.

반면 **전이적**transductive 모델은 레이블이 지정된 데이터와 레이블이 지정되지 않은 데이터를 동시에 고려한다. 이는 규칙을 생성하지 않고 단지 알 수 없는 출력에 대한 레이블만 생성한다. 때로는 이를 **준지도 학습**semi-supervised learning이라고도 한다. 이는 레이블이 지정되지 않은 데이터의 패턴을 사용하여 결정을 내릴 수 있다는 장점이 있다. 하지만 레이블이 지정되지 않은 데이터가 추가되면 모델을 다시 학습해야 한다는 단점이 있다.

두 가지 문제 유형은 그래프에서 흔히 발생한다(그림 13.8). 때로는 레이블이 지정된 그래프가 많이 있고 그래프와 레이블 간의 매핑을 학습한다. 예를 들어 인간에게 독성이 있는지 여부에 따라 각각 라벨이 붙은 많은 분자가 있다. 그래프를 독성/비독성 라벨에 매핑하는 규칙을 학습한 다음 이 규칙을 새로운 분자에 적용한다. 그러나 때로는 하나의 거대한 그래프만 있는 경우도 있다. 과학 논문 인용 그래프의 경우, 일부 노드에는 분야(물리학, 생물학 등)를 나타내는 레이블이 있고 나머지 노드에 레이블을 지정해야 하는 경우가 있다. 그리고 이때 훈련 데이터와 테스트 데이터는 불가분하게 연결되어 있다.

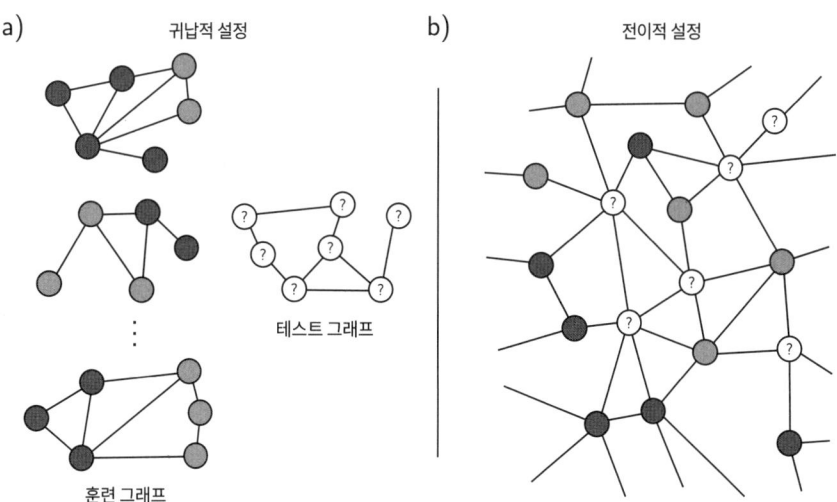

그림 13.8 귀납적 문제 vs. 전이적 문제. a) 귀납적 설정에서의 노드 분류 작업. 노드 레이블(주황색과 청록색)이 알려진 I개의 훈련 그래프가 제공된다. 훈련 후에는 테스트 그래프가 제공되고 각 노드에 레이블을 할당해야 한다. **b)** 전이적 설정에서의 노드 분류. 일부 노드에는 레이블(주황색과 청록색)이 있고 다른 노드에서는 알 수 없는 하나의 큰 그래프가 있다. 알려진 레이블을 올바르게 예측하도록 모델을 훈련한 다음, 알려지지 않은 노드를 예측하고 검사한다.

그래프 수준 작업은 훈련 그래프와 테스트 그래프가 있는 귀납적 설정에서만 발생한다. 그러나 노드 수준 작업과 에지 예측 작업은 두 가지 설정 모두에서 발생할 수 있다. 전이적인 경우 손실 함수는 모델 출력과 알고 있는 정답 간의 불일치를 최소화한다. 순방향 전파를 실행하고 정답을 모르는 결과를 검색하여 새로운 예측을 한다.

13.7 노드 분류 예

두 번째 예로 전이적 설정에서 이진 노드 분류 작업을 고려해보자. 수백만 개의 노드가 있는 상용 크기의 그래프로 시작한다. 일부 노드에는 정답 이진 레이블이 있고, 목표는 레이블이 지정되지 않은 나머지 노드에 레이블을 지정하는 것이다. 신경망은 이전 예(식 13.11)와 동일하지만 마지막 층은 $1 \times N$ 크기의 출력 벡터를 생성한다.

$$f[\mathbf{X}, \mathbf{A}, \mathbf{\Phi}] = \text{sig}\left[\beta_K \mathbf{1}^T + \boldsymbol{\omega}_K \mathbf{H}_K\right] \qquad \text{식 13.12}$$

여기서 $\text{sig}[\bullet]$ 함수는 행 벡터 입력의 모든 요소에 독립적으로 시그모이드 함수를 적용한다. 이 경우에는 이진 교차 엔트로피 손실을 정답 레이블 y를 알고 있는 노드에서만 사용한다. 식 13.12는 식 13.3의 노드 분류 손실을 벡터로 나타낸 것이다.

이 신경망의 훈련은 두 가지 문제를 야기한다. 첫째, 논리적으로 이 정도 크기의 그래프 신경망을 훈련시키는 것은 어렵다. 순방향 전파에서 모든 신경망층의 노드 임베딩을 저장해야 한다. 전체 그래프 크기의 몇 배에 달하는 구조를 저장하고 처리해야 하기 때문에 이는 실용적이지 않다. 둘째, 그래프가 하나뿐이므로 SGD를 수행할 방법이 마땅히 없다. 객체가 하나밖에 없는 경우 어떻게 배치를 구성할 수 있을까?

13.7.1 배치 선택

배치를 구성하는 방법은 각 훈련 단계에서 레이블이 지정된 노드 중에서 무작위로 부분집합을 선택하는 것이다. 각 노드는 이전 층의 이웃에 의존한다. 이들은 차례로 이전 층의 이웃에 의존하므로(합성곱 네트워크와 마찬가지로) 각 노드의 수용 영역은 동일하다(그림 13.9). 수용 영역은 **k-홉 이웃**k-hop neighborhood이라고 한다. 따라서 배치 노드의 k-홉 이웃의 합집합에 속하는 그래프를 사용하여 경사 하강 단계를 수행할 수 있다. 나머지 입력은 고려하지 않는다.

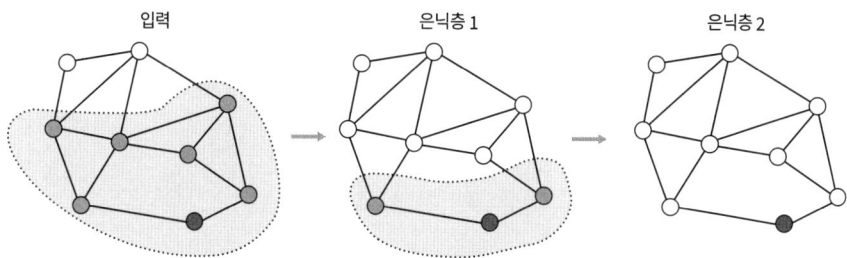

그림 13.9 그래프 신경망의 수용 영역. 은닉층 2(오른쪽)의 주황색 노드를 고려해보자. 이는 은닉층 1(가운데 음영 처리된 영역)의 1-홉 이웃에 있는 노드로부터 입력을 받는다. 은닉층 1의 이 노드들은 차례로 이웃으로부터 입력을 받고, 은닉층 2의 주황색 노드는 2-홉 이웃(왼쪽의 음영 영역)에 있는 모든 입력 노드로부터 입력을 받는다. 특정 노드에 기여하는 그래프 영역은 CNN의 수용 영역 개념과 동일하다.

하지만 층이 많고 그래프가 촘촘하게 연결되어 있으면, 모든 입력 노드가 모든 출력의 수용 영역에 포함될 수 있으며 결과적으로 그래프 크기가 전혀 줄어들지 않을 수 있다. 이를 **그래프 확장 문제**graph expansion problem라고 한다. 이 문제를 해결하는 두 가지 방법으로 이웃 샘플링과 그래프 분할이 있다.

- **이웃 샘플링**neighborhood sampling: 노드들의 배치에 입력되는 전체 그래프를 샘플링해서 각 신경망층의 연결을 줄인다(그림 13.10). 예를 들어 배치 노드로부터 시작해서 이전 층에서 일정한 개수의 이웃을 무작위로 샘플링한다.† 그런 다음 이전 층에 있는 이들의 일정 수의 이웃을 무작위로 샘플링을 하는 것을 반복한다. 그래프의 크기는 각 층마다 증가하지만 훨씬 더 통제가능한 방식으로 늘어난다. 이는 각 배치마다 새롭게 수행되므로 동일한 배치를 두 번 샘플링하더라도 이웃이 다르다. 이는 또한 드롭아웃(9.3.3절)과 유사해서 어느 정도 정칙화 효과도 있다.

깃허브의 노트북 13.3
'Neighborhood sampling'
참고. https://bit.ly/udl13_3

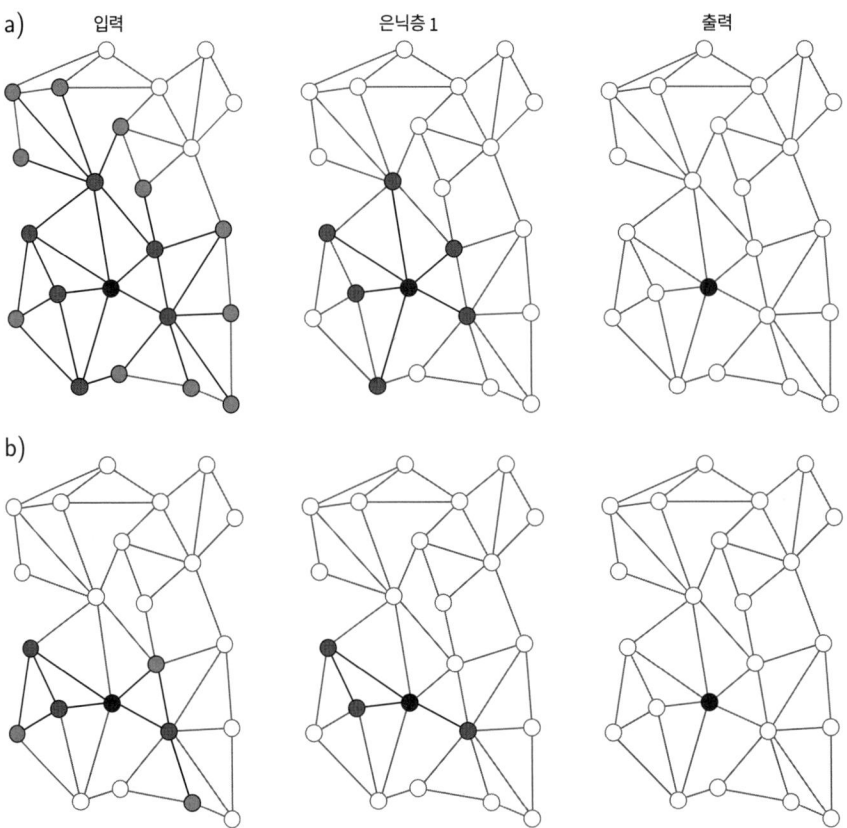

 그림 13.10 이웃 샘플링. a) 큰 그래프에서 배치를 구성하는 방법은 출력층에서 레이블이 지정된 노드의 부분집합(여기서는 층 2의 노드 하나)을 선택하고 다시 K-홉 이웃(수용 영역)에 있는 모든 노드를 찾는 것이다. 이 배치를 훈련하는 데에는 이 부분 그래프만 있으면 된다. 그러나 그래프가 촘촘하게 연결되어 있으면 그래프에서 많은 부분을 차지할 수도 있다. b) 해결책은 이웃 샘플링이다. 마지막 층에서 다시 작업하면서 이전 층에서 이웃의 부분집합(여기서는 3개)을 선택하고 그 이전 층에서 이들 이웃의 부분집합을 선택한다. 이는 배치 훈련을 위한 그래프의 크기를 제한한다. 모든 그림에서 노드의 밝기는 원래 노드로부터의 거리를 나타낸다.

- 그래프 분할graph partitioning: 두 번째 방법은 처리하기 전에 원본 그래프를 서로 분리된 노드들의 부분집합(즉 서로 연결되지 않은 작은 그래프)으로 묶는 것이다(그림 13.11). 내부 링크 수가 최대가 되도록 이러한 부분집합을 선택하는 표준 알고리즘이 있다. 이러한 작은 그래프는 각각 배치로 처리되거나 임의의 부분집합을 결합하여 배치로 만들 수 있다(원본 그래프에서 그래프 사이의 임의의 에지를 복구한다).

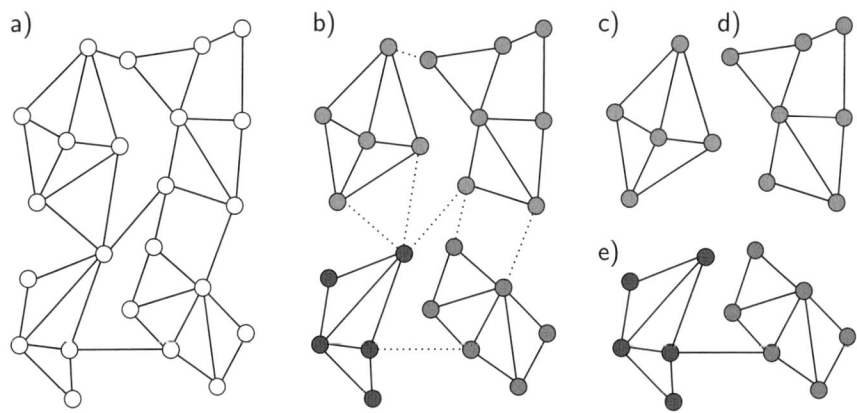

그림 13.11 그래프 분할. a) 입력 그래프. b) 입력 그래프는 에지를 최소로 제거하는 원칙에 따라 더 작은 부분 그래프로 분할한다. c-d) 이제 이러한 부분 그래프를 배치로 사용하여 전이적 설정에서 훈련할 수 있다. 여기서는 4개의 배치가 있다. e) 또는 부분 그래프의 조합을 배치로 사용하여 이들 사이의 에지를 복원할 수 있다. 부분 그래프 쌍을 사용하면 여기서는 6개의 배치가 가능하다.

위의 방법 중 하나를 사용해서 배치를 구성하고, 레이블이 지정된 노드를 훈련셋, 테스트셋, 검증셋으로 나눈 다음 귀납 설정과 동일한 방식으로 신경망 매개변수를 훈련할 수 있다. 이렇게 전이적 문제를 귀납적 문제로 효과적으로 변환할 수 있다. 알 수 없는 노드의 k-홉 이웃을 기반으로 해당 노드에 대한 예측을 통해 추론한다. 훈련과 달리 중간 표현을 저장할 필요가 없으므로 메모리 효율성이 훨씬 높다.

13.8 그래프 합성곱 네트워크층

앞의 예에서는 인접한 노드의 메시지를 변환된 현재 노드와 합산하여 결합했다. 이는 노드 임베딩 행렬 $\mathbf{H}$에 인접 행렬에 항등 행렬을 더한 $\mathbf{A}+\mathbf{I}$를 뒤에서 곱하여 계산한다. 이제 (i) 현재 임베딩과 취합한 이웃의 결합, (ii) 취합 과정 자체에 대한 다양한 접근 방법을 고려해보자.

13.8.1 현재 노드와 취합한 이웃의 결합

앞의 GCN층 예에서는 취합한 이웃 $\mathbf{HA}$와 현재 노드 $\mathbf{H}$를 더하는 방식으로 결합했다.

$$\mathbf{H}_{k+1} = \mathbf{a}\left[\boldsymbol{\beta}_k \mathbf{1}^T + \boldsymbol{\Omega}_k \mathbf{H}_k (\mathbf{A}+\mathbf{I})\right]$$

식 13.13

또는 더하기 전에 현재 노드에 $(1+\epsilon_k)$ 인수를 곱하는 또 다른 변형된 방법이 있다. 여기서 ϵ_k는 각 층마다 학습하는 스칼라다.

$$\mathbf{H}_{k+1} = \mathbf{a}\left[\boldsymbol{\beta}_k \mathbf{1}^T + \boldsymbol{\Omega}_k \mathbf{H}_k(\mathbf{A} + (1+\epsilon_k)\mathbf{I})\right] \quad \text{식 13.14}$$

이를 **대각선 강화**diagonal enhancement라고 한다. 이를 위해, 현재 노드에 또 다른 선형 변환 $\boldsymbol{\Psi}_k$를 적용한다.

$$\begin{aligned}
\mathbf{H}_{k+1} &= \mathbf{a}\left[\boldsymbol{\beta}_k \mathbf{1}^T + \boldsymbol{\Omega}_k \mathbf{H}_k \mathbf{A} + \boldsymbol{\Psi}_k \mathbf{H}_k\right] \\
&= \mathbf{a}\left[\boldsymbol{\beta}_k \mathbf{1}^T + \begin{bmatrix}\boldsymbol{\Omega}_k & \boldsymbol{\Psi}_k\end{bmatrix}\begin{bmatrix}\mathbf{H}_k\mathbf{A}\\ \mathbf{H}_k\end{bmatrix}\right] \\
&= \mathbf{a}\left[\boldsymbol{\beta}_k \mathbf{1}^T + \boldsymbol{\Omega}'_k \begin{bmatrix}\mathbf{H}_k\mathbf{A}\\ \mathbf{H}_k\end{bmatrix}\right]
\end{aligned} \quad \text{식 13.15}$$

식 13.15의 세 번째 줄에서 $\boldsymbol{\Omega}'_k = [\boldsymbol{\Omega}_k \; \boldsymbol{\Psi}_k]$를 정의했다.

13.8.2 잔차 연결

잔차 연결을 사용하면, 이웃에서 취합된 표현을 변환하고 현재 노드와 더하거나 현재 노드에 이어 붙이기 전에 활성화 함수를 통과한다. 후자의 경우 관련 신경망 식은 다음과 같다.

$$\mathbf{h}_{k+1} = \begin{bmatrix}\mathbf{a}\left[\boldsymbol{\beta}_k\mathbf{1}^T + \boldsymbol{\Omega}_k\mathbf{H}_k\mathbf{A}\right]\\ \mathbf{H}_k\end{bmatrix} \quad \text{식 13.16}$$

13.8.3 평균 취합

앞의 방법은 노드 임베딩을 합산하여 이웃을 취합한다. 그러나 다른 방법으로 임베딩을 결합할 수도 있다. 때로는 이웃의 합산을 구하는 것보다 이웃의 평균을 취하는 것이 더 나을 때도 있다.

특히, 임베딩 정보가 더 중요하고 구조적 정보가 덜 중요하다면 평균을 취하는 것이 더 우수할 수 있다. 왜냐하면, 이웃의 기여도가 이웃 수에 의존하지 않기 때문이다.

$$\mathbf{agg}[n] = \frac{1}{|\text{ne}[n]|}\sum_{m\in\text{ne}[n]}\mathbf{h}_m \quad \text{식 13.17}$$

여기서 이전과 마찬가지로 ne[n]은 n번째 노드의 이웃 인덱스를 포함하는 집합을 나타낸다. $N \times N$ 차수의 대각 행렬 $\mathbf{D}$를 도입하면 식 13.17을 행렬 형식으로 깔끔하게 계산할 수 있다. 이 행렬의 0이 아닌 각 원소는 해당 노드에 대한 이웃 수를 나타낸다.† 역행렬 $\mathbf{D}^{-1}$의 각 대각 원소에는 평균을 계산하는 데 필요한 분모가 포함되어 있다. 새로운 GCN층은 다음과 같이 나타낼 수 있다.

연습 문제 13.8 참고

$$\mathbf{H}_{k+1} = \mathbf{a}\left[\boldsymbol{\beta}_k \mathbf{1}^T + \boldsymbol{\Omega}_k \mathbf{H}_k (\mathbf{A}\mathbf{D}^{-1} + \mathbf{I})\right]$$

식 13.18

13.8.4 Kipf 정규화

평균 취합을 기반으로 하는 그래프 신경망에는 다양한 변형이 있다. 때로는 현재 노드를 별도로 처리하지 않고 평균을 계산할 때 이웃과 함께 포함되는 경우도 있다. **Kipf 정규화**Kipf normalization에서 노드 표현의 합은 다음과 같이 정규화한다.†

연습 문제 13.9 참고

$$\mathbf{agg}[n] = \sum_{m \in \mathrm{ne}[n]} \frac{\mathbf{h}_m}{\sqrt{|\mathrm{ne}[n]||\mathrm{ne}[m]|}}$$

식 13.19

이것은 이웃이 많이 있는 노드의 경우 연결이 많고 제공하는 고유 정보가 적으므로 해당 노드에서 나오는 정보는 가중치를 낮춰야 한다는 논리를 따른다. 이는 차수 행렬degree matrix을 사용하여 행렬 형식으로 표현할 수도 있다.

$$\mathbf{H}_{k+1} = \mathrm{a}\left[\boldsymbol{\beta}_k \mathbf{1}^T + \boldsymbol{\Omega}_k \mathbf{H}_k \left(\mathbf{D}^{-1/2}\mathbf{A}\mathbf{D}^{-1/2} + \mathbf{I}\right)\right]$$

식 13.20

13.8.5 최대 풀링 취합

치환에 불변인 또 다른 연산은 객체 집합의 최댓값을 계산하는 것이다. 최대 풀링 취합 연산자는 다음과 같다.

$$\mathbf{agg}[n] = \max_{m \in \mathrm{ne}[n]} [\mathbf{h}_m]$$

식 13.21

여기서 $\mathbf{max}[\bullet]$ 연산자는 현재 노드 n에 이웃하는 벡터 $\mathbf{h}_m$의 원소별 최댓값을 반환한다.

13.8.6 어텐션 취합

지금까지 논의한 취합 방법은 이웃의 기여도에 균등하게 가중치를 부여하거나 그래프 위상에 따라 가중치를 부여한다. 반면 **그래프 어텐션층**graph attention layer에서는 가중치가 노드의 데이터에 따라 결정된다. 다음과 같이 선형 변환을 현재 노드 임베딩에 적용한다.

$$\mathbf{H}'_k = \boldsymbol{\beta}_k \mathbf{1}^T + \boldsymbol{\Omega}_k \mathbf{H}_k \qquad \text{식 13.22}$$

그런 다음 각각의 변환된 노드 임베딩 $\mathbf{h}'_m$과 $\mathbf{h}'_n$의 유사도 s_{mn}은 변환된 노드 임베딩 쌍을 이어 붙이고, 학습된 매개변수의 열 벡터 $\boldsymbol{\phi}_k$와 점곱을 취하고, 활성화 함수를 적용하여 계산한다.

$$s_{mn} = \mathrm{a}\left[\boldsymbol{\phi}_k^T \begin{bmatrix} \mathbf{h}'_m \\ \mathbf{h}'_n \end{bmatrix}\right] \qquad \text{식 13.23}$$

이러한 변수는 $N \times N$ 행렬 $\mathbf{S}$에 저장되는데, 여기서 $\mathbf{S}$의 각 원소는 해당 노드와 다른 모든 노드와의 유사도를 나타낸다. 점곱 셀프 어텐션에서와 마찬가지로 각 출력 임베딩에 기여하는 어텐션 가중치는 소프트맥스 연산을 통해 양수로 정규화되고 합이 1이 된다. 그러나 현재 노드와 그 이웃 노드에 해당하는 값만 반영해야 한다. 어텐션 가중치는 변환된 임베딩에 적용된다.

$$\mathbf{H}_{k+1} = \mathrm{a}\left[\mathbf{H}'_k \cdot \mathbf{Softmask}[\mathbf{S}, \mathbf{A} + \mathbf{I}]\right] \qquad \text{식 13.24}$$

여기서 $\mathrm{a}[\bullet]$는 두 번째 활성화 함수다. $\mathbf{Softmask}[\bullet, \bullet]$ 함수는 첫 번째 인수 $\mathbf{S}$의 각 열에 별도로 소프트맥스 연산을 적용하여 어텐션값을 계산하지만 두 번째 인수 $\mathbf{A} + \mathbf{I}$가 0인 값은 음의 무한대로 설정한 후에 계산하므로, 해당 값들은 영향을 미치지 않는다. 이렇게 하면 이웃하지 않은 노드에 대한 어텐션은 0이 된다.

> 깃허브의 노트북 13.4 'Graph attention networks' 참고.
> https://bit.ly/udl13_4
>
> 연습 문제 13.10 참고

이는[†] (i) 키, 쿼리, 값이 모두 동일하다는 점, (ii) 유사도 척도가 다르다는 점, (iii) 각 노드가 자신과 이웃 노드에만 주의를 기울이도록 어텐션을 마스킹한다는 점을 제외하면 트랜스포머의 점곱 셀프 어텐션 계산과 매우 유사하다(그림 13.12 참고).[†] 트랜스포머에서와 마찬가지로 이 시스템도 여러 헤드를 사용하도록 확장하고, 병렬로 실행한 다음에 각 결과를 다시 취합할 수 있다.

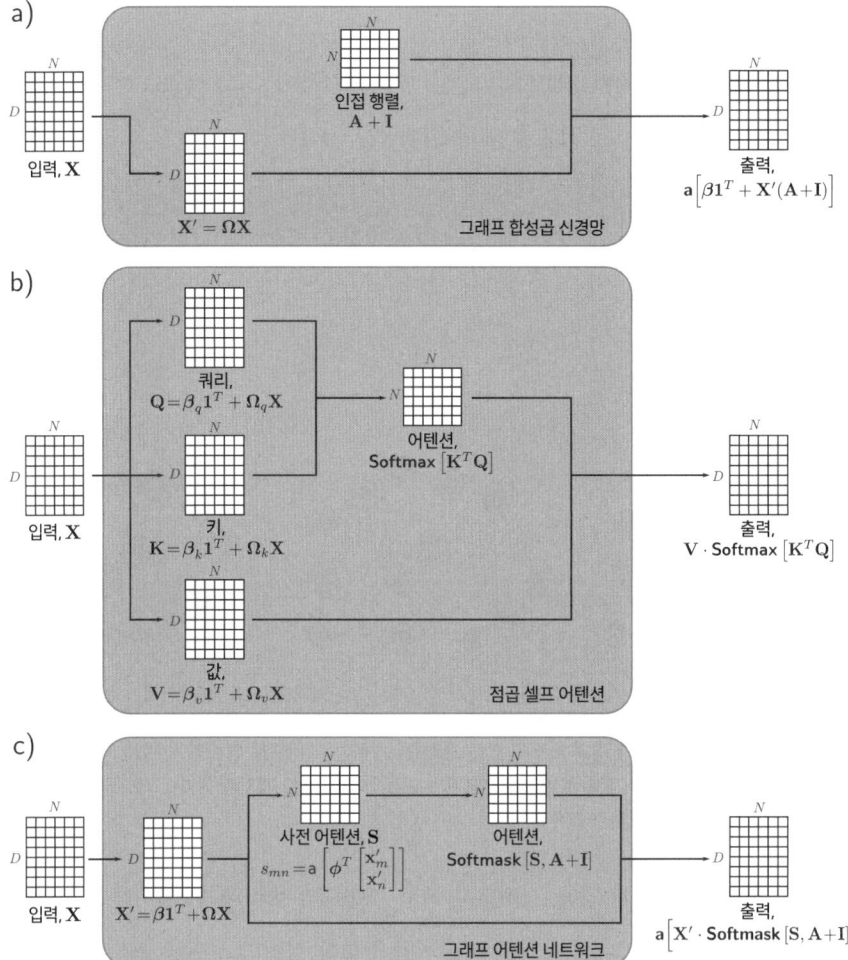

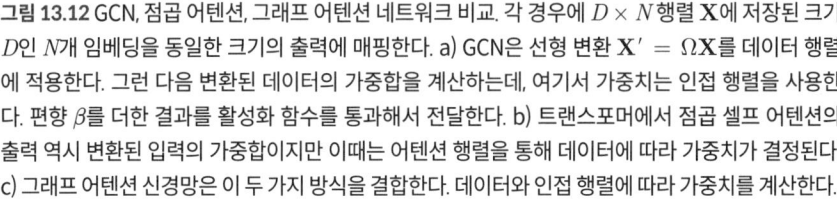

그림 13.12 GCN, 점곱 어텐션, 그래프 어텐션 네트워크 비교. 각 경우에 $D \times N$ 행렬 $\mathbf{X}$에 저장된 크기 D인 N개 임베딩을 동일한 크기의 출력에 매핑한다. a) GCN은 선형 변환 $\mathbf{X}' = \mathbf{\Omega X}$를 데이터 행렬에 적용한다. 그런 다음 변환된 데이터의 가중합을 계산하는데, 여기서 가중치는 인접 행렬을 사용한다. 편향 β를 더한 결과를 활성화 함수를 통과해서 전달한다. b) 트랜스포머에서 점곱 셀프 어텐션의 출력 역시 변환된 입력의 가중합이지만 이때는 어텐션 행렬을 통해 데이터에 따라 가중치가 결정된다. c) 그래프 어텐션 신경망은 이 두 가지 방식을 결합한다. 데이터와 인접 행렬에 따라 가중치를 계산한다.

13.9 에지 그래프

지금까지는 노드 임베딩 처리에 중점을 두었다. 이러한 임베딩은 신경망을 통과하면서 처리해서 신경망 끝부분에 도달할 때쯤 되면 노드와 그래프에서 해당 노드의 맥락context을 모두 나타낸다. 이제 그래프의 에지가 정보를 나타내는 경우를 고려해보자.

에지 그래프edge graph(**수반 그래프**adjoint graph 또는 **선 그래프**line graph라고도 한다)를 이용하여 노드 임베딩을 위한 기술을 에지 임베딩을 처리하도록 쉽게 조정할 수 있다. 이것은 보조 그래프로, 원본 그래프의 각 에지가 노드가 되고, 원본 그래프에서 공통 노드를 갖는 두 에지가 모두 새 그래프에 에지를 생성한다(그림 13.13). 일반적으로 에지 그래프로부터 그래프를 복원할 수 있으므로 이 두 표현 간에 전환이 가능하다.†

연습 문제 13.11 – 13.13 참고

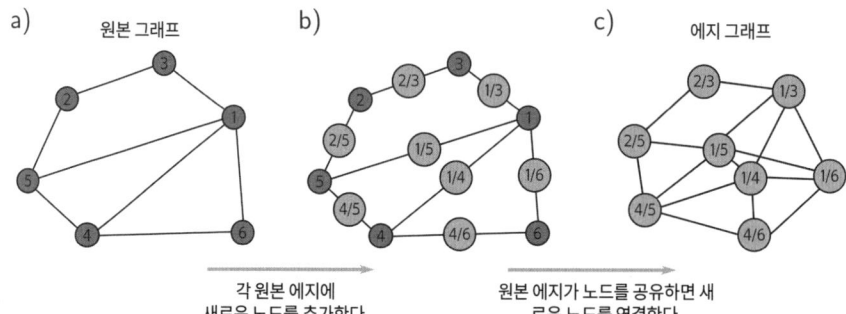

그림 13.13 에지 그래프. a) 6개의 노드가 있는 그래프. b) 에지 그래프를 생성하기 위해, 각 원본 에지에 하나의 노드를 할당한다(청록색 원). c) 할당된 노드들이 나타내는 에지가 원래 그래프의 동일한 노드에 연결되면 새로운 노드를 연결한다.

에지 임베딩을 처리하기 위해, 그래프를 에지 그래프로 변환한다. 그런 다음 동일한 기술을 사용하여 각각의 새 노드에서 이웃의 정보를 취합하고 이를 현재의 표현과 결합한다. 노드 임베딩과 에지 임베딩이 모두 있는 경우, 두 그래프 간을 자유롭게 이동할 수 있다. 이제 네 가지 갱신(노드가 노드를 갱신하고, 노드가 에지를 갱신하고, 에지가 노드를 갱신하도, 에지가 에지를 갱신한다) 방법이 있으며, 원하는 대로 번갈아 사용할 수 있고, 약간만 수정하면 노드와 에지 모두에서 동시에 노드를 갱신할 수 있다.†

연습 문제 13.14 참고

13.10 요약

그래프는 노드 집합으로 구성되며, 이러한 노드 쌍은 에지로 연결된다. 노드와 에지 모두에 데이터를 할당할 수 있으며, 이를 각각 노드 임베딩과 에지 임베딩이라고 한다. 실세계의 많은 문제는 그래프로 구성할 수 있는데, 여기서 목표는 전체 그래프의 속성, 각 노드나 에지의 속성 또는 그래프에 추가 에지가 있는지 여부를 확인하는 것이다.

그래프 신경망은 그래프에 적용되는 딥러닝 모델이다. 그래프의 노드 순서는 임의로 결정되므로, 그래프 신경망의 층은 노드 인덱스의 순열과 동일해야 한다. 공간 기반합성곱 네트워크는 노드의 이웃으로부터 정보를 취합한 다음 이를 사용하여 노드 임베딩을 갱신하는 그래프 신경망의 한 종류다.

그래프 처리의 문제점은 훈련 그래프와 테스트 그래프 집합이 아닌 부분적으로 레이블이 지정된 그래프가 하나만 있는 전이적 환경에서 자주 발생한다는 것이다. 이 그래프는 매우 커질 수 있으므로 훈련 측면에서 어려움이 더 많이 가중되고, 이를 해결하기 위해 샘플링과 분할 알고리즘이 등장했다. 에지 그래프는 원본 그래프의 모든 에지에 대한 노드가 있다. 이 표현으로 변환하면, 그래프 신경망을 사용하여 에지 임베딩을 갱신할 수 있다.

노트

Sanchez-Lengeling et al.(2021)[3]과 Daigavane et al.(2021)[4]은 신경망을 이용한 그래프 처리에 대한 좋은 입문 기사를 제공한다. 그래프 신경망 연구에 대한 최근 조사 내용은 Zhou et al.(2020a)[5], Wu et al.(2020c)[6], Veličković(2023)[7], Hamilton(2020)[8]과 Ma & Tang(2021)[9]의 책에서 찾아볼 수 있다. GraphEDM(Chami et al., 2020)[10]은 기존의 많은 그래프 알고리즘을 단일 프레임워크로 통합한다. 이 장에서는 Bruna et al.(2013)[11]을 따라 합성곱 네트워크와 관련된 그래프를 소개했지만, 신뢰전파_{belief propagation}(Dai et al., 2016)[12]와 그래프 동형성 테스트_{graph isomorphism test}(Hamilton et al., 2017a)[13]와도 밀접한 관련이 있다. Zhang et al.(2019c)[14]은 특히 GCN에 초점을 맞춘 검토 자료를 제공한다. Bronstein et al.(2021)[15]은 그래프 학습을 포함한 기하학적 딥러닝에 대한 일반적인 개요를 제공한다. Loukas(2020)[16]는 그래프 신경망이 학습할 수 있는 함수 유형에 대해 논의한다.

응용

응용 사례에는 그래프 분류(예: Zhang et al., 2018b)[17], 노드 분류(예: Kipf & Welling, 2017)[18], 에지 예측(예: Zhang & Chen, 2018)[19], 그래프 군집화(예: Tsitsulin et al., 2020)[20], 추천 시스템(예: Wu et al., 2023)[21]이 있다. 노드 분류 방법은 Xiao et al.(2022a)[22]이, 그래프 분류 방법은 Errica et al.(2019)[23]이, 에지 예측 방법은 Mutlu et al.(2020)[24]과 Kumar et al.(2020a)[25]이 검토했다

그래프 신경망

그래프 신경망은 Gori et al.(2005)[26]과 Scarselli et al.(2008)[27]이 재귀 신경망을 일반화해서 소개했다. 이는 다음과 같이 반복적으로 갱신한다.

$$\mathbf{h}_n \leftarrow \mathbf{f}\left[\mathbf{x}_n, \mathbf{x}_{m \in \text{ne}[n]}, \mathbf{e}_{e \in \text{nee}[n]}, \mathbf{h}_{m \in \text{ne}[n]}, \phi\right]$$

식 13.25

여기서 각 노드 임베딩 $\mathbf{h}_n$은 초기 임베딩 $\mathbf{x}_n$, 인접 노드의 초기 임베딩 $\mathbf{x}_{m \in \text{ne}[n]}$, 인접 에지의 초기 임베딩 $\mathbf{e}_{e \in \text{nee}[n]}$, 인접 노드 임베딩 $\mathbf{h}_{m \in \text{ne}[n]}$으로부터 갱신된다. 수렴하기 위해서는, 함수 $\mathbf{f}[\bullet, \bullet, \bullet, \bullet, \phi]$는 수축 매핑contraction mapping을 해야 한다(그림 16.9 참고). 이 식을 시간에 따라 K 단계로 풀어서 전개하고 각 시간 K마다 서로 다른 매개변수 ϕ_k를 허용하면 식 13.25는 GCN과 유사해진다. 후속 연구에서는 게이트 순환 단위(Li et al., 2016b)[28]와 장단기 기억 신경망(Selsam et al., 2019)[29]를 사용하도록 그래프 신경망을 확장했다.

스펙트럼 방법

Bruna et al.(2013)[1]은 푸리에 영역에서 합성곱 연산을 적용했다. 푸리에 기저 벡터는 **그래프 라플라시안 행렬**graph Laplacian matrix($\mathbf{L} = \mathbf{D} - \mathbf{A}$)를 고유 분해해서 찾을 수 있다. 여기서 $\mathbf{D}$는 차수 행렬이고 $\mathbf{A}$는 인접 행렬이다. 여기에는 단점이 있는데, 필터가 지역적이지 않으며 큰 그래프의 경우 분해 비용이 엄청나게 비싸진다. Henaff et al.(2015)[30]은 푸리에 표현을 강제적으로 매끄럽게(따라서 공간 영역을 지역화하도록) 만들어서 첫 번째 문제를 해결했다. Defferrard et al.(2016)[31]은 체비쇼프 다항식Chebyshev polynomial의 재귀적인 속성을 이용해서 필터를 효율적으로 근사하는 ChebNet을 도입했다. 두 방법 모두 공간적으로 국한된 필터를 제공하고 계

산량을 줄인다. Kipf & Welling(2017)[18]은 이를 더욱 단순화하여 1–홉 이웃만 사용하는 필터를 구성하여, 그 결과 이 장에서 설명한 공간 방법과 유사한 공식을 제공하고 스펙트럼 방법과 공간 방법 사이의 가교를 제공했다.

공간적 방법

스펙트럼 방법은 궁극적으로 그래프 라플라시안에 기반하므로, 그래프가 변경되면 모델을 다시 훈련해야 한다. 이 때문에 공간적 방법이 개발되었다. Duvenaud et al.(2015)[32]은 각 노드 차수에 대한 인접 임베딩을 결합하기 위해 서로 다른 가중치 행렬을 사용하여 공간 영역에서 합성곱을 정의했다. 이는 일부 노드의 연결이 매우 많으면 실용적이지 못하다는 단점이 있다. 확산 CNN(Atwood & Towsley, 2016)[33]은 다양한 규모의 특징을 혼합하고, 이를 합산하고, 점별로 가중치를 곱하고, 활성화 함수를 통과시켜서 노드 임베딩을 생성하기 위해 정규화된 인접 행렬의 거듭제곱을 사용한다. Gilmeret et al.(2017)[34]은 메시지 전달 신경망message-passming neural network을 도입했는데, 이는 그래프의 합성곱을 공간상의 이웃으로부터 메시지를 전파하는 것으로 정의한다. GraphSAGE(Hamilton et al., 2017a)[13]의 '취합 및 결합' 공식이 이 프레임워크에 적합하다.

취합 및 결합

GCN(Kipf & Welling, 2017)[18]은 현재 노드와 이웃의 가중 평균을 취한 다음 선형 매핑과 ReLU를 적용한다. GraphSAGE(Hamilton et al., 2017a)[13]는 각 이웃에 신경망층을 적용하여 요소별 최댓값을 구한다. Chiang et al.(2019)[35]은 이웃 임베딩보다 이전 임베딩에 더 많은 가중치를 부여하는 대각선 강화diagonal enhancement를 제안했다. Kipf & Welling(2017)[18]은 현재 노드와 그 이웃의 차수를 기반으로 이웃 임베딩의 합을 정규화하는 Kipf 정규화를 도입했다(식 13.19 참고).

혼합 모델 신경망mixture model network 또는 줄여서 **MoNet**(Monti et al., 2017)[36]은 한 걸음 더 나아가 현재 노드와 이웃의 차수에 따라 가중치를 학습한다. 그들은 의사 좌표계로 각 노드를 나타내는데, 이 값에 따라 이웃의 위치가 결정된다. 그런 다음 가우시안 혼합을 기반으로 연속 함수를 학습하고 이웃의 의사 좌표에서 이를 샘플링하여 가중치를 얻는다. 이러한 방식으로 임의의 차수를 가는 노드와 이웃에 대한 가중치를 학습할 수 있다. Pham et al.(2017)[37]은 각 차원에 대해 서로 다른 가중 조합으로 노드 임베딩과 이웃을 선형 보간한다. 이 게이팅 방법의 가중치는 데이터의 함수로 생성한다.

고차 합성곱층

Zhou & Li(2017)[38]는 인접 행렬 $\mathbf{A}$를 $\tilde{\mathbf{A}} = \text{Min}[\mathbf{A}^L + \mathbf{I}, \mathbf{1}]$로 대체한 고차 합성곱을 사용했다. 여기서 L은 이동 경로의 최대 길이이고, $\mathbf{1}$은 1만 포함하는 행렬이다. $\text{Min}[\bullet]$은 두 행렬 인수의 점별 최솟값을 취한다. 이제 길이가 L인 이동 경로가 최소 하나 이상인 모든 노드의 기여도를 합산해서 갱신한다. Abu-El-Haija et al.(2019)[39]은 이웃(인접 행렬 $\mathbf{A}$ 사용), 이웃의 이웃($\mathbf{A}^2$ 사용) 등으로부터 노드를 갱신하는 **MixHop**을 제안했다. 각 층에서 이러한 갱신 연결한다. Lee et al.(2018)[40]은 그래프의 작은 구역의 기하학적 패턴(예를 들어 완전히 연결된 5개 노드)인 기하학적 모티프motif를 사용하여 바로 인접한 이웃 너머에 있는 노드의 정보를 결합했다.

잔차 연결

Kipf & Welling(2017)[18]은 원래 임베딩을 갱신한 임베딩에 더해주는 잔차 연결을 제안했다. Hamilton et al.(2017b)[41]은 이전 임베딩을 다음 층의 출력에 연결한다(식 13.16 참고). Rossi et al.(2020)[42]은 노드 임베딩이 취합된 이웃뿐만 아니라 이동 거리가 2 이내에 있는 모든 이웃을 취합(인접 행렬의 컴퓨팅 능력을 통해)한 것에 연결되는 인셉션 스타일의 신경망을 제시한다. Xu et al.(2018)[43]은 각 노드의 최종 출력이 신경망 전체에 연결된 노드 임베딩으로 구성되는 점프 지식 연결jump knowledge connection을 도입했다. Zhang & Meng(2019)[44]은 **GResNet**이라고 하는 일반화된 형식의 잔차 임베딩을 제시하고, 이전 층의 임베딩을 더하거나, 입력 임베딩이 더하나, 추가 변환 없이 이웃으로부터 정보를 취합하는 버전의 여러 변형을 연구했다.

그래프 신경망에서의 어텐션

Veličković et al.(2019)[45]은 그래프 어텐션 네트워크를 개발했다(그림 13.12c). 그들의 여러 헤드를 사용하고, 각 헤드의 출력을 대칭적으로 결합한다. **게이팅된 어텐션 네트워크**gated attention network(Zhang et al., 2018a)[46]는 데이터에 따라 각 헤드의 출력에 가중치를 할당한다. Graph-BERT(Zhang et al., 2020)[47]는 셀프 어텐션만 사용하여 노드 분류를 한다. 그래프의 구조는 트랜스포머에서 단어의 절대 위치나 상대 위치를 얻는 방법과 유사하게 데이터에 위치 임베딩을 추가한다(12장). 예를 들어 그래프의 노드 간 홉 수에 따라 위치 정보를 추가한다.

치환 불변성

DeepSets에서 Zaheer et al.(2017)[48]은 집합 처리를 위한 일반적인 치환 불변 연산자를 제시했다. **Janossy 풀링**Janossy pooling(Murphy et al., 2018)[49]은 많은 함수가 치환 등변적이지 않으므로 대신 치환에 민감한 함수를 사용하고 많은 수의 치환 결과의 평균을 구한다.

에지 그래프

에지 그래프, 선그래프 또는 수반 그래프의 표기법은 Whitney(1932)[50]로 거슬러 올라간다. 노드 임베딩에서 노드 임베딩, 에지 임베딩에서 노드 임베딩, 에지 임베딩에서 에지 임베딩, 노드 임베딩에서 에지 임베딩을 갱신하는 '엮는weaving' 층 아이디어는 Kearnes et al.(2016)[51]이 제안했다. 그러나 여기서 노드-노드 및 에지-에지 갱신에는 이웃이 포함되지 않는다. Monti et al.(2018)[52]은 번갈아서 원본 그래프와 에지 그래프를 갱신하는 최신 CNN 프레임워크인 **이차 그래프 CNN**dual-primal graph CNN을 소개했다.

그래프 신경망의 강점

Xu et al.(2019)[53]은 신경망이 다양한 그래프 구조를 구별할 수 있어야 한다고 주장한다. 즉 초기 노드 임베딩은 동일하지만 인접 행렬이 다른 두 그래프를 동일한 출력에 매핑하는 것은 바람직하지 않다. 그들은 GCN(Kipf & Welling, 2017)[18]과 **GraphSAGE**(Hamilton et al., 2017a)[13]와 같은 이전의 방법으로는 구별할 수 없는 그래프 구조를 식별해냈다. 그들은 광범위한 종류의 그래프를 식별하는 것으로 알려진 **Weisfeiler-Lehman 그래프 동형성 테스트**(Weisfeiler & Leman, 1968)[54]와 동일한 식별력을 가진, 보다 강력한 구조를 개발했다. 이렇게 개발된 **그래프 동형 신경망**graph isomorphism network, GIN는 취합 작업을 기반으로 한다.

$$\mathbf{h}_{k+1}^{(n)} = \mathbf{mlp}\left[(1+\epsilon_k)\mathbf{h}_k^{(n)} + \sum_{m \in \mathbf{ne}[n]}\mathbf{h}_k^{(m)}\right]$$ 식 13.26

배치

GCN(Kipf & Welling, 2017)[18]에 관한 원본 논문에서는 전체 배치 경사 하강법을 사용했다. 이는 훈련 중 노드 수, 임베딩 크기와 층 수에 비례하는 메모리가 필요하다. 그 이후로 메모리 요구 사항을 줄이고 전이적 설정에서 SGD에 대한 배치를 생성하기 위해 노드 샘플링, 층 샘플링, 부분 그래프 샘플링의 세 가지 유형의 방법이 제안되었다.

노드 샘플링 방법node sampling method은 처음에 대상 노드의 부분집합을 무작위로 선택한 다음 신경망을 통해 다시 작업하여 각 단계의 수용 영역에 노드의 부분집합을 추가한다. GraphSAGE(Hamilton et al., 2017a)[13]는 그림 13.10b와 같이 고정된 수의 이웃 샘플을 제안했다. Chen et al.(2018b)[55]에서는 분산 감소 기술을 도입했지만, 이는 노드의 이전 활성화를 사용하므로 여전히 많은 메모리를 요구한다. PinSAGE(Ying et al., 2018a)[56]는 대상 노드에서 무작위 이동random walk을 해서 가장 많이 방문한 K개의 노드를 선택한다. 이는 더 밀접하게 연결된 조상 노드를 우선 선택한다.

노드 샘플링은 그래프를 다시 통과할 때마다 계속해서 노드 수가 증가한다. **층 샘플링 방법**layer sampling method은 각 층의 수용 영역을 독립적으로 직접 샘플링하여 이 문제를 해결한다. 층 샘플링의 예로는 FastGCN(Chen et al., 2018a)[57], 적응적 샘플링(Huang et al., 2018b)[58], 층 종속적 중요도 샘플링(Zou et al., 2019)[59]이 있다.

부분 그래프 샘플링 방법subgraph sampling method은 무작위로 부분 그래프를 추출하거나 원본 그래프를 부분 그래프로 나눈다. 그런 다음 이러한 부분 그래프를 독립적인 데이터 견본으로 훈련한다. 이러한 방법의 예로는 GraphSAINT(Zeng et al., 2020)[60]가 있는데, 이는 무작위 보행을 통해 훈련 중에 부분 그래프를 샘플링한 다음에 부분 그래프에서 전체 GCN을 실행하면서 미니배치의 편향과 분산도 수정한다. **클러스터 GCN**cluster GCN(Chiang et al., 2019)[35]은 전처리 단계에서 그래프를 클러스터로 분할하고(임베딩 활용률 또는 배치 내 에지 수를 최대화함으로써) 클러스터를 무작위로 선택하여 미니배치를 만든다. 무작위성을 더 높이기 위해, 이러한 클러스터의 무작위 부분집합과 클러스터 사이의 에지를 훈련한다(그림 13.11 참고).

Wolfe et al.(2021)[61]은 서로 다른 층에서 특징 공간을 분할하여 그래프를 분할하고 더 좁은 GCN을 병렬로 학습하는 분산 학습 방법을 제안했다. 그래프 샘플링에 대한 자세한 내용은 Rozemberczki et al.(2020)[62]에서 확인할 수 있다.

정칙화와 정규화

Rong et al.(2020)[63]은 인접 행렬을 마스킹하여 각 훈련 반복 중에 그래프에서 무작위로 에지를 삭제하는 **DropEdge**를 제안했다. 이는 전체 신경망에 대해 수행되거나 각 층(층별 DropEdge)에서 다르게 수행할 수 있다. 어떤 의미에서 이는 데이터의 흐름에서 연결을 끊는다는 점에서 드롭아웃과 유사하지만 그래프를 변경하는 것은 데이터를 변형하는 것과 유사하므로 확장 방법이라고 볼 수도 있다. Schlichtkrull et al.(2018)[64], Teru et al.(2020)[65], Veličković et al.(2019)[45]은 또한 드롭아웃과 유사한 정칙화regularization 형태로 그래프에서 에지를 무작위로 삭제하는 것을 제안했다. 노드 샘플링 방법(Hamilton et al.(2017a)[13], Huang et al.(2018b)[58], Chen et al.(2018a)[57])도 정규화 도구로 볼 수 있다. Hasanzadeh et al.(2020)[66]은 앞에서 소개한 방법을 통합하는 **DropConnect**라는 일반 프레임워크를 제안한다.

또한 **PairNorm**(Zhao & Akoglu, 2020)[67], 가중치 정규화weight normalization(Oono & Suzuki, 2019)[68], 미분 가능 그룹 정규화differentiable group normalization(Zhou et al., 2020b)[69], **GraphNorm**(Cai et al., 2021)[70]을 포함하여 그래프 신경망에 대해 많은 정규화 방법이 제안되었다.

다중 관계형 그래프

Schlichtkrull et al.(2018)[64]은 GCN을 변형하여 다중 관계형 그래프multi-relational graph(즉 하나 이상의 에지 유형이 있는 그래프)를 제안했다. 그들의 제안한 방법에서는 서로 다른 매개변수를 사용하여 각 에지 유형의 정보를 개별적으로 취합한다. 에지 유형이 많으면 매개변수가 많아질 수 있으므로, 이를 방지하기 위해서 각 에지 유형이 기본 매개변수 집합에 대해서 서로 다른 가중치를 사용하도록 제안한다.

계층적 표현과 풀링

이미지 분류를 위한 CNN은 신경망의 깊이가 깊어짐에 따라 표현 크기를 점차적으로 줄이지만 채널 수를 늘린다. 그러나 이 장에서 다룬 그래프 분류를 위한 GCN은 마지막 층까지 전체 그래프를 유지한 후 모든 노드를 결합하여 최종 예측을 계산한다. Ying et al.(2018b)[71]은 그래프 노드를 클러스터링하여 깊이가 증가함에 따라 미분 가능한 방식으로 점진적으로 작아지는 그래프를 만들어서 학습할 수 있는 **DiffPool**을 제안했다. 이는 그래프 구조를 기반으로 수행되거나 그래프 구조와 임베딩을 기반으로 적응적으로 수행할 수 있다. 다른 풀링 방법으로는 SortPool(Zhang et al., 2018b)[17]과 셀프 어텐션 그래프 풀링self-attention graph pooling(Lee et al., 2019)[72]이 있다. 그래프 신경망의 풀링층의 비교는 Grattarola et al.(2022)[73]에서 찾아볼 수 있다. Gao & Ji(2019)[74]는 U-Net 기반을 기반으로 하는 그래프의 인코더-디코더 구조를 제안한다(그림 11.10 참고).

기하학적 그래프

MoNet 모델(Monti et al., 2017)[36]은 이웃 노드가 잘 정의된 공간 위치를 갖고 있기 때문에 기하학적 정보를 활용할 수 있다. 그들은 혼합 가우시안 함수를 학습하고 이웃의 상대 좌표를 기반으로 샘플링을 한다. 이러한 방식으로 위치가 일정하지 않더라도 표준 CNN에서와 같이 상대 위치를 기반으로 이웃 노드에 가중치를 부여할 수 있다. **측지 CNN**geodesic CNN(Masci et al., 2015)[75]과 **이방성 CNN**anisotropic CNN(Boscaini et al., 2016)[76]은 모두 삼각형 그물망mesh으로 표현되는 다양체manifold(즉 표면)에 합성곱을 적용한다. 이는 표면을 평면으로 지역적으로 근사하고 현재 노드 주변의 이 평면에 좌표계를 정의한다.

과도한 평활화와 중단된 애니메이션

다른 딥러닝 모델과 달리 최근까지도 그래프 신경망은 깊이 증가의 이점을 크게 누리지 못했다. 실제로 원본 GCN 논문(Kipf & Welling, 2017)[18]과 GraphSAGE(Hamilton et al., 2017a)[13]는 모두 2개의 층만 사용했으며 Chiang et al.(2019)[35]은 다섯 층의 Cluster-GCN을 훈련해서 PPI 데이터셋에서 최고 성능을 얻었다. 이는 **과도한 평활화**over-smoothing(Li et al., 2018c)[77]로 설명할 수 있다. 즉 각 층에서 신경망이 더 많은 이웃의 정보를 통합하면서, 이로 인해 (중요한) 지역 정보를 잃을 수 있다는 것이다. 실제로 Xu et al.(2018)[43]은 한 노드가 다른 노드에 미치는 영향이 K-단계 무작위 이동에서 해당 노드에 도달할 확률에 비례한다는 것을 증명했다. K가 증가하면서 그래프 이동에 대한 고정 분포에 접근하여 지역 이웃이 희석된다.

Alon & Yahav(2021)[78]는 신경망 깊이에 따라 성능이 향상되지 않는 이유에 대한 또 다른 설명을 제시했다. 그들은 깊이를 추가하면 더 긴 경로에서 정보를 취합할 수 있다고 주장한다. 그러나 실제로는 이웃의 수가 기하급수적으로 증가함에 따라 너무 많은 정보가 고정된 크기의 노드 임베딩에 '압축'되어 병목현상이 발생하게 된다.

Ying et al.(2018a)[56]은 또한 신경망의 깊이가 특정 한계를 초과하면 기울기가 더 이상 역전파되지 않고 훈련 데이터와 테스트 데이터 모두에 대한 학습이 실패한다는 점에 주목했다. 그들은 이 효과를 **중단된 애니메이션**suspended animation이라고 명명했다. 이는 CNN에 단순히 많은 층을 추가하는 경우와 유사하다(그림 11.2). 그들은 더 깊은 신경망을 훈련시킬 수 있는 잔차 연결을 제안한다. Li et al.(2021b)[79]이 기울기 소실(7.5절) 문제도 확인했다.

최근 들어 다양한 형태의 잔차 연결을 사용하여 더 깊은 그래프 신경망을 훈련하는 것이 가능해졌다(Xu et al., 2018[43]; Li et al., 2020a[80]; Gong et al., 2020[81]; Chen et al., 2020b[82]; Xu et al., 2021a[83]). Li et al.(2021a)[84]은 훈련에 필요한 메모리 요구 사항을 줄이기 위해 가역 신경망을 사용하여 1,000개 이상의 층으로 구성된 최신 모델을 훈련한다(16장 참고).

연습 문제

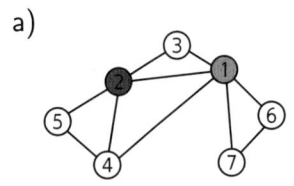
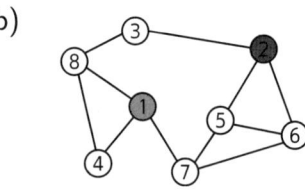

그림 13.14 연습 문제 13.1, 13.3, 13.8에 대한 그래프

13.1 그림 13.14의 두 그래프에 대한 인접 행렬을 작성해보자.

13.2* 다음 인접 행렬에 해당하는 그래프를 그려보자.

$$\mathbf{A}_1 = \begin{bmatrix} 0 & 1 & 1 & 0 & 0 & 0 & 0 \\ 1 & 0 & 0 & 1 & 1 & 1 & 0 \\ 1 & 0 & 0 & 0 & 0 & 1 & 1 \\ 0 & 1 & 0 & 0 & 0 & 1 & 1 \\ 0 & 1 & 0 & 0 & 0 & 0 & 1 \\ 0 & 1 & 1 & 1 & 0 & 0 & 0 \\ 0 & 0 & 1 & 1 & 1 & 0 & 0 \end{bmatrix}, \quad \mathbf{A}_2 = \begin{bmatrix} 0 & 0 & 1 & 1 & 0 & 0 & 1 \\ 0 & 0 & 1 & 1 & 1 & 0 & 0 \\ 1 & 1 & 0 & 0 & 0 & 0 & 0 \\ 1 & 1 & 0 & 0 & 1 & 1 & 1 \\ 0 & 1 & 0 & 1 & 0 & 0 & 1 \\ 0 & 0 & 0 & 1 & 0 & 0 & 1 \\ 1 & 0 & 0 & 1 & 1 & 1 & 0 \end{bmatrix}$$

13.3* 그림 13.14의 두 그래프를 고려해보자. (i) 3단계와 (ii) 7단계로 노드 1에서 노드 2까지 이동할 수 있는 방법은 몇 가지일까?

13.4 그림 13.4c에서 $\mathbf{A}^2$의 대각선에 있는 원소는 각 해당 노드에 연결되는 에지의 수를 나타낸다. 이유를 설명해보자.

13.5 그림 13.5a–c와 그림 13.5d–f의 그래프 사이의 변환을 담당하는 치환 행렬은 무엇일까?†

B.4.4절 '치환 행렬' 참고

13.6 다음을 증명해보자.

$$\text{sig}\left[\beta_K + \boldsymbol{\omega}_K \mathbf{H}_K \mathbf{1}\right] = \text{sig}\left[\beta_K + \boldsymbol{\omega}_K \mathbf{H}_K \mathbf{P} \mathbf{1}\right] \quad \text{식 13.27}$$

여기서 $\mathbf{P}$는 $N \times N$ 치환 행렬(각 행과 각 열에 하나의 항목만 1이고 나머지는 모두 0인 행렬)이고, $\mathbf{1}$은 모든 원소가 1인 $N \times 1$ 벡터다.

13.7* 간단한 GNN층을 고려해보자.

$$\begin{aligned}\mathbf{H}_{k+1} &= \text{GraphLayer}[\mathbf{H}_k, \mathbf{A}] \\ &= \mathbf{a}\left[\boldsymbol{\beta}_k \mathbf{1}^T + \boldsymbol{\Omega}_k \begin{bmatrix}\mathbf{H}_k \\ \mathbf{H}_k\mathbf{A}\end{bmatrix}\right]\end{aligned}$$ 식 13.28

여기서 $\mathbf{H}$는 각 열에 N개의 노드 임베딩을 포함하는 $D \times N$ 행렬이고, $\mathbf{A}$는 $N \times N$ 인접 행렬, $\boldsymbol{\beta}$는 편향 벡터, $\boldsymbol{\Omega}$은 가중치 행렬이다. 이 층은 다음과 같이 노드 순서의 치환에 등변적임을 증명해보자.

$$\text{GraphLayer}[\mathbf{H}_k, \mathbf{A}]\mathbf{P} = \text{GraphLayer}[\mathbf{H}_k\mathbf{P}, \mathbf{P}^T\mathbf{A}\mathbf{P}]$$ 식 13.29

여기서 $\mathbf{P}$는 $N \times N$ 치환 행렬이다.

13.8 그림 13.14의 각 그래프에 대한 차수행렬 $\mathbf{D}$는 무엇일까?

13.9 GraphSAGE(Hamilton et al., 2017a)[0]의 저자들은 다음과 같이 노드 임베딩과 이웃 노드의 평균을 구하는 풀링 방법을 제안한다.

$$\mathbf{agg}[n] = \frac{1}{1 + |\text{ne}[n]|}\left(\mathbf{h}_n + \sum_{m \in \text{ne}[n]} \mathbf{h}_m\right)$$ 식 13.30

선형대수학을 사용하여 $D \times N$ 임베딩 행렬 $\mathbf{H}$의 모든 노드 임베딩에 대해 이 연산을 동시에 계산할 수 있는 방법을 증명해보자. 참고로, 인접 행렬 $\mathbf{A}$와 차수 행렬 $\mathbf{D}$를 모두 사용해야 한다.

13.10* 점곱 셀프 어텐션을 기반으로 그래프 어텐션 방법을 고안하고 그림 13.12 스타일로 해당 방법을 그려보자.

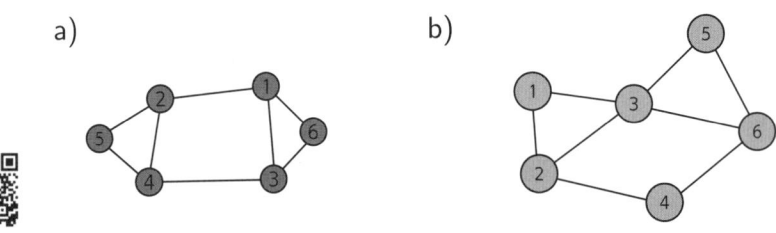

그림 13.15 문제 13.11–13.13에 대한 그래프

13.11* 그림 13.15a의 그래프와 관련된 에지 그래프를 그려보자.

13.12* 그림 13.15b의 에지 그래프에 대한 노드 그래프를 그려보자.

13.13 일반적인 무향 그래프에 대해 노드 그래프의 인접 행렬이 해당 에지 그래프의 인접 행렬과 어떤 관련성이 있는지 설명해보자.

13.14* 이웃하는 노드 임베딩 $\{\mathbf{h}_m\}_{m \in \text{ne}[n]}$ 과 이웃하는 에지 임베딩 $\{\mathbf{e}_m\}_{m \in \text{nee}[n]}$ 을 기반으로 노드 임베딩 $\mathbf{h}_n$ 을 갱신하는 층을 설계해보자. 참고로, 에지 임베딩이 노드 임베딩과 크기가 같지 않을 가능성을 고려해야 한다.

참고 문헌

[1] Hu, W., Pang, J., Liu, X., Tian, D., Lin, C.-W., & Vetro, A. (2022). Graph signal processing for geometric data and beyond: Theory and applications. *IEEE Transactions on Multimedia*, 24, 3961–3977.

[2] Fernández-Madrigal, J.-A., & González, J. (2002). Multihierarchical graph search. *IEEE Transactions on Pattern Analysis and Machine Intelligence*, 24(1), 103–113.

[3] Sanchez-Lengeling, B., Reif, E., Pearce, A., & Wiltschko, A. B. (2021). A gentle introduction to graph neural networks. Distill, https://distill.pub/2021/gnn-intro/.

[4] Daigavane, A., Balaraman, R., & Aggarwal, G. (2021). Understanding convolutions on graphs. Distill, https://distill.pub/2021/understanding-gnns/.

[5] Zhou, J., Cui, G., Hu, S., Zhang, Z., Yang, C., Liu, Z., Wang, L., Li, C., & Sun, M. (2020a). Graph neural networks: A review of methods and applications. *AI Open*, 1, 57–81.

[6] Wu, Z., Pan, S., Chen, F., Long, G., Zhang, C., & Philip, S. Y. (2020c). A comprehensive survey on graph neural networks. *IEEE Transactions on Neural Networks and Learning Systems*, 32(1), 4–24.

[7] Veličković, P. (2023). Everything is connected: Graph neural networks. *Current Opinion in Structural Biology*, 79, 102538.

[8] Hamilton, W. L. (2020). Graph representation learning. *Synthesis Lectures on Artifical Intelligence and Machine Learning*, 14(3), 1–159.

[9] Ma, Y., & Tang, J. (2021). *Deep learning on graphs*. Cambridge University Press.

[10] Chami, I., Abu-El-Haija, S., Perozzi, B., Ré, C., & Murphy, K. (2020). Machine learning on graphs: A model and comprehensive taxonomy. *arXiv:2005.03675*.

[11] Bruna, J., Zaremba, W., Szlam, A., & LeCun, Y. (2013). Spectral networks and locally connected networks on graphs. *International Conference on Learning Representations*.

[12] Dai, H., Dai, B., & Song, L. (2016). Discriminative embeddings of latent variable models for structured data. *International Conference on Machine Learning*, 2702–2711.

[13] Hamilton, W., Ying, Z., & Leskovec, J. (2017a). Inductive representation learning on large graphs. *Neural Information Processing Systems*, 30, 1024–1034.

[14] Zhang, S., Tong, H., Xu, J., & Maciejewski, R. (2019c). Graph convolutional networks: A comprehensive review. *Computational Social Networks*, 6(1), 1–23.

[15] Bronstein, M. M., Bruna, J., Cohen, T., & Veličković, P. (2021). Geometric deep learning: Grids, groups, graphs, geodesics, and gauges. *arXiv:2104.13478*.

[16] Loukas, A. (2020). What graph neural networks cannot learn: Depth vs width. *International Conference on Learning Representations*.

[17] Zhang, M., Cui, Z., Neumann, M., & Chen, Y. (2018b). An end-to-end deep learning architecture for graph classification. *AAAI Conference on Artificial Intelligence*, 4438–4445.

[18] Kipf, T. N., & Welling, M. (2017). Semi-supervised classification with graph convolutional networks. *International Conference on Learning Representations*.

[19] Zhang, M., & Chen, Y. (2018). Link prediction based on graph neural networks. *Neural Information Processing Systems*, 31, 5171–5181.

[20] Tsitsulin, A., Palowitch, J., Perozzi, B., & Müller, E. (2020). Graph clustering with graph neural networks. *arXiv:2006.16904*.

[21] Wu, S., Sun, F., Zhang, W., Xie, X., & Cui, B. (2023). Graph neural networks in recommender systems: A survey. *ACM Computing Surveys*, 55(5), 97:1–97:37.

[22] Xiao, S., Wang, S., Dai, Y., & Guo, W. (2022a). Graph neural networks in node classification: Survey and evaluation. *Machine Vision and Applications*, 33(1), 1–19.

[23] Errica, F., Podda, M., Bacciu, D., & Micheli, A. (2019). A fair comparison of graph neural networks for graph classification. *International Conference on*

Learning Representations.

24. Mutlu, E. C., Oghaz, T., Rajabi, A., & Garibay, I. (2020). Review on learning and extracting graph features for link prediction. *Machine Learning and Knowledge Extraction*, 2(4), 672–704.

25. Kumar, A., Singh, S. S., Singh, K., & Biswas, B. (2020a). Link prediction techniques, applications, and performance: A survey. *Physica A: Statistical Mechanics and its Applications*, 553, 124289.

26. Gori, M., Monfardini, G., & Scarselli, F. (2005). A new model for learning in graph domains. *IEEE International Joint Conference on Neural Networks*, 2005, 729–734.

27. Scarselli, F., Gori, M., Tsoi, A. C., Hagenbuchner, M., & Monfardini, G. (2008). The graph neural network model. *IEEE Transactions on Neural Networks*, 20(1), 61–80.

28. Li, Y., Tarlow, D., Brockschmidt, M., & Zemel, R. (2016b). Gated graph sequence neural networks. *International Conference on Learning Representations*.

29. Selsam, D., Lamm, M., Bünz, B., Liang, P., de Moura, L., & Dill, D. L. (2019). Learning a SAT solver from single-bit supervision. *International Conference on Learning Representations*.

30. Henaff, M., Bruna, J., & LeCun, Y. (2015). Deep convolutional networks on graph-structured data. *arXiv:1506.05163*.

31. Defferrard, M., Bresson, X., & Vandergheynst, P. (2016). Convolutional neural networks on graphs with fast localized spectral filtering. *Neural Information Processing Systems*, 29, 3837–3845.

32. Duvenaud, D. K., Maclaurin, D., Iparraguirre, J., Bombarell, R., Hirzel, T., Aspuru-Guzik, A., & Adams, R. P. (2015). Convolutional networks on graphs for learning molecular fingerprints. *Neural Information Processing Systems*, 28, 2224–2232.

33. Atwood, J., & Towsley, D. (2016). Diffusionconvolutional neural networks. *Neural Information Processing Systems*, 29, 1993–2001.

34. Gilmer, J., Schoenholz, S. S., Riley, P. F., Vinyals, O., & Dahl, G. E. (2017). Neural message passing for quantum chemistry. *International Conference on Machine Learning*, 1263–1272.

35. Chiang, W.-L., Liu, X., Si, S., Li, Y., Bengio, S., & Hsieh, C.-J. (2019). Cluster-GCN: An efficient algorithm for training deep and large graph convolutional networks. *ACM SIGKDD International Conference on Knowledge Discovery & Data Mining*, 257–266.

36. Monti, F., Boscaini, D., Masci, J., Rodola, E., Svoboda, J., & Bronstein, M. M. (2017). Geometric deep learning on graphs and manifolds using mixture model CNNs. *IEEE/CVF Computer Vision & Pattern Recognition*, 5115–5124.

37. Pham, T., Tran, T., Phung, D., & Venkatesh, S. (2017). Column networks for collective classification. *AAAI Conference on Artificial Intelligence*, 2485–2491.

38. Zhou, Z., & Li, X. (2017). Graph convolution: A high-order and adaptive approach. *arXiv:1706.09916*.

39. Abu-El-Haija, S., Perozzi, B., Kapoor, A., Alipourfard, N., Lerman, K., Harutyunyan, H., Ver Steeg, G., & Galstyan, A. (2019). MixHop: Higher-order graph convolutional architectures via sparsified neighborhood mixing. *International Conference on Machine Learning*, 21–29.

40. Lee, J. B., Rossi, R. A., Kong, X., Kim, S., Koh, E., & Rao, A. (2018). Higher-order graph convolutional networks. *arXiv:1809.07697*.

41. Hamilton, W. L., Ying, R., & Leskovec, J. (2017b). Representation learning on graphs: Methods and applications. *IEEE Data Engineering Bulletin*, 40(3), 52–74.

42. Rossi, E., Frasca, F., Chamberlain, B., Eynard, D., Bronstein, M., & Monti, F. (2020). SIGN: Scalable inception graph neural networks. *ICML Graph Representation Learning and Beyond Workshop*, 7, 15.

43. Xu, K., Li, C., Tian, Y., Sonobe, T., Kawarabayashi, K.-i., & Jegelka, S. (2018). Representation learning on graphs with jumping knowledge networks. *International Conference on Machine Learning*, 5453–5462.

44. Zhang, J., & Meng, L. (2019). GResNet: Graph residual network for reviving deep gnns from suspended animation. *arXiv:1909.05729*.

[45] Veličković, P., Cucurull, G., Casanova, A., Romero, A., Lio, P., & Bengio, Y. (2019). Graph attention networks. *International Conference on Learning Representations*.

[46] Zhang, J., Shi, X., Xie, J., Ma, H., King, I., & Yeung, D.-Y. (2018a). GaAN: Gated attention networks for learning on large and spatiotemporal graphs. *Uncertainty in Artificial Intelligence*, 339–349.

[47] Zhang, J., Zhang, H., Xia, C., & Sun, L. (2020). Graph-Bert: Only attention is needed for learning graph representations. *arXiv:2001.05140*.

[48] Zaheer, M., Kottur, S., Ravanbakhsh, S., Poczos, B., Salakhutdinov, R. R., & Smola, A. J. (2017). Deep sets. *Neural Information Processing Systems*, 30, 3391–3401.

[49] Murphy, R. L., Srinivasan, B., Rao, V., & Ribeiro, B. (2018). Janossy pooling: Learning deep permutation-invariant functions for variablesize inputs. *International Conference on Learning Representations*.

[50] Whitney, H. (1932). Congruent graphs and the connectivity of graphs. *Hassler Whitney Collected Papers*, 61–79.

[51] Kearnes, S., McCloskey, K., Berndl, M., Pande, V., & Riley, P. (2016). Molecular graph convolutions: Moving beyond fingerprints. *Journal of computer-aided molecular design*, 30(8), 595–608.

[52] Monti, F., Shchur, O., Bojchevski, A., Litany, O., Günnemann, S., & Bronstein, M. M. (2018). Dual-primal graph convolutional networks. *arXiv:1806.00770*.

[53] Xu, K., Hu, W., Leskovec, J., & Jegelka, S. (2019). How powerful are graph neural networks? *International Conference on Learning Representations*.

[54] Weisfeiler, B., & Leman, A. (1968). The reduction of a graph to canonical form and the algebra which appears therein. *NTI, Series*, 2(9), 12–16.

[55] Chen, J., Zhu, J., & Song, L. (2018b). Stochastic training of graph convolutional networks with variance reduction. *International Conference on Machine Learning*, 941–949.

[56] Ying, R., He, R., Chen, K., Eksombatchai, P., Hamilton, W. L., & Leskovec, J. (2018a). Graph convolutional neural networks for webscale recommender systems. *ACM SIGKDD International Conference on Knowledge Discovery & Data Mining*, 974–983.

[57] Chen, J., Ma, T., & Xiao, C. (2018a). FastGCN: Fast learning with graph convolutional networks via importance sampling. *International Conference on Learning Representations*.

[58] Huang, W., Zhang, T., Rong, Y., & Huang, J. (2018b). Adaptive sampling towards fast graph representation learning. *Neural Information Processing Systems*, 31, 4563–4572.

[59] Zou, D., Hu, Z., Wang, Y., Jiang, S., Sun, Y., & Gu, Q. (2019). Layer-dependent importance sampling for training deep and large graph convolutional networks. *Neural Information Processing Systems*, 32, 11247–11256.

[60] Zeng, H., Zhou, H., Srivastava, A., Kannan, R., & Prasanna, V. (2020). GraphSAINT: Graph sampling based inductive learning method. *International Conference on Learning Representations*.

[61] Wolfe, C. R., Yang, J., Chowdhury, A., Dun, C., Bayer, A., Segarra, S., & Kyrillidis, A. (2021). GIST: Distributed training for largescale graph convolutional networks. *NeurIPS Workshop on New Frontiers in Graph Learning*.

[62] Rozemberczki, B., Kiss, O., & Sarkar, R. (2020). Little ball of fur: A Python library for graph sampling. *ACM International Conference on Information & Knowledge Management*, 3133–3140.

[63] Rong, Y., Huang, W., Xu, T., & Huang, J. (2020). DropEdge: Towards deep graph convolutional networks on node classification. *International Conference on Learning Representations*.

[64] Schlichtkrull, M., Kipf, T. N., Bloem, P., Berg, R. v. d., Titov, I., & Welling, M. (2018). Modeling relational data with graph convolutional networks. *European Semantic Web Conference*, 593–607.

[65] Teru, K., Denis, E., & Hamilton, W. (2020). Inductive relation prediction by subgraph reasoning. *International Conference on Machine Learning*, 9448–9457.

66. Hasanzadeh, A., Hajiramezanali, E., Boluki, S., Zhou, M., Duffield, N., Narayanan, K., & Qian, X. (2020). Bayesian graph neural networks with adaptive connection sampling. *International Conference on Machine Learning*, 4094–4104.

67. Zhao, L., & Akoglu, L. (2020). PairNorm: Tackling oversmoothing in GNNs. *International Conference on Learning Representations*.

68. Oono, K., & Suzuki, T. (2019). Graph neural networks exponentially lose expressive power for node classification. *International Conference on Learning Representations*.

69. Zhou, K., Huang, X., Li, Y., Zha, D., Chen, R., & Hu, X. (2020b). Towards deeper graph neural networks with differentiable group normalization. *Neural Information Processing Systems*, 33, 4917–4928.

70. Cai, T., Luo, S., Xu, K., He, D., Liu, T.-y., & Wang, L. (2021). GraphNorm: A principled approach to accelerating graph neural network training. *International Conference on Machine Learning*, 1204–1215.

71. Ying, Z., You, J., Morris, C., Ren, X., Hamilton, W., & Leskovec, J. (2018b). Hierarchical graph representation learning with differentiable pooling. *Neural Information Processing Systems*, 31, 4805–4815.

72. Lee, J., Lee, I., & Kang, J. (2019). Self-attention graph pooling. *International Conference on Machine Learning*, 3734–3743.

73. Grattarola, D., Zambon, D., Bianchi, F. M., & Alippi, C. (2022). Understanding pooling in graph neural networks. *IEEE Transactions on Neural Networks and Learning Systems*.

74. Gao, H., & Ji, S. (2019). Graph U-Nets. *International Conference on Machine Learning*, 2083–2092.

75. Masci, J., Boscaini, D., Bronstein, M., & Vandergheynst, P. (2015). Geodesic convolutional neural networks on Riemannian manifolds. *IEEE International Conference on Computer Vision Workshop*, 832–840.

76. Boscaini, D., Masci, J., Rodolà, E., & Bronstein, M. (2016). Learning shape correspondence with anisotropic convolutional neural networks. *Neural Information Processing Systems*, 29, 3189–3197.

77. Li, Q., Han, Z., & Wu, X.-M. (2018c). Deeper insights into graph convolutional networks for semi-supervised learning. *AAAI Conference on Artificial Intelligence*, 3438–3545.

78. Alon, U., & Yahav, E. (2021). On the bottleneck of graph neural networks and its practical implications. *International Conference on Learning Representations*.

79. Li, G., Müller, M., Qian, G., Perez, I. C. D., Abualshour, A., Thabet, A. K., & Ghanem, B. (2021b). DeepGCNs: Making GCNs go as deep as CNNs. *IEEE Transactions on Pattern Analysis and Machine Intelligence*.

80. Li, G., Xiong, C., Thabet, A., & Ghanem, B. (2020a). DeeperGCN: All you need to train deeper GCNs. *arXiv:2006.07739*.

81. Gong, S., Bahri, M., Bronstein, M. M., & Zafeiriou, S. (2020). Geometrically principled connections in graph neural networks. *IEEE/CVF Computer Vision & Pattern Recognition*, 11415–11424.

82. Chen, M., Wei, Z., Huang, Z., Ding, B., & Li, Y. (2020b). Simple and deep graph convolutional networks. *International Conference on Machine Learning*, 1725–1735.

83. Xu, K., Zhang, M., Jegelka, S., & Kawaguchi, K. (2021a). Optimization of graph neural networks: Implicit acceleration by skip connections and more depth. *International Conference on Machine Learning*, 11592–11602.

84. Li, G., Müller, M., Ghanem, B., & Koltun, V. (2021a). Training graph neural networks with 1000 layers. *International Conference on Machine Learning*, 6437–6449.

CHAPTER 14 비지도 학습

2-9장에서는 지도 학습 파이프라인을 살펴보았다. 관찰한 데이터 $\mathbf{x}$를 출력값 $\mathbf{y}$에 매핑하는 모델을 정의하고 훈련 데이터셋 $\{\mathbf{x}_i, \mathbf{y}_i\}$에 대한 해당 매핑의 품질을 측정하는 손실 함수를 도입했다. 그런 다음 이러한 모델을 적합하고 성능 측정 방법을 논의했다. 10-13장에서는 매개변수를 공유하고 통합하고 병렬 계산이 가능한 보다 정교한 모델 구조를 소개했다.

비지도 학습 모델unsupervised learning model의 특징은 레이블 없이 관찰 데이터셋 $\{\mathbf{x}_i\}$에서 학습한다는 것이다. 모든 비지도 모델은 이러한 속성을 갖지만, 목표는 매우 다양하다. 즉 데이터셋에서 그럴듯한 새로운 샘플을 생성하거나, 견본을 조작하거나, 잡음을 제거하거나, 보간 또는 압축하는 데 사용할 수 있다. 또한 데이터셋의 내부 구조를 알아내거나(예를 들어 데이터를 적절한 클러스터로 분할한다.) 새로운 견본이 동일한 데이터셋에 속하는지 또는 이상치outlier인지 구별하는 데 사용할 수도 있다.

이 장에서는 비지도 학습 모델의 분류 체계를 소개하고 이러한 모델의 바람직한 속성과 성능 측정 방법을 논의한다. 이어지는 4개의 장에서는 생성적 적대 신경망, 정규화 흐름, 변분 오토인코더, 확산 모델이라는 네 가지 특정 모델에 대해서 논의한다.†

지금까지는 수학 관련 부분을 본문에서 설명하고 있다. 그러나 다음 4개 장은 확률에 대한 탄탄한 지식이 필요한데, 이와 관련된 내용은 부록 C에서 다루고 있다.

14.1 비지도 학습 모델 분류

비지도 학습unsupervised learning의 일반적인 전략은 데이터 견본 **x**와 보이지 않는 잠재변수 집합 **z** 간의 매핑을 정의하는 것이다. 이러한 잠재변수는 데이터셋의 기저 구조를 포착하며 일반적으로 원본 데이터보다 낮은 차원을 갖는다. 이러한 의미에서 잠재변수 **z**는 데이터 견본 **x**의 본질적인 특성을 포착하는 압축 버전으로 볼 수 있다(그림 1.9-1.10).

원칙적으로 관찰 변수와 잠재변수 간에는 양방향 매핑이 가능하다. 일부 모델은 데이터 **x**에서 잠재변수 **z**로 매핑한다. 예를 들어 유명한 k-평균 알고리즘k-means algorithm은 데이터 **x**를 할당되는 클러스터 $z \in \{1, 2, \ldots, K\}$로 매핑한다. 다른 모델은 잠재변수 **z**에서 데이터 **x**로 매핑한다. 이러한 모델에서 잠재변수 **z**에 대한 분포를 $Pr(\mathbf{z})$로 정의해보자. 이제 (i) 이 분포에서 샘플을 추출하고 (ii) 추출한 샘플을 데이터 공간 **x**에 매핑하여 새로운 견본을 생성generate할 수 있다. 따라서 이를 **생성 모델**generative model이라고 한다(그림 14.1 참고).

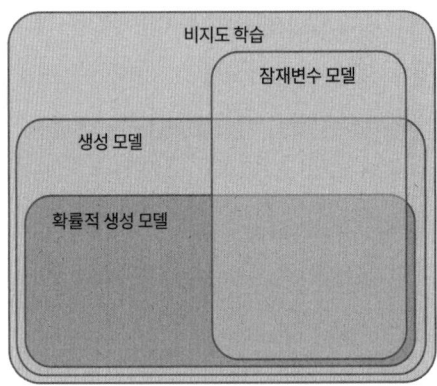

그림 14.1 비지도 학습 모델 분류. 비지도 학습은 레이블이 없는 데이터셋으로 훈련한 모든 모델을 나타낸다. 생성 모델은 훈련 데이터와 유사한 통계를 사용하여 새로운 견본을 합성(생성)할 수 있다. 이 중 일부는 확률적이며 데이터에 대한 분포를 정의한다. 이 분포에서 샘플을 추출하여 새로운 견본을 생성한다. 잠재변수 모델은 기저(잠재) 변수와 데이터 간의 매핑을 정의하며, 위의 범주 중 하나에 속한다.

15-18장에 나오는 네 가지 모델은 모두 잠재변수를 사용하는 생성 모델이다. GAN(15장)은 생성된 샘플이 실제 견본과 구별되지 않도록 하는 손실을 사용하여 잠재변수 **z**에서 데이터 견본 $\mathbf{x}^*$를 생성하는 방법을 학습한다(그림 14.2a).

정규화 흐름, 변분 오토인코더, 확산 모델(16–18장)은 **확률적 생성 모델**probabilistic generative model이다. 새로운 견본을 생성하는 것 외에도 각 데이터 지점 **x**에 확률 $Pr(\mathbf{x}|\phi)$을 할당한다. 이는 모델 매개변수 ϕ에 따라 달라지며 훈련 중에는 관측된 데이터 $\{\mathbf{x}_i\}$의 확률을 최대화하므로 손실은 음의 로그 우도의 합이 된다(그림 14.2b).

$$L[\phi] = -\sum_{i=1}^{I} \log\Big[Pr(\mathbf{x}_i|\phi)\Big]$$

식 14.1

확률분포의 합은 1이어야 하므로, 이는 관측된 데이터에서 멀리 떨어져 있는 견본의 확률을 암묵적으로 감소시킨다. 확률을 할당하는 것은 훈련 기준을 제공하는 것 외에도 그 자체로도 유용하다. 테스트셋의 확률을 사용해서 두 모델을 정량적으로 비교할 수 있으며, 견본의 확률을 임곗값으로 해서 동일한 데이터셋에 속하는지 아니면 이상치인지 결정할 수 있다.†

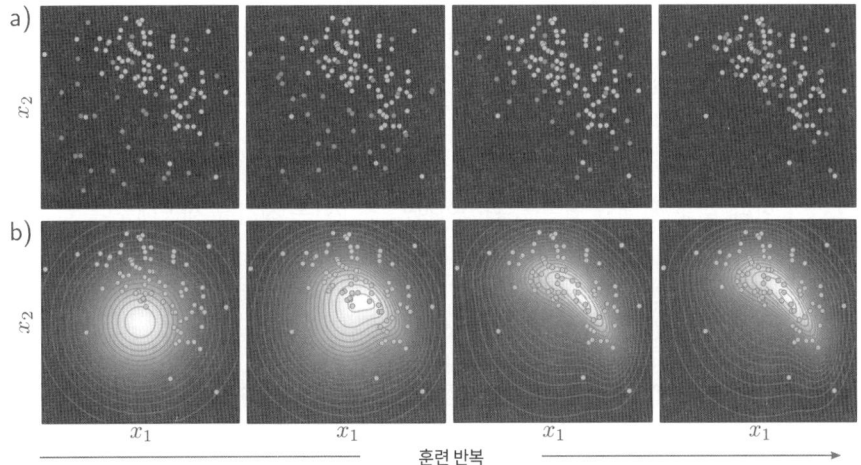

모든 확률적 생성 모델이 잠재변수를 사용하는 것은 아니다. 트랜스포머 디코더(12.7절)는 레이블 없이 학습되었고, 새로운 견본을 생성할 수 있고, 이러한 견본에 확률을 할당할 수 있지만 자동회귀 공식(식 12.15)을 기반으로 한다.

그림 14.2 생성 모델 적합 a) 생성적 적대 모델은 샘플(주황색 점)을 생성하기 위한 방법을 제공한다. 훈련이 진행됨에 따라(왼쪽에서 오른쪽으로) 손실 함수는 이러한 샘플이 실제 견본(청록색 점)과 점점 더 구별하기 어렵게 만든다. b) 확률 모델(변분 오토인코더, 정규화 흐름, 확산 모델 포함)은 훈련 데이터에 대한 확률분포를 학습한다. 훈련이 진행됨에 따라(왼쪽에서 오른쪽으로) 이 분포에서 실제 견본의 우도가 증가하고, 이 분포는 새 샘플을 추출하고 새 데이터 지점의 확률을 평가하는 데 사용할 수 있다.

14.2 좋은 생성 모델의 특징

잠재변수를 기반으로 하는 생성 모델은 다음과 같은 특성을 가져야 한다.

- 효율적인 샘플링: 모델에서 샘플을 생성하는 작업은 계산 비용이 적게 들어야 하고, 최신 하드웨어의 병렬성을 활용해야 한다.
- 고품질 샘플링: 샘플은 모델 훈련에 사용한 실제 데이터와 구별할 수 없어야 한다.
- 적용 범위: 샘플은 전체 훈련 분포를 대표해야 한다. 훈련 견본의 부분집합처럼 보이는 샘플만 생성하면 안 된다.
- 타당한 잠재 공간: 모든 잠재변수 z는 타당한 데이터 견본 x에 대응한다. z의 매끄러운 변화는 x의 매끄러운 변화에 해당한다.
- 분리된 잠재 공간: z의 각 차원을 조작하는 것은 데이터의 해석 가능한 속성을 변경하는 것과 일치해야 한다. 예를 들어 언어 모델에서는 주제, 시제, 어조를 변경할 수 있다.
- 효율적인 우도 계산: 모델이 확률적이라면, 새로운 견본의 확률을 효율적이고 정확하게 계산할 수 있어야 한다.

이로부터 자연스럽게 고려하는 생성 모델이 이러한 특성을 충족하는지 질문을 해 보아야 한다. 질문에 대한 답은 주관적이지만, 표 14.1은 지침을 제공해준다. 지침의 타당성에 대해서는 논쟁의 여지가 있지만 대부분의 실무자는 이러한 특성을 모두 충족하는 단일 모델이 없다는 데 동의하고 있다.

표 14.1 네 가지 생성 모델의 속성. 생성적 적대 신경망, 변분 오토인코더, 정규화 흐름, 확산 모델 모두 바람직한 속성을 완벽하게 만족하지 못한다.

모델	효율성	샘플 품질	적용 범위	타당한 잠재 공간	분리된 잠재 공감	우도 효율성
생성적 적대망	✓	✓	✗	✓	?	n/a
변분 오토인코더	✓	✗	?	✓	?	✗
정규화 흐름	✓	✗	?	✓	?	✓
확산 모델	✗	✓	?	✗	✗	✗

14.3 성능 정량화

앞 절에서는 생성 모델의 바람직한 속성에 대해 논의했다. 이제 생성 모델의 정량적 성공 척도를 살펴보자. 많은 생성 모델 실험에서 이미지 데이터를 사용하는데, 이는 해당 데이터를 쉽게 구할 수 있고, 샘플의 정성적 판단이 쉽기 때문이다. 결과적으로 이러한 척도 중 일부는 이미지에만 적용된다.

- 테스트 우도: 확률 모델을 비교하는 방법은 테스트 데이터셋에 대한 우도를 측정하는 것이다. 모델이 각 훈련 포인트에는 매우 높은 확률을 할당하고, 그 사이에는 매우 낮은 확률을 할당할 수 있기 때문에 훈련 데이터의 우도를 측정하는 것은 효과적이지 않다. 이 모델은 훈련 우도는 매우 높지만 훈련 데이터만 재현할 수 있다. 테스트 우도test likelihood는 모델이 훈련 데이터로부터 얼마나 잘 일반화되는지를 나타내는 적용 범위를 포착한다. 모델이 훈련 데이터의 일부에만 높은 확률을 할당하면, 다른 곳에는 낮은 확률을 할당해야 하므로 테스트 견본의 일부는 낮은 확률을 갖게 된다.

  테스트 우도는 확률 모델을 정량화하는 합리적인 방법이지만 불행하게도 생성적 적대 모델(확률을 할당하지 않는다)에는 적합하지 않으며 변분 오토인코더와 확산 모델을 추정하는 데는 비용이 많이 든다(로그 우도의 하한은 계산할 수 있다). 정규화 흐름 모델만 유일하게 우도를 정확하고 효율적으로 계산할 수 있다.

- 인셉션 점수inception score, IS: 인셉션 점수는 이미지에 특화되어 있으며, 이미지넷 데이터베이스에서 훈련된 생성 모델에 이상적이다. 점수는 사전 학습된 분류 모델, 보통은 인셉션 모델을 사용하여 계산하는데, 이로부터 이름을 따왔다. 이는 두 가지 기준을 기반으로 한다. 첫째, 각각의 생성된 이미지 $\mathbf{x}^*$는 이미지넷 데이터베이스에 있는 1,000개의 클래스 y 중 하나처럼 보여야 한다. 따라서 확률분포 $Pr(y_i|\mathbf{x}_i^*)$는 올바른 클래스에서 매우 높아야 한다. 둘째, 전체 생성된 이미지셋은 동일한 확률로 클래스에 할당되어야 하므로, 생성된 모든 견본에 대해 평균을 낼 때 $Pr(y)$는 평평해야 한다.

  인셉션 점수는 생성된 집합에 대한 두 분포 간의 평균 거리를 측정한다. 한 분포는 뾰족하고 다른 분포는 평평한 경우 이 거리는 커진다(그림 14.3). 좀 더 정확하게는 $Pr(y|\mathbf{x}_i^*)$와 $Pr(y)$ 이의 기대 쿨백-라이블러 발산†의 지수

C.5.1절 '쿨백-라이블러 발산' 참고

exponential를 반환한다.

$$IS = \exp\left[\frac{1}{I}\sum_{i=1}^{I}D_{KL}\Big[Pr(y|\mathbf{x}_i^*)||Pr(y)\Big]\right]$$ 식 14.2

여기서 I는 생성된 예제의 수를 나타낸다.

$$Pr(y) = \frac{1}{I}\sum_{i=1}^{I}Pr(y|\mathbf{x}_i^*)$$ 식 14.3

이 척도는 이미지넷 데이터베이스의 생성 모델에만 적합하고, 특정 분류 모델에 민감하다. 이 모델을 다시 훈련하면 상당히 다른 수치 결과가 나올 수 있다. 더욱이 이는 객체 클래스 내의 다양성을 보상하지 않는다. 모델이 각 클래스의 사실적인 견본을 하나만 생성하면 높은 값을 반환한다.

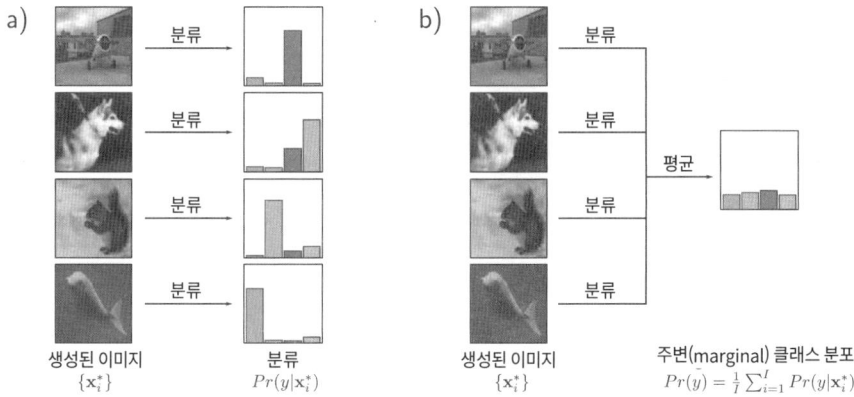

그림 14.3 인셉션 점수. a) 사전 훈련된 신경망은 생성된 이미지를 분류한다. 이미지가 사실적이라면 클래스 확률 $Pr(y|\mathbf{x}_i^*)$의 결과는 올바른 클래스에서 큰 값을 가져야 한다. b) 모델이 모든 클래스를 같은 빈도로 자주 생성하는 경우 주변(평균) 클래스 확률은 평평해야 한다. 인셉션 점수는 (a)의 분포와 (b)의 분포 사이의 평균 거리를 측정한다(이미지 출처: Deng et al.(2009)[1]).

- 프레셰 인셉션 거리Fréchet inception distance, FID: 측정값 또한 이미지용으로 사용되며 생성된 샘플의 분포와 실제 견본 사이의 대칭 거리를 계산한다. 두 분포를 정확하게 특성화하기 어렵기 때문에 (실제로 실제 견본의 분포를 특성화하는 것이 생성 모델의 역할이다) 근사를 해야 한다. 따라서 프레셰 인셉션 거리는 다변량 가우시안 분포를 통해 두 분포를 근사하고 (이름에서 알 수 있듯이) 프레셰 거리†를 사용하여 둘 사이의 거리를 추정한다.

C.5.4절 '프레셰 거리' 참고

그러나 이는 원본 데이터에 대한 거리를 모델링하는 것이 아니라 인셉션 분류 신경망의 가장 깊은 층의 활성화를 모델링한다. 이러한 은닉 유닛은 객체 클래스와 가장 많은 관련이 있으므로, 의미적 수준에서 비교를 하게 돼서 이미지의 보다 세밀한 세부 사항은 무시된다

이 척도는 클래스 내의 다양성을 고려하지만 인셉션 신경망의 특징 정보에 크게 의존한다. 신경망에서 버린 정보는 결과에 영향을 미치지 않는다. 이렇게 버려진 정보 중 일부는 사실적인 샘플을 생성하는 데 여전히 중요할 수도 있다.

- 다양체 정밀도/재현율: 프레셰 인셉션 거리는 샘플의 사실성과 다양성 모두에 민감하지만 이러한 요소를 구별하지는 않는다. 이러한 품질을 분리하기 위해, 데이터 **다양체**manifold(즉 실제 견본이 놓여 있는 데이터 공간의 부분집합)와 모델 다양체(즉 생성된 샘플이 놓여 있는 공간) 간의 중첩을 고려한다. **정밀도**precision는 데이터 다양체에 속하는 모델 샘플의 비율이다. 이는 생성된 샘플 중 사실적인 샘플의 비율을 측정한다. **재현율**recall은 모델 다양체 내에 속하는 데이터 견본의 비율이다. 이는 모델이 생성할 수 있는 실제 데이터의 비율을 측정한다(그림 14.4).

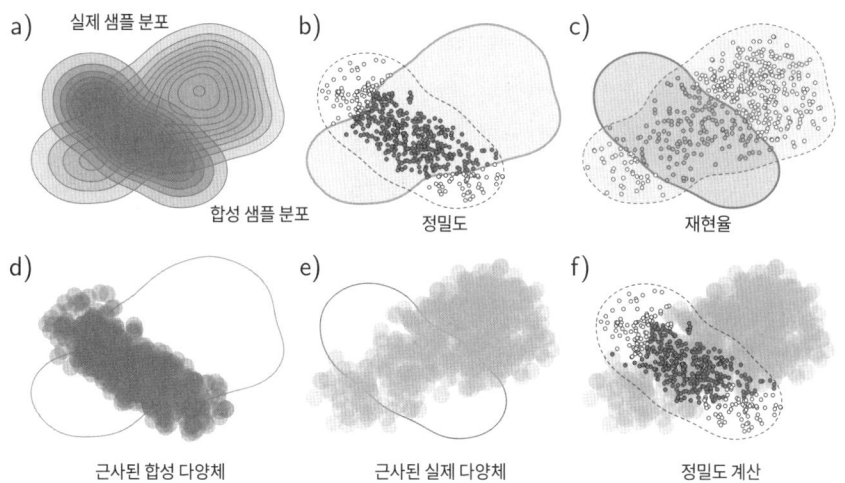

그림 14.4 다양체 정밀도/재현율. a) 실제 샘플의 분포와 생성 모델에 의해 합성된 샘플의 분포. 중첩은 b)의 정밀도와 c)의 재현율(로 요약할 수 있다. b) 정밀도(실제 견본의 분포 또는 다양체와 겹치는 합성 샘플의 비율). c) 재현율(합성 샘플의 다양체와 겹치는 실제 샘플의 비율). d) 합성된 샘플의 다양체는 각 샘플을 중심으로 하는 초구체 집합의 합집합을 취함으로써 근사할 수 있다. 여기서는 초구체의 반지름이 일정하지만 좀 더 일반적으로는, 반지름은 k번째 최근접 이웃까지의 거리를 기반으로 한다. e) 실제 견본의 다양체도 유사하게 근사한다. f) 정밀도는 실제 예제의 근사된 다양체 안에 포함된 샘플의 비율로 계산할 수 있다. 마찬가지로, 재현율은 샘플의 근사된 다양체 안에 포함된 실제 예제의 비율로 계산한다(출처: Kynkäänniemi et al.(2019)[2]).

다양체를 추정하기 위해, 각 데이터 견본 주위에 초구를 배치한다. 이 초구체의 반경은 k번째 최근접 이웃까지의 거리이다. 이러한 구의 합집합은 다양체의 근사치이며, 그 안에 새로운 점이 있는지 쉽게 판단할 수 있다. 일반적으로 이 다양체는 분류기의 특징 공간에서 계산하는데, 이로 인한 장점과 단점이 있다.

14.4 요약

비지도 모델은 레이블 없이 데이터셋의 구조를 학습한다. 이러한 모델 중 일부는 생성적이며 새로운 데이터 견본을 합성할 수 있다. 그중 또 다른 일부는 새로운 견본을 생성하고 관찰한 데이터에 확률을 할당할 수 있다는 점에서 확률적이다. 다음 4개의 장에서는 다루는 모델은 분포를 알고 있는 잠재변수 **z**로 시작한다. 그런 다음 심층 신경망이 잠재변수를 관찰된 데이터 공간으로 매핑한다. 생성 모델의 바람직한 속성을 제시하고, 이들 속성의 성능을 정량화하기 위한 척도를 도입했다.

노트

유명한 생성 모델에는 생성적 적대 신경망(Goodfellow et al., 2014)[3], 변분 오토인코더(Kingma & Welling, 2014)[4], 정규화 흐름(Rezende & Mohamed, 2015)[5], 확산 모델(Sohl-Dickstein et al.(2015)[6], Ho et al.(2020)[7]), 자기회귀 모델(Bengio et al.(2000)[8], Van den Oord et al.(2016b)[9]), 에너지 기반 모델(LeCun et al., 2006)[10]이 있다. 이 책에서는 에너지 모델을 제외한 모든 모델을 다룬다. Bond-Taylor et al.(2022)[11]은 생성 모델에 대한 최근 조사 결과를 제공한다.

평가

Salimans et al.(2016)[12]은 인셉션 점수를 도입하였고, Heusel et al.(2017)[13]은 프레셰 인셉션 거리를 도입했는데, 이 둘은 모두 인셉션 V3 모델의 Pool-3층을 기반으로 한다(Szegedy et al., 2016)[14]. Nash et al.(2021)[15]은 이미지의 공간 통계도 활용하기 위해 더 많은 공간 정보를 보유하는 동일한 신경망의 이전 층을 사용했다. Kynkäänniemi et al.(2019)[2]에서는 다양체 정밀도/재현율 방법을 도입했다. Barratt & Sharma(2018)[16]는 인셉션 점수에 대해 자세히 논의하고 약점을 지적한다. Borji(2022)[17]는 생성 모델을 평가하는 다양한 방법의 장단점을 논의한다.

참고 문헌

[1] Deng, J., Dong, W., Socher, R., Li, L.-J., Li, K., & Fei-Fei, L. (2009). ImageNet: A large-scale hierarchical image database. *IEEE Computer Vision & Pattern Recognition*, 248–255.

[2] Kynkäänniemi, T., Karras, T., Laine, S., Lehtinen, J., & Aila, T. (2019). Improved precision and recall metric for assessing generative models. *Neural Information Processing Systems*, 32, 3929–3938.

[3] Goodfellow, I., Pouget-Abadie, J., Mirza, M., Xu, B., Warde-Farley, D., Ozair, S., Courville, A., & Bengio, Y. (2014). Generative adversarial networks. *Communications of the ACM*, 63(11), 139–144.

[4] Kingma, D. P., & Welling, M. (2014). Autoencoding variational Bayes. *International Conference on Learning Representations*.

[5] Rezende, D. J., & Mohamed, S. (2015). Variational inference with normalizing flows. *International Conference on Machine Learning*, 1530–1538.

[6] Sohl-Dickstein, J., Weiss, E., Maheswaranathan, N., & Ganguli, S. (2015). Deep unsupervised learning using nonequilibrium thermodynamics. *International Conference on Machine Learning*, 2256–2265.

[7] Ho, J., Jain, A., & Abbeel, P. (2020). Denoising diffusion probabilistic models. *Neural Information Processing Systems*, 33, 6840–6851.

[8] Bengio, Y., Ducharme, R., & Vincent, P. (2000). A neural probabilistic language model. *Neural Information Processing Systems*, 13, 932–938.

[9] Van den Oord, A., Kalchbrenner, N., Espeholt, L., Vinyals, O., Graves, A., et al. (2016b). Conditional image generation with PixelCNN decoders. *Neural Information Processing Systems*, 29, 4790–4798.

[10] LeCun, Y., Chopra, S., Hadsell, R., Ranzato, M., & Huang, F. (2006). A tutorial on energybased learning. *Predicting structured data*, 1(0).

[11] Bond-Taylor, S., Leach, A., Long, Y., & Willcocks, C. G. (2022). Deep generative modelling: A comparative review of VAEs, GANs, normalizing flows, energy-based and autoregressive models. *IEEE Transactions on Pattern Analysis & Machine Intelligence*, 44(11), 7327–7347.

[12] Salimans, T., Goodfellow, I., Zaremba, W., Cheung, V., Radford, A., & Chen, X. (2016). Improved techniques for training GANs. *Neural Information Processing Systems*, 29, 2226–2234.

[13] Heusel, M., Ramsauer, H., Unterthiner, T., Nessler, B., & Hochreiter, S. (2017). GANs trained by a two time-scale update rule converge to a local Nash equilibrium. *Neural Information Processing Systems*, 30, 6626–6637.

[14] Szegedy, C., Vanhoucke, V., Ioffe, S., Shlens, J., & Wojna, Z. (2016). Rethinking the Inception architecture for computer vision. *IEEE/CVF Computer Vision & Pattern Recognition*, 2818–2826.

[15] Nash, C., Menick, J., Dieleman, S., & Battaglia, P. W. (2021). Generating images with sparse representations. *International Conference on Machine Learning*, 7958–7968.

[16] Barratt, S., & Sharma, R. (2018). A note on the inception score. *Workshop on Theoretical Foundations and Applications of Deep Generative Models*.

[17] Borji, A. (2022). Pros and cons of GAN evaluation measures: New developments. *Computer Vision & Image Understanding*, 215, 103329.

CHAPTER 15
생성적 적대 신경망

생성적 적대 신경망generative adversarial network, GAN은 훈련 견본과 구별할 수 없는 새로운 샘플을 생성하는 비지도 모델이다. GAN은 새로운 샘플을 생성하는 메커니즘일 뿐이며, 모델링한 데이터에 대한 확률분포를 구축하지 않으므로 새로운 데이터 지점이 동일한 분포에 속할 확률을 평가할 수 없다.

GAN에서는 주 **생성자 신경망**generator network은 무작위 잡음을 출력 데이터 공간에 매핑하여 샘플을 생성한다. 두 번째 **판별자 신경망**discriminator network이 생성된 샘플과 실제 견본을 구별할 수 없다면, 생성된 샘플이 그럴듯하다고 볼 수 있다. 이 신경망이 차이를 구분할 수 있으면, 이는 샘플의 품질을 개선하기 위한 피드백 훈련 신호를 제공한다. 이 아이디어는 간단하지만 GAN 훈련은 어렵다. 학습 알고리즘이 불안정할 수 있으며, GAN이 사실적인 샘플을 생성하는 방법을 학습할 수는 있지만 이것이 가능한 모든 샘플을 생성하는 방법을 학습한다는 의미는 아니다.

GAN은 오디오, 3D 모델, 텍스트, 비디오, 그래프와 같은 다양한 유형의 데이터에 적용되었다. 이 가운데, 이미지 영역에서 실제 사진과 거의 구별할 수 없는 샘플을 생성할 수 있을 정도로 가장 큰 성공을 거두었다. 따라서 이 장에서는 주로 이미지 합성 예제를 살펴본다.

15.1 판별을 신호로 사용하기

새로운 샘플 $\{x_j^*\}$를 생성하기 위해서 실제 훈련 데이터셋 $\{x_i\}$와 동일한 분포에서 샘플을 추출한다. 새로운 샘플 x_j^*는 (i) 간단한 기본 분포(예: 표준 정규분포)에서 잠재변수 z_j를 선택하고, (ii) 이 데이터를 매개변수 θ를 사용하는 신경망 $\mathbf{x}^* = \mathbf{g}[\mathbf{z}_j, \theta]$를 통과시켜서 생성한다. 이 신경망을 **생성자**generator라고 한다. 학습의 목표는 샘플 $\{\mathbf{x}_j^*\}$가 실제 데이터 $\{\mathbf{x}_j^*\}$와 '유사'하게 보이도록 하는 매개변수 θ를 찾는 것이다(그림 14.2a 참고).

여러 가지 방법으로 유사성을 정의할 수 있지만, GAN은 샘플이 실제 데이터와 통계적으로 구별할 수 없어야 한다는 원칙을 사용한다. 이를 위해 **판별자**discriminator라고 하는 매개변수 ϕ를 갖는 두 번째 신경망 $f[\bullet, \phi]$를 도입한다. 이 신경망은 입력이 실제 견본인지 생성한 샘플인지 분류하려고 한다. 만약 판별자가 이를 판별하지 못하면, 생성된 샘플은 실제 견본과 구별할 수 없을 만큼 똑같게 만드는 데 성공한 것이다. 이것이 가능하다면 판별자는 생성 과정을 개선하는 데 사용할 수 있는 신호를 제공하게 된다.

그림 15.1은 이 개념을 보여준다. 1차원 실제 견본으로 구성된 훈련셋 $\{x_i\}$로 시작한다. 훈련셋 중에 10개의 견본 $\{x_i\}_{i=1}^{10}$으로 구성된 서로 다른 배치가 그림 15.1의 (a), (b), (c)에 표시되어 있다(청록색 화살표). 샘플 $\{x_j^*\}$의 배치를 생성하기 위해 간단한 생성자를 사용한다.

$$x_j^* = \mathrm{g}[z_j, \theta] = z_j + \theta \qquad \text{식 15.1}$$

여기서 잠재변수 $\{z_j\}$는 표준 정규분포에서 추출하고, 매개변수 θ는 생성된 샘플을 x축을 따라 이동시킨다(그림 15.1).

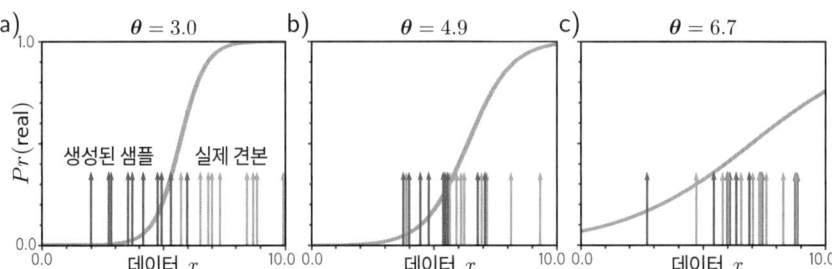

그림 15.1 GAN 메커니즘. a) 샘플(주황색 화살표)을 합성하는 매개변수화된 함수(생성기)와 실제 견본 배치(청록색 화살표)가 주어지면, 생성된 샘플과 실제 견본을 구별하기 위해 판별자를 훈련한다(시그모이드 곡선은 데이터 지점이 진짜일 추정 확률을 나타낸다). b) 판별자가 샘플이 합성된 것이라는 확신을 덜 갖도록 매개변수를 수정하여 생성자를 훈련한다(이 경우 주황색 샘플을 오른쪽으로 이동한다). 그러면 판별자가 갱신된다. c) 생성자와 판별자를 번갈아 갱신해 가면서 생성된 샘플이 실제 견본과 구별할 수 없게 되고 생성자를 변경할 동기(즉 시그모이드 함수의 기울기)가 줄어든다.

초기화 시, $\theta = 3.0$이고 생성된 샘플(주황색 화살표)은 실제 견본(청록색 화살표)의 왼쪽에 있다. 판별자는 생성된 샘플과 실제 견본을 구별하도록 훈련된다(시그모이드 곡선은 데이터 지점이 실제일 확률을 나타낸다). 훈련 중에 생성자 매개변수 θ는 샘플이 진짜로 분류될 확률을 높이도록 변경한다. 여기서는 샘플이 시그모이드 곡선이 더 높은 오른쪽으로 이동하도록 θ를 증가시킨다.

판별자와 생성자를 번갈아 갱신하는데, 그림 15.1b–c는 이 과정을 두 번 반복하는 것을 보여준다. 데이터를 분류하는 것이 점차 어려워지기 때문에, θ를 변경할 근거가 약해진다(즉 시그모이드가 더 평평해진다).† 이 과정이 끝나면 두 데이터셋을 구별할 수 있기 때문에, 판별자는 버리고, 이제 그럴듯한 샘플을 만드는 생성자를 얻게 된다.

깃허브의 노트북 15.1 'GAN Toy example' 참고. https://bit.ly/udl15_1

15.1.1 GAN 손실 함수

이제 GAN 훈련을 위한 손실 함수를 좀 더 정확하게 정의해보자. 매개변수 ϕ를 갖는 판별자 f[x, ϕ]는 x를 입력으로 받아서, 입력이 실제 견본이라고 믿을 때 더 높은 값을 반환한다. 이는 이진 분류 작업이므로, 이진 교차 엔트로피 손실 함수(5.4절)를 적용한다. 이 손실 함수의 원래 형태는 다음과 같다.

$$\hat{\phi} = \underset{\phi}{\operatorname{argmin}} \left[\sum_i -(1-y_i)\log\left[1-\operatorname{sig}[f[\mathbf{x}_i, \phi]]\right] - y_i \log\left[\operatorname{sig}[f[\mathbf{x}_i, \phi]]\right] \right] \quad \text{식 15.2}$$

여기서 $y_i \in \{0, 1\}$은 레이블이고, sig[•]는 로지스틱 시그모이드 함수다(그림 5.7). 이 경우, 실제 견본 $\mathbf{x}$의 레이블이 $y = 1$이고, 생성된 샘플 $\mathbf{x}^*$의 레이블이 $y = 0$이라고 가정하면 다음과 같다.

$$\hat{\phi} = \underset{\phi}{\operatorname{argmin}} \left[\sum_i -(1-y_i)\log\left[1-\operatorname{sig}[f[\mathbf{x}_i, \phi]]\right] - y_i \log\left[\operatorname{sig}[f[\mathbf{x}_i, \phi]]\right] \right] \quad \text{식 15.3}$$

여기서 i와 j는 각각 실제 견본과 생성된 샘플의 인덱스다.

이제 생성자 $\mathbf{x}_j^* = \mathbf{g}[\mathbf{z}_j, \theta]$에 대한 정의를 대입하고, 생성된 샘플이 잘못 분류되도록(즉 합성되었을 가능성이 낮거나 또는 음의 로그 우도가 높다) θ에 대한 최대화를 하면 다음과 같다.

$$\hat{\boldsymbol{\theta}} = \underset{\boldsymbol{\theta}}{\operatorname{argmax}} \left[\underset{\boldsymbol{\phi}}{\min} \left[\sum_j -\log\left[1-\text{sig}[\text{f}[\text{g}[\text{z}_j, \boldsymbol{\theta}], \boldsymbol{\phi}]]\right] - \sum_i \log\left[\text{sig}[\text{f}[\text{x}_i, \boldsymbol{\phi}]]\right] \right] \right]$$

식 15.4

15.1.2 GAN 훈련

식 15.4는 이전에 본 것보다 더 복잡한 손실 함수다. 판별자 매개변수 $\boldsymbol{\phi}$는 손실 함수를 최소화하도록 조정하고 생성자 매개변수 $\boldsymbol{\theta}$는 손실 함수를 최대화하도록 조정하다. 따라서 GAN 훈련은 **최소극대화 게임**minimax game의 특징을 갖는다.

생성자는 판별자를 속일 수 있는 새로운 방법을 찾으려고 시도하고, 판별자는 생성된 샘플을 실제 견본과 구별하는 새로운 방법을 찾는다. 기술적인 해는 **내시 균형**Nash equilibrium이 된다. 최적화 알고리즘은 동시에 하나의 함수의 최솟값이자 다른 함수의 최댓값이 되는 위치를 찾는다. 계획대로 훈련이 진행되면, 수렴 시 $\text{g}[\text{z}, \boldsymbol{\theta}]$는 데이터와 동일한 분포에서 추출되고 $\text{sig}[\text{f}[\bullet, \boldsymbol{\phi}]]$는 0.5가 된다.

GAN을 훈련하기 위해 식 15.4를 두 가지 손실 함수로 나누면 다음과 같다.

$$\begin{aligned} L[\boldsymbol{\phi}] &= \sum_j -\log\left[1-\text{sig}[\text{f}[\text{g}[\text{z}_j, \boldsymbol{\theta}], \boldsymbol{\phi}]]\right] - \sum_i \log\left[\text{sig}[\text{f}[\text{x}_i, \boldsymbol{\phi}]]\right] \\ L[\boldsymbol{\theta}] &= \sum_j \log\left[1-\text{sig}[\text{f}[\text{g}[\text{z}_j, \boldsymbol{\theta}], \boldsymbol{\phi}]]\right] \end{aligned}$$

식 15.5

여기서 최소화 문제로 바꿔주기 위해서 두 번째 함수에 마이너스 1을 곱하고, $\boldsymbol{\theta}$에 의존하지 않는 두 번째 항을 삭제했다. 판별자를 훈련하기 위해 첫 번째 손실 함수를 최소화한다. 생성자를 훈련하기 위해 두 번째 손실 함수를 최소화한다.

각 단계에서 기저 분포에서 잠재변수 z_j의 배치를 추출하고, 이를 생성자를 통과시켜서 샘플 $\text{x}_j^* = \text{g}[\text{z}_j, \boldsymbol{\theta}]$를 생성한다. 그런 다음 실제 훈련 견본 x_i의 배치를 선택한다. 두 배치가 주어지면, 이제 각 손실 함수에 대해 경사 하강 단계를 수행할 수 있다(그림 15.2).

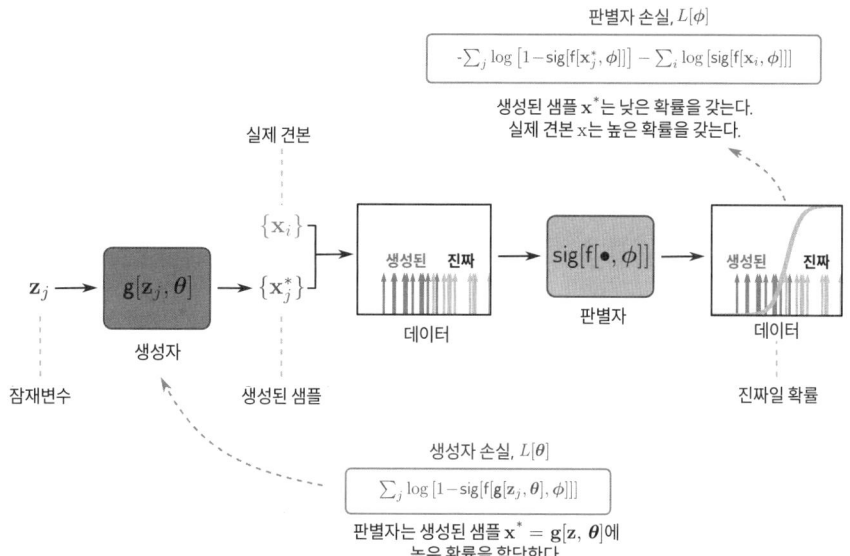

그림 15.2 GAN 손실 함수. 잠재변수 z_j는 기저 분포에서 추출되어 생성자를 통과하여 샘플 x^*를 생성한다. 샘플 배치 $\{x_j^*\}$와 실제 견본 배치 $\{x_i\}$가 판별자에 전달되어, 각각이 실제일 확률을 할당한다. 실제 견본에 높은 확률을 할당하고 생성된 샘플에 낮은 확률을 할당하도록 판별자 매개변수 ϕ를 조정한다. 생성자 매개변수 θ는 판별자를 '속여서' 생성된 샘플에 높은 확률을 할당하도록 조정한다.

15.1.3 심층 합성곱 GAN

심층 합성곱 GANdeep convolutional GAN 또는 줄여서 **DCGAN**은 이미지 생성에 특화된 초기 GAN 구조다(그림 15.3). 생성자 $g[z, \theta]$에 대한 입력은 균일한 분포에서 샘플링한 100차원 잠재변수 z이다. 그런 다음 선형 변환을 통해 1,024개 채널을 갖는 4×4 공간 표현으로 매핑된다. 4개의 합성곱층이 이어지고, 각 층은 해상도를 두 배로 늘리는 **분수 스트라이드 합성곱**fractionally-strided convolution(즉 스트라이드가 0.5인 합성곱)을 사용한다. 마지막 층에서 $64 \times 64 \times 3$ 신호를 탄젠트 함수를 통과시켜 [-1, 1] 범위의 이미지 x^*를 생성한다. 판별자 $f[\bullet, \phi]$는 마지막 합성곱층이 하나의 채널을 사용하여 크기를 1×1로 줄이는 표준 합성곱 네트워크다. 이 값을 시그모이드 함수 $\text{sig}[\bullet]$를 통과시켜서 출력 확률을 생성한다.

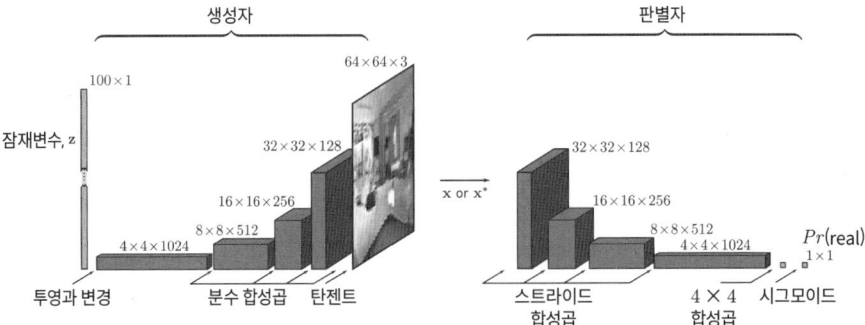

그림 15.3 DCGAN 구조. 생성자에서는 균일한 분포에서 추출한 100차원 잠재변수 z를 선형 변환을 통해 1,024개 채널을 갖는 4 × 4 표현으로 매핑한다. 그런 다음 표현을 점진적으로 업샘플링하고 채널 수를 줄이는 일련의 합성곱층을 통과시킨다. 마지막에는 탄젠트 함수가 이미지를 표현할 수 있도록 64 × 64 × 3 표현을 고정 범위로 매핑한다. 판별자는 입력을 실제 견본 또는 생성된 샘플로 분류하는 표준 CNN으로 구성된다.

훈련을 마치면, 판별자는 버린다. 새로운 샘플을 생성하기 위해 기저 분포에서 추출한 잠재변수 z를 생성기를 통과시킨다. 예시 결과는 그림 15.4와 같다.

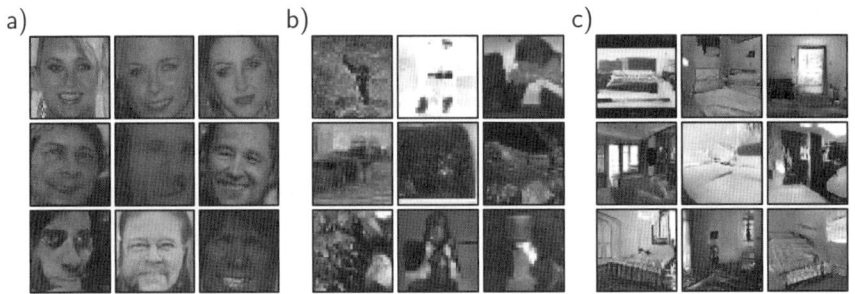

그림 15.4 DCGAN 모델로 합성한 이미지. a) 얼굴 데이터셋으로 훈련한 DCGAN에서 무작위로 추출한 샘플. b) 이미지넷 데이터베이스를 사용한 무작위 샘플(그림 10.15 참고) c) LSUN 장면 이해 데이터셋에서 추출한 무작위 샘플(출처: Radford et al., 2015[1]).

15.1.4 GAN 훈련의 어려움

이론적으로 GAN은 매우 간단하지만 훈련하기가 매우 어렵다. 예를 들어 DCGAN을 안정적으로 훈련하려면 (i) 업샘플링과 다운샘플링을 위한 스트라이드 합성곱 사용, (ii) 각각 마지막 층과 첫 번째 층을 제외하고 생성자와 판별자 모두에서 배치 노름(배치 정규화) 사용, (iii) 판별자에서 누출이 있는 ReLU 활성화 함수(그림 3.13) 사용, (iv) 일반적인 경우보다 낮은 모멘텀 계수를 사용하는 Adam 최적화기를 사용한다. 이는 이례적인 경우로, 대부분의 딥러닝 모델에서는 이러한 세부 조정이 필요하지 않다.

일반적인 실패 유형은 생성자가 데이터의 일부에만 해당하는 그럴듯한 샘플만 생성하는 경우다(예를 들어 수염이 있는 얼굴을 생성하지 않을 수 있다). 이를 **모드 누락**mode dropping이라고 한다. 이 현상의 극단적인 경우는 생성자가 잠재변수 **z**를 무시하고 모든 샘플을 하나 또는 몇 개의 점으로 축소하는 것이다. 이를 **모드 붕괴**mode collapse라고 한다(그림 15.5).

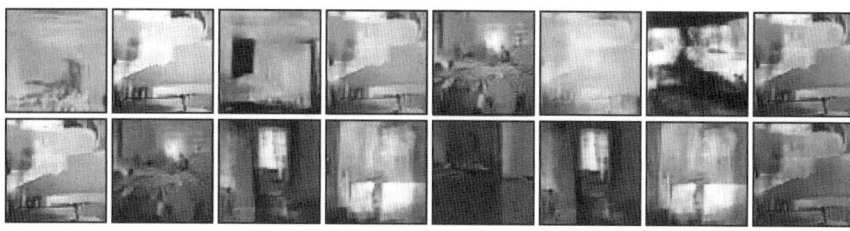

그림 15.5 모드 붕괴. DCGAN과 유사한 수의 매개변수와 층이 있는 MLP 생성자를 사용하여 LSUN 장면 이해 데이터셋으로 훈련한 GAN의 합성 이미지. 샘플의 품질이 낮고 많은 샘플이 유사하다(출처: Arjovsky et al.(2017)[2]).

15.2 안정성 향상

GAN을 훈련하기 어려운 이유를 이해하려면 손실 함수가 정확히 무엇을 나타내는지 이해해야 한다.

15.2.1 GAN 손실 함수 분석

식 15.5의 두 합을 실제 샘플과 생성된 샘플의 개수 I, J로 나누면, 손실 함수를 기댓값으로 표현할 수 있다.

$$\begin{aligned} L[\phi] &= -\frac{1}{J}\sum_{j=1}^{J}\bigg(\log\Big[1-\text{sig}[\text{f}[\mathbf{x}_j^*,\phi]]\Big]\bigg) - \frac{1}{I}\sum_{i=1}^{I}\bigg(\log\Big[\text{sig}[\text{f}[\mathbf{x}_i,\phi]]\Big]\bigg) \\ &\approx -\mathbb{E}_{\mathbf{x}^*}\bigg[\log\Big[1-\text{sig}[\text{f}[\mathbf{x}^*,\phi]]\Big]\bigg] - \mathbb{E}_{\mathbf{x}}\bigg[\log\Big[\text{sig}[\text{f}[\mathbf{x},\phi]]\Big]\bigg] \\ &= -\int Pr(\mathbf{x}^*)\log\Big[1-\text{sig}[\text{f}[\mathbf{x}^*,\phi]]\Big]d\mathbf{x}^* - \int Pr(\mathbf{x})\log\Big[\text{sig}[\text{f}[\mathbf{x},\phi]]\Big]d\mathbf{x} \end{aligned}$$

식 15.6

여기서 $Pr(\mathbf{x}^*)$는 생성된 샘플에 대한 확률분포이고, $Pr(\mathbf{x})$는 실제 견본에 대한 확률분포다.

$I = J$일 때, 출처를 알 수 없는 견본 $\tilde{\mathbf{x}}$에 대한 최적의 판별자는 다음과 같다.

$$Pr(\text{real}|\tilde{\mathbf{x}}) = \text{sig}[\text{f}[\tilde{\mathbf{x}}, \phi]] = \frac{Pr(\tilde{\mathbf{x}}|\text{real})}{Pr(\tilde{\mathbf{x}}|\text{generated}) + Pr(\tilde{\mathbf{x}}|\text{real})} = \frac{Pr(\mathbf{x})}{Pr(\mathbf{x}^*) + Pr(\mathbf{x})} \quad \text{식 15.7}$$

우변에서는 생성된 분포 $Pr(\mathbf{x}^*)$와 실제 분포 $Pr(\mathbf{x})$에 대해서 $\tilde{\mathbf{x}}$를 평가한다. 이를 식 15.6에 대입하면 다음과 같은 결과를 얻게 된다.

$$L[\phi] = -\int Pr(\mathbf{x}^*) \log\left[1 - \text{sig}[\text{f}[\mathbf{x}^*, \phi]]\right] d\mathbf{x}^* - \int Pr(\mathbf{x}) \log\left[\text{sig}[\text{f}[\mathbf{x}, \phi]]\right] d\mathbf{x} \quad \text{식 15.8}$$

$$= \int \Pr(x^*) \log\left[1 - \frac{\Pr(x)}{\Pr(x^*) + \Pr(x)}\right] dx^* + \int \Pr(x) \log\left[\frac{\Pr(x)}{\Pr(x^*) + \Pr(x)}\right] dx$$

$$= \int \Pr(x^*) \log\left[\frac{\Pr(x^*)}{\Pr(x^*) + \Pr(x)}\right] dx^* + \int \Pr(x) \log\left[\frac{\Pr(x)}{\Pr(x^*) + \Pr(x)}\right] dx$$

덧셈 상수와 곱셈 상수를 무시하면, 이는 합성된 분포 $Pr(\mathbf{x}^*)$와 실제 분포 $Pr(\mathbf{x})$ 사이의 젠슨–섀넌 발산[†]이다.[†]

C.5.2절 '젠슨-섀넌 발산' 참고

연습 문제 15.1 – 15.2 참고

$$D_{JS}\left[\Pr(x^*) \| \Pr(x)\right] \quad \text{식 15.9}$$

$$= \frac{1}{2} D_{KL}\left[\Pr(x^*) \| \frac{\Pr(x^*) + \Pr(x)}{2}\right] + \frac{1}{2} D_{KL}\left[\Pr(x) \| \frac{\Pr(x^*) + \Pr(x)}{2}\right]$$

$$= \frac{1}{2} \int \Pr(x^*) \log\left[\frac{2\Pr(x^*)}{\Pr(x^*) + \Pr(x)}\right] dx^* + \frac{1}{2} \int \Pr(x) \log\left[\frac{2\Pr(x)}{\Pr(x^*) + \Pr(x)}\right] dx$$

$\underbrace{\hspace{5cm}}_{\text{품질}} \quad \underbrace{\hspace{5cm}}_{\text{적용 범위}}$

C.5.1절 '쿨백-라이블러 발산' 참고

여기서 $D_{KL}[\bullet\|\bullet]$은 KLD[†]다.

첫 번째 항은 표본 밀도 $Pr(\mathbf{x}^*)$가 높은 곳에서 혼합 $Pr(\mathbf{x}^*) + Pr(\mathbf{x}))/2$의 확률이 높다면 거리가 짧아진다는 것을 나타낸다. 즉 샘플 $\mathbf{x}^*$은 있지만 실제 견본 $\mathbf{x}$는 없는 영역에 벌점을 부과해서 품질quality을 강화한다. 두 번째 항은 실제 밀도 $Pr(\mathbf{x})$가 높은 곳에서 혼합 $(Pr(\mathbf{x}^*) + Pr(\mathbf{x}))/2$가 높은 확률을 갖는 경우 거리가 짧다는 것을 나타낸다. 즉 실제 견본은 있지만 샘플이 없는 영역에 벌점을 부과해서 적용 범위coverage를 강화한다. 식 15.6을 참고하면, 두 번째 항은 생성자에 의존하지 않기 때문에 결과적으로 적용 범위에 신경을 쓰지 않게 되므로, 가능한 견본의 부분집합을 정확하게 생성하는 데 만족하게 된다. 이것이 모드 누락에 대한 추정 이유다.

15.2.2 기울기 소실

앞 절에서는 판별자가 최적일 때 손실 함수가 생성된 샘플과 실제 샘플 사이의 거리를 최대화하는 것을 보았다. 그러나 확률분포 사이의 거리를 GAN 최적화 기준으로 사용하는 데에는 잠재적인 문제가 있다. 즉 확률분포가 완전히 분리되면 이 거리는 무한대가 되므로, 생성자에 어떠한 작은 변화가 있어도 손실이 감소하지 않는다. 원래의 공식에서도 동일한 현상을 볼 수 있다. 판별자가 생성된 샘플과 실제 샘플을 완벽하게 분리할 수 있다면, 생성된 데이터의 작은 변화가 분류 점수에 영향을 미치지 않는다(그림 15.6).

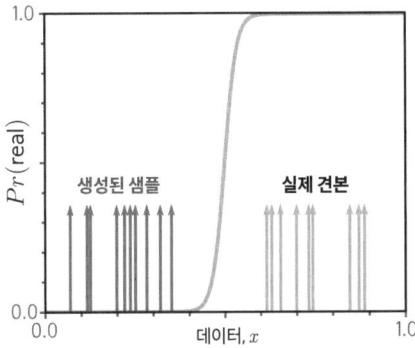

그림 15.6 GAN 손실 함수의 문제. 생성된 샘플(주황색 화살표/왼쪽)을 실제 견본(청록색 화살표/오른쪽)과 쉽게 구별할 수 있다면, 판별자(시그모이드)는 샘플 위치에서 기울기가 매우 작을 수 있다. 따라서 생성자의 매개변수를 갱신하는 기울기가 매우 작아질 수 있다.

불행하게도 생성된 샘플과 실제 견본의 분포는 실제로 서로 분리될 수 있다. 생성된 샘플은 잠재변수 **z** 크기 정도의 부분 공간에 있고, 실제 견본도 데이터를 생성하는 물리적 과정으로 인해 저차원의 부분 공간에 있다(그림 1.9). 이러한 부분 공간 사이에는 겹치는 부분이 거의 없거나 전혀 없을 수 있으며, 그 결과로 기울기가 매우 작거나 소실될 수 있다.

그림 15.7은 이 가설을 뒷받침하는 경험적 증거를 제공한다. DCGAN 생성자를 고정시키고, 판별자가 분류 성능을 향상시키기 위해 반복적으로 갱신하면 생성자 기울기가 감소한다. 간단히 말해서, 판별자의 품질과 생성자의 품질 사이에는 매우 미묘한 균형이 있다. 판별자가 너무 뛰어나면 생성자의 훈련 결과 갱신이 약화된다.

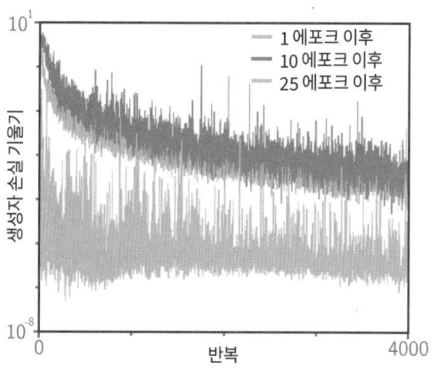

그림 15.7 DCGAN 생성자의 기울기 소실. 생성자는 1, 10, 25 에포크 후에 고정되고, 판별자는 추가로 훈련한다. 생성자의 기울기는 급격히 감소한다(로그 스케일). 판별자가 너무 정확해지면 생성자의 기울기가 소실된다(출처: Arjovsky & Bottou(2017)[3]).

15.2.3 와서스테인 거리

앞 절에서는 (i) GAN 손실을 확률분포 사이의 거리로 해석할 수 있으며, (ii) 생성된 샘플이 실제 견본과 너무 쉽게 구별되면, 이 거리의 기울기가 0이 된다는 것을 보여주었다. 이제 더 나은 속성을 가진 거리 측정 지표를 선택해보자.

와서스테인Wasserstein 또는 (이산 분포의 경우) 지구 이동자earth mover's의 거리는 한 분포의 확률 질량을 다른 분포로 이동하는 데 필요한 일의 양이다. 여기서 '일'은 질량에 이동한 거리를 곱한 값으로 정의한다. 이렇게 정의함으로써 더 나은 속성을 갖게 된다. 즉 **와서스테인 거리**Wasserstein distance는 분포가 분리되어 있는 경우에도 잘 정의되며, 분포가 서로 가까워질수록 부드럽게 감소한다.

15.2.4 이산 분포에 대한 와서스테인 거리

이산 분포에 대한 와서스테인 거리는 쉽게 이해할 수 있다(그림 15.8). K개의 구간에 대해 정의된 분포 $Pr(\text{x} = i)$와 $q(x = j)$를 고려해보자. 첫 번째 분포의 구간

i에서 두 번째 분포의 구간 C_{ij}로 질량 한 단위를 이동하는 비용이 P_{ij}라고 가정해 보자. 이 비용은 인덱스의 절대적인 차이 $|i-j|$일 수 있다. 이동된 양은 **운송 계획**transport plan으로 행렬 $\mathbf{P}$에 저장된다.

와서스테인 거리는 다음과 같이 정의한다.

$$D_w\Big[Pr(x)||q(x)\Big] = \min_{\mathbf{P}} \left[\sum_{i,j} P_{ij}|i-j|\right] \quad \text{식 15.10}$$

이때 다음과 같은 제약 조건이 적용된다.

$$\begin{aligned}\sum_j P_{ij} &= \Pr(x=i) \quad &Pr(x)\text{의 초기 분포}\\ \sum_i P_{ij} &= q(x=j) \quad &q(x)\text{의 초기 분포}\\ P_{ij} &\geq 0 \quad &\text{음이 아닌 질량}\end{aligned} \quad \text{식 15.11}$$

즉 와서스테인 거리는 한 분포의 질량을 다른 분포에 매핑하는 제약된 최소화 문제의 해이다. 이는 매번 거리를 계산할 때마다 P_{ij} 요소에 대한 최소화 문제를 해결해야 하기 때문에 불편하다. 다행히도 이는 소규모 연립방정식에서는 쉽게 풀 수 있는 표준적인 문제다. 이는 기본 형태의 **선형 계획법 문제**linear programming problem에 해당한다.

	기본 문제		듀얼 문제
최소화	$\mathbf{c}^T\mathbf{p}$	최대화	$\mathbf{b}^T\mathbf{f}$
제약 조건	$\mathbf{Ap}=\mathbf{b}$ $\mathbf{p}\geq\mathbf{0}$	제약 조건	$\mathbf{A}^T\mathbf{f}\leq\mathbf{c}$

여기서 $\mathbf{p}$는† 이동된 질량의 양을 결정하는 벡터화된 요소 P_{ij}를 포함하고, $\mathbf{c}$는 거리를 포함하고, $\mathbf{Ap}=\mathbf{b}$는 초기 분포 제약 조건을 포함하고, $\mathbf{p}\geq\mathbf{0}$은 이동된 질량이 음수가 아님을 보장한다.†

모든 선형 계획법 문제에는 동일한 해를 갖는 듀얼 문제dual problem가 있다. 여기서는 거리 $\mathbf{c}$에 따른 제약 조건을 갖고, 초기 분포에 적용되는 변수 $\mathbf{f}$에 대해 최대화한다.† 이 듀얼 문제에 대한 해는 다음과 같다.

연습 문제 15.3 참고

지면 제약으로 인해 수학적 배경이 되는 기본 내용은 생략한다. 선형 계획법은 최솟값을 찾기 위한 잘 알려진 알고리즘이 있는 표준 문제다.

깃허브의 노트북 15.2 'Wasserstein Distance' 참고. https://bit.ly/udl15_2

$$D_w\Big[Pr(x)||q(x)\Big] = \max_{\mathbf{f}} \left[\sum_i Pr(x=i)f_i - \sum_j q(x=j)f_j\right] \quad \text{식 15.12}$$

이때 제약 조건은 다음과 같다.

$$|f_{i+1} - f_i| < 1 \quad \text{식 15.13}$$

즉 인접한 값이 1 이상 변하지 않는 새로운 변수 집합 $\{f_i\}$에 대해 최적화한다.

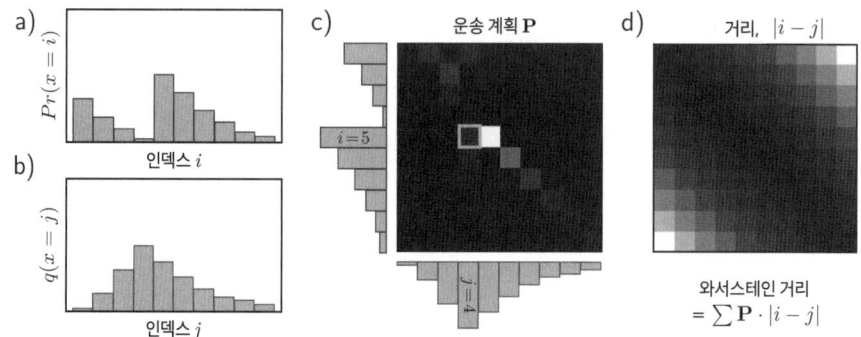

그림 15.8 와서스테인 또는 지구 이동자의 거리. a) 이산 분포 $Pr(x = i)$를 고려해보자. b) 확률 질량을 이동해서 목표 분포 $q(x = j)$를 생성하려고 한다. c) 운송 계획 $\mathbf{P}$는 i에서 j로 이동되는 질량의 양을 나타낸다. 예를 들어 청록색으로 강조 표시된 사각형 p_{54}는 $i = 5$에서 $j = 4$로 이동되는 질량의 양을 나타낸다. 운송 계획의 요소는 음수가 아니어야 하고, j에 대한 합은 $Pr(x = i)$이어야 하고, i에 대한 합은 $q(x = j)$여야 한다. 따라서 $\mathbf{P}$는 결합 확률분포다. d) 요소 i와 j 사이의 거리 행렬. 최적의 운송 계획 $\mathbf{P}$는 $\mathbf{P}$의 점별 곱과 거리 행렬(와서스테인 거리라고 한다)의 합을 최소화한다. 따라서 $\mathbf{P}$의 요소는 거리 비용이 가장 낮은 대각선에 가깝게 위치하는 경향이 있다(출처: Hermann, 2017[4]).

15.2.5 연속 분포에 대한 와서스테인 거리

이산 분포에 대한 결과를 다시 연속적인 다차원 영역으로 변환하면, 기본 형태(식 15.10)의 등가식은 다음과 같다.†

연습 문제 15.4 – 15.5 참고

$$D_w\Big[Pr(\mathbf{x}), q(\mathbf{x})\Big] = \min_{\pi[\bullet,\bullet]} \left[\int\int \pi(\mathbf{x}_1, \mathbf{x}_2)||\mathbf{x}_1 - \mathbf{x}_2||d\mathbf{x}_1 d\mathbf{x}_2\right] \quad \text{식 15.14}$$

이때 위치 $\mathbf{x}_1$에서 $\mathbf{x}_2$로 이동한 질량을 나타내는 운송 계획 $\pi(\mathbf{x}_1, \mathbf{x}_2)$에 대한 식 15.11과 유사한 제약 조건이 적용된다. 듀얼 형태(식 15.12)의 등가식은 다음과 같다.

$$D_w\left[Pr(\mathbf{x}), q(\mathbf{x})\right] = \max_{f[\mathbf{x}]} \left[\int Pr(\mathbf{x})f[\mathbf{x}]d\mathbf{x} - \int Pr(\mathbf{x}^*)f[\mathbf{x}]d\mathbf{x}\right] \quad \text{식 15.15}$$

여기서, 함수 f[$\mathbf{x}$]의 립시츠 상수†가 1보다 작다는 제약 조건이 적용된다(즉 함수의 절대 기울기가 1보다 작다).

† B.1.1절 '립시츠 상수' 참고

15.2.6 와서스테인 GAN 손실 함수

신경망 맥락에서 신경망 f[$\mathbf{x}$, ϕ]의 매개변수 ϕ를 최적화함으로써 함수 f[$\mathbf{x}$] 공간에서 최대화하고, 생성된 샘플 $\mathbf{x}_i^*$와 실제 견본 $\mathbf{x}_i$를 사용하여 이러한 적분을 근사한다.

$$\begin{aligned} L[\phi] &= \sum_j f[\mathbf{x}_j^*, \phi] - \sum_i f[\mathbf{x}_i, \phi] \\ &= \sum_j f[\mathbf{g}[\mathbf{z}_j, \boldsymbol{\theta}], \phi] - \sum_i f[\mathbf{x}_i, \phi] \end{aligned} \quad \text{식 15.16}$$

여기서 신경망 판별자 f[$\mathbf{x}_i$, ϕ]가 모든 위치 $\mathbf{x}$에서 절대 기울기 노름이 1보다 작도록 제약을 해야 한다.

$$\left|\frac{\partial f[\mathbf{x}, \phi]}{\partial \mathbf{x}}\right| < 1 \quad \text{식 15.17}$$

이를 위한 방법은 판별자 가중치를 작은 범위(예: ±0.01)로 클리핑하는 것이다. 또 다른 방법으로는 **기울기 페널티 와서스테인 GAN**gradient penalty Wasserstein GAN 또는 줄여서 **WGAN-GP**가 있는데, 이는 기울기 노름이 1에서 벗어날수록 증가하는 정칙화 항을 추가한다.

15.3 점진적 증가, 미니배치 판별, 절단

와서스테인 공식화를 통해 GAN을 더욱 안정적으로 훈련할 수 있다. 그러나 고품질 이미지를 생성하려면 추가적인 기법이 필요하다. 이제 출력 품질을 모두 향상시키기 위한 점진적 증가, 미니배치 판별, 절단을 검토해보자.

점진적 증가progressive growing(그림 15.9)에서는 먼저 DCGAN과 유사한 구조를 사용하여 4×4 이미지를 합성하는 GAN을 훈련한다. 그런 다음 생성자에 층을 추가하여 표현을 업샘플링하고 추가적인 처리를 통해 8×8 이미지를 생성한다. 판별자에도 층을 추가해서 더 높은 해상도의 이미지가 생성된 샘플인지 실제 견본인지 분류할 수 있다. 실제로 고해상도 층은 시간이 지남에 따라 점진적으로 '나타난다fade in'. 처음에는 더 높은 해상도의 이미지가 이전 결과의 업샘플링된 버전이고, 잔차 연결을 통해 전달되고, 점차 새로운 층이 이를 인계받는다.

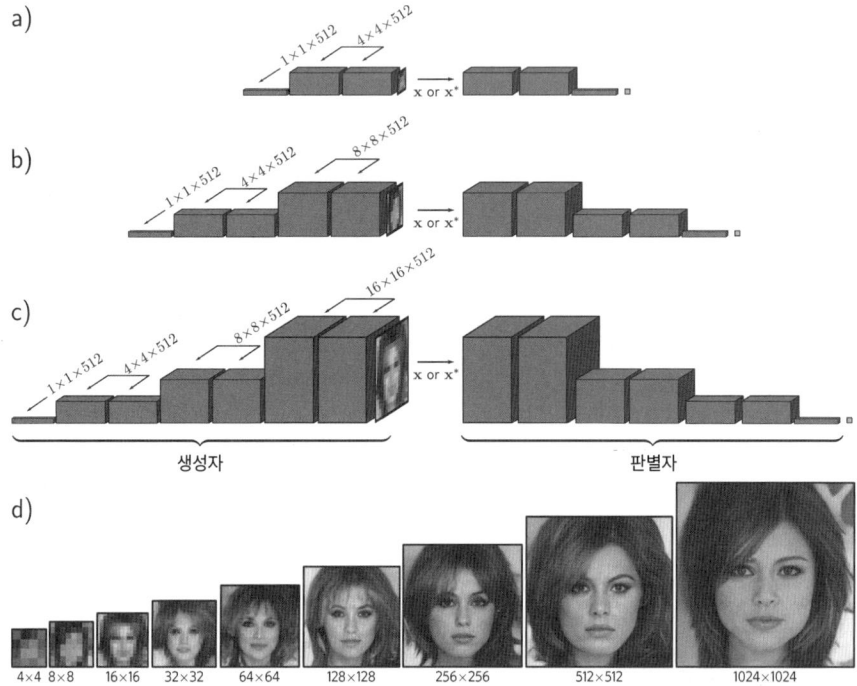

그림 15.9 점진적인 해상도 증가. a) 생성자는 처음에 매우 작은 4×4 이미지를 생성하도록 훈련되고, 판별자는 이러한 이미지가 합성된 이미지인지 다운샘플링된 실제 이미지인지 식별한다. b) 이러한 저해상도에서의 훈련이 종료된 후, 생성자에 층을 추가해서 8×8 이미지를 생성한다. 유사한 층을 판별자에 추가해서 다시 다운샘플링한다. c) 이 과정을 반복하면서 16×16 이미지와 이보다 큰 이미지를 생성한다. 이러한 방식으로 매우 사실적인 고해상도 이미지를 생성하는 GAN을 훈련할 수 있다. d) 동일한 잠재변수로부터 다른 단계에서 생성된 증가하는 해상도의 이미지(출처: Karras et al., 2018[5]의 방법을 사용한 Wolf, 2021[6]).

미니배치 판별minibatch discrimination은 샘플의 다양성을 보장하므로 모드 붕괴를 방지하는 데 도움이 된다. 이는 합성 데이터와 실제 데이터의 미니 배치에 대한 특징 통계를 계산하여 수행할 수 있다. 이러한 통계를 요약해서 특징 맵으로 추가할 수 있다(보통 판별자의 끝부분). 이를 통해 판별자가 생성자로 신호를 다시 보내 원본 데이터셋만큼 합성된 데이터에도 유사한 양의 변형이 포함되도록 할 수 있다.

생성 결과를 개선하는 또 다른 방법으로 **절단**truncation(그림 15.10)이 있는데, 샘플링 중에 확률이 높은(즉 평균에 가까운) 잠재변수 **z**만 선택하는 것이다. 이렇게 하면 샘플의 변동이 줄어들지만 품질은 향상된다. 신중한 정규화와 정칙화 체계도 샘플 품질을 향상시킨다.†

연습 문제 15.6 참고

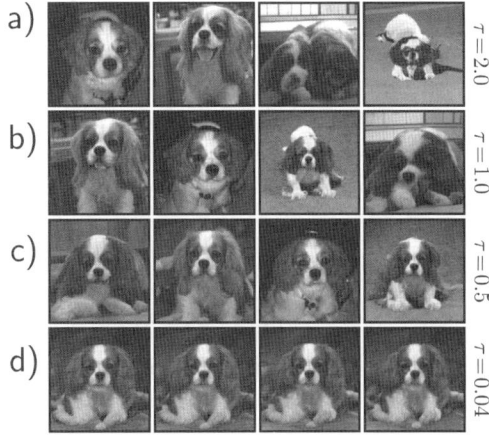

그림 15.10 절단. GAN 샘플의 품질은 평균에서 표준편차 τ보다 더 많이 떨어져 있는 잠재변수 **z**의 샘플을 배제함으로써 다양성과 절충을 할 수 있다. a) 이 임곗값이 큰 경우($\tau = 2.0$) 샘플이 시각적으로 다양하지만 결함이 있을 수 있다. b–c) 이 임곗값이 감소함에 따라 평균적인 시각적 품질은 향상되지만 다양성은 감소한다. d) 임곗값이 매우 작으면, 샘플이 거의 동일해보인다. 이 임곗값을 신중하게 선택하면 GAN 결과의 평균 품질을 높일 수 있다(출처: Brock et al., 2019[7]).

이러한 방법의 조합으로, GAN은 다양하고 사실적인 이미지를 합성할 수 있다(그림 15.11).

그림 15.11 방법 결합. GAN은 CELEBA-HQ 데이터셋으로 훈련할 경우 사실적인 얼굴 이미지를 생성할 수 있고, LSUN 데이터셋으로 훈련할 경우 좀 더 복잡하고 다양한 객체를 생성할 수 있다(출처: Karras et al., 2018[5]).

잠재 공간을 통해 매끄럽게 이동하면, 하나의 합성 이미지에서 또 다른 합성 이미지로 사실적인 보간을 할 수도 있다(그림 15.12).

그림 15.12 LSUN 자동차에서 훈련된 점진적 GAN의 잠재 공간 이동. 잠재 공간에서 이동하면 매끄럽게 변화하는 자동차 이미지가 생성된다. 이는 일반적으로 짧은 경로에서만 작동하다가, 결국 잠재변수가 비현실적인 이미지를 생성하는 곳으로 이동한다(출처: Karras et al., 2018[5]).

15.4 조건부 생성

GAN은 사실적인 이미지를 생성하지만 속성을 지정하지 않는다. 각 특성 조합에 대해 별도의 GAN을 훈련하지 않으면 머리 색깔, 민족성 또는 얼굴의 나이를 선택할 수 없다. 조건부 생성 모델은 이러한 조절 기능을 제공한다.

15.4.1 조건부 GAN

조건부 GANconditional GAN은 속성 벡터 c를 생성자와 판별자에 모두 전달하는데, 이를 각각 $g[z, c, \theta]$와 $f[x, c, \phi]$로 나타낸다. 생성자의 목표는 잠재변수 z를 올바른 속성 c를 가진 데이터 샘플 x로 변환하는 것이다. 반면에 판별자의 목표는 (i) 목표 속성을 갖는 생성된 샘플 또는 (ii) 실제 속성을 갖는 실제 견본을 구별하는 것이다(그림 15.13a).

생성자의 경우 속성 c를 잠재 벡터 z에 추가할 수 있다. 판별자의 경우 데이터가 1차원인 경우 입력에 추가할 수 있다. 이미지 데이터의 경우 속성을 이차원 표현으로 선형 변환해서 판별자 입력 또는 중간 은닉층 중 하나에 채널로 추가할 수 있다.

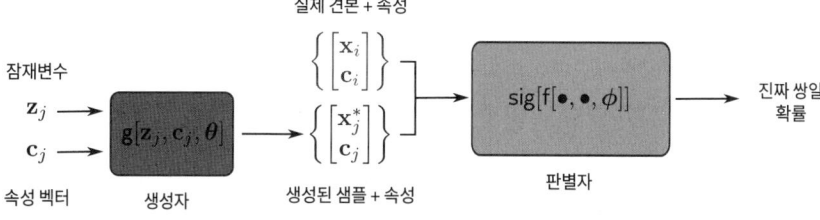

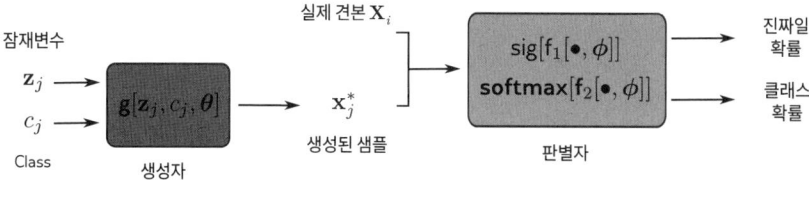

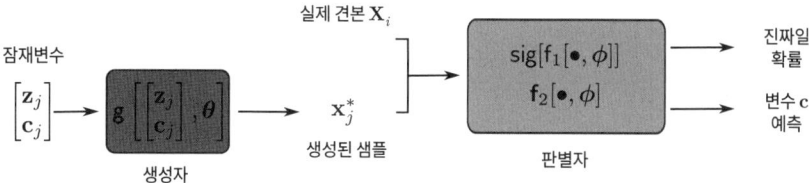

그림 15.13 조건부 생성. a) 조건부 GAN의 생성자는 이미지의 일부 측면을 설명하는 속성 벡터 c도 입력으로 받는다. 판별자는 실제 견본이나 생성된 샘플을 입력으로 받지만 이제는 속성 벡터도 받는다. 속성 벡터는 샘플이 사실적이고 속성과 호환되도록 유도한다. b) 보조 분류기 GAN(ACGAN)의 생성자는 이산적인 속성 변수를 사용한다. 판별자는 (i) 입력이 진짜인지 합성된 것인지 판단하고 (ii) 클래스를 올바르게 식별해야 한다. c) InfoGAN은 잠재변수를 잡음 z와 무작위 속성 c로 분할한다. 판별자는 입력이 진짜인지 구별하고 이러한 속성을 재구성해야 한다. 실제로 이는 변수 c를 현실 세계에서 해석했을 때 데이터의 두드러진 측면에 해당함을 의미한다(즉 잠재 공간이 분리되어 있다).

15.4.2 보조 분류기 GAN

보조 분류기 GANauxiliary classifier GAN 또는 줄여서 **ACGAN**은 판별자가 속성을 올바르게 예측하도록 해서 조건부 생성을 단순화한다(그림 15.13b).

C개의 범주에 속하는 이산적인 속성의 경우, 판별자는 실제/합성 이미지를 입력으로 받아서 $C + 1$개의 출력을 갖는다. 첫 번째 출력은 시그모이드 함수를 통과시켜서 샘플이 생성된 것인지 아니면 진짜인지 예측한다. 나머지 출력은 소프트맥스

함수를 통과시켜서 데이터가 C개의 클래스 각각에 속할 확률을 예측한다. 이 방법으로 훈련된 신경망은 이미지넷의 여러 클래스를 합성할 수 있다(그림 15.14).

그림 15.14 보조 분류기 GAN. 생성자는 잠재 벡터뿐만 아니라 클래스 레이블을 입력으로 받는다. 판별자는 데이터 지점이 진짜인지 식별하고 클래스 레이블을 예측해야 한다. 이 모델은 10개의 이미지넷 클래스로 훈련했다. 왼쪽에서 오른쪽으로 모나크 나비, 금방울새, 데이지, 붉은발도요, 회색고래의 생성 예다(출처: Odena et al., 2017[8]).

15.4.3 InfoGAN

조건부 GAN과 ACGAN은 모두 미리 결정된 속성을 가진 샘플을 생성한다. 반면에 **InfoGAN**(그림 15.13c)은 중요한 속성을 자동으로 식별한다. 생성자는 무작위 잡음 변수 **z**와 무작위 속성 변수 **c**로 구성된 벡터를 입력으로 받는다. 판별자는 이미지가 진짜인지 합성인지 예측하고 동시에 속성 변수를 추정한다.

이때 중요한 점은, 해석 가능한 현실 세계의 특성은 예측할 수 있어야 하고, 따라서 속성 변수 **c**로 표현할 수 있다는 점이다. **c**의 속성은 이산적이거나(이 경우, 이진 또는 다중 클래스 교차 엔트로피 손실이 사용된다) 연속적(이 경우, 최소제곱 손실이 사용된다)일 수 있다. 이산형 변수는 데이터의 범주를 식별하고, 연속형 변수는 점진적인 변동 방식을 식별한다(그림 15.15).

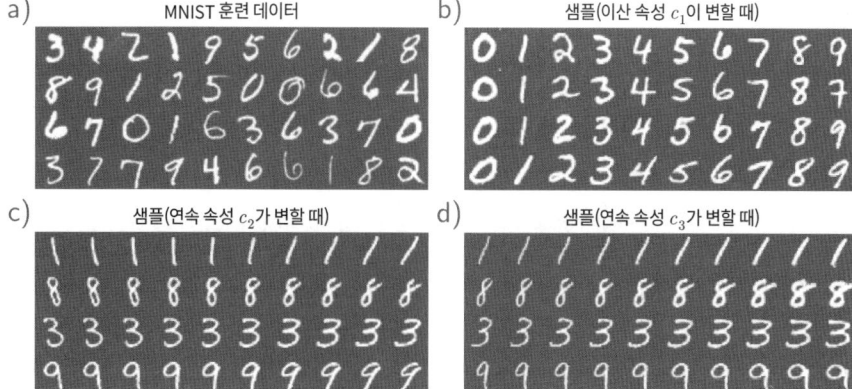

그림 15.15 MNIST용 InfoGAN. a) 28×28 픽셀 크기의 손으로 쓴 숫자 이미지로 구성된 MNIST 데이터베이스의 훈련 견본. b) 첫 번째 속성 c_1은 10개의 범주로 구성된 범주형 속성이다. 각 열은 이러한 범주 중 하나로 생성된 샘플을 보여준다. InfoGAN은 10개의 숫자를 복원한다. 속성 벡터 c_2와 c_3은 연속적이다. c) 각 열은 다른 잠재변수는 고정하고 c_2를 다른 값으로 했을 때를 나타낸다. 이 속성은 문자의 방향에 해당하는 것으로 보인다. d) 세 번째 속성은 획의 두께에 해당하는 것으로 보인다(출처: Chen et al., 2016b)[9]).

15.5 이미지 변환

적대적 판별자는 무작위 샘플을 생성하기 위해 GAN의 맥락에서 처음 사용되었지만, 하나의 데이터 견본을 다른 데이터 견본으로 변환하는 작업에서 사실성을 선호하는 사전 판별자로 사용할 수도 있다.

일반적으로 이는 흑백 이미지를 컬러로, 잡음이 있는 이미지를 깨끗한 이미지로, 흐릿한 이미지를 선명한 이미지로, 스케치를 사진과 같은 사실적인 이미지로 변환하려는 경우에 적용한다.

이 절에서는 서로 다른 수동 레이블링을 사용하는 세 가지 이미지 변환 모델을 살펴본다. Pix2Pix 모델은 훈련 이전/이후 쌍을 사용한다. 적대적 손실이 있는 모델은 기본 모델에 이전/이후 쌍을 사용하지만 판별자는 짝이 없는 '이후' 이미지도 활용한다. CycleGAN 모델은 쌍이 없는 이미지를 사용한다.

15.5.1 Pix2Pix

Pix2Pix 모델(그림 15.16)은 매개변수 θ를 갖는 U-Net(그림 11.10)을 이용하여 하나의 이미지 **c**를 다른 스타일 이미지 **x**에 매핑하는 신경망 $\mathbf{x} = \mathbf{g}[\mathbf{c}, \theta]$이다. 대표적인 사용 사례는 흑백 이미지를 입력으로 받아서, 컬러 이미지를 출력하는 **색상화**colorization다. 출력은 입력과 유사해야 하는데, 이는 입력과 출력 사이의 ℓ_1 노름†
$||\mathbf{x} - \mathbf{g}[\mathbf{c}, \theta]||_1$에 벌칙을 주는 콘텐츠 손실content loss을 사용한다.

† B.3.2절 '벡터 노름과 행렬 노름' 참고

그림 15.16 Pix2Pix 모델. a) 모델은 U-Net을 사용하여 입력 이미지를 다른 스타일의 예측 이미지로 변환한다(그림 11.10 참고). 이 경우 흑백 이미지를 그럴듯하게 색상을 입힌 이미지로 매핑한다. U-Net은 두 가지 손실로 훈련한다. 첫째, 콘텐츠 손실은 출력 이미지가 입력 이미지와 유사한 구조를 갖도록 유도한다. 둘째, 적대적 손실은 흑백/컬러 이미지 쌍이 이러한 이미지의 각 지역적인 부분에서 진짜 쌍과 구별되지 않도록 한다. 이 프레임워크는 b) 지도를 위성 이미지로 변환, c) 가방 스케치를 사실적인 사진으로 변환, d) 색상화, e) 레이블 맵을 사실적인 건물 외관으로 변환하는 등 다양한 작업에 적용할 수 있다(출처: Isola et al., 2017[10]).

그러나 출력 이미지는 입력을 사실적으로 변환한 것처럼 보여야 한다. 이를 위해 적대적 판별자 f[c, **x**, φ]를 사용하여 각각 변환 전후 이미지 **c**와 **x**를 처리한다. 각 단계에서 판별자는 이전/이후 진짜 쌍과 이전/합성된 쌍을 구별하려고 시도한다. 이들을 성공적으로 구별할 수 있는 때까지 U-Net을 수정하여 출력을 보다 사실적으로 만들기 위한 피드백 신호를 제공한다. 콘텐츠 손실이 대규모 이미지 구조가 올바른지를 보장하는 반면 판별자는 주로 지역적인 텍스처가 그럴듯하게 보이도록 하는 데 필요하다. 이를 위해 합성곱 분류기를 기반으로 하는 **PatchGAN 손실**을 사용한다. 마지막 층의 각 은닉 유닛은 수용 영역 내의 영역이 진짜인지 합성된 것인지 여부를 나타낸다. 이러한 응답의 평균을 구해서 최종 출력으로 제공한다.

이 모델을 U-Net이 생성자이고 레이블이 아닌 이미지를 조건으로 하는 조건부 GAN이라고 볼 수도 있다. 하지만 U-Net 입력에 잡음이 포함되지 않으므로 전통적인 의미의 '생성자'는 아니다. 흥미롭게도 원저자들은 U-Net에 입력 이미지 **c** 외에 잡음 **z**를 추가하는 실험을 했는데, 신경망은 이를 무시하는 법을 배웠다.

15.5.2 적대적 손실

Pix2Pix 모델의 판별자는 이미지 변환 작업에서 변환 이전/이후의 쌍이 그럴듯한지를 판단한다. 이는 판별자 손실을 활용하기 위해 변환 이전/이후의 정답 쌍이 필요하다는 단점이 있다. 다행스럽게도 레이블이 지정된 추가 훈련 데이터 없이 지도 학습의 맥락에서 적대적 판별자를 활용할 수 있는 더 간단한 방법이 있다.

적대적 손실adversarial loss은 판별자가 지도 신경망의 출력을 출력 도메인의 실제 견본과 구별할 수 있는 경우에 벌칙을 준다. 따라서 지도 모델은 이 벌칙을 줄이기 위해 예측을 변경한다. 이는 Pix2Pix 알고리즘에서와 같이 전체 출력 규모나 패치 수준에서 수행할 수 있다. 이는 복잡한 구조의 출력을 좀 더 사실적으로 만드는 데 도움이 된다. 그러나 이는 원래의 손실 함수 측면에서 반드시 더 나은 해결책을 보장하는 것은 아니다.

초해상도 GANsuper-resolution GAN 또는 줄여서 **SRGAN**은 이 방법을 사용한다(그림 15.17). 이 모델은 잔차 연결이 있는 합성곱 네트워크로 구성되는데, 저해상도 이미지를 입력으로 받아서 이를 업샘플링층을 통해 고해상도 이미지로 변환한다. 신경망 훈련에는 세 가지 손실을 사용한다. 콘텐츠 손실은 출력과 실제 고해상도 이미지 간의 차이의 제곱을 측정한다. **VGG 손실**VGG loss 또는 **지각 손실**perceptual loss은 합성된 출력과 실제 출력을 VGG 네트워크를 통과시키고, 활성화 간의 차이의 제곱을 측정한다. 이는 이미지가 의미적으로 목표와 유사하도록 유도한다. 마지막으로 적대적 손실은 판별자를 사용하여 이것이 실제 고해상도 이미지인지 업샘플링된 이미지인지를 구별한다. 이렇게 하면 점차 출력을 실제 견본과 구별하기 어렵게 된다.

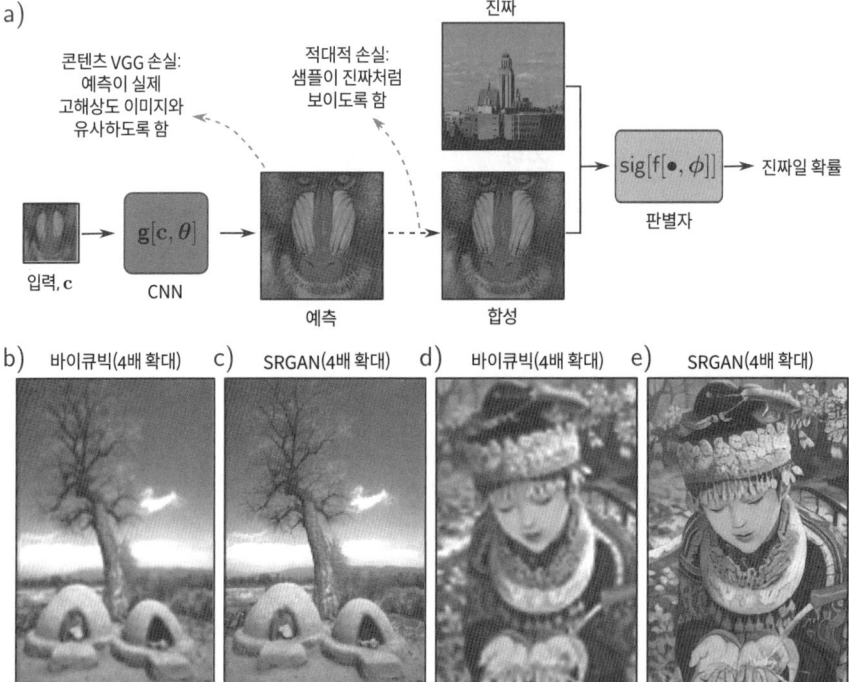

그림 15.17 초해상도 생성적 적대 신경망(SRGAN). a) 이미지의 해상도를 4배 증가시키도록 잔차 연결이 있는 CNN을 훈련한다. 모델은 이미지가 실제 고해상도 이미지에 가까워지도록 하는 손실을 사용한다. 또한 적대적 손실을 사용하여 실제 고해상도 이미지와 구별되는 결과에 벌칙을 준다. b) 쌍삼차 보간(bicubic interpolation)을 사용하여 업샘플링된 이미지. c) SRGAN을 사용하여 업샘플링된 이미지. d) 쌍삼차 보간을 사용하여 업샘플링한 이미지. e) SRGAN을 사용하여 업샘플링한 이미지(출처: Ledig et al., 2017[11]).

15.5.3 CycleGAN

적대적 손실은 지도 신경망의 이전/이후 이미지에 레이블이 있다고 가정한다. CycleGAN은 서로 다른 스타일을 갖는 2개의 데이터셋이 있지만 일치하는 쌍이 없는 있는 문제를 해결한다. 예를 들면, 어떤 사진을 모네의 예술 스타일로 변환하는 것이 있다. 세상에는 수많은 사진과 모네의 많은 그림이 존재하지만 그들 사이에는 일치하는 쌍이 없다. CycleGAN은 이미지를 한 방향(예를 들어 사진→모네)으로 변환한 다음 다시 되돌리면 원본을 복원해야 한다는 아이디어를 활용한다.

CycleGAN 손실 함수는 세 가지 손실의 가중합이다(그림 15.18). 콘텐츠 손실은 전후 이미지가 유사하도록 유도하며 ℓ_1 노름을 기반으로 한다. 적대적 손실은 판별자를 사용하여 출력이 목표 도메인의 실제 견본과 구별되지 않도록 유도한다. 마지막으로 순환 일관성 손실cycle-consistency loss은 매핑을 가역적이 되도록 유도한다.

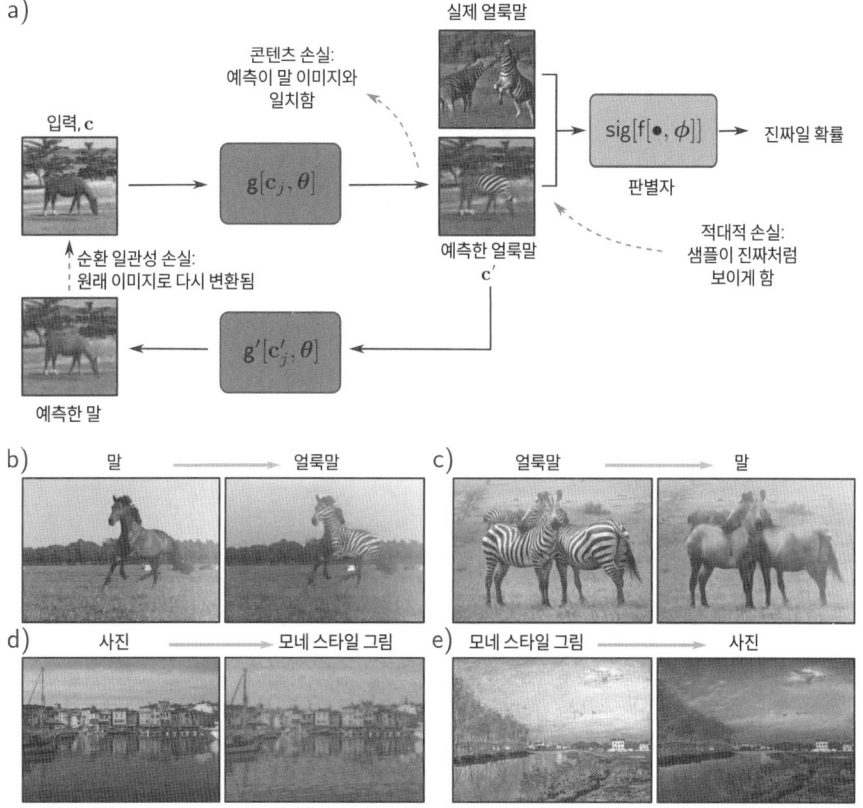

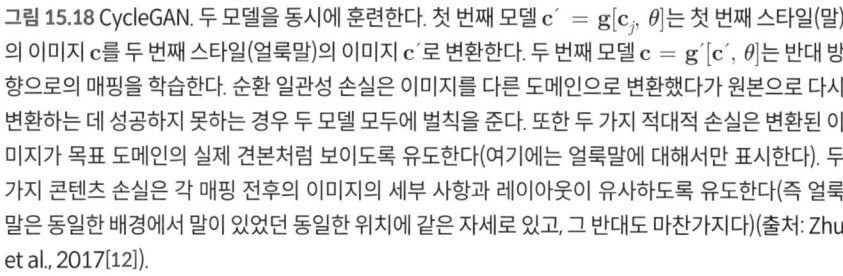

그림 15.18 CycleGAN. 두 모델을 동시에 훈련한다. 첫 번째 모델 $\mathbf{c}' = \mathbf{g}[\mathbf{c}_j, \theta]$는 첫 번째 스타일(말)의 이미지 $\mathbf{c}$를 두 번째 스타일(얼룩말)의 이미지 $\mathbf{c}'$로 변환한다. 두 번째 모델 $\mathbf{c} = \mathbf{g}'[\mathbf{c}', \theta]$는 반대 방향으로의 매핑을 학습한다. 순환 일관성 손실은 이미지를 다른 도메인으로 변환했다가 원본으로 다시 변환하는 데 성공하지 못하는 경우 두 모델 모두에 벌칙을 준다. 또한 두 가지 적대적 손실은 변환된 이미지가 목표 도메인의 실제 견본처럼 보이도록 유도한다(여기에는 얼룩말에 대해서만 표시한다). 두 가지 콘텐츠 손실은 각 매핑 전후의 이미지의 세부 사항과 레이아웃이 유사하도록 유도한다(즉 얼룩말은 동일한 배경에서 말이 있었던 동일한 위치에 같은 자세로 있고, 그 반대도 마찬가지다)(출처: Zhu et al., 2017[12]).

여기서는 두 모델을 함께 훈련한다. 한 모델은 첫 번째 도메인에서 두 번째 도메인으로 매핑하고 다른 모델은 반대 방향으로 매핑한다. 변환된 이미지를 원래 도메인의 이미지로 성공적으로 다시 변환할 수 있으면 순환 일관성 손실이 낮아진다. 모델은 이 세 가지 손실을 결합하여 이미지를 한 스타일에서 다른 스타일로 변환하고, 다시 되돌리는 신경망을 훈련한다.

15.6 StyleGAN

StyleGAN은 데이터셋의 변동성을 의미 있는 구성 요소로 분할하고, 각각을 잠재변수로 다루는 보다 현대적인 GAN이다. 특히 StyleGAN은 출력 이미지를 다양한 스케일에서 조절하고 스타일과 잡음을 분리한다. 얼굴 이미지의 경우 큰 스케일의 변화에는 얼굴 모양과 머리 자세가 포함되고, 중간 스케일의 변화에는 얼굴 특징의 모양과 세부 사항이 포함되고, 미세한 스케일의 변화에는 머리카락과 피부색이 포함된다. 스타일 구성 요소는 인간에게 두드러지는 이미지의 측면을 나타내고, 잡음 구성 요소는 머리카락, 수염, 주근깨, 피부 모공의 정확한 위치와 같은 중요하지 않은 변화를 나타낸다.

지금까지 본 GAN은 표준 기저 분포에서 추출한 잠재변수 z에서 시작했다. 이는 일련의 합성곱층을 통과해서 출력 이미지를 생성한다. 그러나 생성자에 대한 잠재변수 입력은 (i) 신경망의 다양한 지점에 적용할 수 있고 (ii) 이러한 지점에서 현재 표현을 다양한 방식으로 수정할 수 있다. StyleGAN은 신중한 선택을 통해 스케일을 조절하고 스타일을 잡음과 분리한다(그림 15.19).

StyleGAN의 주요 생성 분기branch는 512개 채널을 갖는 4 × 4 표현으로 시작된다. 이 표현을 일련의 합성곱층을 통과시키면서 점진적으로 업샘플링하여 최종 해상도의 이미지를 생성한다. 각 스케일마다 스타일과 잡음을 나타내는 두 세트의 무작위 잠재변수를 도입한다. 출력에 가까울수록 더 세밀한 스케일의 세부 정보를 나타낸다.

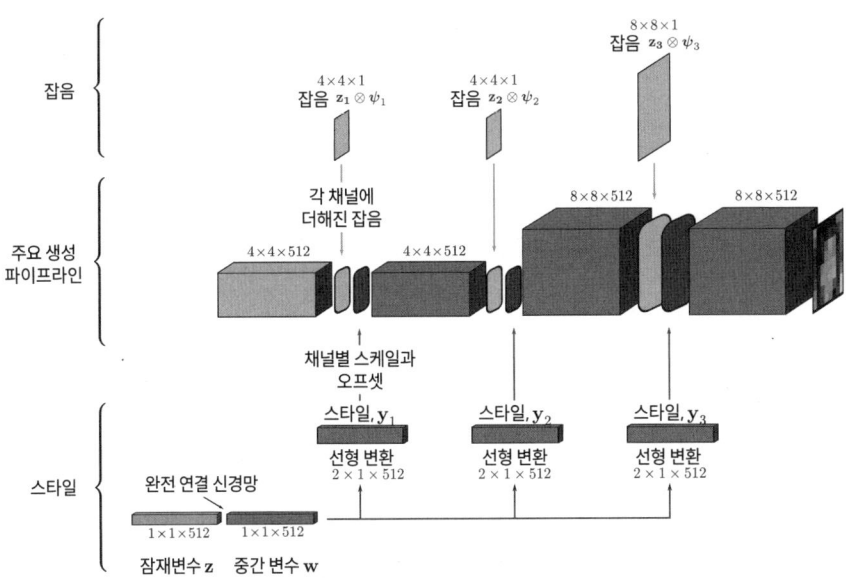

그림 15.19 StyleGAN. 주요 파이프라인(가운데 행)은 먼저 학습된 표현(회색 상자)으로 시작한다. 이는 일련의 합성곱층을 통과한 후 점진으로 업샘플링되어 출력을 생성한다. 채널별 스케일링 $\psi_\bullet$을 적용한 가우시안 변수 $z_\bullet$를 주기적으로 추가하여 다양한 스케일로 잡음(상단 행)를 더한다. 가우시안 스타일 변수 z를 완전 연결 신경망을 통과시켜서 중간 변수 w(하단 행)를 생성한다. 이는 파이프라인의 다양한 지점에서 각 채널의 평균과 분산을 설정하는 데 사용된다.

잡음을 나타내는 잠재변수는 독립적으로 표본추출한 가우시안 벡터 z_1, z_2 …이고, 주 생성 파이프라인에서 각 합성곱 연산 후에 더해준다. 더해지는 지점의 주요 표현과 같은 공간 크기를 갖지만, 채널별로 학습된 스케일링 인수 ψ_1, ψ_2 …를 곱한다. 따라서 각 채널마다 미치는 영향이 서로 다르다. 신경망의 해상도가 증가함에 따라, 이 잡음은 좀 더 세밀한 스케일에 영향을 준다.

스타일을 나타내는 잠재변수는 $1 \times 1 \times 512$ 잡음 텐서로 시작해서, 일곱 층의 완전 연결 신경망을 통과해서 중간 변수 w를 생성한다. 이를 통해 신경망은 스타일 측면의 상관관계를 제거해서 w의 각 차원이 머리 자세나 머리 색깔과 같은 독립적인 실제 요소를 나타낼 수 있다. 변수 w는 $2 \times 1 \times 512$ 텐서 y로 선형 변환되고, 이는 잡음을 더한 후 주요 분기의 공간 위치 전반에 걸쳐 표현의 채널별 평균과 분산을 설정하는 데 사용된다. 이를 **적응적 인스턴스 정규화**adaptive instance normalization 라고 한다(그림 11.14e). 이러한 방식으로 일련의 벡터 y_1, y_2, …를 주요 분기의 여러 지점에 주입해서 동일한 스타일이 다양한 스케일에 영향을 끼치도록 한다. 그림 15.20은 스타일을 조작하는 예를 보여주는데, 이때 잡음 벡터의 크기가 서로 다르다.

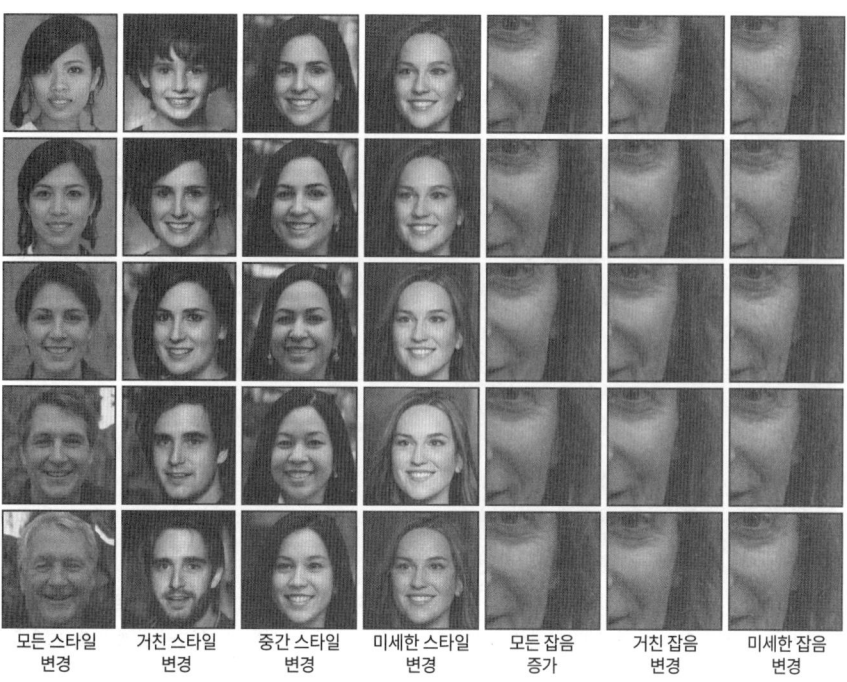

| 모든 스타일 변경 | 거친 스타일 변경 | 중간 스타일 변경 | 미세한 스타일 변경 | 모든 잡음 증가 | 거친 잡음 변경 | 미세한 잡음 변경 |

그림 15.20 StyleGAN 결과. 처음 4개의 열은 다양한 스케일에서 스타일을 체계적으로 변경한 결과를 보여준다. 다섯 번째 열은 잡음 크기 증가의 효과를 보여준다. 마지막 두 열은 두 가지 서로 다른 스케일에서 서로 다른 잡음 벡터의 효과를 보여준다.

15.7 요약

GAN은 생성자 신경망을 학습해서 무작위 잡음을 훈련 집합과 구별할 수 없는 데이터로 변환한다. 이를 위해 생성된 샘플과 실제 견본을 구별하는 판별자 신경망을 사용하여 생성자를 훈련한다. 그런 다음 생성자는 판별자가 생성된 데이터를 더 '진짜'인 것으로 식별하도록 갱신된다. 이 아이디어의 원래 공식에는 샘플이 진짜인지 생성된 것인지 쉽게 판단할 수 있는 경우 훈련 신호가 약하다는 단점이 있었다. 이를 개선하기 위해 보다 일관된 훈련 신호를 제공하는 와서스테인 GAN이 개발되었다.

이미지 생성을 위한 합성곱 GAN과 점진적 증가, 미니 배치 판별, 절단 등 생성된 이미지의 품질을 향상시키는 일련의 기술을 살펴보았다. 조건부 GAN 구조는 출력을 조절(예를 들어 객체 클래스 선택)할 수 있는 보조 벡터를 도입한다. 이미지 변환 작업에서는 이러한 조건부 정보를 이미지 형태로 유지하지만 무작위 잡음은 사용하지 않는다. GAN 판별자는 이제 '사실적인' 이미지를 얻기 위한 추가 손실 항으로 작동한다. 마지막으로 다양한 스케일에서 스타일과 잡음을 조절하기 위해 전략적으로 생성자에 잡음을 주입하는 StyleGAN을 설명했다.

노트

Goodfellow et al.(2014)[13]은 생성적 적대 신경망을 제안했다. 초기의 진행 상황에 대한 검토는 Goodfellow(2016)[14]에서 확인할 수 있다. 더 최근의 개요에는 Creswell et al.(2018)[15] 및 Gui et al.(2021)[16])에서 찾아볼 수 있다. Park et al.(2021)[17]은 컴퓨터 비전 애플리케이션에 초점을 맞춘 GAN 모델에 대한 리뷰 결과를 제시한다. Hindupur(2022)[18]는 ABC-GAN(Susmelj et al., 2017)[19]부터 ZipNet-GAN(Zhang et al., 2017b)[20]까지 GAN 모델 목록(작성 당시 501개)을 정리해서 관리하고 있다. Odena(2019)[21]는 GAN과 관련된 미해결 문제를 제시한다.

데이터

GAN은 주로 이미지 데이터용으로 개발되었다. 이 장에서 살펴본 심층 합성곱 GAN(Radford et al., 2015)[1], 점진적 GAN(Karras et al., 2018)[5], StyleGAN(Karras et al., 2019)[22] 모델을 예로 들 수 있다. 이러한 이유로 대부분의 GAN은 합성곱층을 기반으로 하지만 최근에는 생성자와 판별자에 트랜스포머를 활용하여 장거리 상관관계를 포착하는 GAN이 개발되었다(예를 들어 SAGAN, Zhang et al., 2019b)[23]. 그러나 GAN은 분자 그래프(De Cao & Kipf, 2018)[24], 음성 데이터(Saito et al.(2017) [25], Donahue et al.(2018b)[26], Kaneko & Kameoka(2017)[27], Fang et al.(2018) [28]), EEG 데이터(Hartmann et al., 2018)[29], 텍스트(Lin et al.(2017a)[30], Fedus et al.(2018)[31]), 음악(Mogren(2016)[32], Guimaraes et al.(2017)[33], Yu et al.(2017) [34]), 3차원 모델(Wu et al., 2016)[35], DNA(Killoran et al., 2017)[36], 비디오 데이터 (Vondrick et al.(2016)[37], Wang et al.(2018a)[38])를 생성하는 데에도 사용되었다.

GAN 손실 함수

초기에는 GAN이 훈련 중에 내시 균형으로 수렴된다는 주장이 있었다. 그러나 보다 최근의 연구(Farnia & Ozdaglar(2020)[39], Jin et al.(2020)[40], Berard et al.(2019)[41])에 따르면 항상 그렇지는 않다. Arjovsky et al.(2017)[2], Metz et al.(2017)[42], Qi(2020)[43]은 원래 GAN 손실 함수가 불안정하다는 것을 지적했으며, 이로 인해 다양한 공식이 발표되었다. Mao et al.(2017)[44]은 **최소제곱 GAN**least squares GAN을 도입했다. 일부 매개변수에 대해서, 이는 암묵적으로 피어슨Pearson χ^2 발산을 최소화한다. Nowozin et al.(2016)[45]은 젠슨-섀넌 발산이 더 큰 f-divergence 계열의 특별한 경우라고 주장하고 모든 f-divergence가 GAN 훈련에 사용될 수 있음을 보여준다. Jolicoeur-Martineau(2019)[46]는 상대적 GAN을 도입했는데, 여기서 판별자는 실제 데이터 견본이 생성된 데이터 견본보다 더 사실적일 확률을 추정한다. 즉 절대적으로 실제 데이터임을 추정하는 것이 아니라 생성된 데이터보다 더 사실적인지를 추정하는 것이다. Zhao et al.(2017a)[47]은 GAN을 일반적인 에너지 기반 프레임워크로 재구성하여, 판별자가 실제 데이터에는 낮은 에너지를, 다른 곳에는 더 높은 에너지를 부여하는 함수로 작동하도록 한다. 예를 들어 오토인코더를 사용하고 재구성 오차에 기반한 에너지를 사용한다.

Arjovsky & Bottou(2017)[3]는 GAN의 기울기 소실을 분석했으며, 이로부터 지구 이동자의 거리/최적 운송을 기반으로 하는 **와서스테인 GAN**Wasserstein GAN(Arjovsky et al., 2017)[2]이 개발되었다. 와서스테인 공식에서는 판별자의 립시츠 상수가 1보다 작아야 한다. 원본 논문에서는 판별자의 가중치 클리핑을 제안했지만 후속 연구에서는 립시츠 상수를 제한하기 위해 기울기 벌칙(Gulrajani et al., 2016)[48]를 적용하거나 스펙트럼 정규화(Miyato et al., 2018)[49]를 적용했다. Wu et al.(2018a)[50], Bellemare et al.(2017b)[51], Adler & Lunz(2018)[52]이 와서스테인 GAN의 또 다른 변형을 소개했다. Hermann(2017)[4]은 이중성과 와서스테인 GAN을 논의하는 훌륭한 블로그 게시물을 공개한다. 최적의 운송에 대한 자세한 내용은 Peyré et al.(2019)[53]의 책을 참고하자. Lucic et al.(2018)[54]은 당시의 GAN 손실 함수에 대한 실증적 비교를 제공한다.

GAN 훈련 기술

많은 경험적인 방법을 통해 GAN 훈련의 안정성과 최종 결과의 품질을 개선할 수 있다. Marchesi(2017)[55]는 처음으로 GAN 출력의 가변성과 품질을 절충하기 위해 절단 기술(그림 15.10)을 사용했다. Pieters & Wiering(2018)[56]과 Brock et al.(2019)[7]도 이를 제안했는데, 이들은 생성자의 가중치 행렬이 직교하도록 유도하는 정규화를 추가했다. 이는 잠재변수를 절단하는 것이 출력 분산을 절단하는 것과 더 밀접한 관계가 있고 샘플 품질을 향상시킨다는 것을 의미한다.

또 다른 기술로는 가장 사실적인 K개 이미지의 기울기만 사용(Sinha et al., 2020)[57], 판별자의 레이블 평활화(Salimans et al., 2016)[58], 모델 '진동'을 피하기 위해 최신 생성자가 생성한 이미지가 아닌 생성된 이미지 기록을 통한 판별자 갱신(Salimans et al., 2016)[58], 판별자 입력에 잡음 추가(Arjovsky & Bottou, 2017)[3] 등이 있다. Kurach et al.(2019)[59]은 GAN의 정규화와 정칙화에 대한 개요를 제공한다. Chintala et al.(2020)[60]은 GAN 훈련을 위한 추가적인 제안을 한다.

샘플 다양성

원본 GAN 논문(Goodfellow et al., 2014)[13]에서는 충분한 용량, 훈련 샘플, 계산 시간이 주어지면 GAN이 생성된 샘플과 실제 분포 사이의 젠슨-섀넌 발산을 최소화하는 방법을 학습할 수 있다고 주장했다. 그러나 후속 연구에서는 이것이 실제로 일어나는지에 대해 의문을 제기했다. Arora et al.(2017)[61]은 판별자의 유한한 용량은 출력 분포의 변화가 제한적인 경우에도 GAN 훈련 목표가 최적의 값에 접근할 수 있음을 의미한다고 제안했다. Wu et al.(2017)[62]은 어닐링된 중요도 샘플링을 통해 GAN에서 생성한 분포의 로그 우도를 근사하고 생성된 분포와 실제 분포 사이의 불일치를 발견했다. Arora & Zhang(2017)[63]은 인간 관찰자에게 (거의) 중복된 GAN 샘플을 식별하고 이러한 중복의 빈도로부터 이미지의 다양성을 추론했다. 그들은 DCGAN의 경우 400개 샘플에서 50% 이상의 확률로 중복이 발생한다는 것을 발견했으며, 이는 지원할 수 있는 크기가 400,000개로 훈련셋보다 작다는 것을 의미한다. 그들은 또한 판별자의 크기에 따라 다양성이 증가한다는 것을 보여주었다. Bau et al.(2019)[64]은 다른 접근 방식을 통해 GAN이 생성할 수 없는 데이터 공간의 부분을 연구한다.

다양성 증대 및 모드 붕괴 방지

다양성 부족의 극단적인 사례는 신경망이 동일한 이미지를 반복적으로 생성하는 모드 붕괴다(Salimans et al., 2016)[58]. 이는 조건부 GAN의 경우 특히 문제가 되는데, 이 경우 때때로 잠재변수가 완전히 무시되고 출력이 조건부 정보에만 의존하게 된다. Mao et al.(2019)[65]은 조건부 GAN에서 모드 붕괴를 방지하기 위해 정칙화 항을 도입했다. 이는 해당 잠재변수에 대해서 생성된 이미지 간의 거리 비율을 최대화하여 출력의 다양성을 유도한다. 모드 붕괴를 줄이기 위한 또 다른 작업으로는 **VEEGAN**(Srivastava et al., 2017)[66]이 있는데, 이는 생성된 이미지를 원래 잡음에 다시 매핑하는 재구성 신경망을 도입하여 잡음에서 이미지로의 다대일 매핑을 방지한다.

Salimans et al.(2016)[58]은 미니 배치 전체의 통계를 계산하고 판별자를 사용하여 실제 이미지 배치 통계와 구별할 수 없도록 할 것을 제안했다. 이를 미니배치 판별이라고 하는데, 판별자의 끝부분에 각 이미지에 대한 배치의 통계를 포착하는 텐서를 학습하는 층을 추가하여 구현한다. Karras et al.(2018)[5]은 이를 단순화해서, 미니 배치를 통해 각 공간 위치의 각 특징에 대한 표준편차를 계산했다. 그런 다음 공간적 위치와 특징에 대한 평균을 구해서 단일 추정치를 얻는다. 이는 하나의 특징맵을 얻기 위해 복제되고, 판별자 신경망의 끝부분의 층에 추가한다. Lin et al.(2018)[67]은 샘플을 연결(실제 또는 생성된)해서 판별자에 전달하고, 판별자에 여러 샘플을 제공하면 다양성이 어떻게 증가하는지에 대한 이론적 분석을 제공한다. MAD-GAN(Ghosh et al., 2018)[68]은 여러 개의 생성자를 사용하고 하나의 판별자가 어떤 생성자가 샘플을 생성했는지 식별하도록 함으로써 생성자가 서로 다른 샘플을 생성하도록 유도하는 신호를 제공해서 GAN 샘플의 다양성을 높인다.

다중 스케일

Wang et al.(2018b)[69]은 다양한 스케일의 여러 판별자를 사용해서 모든 주파수 대역에서 이미지 품질을 높였다. 다른 연구에서는 다양한 해상도에서 생성자와 판별자를 정의했다(Denton et al.(2015)[70], Zhang et al.(2017d)[71], Huang et al.(2017c)[72]). Karras et al.(2018)[5]은 점진적인 증가 방법(그림 15.9)을 도입했는데, 이는 훈련이 다소 간단하고 빠르다.

StyleGAN

Karras et al.(2019)[22]은 StyleGAN 프레임워크(15.6절)를 도입했다. 후속 연구(Karras et al., 2020b)[73]에서는 (i) 생성자의 정규화층을 재설계하여 물방울 아티팩트water drop artifact를 제거하고 (ii) 점진적으로 증가하는 프레임워크를 변경해서, 미세한 세부 사항이 거친 세부 사항을 따르지 않는 아티팩트를 줄여 생성된 이미지의 품질을 개선했다. 추가적인 개선 사항에는 제한된 데이터로 GAN을 훈련하는 방법 개발(Karras et al., 2020a)[74]과 앨리어싱 아티팩트 수정(Karras et al., 2021)[75]이 있다. 많은 연구에서 이미지를 편집하기 위해 StyleGAN의 잠재변수를 찾고 조작한다(예를 들어 Abdal et al.(2021)[76], Collins et al.(2020)[77], Härkönen et al.(2020)[78], Patashnik et al.(2021)[79], Shen et al.(2020b)[80], Tewari et al.(2020)[81], Wu et al.(2021)[82], Roich et al.(2022)[83]).

조건부 GAN

조건부 GAN, 보조 분류기 GAN, InfoGAN은 각각 Mirza & Osindero(2014)[84], Odena et al.(2017)[8], Chen et al.(2016b)[9]이 개발했다. 일반적으로 이러한 모델의 판별자는 조건부 정보를 판별자 입력에 추가하거나(Mirza & Osindero(2014)[84], Denton et al.(2015)[70], Saito et al.(2017)[25]) 또는 판별자의 중간 은닉층에 추가한다(Reed et al.(2016a)[85], Zhang et al.(2017d)[71], Perarnau et al.(2016)[86]). 그러나 Miyato & Koyama(2018)[87]는 기저 확률 모델에서 클래스 정보의 역할에 영감을 얻어서, 판별자의 한 층과 내장된 조건부 정보 간의 점곱을 취하는 실험을 했다. GAN이 생성한 이미지는 클래스(Odena et al., 2017)[8], 입력 텍스트(Reed et al.(2016a)[85], Zhang et al.(2017d)[71]), 속성(Yan et al.(2016)[88], Donahue et al.(2018a)[89], Xiao et al.(2018b)[90]), 바운딩 박스 및 키포인트(Reed et al., 2016b)[91], 이미지(Isola et al., 2017)[10] 등 다양한 조건에 따라 생성되었다.

이미지 변환

Isola et al.(2017)[10]은 Pix2Pix 알고리즘(그림 15.16)을 개발했으며, 이후 Wang et al.(2018b)[69]은 해상도가 더 높은 유사한 시스템을 개발했다. StarGAN(Choi et al., 2018)[92]은 하나의 모델만 사용하여 여러 도메인에 걸쳐 이미지 간 변환을 수행한다. 순환 일관성 손실에 대한 아이디어는 Zhou et al.(2016b)[93]과 Zhu et al.(2017)[12]이 각각 DiscoGAN과 CycleGAN(그림 15.18)에서 도입했다.

적대적 손실

많은 이미지 변환 작업에는 '생성자'가 없다. 이는 사실성을 높이기 위해 적대적 손실을 사용하는 지도 학습 작업으로 볼 수 있다. Ledig et al.(2017)[11]의 초해상도 알고리즘이 이에 대한 좋은 예이다(그림 15.17). Esser et al.(2021)[94]은 적대적 손실이 있는 오토인코더를 사용했다. 이 신경망은 이미지의 표현 크기를 줄여 '병목'을 만든 다음 이렇게 축소된 데이터 공간에서 이미지를 재구성한다. 실제로 오토인코더의 구조는 인코더-디코더 신경망과 유사하다(예: 그림 10.19). 훈련을 마친 오토인코더는 이미지에 가깝고 매우 사실적으로 보이는 결과물을 재현한다. 오토인코더의 병목현상을 벡터 양자화(이산화)한 다음 트랜스포머 디코더를 사용하여 이산 변수에 대한 확률분포를 학습한다. 이 트랜스포머 디코더에서 표본을 추출함으로써 매우 큰 고품질 이미지를 생성할 수 있다.

GAN 역변환

이미지를 편집하는 방법은 이미지를 잠재 공간에 투영하고, 잠재변수를 조작한 다음 이미지 공간에 다시 투영하는 것이다. 이 과정을 재합성이라고 한다. 불행하게도 GAN은 잠재변수에서 관찰된 데이터로만 매핑되며 그 반대로는 매핑할 수 없다. 이로 인해 GAN을 역변환하는 방법(즉 관찰된 이미지에 가능한 한 가깝게 대응하는 잠재변수를 찾는다)이 개발되었는데, 여기에는 크게 두 가지 방법이 있다. 첫 번째 방법은 역방향으로 매핑하는 신경망을 학습한다(Donahue et al.(2018b)[26], Luo et al.(2017a)[95], Perarnau et al.(2016)[86], Dumoulin et al.(2017)[96], Guan et al.(2020)[97]). 이것을 인코더라고 한다. 두 번째 방법은 일부 잠재변수 z로 시작하여 이미지를 최대한 가깝게 재구성할 때까지 최적화하는 것이다(Creswell & Bharath(2018)[98], Karras et al.(2020b)[73], Abdal et al.(2019)[99], Lipton & Tripathi(2017)[100]). Zhu et al.(2020a)[101]은 두 가지 방법을 결합해서 향상된 결과를 얻었다.

특히 StyleGAN의 역변환에 관심이 있었는데, StyleGAN이 뛰어난 결과를 생성하고 다양한 스케일에서 이미지를 조절할 수 있기 때문이다. 불행하게도 Abdal et al.(2020)[102]은 아티팩트 없이 StyleGAN을 역변환하는 것이 불가능하다는 것을 증명하고 확장된 스타일 공간으로의 역변환을 제안했다. 이후 Richardson et al.(2021)[103]은 이 공간에 안정적으로 매핑되는 인코더를 훈련했다. 확장된 공간으로 역변환한 후에도, 도메인 외부의 이미지 편집은 여전히 어려울 수 있다. Roich et al.(2022)[83]은 StyleGAN 생성자를 미세 조정하여 이미지를 정확하게 재구성하고 결과를 잘 편집할 수 있음을 보여줌으로써 이 문제를 해결했다. 또한 지역적으로 수정이 이루어지도록 가까운 지점을 정확하게 재구성하는 항을 추가한다. 이 기술을 **중추적 튜닝**pivotal tuning이라고 한다. GAN 역변환 기술에 대한 조사 결과는 Xia et al.(2022)[104]에서 찾아볼 수 있다.

GAN을 이용한 이미지 편집

사용자는 iGAN(Zhu et al., 2016)[105]을 이용해서 기존 이미지의 일부를 휘갈기거나 뒤틀어 대화형 편집을 할 수 있다. 그런 다음 iGAN은 출력 이미지를 사실적이면서 이러한 새로운 제약 조건에 맞게 조정한다. 편집된 이미지와 유사하고 추가된 선의 가장자리 맵edge map을 반영하는 이미지를 생성하는 잠재 벡터를 찾아서 이 작업을 수행한다. 편집된 이미지 부분만 변경하도록 마스크를 추가하는 것도 일반적이다. EditGAN(Ling et al., 2021)[106]은 이미지와 의미론적 분할 마스크를 함께 모델링하고 해당 마스크를 편집할 수 있도록 한다.

연습 문제

15.1 $Pr(\mathbf{x}^*) = Pr(\mathbf{x})$일 때 식 15.9의 손실은 얼마일까?

15.2* 식 15.8의 손실 L과 식 15.9의 젠슨–섀넌 거리 $D_{JS}[Pr(\mathbf{x})^* \| Pr(\mathbf{x})]$ 간의 관계를 나타내는 식을 작성해보자.

15.3 원형 형식의 선형 계획법을 사용하여 지구 이동자의 거리를 계산하는 것을 고려해보자. 이산 분포 $Pr(x=i)$와 $q(x=j)$는 $x = 1, 2, 3, 4$에서 정의되며 다음과 같다.

$$\mathbf{b} = \big[Pr(x{=}1), Pr(x{=}2), Pr(x{=}3), Pr(x{=}4),$$
$$q(x{=}1), q(x{=}2), q(x{=}3), q(x{=}4)\big]^T \quad \text{식 15.18}$$

8×16 행렬 $\mathbf{A}$의 내용을 작성해보자. $\mathbf{P}$의 내용이 $\mathbf{p}$열 우선으로 벡터화되었다고 가정할 수 있다.

15.4* 범위 $a \in [-3, 3]$에 대해서, (i) KLD, (ii) 역 KLD, (iii) 젠슨-섀넌 발산, (iv) 분포 간의 와서스테인 거리를 계산해보자.

$$Pr(z) = \begin{cases} 0 & z < 0 \\ 1 & 0 \leq z \leq 1 \\ 0 & z > 1 \end{cases} , \quad Pr(z) = \begin{cases} 0 & z < a \\ 1 & a \leq z \leq a+1 \\ 0 & z > a \end{cases} \quad \text{식 15.19}$$

이 특별한 경우에 대한 와서스테인 거리에 대한 공식을 얻으려면, 이동해야 하는 총 지구$_{earth}$(즉 확률 질량)를 고려하고 이것에 이동해야 하는 거리의 제곱을 곱한다.

15.5 단변량 가우시안 분포 사이의 KLD와 와서스테인 거리는 각각 다음과 같다.

$$D_{kl} = \log\left[\frac{\sigma_2}{\sigma_1}\right] + \frac{\sigma_1^2 + (\mu_1 - \mu_2)^2}{2\sigma_2^2} - \frac{1}{2} \quad \text{식 15.20}$$

$$D_w = (\mu_1 - \mu_2)^2 + \sigma_1 + \sigma_2 - 2\sqrt{\sigma_1 \sigma_2} \quad \text{식 15.21}$$

$\sigma_1 = \sigma_2 = 1$인 경우에, 이러한 거리를 $\mu_1 - \mu_2$의 함수로 그려보자.

15.6 100차원 잠재변수 $\mathbf{z}$를 고려해보자. 이 변수의 값을 (i) $\tau = 2.0$, (ii) $\tau = 1.0$, (iii) $\tau = 0.5$, (iv) $\tau = 0.04$ 표준편차로 절단하는 것을 고려해보자. 각 경우에 원래 확률분포의 어느 정도가 무시될까?

참고 문헌

[1] Radford, A., Metz, L., & Chintala, S. (2015). Unsupervised representation learning with deep convolutional generative adversarial networks. *International Conference on Learning Representations*.

[2] Arjovsky, M., Chintala, S., & Bottou, L. (2017). Wasserstein generative adversarial networks. *International Conference on Machine Learning*, 214–223.

[3] Arjovsky, M., & Bottou, L. (2017). Towards principled methods for training generative adversarial networks. *International Conference on Learning Representations*.

[4] Hermann, V. (2017). Wasserstein GAN and the Kantorovich-Rubinstein duality. https://vincentherrmann.github.io/blog/wasserstein/.

[5] Karras, T., Aila, T., Laine, S., & Lehtinen, J. (2018). Progressive growing of GANs for improved quality, stability, and variation. *International Conference on Learning Representations*.

[6] Wolf, S. (2021). ProGAN: How NVIDIA generated images of unprecedented quality. https://towardsdatascience.com/progan-how-nvidia-generated-images-of-unprecedented-quality-51c98ec2cbd2.

[7] Brock, A., Donahue, J., & Simonyan, K. (2019). Large scale GAN training for high fidelity natural image synthesis. *International Conference on Learning Representations*.

[8] Odena, A., Olah, C., & Shlens, J. (2017). Conditional image synthesis with auxiliary classifier GANs. *International Conference on Machine Learning*, 2642–2651.

[9] Chen, X., Duan, Y., Houthooft, R., Schulman, J., Sutskever, I., & Abbeel, P. (2016b). Info-GAN: Interpretable representation learning by information maximizing generative adversarial nets. *Neural Information Processing Systems, 29*, 2172–2180.

[10] Isola, P., Zhu, J.-Y., Zhou, T., & Efros, A. A. (2017). Image-to-image translation with conditional adversarial networks. *IEEE/CVF Computer Vision & Pattern Recognition*, 1125–1134.

[11] Ledig, C., Theis, L., Huszár, F., Caballero, J., Cunningham, A., Acosta, A., Aitken, A., Tejani, A., Totz, J., Wang, Z., et al. (2017). Photo-realistic single image superresolution using a generative adversarial network. *IEEE/CVF Computer Vision & Pattern Recognition*, 4681–4690.

[12] Zhu, J.-Y., Park, T., Isola, P., & Efros, A. A. (2017). Unpaired image-to-image translation using cycle-consistent adversarial networks. *IEEE/CVF International Conference on Computer Vision*, 2223–2232.

[13] Goodfellow, I., Pouget-Abadie, J., Mirza, M., Xu, B., Warde-Farley, D., Ozair, S., Courville, A., & Bengio, Y. (2014). Generative adversarial networks. *Communications of the ACM, 63*(11), 139–144.

[14] Goodfellow, I. (2016). Generative adversarial networks. *NIPS 2016 Tutorial*.

[15] Creswell, A., White, T., Dumoulin, V., Arulkumaran, K., Sengupta, B., & Bharath, A. A. (2018). Generative adversarial networks: An overview. *IEEE Signal Processing Magazine, 35*(1), 53–65.

[16] Gui, J., Sun, Z., Wen, Y., Tao, D., & Ye, J. (2021). A review on generative adversarial networks: Algorithms, theory, and applications. *IEEE Transactions on Knowledge and Data Engineering*.

[17] Park, S.-W., Ko, J.-S., Huh, J.-H., & Kim, J.-C. (2021). Review on generative adversarial networks: Focusing on computer vision and its applications. *Electronics, 10*(10), 1216.

[18] Hindupur, A. (2022). The GAN zoo. GitHub Retrieved January 17, 2023. https://github.com/hindupuravinash/the-gan-zoo.

[19] Susmelj, I., Agustsson, E., & Timofte, R. (2017). ABC-GAN: Adaptive blur and control for improved training stability of generative adversarial networks. *ICML Workshop on Implicit Models*.

[20] Zhang, C., Ouyang, X., & Patras, P. (2017b). ZipNet-GAN: Inferring fine-grained mobile traffic patterns via a generative adversarial neural network. *International Conference on emerging Networking EXperiments and Technologies*, 363–375.

[21] Odena, A. (2019). Open questions about generative adversarial networks. Distill, https://distill.pub/2019/gan-open-problems.

[22] Karras, T., Laine, S., & Aila, T. (2019). A stylebased

generator architecture for generative adversarial networks. *IEEE/CVF Computer Vision & Pattern Recognition*, 4401–4410.

[23] Zhang, H., Goodfellow, I., Metaxas, D., & Odena, A. (2019b). Self-attention generative adversarial networks. *International Conference on Machine Learning*, 7354–7363.

[24] De Cao, N., & Kipf, T. (2018). MolGAN: An implicit generative model for small molecular graphs. *ICML Workshop on Theoretical Foundations and Applications of Deep Generative Models*.

[25] Saito, Y., Takamichi, S., & Saruwatari, H. (2017). Statistical parametric speech synthesis incorporating generative adversarial networks. *IEEE/ACM Transactions on Audio, Speech, and Language Processing*, 26(1), 84–96.

[26] Donahue, C., McAuley, J., & Puckette, M. (2018b). Adversarial audio synthesis. *International Conference on Learning Representations*.

[27] Kaneko, T., & Kameoka, H. (2017). Parallel-datafree voice conversion using cycle-consistent adversarial networks. *arXiv:1711.11293*.

[28] Fang, F., Yamagishi, J., Echizen, I., & Lorenzo-Trueba, J. (2018). High-quality nonparallel voice conversion based on cycle-consistent adversarial network. *International Conference on Acoustics, Speech and Signal Processing*, 5279–5283.

[29] Hartmann, K. G., Schirrmeister, R. T., & Ball, T. (2018). EEG-GAN: Generative adversarial networks for electroencephalograhic (EEG) brain signals. *arXiv:1806.01875*.

[30] Lin, K., Li, D., He, X., Zhang, Z., & Sun, M.-T. (2017a). Adversarial ranking for language generation. *Neural Information Processing Systems*, 30, 3155–3165.

[31] Fedus, W., Goodfellow, I., & Dai, A. M. (2018). MaskGAN: Better text generation via filling in the_. *International Conference on Learning Representations*.

[32] Mogren, O. (2016). C-RNN-GAN: Continuous recurrent neural networks with adversarial training. *NIPS 2016 Constructive Machine Learning Workshop*.

[33] Guimaraes, G. L., Sanchez-Lengeling, B., Outeiral, C., Farias, P. L. C., & Aspuru-Guzik, A. (2017). Objective-reinforced generative adversarial networks (ORGAN) for sequence generation models. *arXiv:1705.10843*.

[34] Yu, L., Zhang, W., Wang, J., & Yu, Y. (2017). SeqGAN: Sequence generative adversarial nets with policy gradient. *AAAI Conference on Artificial Intelligence*, 2852–2858.

[35] Wu, J., Zhang, C., Xue, T., Freeman, B., & Tenenbaum, J. (2016). Learning a probabilistic latent space of object shapes via 3D generativeadversarial modeling. *Neural Information Processing Systems*, 29, 82–90.

[36] Killoran, N., Lee, L. J., Delong, A., Duvenaud, D., & Frey, B. J. (2017). Generating and designing DNA with deep generative models. *NIPS 2017 Workshop on Computational Biology*.

[37] Vondrick, C., Pirsiavash, H., & Torralba, A. (2016). Generating videos with scene dynamics. *Neural Information Processing Systems*, 29, 613–621.

[38] Wang, T., Liu, M., Zhu, J., Yakovenko, N., Tao, A., Kautz, J., & Catanzaro, B. (2018a). Video-tovideo synthesis. *Neural Information Processing Systems*, vol. 31, 1152–1164.

[39] Farnia, F., & Ozdaglar, A. (2020). Do GANs always have Nash equilibria? *International Conference on Machine Learning*, 3029–3039.

[40] Jin, C., Netrapalli, P., & Jordan, M. (2020). What is local optimality in nonconvex-nonconcave minimax optimization? *International Conference on Machine Learning*, 4880–4889.

[41] Berard, H., Gidel, G., Almahairi, A., Vincent, P., & Lacoste-Julien, S. (2019). A closer look at the optimization landscapes of generative adversarial networks. *arXiv:1906.04848*.

[42] Metz, L., Poole, B., Pfau, D., & Sohl-Dickstein, J. (2017). Unrolled generative adversarial networks. *International Conference on Learning Representations*.

[43] Qi, G.-J. (2020). Loss-sensitive generative adversarial networks on Lipschitz densities. *International Journal of Computer Vision*, 128(5), 1118–1140.

[44] Mao, X., Li, Q., Xie, H., Lau, R. Y., Wang, Z., & Paul Smolley, S. (2017). Least squares generative adversarial networks. *IEEE/CVF International Conference on Computer Vision*, 2794–2802.

[45] Nowozin, S., Cseke, B., & Tomioka, R. (2016). f-GAN:

Training generative neural samplers using variational divergence minimization. *Neural Information Processing Systems, 29*, 271–279.

46 Jolicoeur-Martineau, A. (2019). The relativistic discriminator: A key element missing from standard GAN. *International Conference on Learning Representations*.

47 Zhao, J., Mathieu, M., & LeCun, Y. (2017a). Energy-based generative adversarial network. *International Conference on Learning Representations*.

48 Gulrajani, I., Kumar, K., Ahmed, F., Taiga, A. A., Visin, F., Vazquez, D., & Courville, A. (2016). PixelVAE: A latent variable model for natural images. *International Conference on Learning Representations*.

49 Miyato, T., Kataoka, T., Koyama, M., & Yoshida, Y. (2018). Spectral normalization for generative adversarial networks. *International Conference on Learning Representations*.

50 Wu, J., Huang, Z., Thoma, J., Acharya, D., & Van Gool, L. (2018a). Wasserstein divergence for GANs. *European Conference on Computer Vision*, 653–668.

51 Bellemare, M. G., Danihelka, I., Dabney, W., Mohamed, S., Lakshminarayanan, B., Hoyer, S., & Munos, R. (2017b). The Cramer distance as a solution to biased Wasserstein gradients. *arXiv:1705.10743*.

52 Adler, J., & Lunz, S. (2018). Banach Wasserstein GAN. *Neural Information Processing Systems, 31*, 6755–6764.

53 Peyré, G., Cuturi, M., et al. (2019). Computational optimal transport with applications to data science. *Foundations and Trends in Machine Learning, 11*(5-6), 355–607.

54 Lucic, M., Kurach, K., Michalski, M., Gelly, S., & Bousquet, O. (2018). Are GANs created equal? A large-scale study. *Neural Information Processing Systems, 31*, 698–707.

55 Marchesi, M. (2017). Megapixel size image creation using generative adversarial networks. *arXiv:1706.00082*.

56 Pieters, M., & Wiering, M. (2018). Comparing generative adversarial network techniques for image creation and modification. *arXiv:1803.09093*.

57 Sinha, S., Zhao, Z., Goyal, A., Raffel, C., & Odena, A. (2020). Top-k training of GANs: Improving GAN performance by throwing away bad samples. *Neural Information Processing Systems, 33*, 14638–14649.

58 Salimans, T., Goodfellow, I., Zaremba, W., Cheung, V., Radford, A., & Chen, X. (2016). Improved techniques for training GANs. *Neural Information Processing Systems, 29*, 2226–2234.

59 Kurach, K., Lučić, M., Zhai, X., Michalski, M., & Gelly, S. (2019). A large-scale study on regularization and normalization in GANs. *International Conference on Machine Learning*, 3581–3590.

60 Chintala, S., Denton, E., Arjovsky, M., & Matheiu, M. (2020). How to train a GAN? Tips and tricks to make GANs work. https://github.com/soumith/ganhacks.

61 Arora, S., Ge, R., Liang, Y., Ma, T., & Zhang, Y. (2017). Generalization and equilibrium in generative adversarial nets (GANs). *International Conference on Machine Learning*, 224–232.

62 Wu, Y., Burda, Y., Salakhutdinov, R., & Grosse, R. (2017). On the quantitative analysis of decoder-based generative models. *International Conference on Learning Representations*.

63 Arora, S., & Zhang, Y. (2017). Do GANs actually learn the distribution? An empirical study. *arXiv:1706.08224*.

64 Bau, D., Zhu, J.-Y., Wulff, J., Peebles, W., Strobelt, H., Zhou, B., & Torralba, A. (2019). Seeing what a GAN cannot generate. *IEEE/CVF International Conference on Computer Vision*, 4502–4511.

65 Mao, Q., Lee, H.-Y., Tseng, H.-Y., Ma, S., & Yang, M.-H. (2019). Mode seeking generative adversarial networks for diverse image synthesis. *IEEE/CVF Computer Vision & Pattern Recognition*, 1429–1437.

66 Srivastava, A., Valkov, L., Russell, C., Gutmann, M. U., & Sutton, C. (2017). VEEGAN: Reducing mode collapse in GANs using implicit variational learning. *Neural Information Processing Systems, 30*, 3308–3318.

67 Lin, Z., Khetan, A., Fanti, G., & Oh, S. (2018). PacGAN: The power of two samples in generative adversarial networks. *Neural Information Processing Systems, 31*, 1505–1514.

68 Ghosh, A., Kulharia, V., Namboodiri, V. P., Torr, P. H., & Dokania, P. K. (2018). Multi-agent diverse generative adversarial networks. *IEEE/CVF Computer Vision & Pattern Recognition*, 8513–8521.

[69] Wang, T.-C., Liu, M.-Y., Zhu, J.-Y., Tao, A., Kautz, J., & Catanzaro, B. (2018b). High-resolution image synthesis and semantic manipulation with conditional GANs. *IEEE/CVF Computer Vision & Pattern Recognition*, 8798–8807.

[70] Denton, E. L., Chintala, S., Fergus, R., et al. (2015). Deep generative image models using a Laplacian pyramid of adversarial networks. *Neural Information Processing Systems, 28*, 1486–1494.

[71] Zhang, H., Xu, T., Li, H., Zhang, S., Wang, X., Huang, X., & Metaxas, D. N. (2017d). StackGAN: Text to photo-realistic image synthesis with stacked generative adversarial networks. *IEEE/CVF International Conference on Computer Vision*, 5907–5915.

[72] Huang, X., Li, Y., Poursaeed, O., Hopcroft, J., & Belongie, S. (2017c). Stacked generative adversarial networks. *IEEE/CVF Computer Vision & Pattern Recognition*, 5077–5086.

[73] Karras, T., Laine, S., Aittala, M., Hellsten, J., Lehtinen, J., & Aila, T. (2020b). Analyzing and improving the image quality of Style-GAN. *IEEE/CVF Computer Vision & Pattern Recognition*, 8110–8119.

[74] Karras, T., Aittala, M., Hellsten, J., Laine, S., Lehtinen, J., & Aila, T. (2020a). Training generative adversarial networks with limited data. *Neural Information Processing Systems, 33*, 12104–12114.

[75] Karras, T., Aittala, M., Laine, S., Härkönen, E., Hellsten, J., Lehtinen, J., & Aila, T. (2021). Alias-free generative adversarial networks. *Neural Information Processing Systems, 34*, 852–863.

[76] Abdal, R., Zhu, P., Mitra, N. J., & Wonka, P. (2021). StyleFlow: Attribute-conditioned exploration of StyleGAN-generated images using conditional continuous normalizing flows. *ACM Transactions on Graphics (ToG), 40*(3), 1–21.

[77] Collins, E., Bala, R., Price, B., & Susstrunk, S. (2020). Editing in style: Uncovering the local semantics of GANs. *IEEE/CVF Computer Vision & Pattern Recognition*, 5771–5780.

[78] Härkönen, E., Hertzmann, A., Lehtinen, J., & Paris, S. (2020). GANSpace: Discovering interpretable GAN controls. *Neural Information Processing Systems, 33*, 9841–9850.

[79] Patashnik, O., Wu, Z., Shechtman, E., Cohen-Or, D., & Lischinski, D. (2021). StyleCLIP: Text-driven manipulation of StyleGAN imagery. *IEEE/CVF International Conference on Computer Vision*, 2085–2094.

[80] Shen, Y., Gu, J., Tang, X., & Zhou, B. (2020b). Interpreting the latent space of GANs for semantic face editing. *IEEE/CVF Computer Vision & Pattern Recognition*, 9243–9252.

[81] Tewari, A., Elgharib, M., Bharaj, G., Bernard, F., Seidel, H.-P., Pérez, P., Zollhofer, M., & Theobalt, C. (2020). StyleRig: Rigging StyleGAN for 3D control over portrait images. *IEEE/CVF Computer Vision & Pattern Recognition*, 6142–6151.

[82] Wu, Z., Lischinski, D., & Shechtman, E. (2021). Stylespace analysis: Disentangled controls for StyleGAN image generation. *IEEE/CVF Computer Vision & Pattern Recognition*, 12863–12872.

[83] Roich, D., Mokady, R., Bermano, A. H., & Cohen-Or, D. (2022). Pivotal tuning for latent-based editing of real images. *ACM Transactions on Graphics (TOG), 42*(1), 1–13.

[84] Mirza, M., & Osindero, S. (2014). Conditional generative adversarial nets. *arXiv:1411.1784*.

[85] Reed, S., Akata, Z., Yan, X., Logeswaran, L., Schiele, B., & Lee, H. (2016a). Generative adversarial text to image synthesis. *International Conference on Machine Learning*, 1060–1069.

[86] Perarnau, G., Van De Weijer, J., Raducanu, B., & Álvarez, J. M. (2016). Invertible conditional GANs for image editing. *NIPS 2016 Workshop on Adversarial Training*.

[87] Miyato, T., & Koyama, M. (2018). cGANs with projection discriminator. *International Conference on Learning Representations*.

[88] Yan, X., Yang, J., Sohn, K., & Lee, H. (2016). Attribute2Image: Conditional image generation from visual attributes. *European Conference on Computer Vision*, 776–791.

[89] Donahue, C., Lipton, Z. C., Balsubramani, A., & McAuley, J. (2018a). Semantically decomposing the latent spaces of generative adversarial networks. *International Conference on Learning Representations*.

[90] Xiao, T., Hong, J., & Ma, J. (2018b). DNAGAN: Learning disentangled representations from multi-attribute images. *International Conference on Learning Representations*.

91. Reed, S. E., Akata, Z., Mohan, S., Tenka, S., Schiele, B., & Lee, H. (2016b). Learning what and where to draw. *Neural Information Processing Systems, 29*, 217–225.

92. Choi, Y., Choi, M., Kim, M., Ha, J.-W., Kim, S., & Choo, J. (2018). StarGAN: Unified generative adversarial networks for multi-domain imageto- image translation. *IEEE/CVF Computer Vision & Pattern Recognition*, 8789–8797.

93. Zhou, T., Krahenbuhl, P., Aubry, M., Huang, Q., & Efros, A. A. (2016b). Learning dense correspondence via 3D-guided cycle consistency. IEEE/CVF Computer Vision & Pattern Recognition, 117–126.

94. Esser, P., Rombach, R., & Ommer, B. (2021). Taming transformers for high-resolution image synthesis. *IEEE/CVF Computer Vision & Pattern Recognition*, 12873–12883.

95. Luo, J., Xu, Y., Tang, C., & Lv, J. (2017a). Learning inverse mapping by autoencoder based generative adversarial nets. *Neural Information Processing Systems*, vol. 30, 207–216.

96. Dumoulin, V., Belghazi, I., Poole, B., Mastropietro, O., Lamb, A., Arjovsky, M., & Courville, A. (2017). Adversarially learned inference. *International Conference on Learning Representations*.

97. Guan, S., Tai, Y., Ni, B., Zhu, F., Huang, F., & Yang, X. (2020). Collaborative learning for faster StyleGAN embedding. *arXiv:2007.01758*.

98. Creswell, A., & Bharath, A. A. (2018). Inverting the generator of a generative adversarial network. *IEEE Transactions on Neural Networks and Learning Systems, 30*(7), 1967–1974.

99. Abdal, R., Qin, Y., & Wonka, P. (2019). Image2StyleGAN: How to embed images into the StyleGAN latent space? *IEEE/CVF International Conference on Computer Vision*, 4432–4441.

100. Lipton, Z. C., & Tripathi, S. (2017). Precise recovery of latent vectors from generative adversarial networks. *International Conference on Learning Representations*.

101. Zhu, J., Shen, Y., Zhao, D., & Zhou, B. (2020a). In-domain GAN inversion for real image editing. *European Conference on Computer Vision*, 592–608.

102. Abdal, R., Qin, Y., & Wonka, P. (2020). Image2StyleGAN++: How to edit the embedded images? *IEEE/CVF Computer Vision & Pattern Recognition*, 8296–8305.

103. Richardson, E., Alaluf, Y., Patashnik, O., Nitzan, Y., Azar, Y., Shapiro, S., & Cohen-Or, D. (2021). Encoding in style: A StyleGAN encoder for image-to-image translation. *IEEE/CVF Computer Vision & Pattern Recognition*, 2287–2296.

104. Xia, W., Zhang, Y., Yang, Y., Xue, J.-H., Zhou, B., & Yang, M.-H. (2022). GAN inversion: A survey. *IEEE Transactions on Pattern Analysis and Machine Intelligence*, 1–17.

105. Zhu, J., Krähenbühl, P., Shechtman, E., & Efros, A. A. (2016). Generative visual manipulation on the natural image manifold. *European Conference on Computer Vision*, 597–613.

106. Ling, H., Kreis, K., Li, D., Kim, S. W., Torralba, A., & Fidler, S. (2021). EditGAN: Highprecision semantic image editing. *Neural Information Processing Systems, 34*, 16331–16345.

CHAPTER 16

정규화 흐름

15장에서는 GAN을 소개했다. 이는 잠재변수를 심층 신경망을 통과시켜 새로운 샘플을 생성하는 생성 모델이다. GAN은 샘플이 실제 데이터와 구별할 수 없어야 한다는 원칙을 사용하여 훈련한다. 그러나 데이터 견본에 대한 분포를 정의하지 않기 때문에, 새로운 견본이 동일한 데이터셋에 속할 확률을 평가하는 것은 간단하지 않다.

이 장에서는 **정규화 흐름**normalizing flow에 대해 설명한다. 이 방법은 심층 신경망을 사용하여 단순한 분포를 더 복잡한 분포로 변환함으로써 확률 모델을 학습한다. 정규화 흐름은 이 분포에서 샘플링하고 새로운 견본의 확률을 평가할 수 있다. 그러나 이를 위해서는 특수한 구조가 필요한데, 각 층이 역변환 가능해야 한다. 즉 데이터를 양방향으로 변환할 수 있어야 한다.

16.1 1차원 예제

정규화 흐름은 확률적 생성 모델이다. 즉 확률분포를 훈련 데이터에 적합하도록 만든다(그림 14.2b). 1차원 분포 $Pr(x)$를 모델링한다고 가정해보자. 정규화 흐름은 잠재변수 z에 대한 간단하고 다루기 쉬운 기저 분포 $Pr(z)$로 시작하고 함수 $x = f[z, \phi]$를 적용한다. 여기서 $Pr(x)$가 원하는 분포를 갖도록 매개변수 ϕ를 선택한다(그림 16.1). 새로운 견본 x^*를 생성하는 것은 쉽다. 기저 밀도에서 z^*를 뽑아서 이를 함수를 통과시켜서 $x^* = f[z^*, \phi]$가 되도록 한다.

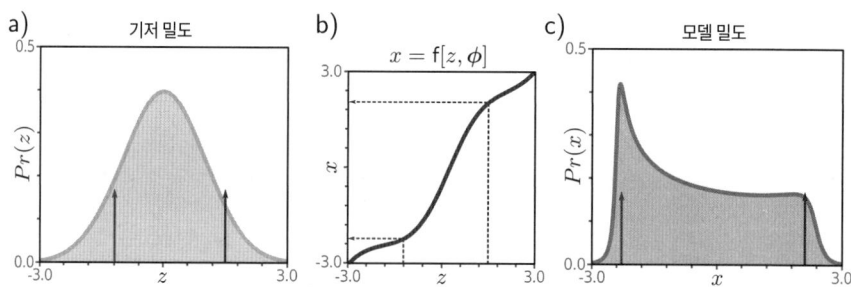

그림 16.1 확률분포 변환. a) 기저 밀도는 잠재변수 z에 대해 정의된 표준 정규분포다. b) 이 변수는 함수 $x = f[z, \phi]$에 의해 새로운 변수 x로 변환되며, c) 새로운 분포를 갖는다. 이 모델에서 샘플링하기 위해 기저 밀도에서 z값을 뽑는다((a)의 녹색 화살표와 갈색 화살표는 두 가지 견본을 보여준다). 그런 다음 (b)에 점선 화살표로 표시된 것처럼 이 값을 함수 $f[z, \phi]$를 통과시켜서 x값을 생성한다. 이는 (c)에 화살표로 표시되어 있다.

16.1.1 확률 측정

데이터 지점 x의 확률을 측정하는 것은 좀 더 어렵다. 함수 $f[z, \phi]$를 밀도가 $Pr(z)$인 무작위 변수 z에 적용하는 것을 고려해보자. 함수에 의해 늘어나는 영역에서는 확률 밀도가 감소하고 압축되는 영역에서는 증가하여 새로운 분포 아래의 영역이 1로 유지된다. 함수 $f[z, \phi]$가 입력을 얼마나 늘리거나 압축할지는 기울기의 크기에 따라 달라진다. 입력에 대한 작은 변화로 인해 출력에 더 큰 변화가 발생하면 함수가 확장된다. 입력의 작은 변화로 인해 출력의 작은 변화가 발생하면 함수가 압축된다(그림 16.2).

좀 더 정확하게 말하면, 변환된 분포에서 데이터 x의 확률은 다음과 같다.

$$Pr(x|\phi) = \left|\frac{\partial f[z, \phi]}{\partial z}\right|^{-1} \cdot Pr(z) \quad \text{식 16.1}$$

여기서 $z = f^{-1}[x, \phi]$는 x를 생성한 잠재변수이고, $Pr(z)$ 항은 기저 밀도 하에서 이 잠재변수의 원래 확률이다.† 이는 함수의 미분 크기에 따라 조정된다. 이 값이 1보다 크면 확률이 감소하고, 1보다 작으면 확률은 높아진다.

깃허브의 노트북 16.1 '1D normalizing flows' 참고.
https://bit.ly/udl16_1

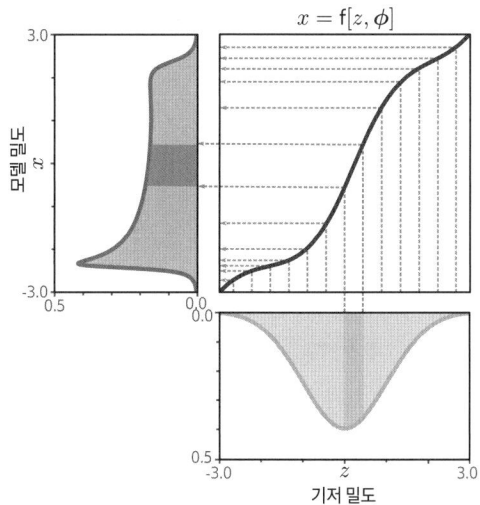

그림 16.2 분포 변환. 기저 밀도(아래쪽의 청록색)는 함수(오른쪽 위의 파란색 곡선)를 통해 모델 밀도(왼쪽의 주황색)를 생성한다. 기저 밀도를 등간격(회색 수직선)으로 나눈다고 가정해보자. 인접한 선 사이의 확률 질량(probability mass)은 변환 후에도 동일해야 한다. 청록색 음영 영역은 기울기가 1보다 큰 함수 부분을 통과하므로 영역이 늘어난다. 결과적으로 주황색 음영 영역의 높이는 청록색 음영 영역과 동일한 면적을 유지하도록 낮아져야 한다. 다른 곳(예를 들어 $z = -2$)에서는 기울기가 1보다 작으므로, 모델 밀도가 기저 밀도보다 높아진다.

16.1.2 순방향 매핑과 역방향 매핑

분포에서 표본을 추출하려면 순방향 매핑 $x = \text{f}[z, \phi]$가 필요하지만 우도를 측정하려면 역방향 매핑 $z = \text{f}^{-1}[x, \phi]$를 계산해야 한다. 따라서 $\text{f}[z, \phi]$가 **역변환이 가능**invertible하도록 신중하게 선택해야 한다.†

연습 문제 16.1 – 16.2 참고

순방향 매핑을 **생성 방향**generative direction이라고도 한다. 일반적으로 기저 밀도는 표준 정규분포로 선택한다. 따라서 역방향 매핑은 x에 대한 복잡한 분포를 z에 대한 정규분포로 바꾸기 때문에 **정규화 방향**normalizing direction이라고 한다(그림 16.3).

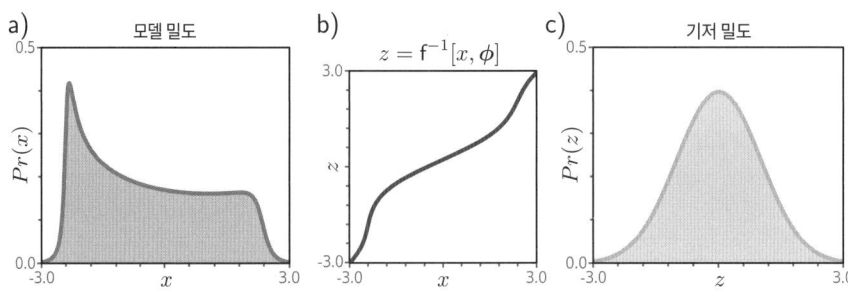

그림 16.3 역방향 매핑(정규화 방향) 함수가 가역적이면, 모델 밀도를 원래의 기저 밀도로 다시 변환할 수 있다. 모델 밀도에서 점 x의 확률은 기저 밀도에 해당하는 점 z의 확률에 따라 달라진다(식 16.1 참고).

16.1.3 학습

분포를 학습하기 위해 훈련 데이터 $\{x_i\}_{i=1}^{I}$의 우도를 최대화하거나 음의 로그 우도를 최소화하는 매개변수 ϕ를 찾는다.

$$\begin{aligned}
\hat{\phi} &= \underset{\phi}{\operatorname{argmax}} \left[\prod_{i=1}^{I} Pr(x_i|\phi) \right] \\
&= \underset{\phi}{\operatorname{argmin}} \left[\sum_{i=1}^{I} -\log\left[Pr(x_i|\phi)\right] \right] \\
&= \underset{\phi}{\operatorname{argmin}} \left[\sum_{i=1}^{I} \log\left[\left|\frac{\partial \mathrm{f}[z_i, \phi]}{\partial z_i}\right|\right] - \log\left[Pr(z_i)\right] \right]
\end{aligned}$$

식 16.2

첫 번째 줄에서는 데이터가 독립적이고 동일하게 분포되어 있다고 가정하고 세 번째 줄에서는 식 16.1의 우도 정의를 사용했다.

16.2 일반 사례

앞 절에서는 더 간단한 기저 밀도 $Pr(z)$를 변환하여 확률분포 $Pr(x)$를 모델링하는 간단한 일차원 예제를 설명했다. 이제 이것을 다변량 분포 $Pr(\mathbf{x})$와 $Pr(\mathbf{z})$로 확장하고, 심층 신경망으로 변환을 정의하는 좀 더 복잡한 사례를 살펴본다.

기저 밀도 $Pr(\mathbf{z})$를 갖는 확률변수 $\mathbf{z} \in \mathbb{R}^D$에 함수 $\mathbf{x} = \mathbf{f}[\mathbf{z}, \boldsymbol{\phi}]$를 적용한다고 가정해보자. 여기서 $\mathbf{f}[\mathbf{z}, \boldsymbol{\phi}]$는 심층 신경망이다. 결과적으로 변수 $\mathbf{x} \in \mathbb{R}^D$는 새로운 분포를 갖는다.

이 분포에서 새로운 샘플 $\mathbf{x}^*$를 추출하려면 (i) 기저 밀도에서 샘플 $\mathbf{z}^*$를 추출하고, (ii) $\mathbf{z}^*$를 신경망을 통과시켜서 $\mathbf{x}^* = \mathbf{f}[\mathbf{z}^*, \boldsymbol{\phi}]$가 되도록 한다.

식 16.1과 유사하게, 이 분포에서 샘플의 우도는 다음과 같다.

$$Pr(\mathbf{x}|\boldsymbol{\phi}) = \left| \frac{\partial \mathbf{f}[\mathbf{z}, \boldsymbol{\phi}]}{\partial \mathbf{z}} \right|^{-1} \cdot Pr(\mathbf{z}) \qquad \text{식 16.3}$$

여기서 $\mathbf{z} = \mathbf{f}^{-1}[\mathbf{x}, \boldsymbol{\phi}]$는 $\mathbf{x}$를 생성한 잠재변수다. 첫 번째 항은 $D \times D$ 야코비 행렬† $\partial \mathbf{f}[\mathbf{z}, \boldsymbol{\phi}]/\partial \mathbf{z}$에 대한 행렬식†의 역수다. 이때 야코비 행렬의 위치 (i, j)에 있는 항은 $\partial f_i[\mathbf{z}, \boldsymbol{\phi}]/\partial z_j$이다. 1차원 함수의 한 점에서의 면적 변화를 절대 미분으로 측정한 것처럼, 절대 행렬식은 다변량 함수의 한 점에서의 부피 변화를 측정한다. 두 번째 항은 기저 밀도에서 잠재변수의 확률이다.

B.5절 '행렬 미적분' 참고
B.3.8절 '행렬식과 대각합' 참고

16.2.1 심층 신경망을 이용한 순방향 매핑

실제로, 순방향 매핑 $\mathbf{f}[\mathbf{z}, \boldsymbol{\phi}]$는 보통 매개변수 $\boldsymbol{\phi}_k$를 갖는 일련의 층 $\mathbf{f}_k[\bullet, \boldsymbol{\phi}_k]$로 구성된 신경망에 의해 다음과 같이 정의된다.

$$\mathbf{x} = \mathbf{f}[\mathbf{z}, \boldsymbol{\phi}] = \mathbf{f}_K \Big[\mathbf{f}_{K-1} \big[\ldots \mathbf{f}_2 \big[\mathbf{f}_1[\mathbf{z}, \boldsymbol{\phi}_1], \boldsymbol{\phi}_2 \big], \ldots \boldsymbol{\phi}_{K-1} \big], \boldsymbol{\phi}_K \Big] \qquad \text{식 16.4}$$

역방향 매핑(정규화 방향)은 각 층의 역변환 $\mathbf{f}_k^{-1}[\bullet, \boldsymbol{\phi}_k]$을 반대 순서로 적용해서 다음과 같이 정의된다.

$$\mathbf{z} = \mathbf{f}^{-1}[\mathbf{x}, \boldsymbol{\phi}] = \mathbf{f}_1^{-1} \Big[\mathbf{f}_2^{-1} \big[\ldots \mathbf{f}_{K-1}^{-1} \big[\mathbf{f}_K^{-1}[\mathbf{x}, \boldsymbol{\phi}_K], \boldsymbol{\phi}_{K-1} \big], \ldots \boldsymbol{\phi}_2 \big], \boldsymbol{\phi}_1 \Big] \qquad \text{식 16.5}$$

일반적으로 기저 밀도 $Pr(\mathbf{z})$는 다변량 표준 정규분포(즉 평균이 0이고, 공분산이 단위행렬이다)로 정의된다. 따라서 각 후속 역변환층의 효과는 데이터 밀도가 이 정규분포를 향해 점진적으로 이동하거나 '흐르게' 하는 것이다(그림 16.4). 이로 인해 '정규화 흐름'이라고 이름이 붙이게 되었다.

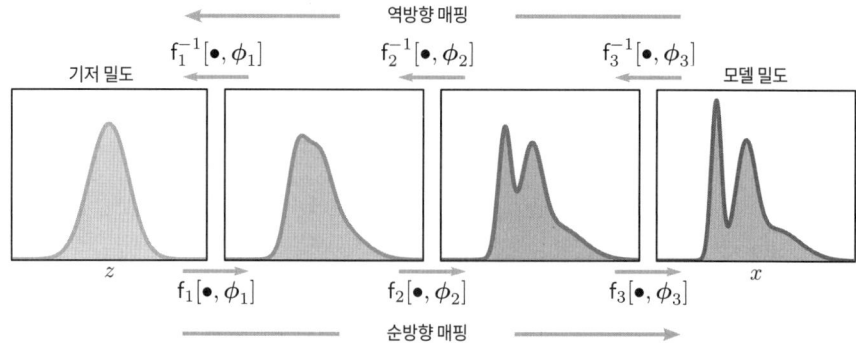

그림 16.4 심층 신경망의 순방향 매핑과 역방향 매핑. 기저 밀도(왼쪽)는 신경망층 $f_1[\bullet, \phi_1], f_2[\bullet, \phi_2], \ldots$ 을 통해 점진적으로 변환되어 모델 밀도를 생성한다. 각 층은 역변환 가능하며, 층의 역변환을 반대 방향으로 적용하면 모델 밀도를 다시 점진적으로 기저 밀도로 변환(또는 '흐름')하는 것과 같다고 볼 수 있다.

순방향 매핑의 야코비는 다음과 같이 표현할 수 있다.

$$\frac{\partial \mathbf{f}[\mathbf{z}, \boldsymbol{\phi}]}{\partial \mathbf{z}} = \frac{\partial \mathbf{f}_1[\mathbf{z}, \boldsymbol{\phi}_1]}{\partial \mathbf{z}} \cdot \frac{\partial \mathbf{f}_2[\mathbf{f}_1, \boldsymbol{\phi}_2]}{\partial \mathbf{f}_1} \cdots \frac{\partial \mathbf{f}_{K-1}[\mathbf{f}_{K-2}, \boldsymbol{\phi}_{K-1}]}{\partial \mathbf{f}_{K-2}} \cdots \frac{\partial \mathbf{f}_K[\mathbf{f}_{K-1}, \boldsymbol{\phi}_K]}{\partial \mathbf{f}_{K-1}}$$

식 16.6

여기서 함수 $\mathbf{f}_k[\bullet, \boldsymbol{\phi}_k]$의 출력을 $\mathbf{f}_k$로 표기했다. 이 야코비의 절대 행렬식은 개별 절대 행렬식의 곱으로 계산할 수 있다.

$$\left| \frac{\partial \mathbf{f}[\mathbf{z}, \boldsymbol{\phi}]}{\partial \mathbf{z}} \right| = \left| \frac{\partial \mathbf{f}_1[\mathbf{z}, \boldsymbol{\phi}_1]}{\partial \mathbf{z}} \right| \cdot \left| \frac{\partial \mathbf{f}_2[\mathbf{f}_1, \boldsymbol{\phi}_2]}{\partial \mathbf{f}_1} \right| \cdots$$

$$\left| \frac{\partial \mathbf{f}_{K-1}[\mathbf{f}_{K-2}, \boldsymbol{\phi}_{K-1}]}{\partial \mathbf{f}_{K-2}} \right| \cdot \left| \frac{\partial \mathbf{f}_K[\mathbf{f}_{K-1}, \boldsymbol{\phi}_K]}{\partial \mathbf{f}_{K-1}} \right|$$

식 16.7

연습 문제 16.3 참고

역방향 매핑의 야코비 행렬의 절대 행렬식은 식 16.5에 동일한 규칙을 적용하여 구한다.† 이는 순방향 매핑에서 절대 행렬식의 역수다.

음의 로그 우도 기준을 사용하여 I개의 훈련 견본으로 구성된 데이터셋 $\{\mathbf{x}_i\}$를 사용하여 정규화 흐름을 훈련한다.

$$\begin{aligned} \hat{\boldsymbol{\phi}} &= \underset{\boldsymbol{\phi}}{\operatorname{argmax}} \left[\prod_{i=1}^{I} Pr(\mathbf{z}_i) \cdot \left| \frac{\partial \mathbf{f}[\mathbf{z}_i, \boldsymbol{\phi}]}{\partial \mathbf{z}_i} \right|^{-1} \right] \\ &= \underset{\boldsymbol{\phi}}{\operatorname{argmin}} \left[\sum_{i=1}^{I} \log \left[\left| \frac{\partial \mathbf{f}[\mathbf{z}_i, \boldsymbol{\phi}]}{\partial \mathbf{z}_i} \right| \right] - \log \left[Pr(\mathbf{z}_i) \right] \right] \end{aligned}$$

식 16.8

여기서 $\mathbf{z}_i = \mathbf{f}^{-1}[\mathbf{x}_i, \boldsymbol{\phi}]$, $Pr(\mathbf{z}_i)$는 기저 분포에서 측정하고, 절대 행렬식

$|\partial \mathbf{f}[\mathbf{z}_i, \phi]/\partial \mathbf{z}_i|$은 식 16.7로 주어진다.

16.2.2 신경망층에 대한 요구사항

정규화 흐름의 이론은 간단하다. 그러나 이것을 실용적으로 만들기 위해서, 신경망층 $\mathbf{f}_k$는 다음과 같은 네 가지 속성이 필요하다.

1. 신경망층은 다변량 표준 정규분포를 임의의 밀도에 매핑할 수 있을 만큼 충분한 표현력이 있어야 한다.
2. 신경망층은 역변환 가능해야 한다. 각 층은 임의의 입력 지점에서 출력 지점으로의 고유한 일대일 매핑(전단사 함수†)을 해야 한다. 여러 입력이 동일한 출력에 매핑되는 경우 역변환이 모호해진다.

   B.1절 '함수' 참고

3. 각 층의 역변환을 효율적으로 계산할 수 있어야 한다. 우도를 평가할 때마다 이 연산을 해야 한다. 이는 훈련 중에 반복적으로 발생하므로 역변환을 해석적으로 구하거나 빠른 알고리듬이 있어야 한다.
4. 순방향 또는 역방향 매핑에 대해 야코비 행렬식을 효율적으로 평가할 수 있어야 한다.

16.3 역변환 가능한 신경망층

이제 이러한 모델에서 사용할 수 있는, 다양하면서도 역변환 가능한 신경망층 또는 흐름flow을 살펴보자. 먼저, 선형 흐름과 요소별 흐름을 살펴보자. 이는 역변환하기 쉽고, 야코비 행렬식을 계산하는 것이 가능하지만 기저 밀도의 임의의 변환을 설명할 만큼 표현력이 충분하지는 않다. 그러나 이들은 더욱 표현력이 뛰어난 결합 흐름, 자기회귀 흐름, 잔차 흐름의 구성 요소가 된다.

16.3.1 선형 흐름

선형 흐름linear flow은 $\mathbf{f}[\mathbf{h}] = \boldsymbol{\beta} + \boldsymbol{\Omega}\mathbf{h}$의 형태를 갖는다. 행렬 $\boldsymbol{\Omega}$가 가역적이면 선형 변환도 가역적이다. $\boldsymbol{\Omega} \in \mathbb{R}^{D \times D}$인 경우, 역함수 계산의 복잡도는 $\mathcal{O}[D^3]$†이다. 야코비 행렬식은 $\boldsymbol{\Omega}$의 행렬식이므로, $\mathcal{O}[D^3]$ 안에 계산할 수 있다. 이는 차원 D가 증

A.7절 '점근 표기법' 참고

가함에 따라 선형 흐름의 계산 비용이 높아진다는 것을 의미한다.

B.4절 '특수한 형태의 행렬' 참고

행렬 Ω가 특별한 형태†를 취하는 경우, 역변환과 행렬식 계산이 더 효율적일 수 있지만 변환은 제한적이게 된다. 예를 들어 대각 행렬은 역변환과 행렬식 계산에 $\mathcal{O}[D]$만 필요하지만 $\mathbf{h}$의 요소는 서로 상호작용하지 않는다. 직교 행렬도 효율적으로 역변환할 수 있고, 행렬식이 고정되어 있지만 개별 차원의 크기 조정을 할 수 없다.† 삼각 행렬은 좀 더 실용적이다. 이는 역대입back substitution이라는 과정을 통해 $\mathcal{O}[D^2]$로 역변환할 수 있으며, 행렬식은 대각 요소 값의 곱으로 구할 수 있다.

연습 문제 16.4 참고

일반적이고, 효율적으로 역변환할 수 있으며, 야코비를 효율적으로 계산할 수 있는 선형 흐름을 만드는 방법은 이를 LU 분해 형태로 직접 매개변수화하는 것이다.

$$\Omega = \mathbf{PL}(\mathbf{U} + \mathbf{D}) \qquad \text{식 16.9}$$

여기서 $\mathbf{P}$는 미리 결정된 치환 행렬이고, $\mathbf{L}$은 하삼각행렬이고, $\mathbf{U}$는 대각 요소가 0인 위쪽 삼각 행렬이고, $\mathbf{D}$는 $\mathbf{U}$의 누락된 대각 요소를 제공하는 대각 행렬이다. 이는 $\mathcal{O}[D^2]$로 역변환을 구할 수 있으며, 로그 행렬식은 $\mathbf{L}$과 $\mathbf{D}$의 대각 요소 절댓값의 로그의 합으로 구할 수 있다.

연습 문제 16.5 – 16.6 참고

불행하게도 선형 흐름은 표현력이 충분하지 않다.† 선형함수 $\mathbf{f}[\mathbf{h}] = \boldsymbol{\beta} + \Omega\mathbf{h}$를 정규분포 입력 $\text{Norm}_\mathbf{h}[\boldsymbol{\mu}, \boldsymbol{\Sigma}]$에 적용하면 결과도 평균과 분산이 각각 $\boldsymbol{\beta} + \Omega\boldsymbol{\mu}$, $\Omega\boldsymbol{\Sigma}\Omega^T$인 정규분포다. 따라서 선형 흐름만으로는 정규분포를 임의의 밀도로 매핑할 수 없다.

16.3.2 요소별 흐름

선형 흐름은 표현력이 충분하지 않기 때문에 비선형 흐름을 고려해야 한다. 가장 간단한 비선형 흐름은 **요소별 흐름**elementwise flow으로, 입력의 각 요소에 매개변수 ϕ를 갖는 비선형함수 $f[\bullet, \phi]$를 적용한다. 이를 수식으로 표현하면 다음과 같다.

$$\mathbf{f}[\mathbf{h}] = \begin{bmatrix} f[h_1, \phi], f[h_2, \phi], \ldots f[h_D\phi] \end{bmatrix}^T \qquad \text{식 16.10}$$

$\mathbf{f}[\mathbf{h}]$의 d번째 입력은 d번째 출력에만 영향을 미치기 때문에 야코비 $\partial\mathbf{f}[\mathbf{h}]/\partial\mathbf{h}$는 대각행렬이 된다. 그리고 행렬식은 대각 요소의 곱이므로 다음과 같다.

$$\left|\frac{\partial \mathbf{f}[\mathbf{h}]}{\partial \mathbf{h}}\right| = \prod_{d=1}^{D}\left|\frac{\partial f[h_d]}{\partial h_d}\right|$$

식 16.11

함수 f[•, ϕ]는 누출이 있는 ReLU(그림 3.13)와 같이 매개변수가 없는 고정된 가역 비선형함수일 수도 있고, 매개변수화된 가역적인 일대일 매핑일 수도 있다.† 간단한 예로 다음과 같이 [0, 1]을 [0, 1]로 매핑하는 K개 영역(그림 16.5)이 있는 구간별 부분 선형함수가 있다.

연습 문제 16.7 참고

$$f[h, \phi] = \left(\sum_{k=1}^{b-1} \phi_k\right) + (hK - b + 1)\phi_b$$

식 16.12

여기서 매개변수는 $\phi_1, \phi_2, \ldots, \phi_K$는 양수이고 합은 1이며, $b = \lfloor Kh \rfloor + 1$는 h를 포함하는 구간의 인덱스다. 첫 번째 항은 앞의 모든 구간의 합이고, 두 번째 항은 현재 구간에서 h가 차지하는 비율을 나타낸다. 이 함수는 쉽게 역변환할 수 있으며, 거의 모든 곳에서 기울기를 계산할 수 있다.† 매끄러운 함수를 만들기 위한 유사한 방식이 많이 있고, 매개변수로 함수가 단조성을 갖도록 해서 역변환이 가능하도록 보장하는 스플라인spline을 사용하는 경우가 많다.

연습 문제 16.8 – 16.9 참고

요소별 흐름은 비선형이지만 입력 차원을 섞지 않으므로, 변수 간의 상관관계를 생성할 수 없다. 차원을 섞는 선형 흐름과 번갈아 사용하면 더 복잡한 변환을 모델링할 수 있다. 그러나 실제로는 요소별 흐름을 결합 흐름과 같이 더 복잡한 층의 구성 요소로 사용한다.

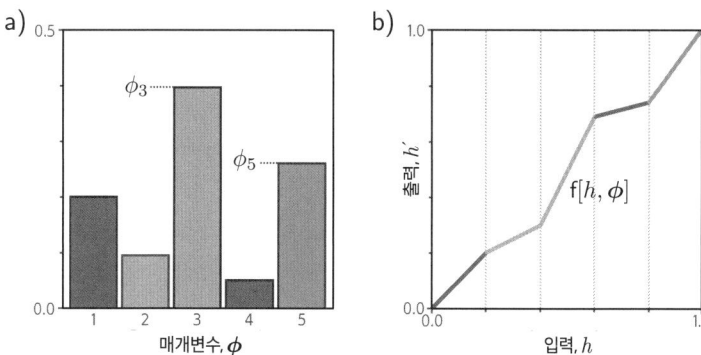

그림 16.5 구간별 부분 선형 매핑. 가역적 구간별 부분 선형 매핑 $h' = f[h, \phi]$는 입력 도메인 $h \in [0, 1]$을 K개의 동일한 크기 영역(여기서 $K = 5$)으로 나누어 생성할 수 있다. 각 영역은 매개변수 ϕ_k에 해당하는 기울기를 갖는다. a) 이러한 매개변수가 양수이고 합이 1이면, b) 함수는 가역성이고 출력 영역 $h' \in [0, 1]$에 매핑된다.

16.3.3 결합 흐름

결합 흐름coupling flow은 입력 $\mathbf{h}$를 두 부분으로 나누어 $\mathbf{h} = [\mathbf{h}_1^T, \mathbf{h}_2^T]^T$가 되고, 흐름 $\mathbf{f}[\mathbf{h}, \boldsymbol{\phi}]$를 다음과 같이 정의한다.

$$\begin{aligned} \mathbf{h}_1' &= \mathbf{h}_1 \\ \mathbf{h}_2' &= \mathbf{g}[\mathbf{h}_2, \boldsymbol{\phi}[\mathbf{h}_1]] \end{aligned}$$

식 16.13

여기서 $\mathbf{g}[\bullet, \boldsymbol{\phi}]$는 입력 $\mathbf{h}_1$의 비선형함수인 $\boldsymbol{\phi}[\mathbf{h}_1]$을 매개변수로 갖는 요소별 흐름(또는 다른 가역층)이다(그림 16.6). 보통 함수 $\boldsymbol{\phi}[\bullet]$는 일종의 신경망이므로 가역적일 필요는 없다. 따라서 원래 변수는 다음과 같이 복원할 수 있다.

$$\begin{aligned} \mathbf{h}_1 &= \mathbf{h}_1' \\ \mathbf{h}_2 &= \mathbf{g}^{-1}[\mathbf{h}_2', \boldsymbol{\phi}[\mathbf{h}_1]] \end{aligned}$$

식 16.14

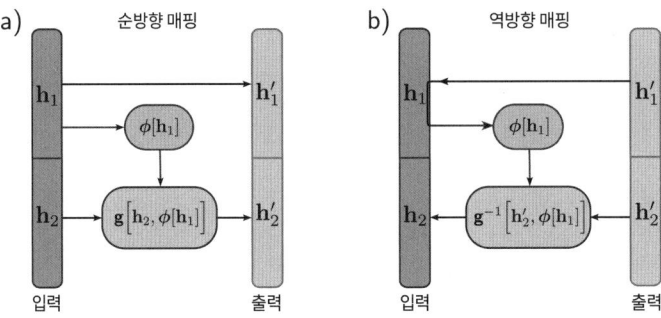

그림 16.6 결합 흐름. a) 입력(주황색 벡터)을 $\mathbf{h}_1$과 $\mathbf{h}_2$로 나눈다. 출력(청록색 벡터)의 첫 번째 부분 $\mathbf{h}_1'$은 $\mathbf{h}_1$의 복사본이다. 출력 $\mathbf{h}_2'$는 $\mathbf{h}_2$에 가역 변환 $\mathbf{g}[\bullet, \boldsymbol{\phi}]$를 적용하여 생성되는데, 여기서 매개변수 $\boldsymbol{\phi}$는 $\mathbf{h}_1$의 (반드시 가역적이지는 않다) 함수다. b) 역방향 매핑에서는 $\mathbf{h}_1 = \mathbf{h}_1'$이다. 이를 통해 매개변수 $\boldsymbol{\phi}[\mathbf{h}_1]$을 계산한 다음 역함수 $\mathbf{g}^{-1}[\mathbf{h}_2', \boldsymbol{\phi}]$을 적용하여 $\mathbf{h}_2$를 복원할 수 있다.

함수 $\mathbf{g}[\bullet, \boldsymbol{\phi}]$가 요소별 흐름인 경우, 야코비 행렬은 왼쪽 위 사분면에 단위 행렬이 있고, 오른쪽 아래에 요소별 변환의 미분이 있는 하삼각행렬이 된다. 따라서 그 행렬식은 대각 요소의 곱이다.

역함수와 야코비는 효율적으로 계산할 수 있지만 이 방법은 전반부에 의존하는 방식으로 매개변수의 후반부만 변환한다. 보다 일반적인 변환을 위해 $\mathbf{h}$의 요소는 층 간 치환 행렬†을 사용하여 무작위로 섞이므로 모든 변수는 궁극적으로 서로 변환된다. 현실적으로, 이러한 치환 행렬은 학습하기가 어렵다. 따라서 무작위로 초기화

B.4.4절 '치환 행렬' 참고

된 다음 고정한다. 이미지와 같은 구조화된 데이터의 경우, 채널을 $\mathbf{h}_1$과 $\mathbf{h}_2$의 두 부분으로 나누고 1×1 합성곱을 사용하여 층간 치환을 한다.

16.3.4 자기회귀 흐름

자기회귀 흐름은 결합 흐름을 일반화한 것으로 각 입력 차원을 별도의 '블록'으로 처리한다(그림 16.7). 입력 $\mathbf{h}$의 첫 번째 $d-1$차원을 기반으로 출력 $\mathbf{h}'$의 d번째 차원을 계산한다.

$$h'_d = \mathrm{g}\left[h_d, \phi[\mathbf{h}_{1:d-1}]\right] \quad \text{식 16.15}$$

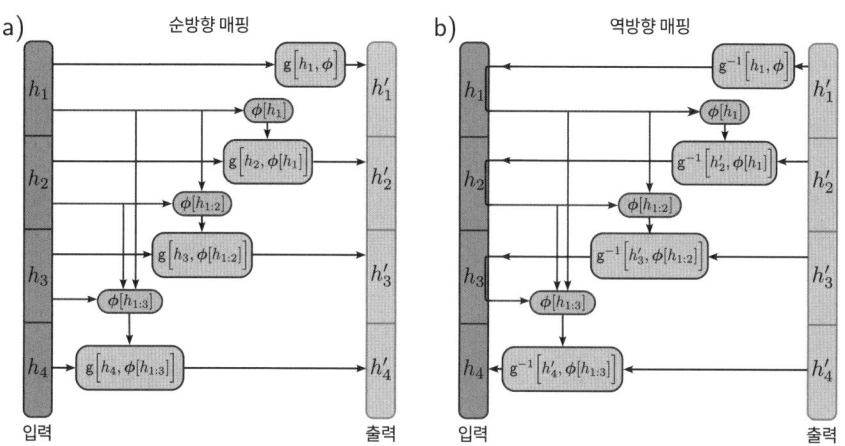

그림 16.7 자기회귀 흐름. 입력 $\mathbf{h}$(주황색 열)와 출력 $\mathbf{h}'$(청록색 열)을 각 구성 요소 차원(여기에서는 4개 차원)으로 분할한다. a) 출력 h'_1은 입력 h_1의 역변환이다. 출력 h'_2는 h_1에 의존하는 매개변수를 갖는 입력 h_2의 역함수다. 출력 h'_3은 이전 입력 h_1, h_2에 의존하는 매개변수를 갖는 입력 h_3의 역함수이고, 나머지 출력도 마찬가지이다. 출력 중 어느 것도 서로 의존성이 없으므로, 병렬로 계산할 수 있다. b) 자기회귀 흐름의 역함수는 결합 흐름과 유사한 방법으로 계산한다. 그러나 h_2를 계산하려면 h_1을 미리 알아야 하고, h_3을 계산하려면 h_1과 h_2를 미리 알아야 하므로, 역함수는 병렬로 계산할 수 없다.

함수 $\mathrm{g}[\bullet, \bullet]$를 변환기transformer†라고 하고, 매개변수 $\phi, \phi[h_1], \phi[h_1, h_2], \ldots$를 조절기conditioner라고 한다. 결합 흐름의 경우, 변환기 $\mathrm{g}[\bullet, \phi]$는 가역적이어야 하지만 조절기 $\phi[\bullet]$는 어떤 형태든 가능하지만 일반적으로는 신경망이다. 변환기와 조절기가 충분히 유연하다면, 자기회귀 흐름은 모든 확률분포를 나타낼 수 있다는 점에서 보편 근사기universal approximator가 된다.

적절한 마스크가 있는 신경망을 사용하여, 위치 d의 매개변수 ϕ가 이전 위치에만

이는 12장에서 설명한 트랜스포머층과는 아무런 관련이 없다.

의존하도록 하면 출력 **h'**의 모든 항목을 병렬로 계산할 수 있다. 이를 **마스킹된 자기회귀 흐름**masked autoregressive flow이라고 한다. 원리는 마스킹된 셀프 어텐션(12.7.2절)과 매우 유사하다. 입력과 이전 출력과의 연결을 제거한다.

역변환은 좀 더 효율성이 떨어진다. 순방향 매핑을 고려해보자.

$$\begin{align} h'_1 &= g[h_1, \phi] \\ h'_2 &= g[h_2, \phi[h_1]] \\ h'_3 &= g[h_3, \phi[h_{1:2}]] \\ h'_4 &= g[h_4, \phi[h_{1:3}]] \end{align}$$

식 16.16

이는 결합 흐름과 유사한 원리를 사용하여 순차적으로 역변환을 구한다.

$$\begin{align} h_1 &= g^{-1}[h'_1, \phi] \\ h_2 &= g^{-1}[h'_2, \phi[h_1]] \\ h_3 &= g^{-1}[h'_3, \phi[h_{1:2}]] \\ h_4 &= g^{-1}[h'_4, \phi[h_{1:3}]] \end{align}$$

식 16.17

h_d에 대한 계산은 $h_{1:d-1}$(즉 지금까지의 부분 결과)에 따라 달라지므로 병렬로 수행할 수 없다. 따라서 입력의 크기가 큰 경우 역변환에 시간이 많이 걸린다.†

> 깃허브의 노트북 16.2 '1D autoregressive flows' 참고.
> https://bit.ly/udl16_2

16.3.5 역 자기회귀 흐름

마스킹된 자기회귀 흐름은 정규화(역) 방향으로 정의된다. 이는 모델 학습에 필요한 우도를 효율적으로 평가하기 위해 필요하다. 그러나 샘플링은 순방향에서 필요한데, 이 경우 각 변수를 각 층에서 순차적으로 계산해야 하기 때문에 속도가 느리다. 만약 순방향(생성) 변환에 자기회귀 흐름을 사용하면 샘플링은 효율적이지만 우도 계산(및 교육)은 느리다. 이를 **역 자기회귀 흐름**inverse autoregressive flow이라고 한다.

빠른 학습과 빠른(하지만 근사적인) 샘플링의 비결은 마스킹된 자기회귀 흐름을 사용하여 분포를 학습하고(교사) 이를 사용하여 역 자기회귀 흐름(학생)을 훈련한 다음 이로부터 효율적으로 샘플링하는 것이다(학생). 이는 샘플 집합이 아닌 다른 함

16.3.6 잔차 흐름: iRevNet†

잔차 흐름residual flow은 잔차 신경망에서 영감을 얻었다. 이러한 방식에서는 입력을 두 부분 $\mathbf{h} = [\mathbf{h}_1^T, \mathbf{h}_2^T]^T$(결합 흐름에서와 같이)으로 나누고 출력을 다음과 같이 정의한다.

$$\begin{aligned} \mathbf{h}'_1 &= \mathbf{h}_1 + \mathbf{f}_1[\mathbf{h}_2, \phi_1] \\ \mathbf{h}'_2 &= \mathbf{h}_2 + \mathbf{f}_2[\mathbf{h}'_1, \phi_2] \end{aligned} \quad \text{식 16.18}$$

여기서 $\mathbf{f}_1[\bullet, \phi_1]$과 $\mathbf{f}_2[\bullet, \phi_2]$는 반드시 가역적일 필요는 없다(그림 16.8). 계산 순서를 반대로 하여 역함수를 계산할 수 있다.

$$\begin{aligned} \mathbf{h}_2 &= \mathbf{h}'_2 - \mathbf{f}_2[\mathbf{h}'_1, \phi_2] \\ \mathbf{h}_1 &= \mathbf{h}'_1 - \mathbf{f}_1[\mathbf{h}_2, \phi_1] \end{aligned} \quad \text{식 16.19}$$

결합 흐름과 마찬가지로 블록으로 나누면 표현할 수 있는 변환의 범위가 제한된다. 따라서 변수가 무작위로 섞일 수 있도록 입력을 층 간에서 치환한다.

> **(옮긴이)** iRevNet은 딥러닝 모델의 메모리 효율성을 혁신적으로 개선하여 제한된 하드웨어 자원에서도 대규모 모델을 훈련할 수 있는 가능성을 열어준 중요한 연구다.

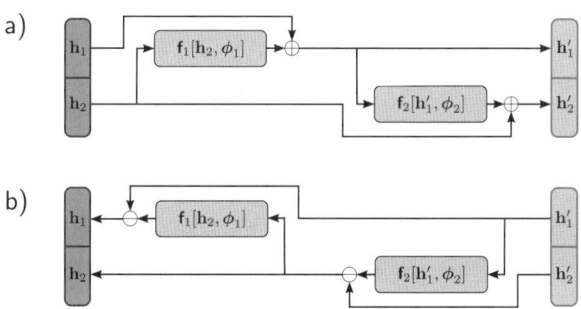

그림 16.8 잔차 흐름. a) 입력을 $\mathbf{h}_1$과 $\mathbf{h}_2$로 분할하고 2개의 잔차층을 생성하여 가역 함수를 계산한다. 첫 번째 층에서는 $\mathbf{h}_2$를 처리하고 $\mathbf{h}_1$을 더한다. 두 번째 층에서는 결과를 처리하고 $\mathbf{h}_2$를 더한다. b) 역방향에서는 함수를 반대 순서로 계산하며 덧셈 연산이 뺄셈 연산으로 바뀐다.

연습 문제 16.10 참고

이 형식은 쉽게 역함수를 계산할 수 있지만, 일반적인 함수 $\mathbf{f}_1[\bullet, \phi_1]$과 $\mathbf{f}_2[\bullet, \phi_2]$에 대해서 야코비 행렬을 효율적으로 계산하는 방법은 없다.[†] 이 형식은 잔차 신경망을 훈련할 때 메모리를 절약하는 데에도 종종 사용된다. 신경망은 가역적이므로 순방향 전파에서 각 층의 활성화를 저장할 필요가 없다.

16.3.7 잔차 흐름 및 수축 매핑: iResNet[†]

[옮긴이] iRevNet과는 다르게 iResNet은 정확하게 역함수로 되돌릴 수 있는(정보를 완전히 보존하는) 특성을 가지면서도 ResNet의 연속적인 스킵 연결 구조를 유지한다. 역함수 존재 조건을 만족하도록 구성된 가역적인 ResNet 구조로, 생성 모델과 메모리 효율 학습에 활용할 수 있다.

잔차 신경망을 활용하는 다른 방법은 모든 수축 매핑에 고정점이 있다는 **바나흐 고정점 정리**Banach fixed point theorem 또는 **축약 사상 정리**contraction mapping theorem를 활용하는 것이다. 수축 매핑 $f[\bullet]$은 다음과 같은 속성을 갖는다.

$$\text{dist}\left[f[z'], f[z]\right] < \beta \cdot \text{dist}\left[z', z\right] \qquad \forall\, z, z' \qquad \text{식 16.20}$$

여기서 $\text{dist}[\bullet, \bullet]$는 거리 함수이고 $0 < \beta < 1$이다. 이 속성을 가진 함수를 반복 사용하면(즉 출력이 반복적으로 입력으로 다시 전달된다) 결과는 $f[z] = z$인 고정된 점으로 수렴한다(그림 16.9).[†] 이를 이해하려면 고정점과 현재 위치에 모두 함수를 적용해보면 된다. 고정점은 그대로 있지만, 두 점 사이의 거리가 작아져야 하므로 현재 위치가 고정점에 가까워져야 한다.

깃허브의 노트북 16.3 'Con-traction mappings' 참고. https://bit.ly/udl16_3

$f[z]$가 수축 매핑인 경우, 이 정리를 이용해서 다음과 같은 형태의 식을 역변환할 수 있다.

$$y = z + f[z] \qquad \text{식 16.21}$$

즉 주어진 값 y^*에 매핑되는 z^*을 찾는 데 사용할 수 있다. 이는 임의의 점 z_0에서 시작하여 $z_{k+1} = y^* - f[z_k]$를 반복하여 찾을 수 있는데, $z + f[z] = y^*$에 고정점을 갖는다(그림 16.9b).

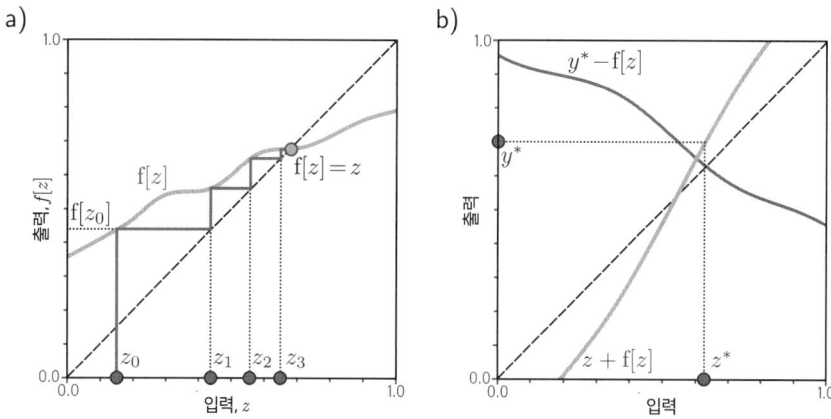

그림 16.9 수축 매핑. 함수의 절대 기울기가 모든 곳에서 1보다 작은 경우, 함수를 반복하면 $f[z] = z$인 고정점에 수렴한다. a) z_0부터 시작하여 $z_1 = f[z_0]$을 평가한다. 그런 다음 z_1을 다시 함수에 전달하고 이를 반복한다. 결국, 이 과정은 $f[z] = z$인 지점(즉 함수가 점선으로 표시된 대각선 항등선과 교차하는 지점)으로 수렴한다. b) 이는 $y^* - f[z]$의 고정점(주황색 선이 점선 항등선과 교차하는 지점)이 $y^* = z + f[z]$와 동일한 위치에 있다는 점에 주목하여 값 y^*에 대해 $y = z + f[z]$ 형태의 식을 역변환하는 데 사용할 수 있다.

$\mathbf{f[h}, \boldsymbol{\phi}]$가 수축 매핑임을 보장할 수 있다면, 동일한 원리를 사용하여 $\mathbf{h}' = \mathbf{h} + \mathbf{f[h}, \boldsymbol{\phi}]$ 형식의 잔차 신경망층을 역변환할 수 있다. 실제로 이는 립시츠 상수†가 1보다 작아야 함을 의미한다. 활성화 함수의 기울기가 1보다 크지 않다고 가정하면, 이는 각 가중치 행렬 Ω의 최대 고윳값†이 1보다 작아야 한다는 것을 보장하는 것과 같다. 이를 위한 간단한 방법은 가중치 Ω의 절대 크기를 작게 만들기 위해 가중치 Ω를 클리핑하는 것이다.

B.1.1절 '립시츠 상수' 참고

B.3.7절 '고유 스펙트럼' 참고

야코비 행렬식은 쉽게 계산할 수 없지만 일련의 기법을 사용하여 야코비 행렬식의 로그를 근사할 수 있다.

$$\log\left[\left|\mathbf{I} + \frac{\partial \mathbf{f[h}, \boldsymbol{\phi}]}{\partial \mathbf{h}}\right|\right] = \operatorname{trace}\left[\log\left[\mathbf{I} + \frac{\partial \mathbf{f[h}, \boldsymbol{\phi}]}{\partial \mathbf{h}}\right]\right]$$
$$= \sum_{k=1}^{\infty} \frac{(-1)^{k-1}}{k} \operatorname{trace}\left[\frac{\partial \mathbf{f[h}, \boldsymbol{\phi}]}{\partial \mathbf{h}}\right]^k$$

식 16.22

첫 번째 줄에서는 $\log[|\mathbf{A}|] = \operatorname{trace}[\log[\mathbf{A}]]$라는 항등식을 사용하고, 두 번째 줄에서는 이를 멱급수로 확장했다.

이 급수를 절단하더라도 구성항들의 대각합† 계산 비용은 여전히 높다. 따라서 **허치슨의 대각합 추정기**Hutchinson's trace estimator를 사용하여 이를 근사한다. 평균이 $\mathbf{0}$

B.3.8절 '행렬식과 대각합' 참고

이고 분산이 $\mathbf{I}$인 정규 확률변수 $\boldsymbol{\epsilon}$를 고려해보자. 행렬 A의 대갑합은 다음과 같이 추정할 수 있다.

$$\begin{aligned} \text{trace}[\mathbf{A}] &= \text{trace}\left[\mathbf{A}\mathbb{E}\left[\boldsymbol{\epsilon}\boldsymbol{\epsilon}^T\right]\right] \\ &= \text{trace}\left[\mathbb{E}\left[\mathbf{A}\boldsymbol{\epsilon}\boldsymbol{\epsilon}^T\right]\right] \\ &= \mathbb{E}\left[\text{trace}\left[\mathbf{A}\boldsymbol{\epsilon}\boldsymbol{\epsilon}^T\right]\right] \\ &= \mathbb{E}\left[\text{trace}\left[\boldsymbol{\epsilon}^T\mathbf{A}\boldsymbol{\epsilon}\right]\right] \\ &= \mathbb{E}\left[\boldsymbol{\epsilon}^T\mathbf{A}\boldsymbol{\epsilon}\right] \end{aligned}$$

식 16.23

여기서 첫 번째 줄은 $\mathbb{E}[\boldsymbol{\epsilon}\boldsymbol{\epsilon}^T] = \mathbf{I}$이기 때문에 참이다. 두 번째 줄에서는 기댓값 연산자의 속성을 적용한 결과다. 세 번째 줄은 대각합 연산자의 선형성에 따른 결과이다. 네 번째 줄은 순환 치환에 대한 대각합의 불변성 때문에 성립한다. 네 번째 줄의 인수가 이제 스칼라이므로 마지막 줄은 참이 된다. $Pr(\boldsymbol{\epsilon})$에서 샘플 $\boldsymbol{\epsilon}_i$를 뽑아서 대각합을 추정한다.

$$\begin{aligned} \text{trace}[\mathbf{A}] &= \mathbb{E}\left[\boldsymbol{\epsilon}^T\mathbf{A}\boldsymbol{\epsilon}\right] \\ &\approx \frac{1}{I}\sum_{i=1}^{I}\boldsymbol{\epsilon}_i^T\mathbf{A}\boldsymbol{\epsilon}_i \end{aligned}$$

식 16.24

이러한 방식으로 테일러 전개(식 16.22)의 멱급수의 대각합을 근사하고, 로그 확률을 평가할 수 있다.

16.4 다중 크기 흐름

정규화 흐름에서는 잠재 공간 $\mathbf{z}$가 데이터 공간 $\mathbf{x}$와 동일한 크기여야 하지만 자연에 존재하는 데이터셋은 종종 더 적은 수의 기저 변수로 설명할 수 있다. 어느 시점에서는 이러한 변수를 모두 사용해야 하지만 이를 전체 신경망을 통해 전달하는 것은 비효율적이다. 이로부터 **다중 크기 흐름**multiscale flow의 아이디어를 얻었다(그림 16.10).

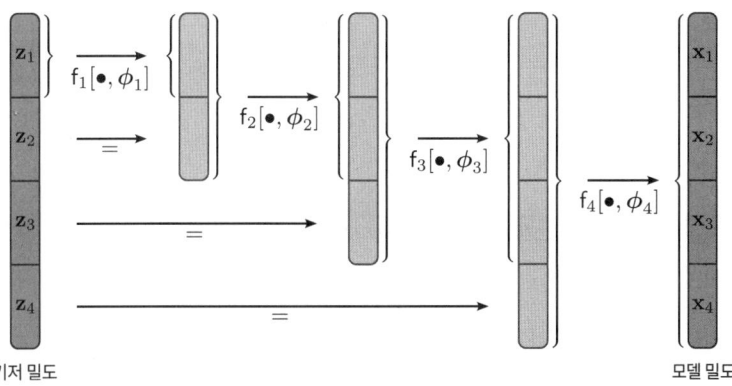

그림 16.10 다중 크기 흐름. 정규화 흐름에서 잠재 공간 z는 모델 밀도와 크기가 같아야 한다. 그러나 여러 구성 요소로 분할해서, 분할한 것을 점진적으로 다른 층에 도입할 수 있다. 이렇게 하면 밀도 추정과 샘플링을 더 빨리 할 수 있다. 역과정의 경우, 검은색 화살표가 반대 방향이 되고 각 블록의 마지막 부분에서는 남은 과정을 건너뛴다. 예를 들어 $f_3^{-1}[\bullet, \phi_3]$은 처음 세 블록에서만 작동하고 네 번째 블록은 z_4가 되어 기저 밀도에 대해 평가한다.

생성 방향에서는 다중 크기 흐름이 잠재 벡터를 $z = [z_1, z_2, \ldots, z_N]$으로 분할한다. 첫 번째 분할 z_1은 어느 시점에서 z_2가 추가되어 z_1과 결합될 때까지 z_1과 동일한 차원을 가진 일련의 가역층에 의해 처리된다. 이 과정은 신경망이 데이터 x와 동일한 크기가 될 때까지 계속된다. 정규화 방향에서는 신경망이 x의 전체 차원에서 시작하지만 z_n이 추가된 지점에 도달하면 기저 분포에 대해 평가한다.

16.5 응용

이제 정규화 흐름의 세 가지 응용에 대해 설명한다. 첫째, 확률 밀도 모델링을 고려한다. 둘째, 이미지 합성을 위한 GLOW 모델을 살펴본다. 마지막으로 정규화 흐름을 사용하여 다른 분포를 근사하는 방법에 대해 논의한다.

16.5.1 밀도 모델링

이 책에서 논의한 네 가지 생성 모델 중 새로운 샘플의 정확한 로그 우도를 계산할 수 있는 모델은 정규화 흐름밖에 없다. 생성적 적대 신경망은 확률적 모델이 아니고, 변분 오토인코더와 확산 모델 모두 우도의 하한만을 구할 수 있다.† 그림 16.11은 i-ResNet을 사용하여 두 가지 간단한 문제에서 추정한 확률분포를 보여준다. 밀도 추정의 응용 분야로는 이상 탐지 anomaly detection가 있다. 깨끗한 데이터셋의 데이터

확산 모델의 우도 하한은 실제로 정규화 흐름에서의 정확한 계산 결과를 초과할 수 있지만, 데이터 생성 속도는 훨씬 느리다(18장 참고).

분포는 정규화 흐름 모델을 사용하여 설명할 수 있다. 발생 확률이 낮은 새로운 견본은 이상치outlier로 표시된다. 그러나 일반적인 데이터셋에 속하지 않는 높은 확률의 이상치가 있을 수 있으므로 주의해야 한다(그림 8.13 참고).

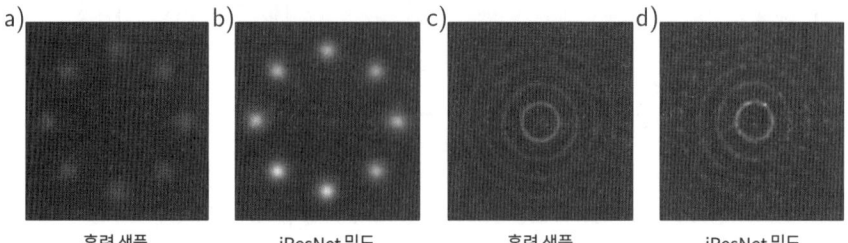

그림 16.11 밀도 모델링. a) 간단한 2차원 데이터 샘플. b) iResNet을 사용하여 모델링한 밀도. c-d) 두 번째 예(출처: Behrmann et al., 2019[1]).

16.5.2 합성

생성 흐름generative glow 또는 줄여서 **GLOW**는 매우 사실적인 이미지(그림 16.12)를 생성할 수 있는 정규화 흐름 모델로, 이 장에서 소개한 많은 개념을 사용한다. GLOW는 정규화 방향에서 이해하는 것이 가장 쉽다. GLOW는 RGB 이미지를 포함하는 $256 \times 256 \times 3$ 텐서로 시작한다. 이는 결합층을 사용해서 채널을 두 부분으로 분할한다. 신경망의 후반부는 각 공간 위치에서 서로 다른 아핀 변환을 거치는데, 여기서 아핀 변환의 매개변수는 채널의 나머지 절반에서 실행되는 2차원 CNN에 의해 계산된다. 결합층은 1×1 합성곱과 교대로 실행되는데, 이는 LU 분해로 매개변수화되고 채널을 혼합한다.

그림 16.12 CelebA HQ 데이터셋에서 훈련한 GLOW의 샘플(Karras et al., 2018)[2]. 샘플의 품질은 괜찮지만, GAN과 확산 모델이 우수한 결과를 제공한다(출처: Kingma & Dhariwal, 2018[3]).

주기적으로, 각각의 2 × 2 패치를 하나의 위치로 결합하여 해상도가 절반으로 줄어들고, 채널은 네 배 더 많아진다. GLOW는 다중 크기 흐름이고, 일부 채널은 주기적으로 제거되어 잠재 벡터 z의 일부가 된다. 이미지는 (RGB 값의 양자화로 인해) 이산값을 갖기 때문에, 훈련 우도가 무한히 증가하는 것을 방지하기 위해 입력에 잡음을 더해준다. 이때 이를 역양자화_dequantization_라고 한다.

보다 사실적인 이미지를 샘플링하기 위해, GLOW 모델은 기저 밀도를 양의 거듭제곱으로 증가시켜서 샘플링한다. 이로 인해, 꼬리가 아닌 밀도의 중심에 더 가까운 견본을 선택하게 된다. 이는 GAN의 절단 기법과 유사하다(그림 15.10). 주목해야 할 점은, 샘플이 GAN이나 확산 모델만큼 좋지 않다는 것이다. 이것이 가역층과 관련된 근본적인 제한 때문인지, 아니면 아직 연구가 덜 이루어졌기 때문인지는 알 수 없다.

그림 16.13은 GLOW를 이용한 보간의 예를 보여준다. 2개의 실제 이미지를 정규화 방향으로 변환하여 2개의 잠재 벡터를 계산한다. 이 잠재 벡터 사이의 중간 지점은 선형 보간으로 계산하고, 생성 방향의 신경망을 사용하여 이미지 공간으로 다시 투영한다. 그 결과 2개의 실제 이미지 사이를 사실적으로 보간하는 이미지 집합을 얻을 수 있다.

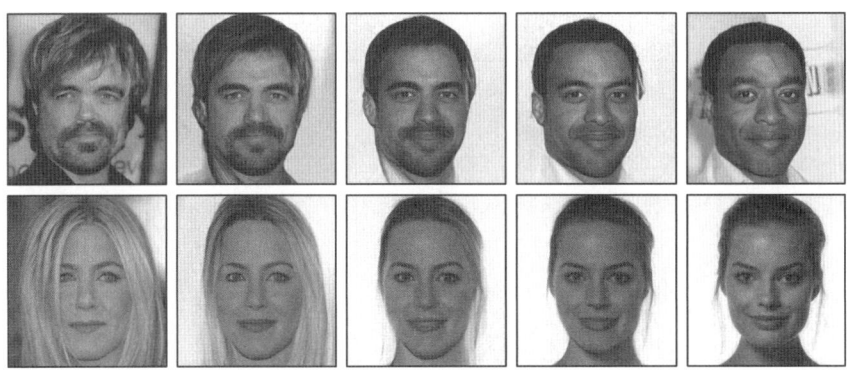

그림 16.13 GLOW 모델을 사용한 보간. 왼쪽과 오른쪽 이미지는 실제 인물이다. 중간 이미지는 실제 이미지를 잠재 공간에 투영하고 보간한 다음 보간된 점을 다시 이미지 공간에 투영한 결과이다(출처: Kingma & Dhariwal, 2018)[3]).

16.5.3 다른 밀도 모델 근사

정규화 흐름은 평가는 쉽지만 샘플링하기는 어려운 기존 밀도를 근사하는 샘플을 생성하는 방법도 학습할 수 있다. 이러한 맥락에서 정규화 흐름 $Pr(\mathbf{x}|\boldsymbol{\phi})$을 학생student으로 표시하고 목표 밀도 $q(\mathbf{x})$를 교사teacher로 표시한다.

학생 모델로부터 샘플 $\mathbf{x}_i = \mathrm{f}[\mathbf{z}_i, \boldsymbol{\phi}]$을 생성한다. 이러한 샘플을 직접 생성했기 때문에 샘플에 해당하는 잠재변수 $\mathbf{z}_i$를 알고 있으므로 역변환 없이 학생 모델에서 우도를 계산할 수 있다. 따라서 역변환이 느린 마스킹된 자기회귀 흐름과 같은 모델도 사용할 수 있다. 학생 모델의 우도와 교사 모델의 우도가 동일하도록 유도하는 역 KLD를 기반으로 손실 함수를 정의하고, 이를 이용하여 학생 모델을 훈련한다 (그림 16.14).†

연습 문제 16.11 참고

$$\hat{\boldsymbol{\phi}} = \underset{\boldsymbol{\phi}}{\mathrm{argmin}} \left[\mathrm{KL} \left[\frac{1}{I} \sum_{i=1}^{I} \delta[\mathbf{x} - \mathrm{f}[\mathbf{z}_i, \boldsymbol{\phi}]] \middle\| q(\mathbf{x}) \right] \right] \quad \text{식 16.25}$$

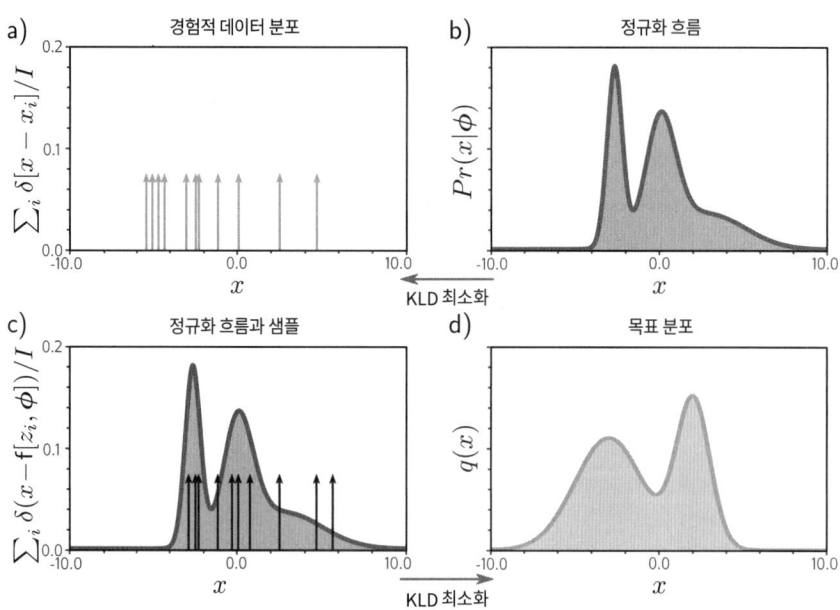

그림 16.14 밀도 모델 근사. a) 훈련 데이터. b) 일반적으로 훈련 데이터에서 흐름 모델로의 KLD를 최소화하기 위해 흐름 모델 매개변수를 수정한다. 이는 최대 우도 적합(5.7절)과 동일하다. c) 또는, 흐름 샘플 $x_i = \mathrm{f}[z_i, \boldsymbol{\phi}]$에서 d) 목표 밀도까지의 KLD를 최소화하기 위해 흐름 매개변수 $\boldsymbol{\phi}$를 수정할 수 있다.

일반적으로 순방향 KLD의 교차 엔트로피 항에 의존하는 최대 우도를 사용하여 알 수 없는 데이터 분포에서 나온 샘플 $\mathbf{x}_i$의 확률 모델 $Pr(\mathbf{x}_i, \boldsymbol{\phi})$을 구축하기 위해 정규화 흐름을 사용하는데, 이 방법은 이것과는 대조된다(5.7절).

$$\hat{\boldsymbol{\phi}} = \underset{\boldsymbol{\phi}}{\operatorname{argmin}} \left[\operatorname{KL}\left[\frac{1}{I}\sum_{i=1}^{I}\delta[\mathbf{x}-\mathbf{x}_i] \,\middle\|\, Pr(\mathbf{x}_i, \boldsymbol{\phi}) \right] \right] \quad \text{식 16.26}$$

정규화 흐름은 이 기법을 사용하여 VAE의 사후 확률posterior을 모델링할 수 있다 (17장 참고).

16.6 요약

정규화 흐름은 기저 분포(일반적으로 정규분포)를 변환하여 새로운 밀도를 생성한다. 샘플의 우도를 정확하게 평가하고 새로운 샘플을 생성할 수 있다는 장점이 있다. 그러나 각 층이 가역적이어야 한다는 구조적 제약이 있다. 샘플을 생성하려면 순방향 변환이 필요하고, 우도를 평가하려면 역방향 변환이 필요하다.

우도를 평가하기 위해 야코비 행렬을 효율적으로 추정할 수 있다는 것도 중요하다. 밀도를 학습하려면 이 작업을 반복적으로 수행해야 한다. 그러나 야코비 행렬을 효율적으로 추정할 수 없는 경우에도, 가역층은 그 자체로 여전히 유용하다. 이는 K개 층을 갖는 신경망을 훈련하는 데 필요한 메모리 요구량을 $\mathcal{O}[K]$에서 $\mathcal{O}[1]$로 줄인다.

이 장에서는 가역적 신경망층 또는 흐름을 검토했다. 단순하지만 표현력이 부족한 선형 흐름과 요소별 흐름은 살펴봤다. 그런 다음 결합 흐름, 자동회귀 흐름, 잔차 흐름과 같은 보다 복잡한 흐름을 설명했다. 마지막으로 정규화 흐름을 사용하여 우도를 추정하고, 이미지를 생성 및 보간하고, 다른 분포를 근사하는 방법을 보여주었다.

노트

정규화 흐름은 Rezende & Mohamed(2015)[4]에 의해 처음 소개되었지만 Tabak & Vanden-Eijnden(2010)[5], Tabak & Turner(2013)[6], Rippel & Adams(2013)[7]의 작업과 같은 지적 선례가 있었다. 정규화 흐름에 대한 리뷰는 Kobyzev et al.(2020)[8], Papamakarios et al.(2021)[9]에서 찾아볼 수 있다. Kobyzev et al.(2020)[8]은 많은 정규화 흐름 접근법을 정량적으로 비교했다. 그들은 Flow++ 모델(새로운 요소별 변환 및 기타 혁신을 결합한 흐름)이 당시 최고 성능을 보였다고 결론지었다.

가역 신경망층

가역층은 역전파 알고리즘의 메모리 요구량을 줄여준다. 순방향 패스의 활성화는 역방향 패스에서 다시 계산할 수 있으므로 더 이상 저장할 필요가 없다. 이 장에서 논의한 일반 신경망층과 잔차층(Gomez et al., 2017[10]; Jacobsen et al., 2018[11]) 외에도 그래프 신경망(Li et al., 2021a)[12], RNN(MacKay et al., 2018)[13], 마스킹된 합성곱(Song et al., 2019)[14], U-Net(Brügger et al., 2019)[15], Etmann et al.(2020)[16], 트랜스포머(Mangalam et al., 2022)[17]를 위한 가역층이 개발되었다.

방사형 흐름과 평면형 흐름

원래 정규화 흐름 문서(Rezende & Mohamed, 2015)[4]에서는 **평면형 흐름**planar flow(특정 차원을 따라 분포를 수축 또는 확장)과 **방사형 흐름**radial flow(특정 지점 주변에서 확장 또는 수축)을 사용했다. 이러한 흐름에 대한 역변환은 쉽게 계산할 수 없지만, 샘플링이 느리거나 알 수 없는 스케일링 계수까지만 우도를 평가할 수 있는 분포를 근사하는 데 유용하다(그림 16.14).

응용 분야

응용 분야에는 이미지 생성(Ho et al., 2019[18]; Kingma & Dhariwal, 2018[3]), 잡음 모델링(Abdelhamed et al., 2019)[19], 비디오 생성(Kumar et al., 2019b)[20], 오디오 생성(Esling et al., 2019[21], Kim et al., 2018[22], Prenger et al., 2019[23]), 그래프 생성(Madhawa et al., 2019)[24], 이미지 분류(Kim et al., 2021[25]; Mackowiak et al., 2021[26]), 이미지 은닉(Lu et al., 2021)[27], 초고해상도(Yu et al., 2020[28]; Wolf et al., 2021[29]; Liang et al., 2021[30]), 스타일 전송(An et al., 2021)[31], 동작 스타일 전송(Wen et. al., 2021)[32], 3차원 형상 모델링(Paschalidou et al., 2021)[33], 압축(Zhang et al., 2021b)[34], sRGB에서 RAW 이미지로 변환(Xing et al., 2021)[35], 잡음 제거(Liu et al., 2021b)[36], 이상 탐지(Yu et al., 2021)[37], 이미지 간 변환(Ardizzone et al., 2020)[38], 다양한 분자 개입 하에서 세포 현미경 이미지 합성(Yang et al., 2021)[39], 광 전달 시뮬레이션(Müller et al., 2019b)[40]이 있다. 이미지 데이터를 사용하는 응용의 경우, 입력이 양자화되어 이산적이므로 학습 전에 잡음을 더해줘야 한다(Theis et al., 2016)[41] 참고).

Rezende & Mohamed(2015)[4]는 정규화 흐름을 사용하여 VAE의 사후 확률을 모델링했다. Abdal et al.(2021)[42]은 정규화 흐름을 사용하여 StyleGAN의 잠재 공간에서 속성 분포를 모델링한 다음 이러한 분포를 사용하여 실제 이미지의 지정된 속성을 변경했다. Wolf et al.(2021)[29]은 정규화 흐름을 사용하여 깨끗한 입력 이미지가 주어졌을 때 잡음이 있는 입력 이미지의 조건부 이미지를 학습하여 잡음 제거 또는 초고해상도 모델을 훈련하는 데 사용할 수 있는 잡음이 있는 데이터를 시뮬레이션했다.

또한 정규화 흐름은 물리학(Kanwar et al., 2020[43]; Köhler et al., 2020[44], Noé et al., 2019[45]; Wirnsberger et al., 2020[46], Wong et al., 2020[47]), 자연어 처리(Tran et al., 2019[48]; Ziegler & Rush(2019)[49]; Zhou et al., 2019[50]; He et al., 2018[51]; Jin et al., 2019[52]), 강화 학습(Schroecker et al., 2019[53]; Haarnoja et al., 2018a[54]; Majoure et al., 2020[55]; Ward et al., 2019[56]; Touati et al., 2020[57])에서도 다양하게 사용되었다.

선형 흐름

대각 선형 흐름은 배치 정규화(Dinh et al., 2016)[58], ActNorm(Kingma & Dhariwal, 2018)[3]과 같은 정규화 변환을 나타낼 수 있다. Tomczak & Welling(2016)[59]은 삼각 행렬을 결합하고 하우스홀더$_{Householder}$ 변환으로 매개변수화된 직교 변환을 사용하는 방법을 연구했다. Kingma & Dhariwal(2018)[3]은 16.5.2절에서 설명한 LU 매개변수화를 제안했다. Hoogeboom et al.(2019b)[60]은 미리 결정된 치환 행렬이 필요하지 않은 QR 분해를 대신 사용할 것을 제안했다. 합성곱은 딥러닝에서 널리 사용되는 선형 변환(그림 10.4)이지만 역변환과 행렬식은 계산하기가 쉽지 않다. Kingma & Dhariwal(2018)[3]은 1 × 1 합성곱을 사용했는데, 이는 사실상 각 위치에 개별적으로 적용하는 전체 선형 변환이다. Zheng et al.(2017)[61]은 1차원 합성곱으로 제한된 ConvFlow를 도입했다. Hoogeboom et al.(2019b)[60]은 마스킹된 자기회귀 합성곱을 함께 쌓거나 푸리에 도메인에서 작동하는 방식으로 2차원 합성곱을 모델링하는, 보다 일반적인 해를 제공했다.

요소별 흐름과 결합 함수

요소별 흐름은 동일한 함수를 사용하여 각 변수를 독립적으로 변환한다(그러나 각 변수에 대해 다른 매개변수 사용한다). 동일한 흐름을 사용하여 결합 흐름과 자기회귀 흐름에서 **결합 함수**coupling function를 만들 수 있으며, 이 경우 해당 매개변수는 이전 변수에 따라 달라진다. 이러한 함수가 가역적이려면 단조함수여야 한다.

가산 결합 함수additive coupling function(Dinh et al., 2015)[62]는 변수에 오프셋을 추가한다. 아핀 결합 함수는 변수의 크기를 조정하고 오프셋을 추가하는데, Dinh et al.(2015)[62], Dinh et al.(2016)[58], Kingma & Dhariwal(2018)[3], Kingma et al.(2016)[63], Papamakarios et al.(2017)[64]이 사용했다. Ziegler & Rush(2019)[49]는 5개의 매개변수를 갖는 다항식의 가역적 비율인 비선형 제곱 흐름을 제안한다. 연속 혼합 CDF(Ho et al., 2019)[18]는 역 로지스틱 시그모이드에 의해 사후 구성되고 스케일링되고 오프셋된 K개의 로지스틱 혼합의 누적 밀도 함수cumulative density function, CDF를 기반으로 단조 변환을 적용한다.

구간별 부분 선형 결합 함수(그림 16.5)는 Müller et al.(2019b)[40]에 의해 개발되었다. 그 이후로 3차 스플라인(Durkan et al., 2019a)[65]과 유리분수형 2차 스플라인(Durkan et al., 2019b)[66]을 기반으로 한 시스템이 제안되었다. Huang et al.(2018a)[67]은 함수가 단조 함수를 생성하는 신경망으로 표현되는 신경 자기회귀 흐름을 도입했다. 충분조건은 가중치가 모두 양수이고 활성화 함수가 단조함수라는 것이다. 가중치가 양수라는 제약 조건을 갖는 신경망을 훈련하는 것은 어렵기 때문에, 이로 인해 제약이 없는 단조 신경망(Wehenkel & Louppe, 2019)[68]이 탄생했다. 이 신경망은 엄격하게 양수 함수를 모델링한 다음 이를 수치적으로 통합하여 단조 함수를 얻는다. Jaini et al.(2019)[69]은 모든 양수 단일 변수 다항식이 다항식의 제곱의 합이라는 고전적인 결과를 바탕으로, 닫힌 형태로 통합될 수 있는 양의 함수를 구성한다. 마지막으로 Dinh et al.(2019)[70]은 부분 단조 결합 함수를 조사했다.

결합 흐름

Dinh et al.(2015)[62]은 차원이 반으로 분할되는 결합 흐름을 도입했다(그림 16.6). Dinh et al.(2016)[58]은 교대로 픽셀이나 채널 블록을 가져오는 방식으로 이미지 입력을 분할하는 RealNVP를 도입했다. Das et al.(2019)[71]은 미분의 크기를 기반으로 전파된 부분에 대한 특징을 선택하는 것을 제안했다. Dinh et al.(2016)[58]은 다중 크기 흐름(차원이 점진적으로 도입되는)을 매개변수 ϕ가 데이터의 나머지 절반에 의존하지 않는 결합 흐름으로 해석했다. Kruse et al.(2021)[72]은 각 분할을 재귀적으로 2개로 나누는 계층적 결합 흐름을 도입했다. **GLOW**(그림 16.12-16.13)는 Kingma & Dhariwal(2018)[3]에 의해 설계되었으며 NICE(Dinh et al., 2015)[62], RealNVP(Dinh et al., 2016)[58], FloWaveNet(Kim et al., 2018)[22], WaveGlOW(Prenger et al., 2019)[23], Flow++(Ho et al., 2019)[18]와 마찬가지로 결합 흐름을 사용한다.

자기회귀 흐름

Kingma et al.(2016)[63]은 정규화 흐름을 위해 자기회귀 모델을 사용했다. Germain et al.(2015)[73]은 이전 변수를 마스킹하는 일반적인 방법을 개발했다. Papamakarios et al.(2017)[64]은 마스킹된 자기회귀 흐름에서 순방향의 모든 출력을 동시에 계산하는데 이를 활용했다. Kingma et al.(2016)[63]은 역 자기회귀 흐름을 도입했다. 병렬 WaveNet(Van den Oord et al., 2018)[74]은 다른 유형의 오디오 생성 모델인 WaveNet(Van den Oord et al., 2016a)[75]을 역자기회귀 흐름으로 증류하여 샘플링이 빨라졌다(그림 16.14c-d 참고).

잔차 흐름

잔차 흐름은 잔차 신경망을 기반으로 한다(He et al., 2016a)[76]. RevNets(Gomez et al., 2017)[10]와 iRevNets(Jacobsen et al., 2018)[11]는 입력을 두 부분으로 나누고(그림 16.8) 각 부분은 잔차 신경망을 통과한다. 이러한 신경망은 가역적이지만 야코비 행렬식은 쉽게 계산할 수 없다. 잔차 연결은 상미분 방정식의 이산화로 해석될 수 있으며, 이러한 관점은 다양한 가역적 구조로 이어졌다(Chang et al., 2018[77], 2019a[78]). 그러나 이러한 신경망의 야코비 행렬은 여전히 효율적으로 계산될 수 없다. Behrmann et al.(2019)[1]은 신경망의 립시츠 상수가 1보다 작으면 고정점 반복을 사용하여 신경망을 역변환할 수 있다고 지적했다. 이로 인해 허치슨의 대각합 추정기(Hutchinson, 1989)[79]를 사용하여 야코비의 로그 행렬식을 추정할 수 있는 iResNet이 탄생했다. Chen et al.(2019)[80]은 러시안 룰렛 추정기를 사용하여 식 16.22에서 멱급수 절단으로 인해 유발된 편향을 제거했다.

무한소 흐름

잔차 신경망을 상미분 방정식ordinary differential equation, ODE의 이산화로 볼 수 있다면, 다음 논리적 단계는 변수의 변화를 ODE로 직접 표현하는 것이다. 신경 ODE는 Chen et al.(2018e)[81]이 연구하였으며, ODE의 순방향 전파와 역방향 전파를 위한 표준 방법을 활용한다. 우도를 계산하는 데 더 이상 야코비 행렬이 필요하지 않다. 이는 로그 확률의 변화가 순방향 전파의 미분의 대각합과 관련이 있는 다른 ODE로 표현된다. Grathwohl et al.(2019)[82]은 허치슨 추정기를 사용하여 대각합을 추정하고 이를 더욱 단순화했다. Finlay et al.(2020)[83]은 훈련을 더 쉽게 만드는 정칙화 항을 손실 함수에 추가했으며 Dupont et al.(2019)[84]은 신경 ODE가 더 광범위한 미분동형을 나타낼 수 있도록 표현을 확장했다. Tzen & Raginsky(2019)[85]와 Peluchetti & Favaro(2020)[86]는 ODE를 확률적 미분방정식으로 대체했다.

보편성

보편성 속성은 정규화 흐름이 임의의 확률분포를 임의로 잘 모델링하는 능력을 나타낸다. 일부 흐름(예를 들어 평면형, 요소별)에는 이러한 속성이 없다. 자기회귀 흐름은 결합 함수가 신경 단조 신경망(Huang et al., 2018a)[67], 단조 다항식(Jaini et al., 2020)[87], 스플라인(Kobyzev et al., 2020)[8]을 기반으로 할 때 보편성 속성을 갖는다. 차원이 D인 경우, 일련의 D개의 결합 흐름이 자기회귀 흐름을 형성할 수 있다. 이유를 이해하려면, h_1과 h_2의 두 부분으로 분할한다는 것은 주어진 층에서 h_2가 이전 변수에만 의존한다는 것을 의미한다는 점에 주목하자(그림 16.6). 따라서 모든 층에서 h_1의 크기를 1씩 늘리면 자기회귀 흐름을 재현할 수 있으며 그 결과는 보편

적이다. 현재로서는 D층 이하의 결합 흐름이 보편성을 가질 수 있는지 여부는 알려져 있지 않다. 그러나 이렇게 추가된 자기회귀 구조 없이도 실용적으로 잘 작동한다(예를 들어 GLOW).

다른 연구

정규화 흐름에 대한 활발한 연구 분야로는 이산 흐름(Hoogeboom et al., 2019a)[88]; Tran et al., 2019)[48]), 비유클리드 다양체 상의 정규화 흐름(Gemici et al., 2016) [59], Wang & Wang, 2019)[90], 등변 흐름equivariant flow(Köhler et al., 2020)[44], Rezende et al., 2019)[91]) 등이 있으며, 이는 변환 군에 대해 불변인 밀도를 생성하는 것을 목표로 한다.

연습 문제

16.1 $z \in [0, 1]$에 정의된 균일한 기저 밀도를 $x = \mathrm{f}[z] = z^2$ 함수를 사용하여 변환하는 것을 고려해보자. 변환된 분포 $Pr(x)$에 대한 표현식을 구해보자.

16.2* 표준 정규분포의 변환을 고려해보자.

$$Pr(z) = \frac{1}{\sqrt{2\pi}} \exp\left[\frac{-z^2}{2}\right] \quad \text{식 16.27}$$

이때 함수는 다음과 같다.

$$x = \mathrm{f}[z] = \frac{1}{1 + \exp[-z]} \quad \text{식 16.28}$$

변환된 분포 $Pr(x)$에 대한 표현식을 찾아보자.

16.3* 역방향 매핑 $\mathbf{z} = \mathbf{f}^{-1}[\mathbf{x}, \boldsymbol{\phi}]$의 야코비 행렬과 그 야코비 행렬의 절대 행렬식을 식 16.6과 16.7과 유사한 형태로 작성해보자.

16.4 다음 행렬의 역행렬과 행렬식을 직접 계산해보자.

$$\Omega_1 = \begin{bmatrix} 2 & 0 & 0 & 0 \\ 0 & -5 & 0 & 0 \\ 0 & 0 & 1 & 0 \\ 0 & 0 & 0 & 2 \end{bmatrix} \quad \Omega_2 = \begin{bmatrix} 1 & 0 & 0 & 0 \\ 2 & 4 & 0 & 0 \\ 1 & -1 & 2 & 0 \\ 4 & -2 & -2 & 1 \end{bmatrix} \quad \text{식 16.29}$$

16.5 평균이 $\boldsymbol{\mu}$이고 공분산이 Σ인 랜덤 변수 $\mathbf{z}$를 $\mathbf{x} = \mathbf{Az} + \mathbf{b}$로 변환한다고 가정해보자. $\mathbf{x}$의 기댓값은 $\mathbf{A}\boldsymbol{\mu} + \mathbf{b}$이고 $\mathbf{x}$의 공분산은 $\mathbf{A}\Sigma\mathbf{A}^T$임을 증명해보자.

16.6* $\mathbf{x} = \mathbf{f}[\mathbf{z}] = \mathbf{Az} + \mathbf{b}$이고 $Pr(\mathbf{z}) = \text{Norm}_\mathbf{z}[\boldsymbol{\mu}, \Sigma]$일 때, 다음 관계식을 사용하여 $Pr(\mathbf{x}) = \text{Norm}_\mathbf{x}[\mathbf{A}\boldsymbol{\mu} + \mathbf{b}, \mathbf{A}\Sigma\mathbf{A}^T]$를 증명해보자.

$$Pr(\mathbf{x}) = Pr(\mathbf{z}) \cdot \left| \frac{\partial \mathbf{f}[\mathbf{z}]}{\partial \mathbf{z}} \right|^{-1} \quad \text{식 16.30}$$

16.7 Leaky ReLU는 다음과 같이 정의된다.

$$\text{LReLU}[z] = \begin{cases} 0.1z & z < 0 \\ z & z \geq 0 \end{cases} \quad \text{식 16.31}$$

Leaky ReLU의 역함수의 표현식을 작성해보자. 다변량 변수 $\mathbf{z}$의 요소별 변환 $\mathbf{x} = \mathbf{f}[\mathbf{z}]$에 대한 야코비 $|\partial \mathbf{f}[\mathbf{z}]/\partial \mathbf{z}|^{-1}$의 역방향 절대 행렬식에 대한 표현식을 작성해보자. 여기서 $\mathbf{f}[\mathbf{z}]$는 다음과 같다.

$$\mathbf{f}[\mathbf{z}] = \begin{bmatrix} \text{LReLU}[z_1], \text{LReLU}[z_2], \ldots, \text{LReLU}[z_D] \end{bmatrix}^T \quad \text{식 16.32}$$

16.8 도메인 $h' \in [0, 1]$에 대해서 식 16.12에 정의된 구간별 부분 선형함수 $f[h, \boldsymbol{\phi}]$를 입력 $\mathbf{h} = [h_1, h_2, \ldots, h_D]^T$에 요소별로 적용한 결과가 $\mathbf{f}[\mathbf{h}]$ $= [f[h_1, \boldsymbol{\phi}], f[h_2, \boldsymbol{\phi}], \ldots, f[h_D, \boldsymbol{\phi}]]$라고 가정해보자. 이 경우, 야코비 $\partial \mathbf{f}[\mathbf{h}]/\partial \mathbf{h}$와 야코비의 행렬식을 구해보자.

16.9* 동일한 간격의 구간에서 제곱근 함수의 원뿔형 조합을 기반으로 요소별 흐름을 구성하는 것을 고려해보자.

$$\mathbf{h}' = \mathrm{f}[h, \boldsymbol{\phi}] = \sqrt{[Kh - b + 1]\phi_b} + \sum_{k=1}^{b-1} \sqrt{\phi_k} \quad \text{식 16.33}$$

여기서 $b = \lfloor Kh \rfloor + 1$은 h가 속하는 구간이고 매개변수 $\boldsymbol{\phi}_k$는 양수이고 합은 1이다. $K = 5$이고 $\boldsymbol{\phi}_1 = 0.1$, $\boldsymbol{\phi}_2 = 0.2$, $\boldsymbol{\phi}_3 = 0.5$, $\boldsymbol{\phi}_4 = 0.1$, $\boldsymbol{\phi}_5 = 0.1$인 경우를 생각해보자. 함수 f[$h$, $\boldsymbol{\phi}$]와 역함수 f^{-1}[h', $\boldsymbol{\phi}$]를 그려보자.

16.10 $\mathbf{f}_1[\bullet, \boldsymbol{\phi}_1]$과 $\mathbf{f}_2[\bullet, \boldsymbol{\phi}_2]$가 (i) 완전 연결 신경망, (ii) 요소별 흐름인 경우, 그림 16.8의 잔차 흐름의 순방향 매핑을 위한 야코비 행렬의 구조(어떤 요소가 0인지 표시)를 그려보자.

16.11* 식 16.25에서 KLD에 대한 식을 작성하자. 확률 $q(\mathbf{x})$를 스케일링 계수 κ까지만 평가해도 상관이 없는 이유는 무엇일까? 이 손실 함수를 최소화하려면 신경망이 가역적이어야 할까? 추론 과정을 설명해보자.

참고 문헌

[1] Behrmann, J., Grathwohl, W., Chen, R. T., Duvenaud, D., & Jacobsen, J.-H. (2019). Invertible residual networks. *International Conference on Machine Learning*, 573–582.

[2] Karras, T., Aila, T., Laine, S., & Lehtinen, J. (2018). Progressive growing of GANs for improved quality, stability, and variation. *International Conference on Learning Representations*.

[3] Kingma, D. P., & Dhariwal, P. (2018). Glow: Generative flow with invertible 1x1 convolutions. *Neural Information Processing Systems*, 31, 10236–10245.

[4] Rezende, D. J., & Mohamed, S. (2015). Variational inference with normalizing flows. *International Conference on Machine Learning*, 1530–1538.

[5] Tabak, E. G., & Vanden-Eijnden, E. (2010). Density estimation by dual ascent of the loglikelihood. *Communications in Mathematical Sciences*, 8(1), 217–233.

[6] Tabak, E. G., & Turner, C. V. (2013). A family of nonparametric density estimation algorithms. *Communications on Pure and Applied Mathematics*, 66(2), 145–164.

[7] Rippel, O., & Adams, R. P. (2013). Highdimensional probability estimation with deep density models. *arXiv:1302.5125*.

[8] Kobyzev, I., Prince, S. J., & Brubaker, M. A. (2020). Normalizing flows: An introduction and review of current methods. *IEEE Transactions on Pattern Analysis & Machine Intelligence*, 43(11), 3964–3979.

[9] Papamakarios, G., Nalisnick, E. T., Rezende, D. J., Mohamed, S., & Lakshminarayanan, B. (2021). Normalizing flows for probabilistic modeling and inference. *Journal of Machine Learning Research*, 22(57), 1–64.

[10] Gomez, A. N., Ren, M., Urtasun, R., & Grosse, R. B. (2017). The reversible residual network: Backpropagation without storing activations. *Neural Information Processing Systems*, 30, 2214–2224.

[11] Jacobsen, J.-H., Smeulders, A., & Oyallon, E. (2018). i-RevNet: Deep invertible networks. *International Conference on Learning Representations*.

[12] Li, G., Müller, M., Ghanem, B., & Koltun, V. (2021a). Training graph neural networks with 1000 layers. *International Conference on Machine Learning*, 6437–6449.

[13] MacKay, M., Vicol, P., Ba, J., & Grosse, R. B. (2018). Reversible recurrent neural networks. *Neural Information Processing Systems*, 31, 9043–9054.

[14] Song, Y., Meng, C., & Ermon, S. (2019). Mint- Net: Building invertible neural networks with masked convolutions. *Neural Information Processing Systems*, 32, 11002–11012.

[15] Brügger, R., Baumgartner, C. F., & Konukoglu, E. (2019). A partially reversible U-Net for memory-efficient volumetric image segmentation. *International Conference on Medical Image Computing and Computer-Assisted Intervention*, 429–437.

[16] Etmann, C., Ke, R., & Schönlieb, C.-B. (2020). iunets: Fully invertible U-Nets with learnable up-and downsampling. *IEEE International Workshop on Machine Learning for Signal Processing*.

[17] Mangalam, K., Fan, H., Li, Y., Wu, C.-Y., Xiong, B., Feichtenhofer, C., & Malik, J. (2022). Reversible vision transformers. *IEEE/CVF Computer Vision & Pattern Recognition*, 10830–10840.

[18] Ho, J., Chen, X., Srinivas, A., Duan, Y., & Abbeel, P. (2019). Flow++: Improving flow-based generative models with variational dequantization and architecture design. *International Conference on Machine Learning*, 2722–2730.

[19] Abdelhamed, A., Brubaker, M. A., & Brown, M. S. (2019). Noise flow: Noise modeling with conditional normalizing flows. *IEEE/CVF International Conference on Computer Vision*, 3165–3173.

[20] Kumar, M., Babaeizadeh, M., Erhan, D., Finn, C., Levine, S., Dinh, L., & Kingma, D. (2019b). VideoFlow: A flow-based generative model for video. *ICML Workshop on Invertible Neural Networks and Normalizing Flows*.

[21] Esling, P., Masuda, N., Bardet, A., Despres, R., et al. (2019). Universal audio synthesizer control with normalizing flows. *International Conference on Digital Audio Effects*.

[22] Kim, S., Lee, S.-g., Song, J., Kim, J., & Yoon, S. (2018). FloWaveNet: A generative flow for raw audio. *International*

Conference on Machine Learning, 3370–3378.

23. Prenger, R., Valle, R., & Catanzaro, B. (2019). Waveglow: A flow-based generative network for speech synthesis. *IEEE International Conference on Acoustics, Speech and Signal Processing*, 3617–3621.

24. Madhawa, K., Ishiguro, K., Nakago, K., & Abe, M. (2019). GraphNVP: An invertible flow model for generating molecular graphs. *arXiv:1905.11600*.

25. Kim, I., Han, S., Baek, J.-w., Park, S.-J., Han, J.-J., & Shin, J. (2021). Qualityagnostic image recognition via invertible decoder. *IEEE/CVF Computer Vision & Pattern Recognition*, 12257–12266.

26. Mackowiak, R., Ardizzone, L., Kothe, U., & Rother, C. (2021). Generative classifiers as a basis for trustworthy image classification. *IEEE/CVF Computer Vision & Pattern Recognition*, 2971–2981.

27. Lu, S.-P., Wang, R., Zhong, T., & Rosin, P. L. (2021). Large-capacity image steganography based on invertible neural networks. *IEEE/CVF Computer Vision & Pattern Recognition*, 10816–10825.

28. Yu, J. J., Derpanis, K. G., & Brubaker, M. A. (2020). Wavelet flow: Fast training of high resolution normalizing flows. *Neural Information Processing Systems*, 33, 6184–6196.

29. Wolf, V., Lugmayr, A., Danelljan, M., Van Gool, L., & Timofte, R. (2021). DeFlow: Learning complex image degradations from unpaired data with conditional flows. *IEEE/CVF Computer Vision & Pattern Recognition*, 94–103.

30. Liang, J., Zhang, K., Gu, S., Van Gool, L., & Timofte, R. (2021). Flow-based kernel prior with application to blind superresolution. *IEEE/CVF Computer Vision & Pattern Recognition*, 10601–10610.

31. An, J., Huang, S., Song, Y., Dou, D., Liu, W., & Luo, J. (2021). ArtFlow: Unbiased image style transfer via reversible neural flows. *IEEE/CVF Computer Vision & Pattern Recognition*, 862–871.

32. Wen, Y.-H., Yang, Z., Fu, H., Gao, L., Sun, Y., & Liu, Y.-J. (2021). Autoregressive stylized motion synthesis with generative flow. *IEEE/CVF Computer Vision & Pattern Recognition*, 13612–13621.

33. Paschalidou, D., Katharopoulos, A., Geiger, A., & Fidler, S. (2021). Neural parts: Learning expressive 3D shape abstractions with invertible neural networks. *IEEE/CVF Computer Vision & Pattern Recognition*, 3204–3215.

34. Zhang, S., Zhang, C., Kang, N., & Li, Z. (2021b). iVPF: Numerical invertible volume preserving flow for efficient lossless compression. *IEEE/CVF Computer Vision & Pattern Recognition*, 620–629.

35. Xing, Y., Qian, Z., & Chen, Q. (2021). Invertible image signal processing. *IEEE/CVF Computer Vision & Pattern Recognition*, 6287–6296.

36. Liu, Y., Qin, Z., Anwar, S., Ji, P., Kim, D., Caldwell, S., & Gedeon, T. (2021b). Invertible denoising network: A light solution for real noise removal. *IEEE/CVF Computer Vision & Pattern Recognition*, 13365–13374.

37. Yu, J., Zheng, Y., Wang, X., Li, W., Wu, Y., Zhao, R., & Wu, L. (2021). FastFlow: Unsupervised anomaly detection and localization via 2D normalizing flows. *arXiv:2111.07677*.

38. Ardizzone, L., Kruse, J., Lüth, C., Bracher, N., Rother, C., & Köthe, U. (2020). Conditional invertible neural networks for diverse image-to-image translation. *DAGM German Conference on Pattern Recognition*, 373–387.

39. Yang, K., Goldman, S., Jin, W., Lu, A. X., Barzilay, R., Jaakkola, T., & Uhler, C. (2021). Mol2Image: Improved conditional flow models for molecule to image synthesis. *IEEE/CVF Computer Vision & Pattern Recognition*, 6688–6698.

40. Müller, T., McWilliams, B., Rousselle, F., Gross, M., & Novák, J. (2019b). Neural importance sampling. *ACM Transactions on Graphics (TOG)*, 38(5), 1–19.

41. Theis, L., Oord, A. v. d., & Bethge, M. (2016). A note on the evaluation of generative models. *International Conference on Learning Representations*.

42. Abdal, R., Zhu, P., Mitra, N. J., & Wonka, P. (2021). StyleFlow: Attribute-conditioned exploration of StyleGAN-generated images using conditional continuous normalizing flows. *ACM Transactions on Graphics (ToG)*, 40(3), 1–21.

43. Kanwar, G., Albergo, M. S., Boyda, D., Cranmer, K., Hackett, D. C., Racaniere, S., Rezende, D. J., & Shanahan, P. E. (2020). Equivariant flow-based sampling for lattice gauge theory. *Physical Review Letters*, 125(12), 121601.

44. Köhler, J., Klein, L., & Noé, F. (2020). Equivariant flows: Exact likelihood generative learning for symmetric densities. *International Conference on Machine Learning*,

5361–5370.

45. Noé, F., Olsson, S., Köhler, J., & Wu, H. (2019). Boltzmann generators: Sampling equilibrium states of many-body systems with deep learning. *Science, 365*(6457).

46. Wirnsberger, P., Ballard, A. J., Papamakarios, G., Abercrombie, S., Racanière, S., Pritzel, A., Jimenez Rezende, D., & Blundell, C. (2020). Targeted free energy estimation via learned mappings. *The Journal of Chemical Physics, 153*(14), 144112.

47. Wong, K. W., Contardo, G., & Ho, S. (2020). Gravitational-wave population inference with deep flow-based generative network. *Physical Review D, 101*(12), 123005.

48. Tran, D., Vafa, K., Agrawal, K., Dinh, L., & Poole, B. (2019). Discrete flows: Invertible generative models of discrete data. *Neural Information Processing Systems, 32*, 14692–14701.

49. Ziegler, Z., & Rush, A. (2019). Latent normalizing flows for discrete sequences. *International Conference on Machine Learning*, 7673–7682.

50. Zhou, C., Ma, X., Wang, D., & Neubig, G. (2019). Density matching for bilingual word embedding. *ACL Human Language Technologies*, 1588–1598.

51. He, J., Neubig, G., & Berg-Kirkpatrick, T. (2018). Unsupervised learning of syntactic structure with invertible neural projections. *ACL Empirical Methods in Natural Language Processing*, 1292–1302.

52. Jin, L., Doshi-Velez, F., Miller, T., Schwartz, L., & Schuler, W. (2019). Unsupervised learning of PCFGs with normalizing flow. *Meeting of the Association for Computational Linguistics*, 2442–2452.

53. Schroecker, Y., Vecerik, M., & Scholz, J. (2019). Generative predecessor models for sampleefficient imitation learning. *International Conference on Learning Representations*.

54. Haarnoja, T., Hartikainen, K., Abbeel, P., & Levine, S. (2018a). Latent space policies for hierarchical reinforcement learning. *International Conference on Machine Learning*, 1851–1860.

55. Mazoure, B., Doan, T., Durand, A., Pineau, J., & Hjelm, R. D. (2020). Leveraging exploration in off-policy algorithms via normalizing flows. *Conference on Robot Learning*, 430–444.

56. Ward, P. N., Smofsky, A., & Bose, A. J. (2019). Improving exploration in soft-actor-critic with normalizing flows policies. *ICML Workshop on Invertible Neural Networks and Normalizing Flows*.

57. Touati, A., Satija, H., Romoff, J., Pineau, J., & Vincent, P. (2020). Randomized value functions via multiplicative normalizing flows. *Uncertainty in Artificial Intelligence*, 422–432.

58. Dinh, L., Sohl-Dickstein, J., & Bengio, S. (2016). Density estimation using Real NVP. *International Conference on Learning Representations*.

59. Tomczak, J. M., & Welling, M. (2016). Improving variational auto-encoders using Householder flow. *NIPS Workshop on Bayesian Deep Learning*.

60. Hoogeboom, E., Van Den Berg, R., & Welling, M. (2019b). Emerging convolutions for generative normalizing flows. *International Conference on Machine Learning*, 2771–2780.

61. Zheng, G., Yang, Y., & Carbonell, J. (2017). Convolutional normalizing flows. *arXiv:1711.02255*.

62. Dinh, L., Krueger, D., & Bengio, Y. (2015). NICE: Non-linear independent components estimation. *International Conference on Learning Representations Workshop*.

63. Kingma, D. P., Salimans, T., Jozefowicz, R., Chen, X., Sutskever, I., & Welling, M. (2016). Improved variational inference with inverse autoregressive flow. *Neural Information Processing Systems, 29*, 4736–4744.

64. Papamakarios, G., Pavlakou, T., & Murray, I. (2017). Masked autoregressive flow for density estimation. *Neural Information Processing Systems, 30*, 2338–2347.

65. Durkan, C., Bekasov, A., Murray, I., & Papamakarios, G. (2019a). Cubic-spline flows. *ICML Invertible Neural Networks and Normalizing Flows*.

66. Durkan, C., Bekasov, A., Murray, I., & Papamakarios, G. (2019b). Neural spline flows. *Neural Information Processing Systems, 32*, 7509–7520.

67. Huang, C.-W., Krueger, D., Lacoste, A., & Courville, A. (2018a). Neural autoregressive flows. *International Conference on Machine Learning*, 2078–2087.

68. Wehenkel, A., & Louppe, G. (2019). Unconstrained

monotonic neural networks. *Neural Information Processing Systems, 32*, 1543–1553.

[69] Jaini, P., Selby, K. A., & Yu, Y. (2019). Sum-ofsquares polynomial flow. *International Conference on Machine Learning*, 3009–3018.

[70] Dinh, L., Sohl-Dickstein, J., Larochelle, H., & Pascanu, R. (2019). A RAD approach to deep mixture models. *ICLR Workshop on Deep Generative Models for Highly Structured Data*.

[71] Das, H. P., Abbeel, P., & Spanos, C. J. (2019). Likelihood contribution based multi-scale architecture for generative flows. *arXiv:1908.01686*.

[72] Kruse, J., Detommaso, G., Köthe, U., & Scheichl, R. (2021). HINT: Hierarchical invertible neural transport for density estimation and Bayesian inference. *AAAI Conference on Artificial Intelligence*, 8191–8199.

[73] Germain, M., Gregor, K., Murray, I., & Larochelle, H. (2015). MADE: Masked autoencoder for distribution estimation. *International Conference on Machine Learning*, 881–889.

[74] Van den Oord, A., Li, Y., Babuschkin, I., Simonyan, K., Vinyals, O., Kavukcuoglu, K., Driessche, G., Lockhart, E., Cobo, L., Stimberg, F., et al. (2018). Parallel WaveNet: Fast high-fidelity speech synthesis. *International Conference on Machine Learning*, 3918–3926.

[75] Van den Oord, A., Dieleman, S., Zen, H., Simonyan, K., Vinyals, O., Graves, A., Kalchbrenner, N., Senior, A., & Kavukcuoglu, K. (2016a). WaveNet: A generative model for raw audio. *ISCA Speech Synthesis Workshop*.

[76] He, K., Zhang, X., Ren, S., & Sun, J. (2016a). Deep residual learning for image recognition. *IEEE/CVF Computer Vision & Pattern Recognition*, 770–778.

[77] Chang, B., Meng, L., Haber, E., Ruthotto, L., Begert, D., & Holtham, E. (2018). Reversible architectures for arbitrarily deep residual neural networks. *AAAI Conference on Artificial Intelligence*, 2811–2818.

[78] Chang, B., Chen, M., Haber, E., & Chi, E. H. (2019a). AntisymmetricRNN: A dynamical system view on recurrent neural networks. *International Conference on Learning Representations*.

[79] Hutchinson, M. F. (1989). A stochastic estimator of the trace of the influence matrix for Laplacian smoothing splines. *Communications in Statistics-Simulation and Computation, 18*(3), 1059–1076.

[80] Chen, R. T., Behrmann, J., Duvenaud, D. K., & Jacobsen, J.-H. (2019). Residual flows for invertible generative modeling. *Neural Information Processing Systems, 32*, 9913–9923.

[81] Chen, R. T., Rubanova, Y., Bettencourt, J., & Duvenaud, D. K. (2018e). Neural ordinary differential equations. *Neural Information Processing Systems, 31*, 6572–6583.

[82] Grathwohl, W., Chen, R. T., Bettencourt, J., Sutskever, I., & Duvenaud, D. (2019). Ffjord: Free-form continuous dynamics for scalable reversible generative models. *International Conference on Learning Representations*.

[83] Finlay, C., Jacobsen, J., Nurbekyan, L., & Oberman, A. M. (2020). How to train your neural ODE: The world of Jacobian and kinetic regularization. *International Conference on Machine Learning*, 3154–3164.

[84] Dupont, E., Doucet, A., & Teh, Y. W. (2019). Augmented neural ODEs. *Neural Information Processing Systems, 32*, 3134–3144.

[85] Tzen, B., & Raginsky, M. (2019). Neural stochastic differential equations: Deep latent Gaussian models in the diffusion limit. *arXiv:1905.09883*.

[86] Peluchetti, S., & Favaro, S. (2020). Infinitely deep neural networks as diffusion processes. *International Conference on Artificial Intelligence and Statistics*, 1126–1136.

[87] Jaini, P., Kobyzev, I., Yu, Y., & Brubaker, M. A. (2020). Tails of Lipschitz triangular flows. *International Conference on Machine Learning*, 4673–4681.

[88] Hoogeboom, E., Peters, J., Van Den Berg, R., & Welling, M. (2019a). Integer discrete flows and lossless compression. *Neural Information Processing Systems, 32*, 12134–12144.

[89] Gemici, M. C., Rezende, D., & Mohamed, S. (2016). Normalizing flows on Riemannian manifolds. *NIPS Workshop on Bayesian Deep Learning*.

[90] Wang, P. Z., & Wang, W. Y. (2019). Riemannian normalizing flow on variational Wasserstein autoencoder for text modeling. *ACL Human Language Technologies*, 284–294.

[91] Rezende, D. J., Racanière, S., Higgins, I., & Toth, P. (2019). Equivariant Hamiltonian flows. *arXiv:1909.13739*.

CHAPTER 17

변분 오토인코더

생성적 적대 신경망은 훈련 데이터 $\{x_i\}$와 통계적으로 구별할 수 없는 샘플을 생성하는 메커니즘을 학습한다. 반면에, 정규화 흐름과 마찬가지로 **변분 오토인코더**variational autoencoder 또는 줄여서 **VAE**는 확률적 생성 모델이다. 이 모델은 데이터에 대한 분포 $Pr(\mathbf{x})$를 학습하는 것을 목표로 한다(그림 14.2 참고). 훈련 후에는 이 분포에서 샘플을 추출(생성)할 수 있다. 그러나 불행하게도 VAE의 특성상 새로운 견본 $\mathbf{x}^*$의 확률을 정확하게 평가하는 것은 불가능하다.

VAE가 $Pr(\mathbf{x})$의 모델인 것처럼 말하는 경우가 많지만, 이는 오해의 소지가 있다. VAE는 $Pr(\mathbf{x})$에 대한 모델을 학습하는 데 도움을 주기 위해 설계된 신경망 구조다. $Pr(\mathbf{x})$의 최종 모델에는 '변이형' 부분도 '오토인코더' 부분도 포함되어 있지 않으며, 비선형 잠재변수 모델로 좀 더 잘 설명할 수 있다.

이 장에서는 우선 잠재변수 모델 전반을 소개하고, 비선형 잠재변수 모델의 특정 사례를 다룬다. 이 모델의 최대 우도 학습이 간단하지 않다는 것을 알게 될 것이다. 그럼에도 불구하고 우도의 하한을 정의하는 것은 가능하며, VAE 구조는 몬테카를로(샘플링) 방법을 사용하여 이 하한을 근사한다. 이 장에서는 VAE의 여러 응용 사례를 소개하며 마무리한다.

17.1 잠재변수 모델

잠재변수 모델latent variable model은 다차원 변수 $\mathbf{x}$에 대한 확률분포 $Pr(\mathbf{x})$를 설명하기 위해 간접적인 접근 방식을 취한다. 즉 $Pr(\mathbf{x})$에 대한 표현식을 직접 작성하는 대신 데이터 **x**와 관찰되지 않은 **숨은 변수**hidden variable 또는 잠재변수 **z**의 결합 분포 $Pr(\mathbf{x}, \mathbf{z})$를 모델링한다. 그런 다음 $Pr(\mathbf{x})$의 확률을 다음과 같이 이 결합 확률의 주변화†로 구한다.

C.1.2절 '주변화' 참고

$$Pr(\mathbf{x}) = \int Pr(\mathbf{x}, \mathbf{z})d\mathbf{z}$$

식 17.1

C.1.3절 '조건부 확률과 우도' 참고

일반적으로 결합 확률 $Pr(\mathbf{x}, \mathbf{z})$는 조건부 확률† 규칙을 사용하여 잠재변수에 대한 데이터의 우도을 나타내는 $Pr(\mathbf{x}|\mathbf{z})$와 **사전 확률**prior $Pr(\mathbf{z})$로 분해된다.

$$Pr(\mathbf{x}) = \int Pr(\mathbf{x}|\mathbf{z})Pr(\mathbf{z})d\mathbf{z}$$

식 17.2

이는 $Pr(\mathbf{x})$를 설명하는 다소 간접적인 방법이지만, 상대적으로 간단한 $Pr(\mathbf{x}|\mathbf{z})$와 $Pr(\mathbf{z})$ 표현식으로 복잡한 분포 $Pr(\mathbf{x})$를 정의할 수 있기 때문에 유용하다.

17.1.1 예시: 가우스 혼합 모델

1차원 가우시안 혼합 모델(그림 17.1a)에서 잠재변수 z는 이산형이고 사전 확률 $Pr(z)$는 각각의 z 값의 확률이 λ_n인 범주형 분포(그림 5.9)다.† 잠재변수 z가 n 값을 가질 때, 데이터 x의 우도 $Pr(x|z = n)$은 평균이 μ_n이고 분산이 σ_n^2인 정규분포다.

연습 문제 17.1 참고

$$\begin{aligned} Pr(z=n) &= \lambda_n \\ Pr(x|z=n) &= \text{Norm}_x[\mu_n, \sigma_n^2] \end{aligned}$$

식 17.3

식 17.2에서와 같이 확률 $Pr(x)$는 잠재변수 z에 대한 주변화로 구할 수 있다 (그림 17.1b). 여기서 잠재변수는 이산형이므로, 가능한 값을 더해서 주변화를 구한다.

$$\begin{aligned} Pr(x) &= \sum_{n=1}^{N} Pr(x, z=n) \\ &= \sum_{n=1}^{N} Pr(x|z=n) \cdot Pr(z=n) \\ &= \sum_{n=1}^{N} \lambda_n \cdot \text{Norm}_x[\mu_n, \sigma_n^2] \end{aligned}$$

식 17.4

우도와 사전 확률에 대한 간단한 표현을 통해 복잡한 다중 모드 확률분포를 표현할 수 있다.

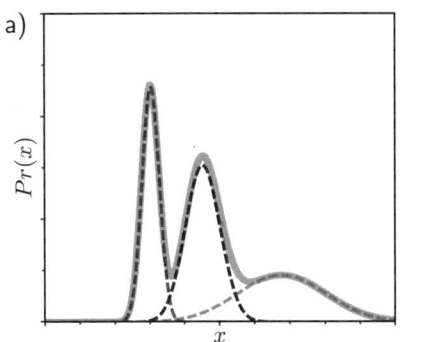
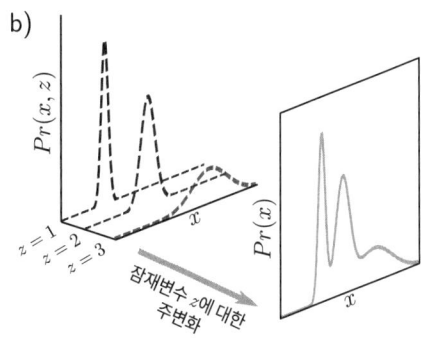

그림 17.1 가우시안 혼합. a) 가우시안 혼합은 복소 확률분포(청록색 곡선)를 가우시안 구성 요소(점선 곡선)의 가중합으로 나타낸다. b) 이 합은 연속 관찰 데이터 x와 이산 잠재변수 z 사이의 결합 밀도 $Pr(x, z)$를 주변화한 것이다.

17.2 비선형 잠재변수 모델

비선형 잠재변수 모델nonlinear latent variable model에서 데이터 $\mathbf{x}$와 잠재변수 $\mathbf{z}$는 모두 연속적이고 다변량이다. 사전 확률 $Pr(\mathbf{z})$는 표준 다변량 정규분포다.

C.3.2절 '다변량 정규분포' 참고

$$Pr(\mathbf{z}) = \text{Norm}_{\mathbf{z}}[\mathbf{0}, \mathbf{I}]$$

식 17.5

우도 $Pr(\mathbf{x}|\mathbf{z}, \boldsymbol{\phi})$ 또한 정규분포를 따르는데, 이때 평균은 잠재변수의 비선형함수 $\mathbf{f}[\mathbf{z}, \boldsymbol{\phi}]$이고, 공분산은 $\sigma^2 \mathbf{I}$로 구형이다.

$$Pr(\mathbf{x}|\mathbf{z}, \boldsymbol{\phi}) = \text{Norm}_{\mathbf{x}}\left[\mathbf{f}[\mathbf{z}, \boldsymbol{\phi}], \sigma^2 \mathbf{I}\right]$$

식 17.6

함수 $\mathbf{f}[\mathbf{z}, \boldsymbol{\phi}]$는 매개변수 $\boldsymbol{\phi}$를 갖는 심층 신경망으로 모델링할 수 있다. 잠재변수 $\mathbf{z}$는 데이터 $\mathbf{x}$보다 차원이 낮다. 모델 $\mathbf{f}[\mathbf{z}, \boldsymbol{\phi}]$는 데이터의 중요한 측면을 모델링하고, 모델링되지 않은 나머지 측면은 잡음 $\sigma^2 \mathbf{I}$으로 나타낸다.

데이터 확률 $Pr(\mathbf{x}|\boldsymbol{\phi})$은 잠재변수 $\mathbf{z}$를 주변화하여 구한다.†

깃허브의 노트북 17.1 'Latent variable models' 참고.
https://bit.ly/udl17_1

$$
\begin{aligned}
Pr(\mathbf{x}|\phi) &= \int Pr(\mathbf{x},\mathbf{z}|\phi)d\mathbf{z} \\
&= \int Pr(\mathbf{x}|\mathbf{z},\phi) \cdot Pr(\mathbf{z})d\mathbf{z} \\
&= \int \text{Norm}_{\mathbf{x}}\left[\mathbf{f}[\mathbf{z},\phi],\sigma^2\mathbf{I}\right] \cdot \text{Norm}_{\mathbf{z}}\left[\mathbf{0},\mathbf{I}\right]d\mathbf{z}
\end{aligned}
$$

식 17.7

이는 서로 다른 평균을 갖는 구형 가우시안의 무한 가중합(즉 무한 혼합)으로 볼 수 있는데, 여기서 가중치는 $Pr(\mathbf{z})$이고 평균은 신경망 출력 $\mathbf{f}[\mathbf{z}, \phi]$이다(그림 17.2).

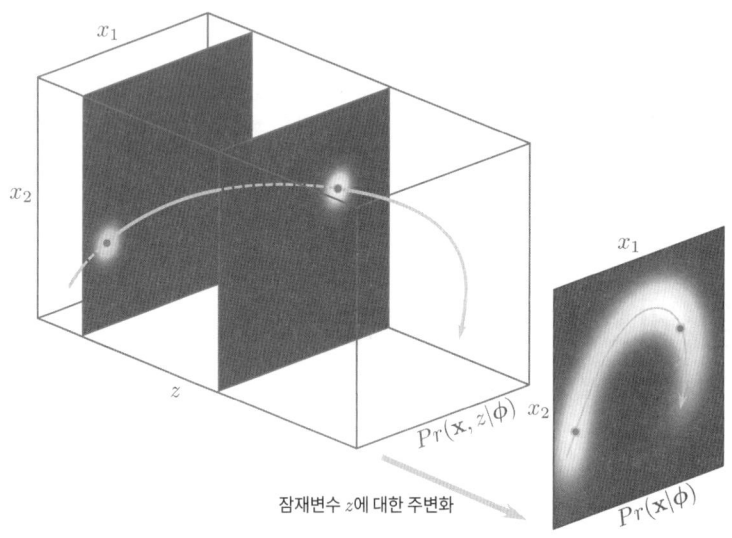

그림 17.2 비선형 잠재변수 모델. 복잡한 2차원 밀도 $Pr(\mathbf{x})$(오른쪽)는 잠재변수 z에 대한 결합 분포 $Pr(\mathbf{x}, z)$(왼쪽)의 주변화로 생성한다. $Pr(\mathbf{x})$를 생성하기 위해서 z차원에 대해 3차원 부피를 적분한다. 각각의 z에 대해서 x에 대한 분포는 구형 가우시안(2개의 슬라이스로 표시)인데, 이때 평균 $\mathbf{f}[z, \phi]$는 z의 비선형함수이고 매개변수 ϕ에 따라 결정된다. 분포 $Pr(\mathbf{x})$는 이러한 가우시안의 가중합이다.

17.2.1 생성

C.4.2절 '조상 샘플링' 참고

새로운 견본 $\mathbf{x}^*$는 조상 샘플링†을 통해 생성할 수 있다(그림 17.3). 사전 확률 $Pr(\mathbf{z})$에서 $\mathbf{z}^*$를 뽑고 이것을 신경망 $\mathbf{f}[\mathbf{z}^*, \phi]$를 통과시켜서 우도 $Pr(\mathbf{x}|\mathbf{z}^*, \phi)$의 평균을 계산한다(식 17.6). 그리고 여기서 $\mathbf{x}^*$를 뽑는데, 사전 확률과 우도가 모두 정규분포이므로 이는 간단하게 뽑을 수 있다.

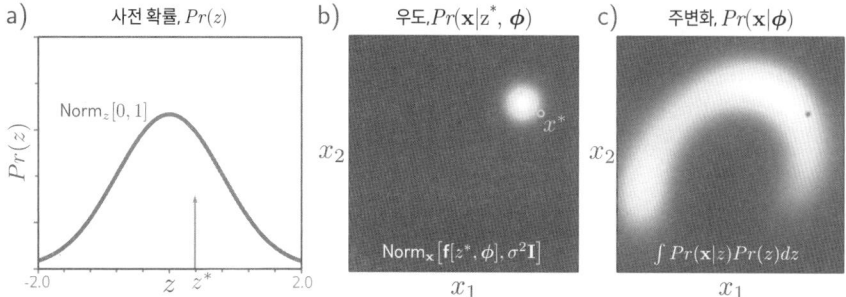

그림 17.3 비선형 잠재변수 모델로부터의 생성. a) 잠재변수에 대한 사전 확률 $Pr(z)$로부터 샘플 z^*를 뽑는다. b) 샘플 $\mathbf{x}^*$는 $Pr(\mathbf{x}|z^*, \boldsymbol{\phi})$에서 뽑는다. 이는 평균이 z^*의 비선형함수 $\mathbf{f}[\bullet, \boldsymbol{\phi}]$이고, 고정 분산 $\sigma^2\mathbf{I}$을 갖는 구형 가우시안 분포다. c) 이 과정을 여러 번 반복하면, 밀도 $Pr(\mathbf{x}|\boldsymbol{\phi})$를 복구할 수 있다.

17.3 훈련

모델을 훈련하기 위해 훈련 데이터셋 $\{\mathbf{x}_i\}_{i=1}^{I}$에 대해서 모델 매개변수에 대한 로그 우도를 최대화한다. 설명의 편의를 위해, 우도 표현식의 분산 σ^2은 알고 있다고 가정하고, $\boldsymbol{\phi}$에 대한 학습에 집중한다.

$$\hat{\boldsymbol{\phi}} = \underset{\boldsymbol{\phi}}{\mathrm{argmax}}\left[\sum_{i=1}^{I}\log\Big[Pr(\mathbf{x}_i|\boldsymbol{\phi})\Big]\right] \quad \text{식 17.8}$$

$$Pr(\mathbf{x}_i|\boldsymbol{\phi}) = \int \mathrm{Norm}_{\mathbf{x}_i}[\mathbf{f}[\mathbf{z}, \boldsymbol{\phi}], \sigma^2\mathbf{I}] \cdot \mathrm{Norm}_{\mathbf{z}}[\mathbf{0}, \mathbf{I}]d\mathbf{z} \quad \text{식 17.9}$$

불행하게도 이것은 다루기가 어렵다. 적분에 대한 해석적 표현을 구할 수 없고, 특정한 $\mathbf{x}$값에 대해 평가할 수 있는 쉬운 방법도 없다.

17.3.1 증거 하한

로그 우도의 하한을 정의한다. 이는 주어진 $\boldsymbol{\phi}$ 값에 대해 로그 우도보다 항상 작거나 같은 함수이며, 다른 매개변수 $\boldsymbol{\theta}$에 따라 결정된다. 결국 이 하한을 계산하고 최적화하기 위한 신경망을 구축할 것이다. 그런데 이 하한을 정의하려면 젠슨 부등식이 필요하다.

17.3.2 젠슨 부등식

B.1.2절 '볼록 영역' 참고

젠슨 부등식 Jensen's inequality은 데이터 y에 대한 기댓값의 **오목 함수**concave function[†] $g[\bullet]$가 데이터의 함수에 대한 기댓값보다 크거나 같다는 것을 알려준다.

$$g[\mathbb{E}[y]] \geq \mathbb{E}[g[y]] \quad \text{식 17.10}$$

이 경우 오목함수는 로그이므로, 다음과 같다.

$$\log[\mathbb{E}[y]] \geq \mathbb{E}[\log[y]] \quad \text{식 17.11}$$

또는 기댓값에 대한 표현식을 펼치면 다음과 같다.

$$\log\left[\int Pr(y)ydy\right] \geq \int Pr(y)\log[y]dy \quad \text{식 17.12}$$

이는 그림 17.4–17.5에서 살펴볼 수 있다. 사실 이를 약간 더 일반화해도 성립한다.

$$\log\left[\int Pr(y)h[y]dy\right] \geq \int Pr(y)\log[h[y]]dy \quad \text{식 17.13}$$

여기서 $h[y]$는 y의 함수다. 이는 $h[y]$가 새로운 분포를 갖는 또 다른 확률변수이기 때문이다. $Pr(y)$를 지정하지 않았으므로, 관계는 여전히 성립한다.

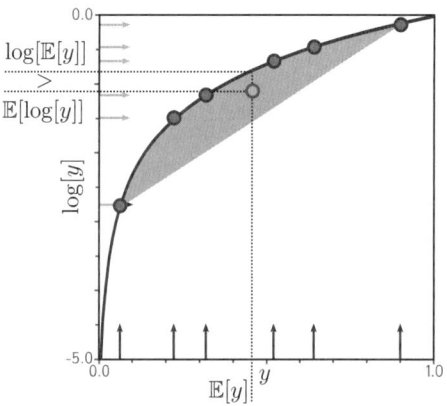

그림 17.4 젠슨 부등식(이산형 사례) 로그(검은색 곡선)는 오목 함수다. 곡선의 두 점 사이에 직선을 그리면 이 직선은 항상 곡선 아래에 놓인다. 이로 인해, 로그 함수의 여섯 점 중 임의의 볼록한 조합(합이 1이 되는 양의 가중치에 대한 가중합)은 곡선 아래 회색 영역에 놓여야 한다. 여기서는 청록색 점을 생성하기 위해 점에 동일한 가중치를 적용했다(즉 평균을 취한다). 이 점이 곡선 아래에 있으므로 $\log[\mathbb{E}[y]] > \mathbb{E}[\log[y]]$이다.

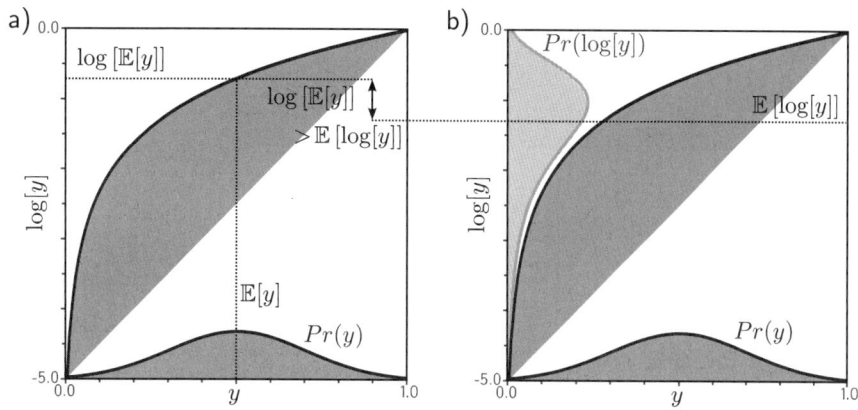

그림 17.5 젠슨 부등식(연속형 사례). 오목 함수의 경우 분포 $Pr(y)$의 기댓값을 계산하고 이를 함수에 전달하면 변수 y를 함수로 변환한 다음 새로운 변수의 기댓값을 계산한 결과보다 크거나 같다. 로그의 경우 $\log[\mathbb{E}[y]] \geq \mathbb{E}[\log[y]]$가 성립한다. 그림의 왼쪽은 이 부등식의 좌변에 해당하고, 그림의 오른쪽은 이 부등식의 우변에 해당한다. 이는 $y \in [0, 1]$에 대해 정의된 주황색 분포에서 점들의 볼록 조합을 취한다는 관점이다. 그림 17.4의 논리에 따르면, 이는 곡선 아래에 있어야 한다. 또는 오목 함수가 작은 y 값에 비해 큰 y값을 압축한다고 생각할 수 있으므로, y를 먼저 함수를 통과시키면 기댓값이 더 낮아진다고 볼 수 있다.

17.3.3 하한 유도

이제 젠슨 부등식을 사용하여 로그 우도의 하한을 유도해보자. 우선 로그 우도에 잠재변수에 대한 임의의 확률분포 $q(\mathbf{z})$를 곱하고 나눈다.

$$\begin{aligned} \log[Pr(\mathbf{x}|\boldsymbol{\phi})] &= \log\left[\int Pr(\mathbf{x},\mathbf{z}|\boldsymbol{\phi})d\mathbf{z}\right] \\ &= \log\left[\int q(\mathbf{z})\frac{Pr(\mathbf{x},\mathbf{z}|\boldsymbol{\phi})}{q(\mathbf{z})}d\mathbf{z}\right] \end{aligned}$$

식 17.14

그런 다음 로그에 대한 젠슨 부등식(식 17.12)을 사용하여 하한을 찾는다.

$$\log\left[\int q(\mathbf{z})\frac{Pr(\mathbf{x},\mathbf{z}|\boldsymbol{\phi})}{q(\mathbf{z})}d\mathbf{z}\right] \geq \int q(\mathbf{z})\log\left[\frac{Pr(\mathbf{x},\mathbf{z}|\boldsymbol{\phi})}{q(\mathbf{z})}\right]d\mathbf{z}$$

식 17.15

여기서 우변을 **증거 하한**evidence lower bound 또는 줄여서 **ELBO**라고 한다. 베이즈 정리(식 17.19)의 맥락에서 $Pr(\mathbf{x}|\boldsymbol{\phi})$를 **증거**evidence라고 부르기 때문에 이런 이름이 붙여졌다.

실제로 분포 $q(\mathbf{z})$에는 매개변수 $\boldsymbol{\theta}$가 있으므로, ELBO는 다음과 같이 나타낼 수 있다.

$$\text{ELBO}[\boldsymbol{\theta}, \boldsymbol{\phi}] = \int q(\mathbf{z}|\boldsymbol{\theta}) \log\left[\frac{Pr(\mathbf{x}, \mathbf{z}|\boldsymbol{\phi})}{q(\mathbf{z}|\boldsymbol{\theta})}\right] d\mathbf{z} \qquad \text{식 17.16}$$

비선형 잠재변수 모델을 학습하기 위해, 이 양을 $\boldsymbol{\phi}$와 $\boldsymbol{\theta}$의 함수로 최대화한다. 이 양을 계산하는 신경망 구조가 VAE다.

17.4 ELBO 속성

ELBO를 처음 접했을 때는 다소 모호한 대상처럼 보일 수 있으므로, 이제 그 속성을 직관적으로 파악해보자. 데이터의 원래 로그 우도는 매개변수 $\boldsymbol{\phi}$의 함수이고, 그 최댓값을 찾는다고 가정해보자. 고정된 $\boldsymbol{\theta}$에 대해서, ELBO는 여전히 매개변수의 함수이지만 원래 우도 함수 아래에 있어야 한다. $\boldsymbol{\theta}$를 변경하면, 이 함수를 수정하게 되고, $\boldsymbol{\theta}$의 선택에 따라 하한이 로그 우도에 더 가까워지거나 멀어질 수 있다. $\boldsymbol{\phi}$를 변경하면 하한 함수를 따라 이동한다(그림 17.6).

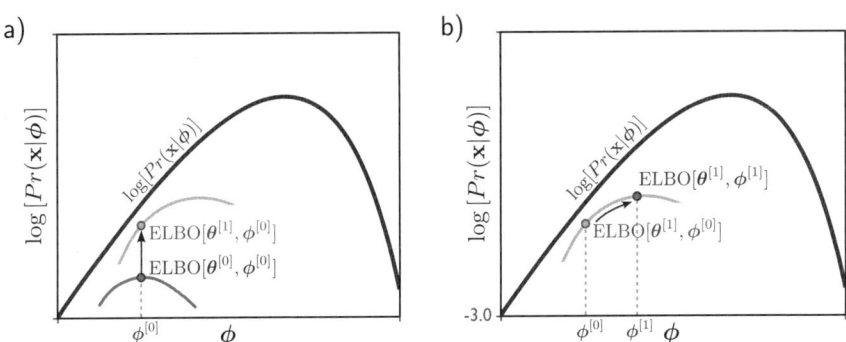

그림 17.6 ELBO. ELBO의 목표는 매개변수 $\boldsymbol{\phi}$에 대한 로그 우도 $\log[Pr(\mathbf{x}|\boldsymbol{\phi})]$(검은색 곡선)을 최대화하는 것이다. ELBO는 항상 로그 우도 아래에 놓이는 함수다. 이는 $\boldsymbol{\phi}$와 두 번째 매개변수 집합 $\boldsymbol{\theta}$의 함수다. 고정된 $\boldsymbol{\theta}$에 대해 $\boldsymbol{\phi}$(서로 다른 $\boldsymbol{\theta}$ 값에 대한 두 가지 색상의 곡선)의 함수를 얻는다. 결과적으로, a) 새로운 매개변수 $\boldsymbol{\theta}$(색상 곡선에서 색상 곡선으로 이동) 또는 b) 원래 매개변수 $\boldsymbol{\phi}$(색상 곡선을 따라 이동)에 대한 ELBO를 개선하여 로그 우도를 높일 수 있다.

17.4.1 경계의 엄격성

고정된 값 $\boldsymbol{\phi}$에 대해 ELBO와 로그 함수가 일치할 때, ELBO가 엄격$_{\text{tight}}$하다. 경계를 엄격하게 만드는 분포 $q(\mathbf{z}|\boldsymbol{\theta})$를 찾기 위해 조건부 확률†의 정의를 이용해서 ELBO에서 로그 항의 분자를 인수분해한다.

C.1.3절 '조건부 확률과 우도' 참고

$$\begin{aligned}
\text{ELBO}[\boldsymbol{\theta}, \boldsymbol{\phi}] &= \int q(\mathbf{z}|\boldsymbol{\theta}) \log\left[\frac{Pr(\mathbf{x}, \mathbf{z}|\boldsymbol{\phi})}{q(\mathbf{z}|\boldsymbol{\theta})}\right] d\mathbf{z} \quad \text{식 17.17}\\
&= \int q(\mathbf{z}|\boldsymbol{\theta}) \log\left[\frac{Pr(\mathbf{z}|\mathbf{x}, \boldsymbol{\phi})Pr(\mathbf{x}|\boldsymbol{\phi})}{q(\mathbf{z}|\boldsymbol{\theta})}\right] d\mathbf{z}\\
&= \int q(\mathbf{z}|\boldsymbol{\theta}) \log[Pr(\mathbf{x}|\boldsymbol{\phi})] d\mathbf{z} + \int q(\mathbf{z}|\boldsymbol{\theta}) \log\left[\frac{Pr(\mathbf{z}|\mathbf{x}, \boldsymbol{\phi})}{q(\mathbf{z}|\boldsymbol{\theta})}\right] d\mathbf{z}\\
&= \log[Pr(\mathbf{x}|\boldsymbol{\phi})] + \int q(\mathbf{z}|\boldsymbol{\theta}) \log\left[\frac{Pr(\mathbf{z}|\mathbf{x}, \boldsymbol{\phi})}{q(\mathbf{z}|\boldsymbol{\theta})}\right] d\mathbf{z}\\
&= \log[Pr(\mathbf{x}|\boldsymbol{\phi})] - \text{D}_{KL}\left[q(\mathbf{z}|\boldsymbol{\theta})\middle\|Pr(\mathbf{z}|\mathbf{x}, \boldsymbol{\phi})\right]
\end{aligned}$$

여기서 $\log[Pr(\mathbf{x}|\boldsymbol{\phi})]$는 $\mathbf{z}$에 의존하지 않기 때문에 첫 번째 적분은 세 번째 줄과 네 번째 줄 사이에서 사라진다. 그리고 확률분포 $q(\mathbf{z}|\boldsymbol{\theta})$의 적분은 1이 된다. 마지막 줄에서는 KLD† 정의를 적용했다.

C.5.1절 '쿨백-라이블러 발산' 참고

이 식은 ELBO가 원래 로그 우도에서 KLD $\text{D}_{KL}[q(\mathbf{z}|\boldsymbol{\theta})\|Pr(\mathbf{z}|\mathbf{x}, \boldsymbol{\phi})]$을 뺀 값이라는 것을 보여준다. KLD는 분포 간의 '거리'를 측정하고 음수가 아닌 값만 가질 수 있다. 따라서 ELBO는 $\log[Pr(\mathbf{x}|\boldsymbol{\phi})]$의 하한이 된다. 그리고 $q(\mathbf{z}|\boldsymbol{\theta}) = Pr(\mathbf{z}|\mathbf{x}, \boldsymbol{\phi})$이 되면, KLD는 0이 되고, 따라서 하한이 엄격해진다. 이는 관찰 데이터 $\mathbf{x}$가 주어졌을 때, 잠재변수 $\mathbf{z}$에 대한 사후 확률분포다. 이는 잠재변수의 어떤 값이 데이터 지점을 해당하는지를 나타낸다(그림 17.7).

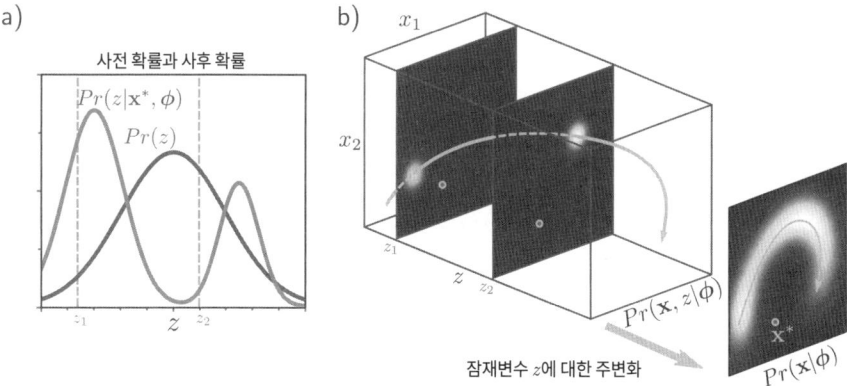

그림 17.7 잠재변수에 대한 사후 확률분포. a) 사후 확률분포 $Pr(z|\mathbf{x}^*, \boldsymbol{\phi})$는 데이터 지점 $\mathbf{x}^*$와 관련이 있는 잠재변수 z의 값에 대한 분포다. 베이즈 정리 $Pr(z|\mathbf{x}^*, \boldsymbol{\phi}) \propto Pr(\mathbf{x}^*|z, \boldsymbol{\phi})Pr(z)$을 통해 사후 확률분포를 계산한다. **b)** z의 각 값과 관련된 대칭 가우시안에 대해 $\mathbf{x}^*$의 확률을 평가하여 우변의 첫 번째 항(우도)을 계산한다. 여기서는 z_2보다는 z_1에서 생성되었을 가능성이 더 높았다. 두 번째 항은 잠재변수에 대한 사전 확률 $Pr(z)$이다. 이 두 가지 요소를 결합하고 분포의 합이 1이 되도록 정규화하면 사후 확률 $Pr(z|\mathbf{x}^*, \boldsymbol{\phi})$을 구할 수 있다.

17.4.2 재구성 손실과 사전 확률의 KLD 간의 차이로 정의한 ELBO

식 17.16과 17.17은 ELBO를 표현하는 두 가지 다른 방법이다. 세 번째 방법은 하한을 **재구성 손실**reconstruction loss로부터 사전 확률까지의 거리를 뺀 값으로 보는 것이다.

$$
\begin{aligned}
\text{ELBO}[\boldsymbol{\theta}, \boldsymbol{\phi}] &= \int q(\mathbf{z}|\boldsymbol{\theta}) \log\left[\frac{Pr(\mathbf{x}, \mathbf{z}|\boldsymbol{\phi})}{q(\mathbf{z}|\boldsymbol{\theta})}\right] d\mathbf{z} \\
&= \int q(\mathbf{z}|\boldsymbol{\theta}) \log\left[\frac{Pr(\mathbf{x}|\mathbf{z}, \boldsymbol{\phi}) Pr(\mathbf{z})}{q(\mathbf{z}|\boldsymbol{\theta})}\right] d\mathbf{z} \\
&= \int q(\mathbf{z}|\boldsymbol{\theta}) \log\left[Pr(\mathbf{x}|\mathbf{z}, \boldsymbol{\phi})\right] d\mathbf{z} + \int q(\mathbf{z}|\boldsymbol{\theta}) \log\left[\frac{Pr(\mathbf{z})}{q(\mathbf{z}|\boldsymbol{\theta})}\right] d\mathbf{z} \\
&= \int q(\mathbf{z}|\boldsymbol{\theta}) \log\left[Pr(\mathbf{x}|\mathbf{z}, \boldsymbol{\phi})\right] d\mathbf{z} - D_{KL}\left[q(\mathbf{z}|\boldsymbol{\theta}) \middle\| Pr(\mathbf{z})\right]
\end{aligned}
$$

식 17.18

여기서는 첫 번째 줄과 두 번째 줄에서 결합 분포 $Pr(\mathbf{x}, \mathbf{z}|\boldsymbol{\phi})$를 조건부 확률 $Pr(\mathbf{x}|\mathbf{z}, \boldsymbol{\phi}) Pr(\mathbf{z})$로 나타냈고, 마지막 줄에서 KLD의 정의를 다시 사용한다.†

연습 문제 17.4 참고

이 공식에서 첫 번째 항은 잠재변수와 데이터의 평균 일치도 $Pr(\mathbf{x}, \mathbf{z}|\boldsymbol{\phi})$를 측정하는데, 이는 **재구성 정확도**reconstruction accuracy를 측정하는 것이다. 두 번째 항은 보조 분포 $q(\mathbf{z}|\boldsymbol{\theta})$가 사전 확률과 일치하는 정도를 측정한다. 이 공식은 변분 오토인코더에서 사용되는 공식이다.

17.5 변분 근사

식 17.17에서 $q(\mathbf{z}|\boldsymbol{\theta})$가 사후 확률 $Pr(\mathbf{z}|\mathbf{x}, \boldsymbol{\phi})$일 때 ELBO가 정확하다는 것을 확인했다. 원칙적으로 베이즈 규칙을 이용하여 사후 확률을 계산할 수 있다.

$$Pr(\mathbf{z}|\mathbf{x}, \boldsymbol{\phi}) = \frac{Pr(\mathbf{x}|\mathbf{z}, \boldsymbol{\phi}) Pr(\mathbf{z})}{Pr(\mathbf{x}|\boldsymbol{\phi})}$$

식 17.19

그러나 실제로는 분모에서 증거 항 $Pr(\mathbf{x}|\boldsymbol{\phi})$를 평가할 수 없기 때문에 이것은 다루기가 어렵다(17.3절 참고).

해결책은 **변분 근사**variational approximation를 사용하는 것이다. $q(\mathbf{z}|\boldsymbol{\theta})$에 대한 간단한 매개변수 형식을 선택하고 이를 사용하여 실제 사후 확률을 근사한다. 여기서는 평균이 $\boldsymbol{\mu}$이고 대각 공분산 Σ를 갖는 다변량 정규분포†를 선택한다. 이는 사후 확률과 항상 잘 일치하는 것은 아니지만, 일부 $\boldsymbol{\mu}$와 Σ의 일부 값에 대해서는 다른 값보다 더 나은 결과를 얻을 수 있다. 훈련하는 동안 실제 사후 확률 $Pr(\mathbf{z}|\mathbf{x})$에 '가장 가까운' 정규분포를 찾는다(그림 17.8). 이는 식 17.17에서 KLD를 최소화하고 그림 17.6의 색상 곡선을 위쪽으로 이동시키는 것과 같다.

C.3.2절 '다변량 정규분포' 참고

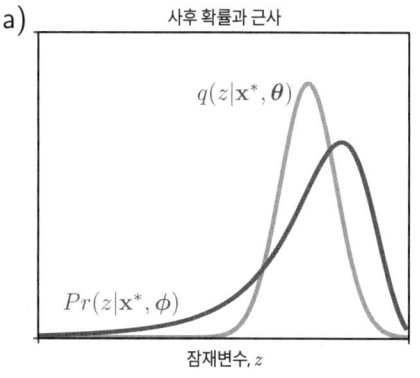
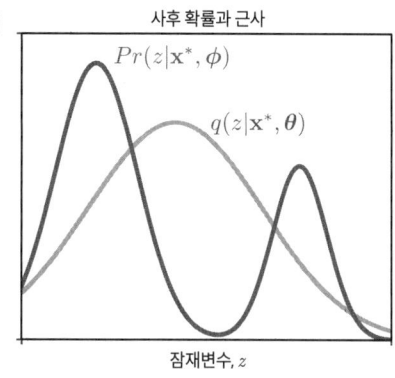

그림 17.8 변분 근사. 사후 확률 $Pr(\mathbf{z}|\mathbf{x}^*, \boldsymbol{\phi})$는 닫힌 형태의 해석해를 계산할 수 없다. 변분 근사는 분포 $q(\mathbf{z}|\mathbf{x}, \boldsymbol{\theta})$(여기서는 가우시안 분포) 집합을 선택하고 이 집합에서 실제 사후 확률에 가장 가까운 분포를 찾는다. a) 때로는 근사한 결과(청록색 곡선)가 우수하고, 실제 사후 확률(주황색 곡선)에 가깝다. b) 그러나 사후 확률이 다중 모달인 경우(그림 17.7)에는 가우시안 근사가 부정확하다.

$q(\mathbf{z}|\boldsymbol{\theta})$에 대한 최적의 선택은 사후 확률 $Pr(\mathbf{z}|\mathbf{x})$이고, 이는 데이터 견본 $\mathbf{x}$에 따라 다르기 때문에, 변분 근사도 동일하게 해야 한다. 따라서 다음과 같이 선택한다.

$$q(\mathbf{z}|\mathbf{x}, \boldsymbol{\theta}) = \text{Norm}_\mathbf{z}\left[\mathbf{g}_{\boldsymbol{\mu}}[\mathbf{x}, \boldsymbol{\theta}], \mathbf{g}_{\Sigma}[\mathbf{x}, \boldsymbol{\theta}]\right] \quad \text{식 17.20}$$

여기서 $\mathbf{g}[\mathbf{x}, \boldsymbol{\theta}]$는 매개변수 $\boldsymbol{\theta}$를 갖는 두 번째 신경망으로, 정규 변분 근사의 평균 $\boldsymbol{\mu}$와 분산 Σ를 예측한다.

17.6 변분 오토인코더

이제 VAE를 살펴보자. 우선 ELBO를 계산하는 신경망을 구축한다.

$$\text{ELBO}[\boldsymbol{\theta}, \boldsymbol{\phi}] = \int q(\mathbf{z}|\mathbf{x}, \boldsymbol{\theta}) \log\big[Pr(\mathbf{x}|\mathbf{z}, \boldsymbol{\phi})\big] d\mathbf{z} - \text{D}_{KL}\Big[q(\mathbf{z}|\mathbf{x}, \boldsymbol{\theta})\Big\|Pr(\mathbf{z})\Big] \quad \text{식 17.21}$$

여기서 분포 $q(\mathbf{z}|\mathbf{x}, \boldsymbol{\theta})$는 식 17.20의 근사치다.

첫 번째 항에는 여전히 다루기 힘든 적분이 포함되어 있지만, 이는 $q(\mathbf{z}|\mathbf{x}, \boldsymbol{\theta})$에 대한 기댓값†이므로 샘플링을 통해 근사할 수 있다. 임의의 함수 a[•]에 대해 다음과 같이 근사할 수 있다.

C.2절 '기댓값' 참고

$$\mathbb{E}_\mathbf{z}\big[\text{a}[\mathbf{z}]\big] = \int \text{a}[\mathbf{z}] q(\mathbf{z}|\mathbf{x}, \boldsymbol{\theta}) d\mathbf{z} \approx \frac{1}{N} \sum_{n=1}^{N} \text{a}[\mathbf{z}_n^*] \quad \text{식 17.22}$$

여기서 $\mathbf{z}_n^*$은 $q(\mathbf{z}|\mathbf{x}, \boldsymbol{\theta})$의 n번째 샘플이다. 이를 **몬테카를로 추정**Monte Carlo estimate 이라고 한다. $q(\mathbf{z}|\mathbf{x}, \boldsymbol{\theta})$에서 단일 샘플 $\mathbf{z}^*$를 사용해서 매우 대략적인 추정을 할 수 있다.

$$\text{ELBO}[\boldsymbol{\theta}, \boldsymbol{\phi}] \approx \log\big[Pr(\mathbf{x}|\mathbf{z}^*, \boldsymbol{\phi})\big] - \text{D}_{KL}\Big[q(\mathbf{z}|\mathbf{x}, \boldsymbol{\theta})\Big\|Pr(\mathbf{z})\Big] \quad \text{식 17.23}$$

두 번째 항은 변이형 분포 $q(\mathbf{z}|\mathbf{x}, \boldsymbol{\theta}) = \text{Norm}_\mathbf{z}[\boldsymbol{\mu}, \boldsymbol{\Sigma}]$와 사전 확률 분포 $Pr(\mathbf{z}) = \text{Norm}_\mathbf{z}[\mathbf{0}, \mathbf{I}]$ 사이의 KLD다. 두 정규분포 간의 KLD†는 해석적으로 계산할 수 있다. 한 분포의 매개변수가 $\boldsymbol{\mu}, \boldsymbol{\Sigma}$이고, 또 다른 분포가 표준 정규분포일 경우, KLD는 다음과 같이 계산한다.

C.5.4절 '정규분포 사이의 거리' 참고

$$\text{D}_{KL}\Big[q(\mathbf{z}|\mathbf{x}, \boldsymbol{\theta})\Big\|Pr(\mathbf{z})\Big] = \frac{1}{2}\bigg(\text{Tr}[\boldsymbol{\Sigma}] + \boldsymbol{\mu}^T\boldsymbol{\mu} - D_\mathbf{z} - \log\big[\det[\boldsymbol{\Sigma}]\big]\bigg) \quad \text{식 17.24}$$

여기서 $D_\mathbf{z}$는 잠재 공간의 차원이다.

17.6.1 VAE 알고리즘

요약하자면, 데이터 $\mathbf{x}$에 대한 증거 하한을 계산하는 모델을 구축하고자 한다. 그런 다음 최적화 알고리즘을 사용하여 데이터셋에 대한 하한을 최대화하고, 이에 따라 로그 우도를 개선한다. ELBO를 계산하기 위해 다음 단계를 수행한다.

1. 신경망 $\mathbf{g}[\mathbf{x}, \boldsymbol{\theta}]$를 사용하여 이 데이터 지점 $\mathbf{x}$에 대한 변이형 사후 확률분포

$q(\mathbf{z}|\boldsymbol{\theta}, \mathbf{x})$의 평균 μ와 분산 Σ를 계산한다.

2. 이 분포에서 표본 $\mathbf{z}^*$를 추출하고,

3. 식 17.23을 사용하여 ELBO를 계산한다.

이와 관련된 구조는 그림 17.9에 나와 있다. 이제 이것이 왜 변분 오토인코더라고 불리는지 명확해졌다. 이는 사후 확률분포에 대한 가우시안 근사를 계산하기 때문에 변이형이다. 또한 이는 데이터 지점 $\mathbf{x}$로부터 저차원 잠재 벡터 $\mathbf{z}$를 계산한 다음, 이 벡터를 사용하여 데이터 지점 $\mathbf{x}$를 최대한 가깝게 재생성하므로 오토인코더이다. 이러한 맥락에서, 신경망 $\mathbf{g}[\mathbf{x}, \boldsymbol{\theta}]$를 통해 데이터를 잠재변수로 매핑하는 것을 인코더라고 하고, 신경망 $\mathbf{f}[\mathbf{z}, \boldsymbol{\phi}]$를 통해 잠재변수를 데이터로 매핑하는 것을 디코더라고 한다.

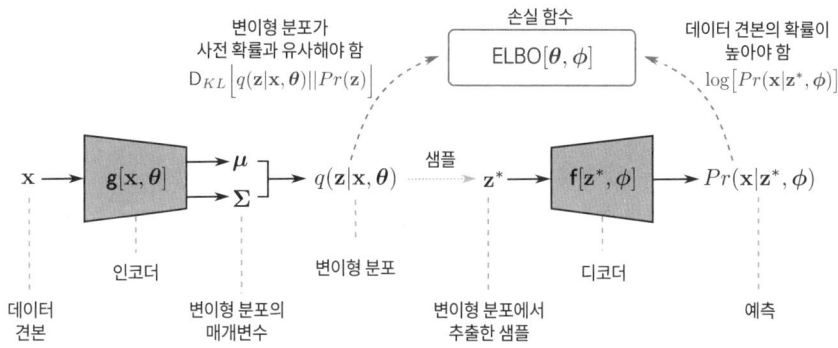

그림 17.9 변분 오토인코더. 인코더 $\mathbf{g}[\mathbf{x}, \boldsymbol{\theta}]$는 훈련 견본 $\mathbf{x}$를 입력으로 받아서 변이형 분포 $q(\mathbf{z}|\mathbf{x}, \boldsymbol{\theta})$의 매개변수 μ, Σ를 예측한다. 이 분포에서 샘플링한 다음 디코더 $\mathbf{f}[\mathbf{z}, \boldsymbol{\phi}]$를 사용하여 데이터 $\mathbf{x}$를 예측한다. 손실 함수는 음의 ELBO인데, 이는 이 예측이 얼마나 정확하고 변이형 분포 $q(\mathbf{z}|\mathbf{x}, \boldsymbol{\theta})$가 사전 확률 $Pr(\mathbf{z})$와 얼마나 유사한지에 따라 달라진다(식 17.21).

VAE는 ELBO를 $\boldsymbol{\phi}$와 $\boldsymbol{\theta}$의 함수로 계산한다. 이 하한을 최대화하기 위해 미니 배치 샘플로 신경망을 통과시키고, SGD 또는 Adam과 같은 최적화 알고리즘으로 이러한 매개변수를 갱신한다. ELBO의 매개변수에 대한 기울기는 일반적인 자동 미분을 사용하여 계산한다. 이 과정 동안 그림 17.10에서 색상 곡선 사이를 이동($\boldsymbol{\theta}$를 변경)하고, 색상 곡선을 따라 이동($\boldsymbol{\phi}$를 변경)한다. 이 과정에서 매개변수 $\boldsymbol{\phi}$는 비선형 잠재변수 모델에서 데이터에 더 높은 우도를 할당하기 위해 변경한다.

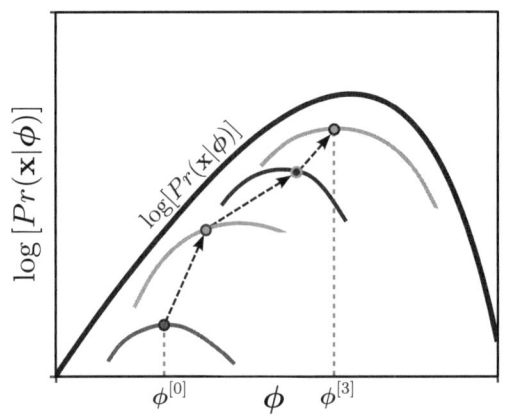

그림 17.10 VAE는 반복마다 하한을 결정하는 두 가지 요소를 모두 갱신한다. 디코더의 매개변수 ϕ와 인코더의 매개변수 θ를 조절해서 이 하한을 증가시킨다.

17.7 재매개변수화 기법

또 다른 복잡한 문제가 있다. 신경망에는 샘플링 단계가 있는데, 이 확률적 요소를 미분하기가 어렵다는 것이다. 그러나 신경망에서 샘플링 단계 앞에 있는 매개변수 θ를 갱신하려면 이 단계 이후의 미분이 필요하다.

다행히도 간단한 해결책이 있다. 확률적 부분을 $\text{Norm}_\epsilon[\mathbf{0},\ \mathbf{I}]$에서 샘플 $\boldsymbol{\epsilon}^*$를 추출하는 신경망의 분기로 옮기고, 다음 관계를 이용해서 가우시안 분포에서 추출할 수 있다.†

연습 문제 17.5 참고

$$\mathbf{z}^* = \boldsymbol{\mu} + \boldsymbol{\Sigma}^{1/2}\boldsymbol{\epsilon}^*$$

식 17.25

이제 역전파 알고리즘이 확률적 분기를 통과할 필요가 없기 때문에, 기존 방법에 따라 미분을 계산할 수 있다. 이것을 **재매개변수화 기법**reparameterization trick†이라고 한다(그림 17.11).

깃허브의 노트북 17.2 'Reparameterization trick' 참고. https://bit.ly/udl17_2

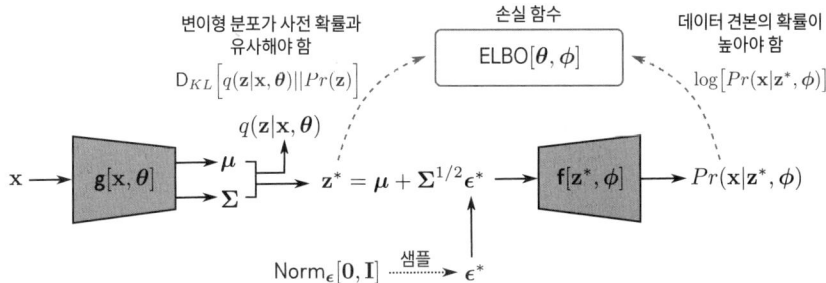

그림 17.11 재매개변수화 기법. 원래 구조(그림 17.9)에서는 샘플링 단계를 통해 쉽게 역전파할 수 없다. 재매개변수화 기법은 주요 파이프라인에서 샘플링 단계를 제거한다. 표준 정규분포에서 샘플을 추출하고 이를 예측한 평균 및 공분산과 결합하여 변이형 분포에서 샘플을 얻는다.

17.8 응용

변분 오토인코더는 잡음 제거, 이상 탐지, 압축 등 다양한 용도로 사용된다. 이 절에서는 이미지 데이터에 대한 몇 가지 응용을 검토한다.

17.8.1 샘플 확률 근사

17.3절에서 VAE로 표본의 확률을 평가하는 것이 불가능하다고 했다. VAE는 이 확률을 다음과 같이 나타낸다.

$$\begin{aligned} Pr(\mathbf{x}) &= \int Pr(\mathbf{x}|\mathbf{z})Pr(\mathbf{z})d\mathbf{z} \\ &= \mathbb{E}_{\mathbf{z}}\big[Pr(\mathbf{x}|\mathbf{z})\big] \\ &= \mathbb{E}_{\mathbf{z}}\big[\text{Norm}_{\mathbf{x}}[\mathbf{f}[\mathbf{z},\phi],\sigma^2\mathbf{I}]\big] \end{aligned}$$

식 17.26

원칙적으로 식 17.22를 사용하여 $Pr(\mathbf{z}) = \text{Norm}_{\mathbf{z}}[\mathbf{0},\mathbf{I}]$에서 샘플을 추출하고, 이 확률을 근사하기 위해 다음과 같이 계산한다.

$$Pr(\mathbf{x}) \approx \frac{1}{N}\sum_{n=1}^{N} Pr(\mathbf{x}|\mathbf{z}_n)$$

식 17.27

그러나 차원의 저주로 인해 대부분의 $\mathbf{z}_n$ 값에 대해 $Pr(\mathbf{x}|\mathbf{z}_n)$ 확률이 따라서 신뢰할 수 있는 추정치를 얻으려면 엄청난 수의 샘플을 추출해야 한다. 더 나은 방법은

중요도 샘플링importance sampling을 사용하는 것이다. 여기서는 보조 분포 $q(\mathbf{z})$에서 $\mathbf{z}$를 샘플링하고 $Pr(\mathbf{x}|\mathbf{z}_n)$을 평가한 다음 새로운 분포에서 확률 $q(\mathbf{z})$로 결과값을 다시 크기 조정한다.

$$\begin{align} Pr(\mathbf{x}) &= \int Pr(\mathbf{x}|\mathbf{z})Pr(\mathbf{z})d\mathbf{z} \\ &= \int \frac{Pr(\mathbf{x}|\mathbf{z})Pr(\mathbf{z})}{q(\mathbf{z})}q(\mathbf{z})d\mathbf{z} \\ &= \mathbb{E}_{q(\mathbf{z})}\left[\frac{Pr(\mathbf{x}|\mathbf{z})Pr(\mathbf{z})}{q(\mathbf{z})}\right] \\ &\approx \frac{1}{N}\sum_{n=1}^{N}\frac{Pr(\mathbf{x}|\mathbf{z}_n)Pr(\mathbf{z}_n)}{q(\mathbf{z}_n)} \end{align}$$

식 17.28

이제 $q(\mathbf{z})$에서 샘플을 추출한다. 만약 $q(\mathbf{z})$가 $Pr(\mathbf{x}|\mathbf{z})$의 우도가 높은 $\mathbf{z}$ 영역에 가까우면, 관련 공간 영역에 샘플링을 집중하고 이를 통해 $Pr(\mathbf{x})$를 훨씬 더 효율적으로 추정할 수 있다.†

> 깃허브의 노트북 17.3 'Importance sampling' 참고. https://bit.ly/udl17_3

적분하려는 곱 $Pr(\mathbf{x}|\mathbf{z})Pr(\mathbf{z})$는 사후 확률분포 $Pr(\mathbf{z}|\mathbf{x})$에 비례한다(베이즈 정리에 따라). 따라서 보조 분포 $q(\mathbf{z})$를 합리적으로 잘 선택하면 인코더에 의해 계산된 변분 사후 확률 $q(\mathbf{z}|\mathbf{x})$를 구할 수 있다.

이런 방식으로 새로운 샘플의 확률을 근사할 수 있다. 충분한 샘플이 있으면 하한보다 더 나은 추정치를 구할 수 있으며, 테스트 데이터의 로그 우도를 평가하여 모델의 품질을 평가하는 데 사용할 수 있다. 또는 새로운 견본이 분포에 속하는지 또는 이례적인지를 결정하는 기준으로 사용할 수 있다.

17.8.2 생성

VAE는 확률 모델을 구축하며, 잠재변수에 대한 사전 확률 $Pr(\mathbf{z})$에서 샘플을 뽑고, 이를 디코더 $\mathbf{f}[\mathbf{z}, \boldsymbol{\phi}]$를 통과시키고, $Pr(\mathbf{x}|\mathbf{f}[\mathbf{z}, \boldsymbol{\phi}])$에 따라 잡음을 더해서 이 모델에서 쉽게 샘플링을 할 수 있다. 불행하게도 바닐라vanilla VAE의 샘플은 일반적으로 품질이 낮다(그림 17.12a-c). 이는 부분적으로는 단순한 구형 가우시안 잡음 모델 때문이고, 또 다른 부분적으로는 사전 확률과 변분 사후 확률에 사용된 가우시안 모델 때문이다. 생성 품질을 향상시키는 방법은 사전 확률이 아니라 **집계된 사후 확**

률aggregated posterior $q(\mathbf{z}|\boldsymbol{\theta}) = (1/I)\sum_i q(\mathbf{z}|\mathbf{x}_i, \boldsymbol{\theta})$에서 샘플링하는 것이다. 이는 모든 샘플에 대한 평균 사후 확률이고, 잠재 공간에서 실제 분포를 더 잘 나타내는 가우시안 혼합이다.

최신 VAE는 고품질 샘플을 생성할 수 있지만(그림 17.12d), 계층적 사전 확률과 특수한 신경망 구조, 정칙화 기술을 사용해야만 한다. 확산 모델(18장)은 계층적 사전 확률을 갖는 VAE로 볼 수 있다. 확산 모델도 매우 높은 품질의 샘플을 생성한다.

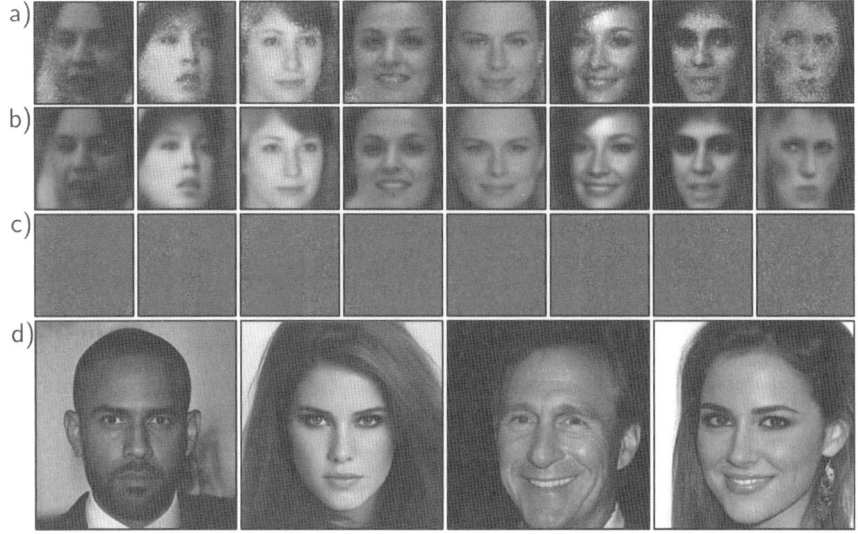

그림 17.12 CELEBA에서 훈련된 표준 VAE로부터의 샘플링. 각 열에서 잠재변수 $\mathbf{z}^*$를 뽑아서 모델을 통과시켜서 평균 f[$\mathbf{z}^*$, ϕ]를 예측한 후에 독립 가우시안 잡음을 더한다(그림 17.3 참고). a) 샘플 집합은 b) 예측 평균과 c) 구형 가우시안 잡음 벡터의 합이다. 잡음을 더하기 전에는 이미지가 너무 부드러워 보이고, 잡음을 더한 다음에는 잡음이 너무 많아 보인다. 이는 일반적인 현상으로, 보통 잡음이 없는 버전이 표시된다. 왜냐하면, 잡음은 이미지의 모델링되지 않은 측면을 나타내는 것으로 간주되기 때문이다(출처: Dorta et al., 2018[1]). d) 이제 계층적 사전 확률, 특수한 구조, 신중한 정칙화를 사용하여 VAE에서 고품질 이미지를 생성할 수 있다(출처: Vahdat & Kautz, 2020[2]).

17.8.3 재합성

VAE를 사용하여 실제 데이터를 수정할 수도 있다. 데이터 지점 $\mathbf{x}$는 (i) 인코더로 예측한 분포의 평균을 취하거나 (ii) 베이즈 정리에 따라 $Pr(\mathbf{x}|\mathbf{z})Pr(\mathbf{z})$에 비례하는 사후 확률을 최대화하는 잠재변수 $\mathbf{z}$를 찾기 위한 최적화 절차를 통해 잠재 공간에 투영할 수 있다.

그림 17.13에서는 '중립' 또는 '웃음'으로 레이블링된 여러 이미지가 잠재 공간에 투영된다. 이러한 변화를 나타내는 벡터는 잠재 공간에서의 이 두 그룹의 평균의 차이를 이용해서 추정한다. 두 번째 벡터는 '입을 닫은' vs. '입을 벌린'을 나타내는 것으로 추정된다.

그림 17.13 재합성. 왼쪽의 원본 이미지는 인코더를 사용하여 잠재 공간에 투영되고 예측된 가우시안의 평균이 이미지를 나타내는 데 사용된다. 그리드의 중앙 왼쪽에 있는 이미지는 입력을 재구성한 것이다. 다른 이미지는 미소 짓는/중립(가로) 및 입을 벌린/닫은(세로) 방향으로 잠재 공간을 조작한 후 재구성한 것이다(출처: White, 2016[3]).

관심 있는 이미지를 잠재 공간에 투영한 다음에, 이 벡터를 더하거나 빼서 표현representation을 수정한다. 중간 이미지를 생성하기 위해서 선형 보간 대신 **구형 선형 보간**spherical linear interpolation, Slerp을 사용한다.† 3차원에서 이것은 구 표면을 따라 보간하는 것과 구의 본체를 통과하는 직선 터널을 파는 것의 차이와 같다.

연습 문제 17.6 참고

다시 디코딩하기 전에 입력 데이터를 인코딩하는(가능하면 수정하는) 과정을 **재합성**resynthesis이라고 한다. 이는 GAN, 정규화 흐름에서도 수행할 수 있다. 하지만 GAN에는 인코더가 없기 때문에 관찰된 데이터에 해당하는 잠재변수를 찾기 위해 별도의 과정을 거쳐야 한다.

17.8.4 분리

앞의 재합성 예에서는 레이블링된 훈련 데이터를 사용하여 해석 가능한 속성을 나타내는 공간의 방향은 추정해야 했다. 다른 연구에서는 잠재 공간의 좌표 방향이 실제 세계의 속성에 대응하도록 잠재 공간의 특성을 개선하려고 시도한다. 각 차원이 독립적으로 실제 세계의 요인을 나타낼 때, 잠재 공간을 분리된disentangled 것이라고 한다. 예를 들어 얼굴 이미지를 모델링할 때, 머리 자세나 머리 색깔을 독립적인 요인으로 밝혀내고자 할 수 있다.

일반적으로 분리를 촉진하기 위해 (i) 잠재변수 $\mathbf{z}$에 대한 사후 확률 $q(\mathbf{z}|\mathbf{x}, \boldsymbol{\theta})$, 또는 (ii) 집계된 사후 확률 $q(\mathbf{z}|\boldsymbol{\theta}) = (1/I) \sum_i q(\mathbf{z}|\mathbf{x}_i, \boldsymbol{\theta})$을 기반으로 손실 함수에 정칙화 항을 추가한다.

$$L_{\text{new}} = -\text{ELBO}[\boldsymbol{\theta}, \boldsymbol{\phi}] + \lambda_1 \mathbb{E}_{Pr(\mathbf{x})}\left[r_1\left[q(\mathbf{z}|\mathbf{x}, \boldsymbol{\theta})\right]\right] + \lambda_2 r_2\left[q(\mathbf{z}|\boldsymbol{\theta})\right] \quad \text{식 17.29}$$

여기서 정칙화 항 $r_1[\bullet]$은 사후 확률의 함수이고 λ_1으로 가중치를 적용한다. $r_2[\bullet]$ 항은 집계된 사후 확률의 함수이며 λ_2로 가중치를 적용한다.

예를 들어 **베타 VAE**beta VAE는 ELBO의 두 번째 항에 높은 가중치를 적용한다(식 17.18).

$$\text{ELBO}[\boldsymbol{\theta}, \boldsymbol{\phi}] \approx \log\left[Pr(\mathbf{x}|\mathbf{z}^*, \boldsymbol{\phi})\right] - \beta \cdot D_{KL}\left[q(\mathbf{z}|\mathbf{x}, \boldsymbol{\theta}) \middle\| Pr(\mathbf{z})\right] \quad \text{식 17.30}$$

여기서 $\beta > 1$은 재구성 오차에 비해 사전 확률 $Pr(\mathbf{z})$와의 편차가 얼마나 더 가중되는지를 결정한다. 일반적으로 사전 확률은 구형 공분산 행렬을 사용하는 다변량 정규분포이기 때문에, 차원이 서로 독립적이다. 따라서 이 항의 가중치를 높이면 사후 확률분포의 상관관계가 낮아지게 된다. 또 다른 변형으로 **전체 상관 VAE**total correlation VAE가 있는데, 이는 잠재 공간에서 변수 사이의 전체 상관관계를 줄이기 위한 항을 추가하고(그림 17.14), 잠재변수의 작은 부분집합과 관찰값 사이의 상호 정보를 최대화한다.

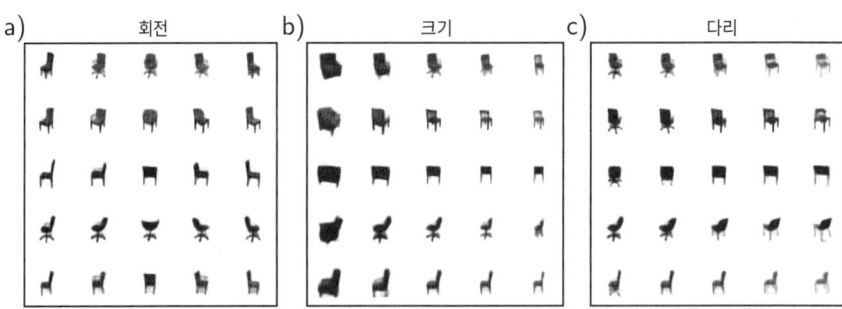

그림 17.14 전체 상관 VAE에서의 분리. 손실 함수가 잠재변수의 전체 상관관계를 최소화하여 분리가 잘 되도록 VAE 모델을 수정한다. 의자 이미지 데이터셋에 대해 학습할 때, 몇몇 잠재 차원은 a) 회전, b) 전체 크기, c) 다리(회전의자 vs. 일반 의자)를 포함하여 현실 세계에서의 해석이 가능하다. 각각의 경우, 중앙 열은 모델의 샘플을 나타내고, 왼쪽에서 오른쪽으로 이동함에 따라 잠재 공간에서 좌표 벡터를 빼거나 더한다(출처: Chen et al., 2018d[4]).

17.9 요약

VAE는 $\mathbf{x}$에 대한 비선형 잠재변수 모델을 학습하는 데 도움이 되는 구조다. 이 모델은 잠재변수에서 샘플링한 결과를 심층 신경망을 통과시킨 다음 독립적인 가우시안 잡음를 더해서 새로운 견본을 생성할 수 있다.

데이터 지점의 우도를 해석적으로 계산하는 것은 불가능하며, 따라서 최대 우도로는 훈련이 어렵다. 그러나 우도의 하한을 정의하고 이 하한을 최대화할 수 있다. 불행하게도 하한이 정확하려면 관찰된 데이터를 바탕으로 잠재변수의 사후 확률을 계산해야 하는데, 이 역시 다루기가 어렵다. 해결책은 변분 근사를 하는 것이다. 이는 사후 확률을 근사하는 좀 더 간단한 분포(일반적으로 가우시안 분포)로, 두 번째 인코더 신경망으로 해당 분포의 매개변수를 계산한다.

VAE로부터 고품질 샘플을 생성하려면 가우시안 사전 확률과 사후 확률보다 좀 더 정교한 확률분포로 잠재 공간을 모델링해야 한다. 계층적 사전 확률(하나의 잠재변수가 다른 변수를 생성하는 구조)을 사용하는 것이다. 다음 장에서 논의할 확산 모델은 매우 높은 품질의 견본을 생성하고 계층적 VAE로 볼 수 있다.

노트

VAE는 원래 Kingma & Welling(2014)[5]가 도입했다. 변분 오토인코더에 대한 포괄적인 소개는 Kingma et al.(2019)[6]에서 찾을 수 있다.

응용 분야

VAE와 그 변형은 이미지(Kingma & Welling, 2014)[1]; Gregor et al., 2016)[7]; Gulrajani et al., 2016)[8]; Akuzawa et al., 2018)[9]), 음성(Hsu et al., 2017b)[10], 텍스트(Bowman et al., 2015[11]; Hu et al., 2017[12]; Xu et al., 2020[13]), 분자(Gómez-Bombarelli et al., 2018[14]; Sultan et al., 2018[15]), 그래프(Kipf & Welling, 2016[16]; Simonovsky & Komodakis, 2018[17]), 로봇공학(Hernández et al., 2018[18]; Inoue et al., 2018[19]; Park et al., 2018[20]), 강화 학습(Heess et al., 2015[21]; Van Hoof et al., 2016[22]), 3차원 장면(Eslami et al., 2016[23]; 2018[24]; Rezende Jimenez et al., 2016[25]), 필기(Chung et al., 2015)[26] 등 다양한 분야에 적용되었다.

응용 분야에는 재합성 및 보간(White(2016)[3], Bowman et al.(2015)[11]), 협업 필터링(Liang et al., 2018)[27], 압축(Gregor et al., 2016)[7]이 포함된다. Gomez Bombarelli et al.(2018)[14]은 VAE를 사용하여 원하는 특성에 맞게 최적화할 수 있는 화학 구조의 연속적인 표현을 구성한다. Ravanbakhsh et al.(2017)[28] 측정값을 보정하기 위해 천문 관측을 시뮬레이션한다.

다른 모델과의 관계

오토인코더autoencoder(Rumelhart et al., 1985[29]; Hinton & Salakhutdinov, 2006[30])는 데이터를 인코더를 통해 병목층으로 전달한 다음 디코더를 사용하여 재구성한다. 병목층은 VAE의 잠재변수와 유사하지만 동기가 다르다. 여기서의 목표는 확률 분포를 학습하는 것이 아니라 데이터의 본질을 포착하는 저차원 표현을 만드는 것이다. 또한 오토인코더에는 잡음 제거(Vincent et al., 2008)[31], 이상 탐지(Zong et al., 2018)[32]를 포함한 다양한 응용 분야가 있다.

인코더와 디코더가 선형 변환인 경우, 오토인코더는 **주성분 분석**principal component analysis, PCA일 뿐이다. 따라서 비선형 오토인코더는 **PCA**를 일반화한 것이다. PCA

에는 확률적 형태도 있다. **확률적 PCA**probabilistic PCA(Tipping & Bishop, 1999)[33]는 구형 가우시안 잡음을 재구성에 추가하여 확률 모델을 생성하고, **요인 분석**factor analysis은 대각 가우시안 잡음을 더한다(참고: Rubin & Thayer, 1982)[34]. 이러한 확률적 변형 형태의 인코더와 디코더를 비선형으로 만들면 변분 오토인코더를 얻게 된다.

구조 변형

조건부 VAEconditional variational autoencoder, CVAE(Sohn et al., 2015)[35]는 클래스 정보 c를 인코더와 디코더 모두에 통과시킨다. 결과적으로 잠재 공간은 클래스 정보를 인코딩할 필요가 없게 된다. 예를 들어 MNIST 데이터가 숫자 레이블에 따라 조건이 지정되면, 잠재변수는 숫자 범주 자체가 아닌 숫자의 방향과 너비를 인코딩할 수 있다. Sønderby et al.(2016a)[36]은 데이터 종속 근사 우도 항을 이용해서 생성 분포를 재귀적으로 수정하는 사다리 변분 오토인코더를 도입했다.

우도 수정

다른 연구에서는 정교한 우도 모델 $Pr(\mathbf{x}|\mathbf{z})$를 탐구한다. **PixelVAE**(Gulrajani et al., 2016)[8]는 출력 변수에 대해 자기회귀 모델을 사용했다. Dorta et al.(2018)[1]은 디코더 출력의 공분산과 평균을 모델링했다. Lamb et al.(2016)[37]은 이미지 분류 모델의 층 활성화 공간에서 원본 이미지와 유사하도록 재구성을 유도하는 정칙화 항을 추가하여 재구성 품질을 향상시켰다. 이 모델은 의미 정보가 유지되도록 유도하며, 그림 17.13의 결과를 생성하는 데 사용되었다. Larsen et al.(2016)[38]은 재구성에 적대적 손실을 사용하여 결과를 개선했다.

잠재 공간, 사전 확률, 사후 확률

정규화 흐름(Rezende & Mohamed(2015)[39], Kingma et al.(2016)[40]), 방향성 그래프 모델(Maaløe et al., 2016)[41], 무방향 모델(Vahdat et al., 2020)[42], 시간 데이터에 대한 재귀 모델(Gregor et al., 2016[7], 2019[43]))을 포함하여 사후 확률에 대한 다양한 변분 근사가 조사되었다.

다른 저자들은 이산 잠재 공간을 사용하여 연구했다(Van Den Oord et al.(2017)[44], Razavi et al.(2019b)[45], Rolfe(2017)[46], Vahdat et al.(2018a[47],b[48])). 예를 들어

Razavi et al.(2019b)[45]은 벡터 양자화된 잠재 공간을 사용하고 자기회귀 모델(수학식 12.15)로 사전 확률을 모델링한다. 이는 샘플링 속도가 느리지만 매우 복잡한 분포를 설명할 수 있다.

Jiang et al.(2016)[49]은 사후 확률로 가우스 혼합을 사용하여 클러스터링을 한다. 이는 사후 확률의 유연성을 향상시키기 위해 이산형 잠재변수를 추가한 계층적 잠재변수 모델이다. 다른 저자(Salimans et al.(2015)[50], Ranganath et al.(2016)[51], Maaløe et al.(2016)[41], Vahdat & Kautz(2020)[2])는 연속 변수를 사용하는 계층적 모델을 실험했다. 이는 확산 모델(18장)과 밀접한 관련이 있다.

다른 모델과의 조합

Gulrajani et al.(2016)[8]은 VAE를 자기회귀 모델과 결합하여, 보다 사실적인 이미지를 생성했다. Chung et al.(2015)[26]은 VAE를 RNN과 결합하여 시변 측정 time-varying measurement을 모델링했다.

위에서 논의한 바와 같이, 우도 항을 직접적으로 정보화하기 위해 적대적 손실을 사용했다. 그러나 다른 모델들은 서로 다른 방식으로 GAN의 아이디어를 VAE와 결합했다. Makhzani et al.(2015)[52] 잠재 공간에서 적대적 손실을 사용한다. 이 아이디어는 판별자를 통해 집계된 사후 확률 $q(\mathbf{z})$와 사전 확률 $Pr(\mathbf{z})$이 구별되지 않도록 보장한다는 것이다. Tolstikhin et al.(2018)[53]은 이를 사전 확률과 집계된 사후 확률 사이의 더 넓은 거리 범위로 일반화한다. Dumoulin et al.(2017)[54]은 적대적 손실을 사용하여 두 쌍의 잠재/관찰 데이터 지점을 구별하는 적대적 학습 추론을 도입했다. 한 경우에는 잠재변수가 잠재 사후 확률분포에서 추출되고 다른 경우에는 사전 확률분포에서 추출된다. Larsen et al.(2016)[38], Brocket al.(2016)[55], Hsu et al.(2017a)[56]은 또 다른 VAE와 GAN의 결합을 제안했다.

사후 확률 붕괴

훈련 과정에서의 잠재적인 문제 중 하나는 인코더가 항상 사전 확률분포를 예측하는 **사후 확률 붕괴**posterior collapse다. 이는 Bowman et al.(2015)[11]에 의해 확인되었는데, 훈련 중에 사후 확률분포와 사전 확률분포 사이의 KLD가 작아지도록 유도하는 항을 점진적으로 증가시켜서 완화할 수 있다. 사후 확률 붕괴를 방지하기 위해 여러 가지 다른 방법도 제안되었으며(Razavi et al.(2019a)[57], Lucas et al.(2019b[58], a[59])), 이로부터 이산 잠재 공간을 사용할 수 있게 되었다(Van Den Oord et al., 2017).[44]

흐릿한 재구성

Zhao et al.(2017c)[60]은 재구성했을 때 흐릿해지는 현상blurry reconstruction 원인이 가우시안 잡음과 또한 변분 근사로 유도한 사후 확률분포가 최적이 아니기 때문이라는 증거를 제시했다. 최고의 합성 결과 중 일부가 정교한 자기회귀 모델(Razavi et al., 2019b)[45]로 모델링된 이산 잠재 공간을 사용하거나 또는 계층적 잠재 공간(Vahdat & Kautz, 2020[2], 그림 17.12 참고)을 사용해서 나온 것은 우연이 아닐 수도 있다. 그림 17.12a-c는 CELEBA 데이터베이스에서 훈련된 VAE를 사용했다(Liu et al., 2015)[61]. 그림 17.12d는 CELEBA HQ 데이터셋(Karras et al., 2018)[62]에서 훈련된 계층적 VAE를 사용했다.

또 다른 문제

Chen et al.(2017)[63]은 PixelCNN(Van den Oord et al., 2016c)[64]과 같이 더 복잡한 우도 항을 사용하면 출력이 잠재변수에 전혀 의존하지 않을 수 있다고 지적했다. 그들은 이것을 **정보 선호 문제**information preference problem라고 불렀다. 이는 Zhao et al.(2017b)[65]이 InfoVAE으로 해결했는데, InfoVAE에는 잠재 분포와 관찰 분포 간의 상호 정보를 최대화하는 추가 항이 추가되었다.

VAE의 또 다른 문제는 실제 샘플과 일치하지 않는 '구멍'이 잠재 공간에 있을 수 있다는 것이다. Xu et al.(2020)[13]은 제한된 사후 확률 VAE를 도입했는데, 잠재 공간에서 이러한 빈 영역을 방지하는 데 도움이 되는 정칙화 항을 추가했다. 이를 통해 실제 샘플에서 더 나은 보간이 가능하다.

잠재 표현 분리

잠재 표현을 '분리'하는 방법에는 베타 VAE(Higgins et al., 2017)[66]과 그 밖의 모델(예: Kim & Mnih(2018)[67], Kumar et al.(2018)[68])이 있다. Chen et al.(2018d)[4]은 ELBO를 추가로 더 분해하여 잠재변수 간의 전체 상관관계(즉 집계된 사후 확률과 주변화한 확률의 곱 사이의 거리)를 측정하는 항이 존재한다는 것을 보여주었다. 그들은 이 결과를 사용하여 이 상관관계의 양을 최소화하는 전체 상관관계 VAE를 개발했다. **Factor VAE**(Kim & Mnih, 2018)[67]는 전체 상관관계를 최소화하기 위해 다른 접근 방식을 사용한다. Mathieu et al.(2019)[69]은 표현 분리에서 중요한 요소를 논의한다.

재매개변수화 기법

일부 함수의 기댓값을 계산할 때, 확률분포가 몇 가지 매개변수에 의존하는 경우를 고려해보자. 재매개변수화 기법은 이러한 매개변수에 대한 기댓값의 미분을 계산한다. 이번 장에서는 이를 샘플링을 통해 근사 기댓값을 미분하는 방법으로 소개했다. 또 다른 방법이 있지만(문제 17.5 참고), 재매개변수화 기법은 (일반적으로) 낮은 분산을 갖는 추정기를 제공한다. 이 문제는 Rezende et al.(2014)[70], Kingma et al.(2015)[71], Roeder et al.(2017)[72]에서 논의한다.

하한 및 EM 알고리즘

VAE 훈련은 증거 하한(ELBO, 변분 하한, 음의 변분 자유 에너지라고도 한다) 최적화를 기반으로 한다. Hoffman & Johnson(2016)[73]과 Lücke et al.(2020)[74]은 이 하한의 속성을 설명하는 여러 가지 방법을 다시 제시한다. 또한 이 경계를 좀 더 엄격하게 만들기 위한 또 다른 연구들이 이어졌다(Burda et al.(2016)[75], Li & Turner(2016)[76], Bornschein et al.(2016)[77], Masrani et al.(2019)[78]). 예를 들어 Burda et al.(2016)[75]은 목적 함수를 만들기 위해 근사한 사후 확률에서 뽑은 다수의 중요도 가중치 샘플을 기반으로 수정한 경계를 사용한다.

분포 $q(\mathbf{z}|\boldsymbol{\theta})$가 사후 확률 $Pr(\mathbf{z}|\mathbf{x}, \boldsymbol{\phi})$와 일치할 때 ELBO는 엄격하다. 이것은 **기댓값 최대화**expectation maximization, EM 알고리즘의 기초가 된다(Dempster et al., 1977)[79].† 여기서는 교대로 (i) $q(\mathbf{z}|\boldsymbol{\theta})$가 사후 확률 $Pr(\mathbf{z}|\mathbf{x}, \boldsymbol{\phi})$과 같아지도록 $\boldsymbol{\theta}$를 선택하고 (ii) 하한을 최대화하도록 $\boldsymbol{\phi}$를 변경한다(그림 17.15). 이는 사후 분포를 해석적으로 계산할 수 있는 가우시안 혼합과 같은 모델에 적합하다. 불행하게도 비선형 잠재변수 모델의 경우에는 이 방법을 사용할 수 없다.

연습 문제 17.7 참고

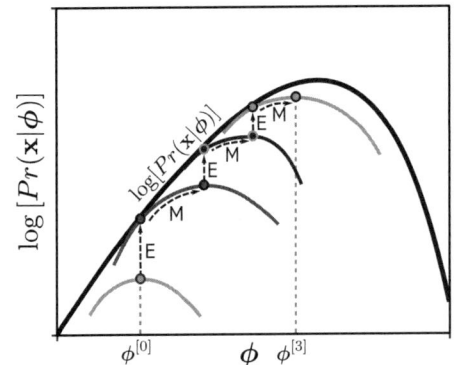

그림 17.15 EM 알고리즘. EM 알고리즘은 최댓값에 도달할 때까지 보조 매개변수 θ(색상 곡선 간 이동)와 모델 매개변수 ϕ(색상 곡선을 따라 이동)를 번갈아 가면서 조정한다. 이러한 조정 과정을 각각 E-단계와 M-단계라고 한다. E-단계는 $q(h|\mathbf{x}, \theta)$에 대해 사후 분포 $Pr(h|\mathbf{x}, \phi)$를 사용하기 때문에 경계가 엄격하고, 각 E-단계 후에 색상 곡선이 검은색 우도 곡선에 닿는다.

연습 문제

17.1 $n = 5$ 구성 요소를 갖는 1차원 가우시안 혼합을 생성하려면 몇 개의 매개변수가 필요한가(식 17.4)? 각 매개변수가 가질 수 있는 값의 범위를 명시해보자.

17.2 함수의 2차 미분이 모든 곳에서 0보다 작거나 같으면, 그 함수는 오목하다. 함수 $g[x] = \log[x]$에 대해 참임을 증명해보자.

17.3 볼록 함수의 경우 젠슨 부등식은 그 반대다.

$$g[\mathbb{E}[y]] \leq \mathbb{E}[g[y]] \quad \text{식 17.31}$$

2차 미분이 모든 곳에서 0보다 크거나 같으면, 그 함수는 볼록하다. 임의의 $n \in [1, 2, 3, \ldots]$에 대해 함수 $g[x] = x^{2n}$이 볼록임을 증명해보자. 이 결과를 젠슨 부등식과 함께 사용하여 분포 $Pr(x)$의 평균 $\mathbb{E}[x]$의 제곱이 이차 모멘트 $\mathbb{E}[x^2]$보다 작거나 같아야 함을 증명해보자.

17.4* 식 17.18로 표현된 ELBO를 변분 분포 $q(\mathbf{z}|\mathbf{x})$와 실제 사후 분포 $Pr(\mathbf{z}|\mathbf{x}, \phi)$ 사이의 KLD로부터 유도할 수 있음을 증명해보자(힌트: 베이즈 정리(식 17.19)를 이용해보자).

$$\mathrm{D}_{KL}\Big[q(\mathbf{z}|\mathbf{x})\Big|\Big|Pr(\mathbf{z}|\mathbf{x}, \phi)\Big] = \int q(\mathbf{z}|\mathbf{x}) \log\left[\frac{q(\mathbf{z}|\mathbf{x})}{Pr(\mathbf{z}|\mathbf{x}, \phi)}\right] d\mathbf{z} \quad \text{식 17.32}$$

17.5 재매개변수화 기법은 분포 $Pr(x|\boldsymbol{\phi})$의 매개변수 $\boldsymbol{\phi}$에 대해서 함수 f[x]의 기댓값의 미분을 계산한다.

$$\frac{\partial}{\partial \boldsymbol{\phi}} \mathbb{E}_{Pr(x|\boldsymbol{\phi})}\big[\mathrm{f}[x]\big]$$

식 17.33

이 미분을 다음과 같이 계산할 수도 있음을 증명해보자.

$$\begin{aligned}\frac{\partial}{\partial \boldsymbol{\phi}} \mathbb{E}_{Pr(x|\boldsymbol{\phi})}\big[\mathrm{f}[x]\big] &= \mathbb{E}_{Pr(x|\boldsymbol{\phi})}\left[\mathrm{f}[x]\frac{\partial}{\partial \boldsymbol{\phi}}\log\big[Pr(x|\boldsymbol{\phi})\big]\right] \\ &\approx \frac{1}{I}\sum_{i=1}^{I}\mathrm{f}[x_i]\frac{\partial}{\partial \boldsymbol{\phi}}\log\big[Pr(x_i|\boldsymbol{\phi})\big]\end{aligned}$$

식 17.34

이 방법은 **REINFORCE 알고리즘**REINFORCE algorithm 또는 **점수 함수 추정기** score function estimator라고 한다.†

17.6 잠재공간에서 점 사이를 이동할 때 일반 선형 보간보다 구형 선형 보간을 사용하는 것이 더 좋은 이유는 무엇일까(힌트: 그림 8.13을 참고)?

17.7* N개의 요소을 갖는 1차원 가우시안 혼합에 대한 EM 알고리즘을 도출해 보자. 이를 위해서, (i) 데이터 지점 x에 대해, 잠재변수 $z \in \{1, 2, \dots, N\}$의 사후 분포 $Pr(z|x)$에 대한 표현식을 찾고, (ii) 모든 데이터 지점에 대한 사후 분포를 고려하여 증거 하한을 갱신하는 표현식을 찾는다. 가우시안 가중치 $\lambda_1, \dots, \lambda_N$의 합은 1이 되도록 하려면, 라그랑주 승수 Lagrange multiplier를 사용해야 한다.

[옮긴이] 점수 함수 추정기는 확률 분포 기반 미분 추정 기법이고, REINFORCE 알고리즘은 이를 사용한 정책 경사 강화학습 알고리즘이다. 따라서 REINFORCE 알고리즘은 점수 함수 추정기의 응용 사례로 볼 수 있다.

참고 문헌

[1] Dorta, G., Vicente, S., Agapito, L., Campbell, N. D., & Simpson, I. (2018). Structured uncertainty prediction networks. *IEEE/CVF Computer Vision & Pattern Recognition*, 5477–5485.

[2] Vahdat, A., & Kautz, J. (2020). NVAE: A deep hierarchical variational autoencoder. *Neural Information Processing Systems, 33*, 19667–19679.

[3] White, T. (2016). Sampling generative networks. *arXiv:1609.04468.*

[4] Chen, R. T., Li, X., Grosse, R. B., & Duvenaud, D. K. (2018d). Isolating sources of disentanglement in variational autoencoders. *Neural Information Processing Systems, 31*, 2615–2625.

[5] Kingma, D. P., & Welling, M. (2014). Autoencoding variational Bayes. *International Conference on Learning Representations.*

[6] Kingma, D. P., Welling, M., et al. (2019). An introduction to variational autoencoders. *Foundations and Trends in Machine Learning, 12*(4), 307–392.

[7] Gregor, K., Besse, F., Jimenez Rezende, D., Danihelka, I., & Wierstra, D. (2016). Towards conceptual compression. *Neural Information Processing Systems, 29*, 3549–3557.

[8] Gulrajani, I., Kumar, K., Ahmed, F., Taiga, A. A., Visin, F., Vazquez, D., & Courville, A. (2016). PixelVAE: A latent variable model for natural images. *International Conference on Learning Representations.*

[9] Akuzawa, K., Iwasawa, Y., & Matsuo, Y. (2018). Expressive speech synthesis via modeling expressions with variational autoencoder. *INTERPSPEECH*, 3067–3071.

[10] Hsu, W.-N., Zhang, Y., & Glass, J. (2017b). Learning latent representations for speech generation and transformation. *INTERSPEECH*, 1273–1277.

[11] Bowman, S. R., Vilnis, L., Vinyals, O., Dai, A. M., Jozefowicz, R., & Bengio, S. (2015). Generating sentences from a continuous space. *ACL Conference on Computational Natural Language Learning*, 10–21.

[12] Hu, Z., Yang, Z., Liang, X., Salakhutdinov, R., & Xing, E. P. (2017). Toward controlled generation of text. *International Conference on Machine Learning*, 1587–1596.

[13] Xu, P., Cheung, J. C. K., & Cao, Y. (2020). On variational learning of controllable representations for text without supervision. *International Conference on Machine Learning*, 10534–10543.

[14] Gómez-Bombarelli, R., Wei, J. N., Duvenaud, D., Hernández-Lobato, J. M., Sánchez-Lengeling, B., Sheberla, D., Aguilera-Iparraguirre, J., Hirzel, T. D., Adams, R. P., & Aspuru-Guzik, A. (2018). Automatic chemical design using a data-driven continuous representation of molecules. *ACS Central Science, 4*(2), 268–276.

[15] Sultan, M. M., Wayment-Steele, H. K., & Pande, V. S. (2018). Transferable neural networks for enhanced sampling of protein dynamics. *Journal of Chemical Theory and Computation, 14*(4), 1887–1894.

[16] Kipf, T. N., & Welling, M. (2016). Variational graph auto-encoders. *NIPS Bayesian Deep Learning Workshop.*

[17] Simonovsky, M., & Komodakis, N. (2018). Graph-VAE: Towards generation of small graphs using variational autoencoders. *International Conference on Artificial Neural Networks*, 412–422.

[18] Hernández, C. X., Wayment-Steele, H. K., Sultan, M. M., Husic, B. E., & Pande, V. S. (2018). Variational encoding of complex dynamics. *Physical Review E, 97*(6), 062412.

[19] Inoue, T., Choudhury, S., De Magistris, G., & Dasgupta, S. (2018). Transfer learning from synthetic to real images using variational autoencoders for precise position detection. *IEEE International Conference on Image Processing*, 2725–2729.

[20] Park, D., Hoshi, Y., & Kemp, C. C. (2018). A multimodal anomaly detector for robot-assisted feeding using an LSTM-based variational autoencoder. *IEEE Robotics and Automation Letters, 3*(3), 1544–1551.

[21] Heess, N., Wayne, G., Silver, D., Lillicrap, T., Erez, T., & Tassa, Y. (2015). Learning continuous control policies by stochastic value gradients. *Neural Information Processing Systems, 28*, 2944–2952.

[22] Van Hoof, H., Chen, N., Karl, M., van der Smagt, P., & Peters, J. (2016). Stable reinforcement learning with autoencoders for tactile and visual data. *IEEE/RSJ International Conference on Intelligent Robots and Systems*, 3928–3934. IEEE.

[23] Eslami, S., Heess, N., Weber, T., Tassa, Y., Szepesvari, D., Hinton, G. E., et al. (2016). Attend, infer, repeat: Fast scene understanding with generative models. *Neural Information Processing Systems*, 29, 3225–3233.

[24] Eslami, S. A., Jimenez Rezende, D., Besse, F., Viola, F., Morcos, A. S., Garnelo, M., Ruderman, A., Rusu, A. A., Danihelka, I., Gregor, K., et al. (2018). Neural scene representation and rendering. *Science*, 360(6394), 1204–1210.

[25] Rezende Jimenez, D., Eslami, S., Mohamed, S., Battaglia, P., Jaderberg, M., & Heess, N. (2016). Unsupervised learning of 3D structure from images. *Neural Information Processing Systems*, 29, 4997–5005.

[26] Chung, J., Kastner, K., Dinh, L., Goel, K., Courville, A. C., & Bengio, Y. (2015). A recurrent latent variable model for sequential data. *Neural Information Processing Systems*, 28, 2980–2988.

[27] Liang, D., Krishnan, R. G., Hoffman, M. D., & Jebara, T. (2018). Variational autoencoders for collaborative filtering. *World Wide Web Conference*, 689–698.

[28] Ravanbakhsh, S., Lanusse, F., Mandelbaum, R., Schneider, J., & Poczos, B. (2017). Enabling dark energy science with deep generative models of galaxy images. *AAAI Conference on Artificial Intelligence*, 1488–1494.

[29] Rumelhart, D. E., Hinton, G. E., & Williams, R. J. (1985). Learning internal representations by error propagation. Techical Report, *La Jolla Institute for Cognitive Science*, UCSD.

[30] Hinton, G. E., & Salakhutdinov, R. R. (2006). Reducing the dimensionality of data with neural networks. *Science*, 313(5786), 504–507.

[31] Vincent, P., Larochelle, H., Bengio, Y., & Manzagol, P.-A. (2008). Extracting and composing robust features with denoising autoencoders. *International Conference on Machine Learning*, 1096–1103.

[32] Zong, B., Song, Q., Min, M. R., Cheng, W., Lumezanu, C., Cho, D., & Chen, H. (2018). Deep autoencoding Gaussian mixture model for unsupervised anomaly detection. *International Conference on Learning Representations*.

[33] Tipping, M. E., & Bishop, C. M. (1999). Probabilistic principal component analysis. *Journal of the Royal Statistical Society: Series B*, 61(3), 611–622.

[34] Rubin, D. B., & Thayer, D. T. (1982). EM algorithms for ML factor analysis. *Psychometrika*, 47(1), 69–76.

[35] Sohn, K., Lee, H., & Yan, X. (2015). Learning structured output representation using deep conditional generative models. *Neural Information Processing Systems*, 28, 3483–3491

[36] Sønderby, C. K., Raiko, T., Maaløe, L., Sønderby, S. K., & Winther, O. (2016a). How to train deep variational autoencoders and probabilistic ladder networks. *arXiv:1602.02282*.

[37] Lamb, A., Dumoulin, V., & Courville, A. (2016). Discriminative regularization for generative models. *arXiv:1602.03220*.

[38] Larsen, A. B. L., Sønderby, S. K., Larochelle, H., & Winther, O. (2016). Autoencoding beyond pixels using a learned similarity metric. *International Conference on Machine Learning*, 1558–1566.

[39] Rezende, D. J., & Mohamed, S. (2015). Variational inference with normalizing flows. *International Conference on Machine Learning*, 1530–1538.

[40] Kingma, D. P., Salimans, T., Jozefowicz, R., Chen, X., Sutskever, I., & Welling, M. (2016). Improved variational inference with inverse autoregressive flow. *Neural Information Processing Systems*, 29, 4736–4744.

[41] Maaløe, L., Sønderby, C. K., Sønderby, S. K., & Winther, O. (2016). Auxiliary deep generative models. *International Conference on Machine Learning*, 1445–1453.

[42] Vahdat, A., Andriyash, E., & Macready, W. (2020). Undirected graphical models as approximate posteriors. *International Conference on Machine Learning*, 9680–9689.

[43] Gregor, K., Papamakarios, G., Besse, F., Buesing, L., & Weber, T. (2019). Temporal difference variational auto-encoder. *International Conference on Learning Representations*.

[44] Van Den Oord, A., Vinyals, O., et al. (2017). Neural discrete representation learning. *Neural Information Processing Systems*, 30, 6306–6315.

[45] Razavi, A., Van den Oord, A., & Vinyals, O. (2019b). Generating diverse high-fidelity images with VQ-VAE-2.

Neural Information Processing Systems, 32, 14837–14847.

46. Rolfe, J. T. (2017). Discrete variational autoencoders. *International Conference on Learning Representations*.

47. Vahdat, A., Andriyash, E., & Macready, W. (2018a). DVAE#: Discrete variational autoencoders with relaxed Boltzmann priors. *Neural Information Processing Systems, 31*, 1869–1878.

48. Vahdat, A., Macready, W., Bian, Z., Khoshaman, A., & Andriyash, E. (2018b). DVAE++: Discrete variational autoencoders with overlapping transformations. *International Conference on Machine Learning*, 5035–5044.

49. Jiang, Z., Zheng, Y., Tan, H., Tang, B., & Zhou, H. (2016). Variational deep embedding: An unsupervised and generative approach to clustering. *International Joint Conference on Artificial Intelligence*, 1965–1972.

50. Salimans, T., Kingma, D., & Welling, M. (2015). Markov chain Monte Carlo and variational inference: Bridging the gap. *International Conference on Machine Learning*, 1218–1226.

51. Ranganath, R., Tran, D., & Blei, D. (2016). Hierarchical variational models. *International Conference on Machine Learning*, 324–333.

52. Makhzani, A., Shlens, J., Jaitly, N., Goodfellow, I., & Frey, B. (2015). Adversarial autoencoders. *arXiv:1511.05644*.

53. Tolstikhin, I., Bousquet, O., Gelly, S., & Schoelkopf, B. (2018). Wasserstein autoencoders. *International Conference on Learning Representations*.

54. Dumoulin, V., Belghazi, I., Poole, B., Mastropietro, O., Lamb, A., Arjovsky, M., & Courville, A. (2017). Adversarially learned inference. *International Conference on Learning Representations*.

55. Brock, A., Lim, T., Ritchie, J. M., & Weston, N. (2016). Neural photo editing with introspective adversarial networks. *International Conference on Learning Representations*.

56. Hsu, C.-C., Hwang, H.-T., Wu, Y.-C., Tsao, Y., & Wang, H.-M. (2017a). Voice conversion from unaligned corpora using variational autoencoding Wasserstein generative adversarial networks. *INTERSPEECH*, 3364–3368.

57. Razavi, A., Oord, A. v. d., Poole, B., & Vinyals, O. (2019a). Preventing posterior collapse with delta-VAEs. *International Conference on Learning Representations*.

58. Lucas, J., Tucker, G., Grosse, R. B., & Norouzi, M. (2019b). Don't blame the ELBO! A linear VAE perspective on posterior collapse. *Neural Information Processing Systems, 32*, 9403–9413.

59. Lucas, J., Tucker, G., Grosse, R., & Norouzi, M. (2019a). Understanding posterior collapse in generative latent variable models. *ICLR Workshop on Deep Generative Models for Highly Structured Data*.

60. Zhao, S., Song, J., & Ermon, S. (2017c). Towards deeper understanding of variational autoencoding models. *arXiv:1702.08658*.

61. Liu, Z., Luo, P., Wang, X., & Tang, X. (2015). Deep learning face attributes in the wild. *IEEE International Conference on Computer Vision*, 3730–3738.

62. Karras, T., Aila, T., Laine, S., & Lehtinen, J. (2018). Progressive growing of GANs for improved quality, stability, and variation. *International Conference on Learning Representations*.

63. Chen, X., Kingma, D. P., Salimans, T., Duan, Y., Dhariwal, P., Schulman, J., Sutskever, I., & Abbeel, P. (2017). Variational lossy autoencoder. *International Conference on Learning Representations*.

64. Van den Oord, A., Kalchbrenner, N., & Kavukcuoglu, K. (2016c). Pixel recurrent neural networks. *International Conference on Machine Learning*, 1747–1756.

65. Zhao, S., Song, J., & Ermon, S. (2017b). InfoVAE: Balancing learning and inference in variational autoencoders. *AAAI Conference on Artificial Intelligence*, 5885–5892.

66. Higgins, I., Matthey, L., Pal, A., Burgess, C., Glorot, X., Botvinick, M., Mohamed, S., & Lerchner, A. (2017). Beta-VAE: Learning basic visual concepts with a constrained variational framework. *International Conference on Learning Representations*.

67. Kim, H., & Mnih, A. (2018). Disentangling by factorising. *International Conference on Machine Learning*, 2649–2658.

68. Kumar, A., Sattigeri, P., & Balakrishnan, A. (2018). Variational inference of disentangled latent concepts from unlabeled observations. *International Conference on*

Learning Representations.

[69] Mathieu, E., Rainforth, T., Siddharth, N., & Teh, Y. W. (2019). Disentangling disentanglement in variational autoencoders. *International Conference on Machine Learning*, 4402–4412.

[70] Rezende, D. J., Mohamed, S., & Wierstra, D. (2014). Stochastic backpropagation and approximate inference in deep generative models. *International Conference on Machine Learning*, 1278–1286.

[71] Kingma, D. P., Salimans, T., & Welling, M. (2015). Variational dropout and the local reparameterization trick. *Advances in neural information processing systems, 28*, 2575–2583.

[72] Roeder, G., Wu, Y., & Duvenaud, D. K. (2017). Sticking the landing: Simple, lower-variance gradient estimators for variational inference. *Neural Information Processing Systems, 30*, 6925–6934.

[73] Hoffman, M. D., & Johnson, M. J. (2016). ELBO surgery: Yet another way to carve up the variational evidence lower bound. *NIPS Workshop in Advances in Approximate Bayesian Inference*, 2.

[74] Lücke, J., Forster, D., & Dai, Z. (2020). The evidence lower bound of variational autoencoders converges to a sum of three entropies. *arXiv:2010.14860*.

[75] Burda, Y., Grosse, R. B., & Salakhutdinov, R. (2016). Importance weighted autoencoders. *International Conference on Learning Representations*.

[76] Li, Y., & Turner, R. E. (2016). Rényi divergence variational inference. *Neural Information Processing Systems, 29*, 1073–1081.

[77] Bornschein, J., Shabanian, S., Fischer, A., & Bengio, Y. (2016). Bidirectional Helmholtz machines. *International Conference on Machine Learning*, 2511–2519.

[78] Masrani, V., Le, T. A., & Wood, F. (2019). The thermodynamic variational objective. *Neural Information Processing Systems, 32*, 11521–11530.

[79] Dempster, A. P., Laird, N. M., & Rubin, D. B. (1977). Maximum likelihood from incomplete data via the EM algorithm. *Journal of the Royal Statistical Society: Series B, 39*(1), 1–22.

CHAPTER 18 확산 모델

15장에서는 생성적 적대 모델에 대해 설명했는데, 이 모델은 그럴듯해보이는 샘플을 생성하지만 데이터에 대한 확률분포를 정의하지는 않는다. 16장에서는 정규화 흐름에 대해 논의했는데, 이 모델은 데이터에 대한 확률분포를 정의하지만 신경망에 구조적 제약을 가해야 한다. 즉 각 층은 가역적이어야 하고, 야코비 행렬식은 계산하기 쉬워야 한다. 17장에서는 변분 오토인코더를 소개했는데, 이 모델도 확률적 기반이 견고하지만 우도 계산이 어렵고 하한으로 근사해야 한다.

이 장에서는 **확산 모델**diffusion model을 다룬다. 정규화 흐름과 마찬가지로 이는 잠재변수로부터 관측된 데이터로의 비선형 매핑을 정의하는 확률 모델로 이때 잠재변수와 관측된 데이터는 동일한 차원을 갖는다. 변분 오토인코더와 마찬가지로 잠재변수에 매핑하는 인코더를 기반으로 데이터 우도의 하한을 근사한다. 그러나 확산 모델에서는 이 인코더가 미리 정해져 있고, 이 과정을 역으로 수행해서 샘플을 생성하는 디코더를 학습한다. 확산 모델은 훈련하기 쉽고, GAN보다 더 현실감 있는 고품질의 샘플을 생성할 수 있다. 따라서 이 장을 읽기 전에 변분 오토인코더(17장)에 대한 내용을 잘 알고 있어야 한다.

18.1 개요

확산 모델은 인코더와 디코더로 구성된다. 인코더는 데이터 샘플 $\mathbf{x}$를 입력으로 받아서 일련의 중간 잠재변수 $\mathbf{z}_1 \ldots \mathbf{z}_T$를 통해 매핑한다. 디코더는 이 과정을 역으로 수행한다. 즉 z_T로 시작해서 z_{T-1}, ..., z_1을 거쳐 최종적으로 데이터 지점 x를 (재)생성할 때까지 수행한다. 인코더와 디코더 모두에서 매핑은 결정론적이라기보다는 확률론적이다.

인코더는 사전에 지정되고, 입력을 백색 잡음 샘플과 점진적으로 혼합한다(그림 18.1). 충분한 단계를 거치면, 최종 잠재변수의 조건부 분포 $q(z_T|x)$와 주변 분포 $q(z_T)$ 모두 표준 정규분포가 된다. 이 과정이 사전에 지정되어 있기 때문에, 학습된 모든 매개변수는 디코더에 있다.

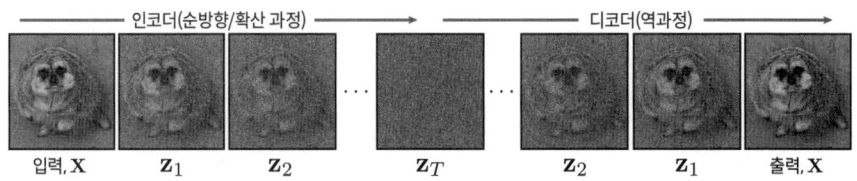

그림 18.1 확산 모델. 인코더(순방향 또는 확산 과정)는 일련의 잠재변수 $z_1 \ldots z_T$를 통해 입력 x를 매핑한다. 이 과정은 미리 정해져 있으며 잡음만 남을 때까지 데이터와 잡음을 점진적으로 혼합한다. 디코더(역과정)는 데이터를 잠재변수를 통해 역방향으로 전달하면서 각 단계에서 잡음을 제거하도록 학습한다. 훈련 후에는 잡음 벡터 z_T를 샘플링하고 디코더를 통과시켜서 새로운 견본을 생성한다.

디코더에서는 각각의 인접한 잠재변수 쌍 z_t와 z_{t-1} 사이를 역방향으로 매핑하는 일련의 신경망을 훈련한다. 이때, 손실 함수는 각 신경망이 해당 인코더 단계를 역변환하도록 유도한다. 그 결과, 표현에서 잡음이 점진적으로 제거되어 사실적으로 보이는 데이터 견본만 남게 된다. 따라서 새로운 데이터 견본 x를 생성하려면, $q(z_T)$에서 샘플을 뽑아 디코더를 통과시키면 된다.

18.2절에서는 인코더에 대해서 자세히 살펴본다. 인코더의 속성은 명백하지 않지만 학습 알고리즘에 중요하다. 18.3절에서는 디코더에 대해 논의한다. 18.4절에서는 훈련 알고리즘을 도출하고, 18.5절에서는 이를 보다 실용적으로 재구성한다. 18.6절에서는 텍스트 프롬프트에 조건을 걸어서 생성하는 세부 구현 사항에 대해 설명한다.

> 이 명명법은 역방향 매핑이 데이터에서 잠재변수로 이동하고, 순방향 매핑이 다시 뒤로 이동하는 정규화 흐름과는 반대다.

18.2 인코더(순방향 과정)

확산diffusion 또는 **순방향 과정**forward process†(그림 18.2)은 데이터 견본 x를 일련의 중간 변수 $z_1, z_2, \ldots, z_T$로 매핑한다. 이 중간 변수들은 x와 같은 크기를 갖고 다음과 같이 정의한다.

$$\begin{aligned} \mathbf{z}_1 &= \sqrt{1-\beta_1}\cdot \mathbf{x} + \sqrt{\beta_1}\cdot \boldsymbol{\epsilon}_1 \\ \mathbf{z}_t &= \sqrt{1-\beta_t}\cdot \mathbf{z}_{t-1} + \sqrt{\beta_t}\cdot \boldsymbol{\epsilon}_t \qquad \forall\, t \in 2,\dots,T \end{aligned}$$

식 18.1

여기서 $\boldsymbol{\epsilon}_t$는 표준 정규분포에서 추출한 잡음이다.

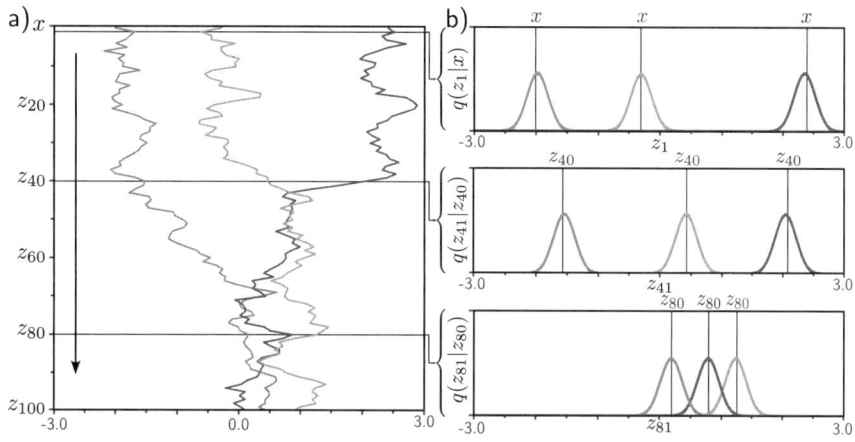

그림 18.2 순방향 과정. a) 개의 잠재변수 $z_1,\dots,z_{100}$, 모든 단계에서 $\beta = 0.03$인 1차원 데이터 x가 있다고 가정해보자. x가 세 가지 값(회색, 청록색, 주황색)으로 초기화된다(맨 윗줄). 이는 $z_1,\dots,z_{100}$을 통해 전파된다. 각 단계에서 변수의 값을 $\sqrt{1-\beta}$만큼 감쇠하고 평균이 0이고 분산이 β를 잡음을 추가하여 갱신한다(식 18.1). 따라서 3개의 견본은 변수를 통해 잡음처럼 전파하는데, 0을 향해 이동한다. b) 조건부 확률 $Pr(z_1|x)$과 $Pr(z_t|z_{t-1})$은 평균이 현재 지점보다 약간 더 0에 가깝고 고정된 분산 β_t(식 18.2)를 갖는 정규분포다.

첫 번째 항은 데이터와 지금까지 추가된 잡음을 감쇠시키고, 두 번째 항은 더 많은 잡음을 추가한다. 하이퍼파라미터 $\beta_t \in [0, 1]$은 잡음이 얼마나 빨리 혼합되는지 결정하고, 이를 **노이즈 스케줄**noise schedule이라고 한다. 순방향 과정은 다음과 같이 나타낼 수 있다.

$$\begin{aligned} q(\mathbf{z}_1|\mathbf{x}) &= \text{Norm}_{\mathbf{z}_1}\left[\sqrt{1-\beta_1}\mathbf{x}, \beta_1\mathbf{I}\right] \\ q(\mathbf{z}_t|\mathbf{z}_{t-1}) &= \text{Norm}_{\mathbf{z}_t}\left[\sqrt{1-\beta_t}\mathbf{z}_{t-1}, \beta_t\mathbf{I}\right] \qquad \forall\, t \in \{2,\dots,T\} \end{aligned}$$

식 18.2

$\mathbf{z}_t$의 확률은 바로 직전 변수 $\mathbf{z}_{t-1}$의 값에 의해서만 결정되므로, 이는 **마르코프 연쇄**Markov chain다. 충분한 단계 T를 거치면† 원본 데이터의 모든 흔적이 제거되고 $q(\mathbf{z}_T|\mathbf{x}) = q(\mathbf{z}_T)$는 표준 정규분포가 된다.†

연습 문제 18.1 참고

앞 장의 VAE 인코더에서의 표기법과 일치시키기 위해 $Pr(\mathbf{z}_t|\mathbf{z}_{t-1})$ 대신 $q(\mathbf{z}_t|\mathbf{z}_{t-1})$을 사용한다.

입력 $\mathbf{x}$가 주어졌을 때, 모든 잠재변수 $\mathbf{z}_1, \mathbf{z}_2, \ldots, \mathbf{z}_T$의 결합 분포는 다음과 같다.

$$q(\mathbf{z}_{1\ldots T}|\mathbf{x}) = q(\mathbf{z}_1|\mathbf{x}) \prod_{t=2}^{T} q(\mathbf{z}_t|\mathbf{z}_{t-1})$$

식 18.3

18.2.1 확산 커널 $q(\mathbf{z}_t|\mathbf{x})$

디코더가 이 역과정을 학습하도록 하기 위해, 동일한 견본 $\mathbf{x}$에 대해 시간 t에서 여러 샘플 $\mathbf{z}_t$를 사용한다. 그러나 t가 클 때 식 18.1을 사용하여 이를 순차적으로 생성하는 것은 시간이 많이 소요된다. 다행스럽게도 $q(\mathbf{z}_t|\mathbf{x})$에 대한 해석적인 해를 구할 수 있기 때문에, 초기 데이터 지점 $\mathbf{x}$가 주어지면 중간 변수 $\mathbf{z}_1 \ldots \mathbf{z}_{t-1}$을 계산하지 않고도 직접 샘플 $\mathbf{z}_t$를 추출할 수 있다. 이를 확산 커널diffusion kernel이라고 한다(그림 18.3).

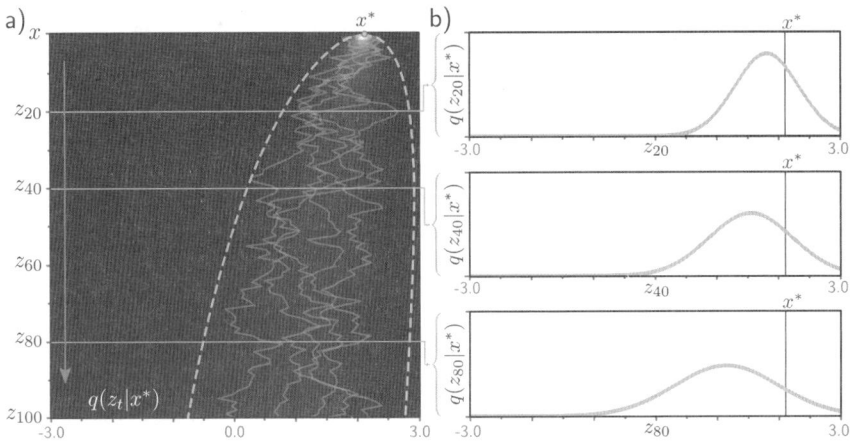

그림 18.3 확산 커널. a) 점 $x^* = 2.0$은 식 18.1을 이용해서 잠재변수를 통해 전파된다(5개의 경로가 회색으로 표시되어 있다). 확산 커널 $q(z_t|x^*)$는 x^*에서 시작했을 때 변수 z_t에 대한 확률분포다. 이는 해석적으로 계산할 수 있으며, 평균이 0으로 이동하고 t가 증가함에 따라 분산이 증가하는 정규분포다. 히트맵은 각 변수에 대해 $q(z_t|x^*)$를 보여준다. 청록색 선은 평균으로부터 ± 2 표준편차를 나타낸다. b) $t = 20, 40, 80$에 대해서 확산 커널 $q(z_t|x^*)$을 명시적으로 보여준다. 실제로 확산 커널을 사용하면, 중간 변수 $z_1, \ldots, z_{t-1}$을 계산하지 않고도 주어진 x^*에 해당하는 잠재변수 z_t를 샘플링할 수 있다. t가 매우 커지면 확산 커널은 표준 정규분포가 된다.

$q(\mathbf{z}_t|\mathbf{x})$에 대한 표현식을 유도하기 위해, 순방향 과정의 처음 두 단계를 고려해 보자.

$$\begin{aligned}\mathbf{z}_1 &= \sqrt{1-\beta_1}\cdot\mathbf{x} + \sqrt{\beta_1}\cdot\boldsymbol{\epsilon}_1\\ \mathbf{z}_2 &= \sqrt{1-\beta_2}\cdot\mathbf{z}_1 + \sqrt{\beta_2}\cdot\boldsymbol{\epsilon}_2\end{aligned}$$ 식 18.4

첫 번째 식을 두 번째 식에 대입하면 다음을 같다.

$$\begin{aligned}\mathbf{z}_2 &= \sqrt{1-\beta_2}\left(\sqrt{1-\beta_1}\cdot\mathbf{x} + \sqrt{\beta_1}\cdot\boldsymbol{\epsilon}_1\right) + \sqrt{\beta_2}\cdot\boldsymbol{\epsilon}_2\\ &= \sqrt{1-\beta_2}\left(\sqrt{1-\beta_1}\cdot\mathbf{x} + \sqrt{1-(1-\beta_1)}\cdot\boldsymbol{\epsilon}_1\right) + \sqrt{\beta_2}\cdot\boldsymbol{\epsilon}_2\\ &= \sqrt{(1-\beta_2)(1-\beta_1)}\cdot\mathbf{x} + \sqrt{1-\beta_2-(1-\beta_2)(1-\beta_1)}\cdot\boldsymbol{\epsilon}_1 + \sqrt{\beta_2}\cdot\boldsymbol{\epsilon}_2\end{aligned}$$ 식 18.5

마지막 두 항은 평균이 0이고, 분산이 각각 $1-\beta_2-(1-\beta_2)(1-\beta_1)$, β_2인 정규분포에서 독립적으로 추출한 표본이다. 이 합의 평균은 0이고, 분산은 구성 요소의 분산의 합이다.† 따라서 다음과 같다.

연습 문제 18.2 참고

$$\mathbf{z}_2 = \sqrt{(1-\beta_2)(1-\beta_1)}\cdot\mathbf{x} + \sqrt{1-(1-\beta_2)(1-\beta_1)}\cdot\boldsymbol{\epsilon}$$

여기서 $\boldsymbol{\epsilon}$도 표준 정규분포에서 추출한 표본이다.

이 식을 $\mathbf{z}_3$에 대한 표현식으로 대입해서 이 과정을 계속 진행하면 다음과 같은 결과를 얻을 수 있다.†

연습 문제 18.3 참고

$$\mathbf{z}_t = \sqrt{\alpha_t}\cdot\mathbf{x} + \sqrt{1-\alpha_t}\cdot\boldsymbol{\epsilon}$$ 식 18.7

여기서 $\alpha_t = \prod_{s=1}^{t} 1-\beta_s$이다. 이 식의 확률적 등가식은 다음과 같다.

$$q(\mathbf{z}_t|\mathbf{x}) = \text{Norm}_{\mathbf{z}_t}\left[\sqrt{\alpha_t}\cdot\mathbf{x}, (1-\alpha_t)\mathbf{I}\right]$$ 식 18.8

임의의 초기 데이터 지점 $\mathbf{x}$에 대해서 변수 $\mathbf{z}_t$는 평균과 분산을 알고 있는 정규분포를 따른다. 결과적으로 중간 변수 $\mathbf{z}_1 \ldots \mathbf{z}_{t-1}$을 통한 변환 과정을 알 필요가 없다면 $q(\mathbf{z}_t|\mathbf{x})$에서 쉽게 샘플을 생성할 수 있다.

18.2.2 주변 분포 $q(\mathbf{z}_t)$

주변 분포marginal distribution $q(\mathbf{z}_t)$는 시작점 $\mathbf{x}$의 분포와 각 시작점에 대한 확산 경로를 고려했을 때 $\mathbf{z}_t$ 값을 관찰할 확률이다(그림 18.4). 주변 분포는 결합 분포 $q(\mathbf{x}, \mathbf{z}_{1\ldots t})$에 대해서 $\mathbf{z}_t$를 제외한 모든 변수를 주변화†하여 계산할 수 있다.

C.1.2절 '주변화' 참고

$$\begin{aligned} q(\mathbf{z}_t) &= \iint q(\mathbf{z}_{1...t}, \mathbf{x}) d\mathbf{z}_{1...t-1} d\mathbf{x} \\ &= \iint q(\mathbf{z}_{1...t}|\mathbf{x}) Pr(\mathbf{x}) d\mathbf{z}_{1...t-1} d\mathbf{x} \end{aligned}$$

식 18.9

여기서 $q(\mathbf{z}_{1...t}|\mathbf{x})$는 식 18.3에서 정의했다.

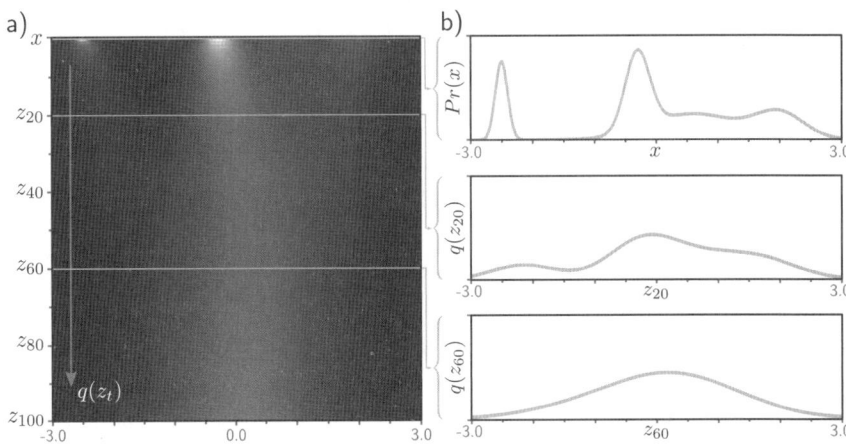

그림 18.4 주변 분포. a) 초기 밀도가 $Pr(x)$일 때(맨 위 행), 확산 과정 동안 잠재변수 z_t를 통과하면서 분포가 점차 흐릿해지고 표준 정규분포로 이동한다. 히트맵의 각 수평선은 주변 분포 $q(z_t)$를 나타낸다. b) 상단 그래프는 초기 분포 $Pr(x)$를 보여준다. 다른 두 그래프는 각각 주변 분포 $q(z_{20})$과 $q(z_{60})$을 보여준다.

이제 중간 변수를 '건너뛰는' 확산 커널 $q(\mathbf{z}_t|\mathbf{x})$에 대한 표현식이 있으므로, 다음과 같이 등가식으로 나타낼 수 있다.

$$q(\mathbf{z}_t) = \int q(\mathbf{z}_t|\mathbf{x}) Pr(\mathbf{x}) d\mathbf{x}$$

식 18.10

따라서 데이터 분포 $Pr(\mathbf{x})$에서 반복적으로 샘플링하고, 각 샘플에 확산 커널 $q(\mathbf{z}_t|\mathbf{x})$를 곱해주면 주변 분포 $q(\mathbf{z}_t)$를 구할 수 있다(그림 18.4). 그러나 원본 데이터 분포 $Pr(\mathbf{x})$를 모르기 때문에 주변 분포를 해석적으로 표현할 수는 없다.†

깃허브의 노트북 18.1 'Diffusion encoder' 참고. https://bit.ly/udl18_1

18.2.3 조건부 분포 $q(\mathbf{z}_{t-1}|\mathbf{z}_t)$

조건부 확률conditional distribution $q(\mathbf{z}_t|\mathbf{z}_{t-1})$을 혼합 과정으로 정의한다(식 18.2). 이 과정을 역으로 수행하려면 베이즈 정리†를 적용한다.

C.1.4절 '베이즈 정리' 참고

$$q(\mathbf{z}_{t-1}|\mathbf{z}_t) = \frac{q(\mathbf{z}_t|\mathbf{z}_{t-1})q(\mathbf{z}_{t-1})}{q(\mathbf{z}_t)}$$

식 18.11

주변 분포 $q(\mathbf{z}_{t-1})$을 계산할 수 없기 때문에 이는 다루기 어렵다.

간단한 1차원 예의 경우에는 $q(\mathbf{z}_{t-1}|\mathbf{z}_t)$를 수치적으로 평가할 수 있다(그림 18.5). 일반적으로 그 형태는 복잡하지만 많은 경우 정규분포로 잘 근사할 수 있다. 이는 디코더를 구축할 때 역과정을 정규분포로 근사하기 때문에 중요하다.

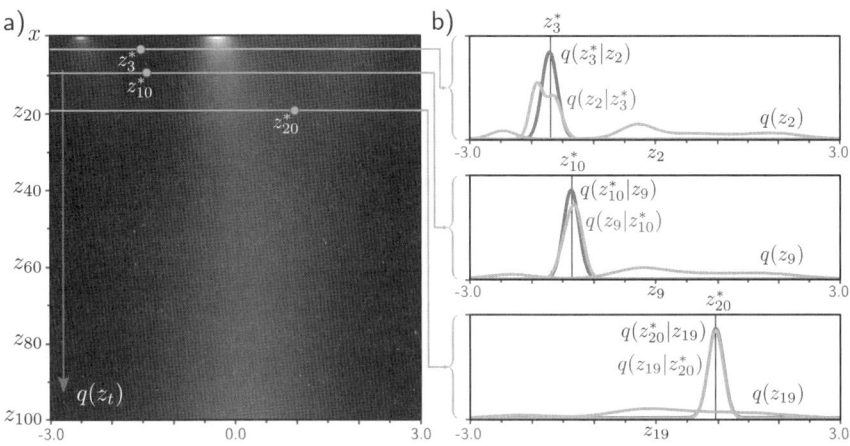

그림 18.5 조건부 분포 $q(z_{t-1}|z_t)$. a) 강조 표시되어 있는 세 점 z_t^*과 주변 밀도 $q(z_t)$. b) 확률 $q(z_{t-1}|z_t^*)$(청록색 곡선)은 베이즈 정리를 통해 계산하는데, $q(z_t^*|z_{t-1})q(z_{t-1})$에 비례한다. 일반적으로 이는 정규분포가 아니지만(상단 그래프), 종종 정규분포가 좋은 근사다(하단 두 그래프). 첫 번째 우도 항 $q(z_t^*|z_{t-1})$은 z_{t-1}에서 정규분포이고(식 18.2), 평균이 z_t^*(갈색 곡선)보다 0에서 약간 더 멀리 떨어져 있다. 두 번째 항은 주변 밀도 $q(z_{t-1})$(회색 곡선)이다.

18.2.4 조건부 확산 분포 $q(\mathbf{z}_{t-1}|\mathbf{z}_t, \mathbf{x})$

마지막으로 고려해야 할 인코더 관련 분포가 하나 더 있다. 앞서 주변 분포 $q(\mathbf{z}_{t-1})$를 모르기 때문에 조건부 분포 $q(\mathbf{z}_{t-1}|\mathbf{z}_t)$를 찾을 수 없다고 했다. 그러나 시작 변수 $\mathbf{x}$를 안다면, 이전 시점의 분포 $q(\mathbf{z}_{t-1}|\mathbf{x})$를 알 수 있다. 이것이 바로 확산 커널(그림 18.3)이고 정규분포를 따른다.

따라서 **조건부 확산 분포**conditional diffusion distribution $q(\mathbf{z}_{t-1}|\mathbf{z}_t, \mathbf{x})$를 해석적으로 계산할 수 있다(그림 18.6).

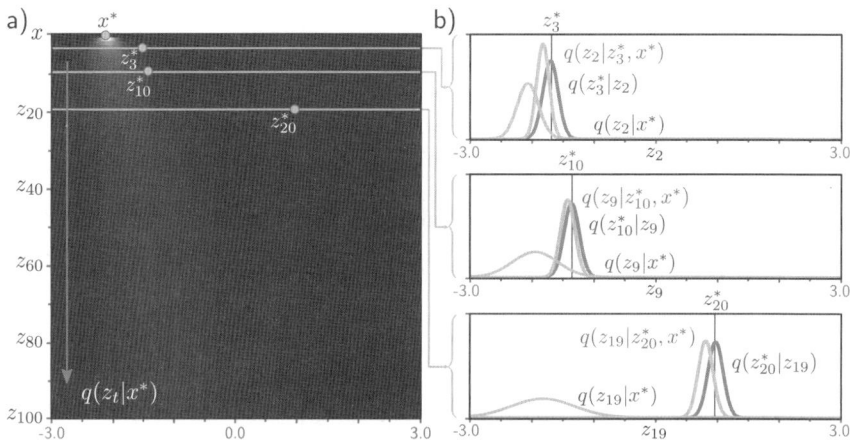

그림 18.6 조건부 분포 $q(z_{t-1}|z_t, x)$. a) 강조 표시되어 있는 세 점 z_t^*와 $x^* = -2.1$에 대한 확산 커널. b) 확률 $q(z_{t-1}|z_t^*, x^*)$는 베이즈 정리를 통해 계산하는데, $q(z_t^*|z_{t-1})q(z_{t-1}|x^*)$에 비례한다. 이는 정규분포를 따르고, 해석적으로 계산할 수 있다. 첫 번째 우도 항 $q(z_t^*|z_{t-1})$은 z_{t-1}에서 정규분포이고(식 18.2), 평균이 z_t^*(갈색 곡선)보다 0에서 약간 더 멀리 떨어져 있다. 두 번째 항은 확산 커널 $q(z_{t-1}|x^*)$(회색 곡선)이다.

이 분포는 디코더를 훈련하는 데 사용된다. 이는 현재의 잠재변수 $\mathbf{z}_t$와 훈련 데이터 견본 $\mathbf{x}$을 알고 있을 때(훈련할 때는 당연히 이를 알고 있다), $\mathbf{z}_{t-1}$에 대한 분포다. 베이즈 정리로부터 다음과 같이 $q(\mathbf{z}_{t-1}|\mathbf{z}_t, \mathbf{x})$에 대한 표현식을 계산할 수 있다.

식 18.12
$$\begin{aligned} & q(\mathbf{z}_{t-1}|\mathbf{z}_t, \mathbf{x}) \\ &= \frac{q(\mathbf{z}_t|\mathbf{z}_{t-1}, \mathbf{x})q(\mathbf{z}_{t-1}|\mathbf{x})}{q(\mathbf{z}_t|\mathbf{x})} \\ &\propto q(\mathbf{z}_t|\mathbf{z}_{t-1}, \mathbf{x})q(\mathbf{z}_{t-1}|\mathbf{x}) \\ &= \text{Norm}_{\mathbf{z}_t}\left[\sqrt{1-\beta_t} \cdot \mathbf{z}_{t-1}, \beta_t \mathbf{I}\right] \text{Norm}_{\mathbf{z}_{t-1}}\left[\sqrt{\alpha_{t-1}} \cdot \mathbf{x}, (1-\alpha_{t-1})\mathbf{I}\right] \\ &\propto \text{Norm}_{\mathbf{z}_{t-1}}\left[\frac{1}{\sqrt{1-\beta_t}}\mathbf{z}_t, \frac{\beta_t}{1-\beta_t}\mathbf{I}\right] \text{Norm}_{\mathbf{z}_{t-1}}\left[\sqrt{\alpha_{t-1}} \cdot \mathbf{x}, (1-\alpha_{t-1})\mathbf{I}\right] \end{aligned}$$

처음 두 줄에서는 $q(\mathbf{z}_t|\mathbf{z}_{t-1}, \mathbf{x}) = q(\mathbf{z}_t|\mathbf{z}_{t-1})$를 이용했다. 이는 확산 과정이 마르코프 과정이고, 따라서 $\mathbf{z}_t$에 대한 모든 정보는 $\mathbf{z}_{t-1}$에 의해 결정되기 때문이다. 세 번째 줄과 네 번째 줄에서는 $\mathbf{z}_{t-1}$ 관점에서 첫 번째 분포를 표현하기 위해 다음과 같은 가우시안 변수 변환 항등식을 이용한다.†

C.3.4절 '변수 변환' 참고

$$\text{Norm}_{\mathbf{v}}[\mathbf{A}\mathbf{w}, \mathbf{B}] \propto \text{Norm}_{\mathbf{w}}\left[\left(\mathbf{A}^T\mathbf{B}^{-1}\mathbf{A}\right)^{-1}\mathbf{A}^T\mathbf{B}^{-1}\mathbf{v}, \left(\mathbf{A}^T\mathbf{B}^{-1}\mathbf{A}\right)^{-1}\right]$$ 식 18.13

그다음 두 번째 가우시안 항등식을 사용해서,† 연습 문제 18.4–18.5 참고

$$\text{Norm}_{\mathbf{w}}[\mathbf{a}, \mathbf{A}] \cdot \text{Norm}_{\mathbf{w}}[\mathbf{b}, \mathbf{B}] \propto$$
$$\text{Norm}_{\mathbf{w}}\left[\left(\mathbf{A}^{-1} + \mathbf{B}^{-1}\right)^{-1}(\mathbf{A}^{-1}\mathbf{a} + \mathbf{B}^{-1}\mathbf{b}), \left(\mathbf{A}^{-1} + \mathbf{B}^{-1}\right)^{-1}\right] \quad \text{식 18.14}$$

$\mathbf{z}_{t-1}$의 두 정규분포를 결합하면 다음과 같다.† 연습 문제 18.6 참고

$$q(\mathbf{z}_{t-1}|\mathbf{z}_t, \mathbf{x}) =$$
$$\text{Norm}_{\mathbf{z}_{t-1}}\left[\frac{(1-\alpha_{t-1})}{1-\alpha_t}\sqrt{1-\beta_t}\mathbf{z}_t + \frac{\sqrt{\alpha_{t-1}}\beta_t}{1-\alpha_t}\mathbf{x}, \frac{\beta_t(1-\alpha_{t-1})}{1-\alpha_t}\mathbf{I}\right] \quad \text{식 18.15}$$

이때 주의할 점은, 최종 결과는 이미 정규화된 확률분포이므로 식 18.12, 18.13, 18.14의 비례 상수는 없애야 한다는 것이다.

18.3 디코더 모델(역과정)

확산 모델을 학습할 때는 **역과정**reverse proces을 학습하게 된다. 즉 데이터 $\mathbf{x}$에 도달할 때까지 잠재변수 $\mathbf{z}_T$에서 $\mathbf{z}_{T-1}$, $\mathbf{z}_{T-1}$에서 $\mathbf{z}_{T-2}$, 이런 식으로 일련의 확률적 매핑을 학습한다. 확산 과정의 실제 역방향 분포 $q(\mathbf{z}_{T-1}|\mathbf{z}_T)$는 데이터 분포 $Pr(\mathbf{x})$에 의존하는 복잡한 다중 모드 분포다(그림 18.5). 따라서 이것을 다음과 같은 정규분포로 근사한다.

$$\begin{aligned}
Pr(\mathbf{z}_T) &= \text{Norm}_{\mathbf{z}_T}[\mathbf{0}, \mathbf{I}] \\
Pr(\mathbf{z}_{t-1}|\mathbf{z}_t, \boldsymbol{\phi}_t) &= \text{Norm}_{\mathbf{z}_{t-1}}\left[\mathbf{f}_t[\mathbf{z}_t, \boldsymbol{\phi}_t], \sigma_t^2 \mathbf{I}\right] \\
Pr(\mathbf{x}|\mathbf{z}_1, \boldsymbol{\phi}_1) &= \text{Norm}_{\mathbf{x}}\left[\mathbf{f}_1[\mathbf{z}_1, \boldsymbol{\phi}_1], \sigma_1^2 \mathbf{I}\right]
\end{aligned} \quad \text{식 18.16}$$

여기서 $\mathbf{f}_t[\mathbf{z}_t, \boldsymbol{\phi}_t]$는 $\mathbf{z}_t$에서 이전 잠재변수 $\mathbf{z}_{t-1}$로의 추정 매핑에 대한 정규분포의 평균을 계산하는 신경망이다. $\{\sigma_t^2\}$ 항은 미리 결정되어 있다. 확산 과정의 하이퍼파라미터 β_t가 0에 가까우면(그리고 시간 단계 T가 큰 경우) 이 정규 근사는 합리적이다.

조상 샘플링ancestral sampling을 사용하여 $Pr(\mathbf{x})$에서 새로운 견본을 생성한다. 처음에는 $Pr(\mathbf{z}_T)$에서 $\mathbf{z}_T$를 샘플링하고, 그다음에는 $Pr(\mathbf{z}_{T-1}|\mathbf{z}_T, \boldsymbol{\phi}_T)$에서 $\mathbf{z}_{T-1}$을

샘플링하고, $Pr(\mathbf{z}_{T-2}|\mathbf{z}_{T-1}, \boldsymbol{\phi}_{T-1})$에서 $\mathbf{z}_{T-2}$를 샘플링하는 방식으로 최종적으로 $Pr(\mathbf{x}|\mathbf{z}_1, \boldsymbol{\phi}_1)$에서 $\mathbf{x}$를 생성한다.

18.4 훈련

관측 변수 $\mathbf{x}$와 잠재변수 $\{\mathbf{z}_t\}$의 결합 분포는 다음과 같다.

$$Pr(\mathbf{x}, \mathbf{z}_{1...T}|\boldsymbol{\phi}_{1...T}) = Pr(\mathbf{x}|\mathbf{z}_1, \boldsymbol{\phi}_1) \prod_{t=2}^{T} Pr(\mathbf{z}_{t-1}|\mathbf{z}_t, \boldsymbol{\phi}_t) \cdot Pr(\mathbf{z}_T) \quad \text{식 18.17}$$

C.1.2절 '주변화' 참고

관측 데이터의 우도 $Pr(\mathbf{x}|\boldsymbol{\phi}_1 \cdots_T)$는 잠재변수 주변화†를 통해서 구한다.

$$Pr(\mathbf{x}|\boldsymbol{\phi}_{1...T}) = \int Pr(\mathbf{x}, \mathbf{z}_{1...T}|\boldsymbol{\phi}_{1...T}) d\mathbf{z}_{1...T} \quad \text{식 18.18}$$

모델을 훈련하기 위해 매개변수 $\boldsymbol{\phi}$에 대해서 훈련 데이터 $\{\mathbf{x}_i\}$의 로그 우도를 최대화한다.

$$\hat{\boldsymbol{\phi}}_{1...T} = \operatorname*{argmax}_{\boldsymbol{\phi}_{1...T}} \left[\sum_{i=1}^{I} \log \left[Pr(\mathbf{x}_i|\boldsymbol{\phi}_{1...T}) \right] \right] \quad \text{식 18.19}$$

식 18.18의 주변화는 다루기 어렵기 때문에, 이를 직접적으로 최대화할 수 없다. 따라서 젠슨 부등식을 이용하여 우도의 하한을 정의하고, VAE에 대해 했던 것과 같이 이 경계에 대해 매개변수 $\boldsymbol{\phi}_1 \cdots_T$를 최적화한다(17.3.1절 참고).

18.4.1 증거 하한

하한을 유도하기 위해, 로그 우도를 인코더 분포 $q(\mathbf{z}_1 \cdots_T|\mathbf{x})$에 곱하고 다시 나눈 다음에 젠슨 부등식을 적용한다(17.3.2절 참고).

$$\begin{aligned}
\log\left[Pr(\mathbf{x}|\boldsymbol{\phi}_{1...T})\right] &= \log\left[\int Pr(\mathbf{x}, \mathbf{z}_{1...T}|\boldsymbol{\phi}_{1...T}) d\mathbf{z}_{1...T}\right] \\
&= \log\left[\int q(\mathbf{z}_{1...T}|\mathbf{x}) \frac{Pr(\mathbf{x}, \mathbf{z}_{1...T}|\boldsymbol{\phi}_{1...T})}{q(\mathbf{z}_{1...T}|\mathbf{x})} d\mathbf{z}_{1...T}\right] \\
&\geq \int q(\mathbf{z}_{1...T}|\mathbf{x}) \log\left[\frac{Pr(\mathbf{x}, \mathbf{z}_{1...T}|\boldsymbol{\phi}_{1...T})}{q(\mathbf{z}_{1...T}|\mathbf{x})}\right] d\mathbf{z}_{1...T}
\end{aligned} \quad \text{식 18.20}$$

이로부터 증거 하한을 얻을 수 있다.

$$\text{ELBO}[\phi_{1...T}] = \int q(\mathbf{z}_{1...T}|\mathbf{x}) \log\left[\frac{Pr(\mathbf{x}, \mathbf{z}_{1...T}|\phi_{1...T})}{q(\mathbf{z}_{1...T}|\mathbf{x})}\right] d\mathbf{z}_{1...T} \quad \text{식 18.21}$$

VAE에서 인코더 $q(\mathbf{z}|\mathbf{x})$는 경계를 엄격하게 만들기 위해 잠재변수에 대한 사후 확률분포를 근사하고, 디코더는 이 경계를 최대화한다(그림 17.10). 확산 모델에서는 인코더에 매개변수가 없으므로 디코더가 모든 작업을 수행해야 한다. 이를 위해 (i) 정적 인코더가 사후 확률 $Pr(\mathbf{z}_{1...T}|\mathbf{x}, \phi_{1...T})$을 근사하도록 매개변수를 변경하고, (ii) 매개변수를 최적화하여 경계를 더 엄격하게 만든다(그림 17.6 참고).

18.4.2 ELBO 단순화

이제 ELBO의 로그 항을 조정해서 최적화에 사용한 최종 형태로 만든다. 먼저 식 18.17과 18.3의 분자와 분모에 대한 정의를 각각 다음과 같이 대입한다.

$$\log\left[\frac{Pr(\mathbf{x}, \mathbf{z}_{1...T}|\phi_{1...T})}{q(\mathbf{z}_{1...T}|\mathbf{x})}\right]$$

$$= \log\left[\frac{Pr(\mathbf{x}|\mathbf{z}_1, \phi_1)\prod_{t=2}^{T} Pr(\mathbf{z}_{t-1}|\mathbf{z}_t, \phi_t) \cdot Pr(\mathbf{z}_T)}{q(\mathbf{z}_1|\mathbf{x})\prod_{t=2}^{T} q(\mathbf{z}_t|\mathbf{z}_{t-1})}\right] \quad \text{식 18.22}$$

$$= \log\left[\frac{Pr(\mathbf{x}|\mathbf{z}_1, \phi_1)}{q(\mathbf{z}_1|\mathbf{x})}\right] + \log\left[\frac{\prod_{t=2}^{T} Pr(\mathbf{z}_{t-1}|\mathbf{z}_t, \phi_t)}{\prod_{t=2}^{T} q(\mathbf{z}_t|\mathbf{z}_{t-1})}\right] + \log\left[Pr(\mathbf{z}_T)\right]$$

그런 다음 두 번째 항의 분모를 확장한다.

$$q(\mathbf{z}_t|\mathbf{z}_{t-1}) = q(\mathbf{z}_t|\mathbf{z}_{t-1}, \mathbf{x}) = \frac{q(\mathbf{z}_{t-1}|\mathbf{z}_t, \mathbf{x})q(\mathbf{z}_t|\mathbf{x})}{q(\mathbf{z}_{t-1}|\mathbf{x})} \quad \text{식 18.23}$$

여기서 변수 $\mathbf{z}_t$에 대한 모든 정보가 $\mathbf{z}_{t-1}$에 포함되어 있기 때문에 데이터 $\mathbf{x}$에 대한 추가 조건이 영향을 주지 않으므로 첫 번째 등식이 성립한다. 두 번째 등식은 베이즈 정리†를 적용한 것이다.

C.1.4절 '베이즈 정리' 참고

이 결과를 대입하면 다음과 같다.

$$\log\left[\frac{Pr(\mathbf{x}, \mathbf{z}_{1\ldots T}|\boldsymbol{\phi}_{1\ldots T})}{q(\mathbf{z}_{1\ldots T}|\mathbf{x})}\right]$$

식 18.24

$$= \log\left[\frac{Pr(\mathbf{x}|\mathbf{z}_1, \boldsymbol{\phi}_1)}{q(\mathbf{z}_1|\mathbf{x})}\right] + \log\left[\frac{\prod_{t=2}^{T} Pr(\mathbf{z}_{t-1}|\mathbf{z}_t, \boldsymbol{\phi}_t)}{\prod_{t=2}^{T} q(\mathbf{z}_{t-1}|\mathbf{z}_t, \mathbf{x})} \cdot \frac{q(\mathbf{z}_{t-1}|\mathbf{x})}{q(\mathbf{z}_t|\mathbf{x})}\right] +$$
$$\log\left[Pr(\mathbf{z}_T)\right]$$

$$= \log\left[Pr(\mathbf{x}|\mathbf{z}_1, \boldsymbol{\phi}_1)\right] + \log\left[\frac{\prod_{t=2}^{T} Pr(\mathbf{z}_{t-1}|\mathbf{z}_t, \boldsymbol{\phi}_t)}{\prod_{t=2}^{T} q(\mathbf{z}_{t-1}|\mathbf{z}_t, \mathbf{x})}\right] + \log\left[\frac{Pr(\mathbf{z}_T)}{q(\mathbf{z}_T|\mathbf{x})}\right]$$

$$\approx \log\left[Pr(\mathbf{x}|\mathbf{z}_1, \boldsymbol{\phi}_1)\right] + \sum_{t=2}^{T} \log\left[\frac{Pr(\mathbf{z}_{t-1}|\mathbf{z}_t, \boldsymbol{\phi}_t)}{q(\mathbf{z}_{t-1}|\mathbf{z}_t, \mathbf{x})}\right]$$

두 번째 줄과 세 번째 줄에서 비율 $q(\mathbf{z}_{t-1}|\mathbf{x})/q(\mathbf{z}_t|\mathbf{x})$의 곱의 거의 모든 항이 상쇄되어 $q(\mathbf{z}_1|\mathbf{x})$와 $q(\mathbf{z}_T|\mathbf{x})$ 두 항만 남는다. 세 번째 줄의 마지막 항은 순방향 과정 $q(\mathbf{z}_T|\mathbf{x})$의 결과가 표준 정규분포이며, 사전 확률 $Pr(\mathbf{z}_T)$도 마찬가지이므로 대략 $\log[1] = 0$이 된다.

따라서 단순화된 ELBO는 다음과 같다.

$$\text{ELBO}[\boldsymbol{\phi}_{1\ldots T}]$$

식 18.25

$$= \int q(\mathbf{z}_{1\ldots T}|\mathbf{x}) \log\left[\frac{Pr(\mathbf{x}, \mathbf{z}_{1\ldots T}|\boldsymbol{\phi}_{1\ldots T})}{q(\mathbf{z}_{1\ldots T}|\mathbf{x})}\right] d\mathbf{z}_{1\ldots T}$$

$$\approx \int q(\mathbf{z}_{1\ldots T}|\mathbf{x}) \left(\log\left[Pr(\mathbf{x}|\mathbf{z}_1, \boldsymbol{\phi}_1)\right] + \sum_{t=2}^{T} \log\left[\frac{Pr(\mathbf{z}_{t-1}|\mathbf{z}_t, \boldsymbol{\phi}_t)}{q(\mathbf{z}_{t-1}|\mathbf{z}_t, \mathbf{x})}\right]\right) d\mathbf{z}_{1\ldots T}$$

$$= \mathbb{E}_{q(\mathbf{z}_1|\mathbf{x})}\left[\log\left[Pr(\mathbf{x}|\mathbf{z}_1, \boldsymbol{\phi}_1)\right]\right]$$

$$- \sum_{t=2}^{T} \mathbb{E}_{q(\mathbf{z}_t|\mathbf{x})}\left[D_{KL}\left[q(\mathbf{z}_{t-1}|\mathbf{z}_t, \mathbf{x}) \| Pr(\mathbf{z}_{t-1}|\mathbf{z}_t, \boldsymbol{\phi}_t)\right]\right]$$

여기서 두 번째 줄에서 세 번째 줄로 넘어갈 때 $q(\mathbf{z}_1\ldots_T|\mathbf{x})$에서 불필요한 변수를 주변화하고 KLD†의 정의를 사용했다.†

C.5.1절 '쿨백-라이블러 발산' 참고

연습 문제 18.7 참고

18.4.3 ELBO 분석

ELBO의 첫 번째 확률 항은 식 18.16에서 이미 정의했는데 이를 옮겨보면 다음과 같고, 이는 VAE의 재구성 항과 동일하다.

$$Pr(\mathbf{x}|\mathbf{z}_1, \boldsymbol{\phi}_1) = \text{Norm}_{\mathbf{x}}\left[\mathbf{f}_1[\mathbf{z}_1, \boldsymbol{\phi}_1], \sigma_1^2\mathbf{I}\right] \qquad \text{식 18.26}$$

모델 예측이 관측 데이터와 일치하면 ELBO는 더 커진다.

VAE의 경우와 마찬가지로 몬테카를로 추정(식 17.22–17.23 참고)을 사용하여 이 양의 로그에 대한 기댓값을 근사하는데, 여기서 $q(\mathbf{z}_1|\mathbf{x})$의 표본을 사용하여 기댓값을 추정한다. ELBO의 KLD항은 $Pr(\mathbf{z}_{t-1}|\mathbf{z}_t, \boldsymbol{\phi}_t)$와 $q(\mathbf{z}_{t-1}|\mathbf{z}_t, \mathbf{x})$ 사이의 거리를 측정하는데, 이는 각각 식 18.16과 18.15에 정의되어 있다.

$$\begin{aligned}Pr(\mathbf{z}_{t-1}|\mathbf{z}_t, \boldsymbol{\phi}_t) &= \text{Norm}_{\mathbf{z}_{t-1}}\left[\mathbf{f}_t[\mathbf{z}_t, \boldsymbol{\phi}_t], \sigma_t^2\mathbf{I}\right] \\ q(\mathbf{z}_{t-1}|\mathbf{z}_t, \mathbf{x}) &= \text{Norm}_{\mathbf{z}_{t-1}}\left[\frac{(1-\alpha_{t-1})}{1-\alpha_t}\sqrt{1-\beta_t}\mathbf{z}_t + \frac{\sqrt{\alpha_{t-1}}\beta_t}{1-\alpha_t}\mathbf{x}, \frac{\beta_t(1-\alpha_{t-1})}{1-\alpha_t}\mathbf{I}\right]\end{aligned} \qquad \text{식 18.27}$$

두 정규분포 사이의 KLD†는 해석적으로 구할 수 있다. 더욱이, 이 식의 많은 항은 $\boldsymbol{\phi}$에 의존하지 않으며,† 따라서 평균 간 차이의 제곱과 상수 C의 합으로 단순화된다.

C.5.4절 '정규분포 사이의 거리' 참고

연습 문제 18.8 참고

$$\begin{aligned}D_{KL}\Big[q(\mathbf{z}_{t-1}|\mathbf{z}_t, \mathbf{x}) \big\| Pr(\mathbf{z}_{t-1}|\mathbf{z}_t, \boldsymbol{\phi}_t)\Big] &= \\ \frac{1}{2\sigma_t^2}\left\|\frac{(1-\alpha_{t-1})}{1-\alpha_t}\sqrt{1-\beta_t}\mathbf{z}_t + \frac{\sqrt{\alpha_{t-1}}\beta_t}{1-\alpha_t}\mathbf{x} - \mathbf{f}_t[\mathbf{z}_t, \boldsymbol{\phi}_t]\right\|^2 &+ C\end{aligned} \qquad \text{식 18.28}$$

18.4.4 확산 손실 함수

모델을 적합하기 위해 매개변수 $\boldsymbol{\phi}_1 \ldots T$에 대해 ELBO를 최대화한다. 이를 최소화 문제로 바꾸기 위해서 −1을 곱하고 기댓값을 샘플로 근사하여 손실 함수를 다음과 같이 정의한다.

$$L[\boldsymbol{\phi}_{1 \equiv T}] = \sum_{i=1}^{I}\Bigg(\overbrace{-\log\left[\text{Norm}_{\mathbf{x}_i}\left[\mathbf{f}[\mathbf{z}_{i1}, \boldsymbol{\phi}_1], \sigma_1^2\mathbf{I}\right]\right]}^{\text{복원항}} \\ + \sum_{t=2}^{T}\frac{1}{2\sigma_t^2}\Bigg\|\underbrace{\frac{1-\alpha_{t-1}}{1-\alpha_t}\sqrt{1-\beta_t}\mathbf{z}_{it} + \frac{\sqrt{\alpha_{t-1}}\beta_t}{1-\alpha_t}\mathbf{x}_i}_{\text{목표, }q(\mathbf{z}_{t-1}|\mathbf{z}_t, \mathbf{x})\text{의 평균}} - \underbrace{\mathbf{f}_t[\mathbf{z}_{it}, \boldsymbol{\phi}_t]}_{\mathbf{z}_{t-1}\text{ 예측치}}\Bigg\|^2\Bigg) \qquad \text{식 18.29}$$

여기서 $\mathbf{x}_i$는 i번째 데이터 지점이고 $\mathbf{z}_{it}$는 확산 단계 t에서의 잠재변수다.

18.4.5 훈련 절차

이 손실 함수를 사용해서 각 확산 시간 단계에 대한 신경망을 훈련할 수 있다. 이는 이전 시간 단계에서의 은닉 변수에 대한 추정치 $f_t[z_t, \phi_t]$와 잡음이 제거된 정답 데이터 x가 주어졌을 때, 가장 가능성이 높은 값과의 차이를 최소화한다.

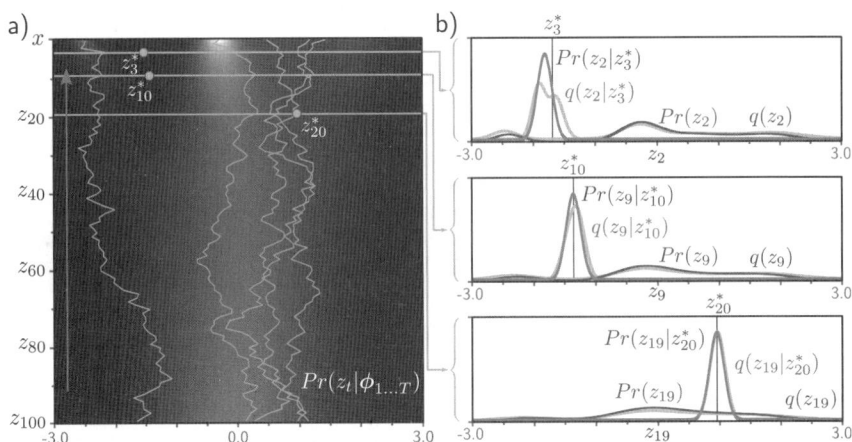

그림 18.7 적합된 모델. a) 표준 정규분포 $Pr(z_T)$ (아래 행)에서 샘플링한 다음 $Pr(z_{T-1}|z_T) = \text{Norm}_{z_{T-1}}[f_T[z_T, \phi_T], \sigma_T^2 I]$에서 z_{T-1}을 샘플링하는 식으로 x에 도달할 때까지 반복해서 개별 표본을 생성할 수 있다(5개의 경로가 표시되어 있다). 이 결과, 추정한 주변 밀도(히트맵)는 이러한 샘플의 집합이며 실제 주변 밀도와 유사하다 (그림 18.4). b) 추정 분포 $Pr(z_{t-1}|z_t)$(갈색 곡선)은 그림 18.5의 확산 모델 $q(z_{t-1}|z_t)$(청록색 곡선)의 실제 사후 확률에 대한 합리적인 근사치. 추정 모델과 실제 모델(각각 진한 파란색 곡선과 회색 곡선)의 주변 분포 $Pr(z_t)$와 $q(z_t)$도 유사하다.

그림 18.7과 18.8은 간단한 1차원 견본에 대한 역방향 적합 과정을 보여준다. 이 모델은 (i) 원본 밀도에서 견본 x의 큰 데이터셋을 가져오고, (ii) 확산 커널을 사용하여 각 시간 t에서 잠재변수 z_t에 해당하는 다수의 값을 예측한 다음,† (iii) 식 18.29의 손실 함수를 최소화하도록 모델 $f_t[z_t, \phi_t]$를 훈련한다. 이러한 모델은 비모수적 (즉 1차원 입력에 대응하는 1차원 출력의 룩업 테이블)이지만, 좀 더 일반적으로는 심층 신경망이 될 수도 있다.†

 깃허브의 노트북 18.2 '1D diffusion model' 참고. https://bit.ly/udl18_2

노트북 18.2 1차원 확산 모델

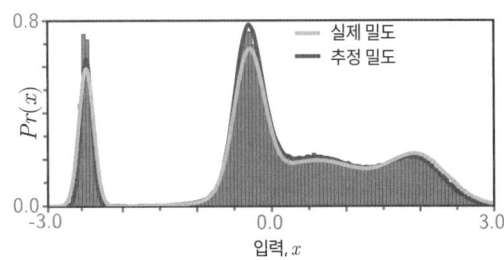

그림 18.8 모델 적합 결과. 청록색과 갈색 곡선은 원본 밀도와 추정 밀도이며 각각 그림 18.4와 18.7의 맨 위의 행에 해당한다. 수직 막대는 모델에서 추출한 샘플로, 이는 $Pr(z_T)$에서 샘플링하고 그림 18.7의 5개의 경로에 대해 표시한 것과 같이 변수 $z_{T-1}, z_{T-2}, \ldots$를 통해 역방향으로 전파하여 생성된다.

18.5 손실 함수의 재매개변수화

식 18.29의 손실 함수를 사용할 수도 있지만, 확산 모델은 다른 매개변수화를 통해 좀 더 잘 작동한다. 즉 모델이 현재 변수를 생성하기 위해 원본 데이터 견본과 혼합된 잡음을 예측하도록 손실 함수를 수정한다. 18.5.1절에서는 목표(식 18.29의 두 번째 줄의 처음 두 항)를 재매개변수화하는 방법을 설명하고, 18.5.2절에서는 신경망(식 18.29의 두 번째 줄의 마지막 항)를 재매개변수화하는 방법을 설명한다.

18.5.1 목표의 재매개변수화

원래의 확산 갱신은 다음과 같다.

$$\mathbf{z}_t = \sqrt{\alpha_t} \cdot \mathbf{x} + \sqrt{1-\alpha_t} \cdot \boldsymbol{\epsilon} \qquad \text{식 18.30}$$

따라서 식 18.28의 데이터 항 $\mathbf{x}$는 확산된 이미지에서 추가된 잡음을 뺀 값으로 표현할 수 있다.

$$\mathbf{x} = \frac{1}{\sqrt{\alpha_t}} \cdot \mathbf{z}_t - \frac{\sqrt{1-\alpha_t}}{\sqrt{\alpha_t}} \cdot \boldsymbol{\epsilon} \qquad \text{식 18.31}$$

이를 식 18.29의 목표 항에 대입하면 다음과 같다.

$$\frac{(1-\alpha_{t-1})}{1-\alpha_t}\sqrt{1-\beta_t}\mathbf{z}_t + \frac{\sqrt{\alpha_{t-1}}\beta_t}{1-\alpha_t}\mathbf{x}$$
$$= \frac{(1-\alpha_{t-1})}{1-\alpha_t}\sqrt{1-\beta_t}\mathbf{z}_t + \frac{\sqrt{\alpha_{t-1}}\beta_t}{1-\alpha_t}\left(\frac{1}{\sqrt{\alpha_t}}\mathbf{z}_t - \frac{\sqrt{1-\alpha_t}}{\sqrt{\alpha_t}}\boldsymbol{\epsilon}\right) \qquad \text{식 18.32}$$
$$= \frac{(1-\alpha_{t-1})}{1-\alpha_t}\sqrt{1-\beta_t}\mathbf{z}_t + \frac{\beta_t}{1-\alpha_t}\left(\frac{1}{\sqrt{1-\beta_t}}\mathbf{z}_t - \frac{\sqrt{1-\alpha_t}}{\sqrt{1-\beta_t}}\boldsymbol{\epsilon}\right)$$

여기서 두 번째 줄에서 세 번째 줄로 넘어갈 때, $\sqrt{\alpha_t}/\sqrt{\alpha_{t-1}} = \sqrt{1-\beta_t}$라는 사실을 이용했다.† 좀 더 단순화하면 다음과 같은 결과를 얻을 수 있다.

연습 문제 18.9 참고

$$\frac{(1-\alpha_{t-1})}{1-\alpha_t}\sqrt{1-\beta_t}\mathbf{z}_t + \frac{\sqrt{\alpha_{t-1}}\beta_t}{1-\alpha_t}\mathbf{x} \qquad \text{식 18.33}$$

$$= \left(\frac{(1-\alpha_{t-1})\sqrt{1-\beta_t}}{1-\alpha_t} + \frac{\beta_t}{(1-\alpha_t)\sqrt{1-\beta_t}}\right)\mathbf{z}_t - \frac{\beta_t}{\sqrt{1-\alpha_t}\sqrt{1-\beta_t}}\boldsymbol{\epsilon}$$

$$= \left(\frac{(1-\alpha_{t-1})(1-\beta_t)}{(1-\alpha_t)\sqrt{1-\beta_t}} + \frac{\beta_t}{(1-\alpha_t)\sqrt{1-\beta_t}}\right)\mathbf{z}_t - \frac{\beta_t}{\sqrt{1-\alpha_t}\sqrt{1-\beta_t}}\boldsymbol{\epsilon}$$

$$= \frac{(1-\alpha_{t-1})(1-\beta_t)+\beta_t}{(1-\alpha_t)\sqrt{1-\beta_t}}\mathbf{z}_t - \frac{\beta_t}{\sqrt{1-\alpha_t}\sqrt{1-\beta_t}}\boldsymbol{\epsilon}$$

$$= \frac{1-\alpha_t}{(1-\alpha_t)\sqrt{1-\beta_t}}\mathbf{z}_t - \frac{\beta_t}{\sqrt{1-\alpha_t}\sqrt{1-\beta_t}}\boldsymbol{\epsilon}$$

$$= \frac{1}{\sqrt{1-\beta_t}}\mathbf{z}_t - \frac{\beta_t}{\sqrt{1-\alpha_t}\sqrt{1-\beta_t}}\boldsymbol{\epsilon}$$

여기서 두 번째 줄과 세 번째 줄 사이에서 첫 번째 항의 분자와 분모에 $\sqrt{1-\beta_t}$를 곱하고, 곱한 다음에 항을 없애고, 세 번째 줄과 네 번째 줄 사이의 첫 번째 항에서 분자를 단순화했다.†

연습 문제 18.10 참고

이를 다시 손실 함수(식 18.29)로 대입하면 다음과 같다.

$$L[\boldsymbol{\phi}_{1\ldots T}] = \sum_{i=1}^{I}\left(-\log\left[\text{Norm}_{\mathbf{x}_i}\left[\mathbf{f}_1[\mathbf{z}_{i1},\boldsymbol{\phi}_1],\sigma_1^2\mathbf{I}\right]\right]\right. \qquad \text{식 18.34}$$
$$\left.+ \sum_{t=2}^{T}\frac{1}{2\sigma_t^2}\left\|\left(\frac{1}{\sqrt{1-\beta_t}}\mathbf{z}_{it} - \frac{\beta_t}{\sqrt{1-\alpha_t}\sqrt{1-\beta_t}}\boldsymbol{\epsilon}_{it}\right) - \mathbf{f}_t[\mathbf{z}_{it},\boldsymbol{\phi}_t]\right\|^2\right)$$

18.5.2 신경망의 재매개변수화

이제 모델 $\hat{\mathbf{z}}_{t-1} = \mathbf{f}_t[\mathbf{z}_t,\boldsymbol{\phi}_t]$를 새로운 모델 $\hat{\boldsymbol{\epsilon}} = \mathbf{g}_t[\mathbf{z}_t,\boldsymbol{\phi}_t]$로 대체한다. 이는 $\mathbf{z}_t$를 생성하기 위해 $\mathbf{x}$와 혼합한 잡음 $\boldsymbol{\epsilon}$을 예측한다.

$$\mathbf{f}_t[\mathbf{z}_t,\boldsymbol{\phi}_t] = \frac{1}{\sqrt{1-\beta_t}}\mathbf{z}_t - \frac{\beta_t}{\sqrt{1-\alpha_t}\sqrt{1-\beta_t}}\mathbf{g}_t[\mathbf{z}_t,\boldsymbol{\phi}_t] \qquad \text{식 18.35}$$

새로운 모델을 식 18.34에 대입하면 다음과 같다.

$$L[\phi_{1...T}] = \sum_{i=1}^{I} -\log\left[\text{Norm}_{\mathbf{x}_i}\left[\mathbf{f}_1[\mathbf{z}_{i1}, \phi_1], \sigma_1^2 \mathbf{I}\right]\right] + \sum_{t=2}^{T} \frac{\beta_t^2}{(1-\alpha_t)(1-\beta_t)2\sigma_t^2}\left\|\mathbf{g}_t[\mathbf{z}_{it}, \phi_t]\right\|$$

식 18.36

로그 정규분포는 최소제곱 손실에 상수 C_i를 더한 형태로 나타낼 수 있다(5.3.1절 참고).

$$L[\phi_{1...T}] = \sum_{i=1}^{I} \frac{1}{2\sigma_1^2}\left\|\mathbf{x}_i - \mathbf{f}_1[\mathbf{z}_{i1}, \phi_1]\right\|^2$$
$$+ \sum_{t=2}^{T} \frac{\beta_t^2}{(1-\alpha_t)(1-\beta_t)2\sigma_t^2}\left\|\mathbf{g}_t[\mathbf{z}_{it}, \phi_t] - \boldsymbol{\epsilon}_i\right\|$$

식 18.37

각각 식 18.31, 식 18.35에 있는 $\mathbf{x}$와 $\mathbf{f}_1[\mathbf{z}_1, \phi_1]$의 정의를 대입하면, 첫 번째 항은 다음과 같이 단순한 형태가 된다.†

연습 문제 18.11 참고

$$\frac{1}{2\sigma_1^2}\left\|\mathbf{x}_i - \mathbf{f}_1[\mathbf{z}_{i1}, \phi_1]\right\|^2 =$$
$$\frac{1}{2\sigma_1^2}\left\|\frac{\beta_1}{\sqrt{1-\alpha_1}\sqrt{1-\beta_1}}\mathbf{g}_1[\mathbf{z}_{i1}, \phi_1] - \frac{\beta_1}{\sqrt{1-\alpha_1}\sqrt{1-\beta_1}}\boldsymbol{\epsilon}_{i1}\right\|^2$$

식 18.38

이것을 최종 손실 함수에 다시 추가하면 다음과 같은 결과를 얻는다.

$$L[\phi_{1...T}] = \sum_{i=1}^{I}\sum_{t=1}^{T} \frac{\beta_t^2}{(1-\alpha_t)(1-\beta_t)2\sigma_t^2}\left\|\mathbf{g}_t[\mathbf{z}_{it}, \phi_t] - \boldsymbol{\epsilon}_{it}\right\|^2$$

식 18.39

여기서 더해주는 상수 C_i는 생략했다.

실제로는 스케일링 계수(시간 단계마다 다를 수 있다)도 생략해서 더욱 간단한 공식을 얻는다.

$$\begin{aligned}L[\phi] &= \sum_{i=1}^{I}\sum_{t=1}^{T}\left\|\mathbf{g}_t[\mathbf{z}_{it}, \phi_t] - \boldsymbol{\epsilon}_{it}\right\|^2 \\ &= \sum_{i=1}^{I}\sum_{t=1}^{T}\left\|\mathbf{g}_t\left[\sqrt{\alpha_t}\cdot\mathbf{x}_i + \sqrt{1-\alpha_t}\cdot\boldsymbol{\epsilon}_{it}, \phi_t\right] - \boldsymbol{\epsilon}_{it}\right\|^2\end{aligned}$$

식 18.40

두 번째 줄에서는 확산 커널(식 18.30)을 이용하여 z_t를 다시 작성했다.

18.6 구현

이로부터 모델 훈련(알고리즘 18.1)과 샘플링(알고리즘 18.2)을 위한 간단한 알고리즘을 도출할 수 있다. 훈련 알고리즘은 (i) 구현이 간단하고, (ii) 각 시간 단계에서 다양한 잡음 사례 ϵ을 사용하여 모든 원본 데이터 지점 x_i를 원하는 만큼 재사용함으로써, 데이터셋을 자연스럽게 확장할 수 있다는 장점이 있다. 샘플링 알고리즘은 여러 신경망 $g_t[z_t, \phi_t]$를 직렬로 처리해야 하기 때문에, 처리 시간이 많이 걸린다는 단점이 있다.[†]

깃허브의 노트북 18.3 'Reparameterized model' 참고. https://bit.ly/udl18_3

알고리즘 18.1 확산 모델 훈련

Input: Training data x
Output: Model parameters ϕ_t
repeat
　for $i \in \mathcal{B}$ **do**　// 배치의 모든 훈련 견본 인덱스에 대해
　　$t \sim \text{Uniform}[1, \ldots T]$　// 무작위로 추출한 시간 단계
　　$\epsilon \sim \text{Norm}[0, I]$　// 잡음 샘플
　　$\ell_i = \left\| g_t\left[\sqrt{\alpha_t} x_i + \sqrt{1-\alpha_t}\epsilon, \phi_t\right] - \epsilon \right\|^2$　// 개별 손실 계산
　Accumulate losses for batch and take gradient step
until converged

알고리즘 18.2 샘플링

Input: Model, $g_t[\bullet, \phi_t]$
Output: Sample, x
$z_T \sim \text{Norm}_z[0, I]$　// 마지막 잠재변수 추출
for $t = T \ldots 2$
　$\hat{z}_{t-1} = \frac{1}{\sqrt{1-\beta_t}} z_t - \frac{\beta_t}{\sqrt{1-\alpha_t}\sqrt{1-\beta_t}} g_t[z_t, \phi_t]$　// 이전 잠재변수 예측
　$\epsilon \sim \text{Norm}_\epsilon[0, I]$　// 새로운 잡음 벡터 추출
　$z_{t-1} = \hat{z}_{t-1} + \sigma_t \epsilon$　// 이전 잠재변수에 잡음 추가
$x = \frac{1}{\sqrt{1-\beta_1}} z_1 - \frac{\beta_1}{\sqrt{1-\alpha_1}\sqrt{1-\beta_1}} g_1[z_1, \phi_1]$　// 잡음 없이 z_1에서 샘플 생성

18.6.1 이미지에 적용

확산 모델은 이미지 데이터 모델링에 매우 성공적이었다. 여기에서는 잡음이 추가된 이미지를 입력으로 받아 각 단계에서 추가된 잡음을 예측할 수 있는 모델을 구축해야 한다. 이러한 이미지를 이미지로 매핑하기 위한 최선의 구조는 UNet(그림 11.10)이다. 그러나 확산 단계 수가 매우 많이 필요할 수 있고, 여러 U-Net을 훈련하고 저장하는 것은 비효율적이다. 이에 대한 해결책은 미리 결정된 시간 단계 벡터를 입력으로 받는 단일 U-Net을 훈련시키는 것이다(그림 18.9).

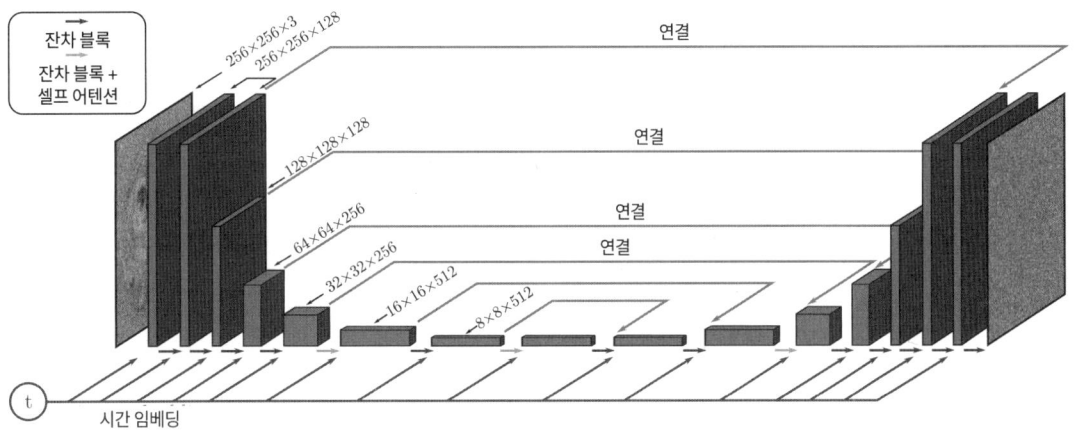

그림 18.9 이미지 확산 모델에 사용되는 U-Net. 신경망은 이미지에 추가된 잡음을 예측한다. 신경망은 크기를 줄이고 채널 수를 늘리는 인코더와 크기를 늘리고 채널 수를 줄이는 디코더로 구성된다. 인코더의 표현은 이에 대응하는 디코더의 표현과 연결된다. 인접한 표현 간의 연결은 잔차 블록과 모든 공간 위치가 다른 모든 공간 위치와 상호작용하는 주기적인 전역 셀프 어텐션으로 구성된다. 얕은 신경망을 통해 정현파 시간 임베딩(그림 12.5)을 전달하고 그 결과를 U-Net의 모든 단계에서 모든 공간 위치의 채널에 추가함으로써 모든 시간 단계에서 하나의 신경망을 사용한다.

실제로 이는 단계마다 채널 수와 일치하도록 U-Net의 크기를 조정하고 각 공간 위치에서 표현을 오프셋하고 크기 조정하는 데 사용된다.

하이퍼파라미터 β_t가 0에 가까워질 때, 조건부 확률 $q(\mathbf{z}_{t-1}|\mathbf{z}_t)$가 정규분포에 가까워지고 디코더 분포 $Pr(\mathbf{z}_{t-1}|\mathbf{z}_t, \boldsymbol{\phi}_t)$의 형태와 일치하므로, 많은 시간 단계가 필요하다. 그러나 이로 인해 샘플링 속도가 느려진다. 좋은 이미지를 생성하려면 T =1000단계 동안 U-Net 모델을 실행해야 할 수도 있다.

18.6.2 생성 속도 향상

손실 함수(식 18.40)에는 $q(\mathbf{z}_t|\mathbf{x}) = \text{Norm}[\sqrt{\alpha_t}\mathbf{x}, \sqrt{1-\alpha_t} \cdot \mathbf{I}]$ 형태의 확산 커널이 포함되어 있다.

이러한 관계를 갖는 모든 순방향 과정에 동일한 손실 함수를 사용할 수 있으며, 이와 호환 가능한 과정들이 있다. 이들은 모두 동일한 손실 함수에 의해 최적화되지만, 순방향 과정에 대해 서로 다른 규칙이 있고 역방향 과정에서 $\mathbf{z}_t$로부터 $\mathbf{z}_{t-1}$을 예측하기 위해 추정된 잡음 $g[\mathbf{z}_t, \boldsymbol{\phi}_t]$를 사용하는 방법에 대해 서로 다른 해당 규칙이 있다(그림 18.10).

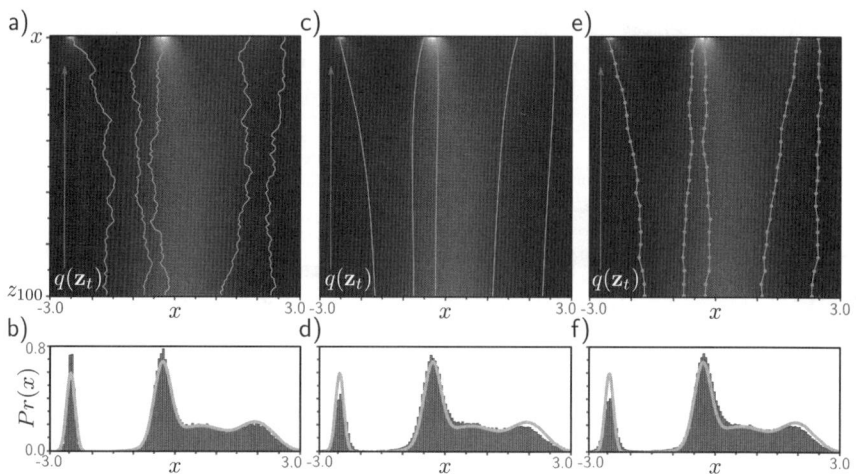

그림 18.10 동일한 모델과 호환되는 다양한 확산 과정. a) 실제 주변 분포 위에 중첩된, 재매개변수화된 모델에서 샘플링된 5개의 궤적. 맨 위 행은 $Pr(\mathbf{x})$를 나타내고 다음의 행은 $q(\mathbf{x}_t)$를 나타낸다. b) 실제 밀도 곡선 $Pr(\mathbf{x})$와 함께 표기한 재매개변수화된 모델에서 생성된 샘플의 히스토그램. 동일하게 훈련된 모델은 확산 모델 계열(그리고 반대 방향의 해당되는 갱신)과 호환되는데, 결정론적이고 각 단계에서 잡음을 추가하지 않는 DDIM도 여기에 포함된다. c) DDIM 모델의 5개 궤적. d) DDIM의 샘플 히스토그램. 동일한 모델은 샘플링 속도를 높이기 위해 추론 단계를 건너뛰는 가속 확산 모델과도 호환된다. e) 가속 모델의 다섯 궤적. f) 가속 모델의 샘플 히스토그램

이러한 과정 중에는 $\mathbf{x}$에서 $\mathbf{z}_1$로의 첫 번째 단계 이후 더 이상 확률론적이지 않은 **암묵적 잡음 제거 확산 모델**denoising diffusion implicit model, DDIM과 순방향 과정이 일부 시간 단계에서만 정의되는 **가속 샘플링 모델**accelerated sampling model이 있다.

이는 시간 단계를 건너뛰는 역방향 과정을 허용하므로 훨씬 더 효율적으로 샘플링을 할 수 있다. 순방향 과정이 더 이상 확률론적이지 않을 때 50단계 만에 좋은 샘

플을 생성할 수 있다. 이는 이전보다는 훨씬 빠르지만, 여전히 대부분의 다른 생성 모델보다는 느리다.†

깃허브의 노트북 18.4 'Families of diffusion models' 참고.
https://bit.ly/udl18_4

18.6.3 조건부 생성

데이터에 해당하는 레이블 c가 있는 경우, 이를 활용하여 생성을 조절할 수 있다. 때때로 이는 GAN의 생성 결과를 개선할 수 있으며, 확산 모델에서도 효과를 기대할 수 있다. 사실 이미지에 포함된 내용의 정보가 있으면 이미지의 잡음을 제거하는 것이 더 쉽다.

확산 모델에서 조건부 합성의 방법은 **분류기 안내**classifier guidance다. 이는 클래스 정보 c를 고려하여 $\mathbf{z}_t$에서 $\mathbf{z}_{t-1}$로의 잡음 제거 갱신을 수정한다. 실제로, 이는 알고리즘 18.2의 최종 갱신 단계에 새로운 항을 추가하여 다음과 같이 생성한다.

$$\mathbf{z}_{t-1} = \hat{\mathbf{z}}_{t-1} + \sigma_t^2 \frac{\partial \log[\Pr(c|\mathbf{z}_t)]}{\partial \mathbf{z}_t} + \sigma_t \boldsymbol{\epsilon} \qquad \text{식 18.41}$$

새로운 항은 잠재변수 $\mathbf{z}_t$를 기반으로 하는 분류기 $Pr(c|\mathbf{z}_t)$의 기울기에 따라 달라진다. 이는 절반의 U-Net에서 다운샘플링한 특징을 클래스 c로 매핑한다. U-Net과 마찬가지로 이는 일반적으로 모든 시간 단계에 걸쳐 공유되고 시간을 입력으로 받는다. 이제 $\mathbf{z}_t$에서 $\mathbf{z}_{t-1}$로 갱신하면 클래스 c의 가능성이 더 높아진다.

분류기가 없는 안내classifier-free guidance는 별도의 분류기 $Pr(c|\mathbf{z}_t)$를 학습하는 대신 클래스 정보를 기본 모델 $\mathbf{g}_t[\mathbf{z}_t, \boldsymbol{\phi}_t, c]$에 통합한다.† 실제로 이는 시간 단계를 추가하는 방식과 유사하게 U-Net의 층에 c를 기반으로 하는 임베딩을 추가한다(그림 18.9 참고). 훈련 중에 클래스 정보를 무작위로 삭제하여 조건부 목표와 무조건부 목표에 모두에 대해 이 모델을 훈련한다. 따라서 테스트 시점에 무조건부 또는 조건부 데이터 견본을 생성하거나 이 둘의 가중치 조합을 생성할 수 있다. 이는 놀라운 이점을 가져오는데, 조건부 정보에 과도한 가중치를 부여하면 모델은 품질은 매우 좋지만 약간 정형화된 견본을 생성하는 경향이 있다. 이는 GAN에서의 절단을 사용하는 것과 다소 유사하다(그림 15.10).

연습 문제 18.12 참고

18.6.4 생성 품질 개선

다른 생성 모델의 경우, 기본 모델에 다양한 기법과 확장 방법의 조합을 적용하면 최고 품질의 결과를 얻을 수 있다. 첫째, 역방향 과정의 평균분만 아니라 분산 σ_t^2 (즉 그림 18.7의 갈색 정규분포의 폭)를 추정하는 것도 도움이 되는 것으로 나타났다. 이는 특히 더 적은 단계로 샘플링할 때 특히 결과를 개선한다. 둘째, 각 단계에서 β_t가 달라지도록 순방향 과정에서 노이즈 스케줄을 수정할 수 있으며, 이 또한 결과를 향상시킬 수 있다.

셋째, 고해상도 이미지를 생성하기 위해 일련의 확산 모델을 사용한다. 첫 번째 확산 모델은 저해상도 이미지를 생성한다(클래스 정보에 따라 안내할 수 있다). 후속 확산 모델은 점진적으로 더 높은 해상도의 이미지를 생성한다. 이는 저해상도 이미지의 크기를 조정하고 이를 구성 U-Net의 층에 추가하고 다른 클래스 정보도 추가하여 저해상도 이미지를 조건화한다(그림 18.11).

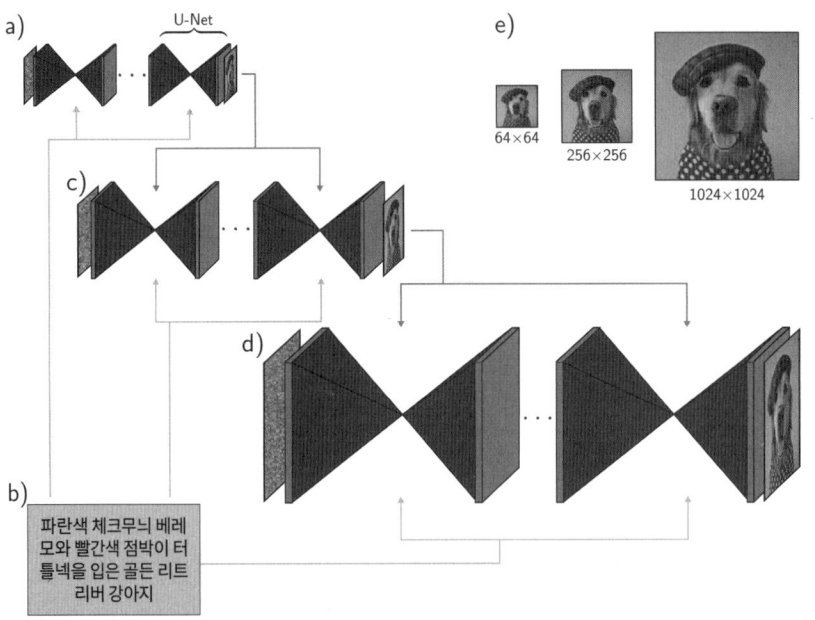

그림 **18.11** 텍스트 프롬프트에 기반한 계단식 조건부 생성. a) 일련의 U-Net으로 구성된 확산 모델을 사용하여 64×64 이미지를 생성한다. b) 이러한 이미지 생성은 언어 모델로 계산한 문장 임베딩을 조건으로 한다. c) 더 작은 이미지와 텍스트 인코딩을 조건으로 더 높은 해상도 256×256의 이미지가 생성된다. d) 이를 반복하여 1024×1024 이미지를 생성한다. e) 최종 이미지 시퀀스(출처: Saharia et al., 2022b[1])

이러한 기술을 모두 결합하면 매우 높은 품질의 이미지를 생성할 수 있다. 그림 18.12는 이미지넷 클래스를 조건으로 한 모델에서 생성한 이미지의 견본을 보여준다. 동일한 모델이 이렇게 다양한 클래스를 생성하는 방법을 학습할 수 있다는 점이 특히 인상적이다.

그림 18.12 분류기 안내를 사용한 조건부 생성. 다양한 이미지넷 클래스를 조건으로 한 이미지 샘플. 동일한 모델로 매우 다양한 이미지 클래스의 고품질 샘플을 생성한다(출처: Dhariwal & Nichol, 2021[2]).

그림 18.13은 BERT와 같은 언어 모델에 의해 인코딩해서 시간 단계와 동일한 방식으로 모델에 삽입한 텍스트 캡션을 조건으로 훈련된 모델에서 생성한 이미지를 보여준다(그림 18.9, 그림 18.11). 그 결과 캡션과 일치하는 매우 사실적인 이미지가 생성된다. 확산 모델은 본질적으로 확률적이기 때문에 동일한 캡션을 조건으로 여러 이미지를 생성할 수 있다.

그림 18.13 텍스트 프롬프트를 사용한 조건부 생성. 대규모 언어 모델로 인코딩한 텍스트 프롬프트를 조건으로 계단식 생성 프레임워크에서 합성한 이미지. 확률적 모델은 프롬프트와 호환되는 다양한 이미지를 생성할 수 있다. 모델은 객체 수를 계산하고 텍스트를 이미지에 통합할 수 있다(출처: Saharia et al., 2022b[1]).

18.7 요약

확산 모델은 반복적으로 현재 표현과 무작위 잡음을 혼합하면서 데이터 견본을 일련의 잠재변수를 통해 매핑한다. 충분한 단계를 거치고 나면 표현과 백색 잡음을 구별할 수 없게 된다. 이러한 단계가 짧기 때문에 각 단계에서는 역방향 잡음 제거 과정을 정규분포로 근사하고 딥러닝 모델로 예측할 수 있다. 손실 함수는 ELBO를 기반으로 하는데, 간단한 최소제곱 공식이 된다.

이미지 생성의 경우, 각 잡음 제거 단계는 U-Net으로 구현되므로 다른 생성 모델에 비해 샘플링 속도가 느리다. 생성 속도를 개선하기 위해 확산 모델을 결정론적 형태로 변경할 수 있으며, 여기서는 더 적은 단계로 샘플링해도 잘 작동한다. 클래스 정보, 이미지, 텍스트 정보에 대한 조건부 생성을 위한 여러 가지 방법이 제안되었다. 이러한 방법을 결합하면 인상적인 텍스트로부터 이미지 합성 결과를 얻을 수 있다.

노트

잡음 제거 확산 모델은 Sohl Dickstein et al.(2015)[3]에 의해 소개되었다. 스코어 매칭을 기반으로 한 초기 관련 연구는 Song & Ermon(2019)[4]에 의해 수행되었다. Ho et al.(2020)[5]은 GAN과 경쟁할 만한 이미지 샘플을 생성하여 이 분야에 대한 관심을 불러일으켰다. 원본 공식과 재매개변수화를 포함하여 이 장에서 설명한 대부분의 내용은 이 논문을 참고한 것이다. Dhariwal & Nichol(2021)[2]은 이러한 결과의 품질을 개선했고, 확산 모델의 이미지가 FID 측면에서 GAN 모델보다 정량적으로 우수하다는 것을 처음으로 보여주었다. 이 글을 쓰는 시점을 기준으로, 조건부 이미지 합성에 대한 최고의 결과는 Karras et al.(2022)[6]이 발표했다. 잡음 제거 확산 모델에 대한 서베이는 Croitoru et al.(2022)[7], Cao et al.(2022)[8], Luo(2022)[9], Yang et al.(2022)[10]에서 찾을 수 있다.

이미지 관련 응용

확산 모델의 응용에는 텍스트-이미지 생성(Nichol et al.(2022)[11], Ramesh et al.(2022)[12], Saharia et al.(2022b)[1]), 색상화, 인페인팅, 자르기, 복원과 같은 이미

지-이미지 작업(Saharia et al., 2022a)[13], 초고해상도(Saharia et al., 2022c)[14], 이미지 편집(Hertz et al.(2022)[15], Meng et al.(2021)[16]), 적대적 교란 제거(Nie et al., 2022)[17], 의미론적 분할(Baranchuk et al., 2022)[18], 의료 영상(Song et al.(2021b)[19], Chung & Ye(2022)[20], Chung et al.(2022)[21], Peng et al.(2022)[22], Xie & Li(2022)[23], Luo et al.(2022)[24])이 있으며, 여기서 확산 모델은 때때로 사전 모델로 사용된다.

다양한 데이터 유형

확산 모델은 비디오 데이터의 생성, 과거 및 미래 프레임 예측, 보간에도 적용되었다(Ho et al.(2022b)[25], Harvey et al.(2022)[26], Yang et al.(2022)[10], Höppe et al.(2022)[27], Voleti et al.(2022)[28]). 이들은 3차원 형상 생성에 사용되었으며(Zhou et al.(2021)[29], Luo & Hu(2021)[30]), 최근에는 2차원 텍스트-이미지 확산 모델만을 사용하여 3차원 모델을 생성하는 기술이 도입되었다(Poole et al., 2023)[31]. Austin et al.(2021)[32]과 Hoogeboom et al.(2021)[33]은 이산 데이터에 대한 확산 모델을 조사했다. Kong et al.(2021)[34]과 Chen et al.(2021d)[35]은 오디오 데이터에 확산 모델을 적용했다.

잡음 제거의 대안

이 장의 확산 모델은 잡음과 데이터를 혼합하고 점진적으로 잡음을 제거하는 모델을 구축한다. 그러나 잡음을 이용하여 이미지를 훼손할 필요는 없다. Rissanen et al.(2022)[36]은 이미지를 점진적으로 흐리게 하는 방법을 고안했으며 Bansal et al.(2022)[37]은 이러한 아이디어가 확률적이지 않아도 되는 많은 다양한 저하 상태에 적용된다는 것을 보여주었다. 여기에는 마스킹, 모핑, 블러링, 픽셀화 등이 포함된다.

다른 생성 모델과의 비교

확산 모델은 다른 생성 모델보다 더 높은 품질의 이미지를 합성할 수 있고 훈련이 간단하다. 이는 인코더가 고정되어 있고 잠재 공간이 데이터와 동일한 크기인 계층적 VAE(Vahdat & Kautz(2020)[38], Sønderby et al.(2016b)[39])의 특별한 경우로 생각할 수 있다. 이 모델은 확률적이지만, 기본 형태에서는 데이터 지점의 우도에 대한 하한만 계산할 수 있다. 그러나 Kingma et al.(2021)[40]은 이 하한이 정규화 흐름 및 자기회귀 모델의 테스트 데이터에 대한 정확한 로그 우도보다 개선된다는 것을 보여준다. 확산 모델의 우도는 ODE로 변환하거나(Song et al., 2021c)[41] 확산 기반의 기준을 사용하여 연속 정규화 흐름 모델을 훈련하여(Lipman et al., 2022)[42] 계산할 수 있다. 확산 모델의 주요 단점은 속도가 느리고 잠재 공간에 대한 의미론적 해석이 없다는 것이다.

품질 향상

이미지 품질을 향상시키기 위해 많은 기술이 제안되었다. 여기에는 18.5절에 설명된 신경망의 재매개변수화와 후속 항의 동일한 가중치 부여가 포함된다(Ho et al., 2020)[5]. 이후에 Choi et al.(2022)[43]은 손실 함수의 항에 다양한 가중치를 부여하는 방법을 연구했다.

Kingma et al.(2021)[44]은 잡음 제거 가중치 β_t를 학습하여 모델의 로그 우도 테스트를 개선했다. 반면 Nichol & Dhariwal(2021)[45]은 평균 외에 각 시간 단계에서 잡음 제거 추정의 분산 σ^2을 별도로 학습하여 성능을 향상시켰다. Bao et al.(2022)[46]은 모델을 훈련한 후 분산을 학습하는 방법을 보여준다.

Ho et al.(2022a)[47]은 매우 높은 해상도의 이미지를 생성하기 위한 계단식 방법을 개발했다(그림 18.11). 저해상도 이미지의 아티팩트가 더 높은 해상도로 전파되는 것을 방지하기 위해 **잡음 조건부 증강**noise conditioning augmentation을 도입했다. 여기서 저해상도의 조건부 이미지는 각 훈련 단계에서 잡음을 추가하여 품질이 저하된다. 이렇게 하면 훈련 중에 저해상도 이미지의 정확한 세부 사항에 대한 의존도가 줄어든다. 이는 추론 중에도 수행하는데, 다양한 값을 탐색하여 최상의 잡음 크기를 선택한다.

속도 향상

확산 모델의 주요 단점 중 하나는 훈련 및 샘플링 시간이 오래 걸린다는 것이다. **Stable Diffusion**(Rombach et al., 2022)[48]은 기존의 오토인코더를 사용하여 원본 데이터를 더 작은 잠재 공간에 투영한 다음 이러한 더 작은 공간에서 확산 과정을 실행한다. 이는 확산 과정에 대한 훈련 데이터의 차원을 줄이고, 다른 데이터 유형(텍스트, 그래프 등)을 확산 모델로 설명할 수 있다는 장점이 있다. Vahdat et al.(2021)[49]도 유사한 접근법을 적용했다.

Song et al.(2021a)[50]은 확산 과정 전체 계열의 훈련 목표가 호환된다는 것을 보여주었다. 이러한 과정의 대부분은 마르코프적이지 않다non-Markovian(즉 확산 단계가 이전 단계의 결과에만 의존하지 않는다). 이러한 모델 중 하나는 확률적으로 갱신하지 않는 DDIM이다(그림 18.10c). 이 모델은 큰 오차를 유발하지 않고 더 큰 단계(그림 18.10e)를 수행할 수 있다. 궤적의 곡률이 낮은 ODE로 모델을 효과적으로 변환하고 ODE를 해결하기 위한 효율적인 수치 방법을 적용할 수 있다.

Song et al.(2021c)[41]은 기본 확률 미분 방정식을 원래 과정과 동일한 주변 분포를 갖는 **확률 흐름 ODE**probability flow ODE로 변환하는 것을 제안한다. Vahdat et al.(2021)[49], Xiao et al.(2022b)[51], Karras et al.(2022)[6]은 모두 ODE를 해결하기 위한 모든 기술을 활용하여 합성 속도를 높였다. Karras et al.(2022)[6]은 샘플링에 가장 적합한 시간 이산화를 찾고 다양한 샘플링 스케줄을 평가했다. 이러한 개선과 그 밖의 다른 개선의 결과로 합성에 필요한 단계가 크게 감소했다.

샘플링이 느린 이유는 사후 확률분포 $q(\mathbf{z}_{t-1}|\mathbf{z}_t)$가 가우시안 분포에 가깝도록(그림 18.5)해서, 디코더의 가우시안 분포가 적절하도록 보장하기 위해 많은 작은 확산 단계가 필요하기 때문이다. 각 잡음 제거 단계에서 더 복잡한 분포를 설명하는 모델을 사용하면, 애초에 더 적은 수의 확산 단계를 사용할 수 있다. 이를 위해 Xiao et al.(2022b)[51]은 조건부 GAN 모델을 사용하여 연구했으며 Gao et al.(2021)[52]은 조건부 에너지 기반 모델을 사용하여 조사했다. 이러한 모델은 원본 데이터 분포를 설명할 수는 없지만 (훨씬 더 단순한) 역확산 단계를 예측하는 데는 충분하다.

Salimans & Ho(2022)[53]는 합성 속도를 높이기 위해 잡음 제거 과정의 인접 단계를 하나의 단계로 증류했다. Dockhorn et al.(2022)[54]은 확산 과정에 모멘텀을 도입했다. 이는 궤적을 더 매끄럽게 만들어서 촘촘하지 않은 샘플링에 더 적합하다.

조건부 생성

Dhariwal & Nichol(2021)[2]은 분류기 안내를 도입했는데, 이는 분류기가 각 단계에서 합성되는 객체의 범주를 식별하는 방법을 학습하고 이를 통해 잡음 제거 갱신을 해당 클래스 쪽으로 편향되도록 한다. 이는 잘 작동하지만 별도의 분류기를 훈련하는 데 비용이 많이 든다. 분류기가 없는 안내(Ho & Salimans, 2022)[55]는 드롭아웃과 유사한 과정에서 일정 시간 동안 클래스 정보를 삭제하여 조건부 및 무조건부 잡음 제거 모델을 동시에 훈련한다. 이 기술을 사용하면 조건부 구성 요소와 무조건부 구성 요소의 상대적 기여도를 조절할 수 있다. 조건부 구성 요소에 과도한 가중치를 부여하면 모델이 보다 일반적이고 사실적인 샘플을 생성하게 된다.

이미지에 대한 조건부 생성의 표준 기술은 (크기 조정된) 이미지를 U-Net의 다양한 층에 추가하는 것이다. 예를 들어 이는 초해상도를 위한 계단식 생성 과정에 사용되었다(Ho et al., 2022a)[47]. Choi et al.(2021)[56]은 잠재변수를 조건화 이미지의 변수와 일치시켜 무조건부 확산 모델에서 이미지를 조건화하는 방법을 제공한다. 텍스트에 대한 조건부 생성의 표준 기술은 텍스트 임베딩을 U-Net층과 동일한 크기로 선형 변환한 다음 시간 임베딩이 도입된 것과 동일한 방식으로 표현에 추가하는 것이다(그림 18.9).

기존 확산 모델도 **컨트롤 네트워크**control network라고 하는 신경망 구조를 이용하여 에지 맵, 관절 위치, 분할, 깊이 맵 등에 따라 조건부 생성되도록 미세 조정할 수 있다(Zhang & Agrawala, 2023)[57].

텍스트-이미지

확산 모델 이전에 최신 텍스트-이미지 시스템은 트랜스포머를 기반으로 했다(예: Ramesh et al., 2021)[58]. **GLIDE**(Nichol et al., 2022)[11]와 DALL·E 2(Ramesh et al., 2022)[12]는 모두 텍스트와 이미지 데이터에 대한 결합 임베딩을 생성하는 CLIP 모델(Radford et al., 2021)[59]의 임베딩을 조건으로 한다. **Imagen**(Saharia et al., 2022b)[1]은 대규모 언어 모델의 텍스트 임베딩이 훨씬 더 나은 결과를 생성할 수 있음을 보여주었다(그림 18.13 참고). 동일한 저자는 색상, 객체 수, 공간 관계 및 기타 특성을 렌더링하는 모델의 능력을 평가하도록 설계된 벤치마크(DrawBench)를 도입했다. Feng et al.(2022)[60]은 중국어 텍스트-이미지 모델을 개발했다.

다른 모델과의 연결

이 장에서는 확산 모델을 계층적 변분 오토인코더로 설명했다. 왜냐하면 이 접근 방식이 이 책의 다른 부분과 가장 밀접하게 연결되기 때문이다. 그러나 확산 모델은 확률적 미분 방정식(그림 18.5의 경로를 고려해보자)과 점수 매칭(Song & Ermon, 2019[4], 2020[61])와도 밀접한 관련이 있다. Song et al.(2021c)[41]은 잡음 제거 및 점수 매칭 해석을 모두 포함하는 확률적 미분 방정식을 기반으로 한 프레임워크를 제시했다. 확산 모델은 정규화 흐름과도 밀접한 관련이 있다(Zhang & Chen, 2021)[62]. Yang et al.(2022)[10]은 확산 모델과 기타 생성 방법 간의 관계에 대한 개요를 발표했다.

연습 문제

18.1 $\text{Cov}[\mathbf{x}_{t-1}] = \mathbf{I}$이고 다음과 같이 갱신하면, $\text{Cov}[\mathbf{x}_t] = \mathbf{I}$이므로 분산이 동일하게 유지된다는 것을 증명해보자.

$$\mathbf{x}_t = \sqrt{1-\beta_t} \cdot \mathbf{x}_{t-1} + \sqrt{\beta_t} \cdot \boldsymbol{\epsilon}_t \qquad \text{식 18.42}$$

18.2 다음 변수를 고려해보자.

$$z = a \cdot \epsilon_1 + b \cdot \epsilon_2 \qquad \text{식 18.43}$$

여기서 ϵ_1과 ϵ_2는 모두 평균이 0이고 단위 분산을 갖는 독립적인 표준 정규분포에서 추출한다. 이 때, 다음을 증명해보자.

$$\begin{aligned} \mathbb{E}[z] &= 0 \\ \text{Var}[z] &= a^2 + b^2 \end{aligned} \qquad \text{식 18.44}$$

따라서 $z = \sqrt{a^2 + b^2} \cdot \epsilon$를 유사하게 계산할 수 있고, 여기서 ϵ도 표준 정규분포에서 추출한다.

18.3 식 18.5의 과정을 계속하여 다음을 증명해보자.

$$\mathbf{z}_3 = \sqrt{(1-\beta_3)(1-\beta_2)(1-\beta_1)} \cdot \mathbf{x} + \sqrt{1-(1-\beta_3)(1-\beta_2)(1-\beta_1)} \cdot \boldsymbol{\epsilon}'$$

식 18.45

여기서 $\boldsymbol{\epsilon}'$은 표준 정규분포에서 추출한다.

18.4* 다음 관계를 증명해보자.

$$\text{Norm}_{\mathbf{v}}[\mathbf{A}\mathbf{w}, \mathbf{B}] \propto \text{Norm}_{\mathbf{w}}\left[(\mathbf{A}^T\mathbf{B}^{-1}\mathbf{A})^{-1}\mathbf{A}^T\mathbf{B}^{-1}\mathbf{v}, (\mathbf{A}^T\mathbf{B}^{-1}\mathbf{A})^{-1}\right]$$

식 18.46

18.5* 다음 관계를 증명해보자.

$$\text{Norm}_{\mathbf{x}}[\mathbf{a}, \mathbf{A}]\text{Norm}_{\mathbf{x}}[\mathbf{b}, \mathbf{B}] \propto \\ \text{Norm}_{\mathbf{x}}\left[(\mathbf{A}^{-1} + \mathbf{B}^{-1})^{-1}(\mathbf{A}^{-1}\mathbf{a} + \mathbf{B}^{-1}\mathbf{b}), (\mathbf{A}^{-1} + \mathbf{B}^{-1})^{-1}\right]$$

식 18.47

18.6* 식 18.15를 유도해보자.

18.7* 식 18.25의 두 번째 줄로부터 세 번째 줄을 유도해보자.

18.8* 각각 평균 $\mathbf{a}$와 $\mathbf{b}$, 공분산 행렬 $\mathbf{A}$와 $\mathbf{B}$를 갖는 D차원의 두 정규분포 사이의 KLD는 다음과 같이 주어진다.

$$D_{KL}\left[\text{Norm}_{\mathbf{w}}[\mathbf{a}, \mathbf{A}] || \text{Norm}_{\mathbf{w}}[\mathbf{b}, \mathbf{B}]\right] = \\ \frac{1}{2}\left(\text{tr}\left[\mathbf{B}^{-1}\mathbf{A}\right] - d + (\mathbf{a}-\mathbf{b})^T\mathbf{B}^{-1}(\mathbf{a}-\mathbf{b}) + \log\left[\frac{|\mathbf{B}|}{|\mathbf{A}|}\right]\right)$$

식 18.48

식 18.27의 정의를 이 표현식으로 대입하고 매개변수 $\boldsymbol{\phi}$에 의존하는 유일한 항이 식 18.28의 첫 번째 항임을 증명해보자.

18.9* $\alpha_t = \prod_{s=1}^{t} 1 - \beta_s$ 일 때, 다음을 증명해보자.

$$\sqrt{\frac{\alpha_t}{\alpha_{t-1}}} = \sqrt{1-\beta_t}$$

식 18.49

[18.10*] $\alpha_t = \prod_{s=1}^{t} 1 - \beta_s$ 일 때, 다음을 증명해보자.

$$\frac{(1-\alpha_{t-1})(1-\beta_t) + \beta_t}{(1-\alpha_t)\sqrt{1-\beta_t}} = \frac{1}{\sqrt{1-\beta_t}} \qquad \text{식 18.50}$$

[18.11*] 식 18.38을 증명해보자.

[18.12] 분류기가 없는 안내를 사용하면 주어진 클래스에 대해서 좀 더 정형화된 '표준' 이미지를 만들 수 있다. 트랜스포머 디코더, 적대적생성 신경망, GLOW 알고리즘을 설명할 때, 변동성을 줄이고 좀 더 정형화된 출력을 생성하는 방법에 대해서도 논의했다. 이것들이 무엇인지 설명해보자. 이런 방식으로 생성 모델의 출력을 제한해야 하는 것이 불가피한지에 대한 의견을 제시해보자.

참고 문헌

[1] Saharia, C., Chan, W., Saxena, S., Li, L., Whang, J., Denton, E., Ghasemipour, S. K. S., Ayan, B. K., Mahdavi, S. S., Lopes, R. G., et al. (2022b). Photorealistic text-to-image diffusion models with deep language understanding. *arXiv:2205.11487*.

[2] Dhariwal, P., & Nichol, A. (2021). Diffusion models beat GANs on image synthesis. *Neural Information Processing Systems, 34*, 8780–8794.

[3] Sohl-Dickstein, J., Weiss, E., Maheswaranathan, N., & Ganguli, S. (2015). Deep unsupervised learning using nonequilibrium thermodynamics. *International Conference on Machine Learning*, 2256–2265.

[4] Song, Y., & Ermon, S. (2019). Generative modeling by estimating gradients of the data distribution. *Neural Information Processing Systems, 32*, 11895–11907.

[5] Ho, J., Jain, A., & Abbeel, P. (2020). Denoising diffusion probabilistic models. *Neural Information Processing Systems, 33*, 6840–6851.

[6] Karras, T., Aittala, M., Aila, T., & Laine, S. (2022). Elucidating the design space of diffusion-based generative models. *Neural Information Processing Systems*.

[7] Croitoru, F.-A., Hondru, V., Ionescu, R. T., & Shah, M. (2022). Diffusion models in vision: A survey. *arXiv:2209.04747*.

[8] Cao, H., Tan, C., Gao, Z., Chen, G., Heng, P.-A., & Li, S. Z. (2022). A survey on generative diffusion model. *arXiv:2209.02646*.

[9] Luo, C. (2022). Understanding diffusion models: A unified perspective. *arXiv:2208.11970*.

[10] Yang, R., Srivastava, P., & Mandt, S. (2022). Diffusion probabilistic modeling for video generation. *arXiv:2203.09481*.

[11] Nichol, A. Q., Dhariwal, P., Ramesh, A., Shyam, P., Mishkin, P., McGrew, B., Sutskever, I., & Chen, M. (2022). GLIDE: towards photorealistic image generation and editing with textguided diffusion models. *International Conference on Machine Learning*, 16784–16804.

[12] Ramesh, A., Dhariwal, P., Nichol, A., Chu, C., & Chen, M. (2022). Hierarchical textconditional image generation with CLIP latents. *arXiv:2204.06125*.

[13] Saharia, C., Chan, W., Chang, H., Lee, C., Ho, J., Salimans, T., Fleet, D., & Norouzi, M. (2022a). Palette: Image-to-image diffusion models. *ACM SIGGRAPH*.

[14] Saharia, C., Ho, J., Chan, W., Salimans, T., Fleet, D. J., & Norouzi, M. (2022c). Image super-resolution via iterative refinement. *IEEE Transactions on Pattern Analysis & Machine Intelligence*, 1–14.

[15] Hertz, A., Mokady, R., Tenenbaum, J., Aberman, K., Pritch, Y., & Cohen-Or, D. (2022). Prompt-to-prompt image editing with cross attention control. *arXiv:2208.01626*.

[16] Meng, C., Song, Y., Song, J., Wu, J., Zhu, J.-Y., & Ermon, S. (2021). SDEdit: Image synthesis and editing with stochastic differential equations. *International Conference on Learning Representations*.

[17] Nie, W., Guo, B., Huang, Y., Xiao, C., Vahdat, A., & Anandkumar, A. (2022). Diffusion models for adversarial purification. *International Conference on Machine Learning*, 16805–16827.

[18] Baranchuk, D., Rubachev, I., Voynov, A., Khrulkov, V., & Babenko, A. (2022). Labelefficient semantic segmentation with diffusion models. *International Conference on Learning Representations*.

[19] Song, Y., Shen, L., Xing, L., & Ermon, S. (2021b). Solving inverse problems in medical imaging with score-based generative models. *International Conference on Learning Representations*.

[20] Chung, H., & Ye, J. C. (2022). Score-based diffusion models for accelerated MRI. *Medical Image Analysis, 80*, 102479.

[21] Chung, H., Sim, B., & Ye, J. C. (2022). Come-closer-diffuse-faster: Accelerating conditional diffusion models for inverse problems through stochastic contraction. *IEEE/CVF Computer Vision & Pattern Recognition*, 12413–12422.

[22] Peng, C., Guo, P., Zhou, S. K., Patel, V., & Chellappa, R. (2022). Towards performant and reliable undersampled MR reconstruction via diffusion model sampling. *Medical Image Computing and Computer Assisted Intervention, 13436*, 623–633.

[23] Xie, Y., & Li, Q. (2022). Measurement-conditioned denoising diffusion probabilistic model for under-sampled medical image reconstruction. *Medical Image Computing and Computer Assisted Intervention*, vol. 13436, 655–664.

[24] Luo, G., Heide, M., & Uecker, M. (2022). MRI reconstruction via data driven Markov chain with joint uncertainty estimation. *arXiv:2202.01479*.

[25] Ho, J., Salimans, T., Gritsenko, A., Chan, W., Norouzi, M., & Fleet, D. J. (2022b). Video diffusion models. *International Conference on Learning Representations*.

[26] Harvey, W., Naderiparizi, S., Masrani, V., Weilbach, C., & Wood, F. (2022). Flexible diffusion modeling of long videos. *Neural Information Processing Systems, 35*.

[27] Höppe, T., Mehrjou, A., Bauer, S., Nielsen, D., & Dittadi, A. (2022). Diffusion models for video prediction and infilling. *ECCV Workshop on AI for Creative Video Editing and Understanding*.

[28] Voleti, V., Jolicoeur-Martineau, A., & Pal, C. (2022). MCVD: Masked conditional video diffusion for prediction, generation, and interpolation. *Neural Information Processing Systems, 35*.

[29] Zhou, L., Du, Y., & Wu, J. (2021). 3D shape generation and completion through point-voxel diffusion. *IEEE/CVF International Conference on Computer Vision*, 5826–5835.

[30] Luo, S., & Hu, W. (2021). Diffusion probabilistic models for 3D point cloud generation. *IEEE/CVF Computer Vision & Pattern Recognition*, 2837–2845.

[31] Poole, B., Jain, A., Barron, J. T., & Mildenhall, B. (2023). DreamFusion: Text-to-3D using 2D diffusion. *International Conference on Learning Representations*.

[32] Austin, J., Johnson, D. D., Ho, J., Tarlow, D., & van den Berg, R. (2021). Structured denoising diffusion models in discrete state-spaces. *Neural Information Processing Systems, 34*, 17981–17993.

[33] Hoogeboom, E., Nielsen, D., Jaini, P., Forré, P., & Welling, M. (2021). Argmax flows and multinomial diffusion: Learning categorical distributions. *Neural Information Processing Systems, 34*, 12454–12465.

[34] Kong, Z., Ping, W., Huang, J., Zhao, K., & Catanzaro, B. (2021). DiffWave: A versatile diffusion model for audio synthesis. *International Conference on Learning Representations*.

[35] Chen, N., Zhang, Y., Zen, H., Weiss, R. J., Norouzi, M., Dehak, N., & Chan, W. (2021d). WaveGrad 2: Iterative refinement for text-to-speech synthesis. *INTERSPEECH*, 3765–3769.

[36] Rissanen, S., Heinonen, M., & Solin, A. (2022). Generative modelling with inverse heat dissipation. *arXiv:2206.13397*.

[37] Bansal, A., Borgnia, E., Chu, H.-M., Li, J. S., Kazemi, H., Huang, F., Goldblum, M., Geiping, J., & Goldstein, T. (2022). Cold diffusion: Inverting arbitrary image transforms without noise. *arXiv:2208.09392*.

[38] Vahdat, A., & Kautz, J. (2020). NVAE: A deep hierarchical variational autoencoder. *Neural Information Processing Systems, 33*, 19667–19679.

[39] Sønderby, C. K., Raiko, T., Maaløe, L., Sønderby, S. K., & Winther, O. (2016b). Ladder variational autoencoders. *Neural Information Processing Systems, 29*, 738–3746.

[40] Kingma, D., Salimans, T., Poole, B., & Ho, J. (2021). Variational diffusion models. i, *34*, 21696–21707.

[41] Song, Y., Sohl-Dickstein, J., Kingma, D. P., Kumar, A., Ermon, S., & Poole, B. (2021c). Score-based generative modeling through stochastic differential equations. *International Conference on Learning Representations*.

[42] Lipman, Y., Chen, R. T., Ben-Hamu, H., Nickel, M., & Le, M. (2022). Flow matching for generative modeling. *arXiv:2210.02747*.

[43] Choi, J., Lee, J., Shin, C., Kim, S., Kim, H., & Yoon, S. (2022). Perception prioritized training of diffusion models. *IEEE/CVF Computer Vision & Pattern Recognition*, 11472–11481.

[44] Kingma, D., Salimans, T., Poole, B., & Ho, J. (2021). Variational diffusion models. *Neural Information Processing Systems, 34*, 21696–21707.

[45] Nichol, A. Q., & Dhariwal, P. (2021). Improved denoising diffusion probabilistic models. *International Conference on Machine Learning*, 8162–8171.

[46] Bao, F., Li, C., Zhu, J., & Zhang, B. (2022). Analytic-DPM: An analytic estimate of the optimal reverse variance in diffusion probabilistic models. *International Conference on Learning Representations*.

47. Ho, J., Saharia, C., Chan, W., Fleet, D. J., Norouzi, M., & Salimans, T. (2022a). Cascaded diffusion models for high fidelity image generation. *Journal of Machine Learning Research, 23*, 47–1.

48. Rombach, R., Blattmann, A., Lorenz, D., Esser, P., & Ommer, B. (2022). High-resolution image synthesis with latent diffusion models. *IEEE/CVF Computer Vision & Pattern Recognition*, 10684–10695.

49. Vahdat, A., Kreis, K., & Kautz, J. (2021). Score-based generative modeling in latent space. *Neural Information Processing Systems, 34*, 11287–11302.

50. Song, J., Meng, C., & Ermon, S. (2021a). Denoising diffusion implicit models. *International Conference on Learning Representations*.

51. Xiao, Z., Kreis, K., & Vahdat, A. (2022b). Tackling the generative learning trilemma with denoising diffusion GANs. *International Conference on Learning Representations*.

52. Gao, R., Song, Y., Poole, B., Wu, Y. N., & Kingma, D. P. (2021). Learning energy-based models by diffusion recovery likelihood. *International Conference on Learning Representations*.

53. Salimans, T., & Ho, J. (2022). Progressive distillation for fast sampling of diffusion models. *International Conference on Learning Representations*.

54. Dockhorn, T., Vahdat, A., & Kreis, K. (2022). Score-based generative modeling with critically-damped Langevin diffusion. *International Conference on Learning Representations*.

55. Ho, J., & Salimans, T. (2022). Classifier-free diffusion guidance. *NeurIPS Workshop on Deep Generative Models and Downstream Applications*.

56. Choi, J., Kim, S., Jeong, Y., Gwon, Y., & Yoon, S. (2021). ILVR: Conditioning method for denoising diffusion probabilistic models. *IEEE/CVF International Conference on Computer Vision*, 14347–14356.

57. Zhang, L., & Agrawala, M. (2023). Adding conditional control to text-to-image diffusion models. *arXiv:2302.05543*.

58. Ramesh, A., Pavlov, M., Goh, G., Gray, S., Voss, C., Radford, A., Chen, M., & Sutskever, I. (2021). Zero-shot text-to-image generation. *International Conference on Machine Learning*, 8821–8831.

59. Radford, A., Kim, J. W., Hallacy, C., Ramesh, A., Goh, G., Agarwal, S., Sastry, G., Askell, A., Mishkin, P., Clark, J., et al. (2021). Learning transferable visual models from natural language supervision. *International Conference on Machine Learning*, 8748–8763.

60. Feng, Z., Zhang, Z., Yu, X., Fang, Y., Li, L., Chen, X., Lu, Y., Liu, J., Yin, W., Feng, S., et al. (2022). ERNIE-ViLG 2.0: Improving text-to-image diffusion model with knowledge-enhanced mixture-of-denoising-experts. *arXiv:2210.15257*.

61. Song, Y., & Ermon, S. (2020). Improved techniques for training score-based generative models. *Neural Information Processing Systems, 33*, 12438–12448.

62. Zhang, Q., & Chen, Y. (2021). Diffusion normalizing flow. *Neural Information Processing Systems, 34*, 16280–16291.

CHAPTER 19 강화 학습

강화 학습reinforcement learning, RL은 에이전트가 최대한의 보상을 받기 위해 환경에서 행동하는 방법을 배우는 순차적 의사결정 프레임워크다. 예를 들어 강화 학습 알고리즘은 비디오 게임(환경)에서 최고의 점수(보상)를 얻기 위해 캐릭터(에이전트)의 움직임(행동)을 조정할 수 있다. 로봇공학에서는 강화 학습 알고리즘이 작업(보상 획득)을 수행하기 위해 실제 세계(환경)에서 로봇(에이전트)의 움직임(동작)을 조정할 수 있다. 금융에서 강화 학습 알고리즘은 이익(보상)을 극대화하기 위해 금융 거래소(환경)에서 자산을 사고파는(행동) 가상 거래자(에이전트)를 조정할 수 있다.

체스 두는 방법을 배우는 것을 고려해보자. 여기서 에이전트가 이기거나 지거나 무승부를 기록하면 게임 종료 시 각각 +1, -1, 0의 보상을 받고, 다른 모든 시간 단계에서는 0의 보상을 받는다. 이는 강화 학습의 어려움을 보여준다. 첫째, 보상이 드문드문 있다. 여기서는 피드백을 받으려면 전체 게임을 마쳐야 한다. 둘째, 보상은 그것을 유발한 행동과 시간적으로 떨어져 있다. 승리하기 30수 전의 이동이 결정적인 승기였을 수도 있다. 보상을 이러한 중요한 행동과 연결해야 한다. 이를 **시간적 보상 할당 문제**temporal credit assignment problem라고 한다. 셋째, 환경이 확률적이다. 상대가 같은 상황에서 항상 같은 움직임을 하지 않기 때문에 그 행동이 정말로 좋은 것인지 아니면 단지 운이 좋았던 것인지 알기 어렵다. 마지막으로 에이전트는 환경 탐색(예: 새로운 시작 동작 시도)과 이미 알고 있는 정보 활용(예: 이전에 성공한 시작 동작 유지)의 균형을 맞춰야 한다. 이를 **탐색-이용 교체**exploration-exploitation tradeoff라고 한다.

강화 학습은 포괄적인 프레임워크로, 필수적으로 딥러닝을 필요로 하지는 않는다.

그러나 실제로는 최신 시스템에서 심층망을 사용하는 경우가 많다. 환경(비디오 게임 화면, 로봇 센서, 금융 시계열 또는 체스판)을 인코딩하고 이를 다음 행동에 직접 또는 간접적으로 매핑한다(그림 1.13).

19.1 마르코프 결정 과정, 반환 및 정책

강화 학습은 환경을 관찰하고 받은 보상의 양을 최대화하도록 행동으로 옮긴다. 가장 일반적으로는 마르코프 결정 과정에서 기대 수익return을 최대화하는 정책policy을 학습한다. 이 절에서는 이러한 용어를 설명한다.

19.1.1 마르코프 과정

마르코프 과정 Markov process은 세상이 항상 가능한 상태 집합 중 하나에 있다고 가정한다. 마르코프Markov라는 단어는 어떤 상태에 있을 확률이 바로 이전 상태에만 의존하고, 더 이전의 상태에는 의존하지 않는다는 것을 의미한다. 상태 간의 변화는 현재 상태 s_t에서 다음 상태 s_{t+1}로 이동하는 전이 확률 $Pr(s_{t+1}|s_t)$로 나타낸다. 그리고 여기서 t는 시간 단계를 나타낸다. 따라서 마르코프 과정은 상태 시퀀스 $s_1, s_2, s_3, \ldots$을 생성하는 진화 시스템이다(그림 19.1).

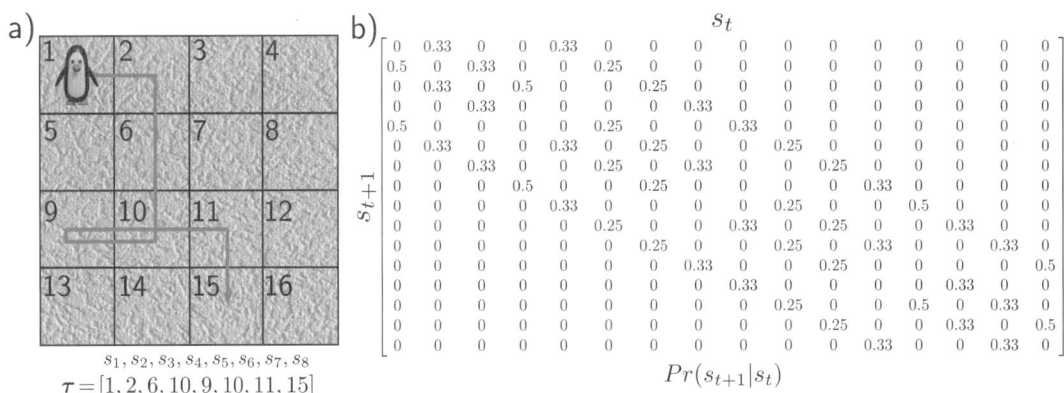

그림 19.1 마르코프 과정. 마르코프 과정은 일련의 상태와 현재 상태가 s_t인 경우 다음 상태 s_{t+1}로 이동할 확률을 정의하는 전이 확률 $Pr(s_{t+1}|s_t)$로 구성된다. a) 펭귄은 얼음 위의 16가지 다른 위치(상태)를 방문할 수 있다. b) 얼음은 미끄러워서 어느 방향으로도 미끄러질 수 있기 때문에 매번 인접한 상태로 이동할 확률이 동일하다. 예를 들어 위치 6에서 상태 2, 5, 7, 10으로 이동할 확률은 각각 25%다. 이 과정에서의 궤적 $\tau = [s_1, s_2, s_3, \ldots]$은 일련의 상태로 구성된다.

19.1.2 마르코프 보상 과정

마르코프 보상 과정 Markov reward process에도 상태 s_t에 있을 때 다음 단계에서 받을 수 있는 보상 r_{t+1}에 대한 분포 $Pr(r_{t+1}|s_t)$가 있다.† 이는 상태 및 그와 관련된 보상의 시퀀스 $s_1, r_2, s_2, r_3, s_3, r_4 \ldots$를 생성한다(그림 19.2).

연습 문제 19.1 참고

a) $G_1 = 0 + \gamma \cdot 0 + \gamma^2 \cdot 0 + \gamma^3 \cdot 0$
$+ \gamma^4 \cdot 1 + \gamma^5 \cdot 0 + \gamma^6 \cdot 1 + \gamma^7 \cdot 0 = 1.19$

b) $G_2 = 0 + \gamma \cdot 0 + \gamma^2 \cdot 0 + \gamma^3 \cdot 1$
$+ \gamma^4 \cdot 0 + \gamma^5 \cdot 1 + \gamma^6 \cdot 0 = 1.31$

c) $G_3 = 0 + \gamma \cdot 0 + \gamma^2 \cdot 1 + \gamma^3 \cdot 0$
$+ \gamma^4 \cdot 1 + \gamma^5 \cdot 0 = 1.47$

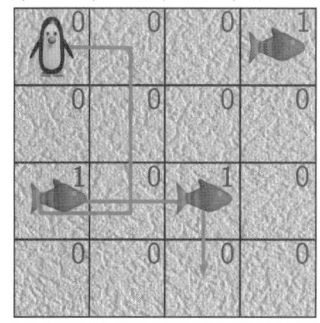
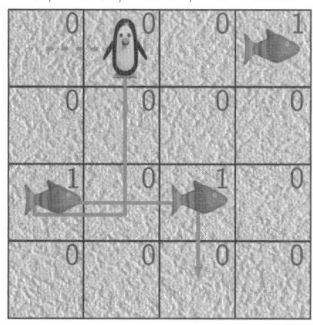
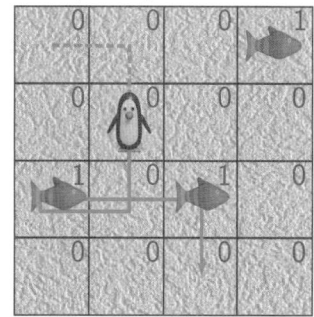

$s_1\ r_2\ s_2\ r_3\ s_3\ r_4\ s_4\ r_5\ s_5\ r_6\ s_6\ r_7\ s_7\ r_8\ s_8\ r_9$
$\tau = [1, 0, 2, 0, 6, 0, 10, 0, 9, 1, 10, 0, 11, 1, 15, 0]$

그림 19.2 마르코프 보상 과정. 이는 각 상태 s_t와 이와 연관되는 보상 r_{t+1}의 분포 $Pr(r_{t+1}|s_t)$를 나타낸다. a) 여기서 보상은 결정적이다. 펭귄은 물고기 위에 도달하면 +1의 보상을 받고 그렇지 않으면 0의 보상을 받는다. 이제 궤적 τ는 상태와 보상이 교대로 반복되는 시퀀스 $s_1, r_2, s_2, r_3, s_3, r_4 \ldots$로 구성되고, 여덟 단계 후에 종료된다. 시퀀스의 수익 G_t는 할인된 미래 보상의 합이며, 여기서 감가 계수 $\gamma = 0.9$다. b–c) 펭귄이 궤적을 따라 진행해서 보상에 가까워질수록 수익이 증가한다.

마르코프 보상 과정에는 시간 t에서 수익 G_t를 계산하는 데 사용되는 **감가 계수** discount factor $\gamma \in (0, 1]$도 포함된다.

$$G_t = \sum_{k=0}^{\infty} \gamma^k r_{t+k+1}$$

식 19.1

수익은 할인된 미래 보상의 누적 합이다. 이는 이 궤적에서 얻을 수 있는 미래 이익을 측정한다. 감가 계수가 1보다 작으면 시간적으로 더 가까운 보상이 먼 미래의 보상보다 더 가치가 있다.

19.1.3 마르코프 결정 과정

마르코프 결정 과정 Markov decision process, MDP에는 각 시간 단계에서 가능한 행동 집합이 있다. 행동 a_t로 전이 확률이 변하게 되는데, 이를 나타내기 위해 이제 전이 확률을 $Pr(s_{t+1}|s_t, a_t)$로 표현한다. 보상은 행동에 따라 달라질 수도 있으며, 이를 $Pr(r_{t+1}|s_t, a_t)$로 나타낸다. MDP는 상태 s_t, 행동 a_t, 다음 시간 단계에서 받는 보상 r_{t+1}으로 구성된 일련의 시퀀스 $(s1, a1, r2), (s2, a2, r3), (s3, a3, r4)...$를 생성한다(그림 19.3). 행동을 수행하는 개체를 **에이전트**agent라고 한다.

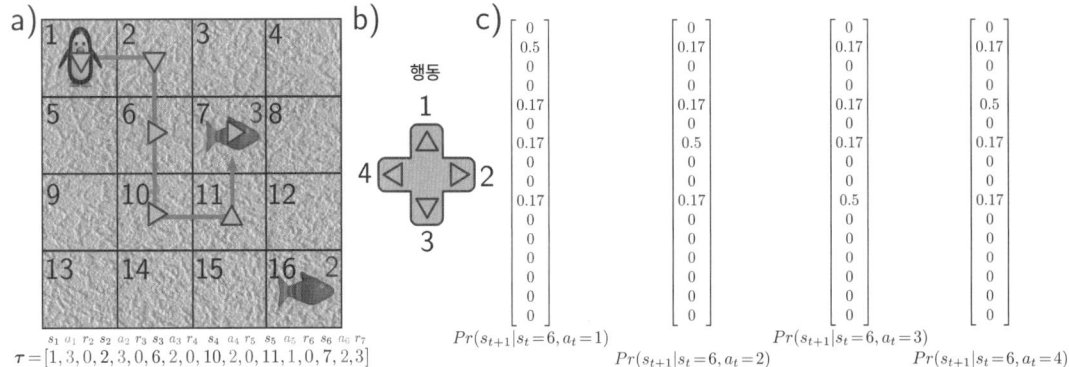

그림 19.3 마르코프 결정 과정. a) 에이전트(펭귄)는 각 상태에서 여러 행동 중 하나를 수행할 수 있다. b) 여기서 네 가지 동작은 위, 오른쪽, 아래, 왼쪽으로 이동하는 것이다. c) 모든 상태(여기서는 상태 6)에서 취한 행동에 따라 다음 상태로 이동할 확률이 변한다. 펭귄은 50% 확률로 의도한 방향으로 이동하지만 얼음이 미끄러워서 같은 확률로 인접한 다른 위치 중 하나로 미끄러질 수 있다. 따라서 (a)에서 취한 행동(회색 화살표)이 항상 궤적(주황색 선)과 일치하지는 않는다. 일반적으로는 행동이 보상을 받을 확률에 영향을 줄 수도 있지만, 이 예제에서는 어떤 행동을 하더라도 보상이 동일하기 때문에 $Pr(r_{t+1}|s_t, a_t) = Pr(r_{t+1}|s_t)$이다. 마르코프 과정의 궤적 τ는 상태 s_t, 행동 a_t, 보상 r_{t+1}이 교대로 나타나는 시퀀스 $s_1, a_1, r_2, s_2, a_2, r_3, s_3, a_3, r_4 \ldots$로 구성된다. 여기서 펭귄은 물고기가 있는 상태를 떠날 때 보상을 받는다(즉 펭귄이 의도적으로 그곳에 도착했는지 여부에 관계없이 물고기가 있는 칸을 통과하면 보상을 받는다).

19.1.4 부분적으로 관찰 가능한 마르코프 결정 과정

부분적으로 관찰 가능한 마르코프 결정 과정partially observable Markov decision process 또는 줄여서 **POMDP**에서는 상태가 직접적으로 보이지 않는다(그림 19.4). 대신 에이전트는 $Pr(o_t|s_t)$에서 추출한 관찰 o_t을 받는다. 따라서 POMDP는 상태, 관찰, 행동, 보상으로 구성된 시퀀스 $s_1, o_1, a_1, r_2, s_2, o_2, a_2, r_3, o_3, a_3, s_3, r_4, \ldots$를 생성한다. 일반적으로 각 관찰은 일부 상태와 호환이 좀 더 잘되지만, 상태를 고유하게 식별하기에는 부족하다.

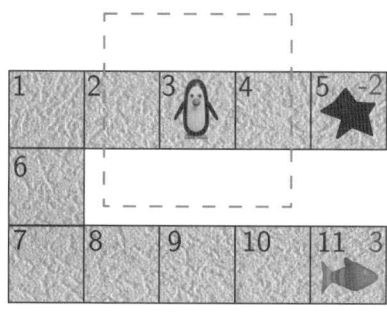

그림 19.4 POMDP. POMDP에서 에이전트는 전체 상태에 접근할 수 없다. 여기서 펭귄은 상태 3에 있으며, 주변의 타일들만 볼 수 있다(점선 상자). 이는 상태 9에서 볼 수 있는 것과 구별할 수 없다. 첫 번째 경우 오른쪽으로 이동하면 얼음 구멍(보상 −2)에 빠지게 되고, 후자의 경우 물고기(보상 +3)에게 도달한다.

19.1.5 정책

각 상태에서 에이전트의 행동을 결정하는 규칙을 **정책**policy이라고 한다(그림 19.5). 정책은 확률적(정책이 각 상태에서의 행동에 대한 분포를 정의한다)일 수도 있고, 결정론적(에이전트가 주어진 상태에서 항상 동일한 행동을 한다)일 수도 있다.

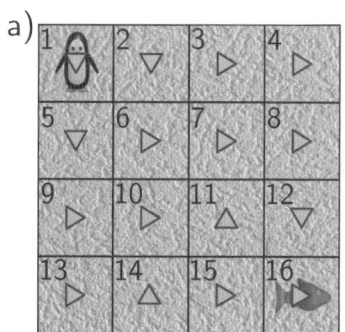
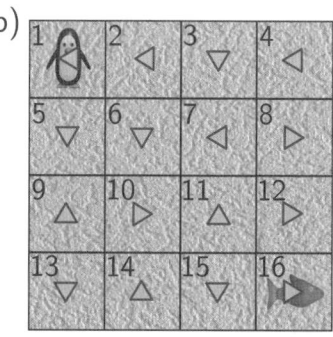
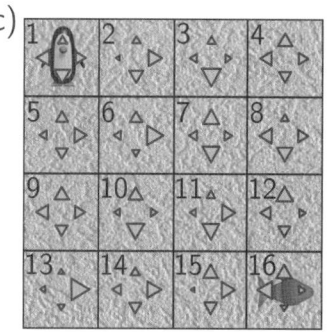

그림 19.5 정책. a) 결정론적 정책은 각 상태에서 항상 동일한 행동을 선택한다(화살표로 표시). 일부 정책은 다른 정책보다 낫다. 이 정책은 최적은 아니지만 여전히 펭귄을 왼쪽 위에서 보상이 있는 오른쪽 아래로 유도한다. b) 이 정책은 좀 더 무작위이다. c) 확률적 정책은 각 상태에서의 행동에 대한 확률분포를 갖는다(화살표 크기로 확률 표시). 이는 에이전트가 상태를 더 철저하게 탐색하고 부분적으로 관찰 가능한 마르코프 결정 과정에서 최적의 성능을 위해 필요할 수 있다.

확률적 정책 $\pi[a|s]$는 상태 s에서 취할 수 있는 각각의 행동 a에 대한 확률분포를 반환하며, 여기에서 새로운 행동을 샘플링한다. 결정론적 정책 $\pi[a|s]$는 상태 s에서 선택된 행동 a에 대해서는 1을 반환하고 그렇지 않으면 0을 반환한다. 정적 정책 stationary policy은 현재 상태에만 의존한다. 비정적 정책non-stationary policy은 현재 상

태뿐만 아니라 시간 단계에도 의존한다.

환경과 에이전트는 루프를 형성한다(그림 19.6). 에이전트는 마지막 시간 단계에서 상태 s_t와 보상 r_t를 받는다. 이를 기반으로 에이전트는 원하는 경우 정책 $\pi[a_t|s_t]$를 수정하고 다음 행동을 선택할 수 있다.† 그런 다음 환경은 $Pr(s_{t+1}|s_t, a_t)$에 따라 다음 상태를 전이하고, $Pr(r_{t+1}|s_t, a_t)$에 따라 보상을 한다.

> 깃허브의 노트북 19.1 'Markov decision processes' 참고.
> https://bit.ly/udl19_1

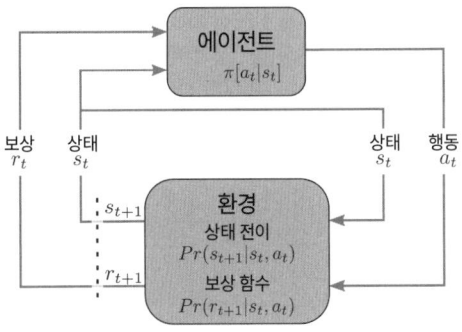

그림 19.6 강화 학습 루프. 에이전트는 시간 t에 정책 $\pi[a_t|s_t]$에 따라 상태 s_t를 기반으로 행동 a_t를 취한다. 이는 새로운 상태 s_{t+1}(상태 전이 함수를 통해)과 보상 r_{t+1}(보상 함수를 통해)을 생성한다. 둘 다 에이전트로 다시 전달되고 에이전트는 이를 기반으로 새로운 행동을 선택한다.

19.2 기대 수익

앞 절에서는 마르코프 결정 과정과 정책에 따라 행동을 수행하는 에이전트에 대한 개념을 소개했다. 이 절에서는 기대 수익을 극대화하는 정책을 선택하는 방법을 수학적으로 엄밀하게 살펴본다. 이를 위해 각 상태 s_t와 상태–행동 쌍 $\{s_t, a_t\}$에 **가치**value를 할당한다.

19.2.1 상태 가치와 행동 가치

수익 G_t는 상태 s_t와 정책 $\pi[a|s]$에 따라 달라진다. 이 상태에서 에이전트는 일련의 상태를 거쳐 행동을 취하고 보상을 받는다. 일반적으로 정책 $\pi[a_t|s_t]$, 상태 전이 $Pr(s_{t+1}|s_t, a_t)$, 할당한 보상 $Pr(r_{t+1}|s_t, a_t)$이 모두 확률적이기 때문에 이 시퀀스는 에이전트가 동일한 상태에서 시작하더라도 그때마다 다르다.

주어진 정책 π에 대한 기대 수익 $v[s_t|\pi]$를 고려하여 상태가 얼마나 '좋은지'를 나타낼 수 있다. 기대† 수익은 해당 상태에서 시작하는 시퀀스에서 평균적으로 기대할 수 있는 수익이며 **상태 가치**state value 또는 **상태-가치 함수**state-value function라고 한다(그림 19.7a).

† C.2절 '기댓값' 참고

$$v[s_t|\pi] = \mathbb{E}\left[G_t|s_t, \pi\right] \quad \text{식 19.2}$$

비공식적으로, 상태 가치는 이 상태에서 시작해서 이후에 지정된 정책을 따를 경우 평균적으로 기대할 수 있는 **장기**long-term 보상을 나타낸다. 후속 전이가 곧 큰 보상을 가져올 가능성이 있는 상태에 대해서 가장 높다(감가 계수 γ가 1보다 작다고 가정한다).

마찬가지로 **행동 가치**action value 또는 **상태-행동 가치 함수**state-action value function $q[s_t, a_t|\pi]$는 상태 s_t에서 행동 a_t를 취했을 때의 기대 수익이다(그림 19.7b).

$$q[s_t, a_t|\pi] = \mathbb{E}\left[G_t|s_t, a_t, \pi\right] \quad \text{식 19.3}$$

행동 가치는 이 상태에서 시작하여 이 행동을 취하고 이후 지정된 정책을 따를 때 평균적으로 기대할 수 있는 장기 보상을 나타낸다. 강화 학습 알고리즘은 행동 가치를 통해 미래의 보상을 현재 행동에 연결한다(즉 시간적 보상 할당 문제를 해결한다).

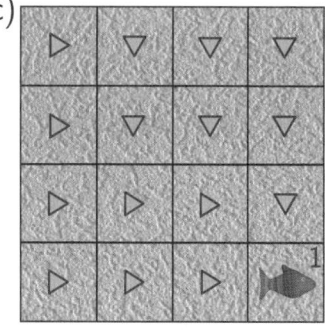

그림 19.7 상태와 행동 가치. a) 상태 s_t(각 위치의 숫자)에서의 $v[s_t|\pi]$ 값은 주어진 정책 π(회색 화살표)에 대한 이 상태의 기대 수익이다. 이 상태에서 시작한 많은 궤적에서 받은 할인된 보상의 평균 합이다. 여기서는 물고기에 가까운 상태가 더 가치가 있다. b) 상태 s_t(각 위치/상태의 4개 숫자는 4개의 행동에 해당한다)에서 있는 행동 a_t의 값 $q[s_t, a_t, \pi]$는 이 상태에서 해당 동작을 취할 때의 기대 수익이다. 이 경우에는 물고기에 가까워질수록 더 커지고, 물고기 방향으로 향하는 행동의 경우에 더 크다. c) 특정 상태의 행동 가치를 알고 있는 경우, 정책을 수정하여 최댓값을 선택하도록 할 수 있다((b)의 빨간색 숫자).

19.2.2 최적 정책

일반적으로 기대 수익을 최대화하는 정책을 원한다. MDP(POMDP는 아님)의 경우 항상 모든 상태의 가치를 최대화하는 결정적이고 정적인 정책이 항상 존재한다. 이러한 최적 정책을 알고 있다면, 최적의 상태-가치 함수 $v^*[s_t]$를 얻을 수 있다.

$$v^*[s_t] = \max_{\pi} \left[\mathbb{E}\left[G_t | s_t, \pi \right] \right] \quad \text{식 19.4}$$

마찬가지로 최적 정책하에서 최적의 상태-행동 가치 함수를 얻을 수 있다.

$$q^*[s_t, a_t] = \max_{\pi} \left[\mathbb{E}\left[G_t | s_t, a_t, \pi \right] \right] \quad \text{식 19.5}$$

이것을 뒤집어서, 최적의 행동 가치 $q^*[s_t, a_t]$를 안다면 가장 높은 값을 갖는 행동 a_t를 선택하여 최적의 정책을 도출할 수 있다(그림 19.7c).†

식 19.6, 19.12, 19.13에서 $\pi[a_t|s_t] \leftarrow a$ 표기는 행동 a에 대해서는 $\pi[a_t|s]$를 1로 설정하고 다른 행동에 대해서는 $\pi[a_t|s]$를 0으로 설정함을 의미한다.

$$\pi[a_t|s_t] \leftarrow \operatorname*{argmax}_{a_t} \left[q^*[s_t, a_t] \right] \quad \text{식 19.6}$$

실제로 일부 강화 학습 알고리즘은 행동 가치와 정책을 교대로 추정하는 방법을 적용한다(19.3절 참고).

19.2.3 벨만 방정식

표기를 간단히 하기 위해 $v[s_t|\pi]$, $q[s_t, a_t|\pi]$ 대신 $v[s_t]$, $q[s_t, a_t]$로 표기한다.

어떤 정책에 대해서 상태 가치 $v[s_t]$ 또는 행동 가치 $q[s_t, a_t]$를 모를 수도 있다.† 그러나 이들이 서로 일관성이 있어야 하고, 이들 사이의 관계는 쉽게 알 수 있다. 상태 가치 $v[s_t]$는 행동 가치 $q[s_t, a_t]$의 가중합을 취하여 찾을 수 있다. 이때 가중치는 해당 행동을 취할 정책 $\pi[a_t|s_t]$에 따른 확률에 따라 달라진다(그림 19.8).

$$v[s_t] = \sum_{a_t} \pi[a_t|s_t] q[s_t, a_t] \quad \text{식 19.7}$$

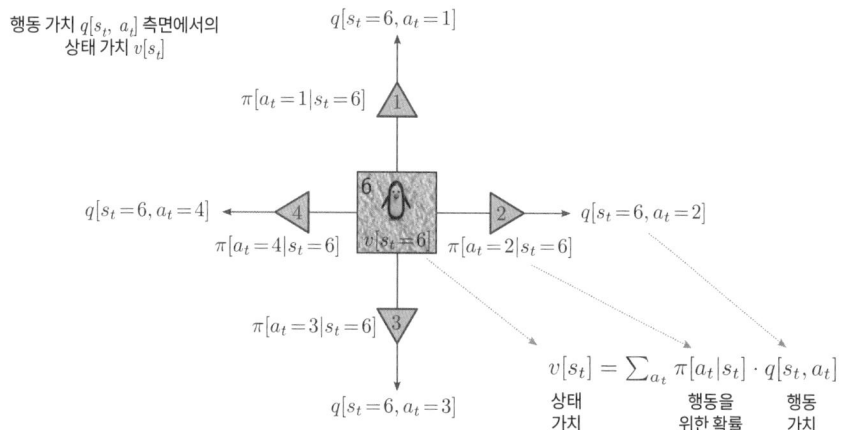

그림 19.8 상태 가치와 행동 가치의 관계. 상태 6의 가치 $v[s_t = 6]$은 상태 6의 행동 가치 $q[s_t = 6, a_t]$의 가중합이며, 이때 가중치는 해당 행동을 취할 정책 확률 $\pi[a_t|s_t = 6]$이다.

마찬가지로 행동의 가치는 행동을 취함으로써 얻게 되는 즉각적인 보상 $r_{t+1} = r[s_t, a_t]$과 후속 상태 s_{t+1}에서의 $v[s_{t+1}]$ 값을 γ만큼 할인한 값의 합이다(그림 19.9).† s_{t+1}의 할당은 결정적이지 않기 때문에 전이 확률 $Pr(s_{t+1}|s_t, a_t)$에 따라 $v[s_{t+1}]$ 값에 가중치를 부여한다.

† 또한 이제부터 보상이 결정적이고 $r[s_t, a_t]$로 쓸 수 있다고 가정한다.

$$q[s_t, a_t] = r[s_t, a_t] + \gamma \cdot \sum_{s_{t+1}} Pr(s_{t+1}|s_t, a_t)v[s_{t+1}]$$

식 19.8

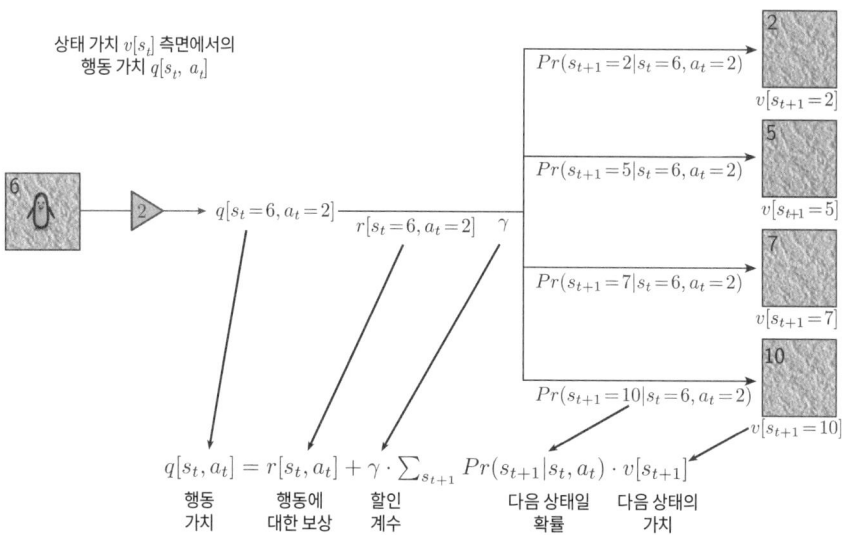

그림 19.9 행동 가치와 상태 가치의 관계. 상태 6에서 행동 2를 취할 때의 $q[s_t = 6, a_t = 2]$ 값은 해당 행동을 취함으로써 얻는 보상 $r[s_t = 6, a_t = 2]$에 후속 상태에 있는 $v[s_{t+1}]$의 할인된 값의 가중합을 더한 값이다. 그리고 이때 가중치는 전이 확률 $Pr(s_{t+1}|s_t = 6, a_t = 2)$이다. 벨만 방정식은 이 관계를 그림 19.8의 관계와 연결하여 현재와 다음 (i) 상태 가치와 (ii) 행동 가치를 연결한다.

19.2 기대 수익 535

식 19.8을 식 19.7에 대입하면 시간 t와 $t+1$에서의 상태 가치 사이의 관계를 얻을 수 있다.

$$v[s_t] = \sum_{a_t} \pi[a_t|s_t] \left(r[s_t, a_t] + \gamma \cdot \sum_{s_{t+1}} Pr(s_{t+1}|s_t, a_t) v[s_{t+1}] \right) \quad \text{식 19.9}$$

마찬가지로 식 19.7을 식 19.8에 대입하면 시간 t와 $t+1$에서의 행동 가치 사이의 관계를 얻을 수 있다.

$$q[s_t, a_t] = r[s_t, a_t] + \gamma \cdot \sum_{s_{t+1}} Pr(s_{t+1}|s_t, a_t) \left(\sum_{a_{t+1}} \pi[a_{t+1}|s_{t+1}] q[s_{t+1}, a_{t+1}] \right) \quad \text{식 19.10}$$

이 두 관계를 **벨만 방정식**Bellman equation이라고 하는데, 많은 강화 학습 방법의 근간이 된다. 요약하면, 상태(행동) 가치는 자기 일관성을 가져야 한다는 의미이다. 결과적으로 하나의 상태(행동) 가치에 대한 추정치를 갱신하면 다른 모든 값들을 수정하는 파급 효과를 일으킨다.

19.3 표 형식 강화 학습

표 형식 강화 학습 알고리즘tabular RL algorithm(즉 함수 근사에 의존하지 않는 알고리즘)은 모델 기반 방법model-based method†과 모델 없는 방법model-free method으로 나뉜다. 모델 기반 방법은 MDP 구조를 명시적으로 사용하여 전이 행렬 $Pr(s_{t+1}|s_t, a_t)$와 보상 구조 $r[s, a]$에서 최적 정책을 찾는다. 이러한 정보를 알고 있다면, 이는 동적 프로그래밍으로 해결할 수 있는 간단한 최적화 문제다. 하지만 이 정보를 알 수 없다면, 관찰된 MDP 궤적을 통해 이를 먼저 추정해야 한다.†

여기서 '모델'이라는 용어는 머신러닝 모델이 아니라 MDP를 의미한다.

강화 학습에서 궤적(trajectory)은 관찰된 상태, 보상, 행동의 순서를 의미한다. 롤아웃(rollout)은 시뮬레이션된 궤적(simulated trajectory)이다. 에피소드는 초기 상태에서 시작하여 최종 상태로 끝나는 궤적이다(예를 들어 표준 시작 위치에서 시작하여 승리, 패배 또는 무승부로 끝나는 체스 게임).

반대로 모델 없는 방법은 기저 MDP의 전이 행렬과 보상 구조를 알 수 없다고 가정한다. 이 방법은 다음과 같이 두 가지 범주로 나눌 수 있다.

1. **가치 추정**value estimation 방법은 최적의 상태–행동 가치 함수를 추정한 후 각 상태에서 가장 큰 가치를 갖는 행동에 따라 정책을 할당한다.

2. **정책 추정**policy estimation 방법은 모델이나 가치를 추정하는 중간 단계 없이 경사 하강법을 사용하여 최적의 정책을 직접 추정한다.

각 계열 범주에서 몬테카를로 방법은 주어진 정책에 대해 MDP를 통해 많은 궤적을 시뮬레이션하여 이 정책을 개선하기 위한 정보를 수집한다. 정책을 갱신하기 전에 많은 궤적을 시뮬레이션하는 것이 실현 가능하지 않거나 실용적이지 않은 경우도 있다. 시간차 방법은 에이전트가 MDP를 진행하는 동안 정책을 갱신한다.

이제 동적 프로그래밍 방법, 몬테카를로 가치 추정 방법, 시간차 가치 추정 방법에 대해 간략하게 설명한다. 19.4절에서는 시간차 가치 추정 방법에 심층 신경망을 사용하는 방법을 살펴본다. 그리고 19.5절에서 정책 추정을 논의한다.

19.3.1 동적 프로그래밍

동적 프로그래밍dynamic programming 알고리즘은 전이 및 보상 구조에 대해 완벽히 알고 있다고 가정한다. 이러한 점에서, 에이전트가 환경과 상호작용하는 것을 관찰해서 이러한 양에 대한 정보를 간접적으로 수집하는 대부분의 강화 학습 알고리즘과는 구별된다.

상태 가치 $v[s]$는 임의로 초기화된다(보통은 0으로 초기화된다). 결정론적 정책 $\pi[a|s]$도 초기화한다(예를 들어 각 상태에서 무작위로 행동을 선택해서). 그런 다음 알고리즘은 현재 정책에 대한 상태 가치를 반복적으로 계산(**정책 평가**policy evaluation)하는 것과 해당 정책을 개선(**정책 개선**policy improvement)하는 것을 번갈아 수행한다.

정책 평가

상태 s_t를 순회하면서 가치를 갱신한다.

$$v[s_t] \leftarrow \sum_{a_t} \pi[a_t|s_t] \left(r[s_t, a_t] + \gamma \cdot \sum_{s_{t+1}} Pr(s_{t+1}|s_t, a_t) v[s_{t+1}] \right) \quad \text{식 19.11}$$

여기서 s_{t+1}은 다음 상태이고 $Pr(s_{t+1}|s_t, a_t)$은 상태 전이 확률이다. 각각의 갱신을 통해 상태 가치에 대한 벨만 방정식(식 19.9)을 사용하여 $v[s_t]$를 다음 상태 s_{t+1}의 가치와 일치시킨다. 이것을 **부트스트래핑**bootstrapping†이라고 한다.

> [옮긴이] 추정치를 사용하여 추정치를 개선하는 과정을 말한다.

정책 개선

정책을 갱신하기 위해 각 상태의 가치를 최대화하는 행동을 탐욕적 방법으로 선택한다.

$$\pi[a_t|s_t] \leftarrow \underset{a_t}{\mathrm{argmax}}\left[r[s_t, a_t] + \gamma \cdot \sum_{s_{t+1}} Pr(s_{t+1}|s_t, a_t) v[s_{t+1}]\right] \quad \text{식 19.12}$$

연습 문제 19.2 – 19.3 참고

이는 정책 개선 정리policy improvement theorem에 따라 정책 개선이 보장된다. 정책이 수렴할 때까지 이 두 단계를 반복한다(그림 19.10).†

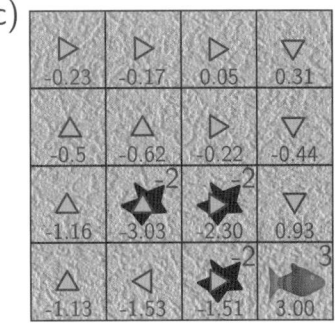

그림 19.10 동적 프로그래밍. a) 상태 가치를 0으로 초기화하고, 무작위로 정책(화살표)을 선택한다. b) 이웃과 일치하도록 상태 가치를 갱신한다(식 19.11, 두 번의 반복 후의 결과). 가치가 가장 높은 상태로 에이전트를 이동하도록 정책을 갱신한다(식 19.12). c) 여러 번의 반복 후에 알고리즘은 펭귄이 구멍을 피하고 물고기에게 다가가도록 하는 최적의 정책으로 수렴한다.

이 방법에는 여러 변형이 있다. 정책 반복policy iteration에서는 정책 평가 단계를 수렴할 때까지 반복한 다음에 정책 개선을 수행한다. 가치는 각각의 순회에서 진행하면서 갱신하거나 또는 동기적으로 갱신할 수 있다. 가치 반복value iteration에서의 정책 평가 절차는 정책 개선 이전에 한 번만 가치를 순회한다. 비동기 동적 프로그래밍 알고리즘asynchronous dynamic programming algorithm†은 각 단계에서 모든 가치를 체계적으로 순회하지 않고, 진행하면서 임의의 순서로 일부 상태를 갱신할 수 있다.

깃허브의 노트북 19.2 'Dynamic programming' 참고. https://bit.ly/udl19_2

19.3.2 몬테카를로 방법

동적 프로그래밍 알고리즘과 달리 **몬테카를로 방법**Monte Carlo method은 MDP의 전이 확률과 보상 구조에 대한 지식을 가정하지 않는다. 대신 MDP에서 반복적으로 궤적을 샘플링하고 보상을 관찰하여 경험을 얻는다. (이 경험을 기반으로) 행동 가치를 계산하고 (행동 가치를 기반으로) 정책을 갱신하는 과정을 번갈아 가며 수행한다.

행동 가치 $q[s, a]$를 추정하기 위해, 일련의 에피소드episode를 실행한다. 각 에피소드는 주어진 상태와 행동으로 시작하고 이후에는 현재 정책을 따르며 일련의 행동, 상태, 보상을 생성한다(그림 19.11a). 현재 정책에서 주어진 상태–행동 쌍에 대한 행동 가치는 이 쌍이 관찰될 때마다 얻는 경험적 반환값(즉, 시간 할인된 보상의 누적합)의 평균으로 추정한다(그림 19.11b). 그런 다음 각 상태에서 최댓값을 갖는 행동을 선택하여 정책을 갱신한다(그림 19.11c).

$$\pi[a|s] \leftarrow \underset{a}{\operatorname{argmax}}\left[q[s, a]\right]$$

식 19.13

a) 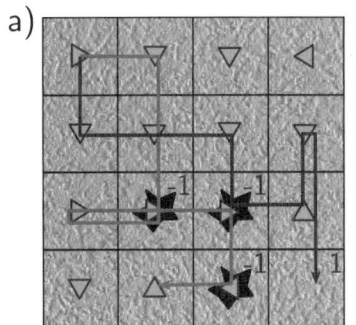 b) 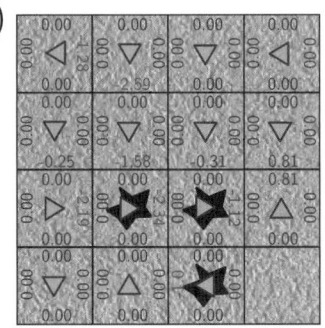 c)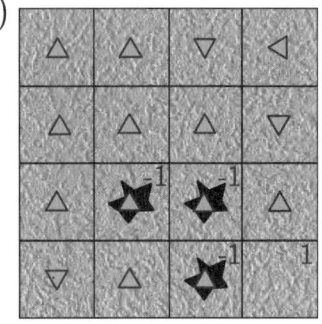

그림 19.11 몬테카를로 방법. a) 정책(화살표)을 무작위로 초기화한다. 반복적으로 MDP를 시뮬레이션하고 이러한 에피소드의 궤적을 저장한다(주황색과 갈색 경로는 2개의 궤적을 나타낸다). b) 행동 가치는 이러한 궤적에서 관찰한 수익의 평균으로 경험적으로 추정한다. 이 경우 행동 가치는 처음에는 모두 0이고 행동을 취한 위치에서 갱신한다. c) 그러면 가장 좋은(또는 덜 나쁜) 보상을 받은 행동에 따라 정책을 갱신할 수 있다.

이는 **온-정책**on-policy에 따른 방법이다. 현 시점에서 최상의 정책을 이용해서 에이전트를 환경으로 안내한다. 이 정책은 모든 상태에서 관찰한 행동 가치를 기반으로 하지만 물론 사용되지 않은 행동의 가치를 추정하는 것은 불가능하며, 알고리즘이 이를 탐색하도록 유도할 수도 없다. 해결책은 탐색 시작exploring start을 사용하는 것이다. 여기서는 가능한 모든 상태–행동 쌍이 포함된 에피소드가 시작되므로 모든 조합을 적어도 한 번은 관찰할 수 있다. 그러나 상태의 수가 많거나 시작점을 통제할 수 없는 경우 이는 실용적이지 않다. 다른 방법†은 **ϵ-탐욕 정책**epsilon-greedy policy을 사용하는 것인데, 확률 ϵ으로 무작위 행동을 취하고 나머지 확률로 최적의 행동을 선택한다. ϵ을 통해 활용과 탐색을 절충한다. 여기서 온-정책 방법은 이

연습 문제 19.4 참고

ϵ-탐욕 정책군에서 최선의 정책을 찾지만, 일반적으로 이는 전역적으로 최적의 정책은 아니다.

반대로, **오프-정책**off-policy 방법에서는 다른 **행동 정책**behavior policy π'에 의해 생성된 에피소드를 기반으로 최적의 정책 π(**목표 정책**target policy)을 학습한다. 일반적으로 목표 정책은 결정론적이며 행동 정책은 확률적(예를 들어 ϵ-탐욕 정책)이다. 따라서 행동 정책이 환경을 탐색하지만 학습된 목표 정책은 여전히 효율적이다.† 일부 오프-정책 방법은 중요도 샘플링(17.8.1절)을 통해 π'의 샘플을 사용하여 정책 π에 따른 행동 가치를 추정한다. Q-러닝(다음 절에서 설명)과 같은 다른 방법은 선택된 행동과 관계없이 탐욕 행동을 기반으로 가치를 추정하지만 이것이 반드시 선택되는 것은 아니다.

> 깃허브의 노트북 19.3
> 'Monte-Carlo methods' 참고. https://bit.ly/udl19_3

19.3.3 시간차 방법

동적 프로그래밍 방법은 부트스트래핑 과정을 통해 현재 정책에 따라 일관되게 가치를 갱신한다. 몬테카를로 방법은 MDP를 샘플링해서 정보를 얻는다. **시간차** temporal difference, TD **방법**은 부트스트래핑과 샘플링을 결합한다. 그러나 몬테카를로 방법과 달리, 에이전트가 순회를 마친 다음이 아니라 MDP의 상태를 순회하는 동안 가치와 정책을 갱신한다.

SARSA state-action-reward-state-action는 온-정책 알고리즘을 개선한 것이다.

$$q[s_t, a_t] \leftarrow q[s_t, a_t] + \alpha \Big(r[s_t, a_t] + \gamma \cdot q[s_{t+1}, a_{t+1}] - q[s_t, a_t] \Big) \quad \text{식 19.14}$$

여기서 $\alpha \in \mathbb{R}^+$는 학습률이다. 괄호 안의 항은 **TD 오차**TD error라고 하며, 한 단계를 수행한 후에 추정한 행동 가치 $q[s_t, a_t]$와 추정치 $r[s_t, a_t] + \gamma \cdot q[s_{t+1}, a_{t+1}]$이 얼마나 일치하는지를 측정한다.

반면에 **Q-러닝**Q-Learning은 갱신 과정이 있는 오프-정책 알고리즘이다(그림 19.12).

$$q[s_t, a_t] \leftarrow q[s_t, a_t] + \alpha \Big(r[s_t, a_t] + \gamma \cdot \max_a [q[s_{t+1}, a]] - q[s_t, a_t] \Big) \quad \text{식 19.15}$$

> 깃허브의 노트북 19.4
> 'Temporal difference methods' 참고.
> https://bit.ly/udl19_4

여기서 각 단계의 행동 선택은 서로 다른 행동 정책 π'에 따른다.†

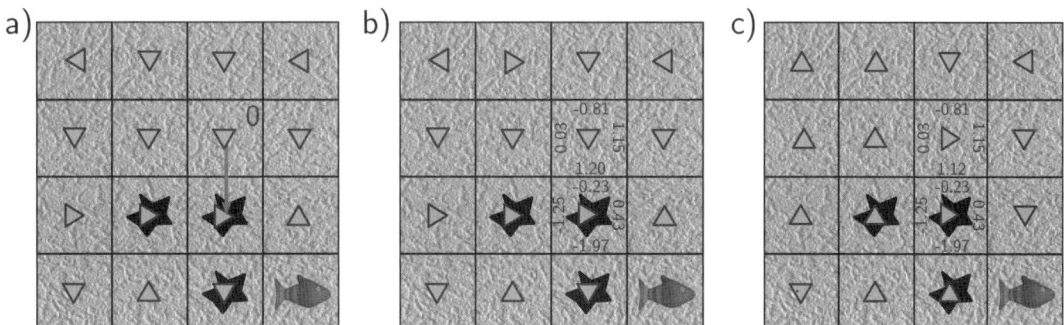

$$q[s_t, a_t] \leftarrow q[s_t, a_t] + \alpha \Big(r[s_t, a_t] + \gamma \cdot \max_a [q[s_{t+1}, a]] - q[s_t, a_t] \Big)$$

$$1.12 \leftarrow 1.20 + 0.1 \Big(0.0 + 0.9 \cdot \max[-0.23, 0.43, -1.97, -1.25] - 1.20 \Big)$$

그림 19.12 Q-러닝. a) 에이전트는 상태 s_t에서 시작하고, 정책에 따라 행동 $a_t = 2$를 취한다. 얼음에서 미끄러지지 않기 때문에 아래로 이동하며, 원래 상태를 떠날 때 보상 $r[a_t|s_t] = 0$을 받는다. b) 새로운 상태에서 최대 행동 가치를 발견한다(여기서는 0.43). c) 후속 상태에서 현재 추정한 최대 행동 가치, 보상, 감가 계수 $\gamma = 0.9$, 학습률 $\alpha = 0.1$을 기반으로 원래 상태의 행동 2에 대한 행동 가치를 1.12로 갱신한다. 이렇게 하면, 원래 상태에서의 가장 높은 행동 가치를 변경하므로 정책이 변경된다.

두 경우 모두 각 상태에서 행동 가치의 최댓값을 이용하여 정책을 갱신한다(식 19.13). 이러한 갱신은 축소 매핑임을 알 수 있다(식 16.20 참고).† 즉 모든 상태-행동 쌍을 무한번 방문한다고 가정하면 행동 가치는 결국 수렴하게 된다.

연습 문제 19.5 참고

19.4 Q-러닝 적합

앞에서 설명한 표 형식의 몬테카를로 및 TD 알고리즘은 전체 MDP를 반복적으로 탐색하고 행동 가치를 갱신한다. 그러나 이는 상태행동 공간이 작은 경우에만 가능하다. 불행하게도, 실제 환경에서 이런 경우는 거의 없다. 체스판이라는 제한된 환경에서도 10^{40}개 이상의 상태가 존재한다.

Q-러닝 적합fitted Q-learning에서는 행동 가치의 이산적 표현 $q[s_t, a_t]$을 머신러닝 모델 $q[s_t, a_t, \phi]$로 대체한다. 여기서 상태는 인덱스가 아닌 벡터 s_t로 표현된다. 그런 다음 인접한 행동 가치의 일관성을 기반으로 최소제곱 손실을 정의한다(Q-러닝과 유사하다. 식 19.15 참고).

$$L[\phi] = \Big(r[\mathbf{s}_t, a_t] + \gamma \cdot \max_a [q[\mathbf{s}_{t+1}, a, \phi]] - q[\mathbf{s}_t, a_t, \phi] \Big)^2 \quad \text{식 19.16}$$

이제 다음과 같이 갱신을 한다.

$$\phi \leftarrow \phi + \alpha \left(r[\mathbf{s}_t, a_t] + \gamma \cdot \max_a \left[q[\mathbf{s}_{t+1}, a, \phi] \right] - q[\mathbf{s}_t, a_t, \phi] \right) \frac{\partial q[\mathbf{s}_t, a_t, \phi]}{\partial \phi} \quad \text{식 19.17}$$

Q-러닝 적합은 Q-러닝과는 달리 수렴이 보장되지 않는다. 매개변수가 변경되면, 목표 $r[\mathbf{s}_t, a_t] + \gamma \cdot \max_{a_{t+1}} [q[\mathbf{s}_{t+1}, a_{t+1}, \phi]]$(최댓값은 변경될 수 있다)와 예측 $q[s_t, a_t, \phi]$가 모두 변할 수 있다. 이런 상황은 이론적으로나 경험적으로 수렴하는데 방해가 될 수 있다.

19.4.1 아타리 게임을 위한 심층 Q-네트워크

심층 신경망은 고차원 상태 공간에서 예측하는 것이 이상적이므로, Q-러닝 적합 모델로 사용할 수 있다. 신경망이 상태와 행동을 모두 입력으로 받아 가치를 예측할 수도 있지만, 실제로는 상태만 입력으로 받아서 각 행동과 행동 가치를 동시에 예측한다.

심층 Q-네트워크 Deep Q-Network, DQN은 심층 신경망을 활용하여 아타리 2600 게임을 하는 방법을 학습하는 획기적인 강화 학습 구조다. 관찰 데이터는 220×160 크기의 이미지로, 각 픽셀은 128가지 색상을 가질 수 있다(그림 19.13). 이를 84×84로 크기 변환하고 밝기 값만 유지한다. 불행하게도 단일 프레임에서는 전체 상태를 관찰할 수 없다. 예를 들어 게임 속 물체의 속도를 알 수 없다. 이 문제를 해결하는데 도움이 되도록, 신경망은 각 시간 단계에서 마지막 4개 프레임을 입력으로 받아서 s_t를 형성한다. 이 프레임을 3개의 합성곱층과 하나의 완전 연결층을 통과시켜 각 행동의 가치를 예측한다(그림 19.14).

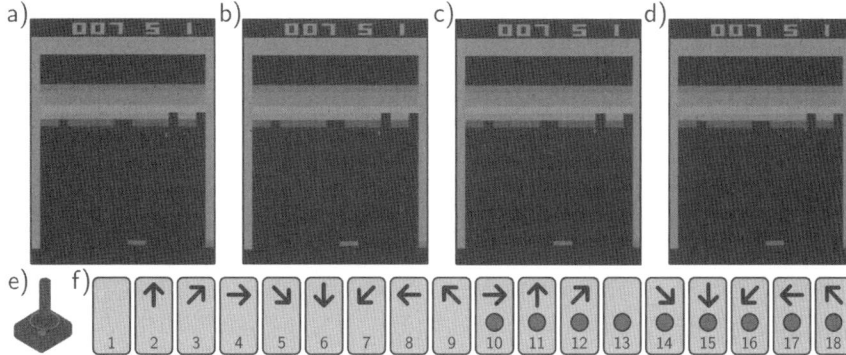

그림 19.13 아타리 벤치마크(Atari Benchmark). 아타리 벤치마크는 브레이크아웃(Breakout, 사진), 퐁(Pong), 다양한 슈팅 게임, 플랫폼, 기타 유형의 게임을 포함한 49개의 아타리 2600 게임으로 구성된다. a–d) 하나의 화면을 사용하는 게임의 경우에도 물체의 속도를 알 수 없기 때문에 한 프레임에서 상태를 완전히 관찰할 수 없다. 따라서 상태를 표현하기 위해 여러 개의 인접한 프레임(여기서는 4개)을 사용하는 것이 일반적이다. e) 행동은 조이스틱을 통한 사용자 입력을 시뮬레이션한다. f) 8개의 이동 방향 또는 이동 없음에 해당하는 18개의 동작이 있으며, 이 9개의 각각의 경우에 대해 버튼이 눌려졌는지 여부가 나타난다.

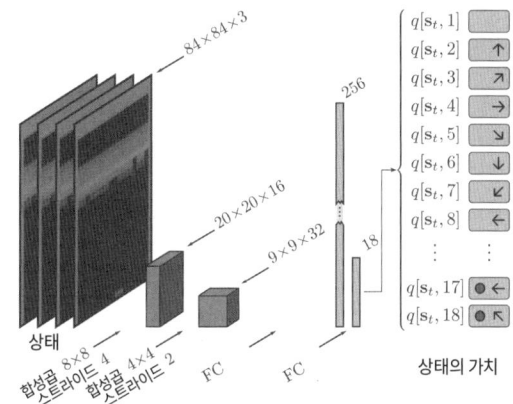

그림 19.14 DQN 구조. 입력 s_t는 아타리 게임의 인접한 4개 프레임으로 구성된다. 각각은 84×84로 크기가 조정되고 흑백으로 변환된다. 프레임은 4개의 채널로 표시되며 스트라이드 4의 8×8 합성곱, 스트라이드 2의 4×4 합성곱, 2개의 완전 연결층으로 처리된다. 최종 출력에서는 이 상태에서의 각각의 18개 행동에 대한 행동 가치 $q[s_t, a_t]$를 예측한다.

표준적인 훈련 절차에서 몇 가지를 수정했다. 첫째, 보상(게임 점수에 따라 결정된다)은 부정적인 변화의 경우 −1, 긍정적인 변화의 경우 +1을 할당한다. 이는 서로 다른 게임 간 점수의 큰 변동을 보상하고 동일한 학습률을 사용할 수 있도록 한다. 둘째, 시스템은 **경험 재생**experience replay을 활용한다. 현 단계의 튜플 $<s_t, a_t, r_{t+1}, s_{t+1}>$ 또는 마지막 I개 튜플 배치를 기반으로 신경망을 갱신하는 대신 최근 모든 튜플을 버퍼에 저장한다. 각 단계에서 배치를 생성하기 위해 이 버퍼에서 무작위로 샘플링한다. 이 방법은 데이터 샘플을 여러 번 재사용하고, 인접한 프레임의 유사성으로 인해 발생할 수 있는 배치 샘플 간의 상관관계를 줄여준다.

마지막으로 적합된 Q-네트워크의 수렴 문제는 목표 매개변수를 ϕ^-으로 고정하고 이를 주기적으로 갱신함으로써 해결한다. 다음과 같이 갱신이 이루어진다.

$$\phi \leftarrow \phi + \alpha \left(r[\mathbf{s}_t, a_t] + \gamma \cdot \max_a \left[q[\mathbf{s}_{t+1}, a, \phi^-] \right] - q[\mathbf{s}_t, a_t, \phi] \right) \frac{\partial q[\mathbf{s}_t, a_t, \phi]}{\partial \phi} \quad \text{식 19.18}$$

이제 신경망은 더 이상 움직이는 물체를 추적하지 않고 진동이 덜 발생한다.

DQN은 이러한 경험적 방법과 ϵ-탐욕 정책을 사용하여 동일한 신경망 구조(각 게임마다 별도로 훈련한다)를 사용하는 49개 게임에서 전문 게임 테스터와 비슷한 수준의 성능을 발휘했다. 훈련 과정은 데이터 집약적이라는 점에 유의해야 한다. 각 게임을 배우는 데 약 38일의 경험이 걸렸다. 일부 게임에서는 알고리즘이 인간의 성능을 뛰어넘었다. 하지만 <Montezuma's Revenge> 같은 게임에서는 거의 진전이 없었는데, 이 게임의 특징은 보상이 적고 여러 화면의 모양이 매우 다르다.

19.4.2 이중 Q-러닝과 이중 심층 Q-네트워크

Q-러닝의 잠재적인 결함 중 하나는 갱신 작업 중에 행동을 최대화한다는 점이다.

$$q[s_t, a_t] \leftarrow q[s_t, a_t] + \alpha \left(r[s_t, a_t] + \gamma \cdot \max_a \left[q[s_{t+1}, a] \right] - q[s_t, a_t] \right) \quad \text{식 19.19}$$

이로 인해 추정한 행동 가치 $q[s_t, a_t]$에 체계적 편향이 발생한다. 동일한 평균 보상을 제공하는 두 가지 행동을 고려해보자. 하나는 확률적이고 또 다른 하나는 결정론적이다. 확률적 보상은 평균을 초과하는 경우가 약 절반이고, 최대화 연산에 의해 선택되므로 해당 행동 가치 $q[s_t, a_t]$가 과대평가된다. 신경망 $q[\mathbf{s}_t, a_t, \phi]$의 출력의 무작위적인 부정확성이나 q-함수의 무작위 초기화에 대해서도 유사한 논리를 적용할 수 있다.

근본적인 문제는 동일한 신경망이 (최대화 연산을 통해) 목표를 선택하고 가치를 갱신한다는 것이다. 이중 Q-러닝은 두 모델 $q_1[s_t, a_t, \pi_1]$과 $q_2[s_t, a_t, \pi_2]$를 동시에 훈련하여 이 문제를 해결한다.

$$q_1[s_t, a_t] \leftarrow q_1[s_t, a_t] + \alpha \left(r[s_t, a_t] + \gamma \cdot q_2 \left[s_{t+1}, \underset{a}{\mathrm{argmax}} \left[q_1[s_{t+1}, a] \right] \right] - q_1[s_t, a_t] \right)$$
$$q_2[s_t, a_t] \leftarrow q_2[s_t, a_t] + \alpha \left(r[s_t, a_t] + \gamma \cdot q_1 \left[s_{t+1}, \underset{a}{\mathrm{argmax}} \left[q_2[s_{t+1}, a] \right] \right] - q_2[s_t, a_t] \right)$$

식 19.20

이제 목표 선택과 목표 자체가 분리되어, 이러한 편향을 방지하는 데 도움이 된다.

실제로, 새로운 튜플 $<s, a, r, s'>$은 임의로 어떤 하나의 모델을 갱신하도록 할당된다. 이를 **이중 Q-러닝**double Q-learning이라고 한다. **이중 심층 Q-신경망**double deep Q-network 또는 **이중 DQN**double DQN은 심층 신경망 $q[\mathbf{s}_t, a_t, \boldsymbol{\phi}_1]$과 $q[\mathbf{s}_t, a_t, \boldsymbol{\phi}_2]$를 사용하여 행동 가치를 추정하고, 다음과 같이 갱신한다.

$$\boldsymbol{\phi}_1 \leftarrow \boldsymbol{\phi}_1 + \alpha \left(r[\mathbf{s}_t, a_t] + \gamma \cdot q \left[\mathbf{s}_{t+1}, \underset{a}{\mathrm{argmax}} \left[q[\mathbf{s}_{t+1}, a, \boldsymbol{\phi}_1] \right], \boldsymbol{\phi}_2 \right] - q[\mathbf{s}_t, a_t, \boldsymbol{\phi}_1] \right) \frac{\partial q[\mathbf{s}_t, a_t, \boldsymbol{\phi}_1]}{\partial \boldsymbol{\phi}_1}$$
$$\boldsymbol{\phi}_2 \leftarrow \boldsymbol{\phi}_2 + \alpha \left(r[\mathbf{s}_t, a_t] + \gamma \cdot q \left[\mathbf{s}_{t+1}, \underset{a}{\mathrm{argmax}} \left[q[\mathbf{s}_{t+1}, a, \boldsymbol{\phi}_2] \right], \boldsymbol{\phi}_1 \right] - q[\mathbf{s}_t, a_t, \boldsymbol{\phi}_2] \right) \frac{\partial q[\mathbf{s}_t, a_t, \boldsymbol{\phi}_2]}{\partial \boldsymbol{\phi}_2}$$

식 19.21

19.5 정책 경사 방법

Q-러닝은 먼저 행동 가치를 추정한 후 이를 이용하여 정책을 갱신한다. 반대로, 정책 기반 방법은 확률적 정책 $\pi[a_t|\mathbf{s}_t, \boldsymbol{\theta}]$를 직접 학습한다. 이는 상태 $\mathbf{s}_t$를 행동 a_t에 대한 분포 $Pr(a_t|\mathbf{s}_t)$에 매핑하는 훈련 가능한 매개변수 $\boldsymbol{\theta}$를 갖는 함수다. MDP에는 항상 최적의 결정론적 정책이 있다. 그러나 확률적 정책을 사용하는 세 가지 이유가 있다.

1. 확률적 정책은 공간 탐색에 도움이 된다. 각 단계마다 최선의 행동을 취할 필요가 없다.
2. 확률적 정책을 수정할 때, 손실이 부드럽게 변화한다. 이는 보상이 이산적이어도 경사 하강법을 사용할 수 있음을 의미한다. 이는 (이산) 분류 문제에서 최대 우도를 사용하는 것과 유사하다. 모델 매개변수가 변경되어 실제 클래스의 가능성이 더 높아질 때 손실은 부드럽게 변한다.

3. MDP 가정은 종종 부정확하다. 일반적으로 상태에 대해 완전한 지식을 갖고 있지 않다. 예를 들어 인접한 위치만 관찰할 수 있는 환경에서 탐색하는 에이전트를 고려해보자(예를 들어 그림 19.4). 두 위치가 동일해보이지만 인근 보상 구조가 다른 경우, 확률적 정책은 이 모호성이 해결될 때까지 다른 행동을 취할 수 있다.

19.5.1 기울기 갱신식 유도

MDP를 통한 궤적 $\tau = [\mathbf{s}_1, a_1, \mathbf{s}_2, a_2, \ldots, \mathbf{s}_T, a_T]$을 고려해보자. 이 궤적 $Pr(\tau|\boldsymbol{\theta})$의 확률은 상태 진화 함수 $Pr(\mathbf{s}_{t+1}|\mathbf{s}_t, a_t)$와 현재 확률적 정책 $\pi[a_t|\mathbf{s}_t, \boldsymbol{\theta}]$에 따라 결정된다.

$$Pr(\boldsymbol{\tau}|\boldsymbol{\theta}) = Pr(\mathbf{s}_1) \prod_{t=1}^{T} \pi[a_t|\mathbf{s}_t, \boldsymbol{\theta}] Pr(\mathbf{s}_{t+1}|\mathbf{s}_t, a_t) \quad \text{식 19.22}$$

정책 기울기 알고리즘의 목표는 이러한 많은 궤적에서의 기대 수익 $r[\boldsymbol{\tau}]$를 최대화하는 것이다.

$$\boldsymbol{\theta} = \underset{\boldsymbol{\theta}}{\operatorname{argmax}} \left[\mathbb{E}_{\boldsymbol{\tau}} \left[r[\boldsymbol{\tau}] \right] \right] = \underset{\boldsymbol{\theta}}{\operatorname{argmax}} \left[\int Pr(\boldsymbol{\tau}|\boldsymbol{\theta}) r[\boldsymbol{\tau}] d\boldsymbol{\tau} \right] \quad \text{식 19.23}$$

여기서 수익은 궤도를 따라 받은 모든 보상의 합계다.

이 수익의 양을 최대화하기 위해 경사 상승 갱신을 사용한다.

$$\begin{aligned} \boldsymbol{\theta} &\leftarrow \boldsymbol{\theta} + \alpha \cdot \frac{\partial}{\partial \boldsymbol{\theta}} \int Pr(\boldsymbol{\tau}|\boldsymbol{\theta}) r[\boldsymbol{\tau}] d\boldsymbol{\tau} \\ &= \boldsymbol{\theta} + \alpha \cdot \int \frac{\partial Pr(\boldsymbol{\tau}|\boldsymbol{\theta})}{\partial \boldsymbol{\theta}} r[\boldsymbol{\tau}] d\boldsymbol{\tau} \end{aligned} \quad \text{식 19.24}$$

여기서 α는 학습률이다.

이 적분을 경험적으로 관찰한 궤적에 대한 합으로 근사하려고 한다. 이는 분포 $Pr(\boldsymbol{\tau}|\boldsymbol{\theta})$에서 추출했으므로, 수식 전개를 위해 피적분 함수를 이 분포로 곱하고 나눈다.

$$\begin{aligned}\boldsymbol{\theta} &\leftarrow \boldsymbol{\theta} + \alpha \cdot \int \frac{\partial Pr(\boldsymbol{\tau}|\boldsymbol{\theta})}{\partial \boldsymbol{\theta}} r[\boldsymbol{\tau}] d\boldsymbol{\tau} \\ &= \boldsymbol{\theta} + \alpha \cdot \int Pr(\boldsymbol{\tau}|\boldsymbol{\theta}) \frac{1}{Pr(\boldsymbol{\tau}|\boldsymbol{\theta})} \frac{\partial Pr(\boldsymbol{\tau}|\boldsymbol{\theta})}{\partial \boldsymbol{\theta}} r[\boldsymbol{\tau}] d\boldsymbol{\tau} \\ &\approx \boldsymbol{\theta} + \alpha \cdot \frac{1}{I} \sum_{i=1}^{I} \frac{1}{Pr(\boldsymbol{\tau}_i|\boldsymbol{\theta})} \frac{\partial Pr(\boldsymbol{\tau}_i|\boldsymbol{\theta})}{\partial \boldsymbol{\theta}} r[\boldsymbol{\tau}_i]\end{aligned}$$

식 19.25

이 식은 해석이 간단하다(그림 19.15). 갱신을 통해 해당 궤적의 보상 $r[\boldsymbol{\tau}_i]$에 비례하여 관찰한 궤적 $\boldsymbol{\tau}_i$의 우도 $Pr(\boldsymbol{\tau}_i|\boldsymbol{\theta})$을 증가시키도록 매개변수 $\boldsymbol{\theta}$를 변경한다. 그러나 일부 궤적이 다른 궤적보다 더 자주 관찰된다는 사실을 보상하기 위해, 먼저 해당 궤적을 관찰할 확률로 정규화한다. 궤도가 이미 일반적이고 높은 보상을 제공한다면 많이 변경할 필요가 없다. 가장 큰 갱신은 흔하지는 않지만 큰 보상을 제공하는 궤적에서 발생한다.

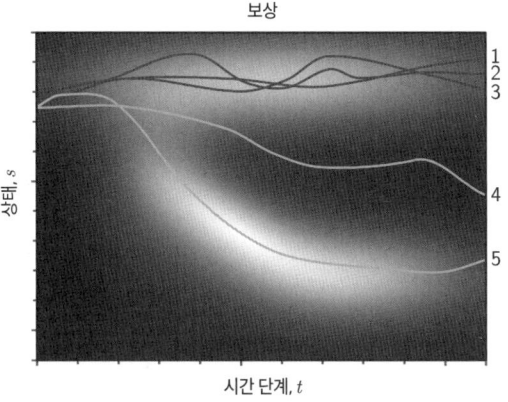

그림 19.15 정책 경사도. 동일한 정책에 대한 5개의 에피소드(밝을수록 보상이 높다). 궤적 1, 2, 3은 일관되게 높은 보상을 생성하지만 이 정책에서는 이미 유사한 궤적이 자주 발생하므로 변경할 필요는 없다. 궤적 4는 낮은 보상을 받으므로 유사한 궤도가 생성되지 않도록 정책을 수정해야 한다. 궤적 5는 높은 보상을 받는데 특이한 일이다. 이 궤적은 식 19.25에 따른 정책에 가장 큰 변화를 일으킨다.

우도 비율 항등식likelihood ratio identity을 사용하여 이 표현식을 단순화할 수 있다.

$$\frac{\partial \log[f[z]]}{\partial z} = \frac{1}{f[z]} \frac{\partial f[z]}{\partial z}$$

식 19.26

다음과 같이 갱신을 한다.

$$\boldsymbol{\theta} \leftarrow \boldsymbol{\theta} + \alpha \cdot \frac{1}{I} \sum_{i=1}^{I} \frac{\partial \log\left[Pr(\boldsymbol{\tau}_i|\boldsymbol{\theta})\right]}{\partial \boldsymbol{\theta}} r[\boldsymbol{\tau}_i] \qquad \text{식 19.27}$$

궤도의 로그 확률 $\log[Pr(\boldsymbol{\tau}|\boldsymbol{\theta})]$는 다음과 같이 주어진다.

$$\begin{aligned}
\log[Pr(\boldsymbol{\tau}|\boldsymbol{\theta})] &= \log\Big[Pr(\mathbf{s}_1) \prod_{t=1}^{T} \pi[a_t|\mathbf{s}_t, \boldsymbol{\theta}] Pr(\mathbf{s}_{t+1}|\mathbf{s}_t, a_t)\Big] & \text{식 19.28} \\
&= \log[Pr(\mathbf{s}_1)] + \sum_{t=1}^{T} \log\big[\pi[a_t|\mathbf{s}_t, \boldsymbol{\theta}]\big] + \sum_{t=1}^{T} \log\big[Pr(\mathbf{s}_{t+1}|\mathbf{s}_t, a_t)\big]
\end{aligned}$$

가운데 있는 항만 $\boldsymbol{\theta}$에 의존한다는 점에 주목하면, 식 19.27의 갱신식을 다음과 같이 다시 나타낼 수 있다.

$$\boldsymbol{\theta} \leftarrow \boldsymbol{\theta} + \alpha \cdot \frac{1}{I} \sum_{i=1}^{I} \sum_{t=1}^{T} \frac{\partial \log\big[\pi[a_{it}|\mathbf{s}_{it}, \boldsymbol{\theta}]\big]}{\partial \boldsymbol{\theta}} r[\boldsymbol{\tau}_i] \qquad \text{식 19.29}$$

여기서 $\mathbf{s}_{it}$은 에피소드 i에서 시간 t에서의 상태이고, a_{it}는 에피소드 i에서 시간 t에 취한 행동이다. 상태 진화 $Pr(\mathbf{s}_{t+1}|\mathbf{s}_t, a_t)$와 관련된 항이 사라지기 때문에, 이 매개변수 갱신은 마르코프 시간 진화 과정을 가정하지 않는다.

다음 사항에 주목해서 이를 더욱 단순화할 수 있다.

$$r[\boldsymbol{\tau}_i] = \sum_{t=1}^{T} r_{i,t+1} = \sum_{k=1}^{t} r_{i,k+1} + \sum_{k=t}^{T} r_{i,k+1} \qquad \text{식 19.30}$$

여기서 r_{it}는 i번째 에피소드의 시간 t에서의 보상이다. 첫 번째 항(시간 t 이전의 보상)은 시간 t로부터의 갱신에 영향을 주지 않으므로 다음과 같이 쓸 수 있다.

$$\boldsymbol{\theta} \leftarrow \boldsymbol{\theta} + \alpha \cdot \frac{1}{I} \sum_{i=1}^{I} \sum_{t=1}^{T} \frac{\partial \log\big[\pi[a_{it}|\mathbf{s}_{it}, \boldsymbol{\theta}]\big]}{\partial \boldsymbol{\theta}} \sum_{k=t}^{T} r_{i,k+1} \qquad \text{식 19.31}$$

19.5.2 REINFORCE 알고리즘

REINFORCE 알고리즘은 이 결과를 활용하고 할인을 통합한 초기의 정책 경사 알고리즘이다. 이는 현재 정책 $\pi[a|\mathbf{s}, \boldsymbol{\theta}]$를 기반으로 에피소드 $\boldsymbol{\tau}_i = [\mathbf{s}_{i1}, a_{i1}, r_{i2}, \mathbf{s}_{i2}, a_{i2}, r_{i3}, \ldots, r_{iT}]$를 생성하는 몬테카를로 방법이다. 이산적인 행동의 경우, 현재 상태 $\mathbf{s}$를 입력으로 받아서 가능한 각 행동에 대해 하나의 출력을 반환하는 신경망 $\pi[\mathbf{s}|\boldsymbol{\theta}]$으로 이 정책을 결정할 수 있다. 이러한 출력값은 소프트맥스 함수를 거쳐 행동에 대한 분포를 생성하고, 이 분포에서 각 시간 단계마다 행동을 샘플링한다.

각 에피소드 i에 대해, 각 단계 t를 순환하고 시간 t에서 시작하는 부분 궤적 $\boldsymbol{\tau}_{it}$에 대한 경험적 할인 수익을 계산한다.

$$r[\boldsymbol{\tau}_{it}] = \sum_{k=t+1}^{T} \gamma^{k-t-1} r_{i,k} \qquad \text{식 19.32}$$

그런 다음 각 궤적의 각 시간 단계 t에 대한 매개변수를 갱신한다.

$$\boldsymbol{\theta} \leftarrow \boldsymbol{\theta} + \alpha \cdot \gamma^t \frac{\partial \log[\pi_{a_{it}}[\mathbf{s}_{it}, \boldsymbol{\theta}]]}{\partial \boldsymbol{\theta}} r[\boldsymbol{\tau}_{it}] \qquad \forall\, i, t \qquad \text{식 19.33}$$

여기서 $\pi_{at}[\mathbf{s}_t, \boldsymbol{\theta}]$는 현재 상태 $\mathbf{s}_t$와 매개변수 $\boldsymbol{\theta}$가 주어졌을 때 신경망이 생성한 a_t의 확률이고, α는 학습률이다. 또한, 전체 시퀀스에서 수익의 로그 확률을 최대화하기 때문에, 추가 항 γ^t을 통해 시퀀스 시작 시점에 비해 보상이 할인되도록 보장한다(식 19.23).

19.5.3 베이스라인

정책 경사 방법은 분산이 크다는 단점이 있다. 따라서 기울기를 안정적으로 갱신하려면 많은 에피소드가 필요할 수 있다. 이러한 분산을 줄이는 방법은 궤적 반환값 $r[\boldsymbol{\tau}]$에서 **베이스라인**baseline b를 빼는 것이다.

$$\boldsymbol{\theta} \leftarrow \boldsymbol{\theta} + \alpha \cdot \frac{1}{I} \sum_{i=1}^{I} \sum_{t=1}^{T} \frac{\partial \log[\pi_{a_{it}}[\mathbf{s}_{it}, \boldsymbol{\theta}]]}{\partial \boldsymbol{\theta}} (r[\boldsymbol{\tau}_{it}] - b) \qquad \text{식 19.34}$$

베이스라인 b가 행동에 의존하지 않으면 다음과 같다.[†]

연습 문제 19.6 참고

$$\mathbb{E}_{\tau}\left[\sum_{t=1}^{T}\frac{\partial \log\left[\pi_{a_{it}}[\mathbf{s}_{it},\boldsymbol{\theta}]\right]}{\partial\boldsymbol{\theta}}\cdot b\right]=0 \qquad \text{식 19.35}$$

깃허브의 노트북 19.5 'Control variates' 참고. https://bit.ly/udl19_5

연습 문제 19.7 참고

그리고 기댓값은 변하지 않는다. 그러나 베이스라인이 불확실성을 추가하는 관련 없는 요인과 함께 변동할 때, 이를 빼주면 분산이 감소한다(그림 19.16). 이는 **통제 변수**control variate[†] 방법의 특별한 경우다.[†]

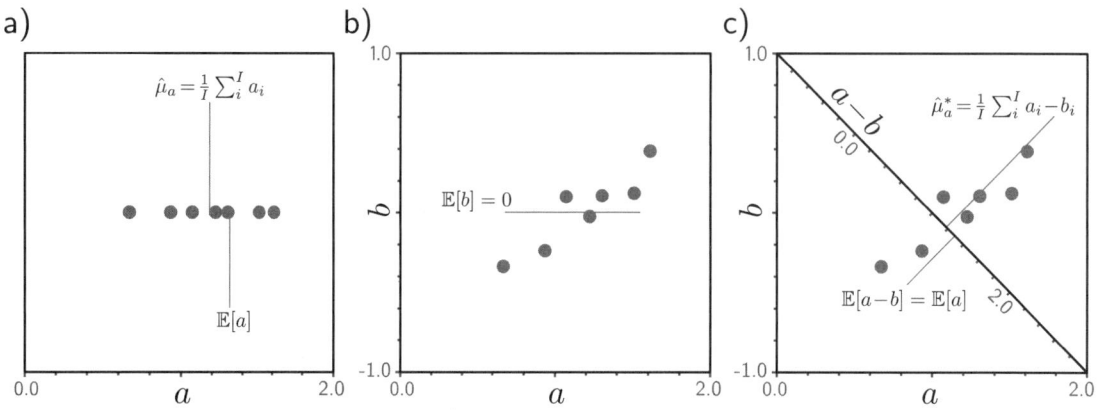

그림 19.16 통제 변수를 사용한 추정값의 분산 감소. a) 소수의 샘플로부터 $\mathbb{E}[a]$를 추정한다고 생각해 보자. 추정값(샘플의 평균)는 샘플 수와 해당 샘플의 분산에 따라 달라진다. b) 이제 a와 같이 변동하는 또 다른 변수 b를 관찰한다고 가정해보자. 이때 $\mathbb{E}[b] = 0$이고 a와 동일한 분산을 갖는다. c) $a - b$의 분산은 a의 분산보다 훨씬 작지만 기댓값 $\mathbb{E}[a - b] = \mathbb{E}[a]$이므로 분산이 더 낮은 추정기를 얻을 수 있다.

이로 인해 b를 어떻게 선택해야 하는지에 대한 질문이 제기된다. 분산에 대한 식을 작성하고, b에 대한 미분을 구하고, 그 결과를 0으로 설정한 식을 계산해서, 분산을 최소화하는 b 값을 다음과 같이 찾을 수 있다.[†]

연습 문제 19.8 참고

$$b = \sum_{i}\frac{\sum_{t=1}^{T}\left(\partial \log\left[\pi_{a_{it}}[\mathbf{s}_{it},\boldsymbol{\theta}]\right]/\partial\boldsymbol{\theta}\right)^{2} r[\boldsymbol{\tau}_{it}]}{\sum_{t=1}^{T}\left(\partial \log\left[\pi_{a_{it}}[\mathbf{s}_{it},\boldsymbol{\theta}]\right]/\partial\boldsymbol{\theta}\right)^{2}} \qquad \text{식 19.36}$$

실제로 다음과 같이 근사되는 경우가 많다.

$$b = \frac{1}{I}\sum_{i} r[\boldsymbol{\tau}_{i}] \qquad \text{식 19.37}$$

이 베이스라인을 빼면, 어떤 행동을 취하든 평균 이상의 보상을 주는 상태들을 우연히 지나쳤기 때문에 반환값 $r[\boldsymbol{\tau}_i]$가 높게 나오는 경우에 생기는 불필요한 분산을 줄일 수 있다.

19.5.4 상태 종속 베이스라인

더 나은 방법은 현재 상태 $\mathbf{s}_{it}$에 따라 달라지는 베이스라인 $b[\mathbf{s}_{it}]$를 사용하는 것이다.

$$\boldsymbol{\theta} \leftarrow \boldsymbol{\theta} + \alpha \cdot \frac{1}{I} \sum_{i=1}^{I} \sum_{t=1}^{T} \frac{\partial \log[\pi_{a_{it}}[\mathbf{s}_{it}, \boldsymbol{\theta}]]}{\partial \boldsymbol{\theta}} (r[\boldsymbol{\tau}_{it}] - b[\mathbf{s}_{it}]) \qquad \text{식 19.38}$$

여기서는 어떤 행동을 취하든, 다른 상태보다 전체 수익이 더 큰 일부 상태에서 유입된 분산을 보상하고 있다.

합리적인 선택은 현재 상태, 즉 상태 가치 $v[\mathbf{s}]$에 기반해서 예상한 미래 보상이다. 이 경우, 경험적으로 관찰한 보상과 베이스라인 간의 차이를 **이점 추정치**advantage estimate라고 한다. 몬테카를로 맥락에서, 이것은 매개변수 $\boldsymbol{\phi}$를 갖는 신경망 $b[\mathbf{s}] = v[\mathbf{s}, \boldsymbol{\phi}]$에 의해 매개변수화될 수 있으며, 이는 최소제곱 손실을 사용하여 관찰된 수익에 적합할 수 있다.

$$\boldsymbol{\theta} \leftarrow \boldsymbol{\theta} + \alpha \cdot \frac{1}{I} \sum_{i=1}^{I} \sum_{t=1}^{T} \frac{\partial \log[\pi[a_{it}|\mathbf{s}_{it}, \boldsymbol{\theta}]]}{\partial \boldsymbol{\theta}} \sum_{k=t}^{T} r_{i,k+1} \qquad \text{식 19.39}$$

19.6 행위자-비평자 방법

행위자-비평자 알고리즘actor-critic algorithm은 시간차 정책 경사 알고리즘이다. 단계마다 정책 신경망의 매개변수를 갱신할 수 있다. 이는 하나 이상의 에피소드가 완료될 때까지는 매개변수를 갱신할 수 없는 몬테카를로 REINFORCE 알고리즘과 대조된다.

TD 방법에서는 이 궤적을 따라 미래 보상 $r[\boldsymbol{\tau}_t] = \sum_{k=t}^{T} r_k$에 접근할 수가 없다. 행위자-비평자 알고리즘은 관찰한 현재 보상에 할인된 다음 상태 가치를 더한 값으로 미래의 모든 보상의 합을 근사한다.

$$r[\boldsymbol{\tau}_{it}] \approx r_{i,t+1} + \gamma \cdot v[\mathbf{s}_{i,t+1}, \boldsymbol{\phi}] \quad \text{식 19.40}$$

여기서 가치 $v[\mathbf{s}_{i,\ t+1},\ \boldsymbol{\phi}]$는 매개변수 $\boldsymbol{\phi}$를 갖는 두 번째 신경망으로 추정한다.

이를 식 19.38에 대입하면 다음과 같은 갱신식을 얻는다.

$$\boldsymbol{\theta} \leftarrow \boldsymbol{\theta} + \alpha \cdot \frac{1}{I} \sum_{i=1}^{I} \sum_{t=1}^{T} \frac{\partial \log[Pr(a_{it}|\mathbf{s}_{it}, \boldsymbol{\theta})]}{\partial \boldsymbol{\theta}} \left(r_{i,t+1} + \gamma \cdot v[\mathbf{s}_{i,t+1}, \boldsymbol{\phi}] - v[\mathbf{s}_{i,t}, \boldsymbol{\phi}] \right) \quad \text{식 19.41}$$

이와 함께 손실 함수를 사용한 부트스트래핑을 통해 매개변수를 갱신한다.

$$L[\boldsymbol{\phi}] = \sum_{i=1}^{I} \sum_{t=1}^{T} \left(r_{i,t+1} + \gamma \cdot v[\mathbf{s}_{i,t+1}, \boldsymbol{\phi}] - v[\mathbf{s}_{i,t}, \boldsymbol{\phi}] \right)^2 \quad \text{식 19.42}$$

$Pr(a|\mathbf{s}_t)$를 예측하는 정책 신경망 $\pi[\mathbf{s}_t, \boldsymbol{\theta}]$를 행위자actor라고 한다. 가치 신경망 $v[\mathbf{s}_t, \boldsymbol{\phi}]$를 비평자critic라고 한다. 종종 동일한 신경망이 행위자와 비평자를 모두 나타낼 수 있는데, 이때는 각각 정책과 가치를 예측하는 두 가지 출력을 갖는다.

행위자-비평자 방법은 각 단계에서 정책 매개변수를 갱신할 수 있지만, 실제로는 거의 그렇게 하지 않는다. 일반적으로 에이전트는 정책을 갱신하기 전 여러 시간 단계에 걸쳐 일련의 경험을 수집한다.

19.7 오프라인 강화 학습

환경과의 상호작용은 강화 학습의 핵심이다. 그러나 다양한 행동의 효과를 탐색하기 위해 초보 에이전트를 환경으로 보내는 것이 실용적이지 않은 시나리오도 있다. 이는 환경에서의 불규칙한 행동이 위험하기 때문(예를 들어 자율주행차 운전)이거나, 데이터 수집에 시간이 많이 걸리거나 비용이 많이 들기 때문(예를 들어 금융 거래)일 수 있다.

두 경우 모두, 인간 에이전트로부터 과거 데이터를 수집할 수 있다. **오프라인 강화 학습**offline reinforcement learning 또는 **배치 강화 학습**batch reinforcement learning은 환경과 상호작용하지 않고 과거 시퀀스 $s_1, a_1, r_2, s_2, a_2, r_3, \ldots$을 관찰하여 향후 에피소드에 대한 보상을 최대화하는 행동을 취하는 방법을 배우는 것을 목표로 한다. 이는 (i) 보상에 접근할 수 없고, (ii) 과거 에이전트의 성능을 개선하기보다는 복제하려고 하는 모방 학습imitation learning과는 다르다.

Q-러닝 및 정책 경사를 기반으로 하는 오프라인 강화 학습 방법도 있지만, 이 패러다임은 새로운 가능성을 열어두고 있다. 특히, 이것을 상태, 보상, 행동의 기록을 바탕으로 다음 행동을 예측하는 시퀀스 학습 문제로 볼 수도 있다. **의사결정 트랜스포머**decision transformer는 트랜스포머 디코더 프레임워크(12.7절)를 활용하여 이러한 예측을 수행한다(그림 19.17).

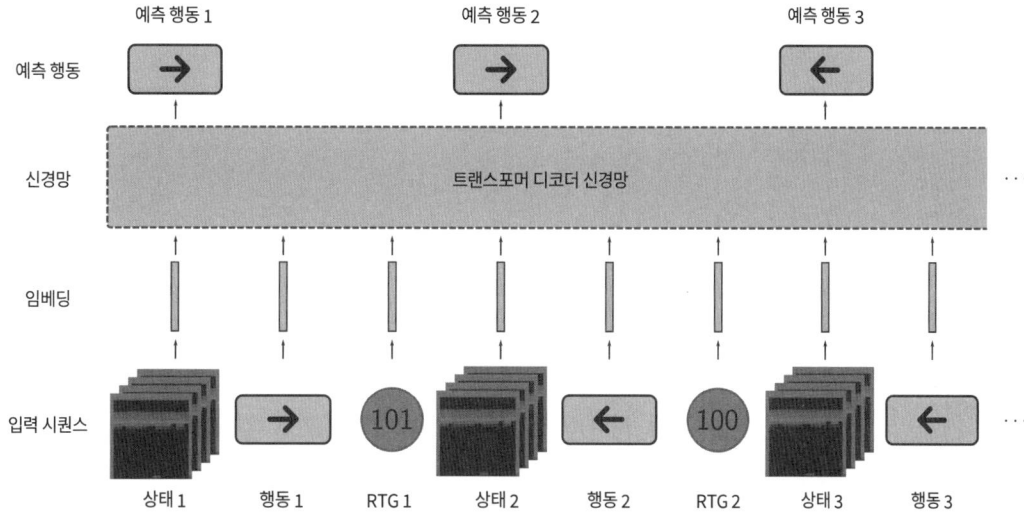

그림 19.17 의사결정 트랜스포머. 의사결정 트랜스포머는 오프라인 강화 학습을 시퀀스 예측 작업으로 간주한다. 입력은 일련의 상태, 행동, 앞으로의 수익(에피소드 내 남은 보상)이고, 각각은 고정 크기 임베딩에 매핑된다. 각 시간 단계에서 신경망은 다음 행동을 예측한다. 테스트 중에는 앞으로의 수익을 알 수 없다. 실제로는 초기 추정치를 사용하고 이후에 관찰된 보상을 차감한다.

그러나 목표는 미래 보상future reward에 기반하여 행동을 예측하는 것이며, 이는 표준 s, a, r 시퀀스에는 포함되지 않는다. 따라서 의사결정 트랜스포머는 보상 r_t를 앞으로의 수익returns-to-go $R_{t:T} = \sum_{t'=t}^{T} r_t$ (즉 경험적으로 관찰된 미래 보상의 합)으로 대체한다. 프레임워크의 나머지 부분은 표준 트랜스포머 디코더와 매우 유사하다. 상태, 작업, 앞으로의 수익은 학습된 매핑을 통해 고정 크기 임베딩으로 변환한다. 아타리 게임의 경우 상태 임베딩은 그림 19.14와 유사한 합성곱 네트워크를 통해 변환할 수 있다. 행동과 앞으로의 수익에 대한 임베딩은 단어 임베딩과 동일한 방식으로 학습할 수 있다(그림 12.9). 트랜스포머는 마스킹된 셀프 어텐션과 위치 임베딩을 통해 훈련한다.

이 구조는 훈련 중에는 자연스럽지만, 추론 중에는 앞으로의 수익을 모르기 때문에 곤란을 겪게 된다. 이 문제는 첫 번째 단계에서 원하는 총 수익을 사용하고, 보상을 받을 때 이를 차감하는 방식으로 해결할 수 있다. 예를 들어 아타리 게임에서 원하는 총 수익은 승리에 필요한 총 점수가 된다.

의사결정 트랜스포머는 온라인 경험을 통해 미세 조정할 수도 있으므로 시간이 지남에 따라 학습할 수 있다. 이는 대부분의 강화 학습 기계와 이와 관련된 불안정성을 없애고 이를 표준 지도 학습으로 대체할 수 있다는 장점이 있다. 트랜스포머는 엄청난 양의 데이터로 학습하고 대규모 시간 맥락에 걸쳐 정보를 통합할 수 있다(시간적 보상 할당 문제를 더 다루기 쉽게 만든다). 이는 강화 학습의 흥미로운 새로운 방향을 나타낸다.

19.8 요약

강화 학습은 마르코프 의사결정 과정과 이와 유사한 시스템을 위한 순차적 의사결정 프레임워크다. 이 장에서는 동적 프로그래밍(환경 모델이 알려져 있다), 몬테카를로 방법(여러 에피소드가 실행되고 받은 보상에 따라 후속 행동 가치와 정책이 변경된다), 시간차 방법(에피소드가 진행되는 동안 이러한 가치를 갱신한다)을 포함하여 표 형식 강화 학습 방법을 검토했다.

DQN은 심층 신경망을 사용하여 각 상태에 대한 행동 가치를 예측하는 시간차 방법이다. 인간과 비슷한 수준으로 아타리 2600에서 실행되는 게임을 수행하도록 에이전트를 훈련할 수 있다. 정책 경사 방법은 행동에 가치를 할당하는 대신 정책을 직접 최적화한다. 이는 환경을 부분적으로 관찰할 수 있는 경우에 중요한 확률적 정책을 생성한다. 갱신 과정에는 잡음이 많이 발생하는데, 이에 따른 분산을 줄이기 위해 많은 개선이 이루어졌다.

오프라인 강화 학습은 환경과 상호작용할 수는 없지만 과거 데이터로부터 학습해야 할 때 사용된다. 의사결정 트랜스포머는 딥러닝의 최근 발전을 활용하여 상태-행동-보상 시퀀스 모델을 구축하고 보상을 최대화하는 행동을 예측한다.

노트

Sutton & Barto(2018)[1]는 표 형식 강화 학습 방법을 심층적으로 다룬다. Li(2017)[2], Arulkumaran et al.(2017)[3], François Lavet et al.(2018)[4], Wang et al.(2022c)[5]은 모두 심층 강화 학습에 대한 개요를 제공한다. Graesser & Keng(2019)[6]은 파이썬 코드를 제공하는 훌륭한 입문 자료다.

심층 강화 학습의 획기적인 성과

강화 학습의 획기적인 성과는 대부분 비디오 게임이나 실제 게임에서 나타났는데, 이는 제한된 행동과 고정된 규칙을 가진 제한된 환경을 제공하기 때문이다. 심층 Q-러닝(Mnih et al., 2015)[7]은 아타리 게임 벤치마크에서 인간 수준의 성능을 달성한다. 알파고(Silver et al., 2016)[8]는 바둑에서 세계 챔피언을 이겼다. 바둑은 이전에 컴퓨터가 플레이하기 매우 어려운 게임으로 간주되었다. Berner et al.(2019)[9]은 플레이어 간의 협력이 필요한 5대 5 플레이어 게임인 Defense of the Ancients 2에서 세계 챔피언 팀을 이기는 시스템을 구축했다. Ye et al.(2021)[10]은 제한된 데이터로 아타리 게임에서 인간을 이길 수 있는 시스템을 구축했다(인간보다 훨씬 더 많은 경험이 필요한 이전 시스템과 대조적이다). 최근 키케로 시스템은 플레이어 간의 자연어 협상과 조정이 필요한 Diplomacy 게임에서 인간 수준의 성능을 보여주었다(FAIR, 2022)[11].

강화 학습은 조합 최적화 문제에도 성공적으로 적용되었다(Mazyavkina et al., 2021 참고)[12]. 예를 들어 Kool et al.(2019)[13]은 여행하는 세일즈맨 문제에 대한 최고의 경험적 방법과 유사한 성능을 보여주는 모델을 학습했다. 최근 Alpha Tensor(Fawzi et al., 2022)[14]는 행렬 곱셈을 게임으로 취급하고 더 적은 수의 곱셈 연산을 사용하여 행렬을 곱하는 더 빠른 방법을 학습했다. 딥러닝은 행렬 곱셈에 크게 의존하기 때문에 이는 AI의 자기 개선의 첫 번째 예 중 하나다.

고전적인 강화 학습 방법

MDP 이론에 대한 초기 기여는 Thompson(1933)[15]과 Thompson(1935)[16]에 의해 이루어졌다. Bellman 재귀는 Bellman(1966)[17]에 의해 소개되었다. Howard(1960)[18]는 정책 반복을 도입했다. Sutton & Barto(2018)[1]는 Andreae(1969)[19]의 연구가 MDP 형식을 사용하여 강화 학습을 최초로 설명한 사례임을 밝혔다.

현대 강화 학습의 시대는 Sutton(1984)[20]과 Watkins(1989)[21]의 박사 학위 논문에서 시작되었다고 할 수 있다. Sutton(1988)[22]은 시간차 학습이라는 용어를 도입했다. Watkins(1989)[23]와 Watkins & Dayan(1992)[24]은 Q-러닝을 도입하고 Bellman 연산자가 수축 매핑이므로 바나흐$_{Banach}$의 정리에 의해 고정점으로 수렴함을 보여주었다. Watkins(1989)[23]는 동적 프로그래밍과 강화 학습 간의 명시적인 관련성을 처음으로 보여주었다. SARSA는 Rummery & Niranjan(1994)[25]에 의해 개발되었다. Gordon(1995)[26]은 머신러닝 모델을 사용하여 각 상태-행동 쌍의 행동 가치를 예측하는 적합 Q-러닝을 도입했다. Riedmiller(2005)[27]는 신경망을 사용하여 상태로부터 모든 행동 가치를 한 번에 예측하는 신경 적합 Q-러닝을 도입했다. 몬테카를로 방법에 대한 초기 연구는 Singh & Sutton(1996)[28]에 의해 수행되었으며 탐색 시작 알고리즘은 Sutton & Barto(1999)[29]에 의해 도입되었다. 이것은 지난 50년이 넘는 연구를 매우 피상적으로 요약한 것이다. 훨씬 더 자세한 설명은 Sutton & Barto(2018)[1]에서 찾아볼 수 있다.

심층 Q-네트워크

심층 Q-러닝은 Mnih et al.(2015)[7]이 고안한 것으로 신경 적합 Q-러닝을 이어받아 개선한 것이다. 이는 최근의 CNN의 성공을 활용하여 아타리 게임 벤치마크에서 인간 수준의 성능을 달성할 수 있는 적합 Q-러닝 방법을 개발했다. 심층 Q-러닝은 **치명적인 세 가지 문제**$_{deadly\ triad\ issue}$로 어려움을 겪고 있다(Sutton & Barto, 2018)[1]. 이는 (i) 부트스트래핑, (ii) 오프-정책 학습, (iii) 함수 근사를 통합하는 모든 체계에서 훈련이 불안정할 수 있다는 것이다. 이후 많은 후속 연구는 훈련을 더 안정적으로 만드는 데 중점을 두었다. Mnih et al.(2015)[7]은 경험 재생 버퍼(Lin, 1992)[30]를 도입했으며 이후 Schhaul et al.(2016)[31]에 의해 더 중요한 튜플을 선호하도록 개선되어 학습 속도를 높였다. 이를 **우선순위 경험 재생**$_{prioritized\ experience}$

replay이라고 한다.

원본 Q-러닝 논문은 신경망이 물체의 속도를 관찰하고 기저 과정을 보다 완전히 관찰할 수 있도록 4개의 프레임을 연결했다. Hausknecht & Stone(2015)[32]은 이전 상태를 '기억'할 수 있기 때문에 한 번에 하나의 프레임만 입력받는 RNN 구조를 사용하는 심층 순환 Q-러닝deep recurrent Q-learning을 도입했다. Van Hasselt(2010)[33]는 max 연산으로 인해 상태 가치가 구조적으로 과대평가된다는 점을 지적하고, 이를 해결하기 위해 두 모델을 동시에 학습시키는 이중 Q-러닝을 제안했다. 이는 이후 심층 Q-러닝(Van Hasselt et al., 2016)[34]의 맥락에서 적용되었지만, 그 이후에 그 효능에 대한 의문이 제기되었다(Hessel et al., 2018)[35]. Wang et al.(2016)[36]은 동일한 신경망의 두 헤드가 각각 (i) 상태 가치와 (ii) 각 행동의 이점(상대 가치)을 예측하는 **심층 듀얼링 네트워크**deep dueling network을 도입했다. 이는 때때로 상태 가치가 중요하고, 어떤 행동을 취해지는지는 별로 중요하지 않다는 직관에 기반하고, 이러한 추정치를 분리하면 안정성이 향상된다.

Fortunato et al.(2018)[37]은 Q-네트워크의 일부 가중치에 잡음을 곱해서 예측에 확률성을 추가하고 탐색을 유도하는 **잡음이 있는 DQN**noisy DQN을 도입했다. 합리적인 정책으로 수렴함에 따라 시간이 지나면서 신경망은 잡음의 크기를 줄이는 방법을 학습할 수 있다. 분포형 DQN(Bellemare et al., 2017a[38]; Dabney et al., 2018[39], Morimura et al., 2010[40])은 기댓값보다 수익 분포에 대한 좀 더 완전한 정보를 추정하는 것을 목표로 한다. 이를 통해 신경망은 잠재적으로 최악의 결과를 완화할 수 있고 더 높은 차수를 예측하면 더 풍부한 훈련 신호를 제공할 수 있으므로 성능을 향상시킬 수 있다. **Rainbow**(Hessel et al., 2018)[35]는 듀얼링 네트워크dueling network, 분산 DQN, 잡음이 있는 DQN을 포함하여 원래의 심층 Q-러닝 알고리즘에 여섯 가지 개선 사항을 결합하여 아타리 벤치마크에서 훈련 속도와 최종 성능을 모두 향상시켰다.

정책 경사법

Williams(1992)[41]는 REINFORCE 알고리즘을 도입했다. '정책 경사법'이라는 용어는 Sutton et al.(1999)[42]이 처음 사용했다. Konda & Tsitsiklis(1999)[43]는 행위자-비평자 알고리즘을 도입했다. 다양한 베이스라인을 사용하여 분산을 줄이는 방법은 Greensmith et al.(2004)[44]과 Peters & Schaal(2008)[45]에서 논의되었다. 그 이후로 가치 베이스라인이 분산보다는 과도한 업데이트를 주로 줄인다는 주장이 제기되었다(Mei et al., 2022)[46].

정책 경사법을 적용해서 결정론적 정책을 생성했다(Silver et al.(2014)[47], Lillicrap et al.(2016)[48], Fujimoto et al.(2018)[49]). 가장 직접적인 방법은 가능한 행동을 최대화하는 것이지만, 행동 공간이 연속적인 경우 각 단계에서 최적화 절차가 필요하다. **심층 결정론적 정책 경사 알고리즘**deep deterministic policy gradient algorithm(Lillicrap et al., 2016)[48]은 행동 가치의 기울기 방향으로 정책을 이동한다(행위자-비평자 방법의 사용을 암시한다).

최신 정책 경사법

매개변수 갱신 측면에서 정책 경사법을 설명했다. 그러나 이것은 현재 정책 매개변수의 궤적을 이용하여, 예상 보상의 중요도 샘플링을 기반으로 대리 손실을 최적화하는 것으로도 볼 수 있다. 이 관점을 통해 여러 번의 최적화 단계를 유효하게 수행할 수 있다. 그러나 이로 인해 매우 큰 정책 갱신이 발생할 수 있다. 궤도는 나중에 수정할 수 있기 때문에 과도한 갱신은 지도 학습에서 사소한 문제다. 그러나 강화 학습에서는 향후 데이터 수집에 영향을 미치고 매우 큰 문제가 될 수도 있다.

이러한 과도한 갱신을 완화하기 위해 여러 가지 방법이 제안되었다. **자연스런 정책 경사**natural policy gradient(Kakade, 2001)[50]는 피셔 정보 행렬에 의해 하강 방향을 수정하는 자연스런 경사법(Amari, 1998)[51]을 기반으로 한다. 이는 지역적인 평평한 고원에 갇힐 가능성이 적은 더 나은 갱신 방법을 제공한다. 그러나 피셔 행렬은 매개변수가 많은 모델에서는 계산하기가 어렵다. **신뢰 영역 정책 최적화**trust-region policy optimization 또는 줄여서 **TRPO**(Schulman et al., 2015)[52]에서는 이전 정책과 새로운 정책 간의 KLD에 대한 제약 조건에 따라 대리 목표를 최대화한다. Schulman et al.(2017)[53]은 이 KLD가 정칙화 항으로 나타나는 더 간단한 공식을 제안한다. 정칙화 가중치는 KLD와 정책이 얼마나 변경되기를 원하는지를 나타내는 목표 사이의 거리를 기반으로 조정된다. **근접 정책 최적화**proximal policy optimization 또는 줄여서 **PPO**(Schulman et al., 2017)[53]는 손실을 잘라내서 더 작은 갱신을 보장하는 훨씬 더 간단한 방법이다.

행위자-비평자

19.6절에서 설명한 행위자-비평자 알고리즘(Konda & Tsitsiklis, 1999)[43]에서 비평자는 1단계 추정기를 사용했다. k-단계 추정기를 사용하는 것도 가능하다(k개의 할인된 보상을 관찰하고 상태 가치의 추정을 통해 후속 보상을 추정한다). k가 증가하면 추정치의 분산은 증가하지만 편향은 감소한다. 일반화된 이점 추정generalized advantage estimation(Schulman et al., 2016)[54]은 여러 단계의 추정치를 함께 가중치로 사용하고, 편향과 분산을 절충하는 단일 항으로 가중치를 매개변수화한다. Mnih et al.(2016)[55]은 여러 에이전트가 병렬 환경에서 독립적으로 실행되고 동일한 매개변수를 갱신하는 비동기 행위자-평론가asynchronous actor-critic 또는 줄여서 A3C를 도입했다. 정책과 가치 함수는 모두 k-단계의 수익을 혼합해서 사용하며 T 시간 단계마다 갱신된다. Wang et al.(2017)[56]은 비동기식 행위자-비평자를 좀 더 효율적으로 만들기 위한 몇 가지 방법을 소개했다. 소프트 행위자-비평자soft actor-critic(Haarnoja et al., 2018b)[57]는 비용 함수에 엔트로피 항을 추가하여 탐색을 유도하고 정책의 확신을 낮추기 위해 과적합을 줄인다.

오프라인 강화 학습

오프라인 강화 학습에서는 정책을 변경할 수 없는 상황에서, 다른 에이전트의 행동과 그들이 받는 보상을 관찰하여 정책을 학습한다. 이는 보상에 접근하지 않고 다른 에이전트의 행동을 복사하는 모방 학습과 관련이 있다(Hussein et al., 2017[58] 참고). 방법은 오프라인 강화 학습을 오프-정책 강화 학습과 동일한 방식으로 처리하는 것이다. 그러나 실제로는 관찰된 정책과 적용된 정책 간의 분포 변화가 행동 가치에 대한 지나치게 낙관적인 추정과 낮은 성과로 나타난다(Fujimoto et al.(2019)[59], Kumar et al.(2019a)[60], Agarwal et al.(2020)[61] 참고). 보수적 Q-러닝(Kumar et al., 2020b)[62]은 Q-가치를 정규화하여 가치 함수의 보수적 하한 추정치를 학습한다. 의사결정 트랜스포머(Chen et al., 2021c)[63]는 잘 연구되어 있는 셀프 어텐션 구조를 활용한 간단한 오프라인 학습 방법이다. 이후 온라인 훈련을 통해 미세 조정할 수 있다(Zheng et al., 2022)[64].

강화 학습과 챗봇

챗봇chatbot은 **인간 피드백을 통한 강화 학습**reinforcement learning with human feedback 또

는 줄여서 **RLHF**(Christiano et al.(2018)[65], Stiennon et al.(2020)[66])라는 기술을 사용하여 훈련할 수 있다. 예를 들어 **InstructGPT**(ChatGPT의 전신, Ouyang et al., 2022)[67]는 처음에 표준 트랜스포머 디코더 모델로 훈련한 다음 인간 주석자가 응답을 작성한 프롬프트-응답 쌍을 기반으로 미세 조정된다. 이 훈련 단계에서 모델은 정답 응답의 다음 단어를 예측하도록 최적화된다.

불행하게도 이러한 훈련 데이터는 고품질 성능을 지원하기에 충분할 만큼 많이 생성하는 데 비용이 많이 든다. 이 문제를 해결하기 위해 인간 주석자는 여러 모델 응답 중 선호하는 응답을 표시한다. 이러한 (훨씬 저렴한) 데이터는 보상 모델reward model을 훈련하는 데 사용된다. 보상 모델은 프롬프트와 모델 응답을 입력으로 받아서 응답이 얼마나 좋은지를 나타내는 스칼라를 반환하는 두 번째 트랜스포머 신경망이다. 마지막으로 미세 조정된 챗봇 모델은 보상 모델을 감독으로 사용하여 높은 보상을 생성하도록 추가로 훈련한다. 여기서는 챗봇 출력에서 샘플링 절차를 통해 미분을 계산할 수 없으므로 표준 경사 하강법을 사용할 수 없다. 따라서 PPO(미분이 가능한 정책 경사법)를 통해 더 높은 보상을 생성하도록 모델을 훈련한다.

강화 학습의 다른 영역

강화 학습은 이 주제만으로도 책을 쓸 수 있을 만큼 거대한 영역이며, 따라서 이 문헌 검토는 매우 피상적일 수밖에 없다. 지금까지 논의하지 않은 강화 학습의 또 다른 주목할 만한 영역에는 상태 전이 확률과 보상 함수를 모델링하는 모델 기반 강화 학습model-based RL이 있다(Moerland et al., 2023[68] 참고). 이를 통해 향후 계획이 가능하며, 동일한 모델을 다른 보상 구조에 재사용할 수 있다는 장점이 있다. AlphaGo(Silver et al., 2016)[8]와 MuZero(Schrittwieser et al., 2020)[69] 같은 하이브리드 방법hybrid method에는 상태의 역학, 정책, 미래 위치의 가치에 대한 별도의 모델이 있다.

이 장에서는 ϵ-탐욕 방법, 잡음이 있는 Q-러닝, 확신이 과도한 정책에 벌칙을 주기 위한 엔트로피 항 추가와 같은 간단한 탐색 방법만 논의했다. 내재적 동기 부여intrinsic motivation는 탐색에 대한 보상을 추가하여 에이전트에 '호기심'을 부여하는 방법을 의미한다(Barto(2013)[70], Aubret et al.(2019)[71] 참고). 계층적 강화 학습hierarchical reinforcement learning(Pateria et al., 2021[72] 참고)은 최종 목표를 하위 과제로 분할하는 방법을 말한다. 다중 에이전트 강화 학습multi-agent reinforcement learning(Zhang et al., 2021a[73] 참고)은 공유 환경에서 여러 에이전트가 공존하는 경우를 고려한다. 이는 경쟁적이거나 협력적인 맥락일 수 있다.

연습 문제

19.1 그림 19.18은 예제 마르코프 보상 과정을 통한 단일 궤적을 보여준다. 감가 계수 γ가 0.9인 경우 궤적의 각 단계에 대한 수익을 계산해보자.

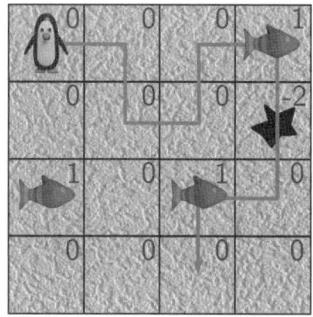

그림 19.18 마르코프 보상 과정을 통한 하나의 궤적. 펭귄은 첫 번째 물고기 타일에 도달하면 +1의 보상을 받고, 구멍에 떨어지면 −2, 두 번째 물고기 타일에 도달하면 +1의 보상을 받는다. 감가 계수 γ는 0.9다.

19.2* 정책 개선 정리를 증명해보자. 정책 π에서 정책 π'로 변경하는 것을 고려해보자. 상태 s_t에서 새로운 정책 π'는 기대 수익을 최대화하는 행동을 선택한다.

$$\pi'[a_t|s_t] \leftarrow \underset{a_t}{\operatorname{argmax}}\left[r[s_t, a_t] + \gamma \cdot \sum_{s_{t+1}} Pr(s_{t+1}|s_t, a_t)v[s_{t+1}|\pi]\right] \quad \text{식 19.43}$$

다른 모든 상태에 대해서는 정책이 동일하다. 원래 정책에 대한 가치 $v[s_t|\pi]$가 새로운 정책 π'에 대한 가치 $v[s_t|\pi']$보다 작거나 같음을 증명해보자(상태 s_t에서는 π'를 사용하고 그 이후로는 π를 사용한다. 힌트: 새로운 정책을 기준으로 $v[s_{t+1}|\pi]$ 항을 먼저 전개한다.

$$\begin{aligned} v[s_t|\pi] &\leq q\Big[s_t, \pi'[a_t|s_t]\Big|\pi\Big] \\ &= \mathbb{E}_{\pi'}\Big[r_{t+1} + \gamma \cdot v[s_{t+1}|\pi]\Big] \end{aligned} \quad \text{식 19.44}$$

19.3 상태 가치와 정책을 그림 19.10a와 같이 초기화했을 때, (i) 정책 평가(모든 상태를 현재 가치를 기반으로 갱신한 다음 이전 상태를 대체)와 (ii) 정책 개선을 두 번 반복한 후에 그림 19.10b와 같아짐을 증명해보자. 상태 전이는 정책이 지시하는 방향에 절반의 확률을 할당하고 다른 유효한 행동에 나머지 확률을 균등하게 나눠서 할당한다. 펭귄이 구멍을 떠날 때 보상 함수는 행동에 관계없이 −2를 반환한다. 펭귄이 물고기 타일을 떠날 때 보상 함수는 행동에 관계없이 +3을 반환하고 에피소드가 종료되므로 물고기 타일의 가치는 +3이다. 할인율은 $\gamma = 0.9$로 가정한다.

19.4 **볼츠만 정책**Boltzmann policy은 현재 상태–행동 보상 함수 $q[s, a]$에 대한 행동 확률 $\pi[a|s]$를 기반으로 탐색과 활용 사이의 균형을 유지한다.

$$\pi[a|s] = \frac{\exp[q[s,a]/\tau]}{\sum_{a'} \exp[q[s,a']/\tau]} \quad \text{식 19.45}$$

탐색 또는 활용을 우선시하도록 온도 매개변수 τ를 조정하는 방법을 설명해보자.

19.5* 학습률 α가 1일 때 Q–러닝 갱신은 다음과 같이 주어진다.

$$\mathrm{f}[q[s,a]] = r[s,a] + \gamma \cdot \max_a [q[s',a]] \quad \text{식 19.46}$$

이것이 수축 매핑(식 16.30)임을 증명해보자.

$$\left\| \mathrm{f}[q_1[s,a]] - \mathrm{f}[q_2[s,a]] \right\|_\infty < \left\| q_1[s,a] - q_2[s,a] \right\|_\infty \quad \forall\, q_1, q_2 \quad \text{식 19.47}$$

B.3.2절 '벡터 노름과 행렬 노름' 참고

여기서 $\|\bullet\|_\infty$는 ℓ_∞ 노름†을 나타낸다. 바나흐의 정리에 의해 고정점이 존재하고 갱신이 결국 수렴한다.

19.6 다음을 증명해보자.

$$\mathbb{E}_{\boldsymbol{\tau}} \left[\frac{\partial}{\partial \boldsymbol{\theta}} \log[Pr(\boldsymbol{\tau}|\boldsymbol{\theta})] b \right] = 0 \quad \text{식 19.48}$$

베이스라인 갱신을 추가해도 예상되는 정책 경사 갱신이 변경되지 않는다.

19.7* 샘플 $a_1, a_2 \ldots a_I$로부터 $\mathbb{E}[a]$ 값을 추정한다고 가정해보자. 이와 쌍을 이루며 공변co-vary하는 샘플 $b_1, b_2 \ldots b_I$도 있다고 생각해보자. 여기서 $\mathbb{E}[b] = \mu_b$이다. 이제 다음과 같이 새로운 변수를 정의하자.

$$a' = a - c(b - \mu_b) \qquad \text{식 19.49}$$

상수 c를 적절하게 선택하면 $\text{Var}[a'] \leq \text{Var}[a]$이 성립함을 증명해보자. 그리고 c의 최적값에 대한 표현식을 찾아보자.

19.8 식 19.34의 기울기 추정치는 다음과 같이 쓸 수 있다.

$$\mathbb{E}_{\boldsymbol{\tau}} \Big[g[\boldsymbol{\theta}](r[\boldsymbol{\tau}_t] - b) \Big] \qquad \text{식 19.50}$$

여기서 각 항의 정의는 다음과 같다.

$$g[\boldsymbol{\theta}] = \sum_{t=1}^{T} \frac{\partial \log\big[Pr(a_t|\mathbf{s}_t, \boldsymbol{\theta})\big]}{\partial \boldsymbol{\theta}} \qquad \text{식 19.51}$$

$$r[\boldsymbol{\tau}_t] = \sum_{k=t}^{T} r_k \qquad \text{식 19.52}$$

기울기 추정치의 분산을 최소화하는 b값은 다음과 같이 주어짐을 증명해보자.

$$b = \frac{\mathbb{E}[g[\boldsymbol{\tau}]^2] r[\boldsymbol{\tau}]}{\mathbb{E}[g[\boldsymbol{\tau}]^2]} \qquad \text{식 19.53}$$

식 19.35의 결과를 사용해야 한다.

참고 문헌

[1] Sutton, R. S., & Barto, A. G. (2018). *Reinforcement learning: An introduction, 2nd Edition*. MIT Press.

[2] Li, Y. (2017). Deep reinforcement learning: An overview. *arXiv:1701.07274*.

[3] Arulkumaran, K., Deisenroth, M. P., Brundage, M., & Bharath, A. A. (2017). Deep reinforcement learning: A brief survey. *IEEE Signal Processing Magazine, 34*(6), 26–38.

[4] François-Lavet, V., Henderson, P., Islam, R., Bellemare, M. G., Pineau, J., et al. (2018). An introduction to deep reinforcement learning. *Foundations and Trends in Machine Learning, 11*(3-4), 219–354.

[5] Wang, X., Wang, S., Liang, X., Zhao, D., Huang, J., Xu, X., Dai, B., & Miao, Q. (2022c). Deep reinforcement learning: A survey. *IEEE Transactions on Neural Networks and Learning Systems*.

[6] Graesser, L., & Keng, W. L. (2019). *Foundations of deep reinforcement learning*. Addison-Wesley Professional.

[7] Mnih, V., Kavukcuoglu, K., Silver, D., Rusu, A. A., Veness, J., Bellemare, M. G., Graves, A., Riedmiller, M., Fidjeland, A. K., Ostrovski, G., et al. (2015). Human-level control through deep reinforcement learning. *Nature, 518*(7540), 529–533.

[8] Silver, D., Huang, A., Maddison, C. J., Guez, A., Sifre, L., Van Den Driessche, G., Schrittwieser, J., Antonoglou, I., Panneershelvam, V., Lanctot, M., et al. (2016). Mastering the game of Go with deep neural networks and tree search. *Nature, 529*(7587), 484–489.

[9] Berner, C., Brockman, G., Chan, B., Cheung, V., Dębiak, P., Dennison, C., Farhi, D., Fischer, Q., Hashme, S., Hesse, C., et al. (2019). DOTA 2 with large scale deep reinforcement learning. *arXiv:1912.06680*.

[10] Ye, W., Liu, S., Kurutach, T., Abbeel, P., & Gao, Y. (2021). Mastering Atari games with limited data. *Neural Information Processing Systems, 34*, 25476–25488.

[11] FAIR (2022). Human-level play in the game of Diplomacy by combining language models with strategic reasoning. *Science, 378*(6624), 1067–1074.

[12] Mazyavkina, N., Sviridov, S., Ivanov, S., & Burnaev, E. (2021). Reinforcement learning for combinatorial optimization: A survey. *Computers & Operations Research, 134*, 105400.

[13] Kool, W., van Hoof, H., & Welling, M. (2019). Attention, learn to solve routing problems! *International Conference on Learning Representations*.

[14] Fawzi, A., Balog, M., Huang, A., Hubert, T., Romera-Paredes, B., Barekatain, M., Novikov, A., R Ruiz, F. J., Schrittwieser, J., Swirszcz, G., et al. (2022). Discovering faster matrix multiplication algorithms with reinforcement learning. *Nature, 610*(7930), 47–53.

[15] Thompson, W. R. (1933). On the likelihood that one unknown probability exceeds another in view of the evidence of two samples. *Biometrika, 25*(3-4), 285–294.

[16] Thompson, W. R. (1935). On the theory of apportionment. *American Journal of Mathematics, 57*(2), 450–456.

[17] Bellman, R. (1966). Dynamic programming. *Science, 153*(3731), 34–37.

[18] Howard, R. A. (1960). *Dynamic programming and Markov processes*. Wiley.

[19] Andreae, J. (1969). Learning machines: A unified view. Encyclopaedia of Linguistics, *Information and Control*, 261–270

[20] Sutton, R. S. (1984). *Temporal credit assignment in reinforcement learning*. Ph.D., University of Massachusetts Amherst.

[21] Watkins, C. J. C. H. (1989). *Learning from delayed rewards*. Ph.D., University of Cambridge

[22] Sutton, R. S. (1988). Learning to predict by the methods of temporal differences. *Machine learning, 3*(1), 9–44.

[23] Watkins, C. J. C. H. (1989). *Learning from delayed rewards*. Ph.D., University of Cambridge.

[24] Watkins, C. J., & Dayan, P. (1992). Q-learning. *Machine learning, 8*(3-4), 279–292.

[25] Rummery, G. A., & Niranjan, M. (1994). *On-line Q-learning using connectionist systems*. Technical Report, University of Cambridge.

[26] Gordon, G. J. (1995). Stable fitted reinforcement learning. *Neural Information Processing Systems, 8*, 1052–1058.

[27] Riedmiller, M. (2005). Neural fitted Q iteration — first

experiences with a data efficient neural reinforcement learning method. *European Conference on Machine Learning*, 317–328.

[28] Singh, S. P., & Sutton, R. S. (1996). Reinforcement learning with replacing eligibility traces. *Machine learning*, *22*(1), 123–158.

[29] Sutton, R. S., & Barto, A. G. (1999). *Reinforcement learning: An introduction*. MIT press.

[30] Lin, L.-J. (1992). Self-improving reactive agents based on reinforcement learning, planning and teaching. *Machine learning*, *8*, 293–321.

[31] Schaul, T., Quan, J., Antonoglou, I., & Silver, D. (2016). Prioritized experience replay. *International Conference on Learning Representations*.

[32] Hausknecht, M., & Stone, P. (2015). Deep recurrent Q-learning for partially observable MDPs. *AAAI Fall Symposia*, 29–37.

[33] Van Hasselt, H. (2010). Double Q-learning. *Neural Information Processing Systems*, *23*, 2613–2621.

[34] Van Hasselt, H., Guez, A., & Silver, D. (2016). Deep reinforcement learning with double Qlearning. *AAAI Conference on Artificial Intelligence*, 2094–2100.

[35] Hessel, M., Modayil, J., van Hasselt, H., Schaul, T., Ostrovski, G., Dabney, W., Horgan, D., Piot, B., Azar, M., & Silver, D. (2018). Rainbow: Combining improvements in deep reinforcement learning. *AAAI Conference on Artificial Intelligence*, 3215–3222.

[36] Wang, Z., Schaul, T., Hessel, M., van Hasselt, H., Lanctot, M., & Freitas, N. (2016). Dueling network architectures for deep reinforcement learning. *International Conference on Machine Learning*, 1995–2003.

[37] Fortunato, M., Azar, M. G., Piot, B., Menick, J., Osband, I., Graves, A., Mnih, V., Munos, R., Hassabis, D., Pietquin, O., et al. (2018). Noisy networks for exploration. *International Conference on Learning Representations*.

[38] Bellemare, M. G., Dabney, W., & Munos, R. (2017a). A distributional perspective on reinforcement learning. *International Conference on Machine Learning*, 449–458.

[39] Dabney, W., Rowland, M., Bellemare, M., & Munos, R. (2018). Distributional reinforcement learning with quantile regression. *AAAI Conference on Artificial Intelligence*.

[40] Morimura, T., Sugiyama, M., Kashima, H., Hachiya, H., & Tanaka, T. (2010). Nonparametric return distribution approximation for reinforcement learning. *International Conference on Machine Learning*, 799–806.

[41] Williams, R. J. (1992). Simple statistical gradient following algorithms for connectionist reinforcement learning. *Machine learning*, *8*(3), 229–256.

[42] Sutton, R. S., McAllester, D., Singh, S., & Mansour, Y. (1999). Policy gradient methods for reinforcement learning with function approximation. *Neural Information Processing Systems*, *12*, 1057–1063.

[43] Konda, V., & Tsitsiklis, J. (1999). Actor-critic algorithms. *Neural Information Processing Systems*, *12*, 1008–1014.

[44] Greensmith, E., Bartlett, P. L., & Baxter, J. (2004). Variance reduction techniques for gradient estimates in reinforcement learning. *Journal of Machine Learning Research*, *5*(9), 1471–1530.

[45] Peters, J., & Schaal, S. (2008). Reinforcement learning of motor skills with policy gradients. *Neural Networks*, *21*(4), 682–697.

[46] Mei, J., Chung, W., Thomas, V., Dai, B., Szepesvári, C., & Schuurmans, D. (2022). The role of baselines in policy gradient optimization. *Neural Information Processing Systems*, vol. 35, 17818–17830.

[47] Silver, D., Lever, G., Heess, N., Degris, T., Wierstra, D., & Riedmiller, M. (2014). Deterministic policy gradient algorithms. *International Conference on Machine Learning*, 387–395.

[48] Lillicrap, T. P., Hunt, J. J., Pritzel, A., Heess, N., Erez, T., Tassa, Y., Silver, D., & Wierstra, D. (2016). Continuous control with deep reinforcement learning. *International Conference on Learning Representations*.

[49] Fujimoto, S., Hoof, H., & Meger, D. (2018). Addressing function approximation error in actorcritic methods. *International Conference on Machine Learning*, 1587–1596.

[50] Kakade, S. M. (2001). A natural policy gradient. *Neural Information Processing Systems*, *14*, 1531–1538.

[51] Amari, S.-I. (1998). Natural gradient works efficiently in learning. *Neural Computation*, *10*(2), 251–276.

[52] Schulman, J., Levine, S., Abbeel, P., Jordan, M., & Moritz, P. (2015). Trust region policy optimization. *International*

Conference on Machine Learning, 1889–1897.

[53] Schulman, J., Wolski, F., Dhariwal, P., Radford, A., & Klimov, O. (2017). Proximal policy optimization algorithms. *arXiv:1707.06347.*

[54] Schulman, J., Moritz, P., Levine, S., Jordan, M., & Abbeel, P. (2016). High-dimensional continuous control using generalized advantage estimation. *International Conference on Learning Representations.*

[55] Mnih, V., Badia, A. P., Mirza, M., Graves, A., Lillicrap, T., Harley, T., Silver, D., & Kavukcuoglu, K. (2016). Asynchronous methods for deep reinforcement learning. *International Conference on Machine Learning*, 1928–1937.

[56] Wang, Z., Bapst, V., Heess, N., Mnih, V., Munos, R., Kavukcuoglu, K., & de Freitas, N. (2017). Sample efficient actor-critic with experience replay. *International Conference on Learning Representations.*

[57] Haarnoja, T., Zhou, A., Abbeel, P., & Levine, S. (2018b). Soft actor-critic: Off-policy maximum entropy deep reinforcement learning with a stochastic actor. *International Conference on Machine Learning*, 1861–1870.

[58] Hussein, A., Gaber, M. M., Elyan, E., & Jayne, C. (2017). Imitation learning: A survey of learning methods. *ACM Computing Surveys, 50*(2), 1–35.

[59] Fujimoto, S., Meger, D., & Precup, D. (2019). Offpolicy deep reinforcement learning without exploration. *International Conference on Machine Learning*, 2052–2062.

[60] Kumar, A., Fu, J., Soh, M., Tucker, G., & Levine, S. (2019a). Stabilizing off-policy Q-learning via bootstrapping error reduction. *Neural Information Processing Systems, 32*, 11761–11771.

[61] Agarwal, R., Schuurmans, D., & Norouzi, M. (2020). An optimistic perspective on offline reinforcement learning. *International Conference on Machine Learning*, 104–114.

[62] Kumar, A., Zhou, A., Tucker, G., & Levine, S. (2020b). Conservative Q-learning for offline reinforcement learning. *Neural Information Processing Systems, 33*, 1179–1191.

[63] Chen, L., Lu, K., Rajeswaran, A., Lee, K., Grover, A., Laskin, M., Abbeel, P., Srinivas, A., & Mordatch, I. (2021c). Decision transformer: Reinforcement learning via sequence modeling. *Neural Information Processing Systems, 34*, 15084–15097.

[64] Zheng, Q., Zhang, A., & Grover, A. (2022). Online decision transformer. *International Conference on Machine Learning, 162*, 27042–27059.

[65] Christiano, P., Shlegeris, B., & Amodei, D. (2018). Supervising strong learners by amplifying weak experts. *arXiv:1810.08575.*

[66] Stiennon, N., Ouyang, L., Wu, J., Ziegler, D., Lowe, R., Voss, C., Radford, A., Amodei, D., & Christiano, P. F. (2020). Learning to summarize with human feedback. *Neural Information Processing Systems, 33*, 3008–3021.

[67] Ouyang, L., Wu, J., Jiang, X., Almeida, D., Wainwright, C., Mishkin, P., Zhang, C., Agarwal, S., Slama, K., Ray, A., et al. (2022). Training language models to follow instructions with human feedback. *Neural Information Processing Systems, 35*, 27730–27744.

[68] Moerland, T. M., Broekens, J., Plaat, A., Jonker, C. M., et al. (2023). Model-based reinforcement learning: A survey. *Foundations and Trends in Machine Learning, 16*(1), 1–118.

[69] Schrittwieser, J., Antonoglou, I., Hubert, T., Simonyan, K., Sifre, L., Schmitt, S., Guez, A., Lockhart, E., Hassabis, D., Graepel, T., et al. (2020). Mastering Atari, Go, chess and shogi by planning with a learned model. *Nature, 588*(7839), 604–609.

[70] Barto, A. G. (2013). Intrinsic motivation and reinforcement learning. *Intrinsically Motivated Learning in Natural and Artificial Systems*, 17–47.

[71] Aubret, A., Matignon, L., & Hassas, S. (2019). A survey on intrinsic motivation in reinforcement learning. *arXiv:1908.06976.*

[72] Pateria, S., Subagdja, B., Tan, A.-h., & Quek, C. (2021). Hierarchical reinforcement learning: A comprehensive survey. *ACM Computing Surveys, 54*(5), 1–35.

[73] Zhang, K., Yang, Z., & Başar, T. (2021a). Multi-agent reinforcement learning: A selective overview of theories and algorithms. *Handbook of Reinforcement Learning and Control*, 321–384

CHAPTER 20
왜 딥러닝이 효과적일까?

이 장의 내용은 앞 장들과는 조금 다르다. 딥러닝에 대한 근본적인 문제로 돌아가, 어떤 결과를 제시하는 대신 딥러닝이 어떻게, 왜 그렇게 잘 작동하는지에 대한 질문을 제기한다. 이러한 질문은 교과서에서는 거의 다루지 않는다. 하지만 (이 책의 제목에도 불구하고) 아직 딥러닝에 대한 이해가 여전히 제한적이라는 점을 깨닫는 것이 중요하다.

이 장에서는 심층 신경망을 쉽게 훈련할 수 있다는 점과 일반화할 수 있다는 점이 놀랍다고 화두를 던진다. 그런 다음 각각의 주제를 차례로 논의한다. 훈련의 성공에 영향을 미치는 요인들을 열거하고 심층 신경망의 손실 함수에 대해 알려진 내용을 논의한다. 그런 다음 일반화에 영향을 미치는 요소를 고려한다. 마지막으로 신경망이 과매개변수화되고 깊어야 하는지에 대한 논의로 마무리한다.

20.1 딥러닝에 반하는 사례

MNIST-1D 데이터셋(그림 8.1)은 입력 차원이 40개, 출력 차원이 10개에 불과하다. 층당 은닉 유닛이 충분히 있는 2층 완전 연결 신경망은 10,000개의 MNIST-1D 훈련 데이터 지점을 완벽하게 분류하고 훈련에 사용하지 않은 견본도 잘 분류할 수 있다(그림 8.10a). 실제로 이제 은닉 유닛이 충분히 있으면 심층 신경망이 거의 모든 훈련셋을 거의 완벽하게 분류하는 것을 당연하게 여긴다. 또한 적합 모델이 새로운 데이터로 일반화되는 것을 당연하게 생각한다. 그러나 훈련 과정이 성공할지 또는 결과 모델이 일반화될지는 명확히 알 수 없다. 이 절에서는 이 두 가지 현상이 놀라운 이유를 설명한다.

20.1.1 훈련

10,000개의 MNIST-1D 훈련 견본에 대한 2층 완전 연결 신경망의 성능은 층당 43개의 은닉 유닛(~4,000개의 매개변수)이 있을 때 가장 좋다. 그러나 임의의 비볼록 함수의 전역 최솟값을 찾는 것은 NP-난해_{NP-hard}이며(Murty & Kabadi, 1987)[1], 이는 특정 신경망 손실 함수에 대해서도 마찬가지이다(Blum & Rivest, 1992)[2]. 적합 알고리즘이 지역 최솟값에 갇히지 않거나 또는 안장점 근처에 갇히지 않고, 설명되지 않은 훈련 데이터가 어디에 있든지 이를 적합할 수 있도록 모델의 여유 용량을 효율적으로 활용할 수 있다는 점은 놀랍다.

아마도 훈련 데이터보다 매개변수가 훨씬 더 많으면 이러한 성공은 그다지 놀랍지 않을 것이다. 그러나 이것이 일반적으로 해당되는지는 논란의 여지가 있다. 알렉스넷은 약 6,000만 개의 매개변수를 갖고 있으며 약 100만 개의 데이터 지점으로 훈련했다. 그러나 복잡한 문제에 대해서는 각 훈련 견본을 2,048번 변형해서 보강했다. GPT-3는 1,750억 개의 매개변수를 갖고 있고, 3,000억 개의 토큰으로 훈련했다. 두 모델 모두 과매개변수화되었다는 명백한 사례는 없지만, 성공적으로 훈련되었다.

간단히 말해서, 심층 신경망을 안정적이고 효율적으로 적합할 수 있다는 것은 놀라운 일이다. 데이터, 모델, 훈련 알고리즘 또는 세 가지의 특정 조합이 이를 가능하게 하는 몇 가지 특별한 속성을 가지고 있어야 한다.

20.1.2 일반화

신경망의 효율적인 적합이 놀랍다면, 새로운 데이터에 대한 일반화는 말문이 막힐 만큼 놀랍다. 첫째, 일반적인 데이터셋이 입력/출력 매핑을 특징짓기에 충분한지 여부는 사전에_{a priori} 미리 알 수 없다. 차원의 저주는 훈련 데이터셋이 가능한 입력에 비해 매우 작다는 것을 의미한다. MNIST-1D 데이터의 40개 입력이 각각 10개의 가능한 값으로 양자화되었다고 가정하면, 가능한 입력은 10^{40}개가 되며 이는 훈련

견본의 수보다 10^{36}배 더 많다.†

둘째, 심층 신경망은 매우 복잡한 함수를 나타낼 수 있다. 예를 들어, MNIST-1D를 위한 너비가 400인 2개의 은닉층이 있는 완전 연결 신경망은 최대 10^{42}개의 선형 영역으로 매핑할 수 있다. 훈련 견본당 대략 10^{38}개의 영역에 해당하므로, 훈련 중 어느 단계에서나 데이터를 포함하는 영역은 매우 적다. 그럼에도 불구하고 데이터 지점이 포함되는 영역은 나머지 영역이 합리적으로 동작하도록 제한한다.

셋째, 매개변수가 많을수록 일반화가 더 잘된다(그림 8.10). 앞 단락의 모델에는 177,201개의 매개변수가 있다. 매개변수당 하나의 훈련 견본을 적합할 수 있다고 가정하면 167,201개의 여분의 자유도를 갖는다. 이는 모델이 훈련 데이터 사이에서 무엇이든 할 수 있는 자유를 제공하지만 모델은 합리적으로 작동한다.

20.1.3 딥러닝의 비합리적인 효율성

요약하자면, 심층 신경망을 적합할 수 있을지, 일반화할 수 있을지는 분명하지 않다. 선험적 지식으로는 딥러닝은 작동하지 않아야 한다. 하지만 딥러닝은 잘 작동한다. 이 장에서는 그 이유를 살펴본다. 우선, 20.2–20.3절에서는 심층 신경망 적합과 손실 함수에 대해 알고 있는 내용을 설명한다. 그다음, 20.4–20.6절에서는 일반화를 검토한다.

20.2 적합 성능에 영향을 미치는 요소

그림 6.4는 비선형 모델의 손실 함수가 지역 최소점과 안장점을 모두 가질 수 있음을 보여준다. 그러나 심층 신경망을 복잡한 훈련셋에 안정적으로 적합하게 만들 수 있다. 예를 들어 그림 8.10은 MNIST-1D, MNIST, CIFAR-100에 대한 완벽한 훈련 성능을 보여준다. 이 절에서는 이러한 모순을 해결할 수 있는 요소를 살펴본다.

20.2.1 데이터셋

모든 함수를 학습할 수는 없다는 것을 인식하는 것이 중요하다. 모든 가능한 28 × 28 크기의 이진 이미지를 10개 범주 중 하나로 무작위 매핑하는 것을 고려해보자. 이 함수에는 특별한 구조가 없기 때문에, 유일한 방법은 2^{784}개의 할당을 암기하는 것이다. 그러나 10개 카테고리 중 하나로 레이블링된 28×28 크기의 60,000개 이미지 견본을 포함하는 MNIST 데이터셋(그림 8.10과 그림 15.15)으로 모델을 훈련하는 것은 쉽다. 이 모순적인 상황을 설명할 수 있는 방법은 근사하는 실제 함수가 상대적으로 간단하기 때문에 전역 최솟값을 찾는 것이 쉽다고 보는 것이다.[†]

이 장에서는 '전역 최솟값'이라는 용어를 모든 데이터가 올바르게 분류되는 모든 해를 의미하는 것으로 다소 느슨하게 사용한다. 다른 곳에 손실이 더 적은 해가 있는지 여부는 알 수 없다.

깃허브의 노트북 20.1
'Random data' 참고.
https://bit.ly/udl20_1

연습 문제 20.2 참고

이 가설은 Zhang et al.(2017a)[3]이 제안했다.[†] 이들은 (i) 각 이미지를 가우시안 잡음으로 대체하고 (ii) 10개 클래스의 레이블을 무작위로 변경한 상태에서 CIFAR-10 이미지 분류 데이터셋(이 데이터셋은 $32 \times 32 \times 3$ 크기의 이미지 50,000개로 구성되어 있으며, 각 이미지는 10개 클래스 중 하나로 라벨링되어 있다)에서 알렉스넷을 훈련했다(그림 20.1). 이러한 변경 사항으로 인해 학습 속도가 느려졌지만, 신경망은 여전히 이 유한한 데이터셋을 잘 적합하도록 만들 수 있었다.[†] 이는 데이터셋의 속성이 중요한 요소가 아님을 의미한다.

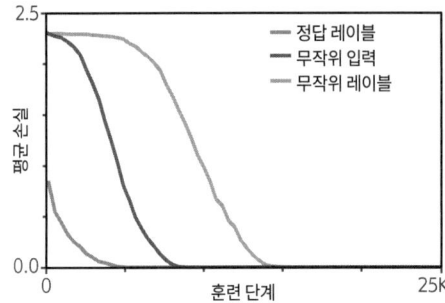

그림 20.1 무작위 데이터 적합. CIFAR-10 데이터셋으로 SGD를 사용하여 훈련한 알렉스넷 구조의 손실. 원본 이미지 데이터셋과 동일한 평균과 분산을 갖는 가우시안 무작위 분포에서 픽셀을 추출했을 때, 여전히 모델이 적합할 수 있다(더 느리긴 하지만). 레이블을 무작위로 변경해도, 여전히 모델이 적합할 수 있다(좀 더 느리기는 하지만)(출처: Zhang et al., 2017a[3]).

20.2.2 정칙화

모델 훈련의 용이성에 대한 또 다른 가능한 설명은 L2 정규화(가중치 감소)와 같은 일부 정칙화 방법이 손실 표면을 더 평평하고 볼록하게 만든다는 것이다. 그러나 Zhang et al.(2017a)[3]은 무작위 데이터를 적합하기 위해 L2 정칙화나 드롭아웃이 필요하지 않다는 것을 발견했다. 이는 적합 알고리즘의 유한한 단계 크기로 인한 암묵적 정규화를 배제하지 않는다(9.2절). 그러나 이 효과는 학습률(식 9.9)에 따라 증가하며, 학습률이 커질수록 모델 적합이 더 쉬워지지 않는다.

20.2.3 확률적 훈련 알고리즘

6장에서는 SGD 알고리즘이 훈련 중에 최적화 궤적이 경로가 '계곡' 사이를 이동할 수 있게 할 가능성이 있다고 주장했다. 그러나 Keskar et al.(2017)[4]은 여러 모델(완전 연결 신경망과 CNN 포함)이 5,000–6,000개의 이미지로 구성된 매우 큰 배치를 사용하여 많은 데이터셋(CIFAR100과 MNIST 포함)에 거의 완벽하게 적합할 수 있음을 보여주었다. 이렇게 하면 무작위성이 대부분 제거되지만, 훈련은 여전히 성공한다.

그림 20.2는 전체 배치(즉 비확률적) 경사 하강법을 사용하여 무작위로 레이블링을 한 4,000개의 MNIST-1D 견본에 적합한 4개의 완전 연결 모델에 대한 훈련 결과를 보여준다.† 명시적인 정칙화는 없었고, 암묵적 정규화를 최소화하기 위해 학습률을 0.0025의 작은 상숫값으로 설정했다. 여기서 데이터에서 레이블로의 실제 매핑에는 구조가 없고, 훈련은 결정적이며, 정칙화가 없지만 훈련 오차는 여전히 0으로 감소한다.† 이는 이러한 손실 함수에 실제로 로컬 최솟값이 없을 수도 있음을 시사한다.

깃허브의 노트북 20.2 'Full-batch gradient descent' 참고. https://bit.ly/udl20_2

연습 문제 20.3 참고

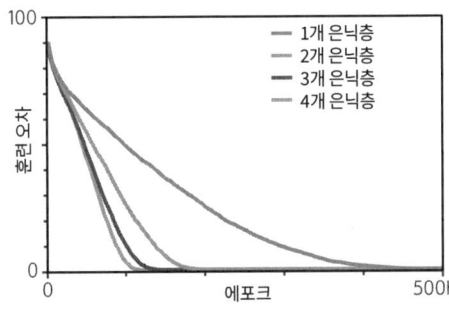

그림 20.2 MNIST-1D 훈련. 4개의 완전 연결 신경망을 무작위 레이블이 있는 4,000개의 MNIST-1D 견본에 적합하도록 만들었다. 이때 전체 배치 경사 하강법, He 초기화, 학습률 0.0025를 사용하고 모멘텀 또는 정칙화는 없다. 1, 2, 3, 4개의 층이 있는 모델에는 층당 각각 298, 100, 75, 63개의 은닉 유닛과 15,208, 15,210, 15,235, 15,139개의 매개변수가 있다. 모든 모델이 성공적으로 훈련되지만 더 깊은 모델의 훈련에는 더 적은 에포크가 필요하다.

20.2.4 과매개변수화

과매개변수화overparameterization는 훈련의 용이성에 기여하는 중요한 요소일 가능성이 매우 높다. 이는 서로 종속되어 있는 잉여 부분이 있으므로, 손실을 줄이기 위해 매개변수를 수정할 수 있는 여지가 항상 있을 수 있다. Sejnowski(2020)[5]는 "··· 해결책의 잉여 부분으로 인해 문제의 성격이 건초 더미에서 바늘을 찾는 것에서 바늘 한 무더기로 바뀌게 된다"고 제안했다.

실제로 신경망은 보통 1-2배 정도 과매개변수화되는 경우가 많다(그림 20.3). 그러나 데이터 증대으로 인해 반드시 그렇다고 말하기는 어렵다. 데이터 증대으로 데이터를 몇 배나 증가시킬 수 있지만 이는 독립적인 새로운 데이터 지점이 아니라 기존 견본을 조작한 것이다. 게다가 그림 8.10은 데이터 지점과 동일하거나 더 적은 수의 매개변수가 있는 경우 신경망을 훈련 데이터에 잘 적합할 수 있음을 보여준다. 이는 아마도 동일한 기저 함수에서 오는 훈련 견본의 중복성 때문일 것이다.

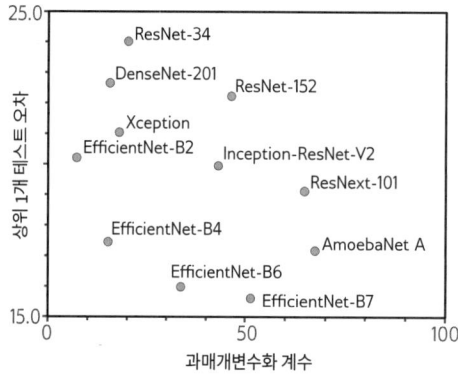

그림 20.3 과매개변수화. 과매개변수화(데이터세트 크기의 배수)의 함수로서 CNN에 대한 이미지넷 성능. 대부분의 모델에는 훈련 견본보다 10-100배 더 많은 매개변수가 있다. 비교 모델은 ResNet(He et al., 2016a[6], b[7]), DenseNet(Huang et al., 2017b)[8], Xception(Chollet, 2017)[9], EfficientNet(Tan & Le, 2019)[10], Inception(Szegedy et al., 2017)[11], ResNeXt(Xie et al., 2017)[12], AmoebaNet(Cubuk et al., 2019)[13]이다.

몇몇 이론적인 수렴 결과에 따르면, 특정 상황에서under certain circumstance 신경망이 충분히 과매개변수화되면, SGD가 전역 최솟값으로 수렴한다. 예를 들어 Du et al.(2019b)[14]은 무작위로 초기화된 SGD가 최소제곱 손실을 갖는 충분한 은닉 유닛이 있는 얕은 완전 연결 ReLU 신경망에 대한 전역 최솟값으로 수렴한다는 것을 보여주었다. 유사하게, Du et al.(2019a)[15]은 활성화 함수가 매끄럽고 립시츠 조건을 만족하는 경우 심층 신경망, 잔차 신경망, CNN의 수렴을 분석한다. Zou et al.(2020)[16]은 힌지 손실hinge loss을 사용하여 완전 연결된 심층 신경망에서 경사 하강법의 수렴을 분석했다. Allen-Zhu et al.(2019)[17]은 ReLU 함수를 사용하는 심층 신경망을 고려했다.

신경망이 고정된 크기의 데이터셋을 모두 기억할 수 있을 정도로 충분히 과매개변수화되면 모든 정지점이 전역 최솟값이 된다(Livni et al.(2014)[18], Nguyen & Hein(2017[19], 2018[20])). 다른 연구 결과는 신경망이 충분히 넓으면 전역 최솟값보다 손실이 높은 지역 최솟값이 드물다는 것을 보여준다(Choromanska et al.(2015)[21], Pascanu et al.(2014)[22], Pennington & Bahri(2017)[23] 참고). Kawaguchi et al.(2019)[24]은 신경망이 더 깊어지거나 넓어지거나 또는 둘 다 커짐에 따라 지역 최솟값의 손실이 제곱 손실 함수의 전역 최솟값에 더 가까워진다는 것을 증명했다.

이러한 이론적 결과는 흥미롭지만, 일반적으로 신경망 구조에 대해서 비현실적인 가정을 한다. 예를 들어 Du et al.(2019a)[15]은 신경망의 너비 D(즉 은닉 유닛의 수)가 $\Omega[I^4K^2]$일 때 잔차 신경망이 훈련 손실 0으로 수렴한다는 것을 보여준다. 여기서 I는 훈련 데이터의 수이고 K는 신경망의 깊이이다. 마찬가지로 Nguyen & Hein(2017)[19]은 신경망의 너비가 데이터셋 크기보다 크다고 가정하는데, 이는 대부분의 실제 시나리오에서 비현실적이다. 과매개변수화가 중요한 것 같지만, 아직 경험적 적합 성능을 이론적으로 충분히 설명할 수는 없다.

20.2.5 활성화 함수

활성화 함수도 훈련 난이도에 영향을 미치는 것으로 알려져 있다. 활성화 값이 입력 범위의 일부 부분에서만 변하는 신경망은 ReLU(입력 범위의 절반 이상 변경된다) 또는 누출이 있는 ReLU(전체 범위에 걸쳐 변경된다)보다 적합하기가 더 어렵다. 예를 들어 시그모이드와 tanh 비선형성(그림 3.13a)은 꼬리 부분에 얕은 기울기를 갖는다. 활성화 함수가 거의 일정한 곳에서는 훈련 기울기가 0에 가까워지므로 모델을 개선하는 메커니즘이 매우 약해진다.

20.2.6 초기화

또 다른 가능한 설명은 Xavier/He 초기화를 통해 매개변수를 최적화하기 쉬운 값으로 설정한다는 것이다. 물론 더 깊은 신경망의 경우 기울기가 폭발하거나 사라지는 것을 방지하려면 이러한 초기화가 필요하므로 어떤 의미에서 초기화는 훈련의 성공에 매우 중요하다. 그러나 더 얕은 신경망의 경우 가중치의 초기 분산은 덜 중요하다. Liu et al.(2023c)[25]은 1,000개의 MNIST 데이터 지점에 대해서 층당 200개의 은닉 유닛이 있는 3층 완전 연결 신경망을 훈련했다. 그들은 He가 제안한 것(그림 20.4)보다 분산이 증가함에 따라 훈련 데이터를 적합하는 데 더 많은 반복이 필요하다는 것을 발견했지만 이것이 궁극적으로 적합을 방해하지는 않았다. 따라서 초기화는 신경망 적합이 쉬운 이유를 밝히는 데 큰 도움이 되지는 않지만, 기울기 폭발/소멸로 인해 유한 정밀도 산술로 훈련을 어렵게 만드는 초기화를 보여준다.

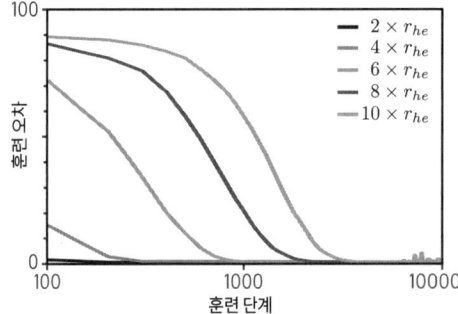

그림 20.4 초기화와 적합. 층당 200개의 은닉 유닛이 있는 3층 완전 연결 신경망을 원-핫 타깃과 평균 제곱 오차 손실을 사용하여 AdamW로 1,000개의 MNIST 견본에 대해서 훈련했다. 더 큰 배수의 He 초기화를 사용하면 신경망을 적합하는 데 시간이 더 오래 걸리지만 결과는 변하지 않는다. 이는 단순히 가중치가 이동해야 하는 추가 거리를 반영할 수 있다(출처: Liu et al., 2023c[25]).

20.2.7 신경망 깊이

기울기 폭발 및 기울기 소실(그림 7.7)과 부서진 기울기(그림 11.3)로 인해 신경망 깊이가 매우 커지면 신경망 적합이 더 어려워진다. 그러나 이는 (논쟁의 여지가 있지만) 현실적인 수치 계산의 문제다. 신경망이 깊어짐에 따라 기본 손실 함수가 근본적으로 어느 정도 볼록해진다는 확실한 증거는 없다. 그림 20.2는 무작위 레이블과 He 초기화가 있는 MNIST 데이터의 경우, 더 깊은 신경망이 더 적은 반복으로 훈련된다는 것을 보여준다. 그러나 이는 (i) 더 깊은 신경망의 기울기가 더 가파르거나 (ii) He 초기화는 단지 더 넓고 얕은 네트워크를 최적의 매개변수에서 더 멀리 떨어진 지점에서 시작하게 할 뿐이다.

Frankle & Carbin(2019)[26]은 VGG와 같은 소규모 신경망의 경우 (i) 신경망을 훈련시키고, (ii) 가장 크기가 작은 가중치를 가지치기prune하고, iii) 동일한 초기 가중치로 다시 훈련하면 동일하거나 더 나은 성능을 얻을 수 있음을 보여준다. 하지만 가중치가 무작위로 다시 초기화되는 경우에는 작동하지 않는다. 그들은 원래의 과매개변수화된 신경망에는 충분히 좋은 성능을 낼 수 있는 훈련 가능한 작은 하위 신경망이 포함되어 있다고 결론을 내렸다. 그들은 이것을 **복권 티켓 가설**lottery ticket hypothesis이라고 명명하고, 하위 신경망을 당첨 티켓winning ticket으로 표시한다.† 이는 유효한 하위 신경망의 수가 적합에 중요한 역할을 할 수 있음을 시사한다. 이는 (아마도) 고정된 매개변수 수에 대해서 신경망의 깊이에 따라 달라지지만, 이 아이디어를 정확히 특징짓기에는 부족하다.

깃허브의 노트북 20.3 'Lottery tickets' 참고.
https://bit.ly/udl20_3

20.3 손실 함수의 특성

앞 절에서는 신경망을 쉽게 훈련시킬 수 있는 요인들에 대해서 논의했다. 매개변수 개수(과매개변수화 정도)와 활성화 함수 선택이 모두 중요하다. 놀랍게도 데이터셋의 선택, 적합 알고리즘의 무작위성, 정칙화 사용은 중요하지 않은 것으로 보인다. (고정된 매개변수 수에 대해) 신경망의 깊이가 중요하다는 확실한 증거는 없다(기울기 폭발/소실 및 파편화된 기울기로 인한 수치적 문제는 제외한다). 이 절에서는 손실 함수의 경험적 특성을 고려하여 다른 각도에서 동일한 주제를 다룬다. 손실 함수의 경험적 특성을 고려하여 동일한 주제를 다른 각도에서 다룬다. 이때의 대부분 증거는 완전 연결 네트워크와 CNN에서 얻은 것이다. 반면 트랜스포머 네트워크의 손실 함수에 대해서는 아직 충분히 이해하지 못하고 있다.

20.3.1 다중 전역 최솟값

심층 신경망의 손실 함수는 다수의 전역 최솟값을 가질 것으로 예상된다. 완전 연결 신경망에서는 각 층의 은닉 유닛과 관련 가중치를 순열화해도 출력은 변하지 않는다. CNN에서는 채널과 합성곱 커널을 적절하게 순열화해도 출력이 변하지 않는다. ReLU 함수 이전의 가중치를 어떤 양수로 곱하고, 그 이후의 가중치를 같은 양수로 나눠도 출력이 변하지 않는다. 배치 정규화를 사용하면 각 은닉 유닛이나 채널의 평균과 분산이 재설정되므로 또 다른 중복성을 유발한다.

앞의 수정 사항들은 모든 입력에 대해서 동일한 출력을 생성한다. 그러나 전역 최솟값은 훈련 데이터 지점에서의 출력에만 의존한다. 과매개변수화된 신경망에는 데이터 지점에서는 동일하게 작동하지만 그 사이에서는 서로 다르게 동작하는 다수의 해도 존재한다. 이들 또한 모두 전역 최솟값이다.

20.3.2 최솟값을 찾아가는 경로

Goodfellow et al.(2015b)[27]은 초기 매개변수와 최종 값 사이의 직선을 고려했다. 그들은 이 선을 따라 손실 함수가 일반적으로 단조 감소한다는 것을 보여주었다(때때로 시작 부분 근처의 작은 영역을 제외하고). 이 현상은 여러 다른 유형의 신경망과 활성화 함수에서 관찰된다(그림 20.5a).

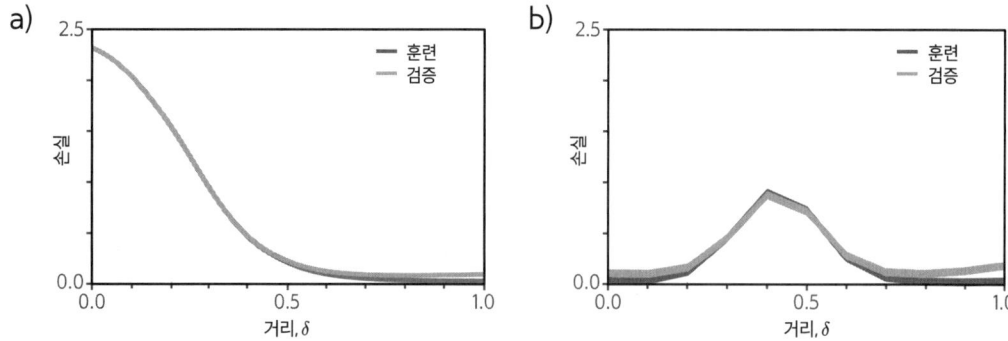

 그림 20.5 손실 함수의 선형 단면. a) 완전 연결된 2층 ReLU 신경망이 MNIST에서 훈련되었다. 초기 매개변수($\delta = 0$)에서 시작하여 훈련된 매개변수($\delta = 1$)에서 끝나는 직선을 따른 손실은 단조 감소한다. b) 그러나 MNIST의 2층 완전 연결 MaxOut 신경망에서는 어떤 해($\delta = 0$)과 다른 해($\delta = 1$) 사이의 직선을 따라 손실이 증가한다(출처: Goodfellow et al., 2015b[27]).

물론 실제 최적화 경로가 직선으로 진행하지는 않는다. 그러나 Li et al.(2018b)[28]은 최적화 경로가 저차원 부분 공간에 있다는 것을 발견했다. 그들은 이를 손실 표면에 존재하는 크고 볼록한 영역을 통해 초기에 경로를 포착하고 이를 몇 가지 중요한 방향으로 유도하기 때문이라고 설명한다. 놀랍게도 Li et al.(2018a)[29]은 무작위 저차원 부분 공간에 놓이도록 제약을 가한 상태에서 최적화를 한 경우에도 네트워크가 여전히 잘 훈련된다는 것을 보여주었다(그림 20.6).

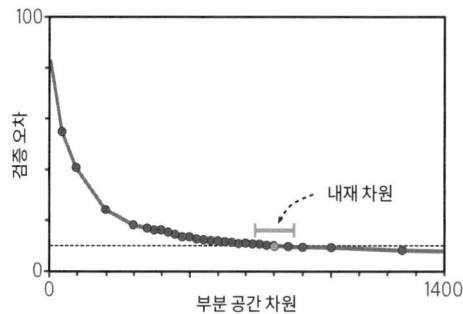

 그림 20.6 부분 공간 훈련. 각각 200개의 유닛으로 구성된 2개의 은닉층이 있는 완전 연결 신경망을 MNIST에서 훈련했다. 매개변수는 표준 방법을 사용하여 초기화되었지만 임의의 부분 공간 내에 위치하도록 제한되었다. 이 부분 공간이 원래 매개변수의 0.4%인 750차원(내재 차원(intrinsic dimension)이라고 한다)일 때, 성능은 제한이 없을 때 수준의 90%에 도달한다(출처: Goodfellow et al., 2018a[29]).

Li & Liang(2018)[30]은 네트워크의 너비가 증가할수록 훈련 중 매개변수의 상대적 변화가 감소한다는 것을 보여준다. 네트워크의 너비가 더 클수록 매개변수는 더 작은 값에서 시작하여 해당 값에 비해 더 작은 비율로 변경되고 더 작은 단계 만에 수렴한다.

20.3.3 최솟값 간의 연결

Goodfellow et al.(2015b)[27]은 각각 독립적으로 발견한 두 최솟값 사이의 직선을 따라 손실 함수를 조사했다. 그들은 그 사이의 손실이 눈에 띄게 증가하는 것을 발견했다(그림 20.5b). 일반적으로 좋은 최솟값은 선형적으로 연결되어 있지 않다. 그러나 Frankle et al.(2020)[31]은 신경망이 처음에는 동일하게 훈련하고 그 이후에는 다른 SGD 잡음과 데이터 증대를 사용하여 다르게 훈련하면 이렇게 증가하는 것이 사라진다는 것을 보여주었다. 이는 훈련 초기에 해가 제한되고 일부 최솟값들이 선형으로 연결되어 있음을 시사한다.

Draxler et al.(2018)[32]은 CIFAR-10 데이터셋에서 좋은(그러나 다른) 성능의 최솟값을 발견했다. 그런 다음 그들은 어느 최솟값에서 다른 최솟값으로의 경로를 구성할 수 있고, 이 경로를 따라서 손실 함수가 낮게 유지된다는 것을 보여주었다. 그들은 손실이 적은 하나의 연결된 다양체가 있다고 결론지었다(그림 20.7). 이는 신경망의 너비와 깊이가 증가함에 따라 점점 더 사실인 것 같다. Garipov et al.(2018)[33]과 Fort & Jastrzębski(2019)[34]는 최솟값을 연결하는 다른 방식을 제시한다.

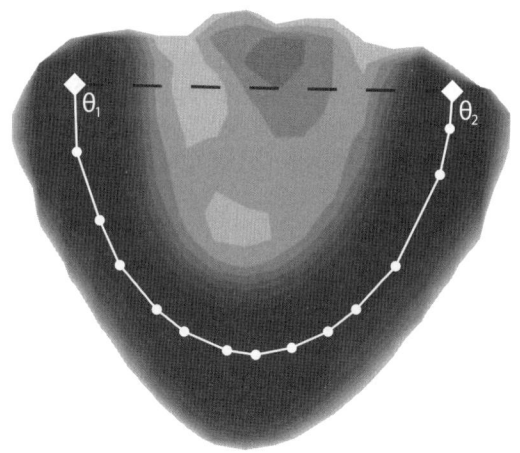

그림 20.7 최솟값 간의 연결. CIFAR-10으로 훈련한 DenseNet 손실 함수의 단면. 매개변수 ϕ_1과 ϕ_2는 독립적으로 발견한 2개의 최솟값이다. 이러한 매개변수 사이의 선형 보간에는 에너지 장벽(점선)이 나타난다. 그러나 충분히 깊고 넓은 신경망의 경우, 두 최솟값 사이의 낮은 에너지 곡선 경로(청록색 선)를 찾을 수 있다(출처: Draxler et al., 2018[32]).

20.3.4 손실 표면의 곡률

무작위 가우시안 함수(점들이 거리의 커널 함수에 의해 주어진 공분산에 따라 분포한다)는 흥미로운 특성을 가지고 있다. 기울기가 0인 점의 경우, 해당 점이 더 낮은 손실값에서 발생할수록 함수가 아래로 굽는 방향의 비율이 더 작아진다(Bahri et al.,(2020)[35] 참고). Dauphin et al.(2014)[36]은 신경망 손실 함수에서 안장점을 찾아서 마찬가지로 손실과 음의 고윳값의 개수 사이의 상관관계를 발견했다(그림 20.8). Baldi & Hornik(1989)[37]은 얕은 신경망의 오차 표면을 분석하여 지역 최솟값은 없고 no local minima 안장점만 있음을 발견했다. 이러한 결과는 잘못된 지역 최솟값이 거의 없거나 전혀 없음을 시사한다.

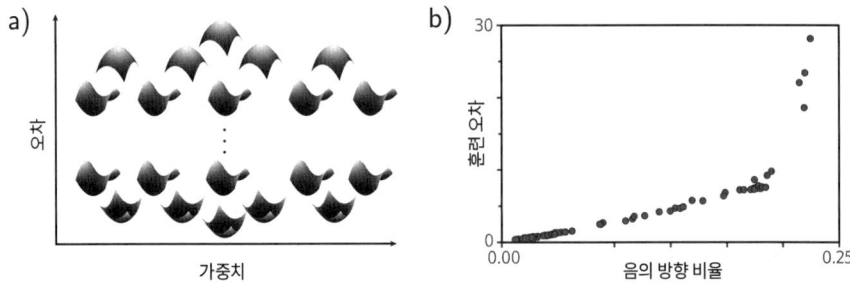

그림 20.8 임계점 vs. 손실. a) 무작위 가우시안 함수에서 기울기가 0인 점(즉 안장점)에서 함수가 아래로 휘어지는 방향의 수는 함수의 높이에 따라 감소하므로 최솟값은 모두 함수의 아래 부분에 나타난다. b) Dauphin et al.(2014)[36]은 신경망 손실 표면에서 임계점(즉 기울기가 0인 지점)을 발견했다. 그들은 음의 고윳값(아래쪽을 가리키는 방향)의 비율이 손실에 따라 감소한다는 것을 보여주었다. 이는 모든 최솟값(아래로 향하는 방향이 없고 기울기가 0인 지점)의 손실이 낮다는 것을 의미한다(출처: Dauphin et al., 2014[36]; Bahri et al., 2020[35]).

Fort & Scherlis(2019)[38]는 신경망 손실 표면의 임의의 지점에서 곡률을 측정했다. 그들은 가중치의 ℓ_2 노름이 **골디락스 영역** Goldilocks zone이라고 부르는 특정 범위(그림 20.9) 내에 있을 때 표면 곡률이 비정상적으로 큰 양수라는 것을 보여주었다. He 초기화와 Xavier 초기화는 이 범위에 속한다.

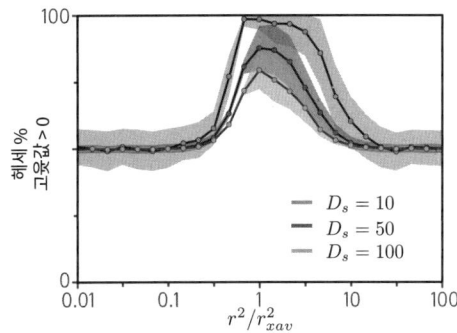

그림 20.9 골디락스 영역. Xavier 초기화에 비례하는 점의 반지름 제곱 r^2의 함수로 MNIST에 적용된 ReLU 함수를 사용하는 2층 완전 연결 신경망에서 차원 D_s의 무작위 부분 공간 내에서 0보다 큰 헤세 행렬의 고윳값 비율(양의 곡률/볼록성의 척도). 골디락스 영역으로 알려진 뚜렷한 양의 곡률 영역이 있다(출처: Fort & Scherlis, 2019[38]).

20.4 일반화 결정 요인

앞의 두 절에서는 신경망이 성공적으로 훈련되었는지 여부와 신경망 손실 함수에 대해 알려진 내용을 결정하는 요인을 논의했다. 이 절에서는 신경망이 얼마나 잘 일반화되는지 여부를 결정하는 요인을 살펴본다. 이는 일반화를 촉진하기 위한 정칙화(9장)에 대한 논의를 보완한다.

20.4.1 훈련 알고리즘

일반적으로 심층 신경망은 과매개변수화되어 있기 때문에, 훈련 과정의 세부 사항에 따라 알고리즘이 어느 최솟값으로 수렴할지가 결정된다. 이러한 세부 사항 중 일부에 따라 안정적으로 일반화가 개선된다.

LeCun et al.(2012)[39]은 SGD가 전체 배치 경사 하강법보다 일반화를 더 잘한다는 것을 보여준다. SGD가 Adam보다 일반화를 더 잘한다는 주장이 제기되었지만(예: Wilson et al.(2017)[40], Keskar & Socher(2017)[41]), 최근 연구에 따르면 하이퍼파라미터를 신중하게 선택하면 차이가 거의 없는 것으로 나타났다(Choi et al., 2019)[42]. Keskar et al.(2017)[4]은 다른 형태의 정칙화를 사용하지 않았을 때, 배치 크기가 더 작으면 심층 신경망의 일반화가 더 잘 된다는 것을 보여준다. 또한, 학습률이 높을수록 일반화가 더 잘되는 경향이 있다는 것도 잘 알려져 있다(예를 들어 그림 9.5). Jastrzębski et al.(2018)[43], Goyal et al.(2018)[44], He et al.(2019)[45]은 배치 크기/학습률 비율이 중요하다고 주장한다. He et al.(2019)[45]은 이 비율과 일반화 정도 사이의 유의미한 상관관계를 보여주었고, 신경망의 일반화 한계가 이 비율과 양의 상관관계가 있다는 것을 입증했다(그림 20.10).

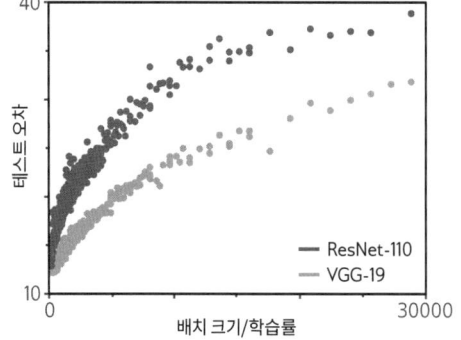

그림 20.10 배치 크기 대 학습률 비율. CIFAR-10 데이터베이스에서 두 모델의 일반화는 학습률에 대한 배치 크기의 비율에 따라 달라진다. 배치 크기가 증가하면 일반화가 감소한다. 학습률이 증가하면 일반화가 증가한다(출처: He at al., 2019[45]).

이러한 관찰 결과는 SGD가 손실 함수에 정칙화 항을 암묵적으로 추가하고(9.2절), 그 크기는 학습률에 따라 달라진다는 발견과 일치한다. 이러한 정칙화에 의해 매개변수가 변경되고, 이에 따라 손실 함수는 일반화가 잘된다.

20.4.2 최솟값 평탄도

Hochreiter & Schmidhuber(1997a)[46]는 손실 함수의 평평한 최솟값이 날카로운 최솟값보다 더 잘 일반화된다고 추측을 했다(그림 20.11). 비공식적으로, 최솟값이 더 평평하면 추정된 매개변수의 작은 오차는 덜 중요하다. 이는 다양한 이론적 관점에서도 유추할 수 있다. 예를 들어 최소 설명 길이 이론minimum description length theory은 더 적은 비트로 지정된 모델이 좀 더 잘 일반화된다고 제안한다(Rissanen, 1983)[47]. 최솟값이 넓은 경우 가중치를 저장하는 데 필요한 정밀도가 낮아지므로 일반화가 더 잘된다.

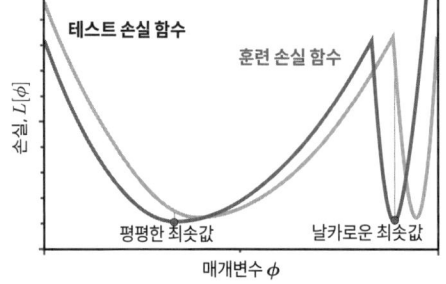

그림 20.11 평평한 최솟값 vs. 날카로운 최솟값. 평평한 최솟값이 일반화가 좀 더 잘될 것으로 예상된다. 평평한 영역에서는 매개변수를 추정하는 데 있어서의 작은 오차나 훈련 및 테스트 손실 함수를 정렬할 때 발생하는 작은 오차는 문제가 덜 된다(출처: Keskar et al., 2017[4]).

평탄도flatness는 (i) 훈련 손실이 유사한 최솟값 주변의 연결된 영역의 크기 (Hochreiter & Schmidhuber, 1997a)[46], (ii) 최솟값 주변의 이차 곡률(Chaudhari et al., 2019)[48] 또는 (iii) 최솟값 주변의 최대 손실(Keskar et al., 2017)[4]로 측정할 수 있다. 그러나 추정된 평탄도는 ReLU 함수의 비음수 동질성 특성으로 인해 신경망의 사소한 재매개변수화에 의해 영향을 받을 수 있기 때문에 주의가 필요하다 (Dinh et al., 2017)[49].

그럼에도 Keskar et al.(2017)[4]은 배치 크기와 학습률을 다양하게 변경하면서 평탄도가 일반화와 상관관계가 있음을 보여주었다. Izmailov et al.(2018)[50]은 학습 궤적의 여러 지점에서 가중치의 평균을 구한다. 이는 테스트 표면과 훈련 표면을 더 평평하게 만들고 일반화를 향상시킨다. 다른 정칙화 기술도 이 관점에서 볼 수 있다. 예를 들어 모델 출력을 평균화(앙상블)하면 테스트 손실 표면을 더 평탄하게 만들 수 있다. Kleinberg et al.(2018)[51]은 훈련 중 기울기의 분산이 크면 날카로운 영역을 피하는 데 도움이 된다는 것을 보여주었다. 이는 배치 크기를 줄이고 잡음을 추가하는 것이 일반화에 도움이 되는 이유를 설명할 수 있다.

앞의 연구에서는 단일 모델과 훈련 집합의 평탄도를 고려했다. 그러나 선예도sharpness만으로는 데이터셋 간의 일반화를 예측하는 데 좋은 기준이 되지 않는다. CIFAR 데이터셋의 레이블을 무작위로 지정하면(일반화가 불가능해진다) 이에 상응해서 최솟값이 더 날카로워지지는 않는다(Neyshabur et al., 2017)[52].

20.4.3 구조

신경망의 귀납적 편향은 구조에 따라 결정되며, 모델을 신중하게 선택하면 일반화를 크게 개선할 수 있다. 10장에서는 정규 격자에서 데이터를 처리하도록 설계된 CNN을 소개했다. 이들은 입력 통계가 입력 전체에서 동일하다고 암묵적인 가정하에 위치에 관계없이 매개변수를 공유한다. 마찬가지로 트랜스포머는 순열에 따라 변하지 않는 데이터를 모델링하는 데 적합하고, 그래프 신경망은 불규칙한 그래프로 표현되는 데이터에 적합하다. 구조를 데이터 속성에 맞추면 일반적인 완전 연결 구조에 비해 일반화가 향상된다(그림 10.8 참고).

20.4.4 가중치 노름

20.3.4절에서는 가중치의 ℓ_2 노름이 특정 범위 내에 있을 때 손실 표면의 곡률이 비정상적으로 큰 양수라는 Fort & Scherlis(2019)[38]의 연구 결과를 검토했다. 동일한 저자는 ℓ_2 가중치 노름이 이 골디락스 영역 내에 있을 때 일반화가 잘 된다는 증거를 제공했다(그림 20.12). 이것은 아마도 놀라운 일이 아니다. 가중치의 노름은 모델의 립시츠 상수와 (간접적으로) 관련이 있다. 이 노름이 너무 작으면 모델은 기저 함수의 변화를 충분히 빨리 포착할 수 없다. 반대로 노름이 너무 크면 모델이 훈련 지점 간에 불필요하게 변동해서 원활하게 매끄럽게 보간하지 못한다.

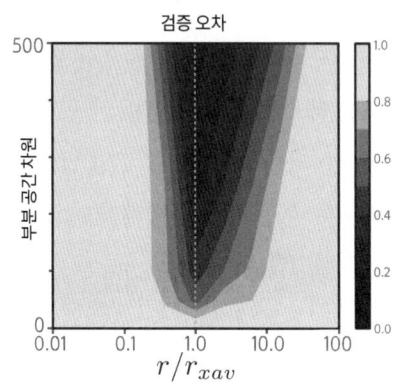

그림 20.12 초구에 대한 일반화. 2개의 은닉층이 있고 각 층에는 각각 200개 유닛(199,210개 매개변수)이 있는 완전 연결 신경망을 MNIST 데이터베이스에서 훈련했다. 매개변수는 주어진 ℓ_2 노름으로 초기화된 다음 이 노름을 유지하고 부분 공간(수직 방향)에 위치하도록 한다. 신경망은 Xavier 초기화(청록색 점선)에 의해 정의된 반경 r 주변의 작은 범위에서 일반화가 잘 된다(출처: Fort & Scherlis, 2019[38]).

Liu et al.(2023c)[25]은 이 발견을 이용해서, 훈련 오차가 이미 0인 상태에서 여러 에포크 후에 일반화가 갑작스럽게 개선되는 **그로킹**grokking **현상**(Power et al., 2022)[53]을 설명했다. 즉 초기에 가중치의 노름이 너무 커서, 훈련 데이터 적합은 잘 하지만 데이터 지점 간의 모델 변화가 큰 경우에 그로킹이 발생한다고 제안했다. 시간이 지남에 따라 암묵적 또는 명시적 정칙화가 가중치의 노름을 감소시켜서 골디락스 영역에 도달하면 일반화가 갑자기 향상된다.

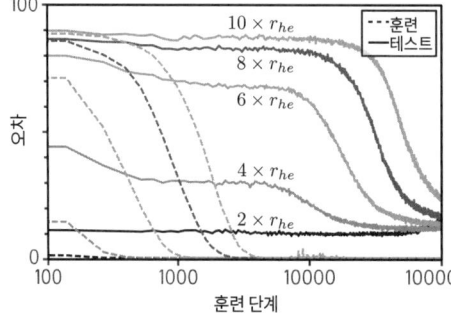

그림 20.13 그로킹. 매개변수의 ℓ_2 노름(반지름)이 He 초기화보다 훨씬 크도록 초기화하면, 훈련 시간이 더 오래 걸리고(점선) 일반화에는 훨씬 더 오랜 시간이 걸린다(실선). 이러한 일반화의 지연은 가중치의 노름이 다시 골디락스 영역으로 줄어들 때까지 걸리는 시간 때문이다(출처: Liu et al., 2023c[25]).

20.4.5 과매개변수화

그림 8.10은 과매개변수화 정도에 따라 일반화 성능이 향상되는 경향이 있음을 보여준다. 이는 편향/분산 절충 곡선과 결합되어 이중 하강이 발생한다. 이 현상에 대한 추정적인 설명은 모델이 과매개변수화될 때 신경망이 훈련 데이터 지점 사이에서 더 매끄러워질 수 있는 여지가 더 크기 때문이라는 것이다.

따라서 가중치 노름은 이중 하강을 설명하는 데에도 사용할 수 있다. 매개변수 개수가 데이터 지점 수와 유사할 때(모델이 이러한 포인트에 정확히 적합하도록 스스로 왜곡한다) 가중치의 노름이 증가하여 일반화를 감소시킨다. 신경망이 더 넓어지고 가중치 수가 증가함에 따라 이러한 가중치의 전체 노름은 감소한다. 가중치는 너비에 반비례하는 분산(예를 들어 He 또는 Glorot 초기화를 사용한다)으로 초기화하며, 데이터에 잘 맞추기 위해 가중치를 크게 변화시킬 필요가 없다.

20.4.6 데이터 다양체 이탈

지금까지 모델이 훈련 데이터와 동일한 분포에서 추출된 새로운 데이터로 일반화하는 방법에 대해 논의했다. 이는 실험을 위한 합리적인 가정이다. 그러나 실제 환경에 배포된 시스템에서는 잡음, 시간에 따른 데이터 통계의 변화, 의도적인 공격으로 인해 예상치 못한 데이터에 직면할 수도 있다. 물론 이 시나리오를 명확히 설명하는 것은 더 어렵지만 D'Amour et al.(2020)[54]은 손상된 데이터에 대해 서로 다른 시드seed로 훈련한 동일한 모델이 너무 가변적이어서 예측할 수 없음을 보여준다.

Goodfellow et al.(2015a)[55]은 딥러닝 모델이 **적대적 공격**adversarial attack[†]에 취약하다는 것을 보여주었다. 신경망에서 '개'로 올바르게 분류한 이미지를 교란해서 클래스가 바뀔 때까지 올바른 클래스의 확률이 최대한 빨리 감소하도록 방해하는 것을 고려해보자. 이제 이 이미지가 비행기로 분류되면 교란된 이미지가 개와 비행기의 혼합처럼 보일 것으로 예상할 수 있다. 그러나 실제로는 교란된 이미지가 원래의 개 이미지와 거의 구별할 수 없어 보인다(그림 20.14).

깃허브의 노트북 20.4
'Adversarial attacks' 참고.
https://bit.ly/udl20_4

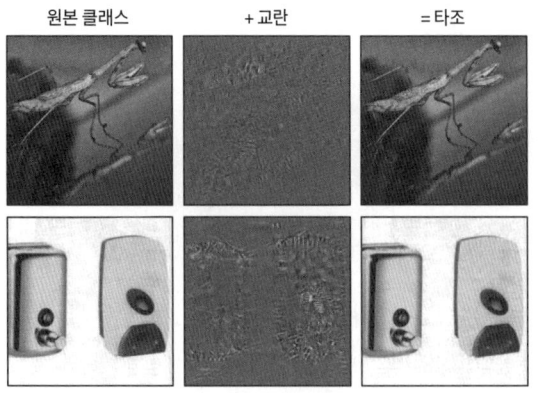

그림 20.14 적대적 견본. 각각의 경우 왼쪽 이미지는 알렉스넷에 의해 올바르게 분류되었다. 입력에 대한 신경망 출력의 기울기를 고려함으로써, 원본 이미지(오른쪽)에 추가될 때 신경망이 이를 타조로 잘못 분류하도록 하는 작은 변화(중간, 가시성을 위해 10배 확대한 결과)를 찾을 수 있다. 이는 원본 이미지와 교란된 이미지가 인간에게는 거의 구별되지 않음에도 불구하고 발생하는 현상이다(출처: Szegedy et al., 2014[56]).

결론적으로 데이터 다양체에 가깝지만 그 위에 있지 않은 위치들이 잘못 분류된다는 것이다. 이를 **적대적인 견본**adversarial example이라고 하는데, 이들의 존재는 놀랍다. 어떻게 신경망 입력의 작은 변화가 출력에 이렇게 급격한 변화를 가져올 수 있을까? 현재 이에 대한 가장 좋은 설명은 적대적인 견본이 훈련 데이터 다양체 외부의 데이터에 대한 강건성 부족 때문이 아니라는 것이다. 대신, 그들은 훈련 분포에 있지만 노름이 작고 인간이 인지할 수 없는 정보원을 활용하고 있다(Ilyas et al., 2019)[57].

20.5 정말로 많은 매개변수가 필요한가?

20.4절에서는 모델이 과매개변수화될 때 일반화가 더 잘된다고 주장했다. 실제로 모델의 매개변수 수가 훈련 데이터 지점보다 훨씬 적은 상태에서 복잡한 데이터셋에서 최고의 테스트 성능을 보여주는 사례는 거의 없다.

그러나 20.2절에서는 매개변수 수가 증가할수록 훈련이 더 쉬워진다는 증거를 검토했다. 따라서 작은 모델의 근본적인 특성으로 인해 모델의 성능이 저하되는지 아니면 훈련 알고리즘이 작은 모델에 대한 좋은 해결책을 찾지 못하는 것인지 명확하지 않다. 가지치기와 증류는 훈련된 모델의 크기를 줄이는 두 가지 방법이다. 이 절에서는 이러한 방법으로 과매개변수화된 모델의 성능을 유지하는 저매개변수화된 모델을 생성할 수 있는지 여부를 논의한다.

20.5.1 가지치기

훈련된 모델을 **가지치기**pruning하면 모델의 크기가 줄어들고 그에 따라 메모리 요구 사항도 줄어든다(그림 20.15). 가장 간단한 방법은 개별 가중치를 제거하는 것이다. 이는 손실 함수의 이차 미분(LeCun et al.(1990)[58], Hassibi & Stork(1993)[59]) 또는 (좀 더 실용적으로) 가중치의 절댓값을 기반으로 수행할 수 있다(Han et al., 2016[60], 2015[61]). 다른 연구에서는 은닉 단위(Zhou et al.(2016a)[62]), Alvarez & Salzmann(2016)[63]), CNN의 채널(Li et al.(2017a)[64], Luo et al.(2017b)[65], He et al.(2017)[66], Liu et al.(2019a)[67]) 또는 잔차 네트의 전체 층(Huang & Wang, 2018)[68]. 가지치기 후에 신경망을 기반으로 수행한다. 종종 신경망을 가지치기한 후에 미세 조정하는 경우가 많으며, 때로는 이 과정을 반복한다.

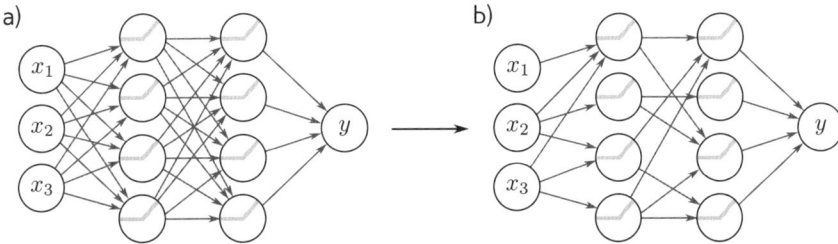

그림 20.15 신경망 가지치기. 목표는 성능 저하 없이 최대한 많은 가중치를 제거하는 것이다. 이는 종종 가중치의 크기에 따라 수행한다. 일반적으로 가지치기 후에 신경망을 미세 조정한다. a) 완전 연결된 신경망의 예. b) 가지치기 후의 구조

예를 들어 Han et al.(2016)[60]은 가중치의 8%만 유지하고도 이미지넷 분류에서 VGG 네트워크에 대해 좋은 성능을 보였다. 이로써 모델 크기가 크게 감소했지만, 과매개변수화가 필요하지 않다는 것을 입증하기에는 부족하다. VGG 네트워크는 이미지넷의 훈련 견본보다 약 100배 많은 매개변수를 가지고 있다(데이터 증대는 고려하지 않는다).

가지치기는 구조 검색의 한 형태이다. Frankle & Carbin(2019)[26]은 그들의 복권 티켓에 대한 작업(20.2.7절 참고)에서 (i) 신경망을 훈련하고, (ii) 가장 작은 크기의

가중치를 가지치기하고, (iii) 동일한 초깃값으로 나머지 신경망을 다시 훈련했다. 이 절차를 반복함으로써 CIFAR-10 데이터베이스(60,000개 견본)에서 VGG-19 신경망(원래 1억 3,800만 개의 매개변수)의 크기를 98.5% 줄이면서도 좋은 성능을 유지할 수 있었다. ResNet 50(2,560만 개의 매개변수)의 경우, 이미지넷(128만 개 견본)에서 성능 저하 없이 매개변수를 80% 줄였다. 이러한 시연은 인상적이지만(데이터 증대를 무시하고), 가지치기 후에도 이러한 신경망들은 여전히 과매개변수화되어 있다.

20.5.2 지식 증류

더 큰 신경망(교사)의 성능을 복제하도록 더 작은 신경망(학생)를 훈련함으로써 매개변수를 줄일 수도 있다. 이것은 **지식 증류**knowledge distillation로 알려져 있으며 적어도 Buciluò et al.(2006)[69]까지 거슬러 올라간다. Hinton et al.(2015)[70]은 출력 클래스 전체의 정보 패턴이 중요하다는 것을 보여주었고, 작은 신경망이 큰 신경망의 사전 소프트맥스 로짓pre-softmax logit을 근사하도록 훈련했다(그림 20.16).

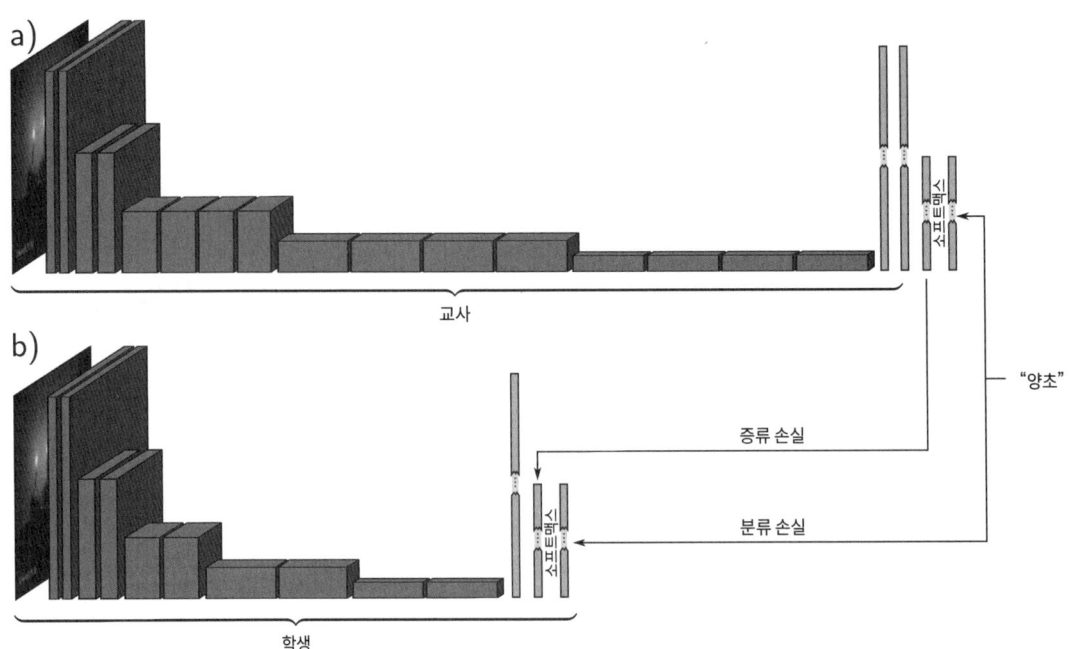

그림 20.16 지식 증류. a) 이미지 분류를 위한 교사 신경망은 다중 클래스 교차 엔트로피 분류 손실을 사용하여 훈련한다. b) 더 작은 학생 신경망은 교사 신경망과 동일한 손실과 증류 손실의 합을 이용해서 훈련하는데, 이때 증류 손실은 사전 소프트맥스 활성화가 교사와 동일하도록 유도한다.

Zagoruyko & Komodakis(2017)[71]는 학생 신경망 활성화의 공간 맵이 다양한 지점에서 교사 신경망과 유사하도록 유도했다. 그들은 이 어텐션 전이attention transfer 방법을 사용하여, 이미지넷 분류 작업에서 18층 잔차 신경망(~1,100만 매개변수)를 사용하여 34층 잔차 신경망(~6,300만 매개변수)의 성능을 근사했다. 그러나 이는 훈련 견본의 수(~100만 개의 이미지)보다 여전히 많다. 현대적인 방법(예를 들어 Chen et al., 2021a[72])은 이 결과를 개선할 수 있지만, 증류는 아직 과소 매개변수화된 모델이 잘 수행될 수 있다는 설득력 있는 증거를 제공하지 못했다.

20.5.3 논의

현재까지의 증거에 따르면 적어도 현재 사용되는 데이터셋의 크기와 복잡성에 대해 일반화를 하기 위해서는 과매개변수화가 필요하다. 훈련 견본보다 매개변수가 훨씬 적은 복잡한 데이터셋에서 최고의 성능을 보여주는 사례는 없다. 훈련된 신경망을 가지치기하거나 지식 증류를 통해 모델 크기를 줄이려는 시도도 이 상황을 바꾸지는 못했다.

게다가 최근 이론에 따르면 모델의 립시츠 상수와 과매개변수화 사이에는 상충관계가 있음이 밝혀졌다. Bubeck & Sellke(2021)[73]는 D차원에서 매끄러운 보간에는 단순한 보간보다 D배 더 많은 매개변수가 필요하다는 것을 입증했다. 그들은 대규모 데이터셋(예를 들어 이미지넷)에 대한 현재 모델이 충분히 과매개변수화되지 않았기 때문에, 모델 용량을 더욱 늘리는 것이 성능 향상의 열쇠가 될 수 있다고 주장한다.

20.6 신경망은 깊어야 할까?

3장에서는 보편 근사 정리에 대해 논의했다. 이는 얕은 신경망도 충분한 은닉 단위가 주어지면 임의의 정확도로 모든 함수를 근사할 수 있음을 나타낸다. 이는 깊은 신경망이 필요한 지에 대한 당연한 질문을 제기한다.

먼저, 신경망이 깊을 필요가 있다는 증거를 고려해보자. 역사적으로 성능과 깊이 사이에는 명확한 상관관계가 있었다. 예를 들어 이미지넷 벤치마크의 성능은 훈련이 어려워질 때까지 처음에는 신경망 깊이의 함수로 향상되었다. 그 후, 잔차 연결과 배치 정규화(11장)를 통해 더 깊은 신경망의 훈련이 가능하게 됐고, 이에 상응하는 성능 향상이 이루어졌다. 이 글을 쓰는 시점에는 이미지 분류(예를 들어 비전 트랜스포머), 텍스트 생성(예를 들어 GPT-3), 텍스트 기반 이미지 합성(예를 들어 DALL·E 2)을 포함한 거의 모든 최신 애플리케이션이 수십 또는 수백 개의 층으로 구성된 심층 신경망을 기반으로 한다.

이러한 추세에도 불구하고, 더 얕은 신경망을 사용하려는 노력이 있어 왔다. Zagoruyko & Komodakis(2016)[74]는 더 얕지만 더 넓은 잔차 신경망을 구축하여 ResNet과 유사한 성능을 달성했다. 최근에는 Goyal et al.(2021)[75]은 병렬 합성곱 채널을 사용하는 신경망을 구축했으며 단 12개의 층만으로 더 깊은 신경망과 유사한 성능을 달성했다. 또한, Veit et al.(2016)[76]은 잔차 신경망에서 주로 5-17번째 층의 짧은 경로가 성능을 주도한다는 것을 보여주었다.

그럼에도 불구하고, 또 다른 증거는 깊이가 중요하다는 것을 시사한다. 이미지 분류 성능이 좋은 가장 얕은 신경망도 10개 이상의 층이 필요하다. 그러나 왜 그런지는 명확하지 않다. 이에 대한 세 가지 가능한 설명은 (i) 심층 신경망이 얕은 신경망보다 더 복잡한 함수를 나타낼 수 있고, (ii) 심층 신경망이 훈련하기 더 쉽고, (iii) 심층 신경망이 더 나은 귀납적 편향을 부과한다는 것이다.

20.6.1 모델링된 함수의 복잡성

4장에서는 동일한 매개변수 수에 대해서 심층 신경망이 얕은 신경망보다 더 많은 선형 영역을 가진 함수를 만드는 것을 보여주었다. 또한 '극단적인' 함수를 얕은 신경망으로 모델링하려면 깊은 신경망보다 기하급수적으로 더 많은 은닉 유닛이 필요하다는 것이 밝혀졌다(예를 들어 Eldan & Shamir(2016)[77], Telgarsky(2016)[78]). 실제로 Liang & Srikant(2016)[79]는 심층 신경망을 통해 보다 효율적으로 모델링되는 매우 일반적인 함수 계열을 발견했다. 그러나 Nye & Saxe(2018)[80]는 이러한 함수 중 일부가 실제로 심층 신경망으로 쉽게 적합할 수 없다는 사실을 발견했다. 더욱이, 근사하고 있는 실제 함수가 이러한 극단적인 특성을 가지고 있다는 증거는 거의 없다.

20.6.2 훈련 용이성

또 다른 설명은 은닉 유닛이 많은 얕은 신경망이 최고 성능을 지원할 수는 있지만, 훈련 데이터에 잘 적합하고 합리적으로 보간하는 좋은 해결책을 찾기 어렵다는 뜻이다.

이를 보여주는 방법은 성공적인 심층 신경망을 더 얕은(그러나 더 넓은) 학생 모델로 지식 증류하고 성능을 유지할 수 있는지 확인하는 것이다. Urban et al.(2017)[81]은 CIFAR-10 데이터셋의 이미지 분류를 위한 16개의 합성곱 네트워크 앙상블을 다양한 깊이의 학생 모델로 증류했다. 그들은 얕은 신경망이 심층 교사의 성능을 복제할 수 없으며, 일정한 매개변수 예산에서 깊이가 증가함에 따라 학생 성능이 증가한다는 것을 발견했다.

20.6.3 귀납적 편향

대부분의 최신 모델은 합성곱 블록이나 트랜스포머에 의존한다. 이러한 신경망은 입력 데이터의 지역적인 영역에 대한 매개변수를 공유하며, 전체 입력에 걸쳐 이 정보를 점진적으로 통합하는 경우가 많다. 이러한 제약은 이러한 신경망이 나타낼 수 있는 함수가 일반적이지 않음을 의미한다. 심층 신경망의 우월성은 이러한 제약이 좋은 귀납적 편향을 가지고 있으며, 얕은 신경망이 이러한 제약을 따르도록 유도하는 것은 어렵다는 것이다.

다층 합성곱 구조는 훈련 없이도 본질적으로 도움이 되는 것 같다. Ulyanov et al.(2018[82]은 훈련하지 않은 CNN의 구조가 잡음 제거와 초해상도와 같은 낮은 수준의 작업에서 사전 정보로 사용될 수 있다는 것을 보여주었다. Frankle et al.(2021)[83]은 커널을 무작위로 초기화하고 해당 값을 고정하고 배치 정규화 오프셋 및 스케일링 인수만 훈련하여 이미지 분류에서 좋은 성능을 달성했다. Zhang et al.(2017a)[3]은 무작위로 초기화된 합성곱 필터의 특징이 커널 모델을 사용하여 후속 이미지 분류를 지원할 수 있음을 보여준다.

합성곱 네트워크가 유용한 귀납적 편향을 제공한다는 추가 증거는 합성곱 네트워크를 더 얕은 신경망으로 증류하려고 시도한 Urban et al.(2017)[81]이 제공했다. 그들은 완전 연결된 신경망으로 증류하는 것보다 합성곱 구조로 증류하는 것이 체계적으로 더 효과적이라는 것을 발견했다. 이는 합성곱 구조에 몇 가지 고유한 장점이 있음을 시사한다. 합성곱 네트워크의 순차적인 지역적인 영역 처리는 더 얕은 신경망으로 쉽게 복제할 수 없기 때문에, 이는 깊이가 실제로 중요하다는 것을 주장한다.

20.7 요약

이 장에서는 딥러닝의 성공이 놀랍다는 화두를 던졌다. 고차원 손실 함수를 최적화하는 데 있어서의 어려운 문제에 대해 논의했고, 과매개변수화와 활성화 함수의 선택이 심층 신경망을 다루기 쉽게 만드는 두 가지 가장 중요한 요인이라고 주장했다. 훈련 중에 매개변수가 저차원 부분 공간을 통해 연결된 전역 최솟값들 중 하나로 이동하고 지역 최솟값이 명확하지 않다는 것을 확인했다. 신경망의 일반화는 과매개변수화를 통해 향상되지만 최솟값의 평탄도와 구조의 귀납적 편향과 같은 다른 요인도 중요하다. 좋은 일반화를 위해서는 많은 수의 매개변수와 다중 신경망층이 모두 필요한 것으로 보이지만, 아직 그 이유는 명확히 밝혀지지 않았다.

아직도 많은 의문들이 풀리지 않고 있다. 훈련과 일반화가 성공하거나 실패할 상황을 예측할 수 있는 어떤 처방적인 이론도 현재로서는 없다. 심층 신경망에서 학습의 한계가 어디까지인지, 더 효율적인 모델이 가능한지 알 수 없다. 동일한 모델 내에서 일반화가 더 잘 되는 매개변수가 있는지도 알 수 없다. 딥러닝에 대한 연구는 여전히 경험적 증명에 의해 주도되고 있다. 이는 확실히 인상적이지만, 딥러닝 메커니즘에 대한 우리의 이해와는 아직 일치하지 않는다.

연습 문제

20.1 입력 이미지가 224 × 224 × 3 RGB값인 이미지넷 이미지 분류 작업을 고려해보자. 이러한 입력을 각각의 RGB값을 10개의 구간으로 대략적으로 양자화하고 약 10^7개의 훈련 견본을 사용하여 훈련한다고 가정해보자. 훈련 데이터 지점당 가능한 입력의 수는 몇 개일까?

20.2 그림 20.1을 고려해보자. 레이블을 무작위화할 때보다 픽셀을 무작위화할 때 알고리즘이 데이터에 더 빨리 적합화되는 이유는 무엇일까?

20.3 그림 20.2는 고정된 학습률로 무작위 데이터를 성공적으로 적합하는 비확률적 적합 과정을 보여준다. 이것은 손실 함수에 지역 최솟값이 없다는 것을 의미할까? 아니면 함수가 볼록하다는 것을 의미할까? 두 진술 중 하나라도 거짓이라고 생각되면 답을 정당화하고 반례를 제시해보자.

참고 문헌

[1] Murty, K. G., & Kabadi, S. N. (1987). Some NP-complete problems in quadratic and nonlinear programming. *Mathematical Programming*, 39(2), 117–129.

[2] Blum, A. L., & Rivest, R. L. (1992). Training a 3-node neural network is NP-complete. *Neural Networks*, 5(1), 117–127.

[3] Zhang, C., Bengio, S., Hardt, M., Recht, B., & Vinyals, O. (2017a). Understanding deep learning requires rethinking generalization. *International Conference on Learning Representations*.

[4] Keskar, N. S., Mudigere, D., Nocedal, J., Smelyanskiy, M., & Tang, P. T. P. (2017). On largebatch training for deep learning: Generalization gap and sharp minima. *International Conference on Learning Representations*.

[5] Sejnowski, T. J. (2020). The unreasonable effectiveness of deep learning in artificial intelligence. *Proceedings of the National Academy of Sciences*, 117(48), 30033–30038.

[6] He, K., Zhang, X., Ren, S., & Sun, J. (2016a). Deep residual learning for image recognition. *IEEE/CVF Computer Vision & Pattern Recognition*, 770–778.

[7] He, K., Zhang, X., Ren, S., & Sun, J. (2016b). Identity mappings in deep residual networks. *European Conference on Computer Vision*, 630–645.

[8] Huang, G., Liu, Z., Van Der Maaten, L., & Weinberger, K. Q. (2017b). Densely connected convolutional networks. *IEEE/CVF Computer Vision & Pattern Recognition*, 4700–4708.

[9] Chollet, F. (2017). Xception: Deep learning with depthwise separable convolutions. *IEEE/CVF Computer Vision & Pattern Recognition*, 1251–1258.

[10] Tan, M., & Le, Q. (2019). EfficientNet: Rethinking model scaling for convolutional neural networks. *International Conference on Machine Learning*, 6105–6114.

[11] Szegedy, C., Ioffe, S., Vanhoucke, V., & Alemi, A. A. (2017). Inception-v4, Inception-Resnet and the impact of residual connections on learning. *AAAI Conference on Artificial Intelligence*, 4278–4284.

[12] Xie, S., Girshick, R., Dollár, P., Tu, Z., & He, K. (2017). Aggregated residual transformations for deep neural networks. *IEEE/CVF Computer Vision & Pattern Recognition*, 1492–1500.

[13] Cubuk, E. D., Zoph, B., Mané, D., Vasudevan, V., & Le, Q. V. (2019). Autoaugment: Learning augmentation strategies from data. *IEEE/CVF Computer Vision & Pattern Recognition*, 113–123.

[14] Du, S. S., Zhai, X., Poczos, B., & Singh, A. (2019b). Gradient descent provably optimizes over-parameterized neural networks. *International Conference on Learning Representations*.

[15] Du, S. S., Lee, J. D., Li, H., Wang, L., & Zhai, X. (2019a). Gradient descent finds global minima of deep neural networks. *International Conference on Machine Learning*, 1675–1685.

[16] Zou, D., Cao, Y., Zhou, D., & Gu, Q. (2020). Gradient descent optimizes over-parameterized deep ReLU networks. *Machine Learning*, 109, 467–492.

[17] Allen-Zhu, Z., Li, Y., & Song, Z. (2019). A convergence theory for deep learning via overparameterization. *International Conference on Machine Learning*, 97, 242–252.

[18] Livni, R., Shalev-Shwartz, S., & Shamir, O. (2014). On the computational efficiency of training neural networks. *Neural Information Processing Systems*, 27, 855–863.

[19] Nguyen, Q., & Hein, M. (2017). The loss surface of deep and wide neural networks. *International Conference on Machine Learning*, 2603–2612.

[20] Nguyen, Q., & Hein, M. (2018). Optimization landscape and expressivity of deep CNNs. *International Conference on Machine Learning*, 3730– 3739.

[21] Choromanska, A., Henaff, M., Mathieu, M., Arous, G. B., & LeCun, Y. (2015). The loss surfaces of multilayer networks. International Conference on Artificial Intelligence and Statistics.Choromanska, A., Henaff, M., Mathieu, M., Arous, G. B., & LeCun, Y. (2015). The loss surfaces of multilayer networks. *International Conference on Artificial Intelligence and Statistics*.

[22] Pascanu, R., Dauphin, Y. N., Ganguli, S., & Bengio, Y. (2014). On the saddle point problem for non-convex optimization. *arXiv:1405.4604*.

[23] Pennington, J., & Bahri, Y. (2017). Geometry of neural network loss surfaces via random matrix theory.

International Conference on Machine Learning, 2798–2806.

[24] Kawaguchi, K., Huang, J., & Kaelbling, L. P. (2019). Effect of depth and width on local minima in deep learning. Neural Computation, 31(7), 1462–1498.

[25] Liu, Z., Michaud, E. J., & Tegmark, M. (2023c). Omnigrok: Grokking beyond algorithmic data. International Conference on Learning Representations.

[26] Frankle, J., & Carbin, M. (2019). The lottery ticket hypothesis: Finding sparse, trainable neural networks. International Conference on Learning Representations.

[27] Goodfellow, I. J., Vinyals, O., & Saxe, A. M. (2015b). Qualitatively characterizing neural network optimization problems. International Conference on Learning Representations.

[28] Li, H., Xu, Z., Taylor, G., Studer, C., & Goldstein, T. (2018b). Visualizing the loss landscape of neural nets. Neural Information Processing Systems, 31, 6391–6401.

[29] Li, C., Farkhoor, H., Liu, R., & Yosinski, J. (2018a). Measuring the intrinsic dimension of objective landscapes. International Conference on Learning Representations.

[30] Li, Y., & Liang, Y. (2018). Learning overparameterized neural networks via stochastic gradient descent on structured data. Neural Information Processing Systems, 31, 8168–8177.

[31] Frankle, J., Dziugaite, G. K., Roy, D. M., & Carbin, M. (2020). Linear mode connectivity and the lottery ticket hypothesis. International Conference on Machine Learning, 3259–3269.

[32] Draxler, F., Veschgini, K., Salmhofer, M., & Hamprecht, F. A. (2018). Essentially no barriers in neural network energy landscape. International Conference on Machine Learning, 1308–1317.

[33] Garipov, T., Izmailov, P., Podoprikhin, D., Vetrov, D., & Wilson, A. G. (2018). Loss surfaces, mode connectivity, and fast ensembling of DNNs. Neural Information Processing Systems, vol. 31, 8803–8812.

[34] Fort, S., & Jastrzebski, S. (2019). Large scale structure of neural network loss landscapes. Neural Information Processing Systems, vol. 32, 6706–6714.

[35] Bahri, Y., Kadmon, J., Pennington, J., Schoenholz, S., Sohl-Dickstein, J., & Ganguli, S. (2020). Statistical mechanics of deep learning. Annual Review of Condensed Matter Physics, 11, 501–528.

[36] Dauphin, Y. N., Pascanu, R., Gülçehre, Ç., Cho, K., Ganguli, S., & Bengio, Y. (2014). Identifying and attacking the saddle point problem in high-dimensional non-convex optimization. Neural Information Processing Systems, vol. 27, 2933–2941.

[37] Baldi, P., & Hornik, K. (1989). Neural networks and principal component analysis: Learning from examples without local minima. Neural networks, 2(1), 53–58.

[38] Fort, S., & Scherlis, A. (2019). The Goldilocks zone: Towards better understanding of neural network loss landscapes. AAAI Conference on Artificial Intelligence, 3574–3581.

[39] LeCun, Y. A., Bottou, L., Orr, G. B., & Müller, K.-R. (2012). Efficient backprop. Neural Networks: Tricks of the trade, 9–48. Springer.

[40] Wilson, A. C., Roelofs, R., Stern, M., Srebro, N., & Recht, B. (2017). The marginal value of adaptive gradient methods in machine learning. Neural Information Processing Systems, 30, 4148–4158.

[41] Keskar, N. S., & Socher, R. (2017). Improving generalization performance by switching from Adam to SGD. arXiv:1712.07628.

[42] Choi, D., Shallue, C. J., Nado, Z., Lee, J., Maddison, C. J., & Dahl, G. E. (2019). On empirical comparisons of optimizers for deep learning. arXiv:1910.05446.

[43] Jastrzębski, S., Kenton, Z., Arpit, D., Ballas, N., Fischer, A., Bengio, Y., & Storkey, A. (2018). Three factors influencing minima in SGD. arXiv:1711.04623.

[44] Goyal, P., Dollár, P., Girshick, R., Noordhuis, P., Wesolowski, L., Kyrola, A., Tulloch, A., Jia, Y., & He, K. (2018). Accurate, large minibatch SGD: Training ImageNet in 1 hour. arXiv:1706.02677.

[45] He, F., Liu, T., & Tao, D. (2019). Control batch size and learning rate to generalize well: Theoretical and empirical evidence. Neural Information Processing Systems, 32, 1143–1152.

[46] Hochreiter, S., & Schmidhuber, J. (1997a). Flat minima. Neural Computation, 9(1), 1–42.

[47] Rissanen, J. (1983). A universal prior for integers and estimation by minimum description length. *The Annals of Statistics*, 11(2), 416-431.

[48] Chaudhari, P., Choromanska, A., Soatto, S., Le-Cun, Y., Baldassi, C., Borgs, C., Chayes, J., Sagun, L., & Zecchina, R. (2019). Entropy-SGD: Biasing gradient descent into wide valleys. *Journal of Statistical Mechanics: Theory and Experiment*, 12, 124018.

[49] Dinh, L., Pascanu, R., Bengio, S., & Bengio, Y. (2017). Sharp minima can generalize for deep nets. *International Conference on Machine Learning*, 1019-1028.

[50] Izmailov, P., Podoprikhin, D., Garipov, T., Vetrov, D., & Wilson, A. G. (2018). Averaging weights leads to wider optima and better generalization. *Uncertainly in Artificial Intelligence*, 876-885.

[51] Kleinberg, R., Li, Y., & Yuan, Y. (2018). An alternative view: When does SGD escape local minima? *International Conference on Machine Learning*, 2703-2712.

[52] Neyshabur, B., Bhojanapalli, S., McAllester, D., & Srebro, N. (2017). Exploring generalization in deep learning. *Neural Information Processing Systems*, 30, 5947-5956.

[53] Power, A., Burda, Y., Edwards, H., Babuschkin, I., & Misra, V. (2022). Grokking: Generalization beyond overfitting on small algorithmic datasets. *arXiv:2201.02177*.

[54] D'Amour, A., Heller, K., Moldovan, D., Adlam, B., Alipanahi, B., Beutel, A., Chen, C., Deaton, J., Eisenstein, J., Hoffman, M. D., et al. (2020). Underspecification presents challenges for credibility in modern machine learning. *Journal of Machine Learning Research*, 1-61.

[55] Goodfellow, I. J., Shlens, J., & Szegedy, C. (2015a). Explaining and harnessing adversarial examples. *International Conference on Learning Representations*.

[56] Szegedy, C., Zaremba, W., Sutskever, I., Bruna, J., Erhan, D., Goodfellow, I., & Fergus, R. (2014). Intriguing properties of neural networks. *International Conference on Learning Representations*.

[57] Ilyas, A., Santurkar, S., Tsipras, D., Engstrom, L., Tran, B., & Madry, A. (2019). Adversarial examples are not bugs, they are features. *Neural Information Processing Systems*, 32, 125-136.

[58] LeCun, Y., Denker, J. S., & Solla, S. A. (1990). Optimal brain damage. *Neural Information Processing Systems*, vol. 3, 598-605.

[59] Hassibi, B., & Stork, D. G. (1993). Second order derivatives for network pruning: Optimal brain surgeon. *Neural Information Processing Systems*, vol. 6, 164-171.

[60] Han, S., Mao, H., & Dally, W. J. (2016). Deep compression: Compressing deep neural networks with pruning, trained quantization and Huffman coding. *International Conference on Learning Representations*.

[61] Han, S., Pool, J., Tran, J., & Dally, W. (2015). Learning both weights and connections for efficient neural network. *Neural Information Processing Systems*, vol. 28, 1135-1143.

[62] Zhou, H., Alvarez, J. M., & Porikli, F. (2016a). Less is more: Towards compact CNNs. *European Conference on Computer Vision*, 662-677.

[63] Alvarez, J. M., & Salzmann, M. (2016). Learning the number of neurons in deep networks. *Neural Information Processing Systems*, 29, 2262-2270.

[64] Li, H., Kadav, A., Durdanovic, I., Samet, H., & Graf, H. P. (2017a). Pruning filters for efficient ConvNets. *International Conference on Learning Representations*.

[65] Luo, J.-H., Wu, J., & Lin, W. (2017b). ThiNet: A filter level pruning method for deep neural network compression. *IEEE/CVF International Conference on Computer Vision*, 5058-5066.

[66] He, Y., Zhang, X., & Sun, J. (2017). Channel pruning for accelerating very deep neural networks. *IEEE/CVF International Conference on Computer Vision*, 1389-1397.

[67] Liu, H., Simonyan, K., & Yang, Y. (2019a). DARTS: Differentiable architecture search. *International Conference on Learning Representations*.

[68] Huang, Z., & Wang, N. (2018). Data-driven sparse structure selection for deep neural networks. *European Conference on Computer Vision*, 304-320.

[69] Buciluǎ, C., Caruana, R., & Niculescu-Mizil, A. (2006). Model compression. *ACM SIGKDD International Conference on Knowledge Discovery and Data Mining*, 535-541.

[70] Hinton, G., Vinyals, O., Dean, J., et al. (2015). Distilling the knowledge in a neural network. *arXiv:1503.02531*, 2(7).

[71] Zagoruyko, S., & Komodakis, N. (2017). Paying more attention to attention: Improving the performance of convolutional neural networks via attention transfer. *International Conference on Learning Representations*.

[72] Chen, D., Mei, J.-P., Zhang, Y., Wang, C., Wang, Z., Feng, Y., & Chen, C. (2021a). Cross-layer distillation with semantic calibration. *AAAI Conference on Artificial Intelligence*, 7028–7036.

[73] Bubeck, S., & Sellke, M. (2021). A universal law of robustness via isoperimetry. *Neural Information Processing Systems*, 34, 28811–28822.

[74] Zagoruyko, S., & Komodakis, N. (2016). Wide residual networks. *British Machine Vision Conference*.

[75] Goyal, A., Bochkovskiy, A., Deng, J., & Koltun, V. (2021). Non-deep networks. *arXiv:2110.07641*.

[76] Veit, A., Wilber, M. J., & Belongie, S. (2016). Residual networks behave like ensembles of relatively shallow networks. *Neural Information Processing Systems*, 29, 550–558.

[77] Eldan, R., & Shamir, O. (2016). The power of depth for feedforward neural networks. *PMLR Conference on Learning Theory*, 907–940.

[78] Telgarsky, M. (2016). Benefits of depth in neural networks. *PMLR Conference on Learning Theory*, 1517–1539.

[79] Liang, S., & Srikant, R. (2016). Why deep neural networks for function approximation? *International Conference on Learning Representations*.

[80] Nye, M., & Saxe, A. (2018). Are efficient deep representations learnable? *International Conference on Learning Representations (Workshop)*.

[81] Urban, G., Geras, K. J., Kahou, S. E., Aslan, O., Wang, S., Caruana, R., Mohamed, A., Philipose, M., & Richardson, M. (2017). Do deep convolutional nets really need to be deep and convolutional? *International Conference on Learning Representations*.

[82] Ulyanov, D., Vedaldi, A., & Lempitsky, V. (2018). Deep image prior. *IEEE/CVF Computer Vision & Pattern Recognition*, 9446–9454.

[83] Frankle, J., Schwab, D. J., & Morcos, A. S. (2021). Training BatchNorm and only BatchNorm: On the expressive power of random features in CNNs. *International Conference on Learning Representations*.

CHAPTER 21
딥러닝과 윤리

이 장은 트래비스 라크루아Travis LaCroix와 사이먼 J. D. 프린스Simon J. D. Prince가 작성했다.

AI는 사회를 더 좋게도 더 나쁘게도 변화시킬 잠재력을 갖고 있다. 이러한 기술은 의료(Rajpurkar et al., 2022)[1]와 기후 변화 대응(Rolnick et al., 2023)[2]에서의 중요한 역할과 같은 사회적 이익(Taddeo & Floridi(2018)[3], Tomašev et al.(2020)[4])을 위한 엄청난 잠재력을 가지고 있다. 그러나 남용 및 의도하지 않은 피해를 초래할 가능성도 있다. 이로 인해 **AI 윤리**AI ethics 분야가 등장하게 되었다.

현대 딥러닝의 시대는 2012년 알렉스넷의 등장으로 시작되었지만, AI 윤리에 대한 지속적인 관심은 즉각적으로 뒤따르지 않았다. 실제로 NeurIPS(신경정보처리시스템학회)Conference and Workshop on Neural Information Processing System 2013에서는 머신러닝의 공정성에 관한 워크숍이 자료 부족으로 인해 거부되었다. 2016년이 되어서야 AI 윤리가 주목받기 시작했는데, 프로퍼블리카ProPublica의 COMPAS 재범 예측 모델의 편향에 대한 폭로(Angwin et al., 2016)[5]와 캐시 오닐Cathy O'Neil의 《대량살상 수학무기》(흐름출판, 2017)[6] 덕분이다. 그 이후로 관심이 급증했으며, ACM FAccTACM Conference on Fairness, Accountability, and Transparency에 제출된 논문 수는 2018년 창립 이후 5년 만에 거의 10배 증가했다.

이와 함께 많은 조직에서 책임 있는 AI에 대한 정책 권고를 제안했다. Jobin et al.(2019)[7]은 AI 윤리 원칙이 포함된 84개의 문서를 발표했는데, 이 중 88%는 이미 2016년 이후부터 공개되어 왔다. 하지만 이러한 비입법적 정책 협약의 확산은 자발적이고 구속력 없는 협력에 의존하기 때문에, 그 효과성에 의문을 제기하고 있다(McNamara et al.(2018)[8], Hagendorff(2020)[9], LaCroix & Mohseni(2022)[10]). 요약하자면 AI 윤리는 아직 초기 단계에 있으며, 윤리적 고려 사항은 사전 예방적이기보다는 사후 대응적인 경우가 많다.

이 장에서는 AI 시스템의 설계와 사용으로 인해 발생할 수 있는 잠재적인 해악을 고려한다. 여기에는 알고리즘 편향, 설명 가능성 부족, 데이터 개인 정보 보호 침해, 군사화, 사기, 환경 문제가 포함된다. 더 윤리적으로 행동하기 위한 조언을 제공하는 것이 아니라, 철학, 정치학, 더 광범위한 사회과학에서 주목을 받아온 핵심 분야에서 아이디어를 찾고 대화를 시작하는 것이 목표다.

21.1 가치 정렬

연습 문제 21.1 참고

AI 시스템을 설계할 때 시스템의 '가치(목표)'가 인류의 가치와 일치하도록 보장하고자 한다. 이를 **가치 정렬 문제**value alignment problem라고도 한다(Russell(2019)[11], Christian(2020)[12], Gabriel(2020)[13]).† 이는 세 가지 이유로 어려운 일이다. 첫째, 가치를 완전하고 정확하게 정의하기가 어렵다. 둘째, 이러한 가치를 AI 모델의 목표로 인코딩하기가 어렵다. 셋째, 모델이 이러한 목표를 수행하도록 학습하는지 확인하기가 어렵다.

연습 문제 21.2 참고

머신러닝 모델에서 손실 함수는 실제 목표를 위한 대리인proxy 역할을 하며, 둘 사이의 잘못된 정렬을 **외부 정렬 문제**outer alignment problem라고 한다(Hubinger et al., 2019)[14]. 이 대리인이 무능하면, 시스템이 의도한 목표를 충족하지 못하면서 손실 함수를 최소화하기 위해 악용할 수 있는 '허점'이 생길 수 있다. 예를 들어 체스를 두도록 강화 학습 에이전트를 훈련시킨다고 가정해보자. 에이전트가 말을 잡는 것에 대한 보상을 받는다면, 원하는 행동(게임에서 승리하기 위해)보다는 무승부 게임이 많이 발생할 수 있다.† 반면 **내부 정렬 문제**inner alignment problem는 손실 함수가 잘 지정되어 있어도 AI 시스템의 동작이 의도한 목표에서 벗어나지 않도록 하는 것이다. 학습 알고리즘이 전역 최솟값을 찾지 못하거나 훈련 데이터가 대표성이 없으면, 훈련은 실제 목표와 잘못 정렬되어 바람직하지 않은 동작을 초래하는 해결책으로 수렴할 수 있다(Goldberg(1987)[15], Mitchell et al.(1992)[16], Lehman & Stanley(2008)[17]).

Gabriel(2020)[18]은 가치 정렬 문제를 기술적technical 요소와 규범적normative 요소로 구분한다. 기술적 요소는 모델이 해야 할 일을 안정적으로 수행할 수 있도록 가치를 모델에 인코딩하는 방법에 관한 것이다. 보상 해킹 방지와 안전한 탐색과 같은 일부 구체적인 문제에는 완벽한 기술적인 해결책이 있을 수 있다(Amodei et al., 2016)[19]. 반면에 규범적 요소는 우선 올바른 가치가 무엇인지에 관한 것이다. 다양한 문화와 사회에서 가치를 서로 다르게 여길 수 있기 때문에 이 질문에 대한 유일한 답은 없을 수도 있다. 인코딩된 가치는 문화적으로 지배적인 사회 하위 집합뿐만 아니라 모든 사람을 대표하는 것이 중요하다.

가치 정렬에 대한 또 다른 관점은 인간 주체가 인공 에이전트에게 업무를 위임할 때 발생하는 구조적structural 문제로 보는 것이다(LaCroix, 2022)[20]. 이는 경제학의 **본인-대리인 문제**principal-agent problem(Laffont & Martimort, 2002)[21]와 유사하며, 이는 한 당사자가 다른 당사자의 최선의 이익을 위해 행동할 것으로 예상되는 모든 관계에 내재된 경쟁 인센티브가 있다고 본다. AI 맥락에서 이러한 이해 상충은 (i) 목표가 잘못 지정되었거나 (ii) 본인과 대리인 간에 정보 비대칭이 있는 경우 발생할 수 있다(그림 21.1).

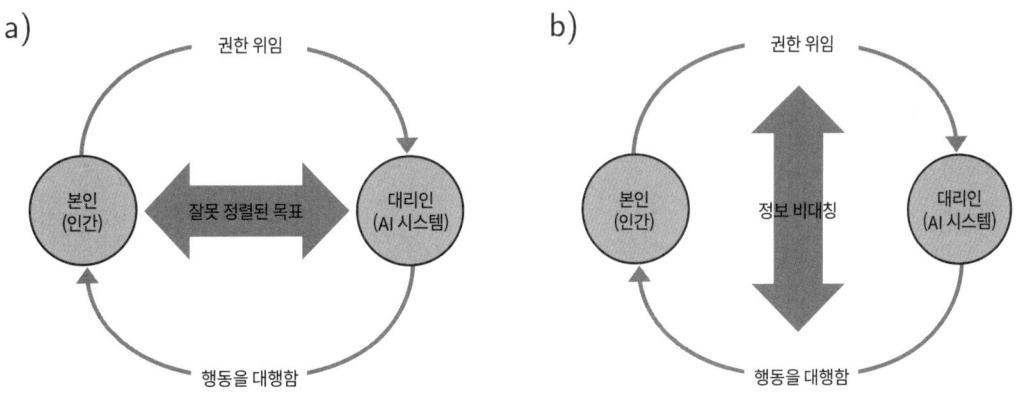

그림 21.1 가치 정렬 문제의 구조적 설명. 문제는 a) 잘못 정렬된 목표(예를 들어 편향) 또는 b) (인간) 주체와 (인공) 대리인 간의 정보 비대칭(예를 들어 설명 부족)으로 인해 발생한다(출처: LaCroix(2023)[22]).

AI 윤리의 많은 주제는 가치 정렬에 대한 구조적 관점에서 이해할 수 있다. 다음 절에서는 편향과 공정성, 인위적인 도덕적 대리성(둘 다 목표 지정과 관련된다), 투명성과 설명 가능성(둘 다 정보 비대칭성과 관련된다)의 문제를 논의한다.

21.1.1 편향과 공정성

순수한 과학적인 관점에서 편향은 일부 기준에서 벗어난 통계적 편차를 의미한다. AI에서는 이러한 편차가 불법적인illegitimate 요인에 따라 결과에 영향을 미치는 경우 유해할 수 있다. 예를 들어 성별은 직무 수행 능력과 무관하므로 성별을 채용 기준으로 삼는 것은 불법이다. 마찬가지로 인종은 범죄성과 무관하므로 인종을 재범 예측의 특징으로 사용하는 것은 불법이다.

AI 모델의 편향은 다양한 방식으로 발생할 수 있다(Fazelpour & Danks, 2021)[23].

- 문제 명세: 모델의 목표를 선택하기 위해서는 무엇이 중요한지에 대한 가치 판단이 필요하며, 이를 통해 편향이 발생할 수 있다(Fazelpour & Danks, 2021)[23]. 이러한 선택을 제대로 하지 못하면, 문제 명세가 의도한 목표를 제대로 반영하지 못해서 추가적인 편향이 발생할 수 있다(Mitchell et al., 2021)[24].

- 데이터: 데이터셋이 대표성이 없거나 불완전할 때 알고리즘 편향이 발생할 수 있다(Danks & London, 2017)[25]. 예를 들어 PULSE 얼굴 초해상도 알고리즘(Menon et al., 2020)[26]은 주로 백인 유명인의 사진 데이터베이스에서 훈련되었다. 버락 오바마의 저해상도 초상화에 적용했을 때, 백인 남성의 사진이 생성되었다(Vincent, 2020)[27].

  훈련 데이터가 생성된 사회가 소외된 커뮤니티에 대해 구조적으로 편향된 경우 완전하고 대표적인 데이터셋이라도 편향을 유발할 수 있다(Mayson, 2018)[28]. 예를 들어 미국에서 흑인은 백인보다 더 빈번하게 경찰의 단속을 받고 투옥되었다. 따라서 재범 예측 모델을 훈련하는 데 사용되는 과거 데이터는 이미 흑인 커뮤니티에 편향되어 있다.

- 모델링과 검증: 모델 공정성을 측정하기 위한 수학적 정의를 선택하려면 가치 판단이 필요하다. 직관적이지만 논리적으로 일관성이 없는 여러 정의가 존재한다(Kleinberg et al.(2017)[29], Chouldechova(2017)[30], Berk et al.(2021)[31]). 이는 순수하게 수학적인 공정성 개념에서 벗어나 알고리즘이 실제로 정

의를 촉진하는지 여부에 대한 보다 실질적인 평가로 나아가야 함을 시사한다 (Green, 2022)[32].

- 배포: 배포된 알고리즘은 사회의 다른 알고리즘, 구조, 사회 기관과 상호작용하여 기존의 편향을 고착시키는 복잡한 피드백 루프를 생성할 수 있다 (O'Neil, 2016)[6]. 예를 들어 GPT-3(Brown et al., 2020)[33]와 같은 대규모 언어 모델은 웹 데이터를 기반으로 학습된다.† 그러나 GPT-3 출력이 온라인에 게시되면 향후 모델에 대한 교육 데이터의 품질이 저하될 수 있다. 이는 편향을 악화시키고 새로운 사회적 피해를 일으킬 수 있다(Falbo & LaCroix, 2022)[34].

연습 문제 21.2 참고

교차성intersectionality은 불공정성이 더욱 악화시킬 수 있다. 사회적 범주가 결합되어 중첩되고 상호의존적인 억압 시스템을 만들 수 있다. 예를 들어 유색인종 성소수자 여성이 경험하는 차별은 단순히 그녀가 성소수자, 여성, 인종차별로 경험할 수 있는 차별의 총합에 불과하지 않다(Crenshaw, 1991)[35]. Buolamwini & Gebru(2018)[36]은 AI에서 주로 밝은 피부의 얼굴을 대상으로 훈련된 얼굴 분석 알고리즘이 어두운 피부의 얼굴에 비해 성능이 떨어진다는 것을 보였다. 그러나 피부색이나 성별과 같은 특징의 조합은 이러한 특징을 독립적으로 고려할 때보다 훨씬 더 나쁜 성능을 보인다.

물론 데이터가 다양하고 대표성을 가지며, 완전하다는 것을 보장하기 위한 조치를 취할 수 있다. 그러나 훈련 데이터를 생성하는 사회가 소외된 지역사회에 대해 구조적으로 편향되어 있다면, 완전히 정확한 데이터셋이라도 편향을 유발할 것이다. 앞에서 설명한 알고리즘 편향 가능성과 훈련 데이터셋의 대표성 부족을 고려할 때 이러한 시스템의 출력 실패율이 이미 소외된 커뮤니티에 대한 차별을 어떻게 악화시킬 가능성이 있는지도 고려해야 한다(Buolamwini & Gebru(2018)[36], Raji & Boulamwini(2019)[37], Raji et al.(2022)[38]). 그 결과로 생성된 모델은 자본주의와 계급주의, 성차별, 여성혐오, 가부장제, 식민주의와 제국주의, 인종차별과 백인 우월주의, 능력주의, 시스젠더주의와 이성애 규범성을 포함한 권력과 억압 시스템을 코드화하고 강화할 수 있다. 권력 역학에 대한 민감도를 유지하는 편향에 대한 관점은 데이터에 인코딩된 역사적 불평등과 노동 조건을 고려해야 한다(Micelli et al., 2022)[39].

이를 방지하려면 알고리즘이 공정한지 적극적으로 확인해야 한다. 단순한 접근 방식은 입력 특성에서 보호 속성(예를 들어 인종, 성별)을 단순히 제거하는 **인식하지 않음을 통한 공정성**fairness through unawareness이다. 불행하게도 이것은 효과적이지 않다. 나머지 특징이 여전히 보호 속성에 대한 정보를 전달할 수 있다. 실용적인 접근 방식은 먼저 공정성에 대한 수학적 기준을 정의한다. 예를 들어 이진 분류를 위한 **분리**separation 측정에서는 정답 레이블 y가 주어졌을 때, 예측 $\hat{y}$이 보호 변수 a(예를 들어 인종)와 조건부 독립이어야 한다. 그런 다음 이 측정에서 편차를 최소화하기 위해 다양한 방식으로 개입한다(표 21.1).

표 21.1 편향 완화. 데이터 수집부터 이미 훈련된 모델의 후처리까지 훈련 파이프라인의 모든 단계에서 편향을 보상하는 방법이 제안되었다(참고: Barocas et al.(2023)[40], Mehrabi et al.(2022)[41]).

데이터 수집	전처리	훈련	후처리
부족한 견본이나 변형을 파악하고 수집	• 레이블 수정 • 입력 데이터 수정 • 입력/출력 쌍 수정	• 적대적 학습 • 공정성을 위해 정칙화 • 공정성 제약	• 임곗값 변경 • 공정성을 위한 정확도 절충

더욱 복잡한 요소는 커뮤니티 회원 자격을 확립하지 않으면 알고리즘이 커뮤니티에 불공정한지 여부를 알 수 없거나 이를 방지하기 위한 조치를 취할 수 없다는 것이다.† 알고리즘 편향과 공정성에 대한 대부분의 연구는 훈련 데이터에 존재할 수 있는 표면적으로 관찰 가능한observable 특징(예를 들어 성별)에 초점을 맞추고 있다. 그러나 소외된 커뮤니티의 특징은 관찰할 수 없으므로unobservable 편향 완화가 더욱 어려워질 수 있다. 예를 들어 성적 소수자(Tomasev et al., 2021)[42], 장애 상태, 신경 유형, 계급, 종교 등이 있다. 모델이 해당 특징을 악용하지 못하도록 훈련 데이터에서 관찰 가능한 특징을 삭제한 경우에도 비슷한 문제가 발생한다.

깃허브 노트북 21.1 'Bias mitigation' 참고. https://bit.ly/udl21_1

21.1.2 인위적인 도덕적 대리인

많은 의사결정에는 도덕적 책임을 수반하는 행동이 포함되어 있지 않다. 예를 들어 다음 체스 동작을 선택하는 것은 뚜렷한 도덕적 결과를 수반하지 않는다. 그러나 다른 곳에서는 행동이 도덕적 책임을 가질 수 있다. 예를 들어 자율 주행 차량에서의 의사결정(Awad et al., 2018[43]; Evans et al., 2020[44]), 치명적인 자율 무기 시스템(Arkin, 2008a[45]; b[46]), 육아, 노인 돌봄, 의료 분야에서의 전문 서비스 로봇(Anderson & Anderson, 2008[47]; Sharkey & Sharkey, 2012[48]) 등이 있다. 이러한 시스템이 더욱 자율화됨에 따라, 인간의 입력 없이 도덕적 결정을 내려야 할 수도 있다.

이로 인해 **인위적인 도덕적 대리인**artificial moral agency이라는 개념이 등장하게 된다. 인위적인 도덕적 대리인은 도덕적 판단을 내릴 수 있는 자율적인 AI 시스템이다. 도덕적 대리인은 복잡성에 따라 다음과 같이 분류할 수 있다(Moor, 2006)[49].

- 윤리적 영향 행위자ethical impact agent: 그 행동이 윤리적 영향을 미치는 대리인이다. 따라서 사회에 배포된 거의 모든 기술은 윤리적 영향 대리인으로 간주할 수 있다.
- 암묵적 윤리적 행위자implicit ethical agent: 내장된 일부 안전 특징을 포함하는 윤리적 영향 대리인이다.
- 명시적 윤리적 행위자explicit ethical agent: 상황에 따라 일반적인 도덕적 원칙이나 윤리적 행동 규칙을 따를 수 있다.
- 완전한 윤리적 행위자full ethical agent: 신념, 욕구, 의도, 자유 의지, 자신의 행동을 인식하는 행위자다.

기계윤리 분야는 인위적인 도덕적 행위자를 만드는 접근 방식을 연구한다. 이러한 접근 방식은 하향식, 상향식, 혼합식으로 분류할 수 있다(Allen et al., 2005)[50]. 하향식(이론 기반) 방법은 어떤 도덕 이론을 기반으로 구체적인 규칙을 직접 구현하고 계층적으로 배열해서 윤리적 행동을 안내한다. 아시모프의 '로봇의 세 가지 법칙 Three Laws of Robotics'은 이러한 접근 방식의 전형적인 예다.

상향식(학습 기반) 접근 방식에서 모델은 명시적인 프로그래밍 없이 데이터로부터 도덕적 규칙성을 학습한다(Wallach et al., 2008)[51]. 예를 들어 Noothigattu et al.(2018)[52]은 도덕적 딜레마에서 인간의 선호도로부터 수집한 데이터를 사용하여 사회적 선호도를 학습하는 윤리적 의사결정을 위한 투표 기반 시스템을 설계했다. 그런 다음 시스템은 결과를 요약하고 집계하여 '윤리적' 결정을 내린다. 혼합식 접근 방식은 하향식 접근 방식과 상향식 접근 방식을 결합한 것이다.

일부 연구자들은 인위적인 도덕적 행위자라는 개념 자체에 의문을 제기하고 안전을 보장하는 데 도덕적 행위자가 불필요하다고 주장했다(van Wynsberghe & Robbins, 2019)[53]. 인위적 도덕 행위자에 대한 최근 조사와 인위적 도덕 행위에 대한 기술적 접근 방식에 대한 최근 조사는 각각 Cervantes et al.(2019)[54]과 Tolmeijer et al.(2020)[55]을 참고하자.

21.1.3 투명성과 불투명성

복잡한 계산 시스템이 투명하다transparent는 것은 세부적인 작동 사항이 모두 알려져 있다는 것이다. 시스템이 의사결정을 내리는 방식을 인간이 이해할 수 있을 때 시스템이 설명 가능하다explainable고 한다. 투명성이나 설명 가능성이 없으면 사용자와 AI 시스템 사이에 정보의 비대칭성이 발생해서 가치 정렬을 보장하기 어렵다.

Creel(2020)[56]은 여러 수준에서 투명성의 특징을 정의했다. **기능적 투명성**functional transparency은 시스템의 알고리즘 기능(즉 입력을 출력으로 매핑하는 논리적 규칙)에 대한 지식을 의미한다. 이 책에서 다루는 방법들은 이러한 수준에서 자세히 설명한다. **구조적 투명성**structural transparency은 프로그램이 알고리즘을 실행하는 방법을 아는 것이다. 이는 고급 프로그래밍 언어로 작성된 명령을 기계어로 실행할 때 모호해질 수 있다.† 마지막으로 **실행 투명성**run transparency을 위해서는 특정 인스턴스에서 프로그램이 어떻게 실행되었는지 이해할 수 있어야 한다. 심층 신경망의 경우 하드웨어, 입력 데이터, 훈련 데이터와 그 상호작용에 대한 지식이 포함된다. 이들 중 어느 것도 코드 검토만으로 파악할 수 없다.

> 연습 문제 21.4 참고

예를 들어 GPT-3는 기능적으로 투명하다. 그 구조는 Brown et al.(2020)[33]에 설명되어 있다. 그러나 코드에 접근할 수 없기 때문에 구조적으로 투명하지 않으며, 학습된 매개변수, 하드웨어 또는 훈련 데이터에 접근할 수 없기 때문에 실행 투명성을 갖고 있지 않다. 후속 버전인 GPT-4는 전혀 투명하지 않다. 이 상용 제품의 작동 방식에 대한 자세한 내용은 알려져 있지 않다.

21.1.4 설명 가능성과 해석 가능성

시스템이 투명하더라도, 이는 결정이 내려지는 방식이나 이 결정이 어떤 정보에 기반을 두고 있는지 이해할 수 있다는 의미는 아니다. 심층 신경망에는 수십억 개의 매개변수가 있을 수 있으므로 검사만으로는 작동 방식을 이해할 수 없다. 그러나 일부 관할 구역에서는 대중이 설명받을 권리를 갖고 있다. EU 일반 데이터 보호 규정(EU 일반 데이터 보호 규정) 제22조는 결정이 전적으로 자동화된 프로세스에 기초한 경우 모든 데이터 주체가 '결정에 대한 설명을 들을' 권리를 가져야 한다고 명시하고 있다.†

제22조가 실제로 그러한 권리를 규정하는지 여부는 논란의 여지가 있다(Wachter et al., 2017[00] 참고).

이러한 어려움으로 인해 XAI라는 하위 분야가 탄생했다. 어느 정도 성공적인 영역 중 하나는 일부분에 대한 설명을 생성하는 것이다. 전체 시스템을 설명할 수는 없지만 때로는 특정 입력이 어떻게 분류되었는지 설명할 수 있다. 예를 들어 **모델에 구애받지 않는 부분 해석 가능한 설명**local interpretable model-agnostic explanation 또는 줄여서 **LIME**(Ribeiro et al., 2016)[57]은 인근 입력에서 모델 출력을 샘플링하고 이러한 샘플을 사용하여 더 간단한 모델을 구성한다(그림 21.2).† 이것은 원래 모델이 투명하지 않거나 설명할 수도 없더라도 분류 결정에 대한 통찰력을 제공한다.

깃허브 노트북 21.2 'Explainability' 참고. https://bit.ly/udl21_2

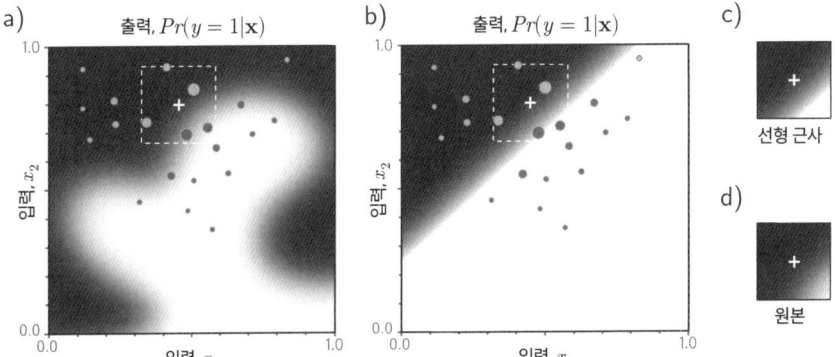

그림 21.2 LIME. 심층 신경망의 출력 함수는 복잡하다. 고차원에서는 모델에 접근하지 않고 결정이 내려진 이유나 입력을 수정하여 출력을 변경하는 방법을 알기가 어렵다. a) 흰색 + 표시에서 $Pr(y=1|\mathbf{x})$가 낮은 이유를 이해해보자. LIME은 인근 점에서 신경망을 조사하여 이러한 점들을 $Pr(y=1|\mathbf{x}) < 0.5$(청록색 점) 또는 $Pr(y=1|\mathbf{x}) \geq 0.5$(회색 점)로 식별하는지 확인한다. 관심 지점에 대한 근접성을 기준으로 이러한 지점에 가중치(원 크기로 표시된 가중치)를 부여한다. b) 가중치는 더 간단한 모델(여기서는 로지스틱 회귀-시그모이드를 통과하는 선형함수)을 훈련하는 데 사용한다. c) 흰색 + 표시 근처에서 이 근사치는 d) 원래 함수에 가깝다. 원래 모델에 접근할 수 없더라도 이 근사 모델의 매개변수로부터 x_1을 늘리거나 x_2를 줄이면 $Pr(y=1|\mathbf{x})$가 증가하고 출력 클래스가 변경된다는 것을 추론할 수 있다(출처: Prince, 2022[58]).

사용자나 제작자가 완전히 이해할 수 있는 복잡한 의사결정 시스템을 구축하는 것이 가능한지 여부는 아직 밝혀지지 않았다. 시스템이 설명 가능하거나 이해 가능하거나 해석 가능하다는 것이 무엇을 의미하는지에 대한 논쟁도 계속되고 있다(Erasmus et al., 2021)[59]. 현재 이러한 개념에 대한 구체적인 정의는 없다. 자세한 내용은 Molnar(2022)[60]를 참고하자.

21.2 의도적인 오용

앞 절에서 다룬 문제들은 잘못 설정한 목표와 정보 비대칭으로 인해 발생한다. 그러나 시스템이 올바르게 작동하더라도 비윤리적인 행동을 수반하거나 의도적으로 오용될 수 있다.† 이 절에서는 **AI 시스템의 오용**misuse of AI으로 인해 발생하는 몇 가지 구체적인 윤리적 문제를 강조한다.

연습 문제 21.5 참고

21.2.1 얼굴 인식과 얼굴 분석

얼굴 인식 기술은 특히 오용의 위험이 높다. 독재 국가는 이를 이용해 시위자를 식별하고 침묵시킬 수 있으며, 이로써 표현의 자유와 시위의 권리라는 민주적 이상을 위험에 빠뜨릴 수 있다. Smith & Miller(2022)[61]는 자유 민주주의의 가치(예를 들어 보안, 개인 정보 보호, 자율성, 책임성)와 이러한 기술의 잠재적 사용 사례(예를 들어 국경 보안, 범죄 수사, 치안 유지, 국가 안보, 개인 데이터의 상업화) 사이에 불일치가 있다고 주장한다. 따라서 일부 연구자, 활동가 및 정책 입안자들은 이 기술이 존재해야 하는지에 대해 의문을 제기해왔다(Barrett, 2020)[62].

더욱이 이러한 기술은 종종 의도한 대로 작동하지 않는 경우가 많다(Raji et al., 2022)[38]. 예를 들어 뉴욕 메트로폴리탄 교통국은 허용 가능한 매개변수 내에서의 개념 증명 실험에서 얼굴을 감지하는 데 100% 실패했음에도 불구하고 얼굴 인식 사용을 추진하고 확대했다(Berger, 2019)[63]. 마찬가지로 얼굴 분석 도구는 개인의 성적 지향(Leuner, 2019)[64], 감정(Stark & Hoey, 2021)[65], 고용 가능성(Fetscherin et al., 2020)[66], 또는 범죄 성향(Wu & Zhang, 2016)[67]을 추론할 수 있다는 의심스러운 주장을 하면서 자신의 능력을 과장하여 선전하는 경우가 많다(Raji & Fried, 2020)[68]. Stark & Hutson(2022)[69]은 컴퓨터 비전 시스템이 "과학적으로 근거가 없고 인종 차별적이며 신뢰할 수 없는 사이비 과학 분야"인 관상학과 골상학의 부활을 초래했다고 강조한다.

21.2.2 군사화와 정치적 간섭

정부는 국가 안보와 국가 건설이라는 이름으로 AI 연구에 자금을 지원할 강한 이익 동기를 가지고 있다. 이는 국가 간의 군비 경쟁 위험을 초래하며, '높은 투자율, 투명성 부족, 상호 의심과 두려움, 선제적 배치 의도와 같은 특징을 수반한다(Sisson et al., 2020)[70].

치명적인 자율 무기 시스템은 누구나 쉽게 상상할 수 있기 때문에 상당한 주목을 받고 있으며, 실제로 이러한 시스템이 많이 개발 중이다(Heikkilä, 2022)[71].† 그러나 AI는 또한 사이버 공격과 허위 정보 캠페인(즉 속이려는 의도로 공유하는 부정확하거나 오해의 소지가 있는 정보)을 촉진한다. AI 시스템은 매우 사실적인 가짜 콘텐츠를 생성하고 종종 대상 청중(Akers et al., 2018)[72]에게 대규모(Bontridder & Poullet, 2021)[00]로 정보를 전파할 수 있다.

연습 문제 21.6 참고

Kosinski et al.(2013)[73]은 성적 지향, 민족, 종교 및 정치적 견해, 성격 특성, 지능, 행복, 중독성 물질 사용, 부모의 별거, 연령 및 성별을 포함한 민감한 변수가 소셜 미디어의 '좋아요'만으로 예측될 수 있다고 제안한다. 이 정보에서 '개방성'과 같은 성격 특성은 조작적 목적(예를 들어 투표에서 표를 줄 대상을 변경)으로 사용될 수 있다.

21.2.3 사기

불행하게도 AI는 사기 활동(예를 들어 사람들을 속여 민감한 정보를 공개하거나 돈을 보내도록 하는 대량 이메일이나 문자 메시지 보내기)을 자동화하는 데 유용한 도구이다. 생성형 AI는 사람들이 합법적인 실체와 상호작용하고 있다고 생각하도록 속이거나 사람들을 오도하거나 속이기 위한 가짜 문서를 생성하는 데 사용될 수 있다. 또한 AI는 더욱 설득력 있는 피싱 이메일을 생성하거나 표적 조직의 방어에 적응함으로써 사이버 공격의 정교성을 높일 수 있다.

이는 머신러닝 시스템의 투명성에 대한 요구의 단점을 부각시킨다. 이러한 시스템이 더 개방적이고 투명할수록 보안 위험이나 악의적인 행위자의 사용에 더 취약해질 수 있다.† 예를 들어 ChatGPT와 같은 생성형 언어 모델은 간첩 활동, 랜섬웨어 및 기타 악성 코드에 사용될 수 있는 소프트웨어와 이메일을 작성하는 데 사용되

연습 문제 21.7 참고

었다(Goodin, 2023)[74].

컴퓨터 행동을 의인화하는 경향, 특히 기호 문자열에 의미를 부여하는 경향을 **엘리자 효과**ELIZA effect라고 한다(Hofstadter, 1995)[75]. 이는 정교한 챗봇과 상호작용할 때 보안에 대한 잘못된 보안 의식을 초래하여 사람들을 로맨스 사기나 비즈니스 이메일 사기와 같은 텍스트 기반 사기에 더 취약하게 만든다(Abrahams, 2023)[76]. Véliz(2023)[77]는 일부 챗봇에서 이모티콘 사용이 본질적으로 조작적이며 감정적인 이미지에 대한 본능적인 반응을 악용한다고 강조한다.

21.2.4 데이터 개인정보 보호

연습 문제 21.8 참고

현대의 딥러닝 방법은 대규모 크라우드 소싱한 데이터셋을 이용하는데, 여기에는 민감한 정보나 개인 정보가 포함될 수 있다.† 민감한 정보를 제거하더라도 보조 정보와 중복 인코딩을 통해 데이터셋을 재식별할 수 있다(Narayanan & Shmatikov, 2008)[79]. 실제로 1997년 매사추세츠 주지사 윌리엄 웰드William Weld에게 이러한 일이 발생했다. 한 보험 그룹이 환자 이름과 주소와 같은 민감한 개인 정보를 제거한 건강 기록을 공개한 후 한 대학원생이 공개된 유권자 명부와 교차 참고하여 웰드 주지사와 관련된 기록을 '비익명화'할 수 있었다.

따라서 개인 정보의 보안을 보장하기 위해서는 개인 정보 보호를 최우선으로 하는 설계가 중요하며, 특히 의료, 금융과 같은 고위험 분야에 딥러닝 기술을 적용할 때는 더욱 그렇다. 차등 개인 정보 보호 및 의미론적 보안(동형 암호화 또는 안전한 다자간 계산) 방법을 사용하여 모델 훈련 중에 데이터 보안을 보장할 수 있다(Mireshghallah et al.(2020)[79], Boulemtafes et al.(2020)[80] 참고).

21.3 그 밖의 사회적, 윤리적, 전문적 문제

앞 절에서는 AI가 의도적으로 오용될 수 있는 영역을 확인했다. 이 절에서는 AI의 광범위한 채택으로 인한 다른 잠재적 부작용에 대해 설명한다.

21.3.1 지식재산권

지식재산권intellectual property, IP은 독창적인 사고의 산물인 비물질적 재산으로 특징 지을 수 있다(Moore & Himma, 2022)[81]. 실제로 많은 AI 모델은 저작권이 있는 자료를 학습 데이터로 사용한다. 따라서 이러한 모델의 배포는 법적, 윤리적 위험을 초래하고, 지식재산권을 침해할 수 있다(Henderson et al., 2023)[82].

때때로 이러한 문제는 명백하다. 언어 모델에 저작권이 있는 자료의 발췌를 요청하면, 언어 모델의 출력에 저작권이 있는 텍스트가 그대로 포함될 수 있고, 확산 모델의 이미지 생성에서도 유사한 문제가 발생할 수 있다(Henderson et al.(2023)[82], Carlini et al.(2022[83], 2023[84])). 훈련에 이러한 콘텐츠를 사용하는 것은 '공정한 사용'에 해당하더라도 경우에 따라서는 콘텐츠 제작자의 도덕적 권리를 침해할 수 있다(Weidinger et al., 2022)[85].

좀 더 미묘하게는, 생성 모델(12장, 14-18장)은 AI와 지식재산에 관한 새로운 질문을 제기한다. 머신러닝 모델의 출력물(예를 들어 미술, 음악, 코드, 텍스트)에 저작권이나 특허를 부여할 수 있을까? 특정 예술가의 스타일을 재현하기 위해 특정 예술가의 작품에 대한 모델을 미세 조정하는 것이 도덕적으로 허용되거나 합법적일까? 지식재산법은 기존 법률이 머신러닝 모델을 염두에 두고 만들어지지 않았음을 강조하는 영역 중 하나다.† 가까운 시일 내에 정부와 법원이 선례를 세울 수 있겠지만, 이 글을 쓰는 시점에는 여전히 이러한 질문에 대한 답을 내놓지 못하고 있다.

연습 문제 21.9 참고

21.3.2 자동화 편향과 도덕적 탈숙련화

사회가 AI 시스템에 더 많이 의존함에 따라 자동화 편향(즉 모델 출력이 '객관적'이기 때문에 정확할 것이라는 기대)의 위험이 증가한다. 이는 정량적 방법이 정성적 방법보다 낫다는 견해로 이어진다. 그러나 21.5절에서 살펴보겠지만, 소위 객관적인 노력이 가치 중립적인 경우는 거의 없다.

탈숙련화deskilling의 사회학적 개념은 자동화로 인해 기술이 불필요해지고 평가절하되는 것을 의미한다(Braverman, 1974)[86]. 예를 들어 기억과 같은 인지 능력을 기술에 위임하면 사물을 기억하는 능력이 저하될 수 있다. 마찬가지로 도덕적으로 중요한 의사결정에서 AI의 자동화는 도덕적 능력을 저하시킬 수 있다(Vallor, 2015)

[87]. 예를 들어 전쟁 상황에서 무기 시스템의 자동화는 전쟁 피해자의 비인간화로 이어질 수 있다(Asaro(2012)[88], Heyns(2017)[89]). 마찬가지로 노인, 아동 또는 의료 환경의 돌봄 로봇은 서로를 돌보는 능력을 저하시킬 수 있다(Vallor, 2011)[90].

21.3.3 환경에 미치는 영향

심층 신경망을 훈련하려면 상당한 계산 능력이 필요하므로 많은 양의 에너지를 소비한다. Strubell et al.(2019[91], 2020[92])은 2억 1,300만 개의 매개변수를 가진 트랜스포머 모델을 훈련하는 데 약 284톤의 CO_2가 배출된다고 추정했다.† Luccioni et al.(2022)[93]은 BLOOM 언어 모델 훈련을 통해 생성된 배출량에 대해 유사한 추정치를 제공했다. 안타깝게도 폐쇄형 독점 모델의 보급 증가로 해당 모델이 환경에 미치는 영향에 대해 점점 아무것도 알 수 없게 되어가고 있다(Luccioni, 2023)[94].

> 기준으로 평균적으로 인구 1명이 연간 약 5톤의 CO_2를 배출하는 것으로 추정되고, 주요 산유국은 이 양의 세 배에 해당하는 CO_2를 배출한다. 좀 더 상세한 내용은 https://ourworldindata.org/co2-emissions를 참고하자.

21.3.4 고용과 사회

기술혁신의 역사는 일자리 대체의 역사다. 2018년 맥킨지 글로벌 연구소는 AI가 주로 자동화를 통한 노동 대체로 2030년까지 약 13조 달러의 경제 생산량을 증가시킬 수 있다고 추정했다(Bughin et al., 2018)[95]. 맥킨지 글로벌 연구소는 또 다른 연구를 통해 2016년에서 2030년 사이에 전 세계 노동력의 최대 30%(1,000만-8억 명)가 AI로 인해 일자리를 잃을 수 있다고 전망한다(Manyika et al.(2017)[96], Manyika & Sneader(2018)[97]).

그러나 예측은 본질적으로 어렵고, AI에 의한 자동화는 단기적인 일자리 손실로 이어질 수 있지만, **기술적 실업**technological unemployment의 개념은 '일시적인 부적응 단계'로 설명해왔다(Keynes, 2010)[98].† 이는 부의 증가가 생산성 증가를 상쇄하여 제품과 서비스에 대한 수요 증가를 창출할 수 있기 때문이다. 또한, 새로운 기술은 새로운 유형의 일자리를 창출할 수 있다.

> 연습 문제 21.10 참고

그러나 비록 자동화가 장기적으로 전체 고용의 순 손실로 이어지지 않더라도, 단기적으로는 새로운 사회 프로그램이 필요할 수 있다. 따라서 AI로 인한 실업 가능성에 대해 낙관적(Brynjolfsson & McAfee(2016)[99], Danaher(2019)[100]), 중립적

(Metcalf et al.(2016)[101], Calo(2018)[102], Frey(2019)[103]), 비관적(Frey & Osborne, 2017)[104]인지 여부에 관계없이 사회가 크게 변화할 것은 분명하다.

21.3.5 권력의 집중

심층 신경망의 규모가 커짐에 따라 이러한 모델을 훈련하는 데 필요한 데이터의 양과 컴퓨팅 성능도 그에 따라 증가한다. 이런 점에서 소규모 기업과 스타트업은 대규모 기술 기업과 경쟁하지 못할 수도 있다. 이로 인해 권력과 부가 점점 소수의 기업들에 집중되는 피드백 루프가 발생할 수 있다. 최근의 연구에 따르면 주요 AI 학회에서 대규모 기술 기업과 '명문' 대학의 출판물과 중하위권 대학의 출판물 간의 격차가 점점 더 커지고 있다(Ahmed & Wahed, 2016)[105]. 여러 관점에서 이러한 부와 권력의 집중은 사회의 정의로운 분배와 양립할 수 없다(Rawls, 1971)[106].

이로 인해 모든 사람이 AI 시스템을 만들 수 있도록 하여 AI를 민주화해야 한다는 요구가 제기되었다(Li(2018)[107], Knight(2018)[108], Kratsios(2019)[109], Riedl(2020)[110]).† 이를 위해서는 더 많은 사람들이 딥러닝 기술의 혜택을 누릴 수 있도록 오픈 소스와 오픈 사이언스를 통해 딥러닝 기술을 더욱 광범위하고 사용하기 쉽게 만들어야 한다. 이는 진입 장벽을 낮추고 AI에 대한 접근성을 높이는 동시에 비용을 절감하고 모델 정확성을 보장하며 참여와 포용성을 높인다(Ahmed et al., 2020)[111].

> 연습 문제 21.11 참고

21.4 사례 연구

이제 이 장에서 논의한 많은 문제를 다루는 사례 연구를 살펴본다. 2018년 대중매체는 'Gaydar AI'라는 논란의 여지가 있는 얼굴 분석 모델(Wang & Kosinski, 2018)[112]에 대해 다음과 같은 선정적인 기사 제목으로 보도했다.

> AI는 당신이 게이인지 알 수 있다. AI가 놀라운 정확도로 한 장의 사진에서 성적 취향을 예측해준다(Ahmed, 2017)[113], 무시무시한 AI가 91%의 정확도로 동성애자인지 여부를 판단할 수 있다(Matsakis, 2017)[114], AI 시스템은 당신이 게이인지 알 수 있다(Fernandez, 2017)[115].

이 작업에는 여러 가지 문제가 있다. 첫째, 훈련 데이터셋은 대부분 백인 이미지로 구성되어 있어 매우 편향되고 대표성이 없다. 둘째, 성별과 성적 지향의 유동성을 고려할 때 모델링과 검증도 의심스럽다. 셋째, 이러한 모델의 가장 명확한 사용 사례는 성소수성이 범죄로 간주되는 국가에서 성소수자(LGBTQ+) 개인을 대상으로 한 차별과 박해이다. 넷째, 일반적으로 투명성, 설명 가능성, 가치 정렬과 관련하여 '게이다' 모델은 저자가 주장한 것처럼 얼굴 구조보다는 몸단장, 표정, 생활 방식의 패턴으로 인한 허위 상관관계를 포착하는 것으로 보인다(Agüera y Arcas et al., 2018)[116]. 다섯째, 데이터 개인정보 보호와 관련하여 데이트 웹사이트에서 '공개' 사진과 성적 지향 레이블을 수집하는 윤리에 대한 의문이 제기된다. 마지막으로 과학적 의사소통과 관련하여 연구자들은 확실히 헤드라인을 장식할 수 있는 방식으로 결과를 전달했다. 논문 제목인 <Deep Neural Networks Can Detect Sexual Orientation from Faces(심층 신경망은 얼굴에서 성적 취향을 감지할 수 있다)>조차도 모델의 능력을 과장한 것이다(그들은 절대 할 수 없다).

성적 지향을 판단하기 위한 얼굴 분석 모델이 LGBTQ+ 커뮤니티에 전혀 도움이 되지 않는다는 점도 분명하다. 사회에 이익이 주려고 할 때 가장 중요한 질문은 특정 연구, 실험, 모델, 응용 또는 기술이 그것이 속한 공동체의 이익에 부합하는지 여부다.

21.5 과학의 가치 중립적 이상

이 장에서는 AI 시스템의 목표가 의도치 않게 또는 오용을 통해 인류의 가치에서 벗어날 수 있는 여러 가지 방법을 열거했다. 이제 과학자들이 중립적인 행위자가 아니라고 주장한다. 그들의 가치는 필연적으로 그들의 업무에 영향을 미치게 된다.

이것은 놀라울 수 있다. 과학은 객관적이거나 객관적이어야 한다는 폭넓은 믿음이 있어왔다. 이는 **과학의 가치 중립적 이상**value-free ideal of science에 의해 성문화된다. 많은 사람들은 알고리즘이 단지 수학이기 때문에 머신러닝이 객관적이라고 주장할 것이다. 그러나 알고리즘 편향(21.1.1절)과 마찬가지로 AI 실무자의 가치가 업무에 영향을 미칠 수 있는 4단계가 있다(Reiss & Sprenger, 2017)[117].

1. 연구 문제의 선택
2. 연구 문제와 관련된 증거 수집
3. 과학적 가설을 문제에 대한 답으로 받아들임
4. 과학 연구의 결과를 적용

이 단계들 중에 첫 번째와 마지막 단계에서 가치가 중요한 역할을 한다는 점에는 아마도 논쟁의 여지가 없을 것이다. 연구 문제의 초기 선택과 후속 응용 프로그램의 선택은 과학자, 기관, 자금 지원 기관의 관심사에 의해 영향을 받는다. 그러나 과학의 가치 중립적 이상은 개입하는 과학적 과정에 대한 도덕적, 개인적, 사회적, 정치적, 문화적 가치의 영향을 최소화하도록 규정한다. 이 아이디어는 가치 중립성 논제를 전제로 하고, 과학자들이 (적어도 원칙적으로) 가치 판단을 내리지 않고 단계 2와 3에 참여할 수 있다고 제안한다.

그러나 의도적이든 아니든 머신러닝 연구에는 가치가 내재되어 있다. 이러한 가치의 대부분은 인식론적(예를 들어 성능, 일반화, 과거 작업 기반 구축, 효율성, 참신성)으로 분류된다. 그러나 일련의 가치를 결정하는 것은 그 자체가 가치에 따른 결정이다. 사회적 요구를 명시적으로 논의하는 논문은 거의 없으며 잠재적인 부정적인 영향을 논의하는 논문도 거의 없다(Birhane et al., 2022b)[118]. 과학 철학자들은 과학의 가치 중립적 이상이 달성 가능한 건지, 바람직한 건지에 대해 의문을 제기해왔다. 예를 들어 Longino(1990[119], 1996[120])는 이러한 인식론적 가치가 순수하게 인식론적이지 않다고 주장한다. Kitcher(2011a[121], b[122])는 과학자들이 일반적으로 진실 자체에 관심을 두지 않고, 대신 그들의 목표와 이익과 관련된 진실을 추구한다고 주장한다.

머신러닝은 귀납적 추론에 의존하므로 귀납적 위험이 발생하기 쉽다. 모델은 훈련 데이터 지점에서만 제한을 받는데, 차원의 저주로 인해 이는 입력 공간의 아주 작은 부분에 불과하다. 모델을 훈련하는 데 사용하는 데이터의 양에 관계없이 출력은 항상 잘못될 수 있다. 모델 예측을 수락하거나 거부하려면 가치 판단이 필요하다. 즉 수락해서 틀렸을 때의 위험이 거부해서 틀렸을 때의 위험보다 낮다는 것이다.

따라서 귀납적 추론을 사용한다는 것은 머신러닝 모델이 매우 가치 판단적이라는 것을 시사한다(Johnson, 2022)[123]. 실제로 그렇지 않다면 응용 분야가 없을 것이다. 바로 가치 판단적이기 때문에 유용하다는 것이다. 따라서 알고리즘이 현실 세계에서 순위 지정, 정렬, 필터링, 추천, 범주화, 레이블 지정, 예측 등에 사용된다는 점을 받아들이는 것은 이러한 과정이 실제 세계에 영향을 미칠 것임을 의미한다. 머신러닝 시스템이 점점 더 상용화되고 적용됨에 따라, 관심 분야에 더욱 많이 활용되고 있다.

이러한 통찰은 알고리즘이 인간 의사결정자보다 좀 더 객관적이라고 믿는, 따라서 객관성이 중요하다고 생각하는 분야에서는 인간 의사결정자를 대체해야 한다고 주장하는 연구자들에게 시사점을 준다.

21.6 집단적인 행동 문제 관점에서의 책임 있는 AI 연구

책임을 미루는 것은 쉽다. 이 장을 읽는 학생과 전문가는 자신의 연구가 현실 세계와 너무 동떨어져 있거나, 더 큰 기계의 작은 부분이어서 자신의 행동이 변화를 가져올 수 없다고 생각할 수도 있다. 그러나 그렇지 않다. 연구자들은 자신이 시간을 투자하는 과제, 자신이 일하는 회사나 기관, 자신이 추구하는 지식, 상호작용하는 사회 및 지적 집단, 의사소통 방식을 선택할 수 있다.

옳은 일을 하는 것은 그것이 무엇이든 종종 사회적 딜레마의 형태를 취한다. 협력이 반드시 개인의 이익에 부합하는 것은 아니지만 최상의 결과는 협력에 달려 있다.† 책임 있는 AI 연구는 집단이 함께 협력하여 행동하는 문제다.

연습 문제 21.12 참고

21.6.1 과학적 의사소통

첫 번째 긍정적인 단계는 책임감 있게 의사소통하는 것이다. 잘못된 정보는 다양한 유형의 소셜 신경망에서 진실보다 더 빠르게 확산되고 더 쉽게 지속된다(LaCroix et al.(2021)[124], Ceylan et al.(2023)[125]). 따라서 머신러닝 시스템의 능력을 과장하지 말고(앞의 사례 연구 참고) 오해의 소지가 있는 의인화를 피하는 것이 중요하다. 머신러닝 기술의 오용 가능성을 인식하는 것도 중요하다. 예를 들어 골상학과 관상학 같은 유사과학적 관행이 AI에서 놀랍게 부활을 했다(Stark & Hutson, 2022)[69].

21.6.2 다양성과 이질성

두 번째 긍정적인 단계는 다양성을 장려하는 것이다. 사회 집단이 동질적(주로 유사한 구성원으로 구성된다)이거나 동질성(유사한 다른 구성원과 연합하는 경향이 있는 구성원으로 구성)이 있을 때, 지배적인 집단의 관습이 재현되고 안정화되는 경향이 있다(O'Connor & Bruner, 2019)[126]. 억압적인 시스템을 완화하는 방법은 다양한 견해를 고려하는 것이다. 이는 공정성, 다양성, 포용성, 접근성 이니셔티브(기관 수준), 연구에 대한 참여 및 지역사회 기반 접근 방식(연구 수준), 사회적, 정치적, 도덕적 문제에 대한 인식 제고(개인 수준)를 통해 달성할 수 있다.

관점 인식론standpoint epistemology 이론(Harding, 1986)[127]은 지식이 사회적으로 위치한다고 제안한다(즉 사회에서 개인의 사회적 지위에 따라 다르다). 기술계의 동질성은 편향된 기술을 초래할 수 있다(Noble(2018)[128], Eubanks(2018)[129], Benjamin(2019)[130], Broussard(2023)[131]). 다양성이 부족하다는 것은 이러한 기술을 만드는 개인의 관점이 데이터셋, 알고리즘 및 코드에 기본 관점으로 스며들게 된다는 것을 의미한다. Broussard(2023)[131]는 많은 기술이 신체 건강한 백인, 시스젠더, 미국 남성에 의해 개발되기 때문에 그 기술은 신체 건강한 백인, 시스젠더, 미국 남성의 관점에 최적화되어 있다고 주장한다. 기술이 역사적으로 소외된 커뮤니티에 도움을 주려면, 연구자들이 해당 커뮤니티의 필요 사항, 요구 사항, 관점을 이해해야 한다(Birhane et al., 2022a)[132]. AI 연구에 대한 **디자인 정의**design justice와 참여 및 커뮤니티 기반 접근 방식은 기술의 영향을 받는 커뮤니티가 디자인에 적극적으로 참여해야 한다고 주장한다(Constanza-Chock, 2020)[133].

21.7 앞으로 나아갈 길

AI가 사회를 더 좋든 더 나쁘든 근본적으로 변화시킬 것이라는 점은 부인할 수 없다. 그러나 AI가 주도하는 미래 유토피아 사회에 대한 낙관적인 비전에는 신중하고 건전한 비판적 성찰이 필요하다. AI의 많은 이점은 특정 상황에서만 그리고 사회의 일부에만 유익하다. 예를 들어 Green(2019)[134]은 AI를 사용하여 경찰의 책임성을 높이고 구금에 대한 대안을 제공하는 프로젝트와 예측 치안을 통해 보안을 강화하기 위해 개발된 프로젝트가 모두 '사회적 선을 위한 AI'로 광고된다는 점을 강조한다. 이러한 레이블을 지정하는 것은 근거가 없는 가치 판단이다. 한 공동체의 이익이 다른 공동체에 해를 끼칠 수 있다.

신기술이 사회에 이익을 줄 가능성을 고려할 때, 그러한 혜택이 균등하게 또는 공평하게 분배될 것인지를 숙고할 필요가 있다. 흔히 기술적으로 가장 진보된 해결책이 가장 좋은 해결책이라고 가정하는데, 이를 소위 **기술 우월주의**technochauvinism라고 한다(Broussard, 2018)[00]. 그러나 많은 사회 문제는 근본적인 사회 문제에서 발생하며 기술적 해결책을 보장하지 않는다.

이 장 전반에 걸쳐 몇 가지 공통 주제가 등장했는데, 다음과 같은 네 가지 핵심 사항을 다시 한번 독자들에게 강조한다.

- **머신러닝 연구는 윤리 문제를 피할 수 없다.** 역사적으로 연구자들은 통제된 실험실 환경에서 연구의 근본적인 측면에 집중할 수 있었다. 그러나 AI를 상용화하기 위한 막대한 경제적 인센티브와 학문적 연구에 대한 산업계의 학술 연구 자금 지원 때문에 이러한 연구자들의 사치는 줄어들고 있다(Abdalla & Abdalla, 2021[136] 참고). 이론적 연구조차도 사회적 영향을 미칠 수 있으므로 연구자들은 자신의 작업의 사회적, 윤리적 측면에 참여해야 한다.

- **순수한 기술적 결정에도 가치가 포함될 수 있다.** 근본적으로 AI는 단지 수학일 뿐이므로, AI가 '객관적'이며 윤리와는 무관하다는 견해가 여전히 널리 퍼져 있다. AI 시스템의 개발이나 배포를 고려할 때 이러한 가정은 사실이 아니다.

- **AI 작업이 수행되는 구조에 의문을 제기해야 한다.** AI 윤리에 관한 많은 연구는 AI가 배치될 더 큰 사회 구조에 의문을 제기하기보다는 특정 상황에 초점을 맞추고 있다. 예를 들어 알고리즘의 공정성을 보장하는 데 상당한 관심이 있지만, 기존 사회 및 정치 구조 내에서 공정성, 정의 또는 형평성의 개념을 구현하는 것이 항상 가능하지는 않을 수 있다. 그러므로 기술은 본질적으로 정치적이다.

- **사회적, 윤리적 문제가 반드시 기술적 해결책을 필요로 하는 것은 아니다.** AI 기술을 둘러싼 많은 잠재적인 윤리적 문제는 주로 사회적, 구조적이므로 기술 혁신만으로는 이러한 문제를 해결할 수 없다. 과학자들이 신기술로 긍정적인 변화를 일으키려면 정치적, 도덕적 입장을 취해야 한다.†

연습 문제 21.13 참고

그렇다면 일반적인 과학자는 어떤 처지에 놓이게 될까? 아마도 다음과 같은 의무를 지게 될 것이다. 자신이 수행하는 연구의 도덕적, 사회적 차원을 성찰하는 것이 필요하다. 이를 위해서는 신기술의 영향을 가장 많이 받을 가능성이 있는 커뮤니티에 적극적으로 참여하여 연구자와 커뮤니티 간의 관계를 구축하고 해당 커뮤니티에 권한을 부여해야 한다. 이는 자신의 분야를 넘어서 문학에 참여하는 것이 포함될 수도 있다. 철학적 질문에 대해서는 스탠포드 철학 백과사전Stanford Encyclopedia of Philosophy†이 매우 귀중한 자료다. 이와 관련하여 학제 간 회의도 유용하다. 주요 연구 결과는 FAccT와 AIES 컨퍼런스 양쪽 모두에서 발표되고 있다. .

[옮긴이] https://plato.stanford.edu/

21.8 요약

이 장에서는 딥러닝과 AI의 윤리적 의미를 고찰했다. 가치 정렬 문제는 AI 시스템의 목표가 인간의 목표와 일치하도록 보장하는 작업이다. 편향, 설명 가능성, 인위적 도덕 행위자 및 기타 주제를 이러한 관점을 통해 볼 수 있다. AI는 의도적으로 오용될 수 있으며, 이 장에서는 이것이 발생할 수 있는 몇 가지 방법을 자세히 설명했다. AI의 발전은 IP 법률과 기후 변화와 같은 다양한 영역에 점점 더 많은 영향을 미치고 있다.

윤리적 AI는 집단적인 행동 문제이며, 이 장은 과학자들에게 자신이 수행하는 연구의 도덕적, 윤리적 의미를 고려해줄 것을 호소하는 것으로 마무리하고 있다. 모든 윤리적 문제는 모든 개별 컴퓨터 과학자가 통제할 수 있는 문제가 아니다. 그러나 이것이 연구자들이 자신이 만든 시스템의 오용 가능성을 고려하고 가능한 경우 완화할 책임이 전혀 없다는 것을 의미하는 것은 아니다.

연습 문제

21.1 AI에 대한 가치 정렬 문제의 가장 일반적인 사양은 'AI 시스템의 가치가 인류의 가치와 일치하는지 확인하는 문제'라고 제안했다. 문제에 대한 이 설명이 구체화되지 못한 점에 대해서 토론해보자(토론 자료: LaCroix(2025)[22]).

21.2 굿하트의 법칙Goodhart's law은 '측정이 목표가 되면 더 이상 좋은 측정이 아니다'라고 말한다. 손실 함수가 실제 목표에 대한 단순한 프록시라는 점을 고려하여 인공 지능의 가치 정렬에 적용하기 위해 이 법칙을 어떻게 다시 공식화할 수 있는지 생각해보자.

21.3 대학이 '학생의 성공'을 예측하기 위한 모델을 구축하기 위해 과거 학생들의 데이터를 사용한다고 가정해보자. 이 모델은 정책과 관행의 정보에 입각한 변화를 지원할 수 있다. 편향이 이 모델 개발 및 배포의 네 단계 각각에 어떤 영향을 미칠 수 있는지 고려해보자(토론 자료: Fazelpour & Danks(2021)[23]).

21.4 기능적 투명성, 구조적 투명성, 실행 투명성이 서로 직교한다고 생각할 수 있다. 한 가지 형태의 투명성이 증가하더라도 동시에 다른 형태의 투명성이 증가하지 않을 수 있다는 예를 제시해보자(토론 자료: Creel(2020)[56]).

21.5 컴퓨터 과학자가 AI에 관한 연구 논문을 작성하거나 코드를 공개 저장소에 푸시하는 경우, 향후 해당 작업의 오용에 대한 책임이 그들에게 있을까?

21.6 AI의 군사화는 어느 정도까지 불가피할까?

21.7 21.2절에서 강조한 AI의 오용 가능성을 고려하여 딥러닝 분야의 오픈 소스 연구 문화에 대한 찬반 주장을 해보자.

21.8 어떤 사람들은 개인 데이터가 그것을 소유한 사람들에게 힘의 원천이라고 제안한다. 딥러닝을 활용하는 기업에게 개인 데이터가 어떻게 가치가 있는지 논의하고, 개인정보 보호 손실이 개별적으로가 아닌 집단적으로 경험된다는 주장을 고려해보자(토론 자료: Véliz(2020)[137]).

21.9 생성형 AI가 창조 산업에 미치는 영향은 무엇일까? 이러한 새로운 발전에 대처하기 위해 IP 법이 어떻게 수정되어야 할까?

21.10 좋은 예측은 (i) 언제 틀렸는지 알 수 있을 만큼 구체적이어야 하고, (ii) 가능한 인지 편향을 설명하고, (iii) 합리적으로 믿음을 갱신할 수 있어야 한다. 미래 AI에 대한 최근 언론의 주장을 고려하고 그것이 이러한 기준을 충족하는지 논의해보자(토론 자료: Tetlock & Gardner(2016)[138]).

21.11 일부 비평가들은 AI 민주화 요구가 민주주의의 참여적 측면에 너무 집중하여 집단적 인식, 추론 및 주체의 오류 위험을 증가시켜 도덕적으로 나쁜 결과를 초래할 수 있다고 주장해왔다. 다음 각 사항을 논의해보자. AI의 어떤 측면이 민주화되어야 할까? AI는 왜 민주화되어야 할까? AI는 어떻게 민주화되어야 할까(토론 자료: Himmelreich(2022)[139])?

21.12 2023년 3월, Future of Life Institute(FLI)는 '거대 AI 실험 일시 중지'라는 서한을 발표했는데, 이 편지에서 그들은 모든 AI 연구소에 GPT-4보다 더 강력한 AI 시스템 훈련을 최소 6개월 동안 즉시 중단할 것을 요구했다. 이 편지를 쓴 저자의 동기, 대중의 반응, 그리고 그러한 중단의 의미에 대해 논의해보자. 이 에피소드를 AI 윤리가 집단 행동 문제로 간주될 수 있다는 관점과 연관해서 생각해보자(21.6절)(토론 자료: Gebru et al.(2023)[140]).

21.13 21.7절에 있는 네 가지 사항의 장점을 토론해보자. 당신은 그것에 동의하는가?

참고 문헌

[1] Rajpurkar, P., Chen, E., Banerjee, O., & Topol, E. J. (2022). AI in health and medicine. *Nature Medicine*, 28(1), 31–38.

[2] Rolfe, J. T. (2017). Discrete variational autoencoders. *International Conference on Learning Representations*.

[3] Taddeo, M., & Floridi, L. (2018). How AI can be a force for good. *Science*, 361(6404), 751–752.

[4] Tomašev, N., Cornebise, J., Hutter, F., Mohamed, S., Picciariello, A., Connelly, B., Belgrave, D. C., Ezer, D., Haert, F. C. v. d., Mugisha, F., et al. (2020). AI for social good: Unlocking the opportunity for positive impact. *Nature Communications*, 11(1), 2468.

[5] Angwin, J., Larson, J., Mattu, S., & Kirchner, L. (2016). Machine bias: There's software used across the country to predict future criminals. and it's biased against blacks. ProPublica, May 23, 2016. https://www.propublica.org/article/machine-bias-risk-assessments-in-criminal-sentencing.

[6] O'Neil, C. (2016). *Weapons of Math Destruction*. Crown.

[7] Jobin, A., Ienca, M., & Vayena, E. (2019). The global landscape of AI ethics guidelines. *Nature Machine Intelligence*, 1, 389–399.

[8] McNamara, A., Smith, J., & Murphy-Hill, E. (2018). Does ACM's code of ethics change ethical decision making in software development? *ACM Joint Meeting on European Software Engineering Conference and Symposium on the Foundations of Software Engineering*, 729–733.

[9] Hagendorff, T. (2020). The ethics of AI ethics: An evaluation of guidelines. *Minds and Machines*, 30(1), 99–120.

[10] LaCroix, T., & Mohseni, A. (2022). The tragedy of the AI commons. *Synthese*, 200(289).

[11] Russell, S. (2019). *Human Compatible: Artificial Intelligence and the Problem of Control*. Viking.

[12] Christian, B. (2020). *The Alignment Problem: Machine Learning and Human Values*. W. W. Norton.

[13] Gabriel, I. (2020). Artificial intelligence, values, and alignment. *Minds and Machines*, 30, 411–437.

[14] Hubinger, E., van Merwijk, C., Mikulik, V., Skalse, J., & Garrabrant, S. (2019). Risks from learned optimization in advanced machine learning systems. *arXiv:1906.01820*.

[15] Goldberg, D. E. (1987). Simple genetic algorithms and the minimal deceptive problem. *Genetic Algorithms and Simulated Annealing*, 74–88. Morgan Kaufmann.

[16] Mitchell, M., Forrest, S., & Holland, J. H. (1992). The royal road for genetic algorithms: Fitness landscapes and GA performance. *European Conference on Artificial Life*.

[17] Lehman, J., & Stanley, K. O. (2008). Exploiting open-endedness to solve problems through the search for novelty. *International Conference on Artificial Life*, 329–336.

[18] Gabriel, I. (2020). Artificial intelligence, values, and alignment. *Minds and Machines*, 30, 411–437.

[19] Amodei, D., Olah, C., Steinhardt, J., Christiano, P., Schulman, J., & Mané, D. (2016). Concrete problems in AI safety. *arXiv:1606.06565*.

[20] LaCroix, T. (2022). The linguistic blind spot of value-aligned agency, natural and artificial. *arXiv:2207.00868*.

[21] Laffont, J.-J., & Martimort, D. (2002). *The Theory of Incentives: The Principal-Agent Model*. Princeton University Press.

[22] LaCroix, T. (2025). *Artificial Intelligence and the Value-Alignment Problem: A Philosophical Introduction*. Broadview Press. https://value-alignment.github.io.

[23] Fazelpour, S., & Danks, D. (2021). Algorithmic bias: Senses, sources, solutions. *Philosophy Compass*, 16.

[24] Mitchell, S., Potash, E., Barocas, S., D'Amour, A., & Lum, K. (2021). Algorithmic fairness: Choices, assumptions, and definitions. *Annual Review of Statistics and Its Application*, 8, 141–163

[25] Danks, D., & London, A. J. (2017). Algorithmic bias in autonomous systems. *International Joint Conference on Artificial Intelligence*, 4691–4697.

26. Menon, S., Damian, A., Hu, S., Ravi, N., & Rudin, C. (2020). PULSE: self-supervised photo upsampling via latent space exploration of generative models. *IEEE/CVF Computer Vision & Pattern Recognition*, 2434–2442.

27. Vincent, J. (2020). What a machine learning tool that turns Obama white can (and can't) tell us about AI bias/a striking image that only hints at a much bigger problem. The Verge, June 23, 2020. https://www.theverge.com/21298762/face-depixelizer-ai-machine-learning-tool-pulse-stylegan-obama-bias.

28. Mayson, S. G. (2018). Bias in bias out. *Yale Law Journal*, 128, 2122–2473.

29. Kleinberg, J., Mullainathan, S., & Raghavan, M. (2017). Inherent trade-offs in the fair determination of risk scores. *Innovations in Theoretical Computer Science Conference*, vol. 67, 1–23.

30. Chouldechova, A. (2017). Fair prediction with disparate impact: A study of bias in recidivism prediction instruments. *Big data*, 5(2), 153–163.

31. Berk, R., Heidari, H., Jabbari, S., Kearns, M., & Roth, A. (2017). Fairness in criminal justice risk assessments: the state of the art. *Sociological Methods & Research*, 50(1), 3–44.

32. Green, B. (2022). Escaping the impossibility of fairness: From formal to substantive algorithmic fairness. *Philosophy & Technology*, 35(90).

33. Brown, T., Mann, B., Ryder, N., Subbiah, M., Kaplan, J. D., Dhariwal, P., Neelakantan, A., Shyam, P., Sastry, G., Askell, A., et al. (2020). Language models are few-shot learners. *Neural Information Processing Systems*, 33, 1877–1901.

34. Falbo, A., & LaCroix, T. (2022). Est-ce que vous compute? Code-switching, cultural identity, and AI. *Feminist Philosophy Quarterly*, 8(3/4).

35. Crenshaw, K. (1991). Mapping the margins: Intersectionality, identity politics, and violence against women of color. *Stanford Law Review*, 43(6), 1241–1299.

36. Buolamwini, J., & Gebru, T. (2018). Gender shades: Intersectional accuracy disparities in commercial gender classification. *Proceedings of Machine Learning Research*, 81.

37. Raji, I. D., & Buolamwini, J. (2019). Actionable auditing: Investigating the impact of publicly naming biased performance results of commercial AI products. *AAAI/ACM Conference on AI, Ethics, and Society*, 429–435.

38. Raji, I. D., Kumar, I. E., Horowitz, A., & Selbst, A. (2022). The fallacy of AI functionality. *ACM Conference on Fairness, Accountability, and Transparency*, 959–972.

39. Micelli, M., Posada, J., & Yang, T. (2022). Studying up machine learning data: Why talk about bias when we mean power? *Proceedngs of ACM on Human-Computer Interaction*, 6.

40. Barocas, S., Hardt, M., & Narayanan, A. (2023). *Fairness and Machine Learning: Limitations and Opportunities*. MIT Press.

41. Mehrabi, N., Morstatter, F., Saxena, N., Lerman, K., & Galstyan, A. (2022). A survey on bias and fairness in machine learning. *ACM Computing Surveys*, 54(6), 1–35.

42. Tomasev, N., McKee, K. R., Kay, J., & Mohamed, S. (2021). Fairness for unobserved characteristics: Insights from technological impacts on queer communities. *AAAI/ACM Conference on AI, Ethics, and Society*, 254–265.

43. Awad, E., Dsouza, S., Kim, R., Schulz, J., Henrich, J., Shariff, A., Bonnefon, J.-F., & Rahwan, I. (2018). The moral machine experiment. *Nature*, 563, 59–64.

44. Evans, K., de Moura, N., Chauvier, S., Chatila, R., & Dogan, E. (2020). Ethical decision making in autonomous vehicles: the AV ethics project. *Science and Engineering Ethics*, 26(6), 3285–3312.

45. Arkin, R. C. (2008a). Governing lethal behavior: Embedding ethics in a hybrid deliberative/reactive robot architecture—Part I: Motivation and philosophy. *ACM/IEEE International Conference on Human Robot Interaction*, 121–128.

46. Arkin, R. C. (2008b). Governing lethal behavior: Embedding ethics in a hybrid deliberative/reactive robot architecture—Part II: Formalization for ethical control. *Conference on Artificial General Intelligence*,

51–62.

47 Anderson, M., & Anderson, S. L. (2008). Ethical healthcare agents. *Advanced Computational Intelligence Paradigms in Healthcare 3. Studies in Computational Intelligence*, vol. 107, 233–257.

48 Sharkey, A., & Sharkey, N. (2012). Granny and the robots: Ethical issues in robot care for the elderly. *Ethics and Information Technology*, 14(1), 27–40.

49 Moor, J. (2006). The nature, importance, and difficulty of machine ethics. *Intelligence Systems*, 21(4), 18–21.

50 Allen, C., Smit, I., & Wallach, W. (2005). Artificial morality: Top-down, bottom-up, and hybrid approaches. *Ethics and Information Technology*, 7, 149–155.

51 Wallach, W., Allen, C., & Smit, I. (2008). Machine morality: Bottom-up and top-down approaches for modeling human moral faculties. *AI & Society*, 22(4), 565–582.

52 Noothigattu, R., Gaikwad, S. N., Awad, E., Dsouza, S., Rahwan, I., Ravikumar, P., & Procaccia, A. D. (2018). A voting-based system for ethical decision making. *AAAI Portuguese Conference on Artificial Intelligence*, 1587–1594.

53 van Wynsberghe, A., & Robbins, S. (2019). Critiquing the reasons for making artificial moral agents. *Science and Engineering Ethics*, 25, 719–735.

54 Cervantes, J.-A., López, S., Rodríguez, L.-F., Cervantes, S., Cervantes, F., & Ramos, F. (2019). Artificial moral agents: A survey of the current status. *Science and Engineering Ethics*, 26, 501–532.

55 Tolmeijer, S., Kneer, M., Sarasua, C., Christen, M., & Bernstein, A. (2020). Implementations in machine ethics: A survey. *ACM Computing Surveys*, 53(6), 1–38.

56 Creel, K. A. (2020). Transparency in complex computational systems. *Philosophy of Science*, 87(4), 568–589.

57 Ribeiro, M., Singh, S., & Guestrin, C. (2016). "Why should I trust you?": Explaining the predictions of any classifier. *Meeting of the Association for Computational Linguistics*, 97–101.

58 Prince, S. J. D. (2022). Explainability I: local posthoc explanations. https://www.borealisai.com/research-blogs/explainability-i-local-post-hoc-explanations/.

59 Erasmus, A., Brunet, T. D. P., & Fisher, E. (2021). What is interpretability? *Philosophy & Technology*, 34, 833–862.

60 Molnar, C. (2022). Interpretable Machine Learning: A Guide for Making Black Box Models Explainable. https://christophm.github.io/interpretable-ml-book.

61 Smith, M., & Miller, S. (2022). The ethical application of biometric facial recognition technology. *AI & Society*, 37, 167–175.

62 Barrett, L. (2020). Ban facial recognition technologies for children — and for everyone else. *Boston University Journal of Science and Technology Law*, 26(2), 223–285.

63 Berger, P. (2019). MTA's initial foray into facial recognition at high speed is a bust. April 07, 2019. https://www.wsj.com/articles/mtas-initial-foray-into-facial-recognition-at-high-speed-is-a-bust-11554642000.

64 Leuner, J. (2019). A replication study: Machine learning models are capable of predicting sexual orientation from facial images. *arXiv:1902.10739*.

65 Stark, L., & Hoey, J. (2021). The ethics of emotions in artificial intelligence systems. *ACM Conference on Fairness, Accountability, and Transparency*, 782–793.

66 Fetscherin, M., Tantleff-Dunn, S., & Klumb, A. (2020). Effects of facial features and styling elements on perceptions of competence, warmth, and hireability of male professionals. *The Journal of Social Psychology*, 160(3), 332–345.

67 Wu, X., & Zhang, X. (2016). Automated inference on criminality using face images. *arXiv:1611.04135*.

68 Raji, I. D., & Fried, G. (2020). About face: A survey of facial recognition evaluation. *AAAI Workshop on AI Evaluation*.

69 Stark, L., & Hutson, J. (2022). Physiognomic artificial intelligence. *Fordham Intellectual Property, Media & Entertainment Law Journal*, XXXII(4), 922–978.

70 Sisson, M., Spindel, J., Scharre, P., & Kozyulin, V.

(2020). The militarization of artificial intelligence. *United Nations Office for Disarmament Affairs.*

71 Heikkilä, M. (2022). *Why business is booming for military AI startups.* MIT Technology Review, July 7 2022. https://www.technologyreview.com/2022/07/07/1055526/why-business-is-booming-for-military-ai-startups/.

72 Akers, J., Bansal, G., Cadamuro, G., Chen, C., Chen, Q., Lin, L., Mulcaire, P., Nandakumar, R., Rockett, M., Simko, L., Toman, J., Wu, T., Zeng, E., Zorn, B., & Roesner, F. (2018). Technology-enabled disinformation: Summary, lessons, and recommendations. *arXiv:1812.09383.*

73 Kosinski, M., Stillwell, D., & Graepel, T. (2013). Private traits and attributes are predictable from digital records of human behavior. *Proceedings of the National Academy of Sciences of the United States of America,* 110(15), 5802–5805.

74 Goodin, D. (2023). ChatGPT is enabling script kiddies to write functional malware. ars Technica, June 1, 2023. https://arstechnica.com/information-technology/2023/01/chatgpt-is-enabling-script-kiddies-to-write-functional-malware/.

75 Hofstadter, D. R. (1995). The ineradicable Eliza effect and its dangers (preface 4). *Fluid Concepts and Creative Analogies: Computer Models Of The Fundamental Mechanisms Of Thought,* 155–168. Basic Books.

76 Abrahams, D. (2023). Let's talk about generative AI and fraud. *Forter Blog,* March 27, 2023. https://www.forter.com/blog/lets-talk-about-generative-ai-and-fraud/.

77 Véliz, C. (2023). Chatbots shouldn't use emojis. *Nature,* 615, 375.

78 Narayanan, A., & Shmatikov, V. (2008). Robust de-anonymization of large sparse datasets. *IEEE Symposium on Security and Privacy,* 111–125.

79 Mireshghallah, F., Taram, M., Vepakomma, P., Singh, A., Raskar, R., & Esmaeilzadeh, H. (2020). Privacy in deep learning: A survey. *arXiv:2004.12254.*

80 Boulemtafes, A., Derhab, A., & Challal, Y. (2020). A review of privacy-preserving techniques for deep learning. *Neurocomputing,* 384, 21–45.

81 Moore, A., & Himma, K. (2022). Intellectual Property. *The Stanford Encyclopedia of Philosophy.*

82 Henderson, P., Li, X., Jurafsky, D., Hashimoto, T., Lemley, M. A., & Liang, P. (2023). Foundation models and fair use. *arXiv:2303.15715.*

83 Carlini, N., Ippolito, D., Jagielski, M., Lee, K., Tramer, F., , & Zhang, C. (2022). Quantifying memorization across neural language models. *arXiv:2202.07646.*

84 Carlini, N., Hayes, J., Nasr, M., Jagielski, M., Sehwag, V., Tramèr, F., Balle, B., Ippolito, D., & Wallace, E. (2023). Extracting training data from diffusion models. *arXiv:2301.13188.*

85 Weidinger, L., Uesato, J., Rauh, M., Griffin, C., Huang, P.-S., Mellor, J., Glaese, A., Cheng, M., Balle, B., Kasirzadeh, A., Biles, C., Brown, S., Kenton, Z., Hawkins, W., Stepleton, T., Birhane, A., Hendricks, L. A., Rimell, L., Isaac, W., Haas, J., Legassick, S., Irving, G., & Gabriel, I. (2022). Taxonomy of risks posed by language models. *ACM Conference on Fairness, Accountability, and Transparency,* 214–229.

86 Braverman, H. (1974). *Labor and monopoly capital: the degradation of work in the twentieth century.* Monthly Review Press.

87 Vallor, S. (2015). Moral deskilling and upskilling in a new machine age: Reflections on the ambiguous future of character. *Philosophy & Technology,* 28, 107–124.

88 Asaro, P. (2012). On banning autonomous weapon systems: human rights, automation, and the dehumanization of lethal decision-making. *International Review of the Red Cross,* 94(886), 687–709.

89 Heyns, C. (2017). Autonomous weapons in armed conflict and the right to a dignified life: An African perspective. *South African Journal of Human Rights,* 33(1), 46–71.

90 van Wynsberghe, A. (2011). Carebots and caregivers: Sustaining the ethical ideal of care in the 21st century. *Philosophy and Technology,* 24(3), 251–268.

91 Strubell, E., Ganesh, A., & McCallum, A. (2019). Energy and policy considerations for deep learning in NLP. *Meeting of the Association for Computational Linguistics,* 3645–3650.

92. Strubell, E., Ganesh, A., & McCallum, A. (2020). Energy and policy considerations for modern deep learning research. *Meeting of the Association for Computational Linguistics*, 13693–13696.

93. Luccioni, A. S., Viguier, S., & Ligozat, A.-L. (2022). Estimating the carbon footprint of bloom, a 176b parameter language model. *arXiv:2211.02001*.

94. Luccioni, A. S. (2023). The mounting human and environmental costs of generative AI. ars Technica, April 12, 2023. https://arstechnica.com/gadgets/2023/04/generative-ai-is-cool-but-lets-not-forget-its-human-and-environmental-costs.

95. Bughin, J., Seong, J., Manyika, J., Chui, M., & Joshi, R. (2018). *Notes from the AI Frontier: Modelling the Impact of AI on the World Economy*. McKinsey Global Institute, Sept 4, 2018.

96. Manyika, J., Lund, S., Chui, M., Bughin, J., Woetzel, J., Batra, P., Ko, R., & Sanghvi, S. (2017). *Jobs Lost, Jobs Gained: Workforce Transitions in a Time of Automation*. McKinsey Global Institute.

97. Manyika, J., & Sneader, K. (2018). *AI, automation, and the future of work: Ten things to solve for*. McKinsey Global Institute.

98. Keynes, J. M. (2010). Economic possibilities for our grandchildren. *Essays in Persuasion*, 321–332. Palgrave Macmillan.

99. Brynjolfsson, E., & McAfee, A. (2016). *The Second Machine Age: Work, Progress, and Prosperity in a Time of Brilliant Technologies*. W. W. Norton.

100. Danaher, J. (2019). *Automation and Utopia: Human Flourishing in a World without Work*. Harvard University Press.

101. Metcalf, J., Keller, E. F., & Boyd, D. (2016). Perspectives on big data, ethics, and society. *Council for Big Data, Ethics, and Society*. https://bdes.datasociety.net/council-output/perspectives-on-big-data-ethics-and-society/.

102. Calo, R. (2018). Artificial intelligence policy: A primer and roadmap. *University of Bologna Law Review*, 3(2), 180–218.

103. Frey, C. B. (2019). *The Technology Trap: Capital, Labour, and Power in the Age of Automation*. Princeton University Press.

104. Frey, C. B., & Osborne, M. A. (2017). The future of employment: How susceptible are jobs to computerisation? *Technological forecasting and social change*, 114, 254–280.

105. Ahmed, N., & Wahed, M. (2016). The dedemocratization of AI: Deep learning and the compute divide in artificial intelligence research. *arXiv:1606.06565*.

106. Rawls, J. (1971). *A Theory of Justice*. Belknap Press.

107. Li, F.-F. (2018). How to make A.I. that's good for people. The New York Times, March 7, 2018. https://www.nytimes.com/2018/03/07/opinion/artificial-intelligence-human.html.

108. Knight, W. (2018). One of the fathers of AI is worried about its future. MIT Technology Review, Nov 20, 2018. https://www.technologyreview.com/2018/11/17/66372/one-of-the-fathers-of-ai-is-worried-about-its-future/.

109. Kratsios, M. (2019). The national artificial intelligence research and development strategic plan: 2019 update. Tech. rep., Networking and Information Technology Research and Development. https://www.nitrd.gov/pubs/National-AI-RD-Strategy-2019.pdf.

110. Riedl, M. (2020). AI democratization in the era of GPT-3. The Gradient, Sept 25, 2020. https://thegradient.pub/ai-democratization-in-the-era-of-gpt-3/.

111. Ahmed, S., Mula, R. S., & Dhavala, S. S. (2020). A framework for democratizing AI. *arXiv:2001.00818*.

112. Wang, Y., & Kosinski, M. (2018). Deep neural networks are more accurate than humans at detecting sexual orientation from facial images. *Journal of Personality and Social Psychology*, 114(2), 246–257.

113. Ahmed, T. (2017). AI can tell if you're gay: Artificial intelligence predicts sexuality from one photo with startling accuracy. Newsweek, 8 Sept 2017. https://www.newsweek.com/ai-can-tell-if-youregay-artificial-intelligence-predicts-sexuality-one-photo-661643.

114. Matsakis, L. (2017). A frightening AI can determine whether a person is gay with 91 percent accuracy. Vice, Sept 8, 2017. https://www.vice.com/en/article/a-frightening-ai-can-determine-a-persons-

sexuality-with-91-accuracy.

115 Fernandez, C. (2017). Can a computer tell if you're gay? Artificial intelligence system guesses your sexuality with 91% accuracy just by looking at a photo of your face. Daily Mail, 7 Sept, 2017. https://www.dailymail.co.uk/sciencetech/article-4862676/Artificial-intelligencetell-gay.html.

116 Agüera y Arcas, B., Todorov, A., & Mitchell, M. (2018). Do algorithms reveal sexual orientation or just expose our stereotypes? Medium, Jan 11, 2018. https://medium.com/@blaisea/do-algorithms-reveal-sexual-orientation-or-just-expose-our-stereotypes-d998fafdf477.

117 Reiss, J., & Sprenger, J. (2017). Scientific Objectivity. *The Stanford Encyclopedia of Philosophy*.

118 Birhane, A., Kalluri, P., Card, D., Agnew, W., Dotan, R., & Bao, M. (2022b). The values encoded in machine learning research. *ACM Conference on Fairness, Accountability, and Transparency*, 173–184.

119 Longino, H. E. (1990). *Science as Social Knowledge: Values and Objectivity in Scientific Inquiry*. Princeton University Press.

120 Longino, H. E. (1996). Cognitive and non-cognitive values in science: Rethinking the dichotomy. *Feminism, Science, and the Philosophy of Science*, 39–58.

121 Kitcher, P. (2011a). *The Ethical Project*. Harvard University Press.

122 Kitcher, P. (2011b). *Science in a Democratic Society*. Prometheus Books.

123 Johnson, G. M. (2022). Are algorithms value-free? feminist theoretical virtues in machine learning. *198*.

124 LaCroix, T., Geil, A., & O'Connor, C. (2021). The dynamics of retraction in epistemic networks. *Philosophy of Science*, 88(3), 415–438.

125 Ceylan, G., Anderson, I. A., & Wood, W. (2023). Sharing of misinformation is habitual, not just lazy or biased. *Proceedings of the National Academy of Sciences of the United States of America*, 120(4).

126 O'Connor, C., & Bruner, J. (2019). Dynamics and diversity in epistemic communities. *Erkenntnis*, 84, 101–119.

127 Harding, S. (1986). *The Science Question in Feminism*. Cornell University Press.

128 Noble, S. (2018). *Algorithms of Oppression*. New York: NYU Press.

129 Eubanks, V. (2018). *Automating Inequality: How High-Tech Tools Profile, Police, and Punish the Poor*. New York: St. Martin's Press.

130 Benjamin, R. (2019). *Race After Technology: Abolitionist Tools for the New Jim Code*. Polity.

131 Broussard, M. (2023). *More than a Glitch: Confronting Race, Gender, and Ability Bias in Tech*. The MIT Press.

132 Birhane, A., Isaac, W., Prabhakaran, V., Diaz, M., Elish, M. C., Gabriel, I., & Mohamed, S. (2022a). Power to the people? Opportunities and challenges for participatory AI. *Equity and Access in Algorithms, Mechanisms, and Optimization*.

133 Constanza-Chock, S. (2020). *Design Justice: Community-Led Practices to Build the Worlds We Need*. Cambridge, MA: The MIT Press.

134 Green, B. (2019). "Good" isn't good enough. *NeurIPS Workshop on AI for Social Good*.

135 Broussard, M. (2018). *Artificial Unintelligence: How Computers Misunderstand the World*. The MIT Press.

136 Abdalla, M., & Abdalla, M. (2021). The grey hoodie project: Big tobacco, big tech, and the threat on academic integrity. *AAAI/ACM Conference on AI, Ethics, and Society*, 287–297.

137 Véliz, C. (2020). *Privacy is Power: Why and How You Should Take Back Control of Your Data*. Bantam Press.

138 Tetlock, P. E., & Gardner, D. (2016). *Superforecasting: The Art and Science of Prediction*. Toronto: Signal, McClelland & Stewart.

139 Himmelreich, J. (2022). Against 'democratizing AI'. *AI & Society*.

140 Gebru, T., Bender, E. M., McMillan-Major, A., & Mitchell, M. (2023). Statement from the listed authors of stochastic parrots on the "AI pause" letter. https://www.dair-institute.org/blog/letter-statement-March2023.

APPENDIX A 표기법

이번 장에서는 이 책에서 사용된 표기법을 자세히 설명한다. 이는 대부분 컴퓨터 과학의 표준 관례를 따르지만, 딥러닝은 다양한 분야에 적용할 수 있으므로 자세히 설명한다. 또한 함수 표기법, 매개변수와 변수 간의 체계적 구분 등 이 책에만 적용되는 몇 가지 표기법 규칙이 있다.

A.1 스칼라, 벡터, 행렬, 텐서

스칼라는 소문자 또는 대문자 a, A, α로 표시한다. 열 벡터(즉 1차원 숫자 배열)는 볼드체 소문자 $\mathbf{a}$, $\boldsymbol{\phi}$로 표시하고, 행 벡터는 열 벡터의 전치 $\mathbf{a}^T$, $\boldsymbol{\phi}^T$로 표시한다. 행렬과 텐서(즉 각각 2차원 및 N차원 숫자 배열)는 모두 굵은 대문자 $\mathbf{B}$, $\boldsymbol{\Phi}$로 표시한다.

A.2 변수와 매개변수

변수(보통 함수 또는 중간 계산의 입력 및 출력)는 항상 로마 문자 a, $\mathbf{b}$, $\mathbf{C}$로 표시한다. 매개변수(함수 또는 확률분포 내부에 있는 것)는 항상 그리스 문자 α, $\boldsymbol{\beta}$, $\boldsymbol{\Gamma}$로 표시한다. 일반적이고 지정되지 않은 매개변수는 $\boldsymbol{\phi}$로 표시한다. 이 구분은 일반적인 관례에 따라 π로 표시되는 강화 학습의 정책을 제외하고 책 전반에 걸쳐 적용한다.

A.3 집합

집합은 중괄호로 표시하므로 {0, 1, 2}는 숫자 0, 1, 2를 나타낸다. {0, 1, 2, ...} 표기는 음이 아닌 정수 집합을 나타낸다. 변수 집합을 지정하고 싶을 때는 $\{\mathbf{x}_i\}_{i=1}^{I}$로 표기하는데, 이는 I개의 변수 $\mathbf{x}_1, \ldots, \mathbf{x}_I$를 나타낸다. 집합에 몇 개의 항목이 있는지 지정할 필요가 없으면 $\{\mathbf{x}_i\}$로 표기한다. 표기법 $\{\mathbf{x}_i, \mathbf{y}_i\}_{i=1}^{I}$은 I개의 쌍 $\mathbf{x}_i, \mathbf{y}_i$의 집합을 나타낸다. 집합 이름을 지정하는 규칙은 필기체calligraphic를 사용하는 것이다. 특히 $\mathcal{B}_t$는 훈련 중 반복 t에서 배치의 인덱스 집합을 나타내는 데 사용한다. 집합 $\mathcal{S}$의 요소 수는 $|\mathcal{S}|$로 표시한다.

집합 $\mathbb{R}$은 실수 집합을 나타낸다. 집합 $\mathbb{R}^+$는 음이 아닌 실수 집합을 나타낸다. $\mathbb{R}^D$ 표기법은 실수를 포함하는 D차원 벡터 집합을 나타낸다. $\mathbb{R}^{D_1 \times D_2}$ 표기는 $D_1 \times D_2$차원의 행렬 집합을 나타낸다. $\mathbb{R}^{D_1 \times D_2 \times D_3}$ 표기법은 $D_1 \times D_2 \times D_3$ 크기의 텐서 집합을 나타낸다.

$[a, b]$ 표기는 a와 b를 포함하여 a에서 b까지의 실수를 나타낸다. 대괄호가 둥근 괄호로 바뀌면 인접한 값은 집합에 포함되지 않는다는 의미이다. 예를 들어 집합 $(-\pi, \pi]$는 $-\pi$부터 π까지의 실수를 나타내지만 $-\pi$는 제외된다.

집합의 구성원은 기호 $\in$로 표시하므로 $x \in \mathbb{R}^+$는 변수 x가 음이 아닌 실수임을 의미하고 표기법 $\mathbf{\Sigma} \in \mathbb{R}^{D \times D}$는 $\mathbf{\Sigma}$가 $D \times D$ 크기의 행렬임을 나타낸다. 때때로 집합의 각 요소를 체계적으로 처리하고 싶을 때, $\forall \{1, \ldots, K\}$ 표기는 1부터 K까지의 모든 정수 '모두에 대해'를 의미한다.

A.4 함수

함수는 이름으로 표현하고, 그 뒤에는 함수의 인수를 포함하는 대괄호가 온다. 예를 들어 $\log[x]$는 변수 x의 로그를 반환한다. 함수가 벡터를 반환하면 굵은 글씨로 쓰고 소문자로 시작한다. 예를 들어 함수 $\mathbf{y} = \mathbf{mlp}[\mathbf{x}, \boldsymbol{\phi}]$는 벡터 $\mathbf{y}$를 반환하고 벡터 인수 $\mathbf{x}$와 $\boldsymbol{\phi}$를 갖는다. 함수가 행렬이나 텐서를 반환하면 굵은 글씨로 쓰고 대문자로 시작한다. 예를 들어 $\mathbf{Y} = \mathbf{Sa}[\mathbf{X}, \boldsymbol{\phi}]$ 함수는 행렬 $\mathbf{Y}$를 반환하고 인

수 $\mathbf{X}$와 $\boldsymbol{\phi}$를 갖는다. 함수의 인수를 의도적으로 모호하게 남기고 싶을 때는 글머리 기호bullet symbol(예를 들어 $\mathbf{mlp}[\bullet, \boldsymbol{\phi}])$)를 사용한다.

A.5 최소화와 최대화

일부 특수 함수는 본문 전반에 걸쳐 반복적으로 사용한다.

- $\min_x[f[x]]$ 함수: 변수 x의 가능한 모든 값에 대해 f[x] 함수의 최솟값을 반환한다. 이 표기법은 이 최솟값을 찾는 방법에 대한 세부 사항을 지정하지 않고 자주 사용한다.
- $\mathrm{argmin}_x[f[x]]$ 함수: f[x]를 최소화하는 x값을 반환하므로, $y = \mathrm{argmin}_x[f[x]]$이면 $\min_x[f[x]] = f[y]$이다.
- $\max_x[f[x]]$와 $\mathrm{argmax}_x[f[x]]$ 함수: 함수를 최대화하는 것과 동일한 작업을 수행한다.

A.6 확률분포

확률분포는 $Pr(x = a)$로 나타내는데, 이는 확률변수 x가 값 a를 취함을 나타낸다. 그러나 이 표기법은 다소 번거롭다. 따라서 일반적으로 이를 단순화하고 $Pr(x)$라고 쓴다. 여기서 x는 확률변수 또는 식의 의미에 따라 취하는 값을 나타낸다. x가 주어졌을 때 y의 조건부 확률은 $Pr(y|x)$로 표기한다. y와 x의 결합 확률은 $Pr(y, x)$로 표기한다. 이 두 가지 형태는 결합할 수 있으므로 $Pr(\mathbf{y}|\mathbf{x}, \boldsymbol{\phi})$는 $\mathbf{x}$와 $\boldsymbol{\phi}$를 알고 있다는 가정 하에 변수 $\mathbf{y}$의 확률을 나타낸다. 마찬가지로 $Pr(\mathbf{y}, \mathbf{x}|\boldsymbol{\phi})$는 $\boldsymbol{\phi}$를 알고 있다는 가정하에 변수 $\mathbf{y}$와 $\mathbf{x}$의 확률을 나타낸다. 동일한 변수에 대해 2개의 확률분포가 필요한 경우 첫 번째 분포는 $Pr(x)$로, 두 번째 분포는 $q(x)$로 표기한다. 확률분포에 대한 자세한 내용은 부록 C에서 확인할 수 있다.

A.7 점근 표기법

점근 표기법asymptotic notation은 입력 크기 D가 증가함에 따라 서로 다른 알고리즘이 수행하는 작업량을 비교하는 데 사용한다. 여러 가지 방법이 있지만, 이 책에서는 알고리즘의 계산 증가에 대한 상한을 나타내는 **빅오 표기법**Big-O notation만 사용한다. 모든 $n > n_0$에 대해서 $f[n] < c * g[n]$인 상수 $c > 0$과 정수 n_0가 존재하는 경우 함수 $f[n]$은 $\mathcal{O}[g[n]]$이다.

이 표기법은 알고리즘의 최악의 실행 시간에 대한 상한을 제공한다. 예를 들어 $D \times D$ 행렬의 역행렬 계산이 $\mathcal{O}[D^3]$이라고 하면 D가 충분히 커지면 계산이 D^3의 일정 상수배보다 더 빠르게 증가하지 않는다는 것을 의미한다. 이는 다양한 크기의 행렬의 역행렬을 계산하는 것이 얼마나 실현 가능한지를 이해하는 데 도움을 준다. 만약 $D = 10^3$이면 역행렬 계산에 10^9번의 연산이 필요할 수 있다.

A.8 기타

수학 식의 작은 점은 읽기 쉽도록 하기 위한 것이고 실제 의미는 없다(또는 단지 곱셈을 의미한다). 예를 들어 $\alpha \cdot f[x]$는 $\alpha f[x]$와 동일하지만 읽기가 더 쉽다. 모호함을 피하기 위해 점곱은 $\mathbf{a}^T\mathbf{b}$로 표기한다(B.3.4절 참고). 왼쪽 화살표 기호 $\leftarrow$는 할당을 의미하므로 $x \leftarrow x + 2$는 현재 x값에 2를 더한다는 의미이다.

APPENDIX B 수학 개념

이번 장에서는 이 책에서 사용되는 수학적 개념을 검토한다.

B.1 함수

함수function는 집합 $\mathcal{X}$(예를 들어 실수 집합)에서 다른 집합 $\mathcal{Y}$로의 매핑을 정의한다. 일대일 함수는 첫 번째 집합의 모든 요소가 두 번째 집합의 고유한 위치로 매핑되는 함수다(하지만 두 번째 집합의 요소 중 매핑되지 않은 것이 있을 수 있다). **전사 함수**surjection는 두 번째 집합의 모든 요소가 첫 번째 집합에서 매핑을 받는 함수다(그러나 첫 번째 집합의 여러 요소가 두 번째 집합의 동일 요소에 매핑될 수 있다). **전단사 함수**bijection 또는 전단사 매핑bijective mapping은 일대일 함수이면서 전사 함수인 경우로, 두 집합의 모든 요소 사이에 일대일 대응을 제공한다. **미분 동형사상**diffeomorphism은 전단사 함수의 특별한 경우로, 순방향 매핑과 역방향 매핑이 모두 미분 가능한 경우를 말한다.

B.1.1 립시츠 상수

함수 $f[z]$가 모든 z_1, z_2에 대해서 다음과 같은 조건을 만족하면 립시츠 연속Lipschitz continuous이라고 한다.

$$||f[z_1] - f[z_2]|| \leq \beta||z_1 - z_2||$$

식 B.1

여기서 β는 **립시츠 상수**Lipschitz constant로, 거리 척도에 대해서 함수의 최대 기울기(즉 함수가 얼마나 빨리 변할 수 있는지)를 결정한다. 립시츠 상수가 1보다 작으면 함수는 수축 매핑이고, 바나흐 정리를 사용하여 모든 점에 대한 역함수를 찾을 수 있다(그림 16.9 참고).

립시츠 상수가 각각 β_1, β_2인 두 함수를 합성하면 립시츠 상수가 $\beta_1\beta_2$보다 작거나 같은 새로운 립시츠 연속 함수가 생성된다. 립시츠 상수가 각각 β_1, β_2인 두 함수를 더하면 립시츠 상수가 $\beta_1 + \beta_2$보다 작거나 같은 새로운 립시츠 연속 함수가 생성된다. 선형 변환 $\mathbf{f}[\mathbf{z}] = \mathbf{Az} + \mathbf{b}$의 립시츠 상수는 유클리드 거리를 기준으로 했을 때 행렬 $\mathbf{A}$의 최대 고윳값과 같다.

B.1.2 볼록 영역

함수의 임의의 두 점 사이에 직선을 그릴 수 있으면 함수는 볼록하며, 이 선은 항상 함수보다 위에 놓인다. 마찬가지로 두 점 사이의 직선이 항상 함수보다 아래에 놓이면 함수는 오목concave하다. 정의에 따르면 볼록(오목) 함수에는 최대 하나의 최솟값(최댓값)을 갖는다.

$\mathbb{R}^D$의 영역이 볼록하다는 것은 영역 경계의 임의의 두 점 사이에 직선을 그릴 때, 다른 곳에서 경계와 교차하지 않는 것을 말한다. 경사 하강법은 볼록 영역에서 정의된 임의의 볼록 함수의 전역 최솟값을 찾을 수 있다.

B.1.3 특수 함수

본문에는 다음과 같은 함수가 사용된다.

- **지수함수**exponential function $y = \exp[x]$(그림 B.1a)는 실수 변수 $x \in \mathbb{R}$을 $y = e^x$와 같은, 음수가 아닌 숫자 $y \in \mathcal{R}^+$로 매핑한다.
- **로그 함수**logarithm $x = \log[y]$(그림 B.1b)는 지수함수의 역함수로, 음수가 아닌 숫자 $y \in \mathcal{R}^+$를 실수 변수 $x \in \mathbb{R}$에 매핑한다. 이 책의 모든 로그는 자연 로그(즉 밑이 e)이다.

- **감마 함수**gamma function $\Gamma[x]$ (그림 B.1c)는 다음과 같이 정의된다.

$$\Gamma[x] = \int_0^\infty t^{x-1} e^{-t} dt \qquad \text{식 B.2}$$

이는 계승 함수factorial function를 연속값으로 확장하여 $x \in \{1, 2, \ldots\}$에 대해서 $\Gamma[x] = (x-1)!$가 된다.

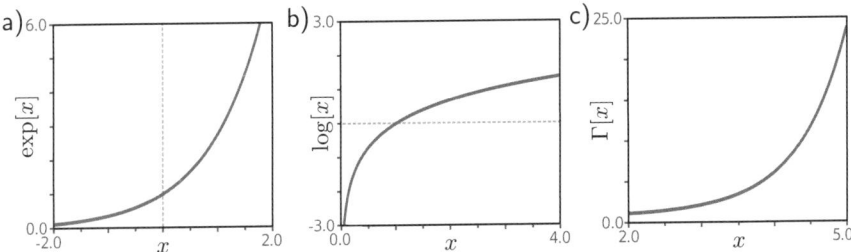

그림 B.1 지수, 로그, 감마 함수. a) 지수함수는 실수를 양수로 매핑하는 볼록 함수다. b) 로그 함수는 지수함수의 역함수이고 양수를 실수로 매핑하는 오목 함수다. c) 감마 함수는 계승 함수의 연속 확장한 것으로 모든 $x \in \{1, 2, \ldots\}$에 대해서 $\Gamma[x] = (x-1)!$이다.

- **디랙 델타 함수**Dirac delta function $\delta[\mathbf{z}]$는 총 면적이 1이고, 모든 면적이 $\mathbf{z} = \mathbf{0}$ 위치에 있다. N개의 요소가 있는 데이터셋은 각 데이터 지점 $\mathbf{x}_i$에 중심이 있고 $1/N$으로 스케일링된 N개의 델타 함수의 합으로 구성된 확률분포로 생각할 수 있다. 일반적으로 델타 함수는 화살표로 표현한다(예를 들어 그림 5.12). 델타 함수는 다음과 같은 주요 속성을 갖는다.

$$\int f[\mathbf{x}] \delta[\mathbf{x} - \mathbf{x}_0] d\mathbf{x} = f[\mathbf{x}_0] \qquad \text{식 B.3}$$

B.1.4 스털링 공식

스털링 공식 Stirling's formula(그림 B.2)은 다음 공식을 이용하여 계승 함수(결과적으로, 감마 함수)를 근사한다.

$$x! \approx \sqrt{2\pi x} \left(\frac{x}{e}\right)^x \qquad \text{식 B.4}$$

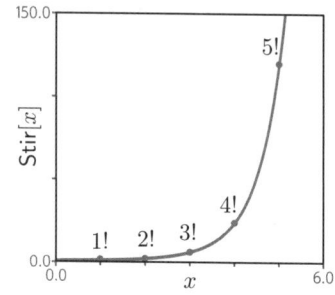

그림 B.2 스털링 공식. 계승 함수 $x!$는 모든 실숫값에 대해 정의되는 스털링 공식 $\text{Stir}[x]$로 근사할 수 있다.

B.2 이항계수

이항계수binomial coefficient는 $\binom{n}{k}$로 표기하고, 'n개 중에서 k개를 선택한다'고 읽는다. 이는 n개 항목 집합에서 대체 없이 순서가 지정되지 않은 k개 항목의 부분집합을 선택하는 방법의 수를 나타내는 양의 정수이다. 이항계수는 다음과 같은 간단한 공식을 사용하여 계산할 수 있다.

$$\binom{n}{k} = \frac{n!}{k!(n-k)!}$$

식 B.5

B.2.1 자기상관

연속 함수 $f[z]$의 자기상관 $r[\tau]$는 다음과 같이 정의한다.

$$r[\tau] = \int_{-\infty}^{\infty} f[t+\tau]f[t]dt$$

식 B.6

여기서 τ는 시차다. 때때로 이는 시차 0에서의 자기상관이 1이 되도록 $r[0]$으로 정규화한다. 자기 상관 함수는 오프셋(즉 시차)의 함수로서 함수 자신과의 자기상관 관계를 측정한다. 함수가 천천히 그리고 예측 가능하게 변하면 시차가 0에서 증가함에 따라 자기상관 함수가 천천히 감소한다. 반면에 함수가 빠르고 예측할 수 없이 변하면 빠르게 0으로 감소한다.

B.3 벡터, 행렬, 텐서

머신러닝에서 벡터 $\mathbf{x} \in \mathbb{R}^D$는 D개의 숫자로 구성된 1차원 배열이고, 일반적으로 열로 구성되어 있다고 가정한다. 마찬가지로 행렬 $\mathbf{Y} \in \mathbb{R}^{D_1 \times D_2}$는 D_1개의 행과 D_2개의 열로 구성된 2차원 숫자 배열이다. 텐서 $\mathbf{z} \in \mathbb{R}^{D_1 \times D_2 \dots \times D_N}$은 N차원 숫자 배열이다. 혼란스럽게도, 이 세 가지는 모두 파이토치, 텐서플로 같은 딥러닝 API에서 **텐서**tensor라고 알려진 객체에 저장된다.

B.3.1 전치

행렬 $\mathbf{A}^T \in \mathbb{R}^{D_2 \times D_1}$의 **전치**transpose $\mathbf{A} \in \mathbb{R}^{D_1 \times D_2}$은 주 대각선 기준으로 k번째 열이 k번째 행이 되도록 하고, 그 반대의 경우도 마찬가지로 한다. 행렬 곱 $\mathbf{AB}$의 전치를 취하면, 원래 행렬의 전치를 구한 후 순서를 반대로 하는데 다음과 같다.

$$(\mathbf{AB})^T = \mathbf{B}^T \mathbf{A}^T \qquad \text{식 B.7}$$

열 벡터 $\mathbf{a}$의 전치는 행 벡터 $\mathbf{a}^T$이고, 그 반대도 마찬가지다.

B.3.2 벡터 노름과 행렬 노름

벡터 $\mathbf{z}$에 대한 ℓ_p 노름은 다음과 같이 정의한다.

$$||\mathbf{z}||_p = \left(\sum_{d=1}^{D} |z_d|^p\right)^{1/p} \qquad \text{식 B.8}$$

실숫값 $p = 1$인 경우 벡터의 길이를 반환하며 이를 **유클리드 노름**Euclidean norm이라고 한다. 유클리드 노름을 딥러닝에서 가장 많이 사용하는데, 이때 지수 p를 생략하는 경우가 많고, 단순히 $||\mathbf{z}||$로 표기한다. $p = \infty$일 때, 연산자는 벡터의 최대 절댓값을 반환한다.

행렬에 대해서도 비슷한 방식으로 노름을 계산할 수 있다. 예를 들어 행렬 $\mathbf{Z}$의 l_2 노름(프로베니우스 노름이라고도 한다)은 다음과 같이 계산한다.

$$||\mathbf{z}||_F = \left(\sum_{i=1}^{I}\sum_{j=1}^{J}|z_{ij}|^2\right)^{1/2}$$ 식 B.9

B.3.3 행렬의 곱

두 행렬 $\mathbf{A} \in \mathbb{R}^{D_1 \times D_2}$와 $\mathbf{B} \in \mathbb{R}^{D_2 \times D_3}$의 곱 $\mathbf{C} = \mathbf{AB}$는 $\mathbf{C} \in \mathbb{R}^{D_1 \times D_3}$이고, $\mathbf{C}$의 각 원소는 다음과 같다.

$$C_{ij} = \sum_{d=1}^{D_2} A_{id}B_{dj}$$ 식 B.10

B.3.4 벡터의 점곱

두 벡터 $\mathbf{a} \in \mathbb{R}^D$와 $\mathbf{b} \in \mathbb{R}^D$의 점곱 $\mathbf{a}^T\mathbf{b}$는 스칼라이며 다음과 같이 정의한다.

$$\mathbf{a}^T\mathbf{b} = \mathbf{b}^T\mathbf{a} = \sum_{d=1}^{D} a_d b_d$$ 식 B.11

점곱은 첫 번째 벡터의 유클리드 노름과 두 번째 벡터의 유클리드 노름, 두 벡터 사이의 각도 θ의 코사인값을 곱한 값에 비례한다는 것을 알 수 있다.

$$\mathbf{a}^T\mathbf{b} = ||\mathbf{a}||\,||\mathbf{b}||\cos[\theta]$$ 식 B.12

B.3.5 역행렬

정방 행렬 $\mathbf{A}$는 $\mathbf{A}^{-1}\mathbf{A} = \mathbf{AA}^{-1} = \mathbf{I}$가 되는 역행렬 $\mathbf{A}^{-1}$이 존재할 수도 있고 존재하지 않을 수도 있다. 역행렬이 존재하지 않는 행렬을 **특이 행렬**singular matrix이라고 한다. 행렬 곱 $\mathbf{AB}$의 역행렬을 구할 때는, 각 행렬의 역행렬을 개별적으로 구하고 곱셈 순서를 다음과 같이 반대로 한다.

$$(\mathbf{AB})^{-1} = \mathbf{B}^{-1}\mathbf{A}^{-1}$$ 식 B.13

일반적으로 $D \times D$ 행렬의 역행렬을 구하는 데는 $\mathcal{O}[D^3]$ 연산이 필요하다. 그러나 대각행렬, 직교행렬, 삼각 행렬과 같은 특수한 유형의 행렬에 대해서는 역행렬을 좀 더 효율적으로 구할 수 있다(B.4절 참고).

B.3.6 부분 공간

행렬 $\mathbf{A} \in \mathbb{R}^{D_1 \times D_2}$를 고려해보자. 만약 행렬의 열의 개수 D_2가 행의 개수 D_1보다 적은 경우(즉 행렬이 '세로형'인 경우) 곱 $\mathbf{Ax}$는 D_1차원 출력 공간의 모든 가능한 위치에 도달할 수 없다. 이 곱은 $\mathbf{x}$의 D_2개의 요소로 가중된 $\mathbf{A}$의 D_2개의 열로 구성되며, 이 열들에 의해 생성된 선형 **부분 공간**subspace에만 도달할 수 있다. 이를 행렬의 **열 공간**column space이라고 한다. 역으로 가로형 행렬 $\mathbf{A}$에서 0으로 매핑되는 입력 공간 부분(즉 $\mathbf{Ax} = 0$이 되는 $\mathbf{x}$)을 행렬의 **널 공간**nullspace이라고 한다.

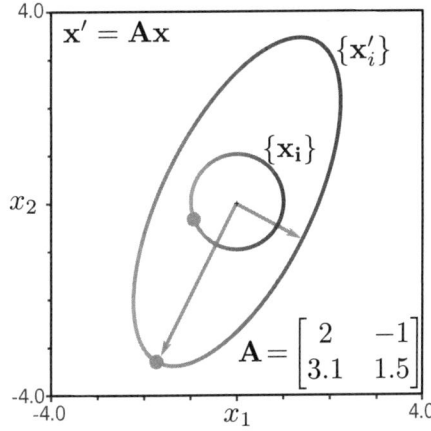

그림 B.3 고윳값. 선형 변환 $\mathbf{x}'_i = \mathbf{Ax}_i$에 의해서 단위원 위의 점 $\{\mathbf{x}_i\}$은 타원 위의 점 $\{\mathbf{x}'_i\}$에 매핑된다. 예를 들어 단위원의 연한 파란색 점은 타원의 연한 파란색 점에 매핑된다. 타원의 장축(가장 긴 축) 길이(긴 회색 화살표)는 행렬의 첫 번째 고윳값의 크기이고 타원의 단축(가장 짧은 축)의 길이(짧은 회색 화살표)는 두 번째 고윳값의 크기다.

B.3.7 고유 스펙트럼

단위 원의 2차원 점 집합을 2×2 행렬 $\mathbf{A}$로 곱하면, 타원으로 매핑된다(그림 B.3). 이 타원의 장축과 단축의 반지름(즉 가장 긴 방향과 가장 짧은 방향)은 행렬의 고윳값 λ_1과 λ_2의 크기에 해당한다. 고윳값의 부호는 행렬이 원점을 기준으로 입력 방향이 반대로 되는지 여부를 나타낸다. 더 높은 차원에도 동일한 개념이 적용된다. D

차원 구체spheroid는 $D \times D$ 행렬 $\mathbf{A}$에 의해 D차원 타원체ellipsoid에 매핑된다. 이 타원체의 D개의 주축 반지름에 따라 고윳값의 크기가 결정된다.

정방 행렬의 **스펙트럴 노름**spectral norm은 가장 큰 절댓값을 갖는 고윳값이다. 이는 단위 길이 벡터에 행렬을 적용할 때 발생할 수 있는 최대 크기 변화를 나타낸다. 따라서 이로부터 변환의 립시츠 상수에 대해서 알 수 있다. 고윳값 집합을 **고유 스펙트럼**eigenspectrum이라고도 하며, 모든 방향에 대한 행렬의 스케일링 크기를 알려준다. 이 정보는 행렬식determinant과 대각합trace으로 표현할 수 있다.

B.3.8 행렬식과 대각합

모든 정방 행렬 $\mathbf{A}$에는 **행렬식**determinant이라고 하는 스칼라값이 있는데, 이는 고윳값의 곱으로 정의되고 $|\mathbf{A}|$ 또는 $\det[\mathbf{A}]$로 나타낸다. 이는 서로 다른 입력에 대한 행렬의 평균적인 스케일링과 관련이 있다. 절대 행렬식이 작은 행렬은 곱할 때 벡터의 노름을 감소시키는 경향이 있다. 반면에 절대 행렬식이 큰 행렬은 노름을 증가시키는 경향이 있다. 만약 행렬이 특이 행렬이면 행렬식은 0이 되고, 이 행렬을 적용할 때 원점에 매핑되는 공간상의 방향이 하나 이상 존재한다. 행렬의 행렬식은 다음 규칙을 따른다.

$$\begin{aligned} |\mathbf{A}^T| &= |\mathbf{A}| \\ |\mathbf{A}\mathbf{B}| &= |\mathbf{A}||\mathbf{B}| \\ |\mathbf{A}^{-1}| &= 1/|\mathbf{A}| \end{aligned}$$

식 B.14

정방 행렬의 **대각합**trace은 대각선 값의 합(행렬 자체가 대각선일 필요는 없다) 또는 고윳값의 합이다. 대각합은 다음 규칙을 따른다.

$$\begin{aligned} \operatorname{trace}[\mathbf{A^T}] &= \operatorname{trace}[\mathbf{A}] \\ \operatorname{trace}[\mathbf{AB}] &= \operatorname{trace}[\mathbf{BA}] \\ \operatorname{trace}[\mathbf{A}+\mathbf{B}] &= \operatorname{trace}[\mathbf{A}] + \operatorname{trace}[\mathbf{B}] \\ \operatorname{trace}[\mathbf{ABC}] &= \operatorname{trace}[\mathbf{BCA}] = \operatorname{trace}[\mathbf{CAB}] \end{aligned}$$

식 B.15

마지막 줄에서 대각합은 순환 순열에 대해서만 불변이므로, 일반적으로 $\operatorname{trace}[\mathbf{ABC}] \neq \operatorname{trace}[\mathbf{BAC}]$이다.

B.4 특수한 형태의 행렬

정방 행렬 $\mathbf{A} \in \mathbb{R}^{D \times D}$의 역행렬 계산은 $\mathcal{O}[D^3]$의 복잡도를 갖고, 행렬식도 마찬가지다. 그러나 특별한 속성을 가진 일부 행렬의 경우 이러한 계산을 좀 더 효율적으로 할 수 있다.

B.4.1 대각행렬

대각행렬diagonal matrix은 주 대각선 외의 모든 요소가 0이다. 이 대각선 요소가 모두 0이 아닌 경우, 역행렬은 각 대각선 요소 d_{ii}가 $1/d_{ii}$로 대체된 대각행렬이다. 행렬식은 대각선 값의 곱이다. 대각행렬의 특별한 경우로 대각선이 모두 1인 **단위행렬**identity matrix이 있다. 따라서 단위행렬의 역행렬도 단위행렬이고 행렬식은 1이다.

B.4.2 삼각 행렬

하부 삼각 행렬lower triangular matrix은 주 대각선과 그 아래 위치에만 0이 아닌 값을 갖는다. 반면 **상부 삼각 행렬**upper triangular matrix은 주 대각선과 그 위의 위치에만 0이 아닌 값을 갖는다. 두 경우 모두 $\mathcal{O}[D^2]$ 내에 역행렬을 구할 수 있고(문제 16.4 참고), 행렬식은 대각선 값의 곱이다.

B.4.3 직교행렬

직교행렬orthogonal matrix은 원점을 중심으로 회전rotation과 반사reflection를 나타내므로, 그림 B.3에서 원은 회전되고 반사되었을 수도 있지만, 여전히 단위 반지름을 갖는 다른 원에 매핑된다. 따라서 고윳값은 모두 크기가 1이어야 하고, 행렬식은 1 또는 −1이어야 한다. 직교행렬의 역행렬은 자신의 전치 행렬이므로 $\mathbf{A}^{-1} = \mathbf{A}^T$이다.

B.4.4 치환 행렬

치환 행렬permutation matrix[†]은 각 행과 열에 하나의 요소만 1의 값을 갖는다. 이는 직교행렬의 특별한 경우로, 역행렬은 자신의 전치 행렬이고 행렬식은 항상 ± 1이다.

[옮긴이] '순열 행렬'이라고도 한다.

이름에서 알 수 있듯이 벡터의 항목을 치환하는 효과가 있다. 예를 들면 다음과 같다.

$$\begin{bmatrix} 0 & 1 & 0 \\ 0 & 0 & 1 \\ 1 & 0 & 0 \end{bmatrix} \begin{bmatrix} a \\ b \\ c \end{bmatrix} = \begin{bmatrix} b \\ c \\ a \end{bmatrix}$$

식 B.16

B.4.5 선형 대수

선형 대수는 다음과 같은 형식을 갖는 선형함수의 수학이다.

$$f[z_1, z_2, \ldots z_D] = \phi_1 z_1 + \phi_2 z_2 + \ldots \phi_D z_D$$

식 B.17

여기서 $\phi_1, \ldots, \phi_D$는 함수를 정의하는 매개변수다. 종종 우변에 상수 항 ϕ_0을 추가한다. 이는 엄밀히 말하면 아핀 함수이지만, 머신러닝에서는 일반적으로 선형이라고 한다. 따라서 이 책에서도 이 규칙을 따른다.

B.4.6 행렬 형태의 선형 방정식

다음과 같은 일련의 선형함수를 고려해보자.

$$\begin{aligned} y_1 &= \phi_{10} + \phi_{11} z_1 + \phi_{12} z_2 + \phi_{13} z_3 \\ y_2 &= \phi_{20} + \phi_{21} z_1 + \phi_{22} z_2 + \phi_{23} z_3 \\ y_3 &= \phi_{20} + \phi_{31} z_1 + \phi_{32} z_2 + \phi_{33} z_3 \end{aligned}$$

식 B.18

이는 다음과 같이 행렬 형태로 나타낼 수 있다.

$$\begin{bmatrix} y_1 \\ y_2 \\ y_3 \end{bmatrix} = \begin{bmatrix} \phi_{10} \\ \phi_{20} \\ \phi_{30} \end{bmatrix} + \begin{bmatrix} \phi_{11} & \phi_{12} & \phi_{13} \\ \phi_{21} & \phi_{22} & \phi_{23} \\ \phi_{31} & \phi_{32} & \phi_{33} \end{bmatrix} \begin{bmatrix} z_1 \\ z_2 \\ z_3 \end{bmatrix}$$

식 B.19

또는 간단히 $\mathbf{y} = \boldsymbol{\phi}_0 + \boldsymbol{\Phi}\mathbf{z}$로 표현할 수 있다. 여기서 $y_i = \phi_{i0} + \sum_{j=1}^{3} \phi_{ij} z_j$ 이다.

B.5 행렬 미적분

이 책을 읽는 대부분의 독자들은 함수 $y = f[x]$의 미분 $\partial y/\partial x$를 계산할 수 있고, 이는 x에 작은 변화를 가할 때 y가 어떻게 변하는지를 나타낸다는 개념에 익숙할 것이다. 이 개념은 벡터 $\mathbf{x}$를 스칼라 y에 매핑하는 함수 $y = f[\mathbf{x}]$, 벡터 $\mathbf{x}$를 벡터 $\mathbf{y}$에 매핑하는 함수 $\mathbf{y} = \mathbf{f}[\mathbf{x}]$, 행렬 $\mathbf{X}$를 벡터 벡터 $\mathbf{y}$에 매핑하는 함수 $\mathbf{y} = \mathbf{f}[\mathbf{X}]$로 확장된다. 행렬 미적분 규칙은 이러한 미분을 계산하는 데 도움이 된다. 미분은 다음과 같은 형태를 취한다.

- $y \in \mathbb{R}$, $\mathbf{x} \in \mathbb{R}^D$인 함수 $y = f[\mathbf{x}]$의 미분 $\partial y/\partial \mathbf{x}$는 D차원 벡터이고, 여기서 i번째 요소는 $\partial y/\partial x_i$로 계산한다.

- $\mathbf{Y} \in \mathbb{R}^{D_y}$, $\mathbf{x} \in \mathbb{R}^{D_x}$인 함수 $\mathbf{y} = \mathbf{f}[\mathbf{x}]$의 미분 $\partial \mathbf{y}/\partial \mathbf{x}$는 $D_x \times D_y$차원의 행렬이고, (i, j) 요소는 $\partial y_j/\partial x_i$이다. 이를 **야코비**Jacobian라고 하며 다른 문서에서는 $\nabla_{\mathbf{x}}\mathbf{y}$로 표기하기도 한다.

- $\mathbf{Y} \in \mathbb{R}^{D_y}$, $\mathbf{x} \in \mathbb{R}^{D_1 \times D_2}$인 함수 $\mathbf{y} = \mathbf{f}[\mathbf{X}]$의 미분 $\partial \mathbf{Y}/\partial \mathbf{x}$는 $\partial y_i/\partial x_{jk}$를 요소로 갖는 3차원 텐서다.

이러한 행렬과 벡터의 미분은 종종 스칼라 경우와 유사한 형태를 갖는다. 예를 들어 스칼라의 미분은 다음과 같다.

$$y = ax \quad \longrightarrow \quad \frac{\partial y}{\partial x} = a \qquad \text{식 B.20}$$

반면 행렬과 벡터의 미분은 다음과 같다.

$$\mathbf{Y} = \mathbf{A}\mathbf{x} \quad \longrightarrow \quad \frac{\partial \mathbf{y}}{\partial \mathbf{x}} = \mathbf{A}^T \qquad \text{식 B.21}$$

APPENDIX C 확률

딥러닝에서는 확률이 매우 중요하다. 지도 학습에서 DNN은 암묵적으로 손실 함수의 확률적 공식에 사용한다. 비지도 학습에서 생성 모델은 훈련 데이터와 동일한 확률분포에서 추출된 샘플을 생성한다. 강화 학습은 마르코프 결정 과정 내에서 발생하며, 이는 확률분포의 관점에서 정의된다. 이번 장에서는 머신러닝에 사용되는 확률에 대한 기초를 제공한다.

C.1 확률변수와 확률분포

확률변수random variable x는 불확실한 양을 나타낸다. 이는 이는 이산 확률변수(특정 값만 취하는 변수. 예를 들어 정수) 또는 연속 확률변수(연속선상의 임의의 값. 예를 들어 실수)로 나눌 수 있다. 확률변수 x의 여러 사례를 관찰해보면, 이는 서로 다른 값을 취하는데, 이렇게 서로 다른 값을 취하는 상대적 경향을 **확률분포**probability distribution $Pr(x)$로 나타낸다.

이산 변수의 경우, 이 분포는 각각의 잠재적 결과 k에 대해 **확률** $Pr(x = k) \in [0, 1]$를 할당하며, 이 확률들의 합은 1이다. 연속 변수의 경우, x의 영역 내의 각 값 a에 대해 음이 아닌 **확률밀도**probability density $Pr(x = a) \geq 0$이 존재하며, 이 영역에 대한 이 확률밀도함수의 적분은 1이 되어야 한다. 이제부터는 확률변수가 연속적이라고 가정한다. **이산 분포**discrete distribution에 대한 개념도 동일한데, 단지 적분 대신 합을 사용한다.

C.1.1 결합 확률

2개의 확률변수 x와 y가 있는 경우를 생각해보자. **결합 분포**joint distribution $Pr(x, y)$는 x와 y가 특정값의 조합을 취하는 경향을 알려준다(그림 C.1a). 이제 $x = a, y = b$값의 쌍에 대해 음이 아닌 확률밀도 $Pr(x = a, y = b)$가 존재하며, 이는 다음을 만족해야 한다.

$$\iint Pr(x, y) \cdot dx dy = 1$$

식 C.1

이 개념은 2개 이상의 변수로 확장되므로 x, y, z의 결합 밀도는 $Pr(x, y, z)$로 나타낸다. 때로는 여러 확률변수를 벡터 $\mathbf{x}$에 저장하고 결합 밀도를 $Pr(\mathbf{x})$로 나타낸다. 이를 확장하여, 두 벡터 $\mathbf{x}$와 $\mathbf{y}$에 있는 모든 변수의 결합 밀도를 $Pr(\mathbf{x}, \mathbf{y})$로 쓸 수 있다.

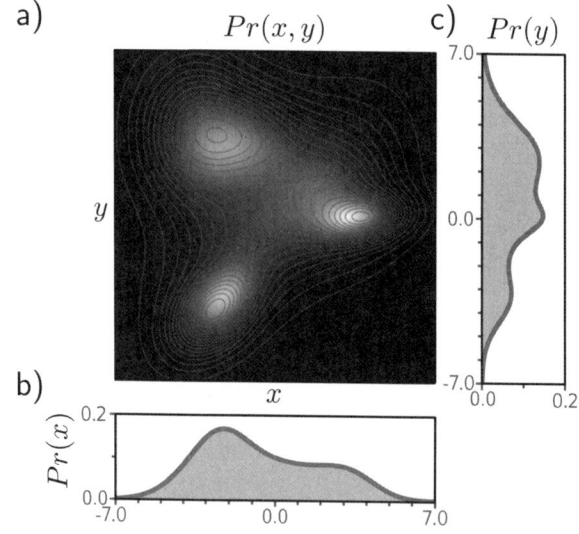

그림 C.1 결합 분포와 주변 분포. a) 결합 분포 $Pr(x, y)$는 변수 x와 y가 서로 다른 값의 조합을 취하는 경향을 포착한다. 여기서 확률밀도는 색상맵으로 표현되며, 밝은 위치일수록 확률이 더 높다. 예를 들어 $x = 6, y = 6$ 조합은 $x = 5, y = 0$ 조합보다 관찰될 가능성이 훨씬 낮다. b) 변수 x의 주변 분포 $Pr(x)$는 y에 대해 적분하여 구할 수 있다. c) 변수 y의 주변 분포 $Pr(y)$는 x에 대해 적분하여 구할 수 있다.

C.1.2 주변화

두 변수에 대한 결합 분포 $Pr(x, y)$를 알고 있으면, 다른 변수에 대해 적분하여 주변 분포 $Pr(x)$와 $Pr(y)$를 구할 수 있다(그림 C.1b–c).

$$\int Pr(x,y) \cdot dx = Pr(y)$$
$$\int Pr(x,y) \cdot dy = Pr(x)$$

식 C.2

이 과정을 **주변화**marginalization라고 하는데, 이는 다른 변수의 값에 상관없이 한 변수의 분포를 계산한다고 해석할 수 있다. 주변화 개념을 더 높은 차원으로 확장하여, 결합 분포 $Pr(x, y, z)$가 있을 때, y에 대해 적분하여 결합 분포 $Pr(x, z)$를 구할 수 있다.

C.1.3 조건부 확률과 우도

조건부 확률conditional probability $Pr(x|y)$는 y값을 알고 있다고 가정할 때, 변수 x가 특정값을 가질 확률이다. 수직선(|)은 영어 단어 'given(주어졌을 때)'으로 읽으며, 따라서 $Pr(x|y)$는 y가 주어졌을 때 x의 확률이 된다. 조건부 확률 $Pr(x|y)$는 고정된 y에 대해서 결합 분포 $Pr(x, y)$의 슬라이스slice를 취해서 찾을 수 있다. 그다음 이 슬라이스를 해당 값 y가 발생할 확률(슬라이스 아래의 전체 면적)로 나누어 조건부 분포의 합이 1이 되도록 한다(그림 C.2).

$$Pr(x|y) = \frac{Pr(x,y)}{Pr(y)}$$

식 C.3

유사하게 조건부 확률 $Pr(x|y)$이 x의 함수라고 간주하면, 그 합은 1이 되어야 한다.

$$Pr(y|x) = \frac{Pr(x,y)}{Pr(x)}$$

식 C.4

$Pr(x|y)$이 y의 함수라고 간주하면, 이를 y에 대한 x의 우도라고 하며, 이때는 합이 1이 될 필요가 없다.

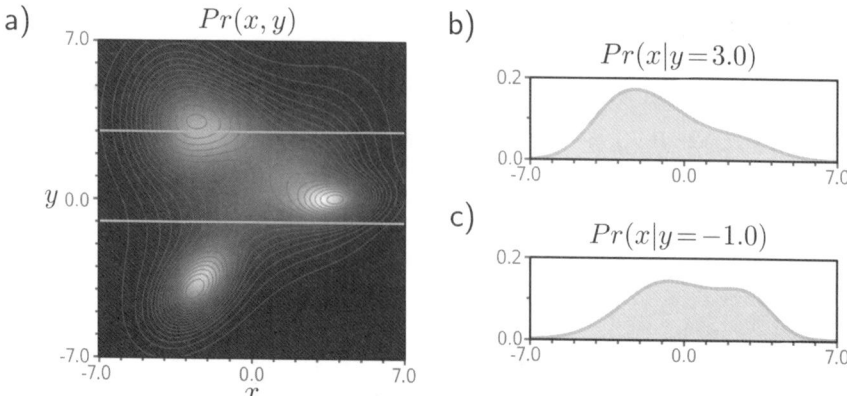

그림 C.2 조건부 분포. a) 변수 x와 y의 결합 분포 $Pr(x, y)$. b) y값이 3.0일 때, 변수 x의 조건부 확률 $Pr(x|y = 3.0)$은 결합 확률((a)의 상단 청록색 선)의 수평 '슬라이스' $Pr(x, y = 3.0)$을 취하여 구한다. 그리고 이를 해당 슬라이스의 전체 면적 $Pr(y = 3.0)$으로 나누어 적분했을 때 1이 되는 유효한 확률분포를 만든다. c) 결합 확률 $Pr(x, y = -1.0)$은 $y = -1.0$의 슬라이스를 사용하여 유사하게 구할 수 있다.

C.1.4 베이즈 규칙

식 C.3과 C.4으로부터, 결합 확률 $Pr(x, y)$에 대한 두 가지 표현식을 얻는다.

$$Pr(x, y) = Pr(x|y)Pr(y) = Pr(y|x)Pr(x)$$

식 C.5

이를 다시 정리하면 다음과 같은 결과를 얻을 수 있다.

$$Pr(x|y) = \frac{Pr(y|x)Pr(x)}{Pr(y)}$$

식 C.6

이 표현식은 y가 주어졌을 때 x의 조건부 확률 $Pr(x|y)$과 x가 주어졌을 때 y의 조건부 확률 $Pr(y|x)$의 관계를 보여주는데, 이를 베이즈 규칙이라고 한다.

베이즈 규칙 Bayes' rule의 각 항에는 이름이 있다. $Pr(y|x)$ 항은 x가 주어졌을 때 y의 우도이고, $Pr(x)$ 항은 x의 사전 확률이다. 분모 $Pr(y)$는 증거라고 하고, 좌변의 $Pr(x|y)$는 y가 주어졌을 때 x의 **사후 확률**posterior probability이라고 한다. 이 식은 사전 확률 $Pr(x)$(y를 관찰하기 전에 x에 대해 알고 있는 것)을 사후 확률 $Pr(x|y)$(y를 관찰한 후 x에 대해 알고 있는 것)로 매핑한다.

C.1.5 독립성

확률변수 y의 값이 x에 대해 아무것도 알려주지 않고, 그 반대의 경우도 마찬가지인 경우, x와 y가 서로 독립이라고 하고, 이를 $Pr(x|y) = Pr(x)$, $Pr(y|x) = Pr(y)$라고 나타낼 수 있다. 따라서 모든 조건부 분포 $Pr(y|x=\cdot)$는 동일하고, 조건부 분포 $Pr(y|x=\bullet)$도 마찬가지로 동일하다.

식 C.5에서 결합 확률에 대한 첫 번째 표현식부터 시작하여, 변수가 서로 독립일 경우 결합 분포가 주변 분포의 곱이 되는 것을 볼 수 있다(그림 C.3).

$$Pr(x,y) = Pr(x|y)Pr(y) = Pr(x)Pr(y) \quad \text{식 C.7}$$

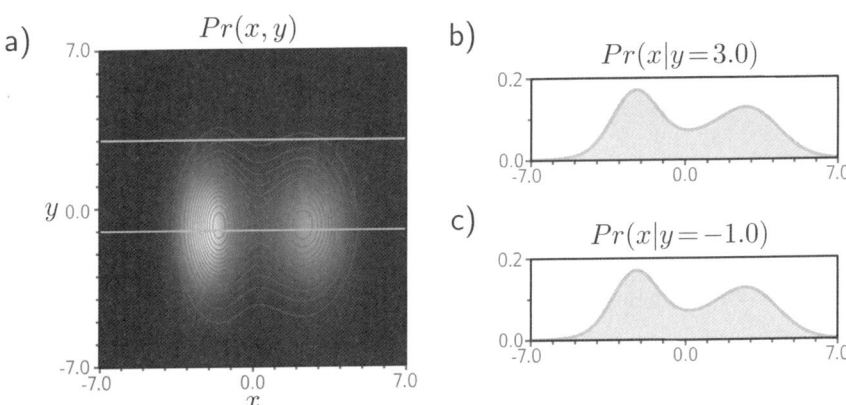

그림 C.3 독립성. a) 두 변수 x와 y가 독립일 경우, 결합 분포는 주변 분포의 곱으로 분해되므로 $Pr(x, y) = Pr(x)Pr(y)$가 된다. 독립성은 한 변수의 값을 아는 것이 다른 변수에 대해 아무것도 알려주지 않는다는 것을 의미한다. b-c) 따라서 모든 조건부 분포 $Pr(x|y=\bullet)$는 동일하고, 이는 주변 분포 $Pr(x)$와 같다.

C.2 기댓값

함수 f[x]와 x에 대해 정의된 확률분포 $Pr(x)$를 고려해보자. 확률분포 $Pr(x)$를 따르는 확률변수 x에 대한 함수 f[$\bullet$]의 기댓값은 다음과 같이 정의한다.

$$\mathbb{E}_x[\text{f}[x]] = \int \text{f}[x]Pr(x)dx \quad \text{식 C.8}$$

이름에서 알 수 있듯이, 이는 x의 다른 값이 나타날 확률을 고려한 f[x]의 기댓값 또는 평균값이다. 이 개념은 하나 이상의 확률변수의 함수 f[•, •]로 일반화된다.

$$\mathbb{E}_{x,y}[\text{f}[x,y]] = \iint \text{f}[x,y] Pr(x,y) dx dy \quad \text{식 C.9}$$

기댓값은 항상 하나 이상의 변수에 대한 분포에서 취한다. 그러나 일반적으로 어떤 분포인지 명백할 때는 경우 이를 명시적으로 나타내지 않고 $\mathbb{E}_x[\text{f}[x]]$ 대신 $\mathbb{E}[\text{f}[x]]$로 나타낸다.

$Pr(x)$에서 I개의 샘플 $\{x_i\}_{i=1}^{I}$을 뽑고, 각 샘플에 대해 f[x_i]를 계산하고 이 값의 평균을 취한 결과는 함수의 기댓값 $\mathbb{E}[\text{f}[x]]$에 근접한다.

$$\mathbb{E}_x[\text{f}[x]] \approx \frac{1}{I} \sum_{i=1}^{I} \text{f}[x_i] \quad \text{식 C.10}$$

C.2.1 기댓값 조작 규칙

기댓값을 조작하는 네 가지 규칙이 있다.

$$\begin{aligned} \mathbb{E}[k] &= k \\ \mathbb{E}[k \cdot \text{f}[x]] &= k \cdot \mathbb{E}[\text{f}[x]] \\ \mathbb{E}[\text{f}[x] + \text{g}[x]] &= \mathbb{E}[\text{f}[x]] + \mathbb{E}[\text{g}[x]] \\ \mathbb{E}_{x,y}[\text{f}[x] \cdot \text{g}[y]] &= \mathbb{E}_x[\text{f}[x]] \cdot \mathbb{E}_y[\text{g}[y]] \quad (x, y\text{가 서로 독립인 경우}) \end{aligned} \quad \text{식 C.11}$$

여기서 k는 임의의 상수다. 연속적인 경우에 대해서 이러한 네 가지 규칙에 대한 증명은 다음과 같다.

1. 상숫값 k의 기댓값 $\mathbb{E}[k]$는 k다.

$$\begin{aligned} \mathbb{E}[k] &= \int k \cdot Pr(x) dx \\ &= k \cdot \int Pr(x) dx \\ &= k \end{aligned} \quad \text{식 C.12}$$

2. 변수 x에 대한 함수의 상수 k배에 대한 기댓값 $\mathbb{E}[k \cdot \text{f}[x]]$는 함수의 기댓값 $\mathbb{E}[\text{f}[x]]$의 k배다.

$$\begin{aligned}
\mathbb{E}[k \cdot f[x]] &= \int k \cdot f[x] Pr(x) dx \\
&= k \cdot \int f[x] Pr(x) dx \\
&= k \cdot \mathbb{E}[f[x]]
\end{aligned}$$

식 C.13

3. 두 함수 항의 합에 대한 기댓값 $\mathbb{E}[f[x] + g[x]]$는 각 함수 항의 기댓값의 합 $\mathbb{E}[f[x]] + \mathbb{E}[g[x]]$와 같다.

$$\begin{aligned}
\mathbb{E}[f[x] + g[x]] &= \int (f[x] + g[x]) \cdot Pr(x) dx \\
&= \int (f[x] \cdot Pr(x) + g[x] \cdot Pr(x)) dx \\
&= \int f[x] \cdot Pr(x) dx + \int g[x] \cdot Pr(x) dx \\
&= \mathbb{E}[f[x]] + \mathbb{E}[g[x]]
\end{aligned}$$

식 C.14

4. 두 함수 항의 곱에 대한 기댓값 $\mathbb{E}[f[x] \cdot g[y]]$는 x와 y가 독립인 경우, 각 함수 항의 기댓값의 곱 $\mathbb{E}[f[x]] \cdot \mathbb{E}[g[y]]$와 같다.

$$\begin{aligned}
\mathbb{E}[f[x] \cdot g[y]] &= \iint f[x] \cdot g[y] Pr(x,y) dx dy \\
&= \iint f[x] \cdot g[y] Pr(x) Pr(y) dx dy \\
&= \int f[x] \cdot Pr(x) dx \int g[y] \cdot Pr(y) dy \\
&= \mathbb{E}[f[x]] \mathbb{E}[g[y]]
\end{aligned}$$

식 C.15

여기서 처음 두 줄 사이에 독립성의 정의(식 C.7)를 사용했다.

네 가지 규칙은 다변수 경우로도 일반화된다.

$$\begin{aligned}
\mathbb{E}[\mathbf{A}] &= \mathbf{A} \\
\mathbb{E}[\mathbf{A} \cdot \mathbf{f}[\mathbf{x}]] &= \mathbf{A} \mathbb{E}[\mathbf{f}[\mathbf{x}]] \\
\mathbb{E}[\mathbf{f}[\mathbf{x}] + \mathbf{g}[\mathbf{x}]] &= \mathbb{E}[\mathbf{f}[\mathbf{x}]] + \mathbb{E}[\mathbf{g}[\mathbf{x}]] \\
\mathbb{E}_{\mathbf{x},\mathbf{y}}[\mathbf{f}[\mathbf{x}]^T \mathbf{g}[\mathbf{y}]] &= \mathbb{E}_{\mathbf{x}}[\mathbf{f}[\mathbf{x}]]^T \mathbb{E}_{\mathbf{y}}[\mathbf{g}[\mathbf{y}]]
\end{aligned}$$

식 C.16

($\mathbf{x}, \mathbf{y}$가 서로 독립인 경우)

여기서 $\mathbf{A}$는 상수 행렬이고 $\mathbf{f}[\mathbf{x}]$는 벡터를 반환하는 벡터 $\mathbf{x}$의 함수이고, $\mathbf{g}[\mathbf{y}]$도 벡터를 반환하는 벡터 $\mathbf{y}$의 함수다.

C.2.2 평균, 분산, 공분산

일부 함수 f[•]에 대해, 기댓값은 특별한 이름을 갖는다. 이러한 기댓값은 종종 복잡한 분포의 특성을 요약하는 데 사용된다. 예를 들어 f[x] = x일 때, 기댓값 $\mathbb{E}[x]$를 **평균**mean μ라고 한다. 이는 분포의 중심을 측정한다. 마찬가지로 평균으로부터의 편차의 제곱의 기댓값 $\mathbb{E}[(x-\mu)^2]$를 분산 σ^2이라고 한다. 이는 분포의 퍼짐에 대한 측도이다. **표준편차**standard deviation σ는 분산의 제곱근이다. 이 또한 분포의 퍼짐을 측정하지만 변수 x와 같은 단위로 표현된다는 장점이 있다.

이름에서 알 수 있듯이, 두 변수 x와 y의 **공분산**covariance $\mathbb{E}[(x-\mu_x)(y-\mu_y)]$는 두 변수가 함께 변화하는 정도를 측정한다. 여기서 μ_x와 μ_y는 각각 변수 x와 y의 평균을 나타낸다. 두 변수의 분산이 크고 y값이 증가할 때 x값도 증가하는 경향이 있으면 공분산이 커진다.

두 변수가 독립이면 공분산은 0이다. 그러나 공분산이 0이라고 해서 독립성을 의미하는 것은 아니다. 예를 들어 x, y 평면의 원점을 중심으로 반지름이 1인 원에서 균일하게 분포되는 분포 $Pr(x, y)$를 고려해보자. 평균적으로 y가 증가할 때 x가 증가하는 경향은 없으며 그 반대의 경우도 마찬가지다. 그러나 $x = 0$이면, y가 ±1 값을 취할 확률이 동일하므로 변수가 독립적일 수 없다.

열 벡터 $\mathbf{x} \in \mathbb{R}^D$에 저장된 여러 확률변수의 공분산은 $D \times D$ 차원의 **공분산 행렬**covariance matrix $\mathbb{E}[(\mathbf{x}-\boldsymbol{\mu}_x)(\mathbf{x}-\boldsymbol{\mu}_x)^T]$로 표현할 수 있다. 여기서 벡터 $\boldsymbol{\mu}_x$는 평균 $\mathbb{E}[\mathbf{x}]$를 포함한다. 이 행렬의 (i, j) 위치에 있는 요소는 변수 x_i와 x_j 간의 공분산을 나타낸다.

C.2.3 분산 동일성

기댓값 규칙(C.2.1절)을 사용하여 다음 항등식을 증명하고, 분산을 다른 형식으로 표현할 수 있다.

$$\mathbb{E}[(x-\mu)^2] = \mathbb{E}[x^2] - \mathbb{E}[x]^2 \qquad \text{식 C.17}$$

다음과 같이 증명할 수 있다.

$$\begin{aligned}
\mathbb{E}[(x-\mu)^2] &= \mathbb{E}[x^2 - 2\mu x + \mu^2] \\
&= \mathbb{E}[x^2] - \mathbb{E}[2\mu x] + \mathbb{E}[\mu^2] \\
&= \mathbb{E}[x^2] - 2\mu \cdot \mathbb{E}[x] + \mu^2 \\
&= \mathbb{E}[x^2] - 2\mu^2 + \mu^2 \\
&= \mathbb{E}[x^2] - \mu^2 \\
&= \mathbb{E}[x^2] - \mathbb{E}[x]^2
\end{aligned}$$

식 C.18

여기서 첫 번째 줄과 두 번째 줄 사이에 규칙 3을 사용하고, 두 번째 줄과 세 번째 줄 사이에 규칙 1과 2를 사용했으며, 나머지 두 줄에서는 정의 $\mu = \mathbb{E}[x]$를 사용했다.

C.2.4 표준화

확률변수의 평균과 분산을 각각 0과 1로 설정하는 것을 **표준화**standardization라고 한다. 이는 다음과 같이 변환할 수 있다.

$$z = \frac{x - \mu}{\sigma}$$

식 C.19

여기서 μ는 x의 평균이고 σ는 표준편차다.

증명해보자. z에 대한 새로운 분포의 평균은 다음과 같다.

$$\begin{aligned}
\mathbb{E}[z] &= \mathbb{E}\left[\frac{x-\mu}{\sigma}\right] \\
&= \frac{1}{\sigma}\mathbb{E}[x - \mu] \\
&= \frac{1}{\sigma}(\mathbb{E}[x] - \mathbb{E}[\mu]) \\
&= \frac{1}{\sigma}(\mu - \mu) = 0
\end{aligned}$$

식 C.20

여기서도 기댓값을 조작하기 위한 네 가지 규칙을 사용했다. 새로운 분포의 분산은 다음과 같이 주어진다.

$$\begin{aligned}
\mathbb{E}\left[(z-\mu_z)^2\right] &= \mathbb{E}\left[(z-\mathbb{E}[z])^2\right] \\
&= \mathbb{E}\left[z^2\right] \\
&= \mathbb{E}\left[\left(\frac{x-\mu}{\sigma}\right)^2\right] \\
&= \frac{1}{\sigma^2}\cdot \mathbb{E}[(x-\mu)^2] \\
&= \frac{1}{\sigma^2}\cdot \sigma^2 = 1
\end{aligned}$$

식 C.21

비슷한 논리로 평균 0과 단위 분산을 갖는 표준화된 변수 z를 평균 μ와 분산 σ^2를 갖는 변수 x로 변환할 수 있다.

$$x = \mu + \sigma z$$

식 C.22

다변수의 경우, 다음을 사용하여 평균이 $\boldsymbol{\mu}$이고, 공분산 행렬이 Σ인 변수 $\mathbf{x}$를 다음과 같이 $\mathbf{z}$로 표준화할 수 있다.

$$\mathbf{z} = \Sigma^{-1/2}(\mathbf{x} - \boldsymbol{\mu})$$

식 C.23

표준화한 결과로 평균 $\mathbb{E}[\mathbf{z}] = \mathbf{0}$이고 단위 공분산 행렬 $\mathbb{E}[(\mathbf{z} - \mathbb{E}[\mathbf{z}])(\mathbf{z} - \mathbb{E}[\mathbf{z}])^T]$ $= \mathbf{I}$를 갖는다. 이 과정을 반대로 하려면 다음을 사용한다.

$$\mathbf{x} = \boldsymbol{\mu} + \Sigma^{1/2}\mathbf{z}$$

식 C.24

C.3 정규 확률분포

이 책에서 사용되는 확률분포에는 베르누이 분포(그림 5.6), 범주형 분포(그림 5.9), 푸아송분포(그림 5.15), 폰–미제스 분포(그림 5.13), 가우시안 혼합(그림 5.14, 그림 17.1) 등이 있다. 그러나 머신러닝에서 사용하는 가장 일반적인 분포는 정규분포 또는 가우시안 분포다.

C.3.1 단변량 정규분포

스칼라 변수 x에 대한 단변량 정규분포(그림 5.3)는 평균 μ와 분산 σ^2라는 2개의 매개변수가 있으며 다음과 같이 정의된다.

$$Pr(x) = \text{Norm}_x[\mu, \sigma^2] = \frac{1}{\sqrt{2\pi\sigma^2}} \exp\left[-\frac{(x-\mu)^2}{2\sigma^2}\right] \quad \text{식 C.25}$$

당연히 정규분포 변수의 평균 $\mathbb{E}[x]$는 평균 매개변수 μ이고, 분산 $\mathbb{E}[(x - \mathbb{E}[x])^2]$는 분산 매개변수 σ^2이다. 평균이 0이고 분산이 1인 경우 이를 **표준 정규분포**standard normal distribution라고 한다.

정규분포의 모양은 다음 논리로부터 유추해 볼 수 있다. $-(x-\mu)^2/2\sigma^2$ 항은 $x = \mu$일 때 0이고, 이로부터 멀어질수록 감소하고, σ가 더 작아질수록 감소하는 비율이 증가하는 이차 함수다. 이것을 지수함수(그림 C.1)에 통과시키면 $x = \mu$에서 값이 1이고 양쪽으로 떨어지는 종 모양의 곡선이 된다. 상수 $\sqrt{2\pi\sigma^2}$으로 나누어 함수의 적분값이 1이 되도록 하면 유효한 분포가 된다. 이 논리로부터, 평균 μ는 종형 곡선의 중심 위치를 결정하고 분산의 제곱근 σ(표준편차)는 종형 곡선의 너비를 결정한다.

C.3.2 다변량 정규분포

다변량 정규분포multivariate normal distribution는 길이가 D인 벡터 $\mathbf{x}$에 대한 확률을 나타내기 위해 정규분포를 일반화한 것이다. 이는 $D \times 1$차원의 평균 벡터mean vector $\boldsymbol{\mu}$와 대칭인 양의 정부호 특성을 갖는 $D \times D$차원의 **공분산 행렬**covariance matrix $\boldsymbol{\Sigma}$로 정의된다.

$$\text{Norm}_\mathbf{x}[\boldsymbol{\mu}, \boldsymbol{\Sigma}] = \frac{1}{(2\pi)^{D/2}|\boldsymbol{\Sigma}|^{1/2}} \exp\left[-\frac{(\mathbf{x}-\boldsymbol{\mu})^T \boldsymbol{\Sigma}^{-1}(\mathbf{x}-\boldsymbol{\mu})}{2}\right] \quad \text{식 C.26}$$

이는 단변량의 경우와 유사하게 해석할 수 있다. 이차 항 $-(\mathbf{x}-\boldsymbol{\mu})^T \boldsymbol{\Sigma}^{-1}(\mathbf{x}-\boldsymbol{\mu})/2$는 $\mathbf{x}$가 평균 $\boldsymbol{\mu}$에서 멀어질수록 감소하는 스칼라를 반환하며, 감소하는 비율은 행렬 $\boldsymbol{\Sigma}$에 따라 달라진다. 이는 지수함수에 의해 종형 곡선 모양으로 바뀌고, $(2\pi)^{D/2}|\boldsymbol{\Sigma}|^{1/2}$로 나누어 분포의 적분값이 1이 되도록 한다.

공분산 행렬은 구형, 대각선, 완전 형태를 가질 수 있다.

$$\boldsymbol{\Sigma}_{spher} = \begin{bmatrix} \sigma^2 & 0 \\ 0 & \sigma^2 \end{bmatrix} \quad \boldsymbol{\Sigma}_{diag} = \begin{bmatrix} \sigma_1^2 & 0 \\ 0 & \sigma_2^2 \end{bmatrix} \quad \boldsymbol{\Sigma}_{full} = \begin{bmatrix} \sigma_{11}^2 & \sigma_{12}^2 \\ \sigma_{21}^2 & \sigma_{22}^2 \end{bmatrix} \quad \text{식 C.27}$$

이차원(그림 C.4)에서 구형 공분산은 원형 등밀도 등고선을 생성하고, 대각선 공분산은 좌표축과 정렬된 타원형 등고선을 생성한다. 완전 공분산은 일반적인 타원형 등밀도 등고선을 생성한다. 공분산이 구형 또는 대각선인 경우 개별 변수는 독립적이다.

$$\begin{aligned} Pr(x_1, x_2) &= \frac{1}{2\pi\sqrt{|\Sigma|}} \exp\left[-0.5 \begin{pmatrix} x_1 & x_2 \end{pmatrix} \Sigma^{-1} \begin{pmatrix} x_1 \\ x_2 \end{pmatrix}\right] \\ &= \frac{1}{2\pi\sigma_1\sigma_2} \exp\left[-0.5 \begin{pmatrix} x_1 & x_2 \end{pmatrix} \begin{pmatrix} \sigma_1^{-2} & 0 \\ 0 & \sigma_2^{-2} \end{pmatrix} \begin{pmatrix} x_1 \\ x_2 \end{pmatrix}\right] \\ &= \frac{1}{\sqrt{2\pi\sigma_1^2}} \exp\left[-\frac{x_1^2}{2\sigma_1^2}\right] \cdot \frac{1}{\sqrt{2\pi\sigma_2^2}} \exp\left[-\frac{x_2^2}{2\sigma_2^2}\right] \\ &= Pr(x_1) \cdot Pr(x_2) \end{aligned}$$

식 C.28

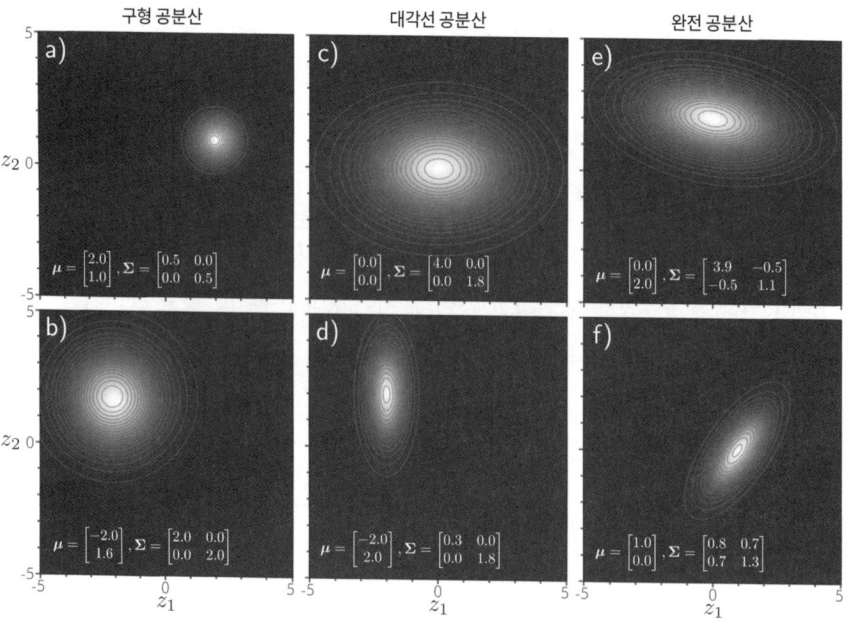

그림 C.4 이변량 정규분포. a–b) 공분산 행렬이 대각행렬의 배수인 경우 등고선은 원이며 이를 구형 공분산이라고 한다. c–d) 공분산이 임의의 대각행렬인 경우 등고선은 축과 정렬된 타원이며 이를 대각 공분산이라고 한다. e–f) 공분산이 임의의 대칭인 양의 정부호 행렬인 경우, 등고선은 일반적인 타원이 되고 이를 완전 공분산이라고 한다.

C.3.3 두 정규분포의 곱

두 정규분포의 곱은 다음 관계식에 따라 세 번째 정규분포에 비례한다.

$$\text{Norm}_\mathbf{x}[\mathbf{a}, \mathbf{A}]\text{Norm}_\mathbf{x}[\mathbf{b}, \mathbf{B}] \propto$$
$$\text{Norm}_\mathbf{x}\left[(\mathbf{A}^{-1} + \mathbf{B}^{-1})^{-1}(\mathbf{A}^{-1}\mathbf{a} + \mathbf{B}^{-1}\mathbf{b}), (\mathbf{A}^{-1} + \mathbf{B}^{-1})^{-1}\right] \quad \text{식 C.29}$$

이는 지수 항을 곱하고 완전 제곱 형태로 만들어서 쉽게 증명할 수 있다(연습 문제 18.5 참고).

C.3.4 변수 변환

$\mathbf{x}$의 다변량 정규분포의 평균이 두 번째 변수 $\mathbf{y}$의 선형함수 $\mathbf{Ay} + \mathbf{b}$인 경우, 이는 $\mathbf{y}$의 또 다른 정규분포에 비례한다. 여기서 평균은 $\mathbf{x}$의 선형함수다.

$$\text{Norm}_\mathbf{x}[\mathbf{Ay} + \mathbf{b}, \boldsymbol{\Sigma}] \propto$$
$$\text{Norm}_\mathbf{y}[(\mathbf{A}^T\boldsymbol{\Sigma}^{-1}\mathbf{A})^{-1}\mathbf{A}^T\boldsymbol{\Sigma}^{-1}(\mathbf{x}-\mathbf{b}), (\mathbf{A}^T\boldsymbol{\Sigma}^{-1}\mathbf{A})^{-1}] \quad \text{식 C.30}$$

처음에는 이 관계가 다소 불명확하게 보이겠지만, 우선 좀 더 간단한 경우로, 그림 C.5의 스칼라 x와 y의 경우를 보면서 이해를 해보자. 이전 관계식에서와 마찬가지로 이는 지수 항에서 이차 곱을 전개하고 이를 완전 제곱 형태로 만들어서 $\mathbf{y}$에 분포로 만들면 이를 증명할 수 있다.†

연습 문제 18.4 참고

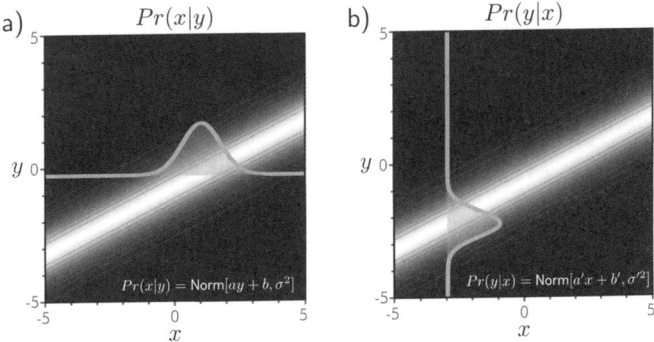

그림 C.5 변수 변환. a) 조건부 분포 $Pr(x|y)$는 일정한 분산을 갖고, 평균이 y에 선형적으로 비례하는 정규분포다. 청록색 분포는 $y = -0.2$인 경우의 예를 보여준다. b) 이는 조건부 확률 $Pr(y|x)$에 비례하는데, 이는 분산이 상수이고 평균이 x에 선형적으로 비례하는 정규분포다. 청록색 분포는 $x = -3$인 경우의 예를 보여준다.

C.4 샘플링

단변량 분포 $Pr(x)$에서 샘플링하려면 먼저 누적 분포 $F[x]$($Pr(x)$의 적분)를 계산한다. 그런 다음 [0, 1] 범위의 균일 분포에서 샘플 z^*를 추출하고, 이를 누적 분포의 역수와 비교하여 평가한다. 따라서 샘플 x^*는 다음과 같이 생성된다.

$$x^* = F^{-1}[z^*]$$ 식 C.31

C.4.1 정규분포에서의 샘플링

앞의 방법은 단변량 표준 정규분포에서 샘플 x^*를 생성하는 데 사용할 수 있다. 그런 다음 평균 μ와 분산 σ^2를 갖는 정규분포의 샘플은 식 C.22를 사용하여 생성할 수 있다. 마찬가지로 D차원 다변량 표준 분포의 샘플 $\mathbf{x}^*$는 D개의 단변량 표준 정규 변수를 독립적으로 샘플링하여 생성할 수 있다. 그런 다음 평균 $\boldsymbol{\mu}$와 공분산 Σ를 갖는 다변량 정규분포의 샘플은 식 C.24를 사용하여 생성할 수 있다.

C.4.2 조상 샘플링

결합 분포를 일련의 조건부 확률로 분해할 수 있는 경우, **조상 샘플링**ancestral sampling을 사용하여 샘플을 생성할 수 있다. 기본 개념은 루트 변수에서 샘플을 생성한 다음 이 개체화를 기반으로 후속 조건부 분포에서 샘플을 생성하는 것이다. 이 과정을 조상 샘플링이라고 하며 예를 통해 쉽게 이해할 수 있다. 세 변수 x, y, z에 대한 결합 분포 $Pr(x, y, z)$를 고려해보자. 이 분포는 다음과 같이 분해할 수 있다.

$$Pr(x, y, z) = Pr(x)Pr(y|x)Pr(z|y)$$ 식 C.32

이 결합 분포에서 샘플링하려면 먼저 $Pr(x)$에서 샘플 x^*를 추출한다. 그런 다음 $Pr(y|x^*)$에서 샘플 y^*를 추출한다. 마지막으로 $Pr(z|y^*)$에서 샘플 z^*를 추출한다.

C.5 확률분포 사이의 거리

지도 학습은 모델이 내포하는 확률분포와 샘플이 내포하는 이산 확률분포 사이의 거리를 최소화하는 방식으로 수행할 수 있다(5.7절). 비지도 학습은 실제 견본의 확률분포와 모델의 데이터 분포 사이의 거리를 최소화하는 형태로 구성할 수 있다. 두 경우 모두 두 확률분포 사이의 거리 측정이 필요하다. 이 절에서는 분포 사이의 거리에 대한 여러 가지 측정의 특성을 살펴본다(와서스테인 또는 지구 이동자의 거리에 대한 논의는 그림 15.8 참고).

C.5.1 쿨백-라이블러 발산

확률분포 $p(x)$와 $q(x)$ 사이의 거리를 측정하는 가장 일반적인 방법은 **KLD**이며, 다음과 같이 정의한다.

$$D_{KL}\big[p(x)||q(x)\big] = \int p(x) \log \left[\frac{p(x)}{q(x)}\right] dx \qquad \text{식 C.33}$$

이 거리는 항상 0보다 크거나 같다. 이는 $-\log[y] \geq 1 - y$(그림 C.6)을 이용하여 쉽게 증명할 수 있다.

$$\begin{aligned} D_{KL}\big[p(x)||q(x)\big] &= \int p(x) \log \left[\frac{p(x)}{q(x)}\right] dx \\ &= -\int p(x) \log \left[\frac{q(x)}{p(x)}\right] dx \\ &\geq \int p(x) \left(1 - \frac{q(x)}{p(x)}\right) dx \\ &= \int p(x) - q(x) dx \\ &= 1 - 1 = 0 \end{aligned} \qquad \text{식 C.34}$$

KLD는 $q(x)$가 0이지만 $p(x)$가 0이 아닌 곳에서는 무한대가 될 수 있다. 이는 이 거리를 기준으로 함수를 최소화할 때 문제가 될 수 있다.

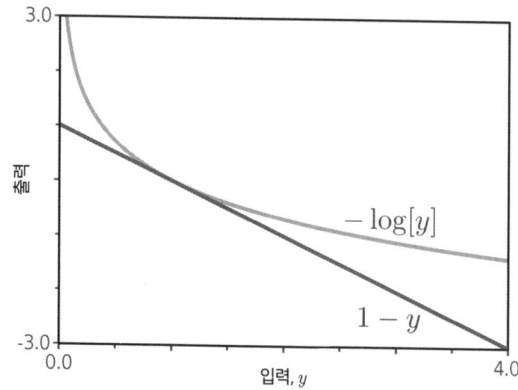

그림 C.6 음의 로그의 하한. 함수 $1-y$는 항상 함수 $-\log[y]$보다 작다. 이 관계는 KLD가 항상 0보다 크거나 같다는 것을 보여주는 데 사용된다.

C.5.2 젠슨-섀넌 발산

KLD는 대칭이 아니다(즉 $D_{KL}[p(x)||q(x)] \neq D_{KL}[q(x)||p(x)]$). **젠슨-섀넌 발산**_{Jensen-Shannon divergence}은 구조적으로 대칭적인 거리 측정 방법이다.

$$D_{JS}\big[p(x)||q(x)\big] = \frac{1}{2}D_{KL}\left[p(x)\bigg|\bigg|\frac{p(x)+q(x)}{2}\right] + \frac{1}{2}D_{KL}\left[q(x)\bigg|\bigg|\frac{p(x)+q(x)}{2}\right]$$

식 C.35

이는 두 분포의 평균에 대한 $p(x)$와 $q(x)$의 평균 발산이다.

C.5.3 프레셰 거리

두 분포 $p(x)$와 $q(x)$ 사이의 **프레셰 거리**_{Fréchet distance} D_{FR}은 다음과 같다.

$$D_{Fr}\big[p(x)||q(y)\big] = \sqrt{\min_{\pi(x,y)}\left[\iint \pi(x,y)|x-y|^2 dxdy\right]}$$

식 C.36

여기서 $\pi(x,\ y)$는 주변 분포 $p(x)$와 $q(y)$에 부합하는 결합 분포들의 집합을 나타낸다. 프레셰 거리는 누적 확률 곡선들 사이의 최대 거리를 측정하는 척도로 볼 수 있다.

C.5.4 정규분포 사이의 거리

종종 평균이 각각 $\boldsymbol{\mu}_1$, $\boldsymbol{\mu}_2$이고 공분산이 각각 Σ_1, Σ_2인 두 다변량 정규분포 사이의 거리 계산해야 할 때가 있다. 이 경우 다양한 거리 측도를 닫힌 형태의 해석해로 표현할 수 있다.

KLD는 다음과 같이 계산할 수 있다.

$$D_{KL}\left[\text{Norm}[\boldsymbol{\mu}_1, \boldsymbol{\Sigma}_1] \middle\| \text{Norm}[\boldsymbol{\mu}_2, \boldsymbol{\Sigma}_2]\right]$$
$$= \frac{1}{2}\left(\log\left[\frac{|\boldsymbol{\Sigma}_2|}{|\boldsymbol{\Sigma}_1|}\right] - D + \text{tr}\left[\boldsymbol{\Sigma}_2^{-1}\boldsymbol{\Sigma}\right] + (\boldsymbol{\mu}_2 - \boldsymbol{\mu}_1)\boldsymbol{\Sigma}_2^{-1}(\boldsymbol{\mu}_2 - \boldsymbol{\mu}_1)\right)$$

식 C.37

여기서 $tr[\bullet]$는 행렬 인수의 대각합이다. 프레셰 거리와 와서스테인 거리는 다음과 같이 계산한다.

$$D_{Fr/W}^2\left[\text{Norm}[\boldsymbol{\mu}_1, \boldsymbol{\Sigma}_1] \middle\| \text{Norm}[\boldsymbol{\mu}_2, \boldsymbol{\Sigma}_2]\right]$$
$$= |\boldsymbol{\mu}_1 - \boldsymbol{\mu}_2|^2 + \text{tr}\left[\boldsymbol{\Sigma}_1 + \boldsymbol{\Sigma}_2 - 2(\boldsymbol{\Sigma}_1\boldsymbol{\Sigma}_2)^{1/2}\right]$$

식 C.38

▪ 진솔한 서평을 올려주세요!

이 책 또는 이미 읽은 제이펍의 책이 있다면, 장단점을 잘 보여주는 솔직한 서평을 올려주세요.
매월 최대 5건의 우수 서평을 선별하여 원하는 제이펍 도서를 1권씩 드립니다!

- **서평 이벤트 참여 방법**
  - ❶ 제이펍 책을 읽고 자신의 블로그나 SNS, 각 인터넷 서점 리뷰란에 서평을 올린다.
  - ❷ 서평이 작성된 URL과 함께 review@jpub.kr로 메일을 보내 응모한다.
- **서평 당선자 발표**

  매월 첫째 주 제이펍 홈페이지(www.jpub.kr)에 공지하고, 해당 당선자에게는 메일로 연락을 드립니다.
  단, 서평단에 선정되어 작성한 서평은 응모 대상에서 제외합니다.

독자 여러분의 응원과 채찍질을 받아 더 나은 책을 만들 수 있도록 도와주시기를 바랍니다.

찾아보기

기호, 숫자

\<cls\> 토큰	301
ϵ-탐욕 정책	539
1×1 합성곱	233
1차원 선형회귀 모델	25
1차원 합성곱	221, 243
3차원 합성곱	243
3D U-Net	279

A, B

ACGAN (auxiliary classifier GAN)	403
ActNorm (activation normalization)	151
AdaDelta	122
AdaGrad	122
Adam (adaptive moment estimation)	116, 118, 123
AdamW	123, 204
AI (artificial intelligence)	1
AI 무기화	15
AI 시스템의 오용	606
AI 윤리	597
AMSGrad	123
BatchNorm (batch normalization)	262
BERT	300
BigBird	324
BlockDrop	274
BOHB 알고리즘	181
BPE (byte pair encoding)	297, 319
BPE 드롭아웃	320

C, D

CLIP	326
CNN (convolutional neural network)	220
ConvolutionOrthogonal 초기화	244
Crossformer	327
CycleGAN	408
DALL·E 2	12, 520
DaViT (dual attention vision transformer)	315, 327
DCGAN (deep convolutional GAN)	391
DDIM (denoising diffusion implicit model)	512, 519
DeepSets	365
DenseNet	267, 279
diagonal matrix	639
DiffPool	368
DisturbLabel	209
DNN (deep neural network)	1, 55
double DQN (double deep Q-network)	544, 545
DropConnect	367
DropEdge	367

E, F, G

ELBO (evidence lower bound)	467, 502
EM 알고리즘	485, 486
ensemble	207
Factor VAE	485
FID (Fréchet inception distance)	382
GAN (generative adversarial network)	387
GCN (graph convolutional network)	337
GhostNorm (ghost batch normalization)	276
GIN (graph isomorphism network)	365
GLIDE	520
Glorot 초기화	150
GLOW	451
GLOW (generative glow)	444
GNN (graph neural network)	337
GoogLeNet	241
GPT-3	303
GradInit	151
GraphNorm	367
GraphSAGE	365
GResNet	364
GroupNorm (group normalization)	276

H, I, J

HardSwish 함수	48
He 초기화	146, 150
Heaviside function	154
ImageGPT	312
Imagen	520
InfoGAN	404
InstanceNorm (instance normalization)	277
InstructGPT	559
iResNet	440, 452
iRevNet	439
IS (inception score)	381
Janossy 풀링	365

K, L, M

k-홉 이웃	353
k배 교차 검증	176
Kipf 정규화	357, 363
KLD (Kullback Leibler divergence)	92, 657
L0 정칙화	204
L1 정칙화	204
L2 정칙화	187
L2 norm	187
LASSO	204
LayerNorm (layer normalization)	276
LeNet	240
LIME (local interpretable model-agnostic explanation)	605
LinFormer	324
LLM (large language model)	306
MAP (maximum a posterior)	187
MDP (Markov decision process)	530
MixHop	364
ML (machine learning)	1
MLP (multi-layer perceptron)	44
MNIST-1D	159
MoG (mixture of gaussians)	96, 462
MoNet (mixture model network)	363, 368
MTL (multi-task learning)	199
MViT (multi-scale vision transformer)	315, 327

N, P, Q

NAM (Nesterov accelerated momentum)	114
NLP (natural language processing)	1, 285, 296
PairNorm	367
PatchGAN 손실	407
PCA (principal component analysis)	481

PDF (probability density function)	80, 99, 643	Shake-Shake	275
Performer	325	ShakeDrop	275
Pix2Pix	406	SkipInit	278
PixelShuffle	243	Slerp (spherical linear interpolation)	478
PixelVAE	482	SMAC (sequential model-based configuration)	180
POMDP (partially observable Markov decision process)	530	SRGAN (super-resolution GAN)	407
		SSL (self-supervised learning)	200, 210
PPO (proximal policy optimization)	558, 560	Stable Diffusion	518
Q-러닝	540	StyleGAN	410
Q-러닝 적합	541	SWA (stochastic weight averaging)	208
		SWATS	123
		SWin 트랜스포머 (shifted window transformer)	315, 327

R

R-CNN	245	SWinV2	327
Rainbow	557	Swish 함수	47
RandomDrop	274		

T, U, V

REINFORCE 알고리즘	487, 549	tanh 함수	48
ReLU (rectified linear unit)	33, 47	TD (temporal difference)	537, 540
ResDrop	274	TD 오차	540
ResNet	264	TFixup	325
ResNet v1	272	Top-k 샘플링	306
ResNet v2	273	TRPO (trust region policy optimization)	558
ResNet-200	265	U-Net	268, 279
ResNeXt	273	unsupervised learning	8, 377, 378
RL (reinforcement learning)	12, 527	V-Net	279
RLHF (reinforcement learning with human feedback)	559	VAE (variational autoencoder)	379, 461
		VC dimension (Vapnik-Chervonenkis dimension)	177
RMSProp	122	VEEGAN	416
RNN (recurrent neural network)	276, 317	VGG 네트워크	235, 408

S

SARSA (state-action-reward-state-action)	540	VGG 손실	408
SeLU (scaled exponential linear unit)	150	ViT (vision transformer)	313
SentencePiece 라이브러리	320		
seq2seq 작업	299		
SGD (stochastic gradient descent)	111		

W, X, Y

Weisfeiler-Lehman 그래프 동형성 테스트	365
WGAN-GP (gradient penalty Wasserstein GAN)	399
WordPiece	319
Xavier 초기화	150
YOGI	123
YOLO (You Only Look Once)	236, 245

ㄱ

가버 모델	107
가속 샘플링	512
가우시안 혼합(MoG)	96, 462
가중치	45
가중치 감쇠	187, 204
가지치기	585
가치	532
가치 반복	538
가치 정렬 문제	598
감가 계수	529
감마 함수	633
감정 분석	301
값	287
강건한 회귀	95
강화 학습(RL)	12, 527
개념 변화	179
개체명 인식	301
객체 탐지	236, 245
게이트 다층 퍼셉트론	321
게이트 합성곱	242
결합 분포	644
결합 함수	450
결합 확률	303, 644
결합 흐름	436, 451
경사 하강법	103, 104, 120
경험 재생	543
계층적 그래프	339
고스트 배치 정규화(GhostNorm)	275
고유 스펙트	638
고전적	171
골디락스 영역	578, 582
공간 기반 합성곱 그래프 신경망	346
공변	220
공변량 변화	179
공분산	650
공분산 행렬	650, 653
과도 매개변수화된 단계	171
과도한 평활화	369
과매개변수화	178, 571, 583
과소 매개변수화된 단계	171
과소적합	29
과적합	29, 169
과학의 가치 중립적 이상	612
관계적 귀납적 편향	346
관점 인식론	615
교차 검증	176
교차 어텐션	309
교차 엔트로피	93
교차 엔트로피 손실	92
교차성	601
구조적 투명성	604
구조화된 데이터	24
구형 선형 보간(Slerp)	478
구형 함수	51, 154
귀납적	350
귀납적 모델	350
귀납적 편향	172, 228, 581
그래프 동형 신경망(GIN)	365
그래프 라플라시안 행렬	362
그래프 분할	354

그래프 신경망(GNN)	337	네트워크 인 네트워크 구조	241
그래프 어텐션층	358	네트워크 절개	246
그래프 합성곱 네트워크(GCN)	337	노드	337
그래프 확장 문제	353	노드 임베딩	340
그로킹 현상	582	노이즈 스케줄	495
그룹 정규화(GroupNorm)	276	누출이 있는 ReLU	47
그룹 CNN	244	뉴런	44
그룹별 합성곱	242	뉴턴 방법	121
근접 정책 최적화(PPO)	558, 560		
기능적 투명성	604	**ㄷ**	
기댓값 최대화	485	다변량 정규분포	653
기술 우월주의	616	다변량 회귀	3, 91
기술적 실업	610	다양체	383
기울기 소멸 문제	144	다운샘플링	231
기울기 체크포인트	151	다중 스케일 비전 트랜스포머(MViT)	315, 327
기울기 페널티 와서스테인 GAN(WGAN-GP)	399	다중 작업 학습(MTL)	199
기울기 폭발 문제	144	다중 크기 흐름	442
기하학적 그래프	339, 368	다중 클래스 교차 엔트로피 손실	90
깊이	61, 66	다중 클래스 분류	3, 88
깊이 버전	69	다층 퍼셉트론(MLP)	44
깊이 효율성	66, 70	단변량 정규분포	80, 652
깊이별 합성곱	242	단변량 회귀분석	80
		단어 분류	301
ㄴ		단어 임베딩	298
내부 공변량 변화	277	대각선 강화	356
내부 정렬 문제	598	대각합	207, 638
내시 균형	390	대조적	200
너비	61	대형 언어 모델(LLM)	306
너비 버전	49, 69	데이터 드리프트	179
너비 효율성	70	데이터 병렬화	152
널 공간	637	데이터 증대	201, 211
네스테로프 가속 모멘텀(NAM)	114, 115, 122	독립성	647
네트워크 가중치	45	동기식 훈련	152
네트워크 역전	246	동분산성	84
네트워크 용량	38, 61	동적 프로그래밍	537

드롭아웃	195, 208	머신러닝(ML)	1
등변	220	멀티 헤드	294
등변성	220, 243	멀티 헤드 셀프 어텐션	294
디랙 델타 함수	633	메모리 압축 어텐션	324
디자인 정의	615	모델	17, 23
디컨볼루션	238	모델 적합	28, 103
디코더	299, 501	모델에 구애받지 않는 부분 해석 가능한 설명(LIME)	605
디코딩	320		
디코딩 알고리즘	320	모드 누락	393
딥러닝	1	모드 붕괴	393, 400, 416
		모래시계 네트워크	239
ㄹ		모래시계망	270
라데마허 복잡도	177	모멘텀	113, 122
라우팅	287	목적 함수	30, 120
레이블	86	목표 정책	540
레이블 평활화	197, 209	몬테카를로 드롭아웃	196, 208
레이어 정규화(LayerNorm)	276	몬테카를로 방법	537, 538
로그 우도	78	몬테카를로 배치 정규화	277
로그 함수	632	몬테카를로 추정	472
로지스틱 시그모이드	48, 86	무방향 에지	339
로지스틱 회귀	124	무작위 ReLU	209
립시츠 상수	631, 632	무한소 흐름	452
릿지 회귀	187	미니배치	111
링크	337	미니배치 판별	400
		미분 동형사상	631
ㅁ		미세 조정	199
마르코프 결정 과정(MDP)	530		
마르코프 과정	528	**ㅂ**	
마르코프 보상 과정	529	바나흐 고정점 정리	440
마르코프 연쇄	495	바이트 페어 인코딩(BPE)	297, 319
마스킹된 셀프 어텐션	304	바프니크-체르보넨키스 차원(VC dimension)	177
마스킹된 자기회귀 흐름	438	방사형 흐름	448
마이크로 배치처리	151	방향성 에지	339
매개변수	23, 627	방향성 이종 다중 그래프	339
매개변수화된 ReLU	48	배깅	194

배치	111	분산	163, 650
배치 강화 학습	552	분산 훈련	152
배치 재정규화	276	분수 스트라이드 합성곱	391
배치 정규화(BatchNorm)	253, 262	분위수	95
범주형 분포	88	분위수 손실	95
베르누이 분포	86	분위수 회귀	95
베르누이 잡음	196	불변량	220
베이스라인	549	불변성	220, 243
베이즈 규칙	646	비동기식 훈련	152
베이즈 접근	198	비볼록	107
베이지안 최적화	180	비선형 잠재변수 모델	461, 463
베타 VAE	479, 484	비선형함수	49, 169
베타-베르누이 밴딧	180	비순환 그래프	45, 155
벡터 노름	204	비용 함수	27, 30, 75
벨만 방정식	534, 536	비음수 동질성	50
변분 근사	470	비전 트랜스포머(ViT)	313
변분 오토인코더(VAE)	379, 461	빅오 표기법	630
병목 잔차 블록	265	빔 검색	305
보조 분류기 GAN(ACGAN)	403	빠른 기하학적 앙상블	208
보편 근사 정리	37, 38		
복권 티켓 가설	574	**ㅅ**	
본인-대리인 문제	599	사전 확률	187, 646
볼록	107, 632	사전 확률 변화	179
볼록한 다각형 영역	40	사전 활성화	44
볼츠만 정책	562	사전 활성화 잔차 블록	273
부분 공	637	사전 훈련	199
부분 합성곱	242	사후 확률 붕괴	483
부분적으로 관찰 가능한 마르코프 결정 과정(POMDP)	530	상부 삼각 행렬	639
부서진 기울기 현상	255	상태 가치	533
부트스트래핑	537	상태-가치 함수	533
부트스트랩 집계	194	상태-행동 가치 함수	533
분류기 안내	513, 520	색상화	406
분류기가 없는 안내	513	생성 모델	8, 31, 305, 380
분리	602	생성 방향	429
		생성 흐름(GLOW)	444

생성자	388	신경망 구조 탐색	175
생성자 신경망	387	신뢰 영역 정책 최적화(TRPO)	558
생성적	200	실존적 위험	15
생성적 적대 신경망(GAN)	387	실행 투명성	604
서브워드 토크나이저	297	심층 듀얼링 네트워크	557
선 그래프	360	심층 신경망(DNN)	1, 55
선형 계획법 문제	397	심층 합성곱 GAN	391
선형 탐색	104, 121	심층 Q-네트워크	542, 556
선형 흐름	433, 449	쌍곡탄젠트 함수	51
선형함수	35, 36, 58, 640	쌓은 모래시계망	270
선형회귀	25		
설명 가능성	15, 604		
셀프 어텐션	287	아타리 벤치마크	543
소프트맥스	89	아트러스 합성곱	223, 242
손실	26	아핀 함수	49, 640
손실 함수	24, 30, 75, 389, 414, 505	안장점	109, 119
수반 그래프	360	안정적인 ResNet	278
수용 영역	225	알고리즘 미분	142
순방향 과정	494	알렉스넷	234
순방향 네트워크	45	암묵적 잡음 제거 확산 모델(DDIM)	512, 519
순방향 모드 미분	155	암묵적 정칙화	189, 205
순방향 전파	131, 134, 137, 140, 144, 146	얕은 신경망	33, 55
순차 모델 기반 구성(SMAC)	180	언어 모델링	303
순차적 ReLU	47	업샘플링	232, 242
순환 신경망(RNN)	276, 317	에지	337
스냅숏 앙상블	208	에지 그래프	360
스케일링된 점곱 셀프 어텐션	294	에지 임베딩	340
스케일링된 지수 선형 유닛(SeLU)	150	에포크	111
스킵 연결	256	에포크별 이중 하강	178
스태킹	207	엔트로피 SGD	209
스털링 공식	633	엘리자 효과	608
스트라이드	222	역 자기회귀 흐름	438
스펙트럴 노름	638	역과정	501
시간차(TD) 방법	537, 540	역방향 모드 미분	155
신경망	33, 46	역방향 오차 분석	205

역방향 전파	132, 135, 136, 138, 139, 141, 146
역변환이 가능	429
역전파	137, 149
역전파 알고리즘	130, 140
연결점	35, 162
연속형	8
열 공간	637
오목 함수	466, 632
오토인코더	481
오프-정책	540
오프라인 강화 학습	552
온-정책	539
와서스테인 거리	396
와서스테인 GAN	414
완전 연결층	220
완전히 연결되었다	45
외부 정렬 문제	598
요소별 흐름	434, 450
요인 분석	482
우도	77, 645, 646
우도 비율 항등식	547
우선순위 경험 재생	556
운송 계획	397
원-핫 벡터	298, 349
위치 인코딩	292, 322
유클리드 노름	635
유효 용량	177
유효한 합성곱	222
은닉 유닛	35, 43
은닉층	44
음의 로그 우도	79
의미론적 분할	6, 238, 245
의사결정 트랜스포머	553
이동된 윈도 트랜스포머(SWin transformer)	315, 327
이미지 보간	11
이미지 분류	233
이방성 CNN	368
이분산성	84, 95
이분산성 회귀분석	84
이산 분포	643
이산형	8
이웃 샘플링	353
이점 추정치	551
이중 심층 Q-신경망(double DQN)	544, 545
이중 어텐션 비전 트랜스포머(DaViT)	315, 327
이중 하강	170, 171, 583
이중 Q-러닝	544
이진 교차 엔트로피 손실	87
이진 분류	3, 86
이차 그래프 CNN	365
이항계수	634
인간 피드백을 통한 강화 학습(RLHF)	559
인공지능(AI)	1
인셉션 블록	241, 244
인셉션 점수(IS)	381
인스턴스 정규화(InstanceNorm)	277
인식하지 않음을 통한 공정성	602
인위적인 도덕적 대리인	603
인접 행렬	341, 342
인코더	299, 418
인코더-디코더	299
인코더-디코더 네트워크	239
인코더-디코더 모델	308
인코더-디코더 어텐션	309
인페인팅	9, 200
임계 단계	171
임베딩	298
입력층	44

ㅈ

자기 지도 학습(SSL)	200, 210
자기상관 함수	255, 634
자기회귀 언어 모델	303
자연스런 정책 경사	558
자연어 처리(NLP)	1, 285, 296
잔차 블록	256, 257
잔차 신경망(ResNet)	264
잔차 연결	256, 364, 369
잔차층	257
잔차 흐름	439, 451
잠재변수	10, 378
잠재변수 모델	461
잡음	163
잡음 조건부 증강	518
잡음 추가	208
잡음이 있는 DQN	557
재구성 손실	470
재구성 정확도	470
재매개변수화 기법	474, 485
재합성	418, 478
재현율	383
적대적 공격	583
적대적 손실	407, 418
적대적 학습	197
적대적인 견본	584
적응 모멘트 추정(Adam)	116, 118, 123
적응적 인스턴스 정규화	411
적응형 커널	244
적응형 훈련 알고리즘	122
전사 함수	631
전역 최솟값	108
전이적	351
전이적 모델	351
전이학습	199, 210, 300
전체 배치 경사 하강법	111
전체 상관 VAE	479, 484
전치	139, 635
전치 합성곱	232, 242
점곱 셀프 어텐션	286
점수 함수 추정기	487
점진적 증가	399, 416
정규분포	83, 652, 653, 654
정규화	123, 367
정규화 방향	429
정규화 흐름	379, 427, 453, 482
정류 선형 유닛(ReLU)	33
정밀도	383
정보 선호 문제	484
정점	337
정책	531
정책 네트워크	14
정칙화	123, 174, 185, 367
제로 패딩	222
젠슨 부등식	446
젠슨-섀넌 발산	658
조건 생성	8, 402, 513, 520
조건부 분포	498
조건부 확률	645
조건부 GAN	402, 416
조건부 VAE	482
조기 중단	192, 207
조상 샘플링	656
조화 네트워크	244
주변 분포	497
주변화	644, 645
주성분 분석(PCA)	481
죽어가는 ReLU	47
준지도 학습	351
중단된 애니메이션	368, 369

중앙값	95
중요도 샘플링	476
중추적 튜닝	419
증거	467, 646
증거 하한(ELBO)	467, 502
지각 손실	408
지도 학습	2, 5, 23
지수 분포	92
지수 손실	97
지수함수	632
지식 그래프	339
지식 증류	586
지역 어텐션	324
지역 최솟값	108
직교행렬	639
집계된 사후 확률	476, 477

ㅊ

차원의 저주	172, 178
채널	224
채널별 분리 합성곱	242
챗봇	559
초점 손실	96
초해상도 GAN(SRGAN)	407
최대 블러 풀링	243
최대 사후 확률(MAP)	187
최대 언풀링	231, 242
최대 우도 기준	77
최대 풀링	231, 357
최소극대화 게임	390
최소제곱 손실	26, 82
최소제곱 GAN	414
최솟값 평탄도	580
최적화 알고리즘	104
추론	17, 83

축약 사상 정리	440
출력층	44
측지 CNN	368
층	44, 275
층별 순차 단위 분산 초기화	150
치명적인 세 가지 문제	556
치환 행렬	343, 639

ㅋ

캡슐 네트워크	321
커널 크기	221, 223
컨트롤 네트워크	520
컴퓨터 비전	1, 150, 210, 233, 318, 403, 606
쿨백-라이블러 발산(KLD)	92, 657
쿼리	289
클러스터 GCN	366
키	289

ㅌ

탄력적 순 벌칙	204
탐색-이용 교체	527
테스트	29
테스트 데이터셋	29
테스트셋	160
텍스트 분류	301
텐서	142, 627, 635
텐서 모델 병렬화	152
토크나이저	297
토큰화	297
통제 변수	550
트랜스포머	285
트랜스포머 모델	299
트랜스포머층	295
트리-파젠 추정기	180
특이 행렬	636

특징 맵	225
특징 피라미드 네트워크	245
티호노프 정칙화	187

ㅍ

파이프라인 모델 병렬화	152
판별 모델	31
판별자	388
판별자 신경망	387
패딩	222
퍼셉트론	46
편미분	137
편향	45, 163
편향 매개변수	188
편향 벡터	63
편향-분산 트레이드오프	168
편향과 공정성	14, 600
평균	650
평균 풀링	231, 344
평면형 흐름	448
폰-미제스 분포	92, 97
표 형식 강화 학습 알고리즘	536
표 형식 데이터	3, 24
표준 정규분포	653
표준편차	650
표준화	651
표현 용량	177
푸아송분포	99, 100, 652
퓨샷 학습	306, 308, 319
프레셰 거리	658
프레셰 인셉션 거리(FID)	382
프로베니우스 노름 정칙화	187, 204, 635
플러딩	209
피라미드 비전 트랜스포머	327
핀볼 손실	95

필터	221

ㅎ

하부 삼각 행렬	639
하이웨이 네트워크	273
하이퍼네트워크	289, 321
하이퍼밴드	180
하이퍼파라미터	61, 118, 175
하이퍼파라미터 검색	119, 175
학습	28
학습률	104
학습률 워밍업	123
함수	631
합성곱	219
합성곱 네트워크	219, 221, 240
합성곱 신경망(CNN)	220
합성곱 커널	221
합성곱층	219, 221, 223, 242
합성기	321
행동 가치	533
행동 정책	540
행렬 미적분	132, 641
행렬 표기법	63
행렬식	431, 638
행위자-비평자 알고리즘	551
허치슨의 대각합 추정기	442
헤비사이드 계단 함수	51
현대적	171
호그와일드! 알고리즘	152
혼합 모델 신경망(MoNet)	363, 368
혼합 밀도 네트워크	96
확률 흐름 ODE	519
확률밀도	643
확률밀도함수(PDF)	80, 99, 643
확률변수	643

확률분포	643	확장률	223
확률적 가중치 평균(SWA)	208	활성화	44
확률적 경사 하강법(SGD)	111, 112, 113, 122, 123, 570	활성화 정규화(ActNorm)	151
확률적 깊이	274	활성화 패턴	35
확률적 분산 감소 하강법	120	활성화 함수	33, 48
확률적 생성 모델	379, 461	회귀 문제	2
확률적 PCA	482	훈련	28, 103, 502
확산 모델	493	훈련 데이터	5, 24
확장된 트랜스포머 구성	324	훈련 오차	26, 160, 169, 170
확장된 합성곱	223, 242	힌지 손실	97